中国图书馆年鉴 2011

ZHONGGUO TUSHUGUANNIANJIAN

中国图书馆学会
国家图书馆 编

国家图书馆出版社

图书在版编目(CIP)数据

中国图书馆年鉴 2011/中国图书馆学会,国家图书馆编. —北京:国家图书馆出版社,2011.12
ISBN 978-7-5013-4701-8

Ⅰ.①中… Ⅱ.①中… ②国… Ⅲ.①图书馆事业—中国—2011—年鉴 Ⅳ.①G259.2-54

中国版本图书馆 CIP 数据核字（2011）第 253222 号

责任编辑：王涛

书名 中国图书馆年鉴 2011

著者 中国图书馆学会 国家图书馆 编

出版 国家图书馆出版社(原北京图书馆出版社)
(100034 北京市西城区文津街 7 号)

发行 010-66139745 66151313 66175620 66126153
66174391（传真） 66126156（门市部）

E-mail btsfxb@nlc.gov.cn（邮购）

Website www.nlcpress.com→投稿中心

经销 新华书店

印刷 北京科信印刷有限公司

开本 889×1194(毫米) 1/16

印张 55.75(48 页彩插)

字数 1600(千字)

版次 2011 年 12 月第 1 版 2011 年 12 月第 1 次印刷

书号 ISBN 978-7-5013-4701-8

定价 320.00 元

编辑说明

1.《中国图书馆年鉴》是反映中国图书馆事业年度发展状况的大型资料工具书。首卷出版于1996年，反映1990年至1995年间的情况。自1999年始，编辑出版周期为隔年一卷，包括1999年卷、2001年卷、2003年卷以及2005年卷。自2006年卷起，改为每年编辑出版一卷。

2.《中国图书馆年鉴》自2007年卷起，由中国图书馆学会、国家图书馆联合主编，编纂工作由国家图书馆研究院《中国图书馆年鉴》编辑部负责。

3.《中国图书馆年鉴》2011年卷反映2010年中国图书馆事业的发展状况。

4.《中国图书馆年鉴》2011年卷的动态性信息由全国各省、自治区、直辖市图书馆学会，中国图书馆学会各分支机构及所属各专业委员会，相关专业机构或教学研究机构提供。年鉴的统计资料来自文化部、地方文化行政部门、专业协作组织、中国图书馆学会高校图书馆分会以及有关专业机构。年鉴的参考性、指南性资料，由年鉴编辑部组织力量整理编辑，并得到中国图书馆学会编辑出版委员会年鉴专业委员会的指导。专文由年鉴编纂工作委员会确定选题，特邀作者撰写。

5.《中国图书馆年鉴》2011年卷正文采用分类编辑法。全文由纪事、专文、图书馆事业、学术研究与活动、法律法规与政策性文件、专业文献、统计资料、全国图书馆名录、图书馆活动图辑等几大部分构成。

编辑说明

[illegible]

《中国图书馆年鉴》编纂工作委员会

《中国图书馆年鉴》编辑部

编辑部联系方式:

地　　址:北京中关村南大街33号　国家图书馆研究院《中国图书馆年鉴》编辑部
邮　　编:100081
电　　话:(010)88544057
电子邮箱:zgtsgnj@nlc.gov.cn
联 系 人:程　鹏　王旭东

本卷特约专文作者（按姓氏笔画排列）

王秀香　冯　佳　刘　丽　初景利　张玉伟　李　丹　杨志刚
范并思　胡京波　胡　洁　崔　雁　程　鹏

本卷撰稿人（按姓氏笔画排列）

丁立平　丁海英　马　骏　马慧艳　历　力　孔繁青　巴特尔　方英兰
王　萱　王　波　王　玮　王　彬　王　珺　王　琼　王卫钢　王华勤
王成东　王旭东　王旭明　王自洋　王利亚　王秀亮　王芳桃　王进先
王建福　王春红　王桂清　王艳英　王国强　王淑杰　计　津　邓淑敏
冯　志　冯　杰　古淑珍　史　婕　史利亚　叶　健　田春虎　田儒会
白　群　艾合买提　乔继荣　全美媛　刘　用　刘　芳　刘　勇　刘　姝
刘　萍　刘　燕　刘玉湘　刘忠平　刘家坤　刘魁明　刘裴裴　吕清芳
孙　红　孙　勇　孙学雷　孙艳丽　孙德建　寻　霖　成斌琴　朱一凡
朱丹君　汤树俭　祁长松　祁自顺　许传哲　许西乐　许宗瑜　何瑞华
别立谦　吴　林　吴　革　吴　悦　宋小华　宋丽娟　张　贝　张　丽
张　娟　张　涛　张　章　张小云　张小野　张广越　张文举　张文勇
张邓锁　张毕臣　张收棉　张京生　张建荣　张俊明　张海政　张新华
张照云　张毅宏　李　娜　李　超　李　臻　李　霞　李双强　李月明
李永刚　李竹冰　李明霞　李青倬　李艳梅　李艳萍　李盛福　李维石
李德胜　杜桂英　杨　铭　杨　策　杨丽娟　杨昕昕　杨雨涵　杨春湘
沈小丁　沈继英　苏文珠　邱　筇　邵宝珠　邹序明　陆丽娜　陈　瑛
陈人语　陈文东　陈冬春　陈宇麒　陈有志　陈秀琴　陈建文　陈昆琼
单晓明　周　浪　周　锋　国博鸣　岳慧艳　易佳洁　林　胜　林　娟
武巍泓　罗　荣　罗晓兰　罗赛峰　郑永燕　郑刘美莉　金美丽　施　静
施秀琼　相国民　胡月平　胡京波　胡秋玲　赵　洲　赵　惠　赵冬梅
赵国良　赵春玲　赵树宜　赵衍勇　赵梓燚　郗卫东　郝　莉　钟晶晶
骆建成　骆桂明　唐　岚　唐杰波　唐晓应　唐德萍　夏绍模　夏跃军
徐　军　徐　然　徐世芳　徐玉生　徐黛儿　耿建华　袁　晖　袁宁波
袁学良　袁继竹　贾　玲　贾　莹　贾永红　贾增岁　郭　劲　郭　毅
郭如梅　郭春兰　郭娥则　郭燕平　顾　英　高　宇　高　巍　崔　彤
曹　静　梁晓薇　梁海涛　梁樱露　逯淑华　黄　英　黄　珣　黄　成
黄小平　程　歌　羡宏英　葛志强　董　隽　董英明　谢　丹　谢万幸
谢跃先　韩　梅　韩卫红　蒲宁英　雷　拯　靳　红　鲍　含　鲍国葆
管莉萌　蔡　梅　蔡　璐　樊志峰　薛　洁　薛　蓉　魏　微

新建图书馆展示

国家图书馆

国家图书馆二期暨国家数字图书馆

2008年9月9日，适逢国家图书馆建馆99周年，国家图书馆二期暨国家数字图书馆正式开馆接待读者。中共中央政治局委员、国务委员刘延东，全国政协副主席孙家正等党和国家领导人出席开馆仪式。

2001年11月，国家图书馆二期工程暨国家数字图书馆工程完成立项。2003年1月27日，原国家计委批准《国家图书馆二期工程暨国家数字图书馆工程可行性研究报告》。该项目被列为国家“十五”期间重点文化建设项目。国家投入资金12.23亿元人民币，其中二期工程投资7.3222亿元，国家数字图书馆工程投资4.907亿元。2004年12月28日，国家图书馆二期暨国家数字图书馆工程开工，陈至立同志出席奠基仪式。二期新馆建筑面积80538平方米，设有读者座位2900个，日均接待读者能力约8000人次，国家图书馆馆舍总面积也随之增至25万平方米，居世界上国家图书馆第三位。

◆国家图书馆二期新馆外景

二期新馆建筑风格简约、现代。人们可以清晰地感受到升起的基座和台阶、巨大的立柱、水平延展的巨型屋顶等基本要素。基座内的传统式图书馆代表中华文明深厚的基石；外型新颖的巨型屋顶，代表着科技和文化发展新方向的数字图书馆。介于二者之间的是通透的连接体，代表今天的人，充分展示了“过去、现在、未来”的设计思想。新馆最亮的闪光点之一是将国家图书馆四大专藏之一——《四库全书》置于标志性中庭与读者阅览区共享，独具匠心。在功能布局方面充分结合了其巨型钢结构独有的空间特点与现代图书馆的使用需求，以开放式阅览空间、开放的图书自由索取为主要功能特性，设有宽敞的阅览区，安静的研究区，高雅的学术区，多彩的艺术区，温馨的休闲区以及现代化的展览区和培训区，布局合理，充分彰显了对读者的人文关怀。

同期建设的国家数字图书馆工程更是一项具有战略意义的民族文化工程，建设周期为2005–2010年。本着“边建设、边服务”的原则，国家图书馆不断增加数字资源的种类和数量，截至2008年6月底，数字资源总量已超过200TB，其中自建数字资源总量已达130 TB。同时，免费开放无版权数字资源，并通过互联网、数字电视、移动终端、电子政务外网、卫星、光盘等多种方式，面向全国乃至全球提供服务。

◆国家图书馆二期新馆夜景

适应现代图书馆发展要求，二期新馆将传统服务与数字服务相融合，集查、阅、咨、藏、网络服务于一体，突出新理念、新技术、新服务。主要服务方式有：无线网络覆盖整个馆区，读者自带便携式电脑，可在馆内任何区域随时获得最新的网络信息；配置近500台电脑，方便读者更快速的获取知识信息；引进无线射频识别技术（RFID），提供智能架位导航服务，方便读者快速、准确地找到所需图书；为到馆读者提供手持移动电子阅读器（或读者自带手持电子书阅读器），通过国家图书馆电子图书资源平台下载阅读约19万种、38万册图书和千余种资源，并在馆区内设置电子阅读站，使到馆读者能够方便地阅读电子图书、电子期刊、电子报纸等；设立专门的视觉障碍人士服务区，视觉障碍人士可通过电脑键盘控制电脑，并通过国家图书馆与残疾人联合会联合建设的“盲人数字图书馆”获得与正常读者一样的数字信息资源；通过国家图书馆手机服务平台，为读者提供以手机为服务渠道的信息推送和获取的服务，包括国图动态、文化快递、书刊推荐、资源检索等频道内容，并在规定时间对内容进行更新；通过自然交互式的虚拟现实技术为到馆读者提供虚拟导航服务，读者在虚拟场景中身临其境地参观、了解二期建筑和业务布局，同时在互联网上对未到馆读者提供馆区虚拟导航；通过国家数字图书馆展示系统对用户进行数字图书馆系统使用培训，并展示国家数字图书馆建设成果。

◆国家图书馆二期新馆内景

至此，国家图书馆一期、二期、古籍馆三处馆舍的藏书与服务形成新格局。一期馆舍提供以外文文献、中外文专藏文献为主的研究性服务，二期新馆提供以中文新文献和电子资源为主的大众阅读服务，古籍馆提供以普通古籍、古籍善本为主的文献服务。

河北省

石家庄市图书馆

石家庄市图书馆成立于 1958 年，位于石家庄市建设北大街 18 号。原馆面积 1936 平方米，1987 年原地扩建，面积达 13896 平方米，2006 年再次改扩建，面积达现在的 16170 平方米。改扩建后的新馆舍，馆容馆貌焕然一新，服务功能更趋于完善。内有各种座席近千个，设普通图书、报刊、历史文献、数字资源等多个服务窗口，能满足读者多方面的阅读需求。目前馆藏图书 110 万册，其中普通图书约 90 万册，古籍约 20 万册，期刊 1500 种，报纸 200 余种，电子文献 8000 余种。古籍藏量大为本馆特色，2010 年被国务院确定为全国古籍重点保护单位。曾荣获文化部授予的“读者喜爱的图书馆”荣誉称号，被文化部命名为一级图书馆。

新馆自 2008 年 12 月 18 日开放后，推出“平等、无偿、开放”的全新办馆理念，实行无证阅览，大幅度延长开馆时间，365 天不闭馆，全面减免各种费用，提供优质便捷的服务，受到了市民的普遍赞誉。现拥有持证读者 80000 余人，2010 年日均接待读者 4000 人次以上，节假日日接待读者超过 8000 人次，全年累计接待读者超过 150 万人次。还开展“燕赵少年读书活动”等丰富多彩的读书活动，吸引更多的读者走进图书馆，感受阅读的快乐。

◆石家庄市图书馆外景

◆石家庄市图书馆少儿阅览区

秦皇岛图书馆

秦皇岛图书馆始建于1978年，是文化部命名的“一级图书馆”、“全国文明图书馆”、“全国读者喜爱图书馆”，近两年还荣获“全国文化工作先进集体”、“全国巾帼文明岗”、“全国公共文化设施管理先进单位”、“河北省文明单位”、“河北省服务质量奖”等荣誉称号。2007年7月5日，秦皇岛图书馆迁至新址并正式对外开放。新馆设施齐全，功能完备，其建筑面积达11000余平方米。现有藏书50万册(件)，超星电子图书9万余种，还有万方数字资源以及部分电子、视听文献。年订阅期刊1100余种，报纸120余种。设有参考咨询室、特色阅览室(含盲人图书室、老年阅览室、外文原版图书)等8个服务窗口，读者坐席800个，并配有一个300个坐席的学术报告厅。

秦皇岛图书馆向公众免费开放，并经常举办读书活动及公益讲座。开办了河北省首家盲人图书室，盲人特殊服务、旅游特色服务是秦皇岛图书馆的两大服务品牌。

◆秦皇岛图书馆外景

廊坊市图书馆

廊坊市图书馆成立于1996年2月，新馆于2006年11月建成。占地面积1.25万平方米，建筑面积10921.39平方米，建筑高度21.75米，分为地下一层，地上五层，设计藏书83万册，可供900人同时来馆学习或进行学术交流活动。馆内全部实行自动化管理。2010年被文化部评为“一级图书馆”。

图书馆有16个对外服务窗口。目前馆藏图书45万册，期刊1047种，报纸184种。2002年10月在河北省乃至全国率先组建了“数字图书馆”，开设了廊坊市情、文化导航、读者服务等19个栏目。网上运行全文数字图书40.5万种，电子科技期刊5400种，电子报纸420种，书目数据64万种，数据总量达6.2TB。累计主页访问读者35万人次，主题访问读者已突破8000万人次。2006年7月在全国率先实现了国家、省、市、县四级联网，并组建了市、县、乡、村632个共享工程服务站点。

◆廊坊市图书馆外景

霸州图书馆

霸州图书馆坐落在市区育华道北侧，于2006年建成。主体六层，建筑面积6500平米，总投资1600万元。图书馆外观为“博士帽”造型。馆藏纸质图书40万册，电子图书20万册，可同时容纳1000余人阅览。实现了全天候采访、编目、流通、查询等自动化管理。二楼大厅设置自助式触摸屏检索仪6台，可随时提供书目查询；借阅区实行全开架的一体化服务。

霸州图书馆为全国文化共享工程的县级试点工程，拥有自己的网站，读者不仅可以检索本馆馆藏资料，而且可以共享廊坊、河北乃至全国信息资源文化共享中心提供的优质资源信息。

◆霸州图书馆外景

滦县图书馆

滦县图书馆坐落于滦县新城工农路文化公园一楼，于2006年开始筹建，2007年底建成。总建筑面积为3300平方米，总藏书量为62760册，阅览座位258个。实行“全面开放、免证阅览”的管理方式，面向所有读者开放，普通阅览无需任何证件，借阅书刊全部免费。常年为读者提供书刊外借、阅览、文件检索、导读、参考咨询等服务；定期举办展览、讲座，开展读书活动等各类型主题活动。

借书库现有中文图书40207册，外文文献253册，中文报刊合订本1000册，试听文献300册。综合阅览室报刊近50种；儿童阅览室有中文图书19633册，外文文献173册，试听文献194册；电子阅览室现有38台电脑，资源共享支中心现有18台电脑。

◆滦县图书馆外景

河北经贸大学图书馆

河北经贸大学图书馆建筑面积 36059 平方米，2009 年 9 月正式投入使用。图书馆建筑主体为五层结构，设有 13 个纸质文献专业阅览室，2 个电子阅览室，1 个密集书库，1 个国际学术报告厅，1 个多功能会议室，设有 6000 余个阅览座位，是一个现代化、智能化、人文和科技相结合的综合性多功能建筑。截至 2010 年底，馆藏纸质文献总量达 120 多万册，中外文期刊 800 余种，引进中外文数据库 60 多个，可用电子图书 50 多万册。

图书馆实行藏、借、阅一体化的“统借统还”服务模式，周开放时间达到 98 小时。提供参考咨询、网络数据库检索、馆际互借、文献传递、课题检索、科技查新、定题服务、虚拟咨询、用户培训等深层次和个性化服务。

◆河北经贸大学图书馆外景

河北北方学院图书馆

河北北方学院图书馆成立于 2003 年，由原张家口医学院图书馆、张家口师专图书馆、张家口农专图书馆三馆合并而成，三馆分别创建于 1945 年、1956 年、1952 年。2005 年 5 月，总投资 2900 多万元的图书馆新馆开工建设，2009 年 9 月投入使用。新馆为六层全框架结构建筑，馆舍面积 27554 平方米，馆藏纸制型文献 143 万册，年订购中外文现刊 2500 余份，电子图书 200 余万种，阅览座位 2022 席。开架率达到 100%，阅览室开放时间每周 94.5 小时，电子阅览室开放时间每周 101 小时，网站实行 24 小时全天候开放。

学校投资 100 余万元用于图书馆的自动化和网络化建设，配备了多台交换机、服务器、磁盘阵列柜、计算机等。拥有 240 台计算机的电子阅览室，可供广大师生充分利用电子图书、电子期刊、网上信息资源等。实现了图书、期刊采购、分编、流通和数据查询的自动化，形成了以信息服务为中心的全方位、多层次的文献信息服务体系。

◆河北北方学院图书馆外景

辽宁省

朝阳市图书馆

朝阳市图书馆始建于 1959 年 10 月，2010 年 6 月迁入新馆。新馆舍坐落在美丽的凤凰山与凌河水之间的文化广电大厦西部，馆舍面积 8000 平方米，共计 5 层。现有在职人员 43 人。设有采编部、辅导部、信息咨询部等 9 个部门。现有藏书 35 万册，现存的《四库全书》及《四库全书存目丛书》（文渊阁影印本）是镇馆之宝，目前已经建立了完整的馆藏文献数据库。新馆开馆后基本实现文献采访、编目、流通、检索及办公自动化，设立的 13 个服务窗口全部免费开放，除了阵地服务外，图书馆还积极走出馆门，拓展服务范围，延伸服务触角，为朝阳的科学发展、创新发展、和谐发展、跨越发展做贡献。

◆朝阳市图书馆外景

辽阳市弓长岭区图书馆

弓长岭区图书馆位于辽阳市弓长岭区文化中心三楼，弓长岭区政府南面。弓长岭区图书馆成立于 1986 年，2008 年重建，是集少儿阅览室、成人阅览室、外借书库于一体的综合性图书馆。占地面积 2000 平方米，成人阅览室面积 348.15 平方米，少儿阅览室面积 196 平方米，书库 177.38 平方米。馆内藏书约 3 万余册。可同时容纳数百余人在此阅读、学习。图书馆采取开架式借阅，全面使用电子借阅系统，读者还可以利用电子触摸屏多种方法查阅图书。

每年图书馆在 4·23“世界读书日”、“六一”儿童节等举办多种形式的读书活动。

◆辽阳市弓长岭区图书馆整体效果图

辽阳市宏伟区图书馆

2007年年末，辽阳市宏伟区图书馆新馆开馆，建筑面积2000余平方米，馆内开设了图书借阅室、期刊阅览室、少儿阅览室、电子阅览室等多个对外服务区域。馆藏图书10万余册，每年的订阅报刊、杂志达400余种。电子阅览室购置了24万册电子图书和大量的音像资料。

宏伟区图书馆制定了服务标准和业务规范，采取图书藏、借、阅一体化的开架式服务方式，对读者开展外借、阅览、咨询和图书宣传推荐等工作，充分满足了广大读者读书求知的需求，受到了广大读者的好评。图书馆举办规模大、影响广的宣传活动以及相约图书馆、新书展览、专家讲座、读者征文等内容丰富、形式多样的读者活动。

◆辽阳市宏伟区图书馆位于综合楼内

吉林省

长春图书馆

长春图书馆的历史最早可追溯至1910年，现有总馆及铁北分馆两处馆舍。总建筑面积3.3万平方米，其中总馆于1992年建成，位于市中心文化区域，面积2.5万平方米；铁北分馆于2008年建成，位于市郊北部新城，面积8027平方米。现有馆藏纸制文献200余万册（件）、数字化资源16TB。文献以中文资源为主体，以外文（英、日）资源为辅，以多种载体为内容，以数字资源为方向，以伪满文献及各种文库为特色。总、分馆对外开放22个阅览室、8个自修室、4个开架书库以及八角书屋、会展中心、文献信息咨询服务中心、多媒体网络服务中心等，年接待读者近200万人次。积极探索总分馆制发展模式，创办“城市热读”系列讲座，开通长春网络图书馆，创建并推进未成年人思想道德建设工程等，深受社会各界好评。

◆长春图书馆铁北分馆馆舍

连续四次被文化部评定为“一级图书馆”，先后获得“全国文化工作先进集体”、“全国读者最喜爱的公共图书馆”等荣誉称号。2010年长春图书馆的“未成年人思想道德建设工程”项目荣获文化部第十五届“群星奖”。

上海市

上海市闵行区图书馆

闵行区图书馆位于名都路 85 号春申文化广场内，建筑面积 15500 平方米。2007 年 7 月动工兴建，2010 年起对外开放。馆藏资源以地方文献与非物质文化遗产文献为特色，馆藏图书 52 万册，报刊杂志 1000 余种。其中新刊古籍万余册，英日韩原版书籍万余册，近代文献近千册，并向读者免费提供百余种电子文献资源。除了开展报刊阅览、少儿借阅、成人借阅等常规服务，另设有外文阅览室、古籍阅览室、春申文化阅览室、非物质文化遗产阅览室等特色区域；图书馆网站除了提供书目查询、续借、在线咨询等常规服务外，还建立数字图书馆，另辟有闵图书芯博客、黄浦江人文热线等多种特色数字资源。

连续两次在全国公共图书馆评估等级中被评为“一级图书馆”，获得 2007—2008 年度上海市优秀青年志愿服务集体等荣誉。

◆上海市闵行区图书馆少儿阅览室

上海市虹口区图书馆

2010 年 12 月 28 日，位于水电路 1412 号的虹口区图书馆新馆正式对外开放，总建筑面积约 7250 平方米。至此，虹口区完成了公共图书馆服务“点”的布局。建于江湾、凉城地区的新馆改变了虹口区北部地区公共文化服务设施缺乏的状况，基本满足了周边地区近 40 万市民的阅读需求和文化活动的需要。虹口市民对于图书馆的利用率和喜爱程度节节攀升。

◆上海市虹口区图书馆阅览室

浦东图书馆

浦东图书馆2010年建成，当年夏天对市民开放。新馆占地面积约3公顷，总投资8.5亿元，总建筑面积60885平方米，藏书容量200万册，阅览座位约3000个，日接待读者能力8000人次。新馆建筑造型为简约、大气的矩形体块，分为地下两层和地上六层，建筑总高36米。

◆浦东图书馆普通文献借阅室

江苏省

金陵图书馆

金陵图书馆是南京市立图书馆，创立于1927年。位于建邺区乐山路158号的新馆2005年开工建设，经国际规划设计方案招标评选确定采用东南大学建筑设计院的“琢石成玉”设计方案，2009年建成交付使用，2010年10月18日举行开放仪式，馆址占地面积38641平方米，总建筑面积25125平方米，内设阅览座位1375个，并有报告厅、多功能厅、展览厅等配套服务设施。

◆金陵图书馆报告厅

2009年，作为副省级城市图书馆，被文化部授予一级图书馆称号。“金图讲坛”数十年来孜孜以求的面向市民大众开展公益性知识讲座，拓展了图书馆延伸服务的领域，2010年荣获文化部颁发的“群星奖”这一文化服务领域政府最高奖。2010年6月，被国务院授予第三批“全国古籍重点保护单位”。

◆金陵图书馆广场

扬州市图书馆

扬州市图书馆原名苏北图书馆，1950 年创建。新馆于 2010 年 9 月建成开放，现址位于文昌西路 466 号，为地级市国家一级图书馆。建筑面积 16700 平方米，阅览座位 800 个，网络节点 1000 多个。设有视障阅览室、纸质文献、电子文献借阅大厅、报告厅、展览厅等服务设施。馆藏各类文献约 80 余万册（件），其中古籍 13.2 万册，列入“全国善本书目”的有 250 部 5531 册，入选《国家珍贵古籍名录》的为 73 部，以较为丰富的文史资料和扬州地方文献藏书为特色。

◆扬州市图书馆建筑外景

市图书馆的建设融合了计算机技术、数字网络通讯、无线覆盖、多媒体展示等高科技手段，拥有包括电子图书、期刊、动漫、学术论文数据库、随书光盘在内的多种数字化信息资源，并可通过触摸屏查阅国内发行的近 200 种电子报纸，实现 RFID（无线射频识别）系统的应用，通过自助借还设备为用户提供快捷、方便的借阅服务。同时，VOD 影视点播、大屏显示系统现场直播和互联网直播等多种手段全方位为用户提供多媒体信息资源，体现了科技建馆的建设初衷，“流动图书馆服务大巴”是延伸服务、社区服务的主要举措，体现了城市公共图书馆先进的服务理念。

高邮市图书馆

高邮市图书馆新馆坐落于海潮大桥北侧邮都文化广场内，毗邻盐河风光带。新馆于2006年开工建设,2007年10月投入使用,建筑面积3800平方米。新馆建筑造型呈扇面形,与周边的高邮市文广新局、高邮市文化馆等建筑相互映衬，充分展示了现代公共文化服务体系建筑的理念。图书馆内部装修清新、简洁、明快，采用了现代化的技术装备,配备了防火、防盗报警监控系统以及高清晰度、高保真的声像系统。新馆一共四层,分为三大区域,即读者服务区、办公区和藏书区。实施全方位的开放性服务、人性化服务,着力体现城市公共图书馆的服务能力。

◆高邮市图书馆外景

吴江市图书馆

吴江市图书馆始建于1917年。2006年,面积达14000平方米的新馆落成开放。拥有藏书55万册,工作人员57人,其中大专以上学历占95%。自2006年起率先实行免费借阅,2009年又率先推出了全免费的少儿借阅制度。曾先后荣获两次全国文明图书馆、五次省文明图书馆、五次省文明单位、全国巾帼文明岗、全国古籍重点保护单位、2009年“全民阅读先进单位”等荣誉称号,并分别在第三、四次全国公共图书馆评估定级中被评为一级图书馆。

◆吴江市图书馆外景

吴江市图书馆的市、镇、区三级服务网络建设也卓有成效,22个分馆、11个图书流通服务站相继建成。同时,全国文化资源信息共享工程支中心和22个基层服务点也全面建设完成并升级达标,实现了镇、村文化共享工程基层服务点的全覆盖。面对不同的读者群开展了一系列的读书活动。

淮安市少儿图书馆

淮安市少儿图书馆是淮安市关心下一代工作委员会于2008年底创建的独立建制儿童图书馆。馆舍是原建筑基础上经过改扩建而成的。图书馆设有借书处、报刊图书电子综合阅览室等，有可供儿童艺术培训和老年朋友上老年大学用的20多个教室、多功能报告厅和活动场地。图书馆现在拥有2.46万种、5.8万册图书，20种报纸，150余种杂志，120多个阅览坐位，60多台电脑，10个乒乓球台等。每周56小时开放，实行图书藏、查、阅、借一体化的全免费服务。读者还可以通过图书馆建立的网站，在家里进行图书续借、网络咨询、了解图书馆信息。

◆淮安市少儿图书馆外景

图书馆在做好读者服务的同时，还积极延伸于儿童的素质教育服务，举办各种兴趣班、各种比赛，开展丰富多彩的活动。除此，还延伸到老年朋友的老有所乐服务，为他们提供学习、交友、娱乐健身的活动场地。

金湖图书馆

金湖图书馆新馆于2002年1月破土动工，2005年12月建成投入使用，总投资800万元。新馆址位于县城黄金地段健康西路3号，建筑面积4145平方米，设计藏书量40万册，读者座位500多个。主体为五层全框架结构，造型别致，风格独特，为金湖县一座具有现代化水平的文化标志性建筑。新馆由文献借阅区、办公培训区、会议展览区、多功能报告区等部分组成。现有藏书14万余册，电子图书万余册，年订期刊600多种，报纸100余份，提供《四库全书》等精品藏书和历史古籍供学者研究。重视地方文化的挖掘与传承，建有金湖地方文献书目数据库等。平均年接待读者10万人，组织读书活动20次。历年被市县局评为基层文化工作先进集体。2009年被江苏省妇女联合会授予2007—2008年度“巾帼文明岗”称号，2006年、2010年连续获得“江苏省文明图书馆”称号，2009年被评为一级图书馆。

◆金湖图书馆外景

宿迁市图书馆

宿迁市图书馆是一家地市级公共图书馆，也是全市最大的公共图书馆。该馆位于宿迁市世纪大道 88 号，市文化艺术中心二楼，建筑面积 23000 平方米（其中图书馆使用面积 6000 平方米）。2006 年 12 月 1 日试开馆，目前馆藏各类图书 12 万多种，报刊 2500 多种 1 万多册（合订本）。开馆以来本着公益性原则，向社会免费开放报刊阅览、综合图书借阅、电子文献阅览、地方文献查询等服务项目。着力打造文化共享工程宿迁支中心这一重点平台，为广大读者提供了大量电子图书、视频资源以及地方特色文化资源等。先后被评为省、市未成年人教育示范场馆、文明服务窗口、创业文化宣传基地和社会科学普及教育基地。

◆宿迁市图书馆所在宿迁市文化艺术中心外景

无锡市崇安区图书馆

无锡市崇安区图书馆成立于 1999 年 4 月，新馆位于人民东路 328 号，2010 年 6 月 1 日竣工，2011 年 2 月正式投入使用。占地面积 5000 平方米，现有藏书 52000 册。新馆拥有一流的图书借阅环境，设有成人借阅室、少儿借阅室、报刊阅览室、电子阅览室等，还有展厅、多功能厅、休闲茶吧、培训中心等配套服务场所和设施，可举办大型讲座报告会、中小型展览、读者互动娱乐等市民喜闻乐见的活动。实行全年无休，免费开放。

◆无锡市崇安区图书馆全貌

江阴市图书馆

江阴市图书馆创建于1936年，新馆于2005年落成开放，占地面积约5100平方米，建筑面积达14300多平方米，设读者座位1200个，多次被评为国家一级图书馆、江苏省文明图书馆，并荣获“全民阅读先进单位”、“书香暨阳”等荣誉称号。

◆江阴市图书馆中厅

江阴图书馆按开放型、综合型、多功能型的现代图书馆要求进行设计，设施完善，设备先进，功能齐全，拥有先进的现代通信设施、微机网络检索、多媒体导读、自动化管理系统。馆内通透大气，宽敞明亮，营造了舒适、优雅、人性化的阅读环境。全年天天开放，积极打造文化服务品牌，大力推进公益化、免费型、零门槛式服务，年接待读者50多万人次，年流通图书40多万册次，着力构建“免费借阅、一卡通行、资源共享、通借通还”的城乡一体化公共文化服务体系，初步实现了“普遍均等、惠及全民”的公共图书馆服务。

◆江阴图书馆外景

无锡市新区图书馆

无锡市新区图书馆位于无锡市新区锡士路民生大厦五楼，建筑面积2500多平方米，投资1300多万元。新区图书馆广泛应用先进科技技术，以实体馆藏与数字馆藏结合，传统服务与网络服务并重，为新区读者提供特色鲜明的服务。现有传统图书2.7万册、期刊270种、报纸80种，此外，还提供110万本电子图书，11万种电子期刊，400多种实时电子报，5678种总长达百万分钟的视频资料，3000多种外文图书，45门课程4万套题库。依托网络通过计算机、手机、e-Book等终端向读者提供随身、随时、随地的资讯服务。应用RFID技术实现自助借还书服务、24小时自助还书服务、自动分检服务等先进的服务模式。

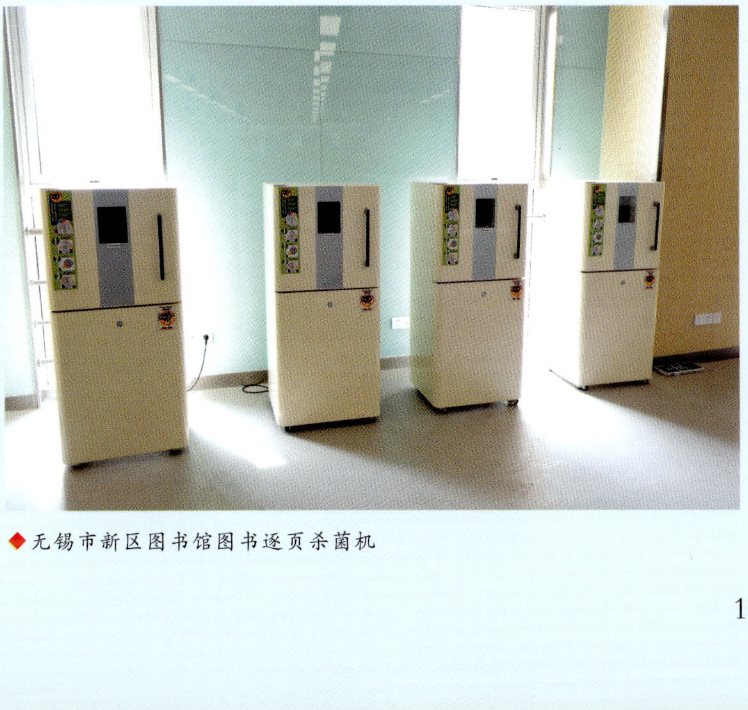
◆无锡市新区图书馆图书逐页杀菌机

南京大学图书馆

◆南京大学仙林杜厦图书馆

南京大学图书馆前身为中央大学图书馆和金陵大学图书馆，迄今已有百余年的历史。2009年9月1日，5.1万平方米的南京大学仙林杜厦图书馆建成并开放。现有纸质馆藏500余万册，其中馆藏古籍线装书近40万册（善本古籍3千余种、3万余册），中外文全文电子期刊4万余种，中外文电子图书237万种，中外文电子硕博士学位论文337万篇，为南京大学的教学科研及学科建设提供了强有力的文献资源保障。作为首批入选“全国古籍重点保护单位”的图书馆，迄今已有35种古籍入选《国家珍贵古籍名录》。图书馆已不仅成为南京大学文献资源的保障中心，而且日益成为南京大学学术与文化的交流中心。

南京大学图书馆作为CALIS华东北地区中心、CASHL华东北域中心、JALIS管理中心、江苏省高校图书情报工作委员会秘书处所在单位，在推进全国高等院校的馆际协作、资源共享、区域数字图书馆建设等方面做出了重要贡献。

东南大学图书馆

东南大学图书馆是我国历史最悠久的大学图书馆之一，其前身是始建于1902年的三江师范学堂藏书楼。2007年3月，随着九龙湖校区李文正图书馆的落成、启用，东南大学图书馆形成了以李文正图书馆为总馆、四牌楼校区馆、丁家桥校区馆为分馆的图书馆体系，整体布局合理，功能齐全，服务功能得到了进一步提高。现有馆舍面积5.78万平方米，总阅览座位5500多席，累计馆藏纸质文献352余万册，中、外文现刊4100多种；中、外文数据库95种，含电子图书140.51万册，电子期刊3.1万种。各个校区分馆实行统一的开放制度，每周开馆时间达98小时。

教育部在东南大学图书馆设有“教育部科技查新工作站”和“教育部外国教材中心（土木建筑和力学类）”。同时，还是CALIS（中国高等教育文献保障系统）成员馆和JALIS（江苏省高等教育文献保障系统）成员馆。东南大学图书馆还设有图书馆学情报学一级学科硕士点，承担教学和人才培养工作。

◆东南大学李文正图书馆

江苏大学图书馆

江苏大学图书馆新馆由同济大学设计院设计，新馆工程总用地面积 24850 平方米，总建筑面积 43969 平方米，其中地上六层、半地下一层，建筑总高度 35.7 米。设计总藏书量约 240 万册，可提供阅览座位约 4000 个。新馆从 2007 年 7 月开始开工，2010 年 9 月启用。新馆设计总体遵循人性化、生态化、开放性、发展性的指导思想，地处校园主轴线的北端，正对校区主入口的景观大道，是学校重要的标志性建筑。新馆由检索厅、自然科学图书借阅室、电子阅览室、江大文库等构成。有数据点约 1500 个，实现无线网络全覆盖。

◆江苏大学图书馆外景

浙江省

宁海县图书馆

2010 年 5 月 28 日，宁海县图书馆新馆正式开馆。新馆位于宁海县柔石公园西南侧，于 2008 年 6 月奠基，规划用地 8360 平方米，建筑总面积 5000 多平方米，总投资 1400 万元。新馆带有强烈的人文色彩，充分体现园林特色，是宁海县重要的文化标志性建筑之一。新馆功能齐全，设有图书外借室、报刊阅览室、电子阅览室、参考咨询室、宣传辅导室、少儿借阅室、信息服务部、自修室等。另设报告厅，可以开展学术讲座、名人报告会、读书活动等。是集藏书、阅览、展览、办公、培训、交流为一体的综合性多功能建筑，具备信息处理、服务、教育、网络传输和城市审美功能。实行自动化管理，并与宁波各公共图书馆联网，实现一卡“通借通还”，让读者尽享“一卡在手、全市通用”的便捷服务。

◆宁海县图书馆正门

常山县图书馆

常山县图书馆新馆阅览室、外借部于 2010 年 9 月 7 日正式对外开放。常山县图书馆位于人民路南端（文峰广场西侧），占地面积 628 平方米，建筑面积 2741 平方米。设有办公室、采编部、流通服务部（古籍室、地方文献库、外借部、阅览室）、信息技术部（共享工程县级支中心、电子阅览室、多媒体室）等部门，阅览座位 209 个（其中少儿 48 个），电脑 46 台。藏书 16 万册，其中中文平装新旧图书 15 万册，线装图书 2000 册，古籍 3268 册，中文期刊 260 种、5000 多册（合订本），中文报纸 60 种、2000 多册（合订本）。

◆常山县图书馆外景

瑞安市图书馆

2010 年 12 月 30 日，备受市民关注的瑞安市图书馆新馆举行了隆重的开馆庆典，并正式向外界开放。新馆位于瑞安市文化艺术中心（南端），总建筑面积为 11829 平方米，分地上四层、地下一层。新馆实行全开架、智能化、网络化管理，设计馆藏容量 50 万册（现有藏书量 24.6 万册），阅览座位 1000 个，网络节点 500 个，是集文化、科研、教育、休闲为一体的大型综合性社会公益机构。新馆耗资 70 余万元引进 RFID 智能标签管理系统，实现图书的精确定位、读者自助感应借还图书、图形化界面引导查询等功能，成为国内首个引进并较为全面实现该项技术的县级图书馆。

◆瑞安市图书馆外景

安徽省

安徽工业大学图书馆

安徽工业大学图书馆由校本部图书馆和东校区图书馆组成，总建筑面积 61000 平方米，馆藏纸质图书 160 余万册，电子图书 72 万余种，中外文数据库 43 个（其中中文数据库 15 个，外文数据库 28 个），自建钢铁冶金特色数据库及本校硕士学位论文全文数据库。年订购中外文纸本期刊 1500 余种，新增纸质图书近 10 万册。

东校区新图书馆建成于 2010 年 11 月，2010 年 12 月 26 日对外开放。新馆由华南理工大学设计院设计，建筑面积 44000 平方米，共七层。主体阅览室位于二一六层，七层为现代教育技术中心。设有 18 个阅览室，2 个自修室、4 个研究室、2 个学术报告厅，设计藏书 140 万册，现有藏书 90 余万册，阅览座位 3500 余席。二至六层大厅及各阅览室均配备书目检索用机，库室及公共区域设有有线上网接入点并提供无线上网服务。

◆安徽工业大学图书馆新馆外景

阜阳师范学院逸夫图书馆

阜阳师范学院逸夫图书馆新馆于 2010 年 8 月底正式启用。2010 年 10 月通过教育部专家组评审验收，同时荣获教育部港澳台事务办综合评比三等奖。该馆位于阜阳师范学院西湖校区主轴线的中心位置，建筑总面积为 44000 平方米。按照藏阅一体的模式进行布局，满足读者多种功能需求。具有网络化、开放式、多功能等特点。

◆阜阳师范学院逸夫图书馆外景

合肥学院图书馆

合肥学院南艳湖校区图书馆新馆总建筑面积为4.1万平方米，为地下一层和地上五层的长方型建筑，单层面积大，建筑外型庄重典雅，具有突出的徽文化氛围特色，主体建筑与周围环境协调一致，成为该院标志性建筑。设置图书和期刊阅览室6个，学生自修室3个，读者教育培训室1个，个人研究室14个，团队研究室11个，总阅览座位3000余座，340座和180座的学术报告厅各1个。该馆为真正体现"以人为本"的人性化服务理念，采取藏中有阅、阅中有藏、藏阅合一的"藏、借、阅"一体化管理模式和"人、机、书"合理化布局。

◆合肥学院图书馆外景

福建省

厦门市海沧区图书馆

海沧区图书馆于2004年6月批准设立，原机构名称为厦门市海沧区文化图书馆，2005年5月开始筹建，馆址设在海沧生活区沧虹路325号，面积约1200平方米，于同年7月29日正式对外开放。2007年5月正式批准设立"厦门市海沧区图书馆"，加挂"厦门市海沧区少年儿童图书馆"，同年10月馆舍迁移到新落成的滨湖北路15号区文化中心，11月9日启用新馆。

◆厦门市海沧区图书馆外观

海沧区图书馆共三层，面积达到6400平方米以上，现有藏书15余万册、报纸60余种、期刊300余种、电子图书23万册。馆内有阅览座席393个，少儿阅览座席64个，可供读者使用的计算机54台，书架单层总长度4383米。馆内设有报刊阅览区、电子图书阅览区、文化共享阅览室等13个读者服务窗口。图书馆采用开放灵活的"藏、借、阅、查"一体的服务模式，为满足各位读者学习和阅读的需要，提供优质的文献信息服务。2010年1月在文化部第四次公共图书馆评估定级中首次荣获"一级图书馆"称号。

晋江市图书馆

总投资7852万元的晋江市图书馆新馆于2007年12月5日正式在晋江文化中心落成开馆。该馆建筑面积达1.8万平方米，藏书100万册、电子图书50万种，规模居福建公共图书馆第三位，成为侨乡晋江文化建筑的新标志。新馆功能设置一层为检索、儿童阅览、期刊阅览、自学部、采编部等；二层、三层为多媒体电子阅览室；四层为书库。相比旧馆，新馆凸显数字化、智能化、人性化服务，尤其是增加电子检索功能，读者在家通过互联网就可以检索该馆的图书资料，大大方便了读者。

◆晋江市图书馆外景

◆晋江市图书馆学术报告厅

福州大学旗山校区图书馆

福州大学旗山校区图书馆于2006年3月落成并投入使用，总建筑面积为35500平方米。馆舍坐落于福州大学新校区中心区，是新校区的标志性建筑，呈正方形，于2008年喜获“中国工程建设鲁班奖”。图书馆主楼（南楼）地上为五层。一层分布有校史馆，目前已对全校师生开放；一层的明德厅和博学厅两个报告厅布置整齐，美观大方，可容纳800余人的会议要求，是福州大学召开会议的首选场所。二层为图书馆大厅和行政办公区域，其中大厅设有大门禁系统、自助借还机、总咨询台、出纳台、期刊阅览室。三至五层为图书馆藏书阅览区域，同时对馆内周边位置合理利用，布置有学生研究室。图书馆北楼四层结构。二楼平台设有读书生活吧，内部主要为电子阅览室；三楼、四楼设有主机房、研究室、会议室，其他为图书馆各部门办公室。

◆福州大学旗山校区图书馆外景

集美大学陈延奎图书馆

集美大学陈延奎图书馆是由旅菲晋江乡贤陈永栽博士以其父亲名字创办的陈延奎基金会捐建，于2007年9月建成，11月投入使用。总建筑面积约2万平方米。馆舍坐落于荣获新中国成立60周年"百项经典暨精品工程"的集美大学新校区，尖顶红墙，设计风格融合了嘉庚建筑的特点，美观大方，端庄稳重，与集美大学新校区建筑群的格调和谐统一。

陈延奎图书馆为五层框架结构。其中，二至五层为图书馆，统一层高、统一柱网，形成大开间的格局；采用智能化综合布线系统，并安装了安全监控系统、消防报警装置和中央空调。该馆整体布局合理，功能齐全，采用更具人性化的大门禁管理系统，兼具灵活性、开放性和先进性，为读者提供了良好、舒适的借阅环境，并能适应现代化管理的需要。

◆集美大学陈延奎图书馆效果图

华侨大学厦门校区郑年锦图书馆

华侨大学厦门校区郑年锦图书馆总面积3.2万平方米，分二期建设。一期馆建筑面积14639平方米，于2008年9月落成；二期馆建筑面积17560平方米，于2010年11月落成。

郑年锦图书馆由印尼著名侨领、华侨大学董事会副董事长、印尼马龙佳集团董事长郑年锦先生捐资200万美元兴建。五层框架结构，建筑理念充分体现中国传统的"天圆地方"文化。内部采用大空间、通透布局，以满足现代图书馆藏阅合一、人书交融、大流通、一门式的先进管理模式的实现。大楼内将可实现无线上网、自助借还、自助打印，以及中央空调、广播系统、安全监控等的系统集成。是一座多功能、现代化的新型图书馆。

◆华侨大学厦门校区郑年锦图书馆夜景

江西省

上饶市图书馆

上饶市图书馆于 2005 年 11 月建馆，现馆舍建成于 2009 年 10 月，建筑面积 1.5 万平方米。其中，图书馆借阅区（厅）8 个，期刊、报纸阅览区（厅）5 个，读者友谊厅（室）2 个，共计座位数 560 个，书库面积 800 平方米。电子阅览厅 1 个（可供 200 人）；多功能视频厅（室）1 个，310 人位报告厅 1 个。藏书总量 89529 册，地方文献 189 册。年财政拨款 215 万元，年报刊经费 15 万元，维护费 40 万元。

◆上饶市图书馆外景

吉安市图书馆

吉安市图书馆老馆于 2007 年拆除，2008 年 12 月 18 日在吉安市城南新区新建了一个现代化的图书馆，2010 年 6 月 30 日基本建成，并对外开放了报刊阅览室和儿童阅览室。新馆建筑面积 11000 平方米，设有主楼和附楼。主楼面积 6000 平方米，设有报刊阅览室、儿童阅览室、电子阅览室、外借书库、参考咨询室、期刊室、样本书库、古籍书库、展厅、报告厅、影像室、地方志书库等。附楼面积 5000 平方米，设有培训教室、视听室、馆长室、采编部、研究辅导部等。阅览室座位数 600 个。现有藏书 26 万册，其中古籍 15000 册，善本 1500 册，地方文献 5000 册。2010 年财政拨款 110 万，其中购书经费 20 万元。

◆吉安市图书馆外景

抚州市图书馆

◆抚州市图书馆外景

抚州市图书馆建立于1958年，现馆舍总投资4600万元，2007年6月20日动工新建，2008年8月竣工，建筑面积为9610.07平方米，阅览室面积7000余平方米，对外服务窗口有12个科室（部）：报刊阅览室（含残障阅览室）、少儿室、外借室、特藏室、过刊室、捐赠室、电子阅览室、基本书库、参考咨询部、多功能报告厅、书吧、展览厅。共有坐席1000个，书库面积300平方米。馆藏总量为20万册，其中馆藏古籍书2000余册，善本书《群言液》、《苏子瞻》被收入《全国善本书总目》一书中。电子资源总量5TB(包括10万电子图书，“CNKI系列全文数库”的四大库、168个专题)，地方文献藏量1000余册。年财政拨款168万元，其中年购书经费100万元。计算机台数110台，服务器存储量25TB。

湖口县图书馆

湖口县图书馆始建于1932年，新馆于2009年开工建设，建成的新馆总建筑面积为3260平方米，其中阅览室2个，面积320平方米，阅览席位可达300个。县财政拨予图书馆的购书经费为2万元。馆藏总量3万册，其中地方文献近3000册。计算机8台。

◆湖口县图书馆外景

山东省

潍坊市图书馆

潍坊市图书馆新馆位于潍坊市人民广场西南部北海路路东、张面河以南。建筑面积16800平方米，设计藏书容量200万册件;阅览座位2200个。2008年11月,新馆奠基动工;2009年10月,主体完工。新馆总体建筑面积达36000平方米，其中地上建筑面积22501平方米。2010年2月,新馆开始外装修;2010年9月,开始内装修;预计2011年全面验收。基础建设共投资约4.5亿元人民币。

◆潍坊市图书馆新馆效果图

新馆设计遵循“适用、灵活、高效、安全、美观、经济”的原则,严格遵守“规范”对图书馆建筑设计的主要技术内容和参数所作的详细规定,按一级建设标准建设。新馆建筑楼层5层,一层为半地下式,每层高度4.5米,采用全框架、同柱网、同层高、同荷载、大开间的结构形式。根据公共图书馆任务、职能的需要,新馆功能与设施配置分为:文献服务区、文献储备区、读者活动区、地方文献古籍文献区、业务发展区、行政办公区、辅助用房区等。

作为城市文明标志的潍坊市图书馆,其建筑风格具有文化象征意义,集民族风格、地方特色、现代都市特点于一身,体现出潍坊文化的源远流长和鸢都大地的时代气息,并做到新馆与人民广场设计整体审美的和谐统一。

文登市图书馆

2008年7月,文登市民文化中心和博展中心奠基,新的市图书馆位于市民文化中心内。2011年新馆将投入使用。新馆建筑面积8000平方米,高4层,设计藏书量100万册,有阅览席位1000个,布置信息点800多个,拥有RFID智能管理系统、24小时自助图书馆、电子阅报机、动漫点击书等先进设备。目前投入使用的区域有:一层成人借阅区、自助查询区、电子阅报区、休闲阅览区。二层少儿借阅区、报刊阅览区、电子阅览区、古籍阅览区古籍库等。其中,古籍库配备气体自动灭火、水火灾自动报警系统、监控系统、恒温恒湿设备、风淋除尘设备等设施。三层报告厅、参考阅览室等。2011年年底,四层的书库、展厅、培训教室等投入使用后,将成为威海市规模最大、功能最齐全的公共图书馆,也是全省县级建设档次最高、设施最先进的公共图书馆。

◆文登市图书馆位于市民文化中心内

湖南省

衡阳市图书馆

在历时一年多的全面维修改造之后，衡阳市图书馆于 2010 年 1 月 29 日先期开放现期报刊阅览和中文图书外借两个服务窗口，7 月 28 日恢复全面开放。此番重新开馆，服务场地增加了 1000 多平方米，新购图书 20000 多册，基本服务设备全部更新，馆舍条件和学习环境大为改善。该馆还推出多项便民举措，降低服务门槛，馆内阅览实行免费服务，对老年和残疾读者、在校学生等办理借书证给予特别关照。与闭馆前比较，到馆读者人次和文献外借册次均增长了一倍以上，132 座的现刊阅览室常常座无虚席，全年新增持证读者 2300 余人。

◆衡阳市图书馆外观

广东省

广东省立中山图书馆

广东省立中山图书馆是省级综合性公共图书馆。未进行改扩建工程前，位于广州市文明路 213–215 号的总馆，建筑面积 29499 平方米；位于文德路 81 号的文德分馆，建筑面积 6600 平方米。为改善馆舍不足、设施落后的状况，2003 年，图书馆改扩建项目一期工程经广东省政府批准立项，总建筑面积 7.63 万平方米，包括新建 2 层地下车库，改造原图书馆大楼（总建筑面积 31859 平方米），新建 8 层书库大楼（总建筑面积 20859 平方米）。项目总投资 3.3 亿元，是广东省“十一五”规划三大重点文化设施建设及广东省文化事业发展“十一五”规划重大项目之一。工程全部完成后，终极藏书量将达 800 万册，日均接待读者可达 1.5 万人次，成为我国最大的省级图书馆。2010 年 12 月 30 日，广东省立中山图书馆改扩建一期工程竣工正式开馆。

◆广东省立中山图书馆外景

图书馆大楼竣工后充满人文气息、体现绿色生态理念、具有岭南特色。经过对既有建筑节能改造和可再生能源建筑应用，建筑综合节能率可达到68.5%；181kWp太阳能并网光伏发电系统的年发电量可达260000kWh；雨水收集面积达2万平方米，每年可节约用水近2万立方米(约占全年绿化需水量的56%)。通过图书馆特殊的教育和示范育窗口效应，不仅能为公共建筑特别是既有改造的公共建筑提供建筑节能改造的经验，同时也通过图书馆独特的公益宣传教育窗口，将太阳能光伏发电技术用科普的形式广泛地展示给人民群众，取得技术示范和国民教育的双丰收。

◆广东省立中山图书馆鸟瞰图

重庆市

重庆图书馆

重庆图书馆的前身是民国政府为纪念在世界反法西斯战争中做出重大贡献的美国总统罗斯福，于1947年设立的“国立罗斯福图书馆”，是当时全国仅有的5个国立图书馆之一。

新馆位于重庆市沙坪坝区凤天大道106号，2007年6月建成开放。馆舍面积5万平方米，总投资3亿元人民币，有阅览座位3000个，信息点1500个。由美国PEA公司设计，曾获得当年美国图书馆设计奖。内设有中文图书、报刊、地方文献、民国文献、古籍、联合国文献、外文文献、电子文献、视听资料及为少儿读者、视障读者设立的服务窗口共19个，还配备了416个座位的学术报告厅，200个座位的多功能厅，800平方米的展览厅及11间教室。全年365天开放，日均接待读者3000人次。作为重庆市中心图书馆，该馆在第四次公共图书馆评估定级中，获评“国家一级图书馆”，同时还肩负全国文化信息资源共享工程重庆分中心、重庆市古籍保护中心的重任，承担对全省公共图书馆的业务辅导及重庆图书馆学会日常工作。

◆重庆图书馆外观

◆重庆图书馆报刊阅览区

云南省

红河哈尼族彝族自治州图书馆

红河哈尼族彝族自治州图书馆成立于 1984 年 5 月 23 日，2003 年 11 月新馆建成，2005 年 7 月开馆服务。新馆位于云南省蒙自市天马路 63 号，占地面积 3014 平方米，建筑面积 7265 平方米，总投资 2400 万元，是红河州重要的知识信息资源中心，也是实施全民再教育、建立学习型社会、形成终身学习氛围的重要基地。

红河哈尼族彝族自治州图书馆以数字化图书馆为发展目标、模式和方向，是红河州最大的集文献收藏、借阅、信息咨询、培训教育、学术研究为一体的综合性现代化公共图书馆。以大面积开架阅览、最大限度地满足读者需求为特征，实现藏、借、阅、咨询、管理的一体化，逐步实现免费开放。

◆红河哈尼族彝族自治州图书馆外景

普洱市图书馆

普洱市图书馆（原思茅地区图书馆）成立于 1979 年，原馆址位于原思茅市凤凰路 52 号（现普洱市茶城大道 62 号），2003 年因城市规划，迁至普洱市茶苑路 35 号，2010 年政府统一规划，在普洱市滨河路文化中心内再次建盖新馆，新馆建筑面积为 6728 平方米，已完成搬迁工作进入内部整理，预计 2011 年 7 月正式对外开放。

◆普洱市图书馆外景

文山州图书馆

◆文山州图书馆外景

文山州图书馆成立于1979年8月，全馆现有汉、壮、彝、白4种民族31位工作人员。文山州图书馆新馆于2008年7月投入使用，占地25亩，建筑面积10545平方米，总投资2700万元，藏书规划为100万册；内设有全国文化信息资源共享工程电子阅览室、图书流通室、报刊阅览室、期刊外借室、地方文献室、少儿阅览室、自修室、学术报告厅、展览厅、会议室、语音教室、读者服务部、读者休息厅等多种公共服务设施，集借阅、参观、学习、交流、展示、鉴赏、休闲于一体，全面满足读者需求。新馆内共设阅览席500个，其他座席500个，可同时接待读者1000多人。

陕西省

三原县图书馆

陕西省三原县图书馆成立于1979年，先后位于城隍庙、新合巷、宴友思大街，2008年迁入政府广场东侧三原县政府科技大楼，馆内面积3000平方米，是一所开放式、公益性、现代化的综合性公共图书馆。三原县图书馆目前藏书8万余册，其中中文普通图书6万余册、线装古籍近3万册、报刊300多种、地方文献200多种，馆内设图书外借室、报刊阅览室、少儿阅览室、地方文献阅览室、电子阅览室、多功能讲座室、古籍文献特藏室、历年报刊资料室、采编室、辅导培训部等部门。

◆三原县图书馆外景

宁夏回族自治区

宁夏图书馆

宁夏图书馆新馆是由宁夏回族自治区政府投资 2.4 亿元，历时两年兴建而成，于 2008 年 8 月起试运行，2009 年 1 月 9 日，正式向社会读者开放。新馆占地 33134 平方米，总建筑面积 33242 平方米，阅览座位 1500 个，网络信息点位 1300 个，设计藏书定量 300 多万册（件），年接待能力 36 万人次。新馆设有图书外借处、青少年阅览室、电子阅览室等服务设施，采用智能化“一卡通”管理方式，向读者提供“一站式”及多样化信息服务，365 天“全天候”向读者开放。在办公管理和业务自动化基础上采用多种先进的网络数字通讯技术及多媒体技术，建立了功能强大的数字图书馆存储、加工、管理、服务体系，通过数字图书馆计算机网络向广大读者提供服务。

◆宁夏图书馆夜景

◆宁夏图书馆大厅

宁夏医科大学图书馆

宁夏医科大学图书馆新馆于 2007 年 9 月建成投入使用。现馆舍面积为 19924.66 平方米，分为新校区逸夫图书馆和双怡校区图书馆，设有办公室、采编部、流通部、期刊部、技术服务部等部门。馆藏纸本图书 46 万册，电子图书 11 万种，各种数据库 16 种。现有阅览座位 2000 多个，实行藏、借、阅、咨一体的全开架服务模式，阅览室每天开放 12 小时，自修室开放 15 小时，互联网 24 小时畅通。图书馆坚持“读者第一　服务育人”的服务理念，针对教学和科研，在提高传统的书刊借阅服务质量的同时，积极开展文献检索、定题服务、科技查新、原文传递及学科服务等参考咨询服务。

◆宁夏医科大学图书馆外景

宁夏师范学院图书馆

◆宁夏师范学院图书馆外景

宁夏师范学院图书馆经过几年的筹备、建设，于2010年向读者开放。新馆建筑面积1.5万平方米，设计藏书量100万册，共有1200个阅览座位。采用计算机化管理，实行全开架服务。现有馆藏图书80余万册（含电子图书40万册），普通期刊603种，电子期刊7342种及硕士博士论文数据库。从2005年开始，年购书经费增长至100万元，年进书量在平均每个学生4册基础上逐年增长。馆内设图书阅览室（开架流通书库）8个，每室（库）收藏约15万册书籍，实行分借总还的管理办法，全方位地为读者提供检、阅、借一体化的全开架服务方式。电子阅览室为读者提供数据库检索服务、电子图书期刊阅读下载服务、图书馆管理系统查阅服务和Internet服务，是集电子型文献（如磁盘、光盘、网络服务等）阅览、咨询、培训、服务为一体的现代化多功能阅览系统。图书馆目前主要的服务项目包括借阅服务、网络服务、打印复印服务、书目查询服务、检索培训服务。每天到馆读者约1000余人次。2006年建成馆藏书目数据库，实现了校园网内公开查询。

吴忠市图书馆

◆吴忠市图书馆外景

宁夏吴忠市图书馆新馆2007年7月动工兴建，2009年4月竣工交付使用，是宁夏回族自治区五十大庆献礼工程。总投资3.8亿元，建筑面积9024平方米，设计年接待读者42万人次，藏书量76万册。馆内设有借书处、地方文献及参考咨询部、期刊借阅室等读者服务部门；设有查询终端，满足读者检索、查询、续借图书等多种需求。使用DLIBS集群数字图书馆系统，读者办证、借阅、检索均使用电子计算机操作，有独立的机读目录数据库。新建网站结构合理、操作简便，界面优美，更新速度快，与业务自动化系统对接，可以查找政府相关政务信息，并实现了与宁夏图书馆的数字资源链接，方便读者直接在线阅读。

军队院校

◆炮兵学院图书馆

◆国防科技大学一号院校中心馆

◆南京陆军指挥学院图书馆

◆炮兵学院南京分院图书馆

◆军事经济学院图书馆

◆海军工程大学图书馆

◆空军工程大学图书馆

◆空军航空大学图书馆

◆第二炮兵工程学院图书馆

◆中国人民解放军电子工程学院图书馆外景

中国人民解放军电子工程学院新馆大楼，坐落在学院核心教学区内，周围绿树成荫，草地环绕。新馆 2009 年 8 月开工建设，2010 年 8 月竣工，进行内部装修，2010 年 12 月底投入使用。

新图书馆大楼为五层结构，高 24 米，馆舍面积 13500 多平方米，设有期刊阅览室、过刊阅览室、社会科学阅览室、自然科学阅览室、学科资料室、原生文献阅览室、电子阅览室等 12 个阅览室，阅览席位 1078 个，其中电子阅览席位 166 个。

新图书馆以图书馆文献信息加工、检索、阅览、特色文献服务、学员自修等功能为主，兼备学术交流、计算机网络服务与管理等功能。图书馆实行藏、借、阅一体的开放式管理模式，馆藏容量为 60 万册。

图书馆活动集锦

◆1 月 21 日至 22 日国家图书馆“十二五”规划座谈会在京召开

◆3 月国家图书馆为全国“两会”服务

◆3 月 24 日“县级数字图书馆推广计划”灾区援建仪式在四川省北川县举行

◆4 月 23 日国家图书馆在总馆北区广场隆重举行“源远流长的中华典籍”大型广场活动

◆5 月 11 日国家图书馆数字资源征集工作研讨会在北京召开

◆7 月 2 日李岚清同志参观“国家珍贵古籍特展”

◆6 月 11 日国家图书馆国情咨询顾问委员会第一次会议召开

◆7 月 19 日全国政协副主席兼秘书长钱运录同志一行 60 余人参观“国家图书馆立法决策服务成就展”

◆8 月 12 日全国人大常委会副委员长兼秘书长李建国同志一行 60 余人参观“国家图书馆立法决策服务成就展”

◆8 月 20 日“新疆历史文献暨古籍保护成果展”在新疆维吾尔自治区博物馆开幕

◆8 月 20 日中国国家数字图书馆新疆维吾尔自治区分馆开通

◆8 月 22 日全国人大常委会副委员长、民革中央主席周铁农担任“百年辛亥专题研究系列讲座”首讲嘉宾

◆9 月 8 日由国家图书馆主办的“国家数字图书馆推广工程座谈会”在北京召开

◆9 月 9 日至 10 日第五届中美图书馆合作会议在北京召开

◆11 月 26 日“国家行政学院、国家图书馆合作协议签署暨国家图书馆国家行政学院分馆”揭牌仪式在北京举行

◆10月21日—22日由国家图书馆举办的“全国图书馆少儿服务工作座谈会”在北京召开

◆1月12日—15日中国图书馆学会秘书长联席会议暨《中国图书馆年鉴》培训班在厦门集美召开

◆4月9日—10日中国图书馆学会阅读推广委员会全体委员第一次工作会议暨第四届全民阅读论坛在深圳图书馆举办

◆4月20日“手牵手——农村青少年阅读行动”启动仪式在北京举行

◆4月23日“全国少年儿童阅读年”在湖南长沙举办嘉年华活动

◆4月23日第三届中国建筑图书奖颁奖典礼暨第五个中国文化遗产日活动在北京举办

◆5月12日—15日中国图书馆学会第三届百县馆长论坛在江苏江阴市召开

◆7月26日2010中国图书馆学会年会开幕式为“全国图书馆志愿者行动”专家志愿者颁发荣誉证书

◆7月27日2010中国图书馆学会年会闭幕式文艺演出

◆10月30日—31日中国图书馆学会阅读文化研究委员会工作会议在山东省图书馆召开

◆2月3日首都图书馆与北京市科学技术情报研究所合作协议签字仪式举行

◆2月11日首都图书馆“城市街区自助图书馆”开始试运行

◆5月28日首都图书馆收容教育所分馆启动仪式在北京市公安局收教所举行

◆6月8日海淀区图书馆在科技园核心区建立图书馆流动站

◆8月6日日本涩谷区友人向西城区图书馆赠书

◆11 月 12 日打工子弟参加首都图书馆少儿读书活动

◆9 月 29 日首届全国“夏青杯”朗诵大赛北京赛区决赛在东城区图书馆举行

◆5 月 11 日—13 日 2010“中美图书馆员专业交流项目·天津市图书馆系统高级研修班”举办

◆河北沧州图书馆新馆奠基仪式于 7 月 2 日隆重举行

◆山西省委副书记、省长王君视察调研山西省图书馆

◆8月2日—5日“2010全国图书馆志愿者行动——辽宁省县区图书馆馆长培训班”举办

◆4月23日葫芦岛首届读书节举办

◆5月27日吉林省图书馆开展“希望工程　爱心助学”捐赠活动

◆长春市委副书记、市长崔杰参观《长春图书馆百年》大型图片展

◆4月23日“城市，让残疾人生活更美好——上海残疾人读书活动”启动仪式在上海图书馆举行

◆4 月 21 日文化共享工程“学双百 读好书 迎世博”主题活动在上海举办，文化部社会文化司司长于群为文化共享工程中共“一大”会址纪念馆基层服务点揭牌

◆6 月 23 日五省(区)图书馆学会第十二届学术研讨会在四川成都召开

◆11 月 17 日—19 日江苏省高校图工委情报咨询专业委员会 2010 年学术年会在河海大学召开

◆4 月 17 日杭州图书馆举办 2010 年全城朗读接力活动

◆12 月 21 日浙江图书馆建馆 110 周年主题展开幕式举行

◆11 月 4 日浙江省图书馆学会举办“图书馆文化思辩会”

◆4 月 23 日安徽省第二届“读书乐”艺术摄影比赛优秀作品展开幕式

◆江西省委书记苏荣关注江西省图书馆两会服务

◆江西省图书馆举行 4·23“世界读书日”系列宣传活动

◆2010 中美图书馆员专业交流项目山东图书馆馆长高级研修班美方专家组

◆12 月 7 日山东数字图书馆建设专家研讨会召开

◆淄博市图书馆援建农家书屋

◆湖南省图书馆学会、湖南图书馆于 4 月在长沙举办为期 12 天的“全省图书馆员业务培训班”

◆8 月 5 日—6 日湖南图书馆组织召开湖南省市(州)公共图书馆(中心馆)馆长会议

◆10 月 15 日厦门市图书馆学会召开 2010 年学术年会

◆10 月 19 日福建省图书馆学会 2010 年学术年会在武夷山市召开

◆福建省图书馆学会第八次会员代表大会合影

◆1月3日泉州市图书馆参加图书下乡服务

◆7月15日晋江市图书馆举办“中德文化交流——儿童阅读在德国”报告会

◆7月30日至8月1日“志愿者行动”福建省公共图书馆馆长培训班在福州举行

◆8月1日福建省文化厅为荣获国家“一级图书馆”的部分县市图书馆授牌

◆10月12日—15日西北五省(区)图书馆第十次科学讨论会在兰州召开

◆4月16日2010年甘肃省高校图工委委员馆馆长工作会议在甘肃政法学院召开

◆6月19日甘肃省图书馆学会第七次会员代表大会在兰州召开

◆6月12日国家科技文献共建共享十周年大会在北京召开

◆6月12日各主管部门领导点击开通国家科技图书文献中心三期网络服务新系统

◆11月17日—18日数字图书馆高层论坛2010年年会在北京召开

◆10月25日—27日“第八届开放获取柏林国际会议”在中国科学院国家科学图书馆举行

◆中国科学院国家科学图书馆与新疆兵团开展文献信息服务合作

◆4月28日中国科学院国家科学图书馆建馆60周年庆祝大会召开

China
Library Yearbook

中国图书馆年鉴 2011 目录

纪 事

关注少儿阅读与少儿服务专题

专 文

图书馆事业

学术研究与活动

法律、法规与政策性文件

专业文献

统计资料

全国图书馆名录

纪　事

纪事

关注少儿阅读与少儿服务专题

国家图书馆少年儿童图书馆暨少儿数字图书馆开馆 刘延东出席仪式并给予充分肯定

5月31日，在“六一”国际儿童节前夕，国家图书馆隆重举行少年儿童图书馆暨少儿数字图书馆开馆仪式。中共中央政治局委员、国务委员刘延东出席了仪式。

文化部部长蔡武、教育部副部长陈小娅、共青团中央书记处书记贺军科、中国关心下一代工作委员会副主任田淑兰、全国妇联书记处书记张静、国家图书馆馆长周和平等领导以及来自玉树灾区儿童、进城务工人员子弟的代表和图书馆界的代表等参加了开馆仪式。

刘延东对国家图书馆推出面向未成年人的服务举措给予充分肯定。她指出，设立国家图书馆少年儿童图书馆和少儿数字图书馆，对于便利少儿读者多读书、读好书，更好地满足未成年人精神文化需求，意义重大，对于全国公共图书馆、少儿图书馆建设具有示范作用，希望国家图书馆发挥行业龙头作用，加强业界合作，引领全国公共图书馆开展未成年人服务。

刘延东强调，各地区和有关部门要进一步加大对公共图书馆、少儿图书馆和中小学图书馆的投入，努力为未成年人提供普遍、均等、公益性的服务，尤其要关注对偏远地区、贫困地区未成年人的服务。要充分利用全国文化信息共享工程服务平台、县级数字图书馆推广计划和各种新媒体，总结经验，完善设施，把对少年儿童的数字化服务拓展到全国。

仪式上，刘延东同志与玉树地震灾区儿童、进城务工人员子弟的代表共同为国家图书馆少年儿童图书馆揭牌并开通少儿数字图书馆。出席仪式的领导还向参加活动的小朋友及北京市海淀区行知实验学校的代表赠送图书，提前向小朋友们致以“六一”国际儿童节的问候。

周和平馆长在仪式上讲话。他说，国家图书馆设立少年儿童图书馆，旨在利用国家图书馆丰富的文化资源，通过多种形式的服务，提高少年儿童的思想道德素质，培养少年儿童的学习能力和创造力，丰富他们的课外文化生活。今天正式开通的国家图书馆少儿数字图书馆是国家数字图书馆建设的重要内容之一。国家图书馆将充分利用“全国文化信息共享工程”、“县级数字图书馆推广计划”，将为少年儿童的数字化服务拓展到全国少儿图书馆、公共图书馆、中小学、社区和农村，为全国少年儿童提供服务。国家图书馆还将充分发挥行业的引领和示范作用，带动全国各级各类图书馆，整合资源，形成合力，大力推动少年儿童文化建设，为少年儿童健康成长提供更多更好的精神文化产品和服务，让图书馆真正成为未成年人思想道德建设的重要阵地，少年儿童的第二课堂，少年儿童的精神家园！

国家图书馆少年儿童图书馆暨少儿数字图书馆开馆仪式由国家图书馆党委书记、常务副馆长詹福瑞主持。文化部社会文化司司长于群、办公厅副主任周广莲，国家图书馆副馆长、党委副书记常丕军，副馆长陈力、张志清、魏大威参加了仪式并陪同参观。

国家图书馆少年儿童图书馆位于总馆北区一层北侧，面积约为650平方米，设有百余个阅览座位。根据少年儿童的阅读习惯与特点，设置了文献阅览区、展示区、主题活动区与数字共享空间四个区域，精心选择了少儿经典图书、近年新出版的期刊、报纸等少儿读物以及参考工具书2.2万余册件，并提供开架阅览。设有计算机24台，电子触摸屏4台，虚拟阅读机2台，让少年儿童可以轻松阅读丰富的数字资源，从小感受中华传统文化深厚底蕴和现代科技带来的阅读体验。主题活动区将定期举办各种活动，为广大少年儿童提供互相交流、共同提高的空间。展示区将以绘画、照片展览等形式，展示少年儿童图书馆组织的各种活动中少年儿童的作品。全年面向6岁至15岁的中小学生开放，每日的开放时间为9:00—17:00。

“国家数字图书馆·少儿数字图书馆”借助国家数字图书馆建设的成果，为未成年人提供了一个网上绿色阅读平台。目前，提供服务的数字资源总量达10TB。少儿数字图书馆采用活泼新颖、寓教于乐的表现形式，综合考虑不同年龄段孩子的发展特点，设置了书刊阅读、校外课堂、展览讲座、我爱动漫、才艺展示、国图漫步、网站导航、活动预告等八个版块。依托国家图书馆丰富的馆藏数字化资源，采用视频、音频、多媒体动画等表现形式，提供普通中文书刊、动漫图书、连环画、各类文化展览、在线讲座、经典诗文赏析、中英文学习软件、音乐欣赏等多种少年儿童所喜闻乐见的资源内容。通过网站导航、活动预告两个栏目，提供延伸服务，方便家长和孩子了解最新活动安排，访问更多少儿阅读网站。网站也为孩子们提供了交流和互动的场所，少年儿童可以将自己的书画作品、文章心得、手工制作、科技发明在网站中进行展示，结交更多朋友。

除开办少年儿童图书馆和少儿数字图书馆外，国家图书馆此次还推出了一系列面向少年儿童的服务：开辟“闻书香，结书缘”少儿参观国图服务，法定节假日和双休日，由专人组织并引导少儿参观成人馆区，全年开放对中小学校组织的集体参观，培养孩子们的读书兴趣；举办多种适合少年儿童特点的讲座、展览和专题活动；进一步加强对全国各级公共图书馆特别是少儿图书馆的服务，把国家图书馆的少儿服务延伸到全国；调整馆藏与服务政策，全面入藏少儿文献，以更好地建设国家总书库和履行全国中文文献最终提供基地的职能。（据国家图书馆网站报道）

全国少年儿童阅读年系列活动成功举办

根据中宣部、中央文明办、新闻出版总署、文化部《关于进一步推动全民阅读活动的通知》和全国知识工程领导小组办公室特别签发的《关于在全国开展全国少年儿童阅读年活动的通知》精神，为培养全国三亿多少年儿童良好的阅读习惯，中国图书馆学会依托未成年人图书馆服务专业委员会，联合全国少年儿童图书馆和部分公共图书馆，于2009年4月—2010年4月，在全国范围内开展了以“让我们在阅读中一起成长”为主题，以“少年强则中国强”为口号，以服务少年儿童、家长、教师为主体的“全国少年儿童阅读年”系列活动。该活动是文化部系统列入中宣部2009年度全民阅读计划的主要项目。活动起到了更好地加强未成年人思想道德教育，提高少年儿童的科学文化素质，保障全国少年儿童，特别是农村留守儿童和农民工子弟的基本文化权益的作用。

一年来，先后在长沙、天津、上海、重庆、广州、武汉、沈阳、长春、大连、北海等10个城市的少年儿童图书馆举办了12项主旨活动；全国各地图书馆同步参与，共举办了100余项、3400多场次的自创活动，吸引400多万名未成年人参加，收到数百万篇创意作品。系列活动曾被《人民日报》、《光明日报》、《中国文化报》、《中国青年报》等全国各大主流媒体报道。

2010年4月23日，作为“全国少年儿童阅读年”系列活动的压轴大戏，由全国知识工程领导小组、中国图书馆学会、中共湖南省文明办、湖南省文化厅主办，中国图书馆学会未成年人图书馆服务专业委员会承办的“全国少年儿童阅读年”嘉年华活动在湖南省少年儿童图书馆举办。共有来自全国30个省市的近两百名图书馆界专家学者齐集长沙，共赴这次未成年人阅读推广经验交流的盛会。湖南省文化厅党组副书记、副厅长周祥辉致欢迎辞，文化部社会文化司巡视员刘小琴，中国图书馆学会副理事长、国家图书馆副馆长陈力出席活动并发表重要讲话。

此次嘉年华活动通过图片展览、成果发布、学术报告、颁奖典礼等四部分内容，充分展现了全国各地图书馆在激发未成年人读书热情、强化未成年人阅读习惯的培养方面取得的突出成绩。陈力副馆长、北京大学信息管理系主任王余光教授分别作“关于我国儿童阅读问题的思考”、“时代变迁与儿童阅读”的讲座，二位专家就未成年人阅读推广工作做了一次既具有前瞻性又具有指导性的学术讲演，听众反响热烈。随后，全国少年儿童阅读年活动摄影展剪彩仪式隆重举行，展出摄影图片百余幅。阅读嘉年华颁奖典礼在湖南音乐厅举办，文化部、中国图书馆学会、中共湖南省委宣传部、湖南省文明办和文化厅的领导为荣获阅读推广奖的39个图书馆和荣获单项推广奖的13个图书馆颁发了奖牌和证书。在全国范围内开展的少年儿童阅读调查成果也在此发布。此次阅读调查共发放问卷194 396份，回收问卷163 267份，回收率83.99%；整合录入数据151 203条，有效率92.61%。此项成果将列为专项研究课题，为今后未成年人阅读推广工作中重大决策的制定提供咨询服务。

此次阅读年嘉年华活动的圆满完成，既为国内首次全国少年儿童阅读年活动做了一次完美谢幕，又为未成年人阅读推广事业征程吹响了新一轮耕耘的号角。（中国图书馆学会未成年人图书馆服务专业委员会）

“手牵手——农村青少年阅读行动”在京启动

4月20日，由中国图书馆学会、中央广播电视大学联合主办的2010年全民阅读活动“手牵手——农村青少年阅读行动”在京启动，中宣部、文化部、教育部、中国科协以及有关部门的领导出席启动仪式。启动仪式通过中央电大双向视频直播的方式，向全国青少年发出了阅读农村、了解农村、热爱农村，为家乡的建设和发展贡献力量的倡议。

“手牵手——农村青少年阅读行动”是一次以农村青少年为主要对象的全民阅读活动。活动的主题是：用书籍滋养心灵的沃土。近年来，农村青少年的阅读状况日益成为社会各界关注的问题，农村地区阅读条件欠缺、农村青少年阅读缺乏指导成为制约农村青少年阅读的突出问题。本次活动将从农村青少年阅读的实际出发，通过具体的行动，帮助阅读、指导阅读，普及“三农”知识、繁荣农村文化，为建设社会主义新农村服务。

本次活动是中国图书馆学会2010年全民阅读活动的重要内容之一，列入中宣部计划。中国图书馆学会、中央广播电视大学在多年举办全民阅读活动的基础上，将通过多项具体活动丰富农村青少年参与全民阅读的内容。活动着眼于农村青少年，强调以农村、农业知识为主要内容的图书阅读，通过知识的传播，在广大农村青少年中普及科学知识，丰富农业知识，营造热爱阅读、热爱家乡的风尚。活动将依托各级电大和公共图书馆、青少年图书馆，在全国广泛、深入开展，充分调动广大农村青少年加入到全民阅读中来。

中国图书馆学会副理事长杨沛超、中央广播电视大学党委书记阮智勇分别作了主旨讲话。他们指出，以农村青少年为主体，开展全民阅读，服务学习型社会建设，是学会、电大面向地方、面向农村、面向基层、面向边远和少数民族地区服务、办学的体现。全国电大系统近年来通过开展全民阅读活动，不仅营造了电大特有的校园文化，而且为社会开展全民阅读进行了新的探索。本次读书活动立足于农村，着眼于青少年阅读，也对全国电大的教育教学工作注入了新的内涵。活动将结合教育部“一村一名大学生计划”、中央电大基层电大发展援助项目、服务全国农村党员干部现代远程教育、农村妇女儿童培训等工作展开。

本次活动得到了中国农学会、中国农村专业技术协会等单位的协办支持，将推荐农业领域专家开展百种图书推荐、专家讲座进农家等活动。此外，全国电大系统还将开展图书捐赠及资源配送、帮助欠发达基层地区建立图书室等阅读场所。活动将面向农村青少年开展主题阅读征文；同时依托基层电大、农村图书馆等基层文化服务组织，开展“农村青少年阅读示范点”评选活动。（中央广播电视大学图书馆）

2010“全国少儿阅读公共论坛”在京举办

6月24日至26日，由中国图书馆学会、中国出版工作者协会少年儿童读物工作委员会、《图书馆报》共同主办的2010年“全国少儿阅读公共论坛”在京举办，170余名代表参会。中国图书馆学会副理事长王余光、中国出版工作者协会副主席兼版协少年儿童读物工作委员会主任海飞、中国作家协会副主席高洪波、著名作家曹文轩、《图书馆报》总编辑赖雪梅分别在开幕式上致辞。中国图书馆学会秘书长汤更生主持了开幕式。

会议分主分会场展开研讨。在主会场，湖南少儿馆副馆长杨柳就《从全国少年儿童阅读年看少儿阅读状况与需求》、上海少儿馆馆长劳丽达就《少儿图书馆在少儿阅读指导中的作用》、首都图书馆原副馆长杨素音就《图书馆里的少儿阅读推广》、中国图书馆学会中小学图书馆委员会副理事长兼秘书长骆桂明就《重视中小学图书馆建设的必要性》作了精彩发言。中图学会未成年人图书馆服务专业委员会、中国版协少年儿童读物工作委员会的专家以及来自全国的多家少儿图书馆领导、采编部负责人，少儿出版社领导、发行部负责人参加论坛，围绕“加强馆社合作，推进少儿阅读”的主题展开研讨，共话促进少儿阅读资源建设，谋求推动少儿阅读事业发展。《图书馆报》分九个专版作了专题报道。

图书馆是少年儿童阅读的一个重要而不可或缺的阵地。在近年提倡全民阅读的巨大浪潮中，图书馆对少儿阅读的影响越来越广泛，越来越深远。对图书馆界而言，加强与出版发行界的沟通与合作，将对阅读的指导前移到选题层面，必将能够更加深入的开展对广大青少年的全民阅读活动，提升图书馆阵地服务的价值。据中图学会统计，目前我国有独立建制的少儿图书馆有90多家，公共图书馆的少儿分馆或少儿阅览室数以千计，中小学图书馆则多达50万所。少儿图书馆的采访经费呈逐年增长趋势。但是一直以来，少儿图书市场渠道比较单一，主要依托于各级新华书店的零售卖场和网上书店，团购渠道比较缺乏。目前国内仍没有少儿图书专业馆配商，也缺少专门针对少儿图书市场的征订书目，少儿馆配市场亟待培育。而近年来，少儿图书总量每年保持13%左右的增长幅度，在所有的图书板块中名列前茅。2009年，我国少儿类图书总印数近6亿册，零售市场的品种已达8万种。从规模上看，我国已成为世界上少儿读物的出版大国。任海飞在论坛上表示，“我国各级各类图书馆，包括少儿图书馆、中小学图书馆，都是推进青少年阅读最前沿的阵地，天然就应该是少儿出版最大的一块终端市场。少儿出版与少儿图书馆殊途同归，没有理由不开展合作，没有理由不实现共赢。”

“全国少儿阅读公共论坛”计划每年举办一次，将构建全国首个少儿图书馆和少儿出版社沟通与合作的平台，既为少儿图书馆推荐好书，又为少儿出版社拓宽渠道，开辟市场。（据《图书馆报》摘编）

首届少年儿童图书馆馆长论坛在沪举行

少儿图书馆是未成年人思想道德建设的重要阵地，长期以来我国各级少儿图书馆在加强未成年人思想道德建设中发挥了显著的作用，取得了不少好的经验，开创了不少好的工作方法。为了进一步总结交流各地少儿图书馆的先进经验，对少儿图书馆工作进行前瞻性的战略思考，全面推进少儿图书馆事业建设，由中国图书馆学会未成年人专业委员会、上海少年儿童图书馆共同发起举办了首届少年儿童图书馆馆长论坛。

6月21日，来自全国各地少儿图书馆的60余名馆长相聚在上海少年儿童图书馆，以“少儿图书馆管理机制的创新”为主题开展深入探讨，并就少儿图书馆办馆模式的探索、岗位的科学设置与少图事业可持续发展以及少儿图书馆在公共文化服务体系中的地位和作用展开了广泛的学术研讨。与会者一致认为，服务机制的创新是图书馆创新的关键和重点，它不仅包含管理体制创新和人才培养，而且包含着图书馆间合作与服务联盟和新型文化服务体系的构建，是决定少儿图书馆服务创新能否顺利开展的关键环节。

少儿图书馆馆长作为少儿图书馆管理者及事业发展的引领者，必须不断深入探讨研究少儿图书馆现状和未来的发展，不断研究创新办馆理念，开拓多元化办馆模式，引领实践，从而使少儿图书馆事业进入可持续发展轨道，以期获得社会效益的最大化。（上海少年儿童图书馆）

全国少年儿童图书馆工作会议在天津召开

全国少年儿童图书馆工作会议于 9 月 28 日在天津召开。会议旨在深入研究我国少儿图书馆事业面临的新形势、新任务，交流工作经验，部署今后一个时期进一步推动我国少儿图书馆事业发展的工作任务。全国各省区市文化厅（局）主管厅（局）长及图书馆馆长、部分少年儿童图书馆馆长等参加会议。

针对目前在少年儿童图书馆建设中存在的突出问题，会议提出，要着力加大城市社区、农村、贫困地区少儿图书馆建设的力度，建立健全服务网络，使广大少年儿童都能够享受到图书馆服务；要运用现代信息技术，进一步推动少儿图书馆的自动化、信息化和网络化建设；要结合少年儿童的特点，积极开展内容丰富、形式多样、生动活泼的阅读活动，充分发挥少儿图书馆的社会教育功能；要大力加强人才队伍建设，不断提升我国少儿图书馆工作的专业化水平，促进少儿图书馆事业的可持续发展。会议还提出了加强少年儿童图书馆建设的具体举措。

国家图书馆、天津市文广局、重庆市文广局、湖南省文化厅的代表在会上交流了少年儿童图书馆建设方面的经验。（据《中国文化报》报道）

全国图书馆少儿服务工作座谈会在京召开

10月21日—22日，由国家图书馆举办的“全国图书馆少儿服务工作座谈会”在京召开。会议旨在学习贯彻中央领导同志关于加强未成年人思想道德建设的指示精神，落实文化部“全国少年儿童图书馆工作会议”精神，交流各地图书馆为少年儿童服务的经验，共同探讨我国少儿图书馆事业的发展思路，策划推动我国少儿图书馆事业发展的合作项目。

国家图书馆馆长周和平，文化部社会文化司巡视员刘小琴，国家图书馆副馆长陈力出席了会议。来自国家图书馆少年儿童馆、部分国内独立建制的少年儿童图书馆、各省市级公共图书馆、中小学校图书馆的负责人以及业内专家近100人参加了会议。

在21日上午的全体会议上，刘小琴代表文化部作了致辞。她就图书馆如何进一步做好面向广大青少年服务工作提三点建议：一是图书馆要成为推动少年儿童阅读的教育阵地；二是图书馆要成为开展少年儿童活动的文化中心；三是图书馆要成为培养少年儿童信息素养的重要课堂。

会上，周和平作了题为《总结经验 开拓创新 推动我国少年儿童图书馆事业的发展》的重要讲话，以翔实的调查数据回顾和总结我国少儿图书馆事业的发展历程和取得成绩，深刻分析当前我国少儿图书馆事业发展中存在的问题，并提出建议，号召全体图书馆工作者团结协作，大力推动我国少儿图书馆事业的发展。周和平指出，少儿图书馆事业在我国图书馆事业发展中占有重要地位，做好少儿服务是各级图书馆的重要责任。国家图书馆针对我国目前少儿图书馆事业发展中所存在的不足，在前期广泛征求全国图书馆界代表意见建议后，提出了下一步发展的基本思路：

一是加强研究，强化对少儿图书馆事业发展的规划和指导。国家图书馆将开展对事业发展中所涉及的一些重大理论和实践问题的研究，定期发布我国少儿图书馆事业发展状况的报告，对我国少儿图书馆事业的发展规划提出指导意见，策划带动行业发展的项目。

二是建设国家图书馆少儿文献资源库，为基层少儿图书馆建设提供支持与服务。面对少儿图书馆（室）无基本藏书体系、文献入藏质量不高这个普遍存在的问题，国家图书馆将编制《少儿图书馆（室）基本藏书目录》，作为各馆文献入藏的参考；设立“国家图书馆文津少儿图书奖”以引导推动少儿阅读。

三是加快少儿数字图书馆的建设。将在“国家数字图书馆工程”建设中特别重视少儿数字图书馆的建设。在“十二五”期间，联合全国的少儿图书馆、公共图书馆，共建不低于1004B的少儿数字资源，并在新技术开发方面加强与全国图书馆的合作和成果共享。

四是构建多层次服务体系。借鉴国外图书馆好的服务理念、服务方式，将新媒体技术融入到少儿服务和活动中。国家图书馆少年儿童馆要成为少儿图书馆创新服务理念和新技术应用的实验平台、展示平台和示范平台。

五是加强业务交流，大力推动资源与服务的共建共享。积极支持和参与相关的图书馆界少儿服务交流活动；在继续开展面向成年读者讲座的基础上，精心策划组织面向少儿读者的讲座，同时利用网络平台，实现全国资源共享；通过馆际互借、文献提供等方式，使国家图书馆成为全国少年儿童文献的最终保障基地。

六是加强少儿服务相关标准规范的研究。发挥全国图书馆标准化技术委员会秘书处设在国家图书馆的有利条件，将积极组织全国同行共同开展有关少儿服务方面的标准规范的申报和研制工作。

七是加强科研合作与人员培训工作。国家图书馆将联合各省市图书馆，根据事业发展的需要和实践中所遇到的重要问题共同申报科研项目，合作研究；针对目前少儿服务人才严重匮乏的现状，充分利用国家图书馆、中国图书馆学会在人员培训方面的优势，加大培训力度。

八是加强国际间交流与合作。通过国际交流，借鉴国外的先进经验；同时，增强在国际图书馆界的话语权，扩大我国少儿图书馆在国际少儿图书馆事务中的影响力。

随后，国家图书馆少年儿童馆、湖南省少年儿童图书馆、天津市少年儿童图书馆等 11 个单位的负责人作了大会发言。

22 日上午，围绕周和平同志讲话、《文化部关于加强少年儿童图书馆建设的意见》、策划全国少儿馆（室）合作项目、少儿服务工作等主题，与会代表进行了分组讨论。代表们对周和平同志的讲话给予高度评价，充分肯定了本次会议的重要意义，同时也根据自身图书馆少儿服务实践，对下一步少儿图书馆事业的发展，提出了许多具有针对性的意见和建议。

22 日下午，陈力作了会议总结。他说，通过研讨，大家就共同关心的一些重大问题统一了思想，建立了共识，为进一步做好少年儿童图书馆服务奠定了坚实的基础。（国家图书馆）

2010年"4·23"世界读书日综述

每年的4月23日都是图书馆界最热闹的日子，今年也不例外。去年4月23日，温家宝总理来到国家图书馆鼓励大家多读书、读好书，今年的4月23日，更多人加入了庆祝世界读书日的行列，来到图书馆，享受读书的乐趣，这也让更多的人爱上了阅读。

2010年初，中国图书馆学会制定了《关于开展2010年"全民阅读"活动的通知》，请各分支机构、各地方学会指导各级各类图书馆，配合学会2010年"全民阅读"活动工作安排，根据当地实际情况，联合社会力量，开展多种形式的读书活动。此次活动主题为"保障阅读权利，享受阅读快乐"。

4月9日—10日，中国图书馆学会阅读推广委员会全体委员第一次工作会议暨第四届全民阅读论坛在深圳图书馆举办。阅读推广委员会主任、副主任及来自阅读推广委员会各专业委员会的200多位委员和多家媒体人士参加了第一次工作会议。第四届全民阅读论坛由四个演讲组成，演讲内容分别是基层图书馆的未成年阅读推广活动介绍、公共图书馆公益讲座与阅读推广的融合、国家图书馆的社会教育工作和书目疗法的理论与实践；主讲人分别来自深圳市沙头角街道图书馆、上海图书馆、国家图书馆及台湾大学图书资讯学系。全民阅读论坛的召开，为阅读推广委员会的委员们提供了一个交流的机会，推广先进经验，促进阅读事业，成为全民阅读论坛的一个重要使命。会议期间，国家图书馆文津图书奖宣传推广活动同时在深圳图书馆举办。这是中国图书馆学会承办文津图书奖推广活动第二年的首站。2004年，国家图书馆设立"国家图书馆文津图书奖"。评奖活动每年举办一次，至今已成功举办五届，共评选出49种获奖图书和147种推荐图书。宣传推广活动内容主要包括展览、讲座、视频片播放和仪式，受到深圳市民和媒体的广泛关注。

4月20日，由中国图书馆学会、中央广播电视大学联合主办的"手牵手——农村青少年阅读行动"在京启动，活动主题是：用书籍滋养心灵的沃土。启动仪式通过中央电大双向视频直播的方式，向全国青少年发出了阅读农村、了解农村、热爱农村，为家乡的建设和发展贡献力量的倡议。本次活动将从农村青少年阅读的实际出发，通过具体的行动，帮助阅读、指导阅读，普及"三农"知识、繁荣农村文化，为建设社会主义新农村服务。

"4·23"期间，中国图书馆学会与国家图书馆合作多个项目，为世界读书日赢得广泛的社会效应。4月23日晚上，中央电视台科教频道（CCTV—10）播出了时长45分钟的世界读书日"2010书香中国"特别节目，与全国的爱书人共同庆祝这个属于读书人的节日。节目由文化部、新闻出版总署、国家广电总局指导，国家图书馆、中央电视台、新闻出版总署新闻出版管理司联合主办，中国图书馆学会、中国数字图书馆有限责任公司协办。节目以"推动全民阅读，共建学习型社会"为宗旨，以"今天，你读了吗？"为口号倡导大众阅读，讲述"中国人阅读故事"，通过各个层面来呈现中国人今天的阅读。这是中央电视台首次举办以读书为主题的大型特别节目。

4月23日，国家图书馆主办、中国图书馆学会协办的"源远流长的中华典籍"大型广场活动隆重举行。国家图书馆馆长周和平发表讲话，阐述图书馆在全民阅读、建立学习型社会中的使命。中央民族大学教授王尧先生代表读书人致辞。中央电视台著名节目主持人鞠萍主持了文艺表演和朗诵活动。广场排列大型方阵，儿童、青年参与其中，大家以经典诵读与艺术表演方式回味先哲们的经典，体味书香中国的美好，激发全民阅读热情。

由中国图书馆学会、中国建筑学会建筑师分会和中国建筑图书馆、《中国建设报》、BIAD传媒国际《建筑创作》杂志社联合主办的"建筑与艺术"——第三届中国建筑图书奖，于4月23日在国家图书馆古籍馆举行颁奖典礼。《中山纪念建筑》、《北京古建筑地图·上》等16种（套）图书获得第三届中国建筑图书奖。颁奖典礼的同时，启动纪念中国第五个“文化遗产日”活动，举办了首届“建筑文化遗产·北京论坛”。

“4·23”期间，中国图书馆学会与德国歌德学院（中国大区）联合举办了《绘本传统在德国》讲座暨德国童书插画展，活动由湖南省少年儿童图书馆承办。德国公共图书馆馆员联盟主席、德国图书馆协会德国政府发言人、汉堡应用技术专业大学教授 Birgit Dankert 博士不远万里来到中国，讲解插图在德国作为阐述文本手段的发展源流。展览展出了德国当代最具影响力和代表性的 13 位童书插画家的作品。中国图书馆学会一直以来注重国际交流与合作，多次与德国、美国、新加坡等国家进行交流，促进中国与国外阅读经验的相互借鉴。

中国图书馆学会依托未成年人图书馆服务专业委员会，联合全国各少年儿童图书馆和部分公共图书馆，于 2009 年 4 月 23 日—2010 年 4 月 23 日期间，在全国范围内开展了“全国少年儿童阅读年”系列活动。活动以“让我们在阅读中一起成长”为主题，以“少年强则中国强”为口号，以服务少年儿童、家长、教师为主体。一年来，在天津、上海、重庆、武汉、大连、广州等城市举办了 12 项主旨活动、100 余项自创活动、3400 多场次阅读活动，吸引 400 多万名未成年人参加，产生数百万篇创意作品。活动曾被《人民日报》、《光明日报》、《中国文化报》、《中国青年报》等全国各大主流媒体报道。今年世界读书日当天，举办了“全国少年儿童阅读年”系列活动压轴大戏嘉年华活动。此次活动经过一年的实施，形成了一系列成果，为今后少儿阅读活动的开展奠定了坚实的基础。

“4·23”是世界读书人的节日，也是图书馆的节日。从天津和平区的“读书”漫画大赛到湖南省通道侗族自治县图书馆的“文化共享助春耕”活动；从济南图书馆的第四届“读书人”优秀摄影作品展到重庆市图书馆的“我是‘太阳花’小主持”比赛；从泉州市图书馆的“我爱阅读吧”到吴江市图书馆的“蓓蕾行动”千张免费图书卡进校园活动；从江西省图书馆的“赣图展览：我们大家的世博”到厦门市图书馆的“文津图书奖”专架；从北京市崇文区图书馆的“低碳生活，时尚生活”家庭读书节到浙江省图书馆的玫瑰赠送活动；从海口经济学院的“分享阅读的快乐”读者交流会到上海图书馆的“城市，让残疾人生活更美好”残疾人系列读书活动；从湖南图书馆的青年志愿者自行车环城读书宣传行到牡丹江市图书馆的图书漂流活动；从江西省南丰图书馆的“让书回家”超期图书免责归还活动到厦门市少儿图书馆的“同一个起点，同一个未来”助学图片展……大江南北、全国上下，全国各级各类图书馆在这一天里，精心准备了种类丰富、形式多样、内容活泼、受众广泛的活动。图书馆正在成为推动全民阅读的一支坚强有力的生力军。（学会秘书处　张章）

中国图书馆学会第八届编译出版委员会成立大会暨工作研讨会召开

中国图书馆学会第八届编译出版委员会成立大会暨工作研讨会于 2010 年 6 月 22 日—23 日在北京钟磬山庄召开，新一届委员会的委员近 70 人出席了大会。

第八届编译出版委员会主任胡越、副主任郭又陵、蒋弘分别主持了大会。中国图书馆学会秘书长汤更生出席会议，代表常务理事会对新一届委员会的成立表示热烈的祝贺，向第八届编译出版委员会主任、副主任颁发了聘书。胡越主任做了“中国图书馆学会第八届编译出版委员会工作报告”；刘兹恒副主任做了《中国图书馆学会第八届编译出版委员会组织规则（草案）》的修订报告。

会议期间，编译出版委员会下属的五个专业委员会（图书馆著作编辑出版专业委员会、图书馆学期刊编辑出版专业委员会、图书馆年鉴编辑出版专业委员会、图书馆学文献编译出版委员会、图书馆数字出版与推广委员会）分别讨论了本届工作规划、《中国图书馆学会第八届编译出版委员会工作报告》和《中国图书馆学会第八届编译出版委员会组织规则（草案）》。

在 23 日上午的大会上，五个专业委员会分别汇报了各自的讨论情况。大会原则通过了《中国图书馆学会第八届编译出版委员会组织规则（草案）》和《中国图书馆学会第八届编译出版委员会工作报告》；刘兹恒副主任做了大会总结，就本次会议的成果进行了概括性总结。

全体参会委员一致认为：此次会议虽然日程很短，但会议内容充实，工作落实到位，很有实效性。大家表示，今后要认真贯彻会议精神，切实担负起委员的职责，齐心协力为中国图书馆事业的发展，同时也为圆满完成本届编译出版委员会的各项工作而努力奋斗。**（编译出版委员会）**

数字图书馆建设系列指南发布

2010年5月27日，全国数字图书馆建设和服务联席会议第十次会议在上海召开。会上发布了《数字图书馆服务政策指南》和《数字图书馆资源建设指南》。

按照党中央、国务院领导关于加强我国数字图书馆建设和共享的指示精神，2007年7月，由文化部牵头，组织成立了全国数字图书馆建设与服务联席会议，会议成员包括8家我国目前最主要的数字图书馆建设单位：国家图书馆、文化部全国文化信息资源建设管理中心、上海图书馆、中国科学院国家科学图书馆、CALIS管理中心（北京大学图书馆）、CADAL管理中心（浙江大学图书馆）、中央党校图书馆、国防大学图书馆。三年来，已经召开了10次联席会议，就目前我国数字图书馆建设的重点问题进行了研讨，开展了有关项目合作，并商定以指南形式发布关于数字图书馆建设的重大政策和原则。《数字图书馆服务政策指南》和《数字图书馆资源建设指南》是联席会议审议通过，由文化部社会文化司批准公布的第一批政策性文件。

《数字图书馆服务政策指南》由北京大学CALIS管理中心负责起草，主要从服务对象、服务方式、服务策略、服务内容、服务承诺、服务监督与评估等方面对数字图书馆的服务提出了指导性的意见。《数字图书馆服务政策指南》首次明确了数字图书馆服务的概念：即指一个物理的图书馆所提供的数字化的文献信息资源服务，或指无所不在的网络化的虚拟图书馆服务；提出了数字图书馆服务政策遵循的原则：数字图书馆服务政策应在充分考虑数字图书馆的特点、了解服务对象需求、借鉴国内外先进经验的基础上制定，保证高质量的服务和积极的服务效果。还从服务对象、服务内容、服务承诺、服务监督与评估方面，明确了数字图书馆服务的具体细节及管理责任，将为数字图书馆更好地开展服务提供依据。

《数字图书馆资源建设指南》由国家图书馆负责起草，旨在规范和促进全国数字图书馆资源建设工作，以满足社会公众日益增长的信息需求，是全国各数字图书馆建设机构开展数字资源建设工作的指导性文件。《数字图书馆资源建设指南》从建设原则、建设方式、建设工作内容、建设策略、建设经费、建设管理等七个方面，对数字图书馆资源建设工作的开展进行了重点阐述。明确了数字图书馆资源的含义，规范了数字资源建设应遵循的原则，既为单个图书馆开展数字图书馆资源建设提供了切实可行的指导性建议，也为图书馆界建设跨地域、跨系统的数字图书馆资源保障体系提供了有益参考。

2010年7月26日，在2010中国图书馆学会年会期间，举行了“数字图书馆建设指南发布与宣传推广会”，会上发布了《数字图书馆安全管理指南》和《数字图书馆知识产权保护政策指南》。

这四个指南的发布，开创了我国数字图书馆资源建设和服务的新局面，对我国数字图书馆的合作发展、资源共享、联合保障具有积极的推动意义，将在全国图书馆界产生深远的影响。（学会秘书处　王萱）

文化部开展第四次全国公共图书馆评估定级工作

为全面贯彻落实党的十七大和十七届四中全会精神，坚持以科学发展观为指导，进一步加强对图书馆事业的管理，提高图书馆工作的质量和水平，推动图书馆事业发展，构建惠及全民的公共文化服务体系，文化部于2009年在全国开展了第四次县以上公共图书馆的评估定级工作。在各级文化行政部门、图书馆和广大图书馆工作者的共同努力下，评估工作已圆满完成。2010年2月1日，文化部在北京公布此次全国公共图书馆评估定级结果:北京市西城区图书馆等480个图书馆荣获“一级图书馆”称号；天津市武清区图书馆等410个图书馆荣获“二级图书馆”称号；天津市河北区少年儿童图书馆等894个图书馆荣获“三级图书馆”称号。参加此次评估的图书馆共2234个，占县以上图书馆总数的79.2%。全国1784个图书馆达到三级以上图书馆标准，占参加评估图书馆总数的79.9%。

公共图书馆事业是我国公共文化服务体系建设的重要组成部分。改革开放以来，特别是十六大以来，党中央、国务院对公共文化服务体系建设高度重视，明确提出了要“构建覆盖全社会的公共文化服务体系”的重大任务。面对新形势、新要求，在各文化行政管理部门、各地党委、政府的支持下，围绕大局，把握机遇，全力推进公共图书馆各项工作，取得了显著的成绩。截止到2009年底，我国县级以上公共图书馆的数量，由1978年的1256所增加到2850所，增长了127%；其中国家级图书馆1个，省级图书馆37个，地市级图书馆321个，县级图书馆2491个。文献总藏量由1978年的1.64亿册（件）增加到5.9亿册（件），增长了260%。总流通人次由1978年的5398万人次增加到3.2亿人次，增长了6倍。各地公共图书馆结合实际，创造了总分馆制、流动服务等建设与服务模式，使图书馆的社会功能得到了充分发挥，社会效益显著提高，为满足广大人民群众的精神文化需求、保障群众的基本文化权益发挥了重要的作用。

公共图书馆评估工作是政府主管部门行使管理职能、加强业务指导的有效手段。

1994年，文化部组织开展了第一次全国县以上公共图书馆评估，并制定了《公共图书馆评估标准》。继1994年评估之后，文化部又先后于1998、2004年进行了第二、三次的评估。2009年又对全国公共图书馆进行了第四次评估，这次评估的对象是全国省、地、县级公共图书馆（包括少年儿童图书馆）。评估定级标准以文化部制定的省级、地市级、县市级公共图书馆评估标准和定级必备条件为依据，文化部对符合标准和条件的图书馆命名为一、二、三级图书馆。此次评估，本着与时俱进的精神，对《公共图书馆评估标准》进行了修订和完善。第四次全国公共图书馆评估，极大地促进了地方政府对图书馆事业的支持；促进了公共图书馆的业务建设和服务工作；促进了地方政府对图书馆事业的支持以及公共图书馆办馆条件的改善；提高了图书馆现代化、网络化水平及科学化管理水平，宣传和普及了现代图书馆的办馆理念，对我国公共图书馆事业的发展，产生了非常重要的影响。（**文化部社会文化司图书馆处**）

《中国图书馆分类法》第五版正式出版发行

2010年8月，由国家图书馆《中国图书馆分类法》编辑委员会编辑的《中国图书馆分类法》第五版由国家图书馆出版社正式出版发行。这是图书馆界和情报学界的一件盛事，对我国图书馆及有关信息机构的文献、信息、知识组织和检索具有重大意义。

《中国图书馆分类法》（简称《中图法》）是以科学分类和知识分类为基础，并结合文献内容特点及形式特征进行逻辑划分和系统排列的类目表，是类分文献、组织文献分类排架、编制分类检索系统的工具。它不仅为我国各级各类型图书馆、信息部门广泛使用，而且在各类数据库乃至互联网中也得到了广泛应用，是目前我国影响最大、使用最广泛的一部综合性分类法。

《中图法》自出版以来，国家图书馆和《中图法》编委会就一直采取日常更新和版本修订两种方式对它进行维护。《中图法》的编制始于1971年，先后出版了四版，即1975年出版的第一版，1980年出版的第二版，1990年出版的第三版，1999年出版的第四版。第四版出版后，曾先后通过"《中图法》简报"、《国家图书馆学刊》的专栏、《中图法》网站的专栏、《中图法》电子版、《中国分类主题词表》（第二版）Web版予以日常维护和继承性的更新，反映部分用户的使用意见和建议，解决来源于分类实践中的问题。

但第四版出版至今已有11年，信息环境、技术环境、社会环境都发生了很大的变化，其所包罗的知识内容和知识体系已经与文献信息资源的内容有较大差距，一些大类必须彻底修订，才能解决知识结构、类目体系的问题。因此，按照与知识发展保持同步原则以及国际分类法修订周期惯例，修订第四版，出版第五版已成为历史发展的必然。

国家图书馆《中图法》编委会自2005年9月开始组织修订《中图法》第四版。期间，在编委会的全国各委员、学科专家、编委会办公室及用户等各方力量的参与和努力下，经过修订调研、分工修订、综合审定及用户试用反馈意见等修订阶段，并在计算机修订系统中，建设《中图法》第五版机读数据库和完成排版初稿。历经近五年的时间，《中图法》第五版日前已由国家图书馆出版社正式出版。修订后的《中图法》更具有时代特征，更能满足综合性文献、信息资源的标引和检索要求，整个修订达到了预期效果。

《中图法》第五版是全国同行共同的工作成果和智慧结晶，来自26个单位的34位委员和顾问承担了修订任务，58个单位的近百名专家参与了修订工作。《中图法》第五版的Web版、电子版、简本、期刊本等系列版本今后将陆续推出，满足各类用户的需要。（据国家图书馆网站报道）

“县级数字图书馆推广计划”在京启动

2月1日，在文化部举办的“全国文化信息资源共享工程督导和公共图书馆评估工作总结会暨古籍保护工作会议”上，“县级数字图书馆推广计划”正式启动，将总量达1TB的数字资源无偿提供给首批320个县级公共图书馆，所有资源将于春节前安装到位，开始提供服务，以满足基层群众的文化信息需求。

文化部副部长、国家图书馆馆长周和平在会上的讲话中指出，为贯彻落实中央领导同志关于用先进文化占领新媒体阵地、推进公共图书馆服务创新的指示精神，进一步推广国家数字图书馆成果利用，使国家数字图书馆的资源惠及更广泛的基层群众，文化部决定2010年在全国实施“县级数字图书馆推广计划”，将国家数字图书馆的资源通过文化共享工程平台，配送到全国县级图书馆，实现县级图书馆普遍开展数字图书馆服务。

周和平强调，各地要按照文化部通知要求，做好资源安装、人员培训、服务和管理工作。要依托国家数字图书馆、文化共享工程，促进共建共享，加强资源整合、参考咨询和远程服务，提高服务效率。

“县级数字图书馆推广计划”一方面要将国家图书馆优秀的数字资源通过文化共享工程的平台推送到全国每一个县，在今年年底前使全国2940个县都具备数字图书馆服务能力；另一方面，这些县级图书馆将成为国家数字图书馆服务的延伸，与国家数字图书馆一起构成分级、分布的全国数字图书馆服务网络。

本次提供的资源总量达1TB，内容包含国家图书馆组织的《百年守望》、《馆藏故事》、《文明与创造》等3个视频资源；《前尘旧影》、《年画撷英》等2个图片资源；2007年以来出版的5000种电子图书，2009年出版的2000种人文社科类电子期刊等书刊资源；国家图书馆“政府公开信息整合”项目的部分成果“政府信息”，国家图书馆“网络信息采集与保存”项目的部分成果“中国事典”等2个网络资源。这些资源经过封装，被集成在移动硬盘里，可供县级图书馆网络内使用。2月2日，首批资源安装与使用培训班在国家图书馆举办。未来，这些县级图书馆将以其特色资源成为国家数字图书馆资源与服务的重要补充，并作为国家数字图书馆服务网络的基层节点。

“十二五”期间，国家图书馆将在今年实施“县级数字图书馆推广计划”的基础上，实施“全国数字图书馆推广计划”，进一步在全国构建海量的、高质量分布式中文数字资源库群，并通过全国数字图书馆服务网络提供跨库无缝集成服务，使数字图书馆成为在网络时代保障人民群众基本文化权益的重要途径，使图书馆事业为社会主义文化建设、为学习型社会建设发挥更大作用。（据国家图书馆网站报道）

中国图书馆学会荣获中国科协“海外智力为国服务计划先进单位”表彰

为了更好地贯彻中国科协第七次全国代表大会精神，按照《中国科学技术协会事业发展规划纲要》的要求，体现科协系统的桥梁和纽带作用，全面推广海智计划，引进海外科技人才和智力，调动积极因素，充分发挥先进和榜样的示范作用，2010年9月25日，中国科协在“2010年度海外智力为国服务研讨会暨联席会议”上，表彰了30个全国省市科协和全国学会。受表彰单位中仅有两个全国学会，中国图书馆学会首次获此殊荣。周光召名誉主席、白春礼副主席、赵忠贤副主席和程东红书记等领导为获奖单位颁奖，汤更生秘书长代表中国图书馆学会上台领奖。

同期，《中国图书馆学会海智项目成果展》参加了展示宣传活动。学会自2007年开始积极参与科协“海智计划”。截止2010年，“志愿者行动——基层图书馆馆长培训”、“美国华人图书馆员协会专家来华讲学”、“新加坡华人图书馆专家来华讲座”和“充分发挥海外智力优势，加快国内图书馆事业发展——美国华人图书馆专家来华交流与讲学”等4个项目列入海智计划并成功实施。在中国科协国际部和“海智计划”的支持下，借助中国图书馆学会年会等学术活动平台，学会有力地推动了民间国际交流工作的深入开展，有效地促进了海外华人图书馆员与国内图书馆界的沟通和了解，为今后诸多业务领域的交流与合作开辟了渠道，奠定了基础。（学会秘书处）

吴晞和杨玉麟同志荣获“全国优秀科技工作者”荣誉称号

中国图书馆学会推荐的吴晞和杨玉麟同志荣获中国科协“全国优秀科技工作者”荣誉称号。2010年12月14日，中国科协在人民大会堂召开中国科协会员日暨“全国优秀科技工作者”颁奖大会。吴晞同志作为中国图书馆界的代表出席了颁奖大会。

7月22日—9月24日，中国图书馆学会根据中国科协《关于开展全国优秀科技工作者推荐评选工作的通知》要求，经认真履行发布通知、受理申请、成立评委会评选、提交八届四次常务理事会审议、上网公示等程序，最终确定吴晞、杨玉麟两位同志为“全国优秀科技工作者”候选人，并上报中国科协。

2010年，中国科协在对原有的评选表彰办法修改和完善后，第一次举办“全国优秀科技工作者”评选表彰活动。163个中国科协所属全国学会、31个省区市科协、新疆生产建设兵团科协和解放军总政治部干部部进行了评选推荐。同时，经公众投票、全国优秀科技工作者评审委员会评审、中国科协常委会批准，共产生977名“全国优秀科技工作者”，其中包括40名“十佳全国优秀科技工作者提名奖”获得者、10名“十佳全国优秀科技工作者”。

12月6日，在中国科协“全国优秀科技工作者”评选结果揭晓后，学会为了进一步调动和激发广大图书馆工作者投身图书馆事业建设的积极性和创造热情，弘扬“尊重劳动、尊重知识、尊重人才、尊重创造”的良好风尚，于2010年“会员日”之际，由詹福瑞理事长签发，向图书馆界发出了《中国图书馆学会关于向全国优秀科技工作者学习的通知》。号召广大会员和图书馆工作者向吴晞和杨玉麟同志学习，恪守图书馆普遍开放、平等服务、以人为本的基本原则和“智慧与服务”的职业精神，在图书馆的岗位上建功立业，为实现图书馆传播知识、传承文明和启迪民智的社会功能，承担保障公民文化权利、缩小社会信息鸿沟的使命，建设创新型国家和学习型社会，做出图书馆人应有的贡献。（崔彤）

图书馆同仁获评“群星奖”

第十五届“群星奖”颁奖晚会于2010年5月24日晚在广州市中山纪念堂举行。100位在群众文化活动当中作出突出贡献的个人被授予“群文之星”的称号，220个优秀作品（包括戏剧、音乐、舞蹈、曲艺）和110个社会文化项目获评“群星奖”。文化部副部长杨志今表示，此次评奖活动既是对各级文化部门实践“三贴近”原则的一次检验，也是基层文化生活日益活跃、蓬勃发展的一个缩影。

“群星奖”是文化部为繁荣群众文艺创作，促进社会文化事业的繁荣发展而设立的全国社会文化艺术政府最高奖。1991年设立，至2002年期间每年举办一届，每届评选一至两个门类。2004年从第七届中国艺术节开始，“群星奖”评奖活动纳入到中国艺术节中，每三年举办一届。2010年，第十五届“群星奖”首次将公共文化服务项目和群众文化品牌活动纳入评奖体系，设置项目类奖项，并首设“群文之星”，将“群星奖”从对少数人、少数作品的艺术评价，转向为广大群众提供公共文化服务的评价，使其成为评价和推动公共文化服务的有效手段和激励机制，也将更好地促进图书馆公共文化服务的扎实深入开展。

图书馆系统内获奖名单如下：

项目类群星奖

地区	单位	项目名称
北京	首都图书馆	北京记忆——大型北京文化多媒体数据库
天津	天津市少年儿童图书馆	全国图书馆联合编目中心少年儿童图书馆中心
吉林	吉林省图书馆等	吉林省图书馆联盟
吉林	长春图书馆	“未成年人思想道德建设工程”
江苏	金陵图书馆	“金图讲坛”系列讲座活动
山东	山东省图书馆	“大众讲坛”讲座
山东	青岛市图书馆	小小莫扎特音乐馆活动
河南	郑州市图书馆	文化阳光进高墙活动
湖北	荆州市图书馆等	荆州“小太阳”读书节暨全民阅读活动
湖南	湖南省少年儿童图书馆	快乐阅读 健康成长——湖南省少年儿童大型读书活动
广东	深圳图书馆等	城市街区24小时自助图书馆体系建设与服务推广
重庆	重庆市少年儿童图书馆等	少年儿童爱心图书接力服务活动
四川	攀枝花市图书馆等	大地书香新农村家园工程
新疆	乌鲁木齐市图书馆	乌鲁木齐市图书馆文化讲坛

“群文之星”

地区	姓名	单位名称及职务
北京	王　炜	首都图书馆地方文献中心副主任
天津	徐隆沽	天津图书馆副馆长
吉林	刘慧娟	长春图书馆馆长
湖南	杨　柳	湖南省少儿图书馆副研究馆员
四川	谭发祥	四川省攀枝花市图书馆书记、馆长
新疆	计　津	乌鲁木齐市图书馆党支部书记、副馆长

（据新华网、中国文化传媒网、中国图书馆学会网站摘编）

2010年中国图书馆事业大事记

1月

1月1日，国家图书馆主办的公益性学术文化系列讲座“文津讲坛”迎来第500期。

1月7日上午，由新华书目报主办的中国第一份图书馆行业报纸《图书馆报》的发刊仪式在北京隆重举行。国际图联主席艾伦·泰勒发来贺信。

1月7日，由《出版人》杂志与新浪读书频道联合主办的“2009中国书业年度评选”在北京揭晓。

1月7日下午，由贵州省图书馆学会、贵州省高校图工委联合举办的第一届青年学术论坛在贵州省图书馆召开。来自全省11个公共图书馆和高校图书馆的馆长、专家、学者、青年馆员代表约120余人参会。

1月8日—11日，第23届北京图书订货会在中国国际展览中心举行。据不完全统计，本次订货会成交订货码洋28.5亿元，比去年增加3.4亿。图书馆现货看样采购9200万元码洋，比去年增加1100万元。

1月8日，国内图书出版发行业的第一部行业规范——《图书公平交易规则》在京正式发布。此规则由中国出版工作者协会、中国书刊发行业协会、中国新华书店协会制定，内容规定出版一年内的新书（以版权页出版时间为准），进入零售市场时，须按图书标定实价销售，新书网售不得低于8.5折。

1月12日，拥有近70年历史的上海原英国海关图书馆，成为改扩建后静安区图书馆的新“成员”，正式向大众开放。

1月13日，国家图书馆举办纪念“文津讲坛”500期座谈会暨展览。

1月13日—15日，中国图书馆学会2010年秘书长联席会议暨《中国图书馆年鉴》培训班在厦门市集美图书馆召开。60多人出席了会议。

1月17日—18日，“2009年北京地区高校图书馆年会暨BALIS工作会议”于北京汤山假日会议中心召开。

1月20日上午，甘肃省古籍保护工作会议在兰州召开，来自全省的50余位古籍保护工作者参加了会议。

1月20日上午，纪念四川省图书馆学会成立三十周年暨2010年图书馆馆长联席会议在成都三圣花乡举行。四川省政府有关领导和全省各级各地图书馆馆长及嘉宾共80余人出席。

1月21日，由全国文化共享工程国家管理中心和上海市分中心共同主办的“文化共享世博行”活动在上海图书馆举行了隆重的启动仪式。

1月21日—22日，国家图书馆“十二五”规划座谈会在京召开。

1月26日，新闻出版总署信息中心（中国版本图书馆）召开了“中国版本图书馆样本资源抢救工程成果汇报会”。中国版本图书馆自1950年建馆至今，已经为国家收藏出版物样本近400万种（册）。

1月29日，《中华再造善本》续编工作座谈会在京举行。文化部副部长、国家图书馆馆长周和平出席会议并讲话。

2月

2月1日，全国文化信息资源共享工程督导和公共图书馆评估工作总结会暨古籍保护工作会议在北京召开。文化部党组书记、部长蔡武出席会议并讲话。文化部副部长、国家图书馆馆长周和平就有关工作进行了部署。会上，举行了《中华古籍总目》（分省卷）签约仪式，正式启动了《中华古籍总目》编纂工作。并同时公布了首批国家级古籍修复中心名单。举行了“县级数字图书馆推广计划”的启动仪式。

2月3日，由湖北省文化厅主办，湖南省图书馆和湖南省博物馆承办的徐行可先生捐赠古籍、文物50周年纪念活动在两馆隆重举行。

2月9日，江西省文化厅在江西省图书馆举行江西“县级数字图书馆推广计划”启动仪式，标志着江西数字图书馆建设拉开了序幕。

2月10日，上海市“县级数字图书馆推广计划（一期）”资源安装与使用培训班在市徐汇区支中心举行，26位同志参加了培训。

3月

3月1日—17日，“第十三期全国古籍普查培训班”在广西古籍保护中心（广西图书馆）举办。来自广西、贵州两地从事古籍保护工作的专业技术人员共74人参加培训。

3月8日—14日，由澳大利亚驻华大使馆主办的第三届“澳大利亚文学周”在北京与成都两地相继进行。中国国家图书馆副馆长魏大威与澳大利亚驻华大使芮捷锐博士（Dr Geoff Raby）出席在国家图书馆举行的活动并分别发表致辞。

3月9日，“居高声远 激荡广西——从空中俯瞰八桂辉煌景象大型航拍摄影展”在国家图书馆展览厅与观众见面。首展于1月21日至2月7日在广西图书馆展出。

3月11日，美国芝加哥大学东亚图书馆馆长周原博士到访国家图书馆，受著名学者钱存训先生委托，将《钱存训先生照片集》光盘捐赠国家图书馆。

3月15日，深圳“图书馆之城”统一服务已经正式启动，深圳图书馆和龙岗区17家公共图书馆，以及深圳市40台自助图书馆率先实现“统一服务”，这标志着深圳图书馆之城建设进入一个新的里程碑。

3月16日，第十四期全国古籍普查培训班暨第六期江苏省古籍保护工作培训班在南京图书馆开班。61位来自江苏、山东和山西古籍收藏单位的学员参加了培训。

3月17日，中国图书馆学会专业图书馆分会、中国科学院国家科学图书馆联合，在中科院国家科学图书馆举办“图书馆发展趋势”国内外专家论坛。

3月21日，由国家图书馆与中国联合国协会联合主办的“联合国与中国讲坛”在国家图书馆学津堂正式开坛。联合国原副秘书长、中国联合国协会会长陈健先生担任了开坛主讲嘉宾，发表了题为“联合国与中国”的演讲。

3月22日，“2010中美图书馆员专业交流项目——四川省图书馆馆长高级研讨班”在成都举行，来自四川省公共、高校和专业图书馆三大系统的代表共236人参加这次活动，共同探讨了图书馆的法律和战略规划、灾后重建和应急机制建设等一系列问题。

3月23日，北京首家文化创意资料图书馆——朝阳区图书馆CBD文化创意图书馆在尚都国际中心北厅正式开馆。

3月23日，由广西图书馆和广西桂林图书馆联合主办、玉林市图书馆承办的第三届全区自治区、市级公共图书馆馆长联席会在玉林市召开。

3月24日，“百年广州油画展”在国家图书馆展览厅开幕。

3月24日，“县级数字图书馆推广计划”灾区援建仪式在四川省北川县举行。

3月24日上午，国家古籍保护中心（国家图书馆）在江苏省古籍保护中心（南京图书馆）举办了古籍修复人才培养座谈会。

3月28日—30日，“2010中美图书馆员专业交流项目——重庆市图书馆员高级研修班”在重庆图书馆举办，来自全市公共、高校图书馆的310位学员参加了本次研修。

3月29日—30日，江苏省高校图书馆馆长论坛在南京大学图书馆举行，论坛的主题是“资源共建共享与服务创新”。

3月30日—31日，全国数字图书馆建设与服务联席会议第九次会议在浙江省长兴县举行。会议讨论了《数字图书馆服务政策指南》、《数字图书馆资源建设指南》、《数字图书馆安全管理指南》和《数字图书馆资源建设和服务中的知识产权保护政策指南》。

4月

4月1日，大学数字图书馆国际合作计划（China Academic Digital Associative Library，简称CADAL）二期项目在浙江大学紫金港校区举行启动仪式。

4月1日，北京高校网络图书馆委员换届及第一次工作会议在首都师范大学图书馆会议室举行。

4月6日，浦东新区陆家嘴图书馆在陆家嘴金融城推出“陆家嘴24小时图书馆”。这是上海第一家24小时自助图书馆。

4月8日，重庆市第一批重点古籍保护单位

暨珍贵古籍名录评审会在重庆图书馆召开，来自重庆市古籍保护专家委员会的 21 名专家参加了会议。

4 月 8 日—12 日，中国图书馆学会阅读推广委员会全体委员第一次工作会议暨第四届“全民阅读论坛”在深圳市举行。

4 月 9 日—13 日，“百年敦煌文献整理研究国际学术讨论会”在浙江省杭州市召开。来自中国大陆、香港、台湾地区及日、俄等国 130 余位专家学者参加了讨论会。

4 月 15 日，著名哲学家、宗教学家、教育家，前国家图书馆馆长任继愈先生 94 周年诞辰纪念日，国家图书馆在总馆多功能厅举行纪念活动。

4 月 22 日，由国家图书馆主办的“汉字：文化津梁 中国奇迹”大型展览在国家图书馆展览厅开展。

4 月 22 日，第十六期全国古籍普查培训班在辽宁省图书馆开班。来自全国各地图书馆和博物馆系统的 35 家收藏单位的 60 位学员参加了本期培训班。

4 月 23 日，“珠江三角洲数字图书馆联盟”系统(dlib. gdlink. net. cn)正式开通。该系统是中国公共、教育、科技系统图书馆建立的首个跨系统文献资源共享平台，网站联合目录基本覆盖广东省三大系统主要图书馆的馆藏。

4 月 23 日上午，国家图书馆在总馆北区广场隆重举行“源远流长的中华典籍”大型广场活动，迎接第 15 个“世界读书日”。

4 月 23 日晚上 21 点 25 分，中央电视台科教频道（CCTV—10）播出时长 45 分钟的世界读书日“2010 书香中国”特别节目。这是国家图书馆第一次与电视媒体合作举办的以全民阅读为主题的专题节目，也是中央电视台首次举办以读书为主题的大型特别节目。

4 月 24 日，在成都书博会上，中国出版集团公司推出第一款自有品牌移动阅读器。

4 月 25 日，由国家图书馆和《新民晚报》社共同主办的“国图·新民讲坛”在上海文新报业大厦报告厅隆重开坛。这是继“文津·珠江论坛”之后，国家图书馆把国图讲座推向全国的又一次重要尝试。

4 月 27 日—28 日，“2010 中国高校图书馆发展论坛”在目前全国最大的图书馆馆配基地——北京出版发行物流中心园区召开。全国 300 余家高校图书馆馆长及相关专家共同就如何走出一条具有中国特色的数字化图书馆发展之路等热点问题深入研讨。

4 月 27 日—30 日，“交流、合作、共建、共享——中国联合国托存图书馆馆员培训研讨会”在中国国家图书馆召开，这是由中国国家图书馆和联合国达格·哈马舍尔德图书馆共同主办的首次面向中国托存图书馆员的培训与研讨，来自全国 21 家托存图书馆的 60 余名图书馆同仁参加了会议。

4 月，中国国家图书馆正式加入 OCLC 的 WorldCat 资源共享（WorldCat Resource Sharing）网络。通过这一服务平台，中国国家图书馆丰富的馆藏资源将进一步实现全球共享。

5 月

5 月 5 日，中国移动与中国作家协会、中国出版集团、中国编辑学会、国家图书馆签署战略合作协议。与国家图书馆共同探索无线图书馆模式，共同推动全民阅读迈向新台阶。

5 月 7 日，“国图·辽海·沈阳讲坛”在沈阳市图书馆学术报告厅隆重开坛。

5 月 7 日，中国图书馆学会青少年阅读推广委员会在中山市成立了全国首个“树精灵使者团”，首批 40 名使者团成员来自中山市各学校。

5 月 10 日—14 日，全国中小型公共图书馆联合会 2010 年研讨会在杭州召开。

5 月 11 日，国家图书馆数字资源征集工作研讨会在京召开。

5 月 11 日，中国高等教育文献保障系统（CALIS）管理中心正式宣布 CALIS 将不再承担引进资源集团采购的组织工作，取而代之的是成立中国高校图书馆数字资源采购联盟，今后将以集团的名义采购海外数字资源。

5 月 12 日，由国家图书馆古籍馆举办的“影像中的第二次鸦片战争——纪念圆明园被英法联军焚毁 150 周年”研讨会在京召开。

5 月 12 日—15 日，中国图书馆学会在江苏省江阴市召开“第三届百县馆长论坛”。

5 月 13 日—17 日，中国图书馆学会专业图书馆分会联合中国图书馆学会数字图书馆研究与建设专业委员会、《现代图书情报技术》杂志，在河南洛阳召开“2010年图书馆信息技术的应用、服务和创新”学术研讨会。来自国家图书馆、公共、高校、专业系统图书情报机构的175名专业人员参加了会议。

5月16日上午，2010年全国科技周北京主场活动在国家图书馆文津广场上正式启动。以“携手建设创新型国家——提高科学素质，参与低碳行动”为主题的第16届北京科技周活动同时拉开帷幕。

5月20日，由国家图书馆分别与国外相关机构联合建设的两大中文古籍数据库对公众开通，这使海外数以万计的珍贵中华古籍文本以数字化形式完成“回归”。这两大中华古籍善本数据库分别是“中华古籍善本国际联合书目系统”和“日本东京大学东洋文化研究所汉籍影像数据库”。

5月24日—30日，2010年全国图书馆服务宣传周活动在全国各地公共图书馆展开。本次宣传周主题为“充分发挥公益性电子阅览室作用，积极推进学习型社会建设”。

5月26日，“第十二期全国古籍修复技术培训班”在中山大学图书馆举办开班仪式，共有41位学员参加本期培训。

5月26日—6月6日，第十八期全国古籍普查培训班在大学城广州大学举行，来自广东各地35家古籍收藏单位的72名学员参加了培训。

5月27日，全国图书馆联合编目中心2010年工作会议暨江苏省分中心揭牌仪式在南京图书馆学术报告厅举行，来自全国的80余位代表参加。

5月27日，全国数字图书馆建设和服务联席会议第十次会议在上海召开。会议正式发布《数字图书馆服务政策指南》和《数字图书馆资源建设指南》。

5月27日，作为国家图书馆读者服务宣传周讲座的系列活动之一，国家图书馆“中关村创业讲坛”第15期特别活动在国家图书馆嘉言堂隆重举行，百度公司创始人、董事长兼首席执行官李彦宏担任主讲嘉宾。

5月27日，由广西文化厅和广西古籍保护中心组织召开的“全区古籍保护工作会议”在广西图书馆举行，这是广西首次召开全区性古籍保护工作会议。

5月28日，法国国家图书馆馆长布鲁诺·拉辛（Bruno Racine）先生出席了中国国家图书馆举办的“世界图书馆馆长论坛”第七期活动，并作为主讲人发表了题为“谷歌与新世界”的主题演讲。

5月28日—29日，江苏省图书馆学会第五届理事会扩大会议和江苏省图书馆学会第六次会员代表大会在南京召开。此次大会投票选举产生了第六届理事会，选出86名理事、48名常务理事。

5月31日，在“六一”国际儿童节前夕，国家图书馆隆重举行少年儿童图书馆暨少儿数字图书馆开馆仪式。中共中央政治局委员、国务委员刘延东出席了仪式。

5月31日，山东省图书馆、山东省古籍保护中心在山东省图书馆召开了2010年度山东省古籍保护工作会议。

5月31日—6月2日，由国家图书馆主办“第二届全国文献编目工作研讨会”在南京召开，会议的主题为“变革时代的文献编目”。来自全国各地的文献编目领域专家学者及相关从业者120多人参加了此次研讨会。

6月

6月2日，浙江图书馆与嘉兴市图书馆、嘉兴洪合镇政府联合举办了“2010年省、市图书馆服务洪合毛衫产业活动”。同时，浙江图书馆与嘉兴市图书馆、嘉兴针织毛衫业生产力促进中心还签订了“特色文献信息共享服务协议”，嘉兴市图书馆同时开通“嘉兴市网络图书馆——纺织业专题馆”。

6月7日，德国不莱梅公共图书馆馆长芭芭拉·莉森女士出席了由中国国家图书馆主办的“世界图书馆馆长论坛”第8期活动，并作了题为“数字化时代图书馆的角色：发展及展望”的演讲。

6月7日—10日，2010年度东北、华北、西北地区科技情报（信息）工作研讨会在西安召开，“三北”地区20个省市科技情报（信息）所（院）长等50余人参加了会议。

6月10日，由国务院法制办主办、国家图书馆承办的“政府立法咨询服务座谈会”在国家图书馆多功能厅召开。

6月10日，在中央社会主义学院文华大厦四层多功能厅举行了中央社会主义学院与国家图书馆合作协议签约暨国家图书馆中央社会主义学院分馆成立仪式。中共中央政治局委员、国务委员刘延东出席仪式并讲话。全国人大常委会副委员长、民进中央主席、中央社会主义学院院长严隽琪致辞祝贺。

6月11日，国务院公布第三批国家珍贵古籍名录和第三批全国古籍重点保护单位名单，全国共有2989部古籍入选第三批《国家珍贵古籍名录》，37家古籍收藏单位挂牌第三批“全国古籍重点保护单位”。

6月11日，国家图书馆正式宣布“国家图书馆国情咨询顾问委员会”成立。受聘的国家图书馆国情咨询专家出席了会议。

6月11日，在第五个“文化遗产日”到来之际，由文化部主办，国家图书馆（国家古籍保护中心）承办的“国家珍贵古籍特展”在国家图书馆展览厅开展。

6月11日，“中国古代书籍史”展在云南省图书馆开展，此次展览是国家图书馆、国家古籍保护中心为配合文化部“国家珍贵古籍特展”而在全国范围内举办的一个配套展览。

6月11日－12日，山东省图书馆举办了“古籍修复技艺展暨中国书史展”，这也是“山东省第一届全民阅读文化节”的一项重要内容。

6月12日起，国家图书馆立法决策服务展对社会公众免费开放。

6月12日，国家科技文献共建共享十周年大会在北京召开，并开通国家科技图书文献中心网络服务新平台，标志着我国科技文献资源共建共享体系的建设进入了一个新阶段。

6月16日－17日，“敦煌文献、考古、艺术综合研究——纪念向达教授诞辰110周年国际学术研讨会”在国家图书馆文会堂召开。40余位中外学者出席了本次研讨会。

6月18日，辽宁省政府签发《辽宁省人民政府关于公布第一批全省珍贵古籍名录和第一批全省古籍重点保护单位名单的通知》（辽政发[2010]21号），正式批准并公布第一批《辽宁省珍贵古籍名录》（1013部）和第一批“辽宁省古籍重点保护单位”名单（2个）。

6月21日，以“少儿图书馆管理机制的创新”为主题的首届少年儿童图书馆馆长论坛在上海举行。来自全国各地少儿图书馆60余名馆长相聚在上海少年儿童图书馆。

6月22日－23日，中国图书馆学会第八届编译出版委员会成立大会暨工作研讨会在北京召开，近70名委员与会。

6月22日，在全国文化文物系统对口支援新疆工作会议期间，由文化部主办、国家图书馆和文化部全国文化信息资源建设管理中心联合协办的“县级数字图书馆援疆行动”正式启动。

6月22日－24日，由国家图书馆（国家古籍保护中心）、国际图联保存保护中心中国中心主办，国际图联保存保护中心亚洲地区中心、国际图联保存保护中心韩国中心以及中国部分文献收藏单位共同参与的“自然因素与文献保存保护”国际研讨会在北京举行。

6月22日－26日，地方版文献联合采编协作网深圳网络中心在杭州举办了第12期执证编目员培训研讨班。来自全国11个省、市图书馆派学员参加了本次培训。

6月24日－26日，2010年全国少儿阅读公共论坛在京举办。与会代表围绕“加强馆社合作，推进少儿阅读”的主题展开研讨。

6月25日，“部级领导干部历史文化讲座”第147期举办了一场特殊的“讲座”，来自中央国家机关等单位的部级领导干部参观了正在国家图书馆举办的“国家图书馆立法决策服务成就展”和“国家珍贵古籍特展”。

7月

7月2日上午，原中共中央政治局常委、国务院副总理李岚清同志到国家图书馆视察。

7月5日－7日，第十届“海峡两岸图书资讯学学术研讨会”在南京大学召开。

7月11日，2010年中医药部门公共卫生专项资金“中医药古籍保护与利用能力建设”项目在山东省青岛市正式启动，本项目是国家中医药管理局中医药古籍保护与利用规划的重要内容。

7月12日，江西省图书馆、江西省古籍保护中心联合在南昌举行了“江西古籍保护网开通仪式”。

7月12日，“江西省数字图书馆开通仪式”在江西省图书馆举行。

7月12日，全国“县级数字图书馆推广计

划”山东省全覆盖仪式在山东省图书馆举行。

7月19日，全国政协副主席兼秘书长钱运录同志一行到国家图书馆参观考察。

7月22日，江苏省政府签发《省政府关于公布第二批江苏省珍贵古籍名录和第二批江苏省古籍重点保护单位名单的通知》（苏政发［2009］28号），正式批准并公布第二批江苏省珍贵古籍名录（555部）和第二批江苏省古籍重点保护单位名单（1个）。

7月22日—25日，中国图书馆学会阅读推广委员会经典阅读推广专业委员会2010年工作会议在宁夏银川召开。

7月25日—29日，2010中国图书馆学会年会在长春召开，900余人出席大会。本届年会主题为“提升能力与效益，促进学习与创造”。

7月28日—29日，全国党校图书馆工作暨信息资源建设会议在陕西省委党校召开。会上，国家图书馆联合中共中央党校图书馆共同发起了“国家数字图书馆走进党校”活动。

8月

8月5日—6日，由湖南图书馆组织的全省市（州）公共图书馆（中心馆）馆长会议在长沙召开。

8月8日，中国道教协会举办的《中华道藏》（线装版）编纂出版座谈会暨颁赠仪式在人民大会堂举行，全国人大常委会原副委员长许嘉璐、中央统战部常务副部长朱维群、国家宗教局局长王作安等出席了颁赠仪式。国家图书馆副馆长陈力代表国家图书馆接受捐赠并致辞。

8月9日，全球首位残奥会形象大使、2008年北京残奥会开幕式火炬手、三届残奥会跳高冠军侯斌作客国家图书馆，作为主讲嘉宾作励志演讲。

8月10日—15日，第76届国际图联大会在瑞典哥德堡召开。会议间隙，中国国家图书馆常务副馆长詹福瑞、日本国立国会图书馆馆长长尾真和韩国国立中央图书馆馆长牟喆敏于8月10日正式签署了《中日韩数字图书馆计划协议》。

8月11日至17日，以“我爱读书，我爱生活——与世博同行”为主题的2010上海书展在上海展览中心举行。

8月12日，全国人大常委会副委员长兼秘书长李建国同志到国家图书馆参观考察。

8月17日，2010年志愿者行动——内蒙古自治区图书馆馆长培训班在赤峰举行了开幕仪式，来自内蒙古自治区全区各地的约60名基层图书馆馆长及馆员参加。

8月18日，2010年浙江省古籍保护工作联席会议在杭州召开。

8月19日，甘肃省政府签发《甘肃省人民政府关于公布第一批甘肃省珍贵古籍名录和第一批甘肃省古籍重点保护单位名单的通知》（甘政发［2010］65号），正式批准并公布第一批《甘肃省珍贵古籍名录》（411部）和第一批“甘肃省古籍重点保护单位”名单（10个）。

8月20日，国家图书馆与新疆维吾尔自治区文化厅共同建设的“中国国家数字图书馆新疆维吾尔自治区分馆”在乌鲁木齐市正式启动并开通服务。

8月20日—10月19日，由文化部、新疆维吾尔自治区人民政府主办，国家图书馆（国家古籍保护中心）、新疆维吾尔自治区文化厅、新疆维吾尔自治区图书馆（新疆维吾尔自治区古籍保护中心）承办的“新疆历史文献暨古籍保护成果展”在新疆维吾尔自治区博物馆举办，展出了13家单位及个人收藏的24种文字的125件新疆珍贵历史文献、文物，吸引了十万余人次前往参观，社会反响强烈。

8月22日，由国家图书馆和中国国民党革命委员会中央委员会等单位联合主办的“百年辛亥专题研究系列讲座”在国家图书馆拉开帷幕。全国人大常委会副委员长、民革中央主席、中国辛亥革命研究会会长、民革中央孙中山研究学会会长周铁农担任首讲嘉宾。

8月24日—27日，第五届上海（杭州）国际图书馆论坛在浙江省杭州图书馆举行。中国国家图书馆馆长周和平、国际图联主席艾伦·泰塞、杭州市委副书记叶明、文化部社会文化司司长于群等出席论坛开幕式，来自25个国家和地区的200余位专家学者参加了本届论坛。本届论坛的主题是“城市生活与图书馆服务”。

8月27日，中国科学院国家科学图书馆、NSTL、国家图书馆、高校数字资源采购联盟理事会、上海图书馆等组织召开“应对文献数据库涨价联合会议”。9月2日，由国家科技图书文献中心、国家图书馆、中科院国家科学图书馆、北京大学图书馆等 33 家图书馆联合署名的“致国际出版商的公开信”在互联网上发布，表达中国图书馆界共同抵制个别国外出版商提出的连续大幅度涨价要求。

8 月 27 日—29 日，“第 22 届全国十五城市公共图书馆工作研讨会”在宁波召开。与会代表围绕图书馆绩效管理、图书馆项目的策划与实施、图书馆人才队伍建设三大主题进行了交流与探讨。

8 月，《中国图书馆分类法》第五版由国家图书馆出版社正式出版发行，对我国图书馆及有关信息机构的文献、信息、知识组织和检索具有重大意义。

9 月

9 月 3 日上午，来华进行国事访问的乌克兰总统亚努科维奇到访中国国家图书馆，专程向中国国家图书馆赠送《佩柳索普纳奇科福音书》复制本。周和平馆长代表中国国家图书馆接受了赠书。

9 月 8 日，“国家数字图书馆推广工程座谈会”在京召开。全国省级公共图书馆、部分副省级城市公共图书馆、中国国家数字图书馆分馆以及国家图书馆有关领导和负责人参加了会议。

9 月 8 日，美国哈佛大学哈佛学院图书馆馆长柯南希与中国国家图书馆馆长周和平共同启动“哈佛大学哈佛燕京图书馆藏善本特藏资源库”网站，此举标志着中国国家图书馆在国际合作史上规模最大且历时最长的文献数字化项目、同时也是全球图书馆界最大规模的双边合作数字化项目之一的首批阶段性成果，正式通过中国国家图书馆网站服务公众。

9 月 9 日，在国家图书馆 101 年馆庆之际，作为国家图书馆手机服务——“掌上国图”的重要组成部分，国图手机门户 WAP 网站正式改版上线，极大地提升了国家图书馆手机服务水平。

9 月 9 日—10 日，由中国国家图书馆、中国图书馆学会、美国国会图书馆联合主办的第五届中美图书馆合作会议在北京召开。本次会议成为中美两国图书馆界乃至博物馆和档案馆等多个系统的合作高层论坛。

9 月 14 日，“国家图书馆信息联络员工作会议”在国家图书馆多功能厅召开。聘请各部委政策法规制定部门相关同志担任国家图书馆信息联络员，从而建立起各部委政策法规制定部门与国家图书馆之间有效的信息沟通和日常联系机制。

9 月 15 日—19 日，中国图书馆学会专业图书馆分会 2010 年学术年会在无锡成功举办，年会主题为“知识服务 2010——面向决策支持的知识服务”，来自各系统图书馆的 160 多名代表参加了会议。

9 月 16 日—17 日，全国数字图书馆建设与服务联席会议第十一次会议在新疆乌鲁木齐举行，联席会议成员单位代表 22 人出席了会议，会议主题是“图书馆开展联合服务”。

9 月 20 日，由中国艺术研究院、国家图书馆、中共唐山市委、唐山市人民政府联合举办的“凤凰涅槃 · 震痛与振兴——中外摄影家看唐山”摄影展首展在国家图书馆展览厅开幕。

9 月 20 日，云南省图书馆学会第六次会员代表大会暨 2010 年学会年会在昆明召开，来自全省 16 个州市公共、高校、科研和其他系统的图书情报单位的 100 多名代表参加了会议。

9 月 20 日，CALIS 三期项目建设暨服务启动大会召开。CALIS 门户网站 eduChina 同时宣布正式开通，提供联合问答、科技查新、收录引证、课题咨询等服务。

9 月 26 日，华北地区高校图协第二十四届学术年会在北戴河召开，155 人参加了此次大会。会议主题为“当代数字化与网络化环境下的高校图书馆建设”。

10 月

10 月 8 日，国家图书馆与武汉大学签订了战略合作协议。根据协议，今后双方将在高层次人才培养、高端培训、全国图书馆事业发展理论与应用研究、图书馆与信息领域重要工程和重大项目的建设等方面开展全方位合作。

10 月 9 日，新闻出版总署颁布了《关于发展电子书产业的意见》。

10 月 9 日，“第十三期全国古籍修复技术培训班”开班典礼在国家图书馆举行。

10 月 9 日至 12 日，全国示范性高职院校图书馆馆长高峰论坛 2010 年会在浙江金融职业学院举行。

10 月 11 日—12 月 24 日，第十四期古籍修复技术培训班在云南图书馆举办。

10月12日—13日，一年一度的河北省、市级图书馆馆长联席会议在沧州市召开。

10月13日，全国人大常委会副委员长、民革中央主席周铁农一行到国家图书馆参观考察。

10月16日上午，“国家民委少数民族古籍保护与资料信息中心”在中央民族大学正式挂牌成立。国家民委副主任丹珠昂奔和中央民族大学校长陈理共同为该中心揭牌。

10月18日，是圆明园罹劫一百五十周年。前来北京参加圆明园纪念活动的法国著名历史学家伯纳·布立赛专程来到中国国家图书馆，向中国国家图书馆和中国读者签名赠送他的历史名著《1860：圆明园大劫难》。

10月18日，金陵图书馆新馆举行了开馆仪式。

10月18日—22日，一年一度的全国图书馆缩微技术培训班在湖南长沙举办。35名学员系统地学习了有关拷贝和缩微胶片阅读器的使用及日常维修维护知识，并就实际工作中所遇到的问题进行了集中探讨。

10月19日，南京图书馆与江苏凤凰出版社在南图举行《二十世纪三十年代国情调查》出版签约仪式。

10月21日—22日，由国家图书馆举办的“全国图书馆少儿服务工作座谈会”在京召开。

10月21日—24日，以“大学生阅读与心理健康”为主题的2010年中国图书馆学会大学生阅读专业委员会、阅读与心理健康专业委员会工作会议在郑州大学召开。

10月22日，上海浦东图书馆新馆正式开馆。

10月25日，“国际图书馆东亚文献合作暨华文报刊数字化研讨会”在长沙举行。来自全球知名图书馆和汉学研究机构的250余名图书馆馆长和专家出席会议，共论“华文历史报刊文献数字化发展计划”，寻求全球华文报刊资源共享。

10月25日，北京高校网络图书馆联合虚拟参考咨询系统正式运行。该系统是北京高校网络图书馆数图建设项目之一。

10月28日，中国图书馆学会推荐书目专业委员会工作会议在苏州图书馆召开。

10月30日，国家图书馆“文津少儿讲坛”邀请当代著名作家、北京大学教授曹文轩先生进行了题为“阅读是一种信仰”的开坛首讲，听讲小读者和家长近千人。

10月30日—31日，中国图书馆学会阅读文化研究专业委员会工作会议在山东省图书馆召开。

11月

11月1日，全国中小型图书馆联合会常务理事会在深圳图书馆召开，来自全国20多个省市的30余位常务理事讨论修改了《全国中小型图书馆联合会》章程，并通过了新增选的深圳图书馆副馆长杜秦生等8名常务理事名单。

11月3日—4日，第八次中文文献资源共建共享合作会议暨图书馆中文资源与数字典藏学术研讨会在台北召开，来自中国大陆、香港、澳门、台湾以及日本、新加坡、北美、欧洲等地的243位专家共聚一堂，参与人数及单位机构数量创历届会议新高。

11月3日—5日，浙江省图书馆学会第十二次学术研讨会在湖州召开，近200人出席了大会。本届年会主题为“图书馆与社会发展”。

11月7日—10日，中国图书馆学会社区与乡村阅读专业委员会2010年工作年会在宁波召开。

11月9日，第二十四期全国古籍普查培训班在江西省图书馆三楼报告厅举行开班仪式。

11月9日—10日，“中南六省区高校图书馆2010年学术年会”在广西大学图书馆举行。

11月10日，2010年上海市图书馆学会年会在闵行区图书馆举行，年会主题是“城市文化与图书馆”。

11月10日—12日，中国图书馆学会图书馆与科学普及阅读专业委员会在江苏省南通市召开工作会议。

11月11日—12日，甘肃省古籍保护工作会议在兰州召开。

11月15日下午，由国家图书馆、北京师范大学、中国社会科学院历史研究所共同主办的“陈垣先生诞辰一百三十周年纪念展”在国图总馆北区一层稽古厅开展。

11月16日—28日，“第二十五期全国古籍普查培训班”在云南省图书馆举办。

11月18日，国家图书馆中央编制办分馆在京揭牌，“国家图书馆立法决策服务平台——中央编办平台”同时开通。该馆是国家图书馆在中央国家机关建立的第一个全数字化分馆。

11月18日，2010年全国中小型公共图书馆主题工作会在北京台湖国际图书城举办，60余位公共图书馆领导围绕着“交流、交易、发展、共赢”的会议主题进行了交流。

11月19日上午，文化部人事司在国家图书馆总馆南区多功能厅召开副馆长、馆长助理任职大会。任命王军为国家图书馆副馆长；聘任孙一钢、汪东波为国家图书馆馆长助理。

11月22日—23日，由教育部高校图工委主办，海南省高校图工委承办的全国高校图书馆文献资源发展政策研修班在海口市举行，96位高校图书馆代表参加了培训。

11月22日—24日，全国党校数字图书馆理事会第一次常务理事会在山东省委党校举行。

11月22日—24日，江西省图书馆数字资源共建共享建设与发展专题研讨会暨赣州市图书馆学会2010年学术年会在赣州市会昌县召开。

11月23日—25日，由山东省图书馆学会、山东省图书馆举办的“全省《中国图书馆分类法》第五版学习班”在青岛举行。来自全省126个单位176名学员参加了学习。

11月24日，2010年云南省文化共享工程州市、县级支中心馆长研讨班暨技术交流会在云南省分中心举行。16个州市、129个县级支中心的150余名有关负责同志参加了此次会议。

11月24日—25日，第七届全国高等学校文献资源建设工作研讨会在海口市召开。共有100余名教育部图工委委员、专家、馆长及采访馆员参加了研讨会，研讨会的主题是“高校图书馆文献资源建设的发展规划与实践”。

11月24日—25日，日本国立国会图书馆代表团与中国国家图书馆多位专家举行了业务交流会。双方围绕“中国国家图书馆立法决策服务的组织结构及运行”等六个议题进行了深入探讨。

11月26日上午，国家行政学院、国家图书馆合作协议签署暨“国家图书馆国家行政学院分馆”揭牌仪式在京举行。

11月26日“2010年全国图书馆企业信息服务年会暨第六届国家图书馆企业信息服务年会”在北京举行，来自国内竞争情报领域的知名专家、跨国公司首席情报官及中关村示范区科技型中小企业的代表共200余人参会。本届年会主题为“数字时代的信息服务和企业创新发展”。

11月27日，国家图书馆与厦门市文化局达成数字图书馆建设战略合作协议，共建“国家数字图书馆厦门分馆”，实现了国家数字图书馆资源在厦门地区的共建共享与全覆盖。

11月27日—28日，2010年图书馆学博士生学术论坛在北京大学百周年纪念讲堂举办，100多位图书界学人汇聚论坛。

11月29日，“2010公共图书馆高峰论坛”暨“公共图书馆研究院”2010年年会在深圳图书馆开幕，论坛主题为“发展与超越：中国公共图书馆发展之现状与未来”。《中国公共图书馆发展蓝皮书（2010）》和《图书馆之城建设指标体系研究》两书正式对外发布。

11月30日，第二十六期全国古籍普查培训班在福建省图书馆一楼多功能报告厅举行开班仪式。这是全国古籍普查培训班首次在福建举办。

12月

12月1日—3日，CASHL管理中心在华东师范大学举行“高校外文资源建设研讨暨文专项目馆员培训会”。

12月8日，宁波天一阁博物馆新书库落成庆典暨古典数字化启用仪式和科举文化展在天一阁举行。所收藏的近3万册古籍今天起面向公众开放，为海内外不同层面、不同需求的读者开通了网上阅读平台。

12月8日—9日，“北京市公共图书馆馆长工作会议”在北京九华山庄召开。

12月9日，吉林省图书馆学会在长春召开七届六次常务理事扩大会暨吉林省图书馆联盟工作会议，50余人参加了会议。

12月9日，文化部颁布了《关于进一步加强少年儿童图书馆建设工作的意见》。

12月10日，文化共建共享工程广西桂林分中心在桂林举办了桂北地区县级数字图书馆推广计划培训班，51人参加了培训。

12月10日—11日，北京高教学会图书馆工作研究会数字图书馆专业委员会在昌平小汤山镇召开了“创新技术、迎接挑战”学术研讨会。

12月14日—15日，第三届“图书馆管理与服务创新论坛”在东南大学图书馆举行，来自中国大陆、香港、台湾和美国高校的 280 位图书馆界同仁参会。本次论坛主题为“文化支撑服务”。

12 月 15 日，《刘澜涛生平纪事》赠书仪式在国家图书馆红厅隆重举行。国家图书馆和其他 47 家图书馆接受了此书的捐赠入藏。

12 月 15 至 16 日，国家数字图书馆推广工程启动仪式暨全国图书馆创新服务工作座谈会在国家图书馆隆重举行。来自国家图书馆，全国各省、自治区、直辖市和副省级城市公共图书馆馆领导及相关人员约 150 余人参加了会议。

12 月 16 日，全国公共图书馆讲座联盟在国家图书馆成立。

12 月 16 日，2010 年教育部高校图工委信息技术应用年会在复旦大学江湾校区图书馆报告厅召开。本次年会共有来自 33 个城市和地区、99 所院校的 164 名代表参会，其中包括香港中文大学图书馆和香港大学图书馆的 2 名代表。本次年会的主题是“大学图书馆系统的开发与应用、组织与构建、服务创新”。

12 月 17 日，湖南省文献信息资源共建共享协作网工作委员会会议暨 2010 年协作网工作总结会议在长沙学院图书馆召开。

12 月 17 日，第十五次全国社科院系统图书馆馆长协作及学术研讨会在昆明云南省社会科学院召开。

12 月 17 日，“2010 年度 BALIS 馆际互借与原文传递服务总结大会”在中国人民大学图书馆报告厅举行。185 人参加了会议。

12 月 19 日，由文化部主办的“共享数字文化 共建和谐家园——全国文化信息资源共享工程建设论坛”在京举行。全国文化信息资源共享工程“十一五”成果展在中国美术馆同期开幕。

12 月 20 日，由文化部主办，国家古籍保护中心承办的全国古籍保护工作会议在北京召开。会议向国务院公布的第三批《国家珍贵古籍名录》收藏单位代表和第三批全国古籍重点保护单位代表颁发了证书和标牌。

12 月 20 日，第六届“国家图书馆文津图书奖”暨 2010 年度“国家图书馆文津读者奖”颁奖仪式在国家图书馆举行。

12 月 21 日，由中宣部、文化部举办的全国县级公共文化服务体系建设现场经验交流会在河北省霸州市召开，近 300 位文化工作者参加了这次大会。

12 月 24 日，2010 北京地区高校图书馆年会暨 BALIS 工作会议在北京出版发行物流园区召开。

12 月 26 日—27 日，由江西省科学技术协会和江西省图书馆联合主办的首届“江西省科协学术年会第二十七分会暨江西省图书馆学会 2010 学术年会”在南昌召开。与会人员以“提升图书馆综合服务水平，促进鄱阳湖生态经济区建设”为主题，进行了广泛深入交流与探讨。

12 月 28 日，江西省图书馆建馆九十周年庆典在南昌举行。

12 月 28 日，“2010 年天津高校图书馆联盟（TALIS）与新东方合作开通仪式”在天津医科大学举行。天津 19 所高校图书馆馆长出席了会议。

12 月 29 日，杭州数字图书馆率先全国将网站、手机、电视“三网融合”，整合成综合性的杭州数字图书馆——“文澜在线”并向市民开放。（成斌琴编辑整理）

专　文

2006—2010年"全国图书馆志愿者行动"综述

中国图书馆学会秘书处

从2006年开始，中国图书馆学会组织发起了"全国图书馆志愿者行动——基层图书馆馆长培训"项目。它是图书馆人帮助图书馆人的大型行业援助活动，以推动图书馆事业全面和谐发展为目的，以"无偿、公益、利他"为原则，充分发挥中国图书馆学会行业协调和人力资源的优势，组织全国图书馆界有影响的理论工作者和实际工作者，对以县级图书馆为主的基层图书馆管理者进行专业培训。呼吁地方政府对图书馆作为文化基础设施的重视和投入，引起社会对图书馆的关注与支持。

从2006年至2010年，该项目已先后成功实施了5次，完成了对26个省、自治区、直辖市的2941名基层公共图书馆馆长的培训。培训内容主要包括公共文化服务体系建设中的基层图书馆、基层图书馆馆长实务、基层图书馆的资源建设与服务、基层图书馆的信息化建设与共享工程、基层图书馆的宣传推介与全民阅读等。培训采取授课、答疑、座谈、讨论等开放式、互动式和启发式教学，注重现场交流、理论联系实际，注重实用性和可操作性。培训期间，专家志愿者与基层图书馆馆长相互交流，不断调整思路和授课内容，并对培训效果进行调查和反馈。

这一行动是解决基层图书馆问题的有益尝试。为西部贫困地区、老工业基地和欠发达地区的基层图书馆带来了新理念、新知识、新技术和新方法，激发了基层图书馆开拓进取的职业热情，促进了图书馆之间的共建共享，得到了举办地文化口的欢迎与支持，引起了政府对图书馆作为公益性文化基础设施的重视和投入，赢得了社会对图书馆事业的关注和对图书馆从业者的尊重。

中国图书馆学会注重对项目的科学组织，招募遴选全国图书馆界有影响的理论工作者和实际工作者担当志愿者，并对其进行前期培训；召开组织者、志愿者和举办地三方工作会议深入沟通情况，针对基层图书馆发展现状和实际需求制定培训教材和实施步骤；培训期间学会领导亲临现场，学会秘书处随组行动，学会网站实时跟踪报道；培训后回访参训者，考察后续效应；学会年会表彰志愿者并专设分会场总结研讨志愿者行动，促使这一创新行动科学发展。

全国图书馆志愿者行动是图书馆界创新服务模式的一次成功实践。铸造了一支践行"智慧与服务"理念的专业培训队伍，吸收了海外志愿者加入，为志愿者提供了实践锻炼机会和志愿者之间相互学习的机会，为基层工作者与专家交流搭建了互动平台，为学员之间创造了交流经验的机会，提升了基层管理者的专业水平，实现了学会的服务职能和图书馆人的社会价值。

该项目发起实施后，得到文化部、中国科协和国家图书馆的高度重视与关注。2007年中国科协"海外智力为国服务项目"资助其中的3位德籍华人志愿者，圆满地完成了在山西和甘肃的科普讲座任务。鉴于项目的成功实施和取得的良好效果，2008年该项目被同时纳入"国家图书馆基层图书馆服务行动"专项工作和"中国科协继续教育示范项目"。2009年该项目获得中国科协"继续教育引导工程项目"和文化部全国文化信息资源建设管理中心的资助；获得了来自中央和地方财政经费的专项资助。

鉴于其在图书馆界的引领作用和现实意义，该项目被评为国家图书馆2008年度"创新服务奖"和2009年度国家图书馆馆长特别奖；2009年10月，该项目荣获第三届文化部创新奖；2010年6月，该项目被美国图书馆协会授予"国际创新奖”。

2006年—2010年全国图书馆志愿者行动统计表

时间	培训省份	专家志愿者（人次）	培训人数（人次）
2006	湖南、陕西、黑龙江	26	307
2007	甘肃、河北、青海、四川、广西、山西	40	621
2008	湖北、安徽、河南、山东、吉林、贵州	32	708
2009	重庆、海南、江西、宁夏、云南	31	622
2010	福建、广东、江苏、辽宁、内蒙古、浙江	47	683
合计	26个省（自治区、直辖市）	176	2941

一、项目起源

（一）基层图书馆发展现状

中国公共图书馆事业已有百年历程，但现代图书馆理念即使是在图书馆界内部也没有完全得到确立，全国图书馆事业发展极不平衡，近三分之一的县级图书馆因为缺乏购书经费成为空壳；有些硬件相当好的图书馆，因为理念、人员素质、机制和管理等问题，并未很好地发挥现代图书馆的社会功能，没能为当地民众文化素质的提高、经济和社会的发展提供良好的服务。图书馆事业发展的关键因素是人，是队伍。所以，中国图书馆学会决定开展全国图书馆志愿者行动，目的就是要逐步在全行业提高从业人员的科学文化水平和专业服务技能，进而普及现代图书馆理念，充分发挥现代图书馆传播知识、传播信息的作用，为经济和社会发展提供更好的图书馆服务。

（二）基层图书馆实证研究

“十五”期间，国家出台的关于构建社会主义和谐社会、“十一五”时期文化发展规划纲要、加强农村基层文化建设和推进社会主义新农村建设等一系列政策措施，使基层特别是县级图书馆建设有了突破性进展。为满足基层图书馆工作者日益增长的实务指导和学术科研等方面的需求，促进基层图书馆事业健康发展，中国图书馆学会学术研究委员会于2001年9月正式成立乡镇社区图书馆专业委员会，汇集全国从事县级图书馆一线工作的图书馆实际工作者，以及从事县、乡镇、社区图书馆管理与研究的图书馆管理者、专家、学者等，就基层图书馆的理论与实践问题进行专门研究和探讨。

（三）全国图书馆志愿者行动的发起

“十一五”期间，国家明确指出：发展公益性文化事业是建设和谐社会的重要任务，要逐步形成覆盖全社会的比较完备的公共文化服务体系。同时指出建设社会主义新农村是全党工作的重中之重，而大力发展包括县、乡镇图书馆在内的农村公共文化事业则是建设社会主义新农村的核心内容之一。2005年8月，在中国科协年会分会场上，中国图书馆学会专家关于《我国县级图书馆发展状况》的主旨报告，以及与会代表达成的《西部共识》，引起媒体和社会各界的广泛关注，李长春同志为此作了专门批示。同年10月，中国图书馆学会举办首届“百县馆长论坛”，以“县级图书馆的生存与发展”为主题，发表《林州共识》，做出了目前制约我国公共图书馆事业发展的瓶颈是县级图书馆的基本判断，提出了振兴县级图书馆的三大措施：实现基本保障、提升馆长水平和改善服务效益。同时，建言政府主管部门在制定我国公共图书馆事业发展政策时给予特别关注，并呼吁实施全国县级图书馆馆长的培训计划，培养出一批深刻理解和谐社会的内涵，理解现代图书馆的理念和实现方式，具备一定专业水平和管理能力的职业图书馆馆长。这两次会议引发了社会对基层图书馆生存发展状况的普遍关注，同时也激发了来自全国各级各类图书馆专家和高校图书情报专业院系教师的极大热情。中国图书馆学会理事长詹福瑞多次通过媒体向社会各界发出呼吁，关注和扶持基层图书馆的建设，认为“国家应鼓励多建小型的社区图书馆，小而分散的图书馆布局更能充分满足老百姓的借阅需求”。

同年11月，中国图书馆学会第七届学术研究委员会成立大会期间，南开大学和华东师范大学的两位教授提出倡议：中国图书馆学会以志愿者的形式开展基层图书馆馆长培训。这个倡议立即引起了政府主管部门文化部和中国图书馆学会的重视。经学会2006新年峰会进一步调研论证，最终七届二次理事会决定，将关注基层公共图书馆的生存与发展问题提上议事日程并作为重点工作，“中国图书馆学会全国图书馆志愿者行动——基层图书馆馆长培训”项目正式列入2006年学会工作计划。在此后的五年中，伴随着国家保障人民基本文化权益、让人民共享文化发展成果和科学发展观等一系列惠民政策的出台与实施，全国图书馆志愿者行动踏上了不平凡的艰辛之路，并且在前进中赢得了尊重，收获了成功，实现了价值。

二、项目思路

（一）总体构思

志愿者行动以推动图书馆事业全面和谐发展为目的，以无偿、公益、利他为原则，充分发挥学会行业协调和人力资源的优势，组织全国图书馆界有影响的理论工作者和实际工作者，对以县级图书馆为主的基层图书馆管理者进行专业培训。引起地方政府对图书馆作为文化基础设施的重视和投入，以及社会对图书馆的关注与支持。

（二）预期目标

用志愿者的奉献精神，激发基层图书馆馆长的职业使命感和社会责任感；通过传授图书馆学新理念和图书馆工作新方法，启迪管理者的新思维，开阔工作者的职业视野；通过系统培训，提高其职业管理技能。促进图书馆之间的共建共享和平衡发展，促进文明与知识在全国特别是欠发达地区的广泛传播。

（三）主要措施

“全国图书馆志愿者行动——基层图书馆馆长培训”，于2006年至2010年成功地实施了五次，完成了对21个省、自治区的2941名基层公共图书馆馆长的培训。共计授课620课时，编写参考教材246万字，印制3600册。培训内容主要包括与我国基层图书馆发展密切相关的、基本的、比较系统的职业理念、专业素养等，分为五个专题：公共文化服务体系建设（社会主义新农村建设）中的基层图书馆、基层图书馆馆长实务、基层图书馆的资源建设与服务、基层图书馆的自动化网络化建设与共享工程和基层图书馆的宣传推介等。培训采取授课、答疑、座谈、讨论等开放式、互动式和启发式的教学方式，注重现场交流、理论联系实际，注重实用性和可操作性。培训期间，志愿者相互交流听课体会，不断调整思路和授课内容，并对培训效果进行调查。

此外，志愿者行动吸收了海外学者的参与。留德中国物理学者学会的3位海外志愿者在山西省图书馆和甘肃省图书馆举办了四场科普讲座，听众1100人，包括企业家、社会公众、大中小学生和学生家长。海外志愿者还向两省的基层图书馆赠送了他们的最新译作——“国家图书馆文津图书奖”获奖图书《未来世界的100种变化》。这标志着志愿者行动已向社会延伸，直接服务于读者和公众的文化教育和科学普及需求。

三、项目的创新及成果

全国图书馆志愿者行动是图书馆界创新服务模式的成功实践。其创新价值在于：弘扬了图书馆人自律、自助、自强的精神，传播了“智慧与服务”的图书馆理念；把握并满足了基层图书馆对高质量培训的迫切需求；呼吁并赢得了政府与社会的支持；全面并持续地推动了图书馆事业的和谐发展；整合并发挥了行业人力资源优势，履行并实现了中国图书馆学会的职能和价值。在这个创新实践过程中，中国图书馆学会发挥了重要的桥梁和纽带作用，主要表现为招募遴选志愿者，调集国家、公共、高校和科研等各系统图书馆的资源，促进政府与图书馆间、图书馆间、学会组织间、图书馆工作者间全方位的团结协作与共建共享，呼吁媒体和社会的关注，从而有效地推动了基层图书馆的建设与发展。因此，志愿者行动必将对中国图书馆事业的发展，对图书馆学的研究与教育，产生积极而深远的影响。

（一）整合全国图书馆界的人、财、物资源

全国图书馆志愿者行动是一次较大规模的、有组织的“图书馆人帮助图书馆人”的实际行动，必须全面依靠和调动业界人、财、物等各种资源，形成合力，共同完成。2006年3月8日，中国图书馆学会首次在网上发布《“基层图书馆馆长培训”志愿者行动招募公告》，在全国范围内招募授课志愿者，此举得到全国图书馆界的积极响应，截至2010年4月，先后有百余名图书馆工作者、专家和教授报名。中国图书馆学会采取自愿报名、专家遴选、与报名者所在单位协商三结合的办法，最终确定176名入选者。志愿者有来自国家图书馆、公共图书馆、科研图书馆、高校图书馆、中学图书馆，以及文化部全国文化信息资源建设管理中心的专业人员，也有来自高校图书馆情报专业院系的教授学者；有从事多年实际工作的研究馆员，也有图书馆馆长，还有中国图书馆学会的副理事长等等。其中来自文化系统图书馆的（国家图书馆和公共图书馆）占40%，来自教育系统和科研系统图书馆的（高校和中学）占26%，来自教育系统专业院系的占34%（见图1所示）。由此可见，志愿者行动调动、汇集并发挥了公共、学校、科研等各个系统的智力资源，还感召了海外华人的参与，大家齐心合力，共同为基层公共图书馆的专业管理队伍建设提供智力服务。

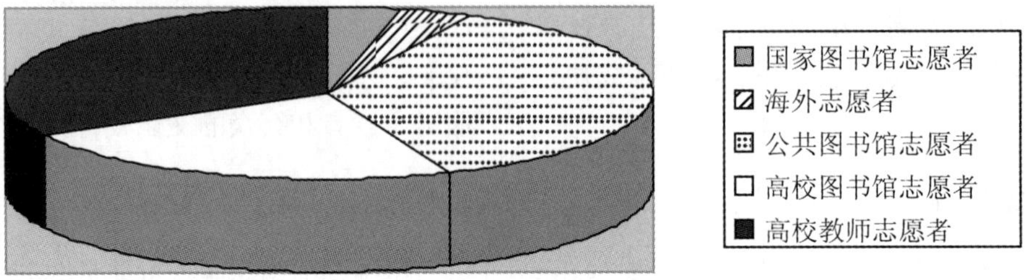

图1

与此同时，中国图书馆学会主动与志愿者所在单位取得联系，磋商协调，达成共识，积极争取他们提供力所能及的支持与配合。五年来，共有50个图书馆和相关机构以“支持单位”的名义积极参与到这个行动中来，承担或部分承担了志愿者行动所需的交通费、住宿费等，有些图书馆和专业院系的领导，还主动推荐并选送本单位的优秀人才加入志愿者队伍，为基层图书馆发展尽责尽力。这些支持单位包括中国科协学会学术部和国际部海智办公室、文化部全国文化信息资源建设管理中心、留德中国物理学者学会，还有国家图书馆以及22个公共图书馆、16个高校图书馆和8个高校信息资源管理系等。总之，实施志愿者行动所需要的人力、物力和财力等各种资源都来自多方集资，采取政府性社会团体、各级图书馆学会、各系统图书馆、图情专业院系和志愿者个人，众人拾柴，共同集资，统筹调配，统一使用的模式运作。

（二）赢得各级政府主管部门的重视与支持

该项目发起实施后，得到文化部、中国科协和国家图书馆的高度重视与关注。2007年中国科协“海外智力为国服务项目”资助其中的3位德籍华人志愿者，圆满地完成了在山西和甘肃的科普讲座任务。鉴于项目的成功实施和取得的良好效果，2008年该项目被同时纳入“国家图书馆基层图书馆服务行动”专项工作和“中国科协继续教育示范项目”。2009年该项目获得中国科协“继续教育引导工程项目”和文化部全国文化信息资源建设管理中心的资助；获得了来自中央和地方财政经费的专项资助。

志愿者行动自实施以来，得到了所有举办地省、自治区文化厅的欢迎和支持，有关领导高度重视，亲临开班仪式并讲话，对志愿者行动给予高度评价，鼓励基层馆长抓住机遇认真学习；同时表示，要按照中央对公益性文化事业改革的“增加投入、转换机制、增强活力、改善服务”16字方针，加大投入，落实相关政策。有60%的举办地文化厅（人事厅）与中国图书馆学会共同作为主办单位，并投入专项经费，对培训场地、设施设备以及参训基层图书馆馆长的交通和食宿费用给予补贴。

（三）激发基层图书馆员开拓进取的职业热情

志愿者行动给西部贫困地区、老工业基地和欠发达地区基层图书馆带来的新理念、新知识、新技术和新方法，使馆长们开阔了眼界，更新了观念，树立了信心。志愿者准备充分、深入浅出、理论联系实际的授课效果，使馆长们受益匪浅，普遍称赞；而这些来自不同地区、不同单位、甚至素不相识的志愿者恪尽职守的职业道德和奉献精神，则使他们真切地体会到图书馆工作者传播文明、传播知识的职业荣誉感，更加激发了基层图书馆工作者履行职业使命的强烈责任感。

志愿者行动对举办地基层图书馆工作开创新局面起到了积极的推动作用。中国图书馆学会送专家、送知识、送服务到基层，带来了全国同行的支持和帮助，让各省（区）图书馆在感受到图书馆大家庭的温暖的同时，也激发了热情，鼓舞了士气，调动了积极性。所有26个举办地的省、自治区图书馆和学会均作为承办单位，发挥龙头作用，本着为基层服务的原则，投入了相当的人力、经费和设施设备，给予全方位的支持与配合，为志愿者培训的成功提供了可靠保障。

（四）打造践行“智慧与服务”理念的专业培训队伍

中国图书馆学会是全国图书馆志愿者行动的发起者和主办者，集结并组织一支专业水平一流、培训内容和教学水平符合并满足基层图书馆馆长需要的队伍，既是首要问题，也是关键问题，它直接决定着为基层服务的创新行动的成败和效果，乃至这个创新行动的生命周期。通过五年的实践和积累，学会已经建立起一支践行“智慧与服务”职业理念的人才队伍，而且这支队伍还在不断成长壮大。

志愿者行动的师资配备首先是根据培训内容分为5个专题组，以专题组为单位备课；然后经过一个最佳的“排列组合”过程，再全面均衡地重组成3—6个地区组，以地区组为单位实施培训。无论是专题组，还是地区组，均由来自业内各系统的图书馆专家和大学教授组成，这个联合体可谓是个“群英会”，也就意味着，它必须进行全方位的磨合，才能真正成为一个全面协调、默契配合、游刃有余的团队组合，才能作为一支坚强团结而富有战斗力的队伍，去完成光荣而艰巨的培训任务。这个协调与磨合过程是复杂而艰辛的，但是，无论是作为组织者的中国图书馆学会，还是作为志愿者的专家、学者，所有人都意识到：这是一次具有非凡价值的融合，甚至是一次创造；所有参与者都是这个创造的实践者和见证人；所有参与者都必须付出自己的努力和贡献，即顾全大局，尊重需求，学会包容、克制、放弃、奉献和服从。五年的实践证明，志愿者们成功了，中国图书馆学会成功了。

（五）引起全行业和全社会的普遍关注

2006至2010年间，《中国文化报》、《科学时报》和《新华书目报》，以及举办省的多家地方媒体和图书馆专业期刊，对志愿者行动给予了充分报道。2008年7月7日，在2008年志愿者行动启动的当天，“志愿者行动新闻通气会”在国家图书馆召开，标志着志愿者行动的宣传工作进入了一个新阶段。新华社、《人民日报》、《中国文化报》等8家媒体记者参加会议。中国图书馆学会和国家图书馆联合通报了“志愿者行动”基层图书馆馆长培训的发起、组织、实施和意义，并回答了记者提问。据统计，5年来，中央和地方的80余家新闻媒体参与了宣传报道，扩大了志愿者行动的社会影响，引起了图书馆界和社会的广泛关注。

中国图书馆学会网站2006年开辟专栏，进行全面报道。从2006年7月至2010年10月，共发布文章近600篇，刊登图片1214幅，报道量逐年成倍增长。在每年7、8月份项目实施期间，进行全过程、全方位、全情景的实时跟踪报道，生动真实地反映了志愿者和参加培训的图书馆馆长在学习、交流中的感想、感受和感言。这期间，志愿者、参训馆长和学会工作人员既是教师、学员、联络员，又担当起记者、宣传员和通讯员的责任，大家共同创造了一个让人感动、令人振奋的“志愿者热播”现象，激发了图书馆人的职业自豪感。全国直至海外的华人图书馆同仁都通过这个窗口，了解志愿者行动，共享志愿者行动的资源和成果；各个志愿者团队和各承办地图书馆，更是借此平台，互相学习，取长补短，精益求精，自发地掀起了比、学、赶、超的热潮。

（六）增强图书馆学会组织的感召力和凝聚力

连续五年的志愿者行动的成功实施，作为主办单位的中国图书馆学会和国家图书馆，以及作为承办单位的地方省图书馆学会和省图书馆发挥了极为重要的作用。学会秘书处派出专职人员随组行动；学会理事长、副理事长、秘书长、副秘书长分别赴各省出席开班仪式。从策划、组织、实施，到筹资、公关、宣传，这些组织和单位不仅提供了全方位、全过程的保障，而且通过这个活动，极大地增强了业界系统之间、馆际之间和同行之间的沟通了解，加深了友谊，促进了合作，打造了一个又一个团结进取，自立自强，互助友爱，和谐发展的行业群体。通过开展志愿者行动，充分展现了各级图书馆学会组织在呼吁政府支持，引起社会关注，传播专业知识，交流先进经验，营造声势氛围等方面的重要作用和实力水平，体现了全国和各省级图书馆学会的行业协调与指导作用，体现了国家图书馆和省级图书馆的龙头作用，切实履行了为基层图书馆服务的重要职能。

四、解决的问题

图书馆经费不足是制约图书馆事业发展的共性问题，尤其以县级为主的基层图书馆经费困难，缺少专业人员和专业培训，甚至难以开展有效的读者服务工作。图书馆事业在东西部发达与欠发达地区形成强烈反差，成为制约图书馆事业和谐发展的瓶颈问题。而志愿者行动对这一问题的解决，起到了有力的推动作用。

（一）引发了政府主管部门的充分重视

一些省政府文化主管部门专门下发文件，从政策、组织、人员、培训内容等方面提供了多方保障和支持；政府部门的主管官员能够直接参与到志愿者行动的全过程之中。政府的积极态度，给图书馆事业的从业者带来了希望，公共图书馆事业是政府公共服务职能的具体体现，政府作为了，图书馆事业就有了基本保障。这是志愿者行动的一项重要收获。

（二）增强了基层图书馆人的信心

通过这项培训行动，为图书馆人特别是陷于困境之中的基层图书馆人树立了信心，使他们明了：他们不是孤立无助的个体，而是整个图书馆事业中不可或缺的一分子，只要他们需要，全国图书馆界这个大家庭的所有成员都会伸出援助之手。培训结束后，对受训者所做的调查显示，绝大多数人认为这种培训很有必要，增长了知识，启迪了思维，开阔了视野；既有专家学者讲授理论方面的知识，又有从事公共图书馆基层工作的同仁介绍经验，受益匪浅。据悉，志愿者培训行动尚未结束，就已有某发达地区的图书馆主动与西部图书馆联系，准备结成更为直接有效的帮扶对子。正如我们所预期的，图书馆人帮助图书馆人的志愿者行动将成为图书馆事业共同发展的一个契机，蔚为壮观。

（三）积累了培训者的经验

对培训者来说，志愿者行动提供了密切接触当地同行、了解其困境和问题的机会，使志愿者直接感受到落后地区的同行在极度困难的情况下生生不息的社会责任感和自强不息的精神；看到了落后地区图书馆事业的实际困难状况。除了经费短缺，在一些图书馆中，服务意识和服务精神的缺失、人员的臃肿、领导的冷漠等都还比较严重。这些现象都向志愿者提出了新的思考视角，为今后开展更有效的培训积累了经验。

总之，全国图书馆志愿者行动促进了我国图书馆界理论与实践的交融，东部与中西部的交融，图书馆工作者的交融，图书馆与社会的交融。它昭示着全体中国图书馆人，为迎接中国图书馆事业全面和谐发展的美好明天，在共同努力着，准备着，前进着。相信标志着图书馆人自律、自助、自强精神的志愿者行动，将成为一个契机，在政府、社会的关注和支持下，经过科学规划，深入持久地开展下去，并在图书馆界发扬光大。正如志愿者行动的所有参与者所期望的：图书馆志愿者的脚步越走越坚实，志愿者行动的道路越走越宽广。

2010年我国图书馆援疆工作综述

胡　洁(国家图书馆)

1　引言

开展援疆工作，是党中央为促进新疆发展、维护新疆稳定做出的重大战略决策。长期以来，党中央、国务院高度重视新疆的建设与发展，2010年先后召开了全国对口支援新疆工作会议和新疆工作座谈会，一方面继续加大中央对新疆支持力度，另一方面动员全国各地的力量，切实加强对口支援新疆工作，推进新疆跨越式发展和长治久安。在这一大背景下，我国各系统、各行业图书馆也积极响应党和国家的号召，纷纷开展形式多样、内容丰富的对口援疆工作。

2010年5月10日，为贯彻落实中科院与新疆生产建设兵团科技合作座谈会精神，中国科学院国家科学图书馆馆长张晓林率员赴新疆石河子，初步落实兵团“两校一院”的科技文献服务对口支援安排，科研系统图书馆的援疆工作自此启动，同时也拉开了2010年我国图书馆界援疆工作的序幕。6月22日，在全国文化文物系统对口支援新疆工作会议期间，国家图书馆与全国文化信息资源建设管理中心共同组织的“县级数字图书馆援疆行动”正式启动，文化系统图书馆援疆工作就此展开。7月8日，教育部高教司召开了“支持新疆信息资源保障系统建设交流会”，提出要通过CALIS和CADAL项目在新疆的建设，大力支持和发展新疆信息资源保障体系的建设，建成覆盖全疆范围的高等教育数字图书馆。自此，在教育部的统筹规划下，以CALIS为代表的高校系统图书馆也面向新疆地区高校图书馆开展了对口支援。

2010年9月16－18日，“全国数字图书馆建设与服务联席会议第十一次会议”在新疆乌鲁木齐召开，会议期间专门召开了“全国数字图书馆建设与服务联席会议援疆工作座谈会”。新疆地区公共、高校、科研三大系统图书馆的12家单位参加了座谈会，并介绍了新疆各系统图书馆事业发展的状况，针对全国数字资源及共享服务的需求提出了援疆建议。国家图书馆、文化部全国文化信息资源建设管理中心、上海图书馆、国家科学图书馆、中国高等教育文献保障系统（CALIS）等各联席会议成员单位也在座谈会上介绍和交流了援疆工作的计划。[1] 此次会议的召开，进一步将我国各系统、各行业图书馆的对口援疆工作推向深入，对加快新疆地区图书馆事业发展产生了更加积极、深远的影响。

2　文化系统图书馆援疆工作

近年来，新疆文化建设取得了显著成绩，截至2009年底，新疆维吾尔自治区共有公共图书馆94个(其中自治区级1个、地州级14个、县市级79个)、从业人员945人，总藏量933.8万册。2009年，全区公共图书馆读者总流通人次达364.3万人次，比2008年增加28.4万人次，增长8.5%。

取得上述成绩的同时，新疆维吾尔自治区的公共图书馆建设仍然面临着一些困难和问题。首先，设施网络还不完善，全区9个县还没有建立图书馆。已建的94个公共图书馆中，16个图书馆有馆无舍，60个馆的馆舍面积低于国家最低标准，26个图书馆没有书库，23个馆没有书架，18个馆没有阅览室，18个馆没有坐席。[2] 其次，经费投入仍然不足，24个图书馆无购书经费，占全区总馆数的25.5%；人均购书经费0.36元，远低于全国人均0.78元的水平。第三，文献保障能力有待提高，服务水平还比较落后，全区公共图书馆的人均藏书量为0.43册，低于全国人均0.44册的水平；[3] 全区有22个图书馆没有发放借书证，20个馆没有开展借阅业务。最后，从业人员总量不足，人员结构和素质还不能满足事业发展要求。全区馆均从业人员仅为10人，远低于全国馆均17人的水平。945名从业人员中具有高级职称的仅有63人，具有中级职称的有286人，[4] 分别占从业人员的6.67%和30.26%，均低于全国7.93%和37.74%的平均值。

2010年6月，根据中央的战略部署，文化部召开了全国文化文物系统对口支援新疆工作会议，制定了《关于贯彻落实中央新疆工作座谈会精神实施方案》，提出以"春雨工程"等三大文化工程为抓手，着力支援新疆文化事业和文化产业发展繁荣。到2015年，新疆文化建设要取得明显进展。初步建成设施完善、保障有力、队伍齐备、内容丰富、成效突出的公共文化服务体系，城乡群众基本文化权益得到保障，群众文化活动日益活跃。

作为文化部主管的公共文化服务机构，以国家图书馆、上海图书馆为代表的公共图书馆界和全国文化信息资源建设管理中心用实际行动积极响应中央新疆工作座谈会和全国文化文物系统对口支援新疆工作会议精神，积极开展面向新疆地区公共图书馆的对口援助工作。

2.1　国家图书馆援疆行动

自2010年5月起，国家图书馆充分利用国家图书馆的馆藏文献信息资源及专业人才队伍优势，依托国家数字图书馆的建设成果，全面启动"国家图书馆援疆行动"，陆续推出了"县级数字图书馆援疆行动"、国家数字图书馆新疆分馆建设、向新疆地区图书馆捐赠图书、面向新疆基层文化工作者提供业务培训和开展新疆古籍保护工作五项援疆举措。

2.1.1　启动"县级数字图书馆援疆行动"

"县级数字图书馆援疆行动"不仅是"国家图书馆援疆行动"的主要举措之一，也是"县级数字图书馆推广计划"的重要组成部分。"县级数字图书馆援疆行动"在"县级数字图书馆推广计划"（一期）和"县级数字图书馆推广计划"（灾区援建行动）基础上启动，旨在扩充新疆地区县级图书馆的数字馆藏，使新疆地区所有185个县级图书馆（包括新疆维吾尔自治区84个县级图书馆和新疆生产建设兵团71个文化共享工程县级支中心）都具备数字图书馆服务能力，并通过它们进一步向乡镇综合文化站、社区和村综合文化活动室延伸，形成了一个覆盖全疆的数字图书馆服务网络，从而推动新疆基层公共文化建设，提高新疆地区的公共文化服务水平，更好地满足新疆基层群众日益增长的文化信息需求。

2010年6月22日，在全国文化文物系统对口支援新疆工作会议期间，"县级数字图书馆援疆行动"正式启动。作为文化部开展对口援疆工作的第一个重大项目，"县级数字图书馆援疆行动"得到了各界的广泛关注，社会反响热烈。

"县级数字图书馆援疆行动"推送的资源由国家图书馆精心准备，总量达1TB。其中，汉语资源包括5000种电子图书、200种电子期刊、《百年守望》等84集视频资源、政府公开信息数据22万余条、反映社会主义现代化建设成果的5大专题网络信息资源；少数民族资源包括550种少数民族语言图书、12种138期少数民族语言期刊、100集少数民族语言视频资源，以及1000余幅少数民族自治区建设成就展图片资源等。[5]

为方便少数民族群众阅读使用，资源封装与检索系统使用汉、维、藏、蒙、英五种语言。整个应用系统分为程序、数字资源、外部应用三大部分，封装在一块移动硬盘内，提供给新疆各县级图书馆。各县级图书馆既可以采用单机模式提供用户服务，也可以将系统安装在服务器上，以网络模式向多个用户提供服务。

此外，针对推送的资源，国家图书馆与文化部文化信息资源建设管理中心共同组织了专门培训，同时下发培训课件与培训课程视频资料，并提供网络、电话等支持服务。

2010年底，"县级数字图书馆援疆行动"取得了圆满成功，完成了新疆地区所有155个县级图书馆的资源组织与推送任务，并开展了资源安装与使用培训，受到新疆地区基层图书馆和基层群众的普遍好评，取得了良好的社会效益。

2.1.2　建设"国家数字图书馆新疆分馆"

中国国家数字图书馆新疆维吾尔自治区分馆的建设是国家图书馆继今年6月全面启动"县级数字图书馆援疆行动"之后，对口支援新疆文化发展的又一重大举措。

国家图书馆自2005年开始在全国建设国家数字图书馆分馆，国家数字图书馆新疆维吾尔自治区分馆是国家数字图书馆第16家分馆，也是国家数字图书馆在少数民族自治区建设的首家分馆。新疆分馆的建设旨在依托国家数字图书馆丰富的数字资源和信息基础设施，以新疆分馆为阵地，以分馆网站为平台，发挥其区域性示范和带动作用，构建一个覆盖全疆的数字图书馆服务平台，以多样化的服务模式，在全疆广泛开展数字资源推送和各项公共文化服务。同时，充分发挥数字图书馆的双向互动和信息聚合功能，使新疆本地特色文化资源走向全国，为新疆维吾尔自治区图书馆数字图书馆的运行和发展提供必要的智力支持和资源支撑，拓展新疆维吾尔自治区图书馆数字化、信息化服务方式和内容，更好地服务于少数民族地区群众。

2010 年 8 月 20 日，在新疆维吾尔自治区图书馆八十周年馆庆之际，国家图书馆与新疆维吾尔自治区文化厅达成合作协议，共同建设“中国国家数字图书馆新疆维吾尔自治区分馆”。当日，新疆分馆在乌鲁木齐市正式启动并开通服务。

作为新疆分馆开通服务的基础资源，国家图书馆精心组织了总量达 4TB 的数字资源，包括 12.5 万种电子图书、4000 余种电子期刊、900 小时视频资源和40 000张数字图片资源等，其中少数民族语言文字资源包括 550 种电子图书、12 种 138 期电子刊、100 集视频资源。分馆网站采取汉维双语对照的方式，提供数字资源的浏览和检索服务。[6] 分馆的具体建设内容包括：合作制订新疆数字图书馆建设规划，提供数字资源镜像服务，开展学术讲座定向直播，提供展览资源推送服务，提供数字资源的远程访问服务，联合共建少数民族文化专题资源库以及提供技术交流与研究服务等。

作为国家数字图书馆数字资源的推广窗口、数字化服务的前沿阵地、新型馆员的培训基地和基层用户的教育基地，新疆分馆的建设进一步加快了新疆维吾尔自治区图书馆由传统图书馆向现代图书馆转变的步伐，为积极推动新疆地区文化事业的跨越式发展做出了重要贡献。

2.1.3　向新疆基层图书馆赠送书刊文献

向新疆基层图书馆捐赠图书也是国家图书馆援疆工作的重要举措之一，旨在充分利用国家图书馆的资源优势，为新疆地区各级基层图书馆提供文献支持，丰富新疆维吾尔自治区各级公共图书馆的馆藏资源，提高新疆地区公共图书馆体系的信息资源保障能力。具体工作目标是在 2010 年内安排 20 万册下架图书、期刊等文献赠送给新疆基层图书馆，以补充当地基层图书馆馆藏，满足当地群众的基本文化需求，今后每年还将根据情况向新疆地区赠送部分下架文献。

2010 年 6 月，援疆赠书工作全面启动。6 月 22 日，在全国文化文物系统对口支援新疆工作会议上，国家图书馆将首批 5 万册图书赠送给来自新疆维吾尔自治区基层图书馆、新疆生产建设兵团基层文化中心的代表，并落实到哈密、克州、喀什、伊犁地区的 33 家县级图书馆。随后，面向新疆各地区图书馆的赠书工作陆续展开，8 月底向新疆生产建设兵团信息中心及下属 9 个师、团基层文化中心赠送了图书 6 万册，10 月底完成了向克拉玛依、吐鲁番、博州地区基层图书馆赠书，12 月中旬又完成了向阿克苏、阿勒泰、巴州、昌吉州、和田和塔城地区图书馆赠书，两次共赠送图书 9 万册。至此，2010 年援疆赠书工作圆满完成。

国家图书馆此次援疆赠书总量达到了 200 900册，内容涵盖文学、历史、经济、法律、农业、计算机、自动化等不同类别，并配有部分少儿读物、教参教辅及少数民族语言类图书。[7] 援助范围涵盖新疆维吾尔自治区 94 家省、地市、县级图书馆，及新疆生产建设兵团文化中心及下属 9 个师、团基层文化中心图书室。这些文献运抵新疆后，进一步扩充了新疆维吾尔自治区基层图书馆馆藏资源，为丰富新疆各民族群众的精神文化生活、保障新疆地区人民的基本文化权益做出了贡献。

国家图书馆的援疆赠书行动取得了良好的社会效益和反响，这些书籍都具有很高的学术价值、收藏价值和利用价值，不仅丰富了新疆各图书馆的藏书资源，同时也让更多的读者有机会了解和利用这些宝贵的文献资源。

2.1.4　提供全方位的图书馆员培训

援疆业务培训作为国家图书馆援疆工作的重要内容之一，是以“输血”和“造血”相结合为援建理念，采取现场授课、接待新疆图书馆员来国图参观学习以及为新疆图书馆管理人员提供挂职锻炼机会等多种方式，开展面向新疆地区基层图书馆员的图书馆理论与实践培训，帮助新疆地区基层图书馆员掌握图书馆最新理论知识及操作实践知识，以提高新疆地区图书馆员的业务素质与专业技能，从而整体提升新疆地区的公共文化服务水平。

2010 年 10 月 21 日至 29 日，国家图书馆接待了20名来自新疆生产建设兵团各师以及团场宣传文化部门的文化工作者来馆参观学习。在一周的培训过程中，新疆生产建设兵团学员们先后参观了国家图书馆一、二期和文津街分馆馆舍，深入到国家图书馆中文采编部、参考咨询部、典藏阅览部、数字资源部、计算机与网络系统部等重点业务部门进行图书馆业务交流与实践，并对西城区图书馆、北京大学图书馆和清华大学图书馆等北京地区其他图书馆进行了走访。这样的培训方式使新疆地区图书馆员不仅学习到图书馆基础业务知识，更开阔了视野，更新了观念。

2010年11月8日至11日，“国家图书馆援疆行动”基层公共图书馆员业务培训班在新疆伊犁哈萨克自治州伊宁市顺利举办，新疆维吾尔自治区各州、市、县的约130名图书馆员参加了此次培训。此次培训由国家图书馆、自治区文化厅主办，伊犁州文体局承办，开设了图书馆文献资源建设、图书馆创新服务、数字资源建设、数字图书馆技术应用、参考咨询与立法决策服务、编目的过去现在和未来、中华文献保护计划暨新疆历史文献保护等八门课程，分四天完成。培训队伍由来自国家图书馆的八名资深专家和业务骨干组成，讲座内容高屋建瓴、深入浅出，形式生动活泼，受到了学员们的欢迎和认可。四天的培训使学员们对新的信息环境下的图书馆事业有了一个清晰的认识，认识到现代信息技术、数字技术对图书馆的传统建设模式带来了冲击和挑战。明确了今后基层图书馆在馆藏资源建设和读者服务方式等业务建设方面的发展方向。[8]

2.1.5 开展新疆古籍保护工作

新疆是一个多民族聚居的地区，特别是作为欧亚文化的交汇之地，文种多、历史悠久、特点鲜明是新疆少数民族古籍最主要的特征。它们记录了中华民族发展的历史，弥足珍贵。据统计，新疆现存数十万册件历史文化典籍，除汉文古籍外，新疆还保存有数量很大的回鹘文、龟兹文等十多种文字的古籍，加强新疆少数民族古籍的保护工作意义重大。[9]

2010年中央新疆工作座谈会后，文化部启动了“新疆古籍保护专项工作”，并将其作为“文化援疆”重要项目纳入“中华古籍保护计划”。2010年6月，国家图书馆馆长、国家古籍保护中心主任周和平在新疆维吾尔自治区进行初期调研，此后国家图书馆又派人赴疆深入调研新疆古籍保护现状。在此基础上，国家图书馆与新疆文化厅共同商议草拟了《新疆维吾尔自治区古籍保护工作方案》递交文化部，希望有针对性地开展工作，使珍贵古籍文献得到有效保护、合理利用和传承，并初步达成在新疆维吾尔自治区博物馆举办新疆历史文献暨古籍保护成果展的意向。2010年8月20日，由文化部、新疆维吾尔自治区人民政府主办，国家图书馆（国家古籍保护中心）、新疆维吾尔自治区文化厅承办的“新疆历史文献暨古籍保护成果展”在新疆维吾尔自治区博物馆开幕。

这是新中国成立以来首次全面展示新疆珍贵历史文献的大型展览，展出的125件新疆珍贵历史文献及文物，包括出土木简和纸质文书、汉文和各种民族文字古籍、舆图拓片、部分文物等，涵盖佉卢字、焉耆－龟兹文、粟特文、于阗文、突厥文、吐蕃文、回鹘文、西夏文、八思巴字、察合台文、托忒蒙文等24种文字，来自国家图书馆、新疆各图书馆、博物馆、民委古籍办、科研高校等13家收藏单位及个人，其中超过半数为现今仅存的孤本。[10]

展览历时两个月，共接待观众超过11万人次，有时一天甚至超过2000人次，获得了热烈的社会反响，影响深远。李长春等中央领导同志现场观展，并对展览表示了赞赏，对新疆古籍保护成果表示了充分肯定。“新疆历史文献暨古籍保护成果展”的成功举办，对于抢救和保护新疆多民族文化遗产，维护民族团结和国家统一，促进新疆经济社会协调发展，具有重大的现实意义和深远的历史意义。

此外，为把新疆古籍保护工作落在实处，解决新疆古籍保护工作面临的人才匮乏难题，国家古籍保护中心在第十三期全国古籍修复人员培训班招生时，向新疆地区倾斜，一次招收了六位各单位的业务骨干学习修复，其中新疆维吾尔自治区的学员还根据人事部的培养计划在国家图书馆古籍修复中心接受为期一年的培训。

2.2 上海图书馆援疆工作

上海图书馆馆际互借（原书外借）服务（ShLib-ILL）是上海图书馆新推出的一项馆与馆之间的文献资源共建共享服务。该服务以上海图书馆的参考外借类图书为文献保障，以上海图书馆馆际互借系统为技术手段，以快递为物流保障，把上海图书馆的参考外借图书送到全国和世界各地。目前上海图书馆已经和106家国内外图情机构建立了馆际互借合作，这106家馆都可以通过本系统向上海图书馆申请借阅参考外借类资料。从而实现激活馆藏，资源共享。

新疆地区图书馆相对文献资源比较匮乏，但可以通过馆际互借服务共享上图的资源。在“全国数字图书馆建设与服务联席会议援疆工作座谈会”上，上海图书馆提出与参加座谈会的12家新疆图情机构建立馆际互借合作，暂定2年内免馆际互借服务费，并将对这12家图情机构中从事馆际互借服务的人员进行服务及本系统的培训，提供互动体验。今后，上海图书馆还将视合作效果逐渐在新疆地区图情机构中推广此项服务，最终实现上海图书馆与新疆地区图情机构之间的资源共享。

2.3　文化共享工程援疆工作

2002年，文化部、财政部联合启动了“全国文化信息资源共享工程”。2004年2月，文化部正式成立了“全国文化信息资源建设管理中心”，开始单独运转。作为数字图书馆服务的早期实现形式和公共文化服务体系的重要组成部分，文化共享工程资源的加工、整合、传输和服务主要采用数字图书馆技术和标准，其服务网络构建、人才队伍建设也主要依托于各级公共图书馆实现。因此，本文将文化部全国文化信息资源建设管理中心（以下简称“管理中心”）2010年期间开展的援疆工作也纳入其中，以期尽可能全面地介绍我国图书馆界援疆情况。

2010年，管理中心在支持新疆文化建设方面开展了以下工作：[11]

(1)加大新疆地区少数民族语言资源译制力度

2010年下半年，中央宣传部、国家发改委、教育部、国家民委、财政部、文化部、国家广电总局、新闻出版署联合下发了《关于做好新疆少数民族文化产品译制工作的意见》，提出要“加快译制能力建设，大幅提高新疆少数民族文化产品的数量和质量，使新疆少数民族文化产品供给不足的问题得到明显改善”，并明确提出要“在全国文化信息共享工程中增加新疆少数民族语言文字资源建设”以及“建设文化资源共享工程少数民族语言文字网站”。

据此，管理中心以红色历史文化、农业科技、务工技能、少年儿童专题和少数民族群众急需的法律医疗等内容为建设主题，大力开展新疆地区少数民族语言资源译制工作。2010年共完成100小时维吾尔语、100小时哈萨克语资源的译制工作。

(2)积极推动少数民族资源传输与服务

2010年，围绕“县级数字图书馆援疆行动”的实施，管理中心购置了155块（其中自治区84块、兵团71块）1TB容量硬盘设备，支援新疆自治区、新疆生产建设兵团的县、团级图书馆建立县级数字图书馆镜像站。此外，管理中心还拨付80万元用于提升新疆生产建设兵团分中心资源存储能力，为支持兵团利用广播电视传输资源提供基础条件；同时，制作两批共计800GB、305小时视频资源用于支持兵团文化共享工程通过有线电视模式“进连入户”，目前农六师五家渠市等电视台文化共享频道已开通，受益群众达30余万人。

(3)深入开展基层图书馆员培训

2010年，管理中心与新疆自治区文化厅合作，将文化共享工程基层培训课件及培训课程视频资料译制成维吾尔、哈萨克两种语言教材、课件。2010年9月12日—20日，管理中心在自治区南疆、北疆两个地区分别开展了一次基层图书馆专业技术人员培训，共计约80多人参加了培训与交流。2010年10月下旬，管理中心又在浙江萧山举办了新疆自治区县级图书馆长培训班，有效提升了新疆基层图书馆长的业务水平和管理能力。

3　高校系统图书馆援疆工作

截至2009年底，新疆维吾尔自治区共有普通高等院校32所，[12]这些院校均设置了规模不等的校属图书馆。2010年7月8日，教育部高教司召开“支持新疆信息资源保障系统建设交流会”，提出要通过CALIS和CADAL项目在新疆的建设，大力支持和发展新疆信息资源保障体系的建设，建成覆盖全疆范围的高等教育数字图书馆。为尽快贯彻落实教育部关于支援新疆工作的决策部署，以CALIS为代表的高校系统图书馆加强和加快了对新疆地区高校文献服务保障体系的建设与支持。

“十五”建设期间，CALIS已在新疆大学设立了“CALIS新疆维吾尔自治区文献信息服务中心”（简称“CALIS新疆自治区中心”）。作为CALIS第一批设立自治区（省）级中心之一，CALIS新疆维吾尔自治区文献信息服务中心的建设在新疆各高校间搭建起了信息互通交流的服务平台，加入CALIS中心联合目录的成员馆从最初的7所增加至11所，文献传递服务从无到有，全疆的本科高校图书馆均已开展纸本图书的馆际互借。

2010年7月起，CALIS与新疆大学、石河子大学合作结合新疆高校对文献资源保障的需求，针对资源整合、信息服务、技术支持和推广培训四大方面，制订了具体的建设与服务方案，以期将新疆中心建成面向本地区各级各类高校图书馆和读者的“资源整合中心”、“信息服务中心”、“技术支持中心”和“宣传培训中心”，建立新疆地区省级文献保障体系，带领本地区高校开展区域内的共建共享，将CALIS各项服务推广到新疆地区所有大专院校，协助新疆高校文献保障体系实现跨越式发展。[13]

CALIS援疆的具体实施分为四个阶段：第一阶段是完成省级共享域节点系统实施服务，第二阶段是完成培训环境建设和馆员培训工作，第三阶段是完成相关资源建设，第四阶段是完成省级文献中心业务管理、运行维护和服务推广工作。整个援疆项目预计于2011年12月底完成。

4 科研系统图书馆援疆工作

2010年3月13日，中国科学院与新疆生产建设兵团科技合作座谈会在北京举行。会议决定在已有良好科技合作的基础上，进一步加强院兵合作、服务兵团发展。中科院将充分结合兵团科教资源，加强对口衔接，扎实做好相关院属单位与“两校一院”的对口支援工作，并依托它们为全兵团做好科技服务。

5月10日，为贯彻落实中科院与新疆生产建设兵团科技合作座谈会精神，中国科学院国家科学图书馆(以下简称“国科图”)积极落实对口支援新疆建设兵团科技文献服务的工作，由馆长张晓林带领文献服务、信息系统、资源建设、学科服务负责人员等赴新疆石河子，就兵团“两校一院”（石河子大学、塔里木大学、新疆农垦科学院）提出的合作需求和意向进行调研和洽谈，初步落实了“两校一院”的科技文献服务对口支援安排。具体支援内容包括：[14]

4.1 文献传递——将“两校一院”纳入国科图和国家平台文献传递服务体系

2010年5月，国科图在国科图文献传递系统为“两校一院”开通了3个集团用户（并为每个集团用户充入3000元文献传递费）和10个科研骨干、高层管理人员的个人用户（并为每个个人用户充入500元文献传递费），并根据新疆当前网络条件，通过新浪网为这些用户分别注册开通了相应的电子信箱，使“两校一院”集团和个人用户通过新浪网的电子信箱即就可获得国科图提供的原文传递服务。今后，国科图将根据需要进一步拓展文献传递服务，将“两校一院”作为国科图文献传递服务体系的有机部分提供服务。同时，经国科图主动向国家科技图书文献中心（国家科技文献平台）建议、推动并得到确认，在兵团建立国家科技文献平台服务站，为整个兵团建立通畅和灵活管理的服务机制，充分享用国家平台27 000余种外文科技期刊、会议录等丰富的文献资源。

4.2 资源开通——将中科院拥有自主知识产权的文献信息服务系统向“两校一院”开通

国科图将跨库检索服务系统、中文科技文献数据库、联合目录数据库、参考咨询服务系统等向“两校一院”全体用户免费开通，并向“两校一院”免费提供国科图有关农业科技、资源环境、生态等领域的情报服务产品。

4.3 人员培训——开展多种形式的“两校一院”文献信息人员培训

国科图派业务骨干赴疆为“两校一院”文献情报人员和科研人员、教师和学生进行文献信息检索利用的培训；以交换馆员方式，接受“两校一院”每年每单位2人各1个月到国科图进行系统培训，由国科图承担在京费用；吸纳“两校一院”文献情报人员参加国科图举办的深层次专门培训活动（如科技查新培训、情报分析培训、信息技术培训等），免收培训费；建立可持续的培训合作机制，探索吸收“两校一院”人员参与相关项目的方式培养锻炼人才。

4.4 系统建设——联合推动兵团科技信息资源整合服务平台建设

国科图针对“两校一院”实际需求，和“两校一院”共同努力争取各方支持，建立兵团科技信息资源整合服务平台及其服务管理机制，通过整合各方资源，形成可充分挖掘、集成和利用国内外科技信息资源与服务、能延伸到兵团场站和院系一线用户的集成普惠服务机制，并通过系统建设为“两校一院”培养、锻炼人才队伍。

国科图通过实施“两校一院”科技文献服务对口支援项目，在文献传递服务、数字化信息服务、专业人员培训、文献信息服务平台与体系建设等方面给予“两校一院”大力支持，对提高“两校一院”的文献信息保障能力和科技文献服务能力，从而整体提升兵团科技信息服务保障水平起到了积极作用。

5 结语

2010年，我国各系统、各行业图书馆通过开展各种援疆活动，为推动全国图书馆事业的整体发展，促进新疆公共文化服务体系建设，提升新疆公共文化服务水平，繁荣新疆地区文化事业，维护新疆民族团结和社会稳定做出了重要贡献。

除本文论及的文化系统、教育系统和科研系统图书馆外，2010年期间，中央党校图书馆等其他图书馆也通过提供培训、捐赠书刊等各种方式开展了丰富多彩的对口援疆工作。

参考文献

1 全国数字图书馆建设与服务联席会议第十一次会议在新疆隆重召开. http://www.ccnt.gov.cn/xxfb/xwzx/dfdt/201009/t20100928_82564.html

2 保阵地 保基层 保内容 保运行 文化部“三大工程”支援新疆文化建设. 中国文化报，2010年6月18日，01版

3 中国图书馆学会，国家图书馆编. 中国图书馆年鉴2010. 国家图书馆出版社，2010

4 中国图书馆学会，国家图书馆编. 中国图书馆年鉴2010. 国家图书馆出版社，2010

5 “县级数字图书馆援疆行动”启动. http://www.nlc.gov.cn/newsyzt/newboke/201006/t20100622_7366.htm

6 “国家数字图书馆新疆维吾尔自治区分馆”开通服务. http://www.nlc.gov.cn/newsyzt/newboke/201008/t20100820_7385.htm

7 “县级数字图书馆援疆行动”启动. http://www.nlc.gov.cn/newsyzt/newboke/201006/t20100622_7366.html

8 国家图书馆援疆行动基层公共图书馆员业务培训班在疆举办. http://www.ccnt.gov.cn/xxfb/xwzx/dfdt/201011/t20101115_84640.html

9 周和平同志就做好古籍保护工作在新疆调研. http://www.nlc.gov.cn/newsyzt/newboke/201007/t20100705_7371.htm

10 “新疆历史文献暨古籍保护成果展”在新疆开幕. http://www.nlc.gov.cn/syzt/2010/0820/article_549.htm

11 文化部全国文化信息资源建设管理中心关于支持新疆文化建设有关工作进展情况的报告，2011年8月

12 新疆维吾尔自治区统计局编. 新疆统计年鉴2010. 中国统计出版社，2010

13 CALIS援疆工作思路. http://www.calis.edu.cn/educhina/viewnews.do? newsid=9

14 国科图对新疆生产建设兵团开展文献信息服务对口合作. http://www.cas.cn/hzjl/ydhz/hzdt/201005/t20100513_2844308.shtml

"十五"以来全国公共图书馆发展情况分析

文化部财务司规划统计处

公共图书馆作为公共文化服务体系的重要组成部分，承担着保存人类文化遗产、开展社会教育、传播公共知识和信息以及开发智力资源的重要职责。"十五"以来，国家通过实施县级图书馆和文化馆建设、县级图书馆和文化馆修缮、文化信息资源共享工程等重大文化项目，全国公共图书馆设施条件不断改善，公共文化产品日益丰富，服务能力有所提高，社会效益显著增强。但从总体上看，随着经济社会的快速发展，人民群众精神文化需求日益增长，我国公共图书馆事业还存在总量不足、地区发展不平衡、经费严重不足，公共文化服务资源总量偏少等突出问题。"十二五"期间，仍需要采取多种措施，促进公共图书馆事业进一步健康快速发展。

一、"十五"以来公共图书馆发展情况

（一）机构基本实现全覆盖

"十五"以来，全国公共图书馆机构数逐年增加。2010 年，全国共有公共图书馆 2884 个，比 2000 年增加 209 个。其中，国家图书馆 1 个，省级公共图书馆 37 个，地市级公共图书馆 334 个，县级公共图书馆 2512 个。按照全国行政区划，公共图书馆已基本实现全覆盖。

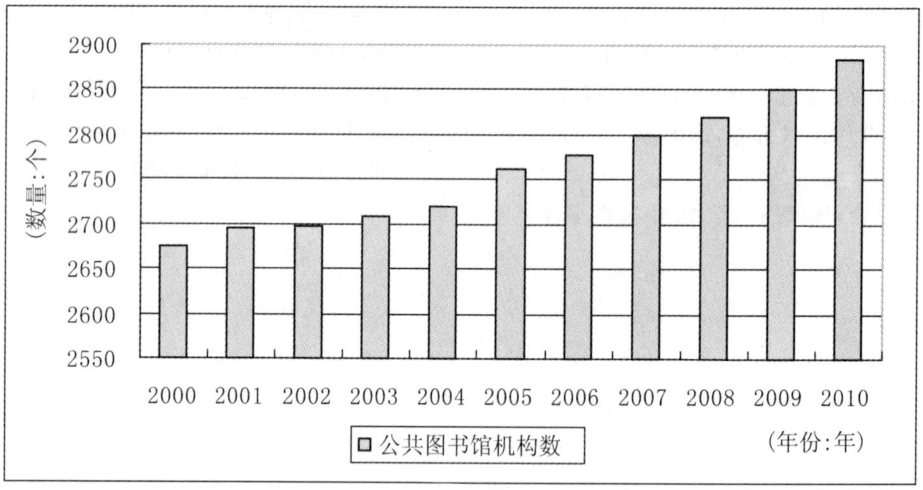

图 1　2000—2010 年全国公共图书馆机构数量情况

（二）人员结构逐步优化

"十五"以来，全国公共图书馆从业人员数量稳中有升。2010 年，全国公共图书馆共有从业人员 53 564 人，比 2001 年增加 4985 人，增长 10.3%。平均来看，每个公共图书馆有从业人员 18.6 人，比 2001 年增加 0.6 人。

从人员结构来看，中高级职称人员占从业人员总数的比重逐年提高，公共图书馆从业人员的整体素质进一步提高。2010 年，全国公共图书馆从业人员中，中级职称17 370人，高级职称 4408 人，分别比 2001 年①增加 4552 人和 2132 人，分别增长 35.5%和 93.7%。中级职称人员比重为 32.4%，高级职称人员比重为 8.2%，分别比 2001

① 中级职称、高级职称人员情况指标，自 2001 年开始统计。

年提高 6.0 和 3.5 个百分点。平均来看，2010 年平均每个公共图书馆有中级职称 6.0 人、高级职称 1.5 人，分别比 2001 年增加 1.2 人和 0.6 人。

题，中央财政将在 2009 年至 2012 年，对全国面积未达标的县级“两馆”修缮给予资金补助，使其更好地为基层群众提供文化服务，截至 2010 年已安排

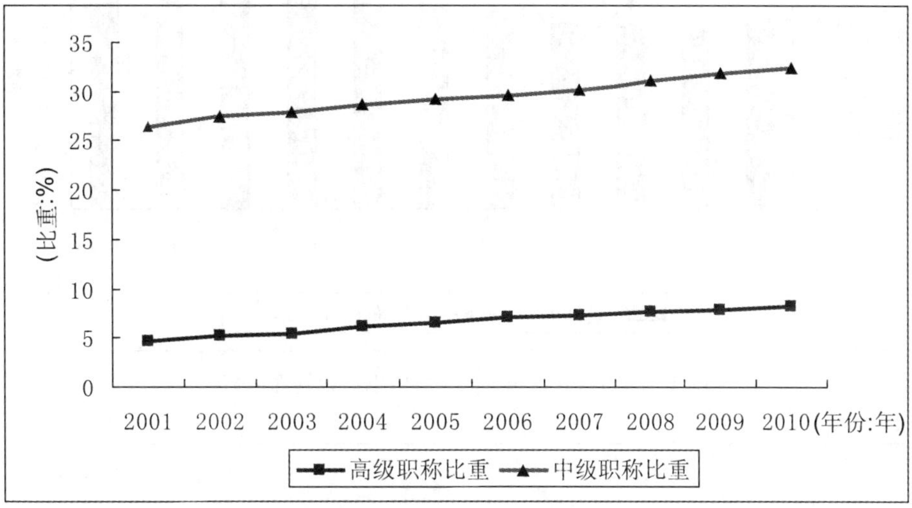

图 2　2001—2010 年全国公共图书馆从业人员结构情况

（三）财政投入稳步增加

2010 年，各级财政对公共图书馆财政拨款达到 58.4 亿元，比 2000 年增加 44.4 亿元，增长 319.0%，年均增长 15.4%。各级财政对公共图书馆的投入占文化事业总投入的 18.1%，比 2000 年下降 4 个百分点。

专项资金 5.82 亿元。在中央财政资金的带动下，各地纷纷加大投入，公共图书馆设施状况得到极大改善。2010 年，全国公共图书馆房屋建筑面积达到 900 万平方米，比 2000 年增加 302 万平方米，增长 50.5%。平均每馆房屋建筑面积由 2000 年的 2236 平方米，提高到 2010 年的 3122 平方米。

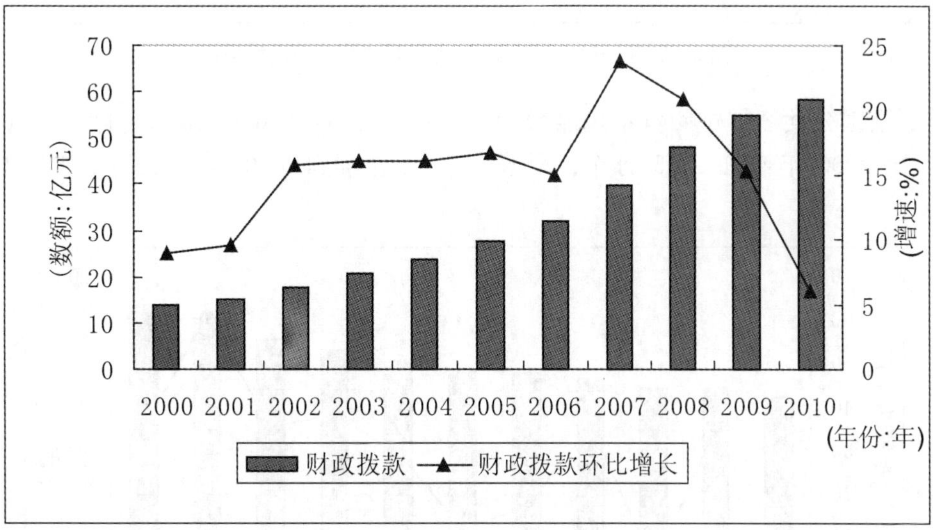

图 3　2000—2010 年全国公共图书馆经费投入情况

（四）设施状况得到改善

“十五”期间，国家实施了县级“两馆”建设规划，中央财政安排 4.8 亿元，补助全国 1086 个县级公共图书馆和文化馆建设项目。“十一五”期间，为解决县级图书馆、文化馆设施设备落后等问

（五）服务能力进一步提高

2010 年，全国公共图书馆阅览室面积达到 221 万平方米，比 2000 年增加 111 万平方米，增长 101.1%。平均每馆阅览室面积由 2000 年的 410 平方米，提高到 2010 年的 765 平方米。

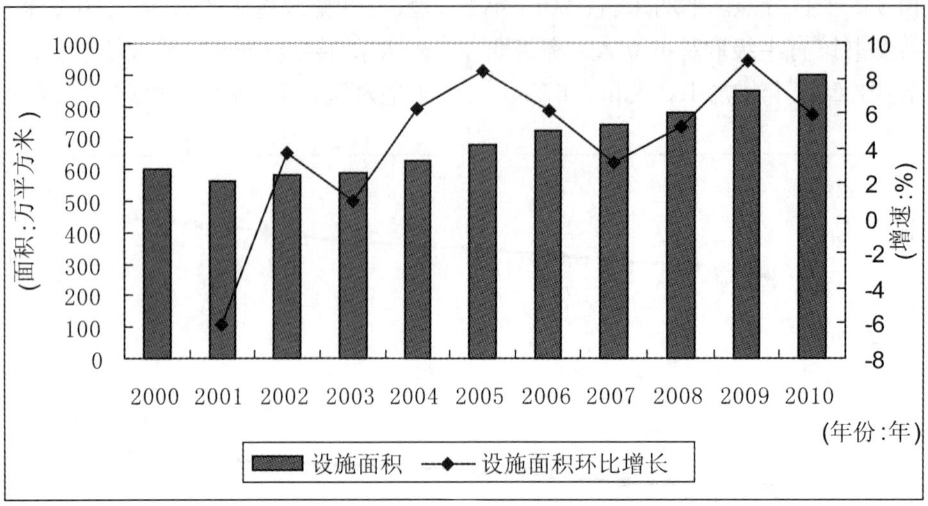

图 4　2000—2010 年全国公共图书馆设施面积情况

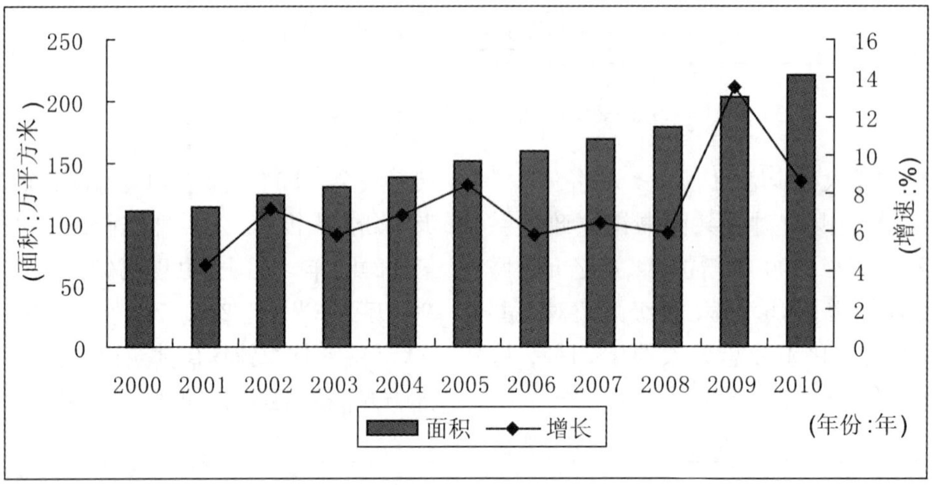

图 5　2000—2010 年全国公共图书馆阅览室面积情况

2010 年，全国公共图书馆阅览室坐席数为 63.1 万个，比 2000 年增加 21.5 万个，增长 51.6%。平均每馆阅览室坐席数由 2000 年的 156 个，增加到 2010 年的 219 个，增长 40.6%。

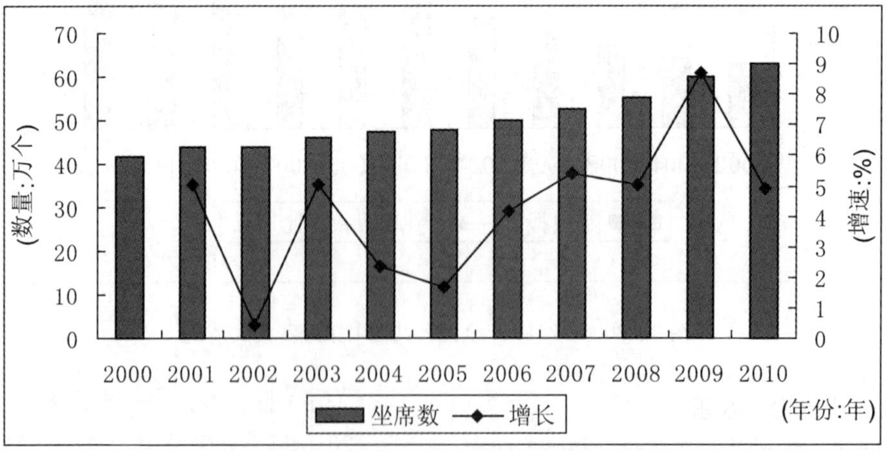

图 6　2000—2010 年全国公共图书馆阅览室坐席数情况

（六）信息化水平显著提升

随着信息技术的广泛应用，公共图书馆的信息化装备水平显著提升，计算机台数、电子阅览室终端数均大幅增加。2010 年，全国公共图书馆共有计算机142 772台，比 2004 年[①]增加88 333台，增长 162.3%，年均增长 17.4%。电子阅览室终端数 83 124个，比2004 年增加56 103个，增长 207.6%，年均增长 20.6%。平均来看，2010 年，平均每馆有计算机 49.5 台，电子阅览室终端数 28.8 个，分别比 2004 年增加 29.5 台和 18.9 个。

近年来，公共图书馆电子阅览室建设步伐加快，电子阅览室占阅览室总面积的比重逐年增加。2010 年，全国公共图书馆电子阅览室面积为 37.6 万平方米，比 2004 年增加 23.6 万平方米，增长 168.7%，年均增长 17.9%。平均每馆电子阅览室面积由 2004 年的 51.5 平方米，提高到 2010 年的 130.4 平方米。电子阅览室占阅览室总面积的比重从 2004 年的 10.1%，提高到 2010 年的 17.1%。

（七）文献资源日益丰富

“十五”以来，随着各级财政对图书馆购书经费投入的增加，公共图书馆文献资源更加丰富，总藏量和新增藏量逐年增长。2010 年，全国公共图书馆总藏量为61 726万件（套），比 2000 年增加20 773万件（套），增长 50.7%。平均每馆总藏量由 2000 年的 15.3 万件(套)，增加到 2010 年的 21.4 万件(套)。全国人均藏书由 0.30 册，提高到 2010 年的 0.46 册。

各级公共图书馆也更加注重图书更新，新增藏量占总藏量的比重有所提高。2010 年，全国公共图书馆新增藏量 2956 万件（套），比 2000 年增加 1981 万件（套），增长 203.3%。平均每馆新增藏量由 2000 年的 3643 件（套），增加到

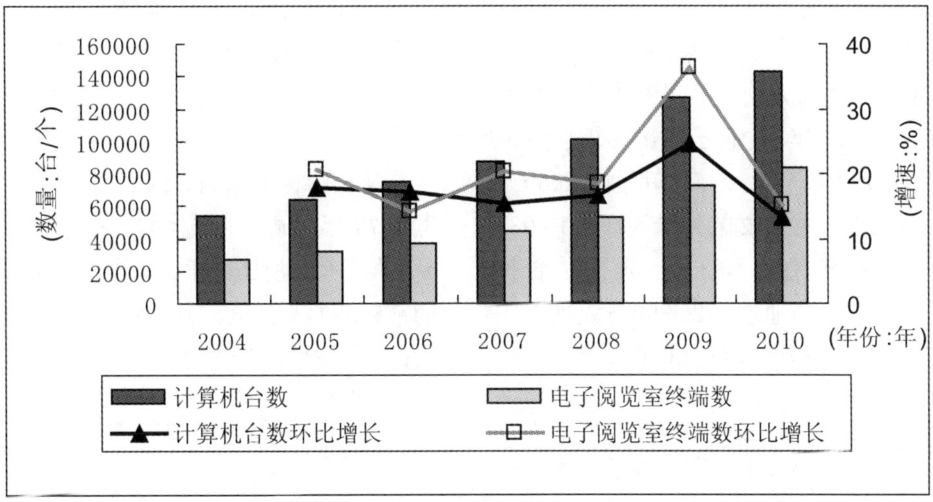

图 7　2004—2010 年全国公共图书馆计算机台数及电子阅览室终端数情况

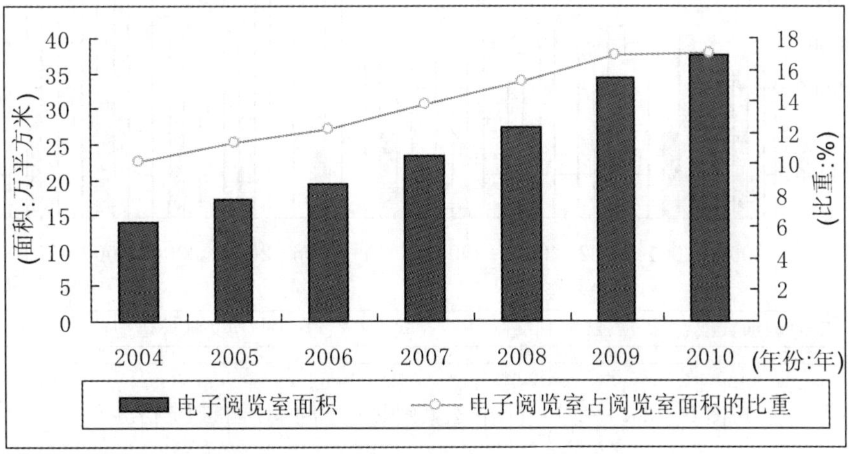

图 8　2004—2010 年全国公共图书馆电子阅览室面积情况

① 公共图书馆信息化情况指标，自 2004 年开始统计。

2010年的10 249件（套）。新增藏量占总藏量的比重从2000年的2.38%提高到2010年的4.79%。

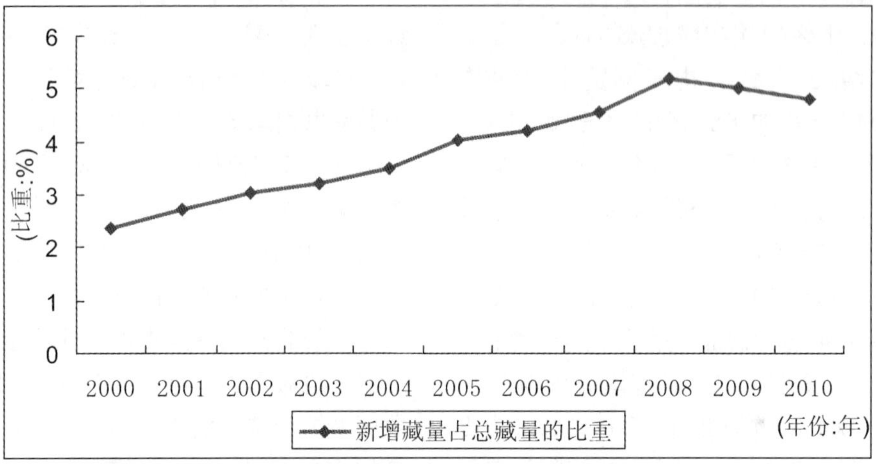

图9　2000—2010年全国公共图书馆新增藏量占总藏量的比重情况

（八）社会服务效益增强

随着服务条件的改善，公共图书馆社会服务效益也显著增强，流通人次、书刊外借人次及册次都明显增加。2010年，全国公共图书馆总流通人次达到32 823万人次，比2000年增加13 969万人次，增长74.1%。书刊文献外借人次为13 934万人次，比2000年增加4335万人次，增长45.2%。书刊文献外借册次为26 392万人次，比2000年增加9479万人次，增长56.0%。

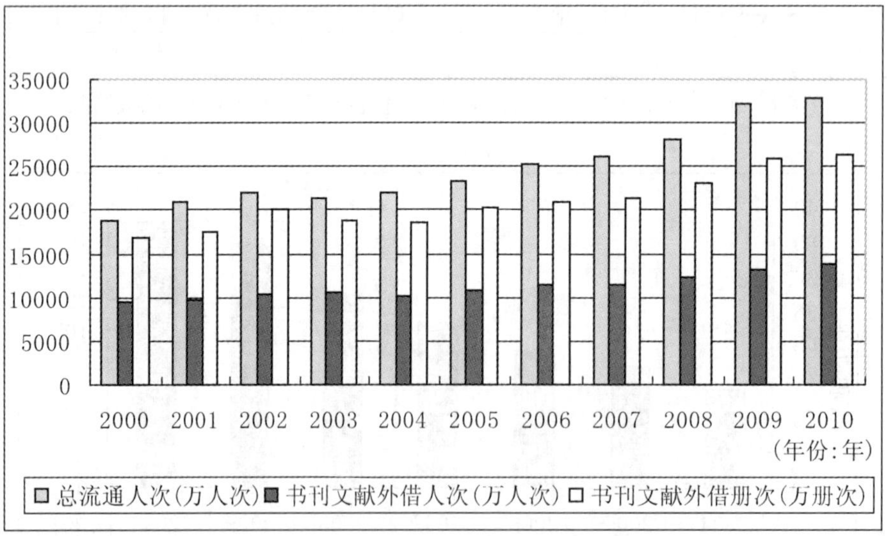

图10　2000—2010年全国公共图书馆开展图书借阅服务情况

二、存在的突出问题

（一）公共图书馆总量仍然不足

目前，我国公共图书馆布局是按政府行政层级分级设置的，这与我国宏观管理体制和公共财政体制密不可分。虽然对应于全国各级别行政区划，公共图书馆已基本实现全覆盖，但随着我国城市化进程的推进和公共图书馆事业的快速发展，公共图书馆总量仍不能满足人民群众的需要。

从国际标准来看，国际图书馆协会联合会20世纪70年代颁布的《公共图书馆标准》规定，每5万人拥有一所图书馆，一座图书馆服务辐射半径通常标准为4公里。2010年，我国平均每46.5万人口、每3329平方公里面积（服务辐射半径大致为32.5公里）才拥有一座公共图书馆，与国际标准有明显差距。

从国内实际来看，县级公共图书馆是我国最

基层的独立建制的公共图书馆，承担着为本辖区内包括农村人口在内的全部人口提供直接服务的任务。由于受服务人口众多、服务范围较大、服务条件有限等因素制约，实际服务效果受到影响。虽然有些省、地公共图书馆在市辖区外建立了基层分馆或服务点，但大多属于示范性的，数欠发达地区公共图书馆建设水平普遍较低，设施条件十分简陋，文献资源也相对匮乏。

以2010年地市级公共图书馆为例，东部地区平均每馆面积为11 834平方米，西部仅为4983平方米；东部地区平均每馆藏量为79.4万件，西部仅为26.3万件。

表2　2009年全国地市级图书馆分地区部分统计数据

地区	房屋建筑面积（平方米）	固定资产原值（万元）	藏量（万件/套）	阅览室坐席数（个）
全国	7660	1475	48.2	434
东部地区	11 834	2777	79.4	650
中部地区	7489	1334	48.6	435
西部地区	4983	744	26.3	283

书阅读、书库等必要功能空间，许多优秀文献资料只能“束之高阁”，图书馆借阅能力受到限制，难以有效开展收集、整理、研究以及读者服务工作。

（四）业务经费和活动经费严重不足

从收入结构来看，公共图书馆属于公益性单位，收入来源主要依靠财政支持，2000—2010年，全国公共图书馆财政拨款占收入总计的比重保持在82%—90%之间。从支出结构来看，人员经费支出较大，2004—2010年，全国公共图书馆人员支出占支出总计的比重保持在42%—48%之间，县级公共图书馆比例更高，超过50%以上。

表1　2010年全国公共图书馆主体结构建成年份情况表

按级别	分组数量				
	合计	1980年以前建成	1981—1990年间建成	1991—2000年间建成	2001年以后建成
全国	2884	373	750	718	1043
国家级	1	0	1	0	0
省级	37	7	9	12	9
地市级	334	43	94	94	103
县级	2512	323	646	612	931

从建成年代看，普遍建设年代久远，设施陈旧。据统计，全国有1123个图书馆建成于1990年以前，占图书馆总量的38.9%，市、县级图书馆分别有41.0%和38.6%的图书馆建于1990年以前。这些图书馆的空间布局大多不符合现代图书馆技术要求和建设标准，难以满足信息化布线、防尘、防静电的要求。有的甚至不具备安全保卫条件，珍贵的古籍、善本在保藏中面临防火、防潮、防盗方面的安全隐患。

（三）地区发展不平衡

受经济发展水平影响，公共图书馆建设和发展过程中也存在明显的地区差异。经济发达地区的公共图书馆覆盖率、达标率普遍较高，建设规模和投资数额较大，文献资源较为丰富；而经济

由于财政投入不足，用于图书购置和开展活动的经费十分有限，严重制约了公共图书馆的活动开展。以县级公共图书馆为例，2010年，全国2512个县级公共图书馆中，1042个图书馆的人员支出超过了财政拨款的80%。727个县级图书馆全年无购书经费，占县级图书馆总数的28.9%，也就是说，近1/3的县级图书馆全年无购书经费。

（五）公共文化服务资源总量偏少

由于经费不足，导致公共图书馆为基层群众提供文化服务的资源总量偏少、质量不高。国际

图联、联合国教科文组织 2002 年修订的《公共图书馆服务发展指南》中规定，公共图书馆人均藏书量应达到 1.5—2.5 册。而我国 2010 年公共图书馆人均藏书量仅为 0.46 册，远远低于国际图书联合会的标准。

三、有关建议

（一）加快推进公共图书馆立法。制定专门的公共图书馆法律，是政府保障和促进图书馆事业发展的普遍做法。随着我国公共图书馆事业的发展，社会各界对推进图书馆立法已形成共识。

（二）加强设施建设并充实设备。制定实施文化设施建设中长期规划，是有效改善文化设施状况的重要手段。建议对地市级公共图书馆进行统一规划建设。同时，根据图书馆开展服务需要，及时充实和更新专业设备。

（三）进一步丰富文化服务资源。大力推进数字图书馆建设、公益性电子阅览室建设，进一步丰富公共图书馆的服务资源，扩大服务范围，提高服务效益。

（四）推进建立经费保障机制。2011 年 1 月，文化部、财政部联合印发了《关于推进全国美术馆、公共图书馆、文化馆（站）免费开放工作的意见》，就各级文化行政部门归口管理的美术馆、公共图书馆、文化馆（站）进一步向社会免费开放进行了总体部署。以此为契机，进一步推进建立基层公共文化服务经费保障机制，确保财政资金投入，保证公共图书馆正常运转和开展业务活动。

附件:2000 年和 2010 年公共图书馆主要统计数据对比

分类	指标	2000 年	2010 年	增长量	增幅(%)
Ⅰ. 人员情况	平均每馆从业人员数量(人)	18	18.6	0.6	3.3
	中级职称比重(%)	26.4	32.4	6	—
	高级职称比重(%)	4.7	8.2	3.5	—
Ⅱ. 经费情况	平均每馆财政拨款(万元)	52.1	202.4	150.3	288.5
	平均每馆完成基建投资(万元)	22.5	45	22.5	100.0
	平均每馆新增藏量购置费(万元)	15.2	38.5	23.3	153.3
	人均购书费(元)	0.287	0.829	0.542	188.9
Ⅲ. 服务条件情况	平均每馆房屋面积(平方米)	2236	3122	886	39.6
	平均每馆阅览室坐席数(个)	156	219	63	40.4
	平均每馆计算机(台)	20	49.5	29.5	147.5
	人均公共图书馆藏书(册)	0.3	0.46	0.16	53.3
	电子阅览室占阅览室面积的比例(%)	10.1	17.1	7	—
Ⅳ. 功能发挥情况	平均每馆流通人次(千人次)	70.5	113.8	43.3	61.4
	平均每馆书刊文献外借人次(千人次)	35.9	48.3	12.4	34.5
	平均每馆书刊文献外借册次(千册次)	63.2	91.5	28.3	44.8

（注:“人员情况”数据为 2001 年统计数据,“平均每馆计算机”、“电子阅览室占阅览室面积的比例”为 2004 年统计数据。）

新世纪10年中国的图书馆学研究

初景利　刘　丽　崔　雁　杨志刚（中国科学院国家科学图书馆）

1　引言

21世纪前10年是我国图书馆学发展史上一个重要的时期。迈入新世纪的我国图书馆学研究，加强了对上世纪百年研究成就的回顾和反思，并不断推出创新性的研究成果。信息技术革命、网络环境和知识经济为图书馆学研究提供了更加广阔的研究内容和发展空间，同时网络将图书馆与整个信息世界连成一体，成为数字信息世界中重要的组成部分。在此背景下，图书馆研究的范式也在发生变化，图书馆学各个领域的研究十分活跃，发表了很多富有见地的研究成果。本文对近10年来我国图书馆学研究领域主要文献中有关图书馆学基础理论、信息资源建设、图书馆服务、图书馆管理等方面的研究成果进行梳理和提炼，总结分析我国图书馆学研究值得特别关注的领域。虽然只能是管中窥豹，但也期望相对客观地反映新世纪10年我国图书馆学研究现状、研究重点、研究领域等，探讨图书馆学研究的发展特点和发展规律，推动图书馆学研究的持续发展。

2　研究进展

2.1　图书馆学基础理论的重构与拓展

图书馆学基础理论研究是图书馆学的主导思想、基本理论，是有关图书馆学概念、原理的体系，它揭示和反映图书馆的本质、特征、矛盾、规律、性质、功能、系统结构和图书馆学研究对象、学科性质、学科体系、相关学科、研究方法等，指导图书馆学和图书馆的发展。[1] 在中国图书馆学基础理论发展史上，新世纪10年是一个极为特别的时期。正如范并思教授所说，在2000－2009年间，图书馆学基础理论在理论史家们的忽略中完成了自有中国图书馆学理论以来最为重要的一次重建。[2]

2.1.1　图书馆学基础理论体系的重构

图书馆学基础理论体系是图书馆学研究的薄弱环节。2006年，黄宗忠先生在1998年对图书馆基础理论研究的基础进行了再探讨，认为图书馆基础理论的体系结构是由研究内容决定的。图书馆学基础理论体系结构既具有相对稳定性，但又随着图书馆实践的发展而不断调整变化。[3]2006年柯平提出了基于知识资源论的图书馆学基础理论体系，认为图书馆学基础理论有在三层结构：第一层是体系赖以存在的理论来源，这也是某种意义上的理论研究溯源；第二层首先是基点，没有基础理论的基点，没有这一基点存在的依据，整个体系将不得存在；第三层是基础理论的具体内容。[4]

2003年于良芝出版《图书馆学导论》，完全放弃了1985以后形成的图书馆学基础理论结构，用整整一章讨论“图书馆职业哲学”，包括职业的使命与职业价值观。作者在教材中围绕图书馆职业精神论述图书馆学基础理论的基本概念，颠覆了我们对于图书馆学基础理论体系的认识。[5] 2007年，第五届图书馆学基础理论研讨会召开，会议的讨论不同于以往比较注重体系的“全”，而是注重体系的“精”，并出版了《构建面向图书馆职业的理论体系》会议论文集，反映了近年来图书馆学研究的特点和成绩。2008年，王子舟的《图书馆学是什么》围绕着图书馆学的10个重要问题，系统地阐述了以知识集合为主体的图书馆学理论体系，强调图书馆的本质是“知识集合”。[6]

2.1.2　图书馆精神、核心价值与图书馆权利

新世纪前10年图书馆学基础理论研究的核心和最为重要的收获无疑是现代图书馆精神的回归。[7] 2001年程焕文《文华精神》一文中对文华精神的“创办人的精神、维持人的精神和学生精

神”作为诠释，并提出文华精神的本质就是“爱”，即“爱国、爱馆、爱书、爱人”，也是现代图书馆职业精神的核心和基础。[8]《图书馆》最先于2003年推出了有关“知识自由”的专题。2004年中国图书馆学会年会的主题“百年图书馆精神”，图书馆学基础理论界开始大规模地对过去百年间图书馆精神历程的得失进行反思和总结。2005年，《图书馆》推出的“21世纪新图书馆运动”专栏和《图书馆建设》推出的“走进权利时代”专栏推动的大讨论，使得“图书馆是实现社会平等的一种设施”的观念被广泛接受。以范并思为代表的公共图书馆精神研究将图书馆精神带到专门类型图书馆。2004年“公共图书馆精神”由范并思重提，[9]弘扬公共图书馆精神的研究得到了图书馆学界的积极响应。《国家“十一五”文化发展纲要》的发布，第一次从国家政策的层面对现代图书馆理念给予支持，提出的“两个基本”、“普遍均等服务”、“弱势群体人文关怀”等命题，被一些学者称为公共图书馆精神的中国化表述。

图书馆精神更多的是图书馆行业的外在表现，图书馆核心价值则是体现图书馆精神的内在动力。始于2007年的中国图书馆核心价值的研究，具有鲜明的自主性。[10]2007年，中国图书馆学会新年峰会启动了图书馆核心价值的研究，一些学者纷纷发表相关文章进行探讨，在此基础上形成的承载中国图书馆人核心价值观的《图书馆服务宣言》于2008年10月颁布。此外，还有对于社会阅读、数字阅读的研究，使图书馆人开始脱离图书馆的实体，而进入公众生活的更为一般的层面。[11]2006年4月，中国图书馆学会成立科普与阅读指导委员会（后改名为阅读与推广委员会），更是从实践上推动了图书馆与社会生活的融合。

“图书馆权利”是伴随着“图书馆精神”的研究热潮而兴起的。国内图书馆界对图书馆权利问题的关注和研究很晚，最早公开发表的成果大约出现在2000年。此后，有关图书馆精神、图书馆人文关怀、公共图书馆制度、图书馆馆员职业伦理、知识自由与图书馆、信息公平与信息保障方面的研究，都不同程度地涉及了图书馆权利问题。2002年李国新首次系统研究了图书馆权利（即“图书馆自由”）的思想基础与职业价值。2004年，“国家尊重和保障人权”被写入了《中华人民共和国宪法》，社会权利意识高涨，图书馆权利问题日益突出。2005年，“图书馆权利”先后被列为中国图书馆学会首届峰会及中国图书馆学会桂林年会的主要议题。2005年，程焕文的“图书馆权利研究”获国家社科基金立项，标志着这一命题已经扎根于中国图书馆学理论中。图书馆权利的实现需要《图书馆权利宣言》和《图书馆员职业伦理规范》等的共同保障。目前，我国图书馆界已开始启动《图书馆权利宣言》的起草工作，《图书馆员职业伦理规范（试行本）》则已公之于众，虽然它们在某些方面目前还无法达到国际水平，但对于我国图书馆界来说，仍是一个巨大的进步。[12]

2.1.3　图书馆立法的突破

2001年，图书馆立法正式成为文化部上报全国人大的立法项目，2002年已经形成《图书馆法》草案的第三稿，并向有关部委及各地文化厅（局）征求意见。由于各系统、部委之间对立法的必要性和草案存在分歧，曾经一度搁置。2002年，中国图书馆学会设立知识产权和图书馆法律专业委员会，推进图书馆立法研究工作。2005年9月，文化部、教育部、科技部经过相互之间的协调与努力，对制定《图书馆法》达成共识，并且成立了《中华人民共和国图书馆法》起草工作领导小组。2006年9月，《图书馆法》被列入“十一五”期间“抓紧研究制定”的文化立法之一。2007年以十七大报告为标志，我国的文化建设以公众文化权益保障为特征，进入了一个新的时代，这赋予了图书馆立法以新的意义和高度。由国家文化部主编、住房和城乡建设部与国家发展和改革委员会批准发布的《公共图书馆建设标准》于2008年11月1日起正式施行。由文化部委托中国图书馆学会制订的《公共图书馆建设用地指标》于2008年6月1日起正式实施。这两个公共图书馆建设的全国统一标准的颁布和实施，是我国公共图书馆建设逐步走向科学化、法制化、规范化的重要里程碑。《公共图书馆法》立法工作在2008年11月正式启动。2009年1月，中国图书馆学会新年峰会专题讨论立法支撑研究工作。《中国图书馆学报》从2009年第2期开始开辟专栏，连续刊发支撑研究各专题经过高度浓缩的成果，对图书馆立法的障碍、国外图书馆法、地方性图书馆法规及《图书馆法》法律架构体系进行研究。

2.1.4　公共图书馆服务体系的建设

普遍均等服务是世界各国公共图书馆事业的共同原则和目标。公共图书馆服务体系是指一个地区的公共图书馆以保障普遍均等服务、实现信息公平为目标，独立或通过合作方式提供的图书馆服务的总和。换言之，公共图书馆服务体系包括所有单个图书馆以及它们建立的任何形式的合作平台。[13]我国公共图书馆服务体系建设主要包括基层图书馆建设、总分馆建设、区域性服务网络建设等方面。2006 年《国家“十一五”时期文化发展规划纲要》中提出，要以“实现和保障公民基本文化权益，满足广大人民群众基本文化需求为目标，坚持公共服务普遍均等原则，兼顾城乡之间、地区之间的协调发展，形成实用、便携、高效的公共文化服务网络”。图书馆要“实行定点服务与流动服务相结合，鼓励具备条件的城市图书馆采用通借通还等现代服务方式，推动公共文化服务向社区和农村延伸”。[14]图书馆总分馆建设是国家“十一五”文化发展纲要中明确的中国图书馆事业发展的一个基本方向，是合理配置图书馆资源、统筹城乡文化发展、实现文化资源共享、拓展图书馆服务网络的有效方式。嘉兴市突破体制约束，实现各级图书馆“人、财、物”统一管理、统一采购、统一编目、统一配送、通借通还，建立起以“政府主导、多级投入、集中管理、资源共享”为主要特点的城乡一体化公共图书馆服务网络体系，取得了很好的社会效益，被誉为“嘉兴模式”，[15]受到图书馆界、学界及社会的广泛关注。另外公共图书馆服务体系建设还涌现出禅城模式、南山模式、苏州模式、广东流动图书馆模式等案例。上海、深圳、杭州、苏州、佛山等城市创新思路，先试先行，推进“总分馆”建设、合作办馆模式、建设区域性服务网络等，公共图书馆服务体系建设已取得了显著成绩。

2.2　信息资源建设研究

在信息技术高速发展和网络传递方便快捷的21世纪，信息的生产、存储、传递和获取的方式与手段已发生革命性的变化。信息资源建设的理论、方法和技术体系也得到很大程度的拓展、延伸与丰富。2005 年 5 月，中共中央办公厅、国务院办公厅联合发布了《关于加强信息资源开发利用的若干意见》，信息资源建设受到社会前所未有的重视。

2.2.1　信息资源建设理论研究

资源建设是图情界长期关注的话题，并且走过了从藏书建设——文献资源建设——信息资源建设的历程。信息资源建设原则是信息资源建设客观规律的反映，肖希明提出了信息资源建设的实用性原则、系统性原则、特色化原则、共建共享原则四大原则。[16]在信息资源建设中，科学的模式有助于设计优良的资源建设方案。朱珺分析了复合图书馆文献资源建设的六大模式演变，[17]反映了数字信息环境下图书馆信息资源建设的新特征与新方向。陈亚召在对数字信息资源建设的技术主导型、资源主导型和需求主导型三种模式进行比较分析的基础上，建立了以用户为中心的数字信息资源建设模式。

关于信息资源建设“拥有”还是“存取”的问题，本世纪初，国内学者展开了激烈的讨论。最主要的观点认为，将存取与拥有对立起来去争论哪一个更重要是没有意义的，存取与拥有是相互辅助的关系、长期共存的关系、互动的关系。[18]图书馆以“存取”取代“拥有”是不可取的，也是不现实的。不同的图书馆应该根据各自的性质、任务、读者需求、资料类型、经济情况等各种因素，对拥有还是存取，采取不同的方针，确定本馆信息资源建设的模式。[19]

2.2.2　信息资源建设工作研究

文献采购是图书馆建立馆藏文献信息资源、满足读者各类需求的基础和重要的环节。随着出版物数量增加和价格的高涨，集团采购和招标采购逐渐成为信息资源建设的两种主要模式。通过集团采购，不仅可以大幅度降低采购成本，而且可以进行采购协调。为了规范图书馆文献采访工作，根据国家招投标法的有关规定，图书馆的文献采访被纳入招标采购的范围。图书馆图书招标对于图书馆合理使用购书经费、选择好的供应商、避免腐败现象及节省人力资源都有极好的推动作用，但文献招标中也存在一些问题，很多研究者进行了研究并提出了对策。[20,21]图书馆在招标采购的过程中，也必须加强和完善招标采购过程管理。在高校图书馆招标采购工作中需把好八大关。[22]

随着网络的发展，丰富的网络信息资源已经成为人们获取信息的主要途径。图书馆如何将离散、动态、不规范、不均衡的网络信息，开发成为读者可利用的资源，是目前信息资源建设的一项重要内容。对于网络信息资源建设来说，质量控制是人们比较关注的。肖琼将评价过程归纳为以下方法与步骤：确定评价对象、评价工具的选择、标准的初选、对标准进行处理和进一步选择、选择后标准的评价、评价标准体系的建立、实际测试、评价指标的等级确定及评价结论、结果的传播与反馈。[23]张洋、张磊从评价指标、评价方法、评价主体、评价对象四个方面对网络信息资源评价资源的主要研究进展进行总结和分析，指出当前研究中存在的主要主题，并提出了未来研究努力的方向。[24]

2.2.3 开放获取研究

开放获取（OA）是国际学术界、出版界、图书情报界为了推动科研成果利用互联网自由传播而采取的运动，是科学研究信息在网络环境中免费地供公众自由获取，是基于互联网的一种新型学术交流方式和出版模式。我国开放获取的发展经历了一个从认知到实践的过程。在国内 OA 的推进过程中，中国科学院采取了有力措施，取得了一系列积极成果。2003 年 12 月 9 日，时任中国科学院院长路甬祥在柏林代表中国的科学家签署了柏林宣言。2004 年 5 月 24 日，路甬祥代表中国科学院、陈宜瑜代表国家自然科学基金委分别签署了柏林宣言，表明中国科学界和科技资助机构对开放获取的支持。国内学者从 2004 年开始了正式对开放获取问题的关注和研究。2005 中国科学院国家科学图书馆举办了开放获取的国际会议，2008 年开始在中国科学院研究所大规模建设机构知识库，2009 年首家资助机构成员在开放出版期刊发表论文，2010 年参与组织建立了中国科技期刊开放集成门户平台。同年，第八届开放获取柏林会议在中国科学院国家科学图书馆举行。

随着 OA 的开展，国内图书馆界纷纷从各方面研究开放获取。国内开放获取的研究主题有：OA 基础研究、OA 影响研究、OA 仓储研究、OA 期刊研究、OA 资源分布与集成研究、OA 应用研究等。[25]李武、董伟认为国内学者对开放获取的研究形成相对集中的主题领域。[26]尽管国内的开放获取理论研究与实践都发生了积极的变化，但存在的问题不容忽视。初景利、李麟指出中国的开放获取需要解决的问题是：应该提出清晰而一致的国家开放获取战略；应积极协调各方的立场与利益；应继续加强开放获取的宣传及普及；应做好开放获取的试点和推广工作。[27]黄如花认为突出的问题是：OA 经济意义的实证研究显得薄弱；缺少通用稳定的 OA 商业模式；尚未建立合理的 OA 资源评价指标体系；尚未充分证实 OA 资源的引用优势；缺乏对 OA 存在合理性的宏观深入思考；OA 发展的制度性保障不够完善等。[28]韩红、刘晟、姜恩波认为从法律角度看，开放获取面对的主要问题是知识产权问题，最直接的问题就是版权问题。[29]

2.2.4 信息资源共建共享研究

随着社会网络化、信息化的发展，社会日益广泛而复杂的信息需求与单个图书馆有限的信息提供能力的矛盾逐渐突出，信息资源共建共享成为国内外信息机构发展的必然趋势。从新世纪开始，我国图书馆信息资源共建共享进入快速发展的时期，如国家科技图书文献中心（NSTL）、国家科学数字图书馆（CSDL）、全国文化信息共建共享工程及中国高校人文社会科学文献中心（CASHL）等国家级共建共享项目的相继启动。2005 年在武汉大学举办的“中国大学图书馆馆长论坛”讨论并通过了《图书馆合作与信息资源共享武汉宣言》。[30]2006 年，全国 70 多所重点高校图书馆馆长签署的《人文社科文献资源共享、共知、共享北京宣言》，向政府和各高校图书馆呼吁，要加强投入，积极实施和实现人文社会科学信息资源的共建、共知和共享，建立持续、稳定的人文社会科学信息资源与服务体系，以改善知识环境，削除信息鸿沟，促进哲学社会科学的繁荣发展。[31]两个宣言的签署，标志着我国的信息资源共建共享迈上了一个新台阶。

2.2.5 本体研究

本体（Ontology）原是一个哲学上的概念，用于描述事物的本质。近年来，本体在人工智能、知识工程以及图书情报等领域得到关注。目前这方面的研究主要涉及本体构建的方法、本体构建的原则与程序、本体构建工具、本体的应用研究与领域本体的构建实践成果等方面。国内图书情报领域对于本体的内涵观点不统一。本体是一个关于某些主题的、层次清晰的规范说明。它是一个已经得到公认的形式化的知识标识体系。[32]本体作为语义网的重要组成部分，是对世界或者领域知识、概念、实体及其关系的一种明确的、规范的概念化描述。[33]

本体构建是本体知识获取的核心，即从某个

领域中抽取知识，形成描述该领域数据的语义概念、实例和其间的关系密切。目前创建本体的方法主要有基于叙词表的领域本体构建、基于SKOS的叙词表到本体的转换；利用OWL构建本体。李景对5种主要的本体构建工具Ontolingua、Ontosaurus、WebOnto、Protégé2000、OntoEdit进行了详细介绍，认为各种工具都存在一些问题，还有待于出现一种标准化的工具。[34]徐国虎、许芳在介绍Ontolingua Server、Ontosaurus等8种常见的本体构建工具的基础上，提出一个包括可用性、软件结构、文件格式、知识表达能力、推理机制5个方面、19个二级指标的评价框架，并运用该评价框架对上述8种工具进行比较，提出本体构建工具发展的趋势。[35]目前关于本体的应用研究，主要集中于数字图书馆、信息检索、分类法与词表的可视化领域。吴丹与王惠临分析了多语本体在查询扩展、语义标注、基于概念索引三方面对改善跨语言信息检索的作用，并通过介绍EuroWorldNet，探讨本体应用于跨语言信息检索的多语本体库的映射方法。[36]

2.3　图书馆服务研究

进入新世纪以来，新技术的发展引致信息环境发生深刻的变化，用户的信息需求与信息行为也在发生明显的变化，主要表现在用户不再仅仅依赖物理图书馆甚至图书馆网站获取信息，搜索引擎日益成为用户惯以利用的首选工具。与此同时，图书馆也在因应而变，服务范式也从以图书馆和资源为中心转向以用户需求为中心，服务模式日益多样化，积极运用先进技术解决服务中的问题，以知识服务满足日益增长的服务需求。

2.3.1　图书馆知识服务理念

张晓林无疑是知识服务最主要的倡导者和推动者。2000年，他在《走向知识服务：寻找新世纪图书情报工作的生长点》一文中指出，应将图书馆核心能力定位在知识服务，即以信息知识的搜寻、组织、分析、重组的知识和能力为基础，根据用户的问题和环境，融入用户解决问题的过程之中，提供能够有效支持知识应用和知识创新的服务，[37]引起学界对知识服务的高度关注和认同。2002年他在《数字信息环境下的图书情报服务：挑战、应变与再造》中分析了数字信息主流化、学术交流体系重组、用户工作空间数字化和数字图书馆范式演变等信息环境变化趋势，描述了图书馆界通过重组传统服务、拓展服务内容、构造基于用户的服务机制等应变措施，最后指出根本性出路还在于从知识管理和知识服务角度再造图书情报服务。[38]2005年，他在一篇有份量的文章阐述了从数字图书馆到一种数字化知识化的服务机制——E-Knowledge机制的转变，[39]颠覆了对传统数字图书馆的认识，对于我们认识图书馆、数字图书馆和图书馆学，具有十分重大而深远的意义。2006年，他在访问美国若干图书馆后，提出需要重新定位研究图书馆的形态、功能和职责，主动竞争综合信息环境和知识管理的主导地位。[40]

其他学者也从不同角度研究知识服务问题。杜也力在其专著《知识服务模式与创新》一书中指出，知识服务是在知识、信息共享与交流基础上提供的知识增值服务。认为“知识服务是一种全新的服务理念。它将服务的轴心由传统的文献信息资源转移到信息需求者——用户的身上，处处体现着为用户着想的‘人本思想’”。[41]徐恺英等提出以学科为基础，依靠高校的资源和人力优势，构建出高校图书馆学科知识服务模式，并认为，图书馆学科化知识服务模式，将成为高校图书馆未来最具潜力的一种服务模式。[42]曾民族讨论了面向知识服务的基本模式和基本特征，提出了构建知识服务基础平台的主要方向、基本框架和应予重点关注的关键技术。[43]

2.3.2　图书馆服务原则与理念

图书馆服务原则是图书馆服务的宗旨、指导思想和理念体系。新世纪10年，学界加强对包括服务原则在内的图书馆服务理论的总结，对图书馆服务理念进行总结和凝练。蒋永福等提出，图书馆服务应遵循五大原则：开放原则、方便原则、平等原则、创新原则和满意原则。[44]黄俊贵将公共图书馆的服务原则归纳为开放原则、公益原则、公平原则和共享原则。[45]柯平在《图书馆服务理论探讨》、《理解图书馆服务——新图书馆服务论之一》、《当代图书馆服务的10个理念——新图书馆服务论之二》等文中讨论了包括服务新五律论、读者第一论、服务本质论、公益服务论、平等服务论、知识服务论、服务营销论等理论，[46]强调图书馆服务在图书馆中的重要性，[47]提出10个基本理念：一切利用、一切用户、开放服务、免费服务、人性化服务、个性化服务、营销服务、竞合服务、创新服务。[48]程亚男在《再论图书馆服务》中提出，图书馆服务理念可以具体为八个字：关爱、无限、完美、超值。[49]陈力在《公共服务中的图书馆服务》[50]中指出，作为公共服务重要组成部分的图书馆服务应体现以下基本原则：公平原则、公益性原则、无差别原则、适度原则、资源与服务的共享原则、不断发展原则。

2.3.3 图书馆服务体系与战略

于良芝等指出，我国政府和图书馆界在基层图书馆建设、总分馆建设、区域性服务网络建设三方面构成新时期我国公共图书馆服务体系建设的主要内容。但要实现真正意义的普遍均等服务，还需要对公共图书馆的建设主体和管理单元重新做出界定。[51]胡昌平指出，网络环境下的图书情报资源组织与开发服务正处于从信息资源的共建共享到资源全面整合的转型发展期，用户多元化、社会化、专门化的集成服务决定了图书情报服务面向用户的集成化发展。这两方面的发展从战略上提出了图书情报资源管理和服务平台建设问题，由此决定了国家可持续发展中图书情报面向用户的资源整合和服务平台建设战略构建及战略实施。[52] 2009年柯平完成国家社会科学基金项目"公共文献服务体系中的图书馆战略规模模型与实证研究"，提出图书馆应简化服务条件，主动发挥部门优势加强与同质部门在资源业务服务等方面的合作的援助，注意借鉴商业性机构的灵活服务手段并建立异质联盟，坚持无偿服务以提高服务质量，争取政府和社会外界的资金投入，推动公共文化服务体系的发展。[53]

2.3.4 图书馆服务模式的持续创新

2001年，张晓林在《数字化参考咨询服务》一文中介绍了数字化参考咨询服务的主要形式、相关技术和典型项目。[54] 2003年，初景利与孟连生提出，要实现虚拟参考服务，必须建立知识库，利用虚拟参考产品，开展馆际合作。[55] 2004年，初景利出版了《图书馆数字参考咨询服务研究》，总结了从传统图书馆参考咨询到数字参考咨询的演进、国内外数字参考咨询的研究、国内外数字参考咨询的实践发展，探讨分析了数字参考咨询服务模式、数字参考咨询质量控制与评价、数字参考咨询工作框架的建立与运行。[56] 2009年"全国参考咨询工作会议"着重探讨了参考咨询工作的理论与实践、咨询服务体系、规范建立和特色服务等问题。实践中，上海图书馆联合本地区公共、科研、高校等图书馆成立"网上联合知识导航站"，广东省立中山图书馆牵头联合全国各地区40多家公共图书馆组建"联合参考咨询网"，[57]国家科学数字图书馆参考咨询系统CSDL于2005年正式开始运行，国家科技图书文献中心(NSTL)数字化参考咨询服务系统建立。[58]CALIS分布式联合虚拟参考咨询系统项目DCVRS在2003年立项，最终将构建包括本地服务、地区服务、全国服务在内的三层服务共享体系，目的是为CALIS成员馆提供一个联合虚拟参考咨询服务平台。[59]

Information Commons(信息共享中心)是20世纪90年代末，国外高校图书馆为适应用户需求的变化和研究的需要而建立起来的一种基础设施和新的服务模式，是一个经过特别设计、确保开放存取的一站式服务设施和协作学习环境。吴建中在《开放存取环境下的信息共享空间》中介绍了信息共享空间产生的背景和最新发展动态。[60]任树怀在论述信息共享空间(IC)实现目标和构成模型的基础上，分别从实体层、虚拟层和支持层3个组成部分，详述在规划与建设时必须认真思考的馆舍空间、硬件配置、资源建设、软件配置、虚拟环境建设、组织与管理、人员与培训和服务质量评价等问题。[61]

学科馆员（subject librarian）制度的兴起是因为整个图书馆所处大环境发生变化，用户需求也发生相应变化，图书馆必须探求新的服务模式。1998年清华大学图书馆正式引入学科馆员制度，标志着学科馆员作为一种新的服务模式得到国内的认可和接受。[62]邵敏在《清华大学图书馆学科服务架构与学科馆员队伍》中介绍了清华大学图书馆学科馆员及学科服务的工作进展，重点描述在构建一套"为教学科研提供全程配套服务"的完整学科服务架构方面所进行的探索与实践。[63]李春旺与李广建在《学科馆员制度范式演变及其挑战》中指出，学科馆员制度的发展可分为两个阶段：基于传统图书馆的学科馆员制度范式(第一代)，基于数字图书馆的学科馆员制度范式(第二代)，后者将对图书馆业务模式、信息服务方式等提出挑战。[64]2006年开始，中科院国家科学图书馆正式设立了全新的学科馆员制度。初景利与张冬荣在《第二代学科馆员与学科化服务》中总结了中科院国家科学图书馆的做法，提出第二代学科馆员的概念，全面阐释了两代学科馆员的区别，从实践中总结国家科学图书馆在建立基于第二代学科馆员的学科化服务方面的探索。[65]在上海交通大学图书馆，学科馆员制度实行三大部制，即由读者服务部、技术服务部与行政管理部共同支撑。[66]

图书馆2.0代表一种与用户互动、用户参与的全新的图书馆服务思想，反映了图书馆提供服务给使用者的模式之转变。[67] 2006年1月，范并思、胡小菁发表了《图书馆2.0：构建新的图书馆服务》，通过对国内外网络媒体关注Web 2.0和图书馆2.0的调研，介绍了图书馆2.0的起源与发展。同年9月，刘炜、葛秋妍在《现代图书情报技术》发表了文章《从Web2.0到图书馆2.0：服务因用户而改变》，系统地讨论了图书馆2.0与Web2.0的不同之处，以及图书馆2.0的应用现状、问题和未来趋势，并提出了图书馆2.0应用的五项原则。《图书馆2.0：升级你的服务》一书，[68]在构筑图书馆服务的基础上，以图书馆服务为切入点，论述了Web2.0与图书馆2.0的基本思想及RSS、Blog、Wiki、Tag和SNS在图书馆的应用，以及Web2.0在参考咨询、个性化服务、OPAC和图书馆员中的应用。《馆人合一：图书馆2.0创新与实践》一书，是图书馆Lib 2.0年会形成的论文集，对近年来各图书馆在图书馆2.0理念创新和应用实践中产生的成果进行汇总。[69]

李开复在《云中漫步——迎接云计算时代的到来》中提出云计算就是要以公开的标准和服务为基础，以互联网为中心，提供安全、快速、便捷的数据存储和网络计算服务，让互联网这片云成为每一个网民的数据中心和计算中心。[70]而随着OCLC宣布推出“基于云的服务”，图书馆的IT应用也进入了“云”的时代。云计算将给图书馆带来巨大好处，也将给图书馆管理带来挑战。[71]王文清与陈凌结合云计算、SaaS、Web2.0、SOA等技术，基于CALIS“十五”成果和三期建设目标，提出了CALIS云战略和相应的数字图书馆云服务平台（即Nebula平台）模型。[72]

Second Life图书馆是一种在三维虚拟世界展示完全不同于传统类型图书馆服务的新型图书馆。Second Life图书馆可以提供多元化服务模式，如召开国际会议、参考咨询服务、阅读讨论会、创新用户教育、青少年图书馆、游戏娱乐等，该模式对中国图书馆在虚拟空间开展服务具有有益启示。[73]李麟以虚拟世界的代表Second Life为例，介绍了SecondLife中参考咨询的实施模式、需要解决的问题，认为虚拟世界中的参考咨询是参考咨询的新形式和有益补充。[74]

图书馆嵌入服务的核心思想在于建立真正的以用户为中心，将资源嵌入到用户的工作环境，实现各种服务的无缝式链接的服务模式。乐小虬等提出嵌入式桌面信息服务是以当前操作的软件系统为现场，在用户操作现场感知用户需求，采用情景驱动，将科技文献服务即时嵌入到用户的工作流程之中。[75]

图书馆服务的泛在化体现在服务范围和服务对象的泛在化、服务内容和服务功能的泛在化、服务场所和服务空间的泛在化以及服务手段和服务机制的泛在化。图书馆的服务只有融入到用户的场景和社区，才会显示图书馆更大的功能，才会有无限的发展潜力。[76]手机图书馆将移动通信网络和数字图书馆系统结合起来，利用手机终端延伸、拓展传统的图书馆服务，随时随地进行信息传输与服务，是图书馆向数字化发展的新方向。开展手机图书馆服务能提高图书馆资源利用效率，实现信息的增值服务，提高图书馆的服务质量，进而必将催生一场彻底的图书馆革命。[77]

2.3.5 图书馆服务评价

图书馆服务评价问题从理论到实践得到了更多人的关注。谭祥金在《图书馆服务评价标准初探》中提出，评估图书馆服务的标准是读者满意度、吸引读者率、文献利用率和主观务力度。评估过程的实质是实行服务质量管理，提高服务质量的过程。[78]于良芝等对SERVQUAL与图书馆服务质量评估进行了十年研究述评。[79]王秀华与吴冬曼在《从LibQUAL＋的变化看图书馆服务质量测评的发展方向》中指出，研究8年来LibQuAL＋的变化发展，可以探索图书馆服务评价的特点和规律，寻求图书馆服务质量测评的发展方向。[80]2004年3月开始，清华大学图书馆以美国研究型图书馆协会（ARL）开展的LibQUAL＋TM项目为蓝本，在读者中开展广泛的服务质量调查活动。[81]图书馆服务评价的研究与实践将有力推动图书馆服务的不断深化与创新发展。

2.4 图书馆管理研究

进入新世纪，在新技术革命和数字图书馆建

设的影响下，传统图书馆逐渐过渡到以复合图书馆为基本形态的现代图书馆时期。新世纪的图书馆管理强调战略规划与组织运作管理，重视数字图书馆管理及相关问题的解决，重视影响图书馆各方面发展的要素的管理。核心是注重与外部环境的相互作用，以人为中心，注重用户感知与馆员的个人发展，在新的业务模式下重组工作流程与组织结构，注重组织的过程管理，以知识资源为内核，构建知识管理模式，建设学习型组织，促进图书馆有机体的生长。

2.4.1　战略规划与组织运作管理

战略规划是在充分研究现代图书馆外部环境和内部条件的基础上，确定和选择图书馆的战略目标，并针对目标的落实和实现进行规划，它是图书馆实行战略管理的一部分。其目的在于确立组织的竞争优势，即核心竞争力。于良芝认为进入21世纪后，在新的发展环境和挑战面前，我国公共图书馆似乎有必要重新关注战略规划作为管理工具的价值及其与我国的相关性。[82]柯平指出图书馆战略规划研究是图书馆战略研究的一个重点，21世纪的社会发展和信息环境，特别是我国文化发展的新形势给予图书馆战略规划新的发展空间。[83]他及其研究团队系统研究了图书馆战略规划的时代背景、理论视角；[84]图书馆战略的定义、类型；[85]国外图书馆战略规划的研究现状；[86]我国公共图书馆战略规划缺失的原因；[87]公共图书馆战略规划模型[88]的建立以及从实证角度研究图书馆战略规划需求[89]等。

徐建华的《现代图书馆管理》[90]引进战略管理、企业再造工程、全面质量管理、组织文化、知识管理等现代管理理论与方法和工具，构建了现代图书馆的管理框架。吴建中先生的《战略思考——图书馆管理的10个热门话题》，[91]则围绕现代图书馆管理中的科学发展观与图书馆事业、战略规划、组织文化、绩效评估、服务价值链与核心竞争力、新公共管理与图书馆改革、知识管理、全面质量管理、营销管理和危机管理等十个热点问题，探讨在新的环境下如何借鉴和引进现代社会新的管理思潮和方法，推进图书馆管理与服务的改革。

图书馆业务流程重组是在新技术革命的影响下，图书馆为响应用户需求及自身业务需要，而引入企业再造工程理论，对传统的业务流程进行的重新设计。陈能华等人相继研究了图书馆业务流程重组的动因与意义，[92]构建了面向供应链的图书馆业务流程重组模型，[93]并提出相应机构设置的一般模式。[94]徐芳等以图书馆业务中的信息流向为主线，提出了改组后的图书馆业务流程图，并将供应链管理、客户关系管理以及决策支持系统理论运用于图书馆的业务处理过程中。[95]

图书馆全面质量管理（TQM）体现的是图书馆以质量为中心，以全员参与为基础，综合运用管理技术，建立健全质量保证体系，对业务流程进行全面控制，以为用户提供满意服务。罗曼《图书馆全面质量管理》[96]一书是对这一管理模式的全面解读。张红霞还对国际图书馆服务质量评价两大体系——绩效评估与成效评估，以及图书馆统计与绩效评价系列国际标准的形成与衍变做了系统梳理与分析，为图书馆全面质量管理提供借鉴。[97, 98]

2.4.2　数字图书馆管理及相关问题

国内学者对于数字图书馆的管理研究还处于探索阶段。数字图书馆的管理中涉及许多问题，如人员、资金、知识管理、知识产权、合作共享等，采用何种方法与模式对这些问题进行管理是人们关注的一个话题。张凤斌讨论了数字图书馆管理的若干核心要素，包括技术管理、组织管理、人力资源管理、法律管理、知识管理、标准化管理、用户管理等，并提出了各种要素的集成结构；[99]侯晓靖将价值链分析法用于数字图书馆中，通过构建价值链，对数字图书馆的内部活动和行业活动进行分析；[100]宋海艳在分析数字图书馆管理特征的基础上，构建了一种开放的个体图书馆集成管理层面上的对整体数字图书馆实行分布式管理的模式，[101]目的在于更好地发挥数字图书馆在提升全民素质中的知识基础作用。

数字图书馆管理另一个重要问题是对用户的管理。张晓青认为数字图书馆合理的用户管理模式是IP验证加防火墙隔离方式与用户认证加访问授权方式相结合的管理模式；[102]汪华方[103]和于政[104]分别从客户关系管理与用户生命周期理论角度来研究图书馆的用户管理；张洪艳则探讨了天津市图书馆联盟用户管理系统的建设目标、功能模块等内容。[105]

当今，越来越多的信息和网络技术应用到图书馆信息组织和服务中，所以这些新兴技术必然会影响到图书馆的管理。姜东生介绍了RFID技术的概念、发展历史、工作原理、技术结构等相关信息，并结合当代图书馆管理的发展阐述了RFID技术对于图书馆管理和服务的影响。[106] 与云计算相关的网络技术或服务，已经应用到了图书馆中。云计算将给图书馆带来巨大好处，也将给图书馆管理带来挑战。[107]

知识产权的研究呈现多样性的局面，其中关于数字图书馆的知识产权问题是一个热点。陈传夫等通过调研，[108] 揭示了我国图书馆界专业人士对版权保护认知的实际情况，总结了我国图书馆版权管理现状和问题以及图书馆界对公共政策与措施的看法，其结果为政府和相关单位提供了一些基础性的数据，为加快制定适合图书馆发展实际需要的知识产权政策和方案提供了一手的参考依据。

2.4.3 图书馆专项管理

在人力资源管理方面，比较常见的研究是引入其他理论来分析图书馆的人力资源管理，如场效应理论、[109] 混沌理论、[110] 马斯洛需求层次理论、[111] “鲶鱼效应”原理[112] 等。徐建华研究团队关于图书馆员职业生存状态的研究引人关注。自2005年始，他们一直在全国范围内进行大样本量的问卷调查，先后以当代图书馆员“快乐指数”、[113] 当代图书馆员工作满意度、[114] 图书馆员“离职倾向”与“消极心理体验”、[115] 图书馆女性从业现状、[116] 图书馆核心员工的主动离职行为[117] 研究为主题组稿，集中反映了现实图书馆中的人力资源管理问题。

新世纪关于图书馆知识管理的研究是一个热点。柯平的《图书馆知识管理研究》，[118] 系统全面地阐述了图书馆知识管理的研究进展、基本理论与理论基础、图书馆知识管理模式、图书馆知识资本及管理、战略知识管理、图书馆知识管理案例，最终构建了基于知识管理的图书馆学体系。[119]

现代社会危机的高发生率，使危机管理成为图书馆学的重要研究课题。刘兹恒和周金龙分别于2005年和2008年申请社科基金项目进行相关的研究。刘兹恒主持的国家社科基金项目“图书馆危机管理研究”在《图书与情报》2007年第2期发表了3篇文章，并出版了《图书馆危机管理手册》[120] 一书。周金龙主持的国家社科基金项目《数字时代图书馆危机管理研究》在《图书情报工作》2009年第23期发表了7篇文章。这些研究以系统的理论知识和严谨的实证方法，为图书馆或数字图书馆危机管理提供了基本原则、基本思路和基本方法，为图书馆或数字图书馆危机管理预案推荐了可资利用的资源和指南。

3 存在的问题及未来建议

纵观21世纪前10年中国的图书馆学研究，图书馆学理论研究水平有了很大的提高。这与中国图书馆行业持续的实践创新发展所提供的研究基础，信息环境的变化所带来研究内容的丰富，信息技术的应用与研究工具发展为图书馆学创造的研究方法，研究人员研究素质的不断提升所带来研究能力的不断增强，各级政府和相关机构所给予的项目支持多提供的研究环境的改善等多个方面，有个不可分割的关系。图书馆学研究能够紧密结合图书馆的实际需求，跟踪国际图书馆学研究的现实发展，将研究的触角延伸到图书馆学领域的每一个方面，探讨的主题更加广泛，研究的问题更加深入，对实践的指导作用更为直接，图书馆学理论所产生的影响日益增强。无论是图书馆学基础理论，还是信息资源建设、用户服务、图书馆管理等方面的研究，均提出了许多前所未有的创新性思想、方法、技术和应用。图书馆学研究逐步走向探究图书馆科学问题的本质，构建符合时代需求的图书馆学理论体系。

我们也应该看到，我国的图书馆学研究仍然存在着问题。图书馆学研究的成果数量增长迅速，但质量却差强人意，高水平的原创新研究成果少，选题陈旧而浅尝辄止性的研究较多；一些作者急功近利，学术浮躁，所谓的文章乃应景之作，为发表而发表，为职称、项目、学位、考核而写作；不少论文缺乏科学研究的基本规范，没有受到科研方法的系统训练，科学伦理与科研道德缺乏；一些研究成果要么理论脱离实际，引进所谓的玄虚的理论与模型，对实际工作没有任何意义，要么将工作总结与学术论文混淆，研究视野狭隘，研究深度不足，研究的理论意义有限。一些研究成果发表后，无人问津，零引用率现象比较严重，其中不乏学术垃圾。图书馆学研究的规划性和前瞻性不够，相当多的研究是低水平的重复，对影响图书馆发展的重大问题关注和重视不够，缺乏协同持续研究的力量和机制，研究团队松散，研究合作度较低。图书馆学期刊一定程度上沦为文章“发表”的工具，缺乏应有的学术品位和学术控制与规范。

我国图书馆学研究存在问题的原因是复杂的，也是发展中的问题，解决这些问题也需要时间和过程。科学研究本身就是一个不断完善的过程。如何加强中国的图书馆学研究，也是仁者见仁、智者见智。在笔者看来，应着力加强一下几个方面的工作：（1）加强图书馆学研究的规划与前瞻性。要进一步加强项目的规划管理与内容设计，重视图书馆学前瞻性研究与战略发展的规划，加强对面向图书馆学重大问题的研究部署和协力攻关，突破个人和单一机构研究的限制，强调图书馆学研究的协同与合作，共同解决影响图书馆创新发展的一批重大课题和研究任务。（2）重视图书馆学的原创性研究。要站在国际图书馆学的视野上，研究图书馆学的共性和个性问题，遵循正确的科学方法论和科学伦理与道德，创造性地提出自己独到的学术见解和学术思想，寻求研究理论和研究方法的突破。（3）寻求图书馆学研究的本源和本质。今天的信息环境使得图书馆学的本源和本质发生很大的变化。图书馆不再是“馆”和“文献”的概念，而深入到知识的层面，嵌入用户的过程。图书馆学研究需要进一步探究用户的内在需求和服务体系的设计。（4）将理论、实践、教育、技术有机融合。图书馆学发展到今天，必须寻求理论、实践、教育、技术的四位一体，不可脱节和错位。忽视了其中的任何一个方面，图书馆学都不可能有真正重大的发展。（5）图书馆学期刊要发挥学科的引领和导向作用。图书馆学期刊编辑要善于借助同行评议，一方面要能够甄别和判断研究选题，另一方面要通过组织专题和讨论，加强对学科建设的影响，推动图书馆学研究的发展。

参考文献

1 黄宗忠. 图书馆学基础理论的再探讨[J]. 图书馆论坛，2006(6)：3－10.

2 范并思. 新世纪10年我国图书馆学基础理论的光荣与梦想[J]. 高校图书馆工作，2010(4)：13－16.

3 黄宗忠. 图书馆基础理论的再探讨[J]. 图书馆论坛，2006(6)：3－10.

4 柯平，王平. 基于知识资源论的图书馆学基础理论体系研究[J]. 中国图书馆学报，2006(2)：9－14.

5 范并思. 论重构图书馆学基础理论的体系[J]. 图书馆论坛，2007(6)：43－48.

6 王子舟. 图书馆学是什么[M]. 北京大学出版社，2008.

7 梁灿兴. 平复图书馆骚动的灵魂——新世纪十年图书馆学理念的进展[J]. 高校图书馆工作，2010(6)：7－11.

8 程焕文. 文华精神——在纪念文华图专成立80周年大会上的讲演[J]. 新世纪图书馆，2009(1)：11－14.

9 范并思. 公共图书馆精神的时代辩护[J]. 中国图书馆学报，2004(2)：5－11.

10 李超平. 中国公共图书馆核心价值观的形成与演变[J]. 中国图书馆学报，2008(6)：19－24，89.

11 范并思. 新世纪10年我国图书馆学基础理论的光荣与梦想[J]. 高校图书馆工作，2010(4)：13－16.

12 刘兹恒，陈洁. 关于图书馆权利的一点认识[J]. 图书馆杂志，2005(8)：3－5，43.

13 于良芝，邱冠华，许晓霞. 走进普遍均等服务时代：近年来我国公共图书馆服务体系构建研究[J]. 中国图书馆学报，2008(3)：31－40.

14 国家“十一五”时期文化发展规划纲要. 新华社2006年9月13日电.

15 朱福英. 嘉兴市构建城乡一体化新型公共图书馆服务体系的实践和思考[J]. 图书馆，2011(2)：110－111.

16 肖希明. 信息资源建设[M]. 武汉：武汉大学出版社，2008：56－67.

17 朱珺. 论复合图书馆文献信息资源建设的模式演变[J]. 图书馆，2005(6)：74－76，107.

18 刘兹恒，张久珍. 对存取与拥有的再思考[J]. 图书馆杂志，2000(12)：12－16.

19 肖希明. 我国信息资源建设研究述评[J]. 高校图书馆工作，2004(4)：7－12.

20 贾增岁. 浅谈高校图书馆中文图书招标采购[J]. 情报理论与实践，2007(1)：67－69.

21 孙涌涛. 公共图书馆图书招标采购的实践与探索[J]. 图书馆论坛，2006(4)：153－155.

22 洪涛. 把好高校图书馆招标采购工作八大关[J]. 中国图书馆学报，2008(1)：102－103，106.

23 肖琼. 图书馆网络信息资源评价的方法和途径[J]. 现代情报，2007(8)：178－181.

24 张洋，张磊. 网络信息资源评价研究综述[J]. 中国图书馆学报，2010(9)：75－89.

25 刘锦宏，徐丽芳. 我国开放获取研究论文计量分析[J]. 图书情报知识，2009(11)：108－114.

26 李武，董伟. 国内开放获取的研究热点：基于共词分析的文献计量研究[J]. 中国图书馆学报，2010(06)：105－115.

27 初景利，李麟. 国内外开放获取的新发展[J]. 图书馆论坛，2009(12)：83－88.

28 黄如花，刘贵玉. 开放存取资源元数据管理的对策[J]. 情报理论与实践，2009(10)：5－8.

29 韩红，刘晟，姜恩波. 版权制度对开放获取的影响综述——开放获取的法律视角分析[J]. 情报理论与实践,2011(3):121－125.

30 中国大学图书馆馆长论坛图书馆合作与信息资源共享武汉宣言. [2011－6－10]. http://law.sjtu.edu.cn/Detail12705.aspx.

31 中国高校人文社会科学文献资源建设研讨会暨CASHL学科中心启动大会参北京大学召开. [2011－6－10]. http://162.105.138.207/tongxun/tx2002/news18.htm.

32 李景. 本体理论及在农业文献检索系统中的应用研究——以花卉学本体建模为例[D]. 中国科学院文献情报中心博士论文,2004.

33 汤艳莉,赖茂生. Ontology在自然语言检索中的应用研究[J]. 现代图书情报技术,2005(2):33－36,52.

34 李景. 主要本体构建工具比较研究(上、下)[J]. 情报理论与实践,2006(1):80,109－111;2006(2):222－226.

35 徐国虎,许芳. 本体构建工具的分析与比较[J]. 图书情报工作,2006(1):44－48.

36 吴丹,王惠临. 本体在跨语言信息检索中的应用于机制研究[J]. 图书情报工作,2006(9):10－13.

37 张晓林. 走向知识服务:寻找新世纪图书情报工作的生长点[J]. 中国图书馆学报,2000,26(5):32－37.

38 张晓林. 数字信息环境下的图书情报服务:挑战、应变与再造[J]. 四川图书馆学报,2002(4):19－26.

39 张晓林. 从数字图书馆到E-Knowledge机制. 中国图书馆学报,2005(4):5－10.

40 张晓林. 重新定位研究图书馆的形态、功能和职责—访问美国研究图书馆纪行. 图书情报工作,2006(12):5－10.

41 杜也力. 知识服务模式与创新[M]. 北京,北京图书馆出版社,2005:85－86.

42 徐恺英,刘佳,班孝林. 高校图书馆学科化知识服务模式研究[J]. 图书情报工作,2007,51(3):53－55,116

43 曾民族. 构建知识服务的技术平台[J]. 情报理论与实践,2004,27(2):113－119.

44 蒋永福,付军. 图书馆服务五原则[J]. 中国图书馆学报,2003(3).

45 黄俊贵. 公共图书馆的服务原则及其实践[J]. 中国图书馆学报,2006,32(6):5－11.

46 柯平. 图书馆服务理论探讨[J]. 大学图书馆学报,2006,24(1):38－44.

47 柯平. 理解图书馆服务——新图书馆服务论之一[J]. 图书馆建设,2006(3):12－16.

48 柯平. 当代图书馆服务的10个理念——新图书馆服务论之二[J]. 图书馆建设,2006(4):1－5.

49 程亚男. 再论图书馆服务[J]. 中国图书馆学报,2002,28(4):18－21.

50 陈力. 公共服务中的图书馆服务[J]. 中国图书馆学报,2006,32(1):5－12.

51 于良芝,邱冠华,许晓霞. 走进普遍均等服务时代:近年来我国公共图书馆服务体系构建研究[J]. 中国图书馆学报,2008(3):31－40.

52 胡昌平. 面向用户的资源整合与服务平台建设战略——国家可持续发展中的图书情报事业战略分析(2)[J]. 中国图书馆学报,2005(2):5－9,24.

53 柯平. 公共文化服务体系中的图书馆和社会合作实证研究[J]. 图书情报工作,2009(30):8－12.

54 张晓林. 数字化参考咨询服务[J]. 四川图书馆学报,2001(1):34－40.

55 初景利,孟连生. 数字化参考咨询服务的发展与问题[J]. 中国图书馆学报,2003(2):13－16.

56 初景利. 图书馆数字参考咨询服务研究[M]. 北京:北京图书馆出版社,2004.

57 尹倬. 合作式数字参考咨询系统的比较研究——以"网上联合知识导航站"和"联合参考咨询网"为例[J]. 图书馆工作与研究,2009(8):70－73.

58 顾德南. NSTL数字化参考咨询服务初探[J]. 图书情报工作,2004(1):19－22.

59 金毅,黄敏,林皓明等. CALIS分布式联合虚拟参考咨询系统的开发[J]. 大学图书馆学报,2005(3):30－33.

60 吴建中. 开放存取环境下的信息共享空间[J]. 国家图书馆学刊,2005(3):7－10.

61 任树怀. 信息共享空间的规划与建设[J]. 图书情报工作,2006(5):122－124,143.

62 姜爱蓉. 清华大学图书馆"学科馆员"制度的建立[J]. 图书馆杂志,1999(6):30－31.

63 邵敏. 清华大学图书馆学科服务架构与学科馆员队伍建设[J]. 图书情报工作,2008(2):11－14.

64 李春旺,李广建. 学科馆员制度范式演变及其挑战[J]. 中国图书馆学报,2005(3):51－54.

65 初景利,张冬荣. 第二代学科馆员与学科化服务[J]. 图书情报工作,2008(2):6－10,68.

66 汤莉华,黄敏. 论高校图书馆学科馆员制度的完善——由上海交通大学图书馆建立学科馆员制度说开去[J]. 大学图书馆学报,2006(1):45－48.

67 图书馆2.0. [2011－06－13]. http://zh.wikipedia.org/wiki/%E5%9C%96%E6%9B%B8%E9%A4%A82.0.

68 图书馆2.0工作室编. 图书馆2.0:升级你的服务[M]. 北京图书馆出版社,2008.

69 杨新涯,彭晓东编. 馆人合一:图书馆2.0创新与实践. 北京:知识产权出版社,2010.

70 李开复. 云中漫步——迎接云计算时代的到来

[2011－06－16]. http://blog. sina. com. cn/s/blog_487fdf3b01008 yx5. html.
71 胡小菁，范并思. 云计算给图书馆管理带来挑战[J]. 大学图书馆学报，2009(4)：7－12.
72 王文清，陈凌. CALIS 数字图书馆云服务平台模型[J]. 大学图书馆学报，2009(4)：13－18，32.
73 武琳，张亚. Second Life 中图书馆的服务模式[J]. 图书情报工作，2009(17)：68－70，101.
74 李麟. 虚拟世界中的参考咨询服务——以 SecondLife 为例[J]. 图书馆理论与实践，2010(3)：5－8.
75 乐小虬，李宇，张晓林等. 嵌入式桌面信息服务及其系统实现[J]. 现代图书情报技术，2008(3)：7－11.
76 初景利，吴冬曼. 论图书馆服务的泛在化——以用户为中心重构图书馆服务模式[J]. 图书馆建设，2008(4)：62－65.
77 程孝良，李勇，钟刚毅等. 基于移动通信技术的手机图书馆：理念、设计与应用[J]. 图书馆理论与实践，2009(9)：63－66.
78 谭祥金. 图书馆服务评价标准初探[J]. 中国图书馆学报，2001(1)：8－10.
79 于良芝，谷松，赵峥. SERVQUAL 与图书馆服务质量评估：十年研究述评[J]. 大学图书馆学报，2005(1)：51－57.
80 王秀华，吴冬曼. 从 LibQUAL＋的变化看图书馆服务质量测评的发展方向[J]. 图书情报工作，2008(7)：67－70.
81 董丽，吴冬曼，周虹等. 基于 LibQUAL＋TM 的图书馆服务质量评估方法研究和实践分析[J]. 现代图书情报技术，2006(3)：76－81.
82 于良芝. 战略规划作为公共图书馆管理的工具：应用、价值及其与我国公共图书馆的相关性[J]. 图书馆建设，2008(4)：54－58.
83 柯平. 图书馆战略规划研究的时代背景与理论视角[J]. 图书馆工作与研究，2010(2)：4－10.
84 同 5
85 柯平. 基于战略管理的图书馆战略研究[J]. 山东图书馆学刊，2010(3)：6－13.
86 李健，唐承秀，王凤. 国外公共图书馆战略规划研究现状及趋势分析[J]. 图书情报工作，2010(15)：6－10，21.
87 陆晓红，武晓丽，张伟. 我国公共图书馆战略规划缺失问题探究[J]. 图书情报工作，2010(15)：22－26.
88 赵益民，王孝，王铮. 关于公共图书馆战略规划模型的思考[J]. 图书情报工作，2010(15)：16－21.
89 柯平，陈昊琳. 基于实证的图书馆战略规划需求研究[J]. 图书情报知识，2010(6)：25－30，39.
90 徐建华. 现代图书馆管理[M]. 天津：南开大学出版社，2003.
91 吴建中. 战略思考——图书馆管理的 10 个热门话题[M]. 上海：上海科技文献出版社，2005.
92 陈能华，周淑云. 图书馆业务流程重组的动因与意义[J]. 中国图书馆学报，2004(5)：41－44.
93 邹凯，何岸，陈能华. 面向供应链管理的图书馆业务流程重组[J]. 中国图书馆学报，2005(4)：34－37.
94 陈能华，龚蛟腾，肖冬梅. 图书馆业务流程重组与机构设置的一般模式[J]. 图书馆，2004(6)：54－56，33.
95 徐芳等. 数字化环境下图书馆业务流程重组[J]. 图书情报工作，2006(11)：33－35，71.
96 罗曼. 图书馆全面质量管理[M]. 合肥：安徽大学出版社，2003.
97 张红霞. 国际图书馆服务质量评价：绩效评估与成效评估两大体系的形成与发展[J]. 中国图书馆学报，2009(1)：78－75.
98 张红霞. 图书馆统计与绩效评价系列国际标准的形成与衍变[J]. 大学图书馆学报，2010(5)：90－95.
99 张凤斌. 数字图书馆的集成化管理研究[J]. 情报科学，2003(2)：205－207.
100 侯晓靖. 价值链分析法在数字图书馆管理中的应用[J]. 现代情报，2005(5)：91－93.
101 宋海艳，郑建明，陆宝益. 数字图书馆管理模式探析[J]. 情报理论与实践，2007(3)：331－335.
102 张晓青. 论数字图书馆的用户管理与用户服务模式[J]. 现代图书情报技术，2003(2)：91－93.
103 汪华方等. 基于 CRM 的科技图书馆用户管理[J]. 现代情报，2007(11)：119－121.
104 李政. 基于用户生命周期的图书馆用户管理研究[J]. 图书馆建设，2008(11)：67－69.
105 张洪艳. 天津市图书馆联盟用户管理系统的功能模块研究[J]. 图书馆工作与研究，2010(5)：28－31.
106 姜东生. RFID 技术在图书馆管理和服务中的应用问题研究[D]. 辽宁：辽宁师范大学，2009.
107 胡小菁，范并思. 云计算给图书馆管理带来挑战[J]. 大学图书馆学报，2009(4)：7－12.
108 陈传夫等. 中国图书馆界对知识产权问题的认知调研报告(上)——图书馆界对知识产权保护的主流态度[J]. 图书与情报，2009(5)：1－10，18.
109 姜世华. 基于场效应理论的图书馆人力资源管理研究[J]. 情报科学，2009(10)：1466－1469.
110 蔡翠盟. 试论混沌理论在图书馆人力资源管理方面的应用[J]. 图书馆，2010(4)：45－46，79.
111 陈漫红. 基于马斯洛需求层次理论对图书馆人力资源管理的探讨[J]. 图书馆论坛，2010(5)：161－163.
112 韩明. 浅析“鲶鱼效应”在图书馆人力资源管理中的实践[J]. 图书馆工作与研究，2010(9)：48－50.
113 徐建华. 当代图书馆员的“快乐指数”值得关注[J]. 图书情报工作，2007(6)：5.

114 徐建华.引言:从实证的角度研究当代图书馆员的工作满意度[J].图书情报知识,2007(5):5-7.
115 徐建华.用数据说话,让空谈走开[J].图书情报工作,2008(4):5.
116 徐建华.实证是行动,更需要规范[J].图书情报知识,2009(5):5-6.
117 徐建华,柳金石,王云石.图书馆核心员工离职行为对图书馆创新能力影响研究[J].图书与情报,2008(3):42-46,52.
118 柯平等.图书馆知识管理研究[M].北京:图书馆出版社,2006.
119 龚蛟腾.国内图书馆知识管理开山之作——评介柯平先生之《图书馆知识管理研究》[J].图书馆工作与研究,2008(6):109-112.
120 刘兹恒.图书馆危机管理手册[M].北京:国家图书馆出版社,2010.

公共图书馆社会责任研究

范并思　黄　欣（华东师范大学信息学系）

1　公共图书馆社会责任的界定

在管理学领域，社会责任是一个有特定指向的专有名词。理论界在讨论企业在自身所承担的经济责任之外还需要为社会承担哪些责任，并证明只有承担更多社会责任才能保证自身利益的最大化；管理部门或行业协会发布社会责任报告或成立社会责任组织，促使企业承担更多社会责任；甚至国际标准化组织也发布了社会责任标准，使社会责任由一种纯粹自愿的行为变成一个有某种规范性的"标准"。

尽管图书馆领域讨论社会责任问题发源于管理学界，但在现代图书馆学的专业术语中，"图书馆社会责任"的概念却远不如"企业社会责任"（CSR）那么清晰。人们常常将图书馆的所有自身工作都当成社会责任。产生误解的原因之一在于图书馆的自身行为就是为社会提供公益服务，人们很容易将图书馆自身责任当成图书馆的社会责任。这与企业自身经济责任和社会责任的明显区别完全不同。另一个原因来自理论界的误解，有些学者根据"责任"的定义来理解"图书馆社会责任"，因为某些工具书定义的"责任"就是"分内应做的事"，因此他们就将图书馆社会责任定义为图书馆分内应做的事。这一定义的错误在于混淆了"社会"和社会内某一组织"分内应做的事"。社会责任是社会分内应做的事，这些事有的与社会中某一组织的自身责任一致，也有些不一致。当我们讨论"图书馆社会责任"这一命题时，固然不能忽略既属于图书馆自身责任又属于社会责任的事，如对社会提供文献信息服务，但更加应该关注的是不属于图书馆自身责任但却属于社会责任的事，如参与慈善事业。

从目前文献看，无论企业社会责任还是图书馆社会责任，都没有明确的定义。但我认为图书馆社会责任的主要指向应该是图书馆自身责任之外的责任。虽然从事文献信息服务和慈善事业看上去都是图书馆所承担的"社会责任"，但如果仅仅讨论文献信息服务，我们完全不必要使用"图书馆社会责任"这个术语。在图书馆学中，更多的是使用"社会职能"来描述图书馆自身应做的事。从IFLA的"社会责任讨论小组"和ALA的"社会责任圆桌会议"的活动、议题内容，我们也可以看出图书馆社会责任的这种指向性。

社会建立公共图书馆并赋予它们基本职能，如传递文献信息、保存文化遗产，公共图书馆在这些基本职能之外所承担的责任就是公共图书馆社会责任。公共图书馆社会责任主要有两种类型：

1）公共图书馆或图书馆员承担原本不属于公共图书馆职责范围内的责任。如公共图书馆或图书馆员参与救灾赈灾，参与绿化、户外清洁等环境建设，参加志愿者活动，国外的图书馆员还有参加反战、反种族歧视等社会活动。由于公共图书馆服务本身的职责范围并不统一，因而这种类型的服务范围也将有所变化。例如，在国家规定可以收费的情况下，公共图书馆主动开展免费服务即可视为承担社会责任。

2）公共图书馆或图书馆员为促进社会发展在本职工作中开展某种主观导向性服务（非中立性服务）。如图书馆对于妇女就业的支持，对残疾人或其他弱势群体提供特殊服务。于良芝认为图书馆社会责任包括图书馆对自身行为的社会效果的责任（例如，以信息自由的名义拒绝对儿童接触的网上信息进行审查，由此产生的后果就是图书馆不得不考虑的社会责任），也包括图书馆通过自己的活动积极影响社会问题的责任（例如通过平等服务影响性别和种族歧视的责任）。[1]

2 国际图书馆界社会责任讨论与成果

2.1 图书馆社会责任讨论的起源

国际上图书馆社会责任问题的研究与讨论，有两个清晰的源头：一个是西方管理学界对于组织社会责任的研究与讨论，虽然组织社会责任研究与讨论的重心是企业，但其理论成果对图书馆界具有启发价值，引导图书馆人关注图书馆的社会责任；另一个源头则是随着图书馆服务的深入发展，越来越多的图书馆或图书馆人希望承担超越图书馆自身目标的更多责任，他们需要新的理论对这种活动进行指导，而社会责任理论就是一种最为合理的理论。

20世纪初，美国企业以利润最大化为唯一目标，置社会公共利益于不顾，引发出各类社会问题，社会责任这一概念便于这时候提出。当时企业社会责任倡导者的主要观点为：利润最大化仅仅是企业目标之一，企业还应以维护和提升社会公益为其目标，或者在利润目标和公益目标两个维度之间维持平衡。二战结束后，西方社会进入相对稳定的发展阶段。反战、人权、环境等问题成为全社会面对的挑战，企业必然被卷入其中；同时企业利润的高企与稳定，使得人们有理由要求企业更多地为解决社会问题承担责任。即企业除了应该承担为社会提供产品与服务，为股东创造价值这一基本的企业责任外，还需要承担社会发展方面的其他责任，如保护劳动者权益、保护生态环境、参与社区建设、参加慈善事业等。从此，企业社会责任研究成为管理学界的重要课题之一。尽管理论界对于企业社会责任仍有争议，但管理部门和社会团体越来越认可这种责任。2004年，国际标准化组织召开一个国际性的，有多个利益相关方的会议讨论社会责任的国际标准。2004年底ISO成立工作组起草ISO 26000社会责任标准。至2010年，国际标准化组织努力多年的标准《社会责任 ISO 26000：2010》终于发布。据国际标准化组织介绍，这一标准并非强制性标准，其内容包括与社会责任有关的概念、术语和定义，社会责任的背景、趋势和特点，社会责任的原则和实践，社会责任的核心内容和问题，覆盖整个组织的社会负责的行为的整合、实施和促进，有关政策与实践，有关社会责任的其他信息等。[2] ISO 26000的适用范围包括企业和其他组织，它的发布标志着组织承担社会责任成为一种社会共识。

现代图书馆的使命是服务于社会公众，其服务性质更加容易与“社会责任”相连。据刘兹恒教授的研究，图书馆社会责任可以最早追溯到1852年波士顿公共图书馆委托人报告中的图书馆的两个义务：(1)为个人提供均衡以及最大化机会的途径，用以参加市民团体，与分裂的文化、社会和政治的因素做抗争；(2)培养民众的公民意识，在此基础上为民众提供发展美利坚民族文化的途径。这两个义务将图书馆与社会文化问题联系起来，从社会层面定义图书馆的功能。而第一次直接提出把图书馆与“社会责任”这个术语联系起来的人是阿伦德尔・埃斯代尔，他在1933年召开的美国图书馆协会年会上发表了《现代图书馆的社会责任》的报告。美国图书馆界称其是首次提出把图书馆与社会责任联系起来，并提出了“我们为之服务的图书馆在社会中的真正功能是什么?”这样一个问题。[3]

上世纪六十年代末在美国出现的社会责任讨论，使社会责任问题真正进入图书馆领域。据于良芝教授在2010年中图学会年会上的介绍，①当时美国社会问题突出，越南战争引发的反战情绪、种族矛盾、暴力和犯罪、以及整个美国社会弥漫着对现有社会秩序和权威的质疑——激进的社会思潮，如学生运动和反战运动，这些思潮影响到图书馆界。1968年美国图书馆协会年会上、图书馆职业内部激进的声音出现：“我们请求美国图书馆协会为关心这些社会问题的图书馆和图书馆员提供一个（发声）的渠道”。这一声音与图书馆人长期坚持的“价值中立”发生冲突，导致不同意见的讨论。支持这一观点的大卫・伯宁豪森认为：ALA如果在履行社会责任方面走下坡路的话，它将无法继续生存。他列举了许多ALA应该关注的社会问题，其中包括种族歧视、环境污染、同性恋、联合国、投票年龄、政教分离等。随后，帕特・斯库曼也提出，图书馆既然是社会的一分子，诸如种族主义、贫穷以及战争等社会弊病就必然会影响到图书馆所致力于的信息自由交流，因此，图书馆必须重视这些社

① 以下内容参见：2010中国图书馆学会年会第一分会场于良芝报告PPT“风起于青萍之末”

会问题。[4] 当然这一观点也有反对的声音。例如有人认为关注社会问题偏离图书馆职业的使命，“尽管种族歧视、暴力等社会问题确很严峻，但它们并非公共图书馆问题；它们应该留给其他机构来解决，因为这些机构和图书馆具有不同的道义重点”；有人对社会问题的关注和表态是对图书馆职业客观中立立场的颠覆，危及图书馆作为公共空间的地位，“我不认为那些公开反对越南战争的图书馆是正确的。作为图书馆，他们应该超越争议”；还有人认为图书馆员试图影响社会问题的解决，是对信息自由原则的挑战，可能瓦解图书馆职业的统一。

美国图书馆界这场关于社会责任的讨论，引导图书馆人更加深入地思考图书馆的价值中立与社会责任的问题，具有重要的理论意义。作为这场讨论的成果之一，就是在图书馆的协会中正式建立了社会责任的组织机构。ALA 于 1969 年成立社会责任圆桌会议（Social Responsibility Round Table，简称 SRRT）。SRRT 在主页中声称图书馆和图书馆员必须认识社会问题和社会不公，并帮助解决它们，以便为公共利益和加强民主而履行他们的使命。在 SRRT 的努力下，美国图书馆协会的核心价值中出现了社会责任条款。ALA 对其核心价值中社会责任条款解释为广义的社会责任：“ALA 的广义社会责任被定义为图书馆界可以为缓解或解决社会关键问题作出贡献；能够帮助宣传和教育美国人民正确面对这些问题，鼓励他们考察涉及每一个问题的事实的各种观点。”[5]

相对于美国图书馆界对于社会责任的关注，国际图书馆界对于这一问题较为淡漠。在美国图书馆社会责任大讨论 30 年之后，国际图联于 1997 年才成立了社会责任讨论小组（Social Responsibilities Discussion Group，简称 SRDG）。同样是一个图书馆社会责任的组织，但它与 SRRT 有很大区别。首先这一机构不是直属于 IFLA，而是其教育与培训部门的一个下属组织倡导。与教育与培训部门并列的部门有 40 多个，可见 SRDG 仅为一个不起眼的组织。近年该组织的活动更是近乎停顿，现在的教育与培训部门的主页上已经看不到 SRDG 的任何信息了。其次 SRDG 成立的最初目的是解决国家之间及一国内部的信息鸿沟问题，这也是教育与培训部门关注社会责任的重点。SRDG 成立后，由来自不同国家的委员提议的研究问题包括农村图书馆的发展、图书馆信息素养教育、图书馆的免费服务、人力资源开发、南北国家图书馆合作等。[6] 不少问题与“社会责任”的联系非常勉强，反映出 SRDG 对于图书馆社会责任认识的混乱。尽管如此，由于 IFLA 的国际影响力，SRDG 对推动图书馆界的社会责任研究有积极的意义。

2.2　我国的图书馆社会责任研究

国内图书馆学从 1980 年代开始关注“图书馆与社会”，并涉及图书馆社会责任。1981 年，黄葵翻译了日本图书馆协会的《图书馆员伦理纲要（案）》，首次向国内介绍了图书馆应该承担的社会责任。[7] 但当时很少有文章针对图书馆社会责任作专门的研究。有些文章偶尔提及图书馆社会责任，但一般只是图书馆社会职能的同义语，并非现代管理学意义上的社会责任。

1997 年以前是我国图书馆社会责任研究的萌芽时期。人们并没有将图书馆社会责任当做一个严格的、专一的学术术语，而是在文章中随意提到这一术语。但是部分学者在讨论图书馆服务、弱势群体服务等问题时，还是正确地使用了社会责任的概念。例如李莲馥介绍了若干国家对残疾人提供图书情报服务，指出“对残疾人提供文化服务是图书情报界的一种社会责任”；[8] 张秀兰指出教育弱智儿童是社会的责任，图书馆作为社会教育的场所，有责任为弱智儿童服务；[9] 王德金针对某些图书馆员对导读的轻视现象，通过举出社会上发生的两起书籍选择不当而间接造成的自杀、犯罪案例，认为图书馆员应该将导读作为社会责任；[10] 石晓琴提出由于大众休闲以读书为主，而图书馆可以引导读者买书、读书，所以图书馆肩负着社会休闲资源合理配置，实现大众健康休闲的社会责任；[11] 祝伊璜在讨论读者服务工作时，指出图书馆的社会责任是“保存人类创造的巨大精神财富，更重要的是使书刊文献最大限度满足读者的正当需求”。[12]

1995 年，丁道谦在讨论图书馆的社会化、国际化趋势时，指出社会责任是社会化的内容之一，文章并没有明确提出图书馆的社会责任是什么，只是简要提到图书馆向社会、国际读者开放，让其自选或向其推荐知识是图书馆的责任。[13] 这是图书馆学界对于社会责任术语的自觉运用。1997 年，一家财经类杂志发表了张琼关于图书馆社会责任的文章，首次给出了图书馆社会责任的定义。文章将图书馆的社会责任定义为"处在社会大环境中的图书馆对社会应履行的职责、应做的贡献和应尽的义务"。[14]文章没有给出这一定义的依据或证明，从现在的角度看，作者将图书馆"应履行的职责、应做的贡献和应尽的义务"混为一谈，对图书馆社会责任的认识较为模糊。但文章明确提出了贡献和义务等概念，触及到图书馆社会责任的基本内涵。2004年宋显彪发表《试论图书馆的社会责任》，文章较为系统地介绍了IFLA和ALA的社会责任机构，对推动我国图书馆社会责任研究是有贡献的，但在对社会责任的认识方面较前述张琼的文章却后退一步。文章将图书馆社会责任定义为面向整个社会，顺应时代和社会的发展，图书馆分内应当完成的工作。虽然文章提及图书馆社会责任的内容——开展继续教育，致力于构建学习型社会的工作；提供优质的信息资源；倡导优秀的文化传统，引领文明的潮流；消除信息鸿沟和数字鸿沟——有不少属于图书馆社会责任，但由于作者将图书馆社会责任明确定位于"图书馆分内应当完成的工作"，与现代管理学对社会责任的研究有较大差异。[15]

尽管理论界已经意识到图书馆社会责任术语的专指性，但在1997年以后，理论界仍普遍存在随意使用这一术语的情况，例如，认为图书馆是信息的重要集散地，承担着提供信息服务的社会责任；[16]认为观察、思考历史，提高民族文化素质是图书馆人最重的社会责任；[17]认为图书馆的社会责任是推动社会主义精神文明建设，促进社会主义市场经济健康发展；[18]认为现阶段知识信息有效组织是最主要的社会责任；[19]认为社区服务是公共图书馆的社会责任和义务；[20]提出图书馆的社会责任是以满足国民的文献信息资源需求为中心；[21]认为图书馆员的社会责任是满足人民群众的文献、信息资源需求；[22]认为为网络提供源源不断的信息资源，帮助信息用户不断排除信息污染，获得有用信息，消除网络信息污染是信息时代图书馆工作者的社会责任；[23]认为图书馆是有较强政治倾向的文化机构，宣传儒家文化精华，教化社会是图书馆的社会责任；[24]认为高校图书馆的社会责任包括培养大学生的综合素质；培养大学生获取信息的能力；面向社会传播科学知识；面向社会开展终身教育；面向社会培育读书国民。[25]2006年一篇名为《图书馆因社会责任而生》[26]的文章，仅从标题可以看到，作者已经将图书馆社会责任完全等同于图书馆的社会职能或图书馆本职工作了。

2010年中国图书馆学会年会征文中列入了图书馆社会责任的主题，在论文写作和评审过程中，理论界对图书馆社会责任进行了深入的研究；年会设立"图书馆社会责任"分会场，范并思、于良芝、蒋永福及一批论文作者作了专题发言，并围绕图书馆社会责任的定义与范围进行了热烈的讨论；年会前后一批相关论文的发表，包括《图书馆建设》的"图书馆社会责任专栏"。这些学术活动及研究成果使得我国图书馆社会责任研究迅速升温，理论的深度和广度有了很大的提高，图书馆社会责任的概念也变得清晰起来。正如《图书馆建设》专栏导语中写道：什么是图书馆社会责任，以往的文献中有较多讨论，本专题所发表的文章中也有很深入的讨论，今后可能还需要继续讨论。但至少有一个认识已逐步清晰，那就是"图书馆社会责任"是一个国际图书馆界常用的专门术语，它主要指一些传统图书馆服务之外的"分外之事"，并非图书馆的所有服务社会的活动都可以放进这个概念中。[27]可以认为，直到2010年，我国图书馆社会责任的研究才真正起步。

3 公共图书馆社会责任研究的意义

我国图书馆社会责任研究，特别公共图书馆社会责任研究的兴起，对图书馆学理论和公共图书馆服务实践都具有重要的意义。公共图书馆社会责任研究的意义在于：

3.1 引导理论界更加深入地研究现代图书馆理念

2010年前后我国公共图书馆社会责任研究形成高潮，从图书馆学理论和事业发展进程看，有其一定的必然性。

2000年前后，世纪之交中国图书馆学理论走入一个新的的时期。一方面，公共图书馆发展实践表明，试图改变图书馆公益性质、使其面向信息服务市场的公共图书馆改革走入了困境。另一方面，图书馆学家开始艰难地探索着现代图书馆理念或公共图书馆精神，公共图书馆的理论研究步入快车道。例如，1999－2004年间一些重要的公共图书馆研究包括：吴晞、韩继章等人的图书馆人文精神研究、范并思的公共图书馆研究、李国新的图书馆权利研究、于良芝的图书馆职业研究，以及程焕文新一轮的图书馆精神研究，等等。

经过短暂的理论启蒙，一批公共图书馆管理者和普通图书馆人理解、接受、掌握了公共图书馆精神，并创造性地在自己的图书馆服务中予以发挥。2006 年杭州市的公共图书馆发布《服务公约》，宣布杭州全市公共图书馆开始免费服务。同年深圳图书馆新馆建成，开馆之时大张旗鼓宣扬公平免费的服务，对图书馆和社会产生了重要的影响。在佛山、苏州、嘉兴、嘉定，基层图书馆的馆长们甚至走在了理论的前面，在图书馆延伸服务方面做出了出色的创新。在国家政策层面，2006 年发布的《国家“十一五”时期文化发展规划纲要》对图书馆人的理论探索给予全方位的支持，该《纲要》提出了“两个基本”、“普遍均等服务”、“弱势群体人文关怀”等重要理念，使其成为中国公共图书馆理论发展一篇极为重要的文献。

2007－2008 年间，理论界对于公共图书馆理论的探索进入总结收尾阶段。这一时间出现的公共图书馆的总分馆制度的研究，公共图书馆标准与法律的研究，中国图书馆核心价值体系研究，都具有总结性研究的特点，都是在前一阶段理论探索或实践创新的基础上产生的一批成果。2008 年中国图书馆学会《图书馆服务宣言》的发布，则正式宣告中国图书馆人重建现代图书馆理念的探索基本完成。

在我们确立了开放、平等、以人为本的现代图书馆服务理念后，图书馆学家特别是公共图书馆学应该继续研究什么新课题，特别是传统图书馆学尚未涉及的课题，值得图书馆人思考。我们很高兴地看到，中国图书馆理论界仍在继续深入研究公共图书馆的理论问题，图书馆社会责任研究就是人们关注的理论问题之一。公共图书馆社会责任研究的兴起，能够引导图书馆人更加深入地研究现代图书馆理念，推动公共图书馆理论的发展。

3.2　拓宽了图书馆学的理论范畴

在很长一段时间里，中国图书馆学理论视野狭窄，研究领域不够开阔，研究内容不多。特别是与社会发展和社会管理相关的领域，研究很不得力。于是在图书馆学领域，特别容易看到“扎堆”式研究。一个流行术语或政治口号的出现，可能导致大批相关论文的出现。从早年的“信息高速公路”、“市场经济与图书馆”，到近年的图书馆人文精神、公共图书馆精神，都可以看到这种扎堆式研究的状况。

图书馆社会责任是一个与社会发展社会管理相关的领域。早在 1985 年前后，当图书馆学理论走出“批判性反思”阶段，着力寻找新的理论空间之际，一些图书馆学新锐试图关注“图书馆与社会”的话题。他们希望通过对于相关社会问题的关注，将图书馆学的视野带出略显封闭的图书馆内部流程，从而开辟一块新的图书馆学天地。有些遗憾的是，由于当时理论家对现代图书馆学了解不够，这一话题很快与“图书馆社会职能”之类描述图书馆自身行为的研究混为一谈，从而基本失去了研究的意义。进入新世纪后，中国图书馆学家开始大规模研究现代图书馆理念，试图从社会公平、信息保障制度或公共物品供给的角度研究公共图书馆的服务原则。在现代图书馆理念的基本内容进入《图书馆服务宣言》之后，图书馆学家们开始在更高层面上关注“图书馆与社会”问题。其中最引人注目的两个话题，就是图书馆的社会包容问题和图书馆社会责任问题。可以说，图书馆社会责任的研究，开拓了图书馆学理论的一个新的领域。

3.3　为公共图书馆拓展性服务提供理论指导

近年来，一方面国家不断增加投入建设公共文化服务体系，为公共图书馆服务注入强大推动力，另一方面公共图书馆的管理者掌握了公共图书馆的基本服务原理，创造性地发展公共图书馆服务。公共图书馆事业出现了前所未有的大好局面。但是，随着公共图书馆服务的不断拓展，新的理论问题产生了。当公共图书馆将承担起越来越多的资源用于新的、与文献信息服务无关的服务活动时，图书馆管理者和从业人员会发出疑问：这些活动属于公共图书馆服务活动么?

例如，某省级公共图书馆大力支援西藏图书馆事业，在西藏某县建立分馆，此举受到各方好评，分馆被誉为“雪山下的精神家园”。但图书馆界对此的批评声也存在：当本省公共图书馆资源尚不充裕、省内部分边远地区公共图书馆非常落后的情况下，这种援建是否适合？ 又例如：某市级少儿馆组织的各类少儿活动中，户外夏令营一类与图书馆没有直接关系的活动反而是最受欢迎的活动，而图书馆管理者可能因开展这类活动而受到质疑：这是公共图书馆应该开展的活动么？再例如，现在许多公共图书馆在馆内部分场所设置一个舒适的休闲空间，这个休闲空间可能没有文献，却有咖啡点心。这样的休闲空间满足了读者需求，受到读者欢迎，但是以往的图书馆学理论却无法支持建立这种空间。

总之，现代公共图书馆的服务趋势之一是突破文献与信息服务的限制，在社会、文化的层面更好地服务于社会公众。公共图书馆的这些超越自身职责范围的或者不再与知识与信息相关的服务，曾给一些图书馆管理者带来困惑，他们既无法用图书馆理论来解释这些服务，也无法用图书馆学理论指导这些新的服务品种与图书馆原有业务整合为一个整体。而公共图书馆社会责任的理论则有可能解答管理者的困惑并促进新的服务与原有业务的有机整合。例如，上面例子中所说的问题都可通过图书馆社会责任的理论很好地给予回答。

3.4　鼓励图书馆员更好地服务社会

公共图书馆为社会服务，同时公共图书馆员本身也是社会的一分子，他们既需要享受社会的公共服务，也需要参与社会生活，并承担社会责任。近年来，我国的图书馆员参与赈灾救灾、社区建设、假期志愿者等活动，利用自身的知识、能力或闲暇时间为社会发展作贡献。这些都是需要图书馆管理给予支持和鼓励的。公共图书馆社会责任的研究，能够帮助图书馆的管理者更好地认识与理解图书馆员参与社会生活、承担社会责任的必要性，支持图书馆员承担社会责任。

4　公共图书馆社会责任研究的内容

对于公共图书馆实现其社会责任的途径，目前理论界有不少研究，例如有以下观点：为全社会提供免费服务和平等服务，通过为政府决策提供信息保障和维护公众的公共事务知情权来提升公共图书馆服务效益；[28]紧紧围绕四项社会职能实现社会责任：即保存人类文化遗产、开展社会教育、传递科学情报、开发智力资源；[29]可以通过缩小数字鸿沟，提供阅读指导、主动开展社会教育、丰富民众精神生活、履行公共社会责任，且不包括图书馆的基本业务工作，不止包括四项社会职能；[30]履行保护与传承非物质文化遗产责任时从四点入手：提高保护意识、加强宣传、重视信息资源的挖掘开发、建设相关特色资源数据库。[31]

公共图书馆社会责任是一个很新的领域，我认为至少包括以下一些研究课题：

4.1　中外图书馆社会责任比较

国外图书馆社会责任讨论与研究的历史较长，相关研究成果较多。了解他们的讨论与研究成果，对于我们了解图书馆社会责任的基本概念、内涵以及究竟什么责任可称为图书馆社会责任将会有很多帮助。由于社会环境的不同，国外的研究不可能照搬过来。这就需要我们对中外图书馆社会责任进行比较研究，通过比较研究搞清楚图书馆社会责任的基本理论问题。

4.2　图书馆核心价值、使命与图书馆社会责任的关系

我国图书馆界已经开始图书馆核心价值的研究，图书馆核心价值与社会责任的关系是需要研究的内容之一。国际上，ALA 率先讨论图书馆社会责任问题，并推动社会责任条款进入 ALA 核心价值。但 IFLA 的愿景、使用和核心价值中却没有明确的社会责任条款。图书馆的核心价值中是否应该包含图书馆的社会责任，图书馆的使命与社会责任有什么关系，需要从理论上进行严密的论证。

4.3　公费支持的服务机构承担社会责任的合理性

图书馆不同于企业之处在于企业人财物资源是私有物品，只要这些资源的拥有者个人愿意承担企业社会责任，所造成的资源“浪费”或盈利减少并不影响其合法性。但图书馆的资源是公共物品，所有权属于全体纳税人。有没有征得纳税人同意或授权的前提下行使图书馆社会责任，其合理性何在，需要通过图书馆社会责任研究予以回答。

4.4　图书馆社会责任与核心业务如何整合

目前很多图书馆围绕图书馆社会责任开展服务，举办了很多活动。但从实践中看，这些活动很难与原有文献信息的获取、整理与服务的业务活动有机结合，造成传统知识与信息服务与图书馆社会责任活动的分离。如何将这两类活动整合到一起是实践中需要解决的问题，同时也是图书馆社会责任理论需要讨论的问题。

4.5　社会责任的底线

理论上，企业或个人承担社会责任可以是无

限的，例如企业或个人可以决定将所有盈利全部变成捐赠，支援灾区建设或援助弱势群体。但公共图书馆的资源属于全社会，图书馆管理者是受社会的委托管理这些资源，而委托人是要求将所有资源用于图书馆知识与信息服务。在实践中，图书馆管理者可以将其中的多少用于承担社会责任，需要有深入的研究。

参考文献

1 如何理解"图书馆社会责任研究"[J]. 图书馆建设，2010(7)：2.

2 ISO 26000 - Social responsibility[EB/OL]. [2011-06-30]. http://www. iso. org/iso/iso _ catalogue/management _ and _ leadership _ standards/social _ responsibility/sr_iso26000_overview. htm.

3 刘兹恒，朱荀. 关于图书馆社会责任的若干思考[J]. 图书馆论坛，2010(6)：23-26.

4 同 3.

5 Core Values Task Force I I Report[EB/OL]. http://www. ala. org/ala/aboutala/governance/policymanual/updatedpolicymanual/ocrpdfofprm/40 - 1corevalues. pdf.

6 Social Responsibilities Discussion Group. http://www. ifla. org/VII/dg/srdg/index. htm(该网址现已无法访问，正文中内容译自 http://hfigueroabsociol. tripod. com/socialrifla. html)

7 黄葵. 图书馆员伦理纲要(案)[J]. 高校图书馆工作，1981(2)：101-103.

8 李莲馥. 各国对残废人提供的图书情报服务[J]. 黑龙江图书馆，1982(4)：5-7.

9 张秀兰. 为弱智儿童服务是图书馆义不容辞的社会责任[J]. 黑龙江图书馆，1988(6)：12-13.

10 王德金. 增强图书馆员的导读意识[J]. 宜昌师专学报，1994(2)：95.

11 石晓琴. 公共图书馆与社会休闲资源的合理配置[J]. 图书馆工作与研究，1997(3).

12 祝伊璜. 论读者服务工作的四个为首[J]. 江苏图书馆学报，1987(Z1)：53-55.

13 丁道谦. 社会化与国际化：21 世纪图书馆发展的方向[J]. 图书馆理论与实践，1995(3).

14 张琼. 浅论图书馆的社会责任[J]. 财税理论与实践，1997(4)：49-50.

15 宋显彪. 试论图书馆的社会责任[J]. 图书馆理论与实践，2004(3)：11-13.

16 段晋平. 定题服务——图书馆亟待强化的职能[J]. 地方政府管理，1998(12).

17 周睿. 图书馆需要忧患意识与人文关怀[J]. 图书馆论坛，2001(1)：9-11.

18 王利群. 图书馆如何为新经济提供现实的服务[J]. 继续教育研究，2001(3)：66-67.

19 韩喜运，谢林会. 图书馆的社会责任及价值实现[J]. 四川图书馆学报，2001(4)：11-14.

20 尹玉霞. 公共图书馆开展社区信息服务的思考[J]. 图书馆学刊，2002(3)：4-6

21 张欣毅. 建设有中国特色的图书馆员职业道德规范——与北京大学信息管理系李国新教授的访谈录[J]. 图书馆理论与实践，2002(6)：1-4.

22 冯韵韬. 图书馆员职业理念与道德[J]. 前沿，2003(12)：198-200.

23 江晨光，王靖. 浅论网络信息污染、危害与图书馆的对策[J]. 沈阳教育学院学报，2003(1)：95-96.

24 范德茂. 图书馆对儒家文化的宣教功能刍议[J]. 工会论坛(山东省工会管理干部学院学报)，2003(6)：122.

25 张文娟. 论高校图书馆的社会责任[J]. 商丘师范学院学报，2005(1)：177-178.

26 粟慧，何小萍. 图书馆因社会责任而诞生、发展——责任驱动管理[J]. 图书与情报，2006(3)：1-5.

27 范并思. 图书馆社会责任专栏导语[J]. 图书馆建设，2010(7)：1.

28 潘咏怡. 公共图书馆社会责任实证研究[J]. 图书馆建设，2010(7)：14-16，20.

29 程佳蕾. 试析公共图书馆的社会责任[J]. 新世纪图书馆，2010(3)：21-24.

30 陈莉莉. 新时期公共图书馆社会责任履行方式初探[J]. 新世纪图书馆，2011(4)：11-13.

31 李玲. 从保护非物质文化遗产谈公共图书馆承担的社会责任[J]. 农业图书情报学刊，2008(5)：107-109.

2010年中国数字图书馆建设的理论研究与实践进展

李 廾 王秀香（国家图书馆）

正如印度图书馆学家阮冈纳赞曾经说过的一样，图书馆是一个生长着的有机体，数字图书馆是从传统图书馆中生长起来的新的图书馆形态，同时，其自身也在不断生长发展中。自上世纪80年代以来，从业务管理的自动化和馆藏资源的数字化，到图书馆服务的网络化、泛在化，数字图书馆的内涵和外延发生了巨大的变化，其建设主体也逐步由单一走向多元，相关实践日益走向深入。

今天，兰开斯特预言的无纸化社会还远远没有到来，广袤的中国大地上，数以万计的中国图书馆中，大部分尚未实现业务管理的自动化，而Facebook和Twitter等社会性媒体的异军突起，却似乎已经在宣告以机器索引为基础的信息检索时代正在走向消亡，新的以人际关系为纽带的知识交流时代已经扑面而来。人们一方面不得不意识到数字图书馆在中国的建设和发展必将是一个漫长而循序渐进的过程，另一方面也更加自觉地将中国数字图书馆建设和发展放到信息化、网络化发展的宏观时代背景下去规划和考量。

1 数字资源建设始终是数字图书馆领域关注的核心话题

馆藏资源建设一直是图书馆工作的基础和保障，是图书馆的首要核心业务环节。网络环境下，图书馆的馆藏资源内涵已经突破了传统文献资源范畴，扩展、延伸为一个包括传统文献资源、数字资源和网络资源等多元化信息资源在内的新型资源体系。在这种新型资源体系的建设过程中，涉及各种复杂而具体的关系，包括实体馆藏与虚拟馆藏的关系、纸质文献与数字文献的关系、中文文献与外文文献的关系、常用文献与保障性文献的关系、一般馆藏与特色馆藏的关系[1]等等，因而也使得馆藏资源建设的统筹规划和业务规范化等问题越来越受到各方面的重视。2010年，北京大学专门制定了馆藏资源建设的专项规划，明确提出要优化资源结构，“大力开展资源数字化加工”，“建设统一的资源管理与存储平台”；[2]《国家图书馆“十二五”规划纲要》提出的主要目标中，也突出了“建成一批成体系、有特色的专题知识库，传统资源与数字资源、馆藏资源与网络资源实现较好整合”等数字资源建设内容。[3]而更多的相关研究和探讨来自于图书馆的实际业务工作者，内容涉及资源类型结构、资源经费保障、资源采购策略、资源采访政策等诸多方面。如北京林业大学图书馆张丰智基于纸本资源与数字资源互补关系对文献采访中不同载体资源的科学配置进行了探讨；[4]海南图书馆马苏亚针对公共图书馆资源与服务的特点对公共图书馆电子资源的采访原则、方法和步骤进行了梳理；[5]山东大学图书馆隋移山围绕电子资源的经费比例、资源结构、采访策略、使用效果等问题，对该馆电子资源采访政策进行了评述，[6]等等。徐文贤等人基于香港各类型图书馆的实例，分别介绍了数字资源的采购模式、采购流程和价格模式，其中特别强调了高校图书馆的联盟采购模式和公共图书馆的政府招标采购模式，[7]关于数字资源的政府招标采购问题，北京石油化工学院图书馆的杨秋实等人也有专门评述；[8]而联盟采购模式则是近年来讨论数字资源共建共享所不可回避的话题，2010年，王占林、[9]阮飞轮、[10]钟楚玲[11]等人分别对吉林省图书馆联盟、安徽省高校图书馆联盟和加拿大数字图书馆全国联盟的数字资源建设模式做了评述。除此之外，各馆对自建特色资源数据库的重视日益提升，期刊论文中，对公共图书馆、[12]高校图书馆[13]等各类型图书馆特色资源数据库建设经验和不足的分析和评价都有涉及。

特色资源数据库的建设实际上也属于某种意义的主题知识组织与整合的问题，但是，数字资源的组织与整合绝不限于特色数据库的建设。近年来关于这一主题的讨论已经由基于传统分类主题工具对数字资源和网络资源进行分类导航和主题揭示，逐步深入到基于语义网和社交网络来构建新的数字化、网络化知识组织体系的阶段。2010年，该领域研究与实践均有大成。《中国图书馆分类法》和《中国分类主题词表》网络版的先后发布，实现了传统知识组织系统的网络化应用，为各类型知识组织工具及应用开发提供了一个可伸缩扩展、可交换的国内最大最全面的知识体系；[14] 这一年中，关于语义互联网、知识本体、Mashup集成服务、网络资源自组织等问题也均有高质量论文发表，除此之外，国家社科基金2010年资助的83个图书、情报与文献学类项目中，有近10%的项目涉及数字图书馆资源组织与整合，包括黄如花的"社会化网络环境下信息组织的理论与方法创新研究"、牟冬梅的"数字资源语义互联模式研究"、白海燕的"图书馆资源组织语义化研究"、白华的"大众分类法本体构建与集成映射研究"等。[15]

资源检索与发现服务方面，如何将传统的信息发布服务与浏览服务结合起来，综合考虑用户个性化的信息需求，提供更加有针对性的知识信息，是近年来图书馆和商业数字信息服务机构共同的努力方向。在借鉴Google的简约风格的基础上，集成Web2.0的技术和理念，图书馆新一代的OPAC统一检索界面已逐步发展成熟。南京大学图书馆自主研发的Noodle学术搜索引擎明确提出要建设"像Google一样好用的学术搜索引擎"的发展目标；[16] 为了提供更加多样化、高质量的服务模式，国家图书馆也于2010年进行了Aleph500系统OPAC的改版工作，融合Web2.0的理念和关键技术，增加了智能化的检索提示功能、分面分类导航功能和封面、外部评论的链接信息功能，从而使OPAC系统成为国家图书馆一个先进的、以读者为中心的，可与读者进行互动的智能化资源揭示平台，给读者以全新的视觉感受和使用体验。[17] 新一代的图书馆检索系统在异构资源整合、分布式资源调度等方面有很多功能和特点是传统OPAC所无法通过简单改造而实现的。[18] 在信息检索概念基础上拓展而来的信息发现服务，除了根据用户检索要求提供检索结果以外，还强调对用户情境的理解和潜在需求的挖掘，从而实现个性化的信息推介。清华大学图书馆对市面上几种主要的知识发现产品（包括SUMMON、PRIMO、EBSCO Discovery Service等）进行了综合评估，重点强调了元数据来源、元数据规范等数据质量问题对知识发现系统效能的影响，并在此基础上强调图书馆知识发现服务未来对学术科研环境的支撑作用。[19] 而北大图书馆在引进SUMMON的知识发现系统[20] 之前，也先后对Innovative公司的Encore、Exlibris的Primo、VTLS的Visualizer以及IME公司的ToRead等产品进行了接触和调研，并对其中某些系统进行了具体的应用测试。[21]

资源的传播与利用方面，数字图书馆的共享精神与著作权法定保护原则之间的矛盾仍然是讨论的焦点。黑龙江信息资源管理研究中心马海群教授指出，从数字图书馆建设发展的角度探讨著作权制度的改进有两个重点：其一是如何重构合理使用制度促进公益数字图书馆发展；其二是优化法定许可制度。[22] 围绕这两个重点，众多研究者们对现行著作权制度以及国外相关立法实践进行了广泛深入的调研，并提出了各种各样的建议，其中也不乏龃龉砥砺之处。比如关于合理使用的标准，南开大学图书馆张立彬教授认为，"在数字技术为公众获得作品带来便利的现实下，著作权人处于不利的位置；合理使用的标准应当向著作权人适当倾斜，但又不能限制科技成果的利用"；[23] 而潍坊学院图书馆刘桂珍、[24] 中国社科院图书馆任宁宁[25] 等人却恰恰持相反态度，认为应进一步扩大合理使用范围，以保障公众公平获取信息的权利。以上主要是从制度设计角度进行的探讨，旨在推进著作权法朝着有利于资源传播和利用的角度发展。与此同时，图书馆界在著作权博弈过程中的另一个努力方向则是在现有制度框架体系下对特定著作权问题对策的研究，包括利用技术手段防止过量下载、[26] 利用法定许可合约保障图书馆的数字资源保存[27] 等。其中，李婵、[28] 王建、[29] 王园[30] 等研究者主要侧重于从数字图书馆建设与运行的核心业务环节来分析图书馆在数字环境下面临的著作权风险，而胡洁、李华伟、王玉林等人则分别针对数字图书馆建设中音视频资源采集、[31] 民国文献数字化、[32] 网络资源开发与利用[33] 等具体工作中涉及的著作权问题进行了深入剖析。

2 数字服务环境的构建日益成为数字图书馆建设的重点内容

2010年3月，国际图联最新修订的《数字图书馆宣言》[34]正式发布，国家科学图书馆馆长张晓林对其进行了深入解读，[35]其中指出，“数字图书馆从根本上讲是为用户提供一个数字化网络化的服务环境”，数字图书馆未来将要面临的具体挑战包括：“开放集成各类数字内容”；“有机嵌入用户信息环境”；“有效支持用户知识活动”；“积极推动良性数字信息环境的建设”等。对数字服务环境构建的研究和实践，是近年来数字图书馆研究的一项重要内容，其中尤以图书馆网站、图书馆信息共享空间（IC）和图书馆虚拟学习环境为重点。

服务的网络化是数字图书馆的一个重要特征，图书馆网站建设是实现服务网络化的首要途径。2010年有关图书馆网站建设的研究仍然以学科化、个性化、一站式和实时交互等功能的实现为主要方向。程鸿等人对高校利用CNKI数字图书馆服务平台创建学科化的机构数字图书馆及个性化的个人数字图书馆中，推进学科化、知识化、个性化的信息服务，促进高校教学、科研工作进行的尝试和探索进行了阐述；[36]郭山对图书馆个性化门户网站发布平台（DBWIN-L4P）在吉林省图书馆联合参考咨询服务中的应用及其问题进行了评述；[37]钟远薪撰文探讨了数字图书馆门户的统一认证方案；[38]周明明结合“深圳文献港”实践对门户站点的元数据建设和统一检索功能改进进行了深入分析；[39]郑勇对20所重点高校图书馆网站栏目设置情况进行了调查，强调了图书馆网站建设中的互动性和开放性原则，指出我国高校图书馆网站建设应该更好地适应新时期读者与图书馆互动交流的需求；[40]吴晓英等人则从信息技术的发展、用户需求和用户行为的变化出发，提出了构建“人、资源、信息技术、服务”四位一体的数字图书馆服务环境的构想。[41]

图书馆信息共享空间（IC）的概念最早是由上海图书馆吴建中馆长于2005年传介到国内的，[42]近年来相关的研究和实践，特别是高校图书馆的相关研究和实践，都有比较长足的发展。由于信息共享空间的建设和发展，电子阅览室、多媒体阅览室和普通阅览室、专门阅览室都在发生着深刻变化，向信息共享空间的转变成为阅览室的发展方向；[43]徐苇等人认为“IC代表着现代图书馆的发展趋势”，并对几种不同的IC空间构建模式逐一做了介绍。[44]但是不可否认的是，目前国内很多图书馆的“信息共享空间”，在电子阅览室的基础上所取得的进步仍然十分有限。季颖斐等人认为，信息共享空间的出现应能“使分散在图书馆不同部门的数字化服务功能整合起来，形成一个新的服务形象”，“用户可以使用各种办公和学习软件，开展个人或集体学习和研究，接受一站式的资源检索、数据处理、格式转换、文献打包、资料打印装订等系列服务。”[45]而从裘剑敏[46]所开展的图书馆信息共享空间调查结果来看，用户期待信息共享空间能够全方位超越和取代图书馆原有的信息服务功能，而现实还远不能让用户满足；刘晓霞等人利用LibQUAL+工具，对上海师范大学图书馆信息共享空间的用户满意度进行的调查也显示，目前的信息共享空间在服务内容、规章制度、宣传推广等方面都还存在较大的改进空间。[47]

与实践领域的缓慢前进相比，研究领域却一直保持着无拘无束的想象力。除了利用数字化的软硬件设施对图书实体建筑空间进行调整改造以外，研究者们对E-Science和E-Research环境下的新型网络学术交流模式表现出浓厚兴趣，并热切呼吁图书馆在构建信息共享空间时，要充分融入用户的科研和学习过程，[48, 49]突破图书馆自身的限制，[45]根据用户的需求开放集成各种内容及其分析利用工具，依托广泛、丰富和不断发展的开放信息环境来支撑自己的服务能力。[35]

在讨论数字图书馆的发展分期时，很多学者认为，数字图书馆还不能完全取代传统图书馆，复合图书馆作为一个中间发展阶段，能够很好地将传统图书馆和数字图书馆各自的优势结合起来，在一体化的环境下为用户提供服务。[50]笔者认为，从电子阅览室发展起来的信息共享空间，恰恰契合了复合图书馆的概念；而以E-Science为代表的虚拟学习环境的构建，则体现了数字图书馆未来进一步的泛在智能化的发展方向。

3 数字技术应用继续在数字图书馆建设中发挥着关键作用

从整体大局而言，国内图书馆界对国际图联关于数字图书馆应“充分挖掘数字技术的潜力，帮助用户实现对各类型信息资源的无缝和开放获取，使其不受信息格式和地理位置的限制，提升图书馆、档案馆和博物馆在其系统内外合作提供最广泛、最全面的服务的能力"[51]的理念已有深刻体会和具体实践。各类型数字技术，特别是新媒体技术在图书馆的应用日益广泛和深入，移动数字图书馆、数字电视图书馆、城市街区24小时自助图书馆，以及越来越多地进入各类型社交网络上的图书馆，将数字图书馆与用户之间的距离不断拉近。2010年12月30日，杭州图书馆在全国率先将网站、手机、电视"三网融合"，通过与"华数传媒"等机构的合作，将数字电视平台、智能移动终端平台与网站平台整合成综合性的杭州数字图书馆——"文澜在线"，充分发挥各个平台的优势，实现了把杭州图书馆这个'市民大书房'搬回读者家中的构想，彻底颠覆了传统的图书借阅方式。[52]

据不完全统计，2010年发表的以数字图书馆为主题的核心期刊论文中，与新媒体、新技术相关的就有近200篇，涉及Web2.0、物联网、云计算、RFID、WAP等各种技术，也涵盖了自助图书馆、电子阅览器等新兴的图书馆服务手段。Web2.0依然是图书馆界的研究热点，有学者对Web2.0在我国省市级公共图书馆的应用情况进行了调查，结果显示有近37%的图书馆没有采用Web2.0，而Web2.0中使用最多的技术为RSS、Blog、IM、Tag等，Wiki和Toolbar技术都没有得到应用；[53]目前的数字图书馆分割了数字图书馆信息资源和用户所需的其他信息资源、割裂了信息检索传递与用户其它信息行为的联系，[54]如何将数字图书馆的信息资源与用户连接起来，并使用户参与到数字图书馆建设中来，形成一个共建共享的模式，正是Web2.0不断发展的意义所在。

近年来，RFID技术在我国图书馆领域取得了良好的应用，自厦门集美大学建成第一个"RFID智能馆藏管理系统"以来，国家图书馆、深圳图书馆、杭州图书馆等许多图书馆都将RFID技术应用到图书馆管理与服务中。RFID的标准研究是保证其在图书馆领域可持续发展的基础，目前RFID有3个主要的技术标准体系，美国麻省理工学院的EPC Global、日本的泛在ID中心和ISO标准体系，我国在这领域的研究尚处起步阶段。[55]在RFID应用热的浪潮中，也有学者冷静思考，对RFID应用中存在的问题进行深入探索，以浙江图书馆为例指出了RFID在应用中存在的标签格式不统一、标签加工质量难控制、标签信号不稳定、RFID与业务流程整合难协调等问题。[56]

云计算作为一种IT基础设施与服务的交付和使用模式，将会深刻的影响未来互联网的运作和服务模式，对以组织和传递知识为己任的图书馆的影响也将是巨大的，而云计算在图书馆应用中存在的标准问题、数据安全和保密问题以及知识产权问题等也是不容忽视的客观存在。[57]继OCLC宣布推出"基于云的服务"之后，一些世界著名的图书馆包括高校图书馆也开始采用"云服务"，如哥伦比亚区公共图书馆、OhioLINK图书馆联盟、东肯塔基大学图书馆等，国内有学者提出了基于云计算的数字图书馆建设策略，包括基于云计算的硬件设施、信息检索平台与信息安全保障体系。[58]在感叹云计算强大冲击力的同时，也要充分认识到其对网络的依赖性、数据的安全性和功能的有限性，在目前我国网络建制尚不健全的阶段，还有很多制约云计算发展的重要因素。[59]

在业界学者各抒已见，热烈讨论之时，从业人员也在积极探索，勇于实践，充分发挥新媒体、新技术在数字图书馆建设中的应用。2010年，新闻出版总署将移动阅读纳入全民阅读方案，促进了移动阅读的进一步发展；国家图书馆推出图书馆全媒体服务，做到了数字资源的"一次性生产加工，多元发布和服务"；各地图书馆的手机WAP网站及智能应用、电子书阅读器借阅、电子触摸屏读报栏、数字电视图书馆等新媒体服务创新举措不断推陈出新，如上海图书馆、首都图书馆等都推出了电子书阅读器外借服务，实现读者随身移动阅读，有着鲜明读者体验的电子触摸屏读报栏也陆续在重庆图书馆、武汉图书馆、北京石景山区图书馆等各地图书馆落户。各地的自助图书馆建设开展得如火如荼，《东莞市建设文化名城规划纲要（2010－2020年）》把"实现全市镇（街）24小时图书借阅全覆盖"作为2011年东莞十件实事之一的"文化惠民工程"的重要项目。[60]

4 各系统数字图书馆建设项目稳步推进

我国数字图书馆建设与研究始于1997年，

虽晚于英美等发达国家，但发展迅速，各个数字图书馆项目蓬勃开展，国家层面、行业层面、地域层面都纷纷开始数字图书馆建设。截至2010年，我国主要的数字图书馆建设单位有8家，分别是国家图书馆、文化部全国文化信息资源建设管理中心、上海图书馆、中国科学院国家科学图书馆、北京大学图书馆、浙江大学图书馆、中央党校图书馆、国防大学图书馆。[61]

国家数字图书馆工程作为国务院批准立项的重大文化工程，本着"边建设、边服务"的原则，不仅加强自身建设，服务公众，还不断与业界各图书馆等相关机构合作，共同推进数字图书馆建设。2010年2月，国家图书馆正式启动"县级数字图书馆推广计划"，通过文化信息资源共享工程传输平台，将总量为1TB的国家图书馆优秀数字资源推送到全国县级图书馆，使全国2940个县都"具备数字图书馆的服务能力"。[62]这一计划的实施在国家公共文化服务体系建设中产生了巨大的反响；2010年12月15日，国家图书馆在总结了"县级数字图书馆推广计划"成绩的基础上，进一步宣布启动全国范围的"数字图书馆推广工程"，并提出建立以国家数字图书馆为核心，以省级数字图书馆为主要节点的文化虚拟网；打造优秀中华文化集中展示平台、嵌入公众生活的全民终身学习平台和国际文化交流平台的"一库一网三中心"的总体建设目标，[63]描绘了一幅全国各级各类图书馆互通互联，分布合作的数字图书馆发展蓝图，从而实现了与国际数字图书馆发展趋势的进一步接轨。IFLA大会期间，国家图书馆与韩国国立中央图书馆、日本国立国会图书馆签署的《中日韩数字图书馆计划协议》，将加快三国数字图书馆建设的经验与信息的分享，促进在元数据规范标准化、信息服务整合（门户）、数字资源长期保存与利用等方面的合作与发展。[64]

对残障人士数字图书馆的研究在上世纪80年代就得到了国际图书馆界的关注，国内对残疾人图书馆服务的关注始于21世纪初，近年来在理论研究和实践方面都取得了实质性进展。继2008年中国盲人数字图书馆网站开通后，2010年由国家图书馆、中国残疾人联合会信息中心和中国盲文出版社共同承担的"中国残疾人数字图书馆"项目通过文化部"2010年度国家文化创新工程项目"评审成功立项，"中国残疾人数字图书馆"的建设旨在为残疾人士提供丰富多彩的知识信息服务，消除残疾人利用文化资源的时间与空间障碍，是我国图书馆界响应党中央关于促进基本公共文化服务均等化、加快构建公共文化服务体系的号召而实行的一项重要举措，它标志着占我国人口6.34%的残障人士将被正式纳入到文化服务体系中来。[65]

CALIS、CADAL、NSTL等项目是高校数字图书馆与科研数字图书馆建设的主要阵地。致力于建设"高等教育文献保障体系"的CALIS项目三期于2010年9月正式启动，三期项目针对1800所大专院校的不同需求，运用云计算等先进技术，实现"一个账号，全国获取"的服务模式，将在充分挖掘大型图书馆的研究能力与服务能力的同时，引导中小型图书馆广泛参与，从而缩小各不同高校图书馆间的差距，最终目标是全面挖掘、整合国内高校图书馆以及其他各级各类文献信息服务机构的资源和服务。[66]4月，大学数字图书馆国际合作计划（CADAL）二期项目在浙江大学启动，将数字图书馆从单纯的数量增长转向跨媒体服务的发展，这一项目将在我国建设4个数据中心，服务全国上千所高校，瑞典、德国也表示加入该项目。[67]2010年是NSTL的一个重要丰碑——十周年庆，《数字图书馆论坛》组织专题总结分析了NSTL十年来的发展历程。创新的体制机制、持续稳定的财政专项、和谐创新的团队文化、科学规范的管理、高水平的专业人才队伍是其十年来发展的成功之道。[68]经过十年的发展，NSTL成为国内网络化程度最高、系统开放程度最高的服务平台，建设了遍及全国的服务体系，实现了统一管理，统一调度资源，为全国科研工作者提供了坚实的文献保障。[69]

5 总结与展望

综上所述，2010年中国数字图书馆建设可谓如火如荼，但是整体而言，地区和行业系统发展不平衡的局面仍然有待改善。从地区而言，东部发达地区的很多图书馆已经进入全媒体服务阶段，而西藏图书馆直至2011年8月才正式具备网站服务能力。[70]从行业系统而言，高校和科研系统图书馆在数字图书馆的建设方面具有明显优势，而公共图书馆系统则相对落后。

实际上，这些不平衡的情况，也与各地区、

各系统图书馆在服务对象的信息需求层次和信息行为能力方面的差异有密切关系。因而又引出图书馆用户研究的相关问题，虽然业界对“以用户为中心”的理念已经做了广泛的宣传，也在具体实践中进行了多方面的尝试，包括推进公共图书馆全面免费、无障碍服务，广泛开展流动服务等等，但是对用户需求和行为的理解，多数还停留于主观臆断，习惯于从宏观社会信息环境的大视野来推断图书馆信息服务的小环境，面向图书馆各类型、各阶层用户的有针对性的调查与研究还很匮乏，虽然近年来一些研究者关于重视实证性研究的呼吁已经得到一些响应，但是不可否认，在实证调查方面，中国图书馆界无论是理论还是方法都还十分欠缺经验。笔者认为，这也是各系统、各行业数字图书馆建设盲目趋同，造成重复建设和资源浪费的重要原因。

除此之外，在以 Facebook、Twitter 等为代表的新型社交网络服务蓬勃发展的今天，用户价值的研究也应得到中国图书馆界更加高度的重视。商业化数字服务领域的经验可以给我们更多的启示。2010 年 7 月，Facebook 宣布每月活跃用户突破 5 亿大关。[71]庞大的用户群体给这些数字信息服务商们创造了高额市场价值，据在线资产交易市场 SecondMarket 的 2010 年 11 月的一份报告显示，该市场对 Facebook 的估值是 410 亿美元。[72]客观来讲，图书馆的用户群也是庞大的，而且仍然在持续发展之中，如何挖掘这些用户的价值，或者说，如何使这些用户从图书馆得到最大化的价值，是值得数字图书馆建设者们深思的话题。这其中，一方面涉及数字图书馆服务内容和服务方式的转变，比如新的互动交流空间的构建等；另一方面，也涉及数字图书馆的成本效益评估等问题。

由于数字图书馆天生的技术依存性，各类型数字图书馆建设在软硬件平台、数字资源、网络服务等方面都探索发展了自己的标准规范体系，目前能够见到的有一定规模的标准规范体系有国家高等教育数字图书馆标准规范体系、全国党校系统数字图书馆建设标准规范体系、国家数字图书馆标准规范体系等，上海图书馆、广东中山图书馆、清华大学图书馆、上海交通大学图书馆等图书馆，以及一些商业机构的数字图书馆也都制订并实施着自己的标准规范。这些标准规范之间缺乏互通与统一，强化了不同行业和地区间的技术壁垒，降低了资源的使用效率，未来需要进一步促进各标准规范体系之间的互相借鉴与融合，促进统一标准规范体系的形成和推广。2008 年成立的中国图书馆标准化技术委员会在这方面负有重要职责，2010 年，该委员会申报立项了 4 项国家标准，包括《图书馆 馆藏视频资源 数据加工标准》、《图书馆 馆藏图像资源 数据加工标准》、《图书馆 馆藏文本资源 数据加工标准》、《图书馆 馆藏音频资源 数据加工标准》等，都是基于各系统数字图书馆已有的项目标准规范推荐立项的，也表现出其推广贯彻全国统一的数字图书馆标准规范的坚强决心。

参考文献

1 何华连. 网络环境下高校图书馆的馆藏建设研究[J]. 图书馆，2010(6)：45－46，61.

2 北京大学文献信息资源体系战略发展规划纲要(2010—2020)[EB/OL]. (2010－07－20). [2011－09－02]. http://www.doc88.com/p－74753123539.html.

3 关于下发《国家图书馆“十二五”规划纲要》的通知(国图办发[2010]82 号)[内部资料]. 2010－11－25.

4 张丰智. 文献资源采选中纸本资源与数字资源的优势互补研究——以北京林业大学图书馆为例[J]. 图书情报工作，2010(S1)：111－115，118.

5 马苏亚. 公共图书馆电子资源采访策略与操作[J]. 图书馆杂志，2010(7)：36－38.

6 隋移山. 电子资源发展政策探讨——以山东大学图书馆为例[J]. 大学图书馆学报，2010(1)：69－71.

7 徐文贤，储文静. 香港图书馆数字资源采购研究[J]. 大学图书馆学报，2010(5)：53－58.

8 杨秋实. 图书馆数字资源政府采购问题研究[J]. 图书馆工作与研究，2010(3)：42－45.

9 王占林，周秀霞，赵海霞. 吉林省图书馆联盟特色数字资源的统筹规划研究[J]. 图书馆学研究，2010(9)：51－54.

10 阮飞轮. 高校图书馆联盟共建电子资源分析——以安徽省高校图书馆联盟为例[J]. 图书馆建设，2010(9)：22－24.

11 钟楚玲，杨立. 加拿大数字图书馆资源的建设与服务[J]. 图书馆建设，2010(11)：35－38.

12 邓爱东. 我国公共图书馆非物质文化遗产数据库建设调研[J]. 图书馆学研究，2010(20)：36－39.

13 肖卫雯. 湖南省高校图书馆特色数据库建设的调查与分析[J]. 图书馆学研究，2010(4)：31－35.

14 中国图书馆学会，国家图书馆编. 中国国家图书馆年鉴 2010 卷. 国家图书馆出版社,2011.
15 全国哲学社会科学规划办公室. 国家社会科学基金资助项目(2010 年度)·图书、情报与文献学[EB/OL]. (2011—05—15). [2011—09—02]. http://cpc.people.com.cn/mediafile/201105/15/P201105151356362626127727.doc.
16 翟晓娟. 基于用户个体需求的图书馆开放平台设计——以南京大学图书馆为例[OL]. (2011—06—23). [2011—09—04]. http://v.youku.com/v_show/id_XMjk3NTI2NDYw.html.
17 中国图书馆学会,国家图书馆编. 中国国家图书馆年鉴 2010 卷. 国家图书馆出版社,2011.
18 聂华. 对下一代图书馆界面的探索与实践[J]. 大学图书馆学报,2010(4):5—9.
19 窦天芳. 数据服务的基础、探索及展望——清华大学资源发现系统调研分析与测试[OL]. (2011—06—23). [2011—08—31]. http://v.youku.com/v_show/id_XMjk3NTI0NjMy.html? firsttime=620.
20 段晓阳. 图书馆资源检索的新趋势—全球第一个网络级发现服务的发展与应用[OL]. (2011—06—23). [2011—08—31]. http://v.youku.com/v_show/id_XMjk3NTI1NDUy.html.
21 图书馆完成"下一代发现与获取界面"阶段性测试工作[J/OL]. 北大图书馆通讯,2010(1). (2011—08—31). http://162.105.138.207/tongxun/tx2002/news26(64).pdf.
22 马海群. 专题:数字图书馆与著作权制度改进(主持人导语)[J]. 情报资料工作,2010(4):5.
23 张立彬. 高校图书馆以数字化方式使用国外原版图书的版权问题研究[J]. 情报理论与实践,2010(11):33—38.
24 刘桂珍. 图书馆数字信息合理使用制度重构[J]. 情报科学,2010(3):349—352.
25 任宁宁. 我国公益性数字图书馆版权利益冲突的现状及其对策研究[J]. 情报资料工作,2010(2):102—105.
26 李中. 高校图书馆数据库过量下载的现状及对策[J]. 图书馆建设,2010(6):86—88.
27 周玲玲. 基于使用许可证合约的图书馆数字资源保存——法与经济学理论的论证[J]. 国家图书馆学刊,2010(3):59—62.
28 李婵,张文德. 基于流程图分析法的高校数字图书馆知识产权风险识别[J]. 图书馆学研究,2010(15):95—101.
29 王建. 数字图书馆建设和运行中的知识产权问题及对策研究[J]. 情报理论与实践,2010(9):32—36.
30 王园. 数字图书馆建设中信息网络传播权保护刍议[J]. 图书与情报,2010(3):64—68.
31 胡洁,司铁英. 图书馆自建音视频数据库的著作权问题刍议[J]. 图书馆建设,2010(6):17—20.
32 李华伟. 民国文献数字化利用及其著作权问题——以国家图书馆馆藏为例[J]. 图书馆建设,2010(10):16—19.
33 王玉林. 图书馆开发利用网络信息资源法律障碍研究[J]. 情报理论与实践,2010(3):41—45.
34 IFLA Manifesto for Digital Libraries [EB/OL]. (2010—10—07). [2011—08—30]. http://www.ifla.org/files/hq/documents/digital-library-manifesto-en.pdf.
35 张晓林. 让数字图书馆驱动图书馆服务创新发展——读《国际图联数字图书馆宣言》有感[J]. 中国图书馆学报,2010(3):73—76.
36 程鸿等. CNKI 在高校数字图书馆建设中的应用研究[J]. 图书馆工作与研究,2010(10):34—36.
37 郭山. 应用图书馆个性化门户网站发布平台的实践与思考[J]. 图书情报工作,2010(S2):287—289.
38 钟远薪. OpenID 在高校图书馆网站中的应用[J]. 图书馆学研究,2010(21):26—29.
39 周明明. 区域数字图书馆联盟的数字门户构建——以"深圳文献港"为例[J]. 大学图书馆学报,2010(4):64—67.
40 郑勇. 高校图书馆网站:从独白走向对话——以我国 20 所重点高校图书馆网站栏目设置为例[J]. 情报资料工作,2010(1):42—45.
41 吴晓英,郑辉昌,周庆. 数字图书馆互动立体化服务环境构建探讨[J]. 图书馆学研究,2010(3):27—30.
42 闫瑞萍等. 我国信息共享空间研究现状分析[J]. 情报杂志,2010(S2):9—11.
43 王会丽. 论图书馆阅览室向信息共享空间的转变[J]. 图书情报工作,2010(15):135—138.
44 徐苇,金中仁. 聚焦应用 提升效益——谈图书馆信息共享空间[J]. 图书馆工作与研究,2010(8):14—18.
45 季颖斐,倪代川,戚颖. 学科化服务:研究型大学图书馆学习共享空间服务的新领域[J]. 图书馆学研究,2010(7):67—71.
46 裘剑敏. 信息共享空间模式下的高校图书馆分馆改建探索——以同济大学环境学院图书馆为例[J]. 图书馆建设,2010(8):97—100.
47 刘晓霞等. 高校图书馆信息共享空间服务质量评价的实证研究——以上海师范大学信息共享空间为例[J]. 图书情报知识,2010(6):56—61.
48 陈嘉慧. 论学科信息共享空间建设——以华南师范大学南海校区图书馆为例[J]. 图书馆学研究,2010(16):67—69,75.
49 刘颖,黄传惠. 嵌入用户环境:图书馆学科服务新方向[J]. 图书情报知识,2010(1):52—59.
50 初景利,吴冬曼. 图书馆发展趋势调研报告(二):总体发展趋势[J]. 国家图书馆学刊,2010(2):21—31.

51 IFLA. About Digital Libraries[EB/OL]. (2010—10—07). [2011—08—30]. http://www.ifla.org/en/about-digital-libraries.

52 叶辉. 杭州数字图书馆率先实现网站、手机、电视“三网融合”[N/OL]. 光明日报,2010—12—30[2011—8—14]. http://www.ccmedu.com/bbs48_137561.html.

53 司莉,谭仪. Web2.0 在我国省市级公共图书馆应用的调查与分析[J]. 图书馆杂志,2010(5):20—23.

54 陈兴泽. Web 2.0 技术发展给予数字图书馆服务创新的启示[J]. 图书馆情报论坛,2010(4):57—59.

55 邓尧伟. 图书馆 RFID 标准发展概述[J]. 图书馆学研究,2010(2):19—21.

56 胡东. UHF RFID 技术在图书馆的实践和思考——以浙江图书馆为例[J]. 图书馆杂志,2010(10):52—54.

57 张进英. 我国云计算与图书馆问题研究综述与展望[J]. 图书馆学研究,2010(8):13—16.

58 张凌超. 基于“云计算”的数字图书馆建设模式初探[J]. 图书馆学研究,2010(11):39—42.

59 江珊. 图书馆怎样面对云计算[J]. 图书馆杂志,2010(7):10—12.

60 常平:24 小时自助图书馆开始建设[N/OL],2011—06—13[2011—09—05]. http://news.sun0769.com/town/ms/t20110613_1045039.shtml.

61 八家数字图书馆将提供免费服务[N/OL],2010—06—13[2011—09—05]. http://www.ccnt.gov.cn/sjzz/shwhs/tsgsy/201006/t20100613_80054.html.

62 周和平. 全面构建数字图书馆服务网络 服务全民阅读[N/OL]. 中国文化报,2010—09—10[2011—08—30]. http://archive.wenming.cn/zt/2010—09/10/content_20865130.htm

63 实现自己的数图——国家数字图书馆推广工程启动[N/OL]. 新华社,2010—12—15[2011—08—30]. http://www.gov.cn/jrzg/2010—12/15/content_1766350.htm

64 中日韩三国国家图书馆签署《中日韩数字图书馆计划协议》[N/OL],2010—08—20[2011—09—05]. http://www.nlc.gov.cn/syzt/2010/0820/article_547.htm.

65 李春明,陈力等. 中国残疾人数字图书馆建设展望[J]. 图书馆建设,2010(11):16—18.

66 CALIS 三期建设初见成效:全面提升高校图书馆信息服务能力[EB/OL]. (2010—09—21)[2011—09—02]. http://pkunews.pku.edu.cn/xwzh/2010—09/21/content_184128.htm.

67 大学数字图书馆国际合作在浙大启动[EB/OL]. (2010—04—01). [2011—09—02]. http://www.cae.cn/cn/meitibaodao/meitizonghexinxi/20100402/cae9109.html.

68 袁海波. 改革创新 开放联合 谱写科技文献共建共享新篇章[J]. 数字图书馆论坛,2010(10):1—3.

69 乔晓东,梁冰等. 从 NSTL 战略定位到最新进展及未来发展规划[J]. 数字图书馆论坛,2010(11):11—17.

70 文化共享工程西藏分中心暨西藏图书馆汉藏双语版网站开通[N/OL],2011—08—22[2011—09—05]. http://www.ccnt.gov.cn/xxfb/xwzx/whxw/201108/t20110822_129888.html.

71 高盛称 Facebook 月活跃用户数超过 6 亿[EB/OL]. 2011—01—07,(2011—08—23) http://tech.sina.com.cn/i/2011—01—06/04545063802.shtml.

72 报告称 Facebook 市值 410 亿美元[N/OL],2010—11—22[2011—09—05]. http://news.sina.com.cn/m/2010—11—22/103721512357.shtml.

2010年国内图书馆学研究热点综述

程　鹏（国家图书馆）

到2010年，国内图书馆学研究在新世纪里已经整整走过了十年。十年里，广大图书馆学研究者在继承和弘扬我国优秀图书馆学思想成果的同时，积极探索图书馆学新理论、新方法，努力吸收现代图书馆学新理念，大胆尝试构建面向图书馆职业的理论体系，取得了许多新的研究成果。2010年国内图书馆学的研究，对图书馆学和图书馆业本质研究，以及面对全新的信息技术环境图书馆行业的创新和发展成为主要特征。笔者以主题词“图书馆学研究”对“中国期刊全文数据库（CNKI）”2010年收录的论文进行精确检索，得到图书馆学研究领域相关论文共计536篇。据国家新闻出版总署不完全统计，2010年全年共出版图书馆学方面专著274种。相关部门全年共举办图书馆学有关的全国性会议15次。通过这些论文、专著以及相关的会议，从中我们可以看出2010年国内图书馆学研究的重点及热点依然集中在图书馆学理论、图书馆发展、图书馆服务、图书馆管理、信息资源组织与建设以及数字图书馆等方面。

1　图书馆学理论研究

2010年图书馆学理论研究的特点体现在图书馆学研究的理性回归，回归本专业，与理论联系，与历史联系，回归中国的国情，回归本土化。这些，在有关图书馆本质的研究、图书馆社会责任研究、图书馆学研究范式、研究方法及图书馆学史等方面都有所体现。

新中国成立半个多世纪以来，在透过现象看本质的哲学观念驱动下，图书馆的本质问题成为图书馆学持续热议的论题。关于图书馆本质的研究，徐跃权以本体论、认识论、价值论为主体框架，用本体论和价值论来容纳历史上关于图书馆本质的各种观点，并对这些观点进行聚类，得出图书馆的八种主要本质，进而解构每类本质，剖析其逻辑方法的得失。用类比的方法得到图书馆的本质就其现实而言是其所有社会关系的总和的辩证命题；用数学集合论的方法得到关于图书馆本质的辩证逻辑表达式，并对该表达式的逻辑学、辩证法特征做出系统说明。最后得出结论：图书馆没有抽象的本质，只有具体的现实的本质；图书馆的本质就其现实而言是其所有社会关系的总和；图书馆本质的辩证逻辑表达式本质上是一个方程，历史上关于图书馆本质的每个观点都只是这个方程的一个具体的近似的解。[1] 蒋永福认为图书馆学研究对象、图书馆学理论体系等学说，其实都是人们主观建构的产物，并不具有客观性。追问图书馆本质的努力，其实是制造图书馆学的“元叙事”。放弃对“元叙事”的制造，不再追问虚幻的图书馆“本质”，摆脱对逻辑实证主义方法论的盲信，摈弃理性主义一元论的束缚，尊重价值观之间的客观差异性，从而走向多元价值观之间的民主对话和博弈选择，这是图书馆学理论应然的后现代走向。[2] 傅荣贤从文化视角对图书馆学研究进行了深入的分析。文化视角的图书馆学研究包括三个命题：“文化中的图书馆”从语用层面上强调文化背景对图书馆的前提地位，多元文化必将导致图书馆学研究的多元化，由此，建构中国图书馆学遂成为题中应有之意；“图书馆作为文化”从语义层面上思考图书馆所表征的文化理念，由此，图书馆技术或现象背后的文化隐含遂成为关注焦点。上述两个命题的实质是强调图书馆与文化之间存在反映与被反映的彼此对应关系，而“图书馆的文化功能”兼及语义和语用，强调图书馆不仅反映文化或为文化所反映，而且能够改变文化的现有面貌，引领文化的应然走向，具有能动性特征。文化视角虽然拓展了图书馆学的研究领域和致思路径，但并不能取代基于语法层次的图书馆学的本体研究。[3] 此外值得关注的还有王平的《国内外后现代主义哲学与图书情报学研究的述与思》[4] 以及陈立华的《图书馆学研究的外延化界定和内涵性深入的认同与整合》[5] 等。

关于图书馆社会责任，2010 中国图书馆学会年会主题中，出现了"图书馆社会责任"的主题及一批相关的研究论文。范并思认为图书馆社会责任的研究主要解决两个问题：第一，什么是社会责任；第二，为什么需要研究图书馆社会责任。他认为图书馆社会责任是一个国际图书馆界常用的专门术语，它主要指一些传统图书馆服务之外的"分外之事"，并非图书馆的所有服务社会的活动都可以放进这个概念中。现在研究图书馆社会责任问题，更具现实意义。图书馆社会责任的研究可以很好地为近年来所出现的越来越多的在传统图书馆服务理论中无法包括的活动，如为灾区图书馆捐赠图书等做出很好的解释，并推动我国图书馆更加有效地承担起自己的社会责任。[6] 其他值得关注的还有韩宇的《关于图书馆社会责任的调查与思考》[7]、席涛的《论公共图书馆的社会责任》[8] 等。

关于图书馆学研究范式，王翠萍从对范式概念的理解、图书馆学有无范式的讨论、图书馆学范式是什么及图书馆学未来范式等几个方面，对我国图书馆学范式的研究现状进行了总结综述，并指出目前研究存在的问题：目前国内图书馆学界基本对图书馆学是有范式的观点保持一致，不再进行图书馆学有无范式的争论；但国内图书馆学范式研究中还存在对范式概念的认识不确定、实证研究方法不足、尚未形成规模等问题。[9] 傅荣贤、马海群在重点反思实在论范式和价值论范式不足的基础上，提出实践论范式应成为当代图书馆学研究的范式选择。实践论范式的哲学基础是马克思主义实践哲学，它把人类文化交往活动视为图书馆的宏大背景，关注每一个"我"的具体图书馆实践，同时又强调客体对象和他者主体对"我"的规约。由此，知识真理成为依附于特定实践对象和社会关系的存在，从而实现了对实在论范式和价值论范式的双重颠覆。[10]

关于图书馆学研究方法，徐跃权指出图书馆学专门研究方法的概念在我国一直存在争议。为了理清它的发展脉络、找出分歧的根源，应该首先使用历史方法还原出专门研究方法在科学方法论和图书馆学两个层次领域中存在的两种不同涵义。在科学方法论层面，图书馆学研究方法就是一种专门研究方法。进而通过逻辑方法推导出图书馆学研究方法的理论空间、理论主体、理论架构，刻画出它的具体理论形态和总体理论图景，为其进一步发展提供了清晰的路线图。他还具体分析了移植带来的逻辑问题，并指出因此而产生的图书馆学专门研究方法概念内涵不清、外延狭窄，不能构成图书馆学方法论的主体。图书馆学一般研究方法对于本学科的发展具有根本的推动作用。[11] 陈慧鹏对专门方法进行了研究，他认为既有的图书馆学专门方法研究模式一直将目标锁定为具体方法的构建，其弊病在于一方面忽略了方法论中专门方法与一般方法的辩证关系，割裂了二者之间的内在联系；另一方面又夸大了专门方法对于方法论体系乃至整个学科存在的重要性。而专门方法的界定其实既无必要，也不可行。只有回归研究实践，结合具体问题探讨研究方法，才能将方法论研究重新拉回到原先设定的用以指导图书馆学研究实践的轨道。[12] 李健介绍了一种新的图书情报学研究方法—案例研究方法。[13]

此外，范并思还对新世纪 10 年来国内图书馆学基础理论研究进行了总结，指出新世纪 10 年图书馆学基础理论完成了一次重要的重建，在公共图书馆理论研究、图书馆制度研究、图书馆权利研究、图书馆延伸服务问题研究等方面都取得了成果。这些研究成就的取得是中国图书馆学人的光荣与梦想。[14]

2　图书馆发展

2010 年国内关于图书馆发展的研究主要集中图书馆的发展战略和发展趋势、各类型图书馆的发展模式等方面。

关于图书馆的发展战略和发展趋势，王世伟指出"十二五"期间，我国公共图书馆发展的战略重点应当包括六大方面：实现公共文化服务体系从量的发展到质的提升、注重多元化文献保障体系的建立和完善、着力公共图书馆核心层的人力资源建设、以新技术的运用为切入点创新公共图书馆的管理和服务、推动制度建设实现公共图书馆的科学长效管理、重视图书馆新老建筑的节能减排实现低碳的文化服务环境。[15] 初景利、吴冬曼从社会背景、主要影响因素、用户需求特点、图书馆的作用等方面对图书馆未来的发展环境进行了多层面的分析，在此基础上，重点考察了国内外图书馆的主要战略，在综合国外相关研究的基础上，提出了图书馆发展的总体趋势、资源建设趋势、用户服务趋势、图书馆管理与人员发展趋势，指出了国内外图书馆发展战略的启示。[16]崔艳萍认为在现代信息技术和网络技术快速发展的今天，公共图书馆如何适应新的发展状况，实现可持续发展是当前亟待解决的重要课题。她依据可持续发展观的基本要求，就公共图书馆实现可持续发展的关键问题进行了探讨。[17]

关于各类型图书馆的发展模式方面的文章很多，研究的重点集中在公共图书馆、高校图书馆、以及县级图书馆、社区图书馆、农村图书馆等基层图书馆。

关于公共图书馆的发展，王世伟认为近年来，公共图书馆的发展形成了大发展大繁荣的新环境和新气象，公共图书馆的投入增加了，公共图书馆的建筑和设施改善了，公共图书馆的服务拓展了，公共图书馆的工作岗位比以往对大学毕业生更有吸引力了，这是令人高兴的。但与此同时，公共图书馆的发展质量和管理与服务的品位还有待提高。在公共图书馆大发展大繁荣的过程中，我们应当更加注重提高发展的质量，更加注重提高发展的品位。[18]陈有志以李国新教授两次衡阳调研的结论为出发点，深入探讨进入新世纪十年来基层公共图书馆发展过程中的组织系统“僵独化”、发展非均衡化、功能边缘化等系列问题，并进一步指出这些问题的成因是文化事业管理主体缺位、管理体制错位和公民文化权利的法律救助缺失，解决问题的对策是培养基层公共图书馆代理人信托责任、建立举国文化体制和图书馆基本法的出台。[19]黄洁晶从公共图书馆应负有的社会责任角度，结合与大学图书馆在开展学习共享空间方面的对比分析，对公共图书馆构建学习共享空间的必要性、可行性，进行了探讨，并提出相应的构建模式与构建策略。[20]

关于高校图书馆，本年度的研究主要涉及高校图书馆的发展模式、管理体制、创新服务、资源共建共享、馆藏评价、人才培养等方方面面。于维娟、沙淑欣撰文，分六个阶段回顾了建国60年来高校图书馆的发展历程，阐述了60年来高校图书馆所取得的主要成就。[21]

关于县级图书馆、社区以及农村图书馆等基层图书馆的研究，《图书与情报》2010年第4期上刊发了刘兹恒主持的国家社科基金项目“县以下基层图书馆的可持续发展与图书馆基金会运作机制研究”的部分研究成果，这组文章深入分析了基层图书馆可持续发展的必要条件，从我国东西部城乡社会发展实际出发，设计了以政府为主导，鼓励各种社会力量参与的我国基层图书馆可持续发展模式。这些研究成果，对于消除构建图书馆服务体系的认识误区，避免可能出现的弯路，降低建设成本，拓宽投入渠道，有极大的参考和实用价值。值得关注的文章还有李雪仙的《衢州社区图书馆发展现状剖析及对策思考》，[22]朱丹、张忠凤的《社区图书馆：概览、评价与思考》，[23]王艳的《公共文化服务体系中的县级公共图书馆发展研究》[24]等。

3 图书馆服务

2010年国内有关图书馆服务的理论研究和实践探索的热点主要集中在服务理念、公共图书馆服务体系研究、创新服务举措与模式以及服务评价体系研究等方面。

关于图书馆服务的理念，黄俊贵针对公共图书馆的服务，提出了6点看法：（1）要全面理解和贯彻公益服务原则；（2）在普遍服务的基础上开展个性化服务；（3）要做好传统服务工作，积极开展网络信息服务；（4）注重由静态服务转向动态服务；（5）加强图书馆服务与社会互动，吸引读者参与；（6）对图书馆服务实行柔性与刚性相结合的管理。[25]杨玉麟认为大众百姓的阅读需求，是图书馆存在和发展的本来理由。普遍均等的阅读服务，是公共图书馆生存和发展的根本之路。尊重读者的阅读权利，是图书馆对构建和谐社会所做贡献的体现。有困难找民警，有问题请找图书馆。[26]张惠指出，图书馆的服务要因用户而改变。网络时代的用户信息需求和信息行为发生了新的变化，图书馆只有根据用户的馆藏使用行为、习惯、偏好去发展创新图书馆服务，切实提高图书馆的服务水平，才能延续图书馆对社会的重要性，在尽可能广的空间和尽可能短的时间范围内存取尽可能多的馆藏为用户所用。[27]

关于公共图书馆服务体系的研究，邢杰总结了我国公共图书馆服务体系理论研究中对公共图书馆服务体系定义的发展，阐述了基于大城市的以延伸服务为特点的“区域性服务网络”和基于中小城市的总分馆模式的两种图书馆服务体系建设现状，提出了相应的对策。[28]李明生论述了公共图书馆服务体系的紧密度概念，他从法律体制、人事权、经费、文献资源等十个方面，定性、定量分析比较公共图书馆服务体系六种紧密度从高到低的类型：纯粹型总分馆制、紧密型总分馆制、半紧密型总分馆制、松散型总分馆制、紧密型联盟模式和松散型联盟模式，提出我国公共图书馆服务体系建设可选择合适的紧密度类型和采用紧密度不同的混合模式。[29]张晓琳从服务原则、服务内容、服务方式等方面对美国公共图书馆服务体系作了介绍，并且重点总结了美国社区图书馆的运作方式。在借鉴美国公共图书馆服务经验的基础上，对我国公共图书馆服务体系的建设提出了一般性的发展建议。[30]

关于创新服务举措与模式研究，研究的热点主要集中在学科馆员服务、个性化服务、全媒体服务，包括手机图书馆、社会性网络服务以及数字电视服务等。

关于学科馆员的研究，当前，国内许多研究型图书馆都纷纷设置学科馆员岗位，开展学科馆员服务。学科馆员制度是图书馆一种新的办馆理念和服务模式，它使得图书馆的服务体系变得更加完善，读者也开始更加倾向于接受这种服务方式。国内研究的重点主要集中以下两个方面：一方面有越来越多的图书馆在实施学科馆员的实践，另一方面，也有许多研究者在深入探讨学科馆员是不是图书馆界的神话，是不是解决图书馆在信息社会中遭遇尴尬的“灵丹妙药”，学科馆员制度整体效果如何，有没有达到预期的目的。[31]

关于个性化服务，国内现在各图书馆开展的个性化服务的主要特点是：（1）以用户为中心。（2）实现图书馆与信息用户的友好交互。（3）建立复合式的信息资源组织体系。（4）服务方式更加灵活多样，方便读者。（5）建立快速便捷的信息传递通道。沈阳师范大学图书馆在网络环境下开展的多种个性化服务就是一个成功的尝试。[32]

关于全媒体服务，所谓“全媒体”就是综合运用各种表现形式，如文、图、声、光、电，来全方位、立体的展示传播内容，并通过文字、声像、网络、通信等传播手段来传输的一种新的传播形态。[33]新媒体的崛起对图书馆传统服务方式提出了新的挑战，读者利用图书馆的形式已经发生了颠覆性的变化，尤其是网络改变了现在读者利用图书馆的形式和途径。当前图书馆推出的全媒体服务方式主要有手机图书馆、社会性网络（SNS）和数字电视等比较成型的方式。

关于图书馆服务评价体系研究，黄如花根据图书馆评价的性质和目的差异，将图书馆评价的主体分为政府机构、图书馆行业协（学）会、各类图书馆、用户和第三方机构等五种类型，并分析各评价主体的定位、特点及相关评价实践。同时调查总结国内外广受认可的图书馆评价标准、有影响力的图书馆评价项目及其采用的评价工具及方法。认为第三方机构的评价具有职业化优势，且不易受到各种主观因素的限制，应当予以加强。[34]李亚梅从评价工具、评价对象、评价方法与评价指标等方面探讨了现代图书馆服务质量评价体系的构建。[35]韩红予从满足用户需求的角度出发，结合图书馆各业务部门的职责任务，对用户在利用图书馆时对图书馆各项工作重要性的认识进行调查研究，建立一个较全面的、有针对性和易操作的图书馆服务质量评价体系。[36]王静一、毕强提出以用户为中心来评价图书馆的服务质量，并借鉴美国研究图书馆学会的试验项目LibQUAL＋，建立以用户感知为基本特征的公共图书馆服务质量评价体系，对东北三省省级和地级市公共图书馆服务进行评价研究。[37]

4　图书馆管理

2010年图书馆管理研究的重点主要集中在图书馆管理创新、图书馆管理体制、图书馆管理模式以及业务管理等4个方面。

关于图书馆管理创新，司莉采用PEST方法，对图书馆管理创新的宏观环境，包括政治法律环境、经济环境、社会文化环境和技术环境进行了分析；从社会对于图书馆核心价值的认同、用户信息检索行为变化与数字信息环境带来的挑战，以及竞争对手分析等角度对图书馆管理创新的微观环境进行了探讨。[38]李德琼认为图书馆的管理既要坚持人性化管理，又要坚持制度化管理。人性化管理与制度化管理的最佳结合才是图书馆管理的最佳模式。她从人性化管理的内涵出发，探讨了人性化管理在图书馆规章制度的应用，指出人性化管理是图书馆管理的主流及发展方向。[39]陈继兰从高校图书馆信息服务社会化的现状入手，针对存在的问题和障碍，结合新公共管理的相关理念，对信息服务社会化视角下的高校图书馆管理创新进行了探讨。[40]

关于图书馆管理体制研究，蒋永福从公司法人治理结构分析了公共图书馆治理结构的概念，他认为公共图书馆治理结构有广义和狭义之分；公共图书馆治理结构由外部治理结构和内部治理结构组成。针对我国公共图书馆管理体制存在的弊端，他提出未来改革重点是：实行图书馆理事会制度，以此优化内部治理结构；实施图书馆行业管理制度，以此优化外部治理结构；合理设置建设主体，以此优化政府投入结构。最后得出的结论是：优化公共图书馆治理结构旨在理顺政府、图书馆行业协会、图书馆理事会、馆长及其副职、图书馆工作者、社会公众以及其他利益相关者之间相互制衡又相互协调的关系，以此建立民主、法治、透明、高效的公共图书馆管理体制。[41]肖容梅等对公共图书馆的管理体制进行了研究，指出国外发达国家在公共图书馆管理体制方面较为成熟的做法是通过制定专门法律，明确政府、社会及法人的关系，各方依法履职，同时注重发挥咨询机构的作用。而我国公共图书馆在管理体制上尚存在着法制化程度低、政府职能错位、行业管理体系独立性差、法人制度欠完善、新型管理模式遇到体制性障碍等问题。构建新型管理体制的基本思路是：重新调整政府与社会、政府与图书馆的关系，本着"政社分开"、"政事分开"的理念，清晰界定政府、行业协会、法人等各自的角色地位，充分保障图书馆自主权，建立起"政府主导、行业自律、公共图书馆法人治理的管理体制"。[42]

关于图书馆管理模式研究，刘朝晖针对我国基层公共图书馆管理现状与存在的问题，基于生态管理的理念，探讨基层公共图书馆生态管理的原则与要求，并通过模式构建以优化基层公共图书馆管理，提高资源利用率与社会效益。[43]沈嵘在分析图书馆危机管理存在的问题的基础上，结合目前图书馆危机管理方法，提出基于数据挖掘的图书馆危机与预警管理的模型构想。[44]李法勇认为在知识经济时代，我国图书馆必须积极转型和创新发展。他通过分析美国国会图书馆的管理模式，结合图书馆现实存在的问题，提出了新形势下我国图书馆管理的 NMC（Notion，Mode，Circum-stance）模式，从管理理念、管理方式与外在环境 3 个方面展开讨论了图书馆未来创新发展的主要思路。[45]

关于图书馆业务管理研究，南爱峰针对我国图书馆陷入盲目追求"零投诉"误区，提出准确理解"零投诉"、"零缺陷"概念，将读者满意度作为图书馆服务衡量标尺，采取多种有效措施欢迎投诉、改善投诉管理的观点，并提出改善投诉管理的具体举措。[46]

5 信息资源组织与信息资源建设

2010 年国内图书馆学在信息资源组织与信息资源建设方面，关注的重点是网络环境下信息资源的组织研究以及以数字资源为主体的信息资源建设制度措施研究及信息资源共建共享等方面研究。

关于信息资源组织的研究，2010 年最值得关注的是《中国图书馆分类法》（简称《中图法》）第五版的出版。目前，《中图法》已普遍应用于全国各类型的图书馆，国内主要大型书目、检索刊物的及各类型机读数据库等都著录《中图法》分类号。《中图法》从 1975 年第一版到现在的第五版，不断更新、不断完善，每出一版都有一个质的飞跃。至第五版为止，《中图法》为五大部类，二十二个大类，51 881个类目（包括通用类目）。[47]国内许多图书情报学的核心期刊都刊发了很多有关《中图法》修订的文章。

国内业界除了对《中图法》修订的研究外，还关注叙词表以及 Web2.0 环境下基于用户参与的信息组织研究。陈立华论述了叙词表的计算机化管理，为转换领域本体创造条件，并对叙词表的概念属性转换本体的理论进行分析，通过本体转换原理、方法及建模过程的讨论，进一步指出叙词表本体转换的可行性和必要性，并借用农业科学叙词表转换为农业本体的实例来说明 OWL 语言的实用性及本体理论在信息资源组织过程中的影响与作用。[48]贾君枝认为传统叙词表的本体化构建是目前叙词表发展的重要方向。当前叙词表转换为本体的描述语言有 XML（S）、RDF（S）、SKOS、OWL 等，她通过对几种典型的描述语言和叙词表之间的语义关系进行映射分析，从描述能力、人工干预、应用性三个层面总结了描述语言在表示叙词表语义关系方面的差异性。该研究不仅有助于传统叙词表在语义环境下进行发展，而且对于本体描述语言的完善具有非常重要的作用。[49]此外，她还在调查国内外大量研究文献的基础上，对目前围绕受控词表与分众分类法的结合研究现状作了全面综述，预测其发展趋势，旨在推动国内在该方面的研究与应用，以综合发挥传统信息组织方法与现代新型信息组织方法的优点，实现对现有中文网络资源的有效管理。分众分类法与受控词表作为网络知识组织系统的重要构成，对于有效地组织与管理网络资源具有重要作用。区别于受控词表自上而下的构建方式，分众分类法的自下而上、用户为中心的构建特色成为个人信息资源组织的方法之一。[50]赵春琳认为 Web2.0 网络环境的迅猛发展使得信息组织日趋重要，她从 Web2.0 网络环境下的信息组织的背景出发，分析了 Web 2.0 环境下信息组织的特点，主要探讨了基于用户参与的信息组织。[51]

关于信息资源建设研究，肖琬容认为数字资源质量问题日益成为社会关注的热点。她阐述了信息资源数字化过程中质量控制的必要性，分析了影响和制约数字资源质量的各种相关因素，讨论了数字资源质量控制的主要内容，提出通过建立质量控制机制、规范建设标准、提高人员素质、加快技术方法研究等措施，有效控制数字资源质量，营造绿色数字化信息环境。[52]黎晓辉论述了印本时代和网络时代的宏观文献信息资源建设的各自特征和模式，网络时代文献信息资源建设的新的价值观念，以及当代文献信息资源建设应注意的一些问题。[53]吕冰清、李正详以东莞图书馆的文献资源建设实践来说明，现代城市公共图书馆应贯彻以读者需求为导向的文献资源建设思路。他们认为合理的馆藏应是普通文献与专题文献相结合、各类载体文献有机协调、数字资源与传统文献无缝链接的结构。采取灵活多样的文献采购方式、对特色专题文献实行专门采购和重点采购、定期对国内重点文献进行调研与补充采购、开辟新书采购入藏的绿色通道、数字资源的采购以使用效果为第一原则是公共图书馆科学的采购策略。[54]

信息资源的共建共享一直是研究的热点领域。黄筱玲利用文献调查的方法，通过对 2000－2010 年间我国信息资源共建共享研究文献的调查分析，系统地论述了新世纪前 10 年国内信息资源共建共享研究的状况及基本方向，为日后的研究提供借鉴。[55]她还从我国信息资源共建共享的起源和发展着手，探讨了当今比较盛行的两种共享模式——系统中心模式和区域中心模式的相关问题，论述了信息资源共建共享模式的发展趋势。[56]王丽娜对我国数字信息资源共享研究进行了系统的分析与总结，并探讨了目前研究中存在的不足，并对今后我国数字信息资源共享的研究重点作了展望。[57]

6 数字图书馆

近 10 多年来，数字图书馆研究一直是国内图书馆学研究的热点，2010 年依然如此。2010 年国内数字图书馆研究的重点主要集中在数字图书馆的发展政策、环境及趋势、数字图书馆的信息服务、数字图书馆建设中新技术的应用、数字图书馆的可用性以及数字图书馆的版权问题等。

关于数字图书馆的发展政策、环境及趋势研究，最值得关注的是国际图联 2010 年 3 月在其网站上公开发布的《国际图联数字图书馆宣言》（以下简称《宣言》）。[58]国际图联一直关心数字图书馆的发展及其对图书馆服务和图书馆事业的影响，2005 年起就由管理委员会委托组织了一个内部小组讨论制定《宣言》，阐明国际图联在数字图书馆发展上的期望和要求。该宣言草稿在征求了学术委员会和有关专业委员会的意见后，于 2007 年底由国际图联管理委员会正式通过，呼吁各国政府和各类图书馆积极推动数字图书馆的发展，消除信息鸿沟，促进世界文化与科学遗产为人类广泛利用。该宣言的发布，充分说明了数字图书馆对图书馆发展的重要作用以及重大挑战。张晓林作为国际图联管理委员会委员，曾参与了相关讨论，而且作为数字图书馆建设和服务的亲历者，专门撰写文章，对《宣言》的重大意义进行了阐述。他指出：（1）数字图书馆不是工具而是基础。图书馆长期以来在保存和传播知识上发挥了巨大的作用。但是，数字图书馆的出现及其不断创新，为图书馆更加广泛、方便、有效地服务社会带来了革命性的发展杠杆。正如《宣言》所指出的，数字图书馆通过内容数字化和服务网络化，有效打破时空限制，缩小或消除信息鸿沟，支持对人类文化与科学遗产的有效利用和保存。（2）数字图书馆不仅是数字化资源与系统，更是新的环境与服务。在数字图书馆发展中，人们历来重视自身馆藏资源的数字化及其服务的网络化，这无疑是必要的，而且今后还需要加快推进馆藏资源的数字化。但是，馆藏资源数字化及其服务仅是数字图书馆的一个部分，数字图书馆是一个不断发展的有机体。充分利用数字图书馆提供的机遇和潜力，主动创新和发展图书馆服务，为社会发展做出更大贡献，这就是《宣言》对我们的历史意义。[59]张兴、吕亚娟认为数字化资源、数字图书馆相关技术以及服务是数字图书馆最主要的特征，并以这三大主要特征为主线，对近五年来国内数字图书馆的发展情况进行了综述，清晰梳理数字图书馆发展研究的脉络，总结了数字图书馆研究的新特点。[60]郑建明、范兴坤认为上世纪90年代中期我国的信息化发展战略、计算机和互联网的推广应用、信息技术与发达国家的同步发展、图书馆协作为数字图书馆建设提供成熟的政策环境条件，而促进社会经济和文化发展、提高国家软实力、提高社会发展过程中的信息服务满足能力、缓解图书馆建设资源投入中的不足和利用效率问题则成为建设数字图书馆的政策动因。同时，有针对性地探讨我国数字图书馆建设在发展普及、服务方式、管理机制等方面存在的一些问题。[61]

关于数字图书馆信息服务的研究，袁莉撰文分析了六度空间理论、弱连带理论等社会网络理论及其对数字图书馆服务的影响，利用自我中心网分析和社会网络中心网分析方法确定数字图书馆平台上的知识团体、知识库，并在此基础上建立知识过滤模型，从而构建起基于社会网络的数字图书馆服务模型。[62]李贺、刘佳在阐述知识构建的涵义和主要功能基础上，从分析数字图书馆知识服务内涵及存在问题入手，指出知识构建能够为数字图书馆知识服务营造智能的知识空间和和谐的知识生态环境，提出知识构建对知识服务过程中的知识获取、知识组织和知识开发等环节的优化思路，并结合CNKI网格资源共享数字图书馆平台进行实证分析。[63]胡良认为按需服务是数字化图书馆最重要的目标之一，他在充分吸收以构件技术为代表的软件复用技术的基础上，基于图书馆2.0的理念，构建了一种按需服务的数字图书馆模型，并研讨了其功能结构和对数字化图书馆发展的要求。[64]

关于数字图书馆技术的研究，奉国和对网格、对等网、面向服务、云计算、数据挖掘、软件即服务、开源软件、Library2.0等新技术思想原理在数字图书馆中的应用进行了探讨，并分析各种技术思想之间的关联关系，同时他指出应用这些新技术思想建设数字图书馆应注意坚持以服务为宗旨，具有国际视野。[65]

我国数字图书馆建设已进入快速发展阶段，有必要对数字图书馆可用性进行科学评价，以进一步提高数字图书馆建设水平，为此，《国家图书馆学刊》2010年第3期上刊发了“数字图书馆可用性评价研究”专题，对近20年来数字图书馆可用性评价研究成果，从数字图书可用性概念、评价指标、评价方法三个方面进行了归纳总结，指出存在的问题，为今后的研究提供发展建议。

关于数字图书馆版权问题研究，研究的重点主要数字图书馆建设与服务中涉及的版权问题。郝天侠针对数字图书馆信息服务中用户提问申请、提问处理、问题分配、应答阶段4个阶段涉及的知识产权问题逐一进行剖析，提出不同阶段的知识产权保护办法的实施，以期促进我国数字图书馆事业的稳定和可持续发展。[66]麦淑平对数字图书馆在信息资源建设与网络服务中涉及的知识产权问题，以及数字图书馆自身的版权保护等问题进行了研究，并从多个方面提出了解决数字图书馆知识产权问题的若干应对措施。[67]姜友好等对现有的几种解决数字图书馆版权问题的模式进行了介绍，并简单分析了这几种解决模式各自的局限性。[68]王斌以利益平衡为线索，对数字图书馆面临的版权授权瓶颈进行了探讨，并重构网络环境下著作权法的利益平衡机制，以满足数字图书馆版权授权需要。[69]

参考文献

1 徐跃权. 论图书馆本质的哲学解构和建构. 中国图书馆学报，2010(5)：23－32
2 蒋永福. 不再追问本质：图书馆学理论的后现代走向. 图书情报工作，2010(1)：5－7，90
3 傅荣贤. 文化视角的图书馆学研究：层次及内容分析. 中国图书馆学报，2010(4)：24－30
4 王平. 国内外后现代主义哲学与图书情报学研究的述与思. 图书情报工作，2010(7)：22－26
5 陈立华. 图书馆学研究的外延化界定和内涵性深入的认同与整合. 图书馆，2010(3)：10－12
6 范并思. 图书馆社会责任专栏导语. 图书馆建设，2010(7)：1
7 韩宇. 关于图书馆社会责任的调查与思考. 图书馆建设，2010(7)：3－6
8 席涛. 论公共图书馆的公共责任. 图书馆建设，2010

(7):17－20
9 王翠萍.我国图书馆学范式研究综述.图书与情报，2010(13):41－45
10 傅荣贤，马海群.论图书馆学研究范式的历史演进及其当代建构.情报资料工作，2010(1):11－15
11 徐跃权.论我国图书馆学方法论中的专门研究方法.中国图书馆学报，2010(1):20－26
12 陈慧鹏.嬗变与回归:论图书馆学专门方法研究.图书馆杂志，2010(10):2－5,24
13 李健.论我国图书情报学案例研究方法.图书馆工作与研究，2010(9):17－20
14 范并思.新世纪10年我国图书馆学基础理论的光荣与梦想.高校图书馆工作，2010(4):13－16
15 王世伟.我国公共图书馆"十二五"发展战略重点.国家图书馆学刊，2010(3):10－12,22
16 初景利，吴冬曼.图书馆发展趋势调研报告(一).国家图书馆学刊，2010(1):3－11
17 崔艳萍.可持续发展的公共图书馆探讨.图书馆理论与实践，2010(2):79－80
18 王世伟.应注重提高公共图书馆发展的质量与品位.图书馆学刊，2010:(7)
19 陈有志.从"衡阳调研"看新世纪10年基层公共图书馆的困境与发展.高校图书馆工作，2010(4):24－28
20 黄洁晶.公共图书馆学习共享空间的构建研究.图书馆学研究，2010(13):18－21
21 于维娟，沙淑欣.建国60年来高校图书馆的发展历程回顾.新世纪图书馆，2010(5):46－48
22 李雪仙.衢州社区图书馆发展现状剖析及对策思考.图书情报工作，2010(5):99－101
23 朱丹，张忠凤.社区图书馆:概览、评价与思考.图书馆学研究，2010(6):19－22
24 王艳.公共文化服务体系中的县级公共图书馆发展研究.图书与情报，2010(1):124－126
25 黄俊贵.对公共图书馆服务几个问题的论说.公共图书馆，2010(3):3－11
26 杨玉麟.图书馆服务理念之我见.图书与情报，2010(4):4－6,12
27 张惠.服务因用户而改变.国家图书馆学刊，2010(3):77－80
28 邢杰.我国公共图书馆服务体系研究现状与对策.图书馆，2010(3):17－20
29 李明生.我国公共图书馆服务体系的紧密度研究.图书与情报，2010(11):27－30,61
30 张晓琳.美国公共图书馆服务体系研究.图书馆，2010(4):80－81
31 李莉.以学科化服务为契机，提升学科馆员服务的用户满意度.现代情报，2010(1)
32 史伟.个性化服务:高校图书馆服务的新理念.图书馆学刊，2010(1):48－50
33 http://baike.baidu.com/view/1491255.htm? fr=ala0
34 黄如花.论图书馆评价的主体.中国图书馆学报，2010(3):34－36
35 李亚梅.现代图书馆服务质量评价体系构建研究.图书馆，2010(4):41－41,76
36 韩红予.新时期图书馆服务质量评价体系研究.图书馆理论与实践，2010(5):4－6
37 王静一，毕强.基于LibQUAL＋的公共图书馆服务质量评价——东北三省省地级公共图书馆服务质量调查与思考.国家图书馆学刊，2010(2):55－59,77
38 司莉.我国图书馆管理创新的环境分析.情报科学，2010(9):1287－1292
39 李德琼.人性化背景下的图书馆管理制度创新.图书与情报，2010(4):135－137
40 陈继兰.信息服务社会化视角下的高校图书馆管理创新.图书馆学研究，2010(13):38－39,24
41 蒋永福.公共图书馆治理结构及其优化策略——针对我国公共图书馆管理体制改革重点的分析.图书与情报，2010(5):18－22
42 肖容梅等.公共图书馆管理体制研究.中国图书馆学报，2010(3):4－11
43 刘朝晖.基层公共图书馆生态管理模式研究.图书馆，2010(5):129－130
44 沈嵘.基于数据挖掘的图书馆危机与预警管理模式研究.情报科学，2010(7):1060－1063,1077
45 李法勇.NMC图书馆管理模式研究.情报理论与实践，2010(1):30－33
46 南爱峰.图书馆管理误区谈.图书馆论坛，2010(4):94－96
47 http://clc.nlc.gov.cn/ztfjj.jsp
48 陈立华.论叙词表的概念属性对本体理论的渗透与转换.图书情报工作，2010(2):124－127,123
49 贾君枝.叙词表形式化描述语言的比较研究.图书馆杂志，2010(1):27－30
50 贾君枝.分众分类法与受控词表的结合研究进展.中国图书馆学报，2010(5):97－100
51 赵春琳.Web2.0网络环境下基于用户参与的信息组织研究.中国索引，2010(1):26－31
52 肖琬容.信息资源数字化建设质量控制研究.图书与情报，2010(5):81－84
53 黎晓辉.文献信息资源建设策略研究.图书馆工作与研究，2010(7):51－56
54 吕冰清，李正详.现代城市公共图书馆文献信息资源建设方略.图书馆建设，2010(9):12－15,18
55 黄筱玲.新世纪我国信息资源共建共享研究回顾.图书馆工作与研究，2010(11):8－12

56 黄筱玲. 我国信息资源共建共享模式之比较——系统中心和区域中心. 图书馆,2010(4):82－84
57 王丽娜. 我国数字信息资源共享研究探析与展望. 图书馆学研究,2010(4):15－18
58 IFLA Manifesto for Digital Libraries. http://www.ifla.org/en/publications/ifla2manifesto2for2digital2libraries#
59 张晓林. 让数字图书馆驱动图书馆服务创新发展——读《国际图联数字图书馆宣言》有感. 中国图书馆学报,2010(3):73－74
60 张兴,吕亚娟. 近五年来我国数字图书馆发展研究述评. 图书馆学研究,2010(2):18－22
61 郑建明,范兴坤. 我国数字图书馆建设初始环境及政策动因研究. 图书情报工作,2010(13):18－21,45
62 袁莉. 社会网络与数字图书馆模型. 图书情报工作,2010(3):51－54,88
63 李贺,刘佳. 基于知识构建的数字图书馆知识服务优化研究. 图书情报工作,2010(2):127－130
64 胡良. 按需服务的数字图书馆模型研究. 图书馆学研究,2010(1):58－59,36
65 奉国和. 新技术思想与数字图书馆发展研究. 图书与情报,2010(2):69－73
66 郝天侠. 数字图书馆信息服务过程中知识产权问题研究. 图书情报工作,2010(7):89－91,50
67 麦淑平. 数字图书馆建设与服务的知识产权保护. 图书馆理论与实践,2010(2):17－20
68 姜友好等. 数字图书馆版权问题解决模式分析. 图书与情报,2010(3):72－75
69 王斌. 数字图书馆版权授权面临的挑战与对策. 情报探索,2010(3):15－17

2010年国外图书馆学研究热点述评

冯 佳(北京大学信息管理系) 李 丹(国家图书馆)

2010年8月10日—15日，以“开放获取——推动可持续发展进程”（Open access to knowledge-promoting sustainable progress）为主题的第76届国际图联大会在瑞典哥德堡的瑞典会展中心隆重举行，[1] 此次大会涉及开放存取、数字保存、用户信息素养、馆员职业教育等多个议题，[2] 充分体现了图书馆界在利用网络虚拟空间或物理实体空间为广大信息使用者提供共享服务方面做出的努力。用户是图书馆存在的价值，信息技术的突飞猛进也是图书馆界不容忽视的重要议题。2010年，图书馆界继续秉持自己的职业理念，宣明自身所承担的社会责任，不断开拓创新，积极探索利用现代信息技术为读者提供优质、高效、专业的服务，并围绕数字馆藏的组织和利用、数字图书馆的管理与服务、Web2.0在图书馆领域的发展、图书馆的阅读推广、图书馆员的职业发展等问题进行了广泛而深入的研究。

1 数字馆藏组织和利用研究的深入

科学技术飞速发展，海量数字资源充斥社会生活，图书馆的技术设施随之更新换代，用户对资源获取的一站式服务需求也开始持续增加，毋庸置疑，只要电子资源使用起来快捷、方便，并且有足够多的计算机终端提供快捷的电子资源，那么电子资源就会成为传统资源很好的替代品。[3] 由此，传统的检索和信息发布方式必将需要不断改进的新技术和新标准的帮助，来管理图书馆中的各类馆藏，尤其是数字馆藏，以便向不在现场的用户提供服务。

2010年3月，OCLC发布了题为《MARC标签在图书馆元数据实践中应用的启示》（Implications of MARC Tag Usage on Library Metadata Practices）的研究报告，该报告是OCLC研究部活动“搜集证据说明MARC元数据实践需要改变”的研究成果，是OCLC报告《联机目录：用户和馆员需要什么》的延续。该报告总结了OCLC关于MARC标签在图书馆元数据实践中应用的统计资料、分析和建议，并对MARC的未来做出了展望，指出图书馆使用MARC数据的目的是馆藏控制。[4] 6月，美国图书馆协会（ALA），加拿大图书馆协会（CLA）和英国图书情报专业人员协会（CILIP）联合宣布RDA工具包正式启用。这是为数字世界和不断扩大的元数据共享需求设计的统一标准，其精华部分包括：可检索和浏览的RDA操作指南；依据AACR2规则号检索RDA操作指南；工作流及其映射（支持机构培训和组织流程的RDA操作指南定制工具）；RDA的内容框架及其元素集；AACR2的全文等。[5] 另外，曾始于1998年的《编目术语及概念多语种词典》（Multilingual Dictionary of Cataloguing Terms and Concepts，MulDiCat）也于2010年9月出版了其最新版本，为新词汇的增设预留了空间，该词典包含了对图书馆编目使用的许多概念和术语的界定，并用英语和其他多种语言表述；该词典同时收录了国际认可的编目术语和概念，是经权威翻译的IFLA编目标准和相关文档。[6]

数字馆藏组织方面，2010年，用德文出版的《权威数据传送功能要求》（Funktionale Anforderungen an Normdaten）电子书正式出版发行，该书是对传统书目记录的扩展和功能要求的发展，通过对统一记录项（个人、家庭、团体、作品、表现形式、对象、事件、地点等）的汇集和标准化的接入点，从而产生新的编目方式。[7] 另外，陈志明（Chih-Ming Chen）等人提出图书馆可以将数字馆藏和Google搜索引擎中基于问题学习（problem-bases learning，PBL）的模式进行整合，从而产生新的、有价值的研究。[8] 杰森·库克斯玛（Jason Kucsma）等针对大都市纽约图书馆委员会（Metropolitan New

York Library Council, METRO）创制的数字馆藏名录的维护系统 Omeka 进行研究，提出该测试系统作为一个开放源代码馆藏管理系统，具有良好的延展性等优点，是一个具有优秀潜质并能有效支持数字馆藏的系统。[9] Bojana Dimic 等人基于兼容 MARC21 和 UNIMARC 两种格式的 XML 架构的理念，创造出包含了数据编目工具的 XML 文档模型，它不仅能对书目格式的元素分别进行描述，还可以展现书目格式的概念，这种书目格式模型是对格式化数据进行控制的软件组件，该组件能够用于图书馆软件系统的进一步发展。[10]

在向用户提供精准的数字馆藏服务方面，基于当前不少图书馆员难于适应复杂的数据挖掘工具应用的现状，一些学者提出，可以在图书馆中采用类似于数据处理原型系统的图书馆员文献书目挖掘系统模型，从而保证数据挖掘技术在图书馆中的成功运用。[11]克里斯丁·埃斯肯费尔德（Kristin Eschenfelder）等人认为，当前的文化机构通常使用限制 IP 范围和注册 ID 的方式对数字资源的存取、利用进行控制，而很少使用新的包括弹出窗口、禁止鼠标右键复制及存储、隐形水印、浏览器或跨机构验证系统等在内的技术对数字资源的存取和利用进行控制，图书馆等文化机构可以对这些新的控制技术进行一些有益的尝试。[12]另有安娜·科瓦切维奇（Ana Kovacevic）等人认为，聚类和朴素贝叶斯分类法（Naive Bayes Classification）可以用于图书馆的数据挖掘技术，更好地提升图书馆数字资源推荐服务的精准度。[13]此外，Rachel A. Fleming-May 和 Jill E. Grogg 在其《电子资源使用及图书馆概念》（The Concept of Electronic Resource Usage and Libraries）一文中评述了电子资源使用评测的发展现状，并为数字资源使用评测的研究、评定及标准的制定提供了指导。[14]

国外一些图书馆依据本馆实际，制定了适合本馆的“数字馆藏管理规划”（Digital Collections Master Plan）或“数字馆藏发展政策”，[15]不仅对本馆数字馆藏的主要目标做出了规定，还针对各类服务人群对数字馆藏的使用规定了优先权限等内容，使得服务管理更为合理、有序。[16]还有一些图书馆制定发布了专门的“数字馆藏服务规划”，使得数字馆藏服务有了依据。[17] 2010 年 7 月，西班牙召开了第五届开放机构库国际会议，更强调了图书馆开放存取和互操作机构库的技术价值及其对于科学和教育的重要性。[18]

在图书馆对电子资源的开发利用方面，默罕默德·塔伊尔（Muhammad Tahir）等人指出，人文科学虽然仍依赖于印刷型信息源，但是也已经开始关注电子资源；大多数人文学者熟练运用各种电子技术，通过计算机和网络在办公室及家中获取资源，并且认识到现代技术使得他们的工作更容易。因此，图书馆应该投入更多的资金为艺术和人文领域的研究提供电子资源和设备。[19]在印度，一项对高校学生的调查发现，学生对电子期刊表现出最大的兴趣，随后是电子书、电子报刊、电子报告及数字化文章；同时，此次调查还发现，印刷资料的利用比电子资源略多一些，且网络联机公共检索目录系统的利用也比预期的少一些。[20]这一调查为面向用户的高校数字馆藏的开放和利用的进一步创新研究提供了基础。在政府数字信息资源的采集和利用方面，公开政务信息的联邦数字系统（Federal Digital System）的持续性发展，实现了政府分支机构电子信息的自动采集、传播和转移，[21]很大程度上充实了图书馆的数字馆藏。围绕用户对数字馆藏方便获取的需求而产生出的各类相关问题的研究，使得“以人为本”的理念在图书馆领域再一次凸显出来。

2 数字图书馆管理与使用研究的多元化

数字图书馆的出现是伴随着国际互联网的发展和普及而兴起的，从最初的普通馆藏数字化潮流开始，直至特色馆藏的大规模数字化成为焦点，数字图书馆始终作为图书馆领域的重要课题而存在，并呈现出多元化的研究态势。2010 年，国外学者针对数字图书馆的研究主要涉及数字图书馆系统及其管理、数字图书馆服务、数字图书馆的未来发展、数字图书馆活动项目等。

对于数字图书馆的管理，有学者提出，数字图书馆供应链管理模式将成为数字图书馆有效应对 Google 或其他搜索引擎挑战的新型管理模式。[22] Dimitris Gavrilis 等人则提出，数字图书馆管理系统要着眼于保存，通过基于 RDF 关系的动态 Mopseus，利用关系型数据库管理系统同步与检索机制，形成一个能够转移已有资料库的自动化工作流程。[23]

在数字图书馆软硬件系统的开发与应用方面，美国图书馆协会（ALA）2010年仲冬会议上，非集成图书馆系统供应商LibaryThing生产的移动应用程序成为亮点，它几乎可应用于所有主流自动化平台，图书馆以非常低的成本即可实现可移动访问状态。利用LibraryThing开发的连接层，图书馆可以把用户创建的标签和其它用户提供的内容整合到它们基于Web的在线目录中去。今天，图书馆自动化的一个重要现实是接口层与底部图书馆自动化系统的分离。界面独立于后台支持自动装置，这将在移动领域盛行，这种开放竞争会给软件的功能开发、设备支持、价格下调带来更大的压力。[24]印度的Bhupendra Ratha认为，图书馆应成立内容创造部（content creation section）去实现文本和多媒体信息的数字化；并设立多媒体部（multimedia section）实现音像信息的数字化。他同时提出，数字图书馆所需硬件包括：支持各种软件的台式电脑，输入设备（扫描仪和摄影机），打印机，用户终端，调制解调器，网络电缆，交换机、路由器、网桥及其他连接设备，CD/DVD或其他外部存储设备，不间断电源供给等；除此之外，图书馆还应当对各种硬件设备的具体软件要求做出规定。[25]另外，数字图书馆产品服务（Digital Library Production Service，DLPS）是对数字图书馆延伸服务（Digital Library eXtension Service，DLXS）未来发展可行性方法的探索。数字图书馆延伸服务作为一个在密歇根大学图书馆使用的数字图书馆信息检索、存储系统，由文本支持、图像支持、检索工具及书目数据库四部分组成，是一种较为成熟且持久耐用的系统，与其他对其进行补充的内容管理系统、产品系统等一起，共同构成了一个完整的图书馆软件系统。[26]2010年，SimpleDL系统产品出现，实现了馆藏快速加载、原有元数据和记录条目无缝同步保存，其界面操作方便，资源获取速度得到提升。[27]

针对数字图书馆服务，IFLA认识到许多图书馆正在从传统向数字化转变，数字图书馆的数量也在逐步增加。这就要求图书馆界不仅要关注数字化进程，更要关注长期提供数字资源存取服务的策略。基于2009年米兰召开的IFLA世界图书馆和信息大会，在形成与数字图书馆活动相关的IFLA组织基础方面，IFLA职业委员会起草了一份愿景声明。该愿景如下："通过对各类非格式化或无地域限制信息的无缝访问和开放存取，强化图书馆、档案馆及博物馆间的合作，加强其与其他机构共同提供最广泛、最完善的服务，从而发挥用户在数字技术方面的最大潜力。"[28]IFLA在2010年又对2007年12月起草的《IFLA数字图书馆宣言》（IFLA Manifesto for Digital Libraries）进行了修订，在"宣言的实施"（Implementing the Manifesto）部分增添了"缩小数字鸿沟意味着有关部分必须采取行动将信息素养纳入教育课程，并提高人们对过去有价值的信息并非数字形式的认识"的内容。[29]增加部分对信息素养的强调具有战略意义。[30]在提升数字图书馆服务效率方面，刘晶晶等人通过调查认为，用户行为往往作为隐含的证据来源，对于满足特殊需求的个性化用户信息检索具有重要的价值，用户工作的类型能够影响包括有用性判断等在内的检索习惯；她同时指出，在检索行为中，不同工作特性显示出规律性的差异，这些可以作为用户工作类型的隐含标识被识别。[31]刘晶晶等人还发现，用户对于文件的停留时间及每次查询内容的页数作为两项行为指标，能够有效地帮助系统检测到用户面临的困难任务；[32]而用户所处的检索阶段也会影响包括有用性判断等在内的检索行为，能够帮助图书馆员推断用户在从事同类工作时对有用文件的判断时间，能够有效增加图书馆工作者在个性化多级检索任务下对有用文件进行推断的准确性。[33]在实际操作层面，马来西亚开放大学（Open University Malaysia）数字图书馆2010年对用户进行的满意度调查则更为直观地指出了数字图书馆服务过程中的问题，用户满意度已成为图书馆努力提升服务效率的重要指标。[34]而加利福尼亚州数字图书馆的成功案例说明，数字图书馆只有提供对数字化图书更方便的检索、对当地历史更准确的映射，以及强大的访问平台和新的数字保存工具，才能更好地提供服务并实现其社会价值。[35]

在数字图书馆与其他领域结合发展方面，克里斯汀·伯赛尔（Kristen Purcell）认为，从全球范围内来看，移动数据的不断增长突出了当今信息生态不断变化的主要内容，应该努力探索图书馆员在工作中如何利用移动数据增加和分享信息生态的两种趋势，[36]这种观点无疑具有创新性和现实意义。而IFLA作为图书馆领域的国际性权威机构，2010年度对数字图书馆也尤为关注。超过50个IFLA部门和特别利益团体正越来越关注数字问题；[37]同时，为了给那些建设过程中的数字图书馆提供一系列标准，IFLA首次编制了其《数字图书馆指南》草案，在草案制定过程中，工作小组通过对数字图书馆元数据的决策调研发现，元数据集群的处理是最重要的问题。[38] IFLA还出版了名为《数字图书馆的未来 用户观点和制度性对策》（Digital Library Future User perspectives and institutional strategies）的电子书，从用户和制度角度提出了数字图书馆的未来。[39]

2010年，“欧洲数字议程：数字图书馆倡议”（Digital Agenda for Europe: Digital Libraries Initiative）项目着手实施。该项目由文化遗产和科学信息两部分组成，目标是使包括图书、杂志、电影、地图、照片、音乐等在内的所有欧洲的文化资源和科学记录能够为所有人存取，并为子孙后代保存这些宝贵的资源[40]。2010年全年，该项目已制作完成了许多供网络获取的资源。此外，2010年6月9日，阿拉伯国王在华盛顿签署《世界数字图书馆宪章》（Charter of the World Digital Library），由于该宪章由美国国会图书馆和联合国教科文组织倡议启动，旨在创造一个供全球用户使用的数字图书馆，其中可获取的信息除了历史上和科学领域重要资料外，还包括图书馆和各类印刷资料、手稿、地图、录音、电影、图片和照片等，[41]阿拉伯国家对该宪章的签署说明数字图书馆在世界范围有了更为深远的影响。而数字图书馆联盟（Digital Library Federation, DLF）于上世纪90年代创立，是为馆藏和服务的延伸，对电子信息技术利用进行开拓创新的图书馆和其他机构的联合。[42]数字图书馆联盟论坛（DLF Forum）每两年召开一次，与会者包括数字图书馆的实践者，该论坛为与会者提供了分享经验和实践的机会，[43]最近的一次会议就搜索引擎、建立合作平台等数字图书馆领域共同关心的问题展开了讨论，[44]议题与时俱进。

3 Web2.0在图书馆领域的发展

Web2.0的出现，开启了图书馆服务的新纪元。Web2.0带给图书馆的不仅仅是服务方式的提升和发展，还带来了服务理念与技术的创新与转变。[45]

在Web2.0时代，将会有很多可供选择的社会软件，为图书馆用户和服务提供者同时带来了更多的非正式信息交流行为和机会，人物角色模型引入图书馆服务的方式不仅十分有趣，还会产生意想不到的服务效果。[46]英国公共图书馆通常采取博客方式介入Library2.0，研究发现，这些将博客作为Library2.0实现主要方式的图书馆，其未来将会出现一些问题，如：IT部门和大组织文化的技术障碍，图书馆从业者的冷漠且缺乏参与，社交网络与图书馆应该做的事情并不相关，缺乏内容创作的时间投入，以及其他更为合适的通信方式的影响等，都不利于Library2.0的发展。为此，英国学者提出，应采取更有合理的方式实现Library2.0。[47]另有一些学者指出，在学校图书馆中引入Web2.0技术是未来学校图书馆发展的新方向，通过对科技类丛书的使用进行试点观察发现，Web2.0技术的引进为学校图书馆和学校图书馆员的发展转型提供了机遇，并且，在基本障碍克服之后，可以期待未来美好愿景的出现。[48]还有不少学者提出小型图书馆需要Web2.0技术，尤其是那些古旧图书所占比重偏大的小型专门图书馆在信息时代，更需要对馆藏资源进行编目和网络查检。Web2.0技术的利用，不仅使传统业务得到拓展，也可以使任何地方的用户在网上获得所需资源，而且基于网络用户的特点，图书馆也可以获得很多新的数字资源。[49]关于Library2.0的概念，在世界范围内尚无一致认可的定论，[50]但早在2007年，澳大利亚的图书馆员凯瑟琳·格林希尔（Kathryn Greenhill）就提出：Library2.0包括两层含义，第一个是将Web2.0应用于图书馆；第二个是灵活的、敏感的、进化的、用户为中心的图书馆，这种意义上的图书馆应当有其自己的名字，暂且称为Library2.0+。[51]2010年，有人将后一种术语命名为“21世纪图书馆”，并称这个名称强调了图书馆在未来几年中的教育技能，至少在学校图书馆和高校图书馆中应明确这一发展方向，成为一种互动学习的新模式。将这种理念延伸至公共图书馆，很多用户都将被这种新的学习模式所影响。可以推断作为Library2.0的发展，“21世纪图书馆”将在未来大行其道。[52]

苏格兰图书馆及信息委员会（Scottish library and information committee, SLIC）与苏格兰图书馆与信息注册协会（Chartered Institute of Library and Information Professionals, CILIPS）2010 年推出了《图书馆 Web2.0 指南》（Web 2.0 Guide for Libraries），内容包括如何克服 Web2.0 广泛应用的障碍；图书馆如何跨越“围墙花园”，在用户经常光顾的网络空间与他们交流互动，而非被动等待用户来访等。这项指南还介绍了用于图书评论的博客或维基、用于新闻事件和更新服务的 Twitter，如 Netvibes 的个人化主页服务等，指出 Slainte 2.0 网站是个不错的范本。SLIC 和 CILIPS 从事 Web2.0 的研究已有两年多，他们支持采用这项可提高图书馆流通服务的新技术，认为社交网站，如 Flickr，Twitter 和 SlideShare，能增强人们的沟通模式，让人们可以更好地支持和促进图书馆工作。[53] 与此相应，以“智能图书馆”（Smart Libraries）为主题的爱尔兰图书馆学与信息学专业人员特别委员会（Chartered Institute of Library and Information Professionals in Ireland）召开年度会议，此次会议的几个分会场关于“Web2.0 的使用：社会媒体创造智能图书馆”（Using Web2.0: social media to create smart libraries），“实现 Web2.0 的巧妙方式：图书馆发展指南”（A smart approach to Web2.0: developing guidelines for Libraries）等几方面的探讨，[54] 无不彰显着爱尔兰业界对 web2.0 在图书馆领域发展更进一步的探索和研究。

在技术层面，每年一度的 Web2.0 年度峰会上，网络经济领袖济济一堂，商讨并确立 Web2.0 的经营发展策略，2010 年则重点关注面对日益拥堵的站点所采取的策略，[55] 为 Library2.0 日新月异的发展提供了技术支撑。而另一方面，Web2.0 的应用，使得非法存取等一些安全问题在网络环境下暴露出来，包括多层次技术手段的应用在内的综合性安全程序和管理应得到贯彻落实。[56] Yiu-On Li 等人提出，可以将 Web2.0 技术和社交网络软件融合到 Lib2.0 的模型中，比如，可以应用 MyLibrary Calendar 工具使用户通过自己的计算机终端享受开放的一站式平台和图书馆服务，包括收集和管理图书馆日程、图书馆电子邮件和消息、读者自己的流通记录、馆际互借及预定房间等。这一工具不仅能够方便用户，更能够加强图书馆服务宣传力度，使图书馆更具有亲和力。[57]

N. S. Harinarayana 等人指出，图书馆界对 Web2.0 的早期研究多集中在 Web2.0 作为工具对某一问题的处理及如何将其运用到图书馆中来，今后则要开始关注于 Web2.0 为图书馆领域所带来的好处及未来的发展趋势。[58] 2010 年 11 月，在对 17 个国家 1000 多个采用 Web2.0 技术的决策者调查的基础上，全球最大的防毒和电脑安全公司 McAfee 与普渡大学的信息与安全教育研究中心（Purdue University's Center for Education and Research in Information Assurance and Security）的研究团队共同发布了题为《Web2.0：一个复杂的平衡法》（Web2.0：A Complex Balancing Act）的报告，对 Web2.0 技术在图书馆中应用所产生的安全隐患和优势进行了博弈。[59]

这场博弈一直在持续，其中有人对 Web2.0 在图书馆中的未来发展表示出了担忧，而更多学者仍对 Library2.0 的未来持乐观态度。《解构图书馆 2.0》（Deconstructing Library2.0）一文对包括 Library2.0 消亡在内的各发展阶段的问题进行了梳理，[60] 赢得了不少悲观者的认同；但对立方以安德鲁·布尔克哈特（Andrew Burkhardt）为代表提出，图书馆已迎来了网络社交的时代，而社交作为一种新的常态，成为人们的期盼和主流，Library2.0 将成为司空见惯的事情，不会消亡。[61] 正如克莱·舍基所言，“工具直到在技术上变得无趣才能引起社会的兴趣”。[62] Web2.0 在图书馆中的应用正是如此。

4 图书馆关注阅读的热情不减

阅读对于社会发展的作用不言而喻，目前，几乎所有国家都在大力倡导全民阅读、呼唤构建阅读社会，而图书馆作为传播知识及终身教育的场所，其社会职能也要求将阅读放到重要的位置上来。2010 年，国外图书馆界对阅读问题的关注主要集中于阅读活动的展开与发展、电子资源阅读等相关内容。受之前金融危机的影响，2010 年的国外图书馆界仍然面临经费日益削减的困境，2010 年公共图书馆官方会议主席米兰达·卡内（Miranda McKearney）女士认为，各图书馆应该从长远角度，对图书馆合作者及其所提供的阅读活动进行认真的战略性思考，以确保图书馆提供的阅读服务能够产生持续的社会影响，这种社会影响将会迫使当地政府给予公共图书馆应有的重视，从而保证图书馆和阅读服务未来的发展。[63]

2010年3月，英国发起了一项鼓励家庭参与图书馆的新型试点计划，新生儿家长有机会通过登记新生儿出生日期为新生儿办理借书证，这项计划即将在格洛斯特郡的登记办公室、登记分站和图克斯伯里区登记机构试行。试点计划旨在鼓励更多的家庭来了解当地图书馆提供的服务，这些试点为五岁以下儿童的家长准备了非常好的资源；在这里，孩子们不会因为太小而发现不了读书的乐趣，反而会找到一个开始阅读之旅的奇妙方式。该项目为新生儿办理借书证的程序快速简便，使得日后家长就不必再为孩子办理本地图书馆注册手续。[64]另外，英国成人阅读和学习小组（Adult Reading & Learning team）每年举办的丰富多彩的活动[65]以及一年一度以各种名义开展的阅读节的精彩活动都有各地的图书馆参与其中。[66]

在美国，ALA在2010年继续举办了“快乐少年阅读周”（Happy Teen Read Week）的活动。该活动自1998年创办以来得到很多好评，由于阅读免费、有趣，并可以随时随地进行等特点，青少年在该活动中可以获得很多快乐，而且该活动的举办也促使学校和社区公共图书馆体会到了青少年服务的重要性。[67]除此之外，几乎全美所有的公共图书馆每年还会发起夏季阅读项目，鼓励人们与所在地区其他有共同阅读爱好的读者进行交流，2010年也不例外。该项目的参加者不止限于儿童，[68]从婴幼儿到成人，所有年龄群的读者都可以参与到免费、有趣的活动中来，并通过阅读和参加各种活动获得奖品。[69]由于向各年龄群读者开放，这种夏季阅读的活动使得各层次参与人群的文化素养得以提升。此外，图书馆还通过“故事时间”、图书展销等活动将学习和阅读融入进来，满足了社区文化素养整体提升的需求。[70]此外，“阅读是根本”（Reading Is Fundamental，RIF）的志愿者获得了2010年社区文化素养贡献奖。作为美国历史最久且最大的儿童及家庭文化素养非盈利组织，RIF的活动范围覆盖全美社区，使阅读遍及其所到之处。[71]

来自芬兰的Maija Berndtson指出，阅读和文化素养是每个国家的基础，图书馆应推动多文化和多语种社区的阅读。[72]在澳大利亚，一个八岁小女孩通过阅读获得2010年莱克县年公共图书馆基金的新闻轰动一时，激发了许多家长和少年儿童对图书馆阅读的兴趣。[73]作为该国阅读活动指南而于2010年出版的《阅读！50本不能放下的书》（Get Reading! 50 Books You Can't Put Down）一书，对当前澳大利亚及国际范围内的必读书目进行了列举，并建议公众依据该指南去各图书馆寻找要读的书目。[74] 2010年“南非图书馆周”（South African Library Week）就以“阅读改变生活”为主题，促进了全国范围内图书馆资源的推广。[75]从国际儿童读物联盟（International Board on Books for Young People，IBBY）2010年朝日阅读促进奖的12个入围项目可以看出全球各地对于少儿阅读的关注，而加纳切里尔儿童图书馆基金（Osu Children's Library Fund）作为最终两个获奖项目之一被遴选出来，则显示出国际社会对图书馆在促进儿童阅读方面尤为突出的贡献。[76]

随着国际市场上电子阅读设备大战愈演愈烈，电子书等电子资源的阅读服务也日益为图书馆界所密切关注。包括iPad、iPhone这些在内的新设备的出现加速了图书馆电子资源能够轻松读取。[77]2010年6月，索尼公司为美国公共图书馆电子馆藏部门的从业者们提供了一次网络教育培训项目，并为其提供索尼电子读取器设备。作为该项目的一部分，索尼公司还计划针对电子图书业的最新发展状况举行每年两次的更新会议。[78]索尼公司的这一举措极大地促进了图书馆电子资源的阅读。[79]而英国出版商协会（Publishers Association）首席执行官Simon Juden认为，像iPad这样的新设备的发行将加速电子阅读市场的增长，其所具有的一定程度的互动性能为用户提供另一种层次的体验。[80]再加上苹果公司不断推出像Bluefire一样的专门免费应用软件的更新，为用户阅读图书馆电子资源提供了更为有利的条件。[81] 2010年还出现了更为新鲜的电子书阅读设备——Alas，该设备迎合了钟情于纸质书者的需求，模拟了传统书的翻页，增添了包括书页折角在内的多功能书签，当合上书时，其触摸屏的形式才会出现，可以是说高度仿真。[82]面对电子阅读设备不断推陈出新，Chiun-Sin Lin等人发现，熟人的口头推荐与宣传和专家推荐阅读资料相比对读者起着更为重要的作用，图书馆也必须想方设法增强用户对推荐图书的信任并降低电子书使用的风险，从而促进用户对电子资源的阅读。[83]在俄罗斯和独联体国家，虚拟阅览室

(Virtual Reading Room)作为图书馆主动采取措施的一种方式，正在广泛建立起来。作为除医药领域以外俄罗斯国内所有专门学位论文的唯一存储地的俄罗斯国家图书馆，通过建立新形式的图书馆数字论文虚拟阅读教室，极大地促进了潜在读者获取资源。[84]

5 对图书馆从业者的研究日益升温

图书馆从业者是联系图书馆实体和用户的纽带，图书馆诸多方面的问题无不与从业者各方面素养密切相关。2010年，国外对图书馆从业者的研究开始升温，相关内容也频繁见诸各种媒体。可以说，各种规模专业团体定期举办的会议，给图书馆从业者提供了良好的学习、交流与沟通的平台。

2010年8月，IFLA的在瑞典举办了新专业人员特殊利益团体（New Professionals Special Interest Group）及图书馆协会管理部（Management of Library Associations Section）之间的卫星联席会议。此次会议聚焦新图书馆员作为图书馆领导者的定位，并由多位业界人士做了专题发言。[85]来自荷兰的Rob Bruijnzeels从图书馆学教育角度出发，做了题为"一开始的创新：荷兰图书馆学校模式"（Innovation right from the start：Library School model in the Netherlands），认为图书馆领导者的培养应从学校做起。[86]德国的佩特拉·豪克（Petra Hauke）就图书馆协会对新图书馆员的培养方面做了题为"你是未来：图书馆协会与新图书馆员"（You are the future：Library associations and new Librarians）的主题发言。[87]而来自德国的波茨坦应用科学大学信息科学学院的学生Dierk Eichel则通过另外的视角做了"猫鼠游戏：成为一名机动的、实时的真实图书馆员的挑战"（Catch me if you can：the challenges of becoming a truly mobile，real-time librarian）的报告，讲述了新一代图书馆从业者的境遇。[88]在职业国际化方面，美国匹兹堡大学的罗宾·基尔（Robin Kear）和图书馆国际合作网络专家赫拉·克劳兹（Hella Klauser）共同做了题为"推进职业生涯的提升：如何使你的职业国际化"的专业报告，从国际合作角度同与会者探讨了图书馆员职业国际化的方式与方法；[89]科琳娜·塞克（Corinna Sepke）与米里亚姆·霍尔斯彻（Miriam Hoelscher）做了名为"极端全球化和难以置信的连接：如何将当今世界的新图书馆员团体组织起来"（Extremely globalized and incredibly connected：how new librarian's communities stay organized in today's world）的报告。[90]

与此同时，针对新图书馆员当前面临的问题，在意大利帕尔马举行的2010年BOBCATSSS会议也发布了系列报告。[91]这些会议报告重点关注相关专业学生和老师，[92]其中一篇有关图书馆与信息专业人才和相关专业学生对致力于克服数字环境挑战的报告增强了图书馆从业者消除数字鸿沟的信心。[93]同样的主题，IFLA主席艾伦·泰塞（Ellen Tise）在年初的会议上也说过，"缩小差距：涉及数字环境下新的专业人才的国际化发展"。[94]

Hajar Safahieh等研究者通过对伊斯法罕大学图书馆员计算机技能水平的调查发现，大多数图书馆员并未拥有较高的计算机使用技能和持续的可以提升其计算机水平的使用经历，指出图书馆员亟须提升其计算机技能以满足图书馆在新技术环境下的需求。[95]艾琳·谢泼德（Eileen Shepherd）对一组高校图书馆员进行了一段时间的培训，内容包括基本信息查询技巧等在内的培训课程，最终有80%的参与者完成了学业。培训过程中，艾琳·谢泼德发现，图书馆员在IT方面的专业技能相对缺乏，并建议专业图书馆工作人员应继续参加相应的培训，以更好地提供信息服务。[96] Bruce E. Massis也指出，职业继续教育与员工工作表现及能力提高有着直接的联系，并为图书馆开展馆员职业教育提出了一些建议，他认为，即使在经济衰退期，图书馆也应为馆员拓展知识、提高职业技能提供资金、机遇等多方面支持。图书馆员服务读者的职业特点要求馆员要不断提高个人素养，以满足更高水平读者的需求，也只有通过馆员知识、技能的提高才能使图书馆服务的效益得以发挥和拓展，图书馆应鼓励和支持员工参与继续教育和学习。[97]

针对实际工作中的具体问题，一些图书馆开展了学习2.0的项目，通过员工在其工作场所亲身体验、学习的方式，使工作人员对2.0的技术有了更为深刻的认识。[98]在美国，针对图书馆、博物馆博士研究生和从业者的2010－2011年度数字保存课程培训暑期班在北卡罗来纳大学开班。该培训班由国际数字资源保持专家教授，旨在培养学员对于数字资源保持的技能、知识及责任感。[99] 同时，美国图书馆与信息技术协会（Library and Information Technology Association，简称 LITA）则开设了网络写作（Writing for the Web）训练班。该训练班由罗切斯特大学 Brenda Reeb 女士授课，为期一天，以技术为主题的学术研讨班，由专家讲授，面向全国，开班地点延伸到美国图书馆协会之外，给图书馆带来高质量的继续教育，为高校和公共图书馆网站写作提供最佳实践。训练内容包括：如何评论当前网站内容以便即时修订，临场撰写高质量的网页内容副本，识别需要重点校正的网页内容，评估重要特性或网站重要内容的可发现性，以在内容上达到统一和满足一定的标准。[100]

此外，凯瑟琳·弗朗（Katherine Furlong）从切身经历出发，介绍自己如何在心理上完成从年轻馆员向中年管理人员的角色转变。她认为，作为管理者要善于倾听有创新精神、有思想的人的观点，多为他们的工作提供支持和帮助。同时，在紧跟时代发展，注重开拓创新的基础上，不能失掉现有的工作重心。老一代馆员与新一代馆员间存在着一些差异，作为新一代的馆员，除了要不断丰富和更新自己的知识和专业技能外，还应在图书馆内承担更多的管理工作。新一代人处事灵活、勤奋好学、有责任心、善于倾听并乐于反馈，经过一些年的历练，在已经具备了一定管理能力的基础上，一定能够成为适应时代需求的高素质的管理者。[101] 而尼日利亚的 Umunna N. Opara 从职业角度出发，认为图书馆学与信息学作为一种职业，应得到法律和社会的认可，应有专业的行为准则，要建立并维护图书馆学与信息学教育和实践的标准，要有良好的社会形象，要对图书馆学和信息学学校进行资金支持，同时应有相应的专业组织和专业协会做支撑。[102]

参考文献

1 Open ceremony of the 76th IFLA General Conference and Assembly.（2010－08－12）[2011－04－03]. http://2010.ifla.org/node/967.

2 第 76 届国际图联大会会议日程.（2010－08－05）[2011－03－03]. http://www.lsc.org.cn/Attachment/Doc/1280996520.pdf.

3 Margam Madhusudhan. Use of electronic resources by research scholars of Kurukshetra University. Electronic Library. 2010,28(4):492－506.

4 Report, Implications of MARC Tag Usage on Library Metadata Practices. [2011－02－27]. http://www.oclc.org/research/publications/library/2010/2010－06.pdf.

5 The RDA Toolkit launches. [2011－04－09]. http://blogs.ifla.org/bibliography/2010/06/23/the-rda-toolkit-launches/.

6 Multilingual Dictionary of Cataloguing Terms and Concepts(MulDiCat).（2010－11－30）[2011－03－09]. http://www.ifla.org/en/publications/multilingual-dictionary-of-cataloguing-terms-and-concepts-muldicat.

7 Funktionale Anforderungen an Normdaten.（2011－03－03）[2011－03－09]. http://www.ifla.org/en/publications/ifla-series-on-bibliographic-control-41.

8 Chih-Ming Chen, Chia-Chi Chen. Problem-based learning supported by digital archives: Case study of Taiwan Libraries' History Digital Library. Electronic Library. 2010,28(1):5－28.

9 Jason Kucsma, Kevin Reiss, Angela Sidman. Using Omeka to Build Digital Collections: The METRO Case Study. D-Lib Magazine, 2010(16). [2011－04－05]. http://www.dlib.org/dlib/march10/kucsma/03kucsma.html.

10 Bojana Dimic, Branko Milosavljevic, Dušan Surla. XML schema for UNIMARC and MARC 21. Electronic Library, 2010,28(2):245－262.

11 Jiann-Cherng Shieh. The integration system for librarians' bibliomining. Electronic Library. 2010,28(5):709－721.

12 Kristin R, Grace Agnew. Eschenfelder. Technologies Employed to Control Access to or Use of Digital Cultural Collections: Controlled Online Collections. D-Lib Magazine, 2010(16).（2010－02－04）[2011－02－26]. http://www.dlib.org/dlib/january10/eschenfelder/01eschenfelder.html.

13 Ana Kovacevic, Vladan Devedzic, Viktor Pocajt. Using data mining to improve digital library services. Electronic Library, 2010,28(6):829－843.

14 The Concept of Electronic Resource Usage and Libraries. [2011－03－13]. http://www.alatechsource.org/library-technology-reports/the-concept-of-electronic-resource-usage-and-libraries.

15 Z. Smith Reynolds. Library Digital Collection Development Policy. [2011－03－23]. http://librarchivist.files.wordpress.com/2010/05/digitalcolldevpolicy.pdf.

16 Digital Collections Master Plan－2010.（2010－01－

01)[2011—03—23]. http://digitalcommons. macalester. edu/viewcontent. cgi? article=1006&context=annrep.

17 METRO Digital Library Service Plan, 2007—2010. [2011—03—23], http://www. metro. org/attachments/contentmanagers/79/2007_digplan. pdf.

18 Carol Minton Morris. Making Repositories Mean More: Report on the Fifth International Conference on Open Repositories 2010. D-Lib Magazine. 2010 (16). [2011—02—26]. http://www. dlib. org/dlib/september10/morris/09morris. html.

19 Muhammad Tahir, Khalid Mahmood, Farzana Shafique. Use of electronic information resources and facilities by humanities scholars. Electronic Library. 2010, 28(1): 122—136.

20 Dillip K. Swain. Students' keenness on use of e-resources. Electronic Library, 2010, 28(4): 580—591.

21 Lisa R. LaPlant. Meeting the Mission: Preserving and Providing Access to Electronic Federal Government Publications. (2010—12—02)[2011—03—31]. http://www. clir. org/dlf/forums/fall2010/12FDsys. pdf.

22 Huang Meng-xing, Xing Chun-xiao, Zhang Yong. Supply chain management model for digital libraries. Electronic Library, 2010, 28(1): 29—37.

23 Dimitris Gavrilis, Christos Papatheodorou, Panos Constantopoulos, Stavros Angelis. Mopseus-A Digital Library Management System Focused on Preservation. Lecture Notes in Computer Science, 2010 (6273): 445—448.

24 LibraryThing Delivers Mobile Access to Library Catalogs. [2010—03—24]. http://www. alatechsource. org/blog/2010/03/librarything-delivers-mobile-access-to-library-catalogs. html.

25 Bhupendra Ratha. Digital Library Hardware and Software. (2010—07—26)[2011—03—26]. http://www. clib. dauniv. ac. in/E-Lectures/Digital%20LibraryHardware. pdf.

26 Brief Survey of Digital Library Software System. (2010—07—08)[2011—04—2]. http://mblog. lib. umich. edu/blt/archives/2010/07/brief_survey_of. html.

27 Accomplish more with a simple and quick Digital Library. [2011—03—27]. http://www. simpledl. com/management/.

28 About Digital Libraries. (2010—11—25)[2011—03—09]. http://www. ifla. org/en/about-digital-libraries.

29 IFLA Manifesto for Digital Libraries. (2010—10—07)[2011—03—03]. http://www. ifla. org/publications/ifla-manifesto-for-digital-libraries.

30 IFLA Digital Library Manifesto. (2010—09—14)[2011—03—09]. http://www. ifla. org/en/digital-libraries/manifesto.

31 Liu J., Cole M., Liu C., Bierig R., Gwizdka J., Belkin NJ, Zhang J, Zhang. X. (2010). Search behaviors in different task types. To appear in Proceedings of ACM-IEEE Computer Society Joint Conference on Digital Libraries(JCDL) 2010. Goldcoast, Australia, June 21—25, 2010. [2011—04—02]. http://comminfo. rutgers. edu/imls/poodle/jcdl88-liu. pdf.

32 Liu, J., Liu, C., Gwizdka, J., Belkin, N. J. Can search systems detect users' task difficulty? Some behavioral signals. Proceedings of the 33rd Annual International ACM SIGIR Conference on Research & Development on Information Retrieval (SIGIR '10). Geneva, Switzland, July 19—23, 2010. [2011—03—18]. http://comminfo. rutgers. edu/imls/poodle/pp230-liu. pdf.

33 Liu, J., Belkin, N. J. Personalizing information retrieval for multi-session tasks: The roles of task stage and task type. Proceedings of the 33rd Annual International ACM SIGIR Conference on Research & Development on Information Retrieval. Geneva, Switzland, July 19—23, 2010. [2011—03—18]. http://comminfo. rutgers. edu/imls/poodle/fp160-liu. pdf.

34 OUM Digital Library User Satisfaction Survey. (2010—12—01)[2011—04—02]. http://ldms. oum. edu. my/oumlib/announcements/oum-digital-library-user-satisfaction-survey.

35 Digital library's global, local services. (2010—11—10)[2011—04—03]. http://www. cdlib. org/cdlinfo/2010/11/10/digital-librarys-global-local-services/.

36 My Digital Library: Leveraging Today's Mobile and Participatory Information Ecosystem. (2010—07—29)[2011—04—02]. http://www. pewinternet. org/Presentations/2010/Jul/Digital-Libraries-a-la-Carte. aspx.

37 Digital Library Activities of IFLA Sections and SIGs. (2010—04—26)[2011—03—09]. http://www. ifla. org/en/digital-libraries/activities.

38 IFLA Working Group on Guidelines for Digital Libraries. (2010—11—25)[2011—03—09]. http://www. ifla. org/en/digital-libraries/guidelines.

39 Digital Library Futures User perspectives and institutional strategies. [2011—03—09]. http://www. degruyter. de/cont/imp/saur/detailEn. cfm? isbn = 978—3—11—023219—6.

40 Digital Agenda for Europe: Digital Libraries Initiative. [2011 — 03 — 21]. http://ec. europa. eu/information_society/activities/digital_libraries/index_en. htm.

41 Noami signs Charter of the World Digital Library. (2010—06—09)[2011—04—03]. http://www. dailybahrain. com/news/newsfull. php? newid = 379836.

42 DLF. (2011—01—11)[2011—04—03]. http://old. diglib. org/dlfhomepage. htm.

43 Forum. [2011 — 04 — 03]. http://old. diglib. org/forums. htm.

44 Presentations from the 2010 Digital Library Federation Fall Forum. (2010—12—01)[2011—03—31]. http://digital-scholarship. org/digitalkoans/2010/12/01/presentations-from-the-2010-digital-library-federation-fall-forum/.

45 Li Haiying. Open Library's New Services Tactics in the Era of Web2. 0. Management and Service Science (MASS),2010(8):1—4.

46 Li-Ping. Creating and Using Personas for Library Service in Web2. 0 era. (2010 — 08 — 07) [2011 — 04— 03]. http://www. sub. su. se/ifla/doc/Li-PingKU_CreatingandUsingPersonasfor LibraryServiceinWeb2. 0era7_1545. pdf.

47 How are public libraries engaging with Library2. 0 RESULTS(at last). (2010—04—10)[2011—04—05]. http://schammond. wordpress. com/2010/04/10/how-are-public-libraries-engaging-with-library-2-0-results-at-last/.

48 Library2. 0. (2010 — 03 — 26) [2011 — 04 — 04]. http://literacy44. ca/nvsd44libraries/2010/03/26/library—2—0/.

49 How to web2. 0 a small library?. (2010 — 02 — 09) [2011 — 04 — 01]. http://ask. metafilter. com/145490/How-to-web20-a-small-library.

50 Steve Thomas. Web2. 0, Library 2. 0 and the Future for Library Systems. [2011—03—21]. http://digital. library. adelaide. edu. au/dspace/bitstream/2440/14789/1/Web2. 0. pdf.

51 Kathryn Greenhill. What is Library2. 0 and Library2. 0+?. (2007 — 04 — 19) [2011 — 02 — 27]. http://librariansmatter. com/blog/2007/04/19/what-is-library20-and-library20/.

52 21st Century Library vis-a-vis Library2. 0+. (2010—03 — 03) [2011 — 04 — 03]. https://21stcenturylibrary. wordpress. com/2010/03/03/21st-century-library-vis-a-vis-library2-0/.

53 Web 2. 0 Guide for Libraries. [2010 — 12 — 1]. http://blogs. ukoln. ac. uk/cultural-heritage/2010/11/04/web-2-0-guide-for-libraries/? utm_source=rss&utm_medium=rss&utm_campaign=web-2-0-guide-for-libraries.

54 Library Association of Ireland / CILIP Ireland Annual Joint Conference 2010. [2011—02—26]. http://www2. libraryassociation. ie/wp-content/uploads/2010/03/ConferenceProgramme1April2010. pdf.

55 Web2. 0 Summit Is a Wrap. [2011—04—04]. http://www. web2summit. com/web2010.

56 Riaan J. Rudman. Incremental risks in Web 2. 0 applications. Electronic Library. 2010,28(2):210—230.

57 Yiu-On Li, Irene S. M. Wong, Loletta P. Y. Chan. MyLibrary Calendar: a Web 2. 0 communication platform. Electronic Library. 2010. 28 (3): 374—385.

58 N. S. Harinarayana, N. Vasantha Raju. Web 2. 0 features in university library web sites. Electronic Library. 2010,28(1):69—88.

59 MaAfee, Inc. Release report on Web2. 0 Technology Adoption at workplace. (2010 — 11 — 01) [2011 — 04—02]. http://dailyconnect. in/2010/11/01/mcafee-inc-releases-report-on-web20-technology-adoption-at-workplace/.

60 Andy Woodworth. Deconstructing Library 2. 0. (2010—02—19)[2011—03—04]. http://agnostic-maybe. wordpress. com/2010/02/19/deconstructing-library—2—0/.

61 Library 2. 0: Not Just for Users. (2010 — 02 — 24) [2011 — 04 — 04]. http://theshiftedlibrarian. com/archives/2010/02/24/library-2-0-not-just-for-users. html.

62 Jack Humphrey. Clay Shirky TED Presentation: How Social Media Can Make History. (2009 — 08 — 03) [2011—03—23]. http://www. fridaytrafficreport. com/clay-shirky-ted-presentation-how-social-media-can-make-history/.

63 Natasha Roe. Publishers, libraries and the future of the reading service-Miranda McKearney of The Reading Agency. (2010—10—22)[2011—04—04]. http://www. readingagency. org. uk/new-thinking/forum/2010/10/publishers-libraries-and-the-future-of-the-reading-service—miranda-mckearney-of-the-

reading-agency. html.

64 Library cards for newborns. [2011－02－25]. http://www. mla. gov. uk/news_and_views/news/2010/March/Library_cards_for_newborns.

65 News from the Adult Reading & Learning team. [2011－04－03]. http://community. newcastle. gov. uk/libraries/2010/09/13/news-from-the-adult-reading-learning-team/.

66 Elisa Bray. The Diary:Reading Festival;John Simm in Hamlet; Sons of Admirals; Southwark Playhouse; Aled Jones. (2010－09－17)[2011－04－04]. http://www. independent. co. uk/arts-entertainment/books/features/the-diary-reading-festival-john-simm-in-hamlet-sons-of-admirals-southwark-playhouse-aled-jones-2081174. html.

67 Happy Teen Read Week. [2011－04－02]. http://www. ala. org/ala/mgrps/divs/yalsa/teenreading/trw/trw2010/home. cfm.

68 Summer Reading not just for kids anymore. (2010－07－17)[2011－03－23]. http://www. istockanalyst. com/mobile/viewarticle/articleid/4317327.

69 Summer Reading 2010. [2011－03－26]. http://brooklynpubliclibrary. org/summerreading/.

70 Library's reading club promotes much-needed community literacy. (2010－07－21)[2011－04－04]. http://unionrecorder. com/editorials/x854235122/Library-s-reading-club-promotes-much-needed-community-literacy.

71 Reading Is Fundamental's 2010 Volunteer of the Year Award Recipients Involve Communities in Literacy Efforts. (2010－04－06)[2011－04－03]. http://www. rif. org/us/about/press/reading-is-fundamentals-2010-volunteer-of-the-year-award-recipients-involve-communities-in-literacy-efforts. htm.

72 Maija Berndtson. Libraries Promoting Reading in a multicultural,multilingual society. (2010－08－14)[2010－03－16]. http://npsig. wordpress. com/2010/08/14/libraries-promoting-reading-in-a-multicultural-multilingual-society/.

73 Reading earns third-grader a trophy and library some cash. (2010－07－05)[2011－03－30]. http://www. nwitimes. com/news/local/lake/hobart/article_a59dda56－2454－57bc－8736－1afae0d16bb5. html.

74 50 books you can't put down. [2011－04－02]. http://www. coffsharbour. nsw. gov. au/citylibrary/html/5175-get-reading-2010. asp.

75 South African Library Week 22－27 March 2010. [2011－04－03]. http://blogs. uct. ac. za/blog/sa-libraries-in-the-news/2010/02/25/south-african-library-week-22-27-march-2010.

76 2010 IBBY—Asahi Reading Promotion Award. [2011－03－22]. http://www. ibby. org/index. php? id=1018.

77 Janet Cloninger. Read Library Books on Your iPad and iPhone/iPod touch with Bluefire Reader. (2010－11－28)[2011－04－04]. http://the-gadgeteer. com/2010/11/28/read-library-books-on-your-ipad-and-iphoneipod-touch-with-bluefire-reader/.

78 Sony promote ebook reading in Public Libraries with "The Reader Library Program". (2010－06－30)[2011－02－28]. http://en. akihabaranews. com/52548/e-book/sony-promote-ebook-reading-in-public-libraries-with-the-reader-library-program.

79 Stephen Abram. Sony Unveiled Reader Library Program to Promote Digital Reading at Public Libraries. (2010－07－08)[2011－03－02]. http://stephenslighthouse. com/2010/07/08/sony-unveils-reader-library-program-to-promote-digital-reading-at-public-libraries/.

80 Digital reading still in infancy. [2010－6－4]. http://www. ft. com/cms/s/0/c7b08a24－48 c8－11df－8af4－00144feab49a. htm.

81 ChrisReader. Bluefire App! I'm reading Library books on my ipad!!. (2010－11－11)[2011－03－24]. http://likesbooks. com/boards/viewtopic. php?p=101785&sid=f0b32d74f1a1888ffcade9ba46355ca4.

82 Welcome To The Library. [2011－03－04]. http://www. yankodesign. com/2010/01/05/welcome-to-the-library/.

83 Chiun-Sin Lin, Gwo-Hshiung Tzeng, Yang-Chieh Chin, Chiao-Chen Chang. Recommendation sources on the intention to use e-books in academic digital libraries. Electronic Library. 2010,28(6):844－857.

84 Nina Avdeeva. Innovative services for libraries through the Virtual Reading Rooms of the Digital Dissertation Library, Russian State Library. IFLA Journal. 2010,36(2):138－144.

85 The Global Librarian. [2011－04－04]. http://npsig. wordpress. com/the-global-librarian/.

86 Rob Bruijnzeels. Innovation right from the start:Library School model in the Netherlands. [2011－03－05]. http://npsig. files. wordpress. com/2010/03/npsig_the-global-librarian_lis-school_paper. pdf.

87 Petra Hauke. You are the future:Library associations and new Librarians. [2011－04－05]. http://npsig.

files. wordpress. com/2010/03/npsig_the-global-librarian_mobile-new-lis-generation_paper. pdf.

88 Dierk Eichel. Catch me if you can: the challenges of becoming a truly mobile, real-time librarian. (2010—11—15)[2011—03—25]. http://prezi. com/i3lkxtjrcs h/global-semantic-web-librarian-npsig/.

89 Robin Kear, Hella Klauser. Sparking the career boost: how to internationalize your career. [2011—03—21]. http://npsig. files. wordpress. com/2010/03/npsig_the-global-librarian_pathways-to-internationalize-your-library-career_presentation. pdf.

90 Corinna Sepke, MiriamHoelscher. Extremely globalized and incredibly connected: how new librarian's communities stay organized in today's world. [2011—04—05]. http://npsig. files. wordpress. com/2010/03/npsig_the-global-librarian_moving-libraries_paper. pdf.

91 BOBCATSSS 2010 reports. (2010—07—28)[2011—03—09]. http://npsig. wordpress. com/2010/07/28/bobcatsss-2010-reports/.

92 Elena Corradini. BOBCATSSS 2010 in Parma, Italy: Bridging the digital divide: libraries providing access for all?. New Library World. 2010(111):354—358.

93 Sara P. Robinson, Catherine Westwood. Symposium report: BOBCATSSS 2010. New Library World. 2010(111):351—353.

94 NPSIG at BOBCATSSS 2010!. (2010—01—17)[2011—03—19]. http://npsig. wordpress. com/2010/01/17/npsig-at-bobcatsss-2010/.

95 Hajar Safahieh, Asefeh Asemi. Computer literacy skills of librarians: a case study of Isfahan University libraries, Iran. Electronic Library. 2010, 28(1): 89—99.

96 Eileen Shepherd. In-service training for academic librarians: a pilot programme for staff. Electronic Library. 2010, 28(4): 507—524.

97 Bruce E. Massis. Continuing professional education: ensuring librarian engagement. New Library World, Vol. 111 No. 5/6, 2010. pp. 247—249.

98 Julia Gross, Lyn Leslie. Learning 2. 0: a catalyst for library organisational change. Electronic Library. 2010, 28(5): 657—668.

99 Kaitlin Light Costello, Michael E. Brown. Preliminary Report on the 2010—2011 DigCCurr Professional Institute: Curation Practices for the Digital Object Lifecycle. D—Lib Magazine. 2010(16). [2011—03—25]. http://www. dlib. org/dlib/november10/costello/11costello. html.

100 LITA offering regional institute: Writing for the Web. [2010—10—8]. http://litablog. org/2010/07/lita—offering—regional—institute—writing—for—the—web/.

101 Katherine Furlong. Are You Really NextGen?. (2010—05—15)[2011—03—26]. http://dspace. lafayette. edu/bitstream/handle/10385/671/Furlong—LibraryJournal—vol135—no9—2010. pdf?sequence=1.

102 Umunna N. Opara. Professionalizing the library and information science profession in Nigeria. IFLA Journal. 2010, 36(2): 156—165.

图书馆事业

国家图书馆
公共图书馆
高校图书馆
专业图书馆
香港特别行政区
澳门特别行政区
图书馆学（协）会组织

图书馆事业

国家图书馆

综述

2010年,国家图书馆全年共接待到馆读者5 329 889人次,与2009年相比,增加2.32%;全馆流通书刊28 263 508册次,与2009年相比,增加5.01%;各类咨询53.17万件,与2009年相比,增加27.26%;访问国图网站83 019.8万人次,与2009年相比,增加83.86%;办理读者证卡21.08万个。此外,培训、讲座、参观、展览等各项活动共接待读者37.04万人次,其中开办公益性讲座247场,组织业界培训63期,接待参观454场,举办展览81场,举办其他活动242场。截至2010年底,国家图书馆馆藏总量为28 979 203册(件);数字资源总量达480TB,其中自建资源388TB。

截至2010年底正式工作人员1353人,其中正副高级专业技术人员229人,中级专业技术人员669人。

一年来,国家图书馆在党和政府的亲切关怀以及文化部的正确领导下,以科学发展观为指导,继续实施"人才兴馆、科技强馆、服务立馆"三大发展战略,深化改革,加快发展,创新服务,不断拓展公益性服务范围,各项事业取得了可喜进步。

一、夯实基础业务工作,文献信息保障能力得到增强

加强与新闻出版总署的沟通力度,首次开展了大规模的出版物样本催缴工作,取得较好成效;国内出版物采全率进一步提高,台港澳文献、少儿文献、中文资料入藏呈现显著增长;重点学科领域外文文献、海外中国学文献、国际组织及外国政府出版物入藏得到加强,外文文献采选数量大幅增加;古籍特藏采访取得新成果,名家藏书、新旧地图、石窟拓片、彝文古籍采访成效突出;音像资料、缩微文献入藏数量持续增长;实现全年新入藏文献编目无积压,基本完成了历史遗留未编目文献的书目数据制作和馆藏挂接工作。策划了"国家文献战略储备库"建设项目,立项论证报告初步完成。

二、加快国家数字图书馆工程建设,数字图书馆推广应用成效显著

国家数字图书馆工程建设积极推进。根据信息技术的发展和业务工作的需求,调整了工程建设方案;软硬件基础设施环境进一步改善,国家数字图书馆标准规范体系初步建成。

县级数字图书馆推广计划全面实施。利用全国文化信息资源共享工程传输平台,策划了"县级数字图书馆推广计划"。重点实施了首批向全国320个县级图书馆分别配送数字资源、"灾区援建行动"将国家图书馆数字资源推送到汶川地震灾区、"援疆行动"构建覆盖全新疆的数字图书馆服务网络等三期行动,至2010年底,推广计划全部完成,使全国2940个县都具备数字图书馆服务能力。

"数字图书馆推广工程"启动。"推广工程"通过建设"一库一网三平台"(即建设海量分布式数字资源库群,数字图书馆虚拟网,优秀中华文化集中展示平台、开放式信息服务平台和国际文化交流平台)以技术手段打破不同行业、不同地域图书馆之间的界限,使全国分散异构的数字图书馆系统能够连接为一个超大型数字图书馆,催生网络环境下新的文化服务业态。2010年,在具备条件的地区先行开展数字图书馆推广工作,率先在山东省、厦门市开展了国家数字图书馆全覆盖工作。

三、深化服务内涵，立法决策服务取得新突破

首次召开"政府立法咨询服务座谈会"；成立"国情咨询顾问委员会"和"国情咨询专家委员会"；举办"国家图书馆立法决策服务成就展"，接待了来自全国人大、全国政协等中央国家机关的领导参观。为全国"两会"服务取得新成效，首次推出了《国家图书馆"两会"专题文献信息专报》等服务，为"两会"提供专题文献信息资料1597篇；"国家图书馆立法决策服务平台"进入全国人大"两会"代表服务专区提供常态化服务；电子触摸屏首次进驻全国政协委员驻地，提供数字化服务。2010年新开通中央社会主义学院、中央编办、国家行政学院等3家部委分馆。全年共承办"部级领导干部历史文化讲座"20期。

四、加强服务创新，服务水平得到进一步提升

为重点教育、科研单位和企业组织服务发展态势良好。2010年社科检索课题同比增长66.5%，科技查新业务同比增长46.9%；与武汉大学签署战略合作协议，在合作培养人才、联合开展学术研究等方面开展广泛合作；召开了第六届国家图书馆企业信息服务年会。

公益性服务工作稳步推进，少年儿童服务全面拓展。开通了国家图书馆少年儿童馆暨少儿数字图书馆。举办了"文津少儿讲坛"公益讲座等活动，得到家长和小读者的欢迎。"国家少儿数字图书馆"提供10TB数字资源，成为网上绿色阅读平台。

社会教育服务蓬勃开展。"文津讲坛"等已有系列讲座的社会影响日益增强，"百年辛亥专题研究系列讲座"等新开讲座受到读者欢迎；成功承办"新疆历史文献暨古籍保护成果展"，在新疆展出期间观众逾十万；举办了"世界读书日"系列纪念活动，首次与中央电视台合作举办大型晚会，倡导全民阅读；完成了第六届国家图书馆文津图书奖的评选工作。

五、开展国内外交流与合作，业界服务力度不断加大

注重发挥行业引领与指导作用。全面启动国家图书馆援疆行动，向新疆地区基层图书馆调拨图书20万册，建立国家数字图书馆新疆分馆，面向新疆基层图书馆员开展培训。组织全国图书馆界专家完成12个专题的公共图书馆法立法支撑性研究工作；完成《公共图书馆服务标准》等12项国家标准项目的审查上报工作，推动行业规范制定；继续实施"全国图书馆志愿者行动"项目；成立了全国公共图书馆讲座联盟，举办了"公共图书馆讲座联盟工作"业务研讨会；召开了"公共图书馆立法决策服务工作"研讨会、全国图书馆少儿服务工作座谈会，充分发挥国家图书馆的行业引领作用。

国际交流合作不断深化。完成了驻外中国文化中心图书馆建设方案；成功组织了第五届中美图书馆合作会议；开展与英、法、日、韩等国家图书馆的业务互访；签署了中日韩数字图书馆计划协议；实现了美国哈佛大学哈佛燕京图书馆、日本东京大学东洋文化研究所馆藏共5000种中文古籍数字化回归。

六、继续实施"中华古籍保护计划"，古籍保护成果喜人

组织召开了全国古籍保护工作座谈会；协助文化部召开了全国古籍保护工作会议，并起草《文化部关于做好下一阶段古籍保护工作的通知》，形成了重要的古籍保护工作思路；组织完成了第三批《国家珍贵古籍名录》和全国古籍重点保护单位的评审、上报工作，举办了第三批"国家珍贵古籍特展"；启动了《中华古籍总目》(分省卷)编纂工作，与全国26个省级古籍保护中心签署任务书；设立了新疆古籍保护专项；基本完成古籍普查平台的研制和在各分中心的部署工作；继续推进《中华再造善本续编》工作，已完成140种文献的出版。

七、推动内部机制改革，人才队伍建设与科研工作取得新成绩

深化内部机制改革。按照中央关于深化文化体制改革要求，研究调整了内部管理机制、用人机制、分配机制；制订并实施了深化后勤改革方案；稳步推进了国家图书馆出版社转企改制工作。

人才队伍素质不断提高。坚持干部的年轻化、知识化原则，完成中层管理干部队伍换届。不断充实人才队伍，2010年共接收大学应届毕业生55名，其中博士生11人，硕士生41人，硕士以上学

历人员占新接收人员的95%。鼓励员工岗位成才,2010年度职称评审共推荐10人晋升副高级以上专业技术职务,通过了33人晋升副研究馆员资格。

科研工作取得新进展。群策群力完成了《国家图书馆"十二五"规划纲要》的编制,未来五年发展思路更加清晰。2010年馆外申请科研项目数量实现较大增长,全年获得国家级课题4项,比2009年增长1项;部级课题6项,较2009年翻了一番;推出《中国图书馆分类法》第五版,保持并巩固了国家图书馆在传统科研领域的行业指导地位。

此外,总馆南区维修改造立项审批工作进展顺利;财务、国有资产管理、安全保卫、党群工作等都取得了重要成绩。(**国家图书馆办公室　谢万幸**)

年度工作

【纪念"文津讲坛"500期座谈会暨展览举行】 2010年1月13日，纪念"文津讲坛"500期座谈会暨展览在国家图书馆开幕。文化部副部长、国家图书馆馆长周和平，文化部社会文化司巡视员刘小琴，国家图书馆党委书记、常务副馆长詹福瑞，部分"文津讲坛"主讲老师，读者代表及国家图书馆员工代表参加了活动。仪式上，周和平向"文津讲坛特聘教授"颁发了聘书。

作为国家图书馆主办的公益性学术文化系列讲座，"文津讲坛"开始于2001年1月1日，至今已举办了500期，听众累计达7万人次。"文津讲坛"秉承国家图书馆开展文化教育的优良传统，依托国家图书馆的宏富馆藏，以服务普通百姓为宗旨，坚持讲座的思想性、学术性、知识性、时代性，广邀京内外著名专家学者莅临演讲，为广大读者提供一个学习的空间，成为弘扬中华文化、推动全民阅读、构建学习型社会的新园地。

【国家图书馆"十二五"规划座谈会在京召开】 1月21日—22日，国家图书馆"十二五"规划座谈会在京召开。文化部副部长、国家图书馆馆长周和平出席会议。文化部相关司局和直属单位负责人，全国省级公共图书馆、部分副省级城市公共图书馆馆长、图书馆有关专家出席了会议，国家图书馆领导班子全体成员、中层干部参加了会议。会上，与会代表围绕国家图书馆"十二五"规划思路积极建言献策、共谋发展。国家图书馆于2009年启动了"十二五"规划前期调研，并由此制定出《国家图书馆"十二五"规划起草提纲》。国家图书馆旨在通过此次会议，就国家图书馆"十二五"规划的编制工作和2010年工作要点，广泛征询各方代表的意见和建议。

【法国驻华使馆柯蓉女士来访】 1月27日，中国国家图书馆副馆长张志清会见了来访的法国驻华使馆柯蓉女士。张志清简要介绍了目前我馆馆藏的西文善本、古籍，特别是关于普意雅先生藏品的情况，表示希望法国驻华大使馆能够发挥桥梁和纽带的作用，促成中国国家图书馆与法国文献收藏机构就西文古籍的整理和修复等方面的合作。柯蓉女士对张志清副馆长提出的合作建议表示同意，并将向馆方汇报此事，以推动这些合作项目。

【《中华再造善本》续编工作全面推进】 1月29日，《中华再造善本》续编工作座谈会在京举行。文化部副部长、国家图书馆馆长周和平出席会议并讲话，文化部社会文化司司长于群、财政部教科文司副司长王家新，国家图书馆党委书记、常务副馆长詹福瑞，国家图书馆副馆长张志清，以及冯其庸、傅熹年、李致忠、傅璇琮、白化文、程毅中等专家学者出席了座谈会。会议总结了续编工作开展情况，并部署了下阶段工作。《中华再造善本》续编于2008年9月正式启动，是对"中华再造善本工程"一期工程的延续。

【《中华古籍总目》(分省卷)编纂工作启动】 2月1日，在北京召开的全国古籍保护工作会议上，国家古籍保护中心与天津市古籍保护中心、湖南省古籍保护中心就编纂《中华古籍总目·天津卷》、《中华古籍总目·湖南卷》签署任务书，就此《中华古籍总目》（分省卷）编纂工作拉开序幕。

2007年，国务院办公厅发布《关于进一步加强古籍保护工作的意见》，提出在"十一五"期间大力实施"中华古籍保护计划"。其中，对全国古籍收藏和保护状况进行全面普查是所有工作的基础。2008年7月召开的全国古籍工作会议上，文化部提出按照统一的规则，以分省卷的形式推进古籍普查，一方面可以使古籍普查的成果分步实现，另一方面率先形成成果的分省卷也可以给其他省份的编目工作提供借鉴。通过这次分省卷的编纂对摸清家底、促进目录学建设、培养古籍工作人才、逐步形成古籍普查的阶段性成果，带动古籍各方面的工作都有着非常重要的意义。

【国家图书馆召开新春茶话会】 2月5日，国家图书馆特邀高校、科研、党校、部队等系统图书馆馆长和有关领导，在总馆南区举行新春茶话会。文化部副部长、国家图书馆馆长周和平，国家图书馆党委书记、常务副馆长詹福瑞，副馆长、党委副书记常丕军，副馆长陈力、张志清、魏大威出席了会议。会议由詹福瑞同志主持。国家图书馆就国图“十二五”规划的编制工作和2010年工作要点广泛征询各方意见和建议。国图希望通过此次会议，进一步征询各方意见，完善“十二五”规划的编制，从而进一步推动国家图书馆事业的持续、稳定发展。

【美国驻华使馆新闻文化参赞宋涛先生来访】 2月9日，中国国家图书馆常务副馆长詹福瑞会见了来馆访问的美国驻华使馆新闻文化参赞宋涛先生（Thomas F. Skipper）。双方就推动两国图书馆间及文化方面的合作进行了交流。詹福瑞简要介绍了中国国家图书馆的基本情况以及近年来中美图书馆交流合作的情况，并表示希望美国驻华大使馆能够发挥桥梁和纽带的作用，进一步促进两国图书馆间及文化方面的交流与合作。宋涛认为，加强中美两国文化交流有助于加深两国人民的相互了解，并表示希望为促进两国文化交流提供帮助。

【畅游书海迎新春 文化盛宴大拜年】 2月14日大年初一，文化部副部长、国家图书馆馆长周和平，国家图书馆领导班子成员及相关部处主任给读者拜年，致以新春的问候。馆长给读者拜年的活动，开启了国家图书馆春节系列活动的序幕。春节期间，国家图书馆推出了《庆赏升平》、《水浒传》、《百子图》等多个展览和其他丰富的文化活动。国家图书馆旨在通过这些活动，使国图逐步成为一个全民读书的好去处，成为京城文化活动的新亮点。据不完全统计，2008年节日期间，国家馆共接待读者25 628人次；2009年春节，到馆读者增长到32 668人次，呈逐年递增的趋势。

【2010年中层干部、党支部书记工作会议召开】 2月25日—26日，国家图书馆2010年中层干部、党支部书记工作会议在京召开。馆长周和平，党委书记、常务副馆长詹福瑞，副馆长、党委副书记常丕军，副馆长陈力、张志清、魏大威出席了会议，中层干部、党支部书记、主任助理参加了会议。与会人员围绕如何落实好《2010年国家图书馆工作要点》和工作报告的目标要求分组进行了热烈的讨论，提出了许多建设性的意见和建议。周和平强调，国家图书馆是百年老馆、世界大馆，在社会发展中发挥了重要的作用，国家图书馆中层干部的责任重大，今年是国家图书馆发展的重要一年，是新百年征程的第一年，是完成“十一五”规划，制定“十二五”规划之年，也是新的馆领导班子开展工作的开局之年，做好今年工作对于今后的事业发展至关重要。因此，对中层干部、党支部书记提出了四点希望。

【国家图书馆2010年全馆员工大会隆重召开】 3月2日，国家图书馆2010年全馆员工大会于总馆南区嘉言堂隆重召开。文化部党组成员、副部长杨志今出席大会并讲话。文化部社会文化司司长于群，国家图书馆馆长周和平，党委书记、常务副馆长詹福瑞，副馆长陈力、张志清、魏大威，党委委员郭又陵等同志出席大会。全馆员工、离退休老同志代表参加大会。大会由副馆长、党委副书记常丕军主持。大会表彰了先进工作者，总结了2009年的工作，部署2010年的工作。周和平代表领导班子作2010年工作报告，他强调，当前，我国图书馆事业正处在改革开放三十年来最好的发展时期，希望国家图书馆的全体干部员工，在馆领导班子的带领下，紧紧抓住历史机遇，团结一致，振奋精神，改革创新，不断提高服务水平，努力开创国家图书馆工作新局面，在公共文化服务体系建设中发挥更大的作用。

【国家图书馆“两会”服务圆满完成】 2010年全国“两会”期间，国家图书馆通过多种方式为“两会”提供文献信息保障服务。国家图书馆派员进驻政协委员驻地，通过设置触摸屏为参会委员提供数字化服务；为大会提供专题文献信息资料 1597 篇；“两会”媒体监测 36 期 942 篇；首次推出《国家图书馆“两会”专题文献信息专报》，向代表和委员发放了 3200 份；国家图书馆立法决策服务平台在全国人大网实现为全国人大代表常态化服务；完成“两会”代表委托专题咨询 10 件。“两会”期间，在总馆南区二层设置了“两会”咨询服务处；参加全国人大“两会”服务热线值班，为“两会”代表和委员提供全天候服务。

【广西航拍摄影展在国家图书馆开幕】 3 月 9 日，由国家图书馆、广西壮族自治区党委宣传部、广西壮族自治区图书馆、广西日报传媒集团联合主办的“居高声远 激荡广西——从空中俯瞰八桂辉煌景象大型航拍摄影展”在国家图书馆展览厅与观众见面。国家图书馆副馆长、党委副书记常丕军，广西壮族自治区文化厅副厅长陈映红，广西壮族自治区图书馆馆长徐欣禄，广西日报副总编夏海澄出席开幕式。此次展出航拍图片 104 幅，以三方合作交流办展的形式，扩大展览效果，让更多的读者不做千里之行便能领略到广西的醉人风光。此次展览于 1 月 21 日至 2 月 7 日先期在广西图书馆展出。 国家图书馆今后将继续广泛联合业界，有效利用馆藏资源，加强馆际间的合作共享，开展更加丰富多彩的服务活动。

【“澳大利亚文学周”在国家图书馆举办】 3 月 9 日，由澳大利亚驻华使馆主办的 2010 年“澳大利亚文学周”活动近日在中国国家图书馆举行，中国国家图书馆副馆长魏大威与澳大利亚驻华大使芮捷锐博士（Dr Geoff Raby）出席活动并分别发表致辞。活动期间，来自澳大利亚的著名汉学家、作家贾佩琳（Linda Javin）与北京社会科学院的窦坤教授，以“作为历史和灵感来源的乔治·莫理循”（George Morrison as History and Inspiration）为题，从文学创作和历史研究的角度展开对话，为现场观众献上了一场形式生动、内容丰富的讲座。

“澳大利亚文学周”活动于 2008 年首度推出，迄今已举办三届，成为中澳文化交流年度活动的亮点。

【《钱存训先生照片集》光盘捐赠国家图书馆】 3 月 11 日，美国芝加哥大学东亚图书馆馆长周原博士到访国图，受著名学者钱存训先生委托，将《钱存训先生照片集》光盘捐赠国图。国家图书馆副馆长张志清出席捐赠仪式。

钱存训先生了解到国家图书馆希望征集他的照片的愿望，遂亲自挑选整理，在其侄钱孝文先生的帮助下拍照刻录。其中不仅包括钱存训先生从青年到老年的照片、钱氏家世渊源资料、钱存训先生著作书影等，还有许多珍贵的史料。钱存训先生一生致力于图书馆学、历史学研究工作，著述丰富。2009 年 9 月，钱存训先生贺国家图书馆百年馆庆，曾向国图捐赠了自著《中国古代书籍史》等手稿资料、《留美杂忆——六十年来美国生活的回顾》等签名本。

【国家图书馆 2010 年度应届高校毕业生录用工作有序开展】 3 月 12 日，国家图书馆 2010 年度应届高校毕业生录用工作有序开展。今年，共有19 067名应届高校毕业生通过国家图书馆简历系统应聘注册，应聘学生专业涵盖了信息管理（图书情报）、计算机科学技术、外语、中文、历史、经济、法律以及其他相关专业等。经过遴选的毕业生参加了国家图书馆的笔试。

作为国家图书馆的员工，具备扎实的传统文化知识和较好的语言文字能力，掌握中华文化发展的历史，认识传承中华文化的重要性，才能成为自觉的文化传承者。因此，中文水平是国家图书馆录用的重要条件。今年，国家图书馆的笔试题目在原有的行政职业能力和综合知识测试的基础上，增加了作文题，以全面考察应聘者的文化素养、语言文字表达能力和书写水平。

【美国斯坦福大学图书馆馆长迈克尔·凯勒来访】 3 月 16 日，美国斯坦福大学图书馆总馆长迈克尔·凯勒（Michael Keller）一行来国家图书馆访问交流。陪同来访的还有美国图书馆信息委员会主席查尔斯·亨利（Charles J. Henry）、斯坦福大学图书馆东亚图书馆馆长邵东方等。中国国家图书馆常务副馆长詹福瑞、副馆长常丕军分别会见了凯勒一行。会见中，詹福瑞对中国国家数字图书馆的发展前景作了展望，并提出目前存在的一些问题，双方均表示希望进一步加强数字图书馆等领域的交流合作，共同推动中美图书馆合作事业的持续发展。双方还就数字图书馆业务举行了小型研讨会。研讨会结束后，凯勒先生一行参观了国图二期新馆。

【“联合国与中国讲坛”在国家图书馆开坛】 3月21日，由国家图书馆与中国联合国协会联合主办的“联合国与中国讲坛”在国家图书馆学津堂正式开坛。联合国原副秘书长、中国联合国协会会长陈健先生担任了开坛主讲嘉宾，并发表了题为“联合国与中国”的演讲。国家图书馆副馆长张志清主持了开坛仪式。“联合国与中国讲坛”的创办，旨在搭建公众与专家学者及外交官之间沟通的平台，普及联合国知识与国际知识，促进公众对联合国组织及其活动的了解、研究和宣传，增进广大公众对国际问题的了解与认知，拉近公众与国际大事的距离。“联合国与中国讲坛”将邀请国内外的知名国际问题专家、外交官及政府领导等担任主讲嘉宾。讲座内容涉及联合国、国际政治、国际关系、中国外交、外事管理等方面。

【“百年广州油画展”在国家图书馆开展】 3月24日，由国家图书馆与广州日报社等单位联合举办“百年广州油画展”在国家图书馆展览厅开幕。文化部党组副书记、副部长欧阳坚，中国文联党组副书记、副主席覃志刚，中华全国新闻工作者协会书记处书记顾勇华，国家图书馆副馆长、党委副书记常丕军，广州日报社总编辑李婉芬等出席了开幕式。此次油画展共展出作品26幅，内容反映了从1795年至今200多年间广州各个历史时期的城市景象。展览使这批珍贵的老照片以新的艺术形式再现于世人面前，同时，也促进了国家图书馆与社会各界的文化交流，为全国文化机构展览联盟的建立奠定了良好的基础。

【重建灾区公共文化服务体系 共享中华优秀文化信息资源】 3月24日，“县级数字图书馆推广计划”灾区援建仪式在四川省北川县举行。本次活动由国家图书馆、文化部全国文化信息资源建设管理中心、四川省文化厅主办，四川省图书馆承办，绵阳市文化局、中共北川羌族自治县县委、北川羌族自治县人民政府协办。文化部副部长杨志今、四川省副省长黄彦蓉、国家图书馆馆长周和平等出席了仪式。仪式由四川省文化厅厅长郑晓幸主持。“县级数字图书馆推广计划”灾区援建行动是文化部支持灾区援建工作的一项重要内容。此次由国家图书馆与文化部全国文化信息资源建设管理中心联合发起的“县级数字图书馆推广计划”灾区援建行动，向50个汶川地震极重灾区、重灾区、对口支援县推送1TB的数字资源。

【纪念任继愈先生诞辰94周年活动】 4月15日，纪念任继愈先生诞辰94周年纪念活动在国家图书馆总馆多功能厅举行。新闻出版总署、中国社会科学院、国家图书馆、北京大学、中国出版集团、中华书局、中国无神论学会、中华大藏经编委会的有关领导、专家和《我们心中的任继愈》的部分在京作者，以及任继愈先生的家属出席了座谈会。

任继愈先生是著名哲学家、宗教学家、教育家、中国历史文化研究的一代宗师、国家图书馆老馆长。任先生为了国家富强、民族进步、文化发展、学术繁荣，奋斗到了生命的最后一刻。任先生的学术研究博大精深，是对民族历史文化的深厚情怀与深刻反思的统一，是高度的社会责任感和扎实丰厚的学术功力的结合。他的学术成果体现了中国马克思主义哲学和宗教学研究的最高水平。

【心系玉树，抗震救灾】 4月19日，为了尽快帮助灾区同胞安定生活、恢复生产、重建家园，及时向灾区同胞献上国家图书馆全体员工的爱心与祝福，国家图书馆紧急组织召开了中层干部会安排部署抗震救灾工作。会上，传达了文化部关于抗震救灾的文件精神，并开展了“心系玉树 抗震救灾”现场捐款活动，以周和平馆长为首的馆领导班子成员带头捐款，中层干部紧随其后，广大员工慷慨解囊，纷纷向灾区同胞献出爱心。他们中既有国家图书馆广大在职员工，也有年迈的离退休老同志、各部门的派遣人员和劳务工，在外出差的党员干部也委托他人捐了款。此次共向灾区捐助救灾款672 397元。

【国家图书馆“汉字:文化津梁 中国奇迹”展开幕】 4月22日，由国家图书馆主办的“汉字：文化津梁 中国奇迹”大型展览在国家图书馆展览厅正式开展。国家图书馆副馆长陈力出席开幕仪式并致辞。读者既可以在现场展现出的汉字大世界中，领略到中华文明的博大精深，还可以通过国家图书馆网站上欣赏在线展览。此外，展览还在陕西省图书馆、天津泰达图书馆档案馆、广西桂林图书馆等公共图书馆以展板展示、网络展览等方式同步展出，为全国图书馆展览联盟的建立做出进一步的探索和尝试。

【哥伦比亚大学 C. V. Starr 东亚图书馆代理馆长来访】 4月22日，中国国家图书馆副馆长陈力会见了来访的美国哥伦比亚大学 C. V. Starr 东亚图书馆代理馆长瑞亚·库普曼斯一德布瑞恩（Ria Koopmans-de Bruijn）女士。陈力对库普曼斯一德布瑞恩女士的来访表示欢迎。他简要介绍了中国国家图书馆与美国高校东亚图书馆之间的合作情况，并表示愿继续加强与美国哥伦比亚大学 C. V. Starr 东亚图书馆在文献交换等领域的合作。库普曼斯一德布瑞恩女士介绍了 C. V. Starr 东亚图书馆的近期发展情况，表示该馆愿在巩固双方已有交流的基础上，拓展新的合作领域。

【典籍长河尽展华夏悠久文化，书香社会助力民族今朝腾飞】 4月23日，2010书香中国“源远流长的中华典籍”大型广场活动在国家图书馆在总馆北区广场隆重举行。国家图书馆馆长周和平，党委书记、常务副馆长詹福瑞，民进中央副主席朱永新，新闻出版总署新闻出版管理司司长吴尚之，联合国残疾人权利委员会副主席杨佳，中央民族大学教授王尧，中央音乐学院教授吴祖强，在京图书馆界代表，外国友人，读者，学生及部分国图的员工约500余人参加了活动。为庆祝第15个“世界读书日”，今年其他纪念活动还有“汉字：文化津梁 中国奇迹”大型展览、中国古代书籍史展览、非物质文化遗产现场互动展演、“文津读书沙龙”、与中央电视台合作举办的世界读书日“2010书香中国”特别节目等。

【台湾汉学研究中心副主任吴英美一行来访】 4月23日，台湾汉学研究中心副主任吴英美一行2人来国家图书馆参观访问。国家图书馆馆长周和平会见了吴英美一行。周和平在会见中回顾了双方的合作历程，希望双方进一步密切交流，加强在图书馆具体业务领域的合作，进而共同推动中华文化在国际领域的传播。他同时希望双方能在2010年11月在台北举办的“第8届中文文献资源共建共享合作会议”上加强合作。吴英美转达了台湾汉学研究中心主任顾敏对周和平馆长的任职祝贺，以及对双方开展进一步合作的期待。

【“国图·新民讲坛”上海开坛】 4月25日，由中国国家图书馆和《新民晚报》社共同主办的“国图·新民讲坛”在上海文新报业大厦报告厅隆重开坛。开坛仪式由《新民晚报》党委书记吴芝麟主持，国家图书馆副馆长张志清致贺信。

“国图·新民讲坛”初定每月一期，以社会关注点或热点话题为切入点，邀请国内一流学者讨论社会经济、文化等领域的公众关心热点话题，通过丰富多样的形式，满足上海市及周边地区社会公众的文化需求。《新民晚报》将刊登各期讲坛内容摘要，新民网将对每期讲坛进行视频同步直播。这是继在广州推出“文津·珠江论坛”之后，国家图书馆把国图讲座推向全国的又一次重要尝试。

【中国联合国托存图书馆馆员培训研讨会在国家图书馆举办】 4月27日—30日，“交流、合作、共建、共享——中国联合国托存图书馆馆员培训研讨会”在中国国家图书馆召开。这是由中国国家图书馆和联合国达格·哈马舍尔德图书馆共同主办的首次面向中国托存图书馆员的培训与研讨，来自全国21家托存图书馆以及对联合国文献托存事业感兴趣的60余名图书馆同仁参加了会议。中国国家图书馆副馆长陈力出席开幕式并致辞。

本次研讨会立足于联合国文献资源服务未来的可持续发展，探讨如何应对新信息环境下联合国文献托存事业面临的巨大挑战，共商合作大计，规划发展蓝图，不仅为中国图书馆界与联合国之间建立新的合作伙伴关系搭建了桥梁，也为我国21家托存馆之间的交流开辟了广阔的发展空间。

【魏大威会见英国国家图书馆来访客人】 4月30日，中国国家图书馆副馆长魏大威会见了来访的英国国家图书馆架构和研发部负责人肖恩

·马丁（Sean Martin）、网络存档项目经理于虹（Helen Hockx-Yu）、网络存档项目技术主管刘易斯?克劳福德（Lewis Crawford）一行。双方就数字图书馆建设及网络存档举行了小型研讨会。会上，双方就共同感兴趣的话题展开了热烈讨论，均表示希望进一步加强数字图书馆等领域的交流合作，共同推动中英图书馆合作事业的持续发展。

【国家图书馆与中国移动集团公司签署战略合作框架协议】 5月5日，掌中万卷品书香——中国移动手机阅读业务上市发布会在京举行。国家图书馆副馆长魏大威出席发布会，并代表国家图书馆与中国移动集团公司签署了战略合作框架协议。

国家图书馆2009年开始与中国移动手机阅读进行合作，将国图的公共领域图书资源、自有版权资源上传至中国移动手机阅读平台供广大读者浏览阅读。国家图书馆希望利用手机阅读平台推送国家图书馆优秀文化资源，使读者更为便捷地获取图书馆服务。国家图书馆与中国移动集团公司签署战略合作框架协议后，国家图书馆将在手机阅读、G3阅读器、移动互联网及终端等广阔领域与中国移动开展合作，推动国家图书馆移动服务迈向新台阶。

【“国图·辽海·沈阳讲坛”开坛】 5月7日，“国图·辽海·沈阳讲坛”在沈阳市图书馆学术报告厅隆重开坛。国家图书馆副馆长张志清、辽宁省沈阳市委常委、宣传部部长王凤波等出席了开坛仪式。这是在推出“文津·珠江论坛”、“国图·新民讲坛”之后，国家图书馆把国图讲座继续推向全国迈出的重要一步。国家图书馆学术讲座活动还将继续走出北京，辐射全国，提供高质量、高水平的讲座服务，在全国范围内树立国图讲座品牌，更好地服务社会。

【“影像中的第二次鸦片战争”研讨会召开】 2010年5月12日，由国家图书馆古籍馆举办的“影像中的第二次鸦片战争——纪念圆明园被英法联军焚毁150周年”研讨会在京成功召开。国家图书馆副馆长张志清在会上致辞并作总结发言。

【游科技周到国图品味科技新生活】 5月16日，2010年全国科技周北京主场活动在国家图书馆文津广场上正式启动。在启动仪式上，以“携手建设创新型国家——提高科学素质，参与低碳行动”为主题的第16届北京科技周活动同时隆重拉开帷幕。科技部副部长曹健林、中国科协书记处书记张勤、北京市委常委梁伟以及外国驻华使节出席了启动仪式，国家图书馆副馆长陈力出席了启动仪式。

为迎接全国科技周，5月15日，由国家图书馆、中国图书馆学会主办，北京大学信息管理系、北京九华互联科技有限公司协办的“从青灯黄卷到数字网络——中国阅读之旅”交互式体验区在国家图书馆总馆北区二层检索大厅隆重推出。在2010年科技周、国家图书馆服务宣传周、六一儿童节期间，体验区将带领参观者穿越时空，从远古到现在及可预见的未来，体验中国阅读方式的转变。

【全国图书馆联合编目中心少年儿童图书馆中心喜获“群星奖”】 5月24日，全国第15届“群星奖”颁奖大会在广州中山纪念堂举行。全国图书馆联合编目中心少年儿童图书馆中心获得“群星奖”。该奖项是文化部为繁荣群众文艺创作，促进社会文化事业的繁荣与发展而设立的全国社会文化艺术政府奖。

【蒙古国家图书馆馆长其拉扎布来访】 5月25日，蒙古国家图书馆馆长其拉扎布（Chilaajav Khaidav）一行来馆访问，中国国家图书馆副馆长魏大威会见了来访的客人，中国国家图书馆国际交流处处长严向东陪同会见。魏大威介绍了中国国家图书馆的馆藏资源及数字图书馆建设，并略要回顾了中国国家图书馆与蒙古国家图书馆之间的交往历史，表示愿意继续加强双方之间在文献交换等领域的合作。其拉扎布先生介绍了蒙古国家图书馆的发展情况，表示期待双方能够加深在具体业务领域的各项合作。随后，其拉扎布先生一行在工作人员的陪同下参观了中国国家图书馆的总馆北区馆舍和中国少数民族语文文献阅览室。

【李彦宏作客国家图书馆“中关村创业讲坛”谈创业】 5月27日，国家图书馆“中关村创业讲坛”第 15 期特别活动在国家图书馆嘉言堂隆重举行。国家图书馆副馆长、党委副书记常丕军，北京大学校务委员会副主任岳素兰和中关村管委会副主任周云帆出席并致辞。百度公司创始人、董事长兼首席执行官李彦宏作客国家图书馆第 15 期“中关村创业讲坛”，发表以“创新与创业”为主题的演讲。

【法国国家图书馆馆长布鲁诺·拉辛来馆交流访问】 5 月 27 日，中国国家图书馆馆长周和平、副馆长常丕军分别会见了来交流访问的法国国家图书馆馆长布鲁诺·拉辛（Bruno Racine）一行。周和平回顾了两馆近年来交流合作的情况，并向客人介绍了中国数字图书馆事业的发展情况以及面临的问题。双方均表示希望进一步加强数字图书馆等领域的交流合作，进而共同推动中法图书馆合作事业的发展。28 日上午，布鲁诺·拉辛（Bruno Racine）先生出席了中国国家图书馆举办的“世界图书馆馆长论坛”第七期活动，并作为主讲人发表了题为“谷歌与新世界”的主题演讲。

【全国图书馆联合编目中心 2010 年工作会议召开】 5 月 27 日，全国图书馆联合编目中心 2010 年工作会议暨江苏省分中心揭牌仪式在南京图书馆学术报告厅隆重举行，共有来自全国各省市自治区的 46 家图书馆和数据单位的 80 余位代表参加。国家图书馆副馆长陈力出席会议并为全国图书馆联合编目中心江苏省分中心揭牌。

全国图书馆联合编目是文献资源共建共享事业中的一项重要的基础性业务工作。江苏省分中心作为全国联合编目中心的第 14 家分中心，它的成立标志着国家图书馆与南京图书馆在馆际合作领域又进入了一个新的阶段，必将推动江苏省联合编目工作的进一步发展。

【第二届全国文献编目工作研讨会在南京召开】 5 月 31 日至 6 月 2 日，第二届全国文献编目工作研讨会在南京召开。研讨会由国家图书馆主办，国家图书馆中文采编部和全国图书馆联合编目中心承办。江苏省文化厅副厅长、南京图书馆党委书记马宁，国家图书馆中文采编部主任顾犇出席了大会。来自全国各地的文献编目领域专家学者及相关从业者 120 多人参加了此次研讨会。会议的主题为“变革时代的文献编目”。会议的成功举办为推动全国文献编目工作领域内的学术研讨，促进编目及相关领域工作人员的交流，加速文献编目领域的国际化进程起到了积极作用。

【“世界图书馆馆长论坛”第 8 期活动成功举办】 6 月 7 日，德国不莱梅公共图书馆馆长芭芭拉·莉森女士出席了由中国国家图书馆主办的“世界图书馆馆长论坛”第 8 期活动，并作了题为“数字化时代图书馆的角色：发展及展望”的演讲，中国国家图书馆副馆长陈力主持本次活动。芭芭拉·莉森女士介绍了德国公共图书馆的概况，以及德国当前的发展对图书馆日常工作产生的影响；阐述了数字化和全球化大环境下图书馆的角色，数字化环境下图书馆面临的挑战与应对策略，并着重从图书馆使用者的视角分析了他们对图书馆服务的期望。

【刘延东出席国家图书馆中央社会主义学院分馆成立仪式】 6 月 10 日，中央社会主义学院与国家图书馆合作协议签约暨国家图书馆中央社会主义学院分馆成立仪式在中央社会主义学院隆重举行。中共中央政治局委员、国务委员刘延东出席仪式并讲话。全国人大常委会副委员长、民进中央主席、中央社会主义学院院长严隽琪致辞祝贺。中央社会主义学院党组书记、第一副院长叶小文，国家图书馆馆长周和平出席了仪式。

【政府立法咨询服务座谈会召开】 6 月 10 日，“政府立法咨询服务座谈会”在国家图书馆多功能厅隆重召开。国务院法制办公室副主任袁曙宏，文化部党组成员、中纪委驻文化部纪检组组长李洪峰，国家图书馆馆长周和平，国务院和相关机构政策法规制定部门国家图书馆部委分馆、部分省市图书馆、国家图书馆的有关负责同志出席了座谈会。国家图书馆党委书记、常务副馆长詹福瑞主持了座谈会。

为中央和国家领导机关立法决策提供文献支持保障是国家图书馆的重要职能。国家图书馆开展立法决策服务有 60 多年的历史，多次承担并完成党和国家领导人、中央国家领导机关和全国人民代表大会、政协全国委员会委托的立法决策服务任务。作为国家立法决策的文献信息保障基地，国家图书馆始终如一地履行自己的职责。

【国家图书馆国情咨询顾问委员会成立】 6月11日，“国家图书馆国情咨询顾问委员会”第一次会议在国家图书馆召开。文化部党组成员、中纪委驻文化部纪检组组长李洪峰，国家图书馆馆长周和平，国情咨询顾问出席了国家图书馆多功能厅举行的会议。来自文化部社会文化司以及省市级图书馆等相关领导出席了会议。会议由国家图书馆党委书记、常务副馆长詹福瑞主持。

会上，周和平为受聘的咨询顾问颁发了聘书。为进一步做好立法决策服务，国家图书馆聘请长期在党政军领导机关工作，具有较高政策理论素养的领导同志担任国情咨询顾问，首批聘请顾问34位，聘期三年。会议的召开和国情咨询顾问委员会的成立，必将对推进国图立法决策服务工作的全面发展产生积极的影响。

【国家图书馆国情咨询专家委员会成立】 6月11日，国家图书馆国情咨询专家委员第一次会议在国家图书馆召开。国家图书馆党委副书记、副馆长常丕军，副馆长陈力、张志清、魏大威，以及国家图书馆中层干部、受聘的国家图书馆国情咨询专家、来自省市级图书馆的相关领导出席了会议。会议由国家图书馆党委书记、常务副馆长詹福瑞主持。

国家图书馆馆长周和平向与会的国情咨询专家委员颁发了聘书，并做了工作汇报，详细介绍国家图书馆基本情况、立法决策服务成就、下一步工作思路。与会顾问、专家围绕国图立法决策服务进行了热烈讨论，还提出了许多很好的意见和建议，对今后工作的进一步开展具有重要的积极意义。

【“国家珍贵古籍特展”在国家图书馆展览厅开展】 6月11日，由文化部主办，国家图书馆（国家古籍保护中心）承办的“国家珍贵古籍特展”在国家图书馆展览厅开展。文化部党组成员、中纪委驻文化部纪检组组长李洪峰，国家图书馆馆长、国家古籍保护中心主任周和平出席仪式。国家图书馆副馆长张志清、全国古籍保护工作部际联席会议成员单位代表、在京专家代表以及部分参展单位代表参加开幕式。文化部社会文化司司长于群主持了仪式。

本次展览是为了更好地宣传全国古籍保护工作、普及古籍保护知识、提高公众的文物保护意识而举办的一次大型公益性展览。展览期间，还配合举办了系列讲座沙龙，以及古籍修复、甲骨传拓技艺展示等精彩纷呈的活动。

【“纪念向达教授诞辰110周年国际学术研讨会”召开】 6月16日—17日，“敦煌文献、考古、艺术综合研究——纪念向达教授诞辰110周年国际学术研讨会”在国家图书馆文会堂召开。40余位中外学者出席了本次研讨会。国家图书馆副馆长张志清、北京大学历史学系主任牛大勇、敦煌研究院院长樊锦诗分别代表主办单位在开幕式上致辞。研讨会分学术史、丝路历史与中外关系、图像与考古、信仰与习俗、历史与文献、佛教与美术六个专题。向本次研讨会提交的学术论文涵盖了向达先生对敦煌学发展的贡献、敦煌文献研究、敦煌考古、丝路历史、佛教美术等领域，展示了近年来敦煌学研究的最新成果。

【“县级数字图书馆援疆行动”启动】 6月22日，由文化部主办、国家图书馆和文化部全国文化信息资源建设管理中心联合协办的“县级数字图书馆援疆行动”正式启动。文化部党组副书记、副部长欧阳坚、文化部副部长杨志今、文化部部长助理高树勋、新疆维吾尔自治区副主席铁力瓦尔迪·阿不都热西提、新疆生产建设兵团副政委卢晓峰、国家图书馆馆长周和平出席仪式。参加全国文化文物系统对口支援新疆工作会议的全体代表参加仪式。文化部部长助理高树勋主持仪式。

“县级数字图书馆援疆行动”作为“县级数字图书馆推广计划”的一项重要举措，将利用数字图书馆技术，提高新疆公共文化服务水平，更好地满足新疆基层群众日益增长的文化信息需求。“县级数字图书馆推广计划”是文化部于2010年春节前正式启动的，分四期实施。

【自然因素与文献保护亚洲地区研讨会成功召开】 6月22日—23日，由中国国家图书馆（国家古籍保护中心）、国际图联保存保护中心中国中心主办，国际图联保存保护中心亚洲地区中心、国际图联保存保护中心韩国中心以及中国部分文献收藏单位共同参与的“自然因素与文献保存保护”国际研讨会在北京召开。国际图联保存保护中心亚洲地区中心主任中村规子，中国国家图书馆副馆长、国际图联保存保护中心中国中心主任张志清，韩国国立中央图书馆修复专家朴素妍出席会议并致辞。

为期两天的会议上，三个国家中心进行工作交流，有八位学者作了大会发言，其他参会人员以书面形式递交了论文。研讨主要针对水、空气污染、地震、海啸等引起的灾害如何处理、特别是如何建立管理制度，全面开展灾害预案研究与灾后修复安全实施等进行探讨。

【国家图书馆“两展”迎来部长专场】 6 月 25 日，国家图书馆举办第 147 期“部级领导干部历史文化讲座”。来自中央国家机关等单位的部级领导干部参观了正在国家图书馆举办的“国家图书馆立法决策服务成就展”和“国家珍贵古籍特展”。讲座由中央国家机关工委、文化部、中国社会科学院联合主办，国家图书馆承办，自 2002 年 1 月启动以来，历经八载，参加讲座的部级领导干部 2 万余人次，是国家图书馆充分发挥为中央国家领导机关服务和社会教育、文化传播职能的重要体现之一。讲座多次受到党中央、国务院领导同志的肯定和表扬，深受部级领导干部的欢迎，以其高品位、高水准，在社会各界产生广泛的影响。

【李岚清同志到国家图书馆视察】 7 月 2 日，原中共中央政治局常委、国务院副总理李岚清同志来到国家图书馆视察。国家图书馆馆长周和平，党委书记、常务副馆长詹福瑞，副馆长、党委副书记常丕军，副馆长陈力、张志清、魏大威接待并陪同视察。

李岚清同志先后观看了“国家图书馆立法决策服务成就展”、“国家珍贵古籍特展”，并视察了国家图书馆二期新馆。最后，李岚清同志希望国家图书馆要进一步提高为立法决策服务的能力，大力推进古籍保护工作，全面提升公共文化服务水平，在推动学习型政党、学习型社会建设方面发挥更大的作用。

【全国“县级数字图书馆推广计划”山东省全覆盖仪式举行】 7 月 12 日，全国“县级数字图书馆推广计划”山东省全覆盖仪式在山东省图书馆举行。山东省副省长黄胜、国家图书馆馆长周和平、副馆长魏大威出席仪式，山东省文化厅厅长亢清泉主持仪式。此次山东省全覆盖工作，是全国县级数字图书馆推广计划的重要组成部分，将借助文化共享工程平台，使山东全省 17 个地市、140 个县区级公共图书馆都具备数字图书馆服务能力，并由此带动 1861 个乡镇（街道）综合文化站服务能力的提升。

【斯洛文尼亚向我馆赠送《瓦尔瓦索图册集》】 7 月 13 日，斯洛文尼亚共和国政府向中国国家图书馆赠送《瓦尔瓦索图册集》仪式在中国国家图书馆举行。中国国家图书馆馆长周和平，中国外交部大使王辅国，中国国家图书馆副馆长张志清、魏大威，斯洛文尼亚驻华大使玛丽娅·阿达尼娅，文化参赞萨索·波德莱斯尼克，武官米塔·米克拉维奇等出席了赠送仪式。《瓦尔瓦索图册集》（Iconotheca Valvasoriana）是斯洛文尼亚著名博学家雅奈兹·瓦伊卡尔德·瓦尔瓦索(1641—1693)收集并进行学术批判性评论的画作评论集，收录了 16 至 17 世纪欧洲重要绘画作品，共收有 7752 部作品，规模宏大而内容丰富，兼具内容、艺术、学术等多重价值。图册集共 17 册，由斯洛文尼亚科学艺术院雅奈兹·瓦伊卡尔德·瓦伊瓦索尔基金会出版。

【钱运录同志一行到国家图书馆参观考察】 7 月 19 日，国政协副主席兼秘书长钱运录同志一行到国家图书馆参观考察。全国政协副秘书长蒋作君、卢昌华、仝广成、林智敏，文史和学习委员会驻会副主任卞晋平、民族和宗教委员会驻会副主任邓宗良、提案委员会驻会副主任王国卿，以及全国政协有关负责同志 60 余人一同参观考察。国家图书馆馆长、党委副书记周和平，党委书记、常务副馆长詹福瑞，副馆长、党委副书记常丕军，副馆长陈力、张志清、魏大威接待并陪同参观考察。

考察团观看了“国家图书馆立法决策服务成就展”，钱运录希望国家图书馆提高立法决策服务水平，通过开通“国家图书馆立法决策服务平台全国政协机关平台”，为政协委员履行政治协商、民主监督、参政议政职能，建睿智之言，献务实之策，提供获取信息的重要渠道。

【"国家数字图书馆走进党校"活动在西安举行】 7月28日，"全国党校系统图书馆工作和信息资源建设会议"在西安召开。会上，国家图书馆联合中共中央党校图书馆共同发起了"国家数字图书馆走进党校"活动。中央党校常务副校长李景田、陕西省委副书记、省委党校校长王侠、中央党校教育长张伯里、中央党校图书馆馆长陈高桐、国家图书馆副馆长魏大威出席仪式。

为举办此次活动，国家图书馆开发了数字资源镜像服务系统，并和中央党校图书馆共同筹集了总量达1TB的优秀数字资源。这些资源将推送到48个全国各副省级以上党校图书馆，以满足全国党校系统教职员工和在校学员的教学科研与文化信息需求。

【南非文化与艺术部部长一行来访】 8月7日，中国国家图书馆馆长周和平会见了南非文化与艺术部部长露露·克辛瓜纳（lulama Xingwana）女士一行4人。陪同来访的还有南非文化与艺术部官员、南非驻华使馆官员等。会见中，周和平简要介绍了中国国家图书馆的历史及概况，回顾了中南两国间的文化交往，以及中国国家图书馆与南非国家图书馆之间的交流与合作。双方均希望今后继续努力推动中南图书馆之间的合作，进一步深化交流项目的实施，使图书馆成为两国人民了解双方历史文化的平台。

【李建国同志一行到国家图书馆参观考察】 8月12日，全国人大常委会副委员长兼秘书长李建国同志一行60余人到国家图书馆参观考察。全国人大民委主任委员马启智，法律委副主任委员刘锡荣，华侨委副主任委员虞云耀，预算工委主任高强，港澳基本法委主任，副秘书长乔晓阳，外事委副主任委员马文普，以及全国人大有关负责同志60余人一同参观考察。国家图书馆馆长周和平，副馆长、党委副书记常丕军、副馆长陈力、张志清接待并陪同考察

周和平代表国家图书馆作了立法决策服务工作情况汇报。会后，李建国同志一行观看了"国家图书馆立法决策服务成就展"。他指出，希望国家图书馆进一步提高立法决策服务水平，创新服务形式，利用现代信息技术为人大代表依法履职提供更加方便快捷的获取信息的渠道。

【国家图书馆代表团参加第76届国际图联大会】 8月10日—15日，第76届国际图联大会在瑞典哥德堡举行。会议的主题是"开放知识获取——推动可持续发展进程"。来自世界各地的3000余名专家、学者和图书馆馆员参加本届会议，其中包括来自中国图书馆界的100余名代表。中国国家图书馆常务副馆长詹福瑞率团参加了会议。

中国国家图书馆常务副馆长詹福瑞、国际交流处处长严向东、立法决策服务部副研究馆员翟建雄等分别出席了国家图书馆馆长会议（CDNL）年会，国家图书馆专业组、国际图联保存保护（PAC）核心项目、亚洲与大洋洲专业组、国际图联语言中心、版权和其他法律事务委员会（CLM）等业务会议，并共同出席了国家图书馆专业组与版权和其他法律事务委员会联合举办的研讨会。会议期间，与美国、英国、新西兰、新加坡、日本、韩国、俄罗斯等国的国家图书馆馆长会晤，就双边合作进行探讨。

【中日韩三国国家图书馆签署《中日韩数字图书馆计划协议》】 8月10日，第76届国际图联大会在瑞典哥德堡召开。会议期间，中国国家图书馆常务副馆长詹福瑞与日本国立国会图书馆馆长长尾真和韩国国立中央图书馆馆长牟喆敏正式签署了《中日韩数字图书馆计划协议》。此协议的签署标志着中、日、韩三国在数字图书馆建设领域的合作取得了新进展。通过在互联网上以整合地方式提供方便易用的信息，该项目将帮助人们了解三国的文化与科技成果，提供丰富的多语种、多样性的文化内容，促进学术研究。

【"国家数字图书馆新疆维吾尔自治区分馆"开通服务】 8月20日，由国家图书馆与新疆维吾尔自治区文化厅共同建设的"中国国家数字图书馆新疆维吾尔自治区分馆"在新疆乌鲁木齐市正式启动并开通服务。文化部党组成员、部长助理高树勋，国家图书馆馆长周和平，新疆维吾尔自治区委常委、宣传部部长李屹，新疆维吾尔自治区人大副主任杜秦瑞，新疆维吾尔自治区副主席铁力瓦尔迪·阿不都热西提，新疆维吾尔自治区政协副主席柯丽等领导同志出席了新疆维吾尔自治区图书馆八十周年馆庆仪式并为数图分馆开通揭幕。

国家数字图书馆新疆维吾尔自治区分馆是国家数字图书馆第16家分馆，也是在西北地区的首家分馆。作为新疆分馆开通服务的基础资源，国家图书馆精心组织了总量达4TB的数字资源。数图分馆网站采取汉维双语对照的方式，提供数字资源的浏览和检索服务。

【"新疆历史文献暨古籍保护成果展"在新疆开幕】 8月20日，由文化部、新疆维吾尔自治区人民政府主办，国家图书馆（国家古籍保护中心）、新疆维吾尔自治区文化厅、新疆维吾尔自治区图书馆（新疆维吾尔自治区古籍保护中心）承办的"新疆历史文献暨古籍保护成果展"在新疆维吾尔自治区博物馆开幕。文化部党组成员、部长助理高树勋，国家图书馆馆长、国家古籍保护中心主任周和平，新疆自治区委常委、宣传部部长李屹等领导同志出席开幕式。开幕式由文化部社会文化司巡视员刘小琴主持。

本次展览展出的新疆珍贵历史文献包括出土木简和纸质文书、汉文和各种民族文字古籍、舆图拓片、部分文物，共计24种文字100多件。展览全面展示了新中国成立以来，在党和政府领导下，新疆古籍保护工作取得的成绩，特别是"中华古籍保护计划"实施以来新疆各民族在保护古籍、传承文明方面所作的努力和贡献。

【"百年辛亥专题研究系列讲座"隆重开幕】 8月22日，由国家图书馆和中国国民党革命委员会中央委员会等单位联合主办的"百年辛亥专题研究系列讲座"正式在国家图书馆嘉言堂拉开帷幕。全国人大常委会副委员长、民革中央主席、中国辛亥革命研究会会长、民革中央孙中山研究学会会长周铁农担任首讲嘉宾，国家图书馆馆长周和平主持了讲座。2011年将逢辛亥革命胜利一百周年，为了纪念这一具有深远意义的重大历史事件，国家图书馆特举办此次系列讲座，在2010年底前共举办17期。

【周和平馆长出席第五届上海（杭州）国际图书馆论坛】 8月24日—27日，第五届上海（杭州）国际图书馆论坛在浙江省杭州市图书馆举行。中国国家图书馆馆长周和平、国际图联主席艾伦·泰塞、杭州市委副书记叶明、文化部社会文化司司长于群等出席论坛开幕式，来自25个国家和地区的200余位专家学者参加了本届论坛。

本届论坛的主题是"城市生活与图书馆服务"。周和平作了题为《我国城市化进程中的图书馆建设》的主旨报告。他指出，城市精神是一个城市在发展过程中形成的独特的城市文化和城市性格，是一个城市的灵魂。图书馆作为城市公益性文化服务体系的重要组成部分，在城市精神的培育中有着特有的价值。让图书馆成为塑造城市文化、凝聚城市精神的旗帜，让图书馆使城市生活更加美好。

【国家图书馆通过OCLC实现世界文献资源共享】 8月，中国国家图书馆向OCLC提交了近110万条馆藏西文数据。此举丰富了WorldCat数据库里中国国家图书馆的书目数据资源，揭示了国家图书馆的外文馆藏。随着馆藏书目信息不断的上传，借由OCLC的服务平台，实现了中国国家图书馆丰富的馆藏资源的全球共享，中华民族的文化遗产将在全世界范围内更广泛地流传；而国内的读者不仅可以更容易地从OCLC近2万所一流成员图书馆中获取信息，特别是满足教育、科研用户对高质量的硕士博士论文和文章的需求，而且提高了中国国家图书馆馆际互借服务的质量和效率。

【全国人大法律委、常委会法工委领导到国家图书馆参观考察】 9月1日，全国人大法律委员会副主任委员、常委会法制工作委员会主任李适时同志一行到国家图书馆参观考察。全国人大原法律委员会主任委员、现全国人大特邀法律专家杨景宇，法律委员会副主任委员李重庵，常委会法制工作委员会副主任李飞、郎胜等全国人大法律委员会、常委会法制工作委员会120余人到国家图书馆参观考察。国家图书馆馆长周和平，党委书记、常务副馆长詹福瑞，副馆长、党委副书记常丕军，副馆长张志清、魏大威接待并陪同考察。

考察团观看了"国家图书馆立法决策服务成就展"，并给予了高度评价。国家图书馆将进一步做好为全国人大服务的有关工作，开通为全国人大法律委、常委会法工委服务的专供信息平台；共同建设"中华人民共和国法律法规信息服务系统"；为法律委、法工委在立法过程中的文献信息需求，提供专项服务。

【乌克兰总统亚努科维奇向中国国家图书馆赠书】 9月3日，来华进行国事访问的乌克兰总统亚努科维奇于2010年9月3日上午到访中国国家图书馆，专程向中国国家图书馆赠送《佩柳索普纳奇科福音书》复制本。中国国家图书馆馆长周和平代表中国国家图书馆接受了赠书。

亚努科维奇总统在致辞中表示，中乌两国正在全方位提升包括文化领域在内的各个领域的合作，希望通过赠书活动加强两国文化的沟通与了解，起到推动两国文化交流进一步发展的作用。周和平馆长对亚努科维奇总统此次专程赠送书籍表示感谢，并向其颁发捐赠证书。《佩柳索普纳奇科福音书》是乌克兰和其他斯拉夫人民的历史和文化遗产。它是基督教读物《福音书》的乌克兰语译文手稿，成书时间在1556—1561年间。

【“国家数字图书馆推广工程座谈会”在京召开】 9月8日，由国家图书馆主办的“国家数字图书馆推广工程座谈会”在京召开。全国省级公共图书馆、部分副省级城市公共图书馆、中国国家数字图书馆分馆以及国家图书馆有关领导和负责人参加了会议。国家图书馆馆长周和平出席会议并讲话，副馆长陈力、魏大威出席会议。会上就“国家数字图书馆推广工程”初步方案进行了讨论。

为进一步提高国家数字图书馆的共建水平和公共文化服务能力，更好地发挥国家数字图书馆服务全民阅读，促进学习型社会建设的基础保障作用，国家图书馆拟于“十二五”期间联合全国省级公共图书馆共同实施“国家数字图书馆推广工程”。

【海外古籍数字化回归取得实质进展】 9月8日，“哈佛大学哈佛燕京图书馆藏善本特藏资源库”在中国国家图书馆网站开通服务。美国哈佛大学哈佛学院图书馆馆长柯南希与中国国家图书馆馆长周和平共同启动“哈佛大学哈佛燕京图书馆藏善本特藏资源库”网站，此举标志着中国国家图书馆在国际合作史上规模最大且历时最长的文献数字化项目、同时也是全球图书馆界最大规模的双边合作数字化项目之一的首批阶段性成果，正式通过中国国家图书馆网站服务公众。这也标志着又一批中华珍贵典籍以数字化方式回到祖国。首批正式上网发布了包括齐如山专藏在内的中文古籍善本204种，供海内外读者在线使用。2009年10月，中国国家图书馆与美国哈佛大学图书馆达成一致，对哈佛燕京图书馆藏中文善本古籍进行数字化，从2010年1月起，项目历时6年，将完成中文善本古籍4210种51889卷的数字化拍照。

【国图WAP网站改版上线】 9月9日，国图手机门户WAP网站正式改版上线。作为国家图书馆手机服务——“掌上国图”的重要组成部分，新改版上线的国家图书馆手机门户WAP网站极大地提升了国家图书馆手机服务水平，新增了读者服务功能并优化了检索、在线服务和文津图书奖的功能，承载了大量国家图书馆特色资源。改版后的国家图书馆手机门户WAP网站拓展了服务形式，丰富了内容种类和数量、提高了各种技术指标，特别是在用户体验方面有了显著加强和提升。读者可以通过国家图书馆手机门户了解国图、使用国图资源，极大地方便了读者。

【国家图书馆信息联络员工作会议召开】 9月14日，为加强立法决策服务，建立起中央和国务院各部委政策法规制定部门与国家图书馆间在信息咨询服务方面的协作机制和信息联络员制度，“国家图书馆信息联络员工作会议”在国家图书馆多功能厅召开。国家图书馆党委书记、常务副馆长詹福瑞出席会议并致辞，副馆长、党委副书记常丕军出席了会议。来自中央国务院各部委政策法规司领导同志参加了会议。会议就信息联络员的相关职责进行了深入讨论和交流。会上，国家图书馆向来自中央和国务院各部委政策法规司的20余位信息联络员颁发了聘书。

【俄罗斯叶利钦总统图书馆副馆长捷列绅科一行来访】 9月30日，中国国家图书馆副馆长魏大威会见了来馆交流访问的俄罗斯叶利钦总统图书馆副馆长捷列绅科·巴维尔（Tereshenko Pavel）一行。双方就数字图书馆建设及服务方面已取得的主要成就及今后的发展思路进行了广泛交流。

【国家图书馆与武汉大学建立战略合作关系】

10月8日，在国家图书馆馆长周和平、武汉大学校长顾海良的共同见证下，国家图书馆与武汉大学签订了战略合作协议。根据协议，今后双方将在高层次人才培养、高端培训、全国图书馆事业发展理论与应用研究、图书馆与信息领域重要工程和重大项目的建设等方面开展全方位合作。武汉大学还将依托该校信息管理学院设立“武汉大学—国家图书馆合作研究院”。顾海良校长还向周和平馆长颁发了聘书，聘任其为武汉大学兼职教授。

【周铁农同志一行到国家图书馆参观考察】 10月13日，全国人大常委会副委员长、民革中央主席周铁农一行到国家图书馆参观考察。全国人大常委、外事委员会副主任、民革中央副主席齐续春，全国政协常委、副秘书长、民革中央副主席修福金，全国人大内务司法委员会委员、民革中央秘书长兼办公室主任李惠东，以及来自民革中央机关的同志50余人一同参观考察。国家图书馆馆长周和平，副馆长、党委副书记常丕军，副馆长陈力接待并陪同考察。周铁农同志一行观看了“国家图书馆立法决策服务成就展”，并参观了国家图书馆二期新馆暨国家数字图书馆，并对国家图书馆公共文化服务、古籍保护工作成效给予了高度评价。

【法国历史学家布立塞向国图签名赠送《1860:圆明园大劫难》】 10月18日，前来北京参加圆明园纪念活动的法国著名历史学家伯纳·布立赛专程来到中国国家图书馆，向中国国家图书馆和中国读者签名赠送他的历史名著《1860：圆明园大劫难》。《1860：圆明园大劫难》一书是布立赛在调查大量史料并十余次到中国实地考察的基础上写成的，原著由法国峭岩出版社出版，在法国引起了广泛好评。2005年，在《欧洲时报》帮助下，布立赛将该书版权无偿提供给浙江古籍出版社，翻译成中文出版，立即在广大中国读者中引起热烈反响，成为畅销书籍，并荣获中国国家图书馆第二届文津图书奖。

【周和平馆长会见泰国文化部长因塔拉颂巴先生】 10月28日，中国国家图书馆馆长周和平会见了来访的泰国文化部长因塔拉颂巴先生一行。周和平馆长向因塔拉颂巴先生介绍了中国国家图书馆的历史、馆藏特别是古籍善本等特藏的情况。塔拉颂巴先生希望两国图书馆界能够加强交流与合作，为两国的文化交流做出贡献。

【国家图书馆“文津少儿讲坛”开坛 曹文轩先生首讲】 为培养少年儿童优良的道德品质，养成良好的阅读习惯，国家图书馆特别开设“文津少儿讲坛”，邀请著名作家、教育家、学者、少儿工作者，根据少年儿童身心成长的特点，举办系列公益讲座。10月30日，“文津少儿讲坛”举行开坛首讲。当代著名作家、北京大学教授曹文轩先生进行了题为“阅读是一种信仰”的开坛首讲。少年儿童馆馆长李晓明主持了本次讲座，可容纳近千人的嘉言堂坐满了小读者和家长，一些小读者甚至是从远郊区县专程赶来。

【陈垣先生诞辰一百三十周年纪念展】 11月15日，由国家图书馆、北京师范大学、中国社会科学院历史研究所共同主办的“陈垣先生诞辰一百三十周年纪念展”在国家图书馆开展。展览开展当天，由北京师范大学、国家图书馆、中国社会科学院历史研究所共同举办的“纪念陈垣先生诞辰一百三十周年学术研讨会”在北京师范大学英东楼学术会堂举行。国家图书馆副馆长张志清代表国家图书馆参加研讨会并致辞。陈垣先生曾以教育部次长身份兼任国家图书馆的前身——京师图书馆馆长，对于国家图书馆的馆舍建设、藏书建设、文献整理与研究厥功甚伟。

【国家图书馆中央编办分馆揭牌】 11月18日，国家图书馆中央编办分馆在京揭牌，“国家图书馆立法决策服务平台——中央编办平台”同时开通。文化部副部长欧阳坚、中央编办副主任黄文平、国家图书馆馆长周和平等出席仪式并致辞。

国家图书馆中央编办分馆是国图在中央国家机关建立的第一个全数字化分馆。分馆将以中央编办网站为平台，由中央编办领导和管理，在业务、技术与服务等方面接受国家图书馆指导。“国家图书馆立法决策服务平台——中央编办平台”则将以中央编办用户在图书文献信息方面的需求为基本服务内容，以国家图书馆丰富的数字资源和在信息服务方面的经验特长为依托，有针对性地为用户创造符合个性化需求的信息服务环境。

【国家图书馆召开副馆长、馆长助理任职大会】 11月19日，文化部人事司在国家图书馆总馆南区多功能厅召开副馆长、馆长助理任职大会。文化部人事司副司长汪志刚、人事司干部处处长张士军、国家图书馆馆领导班子成员出席会议，国家图书馆中层干部、副研究馆员以上专业技术人员参加了会议。大会由国家图书馆馆长周和平主持。

会上，汪志刚同志宣读了《文化部关于王军任职的通知》，任命王军为国家图书馆副馆长，试用期一年。国家图书馆党委书记、常务副馆长詹福瑞宣读了《关于聘任孙一钢、汪东波为国家图书馆馆长助理的通知》，经文化部同意，聘任孙一钢、汪东波为国家图书馆馆长助理。

调整后的国家图书馆现任馆领导班子全体成员为：馆长周和平，党委书记、常务副馆长詹福瑞，副馆长、党委副书记常丕军，副馆长陈力、张志清、魏大威、王军，馆长助理孙一钢、汪东波。

【中国国家图书馆与日本国立国会图书馆进行第29次业务交流】 11月23日—26日，以日本国立国会图书馆调查及立法考察局专门调查员、国土交通调查室主任山口广文为团长的代表团一行5人到中国国家图书馆访问，进行两馆间的第29次业务交流。期间，中国国家图书馆馆长周和平会见了来访的日本国立国会图书馆代表团一行。双方围绕“中国国家图书馆立法决策服务的组织结构及运行”、“国立国会图书馆之设立目的及国会服务”、“中国国家图书馆为国家立法决策服务主要内容及其特点”、“国立国会图书馆国会服务的组织、职员和调查业务”、“数字环境下中国国家图书馆立法决策服务的创新与发展”和“国立国会图书馆对国会提供的电子信息服务”等六个议题进行了深入探讨。

【国家图书馆国家行政学院分馆揭牌】 11月26日，国家行政学院、国家图书馆合作协议签署暨“国家图书馆国家行政学院分馆”揭牌仪式在京举行。国家行政学院党委书记、常务副院长魏礼群；文化部党组成员、中央纪委驻部纪检组组长李洪峰；国家行政学院党委委员、副院长洪毅，党委委员、教务长杨克勤；国家图书馆馆长周和平出席了签字揭牌仪式。文化部社会文化司司长于群，国家图书馆副馆长、党委副书记常丕军，以及文化部、国家行政学院、国家图书馆有关人员近200人参加了仪式。杨克勤主持了仪式。

【国家数字图书馆实现厦门服务全覆盖】 2010年11月27日，国家数字图书馆厦门服务全覆盖启动仪式在厦门举行。国家图书馆馆长周和平、福建省文化厅、厦门市有关领导出席了仪式。周和平为“中国国家数字图书馆厦门分馆”授牌。魏大威和厦门市文化局局长罗才福向厦门市公共图书馆联合服务体成员馆赠送了数字资源，并分别代表国家图书馆和厦门市文化局共同签署了“国家数字图书馆厦门全覆盖协议”。

厦门分馆由此成为国家数字图书馆建立的第17家分馆，第一次实现了资源的无缝跨库链接和用户的双向认证。本次厦门全覆盖工作，标志着国家图书馆与厦门市文化局战略合作的正式开启，同时也翻开了国家数字图书馆区域全覆盖工作的新篇章，具有重要的示范意义。

【第六届“国家图书馆文津图书奖”揭晓】 12月20日，第六届“国家图书馆文津图书奖”暨2010年度“国家图书馆文津读者奖”颁奖仪式在国家图书馆举行。国家图书馆党委书记、常务副馆长、“国家图书馆文津图书奖”组委会主任、“国家图书馆文津图书奖”专家评审委员会副主任詹福瑞，光明日报报业集团新天地杂志社社长、总编夏欣等专家、学者和获奖作者、获奖出版社以及第六届“国家图书馆文津图书奖”联合评审图书馆代表、2010年度“国家图书馆文津读者奖”获奖者等相关人员出席了颁奖仪式。

评选活动于2010年5月正式启动，评选图书范围为2009年7月1日至2010年6月30日，由国家出版行政管理部门批准成立的出版机构在国内正式出版、公开发行（包括限国内发行）的汉文版图书。《重新发现社会》、《1944：松山战役笔记》、《朱镕基答记者问》、《DNA：生命的秘密》、《别对我撒谎：23篇震撼世界的新闻调查报道》、《网民的狂欢》、《七十年代》、《我们台湾这些年：1977年至今》、《蚁族：大学毕业生聚居村实录》、《“中间地带”的革命：国际大背景下看中共成功之道》等10种图书获奖。（本部分由国家图书馆办公室供稿）

馆情数据

国家图书馆 2010 年度馆情数据汇总表

类别	项目	数据	说明
面积	总建筑面积	25 万平方米	
	世界排名	世界国家图书馆第三位	
	总馆南区	14 万平方米	
	总馆北区	8 万平方米	
	古籍馆	3 万平方米	
机构	部处机构	26 个	截至 2010 年底
人员结构	在编人员	1353 人	截至 2010 年底
	博士	55 人	截至 2010 年底
	硕士	400 人	截至 2010 年底
	本科	424 人	截至 2010 年底
	大专	273 人	截至 2010 年底
	大专以下学历	201 人	截至 2010 年底
	专业技术人员	1178 人	截至 2010 年底
	正、副高级专业技术人员	229 人	截至 2010 年底
	中级专业技术人员	669 人	截至 2010 年底
	初级专业技术人员	280 人	截至 2010 年底
	离退休人员	826 人	截至 2010 年底
经费	财政拨款总数	37318 万元	2010 年度
	购书经费	16500 万元	2010 年度
	事业经费	9708 万元	2010 年度
馆藏	馆藏文献总量	2897.92 万册(件)	截至 2010 年底
	中文文献总量	1799.27 万册(件)	截至 2010 年底
	外文文献总量	1098.65 万册(件)	截至 2010 年底

类别	项目	数据	说明
	数字资源总量	480TB(其中:网络信息采集 18TB)	截至 2010 年底
		自建数字资源 388TB	截至 2010 年底
	外购数据库	219 个(中文数据库 105 个,外文数据库 114 个)	截至 2010 年底
	善本古籍总量	28.1731 万册(件)	截至 2010 年底
	善本特藏(不含善本古籍)	73.7470 万册(件)	截至 2010 年底
	普通古籍总量(含旧方志、家谱)	160 万册(件)	截至 2010 年底
	新方志阅览室存文献	中文图书 50340 种,85860 册;中文期刊 96 种,8913 册	截至 2010 年底
	敦煌文献阅览室存文献	34216 册(件)	截至 2010 年底
公众服务	服务对象	中央和国家机关;重点科研、教育、生产单位;社会公众;全国图书馆界	
	开馆时间	“全年候”开馆	363 天(两天检修)
	到馆读者	532.99 万人次	2010 年度
	流通书刊	2826.35 万册次	2010 年度
	各类咨询	53.17 万件	2010 年度
	网站点击率	8.30 亿人次	2010 年度
	办理读者证卡	21.08 万个	2010 年度
	举办讲座	247 场(公益性讲座)	2010 年度
	服务手段	阅览、外借、馆际互借、文献提供、参考咨询、文献推送、讲座、展览、培训等	
	服务特点	多元化、数字化、人性化	
培训	馆内培训	举办 62 场参加人数达 8400 人次	2010 年度
文献加工	文献编目	总量为 73.34 万 种,122.47 万册(件)	2010 年度
	各类文献登记	总量为 57.60 万种,227.39 万册(件)	2010 年度
全国图书馆联合编目中心	成员馆	744 家	截至 2010 年底
	数据用户	1198 家	截至 2010 年底
	联合编目中心分中心	14 家	截至 2010 年底
《中图法》编委会办公室	中国图书馆分类法	类目数据 51630 条	截至 2010 年底
ISSN 中国国家中心	办理 ISSN 号	1.3 万个	截至 2010 年底
馆际互借	文献信息单位	620 家	截至 2010 年底
国际互借	国家和地区	63 个国家和地区的 512 家图书馆	截至 2010 年底
国际交换	国家和地区	117 个	截至 2010 年底
	交换单位	552 家机构	截至 2010 年底
	赠送	150 家机构	截至 2009 年底
国际交流	建立人员交流和合作关系	17 个国家图书馆(不含港澳台地区图书馆)	截至 2010 年底
	国际图联相关机构任职人员	10 名	截至 2010 年底

类别	项目	数据	说明
总馆北区	立项时间	2001 年 11 月	
	奠基时间	2004 年 12 月 28 日	
	批复面积	79899 平方米	
	面积	80538 平方米	
	批复初步概算	12.23 亿元	
		土建投资 73222 万元	
		数图投资 49070 万元	
	建筑结构	地下 3 层,地上 5 层	
	建筑高度	27 米	
阅览座位	总馆南区	1827 个	截至 2010 年底
	总馆北区	3404 个	截至 2010 年底
	古籍馆	390 个	截至 2010 年底

公共图书馆

综述

2010年，我国公共图书馆根据中央提出的建立普遍均等公共文化服务体系的指示精神，全面贯彻落实《国家"十一五"时期文化发展规划纲要》，在完善图书馆网络布局、创新图书馆服务模式、健全图书馆服务组织体制和运行机制、加强基层图书馆建设、保障低收入和特殊群体图书馆权益取得了长足进展；同时，在提升服务水平和服务效率，创新图书馆技术手段，建设数字图书馆和提升数字化服务能力等方面也取得了可喜成绩。

2010年，全国公共图书馆基本统计数据如下：公共图书馆2884个，从业人员53 564人；财政拨款583 685万元，比上年增长6.0%；文献总藏量61 726万册(件)，比上年增加3205万册(件)，增长5.5%；新购藏量2956万册，比上年增加17万册。全国人均拥有公共图书馆藏书量0.46册；人均购书费0.83元，均比上年略有所提高；2010年全年共发放借书证2020万个，比上年增加271个，增长15.5%；全国每千人拥有借书证为15.1个，比上年增加2个，增长15.3%。2010年公共图书馆总流通人次32 823万人次，比上年增加656万人次，增长2.0%；其中书刊外借13 934万人次，26 393万册次，分别比上年增加657万人次和535万册次，增长4.9%和2.1%。2010年各地继续加强公共图书馆硬件设施建设，全国公共图书馆建筑面积为900.4万平方米，比上年增加50.1万平方米；每万人拥有公共图书馆建筑面积为67.2平方米；阅览室坐席数63.1万个，比上年增加2.9万个，增长4.8%。

公共图书馆服务体系建设继续推进，全国各地协调发展。2010年，各地各级图书馆继续加强和完善公共图书馆服务体系建设，以总分馆模式、行业分馆模式、专业分馆模式开展面向社区、面向农村、面向基层的延伸服务。如苏州公共图书馆总分馆实现全覆盖，通过合作建设方式在全市城区共建成分馆21所；长春图书馆以总分馆制模式实现长春区域内数字资源的共建共享，共建立分馆和基层服务网点76个，构建了覆盖城乡、惠及全民、便捷高效的公共图书馆服务体系；佛山市图书馆将各成员馆的图书借阅、数据资源查询、通借通还等服务联合起来，至今已形成1个主馆、5个分馆、3个成员馆的"联合图书馆"格局；上海市中心图书馆街道(乡镇)"一卡通"覆盖率已达到70%；重庆市主城区9个区级图书馆和2个市级图书馆正式推行一卡通图书通借通还；北京、广州等地通过流通车等多种形式延伸图书馆服务，调动群众阅读热情。

基层图书馆建设深入开展，不断探索新型建设模式。2010年基层图书馆建设在理论和实践上都不断探索。中国图书馆学会第三届百县馆长论坛达成"江阴共识"，县级公共图书馆谋求持续发展，必须顺应新形势，树立新理念，立足新变化，突破新问题。要依托全国文化信息资源共享工程、县级数字图书馆推广计划等重大工程，乘势而上，实现数字化和网络化服务的跨越式发展。全国各地以"农家书屋"为代表的基层图书馆建设在数量和质量上都取得显著成绩。如北京农家书屋工程惠及千家万户，2010年新增书屋1020个；江西省将"农家书屋工程"写入省政府工作报告，列入政府民生工程项目，截止2010年已建成农家书屋2546个；厦门市、中山市都纷纷成为本省率先实现村村有农家书屋目标的城市。

创新服务技术手段，推出服务新举措。2010年，各地在公共图书馆建设中充分利用网络优势、信息技术和数字资源，依托全国文化信息共享工程、国家数字图书馆等平台，创新公共图书馆技术手段和服务方式，不断推出服务新举措。北京、上海、广州、天津、武汉等地推出了24小时自助还书机，深圳启动了“城市街区24小时自助图书馆系统二期工程”，在一期40台基础上又新增自助图书馆100台。在外延服务方面，除了自助还书机，很多图书馆还充分利用手机服务方便读者。如武汉图书馆推出“24小时自助电话服务”，上海、成都、东莞、绍兴等地纷纷开通手机图书馆。天津虚拟图书馆、浙江网络图书馆、嘉兴数字图书馆，以及烟台、东莞等地均将本馆海量的数字资源放到网上，让读者随时随地能方便阅读所需电子文献。

数字图书馆建设成果显著，数字化平台不断拓展。2010年全国数字图书馆建设不断规范，数量显著增加，从省级到县级层层推进。截止到2010年年底，“中国国家数字图书馆地方分馆”建设项目已经在16个省市区建设了17个分馆，2010年新增新疆和厦门两个地区分馆。为将数字图书馆工程技术和资源继续向下延伸，国家图书馆启动“县级数字图书馆计划工程”，上海、重庆、四川、江西、湖南、河南、山东、海南等地纷纷响应，县级数字图书馆推广计划也在四川地震重灾区——北川县援建启动。此外，各地图书馆的数字化建设手段和服务模式也各具特色。例如，天津图书馆与方正携手推广全民数字化阅读；杭州图书馆与专业流媒体技术供应商VIEWGOOD合作，共同推进数字化进程；中山图书馆携手百度构建“网络图书馆”。

古籍保护和共享工程项目稳步推进。2010年，国家古籍保护工作继续推进“中华古籍保护计划”，在古籍的抢救发掘、鉴定保护、信息利用、专业培训等方面取得了实质性进展。截止到2010年底，国务院先后公布了3批9859部《国家珍贵古籍名录》和150家全国古籍重点保护单位，其中公共图书馆66家。2月1日，文化部命名了12家国家级古籍修复中心，上海图书馆、南京图书馆、天津图书馆、浙江省图书馆、山东省图书馆等入选。2010年，全国文化共享工程继续加强基层建设。截止2010年底，中央及地方各级财政为文化共享工程累计投入57亿元，基本形成分布式数字资源库群，数据量达到92TB；初步建成五级网络服务体系，包括一个国家中心、33个省级分中心、2814个市县支中心、15 000个乡镇基层服务点和75万个合作共建的村级基层服务点。

全民阅读活动丰富多彩。2010年在各地公共图书馆的积极推动下，全民阅读活动呈现出参与广泛、政府支持、内容丰富、形式多样等显著特点。2010年4月9日，中国图书馆学会阅读推广委员会全体委员第一次工作会议在深圳举行，对全民阅读进行研究和指导，同时启动了“全民阅读网”，推动全民阅读活动的开展。各地图书馆举办了丰富多彩的阅读活动。如深圳图书馆则以全民阅读网为主体，推出“网络漂流书”、读者俱乐部、青年工人网络文化家园等版块；广州图书馆举办了绘本书促进阅读专题学术报告会；温州市图书馆创造性地将话剧与读书完美结合，成立了“读书话剧社”。2010年10月，第八次全国阅读调查显示，2010年我国18—70周岁对阅读作用的认知程度较高，国民综合阅读率达77.1%，传统纸质媒介阅读率稳健增长，数字阅读接触率强劲增长。

合作共享机制进一步加强。2010年公共图书馆的合作共享范围不断扩大，合作内容不断深化。以广东省中心图书馆委员会牵头建立的“珠三角数字图书馆联盟”开通，打造了我国首个公共、教育、科技系统图书馆联合的跨系统文献资源共享平台；宜昌、荆州、荆门三地图书馆结成宜荆荆图书馆联盟，实现文化资源共享，以加强湖北中部地区图书馆之间的交流协作；上海图书馆正式推出原书馆际互借服务系统，该馆和118家国内外图书情报机构建立了馆际互借合作关系，将外借图书范围扩大到全国各地甚至海外；深圳图书馆通过联合采编协作网与全国22个省、市、自治区的93家图书馆合作编目，为读者构建文献提供、馆际互借体系。12月16日，全国公共图书馆讲座联盟正式成立，该联盟成为各图书馆讲座合作的新平台让，并且整合优势讲座资源，让更多人获得均等的学习机会。

法制建设不断完善，国际交流影响广泛。2010年地方法规建设又有新进展，新疆颁发了《新疆维吾尔自治区公共图书馆服务标准(试行)》，用来规范公共图书馆服务，满足读者文化需求。3月12日，文化部财务司组织召开了《乡镇综合文化站建设标准》(送审稿)专家审查会，以推动乡镇文化站点规范建设。在合作交流方面，2010年，由中国文化部和美国图书馆及博物馆署(IMLS)主办的“中美图书馆员专业交流项目”先后在四川、重庆和广东等地陆续实施，取得了良好成效和影响。(首都图书馆　张娟、陈人语)

年度工作

北京市

【概述】 2010年，北京市公共图书馆服务体系建设得到完善。截至2010年底，全市16个区县共有市级图书馆1个、区县图书馆23个、街道图书馆143个、乡镇图书馆176个、社区图书室1238个、村图书室2927个。各级公共图书馆积极改善馆舍条件，首图二期、密云县图书馆、顺义区图书馆、崇文图书馆、燕山图书馆的新馆建设正在进行之中，门头沟区、通州区已经开始新馆建设规划。年内，24个市、区县图书馆馆舍面积合计16.4万平方米、阅览坐席1.29万个、馆藏文献1708.1万册，全年总借阅人次731.2万，总借阅册次805.2万。“一卡通”服务继续扩大覆盖范围，房山区图书馆和朝阳尚都创意图书馆等5家图书馆开通了通借或通还服务。“一卡通”联网馆已覆盖15个区县的167个图书馆。与此同时，公共图书馆不断延伸服务范围，针对不同群体建立分馆226个，送书下基层服务点2306个，图书交换捐网点245个，交换阅读图书20余万册。

除了努力完善公共图书馆服务体系建设，公共图书馆还积极探索新的服务方式。2010年，北京市首次运行2台“城市街区自助图书馆”机器，24小时全天候为市民提供图书借还服务，突破了图书馆馆舍建筑的功能局限，拓展了图书馆的服务外延；另外，触摸屏读报机等新型阅读设备开始在首都图书馆和石景山区图书馆供读者使用；12月初，首图还为读者开通了手持电子阅读器、U阅等移动阅读设备的外借服务。以上举措为市民使用公共图书馆提供了便利，提高了公共图书馆的服务效果。

公共图书馆数字资源的建设与共享、宣传及服务得到加强。年内增加了全市范围内数字资源共享的品种，包括《中国报纸资源全文数据库》，并在中心馆嵌入了国家科技图书文献中心（NSTL）的服务平台，实现了理、工、农、医等各领域的国内外科技文献信息资源的共享。此外，公共图书馆专题资料分馆建设也在稳步推进，宣南文化（之会馆）、传统手工艺、胡同文化、西山文化、名人故居、运河文化、北京老工业遗址等特色数据库的建设已初现规模。为进一步推动信息资源的优化配置，开展特色资源的数字化建设生产，系统保存北京市的特色文化遗产，首都图书馆已经开始征集各分馆的数字资源，并纳入以北京记忆多媒体数据库为核心的发布平台，开展联合服务。

为了丰富市民的文化生活，公共图书馆持续开展“千场讲座”、“送书下基层”、“网上阅览”以及图书馆服务宣传周、世界读书日等全民阅读活动和红领巾读书活动。全年共举办各类读者活动3410次，参加者达10余万人次，送书下基层2431次，送书达109万册次。在活动组织方面，今年加强了活动的预报与活动信息的宣传工作，读者可通过网站、报纸及宣传海报等多种渠道了解活动信息。为了在广大读者和市民中积极倡导文明新气象和文化新风尚，首都图书馆联合全市公共图书馆在市民中广泛开展了“知书·达礼——做文明有礼的北京人”系列活动。各馆紧紧围绕主题，通过讲座、展览、专题书展、网上阅览、摄影、征文、诵读比赛等形式，吸引了近40万市民和少年儿童参加，充分发挥图书馆社会教育职能和宣传阵地作用。北京市红领巾读书活动开展“四好少年我争当 阅读好书我先行”主题活动，以实际行动引导未成年人积极参与“人文北京、科技北京、绿色北京”建设，全面提升未成年人的思想道德素质。全年举办活动七大项，655场次，全市参加活动的中小学生达到60.7万人次。

文化信息资源共享工程建设得到进一步深化。北京市文化信息资源共享工程相继写入《北京市2010年在直接关系群众生活方面拟办的重要实事》和《2010年人文北京行动计划折子工程》。年内，北京市文化信息资源共享工程数据总量达到10TB，电子图书已推送5万余册，电子期刊290种3000册，4295个行政村基层服务点通过网络可接收、利用这些数字资源，市民可免费点击查阅、收看。2010年对北京市文化共享工程专网进行了改造，在全市范围内试运行文化共享工程运行管理系统。北京市分中心还对开通有线电视数字点播频道进行了考察与调研。完成"县级数字图书馆推广计划"、"公共电子阅览室建设计划"的一期试点工作；实现北京市文化信息资源共享工程、首都图书馆网站、北京市公共图书馆"一卡通"网站及各区县图书馆等公共图书馆系统现有平台和资源的整合工作，建成了一个开放式的内容发布平台以及一个统一的资源管理系统，可提供跨平台、跨库检索、异地发布系统等功能，实现了多网站资源、多网合一的信息传输与服务模式。除此之外，北京市各级中心还开展了各类丰富多彩的活动，受到了社会各界的关注。

北京市古籍普查与保护工作取得新进展。2010年，"北京市古籍保护中心"继续扩大对北京市古籍藏书情况的调研范围，"北京市古籍藏书历史与现状研究"成功申请了北京市哲学社会科学"十一五"规划项目。申报了北京市第三批《国家珍贵古籍名录》清单，首都图书馆等5家单位的85种珍品文献成功入选。年内，首都图书馆分别派出7人次，参加了全国古籍普查平台审核人员培训班、全国古籍鉴定与保护高级研修班、全国古籍修复技术培训班和全国碑帖鉴定与保护研修班。北京市古籍保护中心于10月底举办了第三期北京市公共图书馆和事业单位古籍普查工作碑帖专题培训班。

图书馆员工培训工作效果突出。在全市范围内举办了专题培训班5次，并邀请国内外图书馆专家讲座3次，共有830人次接受培训。此外，各区县图书馆也积极开展了面向基层图书馆管理员的业务培训工作，取得了良好效果。这些培训工作加强了图书馆队伍建设，提高了图书馆从业人员的理论与业务水平，为"十二五"期间进一步推动北京市公共图书馆事业的发展奠定了基础。（首都图书馆）

【"北京文化信息资源共享工程"2009－2010年度工作会议召开】 2月9日－10日，"北京文化信息资源共享工程"2009－2010年度工作会议在顺义区召开。北京市文化局副局级巡视员、首都图书馆馆长倪晓建，首都图书馆（北京市分中心）副馆长邓菊英，各区县图书馆（各区县文化共享工程支中心）馆长、主管馆长及共享工程负责人参加了此次会议。倪晓建馆长向18家参加文化部第四次图书馆评估定级工作并被评为一级图书馆的区县馆颁牌，并对这些馆进行表彰。首图副馆长邓菊英对2009年度北京市分中心共享工程工作进行总结，同时安排部署了2010年的工作。顺义区、延庆县支中心介绍了本区共享工程开展的优秀经验。会议期间，北京市分中心按照文化部"县级数字图书馆推广计划"工作的要求，对第一期参与计划的10家区县支中心发放了硬盘并进行培训，并要求全市23家区县支中心利用国家管理中心下发的各类资源在春节期间开展活动，丰富广大群众的文化生活。（首都图书馆）

【"北京市公共图书馆馆长工作会议"圆满召开】 12月8－9日，"北京市公共图书馆馆长工作会议"在九华山庄召开。北京市文化局领导，首图馆长和各部室相关人员以及各区县图书馆馆长参加了此次会议。会议总结了2010年度北京市公共图书馆协作协调工作以及"知书·达礼——做文明有礼的北京人"活动；指出了公共图书馆消防安全"四个能力建设"工作验收中应注意的问题；对2010年度全民阅读活动和红领巾读书活动中取得的成绩进行了表彰。会议还就建立北京地区公共图书馆参考咨询联盟及调整县以上公共图书馆开闭馆时间等工作进行了讨论。北京市文化局副巡视员、首都图书馆馆长倪晓建在讲话中肯定了北京市公共图书馆工作所取得的成绩，并对今后的工作和努力方向做出了指示性意见。（首都图书馆）

【全国文化信息资源共享工程"十一五"成果展在京开幕】 12月19日，由文化部、财政部主办，文化部社会文化司、全国文化信息资源建设管理中心承办，各省（区、市）、新疆生产建设兵团文化厅（局）、文化共享工程各省级分中心协办的全国文化信息资源共享工程"十一五"成果展在中国美术馆开幕。文化部副部长杨志今为开幕式致辞并参观了展览。此次展览由六大板块组成，通过文字、图片等多种展览形式，系统介绍了“十一五”期间文化共享工程在传播中华优秀文化，构建公共文化服务体系，缩小城乡“数字鸿沟”，服务新农村建设等方面取得的丰硕成果；全面展示了在党中央、国务院的高度重视和亲切关怀下，文化共享工程在满足人民群众日益增长的文化需求、保障基层群众基本文化权益、推动社会主义文化大发展大繁荣中所发挥的积极作用。参观展览过程中，观众可亲身体验“三网”融合的服务模式，近距离感受3D高清数字资源，充分领略文化共享工程利用现代信息技术传播先进文化的魅力。（全国文化信息资源建设管理中心）

【首都图书馆概述】 2010年，首都图书馆各项基础业务建设继续平稳推进。截至2010年底，馆藏文献达到582万册、件，新购文献约28万余册、件。全年共接待读者290万余人次，外借图书230万册。在做好北京市科技周、图书馆宣传服务周等全市品牌性的大型文化活动的基础上，举办“首图讲坛”、“首图影像”、“阳光少年读书行动”等各种活动419次，参加读者7.9万余人次；接待读者信息咨询及代检索课题97.6万人次；集体送书55次，1.7万册。此外，政府信息查阅中心接收各类文件1527种2014份，其中接收北京市政府所属各委办局518种1034份，18家区县政府491种980份。在不断推进和创新以《北京记忆》、《奥运记忆》等为代表的首图数字文化服务品牌建设的同时，继续深化首图讲坛的品牌建设，强化讲座主题化、系列化走向，提升讲座层次和质量。将优秀讲座资源上传至文化共享工程平台，拓展了受众范围，进一步提升了社会影响力。

在此基础上北京市公共图书馆服务体系实现市、区县、街道/乡镇的全覆盖，社区/行政村图书馆（室）建设稳健进行中，覆盖率超过50%。基于“北京市公共图书馆计算机信息服务网络”的“一卡通”成员馆已拓展至167家，其中130家成员馆实现异地借书功能，54家成员馆实现异地借还图书功能。“北京市文化信息共享工程网络”构建的4295个不同层级的服务终端形成“国家中心—北京市分中心—区县分中心—基层中心—基层服务点”五级网络体系稳定运行，并努力实现“资源入户”目标，“县级数字图书馆推广计划”和“公共电子阅览室建设计划”试点建设顺利。在“北京市公共图书馆计算机信息服务网络”和“北京市文化信息共享工程网络”两大网络平台互为依托、成熟运行的基础上，城市自助图书馆、移动信息终端等高新技术含量的服务项目不断推广，与场馆和网路服务互补并行，逐步摆脱时空桎梏，进一步为市民打造全天候图书馆。

在继续深化图书馆阵地服务的基础上，组织和指导全市未成年读者的阅读活动，充分发挥作为社会教育大课堂和北京校外教育协会成员单位的功能。开展“四好少年我争当 阅读好书我先行”主题活动，全年举办活动七大项，655场次，全市参加活动的中小学生达到60.7万人次。在此基础上，与北京市科学技术情报研究所合作开展“基于新媒体技术构建未成年人素质教育科普服务平台”的课题研究工作。

60余部珍稀善本文献入选第二批国家珍贵古籍名录；在对馆藏善本古籍珍稀版本逐步开展数字化与再生性保护工作的同时，甄选善本古籍10部编辑馆藏《珍本古籍丛刊》；继续加强古籍修复工作，注重对古籍修复专业人才的培养和锻炼；开展对全市公共图书馆和事业单位古籍普查工作从业人员的专题培训。

首都图书馆二期暨北京市方志馆工程建设取得重大进展，2010年1月3日主体结构封顶。结合二期工程的进展，对相关家具、设备、计算机系统等开展了调研、论证，现已进行了一部分家具、设备的采购工作，为开馆做前期的准备。（首都图书馆）

【首都图书馆与北京市科学技术情报研究所战略性合作拉开序幕】 2月3日，在首图文化艺术展厅举办了“首都图书馆与北京市科学技术情报研究所合作协议签字仪式暨‘展望首都2030’展览开幕式”，由此开启了双方战略性合作序幕，双方将在资源共建共享与优势互补、面向北京市民的文化信息服务项目，以及大型科研项目等领域展开合作。此次合作开启了北京市图书、情报机构合作的新篇章，标志着北京市公共图书馆服务体系和科技创新知识服务体系的建设进入了一个崭新的发展阶段。北京市市委宣传部文化处处长王珏，北京市科学技术研究院副院长李永进、宣传部部长曾庆宇，北京市文化局副局长何昕、副巡视员、首都图书馆馆长倪晓建，北京市科学技术情报研究所所长王苏舰、书记赵升祥、副所长刘彤，首都图书馆党委书记肖维平、副馆长陈坚、邓菊英等出席开幕仪式。（首都图书馆）

【首都图书馆开展"阳光少年读书行动——书海暖阳少年行"活动】 为充分发挥北京市学生校外教育基地的作用，2010年寒假期间，首都图书馆积极利用书海资源，开展了"阳光少年读书行动"主题阅读活动，共举办专题活动九项19场次，累计有1498名小读者参加。寒假期间，首图成长课堂邀请教育名家为家长、小读者进行了两场"新蕊计划——2010北京家庭教育公益大讲堂"专家讲座。大年初六，首图举办"欢欢喜喜过大年"舞台表演，演出共13个节目，29位小朋友登台表演。推出传统文化养成教育之"小故事 大道理"《三字经》系列，让小朋友理解、体会中国传统文化精髓。在开展品牌故事活动的同时，利用图书馆的媒体资源，举办了三场童心影视窗mini场，让小读者在观影后感受，在感受中配合阅读思考。另外，巧巧手美劳加工厂、认知图书馆等传统活动也准备了丰富精彩的内容，为到馆小读者奉上了一道虎年大礼。（首都图书馆）

【北京"城市街区自助图书馆"24小时全天候提供图书借还服务】 2月11日，首都图书馆"城市街区自助图书馆"机器开始试运行，24小时全天候为市民提供图书借还服务。"城市街区自助图书馆"是一个全新的图书馆服务项目，通过"自助图书馆"，可以实现自助借书、自助还书、自助申办借书证、自助续借、自助查询5大自助服务。目前，北京市投入试用的两台"自助图书馆"均设在首都图书馆广场内，今后将根据实际使用情况逐步推广这一服务模式，为市民阅读提供便利。（首都图书馆）

【共享工程北京市分中心获得宣传学习"双百"人物征文活动组织奖】 2月28日，文化部全国文化信息资源共享工程宣传学习"双百"人物有奖征文活动揭晓，北京市分中心（首都图书馆）获得组织奖。该活动通知自下发以来，北京市分中心积极响应，第一时间在全市范围内启动该项活动，各区县支中心、基层服务点积极响应，北京市共向管理中心上交征文170余篇。活动在全市范围内掀起了学习英雄模范、崇尚英雄模范的热潮。北京市分中心在圆满完成征文活动的基础上，将继续加大宣传推广"双百"人物的力度，发挥好文化共享工程宣传教育和文化传播的平台作用。（首都图书馆）

【首都图书馆为农村残疾人建"流动图书站"】 5月12日，北京市残疾人活动中心、首都图书馆和通州区西集镇残联共同举办"为农村残疾人兄弟姐妹送文化"活动，首都图书馆在此建立的"流动图书站"正式启动。此次，首图为西集镇残疾人"温馨家园"办理了500册图书的集体阅览证，将定期为残疾读者轮换图书，为他们阅读图书提供便利。首图还将根据残疾读者需求，陆续为他们送去讲座、展览等文化服务。今年的5月16日是第二十个"全国助残日"，今年助残日的主题是"关爱帮扶农村贫困残疾人"。首都图书馆作为公共文化服务的重要基地，十分关注残疾人群体，特别是农村贫困残疾人的文化阅读生活，通过各种方式保障他们的阅读权益，丰富他们的精神文化生活。（首都图书馆）

【《北京记忆》获第十五届"群星奖"】 5月24日，作为第九届中国艺术节的一项重要内容，全国第十五届"群星奖"评选结果揭晓，首都图书馆的《北京记忆——大型北京文化多媒体数据库》喜获项目类"群星奖"。《北京记忆》是由首图主办的大型北京文化多媒体资源数据库，于2003年9月正式发布，是国内第一家专业化的大型地域文化资源数据库。目前已完成"北京文汇"、"旧京图典"、"燕京金石"等10个栏目，涉及古籍、老照片、拓片、舆图、音视频等各种载体类型，为用户提供文献浏览、全文检索、音视频点播、网上咨询等多种服务，现数据规模已超过5个TB。数据库开通至今，用户访问量已逾百万。《北京记忆》不仅全面系统地提供了北京特色文化信息产品，也开创了地方文献资源整理与呈现的新形式，在国内业界起到了积极的引领和促进作用。（首都图书馆）

【首都图书馆收容教育所图书分馆正式启动】

5月28日，由首都图书馆与北京市公安局收容教育所共建的首图收容教育所分馆启动仪式在北京市公安局收教所举行。首图副馆长陈坚、北京市公安局监所管理处副处长孔庆宝为收教所分馆揭牌。在收教所分馆，先期从首图运抵的1000册图书已经开始提供借阅服务。这些图书都是根据被收教人员的需求由教官精心挑选的，涉及法律常识、手工制作、健康养生、文化艺术等各个领域。陈坚副馆长介绍说，今后除定期为收教所分馆更换新书，提供图书外借服务外，还将根据被教育人员的需求，为他们送来各类讲座、展览和影像资料等文化资源。首都图书馆旨在通过此类服务，与从事弱势群体及特殊群体服务的社会各界携手共建更加公平、均等的公共文化服务体系，竭力满足各类人群的文化信息需求。（首都图书馆）

【首都图书馆被授予“全国科普工作先进集体”称号】 5月31日，首都图书馆被科技部、中宣部和中国科协授予“全国科普工作先进集体”称号。在171个获奖单位中，图书馆界仅国家图书馆和首都图书馆获此殊荣。作为北京市公共图书馆中心馆，首都图书馆自2008年被认定为“北京市科普教育基地”，2010年1月被命名为“全国科普教育基地（2010—2014年）”以来，不断加大科普工作力度，逐步完善各项管理制度，积极开发和利用自身资源，以讲座、展览、培训等灵活多样的活动形式，面向社会各界进行科普宣传，对推动北京市科普事业发展，提高全民科学文化素质，建设“人文北京、科技北京、绿色北京”和世界城市起到了积极作用。（首都图书馆）

【首都图书馆开展童心齐创意 绿色环保秀活动】 为深入贯彻首都文明委、市委宣传部关于在全市大力开展“爱首都、讲文明、树新风——做文明有礼的北京人”活动的精神要求，2010年，首都图书馆推出以“童心爱环保 绿色集结号”为主题，开展倡导“争做文明小主人”活动。8月12日，一场绿色废报纸秀在首都图书馆拉开帷幕，活动借助首都图书馆品牌活动“童心舞台”的平台，到馆参与的小朋友以团队合作的形式，发挥创意和集体协作力量，利用废报纸及现有材料在规定时间内制作环保服装，并加以展示、解说。此次活动取得了积极的效果，首图希望通过举办此类活动，逐步让环保理念走进青少年的日常生活中去。（首都图书馆少儿阅读活动中心）

【珍·古道尔博士为首图“珍的旅程”图片展揭幕】 9月16日，“珍的旅程——珍·古道尔博士冈比黑猩猩研究五十周年图片展”在首都图书馆文化艺术展厅开幕。珍·古道尔博士本人亲临现场，和首图副馆长邓菊英一起为展览剪彩揭幕，并在象征加入环保行列的“地球生命之树”上首先按下手印。本次展览由首都图书馆联合珍古道尔（北京）环境文化交流中心共同主办，旨在让更多人了解和珍爱野生动物与自然环境，增强环保意识。展览精选近60幅图片，向公众介绍了珍·古道尔博士的研究事迹与研究成果。同时还展出了中国大陆、台湾地区以及国外出版的关于珍·古道尔博士的书籍，并配备纪录片放映。此外，展览特别设置了互动环节，以期让读者亲身参与其中，加入到关爱地球生命的行列中来。本次展览免费向公众开放，迎来了众多读者到馆参观。（首都图书馆）

【首都图书馆触摸屏读报机“上岗”】 国庆节前夕，首都图书馆开始向读者提供4台触摸屏读报机服务。每台读报机上收录了50种报纸，其中仅北京地区的就有16种，读者可根据名称、地区、种类检索所需报纸。读报机通过网络实时传输数据，读者能阅读到当日的最新消息，还能通过屏幕右上角的触摸键翻阅往日新闻。此外，在康复文献阅览室、报刊阅览室和北京市政府信息查阅中心，“畅听系统”已经安装到部分电脑上。读者只需简单操作，就能“听阅”电脑屏幕上的文字信息。读者不仅可以“听”到“中国报纸全文数据库”的70种报纸资源，还可以“听阅”word文本和网络上的资讯内容。（首都图书馆）

【北京市未成年人“传承文化 弘扬经典”现场知识竞赛圆满结束】 10月16日，来自全市19个区县的57名小学生齐聚首都图书馆，参加了“争做文明人——北京市未成年人‘传承文化弘扬经典’现场知识竞赛”。此次竞赛由团市委、市少工委、市教委、市精神文明办、市文化局五家单位主办，首都图书馆承办，是2010年北京市红领巾读书活动的重要项目之一，旨在鼓励更多青少年阅读经典书籍，掌握传统文化知识，争做新时代的文明“小北京”。活动自5月启动以来，全市200多所学校的小学生参与了本区县的初次选拔，经过选拔，每区县选派3人组队参加全市的现场比赛。首都精神文明建设委员会未成年人处处长周大庆、北京市少先队总辅导员陈膺、中国群众文化学会副会长成志伟、北京市作协秘书长王升山和著名儿童文学家马光复担任本次活动的评委。经过四个环节的激烈角逐，最终，西城北区、崇文以及昌平区代表队获得一等奖。（首都图书馆）

【郝广才、朱里安诺与首都图书馆读者面对面】 10月27日，台湾绘本第一人——格林文化发行人郝广才先生，携手意大利著名插画家朱里安诺先生，带来最新国学绘本作品《鱼儿水中游》亮相首都图书馆，与参会家长、听众分享创作心得，就绘本阅读展开沟通交流。郝广才与朱里安诺合作完成的国学绘本《鱼儿水中游》，在两个有着完全不同的文化背景，却有着相似世界观的人之间完成了交流、融合和创新，而他们参与的文化创造过程，又为文化的传承提供了新的注脚。活动反响热烈，听众表示收获颇多，并期待首都图书馆举办更多丰富有益的读书活动。（首都图书馆少儿阅读活动中心）

【首都图书馆接待打工子弟小学学生】 11月12日，首都图书馆迎来了7所近百名打工子弟小学的学生，参加由北京市妇女儿童工作委员会办公室主办，首都图书馆承办的“兴趣·人生——读书伴我成长”流动儿童读书、写作促进活动征文比赛表彰会。此项活动是根据国务院妇女儿童工作委员会办公室和联合国儿童基金会“受人口流动影响的儿童保护”项目开展的，意在激发和培养项目试点学校广大学生的阅读兴趣，引导学生广泛阅读优秀书籍，提高写作水平。活动在15所打工子弟学校中开展。首图副馆长邓菊英作为承办单位代表在会上发言；联合国儿基会驻中国代表处项目官员张亚丽女士，国务院妇儿工委办公室儿童处胡道华副处长，北京市妇儿工委办公室常务副主任周静莅会并为获奖同学代表颁奖。会后，学生代表及老师、家长参加了首图的认知图书馆教育实践活动，并参观了少儿借阅中心和多媒体阅览室，亲历少儿阅读活动，体验别样大课堂。（首都图书馆）

【“知书达理 文明北京”获奖摄影作品展亮相首都图书馆】 12月29日，北京市“知书达礼文明北京”摄影作品征集评选结果揭晓，60余幅获奖作品在首图文化艺术回廊展出。此次摄影作品征集评选活动由首图发起，于今年8月在北京市23家区县公共图书馆、少年儿童图书馆同时启动，共征集到来自全市各行业市民的摄影作品2000余幅（组）。最终，评选出一等奖3名、二等奖10名、三等奖20名和优秀奖若干名。获奖作品从不同角度描写了普通百姓的日常生活，展示了北京文明新气象和文化新风尚。此次摄影作品征集评选及展示活动是北京市公共图书馆“知书？达礼——做文明有礼的北京人”主题系列活动的重要组成部分，除摄影作品评选外，系列活动还包含讲座、展览、图书专架、网上阅览、征文、诵读比赛等多种形式，吸引了近40万市民参与，较好地发挥了图书馆的社会教育职能和宣传阵地作用。（首都图书馆）

【东城区图书馆举办三次中法作家与读者见面会】 3月14日、6月5日、10月23日，4位法国当代作家走进东城区图书馆，与中国作家、读者见面交流，共同探讨当代文学作品。中方代表有韩小蕙、徐坤、邱桦栋、李建军、王绯、余中先、刘庆邦等著名作家、评论家和翻译家。中法作家见面会还得到了法国驻华使馆文化处、法国文化交流中心的协助和支持。3次见面会采用“交谈问答”形式，广大读者借助“中介翻译”的力量踊跃参与。图书馆希望通过中法作家与读者见面会构建更高的平台，通过对话拓宽读者的文化视野，促进中西方文化交流。（东城区图书馆）

【首届全国“夏青杯”朗诵大赛北京赛区比赛在东城区图书馆举行】 9月13日、29日，首届全国“夏青杯”朗诵大赛的首场比赛及北京赛区决赛在东城区图书馆举行，两场比赛吸引了近300名来自社会各界的朗诵爱好者参与。经过激烈角逐，评委会最终评选出最佳奖40名，优秀奖50名。获得最佳奖的40名选手还将直接代表北京赛区进入全国复赛阶段。比赛结束后，本次大赛评委、著名朗诵艺术家曹灿和虹云老师做了权威点评。曹灿老师勉励选手们多读书、读好书，希望图书馆能够坚持以诵读活动推动全民阅读的开展，使之成为值得铭记的“读者盛会”。（东城区图书馆）

【文化共享工程现场有奖答题活动在东城区图书馆开展】 为迎接建国六十一周年，9月30日上午，文化部全国文化信息资源管理中心与东城区支中心（东城区图书馆）联合开展了以“红色记忆振奋中国”为主题的现场有奖问答活动。文化部全国文化信息资源建设管理中心主任张彦博一行亲临现场，了解活动进展，并对东城区支中心开展共享工程工作给予充分肯定。近200名到馆读者参与了答题活动。此外，读者通过登录全国文化信息资源共享工程网站也可在国庆期间参与网上有奖问答活动。为配合此次活动，东城区支中心还将利用国家中心下发的光盘资源推动基层开展主题宣传和优秀节目展播，让读者重温新中国走过的艰难历程，激发民众的爱国热情。（东城区图书馆）

【全国中小型公共图书馆代表团参观东城区图书馆】 11月17日，全国中小型公共图书馆代表团来东图参观交流。来自上海、江苏、湖南、吉林等全国各地30多家图书馆的馆长参加了此次交流活动。全国中小型公共图书馆联合会秘书长董海、东城区图书馆领导热情接待了参观人员。东图馆长肖佐刚介绍了图书馆的文献建设及读者服务工作，代表团成员对图书馆的读者活动给予了极高的评价，纷纷表示要结合观摩学习的先进经验，积极推广和实践。此次活动促进了东图与全国各地中小型公共图书馆之间近距离交流和学习的机会，分享了图书馆管理与服务的成功经验和先进方法。（东城区图书馆）

【公共图书馆政府信息公开服务中外研讨会在西城区图书馆举办】 6月3日，由西城区图书馆主办、西城区图书馆管理协会承办、北京大学法制信息中心协办的公共图书馆政府信息公开服务中外研讨会暨第四届政府出版物与政府信息传播论坛在西城区图书馆成功举办。会议由西城区图书馆副馆长阎峥主持。美国华盛顿大学法学院图书馆教授罗伟作了名为“美国政府信息的出版、编目与寄存制度及其作用”的报告；人民出版社对外联络处主任喻洋与专家们探讨了政府出版物的问题以及目前出版社、出版界的现状；西城区政府办信息科科长杨真通过宣教片，介绍了西城区政府信息公开工作的开展情况，并提出了目前政府出版物在寄存制度、范围、内容上所面临的问题。报告结束后，与会嘉宾们进行了热烈而广泛的讨论。（西城区图书馆）

【日本涩谷区友人向西城区图书馆赠书】 8月6日，日本东京都涩谷区日中友好议员联盟及学生代表团一行25人，在西城区外事办主任滕新华的陪同下来到西城区图书馆，向图书馆赠送日文原版图书50册。西城区图书馆副馆长阎峥与访中团团长染谷贤治合影留念并互赠礼物。10月14日，日本东京涩谷区日中友好协会代表团一行22人，在西城区外事办工作人员的陪同下，再次来到西城区图书馆参观访问，并第三次向图书馆赠送了20余册日文原版图书。2008年，涩谷区日中友好议员联盟访中团首次向西城馆赠送了50册日文书籍，如今设在个人借阅部的“西城区 涩谷区——友好图书专架”已被广大读者熟知，并成为很多喜爱日本文化的读者获取知识的渠道，为读者了解日本文化提供了更多的选择。（西城区图书馆）

【西城区图书馆与攀枝花市图书馆缔结友好图书馆】 9月14日—16日，西城区图书馆副馆长阎峥应攀枝花市图书馆邀请，参加了在攀枝花市会议中心召开的中国西部少数民族地区图书信息协作会年会，并与攀市图书馆签署了友好图书馆协议书，就加强信息交流、促进资源共享、定期举办展览、加快人才培养、馆外服务和项目援助等五个方面达成协议。四川省各地市（州），北京、上海、陕西、云南、贵州、山东等地图书馆界的领导和专家120余人参加会议。（西城区图书馆）

【第九届西城区图书馆金色光影摄影展开幕】 12月24日，为热烈庆祝“金色光影”艺术摄影沙龙成立十周年，营造喜庆热烈的圣诞、元旦节日氛围，由西城区图书馆主办的“第九届西图金色光影摄影展”在图书馆一层大厅开幕。开幕仪式吸引了200余位摄影爱好者参加，创历年之最。北京国际经济贸易研究所高级国际商务师、著名风光摄影家周崇文，北京日报图片社佳能摄影沙龙负责人黄海京分别致辞，回顾了摄影沙龙10年来所走过的历程。展览汇集200余幅摄影作品，全部来源于“金色光影”摄影沙龙会员们的佳作，内容涵盖风光、人文、建筑、自然等多种题材。（西城区图书馆）

【西城区青少年儿童图书馆科普讲座进校园活动】 2010年，西城区青少年儿童图书馆作为区科普教育基地，以“科普讲座进校园”活动为主导，聘请了以中国科学院老科学家为主并包括各部委、院、校的专家、教授组成的科普演讲团，走进校园，围绕着公共安全、儿童心理、生态文明、手工艺术等方面在全区中小学校组织讲座30场，参与人数7710人。同时，为配合科普讲座，积极开展了一系列科普宣传活动，多角度、多渠道地使青少年儿童感受科学魅力，激发了少年儿童学科学、爱科学的兴趣。（西城区青少年儿童图书馆）

【朝阳区图书馆为老年公寓配送图书】 12月16日，朝阳区图书馆精心选择了500册图书送到了嘉德老年公寓，为老年读者送上了丰富的精神食粮，这也是朝阳区图书馆首次为老年公寓配送图书。嘉德老年公寓属私营性质，是市级先进单位，生活有170余名老年人。朝阳区图书馆今后将长期为老年公寓其提供图书配送服务，并对全区老年公寓的需求进行调研，结合调研结果为有需求的养老院提供服务。《新京报》、《北京社区报》的记着对此次活动进行了现场采访及报道。（朝阳区图书馆）

【朝阳区图书馆新馆签约仪式举办】 12月30日上午，由朝阳区委、区政府投资3.62亿元兴建的朝阳区图书馆新馆在朝阳规划艺术馆召开了楼盘购买签约仪式，标志着朝阳区图书馆新馆改建工程正式启动实施。朝阳区副区长张春秀，首都图书馆副馆长邓菊英，朝阳区委宣传部常务副部长苏民等领导参加了仪式。朝阳区图书馆新馆位于百环家园社区，建筑面积1.46万平方米，是原图书馆的3倍。作为朝阳区公共图书馆服务网络体系中的中心馆，朝阳区图书馆新馆将遵循“人文、绿色、科技”的建设理念，在巩固和继承原有法律特色及阅读推广、文献保障、社会学习等优势服务的基础上，新增教育培训、陈列展览、文化交流、多媒体阅览、休闲阅读等服务功能。签约仪式上，与会领导还为朝阳区图书馆图书配送中心揭牌。（朝阳区图书馆）

【昌平区图书馆为看守所建立图书室】 为满足看守所服刑人员这一特殊群体及警营官兵的读书需求，丰富他们的精神文化生活，5月26日，昌平区图书馆在昌平看守所建立的图书室正式启动。昌平区委常委、宣传部部长潘建新，区文化委主任陈玉起、副主任王宝江，北京市公安局昌平分局副局长马东，昌平区图书馆馆长周亚玲等领导出席了启动仪式。仪式上，图书馆将精心挑选的有关法律、科技、心理学、文学等方面的4800册图书、杂志送到服刑人员及民警手中，并为图书室配发了8组书架。昌平区看守所图书室的建成使用，为服刑人员提供了学习、教育的平台，引导他们以积极向上的心态了解社会，提升自身知识水平，为今后服务社会打下良好基础。（昌平区图书馆）

【益民书屋阅读巡回讲演报告会在昌平南邵镇隆重举行】 为进一步巩固全民阅读成果，7月7日，“知识改变命运？读书创造未来”——昌平区益民书屋阅读讲演第二场巡回演讲活动在南邵镇文化服务中心隆重举行。昌平区文化委副主任王宝江、南邵镇副镇长白金全、回龙观镇副镇长蔡淑玉、区图书馆馆长周亚玲等领导以及各文化中心负责人、读者共130余人参加了此次活动。全民阅读巡回演讲活动自6月8日在回龙观办事处开幕以来，在各级领导的关心、支持下，在各部门的共同努力下，取得了良好的效果。通过此次巡回讲演活动，调动农民群众参与的积极性和主动性，激发了全区农民群众的读书热情，进一步营造了读书学习的良好氛围，为打造和谐昌平、书香昌平起了积极的推动作用。（昌平区图书馆）

【平谷区图书馆远赴河北兴隆县向工人赠书】 7月11日，平谷区图书馆随同文委慰问团将精心挑选的图书赠送给奋斗在河北省兴隆县一线工地的天利海公司工人们。此次慰问活动，区文委向工人们赠送了500套图书、文化用品、电影放映机、10余部电影及精彩的文艺演出。平谷区区委常委、副区长王晓光一同前往慰问并致辞。平谷区图书馆将以此次慰问活动为契机，充分利用馆藏资源，继续开展送书下乡活动，为农民工提供丰富、优质的文化服务，满足他们精神文化生活的需求，为构建社会主义和谐社会贡献力量。（平谷区图书馆）

【平谷区图书馆参加第九届北京图书节读书益民工程主题宣传日活动】 9月20日，平谷区图书馆组成代表团参加了北京图书节读书益民工程主题宣传日活动。代表团由平谷区图书馆领导、乡镇文化干部代表、基层演出团组成。当天，新闻出版总署向北京各区县颁发村村建成"益民书屋"铜牌。2005年至2010年底，在北京市新闻出版局的大力支持下，平谷区村村建成"益民书屋"，方便农民学习科学文化知识，丰富了农民的业余生活。这次主题日参加演出的演员全部来自基层，他们表演的群口快板"城乡发展六十年"是老百姓在"益民书屋"的影响下创作的，声情并茂，受到现场观众的广泛好评。（平谷区图书馆）

【2010年石景山区科普之夏活动启动仪式暨北京百万家庭数字生活技能大赛石景山赛区决赛在石景山区图书馆举办】 7月16日，以"绿色网络 低碳生活"为主题的2010年石景山区科普之夏活动启动仪式暨北京百万家庭数字生活技能大赛石景山赛区决赛在石景山区图书馆举办。此次大赛由石景山区科协主办，石景山区图书馆承办，旨在以丰富的计算机文化服务于百姓，用数字生活手段推进和谐社会发展，提高公众科学素质，倡导市民积极健康的生活方式。活动分为数字生活技能大赛石景山赛区决赛和科普剧表演项目，总计32个家庭参加了决赛。比赛的同时，本区的小学生们表演了一系列精彩的科普剧。北京市科协副主席赵继林、石景山区人大副主任邱思达、石景山区人民政府副区长李艳、北京市科协信息中心主任张晓芸参加活动。（石景山区图书馆）

【石景山区图书馆不断扩大图书拥军的覆盖面】 为丰富部队官兵的业余文化生活，满足他们的文化需求，石景山区图书馆先后建立部队图书馆（室）23家，占基层网点总数的53%，兵种涉及陆军、空军、海军、武警、特警和公安干警，及时做好图书流通工作。今年在武警19支队、93658部队和66410部队建立了3个图书分馆，提供图书2.1万余册，受到部队官兵的欢迎。在做好文献资料服务的同时，还有针对性地邀请部队官兵参加图书馆各项活动达20余次，参加者近千人次。（石景山区图书馆）

【通州区向驻通武警部队捐建"拥军图书室"】 7月27日，在国家广播电影电视总局572电台举办了通州区向武警北京市总队第十支队十一中队捐建"拥军图书室"揭牌仪式。通州区图书馆馆长杨兰英与十一中队指导员梁金旭签订了双拥共建协议书。通州区委常委、武装部政委储怀森和武警北京市总队第十支队副政委谢广庆在仪式上分别作了讲话。通州区委常委、宣传部长张秀余和谢广庆共同为"拥军图书室"揭牌。（通州区图书馆）

【通州区文化中心奠基仪式举行】 12月17日，通州区文化中心奠基仪式隆重举行。通州区文化中心位于古老的京杭大运河东岸、通胡大街南侧，规划用地总面积12 688平方米，建设内容包括通州区文化馆及配套剧场、通州区图书馆、两馆辅助用房以及市政配套工程。通州区文化中心设计地上10层，地下2层，总建筑面积29 483平方米。包括文化馆建筑面积9061平方米，图书馆建筑面积约13 266平方米；辅助用房建筑面积7156平方米。本项目估算工程总投资为1.7亿元，工程建设计划用时18个月，预计至2012年6月完成建设。北京市文化局副局长王鹏，北京市文化局副局级巡视员、首都图书馆馆长倪晓健，区委书记王云峰，区长岳鹏等领导出席了奠基仪式。（通州区图书馆）

【怀柔周末市民大讲堂正式启动】 4月30日，2010年怀柔周末市民大讲堂启动仪式暨首场讲座在怀柔区图书馆隆重举行。怀柔区委宣传部常务副部长马传辉、区文委党组书记陈宝明、区文委副调研员董有瑞以及全区各镇乡宣传委员、街道宣传部长，各工委干部职工等300余人参加了活动。2010年怀柔周末市民大讲堂由怀柔区宣传部、区文委主办，怀柔区图书馆承办，以“传承文明、构建和谐”为宗旨，讲座将每两周举办一次，力求通过多种形式和内容的宣讲，满足人民群众文化需求，推进和谐怀柔建设，为建设学习型城市和实现京郊经济强区目标提供思想动力和文化条件。（怀柔区图书馆）

【怀柔区益民书屋建设实现全覆盖】 11月，怀柔区101家益民书屋建设任务全部完成，实现了全区284个行政村全覆盖的建设目标。怀柔区图书馆作为具体承办者，上半年对全区已建成的益民书屋进行了摸底调查，完成数据库建设，并对2010年拟建的书屋进行基本信息统计上报，为书屋后续建设奠定基础。7月组织完成对益民书屋管理员的全员培训工作。同时，区图书馆还在全区组织开展了“创建学习型城市”征文比赛和“我的书屋 我的家”讲演比赛，活动取得了良好效果。8月至11月，北京市新闻出版局、市人大代表、政协委员和市政府督查办等领导组成的检查小组，先后3次对怀柔区益民书屋建设情况进行检查调研，对书屋建设、管理、使用情况给予了充分肯定与好评。（怀柔区图书馆）

【顺义区图书馆新馆建设工程开工启动】 3月16日，顺义区文化中心开工启动仪式在顺义区仁和镇顺义新城施工现场举行，北京市文化局局长降巩民、北京广播电影电视局巡视员洪兵、北京市文化局巡视员阮兰玉、市文物局副局长向德春、顺义区委书记张延昆、顺义区长刘剑等领导参加了工程启动仪式。该建设项目包括顺义区文化馆、图书馆、博物馆和大剧院。其中图书馆建筑面积为1.5万平方米，设有藏书借阅区、咨询服务区、业务服务区、技术设备区、行政后勤区等五大功能区域。新馆启用后，可容纳文献百余万册，拥有1000个阅览坐席，具有2000人次的日接待能力，将全面提升顺义区图书馆的公共文化服务能力，满足现代图书馆作为学习研究基地、信息集散枢纽、文化交流中心和公众休闲场所的需求。（顺义区图书馆）

【2010年“爱心快递”图书捐赠活动在房山区图书馆举行】 9月1日—30日，房山区图书馆以“献爱心，每人捐赠一本书”为主题，组织开展“爱心快递”图书捐赠活动，并于11月12日举行了“爱心快递”图书捐赠仪式。经过区图书馆的号召，全区4所中心小学的3795名师生捐赠图书近4000册，全部捐赠给该区打工子弟学校民仁小学。“爱心快递”图书捐赠活动是房山区“红读”系列活动之一。近七年来，每年区图书馆都会在全区各小学中征集闲置图书，经过挑选、整理后捐赠给打工子弟学校，为他们建起的爱心图书室补充资源。捐赠活动的开展培养了小学生的爱心，使小学生在实践中开阔了心胸、拓展了视野，为培育公民意识、社会责任感以及“爱心图书室”的建设起到积极推动作用。（房山区图书馆）

【房山区图书馆北京经贸职业学院分馆开馆仪式举行】 11月18日，由房山区图书馆和北京经贸职业学院合作建立的“房山区图书馆北京经贸职业学院分馆”开馆仪式在北京经贸职业学院隆重举行。区“三化两区”建设咨询委员会副主任委员、良乡高教园区管委会常务副主任高培军，区委宣传部副部长、区精神文明建设委员会办公室主任康宝和，北京市教育委员会民办教育处副处长李丽晖，北京经贸职业学院理事长、党委书记焦福岩，北京经贸职业学院院长王东，及区文化委员会主任李立新等位领导出席了分馆开馆仪式。仪式上，李立新主任与王东院长共同签订了共建协议，房山区图书馆馆长宋守鹏与学院教务处处长李启英共同签订了财产保管协议。康宝和主任、李丽晖副处长、焦福岩书记、李立新主任共同为分馆揭牌。高培军副主任在讲话中希望区图书馆和北京经贸职业学院分馆加强合作，把房山区的图书文化事业做好做强。（房山区图书馆）

【崇文图书馆进行电子政务培训工作】 作为“北京市公务员新一轮电子政务培训”的考点，崇文图书馆承担了此次公务员电子政务培训与考务工作，授课老师和考务人员都由图书馆工作人员担任。截止到9月底，共举办电子政务培训22期，组织考试22场，培训公务员750余人。通过开展此次培训，大力宣传了图书馆的各种软硬件资源。崇文图书馆考点因此被市人事局考务办公室评为十佳考点，受到了区人事局领导和广大学员的一致好评。（崇文图书馆）

【丰台区青少年儿童图书馆开办托管班】 为进一步发挥校外活动场所的阵地作用，加强校内外衔接，丰台区青少年儿童图书馆开办了“校内外携手共育素质教育奇葩”托管班。从 11 月开始，少儿馆负责丰台五小一至三年级的托管班工作。为保证学生的安全，由少儿馆的老师们亲自到学校去接学生，带领他们到图书馆，并辅导其完成当天作业。学生们完成作业后可以到多媒体教室上绿色网站，或阅览图书、杂志、报刊。今后，少儿馆还将组织学生去影剧院、科普馆看有益身心的动画片、电影等。托管班的开办不仅使学生在图书馆按时完成课后作业，也开拓了他们的视野，丰富其课外知识，同时还帮家长解除了后顾之忧，受到广大家长和学生的好评。（丰台区青少年儿童图书馆）

【密云县图书馆被评为 2010 全国共享工程先进单位】 在 2010 年全国服务农民服务基层文化建设先进集体表彰活动中，密云县图书馆被中共中央宣传部、文化部、国家广电总局、新闻出版总署评为基层图书馆（共享工程支中心）先进集体。密云县图书馆（共享工程支中心）从 2002 年开始实施试点工作，到 2008 年圆满实现共享工程全覆盖。自 2002 年以来，密云县图书馆利用共享工程设备组织开展了大量活动，2010 年全县 340 个基层服务点组织开展各种活动 2000 余场次，共 3 万多人次参加，使广大村民受益，收到了良好的效果，赢得了各级领导的表彰和社会的广泛赞誉。（密云图书馆）

【宣武图书馆“一个电话 服务全程”专项服务受好评】 为使弱势群体也能享有利用图书馆畅游书海的权力，宣武图书馆把为弱势群体服务作为工作中的一项重要任务，为弱势群体提供“一个电话，服务全程”的专项服务，即：电话预约借书、还书、电话代查、电话咨询、预约送书一条龙服务。此服务可帮助他们翔实了解新书动态与图书信息，同时图书馆将他们的身份信息与图书需求载入“弱势群体读者档案”，并及时送书上门。宣武图书馆希望通过此项服务，不但满足弱势群体对知识的渴求，更使他们切实感受到社会的关心和爱护，服务开通以来受到了社会各界的好评。（宣武图书馆）

【大兴区图书馆在北京市未成年人犯管教所设立“流动图书站”】 4 月 20 日，大兴区图书馆“流动图书站”在北京市未成年人犯管教所正式挂牌成立。大兴区文化委员会、北京市未成年人管教所等单位的领导参加了仪式并为流动图书站揭牌。同时，“书香满监区，读书促改造”系列读书活动随之启动，该活动旨在以 4·23“世界读书日”为契机，引导服刑人员多读书、读好书，全面提升他们的综合素养、促进他们积极改造。仪式上，大兴区文委领导、大兴区图书馆领导向服刑人员代表赠送了优秀图书。图书馆还将“走进上海世博会”及“我的祖国”图片展送到服刑人员身边。此次共建合作让服刑人员深切感受到社会各界的关爱，有利于他们了解社会、安心改造。（大兴区图书馆）

【第七届海淀文化节科技园核心区图书流动站揭牌启用】 6 月 8 日，位于中关村科技园区的萨瑞公司、启明星辰公司的两个“海淀图书馆图书流动站”正式揭牌启用。海淀区委宣传部长李彦来、海淀区文化委主任刘明星共同为流动站揭牌。为中关村企业园区的核心企业建设“流动图书站”是第七届海淀文化节的重要项目，集中体现了“科技与文化互动”的主题。流动站的图书均由海淀区图书馆提供，每个流动站存放 3000 余册图书，并将根据员工需求定期进行更换。此外，文化委员还将协助企业开展员工读书活动，丰富员工们的业余文化生活。（海淀区图书馆）

【首届北京教育装备论坛】 3 月 25 日—26 日，2010 北京教育装备展暨首届北京教育装备论坛在北京展览馆举办。论坛的主题是“北京市中小学数字校园建设”，北京市教育委员会基础教育处副处长李永生围绕数图建设，作了关于“让中小学数字图书馆助推教学阅读时代”的主题报告。北京教育网络和信息中心书记武装围绕论坛主题作了关于“云计算及网络发展对中小学数字校园的推动”的报告，围绕数字校园建设的内容、“云计算”的概念及其五种特征、三种服务模式、四种部署模式等内容作了详细的讲解。北京教育学院图书馆馆长朱宝利围绕北京市中小学数字图书馆的推广应用工作作了专题报告。（张涛）

天津市

【概述】 天津市委、市政府对文化建设高度重视，始终坚持“两手抓，两手都要硬”的方针，积极抢占先进生产力和先进文化两个制高点，不断加大对公益性文化事业的投入。天津市各公共、高校、科研图书馆在天津市委、市政府和市文广局、市高教委、各区县文化局的关怀与支持下，认真贯彻“增加投入、转换机制、增强活力、改善服务”的方针，不断深化内部机制改革，增强发展活力，提高服务质量，为丰富群众文化生活、提高市民科学文化素质、构建和谐社会作出了积极的贡献。

天津市现有 47 家高校图书馆，包括本科院校、独立学院、高职院校；28 家县级以上公共图书馆，分布在 18 个区县。其中天津图书馆为省市级图书馆；区级图书馆 16 家，分别是和平、河东、河西、南开、河北、红桥、东丽、西青、津南、北辰、塘沽、汉沽、大港、武清、宝坻，以及开发区泰达图书馆；县级图书馆 3 家，分别是静海县、蓟县、宁河县图书馆。另有省市级少年儿童图书馆 1 个，和平、河东、河西、南开、河北、红桥、塘沽 7 家区级少年儿童图书馆。截至 2010 年底，28 家公共图书馆建筑面积达 14.2 万平方米，馆藏文献总量约 1170 万册/件。（天津图书馆）

【宣传文化共享工程资源，把信息服务延伸到社区】 1 月 13 日，天津图书馆在和平区开封道社区开展了一次内容丰富、形式多样的现场培训活动，这也是一种全新的服务模式有效尝试。通过生动的现场讲解和电脑演示，不但有力地宣传了文化共享工程的丰富资源，而且还把现代化的信息服务延伸到社区，实现了全国文化信息共享工程介绍、天津市电子图书共享系统的使用方法和电子期刊数据库检索方法“三位一体”的捆绑式服务。社区居民在这次培训中全面了解了文化共享工程资源的利用方法，感知到文化惠民的公益价值，学会了通过“天津市电子图书共享系统”在线阅览各种图书，并在工作人员的指导下，实际操作了龙源电子期刊等网络数据库的检索方法，整个活动气氛热烈，受到了居民的好评，收到了良好的效果。

多年来，天津图书馆致力于延伸服务方式的探索与尝试，与各区县图书馆通力协作，在全市共享工程建设和图书馆延伸服务方面取得了可喜的成绩。遍布全市的社区分馆不仅为广大市民送书上门，还带来了大量免费的文化共享资源和丰富的数据库资源，使广大读者能够随时随地方便的观看影视节目、浏览电子图书、检索电子报刊。（天津图书馆）

【天津图书馆走进“两会”服务】 1 月 15 日，在天津市人大十五届三次会议和市政协十二届三次会议召开之际，天津图书馆走进了“两会”代表们的视线，现场为代表们提供信息咨询服务。馆领导高度重视这项服务工作，由李茁副馆长带领 6 名同志来到天津大礼堂，为代表、委员们现场提供办理读者借阅证、免费发放网上阅览“一码通”、开展网上文献咨询等服务，受到了代表们的普遍欢迎。很多与会代表每年都来天津图书馆的咨询服务台领取“一码通”账号，他们对图书馆充分利用现代信息技术，努力拓展服务渠道，为代表提供优质、高效、专业信息服务的方式表示称赞和感谢。活动进行期间，孙海麟副市长还来到咨询服务台前，听取了天津图书馆为“两会”代表提供文献信息服务的介绍，并对这种服务方式予以肯定。（天津图书馆）

【天津图书馆举办《中国人文期刊历史与发展》大型展览】 2010 年 2 月 8 日—28 日，为倡导全民读书风气，提高市民的阅读热情，由中国龙源期刊网主办，天津图书馆承办的《中国人文期刊历史与发展》大型展览，在天津图书馆一楼展览厅举行。本次人文期刊史展分近现代和当代两部分。展览以“人文天津、提倡人文阅读、倡导人文思想、构建和谐社会”为主题，介绍了我国现当代具有代表性的期刊近百种。此次大型展览不仅是对我国人文类近现代期刊进行的一次全景化的回顾与展示，让更多的人了解中国人文期刊的发展成长史，更是在构建社会主义和谐社会的旗帜下，一次很好的文化传承与教育。（天津图书馆）

【共享工程天津分中心开展“县级数字图书馆推广计划”培训】 2 月 9 日，共享工程天津分中心为积极贯彻落实文化部 2010 年“县级数字图书馆推广计划”，举办了有 10 个区县支中心、

20余名技术骨干参加的培训班。国家中心为天津分中心的成员馆送来了1TB的数字资源，使所有的区县支中心都在同一个起跑线上，克服了各个区县支中心因购书经费不足所带来的困扰，达到了同样的设备、同样的资源实现同样的服务效果。（文化共享工程天津分中心）

【天津图书馆召开2010年行业分馆工作会议】 3月12日，为进一步推动面向行业用户的图书馆基层服务体系建设工作，天津图书馆召开了2010年行业分馆工作会议，来自本市总工会、纪检、公安、武警、监狱、劳教、市残联等局委办系统，以及部分大中型企业集团的行业分馆和流动借阅服务点用户代表近50人参加了会议。会议由赵彦龙副馆长主持。李云华书记代表馆领导班子对出席会议的各合作单位主管领导和分馆、流动服务点负责人表示热烈欢迎，对多年来各合作单位对天津图书馆开展延伸服务所给予的大力支持和积极配合表示衷心感谢。赵彦龙副馆长对天津图书馆近年来在分馆建设和服务方面取得的进展向与会代表作了简要通报。来自市公安局、武警二支队、市劳教局、LG电子集团、宝成集团、工程机械总公司的代表在会上做了发言，分别介绍了本系统，利用天津图书馆提供的丰富的文献资源，开展丰富多彩的文化活动，提高干部和员工的文化素质的做法和经验。与会代表结合本系统的服务需求，就上述两个工作设想进行了讨论。（天津图书馆）

【文化共享工程天津区县支中心网站建设经验交流会】 3月16日，共享工程天津分中心在天津图书馆举办了天津市区县支中心网站建设经验交流会，这次会议是在2009年度网站评比的基础上，由获得优秀网站奖的三个单位——河北区支中心、开发区支中心和大港区支中心分别介绍网站建设的经验，以进一步推动天津区县支中心网站建设工作扎实健康的发展。天津市各区县支中心三十余名技术人员参加了会议。会上，对支中心2009年工作情况进行了总结，对2010年的工作思路，工作重点进行了部署。（文化共享工程天津分中心）

【天津图书馆与市劳教局联合开展劳教人员主题读书月活动】 3月31日，在天津市劳教局渔山劳教所“春雨杯”读书之星表彰颁奖仪式上，来自天津图书馆和市劳教系统的代表签订了“以书为媒”手拉手帮教活动协议书，标志着由天图与市劳教局联合开展的全市劳教人员主题读书月活动正式启动。这次活动是2010年天津图书馆进一步拓展深化延伸服务内涵，充分发挥图书馆社会教育职能的重要举措之一。天津图书馆配合市劳教局所属各单位，围绕“我读书、我快乐、我为改造添光彩”的主题，以“至少通读一本书、至少撰写一篇读书心得、举办一次读书学习报告会、组织一次学习心得交流会、进行一次读书学习成果展示”为具体内容，组织劳教人员开展多种形式的读书学习活动。通过读书活动，大力宣传和弘扬爱国主义、集体主义、社会主义思想，宣传社会主义荣辱观，倡导社会主义基本道德规范，增强劳教人员的法制观念，提高文化知识水平和识别是非、善恶、美丑的能力，促进劳教人员的思想改造。（天津图书馆）

【天津图书馆、天津市图书馆读者协会召开2009年度优秀读者表彰座谈会】 4月24日，在第15个“世界读书日”之际，天津图书馆、天津市图书馆读者协会在天津图书馆召开了“2009年度优秀读者表彰座谈会”。近20名优秀读者代表参加了此次座谈会，天津图书馆副馆长、天津市图书馆读者协会理事长赵彦龙、读者协会副理事长姜艺丁、副秘书长杨梦礼出席会议。

此次评选的结果是根据2009年度天津图书馆中文图书借阅总册次和电子文献阅览网络阅览利用总流量的读者统计排行榜各前20名以及多年来坚持参与天津图书馆举办的各类讲座的热心读者代表产生的。会上，赵彦龙副馆长和姜艺丁副理事长为到会的优秀读者颁发了优秀读者证书及奖品。赵彦龙副馆长向到会的读者代表简要介绍了近两年来天津图书馆在开展传统载体文献阵地服务和数字文献网络服务方面所取得的新进展以及未来新馆发展的前景，并就读者协会今后如何开展活动，为广大读者搭建一个沟通和交流平台，与到会读者进行了交流。优秀读者代表也纷纷踊跃发言，对天津图书馆今后如何更好地开展读者服务工作及读者活动提出了很多有益的建议和见解。（天津图书馆）

**【天津图书馆举办纪念抗日战争胜利六十五

周年专题书展】 8月27日—12月31日，天津图书馆举办了“纪念抗日战争胜利六十五周年专题书展”。工作人员从丰富的馆藏资源中，多角度精选了反映抗战主题的图书百余种，展示给读者。书展注重选取反映天津抗战历史的图书，其中包括天津作家、学者撰写的有关天津抗战题材专著多部。展览采取开架模式，读者可以亲手触摸、翻阅这些反映抗日战争的文献资料，从中了解当年那些感人至深的战斗生活。同时展出的还有反映天津抗战的珍贵历史照片多幅。（天津图书馆）

【“2010天津市网络文化大赛获奖作品展览”在天津图书馆举行】 9月26日，由天津市文化广播影视局主办，天津图书馆和天津市群众艺术馆承办的“2010天津市网络文化大赛获奖作品展览”在天津图书馆隆重开幕。天津市文化广播影视局自5月起举办了一系列网络文化大赛活动。本次展览展示了有关活动的优秀获奖作品，包括“读书摄影”、“家庭藏书精品”、“非遗摄影”、“书法作品”四个专题。获奖作品展现了“点燃读书热情、享受快乐阅读”、“弘扬中华文明，传承民族文化”的活动主题，展示了广大市民的读书摄影佳作和家庭藏书精品，收集了民间花会、非遗展览等活动的精彩瞬间，表现了品味读书乐趣、享受智慧人生的美好追求，为丰富市民的业余文化生活，提高现代都市人的艺术修养提供了良好的平台。（天津图书馆）

【天津图书馆开展网络搜索培训】 2010年9月28日，天津图书馆举办了内容丰富、实用性较强的培训——网络搜索从入门到精通。此次以网络搜索为主题的培训吸引了100多名读者前来参加。培训中，信息部专业技术人员从互联网搜索引擎的发展史，主流搜索引擎使用方法、检索技巧，搜索引擎扩展功能，未来搜索引擎发展方向等多个方面进行了生动的讲解，并通过丰富的实例和电脑演示使读者对互联网搜索引擎有了全新的了解和认识。从读者对图书馆培训的参与热情可以看出，很多读者具有较强的求知欲，对图书馆来讲，为读者举办实用性强、高质量的培训是对读者的最好回报。（天津图书馆）

【天津市总工会领导到天津图书馆调研考察】 2010年11月24日，天津市总工会经济保护部葛英秋部长、教育工会副主席王芳和赵建华，在市文广局工会主席于学刚的陪同下，到天津图书馆调研面向企业开展延伸服务的工作情况，并对该馆分馆管理中心申报天津市“工人先锋号”进行实地考察。总工会领导首先在馆党委书记李云华、馆长李培的陪同下参观了天津图书馆的流动送书车，实地了解开展流动送书服务的情况，随后与工作人员进行了座谈。于学刚同志介绍了市文局评选“工人先锋号”推荐程序及产生办法；赵彦龙副馆长详细汇报了天津图书馆分馆管理中心近年来开展延伸服务工作详细情况。总工会领导在听取汇报后，对文广局“公开、公平、公正”的评选程序予以了充分肯定；对天津图书馆多年来坚持搞好分馆建设，开展到工矿企业、学校、社会送书服务的做法予以高度评价，认为此项工作体现了“三个服务”和“三个引领”。“三个服务”即为滨海新区的开发、开放服务；为我市重大项目、支柱产业服务；为广大职工，尤其是外来务工人员服务。“三个引领”即引领了文化产业发展、引领了文化消费需求、引领了文化素质的提高。并希望认真总结成功经验，以申报“工人先锋号”为契机，将图书馆的延伸服务推向一个新高度。（天津图书馆）

【泰达图书馆档案馆天津生物医药联合研究院分馆竣工】 2010年2月，泰达图书馆档案馆天津生物医药联合研究院分馆竣工，总建筑物面积约7万平方米，包括实验楼、综合服务楼等。已建设了四个核心技术平台，包括药物发现平台、药物分析测试平台、药物研发信息平台和生物药GMP中试平台。此项工程于2008年4月开工建设，计划于2011年1月挂牌成立。作为国家生物医药国际创新园的核心和标志工程，一直受到各方的重视，泰达图书馆档案馆更是在该项目开工之初就与之建立了对口联系制度，根据工程进度，定期跟踪服务，赴施工现场对项目管理单位、总包单位及多家施工单位的档案人员进行培训、指导，帮助企业及时发现问题并尽早解决，节约了时间，提高了办事效率。截至目前，泰达图书馆档案馆馆藏城建档案已达4.5万余卷，电子目录64万余条，其中涉及生物医药产业的工程项目已达40余个，2000余卷，包括西区生物医药园一期工程、天津生物医药联合研究院一期工程、亚历山大天津国际生命科学与技术中心、天津国韵生物材料有限公司、诺维信、诺和诺德、凯莱英、金耀集团、中新药业等多个大中型企业。（泰达图书馆）

【2010年“大田杯”天津市中小学生“好书伴我成长”系列读书活动圆满落幕】 10月17日，由天津市文化广播影视局、中共天津市委教育工作委员会、天津市教育委员会、天津市关心下一代工作委员会、天津市环境保护局、天津市慈善协会联合主办，天津市少年儿童图书馆承办的“大田杯——2010年天津市中小学生‘好书伴我成长’读书活动”总结表彰大会在天津市少年儿童图书馆举行，来自主办单位有关领导和获奖代表出席大会。这次读书活动以“倡导绿色生活，共建生态文明”为主题，以创建绿色家园、实施素质教育为重要载体，以“读书与生态”为切入点，通过开展读书征文、制作、绘画、演讲等系列活动，吸引了全市中小学生积极参与。在培养中小学生动手动脑能力的同时，普及环保科普知识，强化环境保护意识，规范环保行为，提高中小学生道德素质，引导全市中小学生从自身做起，通过小手拉大手，带动家庭，影响社会，努力建设和弘扬生态文明，为把天津建设成为生态宜居城市做出积极贡献。

本次读书活动从2010年1月至10月，历时10个月，读书活动形式是征文、绘画、演讲、废旧物品制作。经过学校、区县、市级三个阶段严格评选，共评选出征文一等奖90名、二等奖150名、三等奖260名；演讲一等奖30名、二等奖40名、三等奖50名；绘画大赛一等奖40名、二等奖60名、三等奖100名；废旧物品制作一等奖40名、二等奖60名、三等奖100名。另外评选出优秀辅导教师奖200名，先进个人奖24名及优秀组织奖80个单位。（天津市少年儿童图书馆）

【第七届“天津市少年儿童图书馆、中小学图书馆学术暨工作研讨会”成功举办】 12月20日，由天津市图书馆学会、天津市少年儿童图书馆联合举办的第七届“天津市少年儿童图书馆、中小学图书馆学术暨工作研讨会”在天津市少年儿童图书馆举行了总结大会。天津市文化广播影视局社文处领导、天津市少年儿童图书馆领导、各区县图书馆馆长及论文作者100余人出席总结大会。与会领导对获奖作者进行了表彰，两篇获奖论文在会上进行了交流，并请来原天津图书馆副馆长、研究馆员孔方恩同志对论文进行了点评。本届学术研讨会从2010年4月至12月，经过动员部署、论文征集、论文评选三个阶段，有15篇论文获得一等奖，20篇论文获得二等奖，37篇论文获得三等奖。学术研讨会的成功举办，为天津市少儿图书馆、中小学图书馆业务学习交流搭建了一个平台，达到促进了新时期少年儿童图书馆、中小学图书馆事业发展，推动我市图书馆学理论研究、活跃学术研究气氛的作用。（天津市少年儿童图书馆）

【第二届全国读书漫画大赛闭幕】 6月29日，由中国图书馆学会、中国新闻漫画研究会、天津市图书馆学会、中共天津市和平区委、天津市和平区人民政府联合主办，天津市美协漫画专业委员会、天津市和平区文化和旅游局协办，和平区图书馆承办的第二届全国读书漫画大赛在和平区文化艺术中心圆满落下帷幕。北京大学信息管理系主任王余光教授、中国新闻漫画协会会长孙以增、和平区委宣传部长陶东宁、和平区人民政府副区长王玉柱等领导出席闭幕式。（天津市和平区图书馆）

【和平区图书馆成为天津市首家国际图联正式会员】 12月1日，国际图书馆协会联合会正式接纳和平区图书馆为会员，成为天津市首家加入国际图联组织的单位。

和平区图书馆多年来以其优质的服务一直处在本行业的前列，近年来服务内容日益丰富、服务水平不断提高，特别是“和平区读书节”和“全国读书漫画大赛”越来越受到国内外图书馆界的重视。加入国际图联组织，和平区图书馆将有资格参加国际间的学术活动，便于我们了解和借鉴更先进的服务理念和服务经验，更清楚地了解世界图书馆事业发展现状，提升服务水平。同时让世界了解中国、了解天津和平区的文化事业发展，这对不断完善和平区公共文化服务体系建设工作、继续保持和不断提高精神文明建设水平具有推动作用。（天津市和平区图书馆）

【和平区地税局图书馆开馆暨“阅读进机关”

活动启动】 12月16日上午，在和平区地税局举办了和平区地税局图书馆开馆暨“阅读进机关”活动启动仪式。和平区文化和旅游局局长杨振、副局长刘红生、和平区地方税务局局长时继祥以及和平区图书馆馆长李金玲，共同出席了启动仪式并为分馆揭牌。和平区地税局图书馆是和平区图书馆继社区分馆、军营分馆后创建的首个机关分馆，以“阅读进机关”为主题，旨在创建和谐机关，进一步完善机关图书室建设，更好地培养公务员的阅读习惯，也同时丰富他们的业余生活。和平区图书馆在提供图书与期刊的同时，还利用电脑提供数字资源，更好地迎合大家多渠道的阅读需求。（天津市和平区图书馆）

【河西区图书馆与部队共建“西岸图书漂流基地”】 8月，天津市河西区图书馆在空军某部建立了首个“西岸图书漂流基地”，由此，“打开悦读之门”图书漂流活动正式启动。活动首批精选了以红色经典图书为主的200余册图书参加漂流。（《图书馆报》）

【天津首家建筑业农民工图书馆在河北区揭牌成立】 8月4日上午，天津首家建筑业农民工图书馆在河北区仁恒滨河水岸住宅建筑工地成立。该工地内的近800位农民工，成了图书馆的首批受益者。该流动图书馆占地约60平方米，提供了900余册图书杂志，大部分是按照农民工的需求募集和购买的，内容涉及安全类、维权类、专业技能类、人际关系及文学类等方面的书。（北方网）

【共享工程河东区支中心继续推进文化信息共享工程建设】 2010年，文化信息共享工程河东区支中心指派专人负责网站内容的更新，服务器及网络设备的维护，全年共发布、传递文化活动和新闻报道259篇，充实其他栏目内容141篇，增加视频节目128种，音频节目62种，新书推荐200种，制作了《河东区非物质文化遗产》地方特色资源库，向基层点发放视频资源120余种，暑期基层点和“红领巾”影厅放映电影80余场，建立网上“动漫”全文阅读系统，收藏动漫图书1500种。利用视频资源，举办电影放映活动，旨在共享优秀文化资源，丰富群众文化生活，这次活动服务群众4000多人次，先后放映了《夜店》、《锦衣卫》、《赤壁》等优秀影片，丰富了社区居民的夏夜文化生活。（天津市河东区图书馆）

【南开区第九届读书节圆满成功】 9月26日，历时三个月的南开区第九届读书节正式闭幕。本届读书节围绕“推动科技创新、建设科技南开”的主题，举办了系列读书活动，大力弘扬南开人文精神，加强科技知识传播，营造了全民读书、终身学习的浓厚氛围，城区文明程度和干部群众科学文化素质得到了全面提升。南开区委常委、宣传部长方本荣，区人大常委会副主任马金然，区政府副区长谷云彪，区政协副主席陆国明等出席闭幕式，仪式由南开区委宣传部副部长王永山主持。本届读书节主题突出，活动丰富，参与范围广泛，充分体现了时代性、群众性、创新性和实效性。通过开展三大类十六项丰富多彩的主题活动，南开区形成了爱书读书、崇尚学习的浓厚社会风气，干部群众的思想道德和科学文化素质得到了新的提升，有力地促进了南开区各项工作的开展。（人民网天津视窗）

【红桥区图书馆新馆对外开放】 5月，红桥区文化馆、图书馆、少儿图书馆迁址工作已全部完成，重新对外开放。新馆在场地、设施等方面较以前都有极大改善，充分满足了区内群众的精神文化需求。重新开放的红桥区文化馆、图书馆、少儿图书馆坐落于丁字沽一号路，占地面积共1.2万平方米，分为行政办公及对外业务楼和区文化产业中心两座主楼。行政业务楼一至三层主要为图书馆和少儿图书馆的成人及儿童借阅室、采编室、亲子活动室、电子阅览室、文化信息资源共享工程红桥支中心。区图书馆、区少儿馆现有藏书总量为15万册，可同时容纳500人进行阅览、自修；四至六层主要为文化馆文艺培训室、舞蹈排练厅、音乐排练厅、红桥区非遗保护中心和非遗展厅。文化产业中心主要为发展文化产业，成为文化与经济相结合的孵化基地，做到以为补文、以文养文。（北方网）

【农家书屋过“知识新年”】 1月7日，汉沽区茶淀镇西孟村农家书屋举办了别开生面的“农家书屋知识大擂台”，这也是西孟村农家书屋新年联欢会。各家各户都派代表参加活动，气氛十分热烈。这次活动的所有题目全都来自农家书屋里的图书。活动得到文化主管部门的重视和支持。联欢会后区文化局有关领导和部分村民接受了电视台采访，天津电视台、中央电视台新闻节目先后做了报道。（天津市汉沽区图书馆）

【武清区图书馆“县级数字图书馆推广计划”安装完成】 2010 年 3 月 5 日，武清区图书馆“县级数字图书馆推广计划”已安装完成，并正式对读者开放。“县级数字图书馆推广计划”提供的资源总量达 1TB，由百年守望、馆藏故事、文明与创造等 3 个视频资源；前尘旧影、年画撷英等两个图片资源；2007 年以来出版的 5000 种电子图书、2009 年出版的 2000 种人文社科类电子期刊等书刊资源构成，以硬盘的形式提供给全国 320 个县级图书馆，以满足基层群众的文化信息需求。（天津市武清区图书馆）

【静海县图书馆大力开展科技展播活动】 5 月 15 日—21 日，天津市静海县图书馆围绕科技周活动“科学发展在我身边——科技 · 低碳 · 民生”的主题，开展了形式多样、内容丰富的科普活动，收到很好的社会效益。图书馆利用共享工程的资源和馆藏光盘资料以及投影设备，免费向农民朋友们播放果树栽培、家畜饲养、蔬菜种植及病虫害防治等最新的低碳节能技术，收到广大农民朋友的欢迎。通过此项活动，促使农民们树立资源忧患意识和节约能源的消费意识，受到很好的社会效益和环境效益。（天津市静海县图书馆）

【大港文化局、图书馆成功举办第二期“农家书屋”管理员培训班】 7 月 14 日，大港文化局、图书馆针对今年新建的 28 家“农家书屋”管理员举办了第二期“‘农家书屋’管理员培训班”。大港图书馆外借部和采编部的两位老师分别为他们讲授了“农家书屋”管理知识简介和文献标引工作等一些相关的理论知识，并结合所讲的理论知识，组织他们进行了实地考察和参观学习，收到了良好的效果。（天津市大港区图书馆）

【天津市“农家书屋”工程领导小组督察验收东丽区“农家书屋”工程建设工作】 7 月 16 日上午，由天津市新闻出版局、市委宣传部、市文明办、市计生委、市农委等部委相关人员组成的天津市农家书屋工程建设工作督导组一行六人在东丽区文广局魏俊香副局长的陪同下，先后深入到东丽区张贵庄街、新立街、么六桥乡，现场查看了福山里社区农家书屋、顾庄村农家书屋村、泥窝村农家书屋和中心庄农家书屋。督导组通过查阅书报刊、光盘配备的目录、书刊分类整理上架情况以及登记、借阅资料和各项管理制度，详细了解了东丽区“农家书屋”硬件设施达标情况和整体建设情况，对东丽区“农家书屋”建设取得的成绩给予了充分肯定。在督察后举办的座谈会上，督导组成员在对东丽区“农家书屋”工程建设给予高度评价的同时，也对该区农家书屋的运行使用提出了指导性的意见。东丽区将进一步加大工作力度，采取多种措施，管好、用好、发展好已建成的 122 家农家书屋，使之真正成为宣传科学理论、传播先进文化、建设社会主义新农村的重要阵地。（天津市东丽区图书馆）

【北辰区首届读书节——“文化大讲堂”指导亲子阅读教育讲座】 8 月 13 日，天津市北辰区图书馆举办了“文化大讲堂”指导亲子阅读教育讲座。讲座邀请了天津市社会科学界联合会编辑部原部长、研究员张其博教授围绕亲子阅读指导的主题展开深入浅出的讲授，并和听众们进行互动。众多少儿读者和家长到讲座现场，聆听专家的指导，在该讲座中受益匪浅。（天津市北辰区图书馆）

【蓟县 2010 年农民读书征文活动取得丰硕成果】 8 月中旬至 9 月底，为深入学习贯彻党的十七大精神，推进社会主义新农村建设，使广大农民群众共享文化发展成果，进一步激发农民群众的读书热情，营造人人读书、终身读书、读书受益、读书增智的良好氛围，按照市文广局要求，蓟县文广局在全县范围内开展“农民读书征文”活动。通过读书学习，撰写农民读书过程中典型的读书事例，讴歌当代农民在社会主义新农村建设中的精神风貌和时代风采，为培养有文化、懂技术、会经营的新型农民，丰富农民群众精神文化生活，引导农民全面提高自身素质，促进社会主义和谐社会和社会主义新农村建设作出积极贡献。（天津市蓟县图书馆）

【"服务三农"科技信息进万家活动】 2010年，天津市农业科技图书馆在农业科技信息服务于农民的过程中，面对竞争越来越激烈的信息服务市场，没有将服务仅仅停留在封闭式被动服务模式上，而是不断创新服务模式，丰富服务内容，提高服务质量，以"农民科技书屋"为纽带，建立起一种密切联系农业、农民，并竭诚服务天津"三农"的新机制，提供高质量、深层次的服务。天津市农业科技信息研究所在津郊农村开展的"服务三农科技信息进万家"活动，其受众人数约达2万人。在农业重点区县的重点乡镇及村新建立了科技书屋4个；继续加强对原有18个书屋的建设，提升其服务功能，选择基础条件较好的书屋，开通了农业110科技热线和农业短信息等多种服务方式；建立了信息所与书屋之间的联谊制度，畅通信息流通渠道；围绕设施农业知识、农业新产品及科技新成果组织专家开展对农民进行科学素质和基本技能的培训，共培训农民2000余人次；专门针对示范户下发一批明白纸，当面教会示范户应用电话语音系统，以通过示范户的熟练应用，再带动、引导更多的农民使用电话语音系统；结合天津农业优势产业及产业结构调整的需要，在全市的涉农区县建立以设施蔬菜、果树、畜牧、水产等种养殖对象为主的核心示范点。（天津市农业科技图书馆）

河北省

【河北省公共图书馆概况】 截止到2010年底，河北省共有各级公共图书馆165个，其中包括省级图书馆1个、少儿图书馆1个、地市级图书馆11个、县级（社区）图书馆152个，另有分馆和馆外服务点42个。全省公共图书馆馆舍建筑面积24.9万平方米，平均每万人拥有公共图书馆建筑面积34.6平方米，书库面积共计7.1万平方米，阅览室面积5.6万平方米。拥有阅览座位2.2万个，其中少儿阅览座位5287个。共有计算机3837台，其中电子阅览室终端2160台。全省从业人员共1789人，其中高级职称183人，占10.2%；中级职称579人，占12.4%。

截至2010年底，全省公共图书馆总藏量达1611万册/件，人均拥有公共图书馆藏书0.22册。普通图书1323.7万册，古籍61.6万册，报刊154.5万册，视听文献89.9万件，其他42.8万册件，开架书刊共计776.7万册。2010年新购图书68万册、报刊2.5万种，人均购书经费0.212元。累计发放有效借阅证56.5万个，全年总流通人次为736万人次，文献外借量达360万人次、493万册次。流动图书车借阅2.6万人次、3.4万册次，分馆借阅13万人次、40万册次。组织各类讲座1076次，参加人数20万人次；举办展览1438次，参观人数18万人次；举办业务培训班457次，培训从业人员4.1万人次。（河北省图书馆学会秘书处）

【李长春视察河北共享工程基层工作】 3月28日至31日，中共中央政治局常委李长春在河北调研，先后视察了石家庄君晓社区基层服务点、鹿泉市支中心、曲寨村基层服务点和曲寨村村民中心等共享工程站点，并对各共享工程站点软硬件的高标准建设和资源内容表示满意。他指出，加强县级图书馆电子阅览室建设，要充分利用网络技术，利用文化共享工程传播平台，使广大群众观看到优秀的文化资源。他强调，文化共享工程县级支中心镜像站要作为一个蓄水池，及时更新信息资源。在君晓社区基层服务点，李长春同志仔细查看了那里的资源服务情况，并对君晓社区基层服务点能够为社区青少年提供绿色健康的资源表示赞许。在曲寨村村民中心，李长春同志观看了由管理中心最新制作下发的"文化共享助春耕"资源内容，并对共享工程资源能够及时服务于基层百姓表示满意。李长春同志还与正在查阅资料的村民作了亲切交流。（河北文化信息共享中心）

【积极推进河北文化共享工程基层服务点建设】 2010年，河北省积极推进文化共享工程县级支中心、乡镇、村基层服务点的建设，完成百余个县级支中心和近二万个乡镇、村基层服务点设备、软件的部署工作，配发资源累计20TB，完成了10个县级数字图书馆的安装培训任务。在全省开展了"文化共享助村耕"、"红色记忆振奋中国"、"团圆中秋 和谐共享"、"共建亲情纽带 共享文化资源"等活动。（河北文化信息共享中心）

【河北省图书馆等3单位入选第三批"全国古籍重点保护单位"】 近日，国务院印发了《关于公布第三批国家珍贵古籍名录和第三批全国古籍重点保护单位名单的通知》，河北省图书馆、石家庄市图书馆、保定市图书馆入选第三批“全国古籍重点保护单位”；《周易传义大全二十四卷》、《何氏语林三十卷》等43种古籍入选第三批“国家珍贵古籍名录”，其中包括石家庄市图书馆8种、保定市图书馆5种、张家口市图书馆1种、武安市图书馆1种、河北大学图书馆16种、河北省博物馆2种、唐山市丰润区文管所9种、个人申报1种。河北大学于2009年入选了第二批“全国古籍重点保护单位”。截至目前，河北省共有4家图书馆、73种古籍入选。（河北省图书馆 苏文珠）

【2010年燕赵少年读书系列活动举行】 4月23日上午，以“经典阅读，伴我成长”为主题的“2010年燕赵少年读书系列活动启动仪式”在石家庄外国语学校隆重举行。省文化厅党组副书记、副厅长王离湘，河北省委教育工委副书记韩俊兰，河北省德育研究中心主任刘风清，河北省图书馆馆长、河北省图书馆学会理事长李春来，河北省图书馆副馆长、河北省图书馆学会秘书长顾玉青，石家庄外语学校副校长窦永格出席了启动仪式。省会新闻媒体和石家庄外语学校小学部120余名学生参加了启动仪式。李春来馆长宣布了2010年燕赵少年读书系列活动内容安排。出席仪式的领导向石家庄外语学校赠送2010年燕赵少年读书活动荐读图书和诵读辅导有声读物。小学生代表在发言中发出了“多读书、读好书，让国学经典伴我们成长”的倡议。随后，王离湘副厅长做了重要讲话。（河北省图书馆）

【河北省图书馆被中图学会授予“全民阅读示范基地”】 7月25～29日，2010中国图书馆学会年会在吉林省长春市召开。在开幕式上，河北省图书馆因在全民阅读活动中富有创意、表现突出而被授予“全民阅读基示范基地”。近年来，河北省图书馆在每年的“世界读书日”、“服务宣传周”、“全民读书月”期间，都积极组织各系统、各地区图书馆围绕活动主题开展各项活动。自2004年以来组织发动全省公共图书馆开展的“燕赵少年读书系列活动”已成功举办了7届，受到全省中小学、广大师生、家长欢迎和社会各界的关注。2007年这项活动被省全民科学素质工作领导小组评为“河北省全民科学素质行动典型案例”。2008年被省文明办评为河北省首届未成年人思想道德建设工作创新案例，并获河北省第九届“燕赵群星奖”服务奖。（河北省图书馆学会秘书处）

【河北省图书馆“双争”读书活动成效显著】 2010年，河北省图书馆举办“双争”读书活动，紧紧围绕创先争优活动，广泛动员全体党员、干部、职工参加的形式多样、内容鲜明的读书活动。在整个读书征文交流和表彰活动中，共收到征文106篇。12月27日，在2010年工作总结交流和“双争”读书征文表彰会议上进行了征文表彰与交流，孟洪涛副馆长主持了会议，专职副书记、副馆长魏金水宣读了表彰决定，馆党委书记、馆长李春来对受表彰的同志表示了祝贺。10名同志进行了演讲，8名同志进行了征文交流，经读书活动领导小组的认真评选，评出学习型先进支部2个，先进个人20名，其中，一等奖4名，二等奖6名，三等奖10名，馆党委颁发了荣誉证书和奖品。（河北省图书馆）

【河北省图书馆新华分馆积极开展为农村图书室送书活动】 7月20日，河北省图书馆新华分馆馆长赵洲，副馆长高力华、边振玉与新华区文体局副局长一起来到大郭乡岳村的农村图书室，为这里的村民送去了适用、实用的期刊和文摘报纸，并帮助他们整理上架。

岳村镇的居民全部是城中村改造搬迁而来，图书阅览室各种硬件设施较完备，图书全部都是新书，但就是没有报纸和期刊。省图新华分馆了解到他们的需求后，经过充分的读者调研，精选适合当地居民的期刊和报纸，冒着酷暑送到了图书室。图书室的工作人员非常重视这批报刊，专门调整了书架来展示，还特制了“省图捐赠”的标牌。在这批送去的期刊中，文学、传记、养生保健等类刊物尤其受到村民们的欢迎。（河北省图书馆　赵洲）

【石家庄市图书馆倾力打造“石图讲堂”】 石家庄市图书馆举办的先进文化知识讲座是市委宣传部、市社科联、河北移动石家庄分公司等联合主办的“燕赵讲坛”分会场之一，已举办讲座近百期，受众一万余人，形成了固定的听众群。日前，石家庄市图书馆把讲座名称正式定名为“石图讲堂”，并增加场次，着力把石图讲堂打造成为省会市民的第二课堂。自七月份开始，石图讲堂分为两个版块，一为周日讲座，每周日上午播出，包括视频讲座及专家现场讲座，选题广泛，贴近热点；另一版块为市民课堂，时间为每周一、三、五上午，每月选择不同的主题，系列播放，侧重知识的系统性及通俗性。石家庄市党员干部现代远程教育管理中心通过远程教育平台及大量影音资料，为讲堂提供教育教学课件。（石家庄市图书馆　董英明）

【沧州图书馆搬迁后重新开馆】 为推进城镇面貌三年大变样、全力配合沧州许官屯城中村改造拆迁工作，沧州图书馆从2009年12月1日起全面闭馆，紧急搬迁，临时馆舍设在了沧州市文化艺术中心北配楼。20天内，完成了12万册图书、3万多册期刊合订本、1万余册报纸合订本、6000余册地方文献、5000余册珍贵古籍、2000多件视听文献和16万册(件)电子资源的搬迁；同步完成了临时馆舍装修、网络布线、计算机及共享工程设备安装，提前11天完成搬迁任务，1月22日上午举行了隆重的开馆仪式。（沧州图书馆　张广越）

【沧州图书馆新馆隆重奠基】 7月2日上午，沧州图书馆新馆工程与沧州博物馆、城乡规划馆同时奠基。沧州市长刘学库、河北省住房和城乡建设厅副厅长苏蕴山，河北省文化厅副厅长彭卫国，市委常委、常务副市长张宇等领导出席奠基仪式，并为三馆奠基培土。河北省文化厅社文处处长王俊海、河北省图书馆馆长李春来也应邀出席了奠基仪式。市长刘学库宣布沧州图书馆、博物馆、城乡规划馆项目开工，市委常委张宇副市长主持奠基仪式。沧州图书馆新馆占地30.37亩，建筑面积3万平方米，总投资约3.6亿元人民币，由东南大学建筑设计研究院设计，北京城建道桥集团有限责任公司承建。目前已完成方案设计、初步立项等前期筹备工作，预计2011年10月主体工程竣工。（沧州图书馆　张广越）

【邯郸武安首家“农民工书屋”成立】 5月28日，武安市雅园新村建筑工地“农民工书屋”建设启动仪式暨“雅园新村农民工书屋”挂牌仪式隆重举行。武安市政府副市长刘长珍、邯郸市文化局副局长朱富坤、武安市文体局局长王慈娴、邯郸市图书馆馆长祁向东出席并讲话，武安市文体局副局长王进元主持仪式，邯郸市图书馆、武安市图书馆工作人员及雅园新村建筑工人约200人参加了这次活动。“雅园新村农民工书屋”是邯郸市图书馆和武安市图书馆共同建立的“农民工书屋”，也是邯郸市建立的首家“农民工书屋”。邯郸市图书馆为书屋精选了300余册适合农民工阅读的图书；武安市图书馆为书屋配备了书架、阅览桌椅、图书等专业设备，还为书屋制定了图书借阅制度、管理制度等。（邯郸市图书馆　李明霞）

山西

【山西省图书馆概述】 2010年是“十一五”规划收官之年，山西省图书馆在公益服务、文化共享工程、古籍保护、全省业务总分馆建设、农村流动书库工程、流动服务、基础保障、学术研究、培训工作、党建工作、新馆建设等方面均圆满完成任务。全年接待读者90余万人次，流通文献130余万册次，举办“文源讲坛”系列讲座138期，大型专题展览24期，共享工程电影晚会97场，大型读者活动40余次，在全省范围新增34个业务分馆。2010年，山西省图书馆荣获中共山西省直属机关工作委员会、山西省直机关劳动竞赛委员会评选的“省直模范单位”和“精神文明标兵单位”，荣获山西省人民政府办公厅评选的“全省政府系统信息工作先进单位”，荣获中国图书馆学会评选的“全民阅读”优秀组织奖，荣获山西省文化厅评选的“山西省第十五届群星奖项目类群星奖”和山西省科协评选的“支持学会工作先进集体”等荣誉。（李德胜）

【山西省首批珍贵古籍名录暨重点保护单位颁证授牌】 1月18日，山西省首批珍贵古籍名录暨重点保护单位颁证授牌仪式在山西省图书馆报告厅举行，省古籍保护工作厅际联席会议代表为各申报单位颁发了证书及牌匾。来自全省各系统的12家申报单位领取了证书，8家单位领取了牌匾。省古籍保护中心为每个重点保护单位奖励了笔记本电脑一台。同日，山西省古籍保护工作厅际联席会议、山西省古籍保护工作专家委员会议先后召开。省古籍保护中心主任李小强向厅际联席会议代表汇报了山西省古籍保护工作在古籍普查、申报、培训、展览、宣传、出版、编目等方面取得的成绩，提出了全省古籍保护工作的思路。专家委员会对全省各古籍收藏单位的“第二批山西省珍贵古籍名录”申报书和“第二批山西省古籍重点保护单位”申报书进行了评审。（李德胜　韩梅）

【山西省文化厅验收文化共享工程规范化县级支中心和基层服务点】 2月1日–3日，由山西省文化厅社文处调研员康文萍带队，省采购中心及省分中心相关人员采取突然抽查的方式，对寿阳县支中心、文水县支中心、寿阳县芹泉镇芹泉村、阳泉市郊区杨家庄乡北杨家庄、交城县农村基层服务点、山阴县合盛堡乡黄巍村等2008年文化共享工程规范化县级支中心与村级基层服务点的建设情况进行了抽查验收。针对存在的问题，验收组要求供货商限期改正。在指定时间内，供货商各自改正了自己的问题。这次抽查，为下一步这批支中心设备的检查奠定了基础。4月下旬，验收组分别对山西省确定的第二批34个文化共享工程规范化县级支中心的建设情况进行了检查验收。（岳慧艳）

【山西省完成第一批县级数字图书馆设备安装】 根据《文化部办公厅关于实施县级数字图书馆推广计划的通知》（办社文函［2010］22号）精神，山西省确定太原市小店区、左云县、山阴县、汾阳市、沁源县、忻州市忻府区、盂县、晋中市榆次区、洪洞县、绛县共10个县区图书馆作为第一批县级数字图书馆。按照文化部全国文化信息资源建设管理中心“数字图书馆县级馆推广计划”要求，保证县级图书馆在春节期间能够将数字图书馆服务读者，为广大读者提供更多更新的资源，2月5日至8日，山西省分中心派出人员分别前往晋中市榆次区、太原市小店区、汾阳县和忻州市忻府区图书馆进行数字图书馆设备的安装和调试。之后，安装小组成员又分别赴山阴、左云、绛县、沁源、盂县、洪洞县图书馆进行数图设备的安装调试。（岳慧艳）

【山西省图书馆举办2010年读者座谈会暨2009年度优秀读者表彰大会】 3月18日，山西省图书馆举办2010年读者座谈会暨2009年度优秀读者表彰大会。李小强馆长做了工作总结和前景展望。石焕发书记宣读了优秀读者表彰决定。馆领导为2009年度优秀读者、百年馆庆“我与图书馆”征文获奖读者、百年馆庆优秀成果展获奖读者颁发了证书及奖品。读者代表、媒体代表在会上提出了积极的建设性建议。（李德胜　韩梅）

【王君省长莅临山西省图书馆视察调研】 5月7日上午，山西省委副书记、省长王君，省委常委、宣传部长胡苏平，副省长张平等领导莅临山西省图书馆视察调研。王君等省领导一行在省文化厅厅长张明亮以及李小强馆长、石焕发书记等领导的陪同下，先后参观了省图书馆技术部门和对外业务部门。随后王君省长主持召开座谈会，广泛听取省直文化系统各单位对推进文化体制改革、加快文化事业和文化产业发展等方面提出的意见和建议。李小强馆长就省图书馆新馆建设有关问题作了汇报。王君省长的关怀和慰问，使图书馆干部职工倍感温暖，深受鼓舞。（李德胜　韩梅）

【山西省分中心举办文化共享工程规范化县级支中心管理与技术培训班】 6月2日–5日，山西省文化共享工程规范化县级支中心管理与技术培训班在省分中心开办。参加培训的对象为山西省第二批验收通过的34个规范化县级支中心的馆长及技术人员。6月3日上午，培训班开班仪式在山西省图书馆多功能厅举行。省文化厅社文处李培敏处长，省图书馆李小强馆长出席开班仪式并讲话。（岳慧艳）

【山西省图书馆66016部队分馆揭牌】 6月24日，山西省图书馆与中国人民解放军66016部队军民共建签字暨山西省图书馆66016部队分馆揭牌仪式在部队驻地隆重举行。66016部队有关领导，省图书馆李小强馆长、石焕发书记出席了分馆揭牌仪式。双方在仪式上签订了军民共建协议书。山西省图书馆在66016部队建设分馆，同时赠送新书1000册，合订本期刊300册，配送分馆图书2000册。（李德胜　韩梅）

【山西省人大向山西省图书馆捐赠图书两万余册】 8月16日，山西省人大向山西省图书馆捐赠图书两万余册，赠书仪式在山西省图书馆主楼多功能厅隆重举行。省人大常委会秘书长朱明，副秘书长兼研究室主任何涛，省文化厅厅长张明亮，巡视员赵晋蓉，省人大常委会和省文化厅有关处室的领导，山西省图书馆李小强馆长、石焕发书记和干部职工代表及媒体记者 80 余人参加了赠书仪式。仪式由石焕发书记主持。朱明秘书长表示省人大将会继续支持和帮助省文化厅、省图书馆的文化事业和文化产业，加强彼此间合作与资源共享。（李德胜　韩梅）

【李小强馆长会见日本学者】 8 月 30 日，日本明治大学石刻文物研究所所长气贺泽保规博士、江川式部博士、札幌大学文化学部准教授高濑奈津子三人在太原市文物考古研究所李非所长等人的陪同下，来到山西省图书馆进行山西省石刻文献调研。山西省图书馆李小强馆长、王开学副馆长等人接待了来访客人。宾主之间就山西省石刻文献以及山西省图书馆的馆藏情况进行了交流。（李德胜）

【山西省召开文化信息资源共享工程推进会】 8 月 31 日上午，山西省文化厅召开山西省文化信息资源共享工程推进工作会。山西省文化厅副厅长赵晋蓉、社文处处长李培敏、处级调研员康文萍，省图书馆馆长李小强，省图书馆馆党委书记石焕发出席会议。在检查督导中，被认定不具备文化共享工程规范化县级支中心建设安装条件的相关县市分管领导、图书馆馆长及文化共享工程山西省分中心工作人员、新闻媒体记者共 40 人参加了会议。赵晋蓉副厅长在会上介绍了文化共享工程的历史、意义和重要性，要求不具备条件的县市尽快采取措施，争取在年底完成任务。李小强馆长强调县图书馆建成规范化县支中心后，县级图书馆的服务内容、功能将发生的跨越式变化，对不具备规范化县级支中心建设的 10 个县（区）图书馆存在的问题进行了通报。在座谈中，各县市就解决资源共享工程县级支中心建设的具体方案和现存的问题进行了汇报。最后，山西省文化厅与各县市文化局签订了《山西省文化信息资源共享工程规范化县级支中心建设协议书》。按照协议，各县市于 2010 年 10 月 1 日前完成规范化县级支中心建设任务。（岳慧艳）

【山西省图书馆召开新馆建设专家论证会】 7 月 9 日 – 10 日，山西省图书馆邀请国家图书馆、南京图书馆、广西壮族自治区图书馆以及太原理工大学等单位的专家，组织召开了《山西省图书馆新馆信息系统建设需求说明书》（以下简称《说明书》）专家论证会。与会专家听取了山西省图书馆《说明书》撰写组的汇报，审阅了《说明书》的报告，并对相关问题进行了询问。

9 月 17 日－20 日，山西省图书馆对新馆功能与设施设备布局进行了论证，来自上海社科院、河北省图书馆、内蒙古自治区图书馆、宁夏图书馆、福建省图书馆、文化部文华图书馆发展公司、山西省建筑设计院等单位的专家参加了论证。与会专家在听取汇报、审阅报告、咨询问题、认真讨论后肯定了山西省图书馆新馆功能与设施设备布局，同时也提出了合理的建议。山西省图书馆根据专家意见进一步完善新馆的功能与设施设备布局。（李德胜　韩梅）

【山西省文化共享工程工作成果显著】 在山西省各级政府的支持下，在文化共享工程领导小组的正确领导下，至 2010 年底，山西省文化共享工程工作成果显著。已建成省级分中心 1 个，市级支中心 6 个，全省 119 个县级图书馆都已建成标准化、规范化的县级支中心；与农村党员干部现代远程教育工程合作，全省28 000多个行政村都建成拓展型村级基层站点。山西省分中心资源总量达 20TB。（岳慧艳）

【太原市图书馆工作概况】 2010 年，太原市图书馆各项业务指标均超过预定的目标。全年接待读者246 912人次，流通图书224 835册；完成解答咨询近万条，代检索课题 50 余条。全年共组织举办展览 13 场，参观人数约51 900人次；举办“和谐龙城大讲堂”共 18 场、公益讲座 13 场，听讲人次共计约 5470 人次；电视讲座 148 场次，收看人数约 6100 人次；组织用户检索培训 177 场次，参与读者 7100 人次。（张建荣）

【加快构建公共文化服务体系】 2010 年二、三、四季度，太原市图书馆分别组织召开 3 次全市十县区公共图书馆馆长例会，对十县区公共图书馆业务建设、文化共享工程建设情况进行阶段性工作安排与经验交流；多次接待并深入尖草坪区、万柏林区、古交市、迎泽区等基层馆开展业务指导与业务培训；精心筹备、组织召开“山西省地级公共图书馆合作与发展联盟”会议，组织六家联盟馆赴云南交流考察，学习与借鉴其他公共图书馆先进经验；组织太原地区各级各类图书馆开展“2010年太原市图书馆服务宣传周活动系列活动”和“2010年太原市科技活动周活动”等，为提高各级图书馆服务水平，活跃本市群众文化生活起到了积极的推动作用。（张建荣）

【加强共享工程市级支中心建设】 2010年上半年，由政府采购的100万元计算机设施陆续到位。太原市图书馆完成共享工程设备的安装调试、网段调整，完成与省图书馆VPN系统调试；2010年，利用馆舍阵地播放优秀影片247场次，观众约12 400人次；深入开展送文化下乡、进社区及露天电影放映等延伸服务，向部队、农村、社区、建筑工地等地配送光盘409张；丰富充实网站内容和导航服务，接待电子阅览读者6052人次，网站点击达62 664人次；完成了向太原市科技局提交“太原市科普教育电子阅览室信息服务平台建设项目”的申报工作；2010年基本完成太原市县县建有支中心的目标任务。（张建荣）

【太原市图书馆被评为“一级图书馆”】 2010年2月，太原市图书馆被文化部评估为地市级“一级图书馆”。2009年，按照《地级公共图书馆评估标准》及《地级公共图书馆评估细则》，太原市图书馆认真组织开展了全国公共图书馆第四次评估定级工作。省评估检查组对太原市图书馆验收审核成绩为978分，第二次被评为地市级“一级图书馆”。（张建荣）

【太原市图书馆荣获“2009年全民阅读优秀组织奖”】 太原市图书馆坚持按照中国图书馆学会《关于开展全民阅读活动的通知》的有关文件精神，紧扣活动主题，彰显时代特征，在贯穿全年的全民阅读活动中，始终如一地发挥阵地作用。利用“4·23世界读书日”、“图书馆服务宣传周”、“六一”、“七一”等国家法定节假日开展系列读者活动，丰富市民的精神文化生活。在2010中国图书馆学会年会上，太原市图书馆被中国图书馆学会授予“2009年全民阅读优秀组织奖”荣誉称号。（张建荣）

【太原市图书馆被命名为“全国古籍重点保护单位”】 2010年，太原市图书馆继续深入开展全国古籍保护工作，积极申报、严谨鉴定。12月20日，全国古籍保护工作会议在北京召开。会上，举行了第三批国家珍贵古籍名录颁证及第三批全国重点古籍保护单位颁牌仪式。太原市图书馆被国务院命名为第三批“全国古籍重点保护单位”。（张建荣）

【大同市图书馆“平城讲坛”发挥文化品牌优势】 作为大同市的文化品牌，大同市图书馆“平城讲坛”在2010年邀请35位专家学者举办了57期讲座，内容涉及大同历史、文化、城建、旅游等多方面，吸引了6000余名市民前来聆听。“平城讲坛”还首次走出馆区，为本市福利院孤儿、企业员工举办读书、国学讲座，为中小学生安排名师讲座。（陈建文　雷拯）

【大同市图书馆御东新馆开工建设】 9月6日，建筑面积近22 000平方米的大同市图书馆御都新馆正式开工建设。御都新馆承袭了大同历史文化的积淀，与大同火山群的典型地貌特征相暗合，体现了胡汉交融的文化特征，流动的空间感贯穿设计始终，整个建筑具有升腾向上的气势。御东新馆建成后将成为大同市标志性建筑和城市历史文化的象征。（陈建文　雷拯）

【大同市图书馆读者服务活动丰富多彩】 在2010年寒假、春节、世界读书日、五一劳动节、图书馆服务宣传周、六一儿童节、暑假、全国科普日、国庆节、全民读书月期间，大同市图书馆举办了一系列读书活动，吸引逾3万读者到馆参与。这些活动主要有：电子阅览室免费为未成年人举办上网专场4场；寒暑假“平城讲坛”特意为孩子和家长们安排读书、教育、学习方法和视频讲座22场；报刊阅览室全年免证接待读者近10万人次；借阅部为福利院19名孤儿办理“爱心借阅证”；与大同市国学教育培训学校联合举办“小学生《弟子规》夏令营”；举办少年网页设计培训班，其中3人获得共享工程网页设计比赛山西省二等奖；请云冈书画院副院长张日华进行硬笔书法专题讲座，培训中小学生百余名；与大同长城学会共同举办“迎新朗诵演唱会”；举办同朔地区青少年文艺英才推荐选拔赛；推出上海图书馆第四届“读书乐”全国摄影展、山西省图书馆“小人书·大天地”图片展、“外星人降临了”大型宇宙奥秘科普展、大同“古都记忆”影像图片展等4次展览，观展人数达万人。（陈建文　雷拯）

【大同市图书馆开办盲文阅览室】 12月8日，大同市图书馆与大同市残疾人联合会合办的盲文阅览室正式开放。目前，该阅览室有盲文图书（刊）1000余册，盲文期刊8种，有声读物（MP3光盘）200种共1200多盘，还配有移动DVD、MP3播放器等，成为视障人士学习、休闲的好去处。（陈建文　雷拯）

【大同市少儿图书馆开展2010年“全国科普日”暨第七届“科普三晋”系列活动】 为了进一步宣传《全民科学素质行动计划纲要》和《中华人民共和国科学技术普及法》，努力提高全民科学文化素质，大同市少儿图书馆在9月17日—24日期间开展了一系列读者活动。今年的活动主题是“节约能源资源、保护生态环境、保障安全健康”。大同市少儿图书馆联合大同市科协共同举办了今年科普宣传活动。①利用展板展出科普宣传活动的主题，宣传科普知识和节能小常识；②与大同市科协联手，发放科普宣传资料1000份；③发放科普宣传大型画册《科学之旅》；④为小读者准备了新一期有关科普知识的《新书推荐》。（史利亚）

【长治市图书馆古籍整理初见成效】 从2010年4月开始，长治市图书馆典藏部着手对古籍展开了细致的整理编目工作。在省馆古籍部同仁的帮助下，逐步对所藏古籍进行编目、填表、书影制作、库存登记等，继而开展了古籍普查工作。截至12月，完成古籍整理和古籍普查405种5259册，全部为国家古籍普查范围内的珍贵古籍，其中二级古籍19种1100册，三级古籍130种970册。（张丽）

【吕梁市图书馆积极扶持基层图书馆(室)建设】 2010年，吕梁市图书馆为离石区彩家庄村文化活动室赠送书架、阅览桌子、椅子、便携式报架16件。与吕梁市4648电视转播台合作，建起4个馆台共建“图书室”，并分别配送图书160册和40余种期刊，基本解决了电视转播台地处偏远高山，文化生活匮乏的问题。4月，吕梁市图书馆参加了文化三下乡活动，为方山县上桥村图书室赠送图书356册，科技光盘10张，为基层图书馆（室）建设发挥出积极作用。（郭娥则）

【吕梁市文化共享工程支中心做农民的好帮手，留守子女的精神乐园】 2010年，吕梁市文化共享工程支中心（吕梁市图书馆）依托国家中心配送的“文化共享助春耕”信息资源，组织精干技术力量，分赴离石区下安村、枣林乡彩家庄村，为家禽养殖户发放了“家禽饲养”、“花卉栽培”、“春季施肥”等科技光盘20张，并为当地村民放映了种、养殖科技视频，吸引了近百人前来观看。暑假期间，吕梁市支中心在馆内组织开展了“夏日电影展播”活动，为留守子女等未成年人播放了《孙文少年行》、《小人物大英雄》、《霸王别姬》、《东汉演义》等多部儿童题材、戏剧题材、爱国主义教育题材的优秀影片。在中秋、国庆期间，利用电子阅览室网络设备，工作人员辅导外来务工人员与留守子女进行网上在线对话，为他们搭建起思想与感情交流的平台。（郭娥则）

【阳泉市图书馆编辑整理出版《共享文丛》系列丛书】 2010年，阳泉市图书馆编辑整理出版了《阳泉工人画》、《赵简子》和《阳泉老镜头》等系列丛书，并在此基础上成功举办了“阳泉工人画”部分史料展、馆藏地方文献展和“科技小发明展”。（李永刚）

内蒙古自治区

【概况】 2010年，内蒙古自治区图书馆界在内蒙古自治区各级政府部门的支持下各项工作稳步进展。各地结合本地区实际广泛深入地开展了形式多样的读者服务工作，在一定程度上有效地推动了当地经济、文化事业的发展和繁荣。

内蒙古图书馆界在加大社会服务力度的同时积极开展自身的宣传推广工作。图书馆服务宣传周期间，各地图书馆与有关部门联合开展服务宣传活动，为营造良好的社会阅读氛围奠定了基础。

2010 年，内蒙古自治区图书馆在文献开发整理方面成效显著。由国家民委立项的科研课题《中国少数民族古籍总目提要》的编制工作即将完成，该《提要》分别由蒙古文、汉文两种文字编制。内蒙古图书馆承担的内蒙古自治区党委宣传部“全区文化资源普查”中“历史文献资源”普查工作，也在计划时间内圆满完成。2010 年内，内蒙古自治区向国家古籍保护中心申报了第三批国家珍贵古籍名录，其中，内蒙古自治区巴彦淖尔市图书馆的《养生类纂》和内蒙古图书馆的《雷峰塔藏经》入选在北京举办的国家珍贵古籍特展。由内蒙古图书馆学会、内蒙古图书馆共同编制的《内蒙古历史文化丛书》的编撰工作仍在依照计划进行。为进一步加强民族历史文献的开发与利用，内蒙古图书馆于年内向国家新闻出版总署申报了蒙古文《大藏经》影印出版工作，目前该项目已列入国家新闻出版总署重点出版项目。内蒙古图书馆已开始筹备《蒙古族作家书目数据库》、《民族地方文献数据库》的自建资源库建设工作。内蒙古图书馆还承担了自治区党委宣传部“全区文化资源普查”中“历史文献资源”的普查任务，并在计划时间内完成了该项工作。

2010 年，内蒙古自治区图书馆以共享工程为平台，深入开展社会服务。中秋节期间，内蒙古图书馆举办了“关爱留守儿童、共度快乐中秋”系列活动。活动内容有留守儿童与家长开通网络视频交流、举办以关爱留守儿童为主题的讲座、播放儿童励志影片等。2010 年，全国共享工程内蒙古分中心完成了《蒙古族文化艺术资源库》、《内蒙古草原风情旅游资源库》、《内蒙古农牧业实用技术资源库》3 个特色资源数据库的后台文本的识别和校对工作；继续开展汉译蒙资源译制工作，按照与共享工程国家中心签订的合同，在年内全部完成了 100 小时的译制工作任务。丰富的资源有效地保障了各项活动的开展，各基层站点以网络资源为依托，根据本地区农牧民实际需求展开科普、文艺宣传活动，极大地丰富了农村牧区人民的文化生活，为农村牧区的科技兴农、科技兴牧提供了知识保障。（林胜）

【内蒙古图书馆开展科普宣传周及服务宣传周活动】 6 月 5 日—12 日，与内蒙古哲学社会科学联合会共同开展“内蒙古图书馆服务宣传周暨内蒙古社科联哲学社会科学知识科普周”活动。发放传单和共享工程讲座光盘 2000 余份，播放讲座视频 7 场，观众达 800 余人次。（林胜）

【内蒙古图书馆为留守儿童办实事】 2010 年中秋节期间，内蒙古图书馆举办了“关爱留守儿童、共度快乐中秋”系列活动。活动内容有留守儿童与家长开通网络视频交流、举办以关爱留守儿童为主题的讲座、播放儿童励志影片等，新华社与呼和浩特晚报两大媒体分别报道了此次活动。（林胜）

【内蒙古图书馆试开放】 在改扩建工程尚未竣工验收情况下，为保证读者正常借阅图书，内蒙古图书馆局部恢复图书馆网络自动化平台，完成试开放服务窗口及部分科室部门的网络连接。2010 年共计接待读者46 507人，流通图书36 450册。（林胜）

【内蒙古图书馆展览活动丰富】 2010 年，内蒙古图书馆利用新建学术报告厅、展厅，举办“油画写生作品展”以及“宜兴紫砂艺术名人作品展”和“百家讲坛”视屏讲座。（林胜）

【共享工程内蒙古县支中心建设工作进展顺利】 2010 年，全国共享工程内蒙古分中心按照计划完成了全区共享工程 54 个县级支中心设备安装调试开通工作，同时对 72 个县级支中心建设进行了验收，并对 101 个县级支中心安装 2T 的资源。分中心还分别在西部区乌海市和东部区奈曼旗举办两次技术培训班，来自 101 个旗、县的 300 余名工作人员参加了培训。（林胜）

【内蒙古自治区向国家古籍保护中心申报珍贵古籍名录】 2010 年，根据国家古籍保护中心要求，内蒙古自治区向国家古籍保护中心申报第三批国家珍贵古籍名录。目前，内蒙古自治区共有 10 余种古籍入选全国第三批珍贵古籍初选名单。（林胜）

辽宁省

【辽宁省图书馆概述】 辽宁省图书馆是国家

举办的省级综合性公共图书馆，是向社会公众提供文献信息服务的学术性社会公益文化单位，是辽宁省藏书、图书目录、图书馆间协作协调及业务研究与交流的中心。辽宁省图书馆的前身是东北图书馆，1955 年改名辽宁省图书馆。1989 年 11 月辽宁省图书馆开始兴建新馆，建筑面积 3.3 万平方米，1994 年 10 月 1 日试开放，1998 年 8 月 15 日正式对社会公众开放。现设有 20 余个对外服务窗口，日均接待读者 3000 余人次。2010 年，辽宁省图书馆购书经费为 1600 万元，截至 12 月底，馆藏书总量为4 950 642册（件）。现有工作人员 244 人，其中初级 66 人，中级 100 人，高级 48 人。省图书馆现有持证读者128 773人；2010 年省馆共举办读者活动 453 次，参加读者活动人次109 435人。其中举办展览 17 次，参观展览人次87 206人；举办讲座 54 次，参加讲座人次 7804 人；举办其他活动 382 次，参加人次 14 425人。年内，辽宁省图书馆荣获国家民族事务委员会授予的“全国少数民族古籍工作先进集体”荣誉称号；获省委宣传部服务群众、服务基层文化建设工作“优秀服务队伍”称号；获省委宣传部、省社科联授予的“辽海讲坛”工作优秀组织奖等多种奖项。（辽宁省图书馆学会）

【辽宁省图书馆入选国家古籍修复中心】 2010 年文化部办公厅下发《关于公布国家级古籍修复中心名单的通知》，正式公布首批国家级古籍修复中心。辽宁省图书馆古籍保护与修复中心凭借比较完善的软、硬件条件顺利入选，成为首批 12 家入选国家级古籍修复中心的单位之一。辽宁省图书馆古籍保护与修复中心成立于 2008 年 4 月，由原特藏部古籍修复室投资 60 万元扩建而成，总面积达 300 平方米，具备了良好的调温、安防、照明、清洗等设施设备条件，并借此顺利入选。（辽宁省图书馆学会）

【辽宁省委书记、省人大主任王珉视察辽宁省文化资源建设服务中心】 3 月 25 日下午，辽宁省委书记、省人大主任王珉视察了省文化资源建设服务中心。在省中心，王珉听取了中心负责人关于我省文化共享工程进村入户工作实施情况的总体汇报，观看了制作的文化共享工程进村入户成果展示和用户终端效果演示，视察了文化共享工程主机房和资源编辑室，并同工作人员亲切交谈，询问了资源建设的重点、资源编辑的流程。（辽宁省图书馆学会）

【“文化共享世博行辽宁省宣传月”活动正式启动】 4 月 1 日，由文化部全国文化信息资源建设管理中心、文化共享工程上海市分中心主办，文化共享工程辽宁省分中心协办的“文化共享世博行辽宁省宣传月”活动在辽宁省图书馆举行。上海图书馆副馆长、上海科技情报研究所副所长周德明，文化部全国文化信息资源建设管理中心培训指导处处长刘刚，辽宁省文化厅社会文化处处长康尔平，辽宁省图书馆馆长王荣国，副馆长王筱雯出席了启动仪式。（辽宁省图书馆学会）

【辽宁省图书馆举办迎接“世界水日”手语特别活动】 3 月 21 日，辽宁省图书馆读者活动部与沈阳市聋协、阳光志愿团共同举办了题为“3·22护水长征——迎接‘世界水日’手语特别活动”。此次活动吸引了 100 多人参加，活动内容精彩纷呈，形式多种多样，有讲解、有视频、有互动。新华社《今日新闻》、辽宁卫视《辽宁新闻》等媒体对此次活动进行了详细报道。（辽宁省图书馆学会）

【“第十六期全国古籍普查培训班”在辽宁省图书馆举办】 4 月 22 日—28 日，由国家古籍保护中心主办、辽宁省古籍保护中心协办的第十六期全国古籍普查培训班在辽宁省图书馆举办。来自全国各省、自治区、直辖市的图书馆和博物馆系统的 35 家古籍收藏单位的 60 位学员参加了本期培训班。（辽宁省图书馆学会）

【辽宁省图书馆志愿服务获省团工委表彰】 4 月 30 日，辽宁省暨沈阳市“共青团关爱农民工子女志愿服务行动”在沈阳市和平区砂山四校正式启动。为配合此项活动，辽宁省图书馆向砂山四校捐赠了 800 册少儿图书，在每个班级设立了“公益流动图书架”，为部分困难学生免费办理了省图借阅证，并将派员定期来校更新和进行图书讲解。当天的启动仪式上，团省委副书记赵红巍为省图书馆等五家单位颁发了“‘共青团关爱农民工子女志愿服务行动’——文化服务示范项目”奖牌。（辽宁省图书馆学会）

【全民阅读月系列文化活动正式拉开帷幕】 辽宁省图书馆2010年全民阅读月系列文化活动在4月23日“世界读书日”的当天，正式拉开帷幕。省馆紧密围绕“保障阅读权利，享受阅读快乐”这一主题，在全民阅读月期间将推出形式多样，内容丰富的“红诗、红歌、红故事”系列文化活动，倡导全民阅读经典，共享阅读的充实与快乐。（辽宁省图书馆学会）

【2010年辽宁地区省市图书馆馆长联席会议在本溪桓仁召开】 5月30日至6月1日，2010年辽宁地区省市图书馆馆长联席会议在本溪桓仁召开。此次会议由辽宁省图书馆主办，本溪市图书馆承办，来自省内13家市级公共图书馆、8家市级少儿图书馆的馆长及部分部门主任参加了会议，省图书馆馆长王筱雯、馆长助理杜希林、卢丹出席了会议。会上，传达了省文化厅《辽宁省文化厅社会文化2010年工作要点》及《辽宁省公共图书馆文献信息资源合作网建设方案》文件精神。会议还邀请了中国社会科学院图书馆馆长杨沛超作了题为“人文社会科学数字资源建设”的讲座。（辽宁省图书馆学会）

【辽宁省图书馆举办图书馆服务宣传周活动】 5月24日—30日是我国第22个图书馆服务宣传周，为进一步加强图书馆服务能力，扩展图书馆服务范围，提升图书馆服务水平，辽宁省图书馆开展了主题为“充分发挥公益性电子阅览室作用，积极推进学习型社会建设”服务宣传周活动。据不完全统计，宣传周期间，参与各类活动的读者和群众共3000余人，收到反馈留言百余份。辽宁日报、沈阳日报等多家媒体对此进行了报道。（辽宁省图书馆学会）

【辽宁省图书馆计划迁建浑南新区】 8月15日，省长陈政高主持召开第119次省长办公会议，专题研究辽宁省重大文化设施项目建设工作。在这次重大文化设施建设规划中，确定建设一座10万平方米的辽宁省图书馆新馆。为做好新馆建设工作，省馆成立了新馆建设规划办公室，目前正在积极进行功能需求的规划工作。（辽宁省图书馆学会）

【文献信息资源共建共享工作会议召开】 辽宁地区公共图书馆文献信息资源共建共享工作会议于11月4日在辽宁省图书馆召开，来自全省11家图书馆的20名代表参加了本次会议。通过本次会议加强了辽宁地区公共图书馆之间的交流与沟通，进一步增进了馆际间的了解，使辽宁地区公共图书馆文献信息资源共建共享工作更加务实，效果更佳。（辽宁省图书馆学会）

【建立第一个基层服务中心】 11月11日，“辽宁省图书馆丹东地区文献信息服务中心”启动仪式在丹东市图书馆举行。该中心将以丹东市、县（区）图书馆为阵地，开展文献信息服务，为丹东市各级图书馆的运行和发展提供必要的智力支持和资源支持，这也意味着省图书馆在为全省服务的进程上又迈进了一大步。王筱雯馆长、馆长助理姚杰参加了启动挂牌仪式。（辽宁省图书馆学会）

【辽宁省图书馆荣获“全国少数民族古籍工作先进集体”称号】 12月14日至15日，第三次全国少数民族古籍工作会议在京召开。辽宁省图书馆被国家民委授予“全国少数民族古籍工作先进集体”光荣称号，成为辽宁省唯一获此称号的单位，也是全国唯一获此殊荣的公共图书馆。（辽宁省图书馆学会）

【辽宁地区公共图书馆文献资源建设培训班举办】 12月6日至10日，由省图书馆和辽宁文化资源建设服务中心共同组织的辽宁地区公共图书馆文献资源建设培训班在沈举办。本次培训班为来自省内多家图书馆的130余名文献标引、数据库建设从业人员提供了交流和沟通的平台，促进了辽宁地区文献标引工作和数字资源建设工作的研究与发展。（辽宁省图书馆学会）

【2010年度沈阳地区公共图书馆服务宣传周活动】 5月24日至5月30日，沈阳市图书馆紧紧围绕“充分发挥公益性电子阅览室作用、积极推进学习型社会建设”这一主题，组织开展了第22届图书馆服务宣传周活动，沈阳市15个各级公共图书馆在皇姑区第一大道钻石广场举行了沈阳市图书馆服务宣传周启动仪式，沈阳市文化广电新闻出版局副局长杨宏、文化处处长钟晓光都在百忙之中来到了启动仪式现场。沈阳市图书馆

在广场设置了大量的宣传展板，专门的咨询台，开展了现场办证、读者咨询、书刊阅览、发放宣传资料、知识答卷、图书馆网站演示、家教咨询、组织亲子游戏、少儿手工制作、书画展览、新书签售、特价书市、少儿阅读等系列活动；一时间，广场上人流如潮，一派节日景象，吸引了沈阳电视台、辽宁电视台、沈阳晚报、沈阳电台等众多新闻媒体的到来。（辽宁省图书馆学会）

【辽宁省第八届社会科学普及周暨2010年沈阳市社会科学百日科普活动启动仪式】 2010年6月18日，辽宁省第八届社会科学普及周暨2010年沈阳市社会科学百日科普活动启动仪式在沈阳市图书馆二楼报告厅隆重举行。此活动由沈阳市委宣传部、沈阳市文明办、沈阳市社会科学界联合会、辽海·沈阳讲坛办公室主办，沈阳市图书馆、沈阳燃气有限公司承办。此活动目的在于学习中国特色社会主义理论体系，统一干部、群众的思想，为创建学习型社会、学习型家庭、学习型机关、学习型社区等提供理论依据，以提高广大干部的科学文化水平。（辽宁省图书馆学会）

【鞍山市图书馆概述】 鞍山市图书馆是地市级国家一级馆，全年接待读者25万人次、流通23万册次，新增读者4821人，其中为农民工、弱势群体办证近500个。全年开展地区、馆内等各类业务人员培训达65次、近800人接受培训。解答读者咨询6610条、完成科研课题73项。为党政领导机关提供信息参考1340条。全年入藏图书2万册，报刊1874份。续订8个数据库，新增3个数据库，增购电子图书2万种。建设分馆5个，完成古籍普查一期和二期工程。此外，举办系列讲座52场、专题展览7场、读书活动5场，参与读者达55 000多人次。图书馆网站页面总访问量66 065人次，平均日访问量181人次。全年开展大型网上活动11次，网上读者已达2万多人。

2010年先后荣获中图学会全民阅读活动先进单位、省文明服务窗口单位、辽宁省社科联、鞍山市社科联优秀单位、省图书馆学会优秀单位、市新闻贡献奖先进集体等荣誉。（辽宁省图书馆学会）

【鞍山市图书馆“一卡通”工作顺利推进】 2007年起，鞍山地区建立图书馆总分馆制，全地区七家公共图书馆纳入到总分馆制之中。2010年，立山馆、千山馆、台安馆、海城馆开通，岫岩馆开始购置符合要求的自动化管理系统。截至2010年底，完成了全地区总分馆制建设，且参与通借通还文献总量近二百万册，年度流通文献总记录为32万多种，52万多册。（辽宁省图书馆学会）

【鞍山市图书馆2010年全民阅读活动全面启动】 4月23日，在第15个“世界读书日”来临之际，鞍山市图书馆2010年全民阅读活动以“保障阅读权利 享受阅读快乐”为主题全面启动，并一直持续到12月底。（辽宁省图书馆学会）

【鞍山市图书馆为“红领巾书屋”捐赠图书】 在六一儿童节到来之际，由鞍山市少工委主办，市图书馆承办的“同城童乐”庆六一红领巾书屋捐赠仪式在西长甸小学举行。仪式上，市图书馆为农民工子女捐赠图书1000册，少先队员为”爱心使者”系上了鲜艳的红领巾，少先队员代表在仪式上讲话。（辽宁省图书馆学会）

【鞍山市图书馆连获全民阅读活动先进单位殊荣】 7月25至29日，中国图书馆学会年会在吉林长春举行，会议对2009年度全民阅读活动进行了表彰，市图书馆被评为“2009年度全民阅读活动先进单位”，鞍山市图书馆已连续三次获此殊荣。（辽宁省图书馆学会）

【鞍山市图书馆馆藏古籍参展鞍山市首届文化产品博览会】 9月20日，鞍山市图书馆参加了鞍山市首届文化产品博览会，市馆的“镇馆之宝”——古籍首次走出家门，与市民见面。本次参展古籍图书共12种、80册，吸引了众多市民和收藏爱好者前来观看，让市民充分领略到我国古代文化的精华与魅力。《千山晚报》等新闻媒体给予了相关报道。（辽宁省图书馆学会）

【鞍山市图书馆组建首家农民工分馆】 11月8日，鞍山市图书馆正式组建我馆首家农民工分馆——鞍山市总工会帮扶中心“农民工分馆”，再次牵手身边的弱势群体——农民工和下岗职工，先后两次配送以政治、经济、就业指南类为主的图书1000种、1000册；期刊50种、200册，极大丰富了他们的精神世界。（辽宁省图书馆学会）

【鞍山市图书馆组建驻鞍部队83分队分馆】 12月9日，市图书馆经过认真筹划和调研，坚持知识拥军、文化拥军的服务特色，组建了驻鞍部队83分队分馆。市馆工作人员精心挑选了图书400册、期刊100种，同市文化市场综合行政执法队提供的1000张光盘，一起送到官兵手中，受到该分队官兵的热烈欢迎。（辽宁省图书馆学会）

【鞍山市图书馆成立农家书屋服务指导部】 为加强对农家书屋的业务服务和指导，根据市文广局的要求，4月9日经馆领导班子研究，决定增设“农家书屋服务指导部”，并制定了《鞍山市农家书屋管理办法实施细则》、《农家书屋管理培训实施方案》。（辽宁省图书馆学会）

【抚顺市图书馆承办抚顺市第三届“读书节”】 2010年4月23日至6月30日，抚顺市图书馆成功地策划并承办了由中共抚顺市委宣传部、抚顺市文广局、抚顺日报社、抚顺电视台主办的中国电信杯第三届“读书节”。“读书节”围绕“读书·创新·发展”这一主题，在全市各县区组织开展了十项大型读书系列活动。（辽宁省图书馆学会）

【抚顺市图书馆“浑河讲坛”】 抚顺市图书馆共承办“浑河讲坛”10讲，举办市民健康系列讲座及经典民族音乐鉴赏等各种公益讲座22讲，讲座的足迹遍布部队、农村、棚改新区、学校、企事业单位，聆听讲座读者近5000人次，更多的人感受到了文化的关怀，享受到了高雅的讲座资源。（辽宁省图书馆学会）

【辽阳市图书馆概况】 辽阳市图书馆是本地区的中心图书馆，担负着向社会公众提供文献借阅和信息检索等服务的重要职责。2010年入藏新书5027种10 196册，订阅报刊1012种。接待读者176 375人次，流通书刊170 326册次，电话续借图书10 416册次，借阅光盘2016张，为残障读者和老年读者送书上门101次，流通图书330册，为读者提供网络信息检索120次，专题检索65个，为下岗再就业人员提供上机培训68次，接待学员380人，解答咨询2500项。编印《信息汇编》24期2400份。增设政府信息公开查询服务，接待前来查询的读者100余人次。全年走访农村服务基地10次，发布农业科技信息3.2万条，编印并发放《农村信息报》12期3600份，以邀请专家及播放光盘的形式，为农民举办科技知识讲座2次。（辽宁省图书馆学会）

【辽阳市图书馆开展雷锋事迹图片巡展活动】 2010年1月是雷锋同志从辽阳入伍50周年之际，为了大力弘扬雷锋精神，辽阳市图书馆投资万元，将馆藏的与雷锋有关的文献资料做成图片展板，举办了“雷锋生平事迹图片展”，展出图片228幅，概述了雷锋短暂而光辉的一生。自5月24日在馆内展出期间，已有1000多人观看了展览。（辽宁省图书馆学会）

【省市图书馆联合送文化下乡】 2010年中秋节前夕，辽宁省图书馆、辽阳市图书馆、灯塔市图书馆在灯塔市西马峰镇共同举办了科技下乡信息发布会，为农民送去精神食粮。此次送文化下乡，受到广大农民朋友的欢迎，有近5000余人来到现场，争先寻找所需资料。三馆共带去各类图书500册，期刊2200册，种养殖小册子5000余册，农业科技资料10 000余份。（辽宁省图书馆学会）

【辽阳市文圣区图书馆开设电子图书阅览室】 辽阳市文圣区图书馆于2009年8月迁至新馆舍，办馆条件得到很大的改善，2010年区政府又拨专款40万元，新购置电脑20台，开设了先进便捷的电子图书阅览室。室内拥有多媒体电子图书十二余万册，其内容包揽了自然科学、社会科学、儿童经典故事、影音视频、生活百科以及古典文献等供广大读者阅读。（辽宁省图书馆学会）

【朝阳市图书馆开展科技下乡活动】 5月20日，朝阳市图书馆副馆长刘颖带队，一行四人赴双塔区桃花吐镇赶科普大集，此次活动发放科技资料小册子2000多册，宣传单5000多份，深受当地农民朋友的欢迎。9月25日，由副馆长刘颖带队，一行五人到双塔区他拉皋镇开展“坚持科学发展走进低碳生活”的科普宣传活动，此次活动共发放环保、节能及科普资料3000多份，农村实用科技知识小册子1000多册，增强了农民朋友的环保意识。10月29日，副馆长刘颖带领信息咨询部一行五人，到孙家湾乡开展科技咨询、送科技下乡活动，发送“枣树栽培与病虫害防治技术”以及其他种植、养殖等专题科技资料4000多份，解决了农民亟待解决的难题，受到当地农民的欢迎。（辽宁省图书馆学会）

【葫芦岛市图书馆概况】 2010年度，葫芦岛市图书馆以“团结和谐、开拓发展”为宗旨，上下一致、戮力同心、精诚协作、文明服务。在没有固定馆舍的情况下，各部门设置齐全，各项业务及办公全面实现自动化，开架借阅，方便快捷，规范有序，正规运转。馆藏资源日益丰富，现有各类馆藏11万种、12万余册。2010年下大力度弥补馆藏资源的不足，为搬迁新馆做充分准备。经多方努力积极争取购书经费，拓宽了新书入藏渠道，采购新书将近3万册。加上“葫芦岛首届读书节”活动中接受社会各界捐赠的7500册及“省图文献服务中心”的3万册，这样仅图书就增加了6万余册，电子资源等馆藏资源在2009年底的基础上翻了一番。读者队伍不断扩大，现有持证读者4000多人。（辽宁省图书馆学会）

【葫芦岛市图书馆开展全民阅读活动】 葫芦岛市图书馆努力践行“读者至上，服务第一”宗旨，在窗口开展优质文明服务的同时，走出馆门，走进部队、学校、机关事业单基层图书室，主动服务，广泛开展送书送资料下乡活动，努力营造全民读书的社会氛围。建军营图书流动站是我馆拓展服务特色之一，年册送图书19 000册次，支援部队文化建设，深入高校宣传，提高大学生图书馆利用率为特色服务之二，图书馆读书休闲周末常规活动为广场休闲增添文化氛围，成功举办市民文化大讲堂、葫芦岛首届读书节系列活动及丰富多彩的少儿活动等，意义重大，社会效果良好。（辽宁省图书馆学会）

吉林

【吉林省30所图书馆达到第四次评估定级标准】 1月19日，文化部下发《文化部关于公布一、二、三级图书馆名单的通知》（文社文发［2010］5号），公布了2009年第四次全国县级以上公共图书馆评估定级结果。吉林省64所公共图书馆中，有30所图书馆达到了三级以上图书馆标准，占总数的47%。其中，一级图书馆7所，二级图书馆9所，三级图书馆14所。与第三次评估结果相比，一级图书馆持平，二、三级图书馆略有增加。（吉林省图书馆学会秘书处）

【吉林省图书馆举办“钱学森生平事迹”公益展览】 1月13日起，吉林图书馆在一楼大厅举办了“科学旗帜 民族楷模——钱学森生平事迹”公益展览。展览包括钱学森“生平”、“逸事”、“成就”、“荣誉”四个部分，从不同侧面充分反映了钱学森同志的卓越成就，以及他对新中国航天事业做出的巨大贡献。此次展览的内容是根据吉林省图书馆与国家图书馆合办展览协议，由国家图书馆提供的，展出后得到广大读者和社会各界的广泛好评。（吉林省图书馆学会秘书处）

【吉林省图书馆第三届“小小图书管理员”正式上岗】 1月18日，得到众多家长和孩子关注的吉林省图书馆特色活动之——第三届“小小图书管理员”拉开序幕，从400名报名者中挑选出来的40名“小小图书管理员”正式上岗。他们胸前佩戴着图书管理员证，精神焕发地开始了为期一周的社会实践活动。工作中，小管理员们认真地向老师们学习业务知识，整理书架，挑选复本，仔细认真的完成自己的任务。活动不仅给孩子们提供了假期参加社会实践的机会，也让他们真正走进并了解图书馆，在实践工作中加强合作意识，树立团结奉献精神。（吉林省图书馆学会秘书处）

【共享工程吉林省分中心举办“县级数字图书馆推广计划”培训班】 为全面落实国家数字图书馆“县级数字图书馆推广计划”，使所有的县级图书馆都能在2010年底前具备数字图书馆服务能力，成为国家数字图书馆服务的延伸，2月6日，吉林省分中心在省文化厅的全面部署下，举办了吉林省“县级数字图书馆推广计划”（一期）资源安装与使用培训班，为桦甸、敦化等10

个第一批推广县市支中心的工作人员讲授了安装操作方法、产品维修流程以及如何利用此批资源开展服务活动等内容。吉林省分中心老师为了能让学员们学以致用，手把手地教学员现场安装和使用这些资源，使每个学员都能独立完成这些工作，确保了国家图书馆此次提供的1TB数字文化资源（相当于25万册电子图书或926个小时视频节目）在春节期间能面向广大群众开展丰富多彩的文化服务活动，让广大群众过上一个“文化年”。（吉林省图书馆学会秘书处）

【吉林省图书馆举行“曹保明先生文库”启动仪式】 3月22日上午，由中共吉林省委宣传部、省文化厅、省文联主办，吉林省图书馆承办的“曹保明先生文库”启动仪式在省图书馆隆重举行。省委宣传部、省文化厅、省文联、省社会科学院等单位领导出席了启动仪式。曹保明先生是吉林省著名的民俗学家，多年致力于对吉林和东北地域文化进行全面的抢救、搜集整理和挖掘，目前已出版的80余部作品计2000多万字，是东北文化遗产史上的宝贵资料。其著作多次荣获国际国内各类重大文化奖项。此次建立的“曹保明先生文库”现场展示学术著作62部，文献手稿复印件42册，田野作业照片33幅，以及部分宣传图片。另外，吉林省图书馆还对7000余幅曹保明先生的田野作业图片进行了数字化扫描。集中收集、收藏和展示这些重要的非物质文化遗产研究成果，为吉林省非物质文化遗产保护和展示工作创造了良好的开端，也为今后长白山文化资源的收集和整理打下了良好的基础。（吉林省图书馆学会秘书处）

【吉林省图书馆社会教育培训部被评为“优秀妇女儿童维权岗”】 吉林省图书馆社会教育培训部以妇女、儿童需求为出发点，开展了形式多样的各项活动。如与省妇联联合举办和谐家庭大讲堂，受到众多女性市民的好评；以“青青草”网站为依托，开展“青青草”杯各种比赛；与吉林教育电视台联合举办“家有宝贝”少儿才艺大赛，全省累计参赛人数达上万人次；在多个图书匮乏地区建立流通站或分馆，为弱势群体提供图书及光盘等文化资源。3月，因工作成绩突出，被吉林省妇女儿童维权协调组评为“优秀妇女儿童维权岗”，焦明华主任同时被评为“优秀妇女儿童维权卫士”。（吉林省图书馆学会秘书处）

【吉林省图书馆社会教育培训部喜获“2009年度吉林省青年文明号”称号】 4月2日，在吉林省创建青年文明号活动表彰大会上，省图书馆社会教育培训部被评为“2009年度吉林省级青年文明号”，这一荣誉是对培训部全体同志在读者活动、社会培训、“青青草”网站建设等方面做出突出成绩的肯定和鼓励。仅2009年，该部就开展公益讲座活动40余场，各类读者活动20余项，并针对弱势群体、未成年人开展特色活动10余项。不仅受到广大读者的好评，也得到《吉林日报》、《长春日报》、《东亚经贸新闻》、吉林省电视台、吉林省广播电台等众多媒体的关注和跟踪报道。（吉林省图书馆学会秘书处）

【吉林省图书馆国信集团分馆正式成立】 2010年初，省图书馆与国信集团建立合作伙伴关系。在省图书馆的协助下，国信集团投资20余万元，购入14个类别的图书1万余册，同时引进现代化管理设备，并规范集团阅览室的格局、藏书体系、管理模式，做出了“年度购书一万册，三年三万册，五年十万册”的发展规划。4月20日，吉林省图书馆国信集团分馆正式成立。该分馆不仅为集团员工提供丰富的文献资源，而且对集团构建学习型企业、提高员工素质、加快人才培养、推动经营发展具有积极的促进作用。（吉林省图书馆学会秘书处）

【吉林省图书馆在梅河监狱建立分馆】 4月21日，“吉林省图书馆梅河监狱分馆”揭牌仪式在梅河口举行，省文化厅、省监狱管理局和省图书馆、梅河监狱的领导及部分服刑人员参加了活动。仪式上，吉林省监狱管理局副局长赵宪德、吉林省文化厅社文处处长李虹分别讲话。吉林省图书馆馆长石丽珍与梅河监狱党委书记、监狱长陈凤春签订了双方合作协议书；省图书馆党委书记杨柏林代表图书馆向梅河监狱分馆赠送图书，提供政治、法律、经济、文学等方面图书3000余册。（吉林省图书馆学会秘书处）

【省图书馆“世界读书日”活动反响热烈】 为迎接第15个“世界读书日”，省图书馆策划并组织了系列读书活动，其中4月23日举行的

"淘书会友 共享阅读"换书交友会吸引了众多的参与者。换书交友会是省图已连续举办四年的特色活动之一。今年的活动得到了吉林建筑工程学院装饰学院管理系的"极光青年志愿者"的积极支持，他们拿出500本图书与读者互换，并将换来的图书全部捐给高新区科苑社区图书室。省图书馆也拿出300多册图书参加了交换和捐赠活动。当天共交换、捐赠文学、历史、保健等类图书近千册。当天，"中国知网有奖知识问答"活动也同时在馆内展开。展位前围满了读者，50条问答题很快就被抢答完毕，活动提高了中国知网的利用率。当天活动得到了新华社、吉林电视台、长春人民广播电台等多家媒体的关注和采访。（吉林省图书馆学会秘书处）

【省图书馆举办迎"五四"青年员工职业技能比赛】 为迎接"五四"青年节，提高青年员工专业素质和爱岗敬业精神，4月26日上午，吉林省图书馆团支部组织了"青年员工职业技能比赛"。近30名青年员工参加了比赛。比赛采取分组抽签形式，每组选出5名队员参加五轮比赛。经过激烈角逐，第二小组获得团体冠军，其中青年员工蒋馨瑶获得个人冠军。赛后，石丽珍馆长在讲话中肯定了青年员工的成绩，并对大家提出了注重业务技能提高，加强岗位练兵的希望和要求。（吉林省图书馆学会秘书处）

【吉林省图书馆举办发展战略高层论坛】 5月10日上午，吉林省图书馆在五楼报告厅举办发展战略高层论坛，邀请吉林省著名文化学者、省社科院院长邴正，吉林人民出版社社长胡维革以及吉林大学文学院副教授由兴波，北师大哲学专业博士、学者蔡园，与省馆员工汇聚一堂，共同探讨省图书馆如何提升公共文化服务模式，创新升级服务理念，谋求实现新馆开馆时的华丽"转身"。专家们对公共文化事业的关注和真知灼见、高屋建瓴的论述，赢得了省图全体员工的热烈掌声。省图馆长石丽珍在论坛最后表示，省图将认真研究专家学者们的建议，在新馆的建设和今后的工作中予以落实或付诸实施。（吉林省图书馆学会秘书处）

【省图书馆开展"希望工程 爱心助学"捐赠活动】 5月27日，在图书馆宣传周和"六一"儿童节来临之际，吉林省图书馆来到长岭县三十号乡中心小学和集体乡望海小学，开展了"希望工程 爱心助学"捐赠活动。省文化厅关心下一代工作委员会主任田梅、省青少年发展基金会理事长曲国民、省图书馆书记杨柏林等领导参加了捐赠仪式，并代表捐赠单位向孩子们分发了书包、文具盒、笔和书籍，受到孩子们的热烈欢迎。曲国民理事长表示，他将呼吁社会各界有爱心的企业和人士像省文化厅、省图书馆一样共同关心贫困农村的孩子们，向他们献一份爱心，尽一份责任。（吉林省图书馆学会秘书处）

【省图书馆文天书局参加长春书博会取得圆满成功】 5月29日—6月6日，省图书馆下属的吉林省文天图书发行有限责任公司（简称文天书局）作为图书经销单位参加了"2010长春书博会"。他们策划的在书博会上发放联盟通阅卡的活动，在读者中引起了强烈反响，现场排起了长长的队伍，吉林电视台多家新闻媒体进行了报道。书博会扩大了文天书局的社会影响。（吉林省图书馆学会秘书处）

【吉林省12部珍籍参展"国家珍贵古籍特展"】 6月11日至7月12日，在国家图书馆举办的"国家珍贵古籍特展"上，吉林省共有4家单位的12部珍籍入选参展，是对吉林省古籍精品和古籍保护成果的一次重要展示。其中吉林省图书馆入选5部、吉林大学图书馆3部、东北师范大学图书馆3部、吉林省社会科学院图书馆1部。此12部珍籍均为宋元善本及明清珍本，已收入第一、二批《国家珍贵古籍名录》，且大多经名家收藏，钤印累累，流传有序，具有很高的文物价值和文献价值。（吉林省图书馆学会秘书处）

【吉林省图书馆在双辽市建立分馆】 7月7日，吉林省图书馆双辽市分馆、双辽市图书馆红旗街义顺村分馆揭牌仪式在红旗街义顺村委会举行，省委宣传部、省文化厅、四平市文化局、双辽市委等部门的领导出席仪式。吉林省图书馆馆长石丽珍与双辽市委书记刘树毅为吉林省图书馆双辽市分馆揭牌，省委宣传部文艺处副处长刘威与省文化厅社文处副处长高月为双辽市图书馆红旗街义顺村分馆揭牌。石丽珍代表省图书馆讲话。她感谢双辽市委、市政府及文体部门对图书馆事业的高度重视和支持，并表示要以科学的管理和规范的服务让更多的农民朋友受益，希望能围绕读书多开展活动，让分馆成为人们的心灵家园。（吉林省图书馆学会秘书处）

【吉林省第六次长白山文化研讨会暨长白书院揭牌仪式在省图书馆举行】 7月19日，由吉林省图书馆和长白山管委会、长白山文化研究会共同主办的“吉林省第六次文化研讨会暨长白书院揭牌仪式”在省馆举行。省委常委、宣传部长荀凤栖在讲话中指出，省委、省政府高度重视长白山文化建设，把实施长白山文化建设工程列入2010年省委常委会工作要点，搞好长白山文化建设是增强吉林省文化实力的基础。由省馆与长白山文化研究会合作成立的“长白书院”同时正式成立，原省委宣传部副部长、长白山文化研究会会长张福有代表研究会赠送了首批长白山文化研究书籍。会上还对10年来在长白山文化研究中做出突出贡献的两家单位和26名个人进行了表彰。（吉林省图书馆学会秘书处）

【省图书馆举办易中天专场讲座】 8月24日下午，为庆祝省图公益讲座成功举办500期，吉林省图书馆在东方大剧院举办了名家专场，特邀“百家讲坛”主讲人、知名学者易中天教授作题为“我山之石：儒墨道法的救世之策”的精彩讲座。讲座前几天，省图书馆院内每天都排起长长的领票队伍，“易迷”们只为能到现场一睹大家的风采。讲座当天，能容纳1460人的会场座无虚席。在2个小时的时间里，易中天教授以通俗的语言阐述了儒墨道法的核心理念，论述了先秦诸子的思想精髓和救世主张，再现了百家争鸣的那段历史。他博古通今的精彩讲解、独到的思想令人耳目一新，其诙谐幽默的语言、准确清晰的思路不时博得阵阵笑声和掌声，其严谨的学风、谦逊平和的形象更是给广大观众留下了深刻印象。讲座后，易教授还与听众进行了一个小时的互动交流，回答了观众的现场提问，受到大家的热烈欢迎。省图书馆馆长石丽珍主持了讲座。《新文化报》在网上进行了同步直播，让更多的人领略了易中天教授的风采。（吉林省图书馆学会秘书处）

【吉林省古籍保护中心举办“第二十三期古籍普查培训班”】 由国家古籍保护中心主办、吉林省古籍保护中心承办、吉林市图书馆协办的“第二十三期全国古籍普查培训班”，于9月13日—21日在吉林市图书馆成功举办。全国古籍保护工作专家委员会主任李致忠、国家古籍中心培训组组长王红蕾、吉林市文化局副局长郑国君、吉林省古籍保护中心副主任吴爱云、吉林市图书馆馆长石继禹等出席开班仪式。来自全省21家古籍保护单位的65名学员参加了此次培训。本次培训邀请李致忠等多位专家，悉心讲授了古籍分类、古籍著录规则、碑帖整理、名录申报和普查平台填报等内容。培训采取互动方式，将理论与实践紧密结合，在省中心精心组织、吉林市图书馆大力配合下，学员们圆满完成了预定的学习目标和工作任务。培训班的成功举办，为吉林省古籍工作者提供了宝贵的学习机会，也为推动省古籍保护工作全面深入开展打下坚实的基础。（吉林省图书馆学会秘书处）

【吉林省图书馆举办“迎新春”书画家笔会】 为了进一步丰富馆藏，使新馆更具有典雅气息和文化内涵，吉林省图书馆拟建立包括吉林省文化名人的作品、手稿及其他收藏品的《吉林省文化名人文库》，吉林省著名书画家作品就是其中的一部分。为此，省图书馆于12月27日下午举办了“吉林省图书馆迎新春书画家笔会”，邀请关鉴、王淮、林百石、张建华、朱辰等吉林省著名画家现场挥毫泼墨，用疏密有致、深浅不一的笔墨，精心书写了一幅幅或风格迥异、或雄健洒脱、或灵巧秀美的书法作品。这些作品主题鲜明、内容丰富、形式多样、靓彩纷呈，一笔一画讴歌祖国大好河山，从不同角度反映了中华盛世，表达了艺术家们的真情实感，也展现出其成熟鲜明的创作理念，具有较高的艺术水平和观赏价值，尽展国画书法艺术魅力，共贺新春。此次笔会，省馆共收藏书画作品25幅。（吉林省图书馆学会秘书处）

【长春图书馆概况】 2010年长春图书馆经费总投入19 128 943.00元，其中，文献购置费3 487 579.13元，自动化、网络化、数字化设备投入204 657.00元，固定资产累计67 545 347.25元。长春图书馆紧密围绕《长春市2010民生行动计划》，创新思路，深化服务，合理配置馆藏资源，实现资源共享，为推动全市公共文化服务体系建设起到了积极的促进作用。2010 年，全馆文献入藏总量49 088种，88 681册（件），其中：中文图书：22 455 种，58 180 册；报刊：3960 种，5097 份（其中：中文报刊：3926 种，5063 份；港台、外文报刊：34 种，34 份）；电子文献：21 249种，22 670册（件）（其中：数据库：19 种；电子图书：20 685种，21 502册；电子出版物：545 种，1168 件）；视听文献 536 种，1146 件；地方文献：158 种，498 册（件）；特藏文献：730 种，1090 册（件）。截止 2010 年底，全馆总藏量2 066 064册(件)。

长春图书馆一直秉承“读者第一，服务至上”的办馆理念，全年共接待到馆读者1 994 500余人次，办理读者证31 254个，文献外借563 280册次；解答咨询 480 432 条，代检索课题 4304 项，参考咨询、课题服务 487 项；开展文献宣传活动 163 次，向读者推荐文献 4371 种，6815 册（件）；举办各类读者活动 182 项，参加人员达119 129人次，其中：讲座 53 次，7181 人次；展览 27 次，56 800人次；其他活动 102 次，55 148 人次。开展社会办学项目 10 个，培训学员25 558 人次。

2010 年长春图书馆“城市热读”讲座在原有的“国学大讲堂”、“关东文化讲坛”、“社会热点”、“文学赏析”、“中医大讲堂”等系列以外，开辟“阅读论坛”和“走进东北亚”系列，使讲座主题更加丰富。2010 年，长春图书馆继续致力于构建遍及城乡的区域总分馆制体系，推进共享工程建设，共建立 10 个分馆，配送文献资源 46 次，36 399册（件）。同时，分别与二道区图书馆、二道区东站十委社区分馆、宽城区群英街道办事处分馆、双阳区云山街道清江社区分馆等 9 家分馆实现“一卡通”通借通还通阅服务。

2010 年 1 月，长春图书馆荣获由中华人民共和国文化部授予的“国家一级图书馆”称号；2 月，荣获由中共长春市委、长春市政府授予的“全市群众文化活动优秀团体”称号；3 月，被长春市妇女联合会评为“长春市妇女群众文化艺术示范基地”；4 月，荣获由中国图书馆学会授予的“2009 年度‘全民阅读’先进单位”称号；5 月，长春图书馆的“未成年人思想道德建设工程”荣获全国第十五届项目类“群星奖”；7 月，荣获由中共长春市委、长春市人民政府、长春警备区授予的“科技拥军先进单位”称号；12 月，荣获由吉林社会科学界联合会授予的“吉林省 2010 年社会科学普及周活动先进单位”称号。（李超）

【长春图书馆百年华诞馆庆活动在 2010 中国图书馆学会年会上异彩纷呈】 7 月 25 日－29 日，中国图书馆学会年会在长春举行，长春图书馆作为此次年会的协办单位承担大量的会务工作，学会以及参会代表对此给予高度评价。在年会闭幕式上，中国图书馆学会领导为长春图书馆颁发《感谢状》；长春图书馆在年会上还荣获学会授予的“2009 年度‘全民阅读’先进单位”称号。同时，迎来百年华诞的长春图书馆借助年会召开之际，举办了一系列馆庆活动：精心策划出版《长春图书馆百年画册》、《探索 耕耘 追求卓越——长春图书馆百年纪念学术文集》；设计推出“长春图书馆百年”大型图片展等等。7 月 26 日，“长春图书馆百年华诞庆典酒会”成功举办，国家图书馆馆长周和平、常务副馆长詹福瑞，文化部社会文化司司长于群，吉林省文化厅厅长林君，长春市委常委、副市长郑文芝，长春市政府副秘书长卢福建，上海图书馆馆长吴建中等领导共 160 余人参加。酒会上，郑文芝、詹福瑞、长春图书馆馆长刘慧娟等分别致辞。长春市文化局局长吴强主持庆典酒会。（李超）

【长春图书馆喜获两项“群星奖”】 在第十五届“群星奖”的评选中，长春图书馆创建的“未成年人思想道德建设工程”获项目类群星奖，馆长刘慧娟同志荣获“群文之星”称号。多年来，长春图书馆一直把关心未成年人的健康成长作为义不容辞的社会责任，于 2004 年创建“未成年人思想道德建设工程”，以“开辟阅读空间、创建网络平台、举办系列活动”为载体，开展以“未成年人思想道德建设”为主题的系列活动百余场次，使长春图书馆成为重要的未成年人思想教育活动场所。馆长刘慧娟同志从事图书馆工作 30 余年，把全部的精力和才华奉献给了图书馆事业，她精心培养和打造了一支优秀的团队，把长春图书馆从一个不知名的小馆，发展成为“国内先进、东北一流”的图书馆，四次被文化部评为“国家一级图书馆”，并享有“全国文明图书馆”、“全国文化工作先进集体”、“读者最喜爱的公共图书馆”等荣誉称号。(李超)

【长春图书馆举办数字资源进机关、进社区、进万家活动】 4月，在长春市文化局的策划与领导下，长春图书馆开展了“建学习型党组织，筑书香长春”数字资源进机关活动，专门为长春市党政机关领导干部创建了一个数字图书馆平台——“书香长春学习网”，建立了87个机关数字图书馆和1000个个人数字图书馆，设置资源检索、书目推荐、专题信息、决策参考、个性服务、网上咨询和学习交流7个栏目，可提供260万种电子图书、8000余种电子期刊、1000多种电子报纸、百万余篇博硕论文以及国家标准、年鉴、工具书等，并提供检索、查询、下载和原文传递等服务。6月，长春图书馆举办了“数字资源进社区、进万家”活动，向社区居民发放数字资源阅读卡，让丰富的数字资源惠及更多的社区及家庭。长春图书馆积极搭建数字资源共享平台，将海量的数字资源推送到机关、社区和家庭，营造了信息无处不在、图书馆无处不在的阅读环境。(李超)

【长春图书馆引进“城市街区自助图书馆”和图书自助借还系统】 2010年长春图书馆借助中国图书馆学会年会在长春召开之际，引进“城市街区自助图书馆”及图书自助借还系统，替代传统的人工借还服务，为市民阅读提供便利。通过“城市街区自助图书馆”和图书自助借还系统，市民可以自助借书、自助还书，自助续借、自助查询。凡持有开通图书外借功能读者证的市民均可使用，操作简单，触摸屏按键，方便快捷，借还书过程只需按照显示器上的提示步骤操作即可轻松完成。自助图书借还服务突破传统图书馆馆舍建筑的功能局限，有效提高了公共图书馆文献资源的利用率，拓展了图书馆的服务外延，简化了借还手续，提高了服务品质，让读者充分享受到现代化图书馆的人性化服务理念。这标志着长春图书馆从自动化管理向智能化管理迈出的第一步。(李超)

【长春图书馆举行“悦读快乐 阅读成长”青少年故事演讲大赛】 4月24日，为纪念世界读书日的到来，引导广大青少年养成热爱阅读、博览群书的优秀品质和良好习惯，带动全社会青少年阅读风气的形成，由长春市文化局主办，长春图书馆承办，长春日报社、长春人民广播电台、长春少儿与老年生活广播、吉林童军总会协办的主题为“悦读快乐 阅读成长”的青少年故事演讲大赛在长春图书馆院士厅举行。来自吉林大学附属小学、吉林童军总会等百余名师生及家长参加活动。本次大赛主要面向6至13岁的青少年，来自长春图书馆的小读者以及吉林大学附属小学、清华路小学、曙光路小学等学校的学生80余人报名参赛。进入决赛的16组30位选手经过激烈角逐，最终评选出一等奖7名、二等奖10名、三等奖13名。另外，本次大赛所有获奖选手均走进长春少儿与老年生活广播的直播间进行现场录制，并陆续在其少儿节目中播出。(李超)

【长春图书馆向残疾人赠送读者证】 8月25日，由中国残疾人联合会、中华人民共和国文化部主办，吉林省残疾人联合会、吉林省文化厅、长春市残疾人联合会、长春市文化局共同承办，以“绽放生命 共享阳光”为主题的全国残疾人文化活动周系列活动正式拉开序幕。启动仪式上，长春图书馆向盲人代表赠送2000张读者证，以此为残疾朋友读书提供便利条件，使他们共享阅读快乐，丰富精神文化生活。此项活动也是长春图书馆多年来开展为弱势群体提供多元化服务的延伸和拓展。(李超)

【长春图书馆举办全民读书月系列活动】 长春图书馆以弘扬优秀传统文化和传播科学知识为己任，一直致力于通过内容丰富、形式新颖的文化服务手段，积极倡导和推动全民阅读活动的开展，并于2010年12月举办以“阅读御寒冬，书香暖春城”为主题的全民读书月系列活动。活动共六大类34项内容，包括：“读书小状元”评选表彰、命题说故事、启动数字资源视频使用帮助、图书选阅指南多媒体演示、播放“城市热读”讲座视频、免费赠送长春网络图书馆阅读卡、专题讲座、用户信息素养教育系列讲座、文化展览、专题文献展阅、知识窗和优惠活动等，吸引万余人的热情参与，广受社会各界好评。(李超)

【长春图书馆完成吉林省事业单位岗位设置试点工作】 长春图书馆于2009年被确定为吉林省事业单位岗位设置试点单位，并于2010年底顺利完成此项人事制度改革任务。按照《吉林省事业单位岗位设置管理实施意见（试行）》通知的精神和要求，长春图书馆从事业发展的高度出发，结合实际，制定实施方案，在机构设置和岗位设置上，一是遵循现代公共图书馆功能的需要；二是符合现代社会对公共图书馆服务的需要；三是结合本馆的实际需要。按照事业单位岗位设置管理的3个系列，即专业技术系列、行政职员系列、工勤系列，分别确定岗位指数，并按照岗位职能、岗位性质、业务含量、技术标准确定岗位等级，控制岗位总量。目前，全馆共设置岗位195个，其中：管理岗位17个，占岗位总量的8.7%；专业技术岗位165个，占岗位总量的84.6%；工勤技能岗位13个，占岗位总量的6.7%。专业技术岗位等级的结构比例、行政职员级别的设置及工勤技能岗位等级的设置，严格按照《吉林省事业单位岗位设置管理意见（试行）》的要求和长春市人事局下达的各种指标比例执行。（李超）

【延边图书馆利用共享文化资源喜迎世博盛会】 4月9日，延边图书馆隆重举行了由文化部全国文化信息资源建设管理中心主办、延边州分中心协办的“文化共享世博行”宣传月活动启动仪式——以“城市，让生活更美好”为主题的大型图片展览。延边州分中心精心制作了朝汉两种文字的48张宣传图片，以“东北亚的绿色生态金三角，多民族的和谐幸福大家园”为主题，广泛宣传世博，共享世博会成果，实现文化资源共享。来自州内的新闻媒体、各界人士百余人参加了启动仪式。展览期间，为方便朝鲜族读者观看，利用朝、汉两种语言解说，并到街道、社区、学校、部队等进行巡展，使参观者更好地了解世博会的精彩看点和亮点。共展出139场，接待观众46 000余人次。（方英兰）

【延边图书馆召开小记者座谈会】 4月14日，《延边晨报》记者带领延吉市中小学生记者团的小记者们，参观了延边图书馆举办的“文化共享世博行”图片展，召开了小记者座谈会。小记者们提出了“读者需求多样化的今天，面对当今书价上涨的趋势，会对图书馆购进新书有何影响”等有关图书馆工作的问题，安美兰副馆长一一作了解答，受到热烈欢迎。（方英兰）

【延边图书馆举办“朝鲜民主主义共和国图书图片展”】 12月20日上午，延边图书馆与朝鲜出版物交流协会共同举办的“朝鲜民主主义共和国图书图片展”在延边图书馆隆重举行。延边州委宣传部副部长魏亚利、州文化局局长沈秀玉、州社会科学联合会主席俞昌根等中方领导，朝鲜驻沈阳领事馆总领事李基范先生、朝鲜出版物交流协会局长全勇哲先生等朝鲜来宾，共同参加了展览开幕式。此次展出的主要有金日成著作及回忆录、革命文献及朝鲜文化、艺术、民俗图书等，还有2009年至2010年发行的最新图书2000册和《朝鲜艺术舞台》等艺术公演CD、DVD260张。图片包括“金正日同志与朝鲜的科学技术”、“跟随朝鲜劳动党的向导”等50幅。多年来，延边图书馆与朝鲜出版物交流协会在图书交换等文化交流活动中，彼此增进友谊，不断拓宽延边图书馆界与朝鲜文化交流的领域，双方于2009年正式签订协议，商定双方每年互访一次，进行人员交流和文献交换。（方英兰）

【延边图书馆文化共享工程工作成绩显著】 2010年，延边图书馆不断加强共享工程基层站点建设和服务工作，在全州四大林业局，延吉市乡村、煤矿、部队、社区等地建立了文化信息资源共享工程基层服务点10个，流通图书5000余册，配送视频文献90余种、400余盘。目前，在“五个走进”活动中，共建立基层服务站点34个，在外流通图书3万余册，受到基层的欢迎。在65118部队20分队建立的站点，受到沈阳军区的表彰，被评为学习型先进连队。2007年，文化部为丰富少数民族人民群众的精神文化生活，在全国五个少数民族地区启动文化资源共享少数民族语言译制工程，延边图书馆受全国文化信息资源共享工程委托，承担了朝鲜语的译制工作，三年来，共完成800余种、500多个小时的电子文献译制，深受朝鲜族读者欢迎。为满足广大朝鲜族读者的需求，延边图书馆与“吉林网”签订了合作协议，建立了朝文版网站，现已收部分文献资源。网站每天的点击率上万人次，得到了广大群众的好评和文化部共享工程中心及专家的认

可。（方英兰）

【桦甸市图书馆总分馆制工作实现新突破】 2010年，桦甸市图书馆在总分馆制工作上有新突破。一是加强农村图书分馆（点）的建设。通过多次调研，针对实际，按照建设标准建立分馆4个，配备图书4998册，光碟1629盘，总价值9万多元。依托农家书屋工程新建农村图书流通点86个。按照流通频率，为分馆、农村社区流通点流通图书累计18 000册，光盘4000张。二是积极发挥总馆中心作用，完善流通点规范化建设与管理，重点加强图书配送意见反馈、业务辅导、活动开展等。全年编写三期工作简报，适时总结阶段性工作经验，提供总分馆制工作信息交流平台。三是加大送文化下乡服务力度。进社区、进学校、进幼儿园，面向社区居民和未成年人开展送文化服务活动，全年送图书5388册，光盘1815盘。（桦甸市图书馆　国博鸣）

【桦甸市图书馆全力推进农家书屋建设工作】 按照桦甸市农家书屋工程建设三年整体规划，2010年桦甸市图书馆积极抓住政策机遇，新建农村社区标准化农家书屋100个，有力地推进了桦甸市农家书屋工作进程。11月，桦甸代表吉林省、吉林地区接受国家新闻出版总署对2009年建设农家书屋的验收。验收组对桦甸市采取总分馆制服务破解农家书屋资源不足的服务农村文化建设、服务农民的创新举措当即给予肯定，对全市农家书屋建设的规范化、标准化以及面向农民读者开展特色服务的一些做法表示赞许。桦甸市图书馆为100个村级农家书屋配发了总价值200多万元，包括农家书屋标准图书16万册、光盘3.5万盘以及总价值为12万余元的书架（柜）、光碟柜等130个。全市有18万农民从中受益。（桦甸市图书馆　国博鸣）

黑龙江省

【2010年黑龙江省图书馆概述】 一、增加公益文化服务新内容，提升公共文化服务能力

(1)全年365天免费开放接待读者。全年开放3490小时，累积接待读者达2 040 380人次（日均接待读者5600人次），外借文献958 958册次，全年开展各类读者活动465次，新办读者卡46 076张。同2006年相比，接待读者总人次翻了三番（日均接待读者增长4228人次），文献流通册次翻了7倍，持证读者增长10万人。服务效率、馆舍设施及馆藏利用率创建馆以来的最好记录。

(2)自主创建开通了“绿荫”青少年网站，搭建了青少年、家长、老师和社会各界都能共同参与的绿色网络家园。开辟了160平方米的亲子共读阅览室，配有低幼图书9000余册。

(3)启动“文献缩微数字化”工程。2010年争取到“国家文献缩微中心”向黑龙江省图书馆投入100多万元的新型缩微数字化设备，并负责设备安装与技术培训。今后，省图书馆将承担全省文献缩微工作，结束了文献缩微求助外省的历史，极大地推进了黑龙江省珍贵古籍、外文古籍、民国文献的抢救复制和长期保存。

(4)2008年与省新闻出版局签定协议成立的黑龙江省版本图书馆目前收录期刊324种、9732册；报纸93种；图书2万余册，累计服务读者7038人次。2010年流通读者5179人次，为20人提供深层课题服务。

(5)筹建“中国国家数字图书馆黑龙江分馆”，赢得与国家图书馆的战略合作。国家图书馆提供10多万电子图书、3400幅珍贵图片、904小时视频、400余集讲座、5个专题数据库及少儿图书馆资源在省图书馆镜像，并共同建设地方特色文化资源库和新媒体服务示范区，在联合编目、参考咨询、文献传递、珍贵文献保护等多个业务领域展开广泛的合作。在省财政厅、文化厅的扶持下，省图书馆基本建成了覆盖全省地市县三级公共图书馆的VPN专用网络，使全省各级图书馆免费共享国家数字图书馆和省图书馆的数字文献资源，整体提升了黑龙江省的公共文化信息服务能力和水平。

(6)经过三年的筹建，完成俄文文献信息中心的文献布局、书目数据回溯建库、专设俄侨文库与古籍书库等工作。中心目前拥有287种310册哈尔滨地方出版俄侨文献、13个国家和地区的俄侨境外出版物、3943册俄文古籍等特色馆藏，对研究哈尔滨俄罗斯侨民历史及解放前犹太人哈尔滨生活历史具有重要的史料价值。

(7)连续三年为人大、政协会议提供专项信息服务。2010年省人大会议期间，省图书馆的专题服务小组为代表提供免费上网查询省图数字资源和代办检索信息等服务。

(8)“龙江讲坛”2006年1月启动，经过近五年的品牌运作，已经形成了自己的风格，累计举办讲座近200期，主会场讲座170场，受众超过10万人次，社会效益与日俱增，已成为黑龙江省科学文化领域的一个品牌，深受广大民众的赞誉。2010年在延续讲坛一贯风格的基础上，推出“金史系列讲座（二）”、“名人名家系列”、“黑龙江人文精神系列”、“应急知识讲座”等几大系类讲座，邀请到王蒙、易中天、阎崇年等诸多名师大家，主会场讲座40期，接待听众11 952人次。

(9)黑龙江省图书馆在国务院《政府信息公开条例》颁布前，就率先开放了首家“政府信息公开查阅室”。2010年共接待读者1287人次，咨询1635人次，完成检索课题207项。免费发放政府公报1500余册，为领导决策提供《新书推介》15期。

2010年6月，省馆联合东北网《百姓论坛》栏目和律师事务所推出了“公益法律咨询”系列活动，邀请律师现场解答市民关心的相关法律问题，并指导市民进行合理的维权活动。

二、建设“普遍均等、惠及全民”的公共文化服务体系

(1)启动“全省流动图书馆工程”，将全省县级图书馆纳入分馆业务管理系统，创新规划了“全省总/分馆制流动图书馆服务体系”。流动分馆建设重点放在边境县、贫困县图书馆和重点旅游景区、边防部队、农垦分局。截至2010年，建成流动分馆38个、流动站13个，统一为每个分馆配置3000册新书；统一共享省图书馆签约购买的23个大型专题数据库和320多万种电子书。向流动分馆配送新书181 714册；全省流动分馆共流通图书110多万册次；免费共享数字资源总量达69TB。2010年，服务读者增至338 176人次；分馆流通人次是2007年的176.87倍；累积接待社会各界读者517 653人次。缓解了全省县级图书馆资源匮乏、服务落后的局面。

(2)建设“全省图书馆自动化集群管理系统”、“全省远程监控技术管理系统”，构建全省视频会议体系。

(3)加大地方特色数字资源库群建设力度。2010年，自主创建了4个地方特色资源库。建设完善了《龙江讲坛》系列、《龙江舞台精品》系列专题数据库。建成了由21个具有浓郁地方特色专题数据库组成的数字资源库群，总量达5TB。为农村党员远程教育提供资源总量达3200GB，向全省基层传输资源总量达90TB。

据2010年统计，全省文化共享工程全年培训10 000人次，举办各种活动1450多次，年服务受众达到600多万人次。建成共享工程县级支中心210个（其中含82个农垦农场），乡镇服务点794个（含365个农垦管理区），自建的社区、街道、部队、寺庙等基层服务点69个，与农村党员现代远程教育合作共建村基层服务点9054个，实现了全省农村服务网点100%全覆盖。

三、发挥省中心职能，带动全省古籍保护工作发展

省古籍保护中心承办了全国古籍普查第二十二期培训班，培训学员95名；另外组织全省20批次37人参加国家古籍保护中心举办的古籍普查、古籍鉴定与古籍保护、修复技术培训班，为黑龙江省古籍保护工作培养了大批专业人才。（黑龙江省图书馆办公室　徐然）

【2009年度读者借阅排行榜揭晓】 2010年1月30日，“黑龙江省图书馆2009年度读者借阅排行榜”在省图书馆一楼大厅揭晓。党委书记董绍杰、副馆长刘继维及读者工作部、借阅部、报刊部、青少年工作部等相关部门主任出席了颁奖仪式。刘继维副馆长在颁奖仪式发表了热情洋溢的讲话。此次活动希望能够激励更多的人喜欢上读书、喜欢上图书馆，从而走进和利用图书馆。本次活动依据图书馆自动化管理系统的统计排序，确定15名读者入选“2009年度读者借阅排行榜”，其中成人读者10名、少儿读者5名。（黑龙江省图书馆学会秘书处）

【黑龙江省图书馆举办多项活动迎新春】 2月4日，在新春佳节即将来临之际，黑龙江省图书馆和哈尔滨书画院联合举办了第三届“笔墨迎春——送春联”活动，高歌、王显君、王有喜、吕守堃、程义山、金山人等知名书画家齐聚省图书馆，现场挥笔泼墨为当日参加活动的读者送上百幅春联。这一活动至今已经连续举办三届，始终受到读者的热烈欢迎。2月9日，省图书馆召开“英语沙龙”读者座谈会。“英语沙龙”从2005年创办至今已有5年，目的是为英语爱好者搭建一个学习交流的平台，推广英语口语的普

及和提高。2月28日元宵节当天，省图书馆在一楼大厅举办了“灯谜大家猜”活动。此活动已连续举办3年，每次准备200条灯谜，吸引了广大灯谜爱好者。（黑龙江省图书馆学会秘书处）

【“你选我购”图书购建活动受到读者欢迎】 在4月23日“世界读书日”来临之际，省馆举办了“你选我购”图书购建活动。为了使选购的图书满足众多读者的需求，邀请不同年龄、不同职业、不同阅读需求的读者代表12人，在中央书店与省馆相关部门一道选购图书。通过这样的现采形式，拉近了图书馆与读者的距离，得到读者的赞许。（黑龙江省图书馆学会秘书处）

【“春风行动”再建“爱心图书室”】 由黑龙江省图书馆和东北网主办，哈尔滨市教育局、黑龙江大学出版社等单位联合开展了“春风行动”捐书活动。6月2日，带着募捐到的近千册图书，送到双城市公正乡公正中心小学，建立了第三个“爱心图书室”。（黑龙江省图书馆学会秘书处）

【“公益法律咨询”启动仪式圆满结束】 6月10日，省图书馆联合东北网《百姓论坛》栏目举办的“公益法律咨询”活动在省图书馆政府信息公开查阅室启动，省图书馆党委书记董绍杰出席启动仪式并讲话。此次活动邀请专业律师现场解答市民关心的相关法律问题，并指导市民进行合理的维权活动。政府信息公开查阅室将免费发放省、市人民政府公报和省图数字资源卡，同时免费辅导市民网络查询政府信息和法律法规。东北网《百姓论坛》还将每月为网民提供一项免费法律援助。（黑龙江省图书馆学会秘书处）

【黑龙江省第五个中国文化遗产日宣传活动暨首届黑龙江省非物质文化遗产保护成果展开幕式在黑龙江省图书馆举行】 6月12日是第五个“中国文化遗产日”。黑龙江省第五个中国文化遗产日宣传活动暨首届黑龙江省非物质文化遗产保护成果展开幕仪式在省图书馆广场隆重举行。仪式由省文化厅副厅长宋宏伟主持，省政府副省长程幼东、省政协副主席陶夏新、省委宣传部副部长赵德信等领导参加了开幕式并为“首届黑龙江省非物质文化遗产保护成果展”开幕剪彩。此次展览是黑龙江省第一次举办的全面反映非物质文化遗产保护成果的大型展览，内容涵盖全省21项国家级非物质文化遗产名录项目，143项省级非物质文化遗产名录项目的大量珍贵图片资料和实物。省直各文博单位紧紧围绕今年的宣传活动主题开展街头宣传，通过宣传展板、条幅、发放画册传单等方式，重点宣传黑龙江省文化遗产保护工作取得的丰硕成果。文博专家现场开展了文物鉴定、咨询和文物线索征集活动，海伦剪纸、渤海靺鞨绣、鱼皮镂刻粘贴画、兽皮制作等非物质文化遗产名录项目传承人的现场表演吸引了大批群众驻足和参与。（黑龙江省图书馆学会秘书处）

【黑龙江省古籍保护工作会议在哈召开】 7月2日，省古籍保护中心在黑龙江省图书馆召开“黑龙江省古籍保护工作会议”。会议由省古籍保护中心主任高文华主持，省文化厅副厅长宋宏伟做了重要讲话，对下一步古籍保护的几项重点工作提出意见。省古籍保护中心副主任董绍杰通报了2009年我省9项古籍保护工作的进展情况，安排部署今后的各项工作任务，并指出要重点推进《黑龙江省珍贵古籍要览》的编纂工作。来自26个图书馆的40余名参会人员参加了《〈黑龙江省珍贵古籍要览〉编纂具体方案》的讨论并审议通过该方案。会上各馆还对古籍工作开展情况做了交流。（黑龙江省图书馆学会秘书处）

【领导视察黑龙江省图书馆】 7月19日，全国文化信息资源管理中心主任张彦博在省图书馆馆长高文华的陪同下对黑龙江省共享工程分中心（黑龙江省图书馆）进行了视察指导。张彦博主任参观了电子阅览室、主机房等基础设施后听取了共享工程建设情况，通过观看演示，对省中心构建的图书馆自动化集群管理系统、远程监控管理系统与视频会议系统及建设完成的428个乡镇服务站网络电视等，给予肯定和好评。7月20日，国家图书馆馆长周和平在哈尔滨出席全国文化厅局长工作会议期间，在省文化厅副厅长宋宏伟的陪同下，冒雨视察了黑龙江省图书馆，与职工亲切交谈。7月24日，文化部党组成员、副部长杨志今在省文化厅厅长白亚光等陪同下莅临省图书馆检查指导工作。高文华馆长、党委书记董绍杰分别汇报了黑龙江省古籍保护工作、共享工程黑龙江省分中心建设和分馆建设情况。杨副部长在参观了省图书馆与省出版局联合组建的黑龙江省版本图书馆后，对这一新型模式既结合了呈缴制度、又全面收集保存了地方文献的做法给予了肯定。杨副部长一行还视察了利用特色馆藏组建的俄文文献信息中心及数字图书馆建设、少儿服务的亲子阅览等，对整洁的阅览环境、丰富多彩的读者活动以及馆员的良好精神风貌表示赞赏。（黑龙江省图书馆学会秘书处）

【第二十二期全国古籍普查培训班在哈尔滨举办】 8月31日，由国家古籍保护中心主办、黑龙江省古籍保护中心（黑龙江省图书馆）协办的“第二十二期全国古籍普查培训班”在省图书馆多功能厅开班。省文化厅副厅长宋宏伟，全国古籍保护工作专家委员会主任李致忠先生，国家古籍保护中心培训组组长王红蕾博士等出席开班仪式并讲话。来自全省各地市图书馆、博物馆、大专院校图书馆、科研单位图书馆等23家单位的95名学员参加了培训。这次培训将壮大古籍普查队伍，对今后做好古籍修复、古籍整理、古籍数字化等工作，进一步推进黑龙江省古籍保护工作的开展起到重大作用。（黑龙江省图书馆学会秘书处）

【俄罗斯远东科学图书馆代表团访问黑龙江省图书馆】 9月10日—17日，以菲拉特吉娜·伊琳娜·维克托洛芙娜馆长为团长的俄罗斯远东国家科学图书馆代表团一行5人对黑龙江省图书馆进行交流访问。两馆自1990年建立文化交流关系，于2003年正式签署了合作意向书。此次交流进一步明确了在交换书目数据库、举办中俄文化书展、学术交流等方面的合作。访问期间，俄罗斯远东国家科学图书馆向黑龙江省图书馆赠送了一些珍贵的俄文文献。代表团对黑龙江省图书馆的俄文文献信息中心、政府信息公开查阅室给予了特别的关注。（黑龙江省图书馆学会秘书处）

【哈尔滨市图书馆荣获一级图书馆称号】 文化部于2009年在全国开展了第四次县以上公共图书馆评估定级工作，并以《文化部关于公布一、二、三级图书馆名单的通知》对评估定级结果予以公布。哈尔滨市图书馆在此次评估定级工作中被评为一级图书馆。（黑龙江省图书馆学会秘书处）

【哈尔滨市图书馆参考咨询工作成绩可喜】 3月1日，在哈尔滨市图书馆三楼会议室召开参考咨询会议协调会，市图书馆正式参加了联合参考咨询网的服务，并建立了完善的参考咨询服务机制、工作机制、激励机制。在5月24日召开的馆务会上，孙威馆长通报了近期参与的联合参考咨询工作取得的成绩。科技参考部组织服务人员还向企业服务网的50家入网企业宣传联合参考咨询服务，以促进课题服务的开展。截至12月，完成定题服务课题56项，远远超过往年。在做好联合参考咨询的同时，制作了馆藏满铁目录数据库共7172种，古籍普查鉴定100余种，第三批国家珍贵名录入选4种，编写《黑龙江省珍贵古籍要览》20种，发放《哈尔滨政府公报》20期约2000册、《黑龙江省政府公报》20期1000册。（黑龙江省图书馆学会秘书处）

【哈尔滨市图书馆“世界读书日”举办多项活动】 4月19日，哈尔滨市图书馆载着30多块有关上海市博会及相关军事战役等两个主题的宣传展板，40余种近百册期刊，与“苏宁团”部队官兵们50余人共度“世界读书日”。4月23日，以“迎接世界读书日，读书伴我成长”为主题的读书征文比赛在市图书馆举行颁奖仪式，此次18名中学生获奖者是从1000余份征文中评选出的，市图书馆和市读者协会为获奖中学生颁发了证书和奖品。4月23日，哈尔滨市图书馆与市盲人按摩院联合举办“月读一书，提高素质”的读书活动，考虑到盲人按摩师工作特点，借书不便，在“世界读书日”当天工作人员为6位盲人按摩师送去有关医疗按摩、文学名著等盲文图书二十余册，拉开了读书活动的序幕。今后将定期举行送书活动，提高图书馆为弱势群体服务的意识。（黑龙江省图书馆学会秘书处）

【哈尔滨市南岗区图书馆举办“社区图书室图书管理员培训班”】 4月19日—21日，哈尔滨市南岗区图书馆举办了“社区图书室图书管理员培训班”。区图书馆馆员徐丽和崔凯为大家讲解了“社区图书馆（室）管理基本知识”、“社区图书室图书分类基本知识”及“标准社区图书室管理验收试行标准”等。本次培训共有15个办事处，68个社区及村图书室的75名管理员参加了培训。（黑龙江省图书馆学会秘书处）

【2010年鹤城读书月“相约图书馆”主题系列活动】 4月23日，齐齐哈尔市第五届鹤城读书月“相约图书馆”主题系列活动拉开序幕。齐齐哈尔市图书馆为鹤城百姓精心准备了文化大餐：一是现场办理借书证；二是推荐100种经典书目；三是少儿图书展览；四是新书推介展销活动，市民可选择阅览、外借和购买；五是举办“低碳经济、绿色生活”科普图片展、“走进世博、共享世博”剪报图片展；六是开展民间古籍版本现场鉴定，为古籍收藏爱好者提供服务；七是播放视频讲座“快乐阅读、丰富人生”；八是100种优秀电子文献展；九是“科普大篷车”科普展示。“相约图书馆”主题系列活动吸引了众多市民参与，“世界读书日”的上午就接待读者300余人，50余人观看了视频讲座。读书月期间还开展送书进校园活动，为培智小学、聋哑学校、龙沙小学送书500册。（黑龙江省图书馆学会秘书处）

【齐齐哈尔市图书馆开展《最新政府公开信息》信息窗工作】 为配合《中华人民共和国政府信息公开条例》施行两周年宣传日活动，齐齐哈尔市图书馆精心制作了“最新政府公开信息”展板，4月29日在市博物馆门前广场展出，展板内容主要包括市政建设、养老保险、医疗保险、棚户改造及低保政策等最新信息，成为百姓了解查阅政府公开信息的一个窗口。同时，为做好政府信息公开工作，在社科阅览室设立了政府公开信息查询专架，还可以登录市图书馆网站（http://www.qqhrlib.cn）查询。《最新政府公开信息》信息窗工作的开展，极大地方便了市民查阅政府公开信息，为保障市民的知情权、监督权、参与权起到了推动作用。（黑龙江省图书馆学会秘书处）

【齐齐哈尔市图书馆举办“农家书屋工程信息管理系统”培训班】 5月21日，齐齐哈尔市农家书屋工程信息管理系统培训班在市图书馆举办，来自全市九县七区的20名信息管理员参加了培训。此次培训特邀请黑龙江省新闻出版局农家书屋领导小组办公室主任吕浩主讲，根据新闻出版总署《关于启用农家书屋信息管理系统的通知》的要求，围绕资金、申报、验收、文档、书目、系统管理、汇总报表、查询统计等九个功能模块，依据市、县管理部门工作职能和业务流程，采取多媒体授课、现场网上操作等方法，使培训人员熟悉、掌握和使用农家书屋工程信息管理系统。（黑龙江省图书馆学会秘书处）

【齐齐哈尔市图书馆三种古籍入选图书馆古籍珍贵名录】 5月，中国古籍保护网公布第三批《国家古籍珍贵名录》推荐名单，齐齐哈尔市图书馆有三种古籍入选，分别是《诗集传》（明正统十二年司礼监刻本）、《礼记集说三十卷》（明刻本）、《仪礼明解》（明刻本）。（黑龙江省图书馆学会秘书处）

【齐齐哈尔市图书馆展览开进社区、乡村】 6月8日，齐齐哈尔市“五下基层”文化惠民活动在铁锋区查罕诺村正式启动。齐齐哈尔市图书馆举办的“走进世博，共享世博”大型图片展是参加此次活动的主打品牌。图片展已三进社区，首次把宣传世博的触角深入到了乡村。“走进世博，共享世博”图片展共收集有关上海世博会的剪报信息400余条，由关注世博、共享世博等8个主题组成，让广大基层百姓“不出家门看世博”，通过展览从图片中认识世博会，感受世博会开幕盛况，同时展出“城市，让生活更美好”图片24幅。（黑龙江省图书馆学会秘书处）

【“传卜奎抗战薪火、创鹤城发展新业”图片展】 8月19日，为纪念中国人民抗日战争暨世界反法西斯战争胜利65周年，彰显抗战英雄的伟大历史功绩。齐齐哈尔市图书馆举办的“传卜奎抗战薪火、创鹤城发展新业”专题图片展在市党政办公中心一号楼举行。展览由星火燎原、江桥抗战、日寇罪行、抗日英雄谱、迎接解放及和平发展等专题组成，展出历史图片百余幅。此次专题图片展还在市机关、企事业单位、部队、学校、社区和广场进行巡回展出。（黑龙江省图书馆学会秘书处）

【2010年公共图书馆“全民阅读”活动研讨会暨馆长工作会】 11月25日，牡丹江市公共图

书馆“全民阅读”活动研讨会暨馆长工作会在绥芬河市图书馆召开。2010年牡丹江市委、市政府提出了创建“书香满城”学习型城市的目标，围绕打造城市人文精神，建设北方历史文化名城，实现牡丹江文化的大发展、大繁荣和经济社会追赶型跨越式发展的一场提升生活品位、振奋创业斗志、倡导时代文明的读书革命。各图书馆馆长围绕开展“全民阅读”活动一年来的工作情况进行汇报和研讨，并参观了绥芬河市图书馆。（黑龙江省图书馆学会秘书处）

【牡丹江市图书馆举办“我心飞扬”读书心得交流活动】 3月31日，在“国际儿童图书节”暨“中国儿童阅读日”即将来临之际，牡丹江市图书馆少儿部举办了“我心飞扬”少儿图书大礼包读书心得交流活动，来自全市各小学的50余名学生代表参加了此次活动。“我心飞扬”少儿图书大礼包读书心得交流活动的举办，标志着2010年“倡导阅读风尚，构建人文家园”主题系列活动正式拉开了帷幕。（黑龙江省图书馆学会秘书处）

【牡丹江市图书馆晋升为国家一级图书馆】 4月23日，在迎接第15个“世界读书日”活动中，宣布了牡丹江市图书馆在全国第四次公共图书馆评估定级中晋升为国家一级图书馆的喜讯并正式挂牌。牡丹江市图书馆1953年建馆，在1994年全国公共图书馆第一次评估定级中，市图书馆被评为二级馆。如今，牡丹江市图书馆面积达1.2万平方米，藏书35万册，设有阅览室、外借处、多媒体电影厅、多功能报告厅等16个对外服务窗口，阅览坐席达500多个，是一座集智能化、网络化、信息化为一体的现代图书馆。（黑龙江省图书馆学会秘书处）

【牡丹江市朝鲜族图书馆指导中学生进行社会实践】 1月17日，牡丹江市朝鲜族图书馆作为社会教育场所，接纳市第一中学的学生们来馆进行社会实践。学生们首先参观了馆内的各服务设施、了解馆藏，学习如何利用图书馆。在工作人员的指导下，学生们从穿针引线学起，参加了装订报纸、杂志等工作实践。（黑龙江省图书馆学会秘书处）

【牡丹江市朝鲜族图书馆举办迎“六一”少儿读者棋类比赛】 5月22日—23日，牡丹江市朝鲜族图书馆举办了迎“六一”少儿读者棋类比赛。此项比赛作为该馆多年来的传统活动，一直深受小读者们的欢迎。2010年的比赛规模更为庞大，共有500名小选手参加了五子棋、象棋、跳棋、围棋、军旗等五大项目的比赛，培养了孩子们的参与意识、竞争意识和良好的棋风，为独生子女们搭建了一个与伙伴交流切磋的平台，受到了家长们的欢迎。（黑龙江省图书馆学会秘书处）

【绥芬河市图书馆组织中俄家庭教育互动交流】 1月23日，绥芬河市图书馆报告厅里热闹非凡，来到这里的都是一些年轻的妈妈，尤其引人注目的是几位俄罗斯妈妈。通过“好妈妈俱乐部”这个平台，来自中俄家庭围绕家庭教育方式交换了各自的看法，同时对家庭教育方法及存在的问题进行了热烈的讨论，就家教中遇到的困惑进行了相互解答。此项活动进一步促进了中俄两国民众家庭之间的友谊交流。（黑龙江省图书馆学会秘书处）

【2010年佳木斯市图书馆老年大学分校活动】 佳木斯市图书馆老年大学分校全年共开展各类讲座64次，英语班12次，保健班32次，返老还童俱乐部活动32次。6月15日，图书馆老年大学组织全体学员进行了郊游，到大自然陶冶情操。还举办老年公寓参观、文艺联欢、走访百岁老人等活动，深受老年朋友们的喜爱。（黑龙江省图书馆学会秘书处）

【佳木斯市共享工程分中心利用共享工程资源，推进学习型社会建设】 2010年，佳木斯市共享工程分中心结合本地实际情况，利用共享工程设施设备和文化信息资源，组织开展了多项活动。6月开展了“文化共享工程——夏日电影展播”共享资源影片进社区活动，内容涉及儿童题材、爱国主义教育题材、农村生活题材等，满足了不同人群的欣赏需求。9月开展了“团圆中秋、和谐共享”为主题的共享资源进校园活动，利用“全国文化资源共享工程”电子资源为孩子们播放关于少儿天文系列、少儿歌曲、知识讲座等内容；提供张海迪的故事等方面的电子图书；

同时赠送全国共享数字资源卡等。（黑龙江省图书馆学会秘书处）

【快乐假期，快乐阅读系列活动】 2010年暑假，佳木斯市图书馆少儿分馆举办了“快乐假期、快乐阅读”系列读书活动。包括：“快乐假期、快乐阅读的新书展”、“我喜爱的一本书”有奖故事会、小小读书管理员读者实践活动等。共展出图书1000余种、2000余册，一个半月的时间，参加人数近千人。8月举办了“我最喜爱的一本书”有奖故事会，有100多个小读者参加，其中10名获奖小读者分别讲述了十个小故事。（黑龙江省图书馆学会秘书处）

【大庆市图书馆建立免费二次文献检索平台群】 2010年，大庆市图书馆建立了免费二次文献检索平台群（CALIS、CASHL、NSTL、中科院科学图书馆、读秀、石油高校图书馆协会网站等），满足广大教职员工和市民对学术文献检索需求；为读者注册NSTL账户118个，收发邮件236封，申请经费11 800元；开展科研项目查新12项；提供SCI、EI、ISTP、论文被引用检索证明140份；编辑《决策与信息》6期，为领导决策提供信息1200余条；完成SPE自建数据库建设，录入数据326篇。（黑龙江省图书馆学会秘书处）

【大庆市图书馆“大庆讲坛”公益性系列讲座取得可喜成绩】 2010年，大庆市图书馆主办的“大庆讲坛”为读者举办公益性系列讲座40场，如“大庆精神、铁人精神”、“如何做好精神养老”、“中国传统文化的特征及现代意义”、“漫谈新善本”等专题讲座。受到社会广泛喜爱和称赞，树立了大庆公益讲座文化品牌。（黑龙江省图书馆学会秘书处）

【双鸭山市图书馆为特殊群体送书】 9月16日，为了使劳教人员增长法律知识，增强自身素质，双鸭山市图书馆到看守所送书56册，种类有政治、法律、无线电修理、文学等图书。9月26日，又为学校留守儿童开展了“情暖留守儿童、携手喜迎国庆”的送书活动，送去寓言故事、论语、少儿百科等图书45册以及期刊百家作文指导12册，还为学生赠送了全国共享数字阅读卡60张。9月29号为敬老院更送书50册，图书种类有政治、文学、医学、保健等方面书籍。（黑龙江省图书馆学会秘书处）

上海市

【概述】 2010年，图书馆行业在全市窗口行业迎世博和世博运行测评中成绩突出。自上海开展迎世博600天行动计划以来，按照市委、市政府统一部署，积极推进以提升窗口形象、提高公众满意度为目标的图书馆行业迎世博和创文明行业工作。各级公共图书馆接受市迎世博三大指挥部联合开展的服务文明指数测评，在2010年4次测评中，图书馆行业继续获文化娱乐类第一名，至此上海图书馆行业在全市窗口行业迎世博和世博运行全部8次测评中，保持文化娱乐类第一名。

上海市图情公共服务基层延伸工作取得重要突破。在上海市中心图书馆建设十周年之际，实现“一卡通”在212家街（镇）图书馆的全覆盖，圆满完成这项市政府的重点工作。文化共享工程已建各级中心和服务点2411个，基本形成覆盖全市城乡的四级服务网络。“一卡通”业务量进一步大幅度增长。2010年度，“一卡通”办证109 637张，比去年增长31.10%；通借通还量为21 479 817万册，比去年增长18.52%；“一卡通”文献物流量为450 780册，同比增长15.7%；“一卡通”书刊入藏量675万册，充分显示了“一卡通”向基层延伸所发挥出的就近、便捷、高效的服务优越性和城乡一体化的同城整体效益。

网上联合知识导航站服务质量不断提高。今年导航站的合作机构拓展为6个国家和地区的37家图书馆和科研院所，有导航专家94名，导航咨询员66名；总平均应答时间已从起初的8.17小时降到了今年10月的7.34小时；今年收到来自读者的各类表扬信件272封，读者的积极反馈进一步推动了导航站的发展。馆际互借服务和网上委托借书服务稳步发展。2010年协作网成员馆馆际互借总量1923册。网上委托借书服务在长宁区图书馆率先试点之后，已拓展至浦东陆家嘴图书馆、黄浦区图书馆、徐汇区图书馆和中科院生命科学图书馆，已为907位读者提供网上委托借书3315册，为上图参考外借读者提供了就近服务。

在开拓创新方面取得新的成绩。上海数字文化网越来越为公众所欢迎，点击率日见攀升，目前共计有360GB的数字视频资源在上海数字文化网上供用户使用。上海市中心图书馆知识管理与服务系统（一期）已在上海市中心图书馆245家“一卡通”总分馆以及基层服务点全线运行，各馆可以从系统上查阅各项统计数据，提交各馆新闻，收发通知，查阅回执等，受到各馆的欢迎。人力资源建设力度不断加强。2010年举办图情高级研修班二期；在文化共享工程方面，为573名农村基层点管理人员进行了文化信息共享工程农村版的培训，并举办全市区（县）支中心业务培训班。在中心图书馆建设方面，举办各类培训14次，参加人员561人次，包括“一卡通”基础业务培训、应急预案培训，辅导工作培训等。

合作共建方面实现新进展。与文新集团信息中心签约建立全国首家媒体分馆——上海市中心图书馆文新分馆；与上海纺织控股集团公司签约，建设上海市中心图书馆时尚产业主题图书馆；与上海市非物质文化遗产保护中心签约，建设上海市中心图书馆非遗主题图书馆；与徐汇图书馆共建徐汇区历史风貌主题图书馆；在玉佛寺弘一图书馆建立上海市中心图书馆弘一图书馆基层服务点等。总分馆互动的各类主题活动精彩纷呈。在“城市，让残疾人生活更美好”上海市残疾人系列读书活动的启动仪式上，向上海市中心图书馆十位“爱心图书馆员”颁发了荣誉证书。成功举办了“欢乐世博大家唱——第三届上海市中心图书馆职工歌唱大赛”；成功举办了“魅力金汇展风采 文化共享世博行”——庆世博开幕100天伞面绘画展示及互动活动；成功举办了“中学生与科学家共话科技——世博科技周”活动。与文化共享工程国家管理中心联合推出“文化共享世博行”活动。举行了东西南北中五省市“文化共享世博行宣传月”活动；与东航凌燕班组联手开展“文化共享东方万里行”活动；开展了“文化共享世博行”专题网站和网上接力签名活动；与共享工程国家管理中心联合举行了“学双百 迎世博 读好书”主题活动；举办“精彩在眼前——走进上海世博会”全国巡展；开展了“悦读精彩，共享世博——城市图书馆寄语征集活动”；开展了志愿者世博园实践活动以及“我为世博作贡献”图书捐赠活动等。协用网外文期刊采购协调继续扎实推进，全年节约经费192万元，新增外刊新品668种。同时，协调全市500家订户预订明年外文报刊8200份。

上海图书馆继续在海外开设“上海之窗”，截至12月31日，在英国利物浦市立图书馆、斯洛伐克国立科学图书馆、瑞典斯德哥尔摩市立图书馆、罗马尼亚安德烈沙古纳大学图书馆、斯洛文尼亚卢布尔雅那大都会图书馆、毛里求斯国家图书馆等新建“上海之窗”，累计赠书1866种、2033册。向意大利米兰市中心图书馆、爱尔兰科克市立图书馆、罗马尼亚康斯坦察沙古纳大学图书馆、越南胡志明市科学图书馆、爱尔兰科克大学中国研究院、日本长崎县立图书馆、澳大利亚昆士兰州立图书馆、新加坡国家图书馆管理局、美国纽约皇后区图书馆、阿根廷圣胡安富兰克林图书馆、美国洛杉矶加利福尼亚大学、以色列海法大学图书馆、克罗地亚萨格勒布图书馆、莫桑比克马普托市立公共图书馆等14家图书馆增补“上海之窗”赠书累计2603种、2726册。（上海市图书馆学会）

【“文化共享世博行”活动】 在迎世博倒计时100天，即1月21日，由文化部全国文化信息资源建设管理中心和全国文化信息资源共享工程上海市分中心、上海图书馆共同主办的“文化共享世博行”活动启动仪式在上海图书馆举行。来自文化部社会文化司、文化部全国文化信息资源建设管理中心、上海世博局、上海市文化广播影视管理局的领导，四川、广东、辽宁、湖北等东西南北中五省市图书馆领导和中国东方航空股份有限公司的代表，文化共享工程上海市分中心、区县支中心及基层服务点的代表等近300人共同见证了“文化共享世博行”活动的开启。本项活动以文化共享工程为平台，在全国各省市图书馆展开世博宣传推广和服务。（上海市图书馆学会）

【上海市中心图书馆文新分馆揭牌】 2月10日，迎世博倒计时80天之际，“上海市中心图书馆文新分馆”签约揭牌仪式举行。2010年上海世博会媒体合作伙伴文汇新民联合报业集团与上海图书馆为宣传世博、服务世博，实现资源共享，优势互补，合作建设成立“上海市中心图书馆文新分馆”，共享世博文献资源，为世博宣传保驾护航。“文新分馆”的开设是上海图书馆在媒体专业图书资料服务方面的一次业务拓展，也是文汇新民联合报业集团世博媒体联合行动的一个创新。文新分馆设立在文汇新民联合报业集团信息中心。世博会期间，上海图书馆向文新分馆开通快速通道，提供世博资源库的查询和文献提供服务；并开展网络环境下的其他各类文献资源共建共享的业务合作，更好地服务于媒体采编人员。（上海市图书馆学会）

【上图举办"纪念'三八'国际劳动妇女节100周年"专题讲座】 2010年恰逢"三八"国际劳动妇女节100周年，上图讲座在2月23日举办了"纪念'三八'国际劳动妇女节100周年"专题讲座。上海市妇女联合会主席张丽丽应邀到馆与广大听众一同回眸百年光辉历程。另一位主讲人是上图讲座听众非常熟悉并喜爱的女作家林华，她在上海图书馆所作的5次讲演被汇编成《纪念"三八"国际劳动妇女节100周年上图讲座特刊》，现场赠送给每位入场听众。（上海市图书馆学会）

【迎世博多语种《读者指南》宣传折页获"银鸽奖"二等奖】 3月11日，中共上海市委对外宣传办公室举行颁奖会，上海图书馆的迎世博多语种《读者指南》宣传折页获第十届"银鸽奖"出版类二等奖。为了进一步提升中国2010年上海世博会对外宣传的影响力，加强上海对外宣传品的制作、外宣项目的创意和对外新闻报道工作，中共上海市委对外宣传办公室于2009年9月启动了"第10届优秀对外作品、对外新闻作品及外宣项目'银鸽奖'评选活动"。多语种《读者指南》宣传折页已制作完成并推出了包括中文、英文、俄文等13种语言的《读者指南》折页，涵盖了上海图书馆简介和阅览指南等内容，受到了中外读者的广泛欢迎。（上海市图书馆学会）

【上海市中心图书馆街道(乡镇)基层服务点推进会召开】 3月30日，上海市中心图书馆街道（乡镇）基层服务点推进会在徐汇区田林街道社区文化活动中心召开，上海市文广局、上海图书馆、各区（县）文化（广）局、各区（县）图书馆、部分街道（乡镇）约130人参加了会议。市文广局公共文化处处长杨庆红主持了会议并宣读了市文广局印发的《关于加快推进上海市中心图书馆街道（乡镇）基层服务点建设的通知》，上海图书馆党委副书记王世伟介绍了上海市中心图书馆街道（乡镇）基层服务点建设情况，青浦区文广局副局长盛玲芳、嘉定区图书馆馆长金燕、徐汇区田林街道办事处社发科科长潘国平分别作了题为"完善公共图书馆服务体系，满足读者多层次文化需求"、"健全公共图书馆网络，提升基层点服务水平"、"提升社区图书馆能级，满足群众文化需求"的经验交流发言，上海市文广局副局长王小明和上海图书馆党委书记穆端正分别作重要讲话。目前，上海市中心图书馆"一卡通"布点已达175家，其中总馆和各区县分馆等26家、各街道（乡镇）基层服务点等149家，在卢湾、徐汇、青浦、静安、奉贤、普陀、虹口、杨浦、闵行、嘉定、闸北11个区实现了街道（乡镇）全覆盖，提前完成《上海市公共图书馆行业迎世博600天暨创文明行业行动计划》70%的阶段目标。"一卡通"常年持证读者已达到32万人，2009年"一卡通"读者流通达317万人次，比去年增长25.7%；年文献流通总量达1792万册，同比增长19.5%，充分展示了把服务向基层延伸正在发挥出的就近、便捷、高效的服务优越性，体现了多年来构建的覆盖城郊的图书馆公共文化服务体系正在发挥出其积极的持续的同城整体效益。会议明确提出年底实现街道（乡镇）图书馆"一卡通"基本全覆盖的目标，要求各区县、街道（乡镇）主管部门提高认识，高度重视，加快推进，总馆要起到引领示范的作用，区县馆要起到承上启下的作用，市、区县、街镇三级共同推进，确保今年"一卡通"基本全覆盖任务的完成。会议还为率先实现上海市中心图书馆街道（乡镇）基层服务点在全区的全覆盖的11家区县图书馆颁发了荣誉证书。（上海市图书馆学会）

【自助图书馆服务走进世博园区】 4月21日，上海图书馆在世博新闻中心的图书借阅区启用。与普陀区图书馆联合分设在世博中心、世博村的3台自助图书馆设备也于4月29日投入使用。24小时自助图书馆服务进入世博园区，展示了上海公共图书馆的窗口形象、对推介全新的图书馆概念及强化公众图书馆意识产生积极影响，被誉为"世博园区的又一个文化亮点"。截至5月1日世博会开幕日，《中国文化报》、《解放日报》、《文汇报》、"新华网"、"凤凰网"等多家国内媒体做了大量报道，介绍图书馆服务进世博园区情况。（上海市图书馆学会）

【"城市，让残疾人生活更美好"启动仪式在上海图书馆举行】 4月23日是联合国倡导的"世界读书日"。此次"世界读书日"恰逢上海世博会开幕在即，为了让全市940 000名残疾人积极参与世博活动，当天上午，上海市残疾人读书指导委员会与上海图书馆联合启动了新一轮"城市，让残疾人生活更美好"残疾人系列读书活动。在启动仪式上，上海图书馆向各区县残联赠送了《上海市残疾人读书指导手册（2010年版）》、《上海世博会看点》（普通版和盲文版）以及"无障碍电影"一周年纪念版影片等。上海市残疾人读书指导委员会特别表彰了2009年度热心助残的夏卫红等10名图书馆"爱心馆员"和童明强等10名邮政公司"爱心邮递员"，并向上海市邮政公司、上海电影音像出版社和上海图书馆读者服务中心赠送了"文化助残"锦旗。为盲人开展免费"送书上门"服务，是上海图书馆创建的特殊服务品牌。自2002年至今，已有1000多名盲人登记注册，免费邮寄业务已覆盖全市各区县。（上海市图书馆学会）

【上海市第二批珍贵古籍名录公布】 6月11日，上海市文化广播影视管理局在普陀区图书馆举行的2010年"文化遗产日"非物质文化遗产主题系列宣传活动启动仪式上，公布了上海市第二批珍贵古籍名录，并向列入第2批上海市珍贵古籍名录的单位代表颁发了证书。第2批市级珍贵古籍名录共有258部珍贵古籍入选，其中上海图书馆78部，复旦大学图书馆47部，华东师范大学图书馆56部，上海师范大学图书馆38部，上海博物馆6部，上海中医药大学图书馆6部，中国科学院上海生命科学信息中心10部，上海辞书出版社5部，上海图书公司12部。（上海市图书馆学会）

【上海图书馆牵头成立行业情报发展联盟】 9月9日，由上海图书馆牵头的上海行业情报发展联盟成立大会于下午在上海图书馆举行。上海市委常委、市委宣传部部长杨振武，上海市科技党委书记陈克宏等出席会议，杨振武和陈克宏为30家联盟发起单位颁发了联盟会员证，并共同开通了"上海行业情报服务网"网站。上海行业情报发展联盟由目前有30家情报服务链上的相关机构自愿发起组建，这是国内第一个跨行业、开放、对接供需的科技情报领域的战略联盟。这也是一个创新的战略联盟，首批发起单位中既有传统的图情机构，也有新型的信息服务组织；既有国有的企事业单位，也有民营的信息咨询企业；既有专业的科研院所，也有非营利的行业协会。成立大会上，上海图书馆和上海海事大学图书馆、上海社会科学院信息研究所围绕服务上海国际航运中心建设签署了战略合作协议；上海图书馆和上海WTO事务咨询中心围绕服务上海国际贸易中心建设签署了战略合作协议。联盟同时启动了"战略性新兴产业情报合作研究计划"。（上海市图书馆学会）

【琅函鸿宝——上海图书馆藏宋本展】 9月15日，上海图书馆一年一度的馆藏精品年展揭幕，"琅函鸿宝——上海图书馆藏宋本展"免费向公众展示了60种上图独家珍藏的宋刻孤本秘帙。这是上海图书馆历年来文物价值、版本价值最高的馆藏文献精品展。由一家公共图书馆举办以宋版为专题的展览，在中国大陆尚属首次。（上海市图书馆学会）

【"上图讲座"举办达到2000场】 11月19日，上海世博局与上海图书馆合作的"2010上海世博会讲坛"迎来第100期特别讲座，这也是上海图书馆举办的第2000场市民讲座。"上图讲座"创始于1978年，以不断满足市民精神文化需求为目标，大力开展公益性文化讲座，经过32年的积累，讲座达到2000场。2010上海世博会讲坛、名家解读名著、书展文化讲坛、都市文化讲座等深受百姓喜爱，大批优秀学者和文化名人如王蒙、莫言、易中天、于丹等都曾作为主讲嘉宾在这里开讲，已成为目前国内持续时间最长、固定听众最多的名牌讲座。（上海市图书馆学会）

【"罗氏藏书"被整体引进入藏上海图书馆】 经过长达两年的前期工作，上海图书馆整体引进的瑞典藏书家罗闻达的汉学专藏——"罗氏藏书"运到上海，这批1551种珍贵文献在11月26日入藏上海图书馆。此项工作得到了上海市人民政府和市委宣传部的肯定和大力支持，这是继上海图书馆收藏“翁氏藏书”之后的又一次“盛世收藏”。这批图书的引进填补了国内中国学系统收藏的空白。其中两本摇篮本——1477 年意大利威尼斯版《世界概况》和 1480 年意大利米兰版《曼德维尔游记》更是填补了上海摇篮本收藏的空白。（上海市图书馆学会）

【上海市中心图书馆 10 周年座谈会召开】 12 月 28 日，“创新服务，资源共享——上海市中心图书馆建设 10 周年座谈会”在上海图书馆召开。会议对在中心图书馆建设工作中作出突出贡献的上海图书馆和 10 家区（县）公共分馆进行了表彰。各区（县）文化（广）局、各区（县）图书馆、高校图书馆、专业图书馆、部分街（镇）图书馆的 200 多名代表出席了会议。上海市中心图书馆建设按照结构合理、发展平衡、网络健全、运行有效、惠及全民的原则和目标，通过理念创新、体制创新、技术创新和服务创新，提升了整个城市图书馆服务体系的总体品质和服务能级，成为特大型城市图书馆发展的成功实践。上海市中心图书馆“一卡通”信息系统建设暨向社区基层服务点延伸项目荣获了第 2 届文化部创新奖，e 卡通——上图电子资源远程服务项目荣获了第 3 届文化部创新奖，网上联合知识导航站项目荣获了文化部第 14 届群星奖。上海市中心图书馆在 10 年建设中积累了丰富的经验和成果。（1）确立了城市中心图书馆公共分馆、高校分馆、专业分馆的运行新模式；（2）实现了“一卡通”服务街镇全覆盖；（3）建立了上海市中心图书馆“一卡通”书刊资源、“e 卡通”电子资源两大资源服务体系；（4）形成了上海市中心图书馆“一卡通”服务、“e 卡通”服务、网上联合知识导航服务、网上委托借书服务、馆际互借服务和上图讲座延伸服务的六大服务品牌；（5）创新了中心图书馆建设发展长效管理激励机制；（6）大力强化了中心图书馆人才队伍建设；（7）依靠社会力量促进了中心图书馆建设；（8）实行了中心图书馆文献物流工作社会化管理；（9）推进了主题馆建设；（10）推动了行业文化的整合与创新。（上海市图书馆学会）

【静安区图书馆新馆开馆】 1 月 12 日，静安区图书馆新馆开馆典礼在海关楼文化展示中心举行。静安区图书馆新馆改扩建工程是 2009 年静安区府第 5 号实事工程。静安区图书馆新馆现由综合楼和海关楼两幢建筑组成，具有英式建筑韵味，并融入现代气息，互相辉映。综合楼设有中文书刊外借室、各类阅览室、视听放映室、多媒体阅览室、读者自修室等，提供以中文文献和电子资源为主的阅读服务；海关楼设有文化展示中心、外文图书期刊主题室、人文艺术典藏阅览室、多媒体赏析室等，为都市白领、外籍人士和知识人群提供以外文图书为主的阅览、咨询服务。静安区图书馆“读者 1 号”图书车在新馆开放之际启用。这辆图书车是上海市乃至华东地区第一个拥有完备的车载借还系统的“移动图书馆”。（上海市图书馆学会）

【普陀区图书馆新馆落成开放】 2 月 8 日，普陀区图书馆新馆开馆典礼在该馆二楼大厅举行。普陀区图书馆新馆总投资超过 1.6 亿元，总建筑面积35 000平方米，共 20 层，其中地上 18 层，地下 2 层，设计藏书量800 000册，阅览座位 1220 席，网络信息点 1000 点以上，由图书馆功能区、规划展示区、会议服务区三大区域组成。新馆外观如大小两册并行而立的书籍，喻义图书馆是人类知识的宝库。在设计理念上以人为本，处处突显服务新功能：信息超市、图书漂流柜、盲人阅读、儿童玩具图书馆、专家虚拟图书馆等，令人耳目一新。（上海市图书馆学会）

【青浦区图书馆开展“农民工服务日”赠书活动】 2 月 11 日，“赠一本书、献一份爱”——农民工服务日赠书活动在青浦区隐贤民办小学隆重举行，近 30 名该校师生参加了此次活动。青浦区图书馆与青浦隐贤民办小学签署了《青浦区图书馆馆外服务点协议》。区图书馆一行还来到了上海鑫海马企业发展有限公司，与他们签订了《青浦区图书馆馆外服务点协议》。同时，也为在那里奋战的农民工朋友们送去了 50 册图书及“数字图书馆”远程访问卡。（上海市图书馆学会）

【虹口图书馆把“文化套餐”送到部队战士身边】 春节期间，虹口图书馆“文化快车”承载着全体馆员对驻沪海军某部通讯连官兵的厚爱，把最新书刊杂志和“共享工程”影视资料片送到

了部队战士的岗位上，为他们献上了一道丰盛的节日“文化套餐”。（上海市图书馆学会）

【闵行区图书馆新馆试开放】 3月30日，闵行区图书馆新馆向爱书者打开了图书借阅的大门。推出的成人及少儿图书借阅，是闵图新馆最重要的一项服务内容。继此前图书馆展厅和报刊阅览室相继投入使用后，此次共向读者开放近13万册普通图书与近4万册少儿图书，全部都是为了新馆开放而采购的新书。新馆的借阅区实行借阅一体式的布局，成人、少儿图书的外借区同时也就是阅览区，布置约400个座位和40余台电脑，供读者阅读书籍、查询书目以及访问区图书馆提供的网上文化信息。（上海市图书馆学会）

【松江地方文献网络虚拟主题馆】 4月，上海市中心图书馆松江地方文献网络虚拟主题馆向公众开放。该馆的建设作为上海整体规划的都市型网络虚拟主题馆的重要组成部分，它的运行填补了上海没有地方文献主题馆的空白，对研究上海古代历史提供了重要的电子检索平台。（上海市图书馆学会）

【嘉定区举办盲人“看”世博活动】 5月11日，由嘉定区文化广播影视管理局、嘉定区残疾人联合会共同主办，嘉定区图书馆承办的盲人“看”世博活动启动。作为“2010嘉定·宝山读书月”系列活动中的特色项目之一，盲人“看”世博活动能有效发挥公共图书馆的特种文献资源优势，邀请专家为视障读者开展计算机读屏软件主题培训，帮助视障读者利用区图书馆“有声阅览室”的设备在网络上游览世博会。（上海市图书馆学会）

【青浦区图书馆盲文阅览室开放】 6月30日，青浦区图书馆盲文阅览室向社会开放。各种全新高科技盲用设备和有声读物将为青浦区视障人士打造出最人性化的阅读服务。阅览室中现有盲文图书140种，140册；有声读物光盘20种，246件；盲用电脑4台，安装有“阳光读屏”软件，每一步操作都有语音提示；另备有10个“阳光听书郎”电子读书工具；同时还购买了龙源电子期刊——人声语音版数据库。盲文阅览室的建成，使青浦区图书馆拓宽了服务领域，完善了服务职能。（上海市图书馆学会）

【浦东图书馆举行“图书馆内涵发展”学术论坛】 10月18日下午，由上海图书馆、浦东图书馆共同举办的“图书馆内涵发展”学术论坛在浦东图书馆举行。来自中国国家图书馆、上海图书馆、上海市文化广影视管理局、北京大学、武汉大学、华东师范大学和浦东新区文化广影视管理局的专家和领导，以及来自14所高校图书馆和各区县图书馆、各街镇图书馆的250多位专业人员参加了本次论坛。此次学术论坛为浦东图书馆新馆开馆庆典活动之一，旨在交流和研讨新时期如何促进图书馆内涵建设与发展，组织文化与制度建设，寻求服务与管理创新，实现图书馆资源、服务、管理多层面协调发展。中国国家图书馆副馆长陈力，上海图书馆馆长吴建中，上海博物馆馆长陈燮君分别作了“转型中的公共图书馆及其服务”、“充分发挥图书馆作为场所的价值”、“图书馆发展中的传承与创新”的论坛主旨报告。北京大学信息管理系主任王余光教授、武汉大学图书馆学系主任肖希明教授、华东师范大学信息学系主任范并思教授分别作了“阅读推广”、“数字环境下的公共图书馆的信息资源建设”、“公共图书馆与社会包容”的专题报告，对公共图书馆的阅读推广、资源建设及服务对象和态度等问题进行了专门探讨。（上海市图书馆学会）

【浦东图书馆正式开馆】 10月22日，浦东图书馆在经过4个月试运行后正式对外开放。开馆仪式上，馆方为浦东图书馆志愿者授牌，并为读者指导咨询委员会专家颁发证书。浦东图书馆实行馆藏、阅览、外借、参考咨询四合一的“一站式”服务。（上海市图书馆学会）

【“一卡通”数字阅读体验周】 由上海图书馆、青浦区图书馆联合主办的“从甲骨文到电纸书——‘一卡通’数字阅读体验周”于11月19日拉开帷幕。本次活动面向广大普通市民展示手持式阅读器、多点触摸导航设备、盲用听读器，RFID自助借还书系统等新技术在图书馆的应用，并通过举办展览、讲座和培训等形式，向读者宣传展示“一卡通”数字化建设及数字阅读服务的发展历程，以及又一个文字传播与阅读习惯的变换时代的到来。启动仪式上，上海图书馆还向青浦区图书馆颁发了参考咨询专家聘书。青浦区图书馆加入上海市中心图书馆“网上联合知识导航站”后，青浦区图书馆参考咨询馆员将与来自上海图书情报界的资深知识导航专家一起，在网上为读者解答各种有关图书情报资料方面的问题。（上海市图书馆学会）

【虹口图书馆新馆开馆】 经过近一年半的紧张筹建，12月28日上午，虹口图书馆新馆正式开馆。虹口图书馆新馆位于水电路1412号，总建筑面积达10 700平方米，是一座具有现代文化气息，集学习阅读、信息交流等功能于一体的中型图书馆。新馆的与众不同之处就在于将书报阅览和图书外借两个区域设置在了同一楼面，实现了借阅一体化服务。市民到这里除了可以免费看书，只要办一张读书卡，还能够免费借阅，并且到上海市其他联网的图书馆实现异地还书，十分方便。虹口区图书馆新馆除了每周四上午闭馆半天外，周一到周日每天上午9:00——晚上9:00都向市民免费开放，今后图书馆内还将开展各种文化服务活动，为广大社区群众提供更多更好的精神文化产品。（上海市图书馆学会）

【青浦区图书馆数据阅读体验区开放服务】 12月29日，青浦区图书馆在参考阅览室设立数字阅读体验区，向读者提供ipad、汉王、方正等手持式阅读器的阅览，并向持有手持式阅读器的读者提供电子书下载服务。同时，数字阅读体验区还向视障读者提供阳光听书郎外借服务。通过这些服务新举措，传统图书馆服务的外延大大拓宽，很多不熟悉图书馆的潜在读者被吸引进图书馆，图书馆的数字化建设取得了明显的效果。（上海市图书馆学会）

江苏省

【南京图书馆概况】 至2010年底，全馆从业人员417人，馆藏912万册。全年购进中文书55 039种、170 981册，港台书516种。外文原版书2719种、3210册，电子图书7635种、15 270册。续订中外文数据库29个，预订外文原版报刊1713种。分编、加工入库中文新书50 418种、168 966册，外文原版书2857种、3071册，中文期刊115 728册，外文报刊18 417册，光盘794种、2840张。接受个人和单位赠书2288种、5373册。国际交换外文原版书251种、276册，外文期刊139种、491册，发出期刊8200册，图书557册。资源建设各主要数据逐年稳步增长，资源体系建设得到系统发展，确保了省馆区域性文献中心的资源保障地位与作用。全面修订书刊文献采访条例，成立馆文献采购委员会，进一步加强对馆藏文献资源采购和建设进行规范化管理。接收全省出版社缴送中文图书3162种、4051册，价值人民币15.29万元，为地方文献建设提供了有力保障。

共接待读者220万人次，图书借还344万册。日均接待读者超6000人，书刊借还9425册。办理新证8.4337万张，读者证总数达到36.0979万张。南图网站点击达218万次，日均点击量达6056次。数字资源下载和在线浏览量达132.8987万次。对电子阅览室实行改造，电脑数量由225台增加到285台，新增了培训区，建立起了集文化共享工程、电子阅览和培训三大功能于一体的公益性网络服务中心。全省联合参考咨询网全年共解答网上咨询及各类资询1.5825万条，完成课题检索101个，实现文献传递1.78万篇。为“两会”代表开展现场服务，共接待两会代表500多人。

在延伸服务方面，省馆举办元旦春节、世界读书日、“七彩夏日”等3场大型系列读者活动，“读者座谈会”、“祖国多美好——南京、无锡聋人摄影作品展”、“馆藏资料片播放”等各类读者活动项目达189场，参加活动人次近2万，社会反响良好。为10个流通服务点配置新书达3900册。全面开展省属文化单位志愿服务工作，在南图设立文化志愿办公室，成功招募在宁高校大学生文化志愿服务者200名。“南图讲座”实现每周六、周日都有讲座，共举办公益讲座110场，听众达49 200人次。共举办3期12场“陶风读书会”，参加活动读者900余人。举办、承办会展65个，观展人数达26万多人。创新举办“南图阅读节”，每期围绕一部名著展开主题活动，促进全民阅读。

全年出版、编纂或参与著作7部，启动出版项目2个。加大江苏地方文献的建设力度，建设《江苏地方报刊数据库》等馆藏特色数据库。进一步提高《新世纪图书馆》办刊质量，成立新一届编委会，于2010年起正式改为月刊，全馆员工公开发表论文达50余篇。参与“公共文化单位免费开放与公益性服务研究”课题，该课题是文化部确定的10大国家级重点课题之一。重视对外文化交流，受文化部委派，馆主要领导随同省委宣传部常务副部长、省文化厅厅长章剑华访问了斯里兰卡、马尔代夫，密切了文化领域的交流合作；组织专人参加第76届IFLA大会；组织专人赴台湾参加第八届中文文献资源共建共享合作会议，并在会上做主题发言。

面向社会公开招聘10名专业人才，吸引报名者近千名，最终录用10人，其中1名博士生、4名硕士生、5名本科生，增强了高学历人才队伍力量。当年，特别选派1名专业技术人才赴美参加图书馆技术专题交流项目，选派7名中层干部和业务骨干赴国家图书馆进行为期半个月的跟班培训。面向全体职工举办5期图书馆业务知识拓展讲座，为一线服务人员举办外文电子期刊导航培训。

进一步落实责任制，加强综合管理。根据省委省政府的部署，馆主要领导干部实行调整，完善了领导班子建设。继续实行馆领导、中层干部、班组长三级管理制度，全面做好安全保卫、后勤保障和物业管理工作。重视并积极主动回复读者意见，及时整理统计网络读者意见，以馆长办公室名义进行公开回复，受到读者肯定。（南京图书馆）

【全国图书馆联合编目中心江苏省分中心成立】 5月27日至29日，由国家图书馆、全国图书馆联合编目中心主办，南京图书馆协办的全国图书馆联合编目中心2010年工作会议暨江苏省分中心揭牌仪式在南京图书馆举行。来自全国各地省、市公共图书馆的馆长、采编主任，部分高校和部队院校图书馆的同行80人参加了会议。南京图书馆党委副书记、副馆长方标军代表南京图书馆与国家图书馆副馆长陈力在全国联编中心江苏省分中心协议书上签字并共同为分中心揭牌。全国联编中心现有成员馆724家，数据直接用户1171家，省级分中心14个。江苏省分中心的成立，标志着江苏图书馆的联合编目进入一个新的发展时期。（南京图书馆）

【举办首届南图阅读节】 南京图书馆于2010年创新举办“南图阅读节”，每年围绕一部名著展开主题活动，促进全民阅读。12月，以《红楼梦》为主题举办了首届“南图阅读节”，活动包括《红楼梦》论坛、主题系列活动、“陶风图书奖”以及南图馆藏珍品展示评选，省级公共图书馆举办阅读节，在国内也是首创。活动取得显著社会效益，人民网、新华网、中国文化报等主流媒体，新浪、搜狐等门户网站，新华日报、江苏电视台等地方主要媒体累计报道、转载南图阅读节消息达300多篇。（南京图书馆）

【南京图书馆举办“高端讲座”】 为充分深化南京图书馆职能，积极响应建设学习型政党的号召，在南图讲座的基础上，南京图书馆举办“高端讲座”。该讲座立足高层次，主要为省级机关领导干部服务，讲座主题涵盖经济、法治、党建、民生等各个领域，主讲嘉宾全部是为中央政治局集体学习讲课的专家学者，确保了讲座的权威性与前瞻性。一年来，先后有李向阳等5位专家做客高端讲座，省人大、省委宣传部、省委党校以及省安全厅、审计厅、统计局、武警边防总队等多家厅局、系统的400余名省级机关干部听取了讲座。南图高端讲座成为省级机关领导干部了解各领域发展最前沿、最权威信息的平台，形成了“南图讲座”的新亮点。（南京图书馆）

【省属文化单位志愿服务活动在南图启动】 10月23日，省属文化单位志愿服务启动仪式在南京图书馆举行。省属文化单位志愿服务项目是为了进一步发挥公共文化服务窗口单位的优势和公共文化设施的功能作用，同时鼓励和引导社会各界人士积极参与公益文化建设，主要面向大学生进行招募。首批共招募200位大学生，主要服务于南京图书馆、省美术馆。省属文化单位志愿服务常设管理机构为文化志愿者服务办公室，地点设在南京图书馆。此项活动的正式启动，标志着江苏省公共文化服务又增添了一支生力军。（南京图书馆）

【江苏省古籍保护中心2010年工作概况】 顺利完成第三批国家珍贵古籍名录和国家重点保护单位以及第二批全省珍贵古籍名录和古籍重点保护单位的申报工作。全省共有248部古籍和7家单位入选国家级，全省国家古籍重点保护单位达20家，名列全国首位。配合国家图书馆、国家古籍保护中心在南京召开“古籍修复人才座谈会”，省内20余家相关单位代表参加座谈。这是国家中心首次在地方召开相关会议，省中心起草《国家古籍修复人才培养基地建设方案》并在会上讨论。召开2010年全省古籍保护工作会议，保障古籍保护工作持续稳步发展。推进联合目录编纂工作，认真组织开展《中华古籍总目·江苏卷》编纂，制订编纂方案并切实推进，已收集全省61家古籍收藏单位的41万条数据。继续做好古籍人才培养工作，联合国家中心举办一期培训班，培训全省及山东、山西学员60名，为金陵科技学院、莫愁职业学校等古籍修复专业提供师资；11月再次举办全省古籍普查申报培训班，采用跟班形式，加强培训效果。为充分展现江苏古籍保护成果，举办了“江苏‘十一五’古籍保护成果展”，拍摄了江苏省古籍保护宣传片，开展“江苏省2007－2010年古籍保护先进单位和先进个人”评比活动。（南京图书馆）

【江苏省多家图书馆被评为一级图书馆】 1月29日，《文化部关于公布一、二、三级图书馆名单的通知》（文社文发［2010］5号）公布了全国公共图书馆第四次评估定级工作结果。江苏省的徐州市图书馆、连云港市图书馆、连云港市少儿图书馆、无锡市图书馆、昆山图书馆等多家图书馆分别达到市、县级一级图书馆标准，被命名为一级图书馆。（江苏省图书馆学会）

【江苏省公共图书馆开展世博会宣传活动】 4月，连云港市少年儿童图书馆开展了以“走近世博认识世博”为主题的购书活动，举办了“世博知识竞赛”。5月，扬州市图书馆举办了主题为“走进世博 让生活更美好”的青少年世博知识讲座。扬州市少年儿童图书馆主办了“创建文明城，做好小主人”主题教育活动暨“世博杯”主题系列活动，包括图书展览、影视片播放、专题征文等。6月－8月，淮安市图书馆、镇江市图书馆承办了“走进世博、走向世界”2010年度“红领巾读书演讲”征文、演讲比赛。盐城市图书馆精选馆藏资料和图片，举办“上海世博会图片展”，先后在市图书馆、中小学等巡回展出；同时，在中小学开展介绍世博会的讲座。盐城市图书馆、东海县图书馆因组织“走进世博、走向世界”红领巾读书征文、演讲比赛活动出色被省文化厅表彰为优秀组织奖，东台市图书馆获得组织奖。（江苏省图书馆学会）

【南京市第15届读书节开幕式在金陵图书馆广场举行】 4月22日，南京市第15届读书节开幕式暨2010“百场公益演出广场行”启动仪式在金陵图书馆广场上举行，市委常委、宣传部长叶皓出席启动仪式并宣布读书节开幕。开幕式结束后，叶皓部长应邀在“金图讲坛”为市民作“重读南京”专题报告。（金陵图书馆）

【金陵图书馆新馆正式开放】 10月18日，金陵图书馆隆重举行新馆开放仪式，包括全市各机关领导和省内各地市公共图书馆、本市区县图书馆及高校图书馆等嘉宾代表共300人参加开放仪式，南京市委常委、宣传部长叶皓，市人大常委会副主任金实，市政协副主席俞明，江苏省文化厅副厅长马宁等省市领导出席仪式并为新馆开放剪彩。同时，金陵图书馆还举办了丰富多彩的讲座、展览和图书交换等多项活动。（金陵图书馆）

【徐州市图书馆古籍保护工作成绩显著】 在国务院公布的第三批全国古籍重点保护单位和第三批国家珍贵古籍名录名单中，徐州市图书馆及其馆藏5部（58册）古籍均榜上有名。5月27日，江苏省文化厅公示了第二批《江苏省珍贵古籍名录》。经省古籍保护专家委员会反复审议、遴选、论证，全省初步确定554种珍贵古籍入选《第二批江苏省珍贵古籍名录》，其中徐州市图书馆入选32种。馆藏珍贵古籍《百名家词钞不分卷》（清康熙金阊八咏楼刻本）入选参加了文化部在国家图书馆举办的“国家珍贵古籍特展”。（徐州市图书馆）

【公共图书馆工作会议在连云港市图书馆召开】 3月23日，连云港市文化广电新闻出版局在市图书馆组织召开2010年全市公共图书馆工作会议，此次会议的主要任务是传达贯彻全省社文工作会议精神，回顾总结2009年度全市公共图书馆工作情况，部署安排2010年各项任务。会议由市文广新局文化处处长颜金娥主持，市、县（区）公共图书馆馆长参加会议，市文化广电

新闻出版局副局长赵鸣出席会议并作讲话。（连云港市图书馆）

【连云港市图书馆携手边防支队 军民共建军营图书馆】 7月22日，在“八一”建军节即将到来之际，连云港市图书馆张建明馆长带领工作人员到连云港边防支队，开展军民共建图书馆活动。双方签署了合作共建协议并举行了“连云港市图书馆边防支队分馆成立仪式”，连云港市图书馆首次向边防支队送书400余册，同时赠送电子图书借阅证30余张，战士们可以通过网络阅读市图书馆30万种电子图书。今后边防支队图书馆可以根据官兵的实际文化需求，不定期地到市图书馆调换借阅图书，每次最多可以借阅1000册，也可以利用市图书馆资源举办各类读书活动或者文化讲座。（连云港市图书馆）

【连云港市少儿图书馆荣获创新品牌奖和省文明图书馆称号】 1月21日，连文明委［2010］1号文件《关于表彰全市未成年人思想道德建设工作先进集体、先进个人和创新品牌的决定》发布，连云港市少儿图书馆“少儿流动书库进乡村”项目荣获创新品牌奖。12月27日，苏文社［2010］27号文件《关于公布2006—2009年度江苏省文明图书馆评比表彰结果的通知》发布，连云港市少儿图书馆荣获省文明图书馆称号。（连云港少儿图书馆　杨涛）

【东海县图书馆新购50 000册图书充实农家书屋】 9月10日，东海县图书馆通过政府采购为农家书屋新购的50 000册图书到馆，标志着东海县“农家书屋提升工程”进入了实质性阶段。（东海县图书馆）

【灌云县图书馆举办2010年农家书屋管理员培训班】 11月26日，灌云县图书馆在伊山宾馆会议室举办了2010年农家书屋管理员培训班。各乡镇文化站站长及部分农家书屋管理员150余人参加了培训。（灌云县图书馆）

【淮安市图书馆流动讲座进农村】 3月16日，由淮安市文广新局、淮安市科协共同主办，淮安市图书馆等共同承办的“图书馆流动服务”在淮阴区张集乡玉尧村举行了隆重的开幕式。此次流动服务的主要内容既有保持了近几十年传统的图书馆送书、送报、送刊、送科技等项目，又有群众喜闻乐见的流动讲座。（淮安市图书馆）

【盐城市图书馆新馆举办开工典礼】 9月29日，盐城市图书馆新馆开工典礼在城南新馆址隆重举行，同时开工建设的还有市博物馆。盐城市市委书记赵鹏宣布市图书馆等项目开工建设，市长李强致辞。市领导以及市有关部门负责同志出席了开工典礼。开工典礼由市委常委、常务副市长陈正邦主持。副市长朱传耿介绍项目概况。李强市长还曾于6月到市图书馆调研视察，现场征求新馆建设意见。（盐城市图书馆）

【盐城市图书馆界服务课题和服务成果取得进展】 盐城市工学院图书馆潘松华同志申报的“基于高校图书馆危机管理的预警体系构建及其运作研究”被批准为2010年度教育部人文社会科学研究一般项目立项研究课题。在盐城市第八次哲学社会科学优秀成果评奖活动中，黄兴港、张振华、秦殿启获得了市人民政府表彰的优秀成果二等奖，戈建虎、李霞获得优秀成果三等奖。盐城市图书馆的非物质文化遗产数据库、盐城地方志、盐城家谱数据库建设申报成为2011年盐城市社会科学研究立项课题。（盐城市图书馆）

【盐城市图书馆举办第15个世界读书日系列活动】 4月23日，市馆在中茵海华广场举办了世界读书日街头主题推广活动。在盐城市第二小学举行了中小学生阅读教育论坛，邀请部分对阅读教育有一定研究的专家、校长和教师深度交流当前全市中小学阅读的问题和对策，沟通分享学校阅读的创新经验，精心策划全市中小学生阅读推进方案。4月24日、25日，在市图书馆四楼多功能厅和盐都区图书馆一起承办了“第二届中国诗书画高峰论坛”。（盐城市图书馆）

【“扬图讲堂”首赴国图开讲 木偶艺术倾倒北京市民】 6月1日，由国家图书馆、扬州市图书馆联合主办“‘神奇的中国木偶’——扬州杖头木偶艺术”专场讲座在国图报告厅精彩开讲，向现场近500多位首都少儿和家长展现了以“刚柔相济”、“细腻传神”而著称于世的扬州木偶艺术，开启了由国家图书馆携手相关省、市图书馆共同举办的10场“中国地方文化系列讲座”活动的帷幕。讲座特别邀请了国家一级导演、文化部“文华导演奖”获得者焦锋主讲，国家一级演员、全国木偶皮影“金狮奖”大赛金奖获得者王芸演示。（扬州市图书馆　袁晖）

【扬州市图书馆成为“全国古籍重点保护单位”】 在文化部公布的第三批“全国古籍重点保护单位”和第三批《国家珍贵古籍名录》名单中，扬州市图书馆除晋升“全国古籍重点保护单位”外，另有10部古籍入选“国家珍贵名录”。目前该馆所藏的8000余册古籍善本中，相当一批为古代扬州史料、扬州学派研究资料等珍本。随着此次10部古籍入选第三批《国家珍贵古籍名录》，该馆累计已有73部古籍入选《国家珍贵古籍名录》，名列全省前茅。（扬州市图书馆　袁晖）

【扬州市图书馆新馆正式开放】 10月28日，扬州文化艺术中心落成开放仪式在中心广场举行。省委宣传部常务副部长、省文化厅厅长章剑华，市长谢正义分别致辞，并为中心剪彩。文化艺术中心由新的扬州市图书馆、扬州市美术馆、扬州市音乐厅，再加上先前建成的扬州双博馆共同组成。来自上海图书馆、南京图书馆等四省一市41个兄弟图书馆的馆长、同仁们在扬州市图书馆新馆会议室参加了“新馆正式开放暨建馆60周年交流联谊——寄语扬图”活动。（扬州市图书馆　袁晖）

【2010年度扬州市红领巾读书征文、演讲比赛活动颁奖仪式隆重举行】 12月16日，由扬州市文化广电新闻出版局、扬州市教育局主办，扬州市图书馆和教育局电教馆共同承办的2010年度扬州市红领巾读书征文、演讲比赛活动颁奖仪式在市图书馆隆重举行。扬州市政府副秘书长仲衍书、市文广新局副局长仲玉龙、市教育局副局长周应华、市文广新局社文处处长栾虹、市图书馆馆长沈业民等领导出席了仪式。参加仪式的还有来自各县（市、区）图书馆、市区各中小学的负责人，以及优秀辅导员、获奖学生代表共200余人。全市共有中、小学生4万多人参加此次活动，共收到征文稿件4000多篇，经过评选，共评出市级一等奖40篇、二等奖60篇、三等奖120篇，优秀组织奖11个、组织奖11个、优秀辅导员19人，在江苏省红领巾读书征文评奖活动中，扬州市获得一等奖3篇、二等奖8篇、三等奖19篇。三名选手参加了江苏省红领巾读书演讲比赛，获得了2个一等奖和1个三等奖的喜人成绩。扬州市图书馆、扬州市少儿图书馆均荣获省优秀组织奖，仪征市图书馆获省组织奖。（扬州市图书馆　袁晖）

【仪征市图书馆的文化活动】 2010年，仪征市图书馆精心策划、认真组织开展4·23“世界图书日”和“图书馆服务宣传周”系列活动。通过广播、电视、报纸、视频、广场宣传、现场咨询等多种形式，准确、及时、全面、深度地宣传图书馆的服务功能和服务特色，让更多的人了解图书馆、走进图书馆、利用图书馆。成功举办仪征市图书馆第四届少儿围棋赛、中外文学名著插图展、仪征摄影家协会采风作品展、“知识因传播而美丽、心灵因交流而贴近”摄影展、“地税杯”税收·发展·民生摄影作品展、妇女节“快乐3·8”展、洪恩快乐英语讲座、洪恩圣诞晚会等活动，充分发挥图书馆的文化阵地作用。（仪征市图书馆）

【少儿图书交换节在扬州少儿馆举办】 7月28日至30日，由扬州市少年儿童图书馆主办的第七届“爱我家乡，欢乐暑假”扬州少儿科技文化节暨第十二届扬州少儿图书交换节在少儿馆进行。扬州市关工委主任张厚宝等领导参加活动并为少儿馆12个分馆授牌。2000多名少儿参加了科技模型制作及放飞、书画现场创作、图书交换、专题书展、武术表演等活动。（孙勇）

【扬州市邗江区图书馆举行“农家书屋”管理员培训班活动】 从4月1日起，邗江区图书馆在全区每个镇（街道）各组织了一场“农家书屋”管理员培训班。本次培训班着重向200多名书屋管理员讲授有关图书登记、分类著录、图书排架、图书流通、读者管理等几个方面的专业知识，在培训过程中注重方法传授与实际操作相结合，实实在在地提升全体管理员的管理与运用水平。（扬州市邗江区图书馆）

【宝应县图书馆参与国、省珍贵古籍名录申

报】 自2009年起，宝应县图书馆对馆藏18 000册古籍进行了筛选，将具有历史学术研究及版本价值的明清古籍文献予以登记、拍照上报。其中明嘉靖刻本《凌溪先生集十八卷》、《通志略五十二卷》、万历刻本《国史经籍志六卷》等3部入选《国家珍贵古籍名录》，明万历刻本、清朱彬批校《吕氏家塾读诗记三十二卷》、《程端礼先生批点韩文》等6部入选《江苏省珍贵古籍名录》，位居扬州市县级公共图书馆之首。同时上报馆藏900部古籍书目数据参与国家图书馆及省《中华古籍总目·江苏卷》初编工作。（宝应县图书馆）

【南通市图书馆开通“静海讲坛”广播版】 5月23日，南通市文化广电新闻出版局副局长王倚海与南通市人民广播电台台长张辉一起启动了“‘静海讲坛’（广播版）开播暨南通市公共图书馆服务宣传周启动仪式”球。南通市图书馆打破传统模式，联合南通市人民广播电台，开通“静海讲坛”广播版。广播版讲座覆盖面广，传播迅速，把专家学者对文化科技知识及热点问题的解读送到千家万户。（南通市图书馆）

【南通市图书馆举行图书漂流活动】 5月24日，市图书馆图书漂流活动启动仪式在更俗剧院举行。这次活动市图书馆提供新书150册，以后的每月5、15、25日为图书投放日。漂流点还设置了图书捐赠箱，读者捐赠图书可投入箱内，由图书馆统一标注后进行漂流。（南通市图书馆）

【如皋市文化共享工程基层服务点建设】 2010年，按照省统一标准要求，如皋市图书馆完成全市20个乡镇文化信息资源共享工程基层服务点的建设工程；对全市各镇村文化信息资源共享工程基层服务人员，进行了2期共享工程业务知识的集中培训；在雪岸镇万富村和常青镇海圩村建立了2个共享工程服务示范点；与市委组织部、市信息中心沟通协调，实现了与党员远程教育网的信息共享，实现了“文化信息资源共享工程”村村通。（如皋市图书馆）

【如东县图书馆编辑出版《如东民间文化丛书》】 如东县图书馆从2008年底起就开始承担了《如东民间文化丛书》资料的收集、整理、挖掘工作。编写人员以抢救民间文化遗产为己任，本着认真负责、无私奉献、吃苦耐劳的精神，做好每一项资料的查实、考证。经过两年多的艰辛努力，终于完成了丛书的编写工作。现在这套书已付印出，在县“两会”期间举行隆重首发仪式。（如东县图书馆）

【镇江市图书馆“文心书屋”落户市特教中心】 在5月12日全国助残日当天，镇江市图书馆与市特教中心签订了共建协议，“文心书屋”正式落户市特教中心，“手语服务站”也同时在市图书馆成立，为聋人学生提供图书借阅服务。共建协议签订后，由市图书馆与市新华书店、市开卷书店联合赠送的首批少儿图书1500册正式落户“文心书屋”。市图书馆无偿提供了“文心图书管理系统”，帮助特教中心“文心书屋”实现规范化、现代化的管理模式，同时在特教中心安装VPN桌面网关硬件，设立“全国文化信息资源共享工程基层点”。市特教中心的专业人员还将提供有关文化、教育、科技的手语翻译及培训，在市图书馆成立“手语服务站”，通过这些方式使更多的残疾儿童能走进图书馆，和正常孩子一样，“平等、参与、共享”图书馆的资源，进一步营造关心帮助残疾人的良好社会风尚。（镇江市图书馆）

【镇江市图书馆多部古籍入选国家及省级珍贵古籍名录】 在国务院公布的第三批《国家珍贵古籍名录》中，镇江市图书馆有10部善本古籍入选，计有明代刻本7部，即《少微通鉴节要》、《隶释》、《金薤琳琅》、《集古印谱》、《管窥外编》、《雌伏亭丛记》和《朱文公校昌黎先生文集》；清代稿本1部，即清徐养原《檀园字说》稿本；清代抄本2部，即《忠节录》和《丹阳进士诗集》。另据省文化厅下发的文件，市图书馆有25部善本古籍入选第二批《江苏省珍贵古籍名录》，其中最多的是明代刻本。（镇江市图书馆）

【第一批《镇江市珍贵古籍名录》公布】 12月7日，第一批《镇江市珍贵古籍名录》公示稿在镇江市图书馆网站上公示，并已通过镇江市古籍保护工作联席会议审议。此次入选《名录》的古籍绝大多数都是乾隆以前的刻本、抄本或稿本，少量乾隆以后的书一般也都是套印本或较好的刻本，其中大部分都曾入选《中国古籍善本书目》或者近几年公布的国家和省级《珍贵古籍名录》。可以说基本上汇集了镇江市各公立图书馆、高校图书馆以及私人藏家所珍藏古籍文化遗产的最精华部分。（镇江市图书馆）

【丹阳市图书馆举办名人学者著作及地方文献展览】 6月4日，丹阳市图书馆举办首届“丹阳籍名人学者著作及地方文献展览”。本次展出的丹阳籍名人学者著作和地方文献共700多种、1500余册，共有1200余册来自作者和社会各界人士的捐赠，其中名人著作500多种，地方文献200多种。这次“丹阳籍名人学者著作及地方文献展”在丰富了馆藏资源的同时，促进了丹阳地方文献和丹阳籍名人学者著作在传播、教育、宣传中的独特功效，为丹阳的政治、经济、文化、科研、生产等领域服务，积累和保存了丹阳地方史料，建立了地方的基础资料库。（丹阳市图书馆）

【扬中市图书馆建立读书流动点】 为了更好地发挥全是书屋的作用，扬中市图书馆将扬中市86家农家书屋列为读书流动点，并送书到各农家书屋，充实书屋书籍数量和种类，指导村民借阅，促使书籍的流通运转，且与新坝镇新坝村农家书屋形成第一家通借通还的书屋。此外，在社会的大力支持下，积极新建10个读书流动点，与这些单位签订共建共育协议，开展文娱、体育活动，丰富人们的业余生活。（扬中市图书馆）

【常州图书馆开展文化助残活动】 5月14日，全国助残日到来之际，“常州图书馆向全市残疾人赠送借书证仪式”在常州图书馆三楼会议室举行。赠送仪式上，常州图书馆馆长吴建军首先表示：为了将关爱残疾人行动落到实处，对残疾人开展温暖贴心的服务，市馆特别定制了残疾人专用借阅证，而且在借阅的册数和时间上都给予了优惠。他还承诺：赠送借阅证活动只是市馆助残爱心的一次体现，今后将会一如既往地通过代检预约、送书上门等服务举措，进一步做好为弱势群体的服务工作。常州图书馆领导向市残联各专门协会主席赠送了首批近100张借书证和100张可以阅览近2000余份电子杂志的龙源电子期刊阅读卡。（常州图书馆）

【常州图书馆被国务院命名为“全国古籍重点保护单位”】 6月11日，常州图书馆被国务院命名为“全国古籍重点保护单位”。今年4月，国家派出专家组对申报单位进行了实地考察，实地考察十分严格并全程摄像留证。最终，专家组对常州市图书馆古籍原生性保护和再生性保护方面的工作作了很高的评价。在常州图书馆收藏的8万余册古籍中，不仅有曾在中国古代史上名噪一时的常州学派、常州词派、常州画派以及孟河医派等流派的珍贵史料，而且有诸如萧颖士、段玉裁等一批当时学界独领风骚的大师们的鸿篇巨著。这批文献不仅在常州的政治、思想、文学、艺术乃至医学等领域的研究方面不可或缺，即使在全国也弥足珍贵。（常州图书馆）

【无锡市图书馆古籍保护工作成果丰硕】 无锡市图书馆不断加大古籍保护开发力度，精心选择106部馆藏古籍申报第三批国家珍贵古籍名录和第二批江苏省珍贵古籍名录，其中《历年二十一传》等10部古籍入选第三批国家珍贵古籍名录，《周易义传》等80部古籍入选第二批江苏省珍贵古籍名录。（无锡市图书馆）

【无锡市图书馆开通盲人数字图书馆】 无锡市图书馆自建盲人数字图书馆网站于5月15日开通。网站设置了动态新闻、在线视听、电子图书、精彩集萃、馆舍介绍等栏目，为盲人读者获取信息搭建了便捷的数字平台。（无锡市图书馆）

【无锡市图书馆举办第二届“十大书香家庭”评选活动】 由无锡市文化广电新闻出版局、无锡市文化艺术管理中心、无锡市妇联主办，无锡市图书馆馆承办的无锡市第二届“十大书香家庭”评选活动于2010年10月正式启动。通过宣传发动和层层选拔，由无锡市各区文体局和妇联选送的21户家庭进入决选阶段。决选采取群众投票、专家评审、入户走访等形式，最终评选出“十大书香家庭”10户、“十大书香家庭入围奖”5户、“十大书香家庭提名奖”6户。（无锡市图书馆）

【江阴市图书馆实现借阅全免费】 江阴市图

书馆为打造“零门槛”图书馆，1月1日，取消借阅证年注册费，实现了全免费借阅；4月1日，市图书馆与流通图书车顺利实现通借通还；4月23日，图书馆借阅证和“市民卡”功能有效对接启用，市民持“市民卡”即可享受各项服务；6月开通了读者自助验证系统，进一步方便了读者，读者只需将借阅证放在自助核证机上刷一下即可延长使用有效期。全免费、无障碍的公共服务理念深入市民心中。（江阴市图书馆）

【江阴市图书馆获“书香暨阳”荣誉】 5月21日—24日，“2010年华夏阅读论坛江阴研讨会暨‘书香暨阳’授牌仪式”在市图书馆隆重召开，会上，省政协常委、中国阅读学研究会会长、南京大学教授徐雁授予市图书馆“书香暨阳”荣誉牌匾，以表彰市图书馆在全民阅读推广上作出的积极贡献。“书香暨阳”匾牌的授予在全国基层图书馆中尚属首次。“市民书房 书香暨阳”还被评为江阴市第四届十佳文明服务优质品牌。市图书馆主办的文化阅读类生活刊物《读读书》被指定为中国图书馆学会阅读推广委员会阅读文化研究专业委员会会刊。（江阴市图书馆）

【无锡市滨湖区图书馆新馆试运行】 无锡市滨湖区图书馆新馆位于无锡市金城西路以北，五湖大道西侧，总投资约6000万元，总用地面积1.19万平方米，总建筑面积1.3万平方米，楼层高15.6米，地上4层，地下1层，其中地上面积9400平方米，地下建筑面积3800平方米，建筑占地面积3600平方米。滨湖区图书馆新馆按照一级馆建造要求建设，现有馆舍面积7700平方米，各功能厅室齐全。滨湖区图书馆与无锡市图书馆采取总分馆制，滨湖区图书馆既是本辖区的公共图书馆，也成为无锡市图书馆的分馆，两馆借书证通用，图书可通借通还。（无锡市滨湖区图书馆）

【无锡市崇安区图书馆新馆落成仪式】 6月1日，崇安区“一宫三馆”落成仪式在崇安区图书馆前广场举行。崇安区委书记蒋伟坚、区长刘玲、区委宣传部部长王铭涛、区文体局局长陈志刚、区图书馆馆长秦保钢等参加了落成典礼。在工作人员的的陪同下，区领导还视察了新馆建设情况。（无锡市崇安区图书馆）

【宜兴市图书馆延伸服务有序展开】 宜兴市图书馆组织业务骨干深入到企业、乡镇、社区图书室，进行业务培训和技术辅导，帮助分编整理图书1万余册。及时对流动图书点和社区图书室图书置换，重点扶持社区、乡镇图书室和农家书屋基层图书室共35家，赠送图书21 000册，为社区图书室赠送报刊、书架等设备累计40万元。已完成20家自然村农家书屋建设，217家农家书屋信息数据录入工作，进入全国农家书屋信息资源库，将馆藏13 000多册古籍书目录入电脑，收入《中华古籍总目·江苏卷》。（宜兴市图书馆）

【苏州图书馆举办经典诵读活动】 4月23日下午，苏州图书馆门厅广场举行了以“保障阅读权利，享受阅读快乐”为主题的经典美文诵读活动，这是2010年第五届苏州阅读节主题活动之一。10月9日，苏州图书馆举办了“2010年苏州市中华经典诵读比赛”。此次比赛是在各市、区举办经典诵读活动的基础上组织开展的一次全市性经典诵读比赛，共有来自各市、区和有关单位19支代表队选送的21个节目参加了本次经典诵读比赛的角逐。（苏州图书馆）

【第三届常熟市少年儿童读书节取得圆满成功】 4月—10月，由常熟市委宣传部、常熟市文明办、常熟市文广新局、常熟市教育局联合主办，常熟图书馆具体承办的第三届常熟市少年儿童读书节取得圆满成功。本届读书节以“文化共享世博行”为主题，以加强少年儿童素质教育为宗旨，共组织举办各项活动28项，其中主体活动11项，城乡配套活动17项，活动项目之多，社会参与度之高，活动覆盖面之广，是历届读书节之最。（常熟图书馆）

【常熟图书馆馆藏21部古籍入选第三批《国家珍贵古籍名录》】 5月，经国家古籍保护中心专家评定，文化部公布，常熟图书馆有21部古籍入选第三批《国家珍贵古籍名录》，加上第一批、第二批入选的古籍27部，总计有48部古籍入选《国家珍贵古籍名录》，名列全国县级市第一。（常熟图书馆）

【昆山竞争情报服务平台启动仪式举办】 3

月25日，昆山竞争情报专题讲座暨昆山竞争情报服务平台启动仪式在昆山图书馆二楼学术报告厅举行。上海市科技情报学会理事长缪其浩、湖南省科技信息研究所副所长许明金、市委常委宣传部部长杭颖等领导出席。昆山市部分区镇招商人员、天瑞仪器、捷安特、正新橡胶、永信药业等企业，工研院下属各研究所研发人员共80余人参加了此次活动。（昆山图书馆）

【吴江图书馆开展主题为“坚持科学发展，走近低碳生活”的2010年科普宣传周系列活动】 5月14日—21日，吴江市图书馆通过开展一系列科普活动：一是举行大型开幕式活动，举办的“垂虹科普讲坛”首场报告会；二是举办吴江市“新华杯”青少年科普知识竞赛现场决赛；三是开展主题为“播撒温暖阳光，塑造健康心灵”的吴江市图书馆盲人读者俱乐部活动；四是精心挑选多部科普电影免费播放，传播科普知识。（吴江图书馆　沈继英　叶健）

【孔氏后人向泰州图书馆捐赠家谱】 4月16日，泰州图书馆馆长周谨、副馆长徐进及特藏部主任一行三人，专程来到泰州市高港区许庄街道孔家桥西孔村村委会，接受本村孔氏家族捐赠的新修《孔氏族谱》。此部家谱印数较少，仅两套赠出，除一套送到山东曲阜归藏于“孔子世家谱研究中心”外，另有一套赠给了泰州图书馆。目前，泰州图书馆已收藏了清同治以来的各种家谱资料60种，家谱的收藏、管理、研究和利用等相关工作也在逐步展开。（泰州图书馆）

【新四军研究会等向泰兴市图书馆赠书】 为纪念新四军黄桥决战胜利70周年，今年3月份以来，新四军研究会及新四军老战士等相继向泰兴市图书馆赠送了一批珍贵书籍。3月16日，在银光大酒店举行的赠书仪式上，新四军历史研究会赠送了《铁流》1—16卷、《粟裕文选》1—3卷、《江南铁军》、《难忘之旅》等新近出版的图书43册。4月8日，新四军老战士陆苏《燃情岁月（回忆录、历史回眸）》专著赠送仪式再次在泰兴襟江书院举行，泰兴市委常委、宣传部长戴仁泉等出席仪式。（泰兴市图书馆）

【姜堰市举办农家书屋读书征文演讲比赛】 4月23日，姜堰市“农家书屋——让我享受阅读快乐”演讲比赛在图书馆五楼报告厅举行。全市21名参赛选手准备充分，他们以饱满的热情讲述了农家书屋在调整产业结构、帮助农民致富奔小康中的指导作用，在移风易俗、推进乡风文明、建设社会主义新农村中发挥的推动作用，在开展生态文明建设、丰富农村群众精神文化生活中的突出作用。他们用身边的事例讲述了读书用书活动中的所思、所得。演讲结束后，评选出一等奖4名，二等奖7名，三等奖8名，特别奖2名。（姜堰市图书馆）

【靖江市图书馆召开全市文化站长座谈会】 为切实解决城乡居民“买书难、借书难、看书难”的问题，提高城乡居民文化素质，促进经济社会协调发展，靖江市图书馆于4月22日召开“全市文化站长座谈会会”，就“实行图书馆总分馆制”等措施方案听取站长们的意见。会上通过了靖江图书馆总分馆制建设方案。各乡镇分馆建设的标准，面积必须达到300m^2，藏书达到10 000册以上，投影仪1台，电脑5台。硬件设施达标后，市图书馆将与其联网进行分馆制服务。市图书馆与分馆实行“城乡一卡通”，实现与图书馆的通借通还，资源共享。（靖江市图书馆）

【兴化《南渡录》入选国家珍贵古籍名录】 国务院正式公布的第三批《国家珍贵古籍名录》上，兴化市图书馆收藏的《南渡录》榜上有名。该馆同时有3部古籍入选江苏省第二批珍贵古籍名录。入选第三批《国家珍贵古籍名录》的《南渡录》为明代史学家李清任南明弘光朝大理寺左丞时辑录诏谕章奏及朝臣言行，计十六卷。据查考，《南渡录》现有抄本十二种，唯武昌徐恕旧藏堂本和该馆收藏家抄本均出于李清族裔家藏，内容、文字几乎完全一致，最接近李清原稿。（兴化市图书馆）

【共享工程宿迁支中心和宿迁市图书馆网站正式开通】 宿迁文化共享工程支中心和宿迁市图书馆网站于7月6日正式向社会开放，市民可登录http://www.sqlib.cn访问市图书馆网站。本网站包含图书检索、读者指南、馆藏资源、数字资源、共享工程、读者园地、本地特色等多个功能模块。其中读者园地这一功能模块中包括借阅查询、网上预借、网上续借等多项针对读者的实用功能。共享工程模块所链接的是全国文化共享工程专线网络，内容主要涉及群众喜闻乐见的内容，以讲座、小品、戏曲和电影等为主，市民可通过互联网在线观看，欣赏这些优秀的文化信息。（宿迁市图书馆）

浙江

【概述】 2010 年是“十一五”规划的收官之年，也是浙江省图书馆事业蓬勃发展的一年。截止 2010 年底，全省共有县（市、区）以上公共图书馆 97 个，其中省级图书馆 1 个，市级图书馆 11 个，市级少儿图书馆 3 个，县（市、区）以上图书馆 82 个。从业人员 3040 人，其中高级职称 272 人，中级职称 986 人。2010 年浙江省公共图书馆总藏书量37 612 081册，其中图书30 159 328册，报刊 3 093 496 册。累计发放有效借书证 1 774 309个，读者总流通人次34 540 910人次，书刊文献外借29 239 178册次。为读者举办各种活动 3928 次，参与读者1 912 771人次。拥有计算机 7897 台，其中电子阅览室终端数 4453 个。馆舍面积580 791千平方米，阅览室坐席35 068个，少儿阅览室坐席 9517 个。分馆数量 670 个，借阅册次7 466 970册次，流动图书馆车书刊借阅册次1 800 342册次。

2010 年全省积极构建城乡一体化的公共图书馆服务体系，进一步深化公益性文化事业单位内部管理机制改革，有效地提高了公共文化服务能力，逐步推进平等共享的网络图书馆、公共电子阅览室建设。台州市“百分之一文化计划”、嘉兴市公共图书馆城乡一体化服务体系等创新实践在全国产生了良好影响。出台《浙江省公共图书馆地方文献资源建设实施规范及实施细则（试行）》，进一步推动了全省地方文献工作的规范化建设。浙江图书馆采编中心向三大编目中心上载书目数据近 14 万条，荣获全国图书馆联合编目中心“2009 年度数据质量优秀奖”和“2009 年度数据质量监督奖”、上海市文献联合编目中心“2010 年度书目数据上传质量奖”和“2010 年度书目数据上传数量奖”。

转变思路，利用新技术，开创公共图书馆服务的新模式。浙江图书馆、绍兴图书馆等公共图书馆开通自助借还服务，安装了 24 小时自助还书机，实现 24 小时自助借还书。浙江图书馆开通无线网络，凡持有效读者证的读者在总馆内可通过无线网络获得网上预约与续借、数字资源等服务，还可连接至互联网。开辟移动数字图书馆阅读体验区，使用 IPAD 进行数字阅读。杭州图书馆率先实现网络、手机、电视“三网融合”。浙江图书馆、宁波市图书馆、嘉兴市图书馆等公共图书馆在“两会”召开期间，分别在人大代表、政协委员驻地设立服务台，为代表委员提供现场信息服务。2010 年 4 月起浙江图书馆为省政府研究室提供《决策参考——外媒看浙江》专报。与浙江省人大信息中心合作搭建“浙江图书馆信息服务人大版”网络平台，为省人大机关提供馆藏数字资源的远程访问、检索和下载服务。邀请阿里巴巴董事局主席、首席执行官马云先生担任浙江省公共图书馆形象大使，开展“世界读书日”、“图书馆服务宣传周”等读书主题推广宣传活动。拍摄完成阅读主题的公益广告专题片《网联全省，坐读天下》和招贴画，专题片已在浙江卫视播出。

今年“世界读书日”主题是“保障阅读权力，享受阅读快乐”；“图书馆服务宣传周”主题是“充分发挥公益性电子阅览室作用，积极推进学习型社会建设”。为进一步营造良好的读书氛围，全省各地推出一系列形式各异的读书活动，深受老百姓欢迎和喜爱。浙江图书馆举办了文化共享工程和浙江图书馆数字资源展览、“体验书香人生”——浙江网络图书馆体验活动等。杭州市举办了“虽然我不认识你，但是让我们一起来读书吧”全城朗读接力活动。杭州市下城图书馆首创 G3 阅览室，使 G3 阅读器首次进入图书馆并免费为读者服务。

全省 77 个公共图书馆以“共享图书资源，共建书香家庭”为主题，举办了第六届未成年人读书节活动，全省举办的各类为未成年人举办的读书活动达 600 余场次。

关注特殊人群的文化服务，浙江图书馆联合省残联举办了浙江历史上规模最大，社会反响最为热烈的“携手同行 走向光明”——国际盲人节活动，推出“听书器”外借等服务。来自全省的 300 余名视障者、近百名视障者家属和 200 余名志愿者参加活动。

完善公共图书馆联盟，增进图书馆馆际协作。2010 年继续推进“浙江省公共图书馆讲座联盟”，推出了由185名省内专家学者组成，内容涉及政治学、经济学、文化学、社会学、医学、法学、美学等领域的19个系列讲座的讲师资源库，全年共开展全省巡讲23场。12月，成立浙江省公共图书馆展览联盟并共同签订了“浙江省公共图书馆展览联盟”协议书，为浙江省范围内实现展览资源共享迈出了里程碑式的一步。

2010年度，浙江省古籍保护工作有序进行，制定了《浙江省“中华古籍保护计划”实施方案》、出台了《浙江省古籍保护专项资金管理办法》、《浙江省古籍普查专用设备配置标准》等，为中华古籍保护工程未来三至五年在全省全面推开制定了“路线图”。6月11日，国务院公布了第三批《国家珍贵古籍名录》和“全国古籍重点保护单位”名单，浙江省共有12家单位珍藏的309部珍贵古籍和1家古籍收藏单位（浙江省博物馆）分别入选。加上前两批评选的结果，全省共有23家藏书单位的707部国家珍贵古籍和9家古籍重点保护单位，数量位居全国前列。

稳步推进雕版保护工程。浙江图书馆完成了嘉业藏书楼板片库改造，改善了板片保存条件。全年完成档案装订300册，雕版印刷和数据采集1.8万块。完成浙江家谱全文数据库二期400多册家谱的数字化工作。完成馆藏本省文革资料数字化扫描及整理工作。

稳步推进文化信息共享工程建设。浙江图书馆继续组织在全省开展2010年文化共享工程县级支中心规范化建设督导工作。对完成规范化建设的24个县级支中心及部分村（社区）基层服务点进行了检查，目前，全省共有市级支中心11个，县级支中心80个，基层服务点4万余个，其中乡镇覆盖率达100%，村覆盖率达98.5%。完成了文化部“县级数字图书馆推广计划”规定的任务。所有县（市、区）支中心完成了县级数字图书馆资源的下发、安装与人员培训工作，开展了一系列宣传服务活动，在推广数字资源的同时，进一步丰富了当地群众节日文化生活，获得了普遍认可。浙江网络图书馆完成新版设计，新版本向浙江领导干部网络学院同步开放。省委宣传部主办的浙江省宣传系统网络交流平台也开通了浙江网络图书馆。自2009年5月26日开通以来，点击量已达到697万余次，电子图书全文下载9.7万余册次，电子文献传递13.6余万次，电子期刊论文下载847万余篇，成员馆上传书目记录355万余条。

浙江图书馆自建数据库“中国名人图像数据库”和“外国名人图像数据库”被国家数字图书馆征集，“中国名人图像数据库”荣获2010年第三届中华优秀出版物（电子出版物）奖。18部“文澜讲坛”视频被共享工程国家资源中心录用，实现零突破。

“浙江省文化共享工程十佳网站”评选活动参与面广、影响大。全省75家县以上公共图书馆参加了此次评比活动，约占全省公共图书馆数量的78%。此外，还开展了全省文化共享工程“少年网页设计竞赛”活动等。（浙江省图书馆学会）

【第十五期全国古籍普查培训班在杭举办】 3月17日—4月2日，由国家古籍保护中心主办、浙江省古籍保护中心承办的第十五期全国古籍普查培训班在杭州举行。来自全省37家藏书单位的70余名学员参加了培训。国家古籍保护中心办公室主任陈红彦、省文化厅社文处施莹、浙江图书馆馆长朱海闵等出席开班典礼。培训班邀请全国古籍保护工作专家委员会主任李致忠先生主讲《古籍分类与编目》，天津图书馆历史文献部主任李国庆研究馆员主讲“古籍分类款目组织规则”，上海图书馆历史文献中心副主任陈先行研究馆员主讲“稿抄校本”，复旦大学图书馆古籍部主任吴格研究馆员主讲“古籍著录规则”，中国科学院图书馆罗琳研究馆员主讲“普查平台系统”；中心还邀请了中国制浆造纸研究院高级工程师王菊华讲授“古纸研究”。另外，针对前几批国家珍贵古籍名录的申报，国家古籍保护中心办公室的李德范老师介绍了名录的评审情况；国家图书馆善本特藏部的赵前、程有庆等介绍了明清版本的鉴定与鉴赏；上海图书馆历史文献中心的郭立暄讲解了书影的选择与制作。（浙江省图书馆学会）

【2010年全国公共图书馆技术部主任会议在浙江图书馆召开】 4月13日—15日，2010年全国公共图书馆技术部主任会议在浙江图书馆召开。国家图书馆缩微文献中心主任李健、浙江图书馆馆长朱海闵、副馆长徐晓军出席开幕式。“中心”20个成员馆43位代表与会。会议总结了2009年的缩微工作情况，对存在的问题进行

了集中讨论。缩微中心各科组及各省馆相关部门负责人分别对 2009 年所在单位的缩微工作情况进行了总结，对已完成的任务量、缩微品的优质率、各馆存在的问题等情况进行了阐述，对设备的使用、维护等工作进行了集中探讨，并对 2010 年的工作重点、计划等问题做了详细说明。天津图书馆副馆长李茁介绍了该馆研发的“缩微文献影像加工发布系统”，并就其在运行当中存在的问题与不足和大家进行了积极的交流与探讨。会议还表彰了 2008－2009 年全国图书馆文献缩微工作先进集体和先进个人。（浙江省图书馆学会）

【浙江图书馆推出“听书器”外借服务】 5 月 16 日是全国第二十个助残日，浙江图书馆盲人图书室推出“听书器”外借服务，吸引了众多视障读者的关注，数十名视障读者还参加了“听书器”使用方法培训，并借出了首批听书器。图书馆党员志愿者为视障读者提供一对一的现场指导，确保每一位视障读者都能灵活使用听书器。“听书器”是一款支持电子书朗读、音乐播放、收音、录音、复读的多功能便携硬件终端设备，可以将电子图书、音乐等信息存放在设备中，随时随地学习或娱乐；还具有收音功能，方便及时了解新闻时事。大小就像一部普通手机，携带方便，操作简单，按键还作了特别设计，特别适合视障读者使用。浙江图书馆还提供了丰富的下载资源。（浙江省图书馆学会）

【第六届浙江省未成年人读书节活动在全省开展】 5 月 19 日，由浙江省文化厅、衢州市人民政府共同主办的第六届浙江省未成年人读书节在衢州开幕。省文化厅厅长杨建新、副厅长陈瑶以及衢州市有关领导出席开幕式。未成年人读书节期间，全省各地围绕活动主题，结合自身实际，开展丰富多彩的读书活动，总计达 600 余场次。本届读书节活动创设了一系列切合青少年兴趣爱好和性格特征的平台和载体，包括少儿故事演讲比赛、少儿古诗词朗诵比赛、读书征文比赛、知名儿童文学作家与小读者交流会、知名家庭教育专家报告会等。（浙江省图书馆学会）

【第二届长三角城市图书馆讲座工作会议在上海举行】 6 月 9 日，由上海图书馆、南京图书馆、浙江图书馆和安徽省图书馆联合主办的第二届长三角城市图书馆讲座工作会议在上海开幕。文化部社会文化司司长于群、文化部全国文化信息资源建设管理中心副主任刘惠平、国家图书馆业务处副处长毛雅君、上海图书馆馆长吴建中、党委书记穆端正等有关领导以及来自浙江、江苏、安徽、上海和全国其他省市图书馆的 200 多位代表出席了会议。浙江图书馆馆长朱海闵代表三省一市宣读了成立《长三角城市图书馆讲座协作网》倡议书。浙江图书馆副馆长贾晓东参加了三省一市馆长论坛，向大家介绍了浙江省公共图书馆讲座联盟运作情况。（浙江省图书馆学会）

【中国图书馆学会志愿者行动浙江省公共图书馆馆长培训班在慈溪隆重举行】 8 月 2 上午，中国图书馆学会志愿者行动浙江省公共图书馆馆长培训班在慈溪隆重开幕。中国图书馆学会秘书长汤更生，文化部全国文化信息资源建设管理中心副主任刘惠平，北京大学信息管理学系教授、中国图书馆学会“志愿者行动”浙江站组长李国新，浙江省文化厅副厅长、浙江省图书馆学会理事长陈瑶等出席了开幕式，来自全省 89 家公共图书馆的 96 名馆长和业务骨干参加培训。来自北京、陕西、河南、深圳、吉林的李国新、谢林、王学春、余子牛、赵庆禹 5 位志愿者专家，分别讲授了“公共文化服务体系建设中的图书馆”、“文化共享工程与图书馆信息化建设”、“基层图书馆信息资源建设与服务”、“基层图书馆馆长实务”、“基层图书馆的宣传推介与全民阅读”等 5 个专题课程，志愿者专家们激情澎湃、广征博引、深入浅出的授课风格以及平和谦逊、真诚宽容的师者风度，给学员们留下了非常难忘和美好的印象，三天的培训时间学员们共提交了 70 余篇有感而发的心得体会。浙江文化信息网、浙江图书馆、中国图书馆学会网站、慈溪电视台等相关媒体都对本次培训作了报道。（浙江省图书馆学会）

【2010 年浙江省古籍保护工作联席会议在杭州召开】 8 月 18 日下午，2010 年浙江省古籍保护工作联席会议在杭州召开。来自省发改委、省财政厅、省人力社保厅、省档案局、省民宗委、省教育厅、省科技厅、省新闻出版局、省卫生厅、省文化厅、省文物局等 11 个联席会议成员单位与会。省文化厅厅长杨建新主持会议。联席

会议成员单位代表认真审议了省文化厅研究制定的《浙江省“中华古籍保护计划”实施方案》、《浙江省古籍普查方案》、《浙江省古籍重点保护单位和保护达标单位申报评定办法》、《浙江省珍贵古籍名录评选办法》等草案，对方案的修改完善提出了许多建设性的意见和建议，对下一阶段全省性古籍保护工作的开展进行了深入交流与探讨，明确了下一步做好古籍保护工作的基本思路和主要的工作任务，在加强保护、有效保障方面达成了共识。（浙江省图书馆学会）

【浙江省“我爱我家”家庭读书竞赛在温州举行】 8月22日，由浙江省文化厅、浙江省妇女联合会联合主办，浙江图书馆、温州市文化广电新闻出版局承办，温州市少儿图书馆执行承办的浙江省“我爱我家”家庭读书竞赛在温州举行。全省11个地区选送的11支优秀家庭代表队参赛。该活动于4月份启动，以“创建书香家庭，倡导低碳生活”为主题，旨在加强浙江省未成年人的思想道德建设，营造良好的读书氛围。参赛对象为小学四至六年级的学生家庭，参评的内容包括家庭基本情况、历年成绩荣誉、阅读记录手册、博客、家庭书房介绍、才艺展示视频等，通过“公开、公平、公正”的选拔推荐方式，角逐出最优秀的代表队参加决赛。决赛奖项除了冠亚军外，还设立了最佳人气家庭、最佳知识家庭、最佳才艺家庭以及最佳书香家庭等奖项。（浙江省图书馆学会）

【“春雨工程——全国文化志愿者边疆行”浙江志愿团大讲堂活动在乌鲁木齐举行】 9月5日，由文化部主办，浙江省文化厅和新疆维吾尔自治区文化厅承办的2010年“春雨工程——全国文化志愿者边疆行”浙江志愿团欢迎仪式暨展览活动在乌鲁木齐图书馆隆重举行。“春雨工程——全国文化志愿者边疆行”活动分两部分，一是以展览为主的“大展台”活动，在乌鲁木齐市图书馆、新疆华夏艺术馆及阿克苏地区分别展出。其内容包括主题文化艺术成就展、非物质文化艺术成就展、民族民间艺术成就展、美术、书法、摄影以及动漫作品展。参展作品主要反映浙江省的建设成就、风土人情。本次参展人员22人，其中优秀民间艺人将在展览活动期间进行现场展示。二是以讲座、基层文化辅导为主的“大讲堂”活动，邀请全国知名学者开设有关理论、科普和社会、文化、教育、环境保护、资源开发等领域的讲座，讲座具体安排由浙江图书馆实施。浙江师范大学音乐学院副院长王同教授、浙江工商大学人文学院院长徐斌教授在乌鲁木齐市图书馆分别做了“浙江传统文化和当今文化建设”、“浙江经济发展及其经验启示”专题讲座。9月9日，2010年“春雨工程——全国文化志愿者边疆行”活动在新疆阿克苏市启动。大讲堂在阿克苏共举办了4场讲座，比原计划多出了2场。9月12日，“大讲堂”活动在阿克苏市圆满落下了帷幕。（浙江省图书馆学会）

【“RFID技术在图书馆应用的理论和实践”研讨会在杭州召开】 9月19日，由浙江图书馆和中国自动识别技术协会、深圳市远望谷信息技术股份有限公司联合主办的“RFID技术在图书馆应用的理论和实践研讨会”在杭州召开，来自全国各省市公共图书馆、高校图书馆的80余名代表参加了会议。会议有四个专题报告：浙江图书馆网络与数字资源中心主任宓永迪作“超高频RFID大规模应用实践”的报告，介绍了浙江图书馆RFID自助借还项目的应用和实施具体情况；汕头大学图书馆馆长杨明华作“图书馆应用RFID数据模型标准进程概述”的报告，介绍了RFID数据模型标准等技术前沿问题；深圳市远望谷信息技术股份有限公司市场总监和研发总监分别作“远望谷RFID图书管理系统”、“图书管理中的超高频RFID技术及其发展”的报告，介绍了RFID特别是超高频RFID技术在图书馆行业的应用前景与发展方向，RFID技术在公共图书馆和高校图书馆的推广和应用等。会后，参会代表参观了浙江图书馆RFID自助借还书系统和杭州黄龙饭店RFID项目。（浙江省图书馆学会）

【“携手同行 走向光明”——浙江图书馆举行2010年国际盲人节大型庆祝活动】 10月10日，“携手同行 走向光明”——浙江图书馆国际盲人节大型庆祝活动在杭举行。省委宣传部副部长龚吟怡，省文化厅厅长杨建新、副厅长陈瑶，省残联副理事长郑瑶，省盲协主席夏正林等领导亲临现场，与视障朋友共同庆祝国际盲人节的到来。来自全省的290余名视障者、近百名视障者家属和200余名志愿者参加了庆祝活动。活动当天举行了优秀盲人读者颁奖仪式。李忠育等6位读者荣获优秀盲人读者称号。盲人读者还给大家表演了唱歌、拉二胡、诗歌朗诵等文艺活动。活动主办方还安排了“好玩无限嘉年华”趣味活动，志愿者和市民朋友们也蒙上双眼上场，亲身体验了身为盲人的不便，陪同盲人朋友们一起度过了这个特殊的节日。（浙江省图书馆学会）

【“雕版保护与档案建设规范”学术研讨会在南浔举行】 10月26日—28日，由浙江图书馆主办的“雕版保护与档案建设规范”学术研讨会在南浔嘉业藏书楼举行。省文化厅副厅长陈瑶、社会处处长戴言，浙江图书馆馆长朱海闵、党委书记兼副馆长应长兴、副馆长徐晓军，北京大学新闻与传播学院教授、博士生导师萧东发，复旦大学图书馆古籍部主任、博士生导师吴格，台北大学教授、博士生导师王国良，古典研究所所长杨果霖博士，故宫博物院图书馆善本组组长翁连溪，台湾文献研究中心黄文德博士，扬州雕版博物馆馆长刘向东研究员，日本国文学研究资料馆陈捷博士等业内人士与专家参加本次学术研讨会。与会代表围绕雕版保护和开发工作，结合各自单位的情况展开讨论和交流，对嘉业藏书楼雕版保护工程提出了非常中肯的意见和建议，并在雕版保护资源共享、著录规范等方面达成一定共识，同时对雕版的开发利用前景进行了展望。（浙江省图书馆学会）

【“文澜流芳继事业薪火 新知澎湃续世纪华章——1900—2010浙江图书馆建馆110周年主题展”在曙光路总馆隆重开幕】 12月21日，“文澜流芳继事业薪火 新知澎湃续世纪华章——1900—2010浙江图书馆建馆110周年主题展”在曙光路总馆隆重开幕。浙江图书馆党委书记兼副馆长应长兴主持开幕式，馆长朱海闵介绍浙图百十年历程。省人大常委会副主任吴国华，省政协副主席姚克，省文化厅党组书记、厅长杨建新，省委宣传部副巡视员杨丽英，省政协经济委员会副主任窦晓军等领导应邀出席。省文化厅职能处室负责人、在杭高校图书馆、省科技信息研究院、省社科信息学会的代表，省高校图工委副主任、浙江工业大学图书馆馆长何立民，杭州图书馆馆长褚树青及来自全省11个市地和义乌市图书馆的负责人；浙江图书馆老领导、老专家代表、在职职工、读者代表等200余人参加开幕式。展览到29日结束。（浙江省图书馆学会）

【浙江省公共图书馆展览工作研讨会暨展览联盟成立仪式在杭州举行】 12月21日，浙江省公共图书馆展览工作研讨会暨浙江省公共图书馆展览联盟成立仪式在杭州举行。省文化厅社文处副处长倪巍，浙江图书馆馆长朱海闵、副馆长贾晓东，杭州图书馆等11个地市和义乌市图书馆馆长参会并签订了“浙江省公共图书馆展览联盟”协议书。（浙江省图书馆学会）

【严济慈图书馆更名为金华市图书馆】 1月5日，严济慈图书馆正式移交给金华市文化部门管理。原严济慈图书馆建成于1997年，当时是作为“高校馆、科技馆、公共馆”三馆合一的图书馆。根据市政府办公室2009年10月下发的抄告单《关于严济慈图书馆移交问题的意见》，严济慈图书馆与金华职业技术学院分离，移交给金华市文化部门管理。随后，严济慈图书馆更名为金华市图书馆，重新确立城市公共图书馆的功能。金华市图书馆将设立图书外借部、成年人阅览室、电子阅览室、地方文献部，还将设立少儿图书外借部和少儿阅览室等。（浙江省图书馆学会）

【杭州图书馆举办2010年全城朗读接力活动】 4月17日，由杭州市精神文明建设指导委员会办公室、杭州市文化广电新闻出版局主办，杭州图书馆和本地主流媒体共同承办的“世界读书日”主题活动：“虽然我不认识你，但是让我们一起来读书吧——全城朗读接力活动”在杭州图书馆隆重开幕。本次活动的朗读者，包括在杭务工人员、学者、文学界名人、退休教师、媒体记者等各阶层人士有200余名，其中既有4岁小童，也有六旬老人。本次朗读接力活动同时启动，持续3个多小时。除在杭州图书馆新馆、浣纱分馆、杭州少年儿童图书馆设立3个主会场外，还开辟了西湖区图书馆、西湖区文化馆、中国湿地博物馆3个分会场。此外，余杭区、桐庐图书馆等地也同时开展了朗读接力活动。活动当天，除了朗读接力，还设有汽车图书漂流，电台、电视台、媒体、网络知名人士现场图书签

售，图书捐赠和图书展览及现场销售等活动。总计吸引了数千名群众驻足观看并参与共享全民阅读的盛况。（浙江省图书馆学会）

【"2010年省、市图书馆服务洪合毛衫产业活动"在嘉兴举行】 6月2日，在"中国毛衫名镇"——洪合镇，浙江图书馆与嘉兴市图书馆、洪合镇政府联合举办了"2010年省、市图书馆服务洪合毛衫产业活动"。嘉兴市文广新局副局长张颖杰、洪合镇委镇政府领导、当地毛衫龙头企业和行业协会负责人、省市图书馆负责人、部分基层文化干部参加了活动开幕式。活动当天，浙江图书馆、嘉兴市图书馆共同推出了"国外及港澳台最新流行设计文献图片展"，展览为期10天。为进行长期合作和服务，朱海闵馆长代表浙江图书馆与嘉兴市图书馆、嘉兴针织毛衫业生产力促进中心签订了"特色文献信息共享服务协议"，嘉兴市图书馆同时开通"嘉兴市网络图书馆——纺织业专题馆"，三方将共同努力，积极寻求馆企共建、馆企互动发展的新形式。（浙江省图书馆学会）

【中国图书馆学会阅读推广委员会社区与乡村阅读委员会2010年工作年会在宁波召开】 11月7日—10日，中国图书馆学会阅读推广委员会社区与乡村阅读委员会2010年工作年会在宁波召开。中国图书馆学会阅读推广委员会副主任、苏州图书馆馆长邱冠华应邀出席会议，社区与乡村阅读委员会主任、宁波市图书馆馆长庄立臻，社区与乡村阅读委员会副主任、东莞图书馆馆长助理蔡冰，社区与乡村阅读委员会副主任、济宁市图书馆馆长马伟，以及张家港市图书馆馆长缪建新、湖南图书馆副馆长邹序明、重庆图书馆副馆长张波、宁波市江东区图书馆常务副馆长鲍未萍、宁波市图书馆宣教部主任刘燕等社区与乡村阅读委员会委员参加了此次会议。与会委员及嘉宾就委员会2011年工作计划以及"十二五"规划进行了深入的探讨，并重点讨论了2011年开展社区与乡村阅读情况调研、社区与乡村阅读活动案例征集等工作内容，以推动社区与乡村阅读活动在全国的深入推广和发展。（浙江省图书馆学会）

【文化部社会文化司司长于群考察嘉兴市图书馆及大桥分馆】 9月25日下午，在浙江省文化厅副厅长陈瑶，嘉兴市文化广电新闻出版局局长王鸣霞，嘉兴市文化广电新闻出版局副局长张颖杰，嘉兴市图书馆馆长章明丽、副馆长沈红梅及大桥镇政府等领导的陪同下，文化部社会文化司司长于群莅临嘉兴市图书馆及大桥镇分馆参观考察。于司长听取了嘉兴市图书馆及大桥镇分馆一些基本情况介绍并观看了嘉兴市图书馆及各分馆的介绍短片，对嘉兴市图书馆及总分馆制度作了进一步的了解。（浙江省图书馆学会）

【第十九届浙江省市级公共图书馆馆长联席会议在舟山市召开】 11月1日—2日，由浙江省文化厅主办，舟山市图书馆承办的第十九届浙江省市级公共图书馆馆长联席会议在舟山市顺利召开。浙江图书馆、各市级图书馆、3家少儿图书馆、义乌市图书馆及舟山地区各县图书馆馆长参加了本次会议。浙江省文化厅社文处副处长倪巍主持会议，浙江图书馆馆长朱海闵、浙江图书馆副馆长刘晓清出席会议并讲话，舟山市文化广电新闻出版局副局长戎平娟致辞。本次会议围绕公共电子阅览室建设和公共图书馆"十二五"规划这一主题进行了讨论并提出了建议。（浙江省图书馆学会）

【全国首个G3阅览室在杭州下城区图书馆亮相】 4月17日，全国首个G3阅览室在杭州下城区图书馆全新亮相，这是G3阅读器首次进入图书馆并免费为读者服务。G3阅览室为广大读者提供了一种全新的阅读方式，是图书馆现有阅读模式的有益补充。由杭州市下城区图书馆与中国移动杭州分公司联袂打造的G3阅览室，设置于下城区图书馆二楼，面积80余平方米，一期投设了8台G3手持阅读器。阅读终端大小如同一本书，整合了眼下最流行的电子书和3G无线功能，并采用先进的EINK（电子墨水屏）技术，具有环保、健康、节能的优点。目前，通过移动无线书城已可阅读超过6万本的各类书籍。同步投入使用的还有2台手机式G3阅览器。（浙江省图书馆学会）

安徽省

【沈浩日记摘编书法作品在省图书馆展出】 1月27日上午，由安徽铁军书画社、省新四军历史研究会文化宣传委员会、省图书馆联合主办的“沈浩日记摘编书法作品展”在省图书馆隆重开幕。安徽省委组织部、宣传部、财政厅及滁州市相关领导出席开幕式。此次展出的作品，由王光宇、郑锐等安徽省委、省政府的离退休老领导和铁军书画社的近20位书法家，以摘编沈浩部分日记的形式，用40幅书法作品表达人们对沈浩同志的敬仰。展览结束后全部作品由省图书馆收藏。（安徽省图书馆学会　张海政　武巍泓）

【“暖风行动”走进女教所】 1月28日上午，由安徽省司法厅、安徽省图书馆、安徽商报社共同举办的“暖风行动——走进女教所，建立‘青年爱心图书室’捐赠揭牌仪式”在安徽省女子劳动教养管理所举行。安徽省司法厅党委书记、厅长孙建新和安徽商报社社长蒋克平为“青年爱心图书室”揭牌，省图书馆馆长易向军、省司法厅党委委员、政治部主任夏训发为“安徽省图书馆图书流通网点”揭牌。在安徽省女子劳动教养管理所建立“青年爱心图书室”和“省图书馆图书流通网点”是“暖风行动”的第二站，省图书馆为其捐赠图书、期刊近2000册，此帮教模式对促进罪犯改造起到积极的作用。（安徽省图书馆学会　张海政　武巍泓）

【安徽省图书馆晋升国家一级图书馆】 2月1日，第四次全国公共图书馆评估定级揭晓，安徽省图书馆首次晋升为国家一级图书馆。在文化部全国公共图书馆评估暨文化共享工程督导工作组的反馈意见中指出：安徽省图书馆坚持抓管理促发展，全面落实质量监控，引入ISO 9001质量管理体系，对后勤服务、行政管理、基础业务建设和读者服务全面实施质量认证，有效地提高了整体管理水平，采用这种全员参与、全程跟踪、持续改进的管理方式，使安徽省图书馆的各项工作得到了提升，增强了公共服务能力。这种把企业管理理念引入公共图书馆管理的做法值得全国公共图书馆界借鉴。（安徽省图书馆学会　张海政　武巍泓）

【“新安百姓讲堂”四周年庆典暨阎崇年专题报告会】 4月3日下午，“新安百姓讲堂”四周年庆典暨阎崇年先生报告会在省图书馆隆重举行。新安晚报社总编辑丁传光、安徽省图书馆馆长易向军先后致辞，对新安百姓讲堂四年来的工作进行了总结和汇报，文化厅副厅长肖桂兰等领导为15名“新安百姓讲堂”、“金牌主讲人”颁发奖杯、向4个“最佳合作单位”颁发奖牌，金牌主讲人代表及听众代表发表了热情洋溢的讲话。庆典活动后，我国著名学者阎崇年先生为听众作“谈古论今说人生”专题报告。报告中阎先生引经据典，借古喻今，就人生的“天合地合人合己合”作了精彩演讲，内涵深刻，通俗易懂，令人获益匪浅。（安徽省图书馆学会　张海政　武巍泓）

【安徽省第二届“读书乐”艺术摄影比赛作品开展】 4月23日，适逢第15个“世界读书日”，由安徽省图书馆、安徽省艺术摄影学会、安徽商报社主办的安徽省第二届“读书乐”艺术摄影比赛优秀作品展开幕式在省图书馆举办，主办单位负责同志、应邀嘉宾、获奖作者及摄影爱好者100余人参加了开展仪式。本次大赛得到了广大摄影爱好者的积极响应，组委会共收到参赛摄影作品近2000幅，评出一等奖2名，二等奖5名，三等奖10名，优秀奖30名，组织奖4名，另有62幅评为入围作品。本次展出的108幅摄影作品，从不同角度、不同层面反映了各种人物“读书”的雅趣和场景，从不同视角诠释书籍与人的和谐关系，讴歌读书所带来的快乐。在省图书馆展览结束后，还在全省部分市、县图书馆进行巡回展览。（安徽省图书馆学会　张海政　武巍泓）

【第五期全国古籍鉴定与保护高级研修班圆满结束】 5月14日，由国家古籍保护中心主办、安徽省古籍保护中心承办的第五期全国古籍鉴定与保护高级研修班在安徽省图书馆圆满结束，来自22个省、自治区、直辖市各系统图书馆的75名学员参加培训。第五期高级研修班为期11天，开设课程以版本鉴定为主，涵盖了各时代古籍版本鉴定、活字印本鉴定、稿抄校本鉴定、碑帖整理与鉴定、大藏经的整理与鉴定、古籍保护等古籍版本鉴定的各个方面。授课教师均为国内一流的古籍鉴定专家，授课过程中既有理论阐述，又有他们多年的实践经验总结和研究成果展示。为了提高教学效果，增强互动性，5月5日下午，召开了学员座谈会，大家就古籍保护体制与机制、普查平台、培训、修复、经费投入、名录申报与批准、保护与利用、合作与交流、研究与开发等古籍工作进行了充分交流。(安徽省图书馆学会　张海政　武巍泓)

【共享工程安徽省级分中心承担的电视专题片《安徽花鼓灯》开拍】 5月，由国家财政出资，共享工程安徽省级分中心承担的八集电视专题片《安徽花鼓灯》正式开拍。这是自2007年以来，安徽省分中心承担的第五部大型电视专题片。花鼓灯是我国淮河流域、特别是皖北地区十分盛行的歌舞艺术，是汉民族最具代表性和震撼力的民间舞蹈，在全国乃至国际上有较高的知名度。截至2010年底，摄制组已完成前期制作。《安徽花鼓灯》的拍摄对于加大保护传承安徽地方文化遗产，宣传安徽文化事业具有积极意义。(安徽省图书馆学会　张海政　武巍泓)

【省图书馆顺利完成人事制度改革】 6月上旬，根据图书馆事业发展的需要，安徽省图书馆进行了新一轮人事制度改革。首先在机构调整的思路上，按照扁平化管理原则，实行中心管理机制。重组业务流程，按照工作块面划分为文献资源、数字资源、读者服务、综合管理4个中心；其次进行竞争上岗、目标管理、双向选择、全员聘用、分配制度等各项改革；中层干部实行竞聘上岗，全馆共有43名员工报名参加竞聘中层干部，竞聘部门正职21人，部门副职22人。通过现场打分、民主测评、组织考察公示，经馆长办公会议集体研究，聘任28名同志为中层干部。新一轮人事制度改革于6月中旬圆满结束。(安徽省图书馆学会　张海政　武巍泓)

【省图书馆被评为2009年度全民阅读先进单位】 7月，在2010中国图书馆学会年会上，安徽省图书馆学会被中国图书馆学会授予2009年度“全民阅读”先进单位。省图书馆在2009年度全民阅读活动中，共接待读者129万人次，外借书刊124万册次；解答读者各类咨询14 505人次；入藏中文普通图书61 708种，129 482册；举办“讲座”、“展览”、“残疾人读书活动”、“少儿书画比赛”、“讲故事比赛”在内的各种读者活动80场次；建立图书流通网点达到40个；编辑各类专题信息36期等。在倡导全民阅读，满足读者知识需求方面，发挥了公共图书馆应有的作用。(安徽省图书馆学会　张海政　武巍泓)

【“2008志愿者行动——安徽省基层图书馆馆长培训”获第三届文化部创新奖】 安徽省图书馆、安徽省图书馆学会承办的“2008全国志愿者行动——基层图书馆培训班”使安徽省82个公共图书馆的91名馆长和业务骨干受益，对于促进安徽省图书馆事业的繁荣和发展发挥了积极作用，在7月召开的2010中国图书馆学会年会上，荣获第三届文化部创新奖。(安徽省图书馆学会　张海政　武巍泓)

【安徽省图书馆创办英语沙龙】 10月16日下午，安徽省图书馆第一期英语沙龙在省图书馆报刊部外刊室举行。为了给广大英语爱好者搭建英语学习和交流的平台，安徽省图书馆通过建立“英语沙龙QQ群”，广纳群友，定期在省图书馆举行英语沙龙活动。首期沙龙主题为salon in your eyes，10多名与会人员围绕主题，畅所欲言，并对如何办好英语沙龙提出建议和意见。(安徽省图书馆学会　张海政　武巍泓)

【“我与文化信息资源共享工程”有奖征文揭晓】 10月14日，全国文化信息资源共享工程安徽省级分中心举办的“我与文化信息资源共享工程”有奖征文揭晓。自5月24日征文通知下发后，得到了全省共享工程各级支中心及基层服务点的积极响应，共收到征文34篇，评出一等奖2名、二等奖4名、三等奖6名、组织奖2名。此次征文活动的成功举办，为省级分中心进一步策划、开展共享工程宣传活动奠定了良好的基础。(安徽省图书馆学会　张海政　武巍泓)

【安徽省图书馆助建“爱心快乐图书室”】 10月29日上午，省图书馆与《安徽商报》“爱心面对面”栏目的代表一行来到贝迪中国舒城县希望小学，帮助建立“爱心快乐图书室”，并向该校捐赠1000余册图书等物品。贝迪中国舒城县希望小学现有学生170多人，其中留守儿童120人，该校仅有一幢两层教学楼，电脑、图书等几乎为零。“爱心快乐图书室”的建立，对于开阔该校学生的知识视野、丰富师生们的阅读很有帮助。《安徽商报》“爱心面对面”栏目是“书籍点亮童年”——为农村希望小学和贫困中小学建立百所“爱心快乐图书室”这一大型公益活动发起者，安徽省图书馆为捐赠点之一。自本活动报道刊发后，自发前来捐赠图书的市民尤其是孩子络绎不绝。此次援建的舒城希望小学“爱心快乐图书室”的书籍就是从读者捐赠的图书中精心挑选的。（安徽省图书馆学会　张海政　武巍泓）

【2010 国家图书馆文津图书奖宣传推广活动在安徽省图书馆举行】 11 月 13 日下午，由国家图书馆主办，中国图书馆学会、安徽省图书馆、安徽省图书馆学会共同承办的“2010 国家图书馆文津图书奖安徽宣传推广活动”在安徽省图书馆举办，近 300 人参加了启动仪式。启动仪式由安徽省图书馆副馆长林旭东主持，国家图书馆副馆长陈力、安徽省图书馆馆长易向军分别致辞。上海市高级教师任寿柏先生主讲“书须读‘破’方精彩”专题报告。此次宣传推广活动受到读者的热烈欢迎，媒体也纷纷报道相关情况，安徽电视台《第一时间》栏目对陈力副馆长进行了专访。此项活动将一直延续到 2011 年 1 月。（安徽省图书馆学会　张海政　武巍泓）

【第三届安徽省公共图书馆馆长联席会议隆重召开】 11 月 20 日，第三届安徽省公共图书馆馆长联席会议在省图书馆召开。会议由省图书馆副馆长张海政主持，安徽省文化厅社文处副处长杨林艳、安徽省图书馆馆长易向军在开幕式上先后致词。省图书馆馆长易向军、副馆长林旭东、副馆长许俊松分别作“如何做一个聪明的图书馆馆长”、“参加中美‘图书馆技术专题交流项目’总结汇报”、“全国公共电子阅览室监督和试点工作会议精神概要”主旨报告；与会代表还就公共图书馆的发展趋势、《推动安徽省公共图书馆发展——合肥共识》、《安徽省公共图书馆地方文献协调方案》、《安徽省公共图书馆地方文献工作协调委员会章程》等进行分组讨论并提出了各自的建议和看法。芜湖市图书馆、合肥市少儿图书馆及五河县图书馆的馆长在大会上交流了工作经验。张海政、许俊松副馆长分别代表安徽省图书馆与各市、县代表签订了《安徽省公共图书馆地方文献资源共建共享协议书》和《VPN 资源共享协议》，协议的签订为推动安徽省建立地方文献服务协作网络，促进文化资源共享提供了有力的支持与保证。本次会议对加强全省公共图书馆之间的交流与沟通、促进工作与理论研讨、全面提升图书馆服务水平、管理水平和学术水平具有重要的现实意义。（安徽省图书馆学会　张海政　武巍泓）

【中国科技大学人文与社会科学学院和省图书馆共同创办“中华文化大学堂”】 11 月 21 日下午，由中国科技大学人文与社会科学学院、安徽省图书馆联合创办的“中华文化大学堂”开学典礼在中国科技大学水上报告厅举行。中国科学技术大学副校长张淑林、安徽省图书馆副馆长林旭东先后致辞，安徽省图书馆老读者范洪华老人作为学员代表与大家交流了“悟道的快乐”。“中华文化大学堂”每月举办一次，以专家讲授为主，课间穿插经典诵读、才艺展示、学员心得、成果发布等，以生动活泼、喜闻乐见的形式进行中华文化学修活动。此举使“新安百姓讲堂”走出图书馆，让听众有机会跨入一流高校的大门，与科大的学者教授近距离交流并享有优质的教学资源，领略中华文化的博大精深。双方合作还有意将“中华文化大学堂”辐射到全省各市县图书馆。（安徽省图书馆学会　张海政　武巍泓）

【安徽省图书馆举办全国特奥冠军宣讲访谈会】 12 月 4 日下午，全国第五届特奥会金牌获得者何恩泽等 5 位合肥籍运动员来到省图书馆，参加由合肥市残疾人联合会、安徽省图书馆共同举办的第 20 期“残障人士读书文化日”活动——全国特奥冠军宣讲访谈会。可以容纳 200 多人的报告厅内座无虚席。合肥市残联副理事长孙家友及安徽省图书馆副馆长林旭东出席本活动并发表讲话，他们表示作为代表残疾人共同利益的残联和公益性文化服务阵地的公共图书馆，将一如既往地为残障人士提供服务，真正实现残疾人与健康人的和谐共存。安徽电视台、安徽商报等多家媒体对 5 位全国特奥会冠军进行采访并给予报道。（安徽省图书馆学会　张海政　武巍泓）

【安徽省图书馆少儿部在“辛亥革命 百年纪念”征文活动中取得好成绩】 由中国图书馆学会、辛亥革命史研究会主办的“辛亥革命百年纪念”征文比赛结果揭晓，安徽省图书馆少儿部在活动中表现突出，喜获“积极组织奖”，该部门推荐的3位小读者的征文分获一、二、三等奖。（安徽省图书馆学会　张海政　武巍泓）

【安徽省图书馆完成第三批《国家珍贵古籍名录》申报工作】　截止2010年底，安徽省共有13家单位的259部古籍入选《国家珍贵古籍名录》，6家单位挂牌全国古籍重点保护单位。在第三批国家珍贵古籍名录申报活动中，安徽省古籍保护中心共收到全省22家单位报送的《国家珍贵古籍名录》申报表385份、“全国古籍重点保护单位”申报资料2份。经国家古籍保护中心评定，安徽省10家单位的58部古籍入选《国家珍贵古籍名录》。《第三批名录统计总表》数据显示，安徽省古籍入选量在全国排名第十位。（安徽省图书馆学会　张海政　武巍泓）

【合肥市图书馆评选“优秀读者”】　2010年国庆节期间，为激发广大读者的学习热情，合肥市图书馆开展了2009“优秀读者”推荐评选活动。评选活动得到了众多读者的支持和参与，经部门推荐或自荐，根据近年来读者在图书馆的借阅量及利用图书馆提供的服务所取得的绩效进行综合评价，10名读者获得“优秀读者”称号。这些读者中，有老师、学生、警察、企事业单位员工、退休职工等，他们都是图书馆的常客，有效地利用图书馆的资源开展工作和学习。群众读者崔兰兰几年来到合肥市图书馆借阅图书1252册，成为个人到馆借阅图书最多的读者。（安徽省图书馆学会　张海政　武巍泓）

【合肥市图书馆推出高仿版《富春山居图》鉴赏会】　4月23日上午，作为纪念第15个“世界读书日”开展的系列活动之一，合肥市图书馆在三楼学术报告厅隆重举办《富春山居图》鉴赏会。该鉴赏会分为“高仿版《富春山居图》的鉴赏与收藏”讲座及“高仿版《富春山居图》展览”两个部分。讲座由合肥市图书馆馆长凌波主讲，凌馆长为大家生动讲述了该画收藏的传奇故事及高仿品的鉴赏和收藏艺术。讲座结束后，凌馆长带领大家参观《富春山居图》高仿“团圆版”。此次展出的《富春山居图》是利用台北故宫博物院藏品反转片，经浙江华宝斋的石印技术处理的高仿“团圆版”，10多米长的画卷在展台上延伸展开，整副画卷用墨淡雅，山水搭配疏朗得当，画上满布名家收藏钤印及题跋，令参观者惊叹不已。为了满足大家一睹名画风采的愿望，合肥市图书馆将展览延至30日。此次鉴赏会的成功举办，引起了广泛的社会影响和媒体的高度关注，对广大读者了解我国传统文化的瑰宝起到了良好的引导作用。（安徽省图书馆学会　张海政　武巍泓）

【美国国会图书馆收藏黄梅戏音像作品】　10月30日，受美国国会图书馆之邀，中国黄梅戏艺术家韩再芬把黄梅戏搬上美国首都华盛顿的舞台，她精湛的表演艺术受到当地社会各界的关注，其音像作品被美国国会图书馆永久收藏。此举有利于向世界展示黄梅戏的艺术魅力，标志着中国黄梅戏及当代戏曲艺术正走向世界。（安徽省图书馆学会　张海政　武巍泓）

【安庆市图书馆举办建馆60周年庆典】　12月22日，安庆市图书馆建馆60周年庆祝大会隆重举行。安庆市委、市政府领导胡南亭、方祖中、黄杰、高开甲等到会祝贺。副市长黄杰主持庆祝大会，市委常委、宣传部长胡南亭发表讲话，安庆市图书馆馆长黄根苗、安庆市文广新局局长刘春旺、安徽省图书馆馆长易向军先后致辞。来自安庆市委、市政府、市文联及省内外各系统图书馆150余名代表出席了庆祝大会。国家图书馆、安徽省文化厅、安徽省图书馆、中国图书馆学会学术委员会主任吴慰慈教授等发来了贺电。庆祝大会之后，代表们参观了安庆市图书馆举办的馆史展、馆藏精品展、谢超元珍藏书画展及独秀园、世太史第、黄梅戏博物馆等市区文化景点。（安徽省图书馆学会　张海政　武巍泓）

【“江东人文讲坛”在马鞍山市图书馆开讲】
4月15日下午，由马鞍山市社科联、市文化委、市广电台、皖江晚报社、马鞍山市图书馆主办，马鞍山市图书馆学会承办的“江东人文讲坛”在马鞍山市图书馆报告厅开讲。首场讲座题目为《区际产业转移理论与皖江城市带承接产业转移示范区建设》，由安徽工业大学经济学院院长李致平教授主讲。马鞍山市相关领导、专家学者与200多位市民听取了本场讲座。（安徽省图书馆

学会　张海政　武巍泓）

【芜湖市图书馆承办"书香伴我行"征文活动】2月，由芜湖市委宣传部、市文化委、市文联、芜湖日报报业集团、市广播电视台联合主办，芜湖市图书馆承办的2009年芜湖市读书月"书香伴我行"征文活动圆满结束。本次征文活动共收稿件500多篇，15名来自全国各地的参赛者获奖，其中金奖2名，银奖5奖，铜奖8名。征文稿件的数量、质量较之往年有明显提高，参赛作者用真诚质朴的文字，生动记录了发生在身边的读书趣事、心得以及读书对生活的影响等，字里行间流露出积极进取、奋发昂扬的精神风貌。征文活动在倡导全民阅读，提升城市文化生活品位方面发挥了良好作用。（安徽省图书馆学会　张海政　武巍泓）

【文化部、国家发改委"十二五"规划调研组视察芜湖市图书馆】3月4日，文化部、国家发改委"十二五"规划调研组一行12人，在省文化厅、芜湖市政府、市文化委有关领导的陪同下，到芜湖市图书馆视察指导工作。调研组视察了芜湖市图书馆文献资源建设、读者阅读区域与报告厅、展览及休闲等公共使用空间环境以及各软硬件设施情况，听取了图书馆在文化信息资源共享工程支中心建设、新馆基本建设、读者开放、经费使用等方面的工作汇报。调研组领导对芜湖市图书馆在文化信息资源共享工程基础设施、基本资源、数字资源加工建设及智能化建设等方面所做的工作给予了肯定和指导。（安徽省图书馆学会　张海政　武巍泓）

【中医抗癌名家赵建成向太湖县图书馆捐书】6月20日上午，京城中医抗癌名家赵建成先生将《赵建成谈中医看病》等10多本著作捐赠给太湖县图书馆晋熙书屋收藏。太湖县图书馆举行了捐赠仪式，并为赵建成先生颁发捐书证书。赵建成先生捐赠的图书丰富了太湖县图书馆地方文献藏书。（安徽省图书馆学会　张海政　武巍泓）

【太湖县图书馆服务老年读者】10月，在重阳节来临之际，太湖县图书馆组织开展为老年人服务活动。图书馆为老年公寓送去了"健康讲座"及黄梅戏等专题片，还精心挑选60余册老年人喜爱的图书，为老年读者送书上门。这次活动得到了老年公寓的领导及老同志们的一致好评，让老人们度过了一个安详、快乐的"重阳节"。（安徽省图书馆学会　张海政　武巍泓）

福建省

【公共图书馆事业概况】据2010年福建省50个市县区公共图书馆统计，馆舍总面积173 336.9m^2，每馆平均面积3466.7m^2（全省公共图书馆馆舍总面积328 878.2平方米）；财政拨款10 198.97万元，平均每馆203.98万元；在岗人员总数601人，平均每馆12人（全省公共图书馆从业人员820人）；文献总藏量（不含购买服务的数据库资源）939.374万册/件（其中古籍、线装（包括民国年间本）藏量14.1126万册/件），平均每馆藏量18.79万册/件（全省公共图书馆馆藏总藏量1403万册/件）；全年图书外借735.211万册次，平均每馆外借14.7万册次。

至2010年底，厦门市图书馆等12家近年新建的图书馆新馆落成并投入使用，福清市图书馆等17家图书馆正在建设或已列入规划。

福建省联合编目中心设在福建省图书馆，目前有60家成员馆，全省公共图书馆可免费使用省编目中心的MARC数据。2010年福建省图书馆与维普全文电子期刊、万方数字化期刊等大型数据库继续签订全省公共图书馆共享的网络版使用权，对市县图书馆及具备条件的乡镇、村共享工程基层服务点签订协议，免费提供资源共享。

至2010年底，福建省有共享工程福建省级分中心1个，地市级支中心9个，县级支中心83个，乡镇基层服务网点465个，村级基层服务网点15 003个（其中14 990个依托农村党员现代远程教育工程建立）。各级财政累计投入建设资金8702.36万元；建立专兼职操作管理队伍16 256人，培训人员19 007人次（未计入远程培训人员），服务群众达957万人次。整合各类资源41TB，包括134万册电子图书，1.8万多种电子期刊，30多个大型数据库，影视、戏剧、讲座及科普节目等视频资源40 748部（片）。已在全省范围内初步形成资源较丰富、辐射范围较广的数字文化服务体系。福建省分中心已初步建成闽南文化专题资源数据库、福建省非物质文化遗产保护资源数据库、福建省地方史志全文数据库、三坊七巷数据库、寿山石雕数据库、台湾专题数据库、福建名祠、闽剧荟萃、21世纪福州名人墨迹、福建省家谱联合目录、馆藏家谱提要等特色数据库，资源总量达7.687TB。

至2010年底，福建省图书馆有馆外流通点69个，其他市县区公共图书馆也积极开展各种延伸服务。据50家市县区图书馆统计，共建馆外流通点998个，平均每馆20个（全省公共图书馆设立分馆或流通点1130个）。福建省图书馆在与省社科联合作办好“东南周末讲坛”的基础上，分别与省文联、省老艺协及海峡都市报、福建新闻频道、省直机关、省出版部署及各出版社合作举办各种大型文化活动，已形成了“东南周末讲坛”、“健康大讲坛”、“星期书友汇”、“艺海拾贝”、“省图之夏”、“闽图展览”等精品品牌。还与国家图书馆签订合作协议，打造了又一品牌“国图—东南周末讲坛”，邀请国家级知名专家学者来闽讲座。同时还利用国家中心配发的光盘资源开展阵地办讲、移动办讲服务。2010年福建省图书馆共举办讲座、展览、文化活动119场次，参加读者132 900人次。其中48场拍摄录像，与演讲者签订相关知识产权协议，提供全省公共图书馆共享，并将制作成数字资源报送共享工程国家中心实现全国共享。

福建省图书馆长期举办武汉大学图书馆学本科班（专升本，函授），2010年尚有22名学员在读；全年共举办各类业务培训（研讨）班19期，培训人数967人。（福建省图书馆学会）

【全省公共图书馆馆长岗位培训班在福州举办】 1月11日—15日，福建省文化厅在福州举办全省图书馆馆长岗位培训班，培训内容为文化共享工程、古籍保护、图书馆评估和图书馆业务知识。（福建省图书馆）

【福建省图书馆走进两会为人大代表和政协委员服务】 1月22日—28日，在福建省政协十届三次会议和福建省人大十一届三次会议期间，省图书馆组织两个服务小组深入会议住地，为代表和委员提供书刊借阅、答复与提（议）案有关的事实性咨询、协助查找并打印有关资料、免费发放省图电子阅读卡以及网上文献咨询等形式多样的现场服务。（福建省图书馆）

【福建省图书馆举办首批“县级数字图书馆推广计划”试点单位培训】 2月9日，来自全省10个县级支中心的10位技术人员在省图书馆接受了首批“县级数字图书馆推广计划”试点单位培训，内容包括1TB移动盘安装、资源利用与服务等。（福建省图书馆）

【福建省图书馆举办公共图书馆政府信息公开查阅服务专题培训班】 3月22日—25日，来自全省53个公共图书馆和部分院校图书馆80余人参加省图书馆举办的公共图书馆政府信息公开查阅服务专题培训班，学习了《政府信息公开制度与公共图书馆信息服务》、《政府信息公开查阅服务的实证分析》、《公共图书馆如何开展政府信息公开查阅服务》等课程。（福建省图书馆）

【福建省图书馆举行郑效洵同志藏书捐赠仪式】 5月14日，郑效洵同志藏书捐赠仪式在省图书馆隆重举行。郑效洵同志祖籍福建闽侯，是原民进中央副秘书长，第五、六届全国政协委员，历任北京图书馆图书资料采选委员会主任、国家图书馆研究馆员，1992年获国务院政府津贴。根据其遗愿，共向福建省图书馆无偿捐赠21 000册中外书刊，同时在该馆大厅举办“郑效洵同志捐赠图书展览”。（福建省图书馆）

【福建省图书馆被授予省级继续教育基地】 7月5日，省图书馆被福建省公务员局、福建省人力资源开发办公室授予“省级继续教育基地”称号；同月被中国图书馆学会授予“全民阅读示范基地”称号；9月被中共福建省委宣传部、福建省社科联授予“福建省2009年社会科学普及宣传周先进单位”和“福建省社会科学普及基地”称号。（福建省图书馆）

【福建省图书馆开展“数字连着你我他”系列数字阅读活动】 7月15日至8月31日，省图书馆开展了一系列青少年培训辅导活动：免费上网浏览各种电子书刊等数字资源和视频资源；举办“网络信息资源检索与利用”、“如何利用现代图书馆信息资源”等6场培训和辅导；组织全省“青少年网页设计大赛”，举办青少年网页设计基础班和提高班，选送优秀选手参加国家中心组织的全国比赛，从10个县市支中心选送的60余幅参赛作品中评选出 10 幅参加全国评选；在少儿分馆电子阅览室开展中华数字连环画评读活动。共吸引了 4000 多人次参加。（福建省图书馆）

【福建省图书馆开展“省图之夏”系列青少年暑期活动】 7 月 18 日至 10 月 3 日，省图书馆与《海峡都市报》、福建新闻频道合作举办主题为“我家住在闽江边——孩子们的福州印象”暨 2010 年“省图之夏”系列青少年暑期活动。共推出 5 场福州文化讲座，以及“福州印象”儿童绘画征集、作文征集、向贫困地区孩子捐书、在电子阅览室开展“数字连着你我他”系列数字阅读等活动，3000 多名青少年参加。（福建省图书馆）

【福建省公共图书馆馆长培训班在福州举办】 7 月 29 日至 8 月 1 日，由中国图书馆学会、国家图书馆、文化部全国文化信息资源建设管理中心、福建省文化厅主办，福建省图书馆、福建省图书馆学会承办的 2010 年中国图书馆学会“志愿者行动——福建省公共图书馆馆长培训班”在福州举办。全省 98 名公共图书馆馆长参加了培训，省图书馆 40 多名中层干部和业务骨干旁听培训课程。（福建省图书馆学会）

【陈桦副省长到福建省少儿图书馆、福建省图书馆古籍书库建设工地调研】 7 月 2 日上午，省委常委、副省长陈桦带领省政府办公厅、发改委、重点办、财政厅、建设厅、文化厅、机关事务管理局等部门负责人以及福州市政府、市规划局负责人，来到建设中的福建省少儿图书馆和福建省图书馆古籍书库扩建工地调研，并在省图书馆召开联席会议，研究项目建设工作。9 月 25 日上午，福建省少年儿童图书馆主体结构封顶仪式举行。省少儿图书馆是 2008 年省重点项目之一，当年 6 月立项，2009 年 3 月 31 日动工建设，预计 2011 年 9 月投入使用。总建筑面积 17 938平方米，设计藏书量 60 万册，读者坐席 1100 个。（福建省图书馆）

【福建省图书馆举办 2010 年图书馆基础业务培训班】 10 月 11 日—23 日，福建省图书馆举办 2010 年图书馆基础业务培训班，重点对全省基层图书馆新上岗、转岗及业务知识欠缺人员进行业务知识培训。参加培训的全省各图书资料单位 61 名学员多为大专以上至研究生学历。（福建省图书馆）

【全国公共图书馆讲座工作研讨班在武夷山市举办】 10 月 12 日—15 日，由国家图书馆主办、福建省图书馆承办的“2010 年全国公共图书馆讲座工作研讨会暨讲座联盟网络平台建设与使用研讨班”在武夷山市举办。全国省级公共图书馆讲座工作者共 80 人参加。（福建省图书馆）

【国家图书馆“文津图书奖”福建宣传推广活动举行】 10 月 30 日上午，国家图书馆“文津图书奖”福建宣传推广活动在福建省图书馆开幕，该活动由国家图书馆主办，中国图书馆学会、福建省图书馆、福建省图书馆学会承办，福州各高校师生代表及社会公众 1000 余人参加了全天活动。内容包括国家图书馆“文津图书奖”历届获奖图书宣传图片展示、第五届获奖图书及推荐图书展览，台湾著名诗人痖弦、福建师范大学教授余岱宗专题讲座等。还联合福建师范大学文学院和师大社团联合会漂流协会共同组织“文津图书奖”师大校园分会场的宣传推广和图书漂流活动。11 月 8 日后该展览转到福建省图书馆各分馆及共建单位巡回展出。（福建省图书馆学会）

【第 26 期全国古籍普查培训班在福州举办】 11 月 30 日上午，由国家古籍保护中心主办，福建省古籍保护中心、福建省图书馆承办的第 26 期全国古籍普查培训班在省图书馆开班。培训班为期两周，全国政协委员、全国古籍保护工作专家委员会主任李致忠等专家为学员授课，来自全省 41 家单位的 88 名古籍工作者参加培训。（福建省图书馆）

【福建省图书馆共享工程建设取得新进展】 2010 年，省图书馆承担了共享工程全省数字资源播发管理系统平台建设任务，并协助福建省文化厅实施共享工程全省 200 个乡镇基层点设备选型及招投标工作。同时加强地方特色文献数据库建设，组织拍摄《客家文化》专题系列电视片。全年举办 4 期共享工程乡镇基层点管理人员培训班和 2 期共享工程县级支中心信息联络员及技术骨干培训班，325 人参训。（福建省图书馆）

【福州市图书馆开展文化科技卫生"三下乡"活动】 1月8日，福州市图书馆工作人员前往平潭县流水镇开展文化科技卫生"三下乡"活动，送去1000册图书。还联合平潭县委组织部在当地建立6个基层党支部图书流通点，送去3000册图书。(福州市图书馆)

【福州市图书馆加快建立"通借通还"流通点】 3月25日在福州市委党校图书馆建立"通借通还"流通点，读者凭"通借通还卡"可以借福州市图书馆及其他"通借通还"流通点的图书。5月26日在福州市鼓山镇文化站建立"通借通还"流通点，并送书500册。11月2日在福州市艺术学校建立"通借通还"图书流通点，送书3000册。(福州市图书馆)

【福州地区公共图书馆业务研讨会在福清举办】 4月7日—8日，在福清市图书馆召开福州地区公共图书馆业务研讨会，福州地区13家市区县图书馆馆长参加。各馆回顾了2009年工作情况，通报2010年工作，并探讨福州地区公共图书馆"十二五"发展规划及福州地区公共图书馆"通借通还"工作。(福州市图书馆)

【福州市图书馆开展图书馆服务宣传周活动】 5月24日—31日，福州市图书馆开展了一系列活动：助残日前夕前往鼓楼区杨桥河南社区"福乐家园"特殊教育学校开展图书进基层活动；前往6个共享工程基层服务点开展文化信息资源下乡服务与业务辅导；举办医疗保健刊物展、中国旅游文化图书展；在电子阅览室举办免费浏览世博官网、欣赏馆藏共享工程视频资料、体验爱迪科森网上报告厅等活动；开展"花季护航·共享和谐"主题活动，播放青少年成长教育影片以及迎"六一"精品动漫影片；与鼓楼区杨桥河南社区联合举办"迎六一图书馆服务宣传周咨询日"活动，现场为小读者办理借书证，发放图书馆简介等资料，展示世博宣传板；同时在社区福乐家园播放少儿影片，让智障孩子与正常孩子共度节日，并赠送节日礼物150份。(福州市图书馆)

【福州市图书馆开展军民共建活动】 6月10日，福州市图书馆举办"驻榕部队图书流通点管理人员培训班"，30名官兵参加培训。7月29日上午赴省武警总队汽车中队建立部队图书流通点，送书1000册。12月14日，举行了由福州市文新局、福州市双拥办主办，福州市文艺工会、福州市图书馆承办，各区县图书馆、各兵种驻榕部队协作参与的福州市第一届"双拥杯"读后感征文比赛颁奖大会，征文活动历时半年，收到征文248篇。(福州市图书馆)

【福州市少儿图书馆设立农村图书流通点】 5月25日、26日，少儿馆分别在闽侯县洋里中心小学、闽清县东桥中心小学设立图书流通点，各送书1000册。11月17日，在闽清县桔林乡汤兜村设立图书流通点，送书800册，并配送书架4组、阅览桌2张、阅览椅12张、报架1个。截至2010年底已累计建立125个馆外图书流通点。(福州市少年儿童图书馆)

【福州市少儿图书馆开展第五届读书月活动】 图书馆配合福州市第五届读书月开展了丰富多彩的活动：9月，设置新书专架，推荐3000册新书；9月26日在闽清县台鼎村文化活动中心和闽清县东前村幼儿园新设2个图书流通点；10月22日，联合《福建日报》、《福州日报》和闽清县图书馆，为闽清县云渡小学和樟山小学图书流通点换书各500册，并举办"中外伟人名人与图书馆"图片展览。(福州市少年儿童图书馆)

【厦门市图书馆邀请希腊马拉松市市长举办2010年首场讲座】 1月3日上午，希腊马拉松市市长、厦门市"荣誉市民"赞毓费先生应邀在厦门市图书馆报告厅为近百名市民作"马拉松运动的起源与发展"讲座。此为2010年图书馆的首场讲座。(厦门市图书馆)

【厦门市图书馆举行"第二届海峡两岸图书馆服务创新"报告会】 1月25日上午，厦门市图书馆举行了"第二届海峡两岸图书馆服务创新"报告会，来自台湾、香港的专家学者和厦门市图书馆学会会员118人参加，5个主旨报告均以图书馆服务创新为主题。(厦门市图书馆)

【厦门市图书馆举办2010年青少年寒假热读活动】 1月25日至2月21日，厦门市图书馆共举办了28场2010年青少年寒假热读活动，参加人数40 269人次。包括：寒假“文明小督导”实践活动，108名中小学生参加；首届《厦门晚报》小记者优秀摄影、美术作品展，从近200幅作品中评选90幅展出；名师课堂系列讲座，解析高考重点和难点，3场讲座共600多人参加；“我最爱的一本书”外来员工子女作文演讲赛，吸引了来自江西、河南和福建安溪等地外来员工子女参加，社区居民500多人到场观看；“中国节”专题书展，推出专题图书180册，读者借阅860人次；寒假“开心电影展播”，播放17场，接待小观众2721人次；“何娟姐姐故事角”举办3场幼儿故事会。（厦门市图书馆）

【厦门市图书馆设立图书流通示范点与总馆联网】 2009年下半年至2010年第一季度，该馆将长乐社区、郭山村、61816部队和73115部队等图书流通点作为示范点，通过互联网平台加入图书馆联合服务体系，实现了借书证“一证通用”、书刊“通借通还”。2010年“八一”前夕，图书馆人员来到73119部队流通点开展图书馆管理系统联网、数字资源共享及图书分类排架等业务工作指导，同时送去50G共享工程数字资源。（厦门市图书馆）

【“厦门机关青年论坛暨青年文化新天地”在厦门市图书馆揭牌】 4月10日上午，“厦门机关青年论坛暨青年文化新天地”在厦门市图书馆揭牌，厦门市直机关党工委、团市委、市机关青联、市文化局和图书馆领导出席。之后举行首场讲座，邀请北京大学经济研究中心霍德明教授作“海峡两岸产业集群对接与金融支持政策”讲座，272人听讲。（厦门市图书馆）

【厦门市图书馆举办“4·23世界读书日”系列活动】 4月23日，厦门市图书馆“4·23世界读书日”系列活动在一楼大厅启动，厦门外图集团、厦门必胜客育秀餐厅、厦门白金汉英语培训学校的代表及图书馆巾帼文明岗岗员和青年文明号代表、莲花小学学生及家长、爱绿双语国际幼儿园小朋友和部分读者百余人参加。图书馆与上述单位分别签订了图书馆借阅证增值服务合作协议，同时表彰了在“大手牵小手”爱心图书募捐活动中表现突出的2个团体和10位读者代表并颁发爱心奖状。8项主题活动分别是：“都市时尚生活一卡通——图书馆借阅证增值服务”、“大手牵小手”爱心图书募集及捐赠、“阅读与分享”图书推荐、“知识经济时代如何读书”专题讲座、“读书”主题电影展播、“鼓浪屿申报世界文化遗产”宣传以及“何娟姐姐故事角”。（厦门市图书馆）

【“鼓浪屿申遗活动点”在厦门市图书馆中山分馆揭牌】 4月24日上午，约240人出席了在厦门市图书馆中山分馆举行的“鼓浪屿申遗活动点”揭牌仪式。之后举行首场活动，特邀厦门地方史专家何丙仲先生作“鼓浪屿租界”讲座，同时举办“鼓浪屿建筑与装饰作品展”以及反映鼓浪屿救世医院创办者郁约翰生平事迹的“大爱无疆——郁约翰在鼓浪屿”图片展。（厦门市图书馆）

【厦门市图书馆名家公益讲座受市民热捧】 5月，邀请俞敏洪、方文山先后在图书馆举办了“俞敏洪走进图书馆”和“中国风·文山流”两场大型公益讲座，备受厦门市民关注。5月3日、18日免费发放入场券，近2000名市民两度在馆门前排起200米长龙。5月7日、21日讲座开始前2—3小时馆门前又一次排起长龙，掀起了继2009年易中天讲座之后的新一轮图书馆讲座高潮。两场讲座听讲达3200人次，俞敏洪讲座还设了同步直播分会场，近1700人听讲，创下该馆单场讲座听众人数新高。（厦门市图书馆）

【厦门市图书馆举办2010年度图书馆服务宣传周活动】 5月29日至6月6日，举办了图书馆数字资源推介、社会捐赠文献宣传展、首届“厦门知青读书周”图书馆日活动、爱心图书捐赠、“何娟姐姐故事角”进校园以及走进公园、社区、学校、军营开展主题讲座、专题展览、有奖问答、现场办证等10多项主题活动，开展系列活动41场，参加人数34 391人次。（厦门市图书馆）

【厦门市图书馆在外来员工子弟学校开展爱心图书捐赠等活动】 2010年“六一”国际儿童节，由该馆巾帼文明岗成员、青年文明号成员和党员代表组成的爱心图书捐赠团一行7人，带着

“大手牵小手”爱心图书募捐活动捐赠的1284册图书走进曙光小学，为这所外来农民工子女学校的“爱心书箱”更新图书。该馆少儿活动品牌栏目——“何娟姐姐故事角”还为一年级小同学送去精彩的故事。（厦门市图书馆）

【厦门市图书馆举办“馆藏精品”与“厦门人物”展】 6月24日，厦门市图书馆在二楼长廊推出“馆藏精品”与“厦门人物”展。“馆藏精品”展示了《通鉴纪事本末》、《注陆宣公奏议》等入选《国家珍贵古籍名录》的珍贵古籍，《鹭江志》、《厦门市志》等具有重要参考价值的地方史料及《平台纪略》、《台湾通史》等研究闽台关系的重要文献等24部馆藏精品；“厦门人物”介绍了在文史界、教育界、医学界、科技界等享誉中外的22位厦门籍人物。（厦门市图书馆）

【厦门市图书馆暑期举办多项活动】 6月25日至8月31日，图书馆推出“悦读厦门”图书专柜，推介反映厦门历史文化的图书、期刊、音像资料等77种，近万名读者前来浏览借阅。7月10日，举行暑期“异域风情”系列讲座的第一场英文讲座，由来自英国的爱德华·伦恩先生主讲“西餐与餐桌礼仪”，听众达200余人，该系列讲座还包括“传统节假日”、“美国牛仔狂野西部”等3场英文讲座。7月26—30日，组织开展暑假青少年主题活动——“走读厦门”欢乐游，参加的青少年读者达230人次，观看了市规划展览馆360°环绕荧幕短片，参观了科技馆“海洋·摇篮”展区、博物馆“厦门历史陈列”展区以及图书馆、美术馆等场馆，并完成“走读厦门”有奖问答卷。（厦门市图书馆）

【厦门市图书馆日均到馆人次突破万人】 2010年以来，到馆读者量持续上升，7月以来日均接待读者10 467人次，其中7月18日到馆读者达15 225人次，创历史新高。据最新数据统计，1—7月共接待读者1 467 087人次，比2009年同期增长21.54%，各项服务指标居全国公共图书馆先进水平。（厦门市图书馆）

【厦门市图书馆建设与发展工作会议召开】 8月10日上午，厦门市文化局和厦门市图书馆学会在同安区图书馆新馆联合召开厦门市图书馆建设与发展工作会议，市文化局领导及市图书馆、市少儿馆、各区图书馆馆长共21人参加。会议讨论修改了《厦门市公共图书馆服务联合体文献流通工作规则》、《厦门市公共图书馆服务联合体实施集中编目的操作方案》。（厦门市图书馆）

【厦门市图书馆举办第四届“我与书缘”读书宣传月活动】 10月1日至11月14日，厦门市图书馆举办了第四届“我与书缘”读书宣传月活动，围绕“阅读与电影”主题举办各类活动40场，参与活动读者78 657人次。本次活动亮点一是“英文原版文献推广阅读”受到读者青睐；二是在图书馆一楼大厅及各分馆举办“光影流波画电影——厦门市图书馆馆藏电影资料展”，展出馆藏近3000幅电影海报及从馆藏图书、报刊中精选出的600多幅珍贵资料图片，还向社会征集了部分实物和资料，展览吸引了3万多市民参观。此外，特邀专家主讲、主持电影主题讲座与电影沙龙活动。各分馆同时举办了“爱动画、绘动画”动画电影绘画比赛、“爱猜电影”有奖竞猜、“我最喜爱的一部电影”征文、“电影与阅读”书刊推荐等系列活动；还组织各分馆员工走上街头、走进学校和工业区，开展宣传推广活动。（厦门市图书馆）

【厦门市图书馆举办“越讲越精彩——‘周末知识讲座’十年回眸”展览】 10月15日至11月30日，厦门市图书馆举办了“越讲越精彩——‘周末知识讲座’十年回眸”展览，从讲座溯源、讲座宣传、讲座荟萃、大型公益讲座、讲座延伸服务等5个部分，集中展示了10年来“周末知识讲座”从无到有、从小到大、从两周一讲到每周一讲，最终成长为颇具影响力的“市民大课堂”的发展历程。展览分别在总馆一楼大厅和灌口分馆等展出，吸引了近4万人参观。（厦门市图书馆）

【菲律宾驻厦总领事馆向厦门市图书馆等捐赠图书】 12月23日，在厦门市图书馆举行了菲律宾驻厦总领事馆赠书仪式。厦门市人民政府外事办主任洪成宗、副主任李啸萍，菲律宾驻厦总领馆总领事 Mr. Raul S. Hernandez（何瑞良），菲律宾驻厦总领馆副领事 Ambrosio Brian F. Enciso III（苏安富）以及有关图书馆领导出席。2010 年是中菲建交 35 周年，菲律宾驻厦总领事馆将 500 册《菲律宾神话故事选》分别赠送厦门市教育局、市图书馆、市少儿图书馆和市青少年宫等单位。（厦门市图书馆）

【厦门市少儿图书馆承办中国图书馆学会第八届未成年人图书馆服务专业委员会工作会议】 3 月 1 日—2 日，由厦门市少儿图书馆承办的中国图书馆学会第八届未成年人图书馆服务专业委员会工作会议在该馆召开，来自湖南、天津、上海、杭州、广州、武汉、沈阳等省市少儿图书馆近 50 位馆长、专家出席。（厦门市少年儿童图书馆）

【厦门市少儿图书馆获“阅读推广奖”等奖项】 4 月 23 日，该馆在“全国少年儿童阅读年嘉年华”活动中荣获中国图书馆学会颁发的“阅读推广奖”，同时在参加长春市少儿图书馆承办的全国少年儿童阅读年“卓越学校阅读设计大赛、阅读校际列车——班级读书会活动”中获优秀组织奖，该馆选送的“读书伴我成长”班级读书会获二等奖。5 月 28 日，厦门市文明办召开全市未成年人思想道德建设工作表彰大会，该馆荣获“厦门市未成年人思想道德建设工作先进集体”称号。10 月 19 日，该馆承办的“厦门市小学生经典诵读夏令营”荣获厦门市“2010 年暑期百场夏令营”活动优秀夏令营奖，该馆职工何彩霞获“优秀辅导员”称号。10 月底，该馆荣获“闻一多杯”第二届全国少年儿童书法、绘画书画作品征集赛优秀单位组织奖。（厦门市少年儿童图书馆）

【厦门市少儿图书馆举办小学生亲子经典诵读比赛】 5 月 28 日—29 日，由厦门市“红读”活动组委会主办、该馆承办的“辉煌中国”厦门市小学生亲子经典诵读比赛决赛举行。活动以家庭为单位，家长与孩子共同阅读《辉煌六十年》等书籍，同台展示阅读成果。经过全市 6 个区和直属小学层层选拔，有 26 组家庭参加决赛，300 多位小学生和家长观摩。（厦门市少年儿童图书馆）

【厦门市少儿图书馆举办图书馆服务宣传周暨庆“六一”游园活动】 活动于 5 月 30 日上午在中山公园院内举行，该馆员工精心设置了十几个小朋友喜爱的游戏项目，同时举办“优秀动漫欣赏”展播活动，近 2000 名家长和儿童参与。（厦门市图书馆）

【三明市召开全市公共图书馆馆长会议】 4 月 7 日，全市公共图书馆馆长会议在三明市图书馆召开，市文化与出版局领导、市图书馆馆长、副馆长及部室主任、市少儿图书馆馆长以及全市 10 个县（市）图书馆馆长参加。会议传达了国家图书馆馆长周和平在国图“十二五”规划座谈会上的讲话精神、文化部深圳会议精神以及省文化厅领导讲话精神，就全市图书馆参加第四次全国公共图书馆等级评定工作进行点评。各馆还交流了加快图书馆基础设施和文化共享工程建设以及图书馆服务创新等经验。（三明市图书馆）

【三明市图书馆为市民和进城务工人员举办免费电脑培训班】 5 月 28 日—29 日，三明市图书馆在电子阅览室为市民和进城务工人员举办了免费电脑培训班，30 多名社区居民和进城务工人员参加培训。（三明市图书馆）

【三明市图书馆开展文化信息延伸服务】 2010 年，该馆在市区 47 个社区全部建立了社区服务点，为每个服务点配送书刊 200 册，其余由市文明办提供及社区自购。市区 13 个乡镇、街道办也全部建立服务点，安装统一登录平台。同时还在永安市图书馆、沙县图书馆等 10 个县级图书馆建立了服务点。（三明市图书馆）

【泉州市图书馆“泉州文献之窗”数字图书馆正式开通】 1 月 1 日，泉州市图书馆“泉州文献之窗”数字图书馆正式开通，全市读者可通过该平台免费阅读电子书刊，一些不能直接得到的文献还可以提出检索帮助和索取请求，由图书馆向国内外图书馆索取并传递文献全文。目前这一平台已实现了 100 万种图书全文在线阅读、270 万种中文图书浏览，8000 多万篇期刊、报纸、会议论文、学位论文和 160 个外文图书数据库检索，1 万集专家教授视频学术讲座在线收看，还整合了“闽南文化”、“泉州文史资料”等 15 个泉州地方文献数据库。1月8日，该馆为市政府办系统200多名工作人员举办了一场如何利用图书馆、如何使用“泉州文献之窗”数字图书馆的专场讲座。特邀福建师范大学图书馆馆长、博士生导师方宝川教授作“学习型社会和图书馆”讲座，该馆许兆恺馆长介绍“泉州文献之窗”数字图书馆的内容与使用方法。（泉州市图书馆）

【“区域数字图书馆建设研讨会暨‘泉州文献之窗’签约仪式”在泉州举行】 4月9日，“区域数字图书馆建设研讨会暨‘泉州文献之窗’签约仪式”在泉州举行。中共泉州市委、市文化局、市信息化管理局等领导及全省公共、高校图书馆馆长、专家近百人参加。泉州地区市县两级图书馆签订共建协议，携手打造为市民提供优质便捷服务的数字图书馆服务平台。与会专家还就如何建设和发挥好数字图书馆作用进行探讨。（泉州市图书馆）

【泉州市图书馆举办纪念“世界读书日”系列活动】 4月初，图书馆与泉州书城联合印发纪念读书日宣传活动材料2万多份，向市区中小学生分发，开展“让我们在阅读中共同成长”主题读书活动。4月23日举行“泉州书城杯”、“成长的书香”征文颁奖仪式，市有关单位领导和嘉宾为10位获奖学生代表颁奖，并举行读书活动文艺表演。成立以阅读和沙龙为形式的“我爱阅读吧”和“阅读者乐园——读书爱好者协会QQ群”。赠送图书和“泉州文献之窗”阅读卡及期刊阅读卡。4月25日，“温陵讲坛”邀请中国作协会员、泉州市作协副主席蔡芳本作“读书与生活”讲座。（泉州市图书馆）

【漳州市图书馆举办迎新春系列活动】 2月2日—18日，该馆推出“闽南文化生态保护成果展”、“闽南春节习俗图片展”及“馆藏闽南文化专题图书展”3个展览，观众约2000人次。（漳州市图书馆）

【漳州市图书馆举办文化遗产日活动】 6月11日—13日，漳州市图书馆在一楼展厅举办文化遗产日宣传展览。展览向全市各县（市、区）非物质文化遗产保护中心、各项目保护单位广泛征集实物展品，重点突出宣传漳州市第三批国家级项目漳州片仔癀、浦南古傩、潮剧，吸引了漳州师范学院、漳州职业技术学院、漳州市老年大学等700多名师生参观。（漳州市图书馆）

【“芝山讲坛”在漳州市图书馆开讲】 6月29日上午，由中共漳州市委宣传部、市社科联、市委讲师团、市图书馆联合举办的公益性讲座——“芝山讲坛”在漳州市图书馆举行揭牌仪式。该系列讲座全年共举办7讲，听众近千人。（漳州市图书馆）

【南平市图书馆承办传统文化与德行教育师资培训班】 由南平市文化与出版局、共青团南平市委、市文明委主办，南平市图书馆承办的传统文化与德行教育师资培训班，于2月3日起进行一星期全封闭式培训，培训对象为南平市10个县（市、区）各类学校教师、家长、企事业职工以及有志于中华传统文化教育与德行教育的志愿者共178名，三明地区8位教师也前来旁听。特邀中国教育学会科研规划重点课题“校园文明礼仪教育实验研究”总课题组副组长、辽宁省教育厅经典诵读特聘讲师倪敏达授课，还邀请福州、南平、武夷山、建瓯、松溪等图书馆介绍开展《弟子规》教育经验。（南平市图书馆）

【南平市图书馆向朱子学校捐赠图书】 9月26日，该馆和武夷山市图书馆向武夷山市五夫镇朱子学校捐赠图书仪式在朱子文化讲学堂举行，为1000多名师生送去《朱子语类大全》、《弟子规》等各类图书2090册，《弟子规》教读片48篇，价值13 348元。（南平市图书馆）

【宁德市图书馆举行奠基仪式】 2月8日，宁德市图书馆奠基仪式在宁德市东侨经济开发区隆重举行。福建省文化厅、宁德市委、市人大常委会、市政府、市政协领导，省、市、县（区）图书馆馆长及有关单位来宾，市直机关、企事业单位、学校等各界人士共200多人参加。馆舍拟建6层，面积1.2万平方米，设计总藏书量90万册，阅览座位900个。（宁德市图书馆）

【宁德市公共图书馆工作座谈会暨市图书馆学会2010学术年会召开】 12月8日—11日，宁德市公共图书馆工作座谈会暨市图书馆学会

2010学术年会在福鼎市图书馆召开，宁德市、福鼎市文化部门领导，全市公共图书馆馆长，市图书馆学会理事及论文作者30多人参加。市图书馆学会还组织了以“提升图书馆能力与效益，促进环三都澳区域发展建设”为主题的学术研讨会，10篇论文在研讨会上交流。（宁德市图书馆）

【闽侯县图书馆《四库全书》等上架提供读者阅览】 近年来，中共闽侯县委、县政府高度重视图书馆藏书建设，先后拨专款给闽侯县图书馆购买《四库全书》、《四库未收书辑刊》、《四库禁毁书丛刊》。8月17日，该馆已将这3套文献上架，提供馆内阅览。（闽侯县图书馆）

【闽侯县图书馆开展“农家书屋”管理员在岗培训】 11月8日—9日，闽侯县对15名乡镇服务中心人员和91名新配备的农家书屋管理员进行一年一度的在岗培训。培训班由闽侯县文体局主办、县图书馆承办，聘请省图书馆老师授课。2010年，该县大力推进农家书屋建设，投入100多万元，新建91家农家书屋。目前已建成农家书屋109家，年底还将启动91家，拟于2011年基本实现全县所有行政村和社区农家书屋全覆盖。（闽侯县图书馆）

【连江县图书馆开展春节有奖读书知识竞猜活动】 2月14日（正月初一），连江县图书馆在报刊阅览厅举办了春节有奖读书知识竞猜活动，600多名读者参与，场面热闹非凡。这项活动已成为该馆春节的传统活动项目，有一位读者出国多年，每年回来过年时想的第一件事就是要到县图书馆参加猜谜活动。（连江县图书馆）

【连江县图书馆开展两岸图书交流活动】 5月19日，台湾马祖乡亲一行6人来到连江县参观交流，并在县图书馆举行“马祖乡亲赠书仪式”，赠送马祖地方文献资料近200种。（连江县图书馆）

【福清市图书馆开展2010年“双拥杯”书评征文活动】 5月，该馆与福清市双拥办联合举办2010年“双拥杯”书评征文活动，全市中小学生、边检站及驻地部队官兵踊跃参加，共征集350篇征文。本次活动得到中共福清市委宣传部与市文体局大力支持，有关领导出席颁奖仪式为获奖师生和官兵颁奖。（福清市图书馆）

【长乐市举办第四届读书节】 1月20日上午，长乐市第四届读书节开幕式在博雅堂举行。读书节以“阅读、和谐、发展”为主题，历时3个月，内容有“品读好书、品味生活”图书推荐阅读活动、“唤醒沉睡借阅卡”活动、“学习与成长”系列讲座等，参与市民约15 000人次。在读书节开幕式“捐书活动”中，市直机关、乡镇（街道）、企业积极响应长乐市委市政府倡导全民阅读和终身学习的号召，踊跃向长乐市图书馆捐款，共筹得购书款397.5万元。（长乐市图书馆）

【中共福建省委、福州市委领导到长乐市少儿图书馆参观调研】 8月25日，中共福建省委常委、宣传部长唐国忠，中共福州市委常委、宣传部长、副市长朱华在长乐市委书记吴贤德、宣传部长张礼强、市政府副市长王建忠等领导陪同下，来到长乐市少儿图书馆参观调研。（长乐市图书馆）

【长乐市图书馆荣获“全国服务农民服务基层文化建设先进集体”称号】 12月21日，第四届全国服务农民服务基层文化建设先进集体表彰大会在北京召开，长乐市图书馆荣获“全国服务农民服务基层文化建设先进集体”称号。（长乐市图书馆）

【文化部副部长杨志今到长乐市图书馆调研指导】 12月24日，国家文化部副部长杨志今在福建省文化厅副厅长陈朱、长乐市人民政府代市长王绍之陪同下，到长乐市图书馆调研指导。（长乐市图书馆）

【厦门市湖里区图书馆开展“世界读书日”系列活动】 4月17日—23日，厦门市湖里区图书馆开展了“世界读书日”系列活动。包括：在金山小区广场举行第二届厦门（湖里）城市诵读节启动仪式；邀请幼儿园小朋友来馆参加“爱书日”签印活动；“世界读书日”当天向前30名到馆读者赠送读书纪念品，并向2010年第一季度“读书之星”赠送奖品。（厦门市湖里区图书馆）

【厦门市湖里区图书馆举办文化共享工程知识竞赛】 4月27日下午，在该馆多功能厅举办了"湖里区基层文化信息资源共享工程知识竞赛"，全区5个街道代表队及各社区共享工程基层服务点工作人员50人参加。2010年，该馆在全市范围内率先实现全区基层文化信息资源共享工程100%覆盖。（厦门市湖里区图书馆）

【厦门市湖里区图书馆开展"图书馆服务宣传周"活动】 厦门市湖里区图书馆开展的"图书馆服务宣传周"活动有：举办读者座谈会暨"怎样利用图书馆"讲座；与武警厦门支队二大队共建2个军营流动图书点，5月28日上午举行授牌仪式，提供1000册流动图书。（厦门市湖里区图书馆）

【厦门市湖里区图书馆长年举办公益电脑培训】 该馆在全市建立首个"厦门市社区学习中心"，长期为读者提供公益电脑培训服务的图书馆，优先为残障人士、外来务工人员、下岗职工、老年人等弱势群体提供培训机会。2010年以"夕阳红学电脑，做时尚一族"为主题，开办8期"计算机知识扫盲班"，着重为老年人服务，培训人数140人。（厦门市湖里区图书馆）

【永安市图书馆与中国移动共促全民阅读】 12月2日，该馆与中国移动福建公司永安分公司签订战略合作协议，该馆使用中国移动永安分公司的40M国际互联网专线接入，向永安市移动客户提供各类数字图书；永安分公司将建设一卡通系统，推出"掌上图书馆"，移动客户可凭手机卡在该馆借阅纸质图书及电子音像资料。（永安市图书馆）

【泉州市鲤城区图书馆加快自动化建设步伐】 2010年，该馆根据读者需要购买电子图书5878册，总价55 618元。3月18日，该馆为77个社区图书室和农家书屋的管理员举办图书馆自动化管理软件业务培训，培训管理员195人，还派出技术人员到各社区图书室和农家书屋帮助安装和现场指导。（泉州市鲤城区图书馆）

【惠安县图书馆与小学联办校园民俗文化节活动】 2010年"六一"儿童节，该馆与县第三实验小学联合举办经典诵读古诗文暨校园民俗文化节活动。活动以千人诵读古诗文拉开活动序幕，接着合唱、说唱、木偶、民俗表演、传统舞蹈、歌曲演唱等节目相继登台演出，全校1100多名师生参加。（惠安县图书馆）

【永春县图书馆举办首届少儿书画现场创作大赛】 5月23日，该馆举办图书馆宣传服务周系列活动开幕式暨永春县首届少儿书画现场创作大赛，近90名少年儿童参加现场书画比赛。（永春县图书馆）

【石狮市图书馆科技分馆正式成立】 1月6日，石狮市科技文体旅游局在海峡两岸科技孵化基地举行石狮市图书馆科技分馆授牌赠书仪式，局领导、孵化基地负责人、入驻企业代表等30多人出席。科技分馆现有图书2000多册，报刊、杂志60种，设有电子阅览室和专家阅览室，与总馆通过VPN实现联网服务。（石狮市图书馆）

【石狮市万祥图书馆获赠《四库全书》】 3月1日，陈延奎基金会董事长陈永栽博士向石狮市万祥图书馆捐赠一套《四库全书》。陈博士是菲律宾著名侨领，长期以来热心家乡建设。（石狮市图书馆）

【台湾县市志典藏室落户石狮市万祥图书馆】 6月14日，作为第四届闽台对渡文化节（即海上泼水节）重要内容之一，石狮市隆重举行台湾25县市市志展揭幕仪式，300多名海内外嘉宾出席。同时在石狮市万祥图书馆举行台湾县市志展览，当天参观者达1000多人次。从2009年下半年开始，石狮市图书馆委托台湾太世科网络营销公司副总经理蔡崇熙先生向台湾各县市征集当地县市志，得到台湾各县市大力支持，共收集到近400件，在万祥图书馆建立台湾县市志典藏室集中收藏。6月16日，祖籍石狮的本地企业家邱今堤先生还捐款20万元，专门用于万祥图书馆购书。（石狮市图书馆）

【石狮市图书馆协办"蔡丽双杯"图书缘全国散文大奖赛颁奖典礼】 12月25日，由泉州市图书馆支持、石狮市图书馆协办的"蔡丽双杯"

图书缘全国散文大奖赛颁奖典礼在石狮鹏山工贸学校隆重举行，到会嘉宾和获奖者代表约1000人。比赛共收到海内外作品3000多部（篇），其中133部（篇）作品获奖。（石狮市图书馆）

【晋江市图书馆开展迎新春活动】 2月14日—28日（正月初一至正月十五），晋江市图书馆举办了迎新春系列活动，共播放影视大片5场；春节猜谜活动挂出谜面500条，100余位读者参与竞猜；“对对子、长见识”新春对联活动有70余位读者各显文采；还举办“让书回家、还书免责”取消滞纳金活动，免费金额计2848元。参与活动读者13 915人次。（晋江市图书馆）

【晋江市图书馆开展结对帮扶活动】 3月23日，由晋江市图书馆发起的“心系四川、爱心接力”送温暖活动征集的近300袋图书、四季衣物及学习用品发往四川凉山州美姑县，部分图书发往福建对口支援四川彭州市通济镇中心小学、思文小学和黄村图书室。（晋江市图书馆）

【晋江市图书馆开展系列服务活动迎接“助残日”】 晋江市图书馆为迎接“助残日”，开展了系列活动：在晋江市特殊教育学校设立爱心图书流通点，不定期调拨新书，满足特教学校200多名学生阅读需求；4月3日至5月8日举办第一期公益手语培训班，53名读者参加；利用该馆先进服务设备及各楼层的残障人士专用设备，营造“无障碍”空间。共有300余人参与活动。（晋江市图书馆）

【晋江市图书馆举办台湾书画摄影联展】 4月13日—16日，台湾书画摄影联展在晋江市图书馆开展，展出320幅由194位晋江和台湾作者创作的书法、绘画、摄影作品。其中摄影作品都出自台湾知名摄影家之手，书法、绘画作品还包括张大千的关门弟子孙家勤作品。此次联展是晋江和台湾联办规模最大的一次文化交流，参观者约6000人次。（晋江市图书馆）

【晋江市图书馆举办纪念“世界读书日”系列活动】 为纪念“世界读书日”，晋江市图书馆举办了系列活动：不同行业、不同年龄读者在“阅读与人生”读书沙龙交流读书心得，并赠送《晋江文评》和《晋江青年文学2009卷》；组织20余位不同行业读者前往泉州书城，开展“你买书、我买单”现场采买图书活动；开展“我最喜爱的一本书”征文及召开“十佳读者”表彰大会。该馆还在一楼大厅举行大型爱书签名活动。共吸引500多名读者参与。（晋江市图书馆）

【晋江市图书馆开展“图书馆服务宣传周”系列活动】 晋江市图书馆开展的“图书馆服务宣传周”系列活动包括：与市妇联联办晋江市第三届家庭文化节之“以书易书·知识共享”晒书大会，150余名读者参加，交换图书1000多册，400多种本地特色藏书首次参展；与市红十字会联合发出“文明以存·爱心永驻”捐款倡议，设立爱心捐款箱，募集资金用于帮助四川贫困单亲家庭男孩；利用图书馆网站举办“我们大家的世博”图片展。（晋江市图书馆）

【晋江市图书馆首家部队分馆落成】 7月26日，晋江市图书馆首家部队分馆在驻晋94921部队揭牌开馆。馆舍面积近500平方米，藏书6500册，期刊110多种，设有图书阅览室、书库、休息室和电子阅览室，配置22台电脑和1台服务器。分馆与总馆实行联网，实现书目数据统一检索和图书通借通还。（晋江市图书馆）

【文化部领导来晋江市图书馆考察】 11月6日，文化部纪检组组长李洪峰一行在福建省文化厅宋闽旺厅长陪同下来到晋江市图书馆等地，考察晋江文化产业发展情况。晋江市副市长蔡萌芽陪同考察。（晋江市图书馆）

【南安市图书馆开展农家书屋帮扶活动】 从3月开始，该馆积极做好“文化低保工程”农家书屋帮扶工作，按季为25个农家书屋图书流动点提供免费业务培训并下乡帮建辅导。2010年帮建农家书屋1个，为25个市级示范村流动图书室轮换图书近10万册次，下基层辅导112人次，培训业务骨干32人。8月26日—29日举办了首期基层文化管理人员培训班，来自全市各乡镇共享工程基层服务点、农家书屋、文化站32名管理员参加培训。（南安市图书馆）

【南靖县长张翼腾一行到南靖县图书馆调研】

1月13日，南靖县人民政府县长张翼腾、副县长詹文华、洪泰伟，以及县财政局、发改局、城管局等有关部门负责人考察了县图书馆。1月28日，詹文华副县长带领建设局、文体局领导再次来到该馆，就图书馆改造工程进行调研。（南靖县图书馆）

【永定县图书馆开展延伸服务】 2010年里，县图书馆积极参与“农家书屋”建设，深入各村调研，提出村图书室建设配置方案，为全县农家书屋选配图书5万多册、码洋70多万元，配置书架、阅览桌椅100多套，捐赠木制书架67架。与县文体局联合举办二期“农家书屋管理人员业务专题培训班”，参训人数200人，编印《农家书屋操作指南》200份。（永定县图书馆）

【上杭县图书馆地方文献建设取得新进展】 2010年，县图书馆征集地方文献50多种2000余张，其中有官契、救亡情报、票据、证书等。在上千张官契中有乾隆、嘉庆、道光、光绪、民国等各时期契约，品种多样，品相完好。还征集到民国时期学生毕业证书几十份。（上杭县图书馆）

【武平县图书馆为乡镇基层服务】 5月，该馆购买近500册有关农村种养殖方面的图书，赠送给东留乡太阳村老年文化活动中心，并利用赶集日向当地农民群众赠送本馆编印的《信息摘编》1000份。全年6次深入平川镇西厢村等7个乡镇12个村培训农家书屋图书管理员，各乡镇文化站长、村级文化协管员等45人参加培训。（武平县图书馆）

【连城县图书馆向基层文化中心赠书】 该馆坚持每年购买一批适合农村群众阅读的图书，送给基层文化中心。7月5日，该馆又将价值6000余元的300册图书送到隔川乡恒亿松洋村文化中心，类别包括文学名著、农业实用技术、文化娱乐等。（连城县图书馆）

【宁德市蕉城区图书馆新馆奠基】 在蕉城区政府的支持下，区文体局积极筹建“文化与图书馆”大楼，于11月1日举行新馆动工仪式。区图书馆新馆为7层建筑，5480平方米，计划于2011年10月国庆前建成并投入使用。（宁德市蕉城区图书馆）

【福安市图书馆举办图书优惠月展阅活动】 12月，该馆与书店联合引进5000多种正版图书、图片及光盘资源，在市区中小学举办展阅和优惠销售活动。还分别向广兴社区、福安四中、甘棠镇南圹村委、山下小学等6家单位赠送图书1600册。（福安市图书馆）

【台湾人士魏永竹先生向古田县图书馆赠书】 5月10日，台湾人士魏永竹先生向该馆赠送《重修台湾省通志》149册、《台湾全志》34册。（古田县图书馆）

【屏南县图书馆联合有关单位送书进小学】 9月2日，该馆与县关工委、科技局、科协等有关单位联合向甘棠小学赠送1348册图书，价值近2万元。县关工委常务副主任陆泽长出席了赠书仪式。（屏南县图书馆）

江西省

【概况】 江西省现有公共图书馆108所，省级图书馆1所，地、市图书馆11所，县（区）图书馆96所，从业人员共计1406人，其中：高级职称69人，中级职称266人。全省图书馆总藏量1548.21万册，其中：图书1184.1万册，古籍100.45万册，善本5.48万册，报刊242.28万册，视听文献、缩微制品13.34万册，其他8.04万册。全年总流通人数638.92万人次，书刊文献外借562.36万册次，新购藏量65.07万册（次）。公用房屋建筑面积27.2396万平方米。其中：书库面积7.5292万平方米，书刊阅览室面积5.2023万平方米，电子阅览室面积1.1858万平方米，阅览坐席数共22 042个。全省公共图书馆计算机共计4848台，有电子阅览室终端3176个，设网站19个，共享工程省级分中心1个，市级分中心11个，县级支中心100个，乡镇基层服务点756个，村级基层服务点16 879个。（黄珣）

【江西省图书馆“两会”信息咨询服务举措多、效果好】 1月24日，江西省图书馆为方便省人大代表、省政协委员在“两会”期间利用图书馆的文献信息及网络数据库资源，精心编印了资料，并第八次组织服务小组深入“两会”，以传统咨询手段与现代信息技术相结合的形式，积极为与会代表和委员提供适时、便利、快捷的信息咨询服务，举措多，效果好，受到了省委书记苏荣、省政协主席傅克诚，省人大常委会副主任姚亚平等领导的一致好评。会议期间，共向驻地代表、委员发放“两会”资料 800 余份，接待咨询 180 人次，提供相关资料 47 篇，打印提案 13 件、112 页，下载数据库论文 93 篇，免费办理图书借阅证 156 张。（黄珣）

【江西省启动“县级数字图书馆推广计划”】 2 月 9 日，江西省图书馆举行“县级数字图书馆推广计划”江西启动仪式，并举办首期“县级数字图书馆推广计划”技术培训班。江西省将在春节前完成首批 10 个县级数字图书馆的推广。此次“县级数字图书馆推广计划”的启动，正式拉开了江西从传统图书馆向现代数字图书馆转变的序幕。江西省图书馆将不断优化全省县级图书馆的数字资源内容，丰富传输形式，创新服务手段，将江西省图书馆自建的特色数字资源融入其中，与国家数字图书馆的资源共同构建海量的、高质量的、独具地方特色的分布式中文数字资源库群，为数字图书馆建设做好资源保障。2010 年底前，全省所有县级图书馆的读者都能使用到国家数字图书馆和江西省图书馆的文献资源。（黄珣）

【第四届“读书乐”全国摄影比赛优秀作品在江西省图书馆免费展出】 3 月 8 日，由江西省图书馆与上海图书馆合作举办的第四届“读书乐”全国摄影比赛优秀作品展暨江西省图书馆回望 2009 成果展在江西省图书馆赣图展览大厅拉开了帷幕，为广大读者献上了艺术内涵与视觉享受兼备的文化盛宴。江西省图书馆为了满足广大读者日益增长的文化需求，近期专门开辟赣图展厅，并与全国公共图书馆联合，推出和引进一批优质展览，为广大读者长年免费提供展览服务，以更好地践行传承文明、服务社会的职责，营造良好的学习环境。此次到赣图展览的第四届“读书乐”全国摄影比赛优秀作品共 95 幅，包括本届比赛 35 幅获奖作品和 60 幅入选作品。展览将在赣图展厅免费展出 2 个月，同时推出了江西省图书馆“回望 2009”成果展，通过对图书馆业务建设、读者活动、特色服务等方面的介绍，使读者参与到图书馆事业中来，共同建设好江西广大读书人共有的“精神家园”。（黄珣）

【江西省完成第三批《国家珍贵古籍名录》暨“全国古籍重点保护单位”申报工作】 3 月 9 日上午，江西省古籍保护工作专家委员会会议在江西省图书馆召开。会议听取了省古籍保护中心办公室对江西省第三批申报《国家珍贵古籍名录》暨“全国古籍重点保护单位”的情况汇报，专家们对申报材料进行了认真审核，并就疑难问题展开了热烈讨论。经专家审核，同意 152 部善本古籍申报《国家珍贵古籍名录》（其中江西省图书馆 103 部、赣州市图书馆 11 部、景德镇市图书馆 8 部、南昌市图书馆 2 部、萍乡市图书馆 11 部、九江市图书馆 8 部、乐平市图书馆 7 部、南康市图书馆 2 部），赣州市图书馆申报“全国古籍重点保护单位”。3 月 10 日，江西省古籍申报工作顺利完成，申报材料经省政府办公厅同意，由省文化厅报送文化部及国家古籍保护中心。（黄珣）

【江西省图书馆积极开展“文化共享助春耕”活动】 3 月 12 日，为了帮助广大农民朋友丰富农业科技知识，提高生产技能，江西省图书馆抓住春播耕种的时节，充分利用全国文化信息资源共享工程的农业科技知识光盘资源，积极开展多项“文化共享助春耕”服务活动。利用文化共享工程江西省分中心“江西文化信息资源网”的“农民网校”栏目，开辟了“文化共享助春耕”专栏，宣传农业科技知识。同时，江西省图书馆还将精选出的有关春耕资源刻录成光盘，下发到各市、县图书馆及文化共享工程各市、县支中心，并要求各图书馆、支中心利用资源，开展相应的服务活动。截止到 3 月 26 日，江西省图书馆已累计刻录下发春耕资源光盘 6000 余盘。（黄珣）

【江西省图书馆“世界读书日”活动丰富多彩】 4 月 23 日，江西省图书馆围绕“保障阅读权利，享受阅读快乐”的主题，因地制宜地开展了形式多样、丰富多彩的“世界读书日”系列宣传服务活动。江西省省委宣传部副部长、江西省文化厅党组书记、厅长李玉英出席了由江西省图书馆、江西省图书馆学会、文化共享工程江西省分中心隆重举行的 4・23“世界读书日”系列活动启动仪式，并致辞祝贺此次活动的成功举办。领导们共同启动了江西省图书馆新设置的自助数字阅报器，并为大型展览——“赣图展览：我们大家的世博”揭幕，各界人士、媒体记者及市民 300 余人参加启动仪式。李玉英厅长一行还视察了江西省图书馆古籍善本书库。此次江西图书馆界推出的“世界读书日”活动举措新、亮点多、效果好。尤其是江西省图书馆推出的世博展览、视频讲座、数字资源展示、专题咨询等九项群众喜闻乐见、寓教于乐的专题活动格外引人瞩目。此外，免费为持证读者提供 CNKI、万方数据、中宏、北大方正、维普和博看等六个大型文献数据库查询服务及优惠办理借阅证活动也受到了读者的广泛好评。（黄珣）

【江西省社联科普中心、江西省图书馆、江南都市报联手打造“社科大讲堂”文化品牌】 为共同夯实做大做强“社科大讲堂”这一公共文化服务平台，将其打造成江西省公共文化服务体系中普及性、公益性、大众性、标志性的文化品牌项目，4 月 30 日，江西省社联科普中心、江西省图书馆、《江南都市报》签署了关于联合举办“社科大讲堂”的协议。省社联主席祝黄河、副主席黄万林，省文化厅副厅长王晓庆，《江西日报》副社长兼副总编任辛等领导和相关人员出席了签字仪式。联合举办“社科大讲堂”，有效整合发挥三家单位各自资源与优势，促进了“社科大讲堂”质量和影响力的提高，为“社科大讲堂”成为江西省公共文化服务体系的文化品牌打下了良好基础。（黄珣）

【江西省图书馆积极开展图书馆服务宣传周活动】 5 月 24 日—30 日，江西省图书馆紧密围绕本次图书馆服务宣传周的主题——“充分发挥公益性电子阅览室作用，积极推进学习型社会建设”，积极开展了为读者免费代查数字资料、“指尖阅读”推广、“世博知识知多少”知识竞赛、“我眼中的家乡美”少儿书画摄影作品比赛及少儿网页设计大赛等一系列活动。服务宣传周期间，还举办了“走进世博会——中国・2010 年上海世博会图片展”和“创业、择业——聆听百特创始人的成功之道”讲座，并在电子阅览室推出了“赣图邀你网游世博”活动，吸引低收入阶层等弱势群体到电子阅览室，为他们提供免费服务，取得了良好的社会效果。（黄珣）

【江西省四部珍贵古籍进京参展】 6 月 11 日至 7 月 12 日，由文化部主办，国家图书馆（国家古籍保护中心）承办的第三届“国家珍贵古籍特展”在国家图书馆展览厅举办，江西省四部珍贵古籍参加了此次特展。江西省已连续三年参加“国家珍贵古籍特展”，展示了江西省古籍保护成果。此次入选参展的四部珍贵古籍是：景德镇市图书馆的《浮梁县志》，乐平市图书馆的《监本附音春秋谷梁传注疏》，江西省图书馆的《巽斋文集》和《旧五代史》。（黄珣）

【江西省图书馆积极开展灾后信息服务活动】 7 月 6 日，由江西省图书馆、文化共享工程江西省分中心发起，抚州市图书馆、文化共享工程抚州市支中心积极响应，并联合举办的“‘洪水无情人有情，文化共享暖人心’赣图在行动——文化信息赈灾服务”活动在抚州市罗湖镇邹阳村拉开了帷幕，向广大灾区群众送去了灾后重建技术信息服务。江西省图书馆在罗湖镇邹阳村开设文化信息赈灾服务台，将精心编印的 1000 份《灾后实用技术手册》、500 份《灾后生产自救办法》宣传资料、300 盘农业技术光盘等资料及时送到了灾民手中。同时在江西文化信息资源网开辟“洪水无情人有情，文化共享暖人心”专栏，宣传介绍洪灾自救方法、灾后卫生防病常识等知识。还在文化信息赈灾服务点播放农业种植、养殖类技术讲座，用文化科技知识帮助灾民开展灾后农业生产自救工作。（黄珣）

【江西省数字图书馆正式开通运行】 7 月 12 日上午，“江西省数字图书馆开通仪式”在江西省图书馆隆重举行。江西省文化厅党组成员、副厅长王晓庆点击启动了江西省数字图书馆，来自全省 11 个设区市的公共图书馆馆长共同出席了开通仪式。江西首个富有地方特色的大型数字图书馆的开通运行，标志着江西省的公共图书馆在由传统图书馆向现代化图书馆发展的进程中又取得了重大进展。此次开通的江西省数字图书馆内容丰富，使用便捷。不仅包括知识、图书、期刊、报纸、学位论文等网络资源检索和利用，还具有江西省图书馆的馆藏资源、参考咨询、共享工程、展会讲座、少儿服务以及江西省图书馆学会等资源的查询与浏览功能，特别是广大人民群众不仅可以通过网络随时检索和利用江西旅游文化资源、景德镇陶瓷文化资源、鄱阳湖生态经济区建设资源等独具江西特色的数字化资源，还可以利用中国知识资源总库、维普资讯、万方数据等网络数据库资源，为广大读者提供不受时空限制、方便快捷的全天候服务。（黄珣）

【江西省设区市公共图书馆馆长会议召开】 为交流和总结江西省的图书馆工作，7月12日上午，“江西省设区市公共图书馆馆长联席会议”在江西省图书馆会议室隆重召开。江西省文化厅党组成员、副厅长王晓庆，江西省图书馆领导班子及全省11个设区市的公共图书馆馆长等40余人参加了会议。会议由江西省图书馆馆长周建文主持。与会代表就加快图书馆现代化建设步伐，加强文化共享工程建设，稳步推进古籍保护工作，努力打造全江西省图书馆网络服务平台等方面进行了深入交流与探讨。（黄珣）

【江西古籍保护网开通运行】 7月12日，江西省图书馆、江西省古籍保护中心联合在南昌百瑞四季酒店举行“江西古籍保护网开通仪式”，江西省文化厅党组成员、副厅长王晓庆和江西省科学技术协会副主席梁纯平出席仪式，并共同点击启动了江西古籍保护网。各大专院校图书馆馆长以及全省各设区市图书馆馆长等有关方面人员80余人出席了网站开通仪式。江西古籍保护网站是一个采用现代技术和手段服务全社会的古籍保护信息交流和传播平台，网站内容丰富，界面友好，设有古籍保护、古籍普查、申报评选、珍品赏析、古籍入门、古籍知识、藏书春秋、业界动态等栏目。它不仅可以在网上开展古籍普查、古籍申报工作，还可以及时发布江西最新的古籍保护信息，帮助古籍收藏单位和个人古籍收藏者在古籍定级、古籍普查、古籍修复等方面进行业务交流和学术探讨。而且它还面向社会，服务广大人民群众，人们可以不受时空限制、随时随地在网上学习古籍保护知识，欣赏历代珍贵古籍。（黄珣）

【江西省图书馆驻抚州市看守所图书流通站正式揭牌】 7月27日，由江西省图书馆和抚州市图书馆共建的图书流通站揭牌仪式在抚州市看守所隆重举行。抚州市人民政府副市长刘菊娇，抚州市人民政府副市长、市公安局党委书记、局长袁才华，抚州市文化局局长李建林和江西省图书馆馆长周建文参加揭牌仪式，《江西日报》、抚州市电视台等媒体现场采访了该活动。省馆和抚州市馆为该图书流通站配备了1200多册新书，使劳教学员在劳教期间享受到公共图书馆的服务。流通站的建立，对教育、挽救劳教学员将起到积极的教育效果，对实现和谐文明的文化劳教氛围，尤其是对稳定社会和治安综合治理等方面将起到积极的促进作用。（黄珣）

【江西省文化厅厅长李玉英到国家图书馆参观考察】 8月29日，中共江西省委宣传部副部长、省文化厅党组书记、厅长李玉英在省文化厅有关处室负责人、江西省图书馆馆长的陪同下，参观考察了国家图书馆。国家图书馆馆长周和平会见了李玉英厅长一行，并就加快江西省图书馆的建设发展进行了交谈。随后，李玉英厅长一行由国家图书馆副馆长张志清陪同，参观了国家图书馆馆史展、立法决策服务成就展，考察了古籍善本书库，观赏了《四库全书》、《敦煌遗书》等国家图书馆的珍贵馆藏，还考察了国家图书馆二期新馆暨国家数字图书馆读者接待与服务工作。（黄珣）

【江西省图书馆开展科普日活动】 9月21日，江西省图书馆、江西省图书馆学会联合举办了以“节约能源资源、保护生态环境、保障安全健康”为活动主题的“2010年全国科普日——赣图科普宣传周活动”。9月18日至24日，江西省图书馆、江西省图书馆学会紧紧围绕鄱阳湖生态经济区建设这一中心，以“发展低碳经济、绿色崛起”和“服务创业、富民兴赣”为重点，开展了一系列富有特色、精彩纷呈的科普活动。活动期间还利用数字网络平台展示现代化读书方式，为读者免费办理借阅证、举办未成年人保护宣传活动。（黄珣）

【江西省图书馆获“闻一多杯”作品征集赛优秀组织奖】 10月29日—31日，由中国图书馆学会、闻一多基金会、山东省文化厅联合举办的

"闻一多杯"第二届全国少年儿童书法、绘画作品征集赛颁奖大会在山东省济南市隆重召开。由江西省图书馆选送的绘画作品《看世博，迎未来城市乐园》（作者：孙蕴璐 7 岁），在众多书画作品中脱颖而出，荣获三等奖，江西省图书馆也荣获了此次"闻一多杯"第二届全国少年儿童书法、绘画书画作品征集赛的优秀单位组织奖。（黄珣）

【第二十四期全国古籍普查培训班在江西举办】 11 月 9 日上午，由国家古籍保护中心主办，江西省古籍保护中心、江西省图书馆学会、江西省图书馆承办的第二十四期全国古籍普查培训班在江西省图书馆三楼报告厅举行开班仪式。来自全省 48 家单位的 74 名古籍工作者参加培训。这是全国古籍普查培训班首次在江西举办，培训班聘请了唱春莲、赵前、吴格等专家，分别讲解名录申报中的问题、明清古籍鉴定、古籍分类等方面的基本知识，同时安排古籍普查实践技能课程，培训时间为半个月。（黄珣）

【欧阳祖经裔孙向江西省图书馆赠书】 11 月 15 日上午，欧阳珍女士、肖新民先生代表民国期间江西省立图书馆馆长欧阳祖经全体裔孙向江西省图书馆赠书，采编部主任罗志军代表江西省图书馆接收了赠书。这些书是中国著名历史学家、教育家陈垣先生赠与欧阳祖经先生的，包括《元西域人华化考》、《旧五代史辑本发复》、《大唐西域记撰人辨机》三种四册，极具学术价值，其中《元西域人华化考》为陈垣先生的成名之作。（黄珣）

【江西省图书馆完成文化共享工程 32 个县级支中心设备安装验收】 2010 年，是共享工程"十一五"规划的关键一年。为完成覆盖全省 100 个县的建设目标，推进全省文化共享工程事业的发展，江西省图书馆抽调一批拥有丰富经验的技术人员组成安装队伍，赴共享工程基层点进行设备安装。完成卫星接收设备架设后，技术人员又加班加点帮助各支中心安装 ILAS 软件，并及时为当地支中心的工作人员进行专业知识培训，为县级支中心的同志解决工作中遇到的各种困难。11 月 16 日，技术人员经过两个月的时间，行程超过 9000 公里，完成了 32 个县级支中心设备的安装、调试和验收工作。（黄珣）

【江西省图书馆开展创业服务年工作并获得检查组好评】 2010 年，为巩固机关效能年活动成果，进一步转变机关作风，提升创业服务水平，优化图书馆事业的发展环境，江西省图书馆按照省委、省政府和省文化厅的统一部署，认真贯彻落实创业服务年活动。同时，利用丰富的馆藏资源在社科借阅室开设"进一步做好创业服务工作，大力宣传鄱阳湖生态经济区建设"的专题书架，将创业、鄱阳湖生态经济区建设、生态农业、低碳经济等相关书籍放置在专题书架中方便读者阅读，使创业者能够从多方面了解创业知识与鄱阳湖生态经济区建设知识，更好地为创业者提供服务。12 月 3 日，以江西省林业厅党组成员、省纪委驻林业厅纪检组长李晓浩为组长的省创业服务年工作考核检查组一行在省文化厅党组副书记、副厅长汪天行陪同下莅临江西省图书馆检查指导工作。检查组通过听取汇报、查阅资料、干部访谈、实地查看等形式对江西省图书馆创业服务年活动开展工作进行了全面深入、细致认真的检查，对江西省图书馆创业服务年工作"出实招 有实效"给予了充分肯定，特别是设立创业服务年专题书架、开展灾后信息服务、提供优质数字资源等措施获得了检查组的高度评价。（黄珣）

【江西省文化厅党组调整充实江西省图书馆领导班子】 12 月 3 日，江西省文化厅党组成员、副厅长王晓庆在厅人事教育处、社文处负责人的陪同下，到江西省图书馆宣布了厅党组关于江西省图书馆领导干部的任命。经厅党组研究，决定聘任黄俊、何振作、李晓君为江西省图书馆副馆长。王晓庆副厅长在宣布厅党组的干部任命后表示，调整充实领导班子，充分表明厅党组对江西省图书馆事业的关心、重视和支持，希望江西省图书馆要以领导班子充实调整为契机，进一步加强领导班子和队伍建设，努力打造一支思想正、业务精、作风硬的文化队伍，为江西省公共文化服务体系建设做出新的贡献。（黄珣）

【江西省公共图书馆工作座谈会在南昌召开】 12 月 27 日下午，江西省公共图书馆工作座谈会在南昌百瑞四季酒店隆重召开。会议旨在总结

"十一五"期间全省图书馆的各项工作，交流与研讨"十二五"期间全省图书馆事业的发展思路和重点工作。江西省文化厅副厅长王晓庆出席会议并讲话。来自全省公共图书馆的150名代表参加了此次座谈会。会议围绕"构筑全省地方文献资源保障体系，服务鄱阳湖生态经济区建设"这一主题，进行了深入交流与探讨。会上，江西省图书馆向各级公共图书馆发出倡议，着力构建全省公共图书馆地方文献保障体系，建设省、市、县三级公共图书馆地方文献资源中心。会议还向在文化部第四届公共图书馆评估中获得三级以上称号的图书馆授牌，并表彰了江西省古籍普查工作先进单位和江西省文化共享工程先进单位，向县图书馆赠送了县级数字图书馆推广工程资源。（黄珣）

【江西省图书馆建馆90周年庆典隆重举行】 12月28日，江西省图书馆建馆90周年庆典在省图书馆隆重举行。江西省人民政府副省长孙刚，江西省委宣传部副部长、江西省文化厅党组书记、厅长李玉英，江西省政府副秘书长叶磊，江西省文化厅党组副书记、副厅长汪天行，江西省文化厅党组成员、副厅长王晓庆，江西省文化厅党组成员、省文物局局长史文斌等领导出席庆典仪式。全省各设区市图书馆、县（区）图书馆、高校图书馆、社会各界关心、支持图书馆事业发展的人士以及江西省图书馆离退休老同志、在职干部职工等共200多人参加了此次庆典。文化部、中国图书馆学会、国家图书馆及其他省市级图书馆等40多个单位发来贺电，热烈祝贺江西省图书馆90华诞。庆典期间，孙刚副省长、李玉英厅长、叶磊副秘书长等领导参观了江西省图书馆建馆90周年展览，并视察了珍贵古籍室。

江西省图书馆以形式独特、内容丰富的多项活动喜迎90周年馆庆。通过庆典仪式、90周年图片展览、提高借阅册数、优惠办证等一系列的活动，在为读者展现江西省图书馆90年辉煌历程的同时，给读者提供更加优质更加便捷的服务。12月10日下午，由省图书馆工会、团委共同举办的"爱我赣图——纪念江西省图书馆建馆90周年"演讲比赛率先举行，来自10个部门不同岗位的18名选手参加了比赛，全面展现了省图书馆干部职工良好精神面貌的，为建馆90周年诚挚献礼。为期2个月的"文章林府 润物无声——江西省图书馆馆建馆90周年图片展览"向公众免费开放。同时通过系统升级，将每张读者借阅卡可借书籍册数提高至4本，获得了读者的一致好评。馆庆期间，江西省图书馆还推出《江西省图书馆馆史》、《江西省图书馆馆藏珍本古籍图录》、《宋应星见存著作五种》三本珍贵书籍，其中《宋应星见存著作五种》为海内外孤本再造，具有十分强的观赏和收藏价值。此外，江西省图书馆"赣鄱讲坛"举办了多场公益讲座，少儿部也配合馆庆举办了专场少儿活动，为广大读者献上一道道的文化大餐。（黄珣）

【赣州市图书馆新春活动精彩不断】 赣州市图书馆新春活动精彩不断。1月28日晚，2009GZTV赣州经济年度人物颁奖典礼在赣州市图书馆举行，赣州市委宣传部部长彭光华等市领导出席颁奖典礼。1月31日下午，赣州市图书馆参加由西津路社区主办的"迎新春，福送万家"活动，到该社区进行图书馆服务宣传及现场优惠办证活动，当天共发放宣传资料150余份，办理读者优惠证21个。赣州市图书馆在春节期间还举办了系列读书活动，主要包括：2月14日至16日举办春节读者读书有奖活动；2月14日至18日在广场和社区举办春节图书读者办证进社区活动；2月14日至28日，开展春节新书推荐，送书服务进社区、进流动图书站活动。（黄珣）

【赣州市图书馆跻身"全国古籍重点保护单位"】 在国务院正式公布的第三批"全国古籍重点保护单位"和第三批《国家珍贵古籍名录》名单中，赣州市图书馆被评为"全国古籍重点保护单位"。4月，国家派出专家组对赣州市图书馆进行实地考察，给予了肯定和好评。这次市图书馆被评为国家古籍重点保护单位是全市文化工作中的一件大喜事，将推动古籍保护工作的科学、规范和持续开展。（黄珣）

【赣州首部关于基层图书馆建设个人专著出版发行】 于都县图书馆馆长谢弟铨撰写的《耕耘与探索——基层图书馆建设管见》一书，近日由大众文艺出版社出版发行。据悉，这是赣州市公共图书馆系统工作人员撰写、公开出版发行的个人专著，也是首部关于基层图书馆建设内容的专著。该书共收录了作者精选的39篇文章，内容多数是针对基层图书馆（室）的建设、发展、管理与服务，操作性强的探讨性和案例性文章，对基层图书馆（室）、农家书屋的建设、发展、管理与服务具有较强的指导和借鉴意义。（黄珣）

【赣州市图书馆举办“珍藏书开放日”】 为开展好赣州市全民读书活动，营造良好阅读氛围，充分发挥图书馆文化传播职能，更好地为市民服务，赣州市图书馆于11月15日至12月15日期间的每周星期一，举办一天的“珍藏书开放日”活动。（黄珣）

【赣州市图书馆开展“读好书，迎新年”百本好书推荐活动】 为了在全市营造“爱书、读书、用书”的良好氛围，不断提升市民文化素质，推动赣州市第二届全民读书活动深入开展，自12月16日起，赣州市图书馆与赣州晚报社联合开展“读好书，迎新年”百本好书推荐活动，向读者集中推介100本好书，并将100本推荐书目在《赣州晚报》予以公布。（黄珣）

【新余市图书馆服务工作迈上新台阶】 1月中旬，新余电视台综合新闻《直播新余·今日话题》栏目组对新余市图书馆的馆藏古籍做了专题性的采访与拍摄，并于1月14日－15日晚上黄金时间在《直播新余·今日话题》节目中分上、下两期播出，每期10分钟，并多次重播。此次“新余市图书馆馆藏古籍文献”电视专题的播出，加强了市民对古籍知识的认识和了解，展示了新余市图书馆古籍普查的阶段性成果，体现了全社会对古籍保护的重视。（黄珣）

【新余市图书馆新建农家图书室】 2月下旬，新余市图书馆为农民兄弟献上新年的贺礼，在罗坊镇东边龚塘村创建了一个新的农家图书室，送去适合农民朋友阅读的各类图书近600册。这是新余市图书馆继河下镇河下村图书室、欧里镇昌坊村图书室、珠珊镇石洲上屋村图书室、高新区姚家边村图书室等之后，新建的又一个农家图书室。这些农家图书室的创建，扩展了新余市的农家书屋网络，促进了新农村文化的建设。（黄珣）

【萍乡市图书馆荣获2009年度全市文化工作先进单位】 在4月7日上午召开的全市文化工作会议上，萍乡市图书馆荣获2009年度全市文化工作先进单位，受到大会表彰，这是该馆连续四年获此殊荣。过去的一年，该馆在市委、市政府的高度重视下和市文化局的正确领导下，全体干部职工认真贯彻落实科学发展观，积极开展各项工作，取得了可喜的成绩，成功地申报了全国古籍重点保护单位，在全国第四次评估定级工作中被文化部授予“一级图书馆”，少儿阅览室荣获团市委命名的“青年文明号”光荣称号。（黄珣）

【抚州市长向抚州市图书馆捐赠图书】 4月12日上午，抚州市委副书记、市长张勇在公务繁忙之际，特地委托人员为抚州市图书馆送来一批书籍。捐赠的书籍包括政治、法律、文学、社会科学等几大类，其中有《中华人民共和国全国人民代表大会常务委员会公报》、《江西省地方性法规汇编》、《聚焦抚州》、《品三国》等，极大地丰富了该馆的藏书，体现了市长对该市文化的高度重视和支持。（黄珣）

【抚州市图书馆新馆举行开馆仪式】 9月1日上午，抚州市图书馆新馆举行开馆庆典仪式。市委书记甘良淼宣布开馆，省文化厅副厅长王晓庆，市委常委、宣传部长黄晓波致辞，副市长刘菊娇主持。市领导、省文化厅相关处室、江西省图书馆领导以及市直有关单位领导及专家、学者、各界代表400多人参加了仪式。抚州市图书馆新馆占地面积4200平方米，建筑面积9600多平方米，总投资4000多万元，现有藏书近20万册，内设检索大厅、残障报刊阅览室、少儿阅览室、特藏室、报告厅、电子阅览室等10个服务窗口。新馆的开馆，对进一步提升城市品位，完善城市功能，满足人民群众日益增长的精神文化需求有着积极的意义。（黄珣）

【《〈临川四梦〉评注》在抚州市图书馆首发】 12月8日，简体横排、重新评注、合集出版的汤显祖戏曲作品集《〈临川四梦〉评注》在抚州市图书馆首发。该书由文化部副部长王文章作序，戏剧理论家郭汉城题写书名。今年是汤显祖诞辰460周年。为展示汤翁故里汤学研究新成果，抚州市委宣传部、市文化局和抚州市汤显祖纪念馆等共同策划、编纂了《〈临川四梦〉评注》一书。长期以来，所见存世和流传的汤翁传奇作品（单本或合集）多是繁体竖排的形式。此次由中国戏剧出版社出版的《〈临川四梦〉评注》采用简体横排的形式，易于当代读者阅读和理解。（黄珣）

【九江市召开公共图书馆馆长会议】 4月12日，九江市公共图书馆馆长会议在瑞昌举行，江西省图书馆馆长周建文、九江市文化局局长郭建林、瑞昌市副市长卢瑜、瑞昌市文广局局长祝炳光等领导及各县（市、区）的公共图书馆馆长参加了会议。会议由九江市文化局副局长王敬宪主持，卢瑜副市长代表瑞昌市致欢迎词，郭建林局长发表讲话，市文化局群文科科长周序南宣读表彰2009年度全市文化工作目标管理考评公共图书馆的先进单位：庐山图书馆、德安图书馆、瑞昌市图书馆的决定。九江市图书馆馆长余海作了2009年全市公共图书馆工作总结并对2010年工作做出安排。会议还听取了典型单位的发言。（黄珣）

【宜春市召开公共图书馆馆长会议】 5月26日上午，宜春市公共图书馆馆长会议在铜鼓县召开。江西省图书馆馆长周建文到会讲话，中共铜鼓县委常委、宣传部部长彭红梅，铜鼓县政府副县长邬明香，市文化和新闻出版局局长李先发以及全市10个县、市的图书馆馆长和业务副馆长等出席了会议。会议由市文化和新闻出版局副局长吴施主持。会上，各县市图书馆馆长对本馆2009年工作进行了总结，并对2010年的工作思路进行了交流，同时大家就宜春市即将出台的《县级图书馆工作目标管理办法》进行了详细讨论。（黄珣）

【吉安市新图书馆开馆】 6月30日上午，吉安市图书馆新馆隆重开馆，吉安市委书记周萌，市长王萍，市委常委、市政府吴敏常务副市长，市委常委、市委宣传部部长李文彩等出席开馆典礼并剪彩。吉安市新图书馆占地面积1.339公顷，总投资3200多万元，建筑面积10 967平方米，藏书规模60万册，阅览席位600座。该馆是吉安市目前面积最大、现代化程度最高的公共图书馆，是全市的藏书中心、文献资源开发中心、科技信息中心，是传承庐陵文化、弘扬井冈精神的重要宣传文化阵地，是提升中心城区文化品位的标志性人文景观之一。（黄珣）

【宜丰县委书记捐赠图书】 2月10日上午，在新春佳节来临之际，宜丰县委书记赖国根向宜丰县图书馆赠送了他珍藏多年的书籍200多册。这批书籍大部分是史志、地方年鉴，具有较高的收藏价值和利用价值，极大地丰富了该馆的藏书，同时也体现了县委书记对该县文化生活的关心和重视。（黄珣）

【井冈山市图书馆在驻地武警、消防部队建立图书流动箱】 为进一步密切军民关系，推动军民共建活动健康、深入地开展，活跃军营文化生活，3月12日至4月22日，井冈山市图书馆向驻地武警、消防部队赠送新书500多册，价值9300多元，建立了图书流动箱，并定期更换新书；还为市人武部及武警看守所军人以及重点优抚对象发放了免费“借阅证”，得到部队官兵的好评。（黄珣）

【赣州市委书记潘逸阳考察会昌县图书馆】 4月12日上午，省委常委、赣州市委书记潘逸阳，市委农工部长曾新芳等有关领导一行，冒雨来到会昌县“三馆一中心”考察调研。在图书馆，他们参观了书库、外借、采编和流动图书室。当听到该县县长邝光华介绍，县财政每年安排10万元资金用于图书馆购买图书，并列入了财政预算时，潘逸阳书记表示，文化也是生产力，要切实把文化建设搞好，努力满足人民群众日益增长的文化生活需求。据了解，会昌县图书馆做好阵地服务的同时，针对边远山区农民读者借书难、看书难的问题，制作了8个流动图书箱，每季度流动一次，定期进行更新。（黄珣）

【会昌馆在县看守所设立图书流动服务站】 为了配合看守所实现社会化、科学化、法制化管理模式的需要，会昌县图书馆与县看守所联合，于5月13日在看守所设立了图书流动服务站，使在押人员在押期间也能享受到公共图书馆的服务。看守所图书流动站的建立，是该馆不断拓展服务领域，走出馆门面向社会，服务社会，充分

发挥图书馆作用的有效举措，在社会稳定和治安综合治理等方面都将起到积极的促进作用。（黄珣）

【宣武区、定南县手拉手“红领巾阅读”阅览室成立】 6月13日，北京市宣武区图书馆与江西省定南县手拉手“红领巾阅读”阅览室揭牌仪式在定南县图书馆举行。中国作家协会会员、享受政府特殊津贴专家、北京市宣武区图书馆馆长李金龙及北京市宣武区图书馆专家顾问姚振声教授等嘉宾和县政府副县长李小菊参加揭牌仪式。此次捐赠图书3000余册，价值10万元，将分批捐书。“红领巾阅读”阅览室的成立将丰富少儿图书资源，推动定南县图书事业发展。（黄珣）

【定南县“流动图书馆”进山村】 11月9日，江西定南县图书馆的图书流动服务车开进龙塘镇乡村。从1986年起，定南县图书馆自制了13个“流动图书箱”，将图书馆的图书在广大农村进行循环供农民阅读。2010年8月，“流动图书箱”升级为“图书流动服务车”，增添图书1万余册，活跃在定南乡村大地，被乡村干部群众誉为“流动图书馆”，深受欢迎。（黄珣）

【南康市“第二届全民读书月”活动启动】 6月29日，由中共南康市委宣传部主办，南康市团委、南康市文明办、南康文化和广播电影电视局、南康市妇联、南康市新华书店、南康市教育局、南康市图书馆联合承办的南康市“第二届全民读书月”活动启动仪式在南康市图书馆举行。中共南康市委常委、宣传部部长谢业雄出席仪式并作了重要讲话。在2010年6月—12月活动期间，南康市图书馆根据市“第二届全民读书活动”实施意见的精神，精心安排系列读书活动，力争使“第二届全民读书月”活动出亮点、出特色。（黄珣）

【省委宣传部副部长陈东友视察南昌县图书馆】 11月11日上午，省委宣传部常务副部长陈东友到南昌县图书馆视察指导工作，南昌县领导胡炜、县文化广播电视旅游局局长陈小妹、副局长熊青利及县委宣传部有关领导陪同。陈东友副部长先后参观了南昌县馆的少儿阅览室、图书外借室、曹雪芹祖籍资料室、电子阅览室、科普视听室等，并详细听取了有关工作情况汇报。陈东友副部长在参观电子阅览室时，对电子阅览室的硬件设施及宽敞的室内环境表示满意，详细询问电子阅览室的开放情况，强调一定要利用好这些先进的设备资源，为广大的读者提供优质的阅览服务。参观结束后，陈东友副部长希望图书馆今后要持续创新发展，逐步满足广大读者的文化需求。（黄珣）

山东省

【山东省公共图书馆事业概况】 2010年，全省各级公共图书馆认真贯彻省委、省政府关于建设经济文化强省战略策略，深入贯彻科学发展观，积极推进建设，在基础设施、服务能力、人员素质等方面实现了历史性飞跃。在全国第四次县以上公共图书馆评估定级工作中，107个图书馆达到三级以上图书馆标准，其中一级图书馆48个、二级图书馆38个、三级图书馆21个，一级图书馆比第三次评估增加84%，全省二级以上图书馆数量位居全国第一。

在省委、省政府的领导下，各级党委、政府对公共图书馆事业发展越来越重视，普遍把这项事业纳入经济社会发展规划，纳入公共文化服务体系建设，纳入精神文明先进单位评估指标体系，纳入当地财政预算，公共图书馆事业的地位和作用不断得到提升。省政府颁布了《山东省公共图书馆管理办法》，为公共图书馆事业发展创造了更加良好的政策法制环境。

经过“十一五”期间的努力，全省基本实现了“县县有图书馆”的目标，城乡基层图书室得到了进一步普及和提升，全省图书馆的服务能力明显增强。全省县以上图书馆达151个，其中省级图书馆1个，副省级图书馆1个，计划单列市图书馆1个，市级图书馆13个（临沂市和菏泽市两地无市级图书馆），县（市、区）级图书馆135个（其中少儿馆2个）。馆舍总建筑面积、事业费、购书经费、总藏书量、读者坐席等重要指标都实现了大幅度增长。据统计，2010年全省县以上公共图书馆的建筑面积52.94万平方米；图书馆事业经费2.4亿；图书购置费5230万元；尤其是自2002年启动文化共享工程以来，全省财政累计投入共享工程建设专项事业经费3.44亿元，为文化共享工程的建设和完善提供了强大的保障，这充分显示了各级政府对图书馆事业的重视；藏书总量 3489 万册；读者坐席 37 706个。

全省形成了新一轮公共图书馆和基层图书室建设的热潮，基础设施面貌得到巨大改善。省、市、县（市、区）涌现出一大批面积大、标准高、功能强、具有现代化水准的图书馆，其中 30 个县级图书馆馆舍面积超过了 3000 平方米，桓台县、茌平县、文登市馆达到 8000 平方米以上。济南、青岛、潍坊、滨州、德州、日照、济宁等市新馆正在建设或规划中。城乡基层图书室和文化共享工程基层站点遍布全省，为群众提供了便利的学习课堂。

全省各级积极推进文化共享工程建设，公共图书馆的自动化、网络化、数字化建设实现了新的突破。截止 2010 年底，全省公共图书馆计算机增至 8038 台，建成门户网站 101 个，83%县级以上图书馆实现了业务流程自动化管理，开设了电子阅览室和多媒体教室，累计开发整合数字资源达 33TB。通过卫星、互联网、硬盘、光盘等传输方式，全省公共图书馆和城乡基层图书室、文化共享工程站点实现了资源共建共享。山东省被文化部命名为全国文化共享工程示范省，山东省文化共享工程的网络、平台和服务模式建设获文化部第三届创新奖。

各级文化部门和公共图书馆，近年来组织举办了多形式、多层次的业务培训、学术研讨和技能竞赛。2000 年以来通过在职教育和培训等方式，共培养专业人员 2000 多人次，有效促进了公共图书馆员工队伍业务素质的提高。这些年还适应业务急需，引进了一批涉及到图书馆相关专业的高层次人才，尤其是信息技术方面的人才，使全省公共图书馆的队伍结构更趋合理。公共图书馆队伍的敬业精神、服务意识和服务能力不断增强，涌现出了一大批先进人物。在全省图书馆工作会议上，共评选出“读者喜爱的图书馆”28 个、“优秀工作者”54 名、“图书馆特色服务品牌”24 个。

在扩大阵地、广泛接纳读者、开展好日常服务的基础上，各级公共图书馆积极策划、开展服务活动。如省图书馆的共享工程、大众讲坛、书海灯谜会等活动，济南市的汽车流动图书馆，青岛市的文化大讲堂，枣庄市的流动书籍百里行，潍坊市的元宵灯谜会，青岛城阳区的“一卡通”服务等等。各地都开展了主题突出、特色鲜明，时效性、针对性强的服务活动，使全省公共图书馆的服务更加积极主动和富有吸引力，涌现出一批读者喜爱的图书馆和特色服务品牌。据 2010 底统计，全省公共图书馆持证读者达 124 万人，流通 1743 万人次，文献外借 1556 万册次，图书馆的社会影响和服务社会的效益不断提升。

各级文化部门按照文化部和省文化厅的要求，抓住评估定级机遇，争取党委、政府的支持，解决了许多制约图书馆事业发展的关键问题；广大馆员队伍对照评估定级标准，强化业务训练，全面提高业务建设水平。加上全省开展的社会文化先进县的创建评比和管理等措施，逐步形成了推动、引导和规范、提升公共图书馆事业发展的指导目标和激励机制。（王彬）

【山东省积极开展“县级数字图书馆推广计划”】 2 月 8 日，山东省图书馆、文化信息资源共享工程山东省分中心举办了“县级数字图书馆推广计划”培训班，来自济南市市中区、淄博市张店区、淄博市桓台县、潍坊寿光市、青岛市市北区、青岛市市南区、威海市乳山市、威海荣成市、烟台龙口市、东营市广饶县 10 个试点县（市、区）12 位技术负责人参加了培训班。省中心在培训班上发放了移动硬盘资源和相关资料。2 月 11 日，山东省“县级数字图书馆推广计划”启动仪式在济南市市中区图书馆隆重举行。山东省文化厅副厅长李宗伟、山东省文化厅社会文化处处长李军、山东省图书馆馆长赵炳武、山东省图书馆副馆长李西宁及济南市相关领导出席启动仪式。在启动仪式上，山东省图书馆为 10 个试点县级图书馆无偿提供 1TB 资源。（王玮）

【山东文化共享工程喜获山东省科技进步奖】 2 月 22 日，山东省委、省政府召开全省科技奖励大会，由山东省图书馆完成的“山东省文化信息资源共享工程创新运行应用模式研究”项目，荣获 2009 年度山东省科技进步二等奖。山东是全国文化信息资源共享工程的示范省，“山东省文化信息资源共享工程创新运行应用模式研究”项目，成功运用计算机网络技术、数字图书馆技术，创新共建共享机制，建立起遍布城乡、覆盖全省的基层服务网络，实现全省范围内文化信息资源的共建共享，综合技术达到国内领先水平。2009 年，该项目还被评为第三届文化部创新奖、

第一届山东省文化创新奖，为山东文化赢得了荣誉。（王玮）

【“大众讲坛”举行四周年纪念活动】 3月27日，是山东省图书馆与齐鲁晚报联合重点打造的面向社会大众的公益性文化系列讲座品牌——“大众讲坛”开讲四周年。四年来，“大众讲坛”以其丰富的内容，多变的形式吸引了超过2万余名听众。为感谢广大听众的厚爱，山东省图书馆特举办了一系列的纪念活动。其中最受人欢迎的是“齐鲁文化与山东民俗”公益讲座，国家级非物质文化遗产项目“山东琴书”和泰山“单人皮影”受邀现场表演。“大众讲坛”的系列纪念活动还有：首发精心编辑的《大众讲坛》第三辑，现场请专家签名售书，以优惠价格回报听众；现场举行读者意见调查活动，并有奖征集读者建议与讲座专家推荐，举办“我与大众讲坛共同走过四周年”有奖征文活动；举办专家座谈会，集思广益；启动“大众讲坛网络视频同步直播”等。（王玮）

【全国文化信息资源建设管理中心主任张彦博一行来山东调研】 4月17日—18日，文化部文化信息资源建设管理中心主任张彦博一行3人在文化厅李宗伟副厅长及共享工程山东省分中心有关人员的陪同下，考察了山东文化共享工程基层站点建设情况，并重点对基层站点电子阅览室的建设、管理、服务情况进行调研。通过实地调研，促进了山东基层站点电子阅览室的建设，并对下一步的绿色网吧建设有了更为明确的方向和目标。（王玮）

【山东省图书馆举行“青年志愿者服务实践基地”揭牌仪式】 4月18日，济南铁道职业技术学院“青年志愿者服务实践基地”揭牌仪式在山东省图书馆举行。通过建立“青年志愿者服务实践基地”这种馆校合作的新方式，不仅能更有效地丰富大学生课余生活，增进大学生社会阅历，同时为省图书馆传播文化知识、宣传文明服务、展示自身形象建立更好的群众基础。仪式结束后，济南铁道职业技术学院的青年志愿者们参观了省图书馆并进行了义务服务。（王玮）

【山东省“数字图书馆进政协”项目正式启动】 5月4日，“数字图书馆进政协”项目在山东省图书馆正式启动。省政协副主席、党组副书记乔延春、省文化厅厅长亢清泉、省经济和信息化委员会党组书记孙志恒、省文化厅副厅长李宗伟、省图书馆馆长赵炳武、副馆长李西宁出席开通仪式。省政协数字图书馆的开通，在全国政协系统和省直机关中尚属首家，开创了全国政协系统和省直机关信息化建设的先例，进一步提升了山东省图书馆服务工作的层次和水平。（王玮）

【全省公共图书馆工作会议在省图书馆召开】 5月8日，全省公共图书馆工作会议在省图书馆报告厅隆重召开。文化部、山东省委省政府、省文化厅、财政厅等有关领导出席会议。全省17市文广新局分管局长、各市图书馆长、各县（市、区）图书馆长、受表彰单位和个人代表、省直文化系统有关同志共200余人参加了本次会议。会上，通报了第四次全国公共图书馆评估定级工作中山东省取得的成绩，以及近期在全省开展的“读者喜爱的图书馆”、“优秀图书馆工作者”和“图书馆特色服务品牌”评选活动的获奖情况，并为获奖代表颁发了奖牌和荣誉证书。省文化厅厅长亢清泉发表重要讲话。最后，省文化厅副厅长李宗伟对近年来全省公共图书馆建设与服务工作做了全面总结，分析当前图书馆事业发展中面临的突出问题，对下一阶段全省工作进行了全面部署。（王玮）

【山东省图书馆第六届“读书夏令营”活动成功举办】 7月20日—22日，山东省图书馆举办了以“畅游书海 品味书香”为主题的第六届“读书夏令营”活动。“读书夏令营”为社会公益性活动，主要面向初、高中学生。本届“读书夏令营”为学生们安排了丰富多彩的活动，内容包括：“畅游书海”走进图书馆参观活动，“我做图书管理员”实践活动，“书香中国——中国书籍史”讲座活动，“经典影视欣赏”休闲活动，“诵读国学经典弘扬民族文化”经典诵读活动，“观世博 游万国”网上世博游活动等。（王玮）

【“全省图书馆新馆建设研讨班”获得圆满成功】 为了加强和规范图书馆基础设施建设，山东省图书馆学会和山东省图书馆于9月举办了“全省图书馆新馆建设研讨班”。来自全省各地市区县的 23 名图书馆新馆建设方面的负责人共同奔赴江苏、浙江等先进地区进行了为期 5 天的学习考察。先后到杭州图书馆、嘉兴市图书馆、昆山图书馆、苏州图书馆、张家港市图书馆、江阴图书馆、南京图书馆等 7 家图书馆，对馆舍建设、规划布局、设施设备、人员配置、读者活动等多方面考察学习，受益良多。（王彬）

【中国图书馆学会阅读文化研究专业委员会工作会议在山东济南召开】 10 月 30 日—31 日，中国图书馆学会阅读文化研究委员会工作会议在山东省图书馆召开。会上，对委员会成立以来的工作进行了梳理总结，并重点从加强研究、策划活动、建立机制、合作协调四个方面对 2011 年工作计划进行了部署。同时对国内阅读文化研究现状、研究内容以及专家情况进行了分析，指出委员会应从读者角度开展数字时代对阅读的影响因素。委员们围绕 2011 年工作计划，讨论了图书馆阅读的影响因素、县级图书馆核心书目、建设社会阅读资源联盟以及“全民阅读”网站上本委员会主页的建设等事项。（王彬）

【《中国图书馆分类法》第五版学习班】 11 月 23 日—25 日，由省图书馆学会、省图书馆举办的“全省《中国图书馆分类法》第五版学习班”在青岛举行。来自全省公共、高校、高职院校、党校、医院、企业 126 个单位 176 名学员参加了学习。本次学习班特别邀请了国家图书馆研究馆员、《中图法》编委会委员朱芊老师授课，为学员重点讲解了《中图法》（五版）修订要点、文献分类规则、中文图书分类标引系列规则。（王彬）

【省图书馆召开山东数字图书馆建设专家研讨会】 12 月 7 日，山东数字图书馆建设研讨会在山东省图书馆召开。国家图书馆副馆长魏大威等 8 位国内在数字图书馆技术和信息技术方面的知名专家应邀出席。与会专家就山东省的数字图书馆建设方案充分发表了自己的意见和建议。大家一致认为，山东的数字图书馆建设时机把握得非常好，在全国具有示范作用，体现了山东省委、省政府对公共文化服务工作和数字图书馆建设工作的重视，体现了山东省馆在数字图书馆技术方面较高的研究水平。建议在目前阶段，数字图书馆的建设应与国家重点文化建设项目紧密结合，进一步突出山东的文化特色。强调数字图书馆的建设必须适应当前技术环境，并要注重省内各系统、各级图书馆间的合作与协调管理，突出人才队伍的培训工作。（王彬）

【山东省 249 部古籍入选第三批《国家珍贵古籍名录》】 12 月 20 日，全国古籍保护工作会议暨第三批国家珍贵古籍名录颁证及第三批全国古籍重点保护单位颁牌仪式在北京举行，山东省共有 249 部古籍入选第三批《国家珍贵古籍名录》，4 家古籍收藏单位入选“全国古籍重点保护单位”。文化部党组书记、部长蔡武出席会议并做了重要讲话，在发言中对山东省的古籍保护工作提出表扬，认为不仅进展快，而且创建的“青岛寄存模式”意义重大。大会交流阶段，山东省代表做典型发言，介绍了山东省古籍保护工作在普查、名录和重点单位建设、修复、设施改善、古籍开发利用等方面的进展情况。（王玮）

【山东省图书馆少儿馆在济南安安特殊儿童康复中心建立图书流通站】 3 月 6 日，省图少儿馆在济南安安特殊儿童康复中心成立 4 周年之际，为其建立了图书流通站，送来了精选的少儿教育、心理咨询、励志和文学等各类图书、期刊 560 册，并配备了专业的书架，为这些特殊儿童送来了温暖，这是省图少儿馆建立的省内第一所专为自闭症儿童及其家庭服务的图书流通站，受到了老师和患儿家长的热烈欢迎。5 月 28 日，在“六一”儿童节到来之际，省图少儿馆又派专人为济南市安安特殊儿童康复中心送去 600 多册书刊，向孩子们表达了节日的问候。省图少儿馆将通过图书流动站，为老师、自闭症患儿及其家长提供更多的精神食粮。这项爱心活动将持续长久地进行下去。（王玮）

【山东省图书馆少儿馆举办“我爱阅读”有奖读书征文活动】 在山东省图书馆举办全省第一届全民阅读文化节之际，作为该文化节系列活动之一，省图少儿馆于 4 · 23“世界读书日”期间组织开展了“我爱阅读”有奖读书征文活动。旨在倡导少年儿童多读书、读好书，培养健康的阅读习惯，激发少年儿童的快乐阅读兴趣，增强阅读能力。本次活动得到各参与学校的积极响应，各学校也以这次征文为契机，通过多种形式，精心组织开展了一系列的读书活动，其中征文活动就是其中重要一项内容。截至5月底，少儿馆收到各校选送优秀征文稿件220篇，经过组织专家老师认真评选，小学组和中学组共评选出一等奖7名，二等奖15名，三等奖28名，优秀奖30名，优秀辅导奖8名，并向获奖者颁发了证书和奖品。（王玮）

【淄博市文化出版局、淄博市图书馆援建“农家书屋”】 1月26日上午，淄博市文化出版局、市图书馆送书下乡暨淄河村“图书流通站”、天鸿书业援建淄河村“农家书屋”揭牌仪式在淄河村文化大院内举行。淄博市文化出版局、市图书馆、天鸿书业有限公司等有关领导出席落成仪式并分别为“流通站”和“农家书屋”揭牌，向该村图书室赠送书架4组、图书近万册。市图书馆将定期为该流通站更换图书。（孟芳）

【淄博市图书馆新馆建设正式启动】 10月29日，淄博市文化中心奠基仪式隆重举行，市有关领导出席了仪式。淄博市文化中心总占地面积34.95万平方米，总建设面积20万平方米左右。该项目由四组建筑组成，是目前淄博市最大的城市公共文化建筑，也是全省乃至全国较大的综合性公共文化建筑群，淄博市图书馆新馆位于其中的图书档案规划展示中心。新馆面积23 800平方米，以宽阔开放的建筑格局、安静平和的外观设计表达出该建筑是图书档案规划中心的主体建筑，整体设计风格突出了适宜读书、学习、研究的氛围。建筑内部的平面布置清新、高效，且灵活的空间设计可根据日后的使用需求进行扩充和调整；外观主要以玻璃体的结构呈现，为内部提供清晰的视野和充足的采光。计划将于2013年6月全部建成投入使用。（刘玉湘）

【东营市图书馆“换书”活动引起社会反响】 为迎接第十五个“世界读书日”，东营市图书馆于4月18日上午在一楼大厅举办了“用你的好书换我的好书”换书活动，为全市广大爱书人提供一个“以书换书，以书交友”的交流平台。本次换书活动共收到交换图书1000余册，接待读者500余人，东营电视台、东营日报等新闻媒体对活动进行了宣传报道，在社会上引起强烈反响。（东营市图书馆）

【菏泽市牡丹区图书馆大力加强“农村书屋”和“文化大院”图书室建设】 为加强牡丹区农村书屋和文化大院图书室建设，2010年11月中旬，菏泽市牡丹区图书馆抽调8名同志，加班加点，历时一周，帮助牡丹区吴店镇、王浩屯镇、马岭岗镇文化大院图书室和马岭岗镇吴庄寨行政村、吴店镇大刘庄行政村农村书屋分编、整理图书一万余册，内容包括种植、养殖、生产加工、文艺、家庭生活、医疗保健等。丰富了农村基层文化生活，改善部分农民群众看书难状况。（王艳英）

【济南市图书馆连续六年服务“两会”】 济南市“两会”期间，济南市图书馆组成信息咨询服务小组，为人大代表和政协委员现场服务，解答咨询、现场办证、打印材料。并提前做好调研，了解社会热点、难点和重点关注的问题，精心编辑了《低碳经济专辑》、《公共文化服务体系建设专辑》等6种专题资料汇编，共发放600余份，为人大代表和政协委员的议案、提案提供参考，受到与会代表和委员们的一致好评。这也是济南市图书馆连续第六年为济南市“两会”服务。（夏跃军）

【济南市“读书人”摄影比赛暨展览】 “重汽杯”济南市“读书人”摄影比赛暨展览是由济南市文广新局、中国重汽集团有限公司工会主办，济南市图书馆、济南图书馆学会承办的一项大规模的民众读书活动，跨年度举行。第四届以“城市·文化·读书”为主题，截止2010年3月20日，共收到参赛作品700余幅。4月16日，评选结果揭晓，其中13篇摄影作品分获一、二、三等奖，另评出优秀奖20幅，入选作品30幅。4月22日，优秀作品展览暨颁奖仪式在市图书馆举行，其中优秀作品展为市图书馆和市图书馆学会“世界读书日”、图书馆服务宣传周活动的一部分，共展出获奖及入选作品63幅。展览持续至6月10日结束，共吸引上万名市民观看。（王秀亮）

【全民阅读与济南市公共图书馆服务体系研究】 “全民阅读与济南市公共图书馆服务体系

研究”为济南图书馆学会、济南市图书馆共同承担的首个济南市软科学项目，市图书馆馆长、市图书馆学会理事长郭秀海任课题组组长。课题研究工作于 2009 年 4 月正式启动，至 2010 年 5 月 30 日正式结题，历时 14 个月完成，全文约 5 万字。研究报告从基本性质和服务理念两个方面阐明了公共图书馆与全民阅读之间的内在联系，利用近万份调查问卷和表格统计数据，系统分析了济南市民阅读状况、济南市公共图书馆服务体系建设现状与存在的问题，并在总结先行地区基本经验和做法的基础上，就济南今后的公共图书馆服务体系建设提出了可行性意见和建议。6 月 25 日，课题顺利通过市科技局组织的专家验收。（王秀亮）

【丁原基教授一行来日照市图书馆进行学术访问】 1 月 31 日，台湾东吴大学中文系教授兼图书馆馆长、许瀚研究专家丁原基博士，王献唐研究学会副主任、山东经济学院院长助理、院长办公室主任张书学博士一行 4 人，专程来日照进行学术访问，此次来访是丁原基教授访问北京、天津、济南后的第四站。在日照访问期间，丁原基教授一行参观了日照市图书馆组织的许瀚、王献唐遗作展，并鉴赏了民间收藏者带来的许瀚书法珍品、丁守存书法真迹、丁麟年书法、王献唐青年时代楷书真迹等。还与日照市图书馆历史研究室馆员们就许瀚、王献唐研究等方面进行座谈，向市图书馆捐赠了她的研究专著《许瀚之文献学研究》，并在日照市图书馆留言簿上欣然题词：日照人杰地灵，朴学显扬杏坛。（日照市图书馆）

【威海市图书馆《读书人》报创刊】 为进一步扩大威海各级各类图书馆的宣传力度，为读者提供图书馆各项服务，经相关部门批准，由威海市图书馆主办，山东大学威海分校、哈尔滨工业大学威海校区、威海职业学院、山东交通海运学院、山东药品食品学院五所高校图书馆，荣成市图书馆、文登市图书馆、乳山市图书馆、威海读书沙龙协办的《读书人》报于 6 月正式创刊。《读书人》报主要报道全市图书馆界各种读书活动，推介新书，推出图书借阅排行榜以及国内外图书馆品牌介绍等内容，为全市爱书、读书的市民提供丰富的文化信息。（逯淑华）

【乳山市图书馆开展总分馆制建设】 2010 年，乳山市图书馆在充分了解各乡镇、街道办事处、企业、学校现存图书资源基础上，提出了整合全市图书资源，建立以乳山市图书馆为总馆，以乡镇为分馆、以村为基层服务点的三级网络图书服务模式，实行总分馆图书借阅“一卡通”服务。乳山总分馆制的建设开通，促进了公共文化设施高效、均等、便捷的功能服务，实现了文化服务全覆盖，其探索的服务模式得到了山东省文化厅的肯定。12 月 19 日，全省图书馆服务创新现场会在乳山召开，山东省副厅长李宗伟等省文化厅、省图书馆领导以及全省公共图书馆馆长 40 余人参加了现场会。（逯淑华）

【诸城市积极开展城乡“两公里读书圈”阅读服务活动】 诸城市作为全国百强县（市），在发展经济的同时，积极开展文化活动。以诸城市图书馆为主打造的“两公里读书圈”阅读服务活动自开展以来，取得了良好的社会反响。逐步建立了以政府投入为主，社会投入为辅的多元化投入机制，全市部分学校、233 个社区图书室依托 Interlib 图书馆集群化管理系统，建立起了以市图书馆为总馆，乡镇综合文化站图书室、学校图书室为分馆，社区图书室为馆藏地点的联网借阅，在全市实施“一卡通”服务。以“城乡联动”为模式，相继开展了“我的社区我的家”、“我读书，我快乐”读书征文活动、“与共和国同行，十万人家尽读书”等丰富多彩的阅读服务活动。随着“两公里读书圈”阅读服务活动常态化保障机制、财政保障机制等的建立健全，该项活动将会长期持久地开展下去。2010 年，“两公里读书圈”阅读服务活动被省文化厅评为“山东省公共图书馆特色服务品牌”。（诸城市图书馆）

【枣庄市图书馆数字分馆开馆】 枣庄市图书馆于 2010 年 6 月正式开通了图书馆数字分馆。此前，枣庄市图书馆自筹资金 10 万元购买了 5 万余册电子图书，内容涉及政治、经济、法律、医学、农业技术、文学、艺术、百科知识等诸多方面，以实用技术和科普知识为主，兼顾可读性与趣味性。此外，为服务地方经济和传承千年运河文化，繁荣文化旅游产业，打造“江北水乡、运河古城”的城市品牌，枣庄馆精心挑选了一批具有地方特色的数字图书，建立了枣庄市图书馆特色资源库，包括枣庄市的地方史料、地方出版物、地方人士传记著述及有关古城建设、运河文化等方面的内容。枣庄市图书馆数字分馆的开通使用，进一步充实了该馆馆藏资源类型和资源内容，为社会公众提供了一种全新的图书馆服务模式。（枣庄市图书馆）

【聊城市海源阁图书馆举办“书香水城、阅读消夏”全民阅读活动】 为丰富市民精神文化生活，营造水城良好的读书氛围，让更多的群众了解图书馆、走进图书馆、利用图书馆，聊城市海源阁图书馆从7月初发起了主题为“书香水城、阅读消夏”的活动。这次活动历时3个月，广大市民踊跃参加，尤其是广大的青少年读者。经专家认真评选，一共评出袁霞等“十佳读者”、孙宇石等十名“读书之星”、刘运通等十名“我读书、我快乐”少年儿童手抄报获奖者。10月1日上午，图书馆举行了“书香水城、阅读消夏”活动的颁奖仪式。（聊城市海源阁图书馆）

【济宁市网络图书馆开通】 4月23日，济宁市网络图书馆正式开通。济宁市网络图书馆现有中文图书270万种、中文期刊4984万条、中文报纸2076万条、中文论文362万条、中文专利288万条、中文标准19.5万条、外文图书146万种、外文期刊6464万条、外文专利1253万条、外文标准40万条、外文论文321万条。外文期刊资源涵盖了全球96%的期刊种类，满足了前沿读者对外文资源的需求。全市范围内（含12个县市区）的所有联通用户，都可以直接登录济宁市网络图书馆，免费借阅、查询、利用馆内的信息资源，服务受众达到40多万户。截止到5月27日，访问量已经达到106 698人次，参考咨询总量269 450页，全文检索共点击69 529次。（济宁市图书馆学会）

【济宁市图书馆编印的《文化信息参考》广受好评】 2010年，济宁市图书馆编印《文化信息参考》12期，以文化新理念、文化新思路、文化事业博览、文化产业聚集、济宁文化传真五大栏目辑录信息500余条，免费发放2600余份，发放范围包括省市县三级文化广电新闻出版部门，成为各级领导、文化部门管理者、文化经营人员的重要信息来源和决策参考，受到广泛好评。（济宁市图书馆学会）

【沂水县方志馆正式揭牌】 8月20日，沂水县方志馆开馆仪式举行。该馆由县图书馆和县史志办公室联合办馆，实行地方史志文献资源共享，与图书馆其他文献一同对外服务。沂水县方志馆共保存了各种地方志以及地情资料1100余种，涉及12个省、直辖市和自治区。其中县级志书105余种，部门行业志78种，镇村志18种，地方文献和其他地情资料460余种，同时还保存了各类工具书、珍贵文献资料5000余册。（沂水县图书馆）

【青岛市图书馆积极推进总分馆制建设】 2010年，青岛市图书馆进一步创新文化信息资源共享工程建设，把总分馆制建设与文化信息资源共享工程建设相结合，重点加强设备升级改造和突出抓好对基层点专业人员培训工作，投入25万元，完成了对硬件设备的升级改造。为提高系统运行质量，制定了《青岛地区公共图书馆总分馆运行技术标准》和《青岛地区公共图书馆总分馆借阅服务标准》，为实现规范化管理奠定了基础。截至年底，已完成对十区（市）图书馆的总分馆制系统改造，搭建起总分馆制网络服务的基本框架，初步实现了通借通还的目标。在全省公共图书馆创新服务工作经验交流会上，青岛馆做了典型发言。（薛洁）

【青岛市图书馆推出“青岛文史沙龙”活动】 2010年，青岛市图书馆与《半岛都市报》合作，推出“青岛文史沙龙”活动，先后以“蔡元培与青岛”、“三十年代的青岛往事”、“清明节”、“山东非物质文化遗产”为主题，邀请岛城社会的文史专家，举办具有地方特色的学术研讨活动，以期从不同层面研究、展现、传播青岛的城市特色与文化源远，丰富岛城的人文文化。由于该活动主题鲜明，富有特色，加之与新闻媒体联合举办，组织宣传到位，社会反响较大，进一步提升了青岛市图书馆在岛城史学界的影响力。（青岛市图书馆）

【泰安市图书馆积极开展“全民读书月活动”】 由泰安市委宣传部、市文明办、市直机关工委、市文广新局等联合举办，泰安市图书馆和六县市区图书馆共同承办的泰安市“第八届全民读书月”活动自9月30日至10月31日在全市范围内展开。主要包括“读书征文”、“爱书人摄影作品展”、“书香家庭评选”、“金秋优秀图书展”、“泰山文献展”等系列活动，参加活动的市民达到万余人次。经过多年的不懈努力，“全民读书月”活动已经逐步成为泰安市知名的文化活动品牌，在2010年省文化厅开展的评优活动中，荣获了“山东省公共图书馆特色服务品牌”的光荣称号。(徐玉生)

河南

【河南省图书馆概述】 2010年，河南省图书馆在馆领导班子及全体员工的共同努力下，创新工作思路，有力地推进了各项重点工作持续稳定地发展。

文化信息资源共享工程成效显著。对《中州揽胜数据库》、《河南地方戏曲数据库》、《新农村建设数据库》的数量、质量、经费、版权状况、对外服务等逐项展开审查整改，如期参加国家中心组织的汇报验收、提交成果会议。截至2010年底，河南省图书馆建设的特色数据库视频容量达到1482GB，视频总时432小时，图片总计2308幅，文字10万余字。组织第二期共享工程资源建设调研论证，制定资源建设规划和具体方案。全年接收国家中心下发光盘800余张，各类教材、规范500余册，并向各级支中心下发。通过政务外网、下发光盘等渠道接收国家中心资源700GB，已向农村党员干部远程教育办提供资源520GB。

古籍保护工程取得多项成果。组织全省第三批珍贵古籍名录和重点古籍保护单位的申报工作，填报《名录申报书》317份、《单位申报书》2份。在全省古籍保护工作厅际联席会议上，制订发布《河南省古籍普查工作方案》、《河南省古籍保护工作专家委员会工作章程》、《〈河南省珍贵古籍名录〉申报评审办法(暂行)》、《“河南省古籍重点保护单位”申报评审办法(暂行)》等。先后安排14名古籍工作人员分别参加第十一期全国古籍修复技术培训班、第五期全国古籍鉴定与保护高级研修班、第三期碑帖鉴定与保护研讨班、第二期全国古籍普查平台管理人员培训班。成功举办河南省第三期古籍普查培训班，对全省各级各类古籍收藏单位101名业务骨干进行了系统培训。自筹资金20万元，通过招标，完成古籍普查硬件和临时替代软件平台的安装和调试工作。

进一步深化事业单位人事制度和内部运行机制改革。抓住全省事业单位岗位设置改革先行单位的机遇，继续深化对内设机构、岗位设置与职责及运行机制进行改革，进一步理顺了内部管理体制，搞活了运行机制，提高了工作质量和效率，增强了发展活力，也为下一步深化事业单位改革积累了经验。

截至2010年12月底，全馆入藏文献资料72 147种97 439册，累计藏书总量达310.4996万册(件)。其中文图书24 422种、29 241册。中文报纸212种，中文期刊2475种、2950册。电子文献45 000册，更新数据库2项。已加工中文图书24 839种、42 421册。外文期刊加工2443种，中文期刊计到25 619册。文献获赠图书1432种、3278册。期刊1416种、2172册。地方文献获赠书刊资料共3068册。全年经费中文书1 665 963.34元，中文期刊417 826.78元，中文报纸62 073.22元。

到馆流通722 662人次，外借100 366人次，外借图书974 707册次，网上点击人数近30万人次。新增办理借阅证9836个，解答咨询26万余条，举办各种活动117次。举办讲座47期，其中与省社科联合作举办的“中原大讲堂”公益讲座12场，受到听众的欢迎。缩微拍摄民国文献1100种9万余拍，制作拍摄数据2300条。编印了2009年《河南省图书馆年报》、《决策参考》36期、《省长专递》24期、《馆情快递》7期、《河南图书馆工作动态》3期。(汤树俭)

【河南省古籍保护工作会议在郑州召开】 5月9日，由河南省文化厅主办、河南省图书馆承办的全省古籍保护工作会议在郑州召开。河南省文化厅副厅长崔为工、社文处处长蒯辉、省古籍保护工作厅际联席会议成员单位河南省教育厅科研外事处调研员孔繁士、河南省图书馆馆长王爱功、党委书记张松道、省古籍保护工作专家委员会专家李景文等出席会议。会议由河南省文化厅社文处副处长底鲜平主持，各省辖市文化(文广新)局主管局长、社文科长、图书馆馆长及部分高校、社科院图书馆代表等共80余人参加会议。蒯辉处长首先介绍了河南古籍保护工作进展情况，对今年和今后一段时期的工作进行了安排和部署。王爱功馆长就河南省古籍保护工作涉及的有关具体问题做了详细说明并提出了具体要求。李景文从专家的角度对做好全省古籍保护工作提出了五点建议，并代表专家委员会承诺为做好古籍保护工作建言献策，尽职尽责。孔繁士调研员介绍了高校古籍保护工作的做法和经验。最后，崔为工副厅长代表省文化厅与各省辖市文化局签订了古籍保护工作年度责任目标书，并就如何做好全省古籍保护工作提出了明确要求。（汤树俭）

【河南省图书馆通过网络向社会各界征集地方文献】 为促进河南地方文献研究工作的开展，记录社会发展历程，传承中原文明，河南省图书馆地方文献部从 5 月 19 日开始，先后在中国网、河南政府网、河南新浪网、河南文化网、召集令网、档案网等多家网站公开向社会发出倡议，发起征集河南地方文献公益活动。各大网络媒体予以积极配合，以各种方式详细报道河南省图书馆广泛征集家谱、地方史志、革命历史文献、统计资料等的消息。6 月 3 日《河南日报》跟踪报道并在社会上引起强烈反响。郑州、新乡、新郑、安阳、焦作、南阳、平顶山、商丘等地的读者积极响应，以邮寄或直接到馆的方式捐赠文献。河南省审计厅、解放军测绘学院、河南广播电视大学、河南省社科院等多家单位把自己多年存放的内部资料纷纷无偿捐献给图书馆。共收到家族家谱、地方史志、个人著述等各类捐赠 830 多种 900 余册。（汤树俭）

【河南省部分公共图书馆内部机制改革及岗位设置工作研讨会】 为探讨事业单位岗位设置管理过程中的重点难点问题，推动图书馆内部机制改革和岗位设置工作，5 月 24 至 28 日，全省部分公共图书馆内部机制改革及岗位设置工作研讨会在河南省图书馆召开。全省 19 个市、县级公共图书馆的 30 多位馆长参加研讨会。会上，传达了国家人事部等相关文件。河南省文化厅人事科技教育处副处长孙彪参加会议并介绍了全省事业单位人事制度改革及岗位设置的相关政策和进展情况。郑州市图书馆馆长李红岩、三门峡市图书馆馆长王流芳、漯河市图书馆馆长屈华及河南省图书馆党委书记张松道分别就本馆内部机制改革的工作情况、实行“百分制考核及量化管理”的做法、内部机制管理的创新与实践以及内部机制改革及岗位设置方面的做法与经验进行了交流。河南省文化厅副厅长崔为工、社文处处长翦辉到会并发表重要讲话。会后，代表们赴浙江等地考察，就岗位设置、绩效考核方面的经验和做法与浙江图书馆同仁进行了交流。（汤树俭）

【河南省古籍保护中心第三期古籍普查培训班在郑州举办】 7 月 7 日—12 日，由河南省文化厅主办、河南省古籍保护中心承办的“河南省第三期古籍普查培训班”在郑州举办。全省 73 家古籍收藏单位 101 名学员参加培训。河南省文化厅副厅长崔为工在开班仪式上作了重要讲话。培训内容包括“古籍基本知识及古籍编目”、“古籍申报中的问题”、“古籍编目相关工具书知识及使用”、“古籍书影的制作”等。培训班还邀请中国科学院国家科学图书馆罗琳对“古籍普查平台的使用与操作”进行了重点讲授。在五天的集中培训中，既详细讲解了古籍著录、编目的相关知识，又在此基础上重点分析了在具体工作中的常见问题和难点问题，并采用大量生动形象的实例加以说明。培训班还安排了古籍著录实习课，让学员们对古籍进行分类、著录、填写申报书等，还为学员在虚拟古籍普查平台上进行登记实习提供了各类古籍用书，从而达到了使学员从了解到熟悉、再到熟练掌握古籍普查工作全过程的培训目标。（汤树俭）

【全省公共图书馆地方特色数据库建设培训研讨会在偃师举行】 9 月 13 日—15 日，河南省图书馆、偃师市图书馆联合举办“全省公共图书馆地方特色数据库建设培训研讨会”。全省各级公共图书馆馆长或主管馆长、共享工程技术及资源建设主管人员、地方文献资源建设主管人员 80 余人参加培训。培训会上，专家们以专题发言的形式探讨了基层公共图书馆自建地方特色数据库建设的选取原则、建设方法、建设途径、技术要求等问题，以及特色数据库的推广使用等。（汤树俭）

【文化共享工程河南省分中心开展“共享文化资源，关爱留守儿童”活动】 9 月 28 日，文化信息资源共享工程河南省分中心在原阳县黄河滩区南街小学举办“共享文化资源，关爱留守儿童”活动。他们携带放映设备和几十套刻录好的文化资源光盘，以及河南省图书馆少儿部提供的100多本少儿读物，专程赶到南街小学，为那里的50多名留守儿童送去了美好的假日礼物，让孩子们感受到社会的关爱。原阳县关心下一代工作委员会主任杨会发，副主任江占选也来到该校，对文化共享工程的发展和河南省分中心的服务给予了肯定。这次活动丰富了留守儿童的文化生活，提供了精神食粮，受到学校师生，特别是留守儿童的欢迎。同时，也宣传了文化共享工程，让更多基层群众感受了实实在在的文化服务。（汤树俭）

【河南省第22届省辖市图书馆馆长联席会暨河南省公共图书馆发展论坛2010年年会召开】 10月27日至29日，河南省第22届省辖市图书馆馆长联席会暨河南省公共图书馆发展论坛2010年年会在济源市图书馆召开。河南省图书馆、省辖市图书馆及部分县级图书馆共30个图书馆的馆长、副馆长及部门主任50余人参加会议。河南省文化厅副厅长崔为工、社文处副处长底鲜平参加会议并就全省公共图书馆工作进行指导。崔为工副厅长在讲话中总结了近年来河南公共文化服务建设取得的成绩，归纳了存在的问题，对全省公共图书馆提出了要求。河南省图书馆馆长王爱功、副馆长夏雁分别对公共图书馆的发展趋势及构建本省公共图书馆联合服务体系进行发言，济源市图书馆介绍了与职业技术学院图书馆合并后加强公共图书馆职能的做法，洛阳市图书馆就本市古籍保护与普查开展工作做了发言，许昌市图书馆、信阳市图书馆则分别介绍了新馆建设情况。（汤树俭）

【郑州市图书馆启动“2010关爱残疾人·书刊月捐”项目】 1月6日，郑州市图书馆期刊部主任孙剑等一行三人专程到河南省残疾人福利基金会残疾人油画培训班，为在这里学习油画的残疾人师生送去100本期刊杂志和真诚的关心问候。首期100本期刊的送达，标志着郑州市图书馆、河南省残疾人福利基金会共同发起开展的“2010关爱残疾人·书刊月捐”项目正式启动，此项目能帮助残疾人朋友更广泛的了解社会、接触更多的事物。（汤树俭）

【郑州市图书馆第五届“十佳读者”评选揭晓】 9月4日上午，郑州市图书馆第五届“十佳读者”评选活动颁证仪式暨读者座谈会举行。该活动自4月23日“世界读书日”启动以来，得到广大读者的热烈响应，先后有200多名读者以自我推荐、部门推荐和网上申报等形式参加评选。经认真筛选、综合评审，刘心仪、裴坤等荣获第五届“十佳读者”称号。郑州市图书馆成功举办的这次评选活动，目的是为了在全社会普及宣传图书馆知识，培养利用图书馆意识，进一步倡导全民读书，争做文明读者，树立关心、爱护和利用图书馆的社会风尚，营造读书学习的良好社会氛围。（汤树俭）

【22位企业家向信阳市图书馆捐款、捐书】 在信阳市人大、政协两会召开之际，信阳市22位企业家在市工商联总商会的组织领导下，带着对老区人民的深情厚谊，共襄善举，向信阳市图书馆捐款321万元、图书2000册。2月26日下午，捐赠仪式在信阳市图书馆隆重举行。信阳市委、市政府于2008年6月启动信阳市图书馆新馆建设项目，于2010年9月免费向社会试开放。新馆建筑面积1.67万平方米，设计藏书100万册，读者坐席800个。新馆试开馆之际，信阳市图书馆就接受政府部门及社会各界捐书1.3万册，信阳锦江国际大酒店捐款50万元。此次22位企业家的捐赠行动，是信阳市图书馆开馆以来接受的最大的一次捐赠，现款首次突破300万元。这次捐赠彰显了信阳市企业家勇于担当社会责任，积极投身于社会公益事业的高尚品质。（汤树俭）

【王怀让文学艺术馆在济源市图书馆揭牌开馆】 4月18日，由济源市委、市政府与河南日报报业集团共同主办的王怀让文学艺术馆开馆揭牌仪式在济源市图书馆隆重举行。王怀让曾任河南日报社编委委员、文艺处处长、省作协副主席、省报纸副刊协会会长，2009年4月因病逝世。他一生发表诗作数千首，尤以《我骄傲：我是中国人》、《我们光荣的名字：河南人》、《中国人：不跪的人》等诗篇享誉海内外，为弘扬中华民族传统品格和核心价值观，宣传河南和建树河南文化形象发挥了重要作用，被誉为“中原诗魂”、“人民诗人”。根据王怀让先生的遗愿，济源市委、市政府与河南日报报业集团合作在济源市图书馆创立了王怀让文学艺术馆，馆内陈列了王怀让先生一生的主要著作、文稿和部分藏书，展示了他不同时期的艺术经历，全面介绍了他的艺术风范和艺术成就，是诗人留下的一份宝贵的精神财富。为济源市文化建设增添了新的阵地，成为河南文学诗词成就的一个缩影。（*汤树俭*）

【安阳市古籍保护中心成立】 11月12日，市长助理张善飞等在安阳市古籍保护工作暨局际联席会议召开之时，为安阳市古籍保护中心揭牌。安阳市文广新局、市发改委、市教育局、市科技局、市民宗局、市财政局、市文物局等古籍保护工作局际联席会议成员单位负责同志等出席会议并参加揭牌仪式。古籍保护中心的成立，标志着安阳市古籍普查工作全面展开，普查范围包括全市各级公共图书馆、高等院校图书馆、科研单位图书馆、文博单位图书馆、宗教单位图书馆、医疗卫生单位图书馆等，以及个人或私人收藏机构。此次会议还研究决定在全市古籍普查的基础上编制出版《安阳市珍贵古籍名录》一书。（*汤树俭*）

【禹州市图书馆举办共享工程基层站点业务培训班】 9月17日，禹州市图书馆举办全市共享工程乡镇及行政村服务站点管理人员业务培训班。全市乡镇文化站及共享工程村级服务点的500余名工作人员参加培训。河南省图书馆及共享工程省中心的老师为学员们讲解了共享工程的意义、发展现状、资源建设与利用情况，以及共享工程设备的安装与使用技术。此次培训将为各基层服务站点的设备安装、使用及开展服务起到积极的推动作用。（*汤树俭*）

【漯河市图书馆举办“中原大讲堂·沙澧讲堂”】 为持续推动全市学习型党组织建设深入开展，进一步营造浓厚的学习氛围，10月13日上午，由漯河市图书馆承办的公益性报告会“中原大讲堂·沙澧讲堂”在市图书馆举行启动仪式。《中原大讲堂·沙澧讲堂》是漯河市理论界、知识界面向广大干部群众，传播科学理论、优秀传统文化和社科知识的重要阵地和舞台，对提升公民文明素养、传播先进文化将起到积极的推动作用。漯河日报社房产周刊策划总监、新浪地产资深评论人、高级经营师王毅敏以“壠·宜媖·梦想”为主题进行了首场讲座。近200名读者参加报告会。（*汤树俭*）

【平顶山市图书馆盲人有声读物阅览室对外开放】 为让更多的盲人读者走进图书馆、利用图书馆，享受图书馆“无障碍阅读”服务，10月15日第27个国际盲人日来临之际，平顶山市图书馆“盲人有声读物阅览室”正式启用。盲人有声读物阅览室有阅览坐席4个、有声读物30件，内容有小说、百家讲坛、相声、音乐等。考虑到盲人读者无障碍通行的需求，阅览室外铺设有无障碍盲道，专设有无障碍电梯、卫生间专厕、标示牌、无障碍停车位等。“盲人有声读物阅览室”的开放是图书馆拓宽服务领域，完善图书馆服务职能，扩大公众服务的具体表现。（*汤树俭*）

【新乡市图书馆开办“新图讲坛”】 为充分发挥公共图书馆的社会教育职能，新乡市图书馆整合讲座资源，开办了公益性讲座——“新图讲坛”。“新图讲坛”以传播知识、启迪智慧、分享感悟、开创精彩人生为宗旨，以创建市民课堂、构建书香社会为目标，邀请素质高、业务强、演讲口才好、热心公益活动的名家担任主讲嘉宾，将时事、文化、教育、科技、法律、经济等内容，用其渊博的知识、生动的语言呈现给广大市民群众。10月26日，新乡市图书馆报刊阅览室座无虚席，近200名读者聆听了教育专家刘肖先生“让书香成为家庭的味道”为主题的精彩讲座，“新图讲坛”首场讲座取得圆满成功。“新图讲坛”将成为提升市民综合素质和培养城市精神的重要平台，在推进新乡市学习型社会建设中发挥积极作用。（*汤树俭*）

【河南首家县级数字图书馆正式对外开放】 1月16日，地处豫北的河南省滑县数字图书馆建设暨资源综合管理系统正式对外开放。河南省图书馆馆长王爱功等参加了开馆仪式。滑县是一个人口超百万的农业大县，农村人口占全县人口的90%。数字图书馆的建设，不仅开创了中原地区县级图书馆数字资源建设与对外服务的先河，还是对文化信息资源共享工程县级支中心作用的进一步提升，充分实现了优秀文化信息资源的共享。为了滑县数字图书馆的顺利建设，河南省图书馆此次赠送300G数字资源，实现了滑县图书馆与河南省图书馆的资源共享。（*汤树俭*）

【淅川县图书馆龙城春风图书借阅服务点成立】 3月1日，淅川县图书馆与龙城春风社区共建社区图书借阅服务点揭牌仪式在龙城春风社区中心隆重举行。淅川县委宣传部副部长、文化局长凌飞，龙城办事处副书记周永波等领导为图书借阅服务点揭牌。龙城春风社区图书借阅服务点由县图书馆长期免费提供图书1500余册和期刊300余册，定期更换。社区负责提供房舍、设备并进行日常管理和开展各类读书活动。它是淅川县图书馆开展的“奉献一片爱心，营造书香家园，构建学习社会，打造文化淅川”为主题的读书活动中建设的第一个社区图书借阅服务点，是县图书馆为提高服务水平，拓宽服务渠道的新举措。（*汤树俭*）

【临颍县召开全县古籍普查工作会】 8月13日，临颍县古籍普查工作会议在县文化局召开。林颖县副县长黄耀春、县文化局局长贾香宇和县教育体育局、县民族宗教局、县档案局、全县十五个乡镇的分管领导及县图书馆等相关单位出席会议。黄县长在会议上指出，做好古籍保护和普查工作，对传承颍川文明有着重要作用，各乡镇和有关单位要切实增强责任感和紧迫感，认真细致地对全县县乡两级进行排查，全面掌握临颍现在古籍的品种、数量、分布和保护现状，对普查出的古籍要登记造册，及时上报县古籍保护中心。县文化局要积极协同公安、交通、工商等部门，依法规范古籍市场流通和经营行为，严厉打击盗窃、走私古籍等违法犯罪活动。县图书馆要把古籍保护和普查工作作为今后一个时期的重要工作来抓，积极改善古籍保管条件，完善安全措施，做好古籍普查的业务指导和汇总工作，推动古籍保护工作有效开展。林颖县有关部门负责人和县图书馆的同志也做了大会发言。（*汤树俭*）

湖南省

【湖南图书馆概述】 2010年湖南图书馆从业人员210人，内部机构设置17个。秉承“服务立馆、文化办馆、科研兴馆、人才强馆”的基本宗旨，开展各项工作。在基础业务方面，全年服务200余万人次，文献服务330余万册次，新办证16 469个。图书馆网站的访问量1600多万次。完成了全年490万元文献购置专款的采购工作，全年共采编中文图书53 417种、81 632册，音像制品647种、17 325片（盒），图片10种、245张。预订2010年度中文期刊2954种；中文报纸297种，购入进口报刊累计139种，购入数据库6种，数字资源采购入藏量近40G；接收国内交换、赠送的中文期刊299种1794册；与日本滋贺县图书馆交换期刊64种960册；邮寄国内交换期刊6期564册。共分编下库图书60 315种、72 343册，分编下库中文期刊18 058册，盲文图书763种、962册；启动了对国家编目中心上载书目的工作，向国家图书馆联合编目中心、深圳图书馆联合编目中心成功上载书目5012条；修改并进一步完善了新的中文图书、数字资源政府采购招标要求，完成了近2年的中文图书和3种数字资源的政府采购招标工作。

开通网上续借、网上预约、电话续借、联合在线咨询、邮箱推送服务等，多角度提供人性化、个性化的自助式服务。在百度知识吧建立“湖南图书馆网”知识条目，继续大力推广免费使用网上数字资源，改版数字资源服务系统平台，试用资源及调查栏目，累计开通全球产品样品数据，CCTV央视教育视频资源库等11个数字资源的试用，建立“免费数字资源”QQ群，升级地市VOD服务器，更好地推动地市图书馆数字资源的使用，目前已有47个地市馆加入。

湘图讲坛全年共完成现场讲座77场、视频讲座61场，提供场地服务87次，听众人数共计21 234人。开展了如“新春文化庙会”、“湖湘文化沙龙”等大型主题读者活动10多次。“阅读点亮童年”活动继续开展，到2010年底，累计收到社会各界热心人士各类捐书万余册，合作建立了11所山区爱心小学，受到社会的普遍赞誉。持续开展社会教育活动，“大学生活——从图书馆开始”高校巡回讲座、读书分享课堂等持续在社区、大中专院校和企业互动，将图书馆的社会教育活动推向深入。

在对外宣传报道方面，湖南图书馆全年被省内外媒体报道711次，4000字以上的报道及15分钟以上的电视专题报道共12篇，新华社、《中国文化报》、《湖南日报》等媒体报道

20次。

在古籍保护方面，全年完成古旧字画整理323种，分编民国旧连环画246部、1084册，拍摄字画2100件，善本拓片等单幅文献478件（页），拍摄照片约18 000张。完成了全年10万拍的家谱拍摄工作任务，相继刻录了《湖南国民日报》、《湘乡民报》、《实业杂志》、《大公报》、《力报》、《长沙日报》、《湖南政报》等资料，完成家谱电子编目2112条。湖南省古籍保护中心向国家古籍保护中心申报了第三批全国《珍贵古籍名录》评选，全省共有43部古籍入选，其中湖南图书馆有27部。

课题服务研究和管理方面，全年完成60个课题服务成果，承担了文化部课题《公共图书馆法》立法项目子课题工作，完成了“公共图书馆文献资源建设法律保障研究”课题相关研究与撰稿工作，并撰写了研究报告“我国公共图书馆文献资源建设现状分析”。《湖南地方戏剧资源库》、《湖南近代人物资源库》继续全面收集湖湘地区戏剧和人物资源，今年湖南地方戏剧资源库新增戏剧人物247人，图片1711幅，入库视频171部，文字824万字。总容量达到833GB。湖南人物资源库入库总计8501条，其中新增人物136人，文献4713篇，图片3652幅，文字1393万字。目前入库总量达到26 166条。这两个数据库于今年5月通过全国文化共享工程地方特色资源建设项目（2007年度）验收评审，得到了国家管理中心的肯定，被评为“建设成绩突出”。（刘萍）

【湖南实施县级数字图书馆推广工程】 2月初，全省“县级数字图书馆推广工程”正式启动。省文化厅、文化共享工程湖南省分中心确定了长沙、株洲、湘潭、衡阳、娄底等地10个县级支中心为首批县级数字图书馆推广试点单位，并为每个试点单位下发了含1TB数字资源的移动硬盘，用于为本地群众开展数字资源服务。2月9日在湖南图书馆多媒体报告厅举办了第一期资源安装与使用培训班，首批试点单位的馆长和技术骨干共22人参加了培训。培训班由湖南图书馆副馆长邹序明主持，省文化厅社文处副处长金铁龙出席并发表讲话。省分中心共享办副主任张文勇就县级数字图书馆推广工程中数字资源的安装与使用、资源服务等工作进行了讲解。12月底，省分中心完成了全省108个县级支中心县级数字图书馆推广工程资源硬盘的下发工作，全省县级数字图书馆推广工程顺利完成。（张文勇）

【湖南图书馆牵头组织“长沙市首届少儿剪纸大赛作品展”】 10月9日上午，“长沙市首届少儿剪纸大赛颁奖仪式暨长沙市首届少儿剪纸大赛作品展暨颁奖仪式”在湖南图书馆举行。湖南图书馆、长沙市教育局、长沙市文化艺术联合会等机构的部分领导和来自长沙地区73所学校的获奖师生代表参加了颁奖仪式，并参观了获奖作品展览。本次比赛，共收到来自长沙市芙蓉区、岳麓区、开福区、雨花区等5个区的1489参赛选手的1516幅应征作品。最终，共评出金奖30名、银奖40名、铜奖50名、优秀奖320名、优秀指导奖42名。同时，还评出特殊贡献奖和特别优秀组织奖各1个，优秀组织奖14个。（王旭明）

【2010全国文化信息资源共享工程（中国文化报）通讯员工作会议】 10月12日—14日，由文化部全国文化信息资源建设管理中心和中国文化报社联合主办、湖南省级分中心（湖南图书馆）承办的2010全国文化信息资源共享工程（中国文化报）通讯员工作会议在长沙举行。文化部办公厅新闻信息处处长周广明、文化部全国文化信息资源建设管理中心副主任崔建飞、中国文化报社副总编宋合意、湖南省文化厅副厅长孟庆善、中国文化报社编委陈彬斌、文化部全国文化信息资源建设管理中心规划发展处处长王芬林、湖南省文化厅社文处处长刘振平、湖南图书馆馆长张勇、湖南图书馆副馆长邹序明、人民日报高级记者袁晞、光明日报主任记者谌强、中央电视台编导宋海燕、中国文化报社摄影部主任喻非卿，以及管理中心和31个省级分中心的38名通讯员出席会议。会议期间，举办了文化共享工程“感人故事”评选和文化共享工程“摄影作品”评选，来自全国31个省级分中心的代表进行了现场演讲并选送了近两百幅摄影作品。经过认真评审，最终评选出感人故事一等奖1名，二等奖2名，三等奖3名；优秀摄影作品一等奖1名，二等奖3名，三等奖6名。（周浪）

【地域文化的传播平台——湖湘文化沙龙】

“湖湘文化沙龙”是湖南图书馆举办的一项文化互动交流活动，以传承湖湘文化，弘扬人文精神为宗旨，是一个兼具公益性、公共性和开放性特征的地域文化服务平台。“湖湘文化沙龙”依托“天下湖南网”（http://www.txhn.net）进行宣传、号召、集结、发文，不定期开展活动，为广大湖湘文化爱好者搭建了一个思想交锋、自由辩论的交流平台。沙龙活动面向社会征集主题，涵盖湖湘历史、建筑、人物、民风民俗等方方面面，并邀请行业内的知名专家学者做嘉宾，引导发言。沙龙参与者以湖湘文化爱好者、传播者和研究者为主，职业背景不一，但文化程度普遍较高，以大学生、高校教师、研究人员、媒体从业者、退休干部为多。沙龙通过举办各类活动取得了较好的宣传效果，同时集聚了一部分湖湘文化界、政界、新闻战线和高校的知名人士以及来自社会各界的湖湘文化爱好者，提升了文化品位，扩大了社会影响。湖湘文化沙龙自2010年启动至今，举办了十几次活动，已产生一定的品牌效应。（赵惠）

【《湖南省公共图书馆事业志》出版】 湖南图书馆编著的《湖南省公共图书馆事业志》，于2010年11月由湖南人民出版社出版。全书计102万字，由孟庆善作序，分为综述、图书馆篇、专题篇、人物篇、大事记、文献辑存等6个部分。其中图书馆篇是这部志书的主体，收录了湖南省120所县级以上的公共图书馆的馆志。每篇馆志包括综述，历史沿革，馆舍设备，机构、人员、经费，基础业务工作，现代技术在图书馆的应用，学术、科研活动及成果，表彰与奖励等方面的内容。这部志书较为全面、准确、客观地记述了湖南省公共图书馆事业百年发展的历史演变，记录湖南省公共图书馆在履行保存文化遗产、继承湖湘文化、传播科学技术、普及文化知识的社会职责过程中所取得的成就，达到资治、教化和存史的目的。2008年，《湖南省图书馆事业志》课题被湖南省哲学社会科学规划基金办公室列为湖南省哲学社会科学基金项目，项目编号：06ZC191，项目负责人是张勇。《湖南省公共图书馆事业志》的出版是该项科研课题取得的主要成果。2010年8月，湖南省哲学社会科学规划基金办公室对该课题进行了审核，准予结项，鉴定等级为“优秀”。（沈小丁）

【《湖南氏族迁徙源流》出版】 《湖南氏族迁徙源流》由湖南图书馆编纂，寻霖主编，2010年岳麓书社出版，收入《湖湘文库》之中。该书是湖南第一部全省氏族志书，也是湖南图书馆开展族谱征集与研究的一部重要著述。（寻霖）

【湖南省少年儿童读书活动】 湖南省少儿图书馆从1982年开始，一直在全国中小学生中开展的“红领巾读书读报奖章”活动中担任主角，并建立了以省少儿馆为中心、各市州区县图书馆为骨干、中小学校为基础的“红读”活动运作网络，活动覆盖全省、影响渗透几代人。20多年来，湖南省少儿图书馆从县到市、（州）层层发动组织，迄今为止，全省参加读书活动的少年儿童人数超过5000万人次。2010年，湖南省少儿图书馆承办了由湖南省委宣传部、省文明办、省文化厅、省教育厅、省新闻出版局、团省委、省妇联联合主办的“迎世博迎亚运讲文明树新风”文明礼仪知识读书活动。此次读书活动由文明礼仪知识网上答题、现场文明礼仪知识展演两部分组成。活动自5月份开展以来，全省14个市州130多个县、市区依托当地文化局和图书馆、少儿图书馆，周密部署、精心组织。据各市、州上报材料统计，网上答题共收到有效答卷40余万份，举办文明礼仪知识读书活动展演100余场，全省共有106万少年儿童参加了此次活动。（薛蓉）

【打造星城科学讲堂大众品牌读书活动】 长沙市图书馆举办了系列高质量的“星城科学讲堂”讲座，包括中国工程院院士、湖南省科协主席何继善；中国工程院院士、湖南省科协副主席、“中国油菜之父”官春云等一批国内知名专家受邀带来精彩讲课。讲座得到了社会各界的高度关注，取得了良好的社会影响，文化部社文司巡视员刘小琴等领导参加了“星城科学讲堂”及相关活动并为活动题词。“星城科学讲座”还被湖南省文化厅选为“国家公共阅读制度设计研究”系列课题的特选案例进行研究。申报的“2010年全民‘科普阅读日’活动”于2010年10月经市科协专家组评审通过立项，获得专项经费。（王自洋）

【株洲市图书馆开展“你读书我买单”公益活

动】 5月29日—6月7日，11月22日—30日，株洲市图书馆在市新华书店分别开展两期“你读书·我买单”公益活动。活动期间内，只要是持有株洲市图书馆借书证的读者都可在株洲市新华书店寻找自己喜欢的书，免费借回家去看。对于没有办理借书证的读者朋友，除可在株洲市图书馆办证大厅办理借书证以外，图书馆还在新华书店设定专门办证柜台，为读者现场办理借书证及借书手续。活动吸引了株洲市民的参与，引爆了株洲市民的读书热情，增强了城市的学习氛围，同时也满足广大人民群众日益增长的文化需求，使更多市民走进了图书馆。此次活动的开展，创新了图书馆服务手段，在图书馆、新华书店与读者之间搭建起一座桥梁，实现了共赢。株洲市委副书记、宣传部长阳卫国，湖南省新闻出版局党组成员、纪检组长宋军等领导参加了活动启动仪。（黄小平）

【株洲市图书馆购置市长推荐阅读书目图书】 2010年初，株洲市市长王群倡议，在全市干部中养成一种阅读的习惯，在阅读中增长知识，提升生活品质，启迪人生智慧，开创美好未来。株洲市图书馆积极响应王群市长的倡议，在拿到推荐阅读书目后，马上与市新华书店取得联系，购齐50本推荐书籍。株洲市图书馆在积极采购推荐书目的同时，号召全馆职工多读书，读好书，加强自身修养，努力提高职业道德、业务能力和服务意识。（黄小平）

【湘潭市图书馆绿色网吧被评为“湖南省未成年人思想道德建设先进活动基地”】 湘潭市图书馆创建的湘潭市首家未成年人绿色网吧，自2009年2月21日正式开放以来，已免费接待五万多未成年人上网。网吧因环境优美、服务到位、管理有序、成效显著，被湖南省精神文明建设指导委员会评为“湖南省未成年人思想道德建设先进活动基地”，馆长李维石被评为“湘潭市未成年人思想道德建设先进工作者”。（李维石）

【衡阳市图书馆维修改造后重新开放】 在历时一年多的全面维修改造之后，衡阳市图书馆于2010年1月29日先期开放现期报刊阅览和中文图书外借两个服务窗口，7月28日恢复全面开放。此番重新开馆，该馆服务场地增加了1000多平方米，新购图书20 000多册，基本服务设备全部更新，馆舍条件和学习环境大为改善。该馆还推出多项便民举措，降低服务门槛，馆内阅览实行免费服务，对老年和残疾读者、在校学生等办理借书证给予特别关怀。与闭馆前比较，到馆读者人次和文献外借册次均增长了一倍以上，132座的现刊阅览室常常座无虚席，全年新增持证读者2300余人。（刘忠平）

【衡阳市少儿图书馆整体搬迁】 1月，衡阳市少年儿童图书馆从市府路整体搬迁至蒸阳路新址，并于7月下旬正式对读者开放。该馆原馆舍坐落在市图书馆院内，2000年因市政建设被拆除，后搬入市府路原市文化局办公楼。2008年9月28日，衡阳市市长张自银主持召开的市长办公会议作出决定，将市图书馆老书库维修改造后作为市少儿馆馆舍。经一年施工，一栋建筑面积1200多平方米、环境优雅、功能完备、设施先进的独立馆舍成为了衡阳市少年儿童图书馆新馆。（刘忠平）

【郴州市图书馆开展市民共建图书馆】 郴州市图书馆以“4·23”世界读书日为契机，开展“我的图书馆我来建——市民共建图书馆”活动。5月21日，在图书馆一楼大厅举办了图书捐赠活动的启动仪式。参与单位达几十个，参与人员突破万人。启动仪式当天，就接收到了各界代购书款6.1万元，各类图书、音像读物等6400余册（件），总价值近10万元。宇腾化工股份公司和金煌装饰公司分别捐赠1万元和2万元代购书款（钱直接转入市新华书店，图书由图书馆选购），市新华书店捐赠价值2万元的图书。郴州市各大媒体对活动作了翔实的报道。通过开展该活动，丰富了郴州市图书馆的馆藏文献资源，增强了市民关注和参与建设图书馆的意识，影响深远。活动过后，市民捐赠、送书到图书馆渐成为风尚。（王成东）

【益阳市图书馆开展“关爱留守儿童”活动】 为了让留守儿童在中秋节这个特殊节日里充分感受到幸福和快乐，2010年9月21日，益阳市图书馆馆长袁宁波、业务副馆长郭正繁等一行四人到资阳区精瑞英才学校，为学校留守儿童开展了“团圆中秋，和谐共享”的服务活动。益阳市图书馆为留守儿童送去图书120多册，并鼓励孩子们在课堂之余充分利用图书馆的资源，多读书、读好书，让阅读成为习惯，充分享受读书的乐趣；同时还利用文化共享工程资源为留守儿童播放了“赤子之怀：华罗庚的故事”、“飞翔的翅膀：张海迪的故事”等视频资料。此次活动的开展，不仅为留守儿童送去了节日的祝福和关爱，也充分发挥了图书馆的社会教育职能，促进了社会和谐。（袁宁波　罗赛峰）

【岳阳市图书馆举办“好书共享”大型图书展】 11月26日，《岳阳晚报》、岳阳市图书馆、岳阳网联合举办的“好书共享”大型图书展览活动正式启动。活动期间实行“低价售书，普惠读书人”，中外古典名著、名人传记、百科知识、儿童读物、养生休闲的书籍低至2折起销售。所有展销书还开展“你读书，我买单”活动，新读者办借书证后即可将自己喜欢的书免费借回家阅读，借期一个月。活动吸引了读者阅读购买。（管莉萌）

【洞庭湖区图书馆工作协作委员会第八届年会在岳阳市图书馆召开】 2010年4月26日—27日，洞庭湖区图书馆工作协作委员会第八届年会在岳阳市图书馆召开。省文化厅、省图书馆、省少儿图书馆的领导和常德、益阳、岳阳三市文化局领导及图书馆界同仁76人出席了会议。会议围绕“图书馆服务与创新”的主题，进行了深入的研讨和广泛交流。本届年会共收到论文110篇，评选出优秀论文一等奖9篇，二等奖22篇，三等奖33篇。（管莉萌）

【韶山毛泽东图书馆图书征集工作取得重要突破】 韶山毛泽东图书馆从北京、天津、河北、河南、山东、四川等地长期保持联系的知名收藏家手中，成功征集了毛著版本1352册，其中建国前的版本750册，包括目前国内出版时间最早的毛选版本——1944年晋察冀日报社版《毛泽东选集》精装本和分卷本、伪装本《孙中山先生论地方自治》、油印本《唯物辩证法》讲义、《毛泽东自传》系列和《毛泽东印象记》系列等珍稀图书，具有极高的收藏价值和研究价值。此次征集工作不仅使馆藏数量得到增加，更重要的是使馆藏品质有了质的飞跃。（谢丹）

【康师傅控股有限公司向双峰县蔡畅图书馆捐资100万元】 4月20日，康师傅控股有限公司资助的第二批15万元图书、豪华型钢木书架运抵双峰县蔡畅图书馆。这批款项的捐赠有效地改善了馆藏环境和藏书结构，目前该馆已有藏书15万多册，年接待读者达到13.6万人次。根据双方签订协议约定，“康师傅控股有限公司将于2009年到2013年五年期间，共拨款100万元人民币资助双峰县蔡畅图书馆之馆藏的扩充及硬件设施的改善。”（王卫钢）

【双峰县图书馆深入特教学校开展阅读活动】 9月7日上午，双峰县图书馆在双峰特殊教育学校开展阅读活动，并捐赠书刊、书架、阅览桌椅等，共计价值人民币两万多元，帮助特教学校建立了图书室，为残障学生提供更好的学习条件。活动结束后，参与活动的职工还与特教学校的孩子们进行了广泛交流，受到老师、学生的热烈欢迎。（罗晓兰）

【醴陵市图书馆编纂《书韵飘香》纪念文集】 2010年9月是醴陵市图书馆建馆80周年。为了隆重纪念和总结80年来取得的成就，醴陵市图书馆编纂了《书韵飘香》纪念文集，经过半年多时间完成初稿，全书200多页，近40万字。预计在2011年上半年由湖南人民出版社出版。（谢跃先）

【涟源市图书馆“作家签名著作珍藏库”】 涟源市图书馆借作家爱心书屋建设之机建立了“作家签名著作珍藏库”，珍藏了巴金、臧克家等4000余名作家、艺术家本人签名的近万册图书，2010年收到省内外及本土作家签名图书近千册。十年来，涟源市图书馆共接待高洪波、何申、王跃文、陈白一、颜家龙、谭谈等省内外著名作家和艺术家几十批次；“中心馆”年外借册次最多达13.9万、年流通总人次达10多万；读书活动力争“有声有色”，吸引了数万人次的读者参与其中。（梁海涛）

【永顺县图书馆新馆建成并投入使用】 1930年，湖南省教育厅送给永顺县《万有文库》一部共1900余册，在府城隍庙内设图书馆，1937年，图书馆移交县民众教育馆。新中国成立后，由县文化馆接收民众教育馆藏书，开办借阅业务。1976 年 5 月，永顺县图书馆正式建立。2009 年 5 月，湘潭市援建永顺县图书馆一幢建筑面积 2000 平方米的多功能综合图书大楼，共投入 300 万元。2010 年 5 月正式投入使用。永顺县图书馆新馆有普通书库 2 个，特藏书库 2 个，阅览室 4 个（报刊阅览室、少儿阅览室、资料参考室、电子阅览室），共 300 个坐席。现有藏书 10 万余册，以综合性、普及性读物为主，其中古籍线装书有 8 千余册。（刘勇）

广东省

【广东省立中山图书馆概述】 在省委、省政府的高度重视下，广东省立中山图书馆改扩建工程列入建设文化大省重点文化设施和广东文化事业发展“十一五”规划重大项目之一。经过五年的奋斗，中山图书馆在 2010 年顺利完成改扩建首期工程竣工、馆藏回迁、新馆开放等数项重大任务。在确保总馆年底重新开放，各分馆做好服务的同时，依托网上服务平台，加大文献资源共建共享力度，深入推动文献信息的开发与利用。全年共接待到馆读者7 290 677人次，网上读者1 476 166人次；提供纸质文献借阅14 182 389册次；举办读者活动 559 次，参与读者596 584人次。先后被授予“广东省文明窗口”、“‘书香岭南’全民阅读活动先进集体”等荣誉称号。

11 月中旬，改扩建首期工程建设进入尾声后，广东省文化厅对中山图书馆提出年底必须开馆的要求。为了配合借阅部、报刊部、外文部三大部门馆藏回迁，全馆从各部门抽调 30 多人，组成书籍押运突击队与图书上架突架队，在 12 月中旬顺利完成 450 多万册馆藏的回迁任务。馆技术人员不到 40 天时间里实现 Aleph500、一卡通系统、RFID 系统、电子阅报系统、掌上图书馆系统、3D 展示系统的上线，26 天里完成 RFID 系统 23 万个标签的转换和设备部署，被业界人士称为“奇迹”。新馆开放后，读者服务区采用大开间、全开放的格局，新推出“读者卡”与自助借还书服务。读者手持“读者卡”除可免费借阅各类文献外，还可享受自助服务、查阅数据库等服务。50 万册外借中文图书的借还手续，既可由工作人员人工办理，也可通过 24 小时自助还书机，RFID 自助借还书机完成。此外，中山图书馆根据现代读者需求，推出了报刊自助阅读系统、全景数字图书馆展示系统与掌上图书馆。开馆后一系列的服务新措施，让读者服务变得更加便利、更加丰富，受到读者的热烈欢迎与社会的广泛关注。

2010 年，中山图书馆对参考咨询服务平台作了调整，建立了面向全国各类型图书情报机构的跨系统资源共享系统“中国图书馆参考咨询服务联盟平台”，并启用了新的咨询服务平台，促进合作成员馆和读者进一步扩展。两系统的注册读者合计213 520人，合作成员馆 85 个，咨询员 658 人。与广东科技情报所合作，利用国家科技图书文献中心广州服务站的外文文献资源，缓解了中山图书馆外文文献资源缺乏的困境。此外，中山图书馆积极为省政府发展研究中心、省文化厅、中国文化艺术研究所等提供专题参考咨询服务，内容涉及公共服务均等化、公共文化服务体系、广州文学、美术、音乐戏曲、民俗节庆、历史人物、遗址等多个方面。全年网上参考咨询平台回复读者咨询915 871例，传递文献1 561 122篇，实时咨询13 546例，收到读者的表扬信达 173 封，读者满意率达到 90%以上。中山图书馆组织申报的“中国图书馆参考咨询联盟”获得文化部创新项目立项。

4 月 23 日“世界读书日”，在省委宣传部、省文化厅、省新闻出版局的联合组织下，中山图书馆将 16.55 万册剔旧中文图书与 5 万册新书赠送给省内 25 个欠发达地区（县）市图书馆，正式拉开广东省 2010 年“书香岭南”全民阅读活动的序幕；积极参与“扶贫济困日”主题活动，向揭西县、佛冈县、新兴县 6 个乡镇 12 个村捐赠图书 3.033 万册，以“智力扶贫”的实际行动向贫困地区送去宝贵的知识资源。

今年中山图书馆继续坚持在全省欠发达地区建设广东流动图书馆。截止到 2010 年底，广东流动图书馆在粤北、粤东、粤西等省内欠发达地区建立 70 个分馆，全年共接待读者6 796 683人次，提供图书阅览11 917 576册次，图书外借 935 913册次。开展了“图书馆学基础、文献采访、文献编目”、“珠江三角洲数字图书馆联盟网站建设和服务”、“文化共享工程县支中心建设”等主题的业务培训，促进了基层工作人员提升业务水平，也为广东流动图书馆的可持续发展打下了扎实的基础。

2010 年，中山图书馆在文化共享工程县级支中心建设与跨系统共建共享等方面取得了重大进展。一年中，中山图书馆积极配合省文化厅完成了省内经济欠发达地区的50个文化共享工程县级支中心的建设任务，为各市、县支中心和基层服务点分发包括电影、讲座、专题资源等在内的数字资源约100多TB。为市、县、乡镇三级基层服务点组织了9次网络P2P直播培训与3次面授班；组织全省图书馆积极开展“文化共享世博行广东省宣传月”、“全国少年网页设计培训暨文化共享工程少年网页设计竞赛”等活动，提升了文化共享工程支中心所在图书馆的信息化水平和服务能力。由中山图书馆牵头组织建设的“珠江三角洲数字图书馆联盟网站”正式开通，这是我国公共、教育、科技系统图书馆建立的首个跨系统文献资源共享平台，网站联合目录基本覆盖广东省三大系统主要图书馆的馆藏，并与中山图书馆牵头建立的联合参考咨询与文献传递网实现无缝连接。其资源种类超过了任何一家传统图书馆的馆藏。截止到12月，广东省参加该联盟的图书馆已达182个，其中公共图书馆30个，高校图书馆145个，科技图书馆2个，党校图书馆5个，成为全国规模最大的数字图书馆联盟。联盟门户网站访问2 113 865次，全文检索543 215次，跨库检索与馆藏揭示561 633次。

中山图书馆有计划、分步骤地开展广东省的古籍保护工作。一是积极做好古籍普查工作，整理完成中山图书馆申报第三批《国家珍贵古籍名录》的100余种善本古籍资料，其中26部入选第三批《国家珍贵古籍名录》；整理汇总广东省申报第三批《国家珍贵古籍名录》古籍382种；整理汇总全省申报首批《广东省珍贵古籍名录》古籍资料1100种和省重点古籍保护单位申报资料13种。二是注重古籍保护人才培训，与国家古籍保护中心合作举办“第十八期全国古籍普查培训班”，全省34家古籍收藏单位的77名学员参加了培训。三是加强古籍保护宣传，编制《广东省古籍保护中心工作简报》，做好广东省古籍保护中心网站日常维护和内容更新工作。四是着手古籍数字化建设，创建“古籍地方文献全文数据库”，完成300万拍的古籍和近代报刊文献数据的加工后，将逐步上网免费提供给读者阅览。

积极开展信息开发工作。今年与葡萄牙外交部档案馆等单位合作开发了“葡萄牙外交部藏葡国驻广州总领事馆档案（民国部分·中文）”这一大型文献整理项目；国家清史项目《清代稿抄本》第三辑已通过专家评审正式结项，专家认为《清代稿钞本》是清史研究和清史编纂的珍贵史料，这是中山图书馆古籍文献开发又一重要成果。

在作为全国图书馆创新服务工作座谈会重要组成部分的公共图书馆立法决策服务工作研讨会上，中山图书馆主编的《决策内参》编辑通过典型的案例分析，将《决策内参》的文献信息开发特点、资源积累的品牌优势、数据库资料的使用效率，以及对于高端读者提供优质的决策信息服务经验，进行了全面客观的分析解读，受到全国图书馆同仁的好评。国家图书馆馆长周和平专门为《决策内参》题词：“信息精粹，服务品牌”。（广东省立中山图书馆）

【广东流动图书馆鼎湖分馆挂牌揭幕仪式在鼎湖区隆重举行】 12月9日，广东流动图书馆鼎湖分馆在肇庆市鼎湖区图书馆正式开馆，同时举行了鼎湖分馆和“全国文化信息资源共享工程鼎湖区支中心”的挂牌揭幕仪式。广东省文化厅社文处李再炎副处长、广东省立中山图书馆刘洪辉馆长、鼎湖区区委常委梁健梅、副区长李丽敏、肇庆市文化广电新闻出版局机关党委郑晓星副书记、肇庆市图书馆范雪梅馆长等领导及鼎湖区各镇(街道办)宣传委员、文化站长、文化共享工程基层服务点管理员等近百名领导、嘉宾出席了仪式。鼎湖分馆是广东流动图书馆的第69个分馆，也是广东省馆在肇庆地区开设的第9个广东流动图书馆分馆。分馆面积150平方米，藏书1.2万册，设施先进完善，实行自动化管理，与肇庆区域图书馆各成员馆实行“一卡通”联合服务，极大地方便了读者。（广东省立中山图书馆）

【2010“书香岭南”全民阅读活动启动暨“珠江三角洲数字图书馆联盟”网站同时开通】 4月28日，2010“书香岭南”全民阅读活动启动仪式在广州图书馆举行，“珠江三角洲数字图书馆联盟”网站也正式开通使用。广东省委常委、宣传部部长林雄出席活动。随后举行的还有“诵中华经典 做书香少年”全省中小学生主题读书活动启动仪式暨《中华经典》首发式。

在全民阅读活动启动仪式上，广东省立中山图书馆和全省44家图书出版、发行单位开展了向省内25个欠发达地区县（市）级图书馆捐赠图书活动。据统计，44家图书出版和发行单位共捐赠图书55 770册，价值达136万元；广东省立中山图书馆捐赠图书16.5万册。广州市文化广电新闻出版局出资十多万元，刻录了6000套光碟，向越秀区、荔湾区、海珠区等12个区（县级市）的代表捐赠了数字资源。广东省宣传部副部长顾作义在讲话中说，为发挥整体效应，扩大社会影响，今年的“书香岭南”全民阅读活动实行全省联动。

同一天，“珠江三角洲数字图书馆联盟”网站正式开通使用。该系统是我国公共、教育、科技系统图书馆建立的首个跨系统文献资源共享平台，网站联合目录基本覆盖广东省三大系统主要图书馆的馆藏，并与联合参考咨询与文献传递网实现无缝连接，可检索的元数据达1.47亿条，囊括416万种中外文图书、9953万篇中外文期刊、668万篇博硕士论文、1481条中外文专利、54万条中外文标准。该系统具有为读者提供深入内容的章节和全文检索、部分文献试读、参考咨询等多种功能。今后，读者只要通过联合目录搜索，就能检索到某句话出现在哪本书的哪一页，同时还可知道该文献藏于哪个图书馆，可以通过馆际互借和文献传递等网上图书馆服务形式，在短时间内很快获得所需要的图书、期刊、报纸、专利等文献。（广东省中心图书馆委员会）

【广州图书馆立足广州，服务亚运】 为迎接亚运，服务第16届广州亚运会、亚残运会，4月23日—28日，广州图书馆举办“绚烂亚洲”——亚洲多元文化图片展，日本国驻广州总领事馆副总领事小松道彦、韩国驻广州总领事馆文化领事崔炳姬等参加剪彩仪式并赠书；10—11月，“羊城学堂”邀请中国前驻外大使、著名专家学者举办7场亚洲文化系列讲座；11月，广州首个24小时自助图书馆进驻亚运村为参会各国媒体记者和运动员提供服务，获第16届亚运会组委会媒体村团队颁授突出贡献荣誉证书。立足广州地区公共图书馆发展现状，实现广州图书馆、白云区图书馆、荔湾区图书馆之间的通借通还服务，为实现全市公共图书馆通借通还奠定基础。（广州图书馆）

【专业图书馆分会交流合作委员会与华工委交流会议在广州举行】 3月19日，中国图书馆学会专业图书馆分会交流合作工作委员会与华南地区工作委员会在广东省科技图书馆举行了业务交流会。中科院广州分院、广东省科学院常务副院长黄宁生，分会副理事长、交流合作工作委员会主任、中国化工信息中心主任揭玉斌，华南地区工作委员会主任、广东省科技图书馆馆长李宏荣，专业分会常务副秘书长赵树宜以及双方委员等共30多人参加了会议。围绕本次业务交流会的主题“专业图书馆服务创新的新举措、新思路”，与会代表们分别就面向区域自主创新的专业图书馆服务措施、加强馆际合作、提高为企业服务的水平、网络环境下专业图书馆服务水平提高、特色资源开发及服务品牌打造等议题进行了深入探讨和交流。（广东省科技图书馆）

【广东省科技基础条件建设“十二五”规划科技文献专题科研用户需求调研会召开】 为做好广东省科技基础条件建设“十二五”规划科技文献专题规划的前期调研工作，根据科技文献专题规划起草小组的分工，受广东省科技厅科研条件与财务处委托，广东省科技图书馆于10月12日上午召开了广东科研机构科技文献用户需求调研座谈会。座谈会上，专家和科研人员围绕加强广东省科技文献保障体系建设、支撑广东区域科技创新的目标，在充分肯定省科技文献平台和省科技图书馆“十一五”期间为全省各级科研机构提供多种层次、多种形式的科技文献保障服务所作努力和取得成绩的同时，客观地指出了省直科技文献情报机构科技文献保障总体水平偏低，科技文献平台建设投入严重不足，难以有效支撑广东科技自主创新的客观事实。针对广东省科技文献“十二五”建设，大家结合个人、科研团队和所在研究机构对科技文献的需求，畅所欲言，提出了许多独到和中肯的建议。（广东省科技图书馆）

【广东省科技图书馆虚拟参考咨询与原文传递平台注册用户突破3万】 广东省科技图书馆于2007年主导研发并开通了虚拟参考咨询与原文传递平台。该平台是数字资源服务门户系统模块之一，可为注册用户提供免费的中外文期刊、会议论文、图书章节等文献传递及参考咨询服务。用户只需简单注册，就可以在平台免费申请期刊论文、学位论文、图书章节等文献资源；咨询专家通过该馆订购的中外文数据库、馆际互借等多种途径，为用户查找并传递文献。用户们真正享受了“随时随地，文献到桌面”的服务。2010 年，新增注册用户 30 855 人、总用户达 38 565人，用户总数和已远远超过该馆建馆 50 年来累积持证读者数量；全年平台首页访问量达 73 万人次，传递原文253 860篇（其中 64%为外文）、日均 691 篇，同比增长 496%，文献满足率保持在 90%以上。（广东省科技图书馆）

【深圳“图书馆之城”建设取得实质性进展】 2010 年 8 月，深圳市完成了城市街区 24 小时自助图书馆二期工程 100 台服务机建设任务，全市自助图书馆布点总数达 140 台，实现了自助图书馆全市范围内更大区域的全方位覆盖。自助图书馆全年服务读者 79.04 万人次，处理文献 170.41 万册次，办理读者证 2.43 万张。自助图书馆项目被列为深圳市政府 2010 年十项民生工程，获第九届中国艺术节“群星奖”项目奖和深圳市“精神文明重大成果奖”。

“图书馆之城”建设取得实质性进展。深圳图书馆、罗湖区、盐田区、龙岗区内的 27 家公共图书馆及分布全市的 140 台自助图书馆率先实现统一服务，实现了全市范围内文献资源的共享和大流通。深圳市最大的社区图书馆——深圳图书馆桃源居分馆建成开放，实现了政府资源与社会资源合作互补共建公共文化服务设施的模式探索。（深圳图书馆）

【东莞市图书馆公共服务体系基本形成】 至 2010 年底，东莞市已建立起以 1 个总馆、48 个分馆、102 个服务站的地区图书馆网群，实现了图书馆在时间上 365 天每天 24 小时全天候服务，在空间上覆盖全市 32 个镇街的体系化服务，创造了东莞地区图书馆事业的飞跃和辉煌。2010 年镇街分馆藏书 184 万册，外借 117 万册次，办理读者证 2.5 万余个。东莞市以较好的工作基础，成为文化部“公共电子阅览室”首批试点建设城市之一。东莞市图书馆公共服务体系基本形成。2010 年东莞图书馆读者活动精彩纷呈，其中，东莞第六届读书节共举办各类读书活动 497 项（含重点活动 22 项），参与群众 380 余万人次，掀起了全市读书求知、读书成才、读书明理的热潮；“我讲书中的故事”全市儿童故事大王活动共吸引了近 8000 名少年儿童报名，受到社会各界的普遍关注；全年共举办展览 26 场，巡展 10 余场，受众群众约 20 多万人次；公益讲座累计举办 52 场次，听众达15 000余人次；“市民空间”公益课堂共举办 48 场，参与读者 5500 多人。2010 年，东莞图书馆工作多次得到国家、省、市的表彰：3 月获广东省委宣传部、省新闻出版局、省文明办“‘书香岭南’全民阅读活动优秀项目”；4 月获中国图书馆学会颁发“‘全国少年儿童阅读年’阅读推广奖”；8 月荣获东莞市人民政府颁发的“文化新城建设标兵单位”。（东莞图书馆）

【东莞市举办第二届“我讲书中的故事”儿童故事大王比赛】 2010 年第二届“我讲书中的故事”儿童故事大王比赛在东莞市 32 个镇街拉开帷幕，吸引 8000 余名儿童同台竞技。儿童故事大王比赛是东莞市读书节的品牌活动之一，已成功举办三届。今年的比赛从 3 月启动以来，全市 33 个镇区，超过 9000 名少年儿童参与其中。除了传统的低幼、小学个人组别的比赛外，今年为倡导家庭阅读、亲子阅读，特增加了亲子家庭组比赛，由 3—5 名包含成人的组合通过表演的方式演绎书中的故事。经过选拔赛、初赛、复赛等层层选拔，各镇街总共推选 180 余名选手参与总决赛。选手们利用各式道具、服装、音响、舞台布景等，将观众引入故事情景中，他们惟妙惟肖地扮演各种角色，使故事精彩纷呈，高潮迭起，创造出一种全新的阅读风尚，为广大市民奉上精彩的文化大餐，这将带动更多的家庭开展亲子阅读活动，提升家庭阅读的文化内涵和文化品位。（东莞图书馆）

【珠海文化大讲堂——珠海市图书馆着力打造的城市文化名片】 “珠海文化大讲堂”是由中共珠海市委宣传部主办，珠海市图书馆承办的大型公益性文化活动。在社会各界的大力支持和热情参与下，文化大讲堂已成为珠海市图书馆一项重要的常态工作和核心业务，并取得显著成效。自 2007 年推出以来，珠海文化大讲堂已举办讲座 166 讲（其中 2010 年举办讲座 41 场），先后邀请了王蒙、于丹、阎崇年、汪国真、叶檀、王海鸰等国内外知名专家、学者登台开讲，内容涉及经济时事、历史人文、艺术鉴赏、养身保健等各个领域。累计接待现场听众逾10万人次，报纸、广播、电视台、网络等间接受众240万人次。为传承文明、弘扬优秀文化传统提供了重要平台，极大地丰富了市民的精神文化生活，成为珠海城市新的“文化名片”。（珠海市图书馆）

【汕头市图书馆成功举办全市中小学生藏书票比赛】 藏书票是贴在书籍里封上的装饰画，通常贴在书籍扉页的合适位置，开卷则见。作为书籍持有者的标志，藏书票是读书人求知爱美、寄托情感的信物。2010年，汕头市图书馆首次在全市中小学生中举行藏书票比赛，目的是为了引导广大中小学生了解藏书票、制作藏书票，提高青少年读书、爱书与藏书的兴趣。此次比赛围绕读书、爱书、藏书，历史文化、潮汕民俗，世界和平，关爱大自然以及青少年感兴趣的题材均可提炼为创作的主题。活动得到许多中小学生的踊跃参与，各学校将藏书票制作融入到美术教学中，老师精心指导，学生充分发挥想象。经过三个多月的征稿，共收到藏书票作品588幅，经组织专家评选，评出金奖3名、银奖6名、铜奖9名、优秀奖18名、入选作品100幅。在图书馆服务宣传周期间举行了颁奖仪式，同时举行藏书票获奖作品展览。学生们通过一张小小的藏书票表达自己的思想、感情、兴趣和爱好，充分体现了汕头市中小学生的艺术素养和广大学生读书、爱书、藏书的热情。（汕头市图书馆）

广西壮族自治区

【广西壮族自治区图书馆概况】 广西壮族自治区图书馆2010年在职员工190人，其中大专以上文化程度152人，占总人数的80％。高级职称28人，中级职称88人，初级职称68人。全年经费总投入3366.50万元，其中购书经费601.16万元，占事业总经费的17.86％；全年新增馆藏图书62 640种，141 863册，现总藏书量为2 503 172册。在全区率先实行免费开放，年接待到馆读者1 527 727人次，借阅书刊3 957 790册次，新增持证读者14 900个，累计持证读者46 000个。全年共建立馆外流通点45个。（广西壮族自治区图书馆　李臻）

【广西壮族自治区图书馆被评为一级图书馆】 在2月1日召开的全国文化信息资源共享工程督导和公共图书馆评估工作总结会暨古籍保护工作会议上，广西壮族自治区图书馆馆长徐欣禄从文化部领导手中接过了“一级图书馆”的牌匾。在文化部组织开展的第四次全国县级以上公共图书馆评估工作中，广西共有7个馆被评为一级馆，5个馆被评为二级馆，57个馆被评为三级馆。（广西壮族自治区图书馆　李臻）

【县级数字图书馆推广计划培训班】 2月10日，在广西图书馆网络数据中心举办了县级数字图书馆推广计划技术人员培训班。来自广西第一批实施“县级数字图书馆计划”的横县、武鸣、靖西、龙州、百色右江区5个文化共享工程县级支中心技术人员参加了学习。课程由网络数据中心的欧健主讲，他围绕县级数字图书馆系统的安装、设置和应用给大家作了详细的讲解并指导技术人员进行实际操作。学员们在较短的时间内都掌握了安装和使用方法，并通过了考核。（广西壮族自治区图书馆　李臻）

【第十三期全国古籍普查培训班】 3月1日－17日，第十三期全国古籍普查培训班在广西图书馆举办。来自广西、贵州两地公共图书馆、高校图书馆、博物馆、科研单位等系统从事古籍保护工作的专业技术人员共74人参加培训。全国古籍保护工作专家委员会主任李致忠、中国科学院国家科学图书馆研究馆员罗琳、复旦大学图书馆研究馆员吴格以及广西大学文学院副教授张维、广西民族古籍整理办公室主任欧微微等12位古籍保护研究专家为学员讲解了古籍基本知识、古籍鉴定与编目知识、普查规范等古籍普查知识。（广西壮族自治区图书馆　李臻）

【广西第三批全国珍贵古籍名录推荐评审会】 3月16日下午，广西第三批全国珍贵古籍名录推荐评审会在广西图书馆举行。广西古籍保护工作专家委员会主任徐欣禄、副主任欧薇薇，专家姚倩、黄权才、廖子良和兰旻参加了评审。专家委员对广西图书馆、广西民委古籍办、广西桂林图书馆、广西师范大学图书馆等10家单位提交的223部古籍进行了评审，最终确定9家单位的178种古籍进入第三批《国家珍贵古籍名录》

的推荐名单；另外推荐广西桂林图书馆和柳州市图书馆申报第三批全国古籍重点保护单位。（广西壮族自治区图书馆　李臻）

【文化部副部长杨志今到广西图书馆调研】 4月7日下午，文化部副部长杨志今、社会文化司司长于群，文化共享工程国家管理中心主任张彦博等一行6人，在广西文化厅副厅长陈映红等文化厅相关人员陪同下到广西图书馆进行工作调研。杨志今一行实地考察了中文报刊阅览室、电子阅览室、数据制作工作室等，了解了广西馆免费服务工作进展、电子阅览室服务、文化共享工程广西分中心建设、古籍保护、政府信息公开服务等工作情况，重点询问了图书馆在免费服务中运行经费保障和购书经费情况以及文化共享工程建设情况。杨副部长对广西图书馆当前采取的一系列免费服务措施给予了充分肯定和好评，认为此举在广西公共文化服务投入中起到了带动示范作用，有利于推动广西各级财政加大对公共图书馆的投入。（广西壮族自治区图书馆　李臻）

【世界读书日暨“八桂讲坛”二百期纪念活动】 4月23日，在广西图书馆举办了世界读书日暨“八桂讲坛”二百期纪念活动，在邕部分高校师生、热心读者、新闻媒体等近450多人参加了此次活动。广西文化厅副厅长陈映红和广西图书馆领导为广西教育学院等5家单位颁发了“八桂讲坛最佳合作单位”荣誉证书，为磨思红等10人颁发了最佳听众荣誉证书。同时进行共建基地授牌仪式，广西图书馆成为广西国际商务职业技术学院、广西经贸职业技术学院、广西医科大学护理学校3家院校的思想政治教育基地。在随后举办的“美育教育与音乐欣赏”专题讲座中，全国政协委员、著名歌唱家李光羲先生就自己艺术成长道路，美育对促进人的发展，歌唱艺术、音乐欣赏等与听众分享了自己的心得，并与听众进行了互动。（广西壮族自治区图书馆　李臻）

【第三届广西中小学生网页制作大赛】 5月22日，第三届广西中小学生网页制作大赛颁奖仪式在广西图书馆报告厅隆重举行，300多人参加。本次大赛由自治区“知识工程”办公室、自治区科普工作联席会议办公室联合主办，主题为“相约世博”。于今年2月筹划，3月初开始面向全区中小学生征集参赛作品，到5月13日共收到各市县选送的参赛作品152份，其中中学组92份，小学组60份，有10个市县的27所学校参加了比赛，参赛范围大、影响面广。经过评委的严格筛选，评选出小学组一等奖2名，二等奖4名，三等奖6名；中学组一等奖5名，二等奖10名，三等奖15名；最佳创意奖每组各1名。获奖选手的指导老师获得园丁奖。广西中小学生网页制作大赛作为全国科技活动周广西活动的品牌项目，至今已经成功举办了三届，得到南宁、北海、梧州、柳州、贺州等市的“知识工程”办公室和图书馆以及各个学校的大力支持，他们积极宣传，组织作品参赛，为比赛的成功举办提供了保障。（广西壮族自治区图书馆　李臻）

【首次全区古籍保护工作会议】 5月27日，由广西文化厅和广西古籍保护中心组织召开的全区古籍保护工作会议在广西图书馆三楼会议室举行，这是广西首次召开的全区性古籍保护工作会议。自治区文化厅社文处处长黄燕熙，广西图书馆馆长徐欣禄，广西民族古籍整理办公室主任欧薇薇，广西档案馆处长邓鸣鸣，广西桂林图书馆，广西社科院信息中心、广西博物馆、广西地方志办公室、广西日报社图书资料组、广西师范大学图书馆、柳州图书馆等30家古籍收藏单位的相关领导39人参加了此次会议，基本涵盖了全区主要古籍收藏单位。黄燕熙处长、徐欣禄馆长相继在会上发表讲话，广西民族古籍整理办公室、广西师范大学图书馆、柳州市图书馆的3位与会代表做了经验交流发言。这次会议总结了2007年以来全区古籍保护工作的实施情况，对当前广西古籍保护工作中存在的薄弱环节进行全面梳理，并安排部署全区古籍保护工作，为进一步推动广西古籍保护工作深入开展起到了积极作用。（广西壮族自治区图书馆　李臻）

【广西图书馆获得“全民阅读示范基地”荣誉称号】 7月在长春召开的2010中国图书馆学会年会上，广西图书馆因在近年全民阅读活动中富有创意且表现突出，喜获中国图书馆学会颁发的“全民阅读示范基地”荣誉称号。近年来，广西图书馆依托自身优势，本着以人为本，服务社会，保障和实现人民群众的文化权益为宗旨，充分利用图书馆的文化、信息等优势资源，利用

"世界读书日"、"图书馆服务宣传周"、"科技周"、"全国科普日"等契机，积极协调和联合区党委宣传部文明办、文化厅、科技厅等各单位及与广西六所高校、多家媒体合作，在社会各界的大力支持与协助下，针对不同受众，举办了形式多样、内容丰富的各种知识讲座、报告会、影片欣赏、公益展览、信息咨询、少儿阅读等多种形式的主题阅读活动，先后参与了文化、科技服务大行动、文化企业行、"科普宣传周系列活动"，为新农村建设、企业振兴、思想教育、传播科学文化提供服务。（广西壮族自治区图书馆　李臻）

【"广西黑衣壮印象"摄影图片展上海展出】 8月31日至9月6日，由上海图书馆、广西壮族自治区图书馆联合主办的"神秘的那坡 黑色的海洋——广西黑衣壮印象"摄影图片展在上海图书馆目录大厅开展。该展览由35块图版资料和43幅摄影作品这两部分组成，详尽介绍了广西黑衣壮的历史沿革和风俗文化，生动再现了当代黑衣壮的生存状态。自2005年以来，上海图书馆已有十余场展览赴广西图书馆展出，此次展览也是两馆资源共享的又一项有益尝试。本次展览正值上海世博会期间，对推广我国少数民族文化有着积极深远的意义。（广西壮族自治区图书馆　李臻）

【RFID图书管理系统取得良好效果】 为提高广西图书馆为读者服务的质量和自动化水平，利用科技进步推动图书馆事业发展，在广西财政的支持下，第一期RFID图书管理系统于2010年9月初开始试运行。该项目采用超高频芯片对全馆开架外借图书进行管理，为70万册图书粘贴了RFID标签，在开架借阅处安装6套安全门禁，7套自助借还机，1套24小时还书机，12套手持盘点设备；读者可以到自助借还机外借和归还图书，并可在图书馆闭馆后通过安放在大门前的24小时还书机归还图书，实现无人值守管理，工作人员可对库藏图书进行自动盘点。经过一段时间的试用，取得良好效果，得到广大读者的认可。广西图书馆作为广西第一家使用RFID系统的图书馆，在全区图书馆中起到了领先和示范作用。（广西壮族自治区图书馆　李臻）

【国务院残工委检查组到广西图书馆检查盲人服务工作】 10月26日，国务院残工委检查组组长、中国残联党组副书记王乃坤等在广西政协副主席蒋培兰、残联理事长谭和平等陪同下，检查广西图书馆"十一五"残疾人服务工作情况。检查组一行重点检查了广西图书馆电子阅览室中的盲人服务区，现场听取徐欣禄馆长有关盲人服务区工作开展和对盲人读者服务以及残疾人馆外流通点的服务情况介绍。检查组对广西图书馆不断完善、改进服务方式，有效整合资源，创新服务手段为残疾人提供方便快捷的知识信息服务取得的成效表示肯定，并期望广西图书馆在充分利用现有资源的基础上发挥省馆为残疾人服务的示范和指导作用，进一步将广西各市图书馆的残疾人服务工作推向新的高度。（广西壮族自治区图书馆　李臻）

【专家组考察广西图书馆古籍修复中心申报情况】 11月1日，由广西民委古籍办主任欧薇薇、广西大学文学院教授黄南津、广西师范学院副教授何平组成的广西古籍保护中心专家组一行三人赴广西图书馆，实地考察首批自治区修复中心申报单位的实际情况，为接下来召开的评审工作奠定基础。广西图书馆馆长徐欣禄在汇报会上围绕修复设施、修复人员、管理制度、修复成果、经费投入五个方面，向专家组陈述了近年图书馆古籍修复工作的情况，就专家组提出的问题进行解答。专家们充分肯定了广西图书馆古籍修复取得的成果，并对纸浆补书机、压平机、移动装裱板等设备设施留下深刻印象。（广西壮族自治区图书馆　李臻）

【第二批广西珍贵古籍名录专家评审会】 11月5日，第二批广西珍贵古籍名录及首批自治区级古籍修复中心专家评审会在广西图书馆三楼会议室召开。广西古籍保护工作专家委员会专家对10家申报单位的330部古籍进行了评审，对广西壮族自治区图书馆、桂林图书馆、广西师范大学图书馆、广西壮族自治区博物馆4家申报广西古籍修复中心的单位进行了审核。全体专家一致同意推荐上述4家单位为首批自治区级古籍修复中心；在评审第二批广西珍贵古籍名录中，专家们严格把关，对存疑的古籍一律不予通过，确保珍贵古籍名录的权威性，最终评审结果由广西古籍保护中心上报古籍保护工作厅际联席会议审定后报自治区政府批准公布。评审会上还向新增补的专家委员会委员颁发了聘书。（广西壮族自治区图书馆　李臻）

【文化共享工程广西分中心举办市县支中心管理员高级培训班】 11月9日—19日，由广西文化厅主办、文化共享工程广西分中心承办的2010年广西文化共享工程市县支中心系统管理员高级培训班在广西图书馆举行，34名技术骨干参加了培训。培训班专门邀请理论水平高、实践经验丰富的老师为学员授课，培训内容包括图书馆自动化系统使用、资源加工采集管理、网站建设、新闻专题片与照片拍摄、广西共享工程培训管理平台应用等方面，并组织学员进行相关专业实习。为期11天的培训涉及信息量大、技术面广，难度也相对较高。此次培训专门选取了桂南片区技术力量较强的15个市、县支中心的技术骨干，旨在通过培训提高文化共享工程支中心建设和服务等管理水平，一点带面，对周边县支中心和基层点起到示范带动的作用。（广西壮族自治区图书馆　李臻）

【全区盲人电脑技能竞赛】 12月3日，全区盲人电脑技能竞赛在广西图书馆举行。此次比赛由广西残疾人劳动就业指导中心、广西盲人按摩指导中心和广西知识工程办公室联合举办，广西图书馆承办，广州博朗电子产品公司冠名赞助，旨在激发盲人学习电脑的热情，提高盲人的学习和就业能力。竞赛以市为单位进行组队，全区共有14支代表队27名盲人参赛，决出一等奖1名，二等奖2名，三等奖3名，优秀奖22名，南宁、崇左等14个市获得组织奖。（广西壮族自治区图书馆　李臻）

【广西北部湾经济区数据库评审会】 12月21日，广西北部湾经济区数据库评审会在中共广西区委党校信息中心举行。中共广西区委党校常务副校长黄学权、校图书馆馆长卢家翔，自治区北部湾办公室副主任梁金荣，广西图书馆馆长徐欣禄、副馆长黄艳等11位专家应邀参会，经评审同意该数据库验收合格。广西北部湾经济区数据库是由中共广西区委党校、自治区北部湾办公室和广西图书馆三家单位合作开发的。数据库汇集广西北部湾区域的历史、地理、文化、经济，以及与该地域相关的其他信息资源，通过文字、图片、视频等表现形式，力求对其进行真实、系统、全面的描述和记录。数据库不仅对广西北部湾经济区的重要信息进行系统的收集和整理，实行数字化存储和管理，而且将通过信息资源检索和网络、视频阅览的数字化服务平台为领导层提供决策依据，为专家学者、广大党员干部提供知识和信息支持。（广西壮族自治区图书馆　李臻）

【《广西文献名录》荣获自治区第十一次社会科学优秀成果奖三等奖】 12月27日，“广西第十一次社会科学优秀成果奖颁奖大会”在南宁沃顿国际大酒店隆重举行，自治区副主席李康，自治区党委宣传部副部长李海荣，自治区社科联领导庞汉生、汤竹庭等出席大会。广西社会科学优秀成果奖作为自治区人民政府颁发的全区社会科学研究最高成果奖，每两年评审一次。这次评选共收到参评成果2074项，有413项获优秀成果奖，其中一等奖20项、二等奖123项、三等奖270项。由广西图书馆和桂林图书馆合编的《广西文献名录》一书荣获优秀成果奖三等奖。（广西壮族自治区图书馆　李臻）

【广西图书馆获得“广西科普教育基地”荣誉称号】 广西图书馆在广西科学技术协会开展的广西科普教育基地申报评审中获得“2010年—2014年广西科普教育基地”的荣誉称号。近年来，广西图书馆认真贯彻落实中央和自治区党委关于充分调动全社会力量共同参与，大力加强公民科学素质建设，促进经济社会和人的全面发展的重要部署，以办馆效益为中心，大力实施知识工程和文化共享工程，有效整合优化我馆公共文化资源，把科普教育列入图书馆开展社会教育的主要内容，通过举办青少年阅读活动，打造读者服务品牌等多种形式，履行公共文化服务职能，实现和保障公民的基本文化权益，满足公众的基本文化需求，为促进公众科学文化素养提高发挥图书馆应有的作用。（广西壮族自治区图书馆　李臻）

【广西桂林图书馆概况】 广西桂林图书馆2010年在职员工126名，大专以上学历110人

（其中研究生学历 12 人，大学本科学历 49 人），占全馆职工总数的 88.8 %；高级专业技术职务 23 人，中级专业技术职务 54 人，占业务人员总数的 63%。全年新增文献入藏量23 419种，57 488册，现馆藏总量为 233 万余册。年接待读者740 709人次，借阅书刊总量3 425 465册次，办理新借书证 4316 个。已建立馆外流通点 21 个。全年开展各类读者活动 200 次，参加活动人数为 5 万余人次。（广西桂林图书馆）

【广西桂林图书馆在乡镇小学开设馆外流通站】 1 月 5 日，广西桂林图书馆在临桂县临桂镇兰塘小学开设馆外图书流通站，这是该馆设立的首个乡镇小学馆外流通站。桂林图书馆向兰塘小学赠送了一批优秀少儿读物和各类书刊，并定期根据学校需要更换新书，帮助学校进行图书管理。截至 2010 年底，该馆共设立馆外流通点 21 个，图书馆服务延伸到了幼儿、残疾儿童、部队官兵、社区居民、学校师生以及农民工朋友，初步形成了一个馆外流通网。（广西桂林图书馆）

【广西壮族自治区副主席李康视察广西桂林图书馆】 4 月 21 日，广西壮族自治区副主席李康在自治区文化厅副厅长陈映红陪同下来到广西桂林图书馆，视察该馆基础业务工作、少儿读者活动、文化共享工程、公共文化服务的开展以及新馆建设等工作。李康走访了榕湖分部的各个阅览室，并专门到电子阅览室查看“绿色上网”服务工作。她对该馆开展的读者服务工作表示满意，并指出图书馆是面向未成年人的公益性上网场所和活动场所，应该为未成年人健康成长营造良好的社会文化环境。李康副主席一直以来都关心广西桂林图书馆的建设和发展，曾在广西桂林图书馆百年馆庆之际发来贺信并捐赠其藏书。（广西桂林图书馆）

【广西桂林图书馆开展“图书馆服务宣传周”活动】 5 月 22 日至 6 月 1 日，广西桂林图书馆组织开展了以“充分发挥公益性电子阅览室作用，积极推进学习型社会建设”为主题的“图书馆服务宣传周”活动。通过发放免费阅览证、电子资源宣传资料、“好书分享”优秀书目推荐板报展、书刊展示等形式，向读者宣传电子阅览室的公益服务性质；新建“旅游文献阅览室”，免费向市民开放；到桂林市培智学校开展“在同一片蓝天下”爱心助残捐赠活动，向智障儿童捐赠科普影视光盘、智力玩具、体育用品等；到建筑工地开展“文化上门”服务农民工活动，把图书、期刊、光盘等文化资源送到工地，并为农民工播放优秀视频；利用电子阅览室举办农民工子女计算机网络知识专场讲座、举办“声光传播”电影联播活动、开展“绿色网络导航”，引导未成人健康上网，对中老年人进行计算机网络知识培训等系列活动。（广西桂林图书馆）

【第三期全国碑帖鉴定与保护研修班】 10 月 13 日—27 日，由国家古籍保护中心主办、广西桂林图书馆承办的第三期全国碑帖鉴定与保护研修班在桂林举办。此次培训是国家古籍保护中心首次在广西开设碑帖研修班。国家古籍保护中心副主任李翠薇、广西文化厅社会文化处副处长罗征、广西桂林图书馆馆长丰雨滋等出席开班仪式并先后作专题发言。来自全国各地古籍收藏保护单位的 95 名学员参加了培训。中国科学院的罗琳教授、上海图书馆的仲威先生、全国古籍善本专家孟宪钧先生、山东大学刘心明教授、国家图书馆的冀亚平先生、国家图书馆的卢芳玉女士等专家，分别为学员讲授上海图书馆藏拓简介、碑帖整理、碑刻的起源与分类、中国传拓技术、碑帖著录、汉文古籍（拓片）普查平台登记系统等内容。培训班采用课堂教学与实地练习相结合的方式，老师现场讲解并演示拓碑方法，学员到桂海碑林博物馆实地练习。（广西桂林图书馆）

【广西桂林图书馆召开“(民国)《广西一览》影印再版、《广西桂林图书馆馆藏精粹》系列出版”新闻发布会】 12 月 5 日上午，桂林图书馆与广西壮族自治区地方志编纂委员会办公室在榕湖分部联合召开“（民国）《广西一览》影印再版、《广西桂林图书馆馆藏精粹》系列出版”新闻发布会。（民国）《广西一览》影印再版是广西地方志编纂委员会办公室与广西桂林图书馆开展合作的成果，是广西古籍丛书民国典籍系列正式出版的第一部书，抢救性整理了广西濒危的民国典籍。广西桂林图书馆作为广西古籍、地方文献收藏的主要单位之一，收藏有十多万册古籍和大量的广西地方历史文献资料，一直遵循着古籍工作“保护为主、抢救第一、合理利用、加强管理”

的原则，大力开展保护古籍文化遗产工作。该馆经过长期努力编纂的《广西桂林图书馆馆藏精粹》丛书已由商务印书馆正式出版，与广西地方志编纂委员会办公室合作的（民国）《广西一览》影印再版已由广西人民出版社出版。（广西桂林图书馆）

【中国残联理事长王新宪视察桂林图书馆盲文有声读物图书室】 12月27日，以中国残疾人联合会党组书记，理事长王新宪为组长的全国创建无障碍建设城市国家检查验收组到广西桂林图书馆盲文有声读物图书室视察工作。王新宪理事长一行听取了该馆工作人员关于盲文有声读物图书室的发展情况介绍，对"盲文有声读物图书室"的创办过程，馆藏书籍，有声读物，盲人有声设备和向盲人读者提供各种服务的具体情况进行了详细的了解。该馆盲文有声读物图书室成立于2003年10月15日第20个国际盲人节之际，是广西第一个盲文有声读物阅览室。现有声读物1422种、4380件（册），盲文书籍149种、730册，盲文杂志4种。工作人员通过编制宣传资料，走访桂林市各城区残联、街道办事处、各个社区，联系和了解盲人读者基本情况，上门为盲人读者办理盲文有声读物图书室借书证等方式进行宣传；采取电话预约，上门服务，到馆借阅，建立志愿者队伍等多种服务方式。志愿者队伍主要担当送书上门、学习辅导、培训等工作。至今，盲文有声读物图书室已接待盲人读者3000人次，外借书刊5000多册（件），上门服务200多人次，培训盲人读者学习使用计算机1000多人次。（广西桂林图书馆）

【广西桂林图书馆开展读者活动】 2010年，广西桂林图书馆组织各类读者活动200次，参加人数5万余人次。活动包括：图书馆服务宣传周、4·23"世界读书日"系列活动、知识竞赛、优秀视频展播、送书下基层、公益讲座、公益展览等。其中具代表性的"走进科学"科技实践系列活动，内容包括举办"好书分享"优秀书目推荐展览、"汉字的发展演变"公益展览、"桂海讲坛"讲座、"情系农民工服务日"等，经全国科技活动周广西活动领导小组的评审，该系列活动获得全国科技活动周广西活动优秀项目奖。作为广西青少年科技教育基地、桂林市青少年科技教育基地和桂林市科普工作联席会议成员单位，桂林图书馆还分别到灵川县大圩镇、灌阳县、荔浦县青山镇开展科技下乡服务活动，编制农业科技种养资料50余种，接待群众3000余人，发放资料5500余份。与桂林市社会科学界联合会联合开展了以"乘势而上、科学发展"为主题的科普知识进社区活动和"社科知识进十村"暨图书捐赠活动仪式，向永福县永福镇湾里村捐赠了一批科技图书。这些系列活动对推进科技知识的普及、建设社会主义新农村等方面起到了一定的作用。（广西桂林图书馆）

【桂林市图书读者协会】 桂林市图书读者协会成立于1988年，是挂靠桂林图书馆成立的法人社团，宗旨是"读书、交流、成才"。协会配合桂林图书馆开展各项工作，参与了"第四届桂林读书月活动"、4·23"世界读书日"等大型活动，举办了读书讲座、讨论会、座谈会、书评、走读、成果展览等活动。2010年，举办例会20次，组织走读活动2次、讲座9次，出版内部刊物《书友》，开展"双百"人物有奖征文，征集协会会徽等。读者协会的各项工作得到了桂林市社会科学界联合会的肯定，被评为2010年先进学会，协会开展的"桂林山水甲天下 历史文化铸辉煌"走读桂林文化活动被评为"桂林市社会科学界最有创意学会活动"。（广西桂林图书馆）

【"桂海讲坛"与"桂图展览"】 "桂海讲坛"是由桂林市知识工程办公室、广西桂林图书馆共同主办的面向社会、面向大众开展的周末文化公益讲座；"桂林百姓文化大讲坛"由桂林市委宣传部主办，广西桂林图书馆、桂林市社科联、桂林市文联共同承办，是桂林市政府着力打造的公益性文化品牌之一。"桂海讲坛"主要以播放文化共享工程视频讲座为主，兼顾邀请专家现场讲座；"桂林百姓文化大讲坛"则主要是邀请嘉宾到现场讲座。两个讲坛作为广西桂林图书馆公共文化服务的重要阵地，向来自各行各业的读者讲授科学文化知识，传播先进文化与科技信息，引起百姓的广泛关注，成为桂林市民不可或缺的"城市教室"。2009年，桂林图书馆与国家图书馆签订了《全国公共图书馆讲座联盟合作意向书》，成为全国公共图书馆讲座联盟成员之一。2010年，两个讲坛共举办讲座85场，其中，专家现场讲座35场，视频讲座50场，现场听众达10 000多人次，通过报纸、电台、电视台、视频网络等其他信息载体受益的市民难以统计。

“桂图展览”是广西桂林图书馆面向社会，面向大众推出的展览服务，是桂林图书馆发挥社会教育和文化传播职能的特色服务之一。展览以普及化、生活化、信息化为宗旨，为广大读者奉献一系列主题鲜明、图文并茂、信息丰富、艺术性强、观众喜闻乐见的文化大餐。2010年组织各类展览5场，参观者达5000多人次，受到桂林市社会各界的广泛关注。（广西桂林图书馆）

【广西桂林图书馆开展古籍保护工作】 广西桂林图书馆于2008年7月正式成立广西壮族自治区古籍保护中心桂林分中心，古籍保护工作走向正轨。2010年，新增一台古籍普查平台服务器，增加了缩微阅读还原机、缩微阅读机、古籍修复压平机、纸浆修复机等专用工具。先后派出14人次参加了由国家古籍中心主办的古籍普查、古籍修复、古籍鉴定与保护等相关培训班，还承办了“第三期全国碑帖鉴定与保护研修班”。获得了国务院颁发的第三批“全国古籍重点保护单位”、自治区颁发的第一批“广西壮族自治区古籍修复中心”，并有26部古籍文献入选“广西自治区珍贵古籍名录”。（广西桂林图书馆）

【广西桂林图书馆文化共享工程建设】 2010年，广西桂林图书馆在桂北地区新建县级支中心7个，乡镇基层服务点147个，村级基层服务点3889个；自建数字资源430G；开展文化共享工程服务活动20余次，服务群众6千余人次；组织桂北地区各支中心开展服务活动169次，服务群众62万余人次；组织对桂北地区各市县支中心和基层服务点进行集中面授培训5期，培训学员370人次。除举办集中培训外，还积极组织桂北地区各市县支中心收看国家中心举办的网络直播培训。桂林图书馆演讲的《小城故事》在文化共享工程“感人故事”演讲比赛中获评委会奖，拍摄的《文化共享到侗寨》获文化共享工程“摄影作品”一等奖，参加了“全国文化信息资源共享工程‘十一五’成果展览”。（广西桂林图书馆）

【南宁市图书馆概况】 2010年，南宁市有公共图书馆14个（市属2个、县属6个、城区6个）。截止12月底，南宁市图书馆在编人员65人，大专以上学历的60人（其中硕士研究生2人，大学本科26人）；业务人员61人，中级职称37人，占业务人员总数的55%。馆内设市民阅读中心、文学借阅室、自然科学借阅室、社会科学借阅室、残疾人阅览室等13个服务窗口，阅览座位1497个，有读者自修室、读者活动室、多功能报告厅等多处读者活动场所。

新增2076米密集书架，实现对综合借阅室、自然科学借阅室、社会科学借阅、典藏室的近40万册图书的布局调整。丰富特色馆藏，继续征集南宁人的著作及有关南宁的作品；收藏一批反映南宁政治、经济、文化和社会发展历史面貌的老照片，辑成“南宁老照片”专辑，并按类、按专题存档；加大对反映广西及南宁、东盟等地的经济、文化、民风民俗的各类文献资料的采集，征集到《广西北部湾经济开放开发报告（2006—2010）》、1—5届《中国—东盟博览会画册》等一批反映北部湾开发和中国东盟博览会的文献资源。全年文献采购经费136万元。年度新增图书50 082种、69 549册，其中纸质图书18 978种、36 023册，电子图书30 000种、30 000册，视听文献84种702册（件），报刊合订本1020种、2484册。截止12月，馆藏总量达到74万册，比去年增长约9.62%。此外，帮助城区图书馆分编图书5374种、5445册。

编写《南宁市图书馆读者网上续借、预约须知程序》，并彩印成5000份小册子向读者免费发放。5月“图书馆服务周”期间，向读者推出“电子图书、电子期刊使用培训”。6月29日，在馆内举行“民警读书基地”挂牌仪式，为南宁市公安局的民警免费办理能在市、城区各图书馆通借通还的借书证，成为继2007年免费为残疾人办理图书借书证之后的又一免费举措。新增6个图书流通站，到2010年底馆外图书流通站达到41个，免费服务深入基层。截止12月底，共接待读者929 115人次，其中外借119 890人次，阅览640 231人次，各类读者活动参加人数168 994人次。文献外借251 389册次，其中图书外借218 087册次，期刊外借30 714册次，光盘外借2588张。新办图书借书证8590张、自修证1756张。接待咨询4823人次。截至2010年，办理有效证累计35 975张。

完成南宁市图书馆网（www.nnlib.com）部分栏目的重新设置。全年共发布信息新增数据2057条，计158万文字、5170张图片。视频35分钟，视频资源总量115GB。目前，南宁市图书馆与市少儿图书馆、六城区图书馆的电子图书共有34万册接入南宁政务网、南宁文化信息网和南宁市图书馆网，供市民在线阅读。截至2010年，电子图书在线浏览22 856次，下载数量5193次，资源检索72 456次。

协助共享工程广西分中心工作组，深入各县区开展“2010年全国文化信息资源共享工程督查工作”和“2009年度共享工程建设点验收工作”。开办“共享工程（乡镇、村级）基层服务点管理员培训班”两期。在寒暑假及节假日期间利用共享工程设备播发优秀视频影视作品40场，观众达5285人次。截至2010年，全市共建成12个共享工程县级支中心、102个共享工程乡镇基层服务点、1317个共享工程村级基层服务点。

全年共举办讲座56场、17 515人次参加。重点推出“感恩·励志”暑假公益演讲会和“走进县区学校，关注未成年开展思想道德”系列讲座，引起社会各界的广泛关注。其中，“感恩·励志”系列讲座是市图书馆首次与广西主流媒体《当代生活报》联合主办，由光亮残疾人演讲团承办的，主讲人包括盲人按摩师兼画师陶进、独臂企业家黄友、脚残作家宋多河和特教专家曾柏良等，讲座内容围绕“感恩·励志”这一主题，每位主讲人结合自身感受拟定不同的内容，讲座在暑假期间连续举办15场，听众近4000人，且相当部分为残疾人听众。此项活动得到《南宁日报》、当代生活报、南宁电视台等多家区内主流媒体的报道共20余篇。

2010年全年共推出专题展览29期，制作专题板报98个共994条；举办大型专题展览“纪念抗日战争胜利65周年书画作品展”、“南宁市首届青年美术作品展”等。暑假期间重点推出“暑期低碳科普生活”、“暑期阅读”、“未成年人法律探秘问答”等专题板报。（南宁市图书馆　李霞）

重庆市

【概述】 2010年，重庆市公共图书馆坚持“普遍均等、惠及全民”原则，强化服务意识，创新服务模式，完善服务机制，履行服务职能，提高服务水平，重庆市公共图书馆事业稳步前行。

2010年，重庆市公共图书馆“新馆潮”的影响仍在继续。重庆市大渡口区图书馆、铜梁县图书馆、渝中区图书馆新馆先后落成开放，全市公共图书馆建筑面积达到22万平方米，比上年扩大了32.5%。其中铜梁县图书馆建筑面积达12 534平方米，是西南地区建筑规模最大的区县级公共图书馆。全市公共图书馆共为市民提供阅览坐席13 568席，比上年增加了31.6%，电子阅览室的计算机终端也达到1805个，比上年增加了20.7%。

在馆舍条件增强的同时，图书馆服务质量的提高也得到了更多市民的认同，尤其是延伸服务和全民阅读活动方面取得了较大进步。全年读者办证159 850张，接待读者数量超过820万人次，比上年增长了39.5%。公共图书馆分馆（流通点）数量相比上年翻了一番，达到187个，通过分馆（流通点）接待读者262.8万人次，比上年增长了287%。全市各级公共图书馆共举办讲座、培训、展览等各式读者活动1400余场，参加人数达70万人次，比上年增长了25%。逢“世界读书日”、“图书馆服务宣传周”、“重庆读书月”等重大宣传活动，各级公共图书馆联合行动，走进商业步行街开展宣传，掀起全民阅读的热潮。

2010年，重庆市有42种古籍入选国家第三批珍贵古籍名录，重庆中国三峡博物馆成为第三批全国古籍重点保护单位。第一批《重庆市珍贵古籍名录》和市级古籍重点保护单位的评审与公示完成，成功评审出市级珍贵古籍名录624种，市级古籍重点保护单位12家。完成1200种古籍普查数据。重庆图书馆作为古籍修复中心，修复严重破损古籍10余部，修复珍贵平装书《毛泽东选集》2册。举办了古籍修复和古籍普查培训班2期，培训人员100余人。重庆市古籍保护中心积极参加“重庆市遗产文化宣传月”、“图书馆服务宣传周”等活动，在重庆图书馆内举办“馆藏珍贵古籍展”、“古籍保护知识展”等，组织专家为市民免费进行古籍鉴定，举办“停住时间，守望文明——古籍保护刻不容缓”大型讲座，向广大市民宣传古籍保护知识。

2010年，重庆市文化信息资源共享工程新建乡镇基层服务点383个，村级基层服务点1971个，基层合作共建点17个。重庆市分中心举办进城务工人员、下岗人员免费电脑培训、区县共享工程工作人员业务培训、“春雨工程”培训、基层服务点工作人员培训等各类培训60期，培训人员近万人。“县级数字图书馆推广计划”达到全覆盖，并借助文化共享工程的服务网络体系，使重庆市40个区县级公共图书馆都具备数字图书馆服务能力，并由此带动全市886个乡镇（街道）综合文化站服务能力的提升，让当地群众的文化生活更加丰富。文化共享工程新建“重庆老照片”、“重庆民间故事”、“红色经典唱读讲传”三个具有重庆特色的地方文献数据库，共45G。新增传统数据库容量340G；启动抗战遗址数据库建设，已完成30G资源建设任务；参与图书馆大型宣传活动，组织读者活动16次，辐射人群上万人；积极组织参与国家中心活动，获得国家中心奖项3次。（重庆图书馆）

【重庆中国抗战大后方历史文献中心建设启动】 根据《重庆中国抗战大后方历史文化研究与建设工程规划纲要》（渝委发［2010］28号）精神，将在重庆图书馆成立重庆中国抗战大后方历史文献中心。2010年，为纪念抗战胜利65周年，重庆图书馆抗战文献陈列室建成并对外开放，其间展出了馆藏珍贵的抗战文献，举办了“重庆图书馆抗战漫画展”，并在重庆市大渡口区图书馆等区县馆间巡回展览，吸引了大量市民观展。同时，抗战文献三维数字图书馆的建设正式启动，筹备出版《重庆市抗战文献联合目录》、《重庆图书馆馆藏抗战图片集》、《抗战民歌民谣1000首》等抗战文献整理成果。（重庆图书馆）

【少年儿童爱心图书接力活动继续传递爱心】 由重庆市文化广播电视局组织、重庆市少年儿童图书馆主办的“少年儿童爱心图书接力”活动开展已有两年，得到了全市各区县图书馆的积极参与和支持。5月14日在巴南区图书馆举行了活动工作协调会，市少儿图书馆、长寿区图书馆、万州区图书馆、酉阳县图书馆、丰都县图书馆、巴南区图书馆、渝北区图书馆、江津区图书馆、涪陵区图书馆、涪陵区少儿图书馆参加了会议。6月21日，2010年“少年儿童爱心图书接力服务”渝东南传递活动在酉阳县图书馆举行，标志着活动在渝东南区域正式启动。2010年，巴南区图书馆举办了“书香校园、文学校园”活动，渝北区举行了“边远山区爱心传递”活动，涪陵区图书馆成立了“留守儿童之家图书室”等，各个区县图书馆深入乡村山区，为少年儿童、尤其是留守儿童送去精神食粮和社会关怀。（重庆市图书馆学会）

【重庆图书馆成为首批市级科普基地】 经过严格的审核筛选，2010年，重庆图书馆成功入选首批市级科普基地，荣获“重庆市科普基地”称号。5月15日，在重庆市第十届科技活动周开幕式上，重庆市副市长童小平等领导向首批12个市级科普基地授牌。重庆图书馆将作为重庆市开展科普教育的重要平台和传承科学精神的主要阵地，参与重庆市科技活动周宣传，开展科普讲座、展览等科普工作，承担为社会组织或公共个人传播科学知识、开展科普活动等提供场地和条件的任务。（重庆图书馆）

【各级公共图书馆联手打造2010年图书馆服务宣传周】 5月23日，2010年重庆市图书馆服务宣传周暨“庆世博——放眼看世界”少儿系列读书活动于在江北区观音桥步行街举办启动仪式，活动主题为“创新图书馆服务方式，服务‘五个重庆’建设”。重庆图书馆、市少儿图书馆、主城九区公共图书馆联手展开宣传。活动现场准备了舞蹈、经典诵读、诗词吟诵等文艺节目，而各图书馆也向市民推介特色服务和优势资源。重庆图书馆将阅览室搬进了步行街，还邀请手工达人现场制作、展示DIY作品，宣传图书馆开展的各类文化活动；市少儿图书馆举办了少儿书法绘画专场比赛；南岸区馆将宣传标语印上纸扇，在炎炎夏日中给市民朋友带来一缕书香、徐徐清风；巴南区馆的展位挂满上百条字谜，市民好像走进了游园会；大渡口区馆亮出了5月才竣工的现代化新馆；江北区馆也带来了新馆规划，还带来最新期刊供市民现场浏览；沙坪坝区、渝北区、九龙坡区都以馆内丰富多彩的读者活动为亮点展开宣传。（重庆图书馆）

【重庆图书馆电子阅览室未成年人专区免费

开放】 5月29日，重庆图书馆电子阅览室未成年人专区免费开放，成为西南第一家针对未成年人电子阅览室免费开放的公共图书馆。配合暑假，重庆图书馆推出"远离网吧 畅享夏日图书馆行"系列活动，向全市少年儿童发出倡议，号召青少年远离网吧，到图书馆过暑假。为确保未成年人绿色上网，重庆图书馆采取了与电信合作安装过滤软件，设立半小时巡查制，聘请学生家长担任监督员等措施，开设青少年网页设计培训班、少儿视听节目展播、绘画作品征集、暑期征文比赛等丰富未成年人的暑假生活。在7、8月迎来了到馆读者量的最高峰，每天平均接待读者近6000人次，尤其电子阅览室吸引了大量的少年儿童，从早到晚都处于爆满状态，成为让家长放心、让孩子开心的公益性电子阅览室。（重庆图书馆）

【2010年重庆市公共图书馆基础业务知识培训班举行】 为加强重庆市各公共图书馆业务建设，提高图书馆员业务素质和工作能力，以适应图书馆事业发展的需要，由重庆图书馆主办的"2010年重庆市公共图书馆基础业务知识培训班"于6月24日—25日在重庆图书馆顺利举行。来自重庆市少年儿童图书馆，沙坪坝区、南岸区等共计37个图书馆的89名学员参加了培训。培训班安排了文献标引与图书分类、中文图书机读目录格式、现代图书馆读者工作、地方文献工作四门课程。培训班把学习掌握理论知识和运用理论知识解决实际问题结合起来，采取上课与实习相结合的培训方式，在全系统引起良好反响，深受基层各馆欢迎。（重庆图书馆）

【李长春视察重庆图书馆】 8月26日，中共中央政治局常委李长春在中共中央政治局委员、重庆市委书记薄熙来和中宣部副部长、文化部党组书记、部长蔡武等领导陪同下，视察了重庆图书馆。视察中，李长春充分肯定了重庆图书馆在公益性服务、创新服务方式及重庆市构建公共文化服务体系等方面的工作成绩。他就我国公共图书馆事业的发展及公益性电子阅览室的建设等做出了重要指示，他指出，要依托公共图书馆把未成年人的公益性上网工作完善起来，并再三强调，图书馆要充分利用新的技术手段，不断创新服务方式。此外，2010年，中央委员、中国银监会主席刘明康，文化部党组成员、副部长杨志今，文化部社文司司长于群、全国文化共享工程建设管理中心主任张彦博等先后赴重庆图书馆视察，对重庆图书馆古籍保护、文化共享工程建设和弱势群体服务方面给予了充分肯定。（重庆图书馆）

【"中华红歌会——中国红色经典歌曲讲坛"在重庆图书馆举行】 由文化部和中共重庆市委、重庆市人民政府主办的中华红歌会于10月25日—28日在重庆举行。作为中华红歌会重要组成部分之一，"中国红色经典歌曲讲坛"于10月28日上午在重庆图书馆二楼学术报告厅举行。讲坛特别邀请了周荫昌、胡松华、付林等我国著名专家学者登台讲演，场内座无虚席，听众达420余人，精彩的讲演反响热烈，影响深远，重庆电视台全程录播。（重庆图书馆）

【春雨工程——全国文化志愿者边疆行 西藏文化干部赴渝开展"大讲堂"活动】 11月18日—23日，由西藏自治区文化厅社文处马秀珍副调研员带队，来自西藏自治区日喀则、那曲、阿里、昌都地区的文化干部到重庆图书馆参加"春雨工程——全国文化志愿者边疆行 西藏文化干部赴渝开展'大讲堂'活动"。西藏文化干部参加了为期两天的培训，内容涉及非遗保护、民族文化创作、群文活动组织、古籍保护、文化信息资源共享工程建设等方面，并实地参观考察了白公馆、渣滓洞、红岩村、宝顶镇综合文化站、涪陵白鹤梁水下博物馆等文化场馆。11月23日下午，活动座谈会在重庆图书馆多功能厅举行，重庆市文化广电局副局长温俊华、重庆市经信委援藏办调研员黄祖和等参加了会议，与西藏文化干部就公共文化服务、民族文化保护等方面进行了深入探讨。（重庆图书馆）

【重庆图书馆展览实现全国巡展零的突破】 2010年，重庆图书馆举办了"全国第十五届'群星奖'评选活动·重庆市美术、书法、摄影作品展"、"藏传佛教唐卡艺术作品展"、"藏传佛教唐卡艺术作品展"、"当今世界殊—双园记，傅文俊摄影作品展"、"第四届'读书乐'全国摄影比赛优秀作品展"、"青少年科普展"等17场展览，参观人数近18万人次。其中"七彩组带——畅通重庆摄影作品展”，通过公共图书馆展览资源共建共享平台推向全国，实现了重庆图书馆展览全国巡展的历史性突破。已完成四川、新疆、青海等7个省市的巡展，参观人数累计达到8万余人。（重庆图书馆）

【长寿区图书馆领跑“红五月读书周”】 长寿区第三届读书月“红五月读书周”活动以“全民阅读丰富生活”为主题，由长寿区委宣传部、区精神文明办公室、区文广新局、区文联主办，长寿区图书馆承办。4月29日，活动正式拉开帷幕，共持续5天。重庆市新闻出版局副局长雷平，长寿区委常委、区委宣传部部长杨钟馗，区人大副主任张志国，区人民政府副区长黄强，区政协副主席周小华等出席了启动仪式。活动包括现场咨询、办证、数字图书馆使用培训等，还邀请长寿本地作家现场签名售书、开展图书展销、免费赠阅本土文学作品等，3000余名市民参与了启动仪式。（重庆市图书馆学会）

【文化共享工程巴南区支中心举办就业培训班】 9月7日，文化共享工程巴南区支中心与巴南区拓展职业学校联合举办的2010年就业、再就业培训在巴南区图书馆举行开班仪式。本次培训班开设了电脑、车工、餐饮、旅游等方面的专业班，共有80余名学员参与培训。文化共享工程巴南区支中心、巴南区图书馆为学员提供就业与再就业自学所需的计算机、相关专业技术信息，同时赠送一批培训教材。旨在为下岗失业人员提供一些有益的、实实在在的帮助，让他们能够尽快地实现再就业，为促进巴南区社会的稳定，为解决民生问题尽一份绵薄之力。（重庆市图书馆学会）

四川省

【四川省图书馆概况】 截至10月31日，购进中文新书15 902种，48 948册，收集四川16家出版社出版的中文样书计2613种、3925册，征集地方文献计1912种（件），3000余册，征集光碟50盘，订中文期刊2718种，中文报纸257种，获赠四川地区和其他期刊609种；外文原版、港澳期刊182种；购外文图书811种，其他各类视听音像资料454种计2164碟，购置专题数据库10余种，收到国际交换期刊59册，接收亚基会赠书307册，美高资料计28册。截至10月31日，共完成书目数据29 737条，上传书目数据1000余条，帮助地（州）县图书馆制作书目数据20 000条，编制《读者推荐目录》10期和《四川省地方文献联合目录·民族民间风俗资料（索引）卷》条目5000余条。

联合全省公共图书馆，以构建公共文化服务体系和建设社会主义新农村为先导，突出服务创新意识和内容，满足读者多元化多层次需求。在硬件十分有限的条件下，坚持全天候开放。重点读者农民工、现役军人、离退休人员、残障人员和未成年人均可凭有效证件免费阅览图书文献，继续全面减免收费项目。截至10月31日，共计接待读者60万人次，文献流通110万册次，接待上网查询8万余人次，咨询6万余人次，办理借书证1208个。为省委宣传部、省人大、省直机关事务管理局、省图资中心、市残联、通信61920部队等提供图书文献10 000余册；帮助邛崃县希望小学的建设工作；为乡镇图书馆送书3次，精选图书3000余册。参加由省委宣传部、科技厅组织的“迎春科技大场”活动；参加文化科技“三下乡”活动6次，送资料1万余份。举办“巴蜀讲坛”9场，听众达1500多人。先后到黄金部队三总队、成都市新都区、广安小平图书馆、资阳市图书馆、内江市图书馆、凉山州图书馆、营山县图书馆等地，为武警战士、青年学生、残疾青年、离退休老同志、民族地区服务，受到广泛欢迎。为省委、省政府及各级领导及“两会”提供专题课题服务，完成21个专项课题，约70万字。编辑《文化旅游产业研究》（17期）、《住房问题研究》（9期）、《麻城乡新农村建设规划纲要》、《泥石流的预防和自救知识》、《政府公共服务研究》（12期）、《民族问题研究》（7期）、《现代城市管理研究》（12期）、《公共设施规划与管理》（9期）。

完成入选第三批《国家珍贵古籍名录》馆藏元刻本《南史》、稿本《西洋杂志》等书修复；帮助四川师大完成入选第一批《国家珍贵古籍名录》的明嘉靖刻本《明伦大典》的修复工作；加强古籍修复室的建设，加大投入购入所需设备。完成四川省第三批《国家珍贵古籍名录》申报古籍的组织、审定、上报工作，有四十余种古籍入选此名录。组织四川省图书馆、四川大学图书馆、四川师范大学图书馆三馆文献参加“全国珍贵古籍文献特展”；完成第一批《四川省珍贵古籍名录》文献的审定、编撰及撰写；完成馆藏孤本、清初刻本《水浒叶子》的整理、影印工作。对馆藏《天府早报》、《德阳日报》《凉山日报》等5种现报进行前期整理、补缺及著录工作，拍摄52卷、22 854拍/1143米。

组织召开“纪念四川省图书馆学会成立30周年暨2010年图书馆馆长联席会”，来自全省21个市（州）、4个重灾区的公共图书馆馆长和成都部分高校、科研、党校系统图书馆馆长110余人参加了会议；组织“2010中美图书馆员专业交流项目——四川省图书馆馆长高级研讨班”，236名学员参加了培训；举办《中国图书馆分类法》（五版）培训班，培训学员达150余人。协调召开图书情报协作网年度工作及学术交流会议和四川省文献影像技术协会2010年会暨学术研讨会。承办第十二次全国图书馆学期刊工作研讨会，来自45家图书馆学期刊编辑部计70名代表参加会议。开展2010年四川省情报工作者征文活动，收到论文128篇，94篇在《四川图书馆学报》（增刊）发表。

编发《川图导报》（4期）、《四川图书馆学报》（6期加增刊1期）、《四川省图书馆工作参考》（4期）。（杜桂英）

【四川省25家图书馆实现升级】 2010年2月结束的全国第四次公共图书馆评估定级中，四川省有98个图书馆进入三级馆以上行列，在全国排列第5位。其中一级馆17个，二级馆39个，三级馆42个，上等级图书馆数量比2004年全国评级增加了25个，其中一级馆数量增加了8个，创造了四川省参加全国公共图书馆评估定级以来的最好成绩。（黄英）

【“巴蜀讲坛”走进新都】 3月10日，由四川省图书馆、全国文化信息资源共享工程四川省分中心主办的“巴蜀讲坛——四川省公共图书馆界文化惠民百场流动讲座”活动在新都镇政府四楼会议厅举行。“巴蜀讲坛”邀请首届诸葛亮策划奖中国十大策划专家，思想品德、市场营销教师萧枫老师，围绕“履行科学发展观与孔子绝学”进行专题讲座。主讲老师对科学发展观和孔子绝学进行了深入讲解，对二者之间的关系进行了生动的阐释，让新都镇的150多名机关干部和社区群众在学习科学发展观的同时，进一步掌握了国学知识。（黄英）

【四川省古籍保护中心前往泸州市图书馆拍摄书影】 3月11日，四川省古籍保护中心副主任王嘉陵、办公室主任彭邦明以及四川日报社有关专家一行七人前往泸州市图书馆，对该馆珍藏的部分古籍善本书拍书影。此次拍摄书影是为了出版《四川省珍贵古籍名录》，该书汇集全省各地珍藏的珍贵古籍，在四川省尚属首次。（黄英）

【“文化共享世博行宣传月”活动仪式启动】 3月15日，由文化部全国文化信息资源建设管理中心、文化共享工程上海市分中心主办，四川省图书馆等单位协办的“文化共享世博行宣传月”活动启动仪式在省图举行。“文化共享世博行宣传月”期间，将举办“走进上海世博会”专题展览，播放上海世博会宣传片以及在广安市图书馆举办上海世博会专题讲座等系列活动。让读者通过文化共享资源这个平台走进世博会，了解世博会。（黄英）

【四川省古籍保护工作专家组成立并召开第一次会议】 5月6日，四川省古籍保护工作专家组第一次会议在成都杜甫草堂博物馆召开。省文化厅、省图书馆、省古籍保护中心及省古籍保护工作专家组成员出席了会议。省图书馆馆长、省古籍保护中心主任李忠昊对2007年四川省古籍保护中心成立以来的工作进行了回顾和总结。专家组对《第一批四川省珍贵古籍名录》进行了认真的评审，一致认为名录选书精良、内容翔实、编撰认真、意义重大，同意报送四川省人民政府审批。（黄英）

【“巴蜀讲坛”走进“国图讲坛”】 7月4日，由四川省图书馆文化惠民品牌讲座——“巴蜀讲坛”推荐的“神奇、神秘、神妙的巴蜀文化”专题讲座在国家图书馆学术报告厅举办，主讲人为四川省社科院研究员谭继和。主讲人从什么是巴蜀文化，巴蜀文化的历史地位，海内外对天府之国的观感，巴蜀文化的总特征等七个方面，向现场100多名读者奉献了一场精彩的演讲。（黄英）

**【文化共享工程四川省达扎书院基层服务站

建立】 9月11日至14日，由文化信息资源共享工程四川省分中心与阿坝藏族羌族自治州图书馆组成的业务团队，赴阿坝藏族羌族自治州若尔盖县的达扎具德吉祥善法寺藏文化图书馆（别称：达扎书院），建立了文化共享工程四川省达扎书院基层服务站。文化共享工程四川省分中心为该服务站配备了资源服务器、读者计算机、投影仪、移动播放设备、户外音响、网络交换机等先进的信息化设施设备，以及丰富且适合藏区的文化信息、科技农业、医疗卫生等方面的优秀资源。（黄英）

【河南省图书馆馆长王爱功一行到四川省图书馆参观访问】 9月25日，河南省图书馆馆长王爱功、副馆长孔德超一行四人造访四川省图书馆。四川省图书馆馆长李忠昊、副馆长王嘉陵、副馆长欧君国等参加了随后召开的座谈会，双方就新馆建设项目、省馆发展规划等进行了探讨。27日，王爱功馆长一行前往都江堰图书馆参观学习。（黄英）

【四川省图书馆副馆长彭本诚带队慰问帮扶对象】 10月12日，四川省图书馆副馆长彭本诚、办公室副主任陈米硕、书目参考咨询部主任谢青赴叙永县麻城乡慰问帮扶贫困对象，同时对当地进行调研，回来后形成方案并提交馆长办公会议讨论通过，逐步形成监督管理机制，切实抓好帮扶工作。（黄英）

【四川省图书馆新馆建设工作组成立】 10月25日，四川省图书馆新馆建设项目全面动工。为了更好地完成该项目的工作任务，加强项目管理，确保各项工作的顺利进行，经四川省图书馆馆长办公会研究决定，成立四川省图书馆新馆建设工作组。下设专家咨询小组、资金管理小组、对外协调小组、现场管理小组、文字材料小组。（黄英）

【国家图书馆同行到四川省图书馆调研】 10月27日－30日，国家图书馆计财处副处长张军、立法决策服务部主任助理白云峰一行2人来四川省图书馆调研，就国内省级公共图书馆立法决策服务情况等议题进行交流、座谈。副馆长欧君国、王嘉陵等参加了交流。（黄英）

【透过镜头感受唐山】 11月9日，由四川省图书馆和成都市图书馆联合举办的“凤凰涅槃·震痛与振兴——中外摄影家看唐山摄影展”在四川省图书馆一楼大厅开展。本次展览展出了150余幅作品，每一幅图片都透露出热爱生命、乐观向上的唐山精神。同时展出的还有十余幅大地震之前美国摄影家威廉·约瑟夫拍摄的唐山人日常生活，以及中国摄影家王文澜等人拍摄的当时唐山大地震现场的图片。四川省委宣传部部长黄新初、副部长朱丹枫一行在四川省图书馆馆长李忠昊同志陪同下参观了这次摄影展。（黄英）

【四川省图书馆职工田世伟亚残会上获亚军】 12月15日，在2010年亚洲残疾人运动会上，四川省图书馆特藏部职工田世伟克服腿伤困难，顽强拼搏，获得羽毛球男子单打第二名（站立一级），为中国再添一枚银牌。（黄英）

【中国西部少数民族地区图书信息协作会暨川陕甘毗邻地区图书情报协作网第十届年会召开】 9月14日，中国西部少数民族地区图书信息协作会暨川陕甘毗邻地区图书情报协作网第十届年会在攀枝花市会展中心隆重召开。攀枝花市副市长张敏出席会议并致欢迎词，四川省文化厅副巡视员盛宗毅出席会议并讲话。北京大学信息管理研究所所长、教授李国新，四川省中心图书馆委员会办公室常务副主任、四川省图书馆学会副理事长徐建华等出席会议。四川省各市（州），北京、上海、陕西、云南、贵州、山东等地图书馆界的领导和专家120余人参加会议。（攀枝花市图书馆）

【四川省图书馆界开展丰富多彩的2010年“世界读书日”活动】 绵阳市图书馆举办了题为“全民阅读绵阳纵横谈”的公益讲座。泸州市图书馆在图书馆门前举行了泸州市全民阅读活动启动仪式。

阿坝州图书馆在马尔康体育广场开展了以“同沐书香，共享快乐2010年世界读书日”为主题的宣传活动，向广大群众宣传介绍4·23“世界读书日”，发放了“世界读书日”活动倡议书、读书名言、阿坝州图书馆电子阅览室情况简介等宣传资料300余份，通过幻灯片讲座、互动问答等形式，向读者宣传介绍图书馆的服务项目。

由自贡市图书馆、富顺县图书馆、荣县图书馆主办的全市公共图书馆“好书共赏、诚信共享”图书漂流活动在自贡市图书馆启动，在4月23日—12月31日期间，市公共图书馆设置了3个图书漂流点。

内江市图书馆举办了“大千讲坛”之三——《内江赋》赏读大型公益演讲活动，《内江赋》作者、内江市诗词学会副会长甘光地先生带着对内江文化深厚的感情，介绍了他历经三年创作《内江赋》的经过。

4月23日，“读好书，好读书，读书好”的活动在雅安市博学书城外拉开帷幕。同日，川农大图书馆、宝兴县图书馆、石棉县图书馆、天全县图书馆等学会成员单位纷纷启动了以“保障阅读权利，享受阅读快乐”为主题的“2010年雅安市全民阅读活动”。宝兴县图书馆在该县城的十字街开展了启动仪式，雅安市图书馆学会理事长、市馆馆长张建跃莅临指导，并为宝兴县图书馆捐赠了价值万余元图书，参与活动的学生和群众近1500人。

资阳市图书馆开展了一场以“阅读文化经典，共建和谐资阳”为主题的“世界读书日”宣传活动。共散发4·23“世界读书日”宣传资料700余份，接受读者咨询100余人次，现场办理借阅卡23个，借出图书58本。

巴中市巴州区图书馆在巴州区第八中学开展了庆祝4·23“世界读书日”读书宣传走进校园活动。巴中市巴州区委宣传部副部长杨向明等领导分别在活动仪式上讲话并向学生介绍了4·23“世界读书日”的由来，讲述了伟人和名人刻苦学习的故事，鼓励学生多读书、读好书。宣传活动当天，区图书馆还为第八中学捐赠了价值5000多元的图书，散发活页信息资料5000余份。（四川省图书馆学会）

【北川文化中心顺利竣工投入使用】 9月，山东德州援川指挥部一行视察了北川文化中心的建设工程，对文化中心的顺利落成表示热烈祝贺。北川新县城文化中心建设项目包括图书馆、文化馆、民俗博物馆，是县城中央景观轴的重要组成部分。位于城市中心轴线东北端，向西与抗震纪念园相对，总建筑面积14 401平方米，其中，图书馆建筑面积3393平方米，文化馆建筑面积3008平方米，羌族民俗博物馆建筑面积8000平方米。文化中心的设计以羌寨聚落为依据，以碉楼、坡顶、木架梁等羌族建筑为特色，强调建筑空间与坡度空间的交融，建筑动态与山势动态的默契，内部功能齐全，是很好的文化休闲娱乐场所。国庆后，图书馆和文化馆投入使用。（四川省图书馆学会）

【美国美中关系全国委员会向邓小平图书馆赠送《时代》周刊】 2010年，美国美中关系全国委员会向邓小平图书馆寄来两份极其珍贵的文献——1979年1月1日和1986年1月6日出版的两期以邓小平头像为封面的《时代》周刊。《时代》周刊从1927年开始每年都在全球范围内评选一位对当年世界事务最有影响的“年度风云人物”，并在封面刊载。邓小平两次以世界“年度风云人物”的身份登上《时代》周刊，充分表明他为中国改革开放和社会主义现代化建设所作出的卓越贡献得到世界上的认同。作为全世界唯一以邓小平姓名命名的图书馆，目前收藏邓小平特色文献4000种、近20 000册（件），初步建成了国内比较全面的邓小平文献资料库。（邓小平图书馆）

【凉山州图书馆、凉山州彝族文化研究所联合举办“凉山州彝族文化研究成果展览”】 7月30日至8月13日，凉山州图书馆、凉山州彝族文化研究所在凉山州图书馆联合举办了为期十五天的“凉山州彝族文化研究成果展览”。这期成果展览形式多样，内容丰富，不仅包括凉山州各县地方志、行业志、彝文与英文研究成果著述、公开和内部出版的彝汉文对照读物、研究彝族文化的《诺苏》期刊，还包括考察广汉三星堆，成都金沙遗址文物与彝族文化对比图片和彝族文化研究所参加国际学术交流活动的图片等。此次展览不仅极具彝族特色，而且还有三个第一：第一次联合举办大规模彝族研究成果展览，第一次采用彝、汉二种文字作解说，第一次展出三星堆、金沙遗址文化和彝族文化有渊源的图片。前来参观展览的州内外群众络绎不绝，人数最多的一天达200多人。据统计，展览期间共接待3000余人次。（凉山州图书馆）

【攀枝花市文化局、攀枝花市图书馆喜获第十

五届“群星奖”】 5月24日，文化部举办的第十五届“群星奖”颁奖晚会在广州市中山纪念堂隆重开幕。“群星奖”是文化部为繁荣群众文艺创作，促进社会文化事业的繁荣与发展而设立的全国社会文化艺术政府奖。四川省共获得5个项目类“群星奖”，其中，攀枝花市文化局、攀枝花市图书馆选送的“大地书香新农村家园工程”喜获项目奖，攀枝花市图书馆馆长谭发祥被授予“群文之星”称号。（攀枝花市图书馆）

【攀枝花市举办首届全民读书节】 7月2日上午，攀枝花市首届全民读书节启动仪式隆重举行。四川省图书馆馆长李忠昊，攀枝花市委书记、市人大常委会主任赵爱明，市委常委、常务副市长王川红，市委常委、市委宣传部部长沈钧等领导出席启动仪式。攀枝花市首届全民读书节系列活动一直持续到9月13日，期间还将举行文学艺术进校园、百部励志电影展播、世博进校园图片巡回展、低碳经济图片巡回展、攀枝花讲坛“文化遗产在我身边”专题讲座、书香警营等活动。（攀枝花市图书馆）

【成都市武侯区图书馆举办“弘扬中国传统文化 百善孝为先”的讲座】 9月13日—14日，成都武侯区图书馆在馆内多功能厅举办了主题为“弘扬中国传统文化 百善孝为先”的讲座，百余位群众参与此次活动。讲座老师以讲解实例的方式，引经据典，让广大人民群众对“孝”文化有了更深刻的理解。（武侯区图书馆）

【绵竹市图书馆开展义务送春联、送图书活动】 2月6日，绵竹市举办了第9届年画节。为了给广大群众营造节日气氛，绵竹市图书馆在馆前开展了义务送春联、送图书活动。在馆长李开成带领下，为群众书写春联400余幅，赠送图书500余册。为了让更多群众感受到节日氛围，2月8日，馆长李开成带领员工到绵竹市齐天镇继续开展义务送春联、送图书活动，现场书写春联300余幅，赠送图书400余册。（绵竹市图书馆）

【广元市图书馆灾后积极开展读者服务工作】 广元市图书馆馆舍在“5·12”地震中因成为危房而闭馆。灾后，图书馆为了服务读者，积极采取措施，不仅在市内的水榭花都步行街设立了“临时报刊阅览室”，还在万源景观廊桥上投资开办了一处高雅的“观景书吧”，使图书馆读者服务工作顺利开展。“临时报刊阅览室”的开放时间为上午九点至中午十二点，下午一点至五点，周五下午为闭馆学习时间，节假日照常开放。为全免费阅览，概不外借。（广元市图书馆）

【平武县建成第一个综合文化站】 2月1日，平武县平通镇综合文化站图书室和电子阅览室正式向读者正式开放。平武县图书馆为该图书室配置书架11个、阅览桌4张、阅览椅16把、图书杂志6000余册，还另购了一批实用的农业科技知识方面的图书和最新畅销杂志。电子阅览室共有电脑6台，并开通了宽带网。平通镇综合文化站是平武县灾后重建的第一个综合文化站。（平武县图书馆）

【乐山市图书馆举办迎新春大型读者活动】 2月5日，乐山市图书馆举办了主题为“欢乐假日 快乐阅读”新春大型读者活动。乐山市民间文艺家协会主席、民俗学家郑自谦先生主讲的“乐山传统节日文化”公益讲座率先拉开活动帷幕，听众们在郑先生带领下探索嘉州民俗文化奥秘，感悟乐山传统节日文化的内涵。活动中，市图书馆向市民发放借阅卡500多张，推荐新书200种。乐山师范学院图书馆也参加了此次活动，他们在市图书馆布置了宣传台，向市民宣传师院图书馆的馆藏与数据库，欢迎市民使用师院图书馆。（乐山市图书馆）

【宜宾市廉政文化教育示范基地揭牌仪式在市图书馆举行】 4月22日下午，宜宾市图书馆廉政文化教育示范基地揭牌仪式在市图书馆（市文化科技中心）举行。四川省纪委常委苏梅，宜宾市纪委书记、常委向辉礼出席揭幕仪式，共同为该基地揭幕。苏梅首先代表省纪委、省监察厅对宜宾市图书馆廉政教育示范基地的建成开放表示热烈的祝贺，并肯定了宜宾市反腐倡廉工作所取得的成绩，提出了对宜宾市反腐倡廉工作的新希望。揭牌仪式结束后，各位领导参观了廉政文化教育示范基地。（宜宾市图书馆）

贵州省

【2010年贵州省古籍保护工作厅际联席会

议】 6月9日，贵州省古籍保护工作厅际联席会议在贵州省文化厅召开。联席会议召集人、省文化厅党组书记、厅长徐圻，党组成员、机关党委书记罗运琪，省古籍保护中心的有关负责人出席了会议。贵州省图书馆副馆长、省古籍保护中心主任钟海珍向会议汇报了自上一次厅际联席会议以来省古籍保护中心所做的主要工作和存在的主要问题；会议审议了省古籍保护中心起草的《关于进一步加强我省古籍保护工作的实施意见》，通过了《2010年贵州省古籍保护中心工作计划要点》。（张贝）

【贵州省54部古籍入选第三批《国家珍贵古籍名录》】 在公布的第三批《国家珍贵古籍名录》中，贵州省图书馆入选古籍5部；贵州省博物馆入选3部；贵州师范大学图书馆入选1部；荔波县档案馆入选17部；三都县档案馆入选9部；毕节地区彝文翻译研究中心入选9部；黔南州图书馆入选3部；黔南民族师院图书馆入选3部；贵州民院潘朝霖教授个人藏书有4部入选。荔波县档案馆作为国务院批准的第一批“全国古籍重点保护单位”，此次他们最终有11部水书、6部布依文古籍入选第三批名录，依然占据入选单位的榜首。（张贝）

【贵州数字图书馆走进“两会”提供服务】 在贵州省人大十一届三次会议和省政协十届三次会议期间，贵州省图书馆在“两会”主会场和分会场设置了“贵州数字图书馆”体验区，为代表和委员们提供网络数字资源“一站式”搜索服务。在工作人员的指导下，很多代表和委员都亲自上网操作，感受方便、快捷、实用的数字图书馆信息服务。（张贝）

【贵州省图书馆举行“2010年少年儿童寒假联欢会”】 2月9日，在贵州省图书馆学术报告厅隆重举行了“2010年少年儿童寒假联欢会”，对省馆寒假期间开展的少年儿童活动进行总结和汇报演出。评选出2009年度的优秀志愿者、优秀少年儿童志愿工作者、读者小明星以及为公益小书房捐赠图书的爱心捐赠者并颁发了证书、奖品。在舞台上小演员们尽情地展现自己的才艺，把会场的气氛一次次推向高潮。（张贝）

【“促进省图服务功能的发挥，提高公共服务水平”专家座谈会在贵州省图书馆举行】 4月2日，贵州省图书馆特邀来自省国画院和贵州师范大学艺术学院的10余位书画名家汇聚一堂，畅谈图书馆的昨天、今天和明天，为促进省图服务功能的发挥，提高公共服务水平提出宝贵意见。参加座谈会的有省文化厅党组成员、副厅长邓健，省文化厅党组成员、机关党委书记罗运琪，省图书馆馆长肖泓。（张贝）

【贵州省图书馆设立咨询服务台】 4月6日，贵州省图书馆在一楼大厅开设总咨询服务台。咨询台主要是向读者全面介绍图书馆馆藏情况和图书分布情况、服务设施、服务项目，提供宣传材料、图书馆业务咨询以及一些事务性咨询，并为读者指引借阅各类馆藏文献的地点，协助读者利用查询系统检索馆藏目录、正确使用数字图书馆。（张贝）

【贵州省图书馆举办“世界读书日”荐书活动和“阅读 * 幸福读书会”】 为迎接“世界读书日”，4月16日—25日，贵州省图书馆携手西西弗文化传播有限公司举办了“新书推荐您做主第二届荐书活动”，共有110位热心读者为图书馆推荐图书520册。贵州省图书馆还联合贵阳市文明办、贵阳人民广播电台和贵州省西南风图书传媒有限公司共同举办了“阅读 * 幸福读书会”，以激发广大读者的读书兴趣，在全社会形成一个良好的读书氛围。（张贝）

【贵州省图书馆开展2010年全国助残日系列活动】 5月，为迎接第20个“全国助残日”的到来，贵州省图书馆精心策划了“让关爱的阳光照亮心灵”暨2010年全国助残日系列活动。邀请28位盲人代表参与活动的启动仪式，以“让关爱的阳光照亮心灵”为主题的现场演讲将整个启动仪式推入高潮；工作人员利用阳光软件辅导、帮助盲人读者学习电脑上网的基础知识，并为盲人读者介绍图书馆最新引进的电脑点显器、助视器、听书机等设备；开展“双拼盲文”以及“盲人读者电脑基础知识”的免费培训活动，历时两个多月，共计55个课时，培训盲人读者20多名。（张贝）

【贵州省图书馆开展2010年度服务宣传周活动】 5月24日—30日，贵州省图书馆开展了以“充分发挥公益性电子阅览室作用，积极推进学习型社会建设”的图书馆服务宣传周活动。开展的活动有：一、“关爱农民工”，对农民工进行基本的上网行为培训；二、“心中的明亮”，利用有声读物，让盲人读者享受了丰富多彩的网络文化生活；三、“夕阳余晖”，向老年读者特别推荐“贵州数字图书馆”中的图书、音乐、人文期刊和视频资源；四、“美好生活从学习开始”，在电子阅览室以动画片的形式针对少年儿童进行科普知识宣传；五、“漫游图书馆”，对少年儿童进行培训，并开展主题为“图书馆漫游记”的漫画比赛。（张贝）

【贵州省文化共享工程支中心负责人培训班】 6月28日—29日，由文化共享工程贵州省分中心主办的2010年贵州省文化共享工程市（州、地）县（区、市）支中心负责人培训班在遵义市举行。国家中心主任张彦博，文化厅党组成员，厅机关党委书记罗运琪，贵州省图书馆馆长肖泓，遵义市人民政府副市长刘兴万出席了仪式。来自全省9个地州市、88个县级支中心的主任共100余人参加了培训，省分中心的老师分别对共享工程工作中的服务工作、简报编写、技术运用、新闻写作技巧等方面进行讲解。（张贝）

【首届“我与贵州数字图书馆”有奖征文活动】 10月，由贵州省文明办、省教育厅、省文化厅联合举办，贵州省图书馆承办的首届“我与贵州数字图书馆”有奖征文活动圆满落下帷幕。这次征文活动收到来自全省各地上百篇稿件，经认真仔细评审，评出成人组一等奖2篇、二等奖3篇、三等奖4篇、优秀奖6篇；未成年人组一等奖1篇、二等奖2篇、三等奖3篇；另外评出3个单位组织奖。（张贝）

【贵州省“县级数字图书馆推广计划”（二期）资源安装与使用培训班】 12月10日，由全国文化信息资源共享工程贵州省分中心组织的“县级数字图书馆推广计划”（二期）资源安装与使用培训班在贵阳举办。来自贵州78个县、区图书馆的85名技术骨干参加了培训。省文化厅党组成员、副厅长黎盛翔，省图书馆馆长肖泓，省文化厅社文处副处长虞奇勇出席开班仪式。（张贝）

【“贵州数字图书馆”培训班圆满结束】 为了加强“贵州数字图书馆”的宣传和应用，12月18—24日，在贵州省图书馆举办了“贵州数字图书馆”服务与宣传培训班。来自全省各地、州、市、县74个公共图书馆的104名馆员参加了此次培训，并进行了上机实际操作。之后，各地图书馆分别在本地开展对数字图书馆的宣传和使用培训。另外，还为全省各级科协业务人员提供培训。（张贝）

【贵州数字图书馆开通一周年初见成效】 贵州数字图书馆开通一年来，访问已超过400万人次，后台自动全文传递8万余次。目前已购买的可供读者直接浏览、下载的全文数据库16个，数据总量已达70TB。贵州数字图书馆通过制作视频、音频、宣传册等资料，在电视、广播和网站上进行宣传，并且与贵州电信、贵州联通、贵州网通合作，免费向全省民众发送贵州数字图书馆宣传短信。（张贝）

【贵州省图书馆开通触摸屏电子资源阅览系统】 2010年，贵州省图书馆引进了触摸屏电子资源阅览系统，为读者提供实时的报纸、期刊和珍贵古籍等电子资源的在线阅读。该系统能实时提供200种以上中央到地方各主要报纸当天的电子版以及300多种畅销类人文电子期刊，同时系统中还展示了中国国家数字图书馆大量珍贵的馆藏资源，拓宽了省馆的服务渠道和服务方式。读者只需轻轻触摸，就能浏览到最新的实时新闻动态，还可以在触摸屏上对报刊页面随意移动、翻页，字体可以随意放大缩小等，阅读体验比传统报刊更加舒适。（张贝）

【贵阳市图书馆工作概述】 2010年，贵阳市图书馆完成组织结构调整和岗位重新设置，对全馆的管理、专业技术和工勤技能岗位进行了重新设置，并调整了内部组织结构，优化了业务流程。加强组织文化建设，组织职工学习了《公共图书馆如何开展研究性学习服务》等14个课程。

重视基础业务工作。①本年收入合计7604

千元，其中财政拨款 6829 千元，购书专项经费 1500 千元。全年共发放新卡 1350 个。②今年实际完成采、分、编整理入藏 8125 种、23 435册；报刊 1301 种。③全年接待读者233 363人次；外借书刊169 866册次。④送书下乡 30 点次，流通图书 7077 册。努力探索贵阳市的总分馆体系建设，延伸图书馆的资源和服务，建立了“碧海社区分馆”和“贵阳市图书馆羊艾监狱分馆”；开通“点点书库”、“圣才学习网视频资源库”、“贵阳市图书馆贴吧”、“博看期刊数据库”。⑤对全市区县近 90 个村的农家书屋管理员进行“农家书屋图书管理”培训；到修文等区县基层图书馆现场辅导；集中 8 个区县馆长，交流各馆基本情况。⑥编辑《文化信息》6 期，《经济政策信息》8 期（增刊 2 期），《农业科技文摘》6 期，完成《贵阳市乡村旅游产业集群发展现状与对策》等 8 个定题服务。⑦至 2010 年底馆藏数字资源达 7TB。

组织丰富多彩的读者活动。①举办了“带你走进图书馆——小小图书管理员”等读者活动 15 次。在本馆新书推荐栏推荐新书 9 期，600 种；在《贵阳日报》上向市民推荐了 100 种好书。②林城读书月期间，举办了 8 个以养生为主题的讲座；在社区、监狱、农村等地分别举办了符合听众实际需要的讲座。（贵阳市图书馆）

【遵义数字图书馆开通】 从 2 月开始，遵义数字图书馆正式开通。读者登录网址 www.zylib.cn，即可查询馆藏、浏览新书推介、自行续借、了解馆情时讯、在线阅读全文书刊、下载资料、点播音频和视频节目、查阅地方专题文献等。（杨铭）

【遵义市图书馆创办“名城大讲堂”公益讲座】 “名城大讲堂”由中共遵义市委宣传部、遵义市市文体局主办，遵义市图书馆、市博物馆承办，以“鉴赏·品味”为主题，以“弘扬人文精神、发展公共文化、丰富市民生活、提升城市品位”为宗旨，充分利用省内外尤其是本地专家学者人才资源，开门办讲堂，力争把“名城大讲堂”打造成一张知名文化名片。大讲堂于 12 月 17 日正式开讲，已举办 4 场，听众达 1400 人次，作为群众精神文化生活的又一园圃，日益引起广大市民的关注。（杨铭）

【遵义市图书馆文化共享工程再上新台阶】 遵义市图书馆充分发挥文化共享工程的资源和设施设备优势，2010 年组织开展了一系列服务活动：青少年电子阅览室暑期老电影欣赏和爱国主义影片展播，未成年人网脉工程体验，网上主题征答；“国事盛典”图片展览；切实履行市级支中心职能，认真做好对文化共享工程基层单位的指导、培训、督查和设备技术维护工作，全年编发《遵义市支中心工作简报》12 期。（杨铭）

【遵义市图书馆开展“五进一上”延伸服务活动】 遵义市图书馆于 2010 年开展了送文化进社区、进农村、进学校、进军营、进企业、上街头（“五进一上”）服务宣传活动，与图书馆延伸服务基层网点建设整合为一体，互为依托，相互补充，形成合力，从而使整体服务效果更佳。（杨铭）

云南

【云南省图书馆“送书进军营”】 1 月 6 日，在李友仁馆长和马云川、王水乔副馆长的率领下，省馆工作人员深入到昆明警备区开展“送书进军营”活动，向部队官兵赠送了价值 9 万元的文化信息资源共享工程设备一套、图书 1600 册以及 623GB 的共享工程数字资源。昆明警备区司令员陈忠文、政委张朝凤代表部队官兵接受了捐赠。（杨昕昕）

【云南省图书馆为“两会”提供深度服务】 1 月 20 日—26 日，省人大十一届三次会议、省政协十届三次会议在昆明隆重召开。云南省图书馆在认真总结往年“两会”服务工作的基础上，继续依托丰富的文献信息资源，充分发挥决策参考作用，以传统咨询手段与现代信息技术相结合的形式，积极选派业务骨干深入“两会”，为与会代表提供了深度参考咨询服务。（云南省图书馆学会办公室　信息开发部）

【云南省图书馆积极开展春节“三下乡”活动】 1 月 28 日，云南省图书馆副馆长张世彩受李友仁馆长委托，带领部分业务骨干深入安宁市八街镇开展了“三下乡”活动。为了把此项工作开展得有声有色，省馆专门拨付了 1 万元作为活动经费，购买了春联 2000 幅、门神及福字各 1000

份，以及价值2000余元的有奖竞猜奖品，免费发放给农民群众；同时，发放1440册《农科信息》，服务群众达5000余人次。此外，省馆还向安宁市八街镇文化广播电视中心赠送了300余册农科图书。（云南省图书馆学会办公室　金美丽）

【云南省安排部署2010年共享工程建设工作】 1月30日，云南省2010年文化信息资源共享工程（简称“共享工程”）建设工作会议在昆明召开。省文化厅厅长黄峻、副厅长黄玲，省财政厅教科文卫处副处长刘斌，各州市、县分管领导，以及省文化厅社文处、计财处、共享工程云南省分中心的领导和工作人员共200多人参加了会议。本次会议对2010年云南省共享工程建设工作特别是“农文网培学校”的建设进行全面安排部署，进一步推进云南省共享工程建设。（云南省图书馆办公室　共享工程办公室）

【云南省图书馆被评为国家一级图书馆】 2月1日，文化部在北京召开全国公共图书馆评估工作总结会议，公布了第四次全国公共图书馆评估定级的结果。云南省图书馆被评为国家一级图书馆，这也是省馆建馆百年来首次被评为一级图书馆。（云南省图书馆办公室　杨昕昕）

【云南省图书馆被列为国家级古籍修复中心】 2月1日，文化部在北京举行2009年古籍保护工作总结会，会上公布了首批12家单位为国家级古籍修复中心。云南省图书馆凭借先进的古籍修复软、硬件条件和突出的古籍修复成果跻身其中，成为我国西部地区唯一入选的图书馆。（云南省图书馆办公室　历史文献部）

【中国盲人协会副主席滕伟民视察云南省图书馆】 2010年3月26日，中国盲人协会副主席滕伟民到云南省图书馆盲人阅览室视察工作。省馆工作人员向滕副主席一行汇报了盲人阅览室设立以来的服务情况，滕副主席对省馆盲人读者服务工作给予了高度评价，代表中国盲协对省馆工作人员为盲人读者所付出的心血和劳动表示感谢，希望省馆继续努力，为盲人读者共享社会文明成果提供更好的平台。同时，滕副主席表示，中国盲协将一如既往地支持省馆开展盲人读者工作，并承诺年内由中国盲文出版社向省馆免费赠送一批新出版的盲文书籍。（云南省图书馆报刊借阅部）

【云南省图书馆开通“学习型组织网”子网站】 为认真贯彻落实《中共云南省文化厅党组关于认真落实创建学习型组织措施的通知》（云文党组［2010］13号），按照云南省图书馆《关于深化“学习型图书馆”创建工作的实施方案》，省馆计算机中心于2010年4月15日开通运行该子网站，设立了“信息动态”、“文化讲坛”、“学习园地”，“好书导读”等4个专栏，全方位、多层次地发布和传播最新的学习信息。（云南省图书馆计算机中心）

【云南省图书馆积极开展世界读书日系列活动】 2010年4月23日是第十五个世界读书日，省馆开展了以“保障阅读权利，享受阅读快乐”为主题的系列宣传服务活动。一是在省女子一监开展了“读一本好书，做聪明女人”征文活动，共在400余篇服刑人员征文中，评选出一等奖2名、二等奖4名、三等奖6名；同时举行了“世界读书日知识抢答比赛”，由省女子一监组织7个监区代表队参加比赛，使服刑人员通过参加相关活动，进一步培养善读书、善学习的习惯，增强明辨是非的能力，提高文化素养和法律意识。二是在省馆计算机中心电子阅览室播放国家图书馆举办的两场公益讲座。三是在少儿阅览室举办了“图书馆助我成长”系列活动。四是在自科借阅室精挑细选了100多册有关低碳生活方面的图书资料进行展示。五是由信息开发部专门编辑制作了“低碳：是生活方式，更是生活态度”专题资料，免费发放给读者。六是由文献采编中心精心制作了少儿推荐书目565种、低碳及世博会书目37种、科普读物298种，并将这些书目通过省馆网站进行发布。七是由共享工程办公室通过云南文化信息资源网发布读书日活动的相关信息，并利用在孟连召开2010年全省州市图书馆馆长联席会的契机，向与会代表发放相关宣传材料和关于农文网培学校建设工作的光盘。省馆开展的“4·23世界读书日”系列活动吸引近万人次读者的热情参与，受到《云南日报》、《昆明日报》等新闻媒体的宣传报道，获得了社会各界的广泛好评。（云南省图书馆学会办公室　图书借阅部）

【2010年全省州市图书馆馆长联席会召开】 2010年4月24日至26日，由云南省图书馆主办、普洱市图书馆协办的2010年全省州市图书馆馆长联席会在孟连县顺利召开。会议的主题是：文化信息资源共享工程农民素质教育网络培训学校（简称"农文网培学校"）建设。省文化厅社文处处长郭伟，共享工程云南省分中心主任李友仁，云南省图书馆副馆长马云川、王水乔，以及全省16个州市文化局社文科科长、图书馆馆长参加了会议。（共享工程云南省分中心办公室　郭如梅　王芳桃）

【2010年度昆明地区图书馆服务宣传周顺利举行】 为认真贯彻落实全国"知识工程"领导小组办公室《关于在全国开展2010年度图书馆服务宣传周活动的通知》，大力促进学习型社会建设，5月29日上午，昆明地区图书馆服务宣传周在官渡古镇隆重启动。此次宣传周活动从5月29日持续到6月20日，共赠送有关主题活动的宣传资料500余份；围绕活动主题设计了近600道有奖竞猜题目，吸引600多名孩子前来参加有奖竞猜活动；进行文化信息资源共享工程演示及现场咨询，现场发放科普及农文网培学校建设主题光盘300余张；在现场咨询服务中，大力推介图书馆服务项目，尤其是重点推介科技含量较高的网上参考咨询、专题咨询等服务项目。（云南省图书馆学会办公室　金美丽）

【云南省古籍珍品进京参加"国家珍贵古籍特展"】 6月11日至7月12日，文化部在国家图书馆举办"国家珍贵古籍特展"。云南省古籍保护中心按照相关要求，认真做好云南省珍贵古籍进京参展的筹备和组织工作。此次省馆共有3件珍贵藏品参展，分别是明洪武十二年（1379年）大理董琳刻本《重广水陆法施无遮大斋仪》、清乾隆五十七年（1792年）萃文书屋活字印本《红楼梦》一百二十回和清高奣映稿本《鸡足山志》十三卷首一卷。云南省参展的珍品还有云南大学图书馆明刻本《象山先生全集三十六卷》，明正统十三年（1448年）黎谅刻本《水心先生文集》；楚雄彝族文化研究院清乾隆抄本《赎赂经》，清道光十年（1830年）抄本《指路经》，清同治二年（1863年）抄本《彝族六祖源流》三种彝族文献；云南省少数民族古籍整理出版规划办公室的彝文清抄本《董永与七仙女》；丽江市玉龙县图书馆的东巴经，清和世俊抄本《延寿道场·请天神降临经》等。（云南省图书馆历史文献部　郭劲）

【老挝人民革命党代表团参观云南省图书馆】 6月15日上午，老挝人民革命党中央政治局委员、中央思想理论和文化工作领导小组组长沙曼·维亚吉在中共中央对外联络部和文化部相关领导的陪同下，率领老挝人民革命党代表团莅临云南省图书馆参观。云南省文化厅党组成员、副厅长黄玲，省馆馆长李友仁等陪同贵宾进行参观，并介绍了省馆的工作情况。沙曼·维亚吉一行先后参观了省馆历史文献阅览室、善本阅览室、地方文献阅览室等，以及中国古代书籍史展、云南重彩（绝版）画展。在善本阅览室，沙曼·维亚吉亲自提笔留言："你们图书馆的工作做得很好，对于我们发展老挝的图书馆事业来说是个榜样，值得借鉴。图书馆是保留国家遗产的地方，我对你们表示祝贺，祝愿你们在发展文化事业中取得巨大成绩"。（云南省图书馆办公室保卫科）

【云南省文化厅与教育厅携手推动文献资源共建共享】 6月19日下午，云南省教育与文化艺术发展研讨会暨战略合作签字仪式在昆明市翠湖宾馆隆重举行。省教育厅分别与省文化厅、省文联签订了战略合作备忘录。省文化厅与省教育厅的合作包括人才共享、社会文化艺术教育等6个方面。其中，在人才共享方面，结合云南省文化信息资源共享工程建设，聘请文化艺术专家、优秀导师、教师等，在乡镇农民素质教育网络培训学校担任辅导员。在社会文化教育方面，省文化厅与教育厅携手整合云南省图书馆等公共图书馆和大专院校图书馆的文献信息资源，建立"图书馆联盟"，推进优秀文献资源的共建共享。（共享工程云南省分中心办公室）

【云南省图书馆荣获全国"全民阅读先进单位"殊荣】 在7月召开的2010中国图书馆学会年会上，云南省图书馆凭借出色的全民阅读组织和推广工作，被中国图书馆学会授予2009年度"全民阅读先进单位"。2009年省馆外借书刊达到54.1万册次，接待读者159万人次，为云南

省建设"学习型社会"起到了重要的推动作用。（云南省图书馆学会办公室　发展研究室）

【云南省图书馆"精品图书推介展示活动"项目申报成功】 8月15日，省馆向云南省科技厅申报的"精品图书推介展示活动"项目获批通过。该特色科普活动项目旨在推动全社会形成"多读书、读好书"的舆论氛围和社会风尚，让人们在阅读中开阔视野、增长知识、陶冶情操、感受快乐，促进社会和谐，推动经济社会又好又快发展；同时，进一步宣传公共图书馆的知识传播、社会教育和文化娱乐功能。12月16日下午，该项目专家论证会在省馆召开。云南省图书馆馆长、省图书馆学会理事长李友仁等课题组全体成员参加了会议。云南省科技厅政策法规处处长张红云到会指导。会上，李友仁馆长重点介绍了今后做好该课题的打算。他强调，下一步将利用此课题搭建的平台，积极开展形式多样、内容丰富的青少年文化活动和盲人阅读活动；同时，专门从云南省图书馆预算外收入中划拨3万元投入课题运作。张红云处长对课题的前期准备工作给予了充分肯定。他说："云南省图书馆在经费紧缺的情况下，专门成立项目工作组，组织业务骨干来开展该课题，为云南省科普工作的发展发挥了积极的导向作用，充分发挥了省级科普教育基地的作用。"（云南省图书馆学会办公室　金美丽）

【黄峻厅长深入禄丰县农文网培学校调研】 8月25日，省文化厅厅长黄峻、副厅长黄玲、厅计财处处长杨习跃、社文处处长郭伟在共享工程云南省分中心主任李友仁的陪同下，深入楚雄州禄丰县仁兴镇、和平镇，对当地文化信息资源共享工程农文网培学校建设工作进行调研。在深入调研并认真听取当地工作汇报后，黄峻厅长在和平镇农文网陪学校主持召开了现场办公会议。他强调指出，各地要形成长效化的教学机制和系统化的教学管理体系。教学内容要紧密结合农民实际需求，更加丰富多彩和先进适用。特别要紧紧围绕农文网培学校管理的重点，把握管理的关键在人才，做到"县有文化副县长、乡有文化干事、村有文化辅导员"；把握管理的核心在服务，做到"文化乐民服务农村，文化育民服务农民，文化富民服务农业"；把握管理的机制在创新，做到"形式上由活动向服务转变，范围上由室内向室外延伸，内容上由乡镇向村里拓展"。（云南省图书馆发展研究室　杨昕昕）

【云南省图书馆成功举办云南省第二届青少年演讲比赛】 9月6日，主题为"我心中的图书馆"的云南省第二届青少年演讲比赛在省馆隆重举行。来自昆明、保山、玉溪、楚雄、红河、大理等州市8所重点中学的24名同学参加了角逐。比赛由云南省文化厅、省教育厅和云南日报报业集团主办，云南省图书馆与省教育科学研究院、云南科技报社联合承办。省关工委主任张宝三、省政府副秘书长白庚胜、省文化厅厅长黄峻、云南日报报业集团社长罗杰等领导出席比赛，并认真聆听了同学们的精彩演讲。为了确保比赛公平公正，赛事组织机构专门邀请了省教育科学研究院院长李慧琴、省演讲学会会长李志勤等9位专家作为评委。经过4个小时紧张激烈的比赛，有6位选手获得一等奖，10位选手获得二等奖，8位选手获得三等奖。随后，按照各代表队个人成绩综合产生了团体奖。（云南省图书馆学会办公室　金美丽）

【全国首个新书样本库正式开放】 9月20日，由省馆与云南省新华书店集团有限公司合作建立的全国新书样本库正式面向社会公众开放。云南省文化厅厅长黄峻、云南出版集团董事长汤汉清共同为样本库揭牌。云南省文化厅副厅长黄玲、云南出版集团总经理江庆波先后致辞。省图书馆学会第六次会员代表大会全体与会人员参加了揭牌仪式。省馆建成的全国首个新书样本库集中展示了全国400多家出版社最新出版的8万余种精品图书，搭建了一个为广大读者、社会机构提供专业化、多样性的图书展示、查询与采选的平台，涵盖了收藏、展示、服务、示范、协作等多项功能，满足了社会各界读者、省内外各类型图书馆的文献采访需求，为规范全省图书馆采购工作提供了有益的示范，促进了出版单位、图书销售企业、图书馆与图书消费群体之间的交流、联系与协作。（云南省图书馆发展研究室）

【《中华古籍总目·云南卷》编纂工作正式启动】 11月18日上午，《中华古籍总目·云南卷》编纂工作会议在云南省图书馆召开，这标志着《中华古籍总目·云南卷》的编纂工作正式启动。国家古籍保护工作专家委员会主任李致忠，国家古籍保护中心培训组组长王红蕾，复旦大学图书馆古籍部主任、中国古典文献学博士生导师吴格，云南大学图书馆馆长万永林，云南省图书馆研究馆员李孝友等10多位省内外知名专家参加了会议。云南省图书馆副馆长、云南省古籍保护中心副主任王水乔主持会议。（云南省图书馆历史文献部　罗荣）

【全省文化共享工程支中心馆长研讨班在云南省图书馆举行】 11月24日，由全国文化信息资源建设管理中心（以下简称国家中心）与文化共享工程云南省分中心联合举办的2010年云南省文化共享工程州市、县级支中心馆长研讨班暨技术交流会在省馆举行。国家中心主任张彦博，云南省文化厅党组成员、副厅长黄玲，国家中心培训处处长刘刚，云南省图书馆馆长、文化共享工程云南省分中心主任李友仁出席了开班仪式。来自全省16个州市、129个县级支中心的负责人共150余人参加了会议。张彦博主任指出，云南开创了“文化共享工程农民素质教育网络培训学校”（简称农文网培学校）建设模式，为“十二五”时期的文化共享工程建设与发展闯出了一条新路，在全国做出了表率。中共中央政治局常委李长春来云南调研时，对农文网培学校给以非常高的评价，充分肯定了其在“文化乐民、文化育民、文化富民”中的作用，并提出了“要进一步加快广播电视村村通、文化信息资源共享村村有、农家书屋村村建的步伐，更好地保障农村群众基本文化权益”的要求，这为文化共享工程下一步的工作指明了方向。云南的做法应该在全国“生根开花”。（共享工程云南省分中心办公室　相国民）

【《云南特有民族百年实录》首发式暨捐赠仪式举行】 11月25日上午，《云南特有民族百年实录》首发式暨捐赠仪式在云南省图书馆隆重举行。该书由云南省政协文史委员会历时两年编写而成，全面系统地反映了云南15个特有世居少数民族近百年来文化、经济和社会生活等各方面的发展变迁，具有较高的史料价值。马云川副馆长代表省馆接收了赠书。（云南省图书馆文献采编中心）

【《云南图书馆》季刊获内部出版物金奖】 由云南省新闻出版局、省印刷行业协会和省连续性内部出版物编印专业委员会共同举办的云南省第三届优秀连续性内部出版物评选活动落下帷幕。《云南图书馆》季刊作为省图书馆界唯一的学术性和专业性较强的刊物，受到了与会评审专家的一致好评，荣获连续性内部出版物金奖。此外，云南省图书馆学会办公室金美丽、沈沉两人荣获优秀编辑金奖。（学会办公室　金美丽）

【安宁市图书馆联合昆明图书馆参加四下乡活动】 1月17日，安宁市图书馆的工作人员在馆领导的带领下，联合昆明市图书馆，到温泉镇参加了安宁市2010年四下乡活动。活动在温泉镇广场上进行，开展了本馆的宣传推广活动，向广大群众宣传介绍了本馆的基本情况、对外服务窗口的工作职能、开放时间以及办证须知等，同时还开展了广大群众喜闻乐见的春联赠送、书刊赠送等活动。此次活动共向群众发放宣传材料300份、赠送下架期刊600册、赠送春联100份。（安宁市图书馆　何瑞华）

【安宁市图书馆长期坚持到民办学校举办读书活动】 1月21日，安宁市图书馆的工作人员利用全国文化信息共享工程设备及资源，到朝阳小学举办了文化共享工程节目展播活动。图书馆工作人员精心挑选了介绍“防灾自救”及“自我日常保护”相关知识的节目进行展播，活动采取循环播放的方式在该校共播放三场次，对全校学生进行了一次别开生面的安全教育。该校为安宁市图书馆馆外图书流通点，长期为师生提供课外读物以外，每年都要到学校开展各类读书活动，从2006年至今，共在该校流通课外读物556册次；赠送新书100册；赠送下架少儿期刊200册；播放文化共享工程节目32场次，共有3911人次观看；举办有奖知识竞答活动两次。通过上述各类读书活动的开展，在该校学生中有效地进行了爱国主义教育、思想品质教育以及安全教育，丰富了该校师生的课余文化生活。（安宁市图书馆　何瑞华）

【文化共享工程安宁市支中心正式揭牌】 9月7日上午，“全国文化信息资源共享工程安宁市支中心”在安宁市图书馆正式揭牌，并从当日起正式免费向市民开放。2009 年至 2010 年，由安宁市级财政先后投入 63.27 万元进行全面改造及建设。按照建设要求，市中心配备了 2 名专、兼职管理人员负责全市的文化共享工程工作实施和运行。（安宁市图书馆　何瑞华）

【临沧市图书馆积极开展建党 89 周年纪念活动】 为庆祝中国共产党建党 89 周年，大力讴歌党的丰功伟绩，临沧市图书馆党支部组织开展了系列活动。举办千种党史文献馆藏资料展览，设立党史文献专架，向广大读者推介。大力开展作风建设整治活动、创新争优活动、读书学习活动、设立党员先锋岗活动等，在党支部内部形成良好的党建风气，还积极在业务骨干中培养优秀年轻干部加入党组织，截至 2010 年 6 月 30 日，图书馆党支部已拥有党员 10 名，占全馆 20 人的 50%。（临沧市图书馆　李双强　郑永燕　唐德萍）

【临沧市图书馆收集滇西抗日战争史料】 临沧市图书馆注重对滇西抗日战争史料的收集。此举一是让广大读者、研究人员及子孙后代系统完整地了解三年时间的抗战史诗，认识前辈们在保卫家乡、捍卫国土所做出的巨大的贡献，对临沧市各族民众开展建设百业俱兴的临沧，进行热爱家乡的社会主义教育活动；二是滇西抗日战争史料的收集，增加了市图书馆收藏地方文献的种类，在打造特色图书馆中，增加了一份收藏内容的分量。（临沧市图书馆　李双强）

【曲靖市图书馆春节灯谜活动】 由曲靖市文化局主办，市图书馆承办的 2010 年第十届“爱书、读书、用书”大型春节灯谜活动，吸引了许多市民参加。此活动的成功举办，不仅对弘扬传统文化、提升图书馆的社会知名度，起到积极的推动作用，而且也是文化工作者呈献给全市广大群众的一道节日文化大餐，表达了图书馆人对支持、关心和帮助市图书馆事业发展的社会各界人士的深情谢意。（曲靖市图书馆　吴革　陈昆琼）

【沧源县第一个规范化图书室在民良村建成】 沧源县勐来乡民良村于 2010 年 1 月建成规范化的图书室。在多方的努力下，建盖了 30 平方米的图书室，添置了书架 6 个，争取到中央宣传部、文明办和市图书馆等部门赠送的近年来出版的 3294 册新图书、光盘 1565 张（碟），人均拥有藏书 2 册，超过全国全省全市人均水平。（临沧市图书馆　李双强　李竹冰）

【红河州图书馆为视障读者服务】 为了让每一位读者都能享受到阅读的快乐，帮助读者获取知识、了解世界，红河州图书馆突破传统读者服务方式，采取主动联络、上门接送的全新服务方式，充分利用馆内盲人阅览室的资源优势，热忱为视障读者服务。5 月 13 日上午，红河州图书馆的领导和员工热情接待了乘坐图书馆专车而来的第一批视障读者。他们都来自所辖社区，年纪最大的 51 岁，其余为 40 岁以下的青壮年。针对视障读者使用电脑阅读的障碍，红河州图书馆与红河州残联共同出资在州图书馆内配备了 5 台视障人士专用的电脑。这 5 台电脑除了有语音提示，还配备了盲文提示装置、视障人士专用键盘和扫描仪，能为视障读者提供上网、文本编辑、文本阅读等多项功能。（红河州图书馆　全美媛）

【红河州图书馆开馆五周年庆典暨红河州图书馆馆长联席会议召开】 7 月 7 日，红河哈尼族彝族自治州图书馆开馆五周年庆典暨红河州图书馆馆长联席会在州图书馆隆重举行。云南省图书馆馆长李友仁，州委常委、州委宣传部长李涛及红河州委、政府的有关领导、部分友邻单位领导等出席了活动。庆典由红河州文化局副局长朱丽红主持，李友仁、李涛等领导分别致辞。下午，红河州图书馆馆长联席会在馆内召开，全州各县市图书馆馆长和各文体局分管领导出席会议。李友仁馆长做主题报告，从图书馆改革和发展、图书馆馆长应具备的知识能力和素质以及图书馆“十二五”规划的制定等三个方面，进行了深入浅出的阐述。（红河州图书馆　全美媛）

【红河州图书馆举办读者座谈会】 7 月 8 日上午，红河州图书馆举办读者座谈会，通过倾听来自第一线的读者心声，改进图书馆的工作，为读者提供更加人性化的服务。红河州图书馆的工作人员现场对读者提出的疑问进行了解答，并向读者详细介绍了图书馆目前的服务项目，使读者对图书馆的了解更进一步地深入。（红河州图书馆　全美媛）

【"普洱市图书馆普洱监狱分馆"正式挂牌成立】 7月12日，由普洱市图书馆、普洱市图书馆学会与普洱监狱共同筹建的"普洱市图书馆普洱监狱分馆"在普洱监狱正式挂牌成立。普洱市图书馆本着用"优秀的文化"教育人，用"先进的文化"武装人的目的，让丰富的文化资源走进高墙，服务特殊群体。（普洱市图书馆学会秘书长　李青倬）

【宾川县图书馆积极开展图书宣传周活动】 宾川县图书馆在"六一国际儿童节"来临之际，深入到金牛一小和金牛二小，开展了主题为"让健康文化走进校园"的图书宣传周活动。此次宣传周活动共发放图书馆简介1000多份，向同学们提供了少儿图书500多册，内容涵盖了文学、历史地理、少儿科普、消防安全等方面的书籍，共计服务师生3000多人次。（宾川县图书馆　袁继竹）

【聂耳图书馆开展"图书馆服务宣传周"系列活动】 为扩大"图书馆服务宣传周"的社会影响，营造积极健康向上的读书氛围，聂耳图书馆于5月24日上午举行了"2010年图书馆服务宣传周"活动启动仪式。聂耳图书馆今年以书法内容活动为主，书法展、书法讲座、书法研讨等悉数登场，为广大书法爱好者献上了一场文化盛宴。六一儿童节之际，利用文化共享工程的设施设备为小朋友们播放了多部少儿影片；举办了猜谜、投飞镖等文体活动，吸引200多名小朋友参加了游园活动。5月31日，聂耳图书馆在文化广场举行了全民阅读联欢晚会，聂耳图书馆艺术团、省第三劳教所、玉溪监狱、玉溪武警支队、国储七七四处等图书馆流通服务点的相关单位为2000多名观众现场表演了丰富多彩文艺节目。本次宣传周共接待读者4990人次，举办读者活动11项，参与活动人数3683人次；借阅书籍1332册次，书刊阅览24 950册次，受到读者的广泛好评。（聂耳图书馆　施秀琼）

【楚雄州举办文化信息共享工程业务培训班】 8月30日至9月4日，楚雄州文化局在楚雄州图书馆举办了全州文化信息资源共享工程业务骨干及文化站干部培训班，州、县市图书馆和部分乡镇综合文化站业务骨干共100多人参加了培训。通过培训，使参训人员对实施文化信息共享工程的重大意义有了更深刻的认识，进一步提高了文化信息共享工程的相关业务操作能力和管理水平。（楚雄州图书馆　赵梓燚）

【楚雄州图书馆举行"爱岗敬业、创先争优"主题演讲比赛】 9月3日，楚雄州图书馆举行"爱岗敬业、创先争优"主题演讲比赛，全馆党员干部围绕"爱岗敬业、创先争优"这一主题，结合自己的工作性质、行业特点、岗位实际、亲身经历和身边的感人事迹，诠释了爱岗敬业、创先争优的深刻内涵。经过激烈角逐，有6名选手脱颖而出，分别获得一、二、三等奖。（楚雄州图书馆　赵梓燚）

【双江县举办"农文网培学校"业务技术培训班】 7月19日—21日，双江县文化共享工程县支中心举办第一期"农文网培学校"业务技术培训班。来自全县6个乡镇"农文网培学校"的校长、教员、特聘教师、文化站技术人员、大学生村官等共25人参加了培训。（临沧市图书馆　李艳梅）

【昆明图书馆向深圳、东莞图书馆取经】 11月，带着建设昆明"图书馆之城"的使命，在昆明市文化广播电视体育局的高度重视和支持下，昆明图书馆全体馆员赴深圳图书馆、东莞图书馆学习考察，取回了加强图书馆建设、提升公共文化服务的先进经验。通过此次考察学习，昆明图书馆馆员被深圳、东莞图书馆大气的建筑设计，人性化的软、硬环境建设，自动化、数字化、网络化的科技办馆理念所深深折服，同时也认识到自身与这些国内先进图书馆的差距，进一步坚定了全力打造昆明"图书馆之城"的信念。（昆明图书馆）

【河口县加大图书馆馆藏资源建设】 2010年，河口县文体局在经费十分困难的情况下，尽各种办法增加县图书馆购书经费，共计采购图书2560册（包括赠送越南老街省图书馆图书100册），总码洋8.61万元，实洋5.68万元，购书经费比去年增加了3万元，报刊征订费比去年增加了0.7万元。同时加大征集力度，一年来征集与县情相关的各种文献、年鉴、统计资料等地方文献34种82册，视听资料16种133张；完成文献数据加工8367条，占外借室藏书量的27%，通过这些举措大力提升了河口县的馆藏资源总量。（河口县民族图书馆　陈冬春）

西藏自治区

【概述】 2010年是“十一五”期间发展的最后一年。在自治区各级党委、政府、文化厅、教育厅和科技厅的领导下，西藏地区图书馆事业呈现出飞速发展的局面，主要表现为大事多、好事多、喜事多，为“十一五”期间西藏地区图书馆事业的发展画上了圆满的句号，也为“十二五”期间的发展奠定了良好的开局。回顾和总结2010年西藏地区图书馆事业的发展，可以归纳成以下几个方面：一是发挥图书馆的职能和作用，开展各种宣传活动，同时加快图书馆数字资源建设，为西藏地区的跨越式发展提供信息化服务。各类图书馆积极开展“世界读书日”和“图书馆服务宣传周”等活动；西藏图书馆加快数字资源建设，增加了少儿图书的收藏；《西藏商报》在拉萨发起了捐书活动，全国各地不断向西藏各类图书馆捐赠图书。二是文化信息资源共享工程建设覆盖了全区。西藏通过申请国家投资、自治区配套及争取援藏帮扶等多种方式，不断加大基层文化基础设施建设力度。截止到2010年底，西藏已实现县县有文化信息资源共享工程县支中心和综合文化活动中心的目标，并在全区149个乡镇建立综合文化站，为满足人民群众的精神文化需求提供了保障。三是“农家书屋”建设取得了丰硕成果。在中央财政和西藏地方财政的大力支持下，截止到2010年底，西藏共建成农家书屋1320个，解决了西藏农牧民“借书难、看书难”的困难。四是各级党委和政府高度重视西藏的古籍普查、保护和收藏工作。召开了全区古籍普查保护工作会议，举办了全区藏文古籍普查培训班，为西藏古籍普查保护工作的全面开展奠定了良好基础。截至2010年，西藏共有36部古籍入选《国家珍贵古籍名录》。五是开通了国家科技图书文献中心拉萨服务站。不仅标志着西藏科技文献资源建设迈入新阶段，同时对提高全区科技信息服务水平，支撑西藏科技创新，促进西藏科技事业发展具有重要意义。（胡京波）

【西藏自治区古籍普查保护工作全面展开】

2010年7月，西藏自治区文化厅召开古籍普查保护工作会议，标志着全区古籍普查保护工作全面展开。此前经过一年多的古籍普查试点工作，这是全区范围内进行的首次大规模古籍普查保护工作。西藏自治区文化厅厅长尼玛次仁在会上讲话，介绍了西藏古籍保护工作的普查范围包括西藏各公共图书馆、文博单位、高等院校图书馆、科研单位图书馆、寺庙以及个人，普查的主要内容包括古籍基本信息、古籍破损信息和古籍保存状况信息等。西藏古籍普查保护总体工作分5个阶段进行，计划在2015年前基本完成。同时，在古籍保护工作中要突出重点，分类指导，全面推进；要加强古籍出版、研究和利用工作，推进珍贵古籍的复制和影印出版工作，积极建立古籍数字资源库和藏文古籍门户网站，为公众提供方便快捷的古籍全文数字化阅览服务，使得更多的市民能够阅读、研究藏文古籍；要切实加大安全保护力度，严厉打击盗窃、走私古籍等违法犯罪活动，要积极改善古籍保护条件，完善安全保护措施。为确保古籍安全，西藏正着手研究和制定《西藏古籍保护条例》。尼玛次仁在讲话中说，文化部等八部门去年联合下发了《关于支持西藏古籍保护工作的通知》，形成了《西藏自治区古籍保护工作方案》，明确了西藏古籍保护工作的目标、主要任务、保障措施等，在国家古籍保护中心成立了藏文古籍保护工作小组，并在中华古籍保护计划经费中设立了西藏自治区古籍保护专项经费，这样的保护支持力度在西藏古籍保护史上尚属首次。截至2010年，全区已有36部古籍入选国家珍贵古籍名录，其中包括明永乐版《大藏经・甘珠尔》、《八思巴之经部》、《格萨尔王克敌制胜记》等。（胡京波）

【西藏举办“全区藏文古籍普查培训班”】

2010年7月，西藏自治区文化厅在召开西藏古籍普查保护工作会议期间，举办了“全区藏文古籍普查培训班”，全区各地（市）、各有关部门和主要古籍收藏单位的60多名工作人员参加了培训。培训期间，国家古籍保护中心主任陈红彦讲授了《古籍普查概论》，介绍了全国古籍工作保护机制的形成和三批名录申报的情况。西藏古籍保护专家为大家讲授了《藏文古籍文献的特点》、《藏文古籍文献普查登记方法》等相关课程，并讲解了《西藏自治区古籍保护工作实施方案》。这次培训内容丰富，信息量大。培训不仅规范了各古籍收藏单位的古籍编目和古籍普查等相关工作，加强了西藏古籍保护队伍建设，也为西藏古籍普查保护工作的全面开展奠定了良好基础。（胡京波）

【西藏建设1320个农家书屋】 2010年7月，西藏召开了农家书屋工程建设工作暨培训会议，今年计划建成1320个农家书屋，以解决西藏农牧民“借书难、看书难”的困难。2009年和2010年两年，中央、西藏地方财政共下达资金2640万元用于农家书屋建设。在2010年建设计划中，有660家的出版物已配备完毕并即将配送，其余的书屋建设计划于年底完成。自治区新闻出版局局长旺堆次仁说，西藏农家书屋建设“以藏文为主，以普及通俗为主，以农牧民为主，以实用效益为主”，最大限度地提供给农牧民“一看就懂、一点就通、一学就会、一用就灵”的优秀出版物，以满足广大群众日益增长的精神文化需求，保障人民群众的文化权益。在书刊配送上加大了对科技类、政策法规类和知识性通俗读物的比例，内容涉及当前的方针政策、国家法律法规、科学技术、文学艺术、医疗保健等方面，包括图书、音像、期刊等500多种、1500多册（盘）。（胡京波）

【西藏县县建有文化信息资源共享工程县支中心】 截止到2010年底，西藏实现在自治区全部73个县建立文化信息资源共享工程县支中心的目标，同时完成752个村基层服务点的建设任务。为了向基层群众提供方便、快捷、数字化的文化信息服务，从2003年起，西藏自治区全面启动了文化信息资源共享工程，各县支中心通过网络形式将各种优秀文化和科技信息传播给广大群众，在丰富基层群众文化生活方面发挥着积极作用。西藏是得到中央财政补助进行特色资源建设的省份之一，目前已完成《西藏藏戏资源专题库》的拍摄、剧本编写及剧本翻译等大量前期工作，《西藏民间舞蹈专题资源库》建设任务也在进行当中。同时，针对目前特色资源少，外来资源需译制的现状，西藏将加大收集、摄录、编辑、译制和传输基层群众最迫切需要的高原农牧业科技知识、各类藏语知识讲座和培训、藏语电影、藏文图书等数字文化资源，以发挥信息资源共建共享的作用。（胡京波）

【西藏图书馆举办“图书馆服务宣传周”活动】 5月29日，西藏图书馆举办了以“充分发挥公益性电子阅览室作用，积极推进学习型社会建设”为主题的2010年“图书馆服务宣传周”活动，欢迎广大群众走进图书馆，利用图书馆丰富的服务内容和服务方式，充实自我，拓宽视野。在活动启动仪式上，西藏图书馆向驻藏某部队、拉萨市特殊教育学校、彩泉福利学校和达孜县塔杰乡赠送了约4000本社科、少儿书籍以及200张教学光盘。仪式结束后，西藏藏医学院的40名学生还到图书馆电子阅览室体验了电子书库。目前，西藏图书馆电子阅览室可利用局域网查询报纸、期刊等，还有2900多本电子书，其中藏文电子书280多册，有在线视频100多部、有声读物320部等，读者只需带上自己的身份证即可免费阅读、观看。电子阅览室自2009年投入使用以来，接待的读者不断增多。（胡京波）

【西藏图书馆加快数字资源建设】 2010年，西藏图书馆加快数字资源建设，逐步完成从传统图书馆向数字图书馆的转型。现在已拥有三大资源数据库：清华同方数据库、万方数据库和超星电子图书数据库。其中，清华同方数据库存储了比较全面的法律、报纸及工具书类的信息；万方数据库主要用于视频，600多G的容量存储了3000多个各种知识讲座的视频；超星电子图书数据库则存储了6000册左右的各类精品图书，其中包括300多册藏文书籍。（胡京波）

【西藏图书馆新购2000册少儿图书】 为了给拉萨少年儿童提供一个更加广阔的阅读天地，西藏图书馆少儿阅览室2010年新购置了2000册少儿图书，并向少年儿童提供阅览服务。通过阅览室工作人员的观察了解，发现许多家长在为孩子选阅图书时特别注意有没有英文，为了满足家长、孩子的这个要求，这次新购置的图书中，增加了双语图书，图书内容是汉、英文对照。该阅览室负责人说，这批新书上架后，丰富了少儿阅览室的图书种类，特别是文学、科普和语言类等书籍。（胡京波）

【西藏图书馆参加《西藏商报》发起的捐书行

动】 11月5日，由《西藏商报》发起为期两周的捐书行动正式结束，共收到市民和单位捐书近3000册。11月5日下午，《西藏商报》将西藏图书馆捐赠的650册图书分别送到拉萨市统建社区和俄杰塘社区，为本次捐书行动画上了圆满句号。西藏图书馆副馆长旦增卓玛介绍，这些书都是从馆内藏书中精心挑选出来的，内容包括政治、文学、法律等，通俗易懂，很适合社区书屋开展服务。（胡京波）

【昌都地区图书馆举办"世界读书日"活动】 4月23日，昌都地区图书馆举办系列读书活动，倡导全民读书，建设阅读社会，让更多市民了解"世界读书日"。活动的主题是：欣赏文化 爱馆护馆 共建和谐文化。当天，昌都地区图书馆在昌都澜沧江天津广场举行宣传活动，发放"世界读书日"宣传材料500余份，为读者现场办理读者卡。在馆区内，精选了一批热门图书和经典文学、休闲生活、科普、法律知识类等内容优秀的新书，免费供读者阅读；开展了"看图书、助玉树"爱心捐赠活动；当天中午1点至下午6点，电子阅览室免费为读者提供服务。（胡京波）

【北京建藏援藏工作者协会向西藏昌都地区捐赠图书】 10月21日下午，为庆祝西藏昌都解放60周年，北京建藏援藏工作者协会在北京西藏书店举行了捐书仪式。自协会倡导向昌都开展捐书活动以来，北京时代华语图书股份有限公司、西藏人民出版社北京西藏书店等图书出版单位积极响应，在短时间内筹措了价值150万元的各类书籍。其中，北京时代华语图书股份有限公司捐赠100万元书籍，北京天利经济文化发展公司捐赠30万元书籍，西藏人民出版社北京西藏书店捐赠20万元书籍。捐赠的图书包含文化、经济、社会、民族、教育等多个方面，为昌都地区人民提供了精神食粮和知识工具。（胡京波）

【拉萨市城关区举行加措社区书屋揭牌仪式】 8月7日上午，西藏自治区新闻出版局、中国农业出版社联合为城关区公德林办事处加措社区居委会举行社区书屋揭牌仪式。同时首批揭牌的社区书屋还有幸福社区书屋和八一社区书屋。西藏自治区副主席、自治区农家书屋工程建设领导小组组长多托出席仪式，并与中国农业出版社党委书记、社长刘增胜共同为加措社区书屋揭牌。自治区新闻出版局、中国农业出版社平均为每个书屋配送图书1100多种、3300多册，价值40 000余码洋，藏汉文图书各占50%。配送图书内容涉及党的方针政策、国家法律法规、政治经济、文化教育、科学技术、文学艺术、医疗保健、青少年读物等领域，将对丰富社区居民精神文化生活，活跃社区文化氛围，提高居民文化素质，保障人民群众的文化权益以及增强社区居民的致富本领起到积极的促进作用。（胡京波）

【国家科技图书文献中心拉萨服务站开通】 7月27日上午，国家科技图书文献中心拉萨服务站在西藏自治区科技信息研究所正式开通。服务站将以免费方式，通过互联网面向全区提供高质量的科技文献信息服务。拉萨服务站开通后，可为社会各界提供中、英、俄等语言的科技期刊、会议文献、学位论文、科技报告、专利等资料，用户可通过该平台免费查阅海量高质量科技文献信息。自治区科技厅党组书记晋美多吉表示，拉萨服务站的开通，不仅标志着西藏科技文献资源建设迈入新阶段，同时对提高了全区科技信息服务水平，对支撑西藏科技创新，促进西藏科技事业发展具有重要意义。国家科技图书文献中心主任袁海波表示，下一步国家科技图书文献中心将充分了解和调研西藏科技文献信息需求，在"十二五"规划框架下制定具有针对性的援藏文献信息服务方案，全力为西藏跨越式发展服务。（胡京波）

陕西省

【概述】 陕西省现有公共图书馆112所（含少儿图书馆3所），省级馆1所，地、市级馆7所，县级馆104所。从业人员共计1988人，比2009年增长了2.2%，其中高级职称64人，中级职称460人。全省图书总藏量1127.1万册，比2009年增长了6.4%，其中图书937.4万册，古籍63.08万册，善本7.4万册，报刊148.4万册，视听文献、缩微制品7.7万册件，其他33.4万册件，本年新购藏量42.48万册。全年总流通人数519.3万人次，书刊文献外借195.5万人次，305.4万册次。公用房屋建筑面积19.9万平方米，其中书库面积4.4万平方米，阅览室面积4.3万平方米。阅览室坐席数共计14 355个，其中少儿阅览室坐席2859个。全省公共图书馆计算机共计3936台，比2009年增长了6.9%，有电子阅览室终端2394个。全年举办各类读者活动讲座631场，10.7万人次；展览238场，20万人次；培训630次，4.89万人次。开展延伸服务方面，流动图书馆（车）借阅共计4.2万人次，6.92万册次；建设分馆77个，借阅7.82万人次，11.9万册次。（陕西省图书馆学会）

【工作进展】 2010年，省图书馆不断加强延伸服务工作的力度，积极开展分馆建设和流动服务，将服务内容从单纯的文献服务进一步扩展到了信息服务与国际交流等方面。进一步加大文化体制改革力度，为适应实行全面开放、免费服务和自助借还的服务状况，重新调整了部门和岗位设置，新增数字资源部、发展研究部、阅读推广部。举行中层岗位的公开竞聘演讲，全面完成岗位设置与聘用工作并通过了省文化厅和省人力资源与社会保障厅的审核。完成了绩效工资分配办法的重新制定工作，进一步完善了内部管理体制。

西安图书馆、铜川印台区图书馆、榆林绥德县子洲图书馆、汉中市汉台区图书馆、安康市宁陕县图书馆等稳步推进图书馆人事管理体制及绩效薪金制度改革，根据图书馆专业特点及人员结构，完成岗位设置工作。

在馆舍建设方面亦有长足发展。11月1日，占地20亩、总建面积12 400平方米的铜川图书馆建成开放；11月30日，咸阳图书馆改造工程正式完工，并隆重举行了“免费开放暨陕西省公共图书馆服务联盟成员馆揭牌仪式”；总建筑面积11 346平方米的延安市图书馆主体工程顺利完工，进入内部装修阶段；12月21日，总筑建面积12 000平方米的神木县图书馆建成开放，成为西北五省（区）建筑面积最大的县级图书馆。（陕西省图书馆学会）

【联盟建设】 2010年，省图书馆从2007年开始推进的全省公共图书馆计算机联合编目和地方文献联合征集工作的基础上逐步扩大工作范围，正式提出了组建陕西公共图书馆服务联盟的构想，拟以省图书馆计算机管理系统为平台，将全省县级以上公共图书馆纳入省图书馆计算机管理系统，实现全省公共图书馆计算机文献书目数据的共建共享、馆际互借、地方文献联合征集、地方特色数据库联合建设、联合参考咨询、数字资源共建共享、讲座展览资源共建共享、联合培训等。经省文化厅批准，陕西公共图书馆服务联盟于11月1日在咸阳举办的“全省市级以上公共图书馆馆长联席会议”上正式宣布成立，并讨论通过了《联盟章程》，初步确定了2011年发展联盟成员馆不少于40家的工作目标，标志着联盟建设在全省正式启动。咸阳市、铜川市、西安市蓝田县、渭南市临渭区、榆林市神木县及省图书馆等6家图书馆作为首批成员馆加入联盟，并已开始使用省图书馆的计算机管理平台进行文献编目和读者服务。（陕西省图书馆学会）

【文献资源建设】 2010年陕西省图书馆共计入藏中外文图书、报刊及视听资料60 627种，148 004册/份/件。其中，中文图书45 956种、126 239册，外文图书4794种、4927册，预订2011年报刊4574种、6066份，整理验收呈缴本、征集文献、捐赠文献4631种，8647册。累计馆藏量已达到3 470 167册（件）。

西安、宝鸡、咸阳、铜川等市级图书馆及铜川王益区少儿图书馆、汉中勉县图书馆、安康市汉滨区少儿图书馆等县（市、区）图书馆亦不同程度采购书刊，做好文献数据库建设。全省公共图书馆馆藏文献总量由上年的1058.75万册（件）增长至本年的1127.10万册（件），净增文献68.39万册（件）。（陕西省图书馆学会）

【古籍保护工作】 陕西省图书馆在全省逐步推进古籍普查登记和修复工作，组织完成了第三批全国珍贵古籍的申报，举办了两期古籍普查培训班，起草了《陕西省珍贵古籍名录评选办法》，整理了《陕西省珍贵古籍名录》及书影，制订了全省古籍保护工作“十二五”规划。全年共完成古籍普查登记3761部，修补书叶17 284页，装订1931册。修复民国期刊124种373册，制作函套8个。省内其他古籍存藏单位根据省古籍保护中心的安排，切实做好古籍普查登记相关工作，全省古籍存藏现状较上年有了一定程度的改观。（陕西省图书馆学会）

【文化共享工程】 在省文化厅的直接领导下，2010年，省图书馆切实加强文化信息资源共享工程建设，做好基层中心发展与运行指导维护工作，加大资源建设力度，列入本年建设计划的6个市支中心、30个县级支中心、375个乡镇39个社区中心和302个社区文化活动室的设备采购任务已相继完成。在基层服务方面，已完成了71个县级支中心的VPN专网接入工作，研发了“基层监控管理平台”，大大提高了管理效率。在资源建设方面，截止到2010年11月，省分中心已整合加工资源约14.8TB，自建数字资源总量已达1.7TB(不含电子期刊容量)。作为服务窗口之一的“陕西文化信息网”，点击量累计达144.4万人次。据统计，2010年点击量为58.6万人次，比2009年增加了48.1万人次。

岐山、三原等县图书馆相继在馆内组织举办了文化共享工程基层管理人员培训班，对乡镇文化站长及基层网点管理员进行了电脑基本操作知识、投影仪的安装播放等系列技能培训；蓝田县图书馆多次组织基层服务点召开文化共享工程专题会议，并对专业技术人员进行培训；泾阳县图书馆举办了为期20天的文化共享工程“消夏影视展播”活动；渭南市临渭区图书馆利用共享工程资源和设备，组织开展了首届“四好少年网页设计”竞赛活动。全省共享工程网点建设更加趋于合理。(陕西省图书馆学会)

【数字化、网络化建设】 2010年，省图书馆继续加强在省情文献全文数据库和陕西特色文献专题数据建设方面的建设力度，完成了《西安事变》和《陕西帝王陵》两个数据库的内容修改和补充工作，组织筹备《陕甘宁边区红色文献》专题数据库的建设，初步完成《陕西地方特色数据库建设》课题的初稿，“穿越陕甘”考察活动和“中韩文化展”的资料准备工作，以及陕西地方文献联合目录的编制工作。省馆网站点击量全年达到698 898次，同比增长62.9%，超过了50万人次的年度目标。

铜川图书馆购买了中国知网中国精品科普期刊、精品文化期刊、精品文艺作品期刊及经济信息文献期刊四个数据库；宝鸡市图书馆购买了中国知网文化期刊和精品文艺两个数据库。共享工程的推进为陕西省数字化、网络化建设奠定了坚实基础。(陕西省图书馆学会)

【未成年人及弱势群体服务】 省图书馆少儿分馆继续做好读者接待服务工作，从2009年12月至2010年11月底接待阅览总人数74 241人次，较上年同期(67 908人次)增加了9.3%；图书外借42 557人次、82 776册次，较上年同期增加了16.7%；完成新书采选14 211册；新办少儿借书证2271个，新开辟了省政府幼儿园和交大附小两个图书流动点，积极开展送书上门服务；深入三原东周儿童村，为那里的孩子送去图书和温暖；先后举办了“暑期少年网页设计免费培训班和少年网页设计大赛”、科普知识校园巡回展览、科技图书展阅、科普报告会、“手牵手——农村青少年阅读”、“我阅读我快乐”小学生朗诵比赛、暑期小小管理员等活动，受到孩子和家长的热烈欢迎。截至11月，共举办各种少儿活动20次，参加者达3052人次。

咸阳图书馆开展了以“保障阅读权利，享受阅读快乐”为主题的全民阅读活动，组织少儿读者开展唱歌、绘画、书法、演讲及古诗朗诵等活动，吸引了百余名少儿读者参赛；三原县图书馆举办“少儿暑期传统教育活动”，邀请离休老干部为少年儿童讲述艰苦岁月的战斗经历，组织观看系列爱国主义教育影片；铜川市少儿图书馆举办了以“我阅读、我快乐、我成长”为主题的第十二届读书夏令营活动；安康市汉滨区少儿图书馆进一步拓展馆外流通网点和分馆，深入乡镇、社区、中小学校以及盲哑学校、儿童福利院等地开展送书上门服务；洛南县图书馆参与该县“辉煌六十年”爱国主义读书教育活动之一的小学生讲故事比赛、中学生演讲比赛，并组织获奖小选手向小读者们进行宣讲，激发其读书热情。

在为弱势群体服务方面，省图书馆先后在曲江社会福利院开展了“看望孤寡老人 赠书读报”活动，在电视塔社区为农民工播放电影、送书和发放宣传资料；咸阳图书馆建立了盲人有声读物阅览室，弥补了为盲人服务的空白；岐山县图书馆在阅览室开辟盲人盲文图书专架，电子阅览室设置盲人有声读物阅览专门座位，创建的盲文图书借阅室于10月正式对外开放；大荔县图书馆免费为60岁以上老人办证；黄陵县轩辕图书馆在创建省级文明县城活动中，建立盲人视听室，购置盲人视听设备4台，对残疾人开展上门办证、送书上门等服务。(陕西省图书馆学会)

【读者活动】 2010年，省图书馆在全年组织开展的各类读者活动中共计接待读者2 182 369人次，同比增长102.3%，外借书刊1 056 665册次，同比增长119.1%，超过了全年借阅150万人次，外借65万册次的年度目标。此外，省馆不断拓展讲座展览业务范围，打造“陕图讲坛”品牌影响。全年举办讲座、展览共计164场，其中“陕图讲坛”策划主办60场，参与读者17 486人次，平均每场297人次，同比分别增长了20%和18%。

西安图书馆全年完成“天禄讲坛”讲座52场（每月四场），并精心策划送讲座到基层活动，陆续到西安市天禄阁小学、陕西省女监、西安市盲聋哑学校、西光中学、远东一中等地成功开讲，听众约3000余人。在“世界读书日”和“图书馆服务宣传周”期间，举办了“旧书交新友，好书共分享”图书交换、捐赠等项活动。

全省各级公共图书馆在节假日、服务宣传周、全民读书月及春节、五一、国庆等节日期间开展各类读者活动。宝鸡市图书馆、咸阳图书馆、商洛市图书馆、蓝田县图书馆、周至县图书馆、岐山县图书馆、兴平市图书馆、宁强图书馆、大荔县图书馆分别开展了文化讲座、图片展览、读者座谈、赠送春联、爱国电影展映、灯谜竞猜、优秀作品展、中小学征文等一系列活动。蓝田县图书馆精心策划了“金虎迎春系列文化活动”、“4·23世界读书日”、“全民读书月”、“图书馆服务宣传周”等十余项读者主题活动；周至县图书馆参加县“科技之春”宣传活动；宝鸡市图书馆组织开展春节义务赠写春联、灯谜有奖竞猜活动、“六一”少儿读者联欢会，讲故事、诗朗诵、才艺表演等活动，并利用“科技之春”月、“4·23”世界读书日、图书馆服务宣传周、世界无烟日、安全生产月等开展阅读推广宣传活动；宁强图书馆在“4·23世界读书日”活动中，在中小学校开展了读书讲座、知识竞赛等活动，在县城中心广场开展送书赠书及互换图书等活动；安康市汉滨区少儿图书馆积极安排部署了“2010年全国少年儿童阅读年”、“唱响儿时的歌谣”中华童谣征集、“手牵手——农村青少年阅读行动”、网页设计大赛培训等活动。

此外，省图书馆于10月组织策划的“寻找失去的文明”催还逾期图书活动，引起了媒体的广泛关注，《华商报》、《都市快报》、陕西电视台等各大媒体分别进行了宣传报道，在社会上引起较大反响。（陕西省图书馆学会）

【教育培训、业务辅导】 2010年，省图书馆围绕陕西公共图书馆服务联盟建设做好教育培训、业务辅导工作，并在铜川、延安、神木、泾阳、华县等市、县图书馆新馆建设及咸阳图书馆改扩建工程建设论证中积极发挥参考咨询作用。

全省各市、区县公共图书馆积极配合当地政府开展乡镇图书馆、农家书屋建设和业务辅导。西安市未央区、岐山县、乾县、彬县、泾阳县、城固县、宁强县等图书馆举办农家书屋管理员培训活动，并深入基层为农家书屋加工整理图书；岐山县图书馆为祝家庄镇小强村、县法院、县检察院图书室加工整理图书3000多册，促使其业务管理步入正规。（陕西省图书馆学会）

【地方文献工作】 2010年，省图书馆初步完成了陕西地方文献联合目录的编制工作，进一步加强了全省地方文献征集网络建设工作，组织召开了全省地方文献征集协作网年会，加强了对征集员的培训指导力度。全年征集图书914种、1360册；新增期刊134种、新刊回溯265册；新增报纸16种；征集复本图书339种、611册；接收呈缴样书2538种、5535册；接收呈缴电子、音像制品199种、348册，目前省馆陕西地方文献总藏量已达14 785种、22 924册。

宝鸡市图书馆征集地方文献180余种、500余册；咸阳图书馆征集文献资料495余种、1200余册，交换文献资料115种、121册；岐山县图书馆、临渭区图书馆各征集地方文献22册、178册。与此同时，省图书馆与市、县图书馆之间的地方文献交换工作得到进一步发展。（陕西省图书馆学会）

【馆际交流与员工培训】 为促进国际间的文化资源交流与沟通，省图书馆于3月与日本奈良县立图书情报馆建立了友好馆合作关系，两馆馆长实现了互访，并进行了多次文献交换；6月，日本前驻华大使阿南惟茂到访省图书馆，双方达成了建立中日文化交流之窗的合作意向；12月，省图书馆与韩国驻西安领事馆合作举办韩陕历史文化交流展。蓝田县图书馆与上海图书馆、长安大学图书馆、西安市科技信息研究所等签订了资源共建共享服务协议，建立了信息传递机制。

另外，省图书馆加大干部培训力度，全年举办全员岗位培训25次、1429人次，共计4614课时，培训次数比上年同期增加了一倍。铜川、咸阳、神木等市、县图书馆结合新馆筹备、免费开放等机会，通过联盟培训、馆际协作、岗位练兵等形式加强对员工的培训，从而使员工的专业素质有了一定提高。（陕西省图书馆学会）

【延伸服务、送书下乡】 2010年，省图书馆不断加强延伸服务工作的力度，积极开展分馆建设和流动服务，全年相继完成了西安监狱、榆林小个子鲜粉科技有限公司、黄河集团、锦园社区等四个分馆的建设任务，新增了东方集团和秦川社区两个流动服务点，流动服务点总数达到17个，全年流动服务车上门服务331车次，阅览读者19 699人次，借书10 124人次，25 816册次。在8月份的残疾人文化活动周期间，流动服务车还前往东方社区102街坊和西电公司西京社区，为基层残疾人开展送书上门服务，引起了《人民日报》等多家媒体的广泛关注和好评。

宝鸡市图书馆积极推行总分馆制模式，全年在分馆（外阅点）延伸服务读者1万余人次，流通图书近2万册次；为21个分馆（外阅点）进行业务培训4次，业务指导60余次；新建立了宝鸡市残疾人培训学校、渭滨区神龙镇科协、宝鸡铁塔厂社区、中行红旗路支行4个外阅服务点。西安图书馆新建了消防支队和蓝田吴庄村分馆。咸阳图书馆新建了彩虹学校、长庆昌源社区、渭城正阳镇等3个图书借阅点。岐山县图书馆、韩城市司马迁图书馆、渭南黄陵县轩辕图书馆、城固县图书馆、勉县图书馆、宁强图书馆等馆配合“三下乡”活动，开展为基层服务点和农家书屋赠送图书、发放信息资料、指导图书分编上架等工作。泾阳县图书馆送去图书1500余册，与看守所联合建立了看守所图书借阅室。安康市汉滨区少儿图书馆在原有2个分馆、10个固定流通点的基础上，今年又新建了“汉滨区人民检察院分馆”。（陕西省图书馆学会）

【领导视察】 6月25日，中共中央政治局委员、中央书记处书记、中宣部部长刘云山同志在省、市领导的陪同下莅临宁强县图书馆，对该县基层文化服务工作及文化信息资源共享工程进行了考察，听取了县乡镇文化共享工程开展情况的汇报，并在电子阅览大厅与读者进行了交流。（陕西省图书馆学会）

甘肃省

【甘肃省公共图书馆2010年概况】 截止2010年底，甘肃省拥有县以上公共图书馆94所（含少儿图书馆2所），其中省级馆1所，地市级馆9所，县区级馆84所（同去年相比，增加了1所金昌市金川区图书馆）。全省14个市州，86个县区，目前还有5个市和2个区未设立图书馆，它们是：武威市、张掖市、酒泉市、定西市、陇南市，兰州市的城关区、天水市的秦州区。全省公共图书馆馆舍总面积16.157万平方米，其中书库面积3.795万平方米，阅览面积4.641万平方米。阅览座位13 352个，其中少儿阅览座位3352个。藏书总量1041.8万册（件），其中图书790.663万册，古籍52.97万册（善本10.265万册），报刊合订本168万册，视听文献、缩微制品20.314万册件；开架书刊443.5万册，约占总藏书量的42.3%。2010年全省公共图书馆新增藏量25.96万册，比2009年增长了20%；当年订购报刊13 278种。全省公共图书馆从业人员1306人，比上一年度增加了3%。其中，省级馆229人，地市级图书馆247人，县级图书馆830人；中级职称以上的专业技术人员357人，占从业人员总数的27.3%。其中高级职称54人，中级职称303人。在信息化装备方面，全省公共图书馆拥有计算机3793台，比上一年度增加了1225台，这主要得益于全国文化信息资源共享工程的县级支中心项目的推进，其中省级馆304台，地级馆396台，县级馆3093台。有68家图书馆建起了电子阅览室，有60余图书馆已经实现或正在进行图书馆业务工作自动化建设。2010年，全省公共图书馆事业经费9592.1万元，比2009年增加了554.6万元，增长了6.1%；其中新增藏量购置费1176.8万元，比2009年增加了13%。全省图书馆在册读者，与2009相比增加了14.4%；全年接待读者468.3万人次，比2009年增加了13%；其中书刊外借220.3万人次，流通书刊345万册次。组织各类讲座887场次，比2009年增加了198场次，增幅近三分之一，参加人数达到13.2万人次，比上一年增加了45%；举办各类展览254场次，比2009年增加了91场次，观众28.87万人次，比上一年增幅 59.5%。讲座、展览作为图书馆吸引读者、服务读者的一种新的服务方式，已经受到读者的肯定与欢迎。举办各类培训班、研讨班 279 期，培训学员 2.4 万人次。（董隽）

【文化信息资源共享工程建设】 甘肃省文化信息资源共享工程作为全国文化信息资源共享工程的重要组成部分，自 2003 年实施以来，截至“十一五”末，全省已建成 1 个省级分中心、14 个市级支中心、86 个县级支中心、644 个乡镇基层点、16 272个村级服务点（其中与农党合作共建 5557 个），各类数字资源总量达到 20TB。已基本建成了资源丰富、技术先进、服务便捷、覆盖城乡的数字文化服务体系，实现了“村村通”的目标。各级文化共享工程支中心、服务点通过送文化进社区、进校园、进军营、进厂矿、进农村等方式，围绕国家大局，结合重大节日和事件，开展了多种形式的文化服务活动。据统计，“十一五”期间，全省文化共享工程累计服务超过 1600 万人次、刻录各类资源光盘 1 万余张、为全省各级支中心、服务点更新资源 500TB。初步满足了基层群众“求知识、求富裕、求健康、求快乐”的普遍需求，缓解了农民群众看书难、看戏难、看电影难的问题。（董隽）

【甘肃省古籍文献保护工作】 省古籍保护中心依托“全国古籍普查平台”，建立了甘肃省古籍数据中心，完成了与国家古籍普查数据库的对接。根据国家中心古籍普查登记工作的著录标准，甘肃省图书馆、兰州大学图书馆、兰州市图书馆、陇西县图书馆、天水市图书馆、临夏市图书馆、泾川县图书馆、会宁县图书馆、瓜州县博物馆、武威市博物馆等古籍收藏单位，逐步开始普查数据的导入和直接利用“普查平台”著录古籍普查数据。截至 12 月底，已上传至省中心古籍数据 7300 余条，省中心正在对数据进行检查、核对后，上传国家中心。

2010 年初，省古籍保护中心召开了“甘肃省古籍保护工作会议”和“甘肃省古籍保护专家委员会工作会议”，提出了开展第一批《甘肃省珍贵古籍名录》和“甘肃省古籍重点保护单位”申报评审工作的意见，并讨论通过了《甘肃省珍贵古籍名录申报评审暂行办法》和《甘肃省古籍重点保护单位申报评定暂行办法》。2 月，省文化厅发出申报通知。4 月，共收到珍贵古籍名录的申报数量总计 3407 部，15 家古籍收藏单位申报省古籍重点保护单位。8 月，甘肃省政府公布第一批《甘肃省珍贵古籍名录》和甘肃省古籍重点保护单位。珍贵古籍名录收录了甘肃境内所藏宋、元、明清时期，包括汉文古籍、民族文字古籍、简牍文献等珍贵古籍 411 部。命名甘肃省图书馆等 10 家古籍收藏单位为甘肃省古籍重点保护单位。

如期完成了第三批《国家珍贵古籍名录》、全国古籍重点保护单位的申报工作，上报国家古籍保护中心汉文古籍 120 部，西夏文古籍 40 部，藏文古籍 40 部，汉文写经 40 部，碑帖拓本 3 部，共计 243 部；有 6 家古籍收藏单位申报“全国古籍重点保护单位”。6 月，国务院公布第三批《国家珍贵古籍名录》和“全国古籍重点保护单位”，甘肃省共有 11 家古籍收藏单位的 57 部古籍入选，天水市图书馆入选全国古籍重点保护单位。我省共有 265 部古籍入选国家珍贵古籍名录，4 家单位入选全国古籍重点保护单位。

省古籍保护中心先后组织全省各古籍收藏单位的 15 名工作人员参加了“第一期全国古籍普查平台审核人员培训班”、“第五期全国古籍鉴定与保护高级研修班”和“第十一期全国古籍修复技术培训班”、“第三期全国碑帖鉴定与保护研修班”等国家古籍保护中心举办的学习班。举办了“全省古籍普查平台培训班”，来自全省基层公共图书馆、高校图书馆、科研单位图书馆、文博系统的 31 家古籍收藏单位的 56 名从业人员参加了培训。

2010 年，甘肃省财政给省古籍保护中心拨付专项工作经费 60 余万元，有效地推动了全省各项古籍保护工作的进程。全年抢救修复清代甘肃地方戏曲秦腔剧本（手抄本）60 余册。

古籍保护中心组织省博物馆、省图书馆、西北师范大学图书馆、西北民族大学图书馆 4 家古籍收藏单位和张绍重个人的 6 部珍贵古籍参加了文化部于 6 月 11 日—7 月 12 日在北京举办的第三批“国家珍贵古籍特展”。为扩大宣传效果，国家图书馆、国家古籍保护中心联合甘肃省图书馆、南京图书馆等 10 家省级图书馆，同期在各地举办“中国古代书籍史”展览，甘肃省古籍保护中心于 6 月—11 月先后在甘肃省图书馆、兰

州大学、甘肃联合大学等多家单位举办了此次展览。(董隽)

【图书馆人才培训】 2010年全年举办各种图书馆专业人才培训班、研讨班、学术报告等共计18期，培训学员1169人次。其中由甘肃省图书馆学会、陕西省图书馆学会和国家科学图书馆兰州分馆联合在兰州举办的“网络环境下图书馆参考咨询及学科化信息服务专题研讨班”是西北五省区图书馆的首次联合培训。甘肃省古籍保护中心、共享工程甘肃省分中心、甘肃省高等学校图书情报工作委员会、国家科学图书馆兰州分馆也多次举办各类型培训班、报告会等。(董隽)

【领导视察】 甘肃省委常委、省委宣传部长励小捷等领导于1月31日视察了天水市秦安县图书馆。8月25日下午，励小捷部长一行赴甘肃省图书馆参观由兰州晚报社、甘肃省图书馆、甘肃省摄影艺术家协会共同举办的“情注甘肃心系舟曲”新闻纪实摄影展，对此次摄影展给予了高度评价，并希望通过不同形式对灾区灾后重建工作给予更多的关怀和帮助。甘肃省文化厅厅长郜明、副厅长王文全，兰州市政协主席左灿湘，白银市政协主席张廷魁、副主席朱元年，酒泉市肃州区政协副主席田英、党兴中、刘培新等领导分别视察了陇南市宕昌县图书馆、白银市图书馆、酒泉肃州区图书馆。(董隽)

【延伸服务,送书下乡】 2010年，甘肃省图书馆继续巩固省、地、县（区）三级图书流通服务模式，新建了“平凉市图书馆图书流通站”和“甘肃省第二干休所图书流通站”，使分馆和流通站总数达到52个。在加强规范管理的同时，着力完善服务，全年配送图书50万册次。2006年5月13日，甘肃省图书馆馆长郭向东一行第一次来到天水市清水县贾湾村，给贾湾小学捐赠了一批教学设备，并把贾湾小学发展为甘肃省图书馆的图书流通站，计划开展长期的文化帮扶活动。4年过去了，2010年4月19日，在4·23“世界读书日”来临之际，郭向东馆长一行再次来到贾湾小学，给孩子们送来了图书1000册和电脑5台。

兰州市图书馆于1月在兰州铁路公安处特警支队举行“流动图书站进警营”活动启动仪式，为广大官兵提供现场办证、借阅书刊以及查询等服务。赠送了2套《兰州历史文化丛书》、100册期刊、200册流动图书。4月在兰州市劳动教养管理所建立图书流动站，赠送了200册期刊、200册流动图书。10月，在甘肃省军区司令部直属单位建立图书流动站，先后在兰州警备纠察连、省军区政治部机关、68508部队、68511部队等4家直属单位的图书流动站挂牌，并将价值2.3万元的流动、捐赠图书全部发放到部队官兵的手中。12月，兰州市图书馆和共青团城关区委联手捐建了10所关爱农民工子女爱心图书流动站，为10所学校授牌并捐赠了500余册图书。

截至2010年底，全省各级公共图书馆累计建立各级分馆139个，借阅人次28.6万人次，流通书刊37.1万册次。(董隽)

【地方文献、特色资源】 2009年8月甘肃省公共图书馆地方文献工作协调委员会成立以来，先后组织全省14地州市级地方委员会的成员馆与省图书馆签订协议，并按委员会的方案、章程、协议开展工作，加强我省各级公共图书馆地方文献的收集、整理和开发利用工作。截至2010年底，《甘肃地方文献联合目录》的数据库建设已收录全省14个地州市50多个图书馆的地方文献书目数据7000多条。

甘肃省图书馆2010年全年收集西北地方文献2084种，3442册。通过各种渠道订购、补配地方出版物547种、1401册。截至2010年底，甘肃省图书馆藏西北地方文献已达34 091种、80 000多册。年内《西北地方文献资源数据库》的书目提要、图片、善本全文数据库继续补充数据、拍摄著录，其中《西北地方文献图片数据库》入选“国家图书馆征集数字资源”合作项目，已上报数据800条。《西部大开发论文数据库》、《沙尘暴研究专题数据库》、《西部文化产业发展资料汇编》、《四库全书研究资源数据库》、《中国标准书目数据库》、《甘肃省情》、《信息综览》等继续进行数据更新，并针对甘肃舟曲泥石流灾害情况增加了灾害重建文献资料数据。甘肃省图书馆承担的共享工程6个资源库建设任务基本完成，《甘肃专家讲座专题资源库》全年拍摄制作完成32部，征集陇剧4部，《兰州往事》74部，并部分上缴共享工程国家中心在网上发布。甘肃省图书馆已建各类数据库20多个，数据总量达841GB。通过甘肃省科技平台访问省馆特色数据库已达2.4万人次。

白银市图书馆已建成《红军会宁会师暨长征途经白银史料专题馆藏》、《白银民间收藏数字馆藏》2个地方文献数据库，正在建设《白银市资源枯竭城市转型专题数据库》、《全国黄河沿岸城市信息数据库》、《丝绸之路沿线省市信息数据库》。（董隽）

【参考咨询和课题服务】 2010年甘肃省图书馆在开发馆藏和利用网络资源深化服务方面继续开拓新局面。年内完成检索课题200多项，提供服务的重点课题有："民国时期西北乡村借贷关系考察研究"、"中国共产党禁烟禁史研究"、"甘宁青地区多元文化发展与和谐民族关系构建研究"、"抗战时期大后方交通与西部经济开发研究"、"冯国瑞作品集"等国家级课题和社科基金项目；"邪教问题预防与惩治对策"、"甘肃省安全形势分析预测"、"甘肃地震灾区居民生活状况调研对策"、"甘肃农村地区已婚育龄妇女避孕知识知情权选择状况"、"西北方言文献研究"、"近代甘宁青地区地震灾害及赈灾研究"、"甘肃省承接国内外产业转移研究"等甘肃省社科规划项目及课题。年内提供中国知网文献下载服务1万余篇，发放电子图书馆馆外阅读卡121张，借阅电子图书8万余册次。（董隽）

【讲座展览】 甘肃省图书馆自5月开始，与甘肃省社会科学联合会共同举办每周六上午的"周末名家讲坛"，已成为甘省图书馆社会服务的一个品牌，甘肃电视台、兰州电视台、《甘肃日报》等多家媒体定期或不定期对周末名家讲坛给予报道和预告。2010年共举办现场讲座40场，视频讲座15场，主题范围包括时事政治、社会热点、法律法规、科技教育、经济金融、文学和艺术鉴赏、传统文化、医疗保健等，形成了系统的讲座体系。现场讲座平均每场观众达190多人次，视频讲座平均每场达到160多人次。甘肃省图书馆2010年举办的各类展览共有28场，其中，在馆内大厅和展览厅的有20场，馆外的有9场。比较有影响的展览有："甘肃风土人情"摄影展、"第四届全省残疾人书画摄影展"、"七彩纽带——畅通重庆摄影作品展"、"情注甘肃——心系舟曲摄影展"、"黄河颂摄影展"、"域外风情摄影展"、"藏族——一个让我感动的民族"翟荣生摄影作品展等，上述展览观众少则3000—4000人次，多则上万人次。

兰州市图书馆"金城大讲堂"、天水市图书馆"陇右大讲堂"的品牌效应也日益显现。兰州市图书馆、陇西县图书馆的展览也越来越受到广大读者的欢迎。不同规模、不同形式的讲座展览活动在全省各市县图书馆也逐步开展起来。2010年，全省公共图书馆累计举办各类讲座887场次，听众达13.2万人次；展览254个，观众28.8万人次。（董隽）

【全省公共图书馆评估计工作总结电视电话会议在兰州召开】 5月7日上午，"全省公共图书馆评估工作总结电视电话会议"在甘肃省政府综合楼会议厅召开，各市、县人民政府视频会议室设立了分会场。此次会议旨在总结甘肃省第四次全国公共图书馆评估工作，交流评估工作经验，并对今后一个时期公共图书馆工作进行安排部署。会议由省文化厅副厅长王兰玲主持，省文化厅厅长邵明发表了重要讲话。各市（州）、县文化局主管领导，各级公共图书馆工作人员参加了会议。会议对甘肃省图书馆、兰州市图书馆、白银市图书馆、金昌市图书馆、甘州区图书馆、天水市图书馆、陇西县图书馆等部分上等级的图书馆进行了授牌，并分析研究了新形势下公共图书馆建设与管理面临的机遇和挑战。此次会议是近年来甘肃省首次召开的总结公共图书馆评估工作的专题会议，表明了评估工作在甘肃省文化建设中的重要性。每四年进行一次的全国公共图书馆评估定级工作由文化部组织开展，是全国公共图书馆系统最权威、级别最高的政府评估定级行为，是对公共图书馆事业的一次全面检阅。在前三次评估工作中，甘肃省上等级的图书馆分别为20个、26个、34个，达标率分别为22.5%、28.6%、37.8%。在第四次评估当中，甘肃省43个图书馆达到等级馆标准，占全省公共图书馆总数的47%，为历届评估达标率最高的一次，其中甘肃省图书馆等5个图书馆达到一级馆标准，天水市图书馆等6个图书馆达到二级馆标准，嘉峪关市图书馆等32个图书馆达到三级馆标准。（祁自顺）

【甘肃省古籍保护工作会议召开】 1月20日上午，甘肃省古籍保护工作会议在兰州召开，甘肃省文化厅厅长邵明、副厅长王兰玲、社文处处长梁世俊等出席会议。来自全省各地的公共图书馆、博物馆、高校及科研单位的50余位古籍保护工作者参加了会议。邵明厅长对全省古籍保护工作提出了前瞻性的指导性意见，对甘肃省古籍保护前阶段工作做了总体回顾，并部署了2010年全省古籍保护工作的重点任务。甘肃省图书馆馆长郭向东围绕古籍保护工作的中心任务，提出2010年甘肃省古籍保护工作计划。与会领导还为入选第二批《国家珍贵古籍名录》的13家古籍收藏单位颁发了证书。

11月11日—12日，再次在兰州召开甘肃省古籍保护工作会议。省文化厅副厅长王兰玲、省图书馆馆长郭向东、省文化厅社文处处长梁世俊、省古籍保护中心负责人易雪梅，以及13个市州文化局的主管领导和38家古籍收藏单位的负责人参加了会议。会议由梁世俊处长主持。王兰玲副厅长作了《齐心协力加快进度推动全省古籍保护工作全面展开》的报告，对"中华古籍保护计划"实施以来甘肃省古籍保护工作的开展情况作了总体回顾。出席会议的领导为第一批"甘肃省古籍重点保护单位"、第一批《甘肃省珍贵古籍名录》收藏单位代表授牌颁证。省图书馆馆长、省古籍保护中心主任郭向东总结和回顾了一年来全省古籍保护工作所取得的阶段性成果；易雪梅就2011年度全省古籍保护工作的中心任务作了详细介绍。与会代表就古籍保护工作中存在的问题和今后的发展思路展开了热烈讨论，11家古籍收藏单位介绍了各自工作的开展情况和工作经验。王兰玲副厅长最后作了总结发言。会议达成共识：甘肃省的古籍保护工作要继续以《国务院办公厅关于进一步加强古籍保护工作的意见》为指导，以《国务院办公厅关于进一步支持甘肃经济社会发展的若干意见》和《文化部关于进一步支持甘肃文化建设的意见》为契机，围绕古籍保护工作的中心任务，进一步加强组织领导，加大宣传力度，切实增强责任感和使命感，努力完成中华古籍保护计划。（祁自顺）

【甘肃省公布第一批《甘肃省珍贵古籍名录》和"甘肃省古籍重点保护单位"名单】 甘肃省古籍收藏的数量和质量在西北地区占有重要位置，自国家古籍保护工程启动以来，甘肃省人民政府办公厅转发甘肃省文化厅《关于进一步加强全省古籍保护工作的意见》，成为全省古籍保护工作的纲领性文件，并出台了全省古籍保护工作实施方案。2010年2月初，甘肃省文化厅发出通知，要求全省各市（州）文化局、有关单位在古籍普查的基础上，申报首批《甘肃省珍贵古籍名录》和"甘肃省重点古籍保护单位"。全省文化、文博、教育等系统的37家古籍收藏单位参加了申报工作，申报古籍名录3407部，申报重点古籍保护单位15家。经甘肃省古籍保护工作专家委员会审定，甘肃省古籍保护工作联席会议审核同意并呈报省人民政府批准，8月19日，甘肃省政府签发《甘肃省人民政府关于公布第一批甘肃省珍贵古籍名录和第一批甘肃省古籍重点保护单位名单的通知》（甘政发［2010］65号），正式批准并公布第一批《甘肃省珍贵古籍名录》（411部）和第一批"甘肃省古籍重点保护单位"名单（10个）。首批公布的古籍名录共411部，包括汉文古籍335部（其中含简牍21部，敦煌写本46部，拓片1部），少数民族文字古籍76部（其中藏文48部，西夏文28部）。命名甘肃省图书馆、兰州大学图书馆、夏河拉卜楞寺藏经楼、天水市图书馆、西北师范大学图书馆、西北民族大学图书馆、甘肃省博物馆、敦煌研究院、甘肃联合大学图书馆、甘肃简牍保护研究中心等10家古籍收藏单位为甘肃省古籍重点保护单位。建立《甘肃省珍贵古籍名录》，命名"甘肃省古籍重点保护单位"，是甘肃省古籍保护工作体系的重要组成部分，是推进甘肃地区古籍保护工作向纵深发展的重要举措，将对全省的古籍保护工作产生积极而深远的影响。（祁自顺）

【甘肃省残疾人阅读服务中心在省图书馆建成开放】 5月14日，在第20个全国助残日来临之际，第四届甘肃省残疾人书画摄影展暨省残疾人阅读服务中心揭牌仪式在省图书馆举行。甘肃省副省长、省政府残工委主任张晓兰、甘肃省政协副主席黄选平出席剪彩揭牌仪式，甘肃省文联党组书记马少青、甘肃省图书馆馆长郭向东先后致辞。甘肃省残疾人阅览服务中心由省图书馆和省残疾人联合会共同创办，现有实用技术、中外名著、生活知识、医疗保健等盲文图书3000余册，音像资料、MP3等有声读物2000余件，配

有电脑、盲文点显器、多功能数码助视器、听书郎等先进的专用技术设备，全年免费向残疾人读者开放。（祁自顺）

【2010年度文化共享工程甘肃省县级支中心技术培训班在兰州举行】 按照《全国文化信息资源共享工程培训工作规划（2008年—2010年）》有关要求，为进一步加大甘肃省文化共享工程培训力度，提升县级支中心工作人员技术水平，有效掌握设备基本操作和维护，更好地服务于广大基层群众，由文化部全国文化信息资源建设管理中心主办、文化共享工程甘肃省分中心承办的2010年度文化共享工程甘肃省县级支中心技术培训班于8月24日至27日在兰州举行。来自全省57个县支中心的100多名业务骨干参加了本次培训班。（祁自顺）

【第十九届中国西部地区市（地、州）公共图书馆协作网2010年年会在兰州召开】 8月24日—26日，由中国西部地区市（地、州）公共图书馆协作网主办，兰州市图书馆、兰州市图书馆学会承办的“第十九届中国西部地区市（地、州）公共图书馆协作网2010年年会”在兰州西北宾馆隆重召开，来自云南、贵州、四川、广西、陕西、青海以及甘肃等西部地区市（地、州）和县（区）公共图书馆工作者100多人汇聚一堂，共同探讨西部地区公共图书馆的合作、创新服务与可持续发展等问题。会议共收到协作网成员馆工作者撰写的论文123篇。经专家初评、复评，共评定获奖论文100篇，其中一等奖5篇，二等奖15篇，三等奖30篇，优秀论文50篇。兰州市（包括县区）图书馆工作者撰写的论文获一等奖1篇，二等奖2篇，三等奖8篇，优秀论文25篇。会议对征文组织工作突出的四川省乐山市图书馆、云南省玉溪市图书馆、兰州市图书馆等6个单位颁发“征文组织奖”，对获奖论文作者进行表彰，部分获奖论文作者进行大会交流；兰州市图书馆对参会的各成员馆赠送了《兰州历史文化丛书》。同时，作为年会的重头戏，会议特邀《图书与情报》副主编王景发作“年会论文点评及论文写作技巧”讲座；邀请图书馆专家程亚男做“服务——图书馆发展的主题”专题学术报告。与会代表还参观了《四库全书》藏书馆、兰州国学馆、秦腔博物馆、非遗陈列馆、黄河风情线等文化场馆。会议期间，云南省玉溪市图书馆、曲靖市图书馆、广西南宁市图书馆、四川省乐山市图书馆、泸州市图书馆、雅安市图书馆、自贡市图书馆、广安市邓小平图书馆、眉山市图书馆9家图书馆现场为甘肃舟曲县图书馆捐款6000元，表达他们对灾区的爱心。（祁自顺）

【第六届兰州读书节圆满落幕】 9月15日，由兰州市委宣传部、市文明办、市文化广播影视新闻出版局主办，市图书馆承办，白银市文化出版局、白银市图书馆、市图书馆学会等共同协办的第六届兰州读书节圆满落下帷幕。在历时3个月近百天的时间里，亮点纷呈的10大主题活动为广大市民奉献了丰盛的文化大餐，全市三县五区及白银市参与活动的读者达到了百万人次，创造了读书节举办历史上规模之最、持续时间之最、参与人数之最。（祁自顺）

【平凉市图书馆建成开馆】 9月7日，平凉市图书馆开馆仪式在柳湖书院隆重举行。平凉市图书馆成立于2009年4月，2009年8月挂牌，11月正式开展筹建工作。在不到一年的时间里，争取、新购图书6.8万册，报刊杂志300多种，配套图书馆自动化集成系统，建成期刊阅览室、过刊阅览室、图书阅览室、借书室、藏书室、学术报告厅5室1厅，实现了集借、阅、藏为一体的筹建目标。市图书馆的建成开馆，结束了平凉没有市级图书馆的历史，将为繁荣发展平凉文化事业，塑造平凉特色文化名市新形象，促进平凉对外开放和两个文明建设起到积极推进作用。（祁自顺）

【省委常委、省委宣传部部长励小捷等领导视察秦安县图书馆】 1月31日，甘肃省（天水市）文化科技卫生“三下乡”集中示范活动在秦安县举行启动仪式。省委常委、省委宣传部部长励小捷参加了启动仪式并宣布“三下乡”活动正式启动。仪式结束后，励小捷部长带领省委宣传部副部长管钰年、省文明办主任武来银、省文化厅厅长邵明等领导在天水市委书记、市人大常委会主任张景辉等的陪同下，深入秦安县图书馆视察指导工作。为了能更全面、细致的了解基层图书馆发展情况，励小捷部长在视察中采用实际察看和对话交流的形式。励部长分别视察了图书综合借阅处、成人阅览室、少儿阅览室、电子阅览室、多媒体室，详细询问图书藏量、借阅情况、管理运行情况、文化信息资源共享工程运行情况以及发展中面临的困难和问题。（祁自顺）

【省文化厅厅长邵明赴宕昌县图书馆检查指导工作】 3月8日下午，在陇南市调研文化工作的省文化厅厅长邵明一行，在陇南市副市长杨秋红及市县相关领导的陪同下来到宕昌县图书馆，重点检查文化共享工程县级支中心建设及运行服务等方面的工作。邵明厅长一行认真询问和查看了设备的安装及运行情况、并跟读者进行了亲切交流。在主控机房，邵厅长还向工作人员仔细询问了机房的软硬件及资源配置情况。（祁自顺）

【华亭县完成83个文化信息资源共享工程村级服务点建设任务】 3月9日下午，在完成设备采购、确定共享工程村级服务点的基础上，华亭县图书馆对全县文化专干、83个村级服务点的管理员进行了业务培训，使他们基本掌握了文化信息资源共享工程村级服务点设备的安装及使用。同时，对全县83个村级服务点进行了设备发放。这次文化信息资源共享工程村级服务点建设工程总投资35万元，覆盖全县6个乡镇1个工业园区。这是继农家书屋工程建设之后，文化基础设施建设的又一次向村级延伸，标志着华亭县农村文化基础设施建设的日趋完善，是农村文化建设向现代化、信息化迈进的有力举措。（祁自顺）

【临泽县文化信息资源共享工程设备实现乡村全覆盖】 2010年，临泽县将“文化信息资源共享工程”作为农村文化传播的主阵地之一，以县图书馆为支中心开展了共享工程项目设备配送进村安装调试工作。为全县71个村添置了VCD、音箱、液晶电脑、大屏幕投影仪等设备，并已全部安装调试完毕，运行良好。共享工程基层网点的建成，实现了文化信息资源共享工程设备乡村全覆盖，促进了图书馆业务工作的扩展和延伸，丰富了农民群众的精神文化生活，为全面推进社会主义新农村建设，有着重要的现实意义。（祁自顺）

青海省

【青海省建设县级数字图书馆启动仪式举行】 2月7日，青海省建设县级数字图书馆启动仪式在民和县图书馆举行，省文化和新闻出版厅副厅长王建平、厅社文处副处长邱杰、省图书馆馆长于立仁、副馆长刘正伟、民和县人民政府副县长莫方霞等领导参加了启动仪式。在仪式上，王建平副厅长宣布青海省建设县级数字图书馆正式启动并点击启动按钮。莫方霞副县长作了讲话。（吕清芳　李盛福）

【“藏传佛教唐卡艺术作品展”巡展】 今年3月以来，青海省图书馆组织的青藏高原优秀地方文化“藏传佛教唐卡艺术作品展”先后在宁夏自治区图书馆、甘肃省图书馆、重庆图书馆、上海图书馆巡展，受到各巡展图书馆广大读者的好评。唐卡是藏族文化中一种独具特色的绘画艺术形式，堪称藏民族的百科全书，展出的60余幅作品反映了西藏的历史、文化艺术和科学技术，寄托着藏族人民对雪域家乡的无限热爱。5月6日—11日在上海图书馆展出期间，正值上海世博会开幕伊始，全国各地的观众共聚申城，这也成为推广民族文化的一个契机。青海省图书馆和上海图书馆近年来在展览资源共享领域有着密切的合作，上海图书馆已有近10场展览赴青海展出；青海省图书馆也将具有本土特色的“湟中农民画展”送到上海图书馆。此次展览得到各巡展图书馆领导和同仁的大力支持与帮助，当地新闻媒体也对展览活动进行了报道。此次巡展活动，加强了馆际之间展览工作的交流与合作，积累了展览工作和推介优秀地方民族文化产品的丰富经验，对各省市了解青海优秀地方文化，宣传青海起到了积极的作用。（王进先　李盛福）

【“迎世博、创文明”——青海省图书馆举办“书香夏都书画作品展”】 为了迎接上海世博会的到来，提升市民素质，推进文明城市创建进程，青海省图书馆于3月16日至23日举办了“迎世博、创文明”——书香夏都书画作品展，展览每天吸引着众多观众前来参观，并受到社会各界的一致好评。此次活动得到了省书法家协会、省美术家协会、省老年大学、《西宁晚报》、西宁市城西区宣传部等单位及团体的大力支持。此次展出的近200余幅作品都体现出了青藏高原独有民族风格和恢弘气势，最值得一提的是在众多作品中，还有不少“小书画家”脱颖而出并得到了书画界专家认可。此次活动丰富了市民的精神文化生活，充分展现了夏都西宁深厚的文化底蕴。（王进先　李盛福）

【青海省图书馆全体职工沉痛哀悼“4·14”玉树大地震遇难同胞】 “4·14”青海玉树大地震发生后，青海省图书馆全体职工和离退休老同志心系灾区人民，通过电视、广播、报纸、网络等媒体途径，及时了解灾区情况，密切关注救灾进展的同时迅速行动起来，积极参加募捐活动，纷纷为灾区捐款，奉献爱心，以实际行动支援灾区。全馆38名在职党员共缴纳“特殊党费”2950元，全馆干部职工及离退休老同志另捐款9270元。4月21日是玉树地震灾区遇难同胞哀悼日，国旗半垂，汽笛长鸣；山河齐哀，举国同悲。上午10时整，馆领导带领在岗职工参加了青海省各族群众沉痛哀悼“4·14”玉树大地震遇难同胞悼念仪式。悼念仪式结束后，馆领导要求全体干部职工化悲痛为力量，积极做好本职工作，以实际行动支援灾区建设。（周锋　李盛福）

【青海图书馆在特校建立“流动图书室”】 5月14日，为迎接第二十个“世界助残日”的到来，积极营造关心关爱特殊群体的和谐氛围，进一步深化读者服务工作，青海省图书馆副馆长张志青一行来到青海省特殊教育学校，为该校建立爱心“图书流动室”，并送去第一批流动图书，今后将定期调拨最新馆藏图书。此“图书流动室”是省图书馆在西宁市建立的第47个流动图书室，满足了这些没有机会走进图书馆的残疾儿童的精神需求，丰富了特校学生的业余文化生活。此项活动受到特校师生的热烈欢迎。青海经济生活频道1+1栏目对此进行了报道。（蒲宁英）

【青海省图书馆为服刑人员举办文化讲座】 为进一步深化图书馆服务工作，5月至6月，青海省图书馆在省建新监狱为服刑人员举办了6场“学习文化知识，重塑美好人生”专题知识讲座，部分监狱干警和200多名服刑人员参加了听讲。此次讲座受邀专家从社会学和心理学角度，向这一特殊听众群体阐述了面对未来生活应如何树立正确的人生观和价值观。通过专家的讲解使服刑人员认识到，认真学习科学文化知识，提高文化水平，对于他们将来劳动就业，尽快适应社会，立足社会有非常大的帮助。省建新监狱领导对讲座给予高度评价，表示今后要实现教育改造工作的社会化，与图书馆加强合作，多开展一些类似的文化传播与交流活动，共同协作搞好对服刑人员的帮教和读书教育活动。（蒲宁英）

【文化共享工程08、09年度全省县支中心专业技术人员培训班】 为保证文化共享工程在青海省的顺利实施，根据青海省文化信息资源共享工程2007—2010年建设规划，文化共享工程青海省分中心于5月20日—26日在西宁举办了文化共享工程08、09年度县支中心专业技术人员培训班。来自41个县支中心的79名专业技术人员参加了培训。此次培训班得到了全国文化信息资源国家中心、青海省文化和新闻出版厅的大力支持，国家中心刘刚处长参加了开班仪式，并就全国文化信息资源在全国的开展情况及发展要求做了重要讲话。青海省文化和新闻出版厅副厅长王建平，就如何做好青海省县支中心工作讲了话。省图书馆馆长于立仁主持了开班仪式。为了办好本期培训班，省文化厅社文处和省图书馆多次协商，精心安排，学习内容充实，授课内容贴近实际工作。国家中心领导和省级分中心领导还专门与全体学员进行了座谈。（葛志强）

【青海省图书馆2010年图书馆服务宣传周活动】 根据《全国知识工程领导小组关于在全国开展2010年度图书馆服务宣传周活动》的通知精神，青海省图书馆于5月24日—30日，精心组织和实施了图书馆服务宣传周活动。本次宣传周围绕“充分发挥公益性电子阅览室作用，积极推进学习型社会建设”的主题，通过举办图书馆知识长廊、创办青少年学习园地、举办少儿书法作品展览等丰富多彩的活动，吸引广大读者走进图书馆、利用图书馆，并为培养他们良好的读书习惯，起到了积极的促进作用。宣传周期间，举办了第九届全省“高考生迎考主题系列讲座报告会”、“国图讲坛”影像讲座、“素质教育论坛讲座”、“青海藏传佛教唐卡艺术”作品展、“七彩纽带”——畅通重庆摄影作品展和少儿书法班学生作品展等。同时邀请省委党校教授薛红焰、虎台中学校长薛伟平、湟川中学一分校副校长薛伟宏、青海师大附中副校长张建国、西安讲师徐静等分别在省图书馆、湟川中学二分校作了“读书的魅力”、“素质教育论坛”讲座，各位专家的精彩讲演受到了广大读者、师生及家长的欢迎和好评。青海电视台、西宁电视台、《西宁晚报》等新闻媒体对此次活动进行了采访报道。（蒲宁英）

【青海省图书馆馆藏善本参加“国家珍贵古籍特展”】 由文化部主办，国家图书馆（国家古籍保护中心）承办的“国家珍贵古籍特展”于6月11日在国家图书馆展览厅举办。展览以“保护古籍，从我做起”为主题，展示入选第一、二批《国家珍贵古籍名录》和推荐进入第三批《国家珍贵古籍名录》的85家单位的300部珍贵典籍，同时配以古籍修复、古纸制作、甲骨传拓、雕版印刷等动态展示，全面展示了古籍保护的成就。此次青海省图书馆选送了《五部遗教》、《莲花生传》两部古籍参加了展览。省馆现收藏古籍约13万册，其中各类善本达600多种，是青海省馆藏古籍最多的收藏单位，馆藏的古籍先后有24部成功入选《国家珍贵古籍名录》。通过参加此次展览活动，为今后更好地做好青海省古籍传承和保护工作起到了积极的促进作用。（王建福）

【张彦博主任深入青海玉树灾区调研】 8月27日，文化部全国文化信息资源建设管理中心主任张彦博一行到青海省级分中心视察共享工程工作开展情况，并赴玉树灾区就如何发挥文化共享工程在灾区重建中的作用进行调研。张彦博主任一行先后到玉树州图书馆原址、玉树赛马场等灾民集中安置点进行实地调查，与青海省文化和新闻出版厅社文处、玉树州文化局、玉树州图书馆、玉树州群艺馆等领导座谈，大家表示要通过文化共享工程服务手段提供灾后重建相关知识与技能，积极主动克服各种困难，创造条件，使文化共享工程在玉树灾后重建中发挥应有的作用。（葛志强）

【江苏省新闻出版局、江苏省印刷行业协会向玉树州文体广电局捐赠物资】 为支持玉树灾后重建工作，江苏省新闻出版局、江苏省印刷行业协会及时伸出援助之手，向玉树州文体广电局捐赠了价值65万元的物资。9月7日上午在青海省图书馆举行的捐赠仪式上，青海省文化和新闻出版厅厅长曹萍对捐赠物资的善举给予了高度评价；接受捐赠的玉树州有关负责人表示，一定会用好这批物资，使其发挥最大的效益，相信在全国兄弟单位和全省文化新闻出版系统干部职工的努力下，玉树一定能够取得灾后文化重建工作的新胜利。（葛志强）

【青海省图书馆馆藏《青海日报》全文数字库建设稳步推进】 根据国家文化共享工程文献资源建设的需要，《青海日报》全文数据库于2010年3月在青海省图书馆信息咨询服务中心开始建设，截至9月份，已扫描完成1950年至1957年4月《青海日报》全文，此项工作仍在继续进行中。（张照云）

【青海代表参加甘肃“西北五省(区)图书馆第十次科学讨论会”】 “西北五省（区）图书馆第十次科学讨论会”于2010年10月12至15日在甘肃兰州召开。本次会议由西北五省（区）图书馆学会、五省（区）图书馆联合主办，甘肃省图书馆学会、甘肃省图书馆和《图书与情报》编辑部共同承办。会议主题是“合作、服务、发展”。来自陕、甘、宁、青、新五省（区）的图书馆界同仁70余人参加会议。由青海省图书馆学会理事长、青海省图书馆馆长于立仁，青海省图书馆学会副理事长、青海省图书馆副馆长张志青，青海省图书馆学会秘书长李盛福为领队的14位代表参加了本次会议。此次会议是西北五省（区）图书馆界研讨学理、交流信息的重要盛会。对于提高西北五省（区）图书馆的服务质量和服务水平，促进西北地区图书馆文献资源共建共享的实施，增进西北地区图书馆间的协调与合作，促进西北地区图书馆事业又好又快的发展都具有重要意义。与会期间，各位代表紧紧围绕会议主题，结合本地区具体情况，探讨了西北地区图书馆当前发展的热点和焦点问题，使各省代表对西北各地区图书馆事业的发展有了一个比较全面而准确的认识，对于审视自身的不足，提高认识，科学发展图书馆事业起到了很好的促进和引领作用。青海省图书馆学会理事长、青海省图书馆馆长于立仁作了题为“合作交流，共谋发展”的专题发言。本次会议共收到论文165篇，（其中青海23篇）、有103篇论文获得一、二、三等奖，青海14篇获奖论文中，一等奖3篇，二等奖4篇，三等奖7篇。（李盛福）

【青海省县级图书馆馆藏文献数字化制作培训班在青海省图书馆举办】 为进一步提高青海省县级图书馆馆藏文献数字化制作能力，帮助全省县级图书馆、文化馆专业技术人员更全面地了解和掌握相关专业基础知识、业务技能和工作方法，10月19日—26日，青海省图书馆对来自全省县级图书馆、文化馆的42名业务人员及省馆、西宁市馆的专业人员在西宁进行了馆藏文献数字化制作业务培训。此次培训班总课时为40小时，主要采取理论授课、实际操作等方式进行。培训班聘请省图书馆副研究馆员职称以上的老师，为学员们分别讲授了《图书馆馆藏文献的组织与管理》、《图书分类》、《机读目录编制》、《全文数据库建设与使用及参考咨询》、《馆藏文献全文数据库制作》、《计算机在图书馆中的应用》、《读者服务工作》、《馆员的职业道德规范》等课程。专家们深入浅出的讲课方法受到了学员们的一致好评，使本次培训达到了预期的目的。（葛志强）

【青海省图书馆培训中心荣获“全国民办教育先进集体”】 11月3日—5日，由教育部教师发展基金会、中国人才研究会教育人才专业委员会等单位共同举办的“全国民办教育表彰大会”在北京举行。来自全国近600所院校的1000余名代表及嘉宾出席了大会。中国教师发展基金会秘书长杨春茂致欢迎词，中国教育报刊社常务副社长、中国人才研究会教育人才专业委员会常务副主任刘堂江作工作报告，教育部政策法规司司长孙霄冰作了贯彻落实《国家中长期教育改革和发展规划纲要》推动民办教育发展方面的学术报告。青海省获得先进集体的14个单位的代表参加了本次大会。会上，青海省图书馆培训中心被评为“全国民办教育先进集体”。（王进先）

【贝宁共和国文化部艺术司副司长法拉蒂女士莅临青海省图书馆参观访问】 12月17日上午，贝宁共和国文化部艺术司副司长法拉蒂女士一行，由省文化和新闻出版厅外事处副处长付国栋等陪同来青海省图书馆参观访问。法拉蒂女士一行先后参观了新书阅览室、电子阅览室、内阅室、二楼文学阅览室等部门，于立仁馆长详细介绍了馆情，宾主双方就图书馆建设进行了友好交流，加深了双方的了解与友谊。（葛志强）

【“彩绘文明城市最美街道油画展”在青海省图书馆举行】 12月21日，由青海省图书馆联合《西宁晚报》、西宁市西关大街街道办事处共同举办的“彩绘文明城市最美街道油画展”，在青海省图书馆二楼展厅拉开帷幕。没有任何绘画基础的市民都可以现场绘画，亲自动手描绘出西宁的最美。为了扩大影响，邀请了西宁儿童福利院的孩子们参加本次彩绘活动，并联合《西宁晚报》向社会广泛征集“爱心妈妈”，给福利院的孩子献出更多爱心，为社会公益事业贡献一份力量。活动自开展以来每天都吸引着众多市民，受到了社会各界的一致好评。通过本次展览活动，充分展示了西宁市乃至青海的大美风光，展现了西宁市近年来发生的翻天覆地变化，激发了广大市民爱家园、爱西宁的热情。（王进先）

【青海省大通县图书馆概况】 大通县图书馆在第四次全国公共图书馆评估定级工作中被评为三级图书馆。截至2010年12月，在编人员18人，具有大专以上学历的13人，占全馆人数的72%；中级职称9人，初级职称5人。阅览席位156个，计算机25台，共享工程服务点1个。每周开放时间49小时，开展外借、阅览、资料查询、电子信息查询等读者服务。馆舍面积1100平方米，其中书库面积457平方米。馆藏总量176 780余册，其中线装图书2754册，多媒体光盘380张，报纸3642册，杂志7492册合订本，古籍图书1842册，万有文库911册，地方资料409册，工具书2204册。

3月10日，大通县图书馆与大通县残联联合建成“华夏爱心书屋”，县残联特捐赠图书646册，在县图书馆成人借书室设立了展柜，方便残疾人读者借阅。4月8日，文化部将69 000册图书、184个书架、46付报架配发给大通县46家“农家书屋”，以使大通县农家书屋步入正轨，更好地为农民读者服务。（许宗瑜　李盛福）

【青海省民和县图书馆概况】 民和县图书馆核定事业编制5人，有本科学历1人，大专学历4人，中级职称3人，初级职称2人。馆藏总量6.8万册(件)。公用房屋建筑面积760平方米，其中书库面积240平方米，阅览室面积240平方米，多功能厅面积85平方米。阅览座位156个，其中少儿阅览室座位数24个。累计发放借书证2302个。年总流通人次12 380人次，外借图书5260册次，年购书经费1万元。计算机43台，电子阅览室终端数38个。

4月23日，民和县图书馆在民和县城北大街举行了“我与图书馆”为主题的世界读书日宣传活动，发放图书馆宣传资料200份，光盘20张，图书200册；同时在电视台的配合下，拍摄了题为《沃土》的专题片，介绍图书馆的基本情况及服务功能，在民和电视台播放，取得了良好的社会效果。5月5日，青海省文化和新闻出版厅副厅长李加曲一行视察了县图书馆，充分肯定了图书馆的工作，同时为民和县图书馆颁发了“三级图书馆”的牌匾。(吕清芳　李盛福)

【青海省贵德县图书馆概况】 贵德县图书馆在第四次全国公共图书评估定级工作中被评为三级图书馆。截至2010年12月，贵德县图书馆从业人员9人，其中中级职称6人。馆藏总量7万册，其中图书67 140册，古籍善本87册，报刊2708册，视听文献（光盘制品）65件。公用房屋建筑面积880m²，其中书库面积175m²，阅览室面积280m²。阅览室坐席102个，其中少儿阅览室坐席42个。累讲发放借书证1010个，年总流通18 400人次，年文献外借17 000册次，年购书经费30 000元，计算机41台，电子阅览室终端28个，总宽带为2M，“共享工程”服务点1个。与武警中队、公安局、社区县园艺场、河西镇等单位共建“流动阅览室”8家。全县科研、工会、企业、医疗、学校、乡镇、社区图书馆事业发展较为平稳，各馆（室）读者活动活跃，馆藏资源建设等方面都形成了一定规模的发展。在中宣部、文化部、国家广电总局、新闻出版开展的全国服务农民服务基层文化建设先进集体表彰活动中，贵德县图书馆被授予“基层文化馆（站）图书馆（共享工程支出中心）先进集体”荣誉称号。(乔继荣　王桂清　李盛福)

【青海省同仁县图书馆概况】 同仁县图书馆始建于1982年11月，2003年10月搬迁至同仁县文化综合楼。使用面积160平方米，设资料室、图书室、电子阅览室（少儿阅览）、文化共享工程办公室。馆藏总量30 830册，其中，中文图书26 330册，藏文图书2000册，报刊2500册。累计发放有效借书证450个。全年共接待读者7019人次，图书流通10 042册次。年购书经费10 000元。计算机41台，总带宽2M。全馆职工8人，其中中级4人，助理1人，管理员1人，临聘人员2人，均为大专以上学历。

4月30日，为推动未成年人的读书热情和阅读水平，同仁县图书馆、同仁县一完小联合举办了“我读书、我快乐、我智慧”的读书活动，共收到参评作文100余篇，评出一等奖2名、二等奖4名、三等奖6名、优秀奖9名。5月21日—5月25日，县图书馆开展了“图书馆服务宣传周”活动，在街道上设立图书馆知识咨询点，向农牧民群众、学生发放图书馆宣传资料2000余份，利用展版介绍图书文化知识和县图书馆的服务模式及能力，得到广大干部群众的一致好评。8月2日—4日，县图书馆深入浪加、铁吾、苏和热村的田间地头，开展对图书馆文化信息资源共享工程电子阅览室的宣传，共发放宣传资料1000余份，接待农民群众2000人次。(陈秀琴　李盛福)

【青海省尖扎县图书馆概况】 尖扎县图书馆始建于1964年5月，新馆落成于2005年4月。从业人员4人，其中中级职称1人，初级职称3人。馆藏总量22 627册（件），其中普通图书20 800册，电子图书900册，古籍483册，报刊14种。公用房屋建设面积490平方米，其中书库面积300平方米，阅览室面积120平方米。阅览室坐席30个，少儿阅览室坐席30个。累计发放借书证750个。年购书经费3000元，计算机40台。(王华勤　李盛福)

【青海省祁连县图书馆概况】 祁连县图书馆成立于1984年，现有工作人员5人，其中初级职称1人。馆藏总量18 236册，其中图书16 508册。公用房屋建筑面积360平方米，其中书库82.8平方米，阅览室164.6平方米。阅览室坐席42个，累计发放借书证336个。年接待读者

4000余人，文献外借4500余册次。年组织读者活动4次，送书下乡活动7次，图书宣传活动12次。建成共享工程县级分中心服务点一个，电子阅览室终端40个。（曹静 李盛福）

宁夏回族自治区

【宁夏图书馆入选第三批宁夏回族自治区“爱国主义教育基地”】 经宁夏回族自治区宣传思想工作领导小组审核批准，宁夏图书馆、宁夏邮政博物馆等21个单位被确定为第三批宁夏回族自治区“爱国主义教育基地”。2010年2月8日下午，在宁夏图书馆南门广场举行了“爱国主义教育基地”授牌仪式。宁夏回族自治区党委常委、宣传部长杨春光出席授牌仪式并讲话；宁夏回族自治区党委常宣传部副部长房全忠宣读了宁夏第三批“爱国主义教育基地”名单；宁夏图书馆馆长丁力代表被授牌单位讲话。杨春光在讲话中指出，全区各级爱国主义教育基地要始终坚持以爱国主义为核心，把弘扬和培育民族精神作为一切工作的出发点和落脚点；要重点突出未成年人群体，不断增强教育基地的吸引力和感染力，真正使爱国主义教育基地成为未成年人的“精神家园”。（张京生）

【宁夏回族自治区“全区图书馆工作会议”召开】 4月9日，宁夏回族自治区“全区图书馆工作会议”在银川市召开。本次会议的主旨是认真学习贯彻全国文化信息资源共享工程督导和公共图书馆评估工作总结会议暨古籍保护工作会议精神，总结近年来特别是“十一五”以来全区图书馆工作，对下一个阶段全区图书馆事业的发展进行研究探讨，为“十二五”全区图书馆事业发展规划打好基础。宁夏文化厅、民政厅、财政厅和宁夏社科联的领导出席了会议。宁夏文化厅党组副书记、副厅长阮教育主持会议。宁夏文化厅副厅长陶雨芳在会议上讲话，对近年来全区公共图书馆及其他各级各类图书馆开展的工作进行了回顾。目前，全区共建成各级各类图书馆40个，其中公共图书馆22个；从业人员500多人，其中具有中级以上职称的100人；总馆舍面积近9万平方米，总藏量近500万册。在全国第四次公共图书馆评估定级中，3个馆被评为国家一级馆，4个馆被评为二级馆，10个馆被评为三级馆，其中宁夏图书馆首次被评为国家一级图书馆，这是一次历史性的突破。今后应进一步做好完善图书馆服务体系和网络布局，加强图书馆基础业务工作，加快数字图书馆建设进度，创新图书馆的文化信息资源服务，推进文化信息资源共享工程建设，增进宁夏古籍保护以及加大图书馆人才队伍建设力度等重点工作。大会向在“全国公共图书馆第四次评估定级”中评为一、二、三级图书馆的单位授牌，表彰了全区图书馆工作先进集体、图书馆公共服务先进集体和公共图书馆工作先进个人。宁夏文化厅党组副书记、副厅长阮教育最后作了总结讲话。来自宁夏各市县文化局、各级公共图书馆、高校、科研系统图书馆的代表参加了本次会议。与会代表还观看了由宁夏图书馆拍摄的专题片《宁夏公共图书馆发展纪实》。（张京生）

【宁夏开展“2010年图书馆服务宣传周”系列活动】 2010年5月23日至29日，宁夏文化厅、宁夏图书馆学会、宁夏图书馆在宁夏全区范围内开展了“2010年图书馆服务宣传周”系列活动。此次活动的主题为“充分发挥公益性电子阅览室作用，积极推进学习型社会建设”，宁夏确定的分主题为“图书馆伴我行”。5月23日下午，在宁夏图书馆学术报告厅举行了启动仪式，宁夏文化厅及宁夏图书馆、宁夏大学图书馆、宁夏社科院图书资料中心、北方民族大学图书馆、银川市图书馆的领导和读者代表参加了启动仪式。随后由宁夏图书馆常务副馆长张欣毅研究馆员作了题为“朔之方—宁夏的多元历史文化（三）”的学术报告。此次活动的主要内容包括“快乐星期天”广场活动、“塞上人文论坛”讲座、青少年综合知识网络竞赛（8—14岁）、“图书馆伴我行”活动（在全区各市县图书馆同时举行，包括收看共享工程资源、登录图书馆网站、推荐新书好书、读者博客等）、“体验数字图书馆”、“夕阳红”老年书画作品展、免费放映电影、上门办理读者借书证、精品图书优惠展销、“英语角”活动、共享工程进社区、“中学生百科知识网络竞赛”等。宁夏各大媒体对这次系列活动进行了全程跟踪报道。（张京生）

【国家古籍保护中心在宁夏举办“古籍普查培训班”】 为了更好地开展“全国古籍普查”工作，确保“全国古籍普查”工作质量，国家古籍保护中心于6月17日至25日，在宁夏图书馆举办了第19期“全国古籍普查培训班”。来自宁夏地区各古籍收藏单位的50余名学员参加了本次培训班。培训班开设了“古籍著录规则”、“碑帖整理与编目”、“古籍分类款目组织规则”等7门课程，来自国家图书馆、各高校图书馆的专家向学员进行了详细的讲解和介绍。经过紧张的学习，学员们顺利地完成了学习。6月25日举行了培训班结业典礼并向学员颁发了结业证书。（张京生）

【宁夏图书馆4项公共服务指标列入政府效能目标考核体系】 2010年，宁夏图书馆有4项公共服务指标被列入政府效能目标考核体系，这4个服务指标分别是：①全年为读者免费办理图书借阅证1万个；②完成“共享工程”特色资源建设500GB；③开通宁夏图书馆数字资源的“远程访问”系统；④开通My library（个人数字图书馆）系统。2010年底，宁夏回族自治区政府办公厅、文化厅联合对宁夏图书馆这4项指标进行了检查考核并验收通过。宁夏图书馆通过馆内办证、走进社区办证等多种方式，方便广大读者办理图书借阅证，全年免费为读者办证达1.1万余个，从而吸引了更多的读者走进图书馆。宁夏图书馆多年来积极开展“全国文化信息资源共享工程”建设工作，不断开发、利用文化信息资源，目前已创建回族伊斯兰教文献库、宁夏人文资源数据库、戏曲专题库等11个特色数据库，资源总量达到557GB。在2010年还开通了数字资源“远程访问”系统及MY library（个人数字图书馆）系统，使得办理了宁夏图书馆借阅证的读者，可以在有互联网条件的任何地点，登录宁夏图书馆网站，检索、利用宁夏图书馆现有的16个数字资源数据库和4个使用数据库的信息资源。（张京生）

新疆维吾尔自治区

【新疆维吾尔自治区图书馆概述】 新疆维吾尔自治区图书馆始建于1930年8月（民国十九年），原名新疆省立图书馆。1949年9月新疆和平解放，新疆图书馆改名为新疆省人民图书馆。1955年10月，新疆维吾尔自治区成立，定名为新疆维吾尔自治区图书馆。从此，新疆维吾尔自治区图书馆步入了新的发展时期。经过多年建设，新疆维吾尔自治区图书馆逐步发展变化，现已成为设施设备齐全、管理制度健全、业务工作规范、馆藏日益丰富、文献资源优化、馆员专业水平较高的综合性省级公共图书馆。目前新疆图书馆有汉、维、哈、蒙、回、柯尔克孜等6个不同民族的工作人员83人，其中少数民族职工占33%；研究馆员1人，副研究馆员9人，中级职称33人。总藏书量已达170余万册（件），逐渐形成了以新疆少数民族文献和新疆地方文献为特色，纸质文献和数字资源并存的藏书体系。

新疆维吾尔自治区图书馆自成立以后，馆舍几经搬迁。先后迁至中山路、南门以及人民广场西南角。1958年10月，在新华南路19号建立新馆。1986年7月开始在乌鲁木齐市北京南路78号破土兴建新馆大楼。新馆建筑面积24 700平方米，占地55亩。设计藏书总量300万册，阅览席位2500个，拥有阅览楼、书库楼、采编及业务办公楼。1999年3月，江泽民同志亲自为新疆维吾尔自治区图书馆题写了馆名。1999年10月，新疆维吾尔自治区图书馆新馆竣工。新馆开馆之际，得到了部分省、市、自治区新闻出版界的大力支持，全国15个省市向新疆图书馆赠送图书达17万册，总价值近400万人民币。新疆维吾尔自治区图书馆新馆在社会各界的大力支持下，于1999年10月23日正式开馆，并举行了盛大的开馆庆典仪式。

2010是新疆维吾尔自治区图书馆建馆80周年。新疆维吾尔自治区图书馆以建馆80周年为契机，围绕馆庆开展了一系列活动，进一步落实文化援疆项目，丰富扩大馆藏图书，拓展读者服务形式，创新服务内容，加强对基层馆的指导，认真做好共享工程建设和古籍保护工作。（历力）

【新疆维吾尔自治区图书馆馆庆活动】 8月20日，自治区图书馆举行建馆80周年庆典活动，文化部、国家图书馆、自治区党委、政府等部门领导同志，来自全国30个省区市图书馆的代表以及自治区古籍保护办公室、自治区高校科研单位图书馆、出版社和读者代表500余人参加馆庆活动。馆庆期间还举办了“新疆历史文献暨古籍保护工作成果展”，自治区图书馆80年历程展，馆藏珍贵地方文献、馆藏珍贵书画展；召开了新疆公共、高校、科研系统图书馆馆长座谈会，地、州图书馆馆长座谈会以及大型读者座谈

会。（赵衍勇）

【新疆维吾尔自治区图书馆协助做好文化援疆工作】 在5月“全国文化文物系统对口支援新疆工作会议”召开期间启动了“县级数字图书馆推广行动”与图书捐赠活动。8月20日，国家数字图书馆新疆分馆正式挂牌，实现了自治区图书馆从传统图书馆向数字图书馆的跨越。2010年完成的文化援疆项目还有：承办全国省级公共图书馆古籍工作座谈会；协办“春雨工程——全国文化志愿者边疆行”浙江志愿团的文化援疆系列活动——大展台、大讲堂；承办全国数字图书馆建设与服务联席会议第十一次会议。（赵衍勇）

【新疆维吾尔自治区图书馆文献资源建设】 2010年自治区图书馆文献购置费增至400万元，通过公开招标，完成报刊2649种，图书7507种、22 667册，电子图书28万册，电子期刊6000余种的采购任务。同时，地方文献征集工作、新疆少数民族古籍文献征集、入藏工作都有了新突破，进一步优化了馆藏结构。（赵衍勇）

【新疆维吾尔自治区图书馆读者服务工作】 2010年自治区图书馆地方文献特藏部、古籍部编制了新书、好书推荐小报，报刊部编制了“两会专题”、“珍惜民族团结 共建和谐新疆”、“新疆雪灾”等报刊剪报，汉文流通部、民文部设立了重点、热点及民族团结图书专架。2010年共开展各类读者活动30余次，包括大型读者座谈会、新春灯谜会、“百姓讲坛”、“新疆历史”系列讲座、“为成长的明天而说”青少年素质教育系列讲座、“未成年人网络安全教育”系列讲座以及“科学与低碳生活”讲座。在做好为到馆读者服务的基础上，积极拓展馆外服务。2010年自治区图书馆在乌鲁木齐市等地州市共建分馆和流通站60余个，分馆和流通站全年接待读者30万人次。（赵衍勇）

【新疆维吾尔自治区图书馆创新服务内容】 2010年完成《东部看新疆专题简报》、《参考与决策》、《新疆文化新闻报道荟萃》等文献的编制以及维、汉版《西域图书馆论坛》的编辑发行工作。首次将信息服务送到自治区、乌鲁木齐市“两会”会场，在“两会”会场设立信息文献服务中心，为与会代表和委员免费办理借阅证1500张，书刊借阅2000人次、参考咨询600人次，发放《决策与参考》800余册，为党政机关、领导决策提供参考。利用国家管理中心下发的资源，配合全民读书月制作发放共享书香资源累计1000余张，在电子阅览室及网站为读者实现展播与点播服务。7月至10月，每周两次在书香文化广场为广大市民播放共享工程优秀影片，累计26场次。（赵衍勇）

【新疆维吾尔自治区图书馆对基层馆的指导和服务】 2010年自治区图书馆举办了为期23天的图书资料专业技术人员继续教育培训工作，全区共有132人参加培训。10月至12月，举办了为期三个月的自治区少数民族图书资料专业科级骨干疆内特培班，全区共有6个民族的29名学员参加培训。协助地、州、市、县支中心开展特色资源培训工作，全年完成共享工程县支中心人员集中培训两期；“县级数字图书馆援疆行动”在哈巴河和喀什市南北疆交叉培训两期，累计31天共培训学员280余人。配合管理中心和文化厅，组织带领全疆40名各地、州、市、县支中心负责人赴杭州萧山参观学习。（陆丽娜）

【新疆维吾尔自治区图书馆共享工程建设】 2010年自治区分中心认真做好《新疆少数民族爱国主义影视资源库》、《新疆非物质文化遗产资源库》两个数据库资源的征集、分类、整合、加工、转码等数字化建设工作。争取国家管理中心的资源建设任务，做好少数民族语言资源译制工作，2010年共获得国家中心委托的200小时维、哈语译制任务，同时做好自建资源的译制和建设工作。配合文化厅加强各级基层点建设工作，实现共享工程基层网点全覆盖。加强与国家数字图书馆的联系和沟通，按时完成“县级数字图书馆”的启动仪式和10个支中心设备与资源的安装调试，完成数字图书馆新疆维吾尔自治区分馆建设工作。（陆丽娜）

【新疆维吾尔自治区图书馆古籍保护工作】 2010年自治区图书馆古籍部参加了第三批《国家珍贵古籍名录》申报工作，对全疆7家古籍收藏单位申报的古籍进行审查、鉴定，汇总上报37部古籍，最终有19部古籍入选《国家珍贵古籍

名录》。协助文化厅社文处制定《新疆古籍普查工作实施方案》。承办“新疆历史文献暨古籍保护成果展”。(陆丽娜)

【乌鲁木齐市图书馆开展“文化讲坛”系列讲座活动】 2010年，乌鲁木齐市图书馆积极邀请各领域专家学者走进文化讲坛，在前期“新疆情”系列讲座的基础上，开辟“创业文化”系列讲座。全年举办现场讲座41期、视频讲座8期，有3000多人次聆听了讲座。(计津)

【乌鲁木齐市图书馆创办“读书沙龙”活动】 为引导市民积极投入到阅读活动中，在阅读中充实精神生活、丰富人生经历，市图书馆创办了“读书沙龙”活动。全年共举办6期活动，分别以“职场沙龙”、“大地上的声音——与您相约新疆著名作家刘亮程”、“国学文化”等为主题，采取互动交流的形式，讲师与读者零距离接触，共同探讨生活、文学等问题。(计津)

【乌鲁木齐市图书馆在两会中提供信息服务】 在市人大十四届三次会议和市政协十一届三次会议召开期间，乌鲁木齐市图书馆组织职工围绕社会热点问题，编辑整理了《信息与参考——2010年乌鲁木齐市“两会”参考资料》，首次将“两会”信息服务台进驻会场，提供专题资料服务和信息咨询服务。另外，在全市开展“机关文化建设”的新形势下，该馆以“机关文化建设”为主题，积极编订《资讯快递》，为市党政机关决策提供信息服务。(计津)

【乌鲁木齐市图书馆举办系列片展】 2010年，乌鲁木齐市图书馆先后举办“腾飞的中国”、“魅力新疆”、“世博进新疆”图片展以及“传承五四精神 热爱伟大祖国 建设美好新疆”大学生民族团结及反分裂教育图片展等。图片展在部队、大中专学校、社区、机关企事业单位、监狱系统及兄弟地州市进行广泛巡展，参观人数累计达10万余人次，取得了良好的社会效果。(计津)

【石河子市图书馆开设分馆】 为把图书馆的借阅服务延伸到馆外，使驻石河子市的部队官兵们在繁忙的训练工作之余，足不出营就能得到丰富的精神食粮的滋养，石河子市图书馆在驻石河子市消防支队一中队设立了借阅点，分期分批向消防官兵提供图书、期刊供其阅读，此举深受消防官兵好评。另外，该馆还在红山街道市民服务中心成立了馆外服务借阅点。(孙红)

【石河子市图书馆为老年读者服务成绩突出】 石河子市图书馆制定了完善的优待老年读者制度，将《制度》张挂于流通部、阅览部显著位置，认真对待老年读者的意见和建议，不断完善优老工作。采编部根据老年读者的借阅需求，及时调整老年读物的入藏比例，充分保障了老年书、刊、报的订购。流通部向持65岁以上老年优待证的读者提供免费及优先借书服务，并对年老体弱、离馆较远的老年读者适当增加借书册数。阅览部向持老年优待证的读者提供免费阅览服务，为老年读者提供开水、纸、笔、老花镜等服务，阅览架标改为清晰的大字体，种种举措深受老年读者称赞。(孙红)

【阿勒泰地区图书馆深入开展业务培训工作】 1月，阿勒泰地区图书馆馆长杨春湘带领相关人员，冒着风雪到福海县图书馆了解文化信息资源共享工程为福海县图书馆配置的新设备及图书馆业务专用软件的投入使用、运转情况，并深入福海乡镇及“农家书屋”进行业务指导。2010年，该馆深入六县一市及基层各地组织业务培训、指导共计24次，为全区国税局系统开设的“国税书屋”专兼职工作人员进行短期培训，使基层图书室顺利通过了上级部门的达标验收。(杨春湘)

【阿勒泰地区图书馆慰问孤寡老人】 6月，阿勒泰地区图书馆向阿勒泰市福利院的孤寡老人送去了精神食粮——捐赠图书200册，价值近3000元。捐赠图书的内容主要包括：保健与医疗、文学和生活小常识等。此次捐赠活动旨在使公共文化惠及弱势群体，保障孤寡老人的阅读权利。该馆将以此活动为契机，长期开展上门送书服务，使福利院的老人们能多读书、读好书，丰富老人的业余文化生活。(杨春湘)

【阿勒泰地区图书馆开展古籍普查工作】 根据自治区文化厅《关于开展全区古籍普查工作的

通知》精神，阿勒泰地区关于申报第三批《国家珍贵古籍名录》的通知要求阿勒泰地区图书馆积极开展全地区古籍普查工作，制订了实施方案，深入各县（市）、乡、镇进行古籍普查，通过普查共发现古籍线索112条。目前，该馆已按要求登记并上报自治区古籍中心。通过古籍普查，掌握了布尔津、吉木乃两个县重点古籍情况的第一手资料。（杨春湘）

【博州设立古籍保护中心】 4月16日，根据自治州古籍普查与保护工作会议精神，博州古籍领导小组和古籍保护中心成立。中心设在博州图书馆，具体业务由博州图书馆专业人员负责实施。（巴特尔）

【博州图书馆开展各种读者服务工作】 2010年，博州图书馆先后为博乐市敬老院的老人送去各类图书200余册，与州老年活动中心联合开办“电教讲座课程”，为他们义务播放讲座7场、影片8部，得到了老年读者的肯定和好评。图书馆在开展读书活动的同时，还扎实开展军民共建活动，7月，图书馆走进州武警边防支队89团边防派出所召开现场座谈会，并赠送新书200册。（巴特尔）

高校图书馆

综述

一、统计数据

根据教育部 2011 年 4 月公布的《2011 年具有普通高等学历教育招生资格的高等学校名单》所显示的数据：我国具有普通高等学历教育招生资格的高等学校 2429 所，其中普通本科高校 820 所，高职 1228 所，独立学院 311 所，分校办学点 70 所。按照每所高校至少一座图书馆计算，我国高校至少有 2429 座图书馆。随着国家高等教育办学模式的多样化，近年来独立学院发展较快。教育部有关领导指出，独立学院将会成为今后一个时期高等教育发展的一个亮点，它是保证我国高等教育今后持续健康发展的一项重大举措，在我国高等教育结构体系中处于非常重要的地位。独立学院图书馆的成立成为新的建设热点。

二、年度特点

1. 温家宝总理与北大学子共度“五四”青年节

2010 年 5 月 4 日上午，中共中央政治局常委、国务院总理温家宝在中共中央政治局委员、国务委员刘延东陪同下来到北京大学，与同学们共同度过了一个难忘的“五四”青年节。

沿着 100 多米长的五四大道，山鹰社、青年天文学会、职业发展研究会、爱心社、学生书画研究会等几十个社团正在举办着“五四”青年节文化季活动，展示他们的学习和社会实践成果。温总理走到学生书画研究会的桌前，哲学系大二女生李丹琳铺开宣纸，蘸墨写下总理一首诗的题目“仰望星空”，赠送给总理。总理沉思片刻，挥毫相和，写下“脚踏实地”四个大字。明媚的春光下，总理和学生互书的八个浓墨大字熠熠生辉，寄托着总理对广大青年学子的殷殷期盼之情。

10 时 30 分许，温家宝走进北京大学图书馆阳光大厅，微笑着对同学们说：“我耽误大家看书了。这是我担任总理以后第三次到北大来。纪念‘五四’运动，首先应该继承‘五四’科学、民主的精神。建设中国特色社会主义、实现现代化必须发扬科学、民主精神。大家不但要懂得这四个字的含义，而且要身体力行，融入到实践当中去。在新时期，发扬北大光荣传统，最为重要的就是要懂得国情，树立起对国家、对人民高度的责任感。”

总理的开场白引起在场学生们的强烈共鸣，图书馆里响起了热烈掌声。温家宝接着说：“来之前，我一直在思索给同学们送几句话，那就是要有远大的理想、高尚的道德、渊博的知识、强健的体魄和完整的人格。这是对同学们的要求，也是对我自己的要求。我是和同学们来谈心的，希望你们说心里话。这也是科学民主精神。”

随后，温家宝总理回答了同学们提出的问题，并来到北大学一食堂与同学们共进午餐。

2. 围绕发展纲要，制定发展规划

中共中央、国务院于 2010 年 7 月 13 日至 14 日在北京召开了全国教育工作会议并在 7 月 29 日正式发布《国家中长期教育改革和发展规划纲要(2010—2020 年)》，为高等教育的发展创造了新机遇，并提出了新要求。围绕发展纲要，各地高校图书馆认真学习《纲要》精神，明确发展方向，探求贯彻落实的切入点，结合各馆具体情况制定“十二五”发展规划，努力促进数字校园和文化校园建设，统筹本校内、本区域内、本行业内的优势，形成行业特色，注重从理念转变、功能重组、组织架构重设、业务流程再造等方面重新规划图书馆的可持续性发展，提高服务能力和创新能力，推进教育国际化。

3. CALIS 三期、CADAL 二期项目进展

1)CALIS 三期、CADAL 二期项目启动

“211 工程”三期公共服务体系建设项目“高等教育文献保障体系”于 2010 年 4 月正式启动建设。

“高等教育文献保障体系”三期建设项目包含“中国高等教育文献保障系统(China Academic

Library & Information System，简称 CALIS)”三期和“大学数字图书馆国际合作计划(China Academic Digital Associative Library，简称 CADAL)”二期两个专题。

CALIS 三期国家总投资共 2.1 亿，其主要任务是：整合国内外各类信息服务机构、教学科研机构、各类信息网站丰富的信息资源(包括纸本资源和数字化资源，也包括 CADAL 建设的资源)和应用服务，并以中心集成系统与云计算平台等技术手段全面支持各高校数字图书馆的主要业务流程，建成功能完善、资源丰富、技术先进的分布式高等教育数字图书馆。CALIS 三期将在“九五”、“十五”已建成的服务与技术体系的基础上，大力加强基础设施建设，充分利用先进的服务理念和技术，全面挖掘、整合国内各级文献服务机构、商业服务机构和高校成员馆的可利用资源与服务能力，有重点地整合国际上著名的文献服务机构和商业机构的资源与服务，进而构建支撑“211 工程”院校高水平教学科研的知识服务环境，持续打造国内服务能力最强、可获取文献最全、面向各级高等院校教学科研的具有世界先进水平的分布式中国高等教育数字图书馆。

CADAL 二期国家总投资共 1.5 亿，其主要任务是：通过对多种媒体类型的学术资源进行数字化整合，构建拥有多学科、多类型、多语种海量数字资源的，具有高技术水平的学术资源中心，与 CALIS 共同构成高等学校数字图书馆，成为国家创新体系信息基础设施的重要组成部分。CADAL 二期将在“十五”建设成果的基础上，制定和完善从资源采集、组织、管理、安全、永久保存到服务利用等一系列数字图书馆标准规范；进一步扩大数字资源建设的范围和数量，完成 150 万册(件)文献资源的数字化制作，使项目的全文数字资源总量达到 250 万册(件)。同时通过与公益性数字图书馆的联合共建，以及整合商业数据资源，实现可检索资源总量近亿条(篇)，继续保持国内外公益性数字图书馆规模的领先地位；深化技术支撑环境建设，为我国数字图书馆建设提供有力的技术保障，使其整体水平居于国际领先地位；强化数字资源服务体系建设，根据《著作权法》和《信息网络传播权管理条例》的规定，分层次对项目参建单位、全国高等学校和社会公众提供数字资源服务，充分发挥项目的社会效益；加强数字图书馆领域的对外合作与交流，在全球范围开展包括资源、技术、人才、服务等多方面交流与合作，提高我国数字图书馆在国际上的影响力，促进我国数字图书馆建设的全面提升和有效共享。促使我国在大规模数字图书馆建设和信息服务领域向世界先进水平迈进。

CALIS 三期建设项目和 CADAL 二期建设项目预计于 2011 年年底前完成。

2)CALIS 三期管理委员会成立

“211 工程”三期公共服务体系建设项目“高等教育文献保障体系”已正式启动建设。为加强对项目的管理和协调，确保项目顺利实施，教育部于 5 月 7 日成立了“高等教育文献保障体系”三期建设项目管理委员会。委员会由项目主要参建学校的主管副校长、图书馆专家和项目管理中心负责人组成，高等教育司张大良司长任主任。委员会的任务是：实施对项目建设的管理，协调和决策项目建设中的有关重大事宜，监督检查项目的执行情况。2010 年 5 月 18 日至 19 日，“高等教育文献保障体系”三期建设项目管理委员会成立会议暨第一次工作会议在武汉弘毅大酒店举行，出席会议的有管理委员会全体委员，CALIS、CADAL 项目管理中心负责人，清华大学、南京大学、上海交通大学、武汉大学图书馆馆长以及来自全国 26 个 CALIS 省级文献中心所在省市教育行政管理部门的领导、中心所在院校的主管校领导和图书馆负责人等。

会议讨论了《CALIS 三期建设项目管理办法(草案)》、《CALIS 三期项目“省级文献信息服务中心”建设指南》、《CALIS 服务体系运行管理办法(讨论稿)》等相关文件，交流了 CALIS 省级文献中心建设的经验和体会，探讨了“高等教育文献保障体系”三期建设项目的实施方略。期望在二期已经取得阶段成果的基础上，提升各省中心对 CALIS 项目的总体认识与把握，明确省中心在三期项目建设中的重要地位、职责和作用。同时，通过汇报部分省中心建设进程与成果，交流经验，加强各省(市、自治区)教育厅对 CALIS 省级文献保障系统的领导，保证各中心顺利完成 CALIS 三期建设任务。

3)CALIS 三期的服务框架

CALIS 三期推出 CALIS SaaS(Software as a Service)服务框架。CALIS SaaS 服务框架由 CALIS 管理中心、共享域中心和图书馆三个层面组成，将推行共享域模式和云计算模型，面向读者和成员馆，提供 Open API，提供本地版和共享版服务平台以及数据整合的 Gadget 共享平台。

共享域模式，即按地域、按学校类别、按共享内容、协作服务内容或自定义组成共享域，其中心由 CALIS 省级中心或共享联盟中心承担。2010 年 11 月 18 日，全国外语院校图书馆联盟资源建设会议暨 CALIS 共享域服务中心揭版仪式在外研社九层会议室举行。这是 CALIS 三期首次推出的以学校类别建设为特色的共享域。CALIS 管理中心副主任朱强强调，联盟作为一个行业性图书馆加入 CALIS 国家项目，是一个前所未有的创举，他同时指出图书馆间加强合作既有必要，也有条件，CALIS 从机制上、技术上对联盟提供必要的帮助，服务的需求是技术发展的原动力，技术的发展为服务的发展而应用，从技术趋动转变为服务趋动。联盟的成立将大大推动性质相同的高校进行资源共建共享，促进协同服务，提高整体水平。

4）成立“中国高校图书馆数字资源采购联盟”

从 1997 年至今，CALIS 项目组共组织了近 450 场海外资源引进活动，使各大高校教学科研人员在第一时间准确地了解到国际前沿动态，跟踪和把握国际科研发展趋势，不断提升教学科研水平。但由于只有获得中国有关部门批准的图书进出口商才能协助组织国际采购数据库的谈判和签约等相关工作，2010 年 5 月，CALIS 将退出引进海外文献资源的使命。“CALIS 将不再承担引进资源集团采购的组织工作，取而代之的是成立中国高校图书馆数字资源采购联盟，今后将以集团的名义采购海外数字资源。”11 日上午，CALIS 管理中心副主任、北京大学图书馆馆长朱强在中山大学召开的研讨会上正式宣布了该消息。中国高校图书馆数字资源采购联盟将引入代理商服务机制，由代理商和图书馆共同进行谈判等工作；行使数字资源采购在国际交易上的话语权，在国际谈判上更主动地表达自己的立场，确保高校各大图书馆以最优的价格引进海外数字学术资源。CALIS 将继续承担引进资源的评估、信息发布、数据存档备份以及引进资源培训等工作，积极协助联盟更好地完成引进资源集团采购工作。

4. 标准规范的建立

1）数字图书馆服务政策指南和资源建设指南发布

2010 年 5 月 27 日，“全国数字图书馆建设与服务联席会议”第 10 次会议在上海召开。会上审议通过并发布了《数字图书馆服务政策指南》和《数字图书馆资源建设指南》。《数字图书馆服务政策指南》由 CALIS 管理中心起草，主要从服务对象、服务方式、服务策略、服务内容、服务承诺、服务监督与评估等方面对数字图书馆的服务提出了指导性的意见，首次明确了数字图书馆服务的概念，即，“数字图书馆服务是指一个物理的图书馆所提供的数字化的文献信息资源服务，或指无所不在的网络化的虚拟图书馆服务”，提出了数字图书馆服务政策应遵循“在充分考虑数字图书馆的特点、了解服务对象需求、借鉴国内外先进经验的基础上制定，保证高质量的服务和积极的服务效果”的原则，为数字图书馆更好地开展服务提供依据。

《数字图书馆资源建设指南》由国家图书馆负责起草，从建设原则、建设方式、建设工作内容、建设策略、建设经费、建设管理等七个方面对数字图书馆资源建设工作进行重点阐述。它明确了数字图书馆资源“指图书馆以数字形式发布、存取和利用的信息资源的总称”，“数字图书馆资源建设是指对信息资源进行选择、采集、组织和管理，使之形成可利用的数字资源体系的过程”，规范了数字图书馆建设应遵循的原则，既为单个图书馆开展数字图书馆资源建设提供了切实可行的指导性建议，也为图书馆界建设跨地域、跨系统的数字图书馆资源保障体系提供了有益参考。此指南由文化部牵头，组织 8 家我国最主要的数字图书馆建设单位：国家图书馆、文化部文化信息资源管理中心、上海图书馆、中国科学院国家科学图书馆、CALIS 管理中心（北大）、CADAL（浙大）、中央党校图书馆、国防大学图书馆共同审议并通过，是由文化部社会文化司批准公布的第一批政策性文件。

此外，《数字图书馆安全管理指南》和《数字图书馆知识产权保护政策指南》也在 2010 中国图书馆年会期间正式发布。

2）资源描述与检索（RDA）规则发布

计算机技术和网络技术的发展，给图书馆工作带来了深刻变化，对传统的编目理论和编目规则形成巨大挑战。为了适应新的编目环境的需要，英美编目规则 AACR2 从 2004 年起进行了全面的修订，并于次年更名为资源描述与检索 RDA（Resource Description and Access）规则。经过数年的努力，RDA 网络版终于在 2010 年 6 月发布。RDA 基于英美编目规则，遵循国际编目原则声明，以 FRBR、FRAD 为理论基础，体现了国际编目界的最新进展，目的是成为世界性的资源描述与检索的内容标准。

RDA 包括导言和 10 个部分的指南和使用说明，按照 FRBR、FRAD 模型定义的实体、属性和关系来组织，还有几个附录和术语表。每个部分的各章集中支持特定用户任务——查找、识别、选择、获取的元素。导言简单介绍 RDA 的目的和范围、主要特点以及和其他资源著录与检索标准的关系。第一部分记录载体表现与单件的属性；第二部分记录作品与内容表达的属性；第三部分记录个人、家族与团体的属性；第四部分记录概念、实物、事件、地点的属性；第五部分记录基本关系；第六部分记录与资源相关的个人、家族和团体的关系；第七部分记录主题关系；第八部分记录作品、内容表达、载体表现与单件之间的关系；第九部分记录个人、家族与团体之间的关系；第十部分记录概念、实物、事件、地点之间的关系。

RDA 是 FRBR 化的编目标准，是一种为数字环境设计的资源描述与检索新标准，在设计上利用了新的数据库技术在数据获取、存储、检索和显示方面的有效性和灵活性，适用于网络的编目标准。它的使用范围广，减少以往数据的调整。兼容性更强，与业内其他标准兼容，与相关行业的标准兼容。

3)《信息与文献 术语》国家标准正式出版

2010 年 2 月，国家标准《信息与文献术语》(GB/T 4894—2009)正式出版。该标准于 2009 年 9 月 30 日发布，2010 年 2 月 1 日实施，代替国家标准《情报与文献工作词汇传统文献》(GB/T 13143—1991)和《情报与文献工作词汇基本术语》(GB/T 4894—1985)。

国家标准《信息与文献术语》是以国际标准《信息与文献—术语》(ISO5127:2001)为基础，新增和删减部分词汇而成。其中，新增的词汇包括：在“4.1 基本和框架术语”部分新增了“字符串”、“校验符”、“文件名”、“虚拟访问”、“信息资源”、“连续性资源”、“集成性资源”、“电子资源”、“万维网”等词汇；在“4.2 文献、数据和媒介及其他”部分新增了“电子图书”、“地图文献”、“数字文献”、“作品”、“DVD”等词汇；在“4.3 文献机构及其馆藏”部分新增了“馆藏记录”、“馆藏说明”、“电子馆藏”等词汇；在“4.4 文献工作过程”部分新增了“书目条目”、“书目资源”、“著录款目”、“元数据”、“分类组织”、“互操作”、“DOI”等词汇；在“4.5 信息与文献的使用”部分新增了“下载”、“目标服务对象”、“访问权”、“用户培训”等词汇；在“4.6 文献的保存”部分新增了“宣纸”、“甲骨”、“竹简”等词汇。删减的词汇包括：在“4.6 文献的保存”部分删减了“油墨”、“染料”、“溶剂”、“溶液”、“胶水”、“浆糊”、“明矾”、“纤维素酯”、“装订后期工序”、“真菌”、“劣质纸”、“最后细加工”等词汇；在“4.7 信息与文献的法律方面问题”部分删减了“专利的重新发布”、“专利复审”、“联合优先权”、“第三方”等词汇。为了便于使用，该标准增加了中文索引和英文索引。该标准的制定将规范中国图书馆界专业术语的使用，并对相应的国际标准修订工作提出来自中国的建议。

三、前瞻与问题、研究与实践

1. 研究课题蔚然成风

《普通高等学校图书馆规程(2002 版)》中明确指出：“高等学校图书馆是学校的文献信息中心，是为教学和科学研究服务的学术性机构，是学校信息化和社会信息化的重要基地。高等学校图书馆的工作是学校教学和科学研究工作的重要组成部分。高等学校图书馆的建设和发展应与学校的建设和发展相适应，其水平是学校总体水平的重要标志。”伴随各高校迈向世界知名、国内一流、高水平研究型大学的目标，研究型的图书馆悄然兴起。近年来，国家社会科学基金和教育部人文社科基金项目在“图书馆、情报和文献学”学科方面加大了立项的力度，不仅数量上有所增长，资金投入力度上也大大提高，项目的层次也有较大提升。如国家社会科学基金：2008 年 47 项；2009 年 66 项(其中重点项目 1 项)；2010 年 83 项(其中重点项目 6 项)。教育部人文社科基金项目：2008 年 29 项；2009 年 60 项；2010 年 90 项。与此同时，各省、市图工委、各区域间、各合作团体等各级各类的研究课题也蔚然成风，以学术研究带动服务的局面正在形成，许多高校实现了零的突破，一批研究型的图书馆青年人才脱颖而出。

2. 手持阅读器和移动图书馆的发展

2010 年 1 月 28 日凌晨 2 点，苹果公司正式发布了平板电脑 iPad。iPad 的发布和热销，是高科技的一次划时代的革命。紧接着，市场上又推出两种阅读设备：亚马逊的Kindle和索尼的Sony Reader。2010年8月25日，Amazon公司推出最新Kindle无线阅读设备，推广质地更轻、阅读更快、售价更低、对比度更高、无线接入的营销理念。新设备正改变美国人的阅读习惯，人们随时随地可以阅读。移动设备的普及已经让美国民众回归阅读。随着无线阅读设备的使用，图书馆也加快了拓展移动图书馆服务的步伐，图书馆重新找回读者的信心更加强烈。

国内，3G网络的应用和智能手机的普及，具有联网功能的手机、平板电脑、电子阅读器等移动终端越来越多地成为人们获取电子信息的常用设备，大有代替桌上电脑之势，以往高校图书馆的资源呈现方式已经越来越不能满足现代人们快节奏、高效率的信息需要，图书馆如何面向小屏幕终端提供数字资源移动服务已经迫在眉睫。移动技术正迎合了读者的需求，“移动服务”是图书馆把握未来“三网合一”趋势，方便读者通过移动终端享受图书馆服务、获取图书馆资源、了解图书馆动态信息而推出的新服务。2010年10月，北京书生公司表现出对业界需求的敏感、关注和技术创新能力，首推移动图书馆技术，这是全球首个实现了基于各类手持终端设备对各类数据库资源，进行统一检索和全文访问阅读的真正意义上的移动图书馆机构。北京大学图书馆对系统进行了测试，并提出了功能优化、技术升级各方面的需求与建议，经过双方的共同努力，移动图书馆的发展已经步入了一个崭新的阶段。

移动图书馆与现有数字图书馆有很多不同，它超越传统图书馆时间、地域和空间的限制，只要网络通畅就可以使用。从资源的传送者来说，可以按照读者的需求，主动推送信息；从使用者的角度，随时可以预约借书，进行统一检索和查看全文，还可以订阅各类信息模块。而且移动图书馆读者的统计跟以往有了很大不同。以前在PC上进行人次、用户、PV的统计，只是笼统记录了某个数据库被点击的次数，但具体的访问者是谁，对这些用户的具体行为等等我们都不得而知。而移动设备直接是按照个人实名进行统计的，也就是每一个到底都看了什么，访问了什么，浏览了什么，包括从阅读、到浏览都是精确到每一个真实的用户，这个分析都是完全以个人为单位，由此可以使图书馆从业人员更深入地分析读者行为，提供更加切合需求的精准化的服务带来了巨大的方便。随着无线移动技术的进一步发展，将会出现更加方便快捷、更加经济实惠的移动设备等待着我们，做到对图书文献资源随时随地自由检索和全文阅读，使固定的图书馆，“移动”起来。

2010年5月27日，美国大学与研究型图书馆协会（Association of College and Research Libraries）在其发表的报告《2010大学图书馆十大发展趋势》（2010 top ten trends in academic libraries）中指出，移动设备以及应用技术的爆炸性发展推动图书馆拓展新的服务模式。

3. 以服务为主的未来图书馆系统

美国霍普金斯大学系统部张甲教授，其在上海图书馆的一次讲座中介绍了美国正在致力于开放图书馆环境项目（OLE）的研究，项目主要设计一个以服务为主的下一代图书馆系统，形成一个有兴趣帮助建立开源图书馆系统的社区。对于未来图书馆系统的组成部分，他总结为以下9点：①统一资源的管理：不以馆藏为中心的资源管理，包括印刷品，订购的电子期刊、电子图书，以及未订购的外部资源。②以服务为主的图书馆系统设计：不以馆员工作流程为中心的系统设计。在别人的平台上、用别人的软件、使用外部的资源、提供图书馆读者的服务（云计算）。③利用学校资金管理系统来实现图书馆采购功能。④多元化的元数据控制：非MARC为中心的。根据不同类型内容，采用不同的元数据标准。⑤全球性的书目数据制作共享：一书只需制作一次记录。广泛使用标示符号（ISBN、ISSN、OCLC控制号、DOI等），链接馆藏信息。⑥物业性的流通管理：实时流通状态及可选择的馆藏显示、图书快递系统。⑦地区性的藏书仓储建设：印刷型图书的仓储。⑧可分散独立使用的系统功能：在读者需要的时间和场所提供图书馆服务。可分别嵌入用户应用系统（API），与教学软件（courseware）、科研软件（e-scholarship）、读者的社会网络集成。⑨身份认证管理：本地或到访单位的使用控制。

4. 图书馆业务外包

业务外包是图书馆近几年发展起来的一种新的经营策略。即把图书馆内部业务中一些机械性、重复性的非核心业务承包给外部专门机构。业务外包促使图书馆重新定位，重新设计业务流程，重新配置各种资源，重新塑造和发挥图书馆独特的、难以被模仿或替代的核心业务，获得可持续发展的能力。

图书馆业务外包既包括图书馆传统的业务岗位：采访、编目、书库管理、流通管理、咨询服务等，也包括图书馆技术服务岗位，如图书馆设备管理、系统管理、网络管理、数据管理等，同时还包括在数字图书馆建设过程中需要拓展的业务岗位，如信息服务、会展服务、网络阅览服务、数字化建设、文献复制服务等，以及图书馆相关和配套服务岗位，如物业服务、安保服务、餐饮服务、文化用品售卖服务等。图书馆业务外包使图书馆员从繁琐的事务性工作中解脱出来，有更多的时间和精力投入到图书馆的核心工作中去，提高图书馆的服务水平和服务质量。业务外包后，图书馆员队伍显得更加精简，图书馆的社会地位大大提升。未来，图书馆业务外包将有如下趋势：①内容层次将得到提升，在简单劳动被服务外包的基础上，以核心业务与管理为主的外包将逐年增长；②需求日趋理性，中小馆以其庞大的数量和快速的发展，成为服务外包用户中的中坚力量。经过早期的实践，在采购服务外包时将越来越注重标准化和投资回报比，并将其作为考虑的重要指标之一；③标准与个性化结合，图书馆对外包的需求将在保留本身个性化的基础之上，日趋标准化，对于能够实现服务较标准、成本较低廉且便于长期发展的服务将提出更多的要求和更高的标准；④一站式服务实现，由于服务需求的特点，单个企业提供的专项服务将无法满足多元化需求，服务的需求已经从单一产品向整体解决方案过渡，市场将出现越来越多的一站式服务外包提供商。

5. 社会网络的应用

近年来，互联网社交化趋势日益明显，社交网站蓬勃发展。所谓的社会网络，就是一种基于熟人关系、以兴趣爱好吸引用户的社会性网络服务(SNS)网站，其核心就是社会网络理论与技术。据美国皮尤互联网和美国生活项目(Pew Internet and American Life Project)研究结果表明，“新技术扩大了人的社交圈子范围，而不会使人更加孤独”。在美国，有79%的成年互联网用户，其中约有47%至少使用一个社交网站的服务，有92%受访者是Facebook用户，29%是MySpace用户，还有18%使用Linkedin，13%使用Twitter。其中，Facebook和Twitter的用户粘性最高，有52%用户每天都登陆Facebook，33%用户每天都访问Twitter。该项目对中美两国使用互联网情况进行了比较，称中国互联网普及还落后美国15年。在我国，据《2010年中国网民社交网站应用研究报告》调查结果显示，截至2010年12月，我国社交网站的用户规模达2.35亿人，活跃用户约为1.5亿人，年增用户人数5918万人，年增长率高达33.7%。这些事实与数据足以说明基于社会网络的社交网站已经成为人们生活中不可或缺的一部分。

与此同时，数字图书馆却在搜索引擎、社交网站等“大众性”Web应用的竞争下面临着用户不断流失的困境。OCLC的一项研究结果表明，只有1%的用户是从图书馆开始他们的信息获取历程。图书馆迫切需要借鉴Facebook、Twitter、MySpace、人人网、新浪微博等社交网络网站的成功经验，积极探索社会网络技术和方法在图书馆的应用模式，拓展图书馆服务领域，提升图书馆服务质量。

目前社会网络已经引起图书馆领域研究人员的高度重视。学者们从各个方面探讨了社会网络对图书馆的影响和挑战，分析了社会网络在图书馆的应用前景，学者们一致认为无论是内容建设还是关系建设，社会网络的应用都为图书馆拓展其信息服务提供了前所未有的新机会。

在未来，社会网络将利用社会性网络服务的嵌入功能，不断拓展图书馆服务领域，将在在线资源评论、资源检索、文献传递、参考咨询服务、学科服务等方面发挥有所作为。(**高校图书馆分会　王琼**)

年度工作

普通高校图书馆

北京

【2009年北京地区高校图书馆年会暨BALIS工作会议】 1月17日—18日，2009年北京地区高校图书馆年会暨BALIS工作会议在北京汤山假日会议中心召开。会议由北京高校图工委、北京高教学会图书馆工作研究会、BALIS管理中心联合举办。北京高校图工委委员、BALIS管理中心及分中心主任、北京高教学会图书馆工作研究会下属专业委员会主任、北京地区各高校图书馆的馆长，以及部分企业代表等150人出席了会议。（张小野）

【北京地区高校图书馆新馆建筑/建设研讨会】 4月23日，BALIS培训中心与北京师范大学图书馆联合举办“北京地区高校图书馆新馆建筑/建设研讨会”。清华大学、北京大学、北京师范大学、中国人民大学、北京理工大学、中国农业大学、对外经济贸易大学、中国青年政治学院等高校图书馆的代表从多个方面介绍了在新图书馆建设中的经验，涉及图书馆建筑、图书馆噪音控制、图书馆建设构想与实践、图书馆建筑与功能变化、RFID射频识别在图书馆中的应用等多个方面。会议听取了北京第二外国语学院图书馆旧馆改造情况的经验介绍。（魏微）

【北京地区高校图书馆第八届田径运动会】 5月22日，北京地区高校图书馆第八届田径运动会在北京交通大学体育场举行。本届运动会由北京市教育委员会、北京地区高校图书馆工作委员会共同主办，交大承办。共有来自39所高校图书馆代表队1600多人参加，其中1100多名运动员参加了44个比赛项目的角逐。清华大学图书馆、解放军医学图书馆、北京大学图书馆、北京交通大学图书馆、北京科技大学图书馆、北京邮电大学图书馆、北京师范大学图书馆和北京服装学院图书馆依次获得团体总分前八名。北京高校图工委从1988年开始举办田径运动会，各高校每三年轮流举办一次。（魏微）

【《李锡铭诗词手迹》赠书仪式】 5月27日，《李锡铭诗词手迹》赠书仪式在中国人民大学世纪馆举行。仪式由北京市教育工委、北京市教工委高教处主办，北京高校图工委秘书处、中国人民大学图书馆承办。中共北京市委、北京市教委相关领导、中国人民大学副书记兼副校长王利明、李锡铭的亲属以及北京市部分高校图书馆馆长、媒体、图工委秘书处代表等共30余人参加了赠书仪式。此次出版的一套六卷本线装书《李锡铭诗词手迹》共收录作者长达60年中所作诗词、文稿、手迹180余篇，记述了作者一生的岁月痕迹，可视为作者的一部“诗词传记”。（魏微）

【BALIS开通与国图的馆际互借和原文传递服务】 5月31日，BALIS馆际互借与原文传递中心开通了与国家图书馆的馆际互借和原文传递服务。国图馆藏中近三年以前、二十年以内的外文基藏库图书及中文基藏库图书均可向各高校提供外借。6月29日—30日，原文传递中心还组织了“国家图书馆文献资源与原文传递服务利用”培训。自国图服务开通以来，至2010年底共计接收请求数2079册，请求已满足数1300册，满足率62.53%。（魏微）

【北京艺术高校图书馆专业委员会年会】 6月26日，北京高教学会图书馆工作研究会高等艺术院校专业委员会（北京艺术高校图书馆专业委员会）年会在京举办，22个成员馆参加。会议讨论了“艺术高校区域数字图书馆平台创建”、“艺术高校的多媒体数字资源管理”、“艺术类电子资源采购与评价”3个议题。(魏微)

【高校图书馆馆员专业知识与职业技能培训班】 7月5日—9日，BALIS培训中心与中国农业大学图书馆联合举办“高校图书馆馆员专业知识与职业技能培训班”。此次培训班旨在进一步拓宽高校图书馆馆员的图书情报专业知识，提高馆员的职业技能，学习和借鉴发达国家图书馆事业的发展经验，同时提高馆员的英语交流能力。(魏微)

【华北高校图协第二十四届学术年会】 9月26日，华北高校图协第二十四届学术年会在北戴河隆重召开，会议主题是“当代数字化与网络化环境下的高校图书馆建设”。北京参加会议的代表共计19人，其中有2位优秀论文作者在年会上作了发言。此次年会北京共收到15个高校馆的22篇论文，其中8篇论文被评为优秀论文，14篇论文被评为交流论文。(魏微)

【北京高教学会图书馆工作研究会理事会换届选举】 12月24日，北京高教学会图书馆工作研究会理事会完成换届选举工作。清华大学图书馆副馆长姜爱蓉当选为第六届图研会理事长，中国人民大学图书馆副馆长宋姬芳为秘书长，理事会成员30位。(魏微)

【“文献分类与主题标引”基础培训】 10月13日—14日，BALIS培训中心与北京高教学会编目研究会联合举办了“文献分类与主题标引”基础培训。培训旨在提高编目人员的业务水平和技能，聘请了《中国图书馆分类法》编委会顾问、原北京大学信息管理系教师张涵和北京大学图书馆资深编目员刘丽静授课。(魏微)

【文献资源建设实证分析培训班】 11月16日—17日，BALIS培训中心与北京高校网络图书馆联合举办“文献资源建设实证分析培训班”。此次培训，旨在进一步指导高校图书馆树立文献资源发展和文献资源建设全局观，深入掌握采访工作过程中的操作技巧，依据相关文献数据进行深层分析，加强文献资源建设，更好地为馆藏文献资源建设提供决策依据，提高图书馆为教学科研服务的能力。本次培训对象为主管文献资源建设的馆领导、相关部门主任或业务骨干。(魏微)

【CALIS三期项目全面启动】 9月20日，CALIS三期服务正式全面启动。CALIS三期项目建设的目标是全面挖掘、整合国内高校图书馆以及其他各级各类文献信息服务机构的资源和服务，有重点地整合国际相关机构的各类信息资源与服务，提高高校图书馆文献资源的总体保障率，提升高校图书馆现代化服务能力。CALIS三期将根据国际国内图书馆发展趋势，针对1800所大专院校的不同层次的需求，在“全国中心—地区和省级中心—图书馆”三级保障体系的架构上，利用先进的云计算技术和数字图书馆信息技术，全面整合和提升CALIS原有服务与国内图书馆界的资源与服务，实现“一个账号，全国获取”、“可查可得、一查即得”的服务模式。(别立谦)

【高校图书馆数字资源采购联盟成立】 4月15日，“高校图书馆数字资源采购联盟筹备会议”召开，26个与会图书馆代表发起成立联盟，并推举北京大学图书馆馆长朱强为联盟理事长，联盟秘书处设在北京大学图书馆。5月12日，在CALIS第八届国外引进数据库培训周大会上，朱强正式宣布高校图书馆数字资源采购联盟(Digital Resource Acquisition Alliance of Chinese Academic Libraries，简称DRAA)成立，启动运行，并发布联盟章程、工作规范和工作主页。至此，高校引进资源集团采购的组织工作正式由CALIS移交至高校图书馆数字资源采购联盟。(别立谦)

【多媒体资源建设与服务国际研讨会】 6月1日，“多媒体资源建设与服务国际研讨会”在北京召开。此次会议由北京大学图书馆主办、超星数字图书馆承办。来自美国、英国、中国内地、澳门、台湾的900多位图书馆代表和学术专家参加了会议。会议主要取得两方面的重要成果：一，确立了多媒体资源的学术价值，多媒体资源建设与服务的发展目标和发展方向；二，广泛引起了各界对多媒体资源建设与服务的重视，研讨和交流各自在多媒体资源建设与服务领域的做法与经验，为与会代表及他们所代表的图书馆指引了发展的方向。本次研讨会规模宏大、专家云集，顺应图书馆发展所面临的最新问题，并通过会议很好地为图书馆界找到了多媒体资源建设与发展领域的发展目标。（别立谦）

【北京大学希望书库】 6 月 18 日，北京大学图书馆发起“关爱青海玉树孩子 让知识改变命运——北京大学图书馆捐赠‘北京大学希望书库’”活动，募集图书 789 册，采购新书 1939 册，捐赠给玉树州玉树县结古镇下拉秀乡中心寄宿小学。在 7 月 22 日举行的捐赠仪式上，图书馆派专人前往青海玉树，将书籍送到孩子们手中。（别立谦）

【高等学校新任图书馆馆长高级研修班】 7 月 12 日—16 日，北京大学图书馆与高校图工委秘书处联合举办“高等学校新任图书馆馆长高级研修班”。来自全国高校的 29 位新任图书馆馆长、副馆长或馆长助理参加研修，获得了由教育部人事司和高等教育司共同签章颁发的“高等学校青年骨干教师高级研修班培训证书”。研修班以集中授课与分组讨论的形式进行。研修内容主要包括：中国图书馆事业概览，图书馆的使命、职能、战略发展，高校图书馆资源建设和共享，高校图书馆服务创新，图书馆现代化及数字图书馆，“十二五”发展规划等。（别立谦）

【《勺园祓禊图》回归】 9 月 13 日，清同治、光绪两代帝师翁同龢的五世孙、旅美华人翁万戈向北京大学捐赠［明］吴彬绘《勺园祓禊图》，北京大学校长周其凤向翁万戈特别颁发了“北京大学教育贡献奖”。该图作得以重归勺园，显示出具有百年文化积淀的北京大学的精神感召力，它与北京大学图书馆原有的米万钟的《勺园修禊图》相映成趣，成为校园历史研究和人文珍藏的亮点。（别立谦）

【北京大学文献信息资源战略发展委员会和图书馆工作委员会成立】 12 月 20 日，北京大学召开全校大会，正式成立“北京大学文献信息资源战略发展委员会”和“北京大学图书馆工作委员会”，讨论修改《北京大学文献资源体系发展规划纲要》并于会后定稿上报学校。自 2008 年学校颁布《北京大学文献信息资源体系管理办法》以来，北京大学以“总—分馆”体制为基础的文献信息资源体系初见雏形，并显出规模化的效益；两个委员会的成立，为文献信息资源体系的进一步发展奠定了组织与管理基础。（别立谦）

【北京大学储存图书馆顺利运行】 2010 年，北京大学图书馆根据馆藏范围和服务方式，制定了《储存图书馆读者服务办法》、《储存图书馆运行与管理办法》等。这些办法，保证北大储存图书馆每周 2 次的取书工作，完成与总馆之间的文献调拨 3 万册次。储存图书馆存放中、西、日、俄文书刊报纸，共计 82 万册。具有以下特点：收藏使用量较低的书刊；按照文献开本尺寸排架节省空间；使用密集书架增加藏书容量；采用远程储存书库管理系统，短期内可重新上架、准确定位；所有收藏文献均对读者提供服务。储存图书馆建成后，于 2009 年 12 月 1 日开始试运行，实现了文献资源的动态管理，提供全年的不间断服务，可以说是国内高校第一个真正意义上的远程储存图书馆。（别立谦）

【高校论文写作辅导及管理产学研项目合作共同体】 1 月 11 日，北京建筑工程学院、北京工业大学、北京第二外国语学院、北方工业大学、北京印刷学院、北京石油化工学院和北京工业职业技术学院等 7 所高校的图书馆，联合通达恒远（北京）信息技术有限公司筹备成立“高校论文写作辅导及管理产学研项目合作共同体”。4 月 28 日，7 所高校图书馆项目技术负责人，就“北京高校论文查重查新产学研合作项目”的技术路线与有关合作问题进行了深入交流，达成一致意见。该项目由建筑工程学院图书馆（牵头单位）发起，于 2007 年 12 月与通达恒远（北京）信息技术有限公司（技术负责单位）合作研发。依托成熟的网络及文本信息开发技术和图书馆拥有的论文资源，2008 年已经开发出第一期论文查重系统（单机版），并投入试运行。2009 年底进入第二期建设阶段，已经完善了三个版本，经过严格的测试，达到了实用化的标准。依托该项目，组建“合作项目共同体”，旨在进一步增强项目资源，扩大项目应用和服务范围。（郭燕平）

【退休教师周承渭向北建工图书馆捐书】 3月17日，北京建筑工程学院图书馆举办了周承渭捐赠图书仪式。周承渭是北建工图书馆一名退休教师，他将自己珍藏多年的227本图书交到馆长王锐英手中。这些图书中，有1956年6月人民出版社出版的新中国第一部宪法草案——《中华人民共和国宪法草案》，前苏联出版、我国进口的汉语版《联共（布）党史简明教程》及外文原版和影印版图书等珍本书籍。（郭燕平）

【李瑞环《务实求理》一书捐赠仪式】 7月6日，中国人民大学、中国人民大学出版社在全国政协礼堂召开李瑞环《务实求理》一书座谈会和图书捐赠仪式。座谈会由中国人民大学校长纪宝成主持。全国政协副主席郑万通向国家图书馆、首都图书馆、全国政协办公厅图书馆、中央党校图书馆、国家行政学院图书馆、中央社会主义学院图书馆、中国版本图书馆、北京大学图书馆、清华大学图书馆、北京师范大学图书馆、中国人民大学图书馆、北京建筑工程学院图书馆等图书馆代表赠送了著作。（郭燕平）

【当代图书馆理念转换学术研讨会】 11月18日，中国人民大学图书馆建馆60周年暨当代图书馆理念转换学术研讨会在人民大学逸夫会议中心举行。来自国家图书馆、首都图书馆、北京大学、清华大学、北京师范大学、中国农业大学、北京理工大学、北京邮电大学、中国人民大学信息资源管理学院等高校和图书馆的专家学者就图书馆的发展理念、数字图书馆建设、学科馆员建设、图书馆的队伍建设等议题发表了各自的学术观点。专家们围绕图书馆在从传统向现代转化过程中面临的新的机遇和挑战，如何厘清图书馆的发展理念，规划未来的发展目标，调整自身的发展战略和服务方式等进行了讨论。（张小野）

【北建工图书馆总服务台运行】 10月13日，北京建筑工程学院图书馆在大厅设立的总服务台正式运行。总服务台值班人员由图书馆党员、学科馆员、学科联系人、馆领导、争流读书社同学组成。是图书馆党支部开展创先争优活动，立足岗位，争创佳绩的一部分。为了做好服务工作，图书馆为总服务台配备了《北京建筑工程学院图书馆读者服务指南》、《北京建筑工程学院图书馆总服务台值班日志》、《北京建筑工程学院图书馆总服务台值班要求》、《大学生宝典》、《北京建筑工程学院2010级培养方案》，并提前对值班人员做了培训。（郭燕平）

【北建工图书馆获北京科学技术情报学会2010年优秀会员单位称号】 12月25日，北京科学技术情报学会2010年年会暨“30年科技情报发展历程与技术创新高峰论坛”召开，会议由北京科学技术情报学会常务副理事长王苏舰主持。北京建筑工程学院图书馆作为140个成员单位中唯一的一所高校图书馆，被授予“2010年优秀会员单位”称号；馆长王锐英获得“优秀学会干部”称号，郭燕平获得“学会积极分子”称号。（郭燕平）

【北京工商大学图书馆开展创优质服务活动】 2010年，为迎接北京工商大学60周年华诞，校图书馆以“创优质服务，建和谐图书馆”为主题，开展了一系列迎校庆创优质服务活动。制定了《图书馆文明礼貌服务规范》，实现全体馆员挂牌上岗，接受广大读者的监督；通过召开读者座谈会、离退休老干部座谈会、开展“特别还书日”活动、建立图书馆无占座日、举办馆员业务技能比赛、开展学科馆员培训及全体馆员业务考核等一系列的活动，使图书馆的整体服务水平上了一个新台阶。作为优质服务内容之一，校图书馆对良乡馆区二层大厅进行了重新规划布置，增设了休闲沙发、书架和部分桌椅，为读者们提供了温馨舒适的阅览环境，受到读者欢迎。（李艳萍）

【北京工业职业技术学院图书馆“信息驿站”揭牌仪式】 4月20日，北京工业职业技术学院图书馆举行了“信息驿站”揭牌仪式，院长陈建民、北京高校网络图书馆管理中心主任熊丽为“信息驿站”揭牌，来自北京地区12所高校图书馆馆长参加了仪式。“信息驿站”基于信息共享空间的理念，它集图书馆的信息资源、网络条件与馆员服务于一体，开创了一个高效、自由、方便的学习方式，为全院师生提供了一个休闲、缓解压力、娱乐身心和充电的好去处。（张小野）

天津市

【天津高校文献资源建设培训研讨班在天津

大学成功举办】 4月12日—13日，天津高校文献资源建设培训研讨班在天津大学图书馆成功举办。此次研讨班由教育部高等学校图书情报工作指导委员会文献资源建设工作组、天津高等教育文献信息中心与天津大学图书馆联合举办，天津市21所高校图书馆采访部相关人员60余人参加了学习研讨，天津大学图书馆馆长张凤宝、武汉大学图书馆副馆长张洪元、天津高等教育文献信息主任李秋实分别在研讨班开幕式上致辞。在历时两天的培训班上，来自武汉大学、复旦大学、浙江大学、南京大学、华东师范大学和北京大学图书馆的教育部高校图工委文献资源建设工作组的张洪元、龙向洋、张军、陈远焕、余海宪、陈体仁6位专家均做了精彩报告。报告会后，与会人员就报告内容进行了热烈讨论，并围绕如何协调纸质文献与电子文献并行发展，如何使新进采访人员更快适应工作岗位，如何构建适应理工类大学的人文社科文献保障体系，如何在日新月异、变化多端的出版市场中识别高质量的出版社和图书等问题进行了充分的交流与探讨。此次培训研讨班的举办，为天津市各高校学习文献资源建设先进理念和经验搭建了平台，必将会推动天津市高等教育文献资源建设迈上一个新台阶。（天津大学图书馆）

【"CALIS三期项目建设暨天津(省中心)工作会议"在天津大学召开】 "CALIS三期项目建设暨天津（省中心）工作会议"于2010年10月25日，在天津大学"启元大酒店"隆重召开。会议由天津市高等教育文献信息中心（TALIS）主办，天津大学图书馆承办。来自天津市19所本科高校、26所高职高专以及10所独立院校代表共130余人聚集一堂，共同谋划天津高等教育文献信息的三期建设与发展，推广宣传CALIS建设及其服务应用。教育部高教司设备条件处处长李静、北京大学图书馆副馆长、CALIS中心副主任陈凌、天津大学副校长余建星、天津市教委高教处处长张卫国、天津市教委高职高专处处长叶庆、天津高等教育文献信息中心主任李秋实应邀出席会议。会议分别由TALIS中心副主任李广生、刘家新主持。

CALIS三期于2010年5月启动，为期两年。三期项目建设的目标是实现普遍服务，将服务的范围从"211"院校，扩大到包括高职高专在内的全国1800多所高校。CALIS将通过全面挖掘、整合国内高校图书馆以及其他各级各类文献信息服务机构的资源和服务，有重点地整合国际相关机构的各类信息资源与服务，提高高校图书馆文献资源的总体保障率，提升高校图书馆现代化服务能力。CALIS三期将采用"预研一批、试点一批、推广一批"的思路，在充分挖掘大型图书馆的研究能力与服务能力的同时，引导中小型图书馆广泛参与，从而缩小"211"院校与国际一流高校图书馆的差距，缩小普通院校与"211"院校图书馆的差距，缩小西部欠发达地区与发达地区的差距，全面提升我国高校图书馆整体信息服务水平。报告会上还举行了签约仪式，天津19所高校、26所高职高专与10所独立学院图书馆的馆长们分别与CALIS签署了"CALIS联合目录服务协议"。（天津高等教育文献信息中心）

【天津高校图书馆召开"'十二五'数字图书馆建设项目规划"战略研讨会】 11月16日，在"十一五"行将结束，"十二五"即将来临之际，TALIS 19所高校的图书馆馆长在西青区水高庄园召开"'十二五'数字图书馆建设项目规划"战略研讨会，共商天津高校数字化图书馆建设的"十二五"规划。会议由TALIS中心副主任刘家新主持。与会代表高度评价了TALIS"十五"、"十一五"建设的可喜成就及其在业界的不凡影响，馆长们畅谈了自己所处的历史阶段、面临的省内外形势，以及在未来高等教育中的使命和责任，大家结合本市及本馆的实际情况，在UNICORN系统升级、资源建设、服务创新、加强科研立项与人才队伍建设、对外文化交流、打造信息服务品牌等方面对"十二五"天津数字化图书馆的发展规划提出了诸多建设性意见。（天津高等教育文献信息中心）

【天津独立学院军事院校图书情报工作委员会和高等教育文献信息中心成立】 12月23日，"天津独立学院军事院校图书情报工作委员会和高等教育文献信息中心成立大会"在南开大学滨海学院召开。南开大学滨海学院图书馆馆长李文祯主持会议，南开大学滨海学院李维祥副院长致辞。天津市教委高教处处长张卫国，天津高等教育文献信息中心主任李秋实，天津市高等学校图书情报工作委员会常务秘书长、高等教育文献信息中心副主任李广生出席了会议。天津市十所独立学院、驻津的4所军事院校和天津天狮职业技术学院的图书馆馆长和部分负责人共30余人参加了会议。会议讨论通过了“天津独立学院军事院校图书情报工作委员会和高等教育文献信息中心章程”，并以无计名投票方式选举产生了中心主任单位和副主任单位。南开大学滨海学院、天津大学仁爱学院、天津武警指挥学院图书馆分别被全票推选为中心主任、副主任单位。（南开大学滨海学院图书馆）

【天津商业大学图书馆开展数字化资源宣传月活动】 2010年，天津商业大学图书馆继续加大数字资源宣传力度，承办了各种普及性、专题性讲座共计40余场，培训学生2000余人。此外，该馆还根据各二级学院学科建设特点，主动联系广大教师，开展了针对性数据库和使用技能培训，让广大教师特别是新进校年轻教师了解我馆的电子资源，更好地利用图书馆的电子资源，较好地发挥了对教学科研的支撑作用和文献保障作用。（天津商业大学图书馆）

【天津中医药大学图书馆完善资源平台，建设特色数据库】 2010年，天津中医药大学图书馆按照“以中医药为核心，兼顾相关学科发展；纸本资源与数字资源互为补充；外购数字资源与自建数字资源并进”的思路，依托TALIS公共信息资源平台，建成了服务学校中医学、中药学、针灸学、护理学、管理学等不同学科发展的信息资源平台，实现了远程访问，资源总量在全国同类院校中名列第一位。同时，图书馆还依托天津市教育信息化“十五”投资重要项目——高校数字化图书馆，与天津市其他高校共同建设天津19所高校联盟，完善本馆图书和数据库资源平台，也对天津市其他高校的资源建设起到重要作用。

图书馆积极配合高等教育文献信息中心，先后完成Gale Green环境参考库、国道外文专题数据库、北大法宝、北大法意、数据库的采购工作。在通过采购进行资源建设的同时，立足自身进行自主数据库建设，完善“伤寒论专题数据库”的内容，将该数据库研发过程中所取得的经验成果扩大，并开始“中医经验方与健康”特色数据库建设，此科研项目获中心立项，已完成结题，并被评为优秀成果。

经过图书馆的科学保护和深入发掘，2010年，天津中医药大学图书馆馆藏社科古籍明隆庆元年胡维新、戚继光刻本《文苑英华一千卷》（编号06301）、明嘉靖三年司礼监刻本《文献通考三百四十八卷》（编号04259）经国务院正式批准入选第二批《国家珍贵古籍名录》，天津仅有四家单位古籍入选。图书馆配合全国古籍普查工作，对馆内中医及社科古籍进行逐项清查，根据国家图书馆制订的《古籍定级标准》对馆内6种珍贵古籍进行了《国家珍贵古籍名录》的申报，中医古籍《重广补注黄帝内经素问》成功入选第三批《国家珍贵古籍名录》。（天津中医药大学图书馆）

河北省

【省高职高专院校图书馆一届三次工作交流暨学术研讨会在石举办】 10月27日，由河北省高职高专院校图书馆工作研究会主办、河北政法职业学院图书馆承办的河北省高职高专院校图书馆第一届第三次工作交流暨学术研讨会，在河北政法职业学院召开。来自全省41所高职院校图书馆的领导、论文作者和课题申报者74人参加了会议。河北省高等学校图书情报工作委员会副主任兼秘书长杨华，河北省报刊发行局局长李兰辉，河北政法职业学院副院长邵达民、刘莲花，河北省文化信息资源共享中心副主任靳志军，河北省高职高专院校图书馆工作研究会理事长张正光等出席了开幕式。会议期间，举行了专家报告会，参观了河北政法职业学院图书馆，还举行了馆长论坛、课题陈述和学术论文交流。（河北政法职业学院图书馆 贯增岁）

【华北电力大学保定校区图书馆举办“印象保定”大型文化展览】 11月29日下午，华北电力大学保定校区图书馆在图书馆隆重举行了“印象保定”大型文化展览开幕式。“印象保定”大型文化展览，由保定概况、文化名人、名胜古迹、红色经典和民间文化五个部分内容组成。展览还独具特色地向师生们推荐了上百种校图书馆收藏的相关纸本图书、电子图书以及视频资料。（华

北电力大学保定校区图书馆)

【河北师范大学建立“学生工作学科馆员”制度】 为建设一支高素质的“学习型”辅导员队伍，河北师范大学学生工作部与学校图书馆密切合作，联合建立“学生工作学科馆员”制度。“学生工作学科馆员”工作任务是及时了解学生工作前沿动态和辅导员队伍在工作研究中对文献资源需求，有针对性地为辅导员队伍提供参考咨询服务，同时建立学生工作网络信息资源导航。图书馆确定了两名对学生工作有一定研究的同志作为“学生工作学科馆员”，准备在中国知网建立“河北师大学生工作数字图书馆”，及时推送学生工作的学术资源，并提供学生工作最新的资源动态，还准备在新校区图书馆开辟专区成立“学生工作文献资料研讨室”，方便辅导员查阅文献信息和沟通交流。(河北师范大学图书馆)

【河北大学图书馆创建开通“河北大学古籍阁”网站】 为促进学校古籍保护工作健康科学发展，推进拓展古籍文献服务渠道，为教学科研提供方便优质的服务，河北大学图书馆创建并开通了“古籍阁”网站。古籍阁网站是一个采用现代技术手段、服务校内外的信息交流和传播平台。网站设有业界信息、古籍保护、古籍资源、古籍讲堂等栏目，不仅可以及时发布最新的古籍保护信息，还可以传递与古籍相关的业界动态，报道相关学术交流会议、学者专家讲座、专业人才培训等活动信息。通过河北大学古籍阁网站，广大师生可以查询图书馆馆藏古籍书目，自由浏览部分馆藏古籍资源。(河北大学图书馆)

【河北经贸大学图书馆举办“传统文化进校园”宣传月活动】 为了传承和弘扬中国传统文化，帮助大学生明确价值取向，提升文明程度和精神境界。10月18日–11月18日，河北经贸大学图书馆举办了以“弘扬传统文化，建设和谐校园”为主题的“传统文化进校园宣传月”活动。活动包括举办传统文化宣传展、传统文化图书展、建立传统文化网络学习园地、开展“传统文化进校园”征文、“民风民俗好传统”摄影作品征集、播放传统文化相关视频、邀请专家学者进行传统文化讲座、参观河北省民俗博物馆等。(河北经贸大学图书馆)

【河北师范大学图书馆举办阅读明星报告会和专题讲座】 12月9日，河北师范大学图书馆举办了一场别开生面的阅读明星报告会。报告会上，来自资环学院的赵梅、数信学院的祁先飞、化学学院的万文平、物理学院的董利源和生科院的贾小利等阅读明星依次进行了激情演讲。中小学继续教育中心的访美学者徐莉教授在报告会后做了题为“阅读的真谛——来自哈佛大学和美国社会的启示”的讲座。徐莉从什么是真正意义的阅读、阅读对个人和社会的重要性以及怎样实现真正意义的阅读等三个方面进行了深度阐述。讲座进行了激情互动，学生们提问发言踊跃。(河北师范大学图书馆)

【河北科技大学图书馆举办“世界读书日”暨校园读书月系列活动】 4月23日，为纪念第15个“世界读书日”，河北科技大学图书馆、校团委、学生处在新校区生活广场联合举办了“世界读书日”暨第二届校园读书月系列活动，开展了“让知识在爱中传递”万人签名、图书漂流、图书馆资源宣传、特赦还书、读书征文和文化之旅系列讲座等活动。图书馆和学生读者委员会在新校区总馆设立了一个图书漂流站。今年文化之旅以“让经典阅读走进大学校园”为主题，邀请省作家协会副主席刘家科老师、河北师大博士生导师阎福玲教授为本校广大师生作了精彩的学术报告。(河北科大图书馆　靳红)

【石家庄学院图书馆举办“图书馆馆员体验之旅”活动】 石家庄学院图书馆在第三届读者服务活动月期间，组织了“图书馆员体验之旅”活动，“让读者做一天图书馆员”，共有26名读者参加了体验活动。通过这项活动使广大读者更加全面地了解了图书馆的馆藏资源和布局等基本情况，熟悉了图书馆工作的内容、基本流程和图书馆工作人员的辛苦，促进了读者与馆员之间互相理解、互相尊重，从而推动图书馆服务管理水平不断提高。(石家庄学院图书馆)

山西

【山西大学图书馆和山西师范大学图书馆被授予首批省级古籍重点保护单位】 2010年，山西大学图书馆和山西师范大学图书馆分别被授予首批山西省古籍重点保护单位称号。山西师范大学图书馆的《易注十二卷》、《杨全甫谏草四卷》、《宋文鉴一百五十卷目录三卷》、《河汾诸老诗集八卷》、《雁门集六卷》、《王石和文八卷》等6部善本古籍入选第一批《山西省珍贵古籍名录》；山西大学图书馆47部古籍入选第二批《山西省珍贵古籍名录》。山西大学图书馆6部古籍、山西师范大学图书馆5部明代刻本同时入选第三批《国家珍贵古籍名录》。（赵冬梅）

【山西高校图书馆启动馆际互借服务模式】 5月，山西大学图书馆完成了北京创讯未来软件公司馆际互借系统的安装、测试和人员培训，实现了山西9所高校图书馆馆际互借的自动化管理。11月，经过多方协商和技术磨合，山西大学图书馆和山西财经大学图书馆馆际互借服务模式正式启动。（赵冬梅）

【山西省高校图工委文献资源建设委员会工作会议召开】 5月18日—19日，山西省高校图工委文献资源建设委员会工作会议在山西师范大学举行，省内21家高校图书馆的32名代表参加了会议。会议讨论了文献购置经费、文献招标、电子资源的购置、纸本刊与电子刊的配置，电子资源的维护，文献共享，图书编目，大采访部门的设置，馆员待遇等问题。（赵冬梅）

【中美图书馆实务论坛举办】 5月24日，数字图书馆建设与创新服务——中美图书馆实务论坛在山西大学国际交流中心隆重召开，来自全国各地图书馆馆长和相关人员100多人参加了会议。论坛邀请美国图书馆协会主席卡米拉·阿里尔（Camila Alire）博士、科罗拉多大学波德校区大学发展基金会副主席帕梅拉·琼斯（Pam Jones）等专家，畅谈美国图书馆的新技术、发展趋势以及先进的管理理念，为加强中美图书馆专业领域的合作与交流搭建了平台。（赵冬梅）

吉林

【长春师范学院图书馆举办业务知识竞赛活动】 1月14日，图书馆举办了首届业务知识竞赛活动，图书馆领导班子成员以及全体馆员参加了本次竞赛。全馆馆员组成6个参赛队、每队3名选手参加答题。在竞赛现场，参赛队员积极抢答，小组配合默契，比赛现场气氛紧张而热烈。通过这次业务知识竞赛，不仅提高了全体工作人员的工作积极性，使大家对图书馆工作的意义有了进一步的认识，更加牢固地掌握了图书管理的基本知识和基本业务，积极推进了图书馆业务管理的科学化与规范化，全面提升了图书馆馆员的综合素质和竞争能力，为学校教学、科研和读书育人提供优质信息服务。（长春师范学院）

【长春师范学院图书馆接受日本友人赠书】 9月20日，日本科学协会代表、对华赠书项目负责人顾文君、吉田玉果到长春师范学院图书馆进行赠书项目考察访问，并与外语学院的师生亲切座谈，了解师生需求。截止到12月底，图书馆共接受日本赠送的日文原版图书2000余册。（长春师范学院）

【长春师范学院图书馆举办书法作品展】 为了丰富同学们的课余文化生活，烘托图书馆浓厚的文化氛围，10月11日—17日，图书馆文化周系列活动之书法作品展开展，主要展出的作品是“大池书法”师生学习之余的优秀习作。大池书法班学员皆由长春师范学院的学子组成。为期一周的书法展，给学校师生带来一次古典艺术的熏陶，提升了师生们的艺术修养。（长春师范学院）

【长春工程学院图书馆举行新馆开馆典礼】 9月10日上午，长春工程学院逸夫图书馆在湖西校区举行落成暨开馆典礼，省学会理事长、吉林省图书馆馆长石丽珍等领导应邀出席并致贺词。长春工程学院图书馆的联盟共建单位乾安县图书馆，以及省内多所高校的图书馆馆长也应邀参加了庆典活动，并一同参观了新馆。（吉林省图书馆学会秘书处）

【吉林财经大学图书馆支援农村文化建设】 10月18日，吉林省图书馆联盟成员馆——吉林财经大学图书馆馆长杨永生一行20余人来到乾安县农村，支援当地文化建设，将本校图书馆员工个人捐助的600余册图书赠送给两位农民个人创办的图书馆。吉林省图书馆学会张毕臣秘书长参加了活动，乾安县副县长刘森等班子成员全程陪同。（吉林省图书馆学会秘书处）

黑龙江省

【黑龙江省高校图书馆馆长年会在哈尔滨召开】 2010年3月31日，2009年度黑龙江省高校图书馆馆长年会在哈尔滨龙唐大厦召开。黑龙江省教育厅高教处副处长徐颖琪，黑龙江省图书馆学会副理事长、省图书馆党委书记董绍杰，学会秘书长闻德锋，原省高校图工委副主任、第四届省高等学校图工委秘书长、黑龙江东方学院图书馆馆长霍灿如，省高校图工委副主任、第五届省高校图工委秘书长、哈尔滨工业大学图书馆馆长王铁成，黑龙江省高等学校图书情报工作委员会副主任、第六届黑龙江省高等学校图书情报工作委员会秘书长、哈尔滨医科大学图书馆馆长曲章义，以及来自黑龙江省41所高校的馆长共110人出席了会议。会议总结了2009年哈尔滨市高等学校图书馆学会的工作，讨论并通过了2010年哈尔滨市高等学校图书馆学会工作的要点，宣读了黑龙江省高校图工委2009年度科研立项的通知及重点课题的名单和黑龙江省高校图工委表彰2009年读科研成果的通知。（黑龙江省图书馆学会秘书处）

【黑龙江省高等学校图书馆第一届羽毛球比赛】 6月1日—2日，黑龙江省高等学校图书情报工作委员会与哈尔滨市高校图书馆学会，在哈尔滨理工大学体育馆举办了第一届羽毛球赛比赛。来自全省高校图书馆的15支代表队参加了比赛，参加人数多达120人。（黑龙江省图书馆学会秘书处）

【图书招标采购会】 2010年10月，黑龙江省高等学校图书情报工作委员会和哈尔滨市高校图书馆学会召开了2011年图书招标采购筹备会，27人出席会议，审议讨论了黑龙江省高校图书馆的图书招标方案，同时继续推进CALIS、维普等数据库的团购工作。12月，黑龙江省高校图书馆2011年度中文普通图书统一采购招标会在哈尔滨医科大学图书馆会议室开标，经过专家的认真评审，共有10家图书供应商中标。（黑龙江省图书馆学会秘书处）

【黑龙江省高校图工委开展科研成果评奖及课题结项工作】 12月，哈尔滨市高等学校图书馆学会参加了黑龙江省高校图书情报工作委员会组织的优秀科研成果评奖及课题结题工作。哈尔滨市高等学校图书馆学会共申报参评优秀科研成果评奖160项，其中获得一等奖43项；申报课题结题33项，其中25项批准结题。（黑龙江省图书馆学会秘书处）

上海市

【概述】 2010年，CALIS三期项目建设上海市文献信息服务中心项目的启动，有效推进CALIS建设成果的推广与服务应用。在沪召开了2010年中国索引学会年会暨学术研讨会，华东地区教育部直属高校图书馆长年会，2010年全国高校文献检索教学研讨会，两岸四地大学图书馆馆长论坛，环太平洋数字图书馆联盟2010年年会，第3届全国高校图书馆古籍保护工作研讨会、2010年教育部高校图工委信息技术应用年会、华东地区高校图工委秘书处工作会等一系列全国性或地区性会议。2010年上海市普通高校图书馆66所。馆舍建筑总面积1 010 758平方米，平均每所高校图书馆馆舍面积153 140平方米，读者座位94 422个。文献累积总量（含电子馆藏）100 464 222册/件，年度实际文献资料购置费248 918 308元，其中购电子资源经费89 339 230元。

【复旦大学大学生参与校图书馆采购和管理服务】 在成功试行图书馆咨询委员会的基础上，复旦大学图书馆聘请学生担任图书馆馆长助理和重要部门的工作助理，让大学生来参与管理图书馆。今年3月是复旦图书馆咨询委员会成立的第三年。作为一种制度安排，该校图书馆馆长每年举行图书馆咨询委员会会议，接受咨询意见。参加人员为来自全校各个院系和医院的30多位图书馆咨询委员，13个学校职能部门的负责人和学生代表，建立了畅通的校内沟通和服务渠道。（上海市图书馆学会）

【上海政法学院新图书馆落成开放】 2010年9月，上海政法学院新图书馆建成开放。其“中西合璧”的设计风格，浓郁的文化氛围，完备的现代化设施，已成为该院新的标志性建筑。图书馆总建筑面积达15 500平方米，分为8个开放式阅览区域，设阅览座位2200个，其中包括电子阅览座位 180 个。馆藏图书总量600 000多册，期刊 1050 种。馆藏资源以法学和社科类为主体，辅之以其他学科文献资源。在功能上，全面采用基于数字标签技术的“3M 智能图书馆流通管理系统”，实现了藏、借、阅一体化，简化了借还流程，提高了馆藏清点速度和书刊整架归位的效率，为读者提供了包括 24 小时还书在内的一系列自助服务，体现了以人为本的服务理念，实现了图书馆的高效运转。除此之外，新馆还安装了地源热泵空调系统，由地下水循环调节实现冬暖夏凉，体现了新馆环保与节能的绿色理念。与此同时，新馆内还实现了有线及无线双网覆盖，除了电子阅览区配备的 180 台电脑供师生免费上网查阅资料和电子文献外，师生还可自带笔记本电脑在馆内登录校园网查询文献资源，网络数字资源服务对读者全天候开放。在服务方面，新馆引入现代化图书馆功能设计理念，实现服务功能智能化、一门式进出、一站化服务的新服务模式，达到借、阅、查、藏合一的效果。（上海市图书馆学会）

【华东地区教育部直属高校图书馆长年会】 9 月 15 日—17 日，华东地区教育部直属高校图书馆长年会在东华大学图书馆召开。来自复旦、同济、浙大、交大等教育部 22 所直属高校的 28 位代表参加了会议。本次年会以高校图书馆“十二五”规划为主题，分别就高校图书馆人力资源建设、数字图书馆计算机系统与网络保障体系建设、学科馆员服务和研究型图书馆馆藏建设、经费分配等内容展开讨论。浙大、同济、华东师大、东南大学及东华大学等 5 所大学的图书馆长分别围绕主题作了详细的报告。与会代表一致认为高校图书馆“十二五”规划是目前各高校图书馆正在面临的重要议题，结合信息时代发展的趋势，整合资源、推进服务是各馆今后发展的主要目标。（上海市图书馆学会）

【CALIS 3 期华东南地区和上海市工作部署会议】 9 月 20 日中国高等教育文献保障系统（CALIS）3 期项目在京启动。9 月 26 日，来自浙江、福建、江西 3 个省级文献信息服务中心所在院校浙江大学、厦门大学、南昌大学和复旦大学、同济大学、华东师范大学、华东理工大学、华东政法大学、上海师范大学等上海 40 余所高校图书馆的馆长齐聚上海交通大学，共商华东南地区和上海市文献信息服务中心 3 期建设与发展大略，有效推进 CALIS 建设成果的推广与服务应用。会议集中听取了参会代表对 CALIS 3 期建设方案的意见和建议，特别是部署策略、馆际互借、原文传递、资质认证、课题咨询服务、服务覆盖、经费补贴等问题，了解了各高校对文献信息服务的需求，在有力推进项目实施方面达成共识。此外，还为项目实施协调组和 9 个专业协作组颁发聘书，使各高校进一步明确了 3 期建设中自身的权利与义务。（上海市图书馆学会）

【“开放获取论坛”在沪举办】 9 月 27 日下午，由上海教育网络图书馆与 BioMed Central 出版社联合主办的“开放获取论坛”在上海衡山宾馆召开。本次论坛的主题是“开放获取：科研成果的共知与共享”（Open Access: Worldwide Scholarly Resource Sharing）。来自上海 40 多所高校图书馆和上海图书馆、中科院上海生命科学院、中国疾病预防控制中心、中华医学会等机构的专业人员共 90 多人参加了论坛。此次论坛讨论了“开放获取”对于图书馆和科研人员的重要性、科研人员接受开放获取的影响因素研究、从科研人员角度看开放获取等“开放获取”领域的热点话题。（上海市图书馆学会）

【2010 年中国索引学会年会暨学术研讨会】 10 月 10 日—12 日，2010 年中国索引学会年会暨学术研讨会在复旦大学召开。来自全国各地高校、图书馆、出版社、档案馆和数据库公司的 80 多名代表以及英国索引家协会高级索引家戴立群、日本索引家松浦崇参加了会议。此次会议的主题是“中国索引与数据库事业：合作·发展·创新”，与会代表围绕会议主题，重点就网络环境下中国索引的发展与创新、中国索引与数据库事业面临的挑战与战略、国内外索引研究的现状与趋势、索引事业的国内外合作等展开了热烈而深入的研讨。（上海市图书馆学会）

【2010 年全国高校文献检索教学研讨会】 10 月 15 日—19 日，由教育部高校图工委主办、上海市高校图工委和华东理工大学承办的 2010 年全国高校文献检索教学研讨会在华东理工大学召开。来自 156 所高校的图书馆馆长、专家、教

师和论文作者及特邀代表220余人参加了本次会议。教育部高校图工委信息素质教育工作组的全体委员也出席了会议。会议共收到教学研究论文167篇，经会议审稿组评审，100篇论文被会议论文集收录，并由华东理工大学出版社出版。16日上午和下午的全体大会上有来自华东理工大学、同济大学、北京航空航天大学、山东师范大学、华东师范大学五所大学图书馆的6位代表作了题为“高校图书馆信息素养教育的现状与展望”、“北京地区高校信息素质教育师资队伍培养模式研究”、“上海市高校文献检索教学现状调查与分析”、“文献检索课程的教学内容研究”、“工程硕士对中国网络资源的需求研究”、“嵌入研究生典型工作任务的信息素质教育形式与内容分析”的专题报告。会议期间，全国高校图工委信息素质工作组举行了全体会议，就今后两年的工作进行了讨论。（上海市图书馆学会）

【两岸四地大学图书馆馆长论坛】 10月19日上午，两岸四地大学图书馆馆长论坛在复旦大学美国研究中心举行。来自澳门大学、台湾大学、台湾师范大学、北京大学、清华大学、武汉大学、天津科技大学、上海交通大学、同济大学、上海外国语大学、华中科技大学、浙江大学、复旦大学13个大学图书馆的15位馆长参加了此次会议。论坛由复旦大学图书馆馆长葛剑雄主持。会议的专题报告和自由发言提出了许多新的理念，对高校图书馆发展所面临的新挑战及如何积极应对这些挑战进行了深入的思考和探讨。同时，大家对“两岸四地高校图书馆馆长论坛”的发展与目标提出了很多中肯的建议。从而更好地促进两岸四地高校图书馆事业共同发展。（上海市图书馆学会）

【环太平洋数字图书馆联盟2010年年会】 10月20日—21日，由复旦大学图书馆承办的环太平洋数字图书馆联盟（PRDLA）2010年年会在复旦大学美国研究中心举行，来自美国、加拿大、新西兰、新加坡、韩国、日本、中国（包括港、澳、台地区）的联盟成员馆的40多位馆长参加了会议。本次年会主题为：“通过资源数字化发挥知识效能：21世纪图书馆服务的前景与展望”。会议的4个分议题是：“大规模数字化与传统图书馆服务”、“数字化时代的国际合作与文化遗产收集”、“数字资源的获取和管理：问题与挑战”和“数字图书馆的服务推广与交流”。（上海市图书馆学会）

【2010年全国政法院校图书馆馆际协作会议暨学术研讨会】 10月11日—13日，2010年全国政法院校图书馆馆际协作会议暨学术研讨会在上海召开。会议由华东政法大学图书馆承办，来自国内25家政法院校图书馆的40多位代表参加了会议。大会主要议题为：“在当前新信息环境下，政法院校图书馆的发展思路和发展模式研究”，分为开幕式、主题发言、小组讨论、大会总结4个阶段。3所政法大学的代表主要就本单位的资源建设、读者服务、学科化服务等方面情况向与会代表进行介绍；北大、清华法学院图书馆馆长则将视野拓展至地区、行业间法律图书馆的合作与交流，分别给大家分享了参加台湾两岸大学法学院法学图书资料交流的感悟和北京市法学会成立法律图书馆与法律信息研究会的情况。与会代表就遇到的经费筹措、资源购置、人员管理等方面的困惑和经验进行交流，并相互探讨了未来的发展与合作方向。中国政法大学图书馆馆长曾尔恕作了大会总结，肯定了近年来政法院校图书馆各方面工作的创新与发展。（上海市图书馆学会）

【第三届全国高校图书馆古籍保护工作研讨会】 11月25日在复旦大学召开。会议由全国高校古籍保护研究会主办，复旦大学图书馆、复旦大学古籍保护研究中心承办。来自北京大学、清华大学、南京大学、武汉大学等14所高校图书馆的30余位代表出席本次研讨会。高校古籍保护研究会会长、北京大学图书馆古籍部主任沈乃文，通报了近年来高校古籍保护研究会工作以及古籍保护工作面临的主要问题。与会代表为各馆分管古籍工作的领导、古籍部主任及承担古籍保护工作的资深馆员。会上交流了各馆近年来在古籍保护工作方面所进行的工作以及取得的成果，同时，也对存在的问题和困惑进行了探讨。（上海市图书馆学会）

【上海交通大学正式开通钱学森图书馆门户网站】 10月27日，在人民科学家钱学森逝世一周年之际，上海交通大学举办了学习纪念钱学森座谈会。会上还举办了《钱学森》一书首发仪式，并宣布开通钱学森图书馆门户网站。由中宣部牵头、教育部主管、上海交通大学筹建的钱学森图书馆，正在紧锣密鼓建设中。建设中的钱学森图书馆坐落在钱学森曾经求学的上海交通大学徐汇校区，总占地面积 8960 平方米，总建筑面积 7960 平方米，地下一层，地上三层，陈展面积约 3000 余平方米。（上海市图书馆学会）

【CALIS 3 期建设项目第 1 期学科馆员培训在交大举行】 11 月 22 日上午，CALIS 3 期建设项目第 1 期学科馆员培训在交大闵行校区举行，来自全国 39 所 985 重点高校图书馆的 60 余名馆员参加了培训。本期培训是 3 期学科馆员培训的开始，也是中国高校图书馆界专门培训学科馆员的开始，具有试点和样板作用。本期培训以“学科馆员原理与应用”作为主题，邀请上海交大、北京大学、清华大学、中国科学院国家图书馆、南开大学等高等教育研究机构的知名教授，并抽调各图书馆内从事学科服务的骨干，组成精英培训师资队伍，以学科服务理论与基础实务、管理机制；学科服务融入教学、学科资源规划建设；学科服务支持科研，学科服务相关技能为主体内容，采用理论知识传授、案例演示、现场观摩、实践应用回访等多种生动的教学方式进行了为期 5 天的培训。学员们表示：整体培训策划周密、内容详尽实用、形式新颖活泼，从中学到的不仅是开展高端学科服务的基本知识与技能，更多的是领略到当代大学图书馆革新发展之路最迫切需要的精神风貌。（上海市图书馆学会）

【2010 年教育部高校图工委信息技术应用年会】 12 月 16 日，由教育部高校图工委主办，复旦大学图书馆承办的 2010 年教育部高校图工委信息技术应用年会在复旦大学江湾校区图书馆召开。本次年会共有来自 33 个城市和地区、99 所院校的 164 名代表参会，其中包括香港中文大学图书馆和香港大学图书馆的 2 名代表。本次年会围绕“大学图书馆系统的开发与应用、组织与构建、服务创新”这一主题开展研讨。本次年会为期两天，9 个主题报告的嘉宾都是图书馆从事管理和技术研究的专家学者，紧扣“大学图书馆系统的开发与应用、组织与构建、服务创新”的主题，从不同角度报告了图书馆信息技术的应用，与参会代表们共享了国内外先进图书馆应用新技术的理念和实践经验。分会场的活动也给大家提供了进一步交流和讨论的机会。大会对评出的 14 篇优秀论文作者进行了颁奖。（上海市图书馆学会）

江苏省

【河海大学图书馆概述】 2010 年河海大学图书馆加大了电子版文献资源建设力度，为全校师生的教学和科研服务提供坚实的保障。图书馆积极参与国家和江苏省的文献资源保障项目建设；与水利部科技发展中心合作建设水利数字化图书馆第二期工程；与东南大学等六个江宁区的院校合作开展资源共享；与南京工业大学、盐城工学院、南京晓庄学院等兄弟院校联合开展信息服务和查新工作；与江苏省有关高校及南京水利科学研究院等省内外多家科研单位签订了资源共建共享协议；与全国各高校图书馆同步使用全国性的电子资源数据库及科技信息。图书馆科技查新中心，面向江苏省及临近省份的高校、政府机构、工矿企业、科研院所开展科技查新与咨询服务，查新数量及质量都在教育部科技查新站中保持先进水平。2010 年全年科技查新 804 项（包括高校申报博士点基金，新教师专项基金完成 60 余项），大部分查新均使用了 DIALOG 数据库进行检索，提高了查全率。作者论文收录引用检索课题 419 项，数量比去年增加 150%，在科技查新课题中，有 60% 项目获得了江苏省各类科技产业发展项目支持，为地方经济提供了有效的信息咨询服务。（江苏省图书馆学会）

【河海大学 Web of Science 数据库开通仪式暨学术交流会】 4 月 2 日，河海大学 Web of Science（SCI）数据库开通仪式暨学术交流会，在河海大学闻天馆报告厅隆重举行。副校长吴远教授、科技处郑金海处长、研究生院束龙仓副院长、汤森路透科技与医疗集团中国区大学与政府事业部总经理郭利博士等嘉宾以及学校各有关部处领导，图书馆有关领导和工作人员，各学科领域的研究学者、老师、研究生等二百多位代表出席开通仪式。开通仪式由学校图书馆馆长高新陵教授主持，吴远副校长、束龙仓副院长、郑金海处长分别在会上致辞表示祝贺。（江苏省图书馆

学会）

【江苏省高校图工委情报咨询专业委员会2010年学术年会】 11月17日—19日，江苏省高校图工委会情报咨询专业委员会2010年学术年会在河海大学召开。全省62所高校图书馆的110多位代表参加了本次年会。会议的主题是“面向创新，开放服务”。河海大学图书馆馆长高新陵教授作了“中美高校图书馆的交流与思考”的报告，东南大学图书馆副馆长李爱国研究馆员作了“泛在知识环境下的学术图书馆管理和服务变革”的报告，下午大会进行了分主题研讨，共有三个主题分会场，大会闭幕后，情报咨询专业委员会召开了本年度第二次全体委员会，对今后的工作和明年年会的召开等事宜进行了讨论，委员们所提出的积极性建议，将促进情报咨询专业委员会工作不断深入发展。（江苏省图书馆学会）

【中国矿业大学完成文献资源采购】 11月1日，中国矿业大学图书馆组织了徐州市9所高校数据库联合采购，完成了2010—2012年度中文图书招标。文献资料及数据库采购方面，中文图书19 033种，支出217.7万元，占文献经费的31.28%；外文图书1518种支出15.9万元，占文献经费比例2.29%；订购中外文数据库53个，支出265万元，占文献经费比例38.09%；中文报刊2921种支出52.1万元，外文报刊255种支出145.1万元，占文献经费比例28.34%。（江苏省图书馆学会）

【中国矿业大学完成数字化图书馆建设】 苏北地区文献中心完成互借量1600多份；学位论文采集1900份；学位论文采集、转换、收割1299份；多媒体视频数据库数据140条；矿物岩石图像样本数据库1900条；矿业工程数据库中会议论文数据库数据4800余条；矿业信息剪报数据库数据2020条。出具代检代查证明报告70份；进行馆际互借、文献传递6000多份；继续完成自建机构知识库与低碳新能源数据库的建设。完成了汇文4.0系统的升级。对《中国矿业大学图书馆百年发展历程》数据库进行了更新。（江苏省图书馆学会）

【盐城高校联合体文献资源共享研究】 盐城地区高校联合体文献资源共享服务平台于10月12日开始试运行。现已能有效实现馆际间的文献通借通还、文献传递、参考咨询等服务功能。该服务平台的正式运行标志着盐城师范学院图书馆、盐城工学院、盐城纺织职业技术学院、盐城卫生职业技术学院和明达职业技术学院等盐城地区高校图书馆文献资源共享工作进入实质性操作运行阶段，五所高校的教师、学生都可以得到馆际之间的文献资源共享服务，大大提升了盐城地区高校的文献资源建设能力和保障水平。（江苏省图书馆学会）

【盐城师范学院成功举办新书展示暨荐购活动】 12月8日至9日，盐城师范学院图书馆联合化学工业出版社和盐城新华书店股份有限公司在新长校区图书馆二楼大厅新书陈列室举办大型新书展示暨荐购活动。参加此次书展活动的有盐城教学联合体成员馆盐城工学院、盐城纺织职业技术学院、盐城卫生职业技术学院、明达职业技术学院图书馆；盐城市图书馆、盐城高等师范学校图书馆应邀参加了书展活动。此次，化工出版社参展的图书有五千多个品种，涉及专业有化学化工、机械电气、生物医药、材料能源等。（江苏省图书馆学会）

【江苏省高校图情工委读者工作委员会年会在江苏工学院隆重召开】 1月14日至16日“江苏省高校图情工委读者工作委员会2009年度年会”在江苏工学院图书馆召开，共有来自省内高校的110名代表参会，代表们就文献资源共享与服务创新展开了研讨，大会就“大学图书馆服务创新的思考与实践”、“区域流通系统运行情况、统计分析与思考”等主题做了专题发言。（江苏省图书馆学会）

【常州纺织服装技术学院图书馆成功举办首届读书月活动】 以“世界读书日，邀你一起来读书”为主题的常州纺织服装技术学院图书馆首届读书月系列活动于4月6日启动，5月19日闭幕。在历时一个多月的时间里开展了读书笔记、“爱读书、爱纺院”征文比赛、“我有好书对你说”演讲比赛、名人讲座、读者座谈会等一系列丰富多彩的活动。（江苏省图书馆学会）

【常州工程职业技术学院成功举办读书节活动】 4月14日，常州工程职业技术学院第三届读书节启动仪式在该院图文信息中心举行，该院党委李亚民副书记、陈炳和副院长、团委韦庆昱书记、图文信息中心营佳副主任及四百五十余名学生参加了启动仪式。此次读书节持续一个月，活动以阅读与欣赏系列讲座为主，包括“红楼梦之争”、“老子智慧与大学人生”、“屈原与《九歌》”等在内的7场讲座。（江苏省图书馆学会）

【常州轻工职业技术学院开展世界读书日活动】 4月21日，常州轻工学院图书馆创意与实践协会开展了“利用图书馆资源，倡导低碳阅读”的宣传活动。近年来学院图书馆积极引进了大量的数字资源，包括电子期刊、电子图书、VOD点播、多媒体学习系统等，已能基本满足师生的教学科研需要，为推广低碳阅读做好了保障工作。（江苏省图书馆学会）

【江苏技术师范学院图书馆成功举办“书库寻宝大赛”】 5月13日，由江苏技术师范学院校学生工作处、团委及图书馆联合主办的第八届读书节系列活动之一的“书库寻宝大赛”在江苏技术师范学院图书馆举办。比赛内容是在图书馆各楼层的书库内找书和图书上架。本次比赛共吸引了来自10个二级学院29名不同专业、不同年级的学生参赛，选手们都是自愿报名、积极参加比赛。所有参赛选手以小组为单位，2－5人为一组，共分为7个小组，每组完成的图书数量比例和难度系数相当，组内成员相互配合。（江苏省图书馆学会）

【常州机电职业技术学院图书馆成功举办读书节活动】 常州机电职业技术学院新图书馆正处在建设中，为营造一个舒适和谐的图书馆环境，同时让图书馆走进师生，亲近读者，学院馆自4月起在广大师生中开展“我心目中的图书馆”设计方案征集大赛。经过评委的筛选，最终评选出了一二三等奖各1名，鼓励奖若干。（江苏省图书馆学会）

【江苏大学科技信息研究所举办“living library”真人图书借阅活动】 5月12日，江苏大学科技信息研究所研究生分会和研究生科技情报委员会在图书馆二楼大厅举办了主题为“以人为书 分享智慧 江大薪火 传承你我”的“Living library”真人图书借阅活动。“Living Library”服务是近年来图书馆界逐渐兴起的一种全新的服务业务，它以借阅真人的方式，为用户提供智力帮助。本次活动分为保研篇、考研篇、英语篇、就业篇、科研篇五个方面，特别邀请了五位优秀的同学作为“living books”。“Living books”以自身的经历为基础，耐心细致地与学弟学妹们在求职、就业、考研、科研、英语学习等方面进行了面对面交流。“Living library”的活动形式十分新颖，吸引了很多同学前来参加，两个小时的活动，共收到书评四十余份。（江苏省图书馆学会）

【江苏大学新图书馆启用】 9月1日，坐落在新校区的江苏大学新图书馆开始接待读者。新图书馆是一座环境优美、实施完备，集“藏、借、阅、查、咨、育”六种功能为一体的省内一流、国内先进的现代化图书馆。总建筑面积43 969平方米。设计总藏书量约240万册，可提供阅览座位约4000个；有数据点约1500个，实现无线网络全覆盖；自助查询设备如影相随；多媒体阅览、电子阅览设施齐备、先进，空间开阔。与老馆相比，服务外延有了显著的扩张，服务内涵产生了质地飞跃，可为读者提供文献流通阅览、电子阅览、馆际互借、文献检索、定题服务、课题查新、参考咨询、文献传递等多类型、多层次服务。（江苏省图书馆学会）

【“沈括研究数据库”在镇江高等专科学校建成并正式投入使用】 镇江市高等专科学校图书馆采用现代化的技术手段自主策划开发了专题数据库——“沈括研究数据库”，该数据库经过前期准备、实施开发、测试三个阶段，历时一年建设成功并正式投放使用。该数据库是目前为止国内比较翔实完善的沈括研究和《梦溪笔谈》研究资料库。该数据库采用一站式服务的形式，全校师生员工只需通过校内图书馆网站就能进入沈括研究所的网站和沈括研究数据库的网站或直接登录网址 http://lib. zjc. edu. cn/skyj. htm 进入该数据库，便可进行免费查询和下载。（江苏省图书馆学会）

【镇江船艇学院图书馆启用 RFID 系统】 11月，改造后的镇江船艇学院图书馆投入使用。随之引进的全军第一家功能先进的 RFID 智能图书管理系统也正式与军内读者见面。作为无线射频技术在图书馆的运用，RFID 系统有效简化了工作流程，精确了图书定位，缩短了整架及借还书操作时间，提高了工作效率，并增强了读者的自主意识，图书馆因此能为读者提供更优质的服务。（江苏省图书馆学会）

【江苏科技大学图书馆与镇江市科技局开展科技查新合作】 江苏科技大学与镇江市科技局开展了科技查新合作，完成了数十个市级课题的查新任务。这批查新课题专业覆盖较广，有电子信息、农业、环境保护、交通运输等；申报单位有高校、国有企业、科研院所、合资企业、民营企业、政府机关；课题类型为镇江市农业科技支撑项目、镇江市工业科技支撑项目、镇江市社会发展科技支撑项目。通过开展合作科技查新活动，一方面利用了学校已有的信息资源，培养了图书馆信息咨询馆员的工作能力，为一线教学人员提供了教学案例，同时开启了图书馆为社会科技服务的新模式。（江苏省图书馆学会）

浙江省

【概述】 2010 年，浙江省高校图书馆事业得到了持续稳定的健康发展，具体体现在以下 5 个方面：

1. 办馆条件持续改善

（1）经费投入保持平稳。2010 年浙江省各高校对图书馆的经费投入稳定，根据 2010 年上报的数据统计，68 所图书馆的文献资源购置费总计约为 2.24 亿元，平均每个馆约为 335 万元。其中 1000 万元以上的馆有 5 所，500 万元以上有 6 所，400 万元以上的有 8 所。浙江省高校图书馆文献资源购置费虽然总体都有所增长，但馆际之间的差距还是比较大的，本科院校高的为 3000 多万元，低的只有几十万元；高职高专院校高的为 300 多万元，低的只有 30 多万元。

（2）网络化、数字化设施全面普及。2010 年各馆上报的数据表明，全省高校图书馆均已装备电脑、服务器等数字化、网络化设施，68 所高校图书馆共有网络交换机端口总数469 017个，馆均约 670 个；个人电脑（含笔记本电脑）约 14 900台，馆均约 219 台；服务器 899 台，馆均约 13.2 台；43 个图书馆拥有无线网；自建数据库 163 个。

2. 人员素质不断提高

浙江省高校图书馆通过人事制度改革、人员分类管理、机构调整与业务整合、人才的内培和引进等措施，加强了图书馆专业队伍的建设，使全省高校图书馆工作人员的整体素质得到了明显的提高。根据 2010 年 68 所高校图书馆上报的数据，正式在编工作人员 2221 人，其中高级职称 444 人，占 20%左右；博士 18 人、硕士 302 人、本科 1177 人，本科及以上学历人员占总人数的 67.4%；硕士研究生正成为我省高校图书馆近年来新进人员的主力军，拥有博士学位人员的高校图书馆也在逐年增加，高校图书馆的人力资源正在向知识化、专业化、高学历化方向快速发展。

3. 文献资源保障体系逐渐完善

浙江省高校图书馆始终坚持以需求为导向，以优化结构、形成特色、协调发展为原则，重视增量提质，注重馆藏结构的优化配置，不断提高文献资源质量。在纸质文献稳定增长的基础上，数字资源数量及品种大幅度增长，已逐渐形成较系统、完整的藏书体系和较科学、合理的馆藏布局。浙江大学图书馆探索学科分馆—业务部门—院系合作的采访模式；依托 CADAL 项目平台，启动了浙江大学图书馆电子样本建设；珍贵古籍再次入选国家古籍保护中心《国家珍贵古籍名录》，总数达到 159 部，跃居全国高校第三。另外，很多图书馆还开展了馆藏文献和院系资料室文献的书目回溯建库工作，推出了院系共建文献资源的举措，以实现全校文献资源的共建共知共享。

4. 服务工作开创新局面

浙江省高校图书馆逐步实现藏阅合一、全开架的服务模式，不断改善服务环境，延长开放时间，增设服务设施，创新服务内容与服务形式；积极开展多种方式的导读活动、读者咨询个性化服务、手机短信通知服务，增加读者外借图书册数，校区间图书实行通借通还，提供查新引证、文献传递和馆际互借服务；有的馆还启动了多层次、个性化的学科和情报信息服务，为学校决策和学科建设提供了咨询和支持。很多高校图书馆在做好为本校师生服务的同时，还积极地为行业和社会服务，得到了有关部门的好评。

5. 数字图书馆正式面向全省高校开通试运行

浙江省高校数字图书馆（ZADL）项目自2008年正式启动以来，历时三年的建设，于2010年12月27日正式面向全省高校开通试运行。目前，ZADL已建成较为完备的数字化文献信息资源库和全省高校图书馆文献资源联合目录，为资源共享奠定了基础。建立了全省自建特色资源从建设到服务的共建共享体系。ZADL省中心门户网站已完成资源统一检索、文献传递、虚拟咨询等多个服务子系统功能模块的设计、配置和安装；省中心完成门户与统一认证系统等安装部署，五个分中心已开通门户及相关功能试运行服务。ZADL的注册成员馆已经达64个，其中有56个成员馆开展了文献传递业务，注册用户达7377余个。2010年ZADL省中心和各分中心共为全省高校师生传递本馆缺藏的文献近1万篇（册）。项目组还组织了富有成效的培训活动，为浙江省数字图书馆的建设和有效推广利用做了较为充足的人才储备。（浙江省高等学校图书情报工作委员会）

【CADAL项目二期启动大会召开】 4月1日下午，大学数字图书馆国际合作计划（China Academic Digital Associative Library，CADAL）项目二期启动大会在浙江大学召开。中国工程院常务副院长潘云鹤、教育部副部长陈希、浙江省政协副主席盛昌黎、财政部教科文司副司长吴国生、文化部社会文化司巡视员刘小琴、教育部国务院学位委员会办公室副主任郭新立、教育部高教司副司长石鹏建、浙江省教育厅副厅长李鲁及高校图书馆馆长等120人出席启动大会。浙江大学党委书记张曦在启动大会上致辞，教育部副部长陈希、浙江省政协副主席盛昌黎发表了讲话。CADAL项目管理中心副主任、浙江大学计算机学院院长庄越挺教授做了“开创数字图书馆新局面”的主题报告。（浙江省高等学校图书情报工作委员会）

【浙江省高校图书馆馆长工作会议在温州大学图书馆召开】 5月19日—21日浙江省高校图书馆馆长工作会议在温州大学图书馆召开。各高校图书馆馆长、各专业委员会负责人等共90余位代表参加了会议。大会听取了浙江省高校图工委2010年工作报告和浙江省高校数字图书馆项目（ZADL）进展工作报告。会议期间，浙江大学图书馆副馆长马景娣、温州医学院图书馆副馆长吴岱莉、嘉兴学院图书馆馆长凤元杰、浙江传媒学院图书馆副馆长王志华、浙江水利水电专科学校图书馆馆长张义军在大会上做工作交流。会议还邀请了中山大学图书馆馆长程焕文教授作题为“大学的精神与高校图书馆使命”的报告。（浙江省高等学校图书情报工作委员会）

【“浙江省高职高专图书馆馆长研讨会暨ZADL服务组宣传推广与服务创新专题会议”在杭州举办】 6月10日—11日，省高校图工委高职高专分委员会和省高校数字图书馆（ZADL）项目服务中心服务组在杭州举办“浙江省高职高专图书馆馆长研讨会暨ZADL服务组宣传推广与服务创新专题会议”。省高校图工委副主任何立民、高跃新，省高校图工委高职高专分委会主任黄力军、副主任韩惠琴、方树红，ZADL服务组组长、浙江大学图书馆副馆长章云兰出席会议并致开幕词。来自全省高职高专院校图书馆馆长、部主任等55位代表参加了会议。会议重点围绕图书馆读者服务工作，ZADL文献传递、虚拟参考咨询、数字资源利用等问题进行了交流和探讨。（浙江省高等学校图书情报工作委员会）

【第三届教育部高等学校图书情报工作指导委员会高职高专工作组第二次委员工作会议在宁波召开】 6月21日—22日，第三届教育部高等学校图书情报工作指导委员会高职高专工作组第二次委员工作会议在宁波召开。会议主要审议了“高职高专图书馆建设指南”（讨论稿）；讨论

2010年全国高校图书情报工作指导委员会高职高专工作组年会筹备工作等事宜。本次会议由全国高校图书情报工作指导委员会高职高专工作组主办，浙江省高校图工委高职高专分委会和宁波城市职业技术学院承办。（浙江省高等学校图书情报工作委员会）

【“应对文献数据库涨价”联合工作会议在浙江大学召开】 10月15日，省高校图工委在浙江大学召开了全省高校图书馆“应对文献数据库涨价”联合工作会议。浙江大学、浙江工业大学、浙江师范大学、浙江工商大学、宁波大学、浙江理工大学、杭州电子科技大学、中国计量学院、浙江海洋学院、温州大学、浙江农林大学、杭州师范大学、嘉兴学院等13所高校负责资源建设的主管馆长及采访主任参加了会议。会议通报了SD联合工作组“应对文献数据库涨价联合会议”精神和会议确定的统一行动部署，以及各省高校图书馆采取的抵制行动。经过慎重讨论，与会图书馆在应对文献数据库涨价方面达成共识。（浙江省高等学校图书情报工作委员会）

【2010年省高职高专院校图书馆馆长工作会议在金职院召开】 10月28日—30日，2010年浙江省高职高专院校图书馆馆长工作会议在金华职业技术学院举行。来自全省39所高职高专院校图书馆馆长、业务骨干等69人参加了会议。会上，有关人员就《浙江省高职高专图书馆建设指标体系》的调研工作作了阐述说明，对分委会一年来的工作进行了通报总结，并通报了《浙江省高职高专图书馆建设指标体系》调研工作的具体安排。宁波职业技术学院、温州职业技术学院分别就各自图书馆的发展特色作了经验介绍。会议期间，上海工商外国语职业技术学院图书馆馆长刘青芬和上海建桥学院信息图文中心副主任周柏康分别就“上海高职高专图书馆十年发展的回顾与展望”和“信息共享空间”两个主题作了专题报告，并和浙江省各院校馆长交流了建设经验。与会代表还就加强图书馆建设进行了广泛的交流。（浙江省高等学校图书情报工作委员会）

【“期刊评价与期刊信息服务学术研讨会”在浙江大学宁波理工学院召开】 11月11日—12日，由省高校图书情报工作委员会期刊专业委员会主办，浙江大学宁波理工学院承办的“期刊评价与期刊信息服务学术研讨会”在浙江大学宁波理工学院召开。来自全省高校和公共图书馆系统的近100位代表参加了会议。会上，浙江大学宁波理工学院图书馆馆长赵继海研究馆员、杭州万向职业技术学院图书馆馆长叶新明研究馆员、浙江大学图书馆医学分馆馆长陈益君研究馆员、浙江师范大学图书馆研究馆员方宝花、浙江大学图书馆工学分馆馆长吕慧平博士、宁波大学图书馆副研究馆员但旺、浙江树人大学图书馆余丰民分别作题为“当前图书馆发展中的若干热点问题”、“开放存取期刊的现状与思考”、“科研绩效与人才评估的若干问题探讨”、“网络时代期刊信息资源建设需审视的若干问题”、“期刊评价新指标体系研究”、“期刊学科服务的理念与设想”、“《图书馆》2005－2009年学术影响力评价”等学术报告。（浙江省高等学校图书情报工作委员会）

【浙江省高校图书馆第二次青年学术研讨会在浙江工业大学举行】 11月19日，由浙江省高校图书情报工作委员会主办，浙江工业大学图书馆承办的“浙江省高校图书馆第二次青年学术研讨会”在浙江工业大学举行。来自全省各高校图书馆的青年馆员代表约140余人参会，共同切磋探讨工作实践中的热点和难点等问题。浙江工业大学图书馆馆长何立民研究馆员主持开幕式，浙江省教育厅高教处、浙江省高校图情工委领导出席会议并讲话。学术研讨会共收到省内高校图书馆选送的学术论文26篇，经专家评委会评选，最终评选出12名获奖者。会议还邀请了宁波大学图书馆书记兼副馆长刘柏嵩研究馆员作题为《美国图书馆掠影与图书馆科研浅谈》的专题报告。（浙江省高等学校图书情报工作委员会）

【浙江省高校数字图书馆正式开通试运行】 12月27日上午，浙江省高校数字图书馆（以下简称ZADL）项目在浙江大学紫金港校区国际会议中心隆重举行开通仪式。省委教育工委书记、省教育厅厅长刘希平，省委教育工委副书记、省教育厅副厅长李鲁出席开通仪式。浙江大学副校长罗卫东、省教育厅副厅长李鲁分别在大会上致辞。来自ZADL建设领导小组、ZADL建设委员会成员、全省高校图书馆的馆长与项目建设参与公司代表等200余人参加了开通仪式。ZADL项目于2008年正式立项启动，历时三年的项目建设工作顺利完成，已基本形成覆盖浙江全省高校的分布式数字资源网，由ZADL省中心（浙江大学图书馆）和滨江（浙江中医药大学图书馆）、宁波（宁波大学图书馆）、温州（温州医学院图书馆）、下沙（浙江理工大学图书馆）、小和山（浙江工业大学图书馆）五个分中心负责向全省高校提供数字图书馆服务。（浙江省高等学校图书情报工作委员会）

安徽省

【安徽省高校图工委高职高专委员会召开“管理与服务创新工作经验交流会”】 6月17日—20日，安徽省高校图工委高职高专委员会举办的“管理与服务创新工作经验交流会”在安徽电气工程职业技术学院召开，来自全省44所高职高专院校图书馆馆长及特邀代表近70人参加了会议。省教育厅高教处梁祥君、省高校图工委秘书长许俊达和安徽省图书馆学会秘书长张海政应邀出席会议并讲话。高职高专委员会秘书长丁传丰传达了第三届教育部高等学校图书情报工作委员会高职高专组第一次工作会议精神。安徽职业技术学院图书馆、淮北职业技术学院图书馆和安徽警官职业学院图书馆的馆长分别就图书馆开展管理与服务创新实践做主题发言，与会者进行了深入交流。（安徽省图书馆学会　张海政　武巍泓）

【淮南地区第一届图书馆电子信息资源建设交流会召开】 7月18日下午，淮南地区图书馆电子信息资源建设交流会在安徽理工大学图书馆召开，来自淮南地区6所高校和公共图书馆的馆长以及资源建设部门负责人出席了会议。副校长刘泽功教授出席会议并致辞。校图书馆馆长马芹永教授主持会议，并介绍了学校电子信息资源建设的经验和主要做法以及基于电子信息资源开展科技查新等各项深层次信息服务的情况。淮南师范学院图书馆张文凤馆长结合师范学院图书馆的特点介绍了“共享特色文化、构建书香校园”，开展“书馆－书房－书香”的图书馆文化活动的经验，以及师范学院电子资源建设和利用情况；淮南市图书馆、淮南职业技术学院图书馆、淮南联合大学图书馆等与会馆长结合各自图书馆电子资源建设和服务的现状和师生对电子资源需求等情况，提出了淮南地区电子资源共建共享的建议。此次交流会对促进本地区图书馆电子信息资源的建设和发展具有推动作用。（安徽省图书馆学会　张海政　武巍泓）

【安徽省高校图书馆馆长会议召开】 10月29日，由安徽省高校图工委主办的安徽省高校图书馆馆长会议在安徽大学图书馆文典阁隆重召开。安徽省高校图书馆馆长及特邀嘉宾96人参加了会议。安徽大学图书馆馆长李霞教授主持开幕式，安徽大学副校长吴春梅教授出席开幕式并致词。安徽省教育厅高教处处长储常连就高校数字图书馆建设问题召集相关图书馆负责人进行讨论；副处长张庚家介绍了安徽省高校图书馆事业近几年的整体发展概况。中国科技大学图书馆副馆长田乐胜、合肥工业大学图书馆馆长柳炳康、安徽师范大学图书馆馆长庄华峰、安徽大学图书馆副馆长林泽明分别就高校图书馆的文献资源建设、人才队伍建设、图书馆文化建设以及文献资源共建共享等问题做了主题发言。（安徽省图书馆学会　张海政　武巍泓）

【安徽财经大学图书馆首次召开科研成果表彰会】 1月15日上午，安徽财经大学图书馆首次召开图书馆科研成果表彰会，徐松馆长就图书馆员工2009年度取得的丰硕科研成果作了总结和点评。2009年全馆员工在学术研究方面取得了丰硕学术成果，共发表论文15篇；在省级图书情报学术研讨会上获奖6个，主持和参与省部级以上课题7个，其中一项获得国家规划办社科基金立项，实现了国家级课题零的突破。为进一步以科研促发展、促管理，以科研促进服务质量和人才质量的提高，图书馆出台了《图书馆科研成果奖励办法（试行）》，对职工的科研成果进行奖励。会上，徐馆长向获得2009年度图书馆科研标兵的沈小玲同志颁发了荣誉证书。（安徽省图书馆学会　张海政　武巍泓）

【中央政治局委员、国务委员刘延东视察安徽财经大学图书馆】 5月15日下午，中央政治局委员、国务委员刘延东在省市有关领导的陪同下到安徽财经大学图书馆视察，先后视察了二楼借阅大厅、电子阅览室、开架书库和古籍书库。在电子阅览室和开架书库，刘延东和正在学习的同学们进行了亲切交谈，勉励同学们充分利用图书馆，努力学习，提高自己的能力和水平，报效祖国。最后刘延东同志在图书馆题词簿上签名留念。（安徽省图书馆学会　张海政　武巍泓）

【安徽财经大学图书馆一项教育部课题获准立项】 11月，安徽财经大学图书馆夏冬泓申报的“财税权体系重构下的事权财权匹配研究”获2010年教育部人文社科一般项目课题立项。（安徽省图书馆学会　张海政　武巍泓）

【英国Teesside大学代表团访问安徽财经大学顺访图书馆】 11月2日至3日，应安徽财经大学丁忠明校长邀请，英国Teesside University常务副校长Caroline Macdonald一行三人对安徽财经大学进行友好访问。校长丁忠明，党委副书记陈年红，副校长王建刚、陈忠卫会见代表团一行，双方围绕有关合作事宜进行了会谈，并签署了合作谅解备忘录。访问期间，代表团一行还参观了校图书馆、教学楼、实验楼、艺术学院实验室等。（安徽省图书馆学会　张海政　武巍泓）

【安徽医学高等专科学校图书馆新馆大楼主体结构封顶暨安徽天成公司捐赠图书仪式隆重举行】 11月9日，安徽医专图书馆新馆大楼主体结构封顶暨安徽天成公司捐赠图书仪式在图书馆建设工地隆重举行。省委委员、省卫生厅党组书记、厅长高开焰等有关领导以及学校党政领导班子全体成员出席仪式。安徽天成公司董事长张开元代表承建方致辞并向学校捐赠30万元图书款。安徽医学高等专科学校图书馆总面积为1911.8平方米，高度为46.5米，地上11层，地下1层。工程奠基仪式于1月19日举行。（安徽省图书馆学会　张海政　武巍泓）

【安徽大学图书馆“文典讲坛”首期开讲】 3月30日晚，由安徽大学图书馆主办的系列学术讲座——“文典讲坛”首期在磬苑校区文典阁一楼开讲，校党委书记、中国文字学学会会长、著名文字学专家黄德宽教授应邀做题为“汉字谈美：典雅·巧思·韵律”的学术讲座。黄教授从汉字的起源、发展，汉字在现代中国的命运，汉字所蕴藏的意蕴，以及书法艺术的魅力等方面做了深入浅出的讲解；还以板书配合多媒体演示文档，带领大家鉴赏古文字、领略汉字之美，并与现场学生进行了热烈互动。内涵丰富的讲座受到听众的热烈欢迎。（安徽省图书馆学会　张海政　武巍泓）

【安徽大学“儒林图书奖学金”颁奖】 11月15日，2010安徽大学“儒林图书奖学金”颁奖仪式举行。为回报社会、支持教育、培养人才，安徽省儒林图书有限公司在安徽大学图书馆勤工俭学学生中设立了“安徽大学儒林图书奖学金”。李永成等30名同学获得2010年安徽大学“儒林图书奖学金”奖励。（安徽省图书馆学会　张海政　武巍泓）

【安徽高校Springer、EBSCO集团用户会议在中国科技大学图书馆举行】 4月15日上午，由北京中科进出口有限责任公司等公司与中国科学技术大学图书馆联合举办的安徽高校Springer、EBSCO集团用户培训会议在中科大西区图书馆举行。来自安徽各参建高校的70余人参加会议。会上，北京中科进出口有限责任公司业务主管颜旭英等分别对Springer、EBSCO项目进展做了详细介绍和展示；高校图书馆代表就使用数据库遇到的问题与专家进行了交流探讨。本次会议对于国外知名数据库更好地应用于安徽省高校的教学科研有积极推动作用。（安徽省图书馆学会　张海政　武巍泓）

【中国科技大学图书馆举办汤森路透“高校创新之旅”安徽站活动】 4月15日下午，由中国科学技术大学图书馆和汤森路透科技与医疗集团联合举办的“高校创新之旅”安徽站活动，在科大西区图书馆隆重进行。来自安徽省各大高校图书馆的领导、资源建设及相关人员受邀参加。汤森路透科技与医疗集团的张帆女士和王利先生分别做了题为“充分利用ISI Web of Knowledge的功能深化图书馆服务”和“利用Web of Science及科学计量学工具为科研管理服务”的报告。科大图书馆咨询馆员郭磊作为用户代表，以本校“985工程”建设十年与世界名校对比定量分析为例，介绍了使用ISI Web of Knowledge的经验。参会人员就使用ISI Web of Knowledge过程中遇到的问题进行了广泛交流。ISI Web of

Knowledge 平台可以有效地运用于科研绩效评价，不仅有助于高校学术及科研管理水平的提升与发展，而且可以进一步深化图书馆的服务。（安徽省图书馆学会　张海政　武巍泓）

【中国科技大学图书馆参与发起成立“中国科大讲座网”】 4 月，“中国科大讲座网”宣告成立。“中国科大讲座网”（USTC-Lecture Hall）是由该校“学余探索”团队发起，中国科大图书馆提供硬件等支持，伴随着校园信息化应运而生的服务型公益网站。定位于汇集科大校园里的所有讲座信息，使科大师生人人受益。（安徽省图书馆学会　张海政　武巍泓）

【中国科技大学图书馆积极参加科技周活动】 5 月 15 日—16 日，以“携手建设创新型国家”为主题的第十届科技活动周在中国科技大学举行。中科大图书馆员工和图书馆志愿者协会的 25 名志愿者积极参与了科技周对外开放活动，帮助前来参观的公众走进图书馆，了解图书馆的文化和科普知识，提高公民科学素质。图书馆参与的主要活动有：接待社会公众参观图书馆中外文科技书库、特藏书库（含珍贵古籍特藏）、数字资源、网络控制中心等场所和设施，由专业工作人员进行介绍，并解答参观者的各类问题；安排科普报告，如“网上冲浪——常用搜索引擎检索技巧介绍”、“‘追求阅读乐趣，享受数字生活’——中学生常用数据库介绍”、“了解我们的图书馆——中国科学技术大学图书馆资源简介”等。本次科技周图书馆共接待 3000 多名来自省内各地大、中、小学学生以及社会公众，大家对图书馆组织的丰富多彩的活动和志愿者热情专业的服务给予了高度赞扬。（安徽省图书馆学会　张海政　武巍泓）

【中国科学技术大学召开图书馆“985”建设及创新服务研讨会】 11 月 11 日，中国科学技术大学张淑林副校长主持召开了图书馆“985”建设及创新服务研讨会。研究生院、图书馆负责人及相关部门业务骨干参加了会议。会上，图书馆副馆长田乐胜汇报了图书馆在“985 工程”支持下未来十年的建设重点与发展方向。张淑林副校长认真听取汇报后就“渗透式服务”的具体内容提出了意见和建议。研究生院副院长古继宝、学科建设办公室主任曹一雄等分别就图书馆如何进行研究生课程教学设置、参与研究生创新能力培养及图书馆自身学科建设、“985 工程”图书馆建设计划和新馆规划布局等提出了建议和意见。近年来，中国科技大学图书馆在完善传统服务的同时，不断深化服务形式和内容。在“985 工程”、研究生创新计划的大力支持下，先后于 2008、2009 年开展了图书馆服务月活动，活动形式包括新生培训、专家讲座等，内容紧密结合学生需求，如论文写作、开题文献检索指导等，每年活动吸引近 5000 名学生参加。2009 年，图书馆又探索主动服务的新形式——学科馆员主动走进实验室、进入课题组，在科研人员的身边为他们解决文献检索方面的困惑。2010 年起，图书馆将培训工作常态化，每月、每周都开展培训讲座；学科馆员继续深入课题组、实验室为教学科研人员提供文献信息服务，1 个学科馆员负责 3 个课题组或实验室，1 个课题组或实验室由 3 个学科馆员提供服务；同时还为学校在人才引进、专利事务方面提供文献评价指标和依据。“渗透式服务”引领图书馆不断前行。（安徽省图书馆学会　张海政　武巍泓）

【安徽农业大学图书馆“世界读书日”举办多彩系列活动】 4 月 23 日，在第 15 个“世界读书日”到来之际，安徽农业大学图书馆开展了“共建书香校园，共享信息服务”为主题的系列活动，内容有：面向全校师生征集图书馆徽设计方案，数据库培训走进院系，外文书籍展销、专业数据库培训讲座和第二届学生读书报告会等活动。本次系列活动不仅让更多的师生对图书馆的资源和功能有了进一步的了解，也有助于提高图书馆的服务水平，受到各学院老师和同学们的欢迎和好评，取得圆满成功。（安徽省图书馆学会　张海政　武巍泓）

【黄山学院图书馆“皖新传媒”杯征文大赛落幕】 4 月 27 日下午，为纪念第 15 个“世界读书日”，由黄山学院图书馆与皖新传媒黄山新华书店有限公司共同举办的“皖新传媒”杯征文大赛颁奖典礼在逸夫图书馆二楼报告厅隆重举行。黄山学院副院长樊嘉禄、图书馆馆长方春生、皖新传媒黄山新华书店有限公司董事长兼总经理肖金和等出席颁奖典礼，并向获奖者颁奖。本次征文大赛活动得到了学校广大师生的积极响应，共收到175篇征文作品，最后评出30篇征文获奖。“皖新传媒”杯征文大赛为进一步倡导广大学生形成良好读书习惯，营造出浓郁的校园读书氛围起到了积极推动作用。（安徽省图书馆学会　张海政　武巍泓）

【黄山学院图书馆徽州文书博物馆正式开馆】 7月6日，历时6个多月完成布展的黄山学院图书馆徽州文书博物馆正式开馆。图书馆从4万多份文书中精选出260多份文书资料公开展示，展品很好地突出了徽州文书内容丰富、学术价值高、形式多样、历史跨度长等特点。截至年底，徽州文书博物馆已接待领导、专家、学者和在校师生等各类参观者700多人次。（安徽省图书馆学会　张海政　武巍泓）

【解放军电子工程学院图书馆举办读书月系列活动】 4月，为配合第15个“世界读书日”，解放军电子工程学院图书馆组织开展了“阅读丰富人生，共建和谐校园”读书月系列活动。活动包括有奖征文、优秀征文展示、馆藏数字资源利用讲座、“激活沉睡的借书证”、图书捐赠、招募义务馆员、总结表彰等，此次活动获得全院师生的好评，有效地激发了师生的读书热情，充分发挥了图书馆素质教育的作用。（安徽省图书馆学会　张海政　武巍泓）

【淮北师范大学图书馆开展第15个“世界读书日”系列活动】 4月，为迎接第15个“世界读书日”，淮北师范大学图书馆开展了系列活动，主要内容有：“最是书香能致远 读书之乐乐无穷”签字活动、“世界读书日”知识和优秀图书推荐、馆长接待日、科教知识片欣赏、名家讲座及图书和读者排行榜评选、图书馆文明宣传周等七项。旨在培养广大师生良好的读书习惯，营造良好的读书氛围，进一步推动学校“书香校园、文化校园”建设。（安徽省图书馆学会　张海政　武巍泓）

【安徽师范大学图书馆多项课题获准立项】 6月，安徽师范大学图书馆有1项国家社科基金课题、2项省部级课题获准立项。（安徽省图书馆学会　张海政　武巍泓）

【宿州学院图书馆与宿州市作家协会共建地方文学库】 6月26日，宿州学院图书馆与宿州市作家协会共建地方文学库仪式在学院东校区隆重举行。30余名宿州市作协省级以上作家协会会员作家携带著作出席了共建仪式。宿州市作家协会共向学院图书馆捐赠图书近500册。（安徽省图书馆学会　张海政　武巍泓）

【戴兴华先生向宿州学院图书馆捐赠清代古籍1部】 11月8日，原政协宿州市埇桥区文史委主任戴兴华先生向宿州学院图书馆捐赠清代古籍《左传注疏本附校勘记》1部。该书为清嘉庆二十年（1815年）江西南昌雕版印刷，清同治十二年（1873年）江西书局重修，距今已有近140年的历史。全书共60卷，分装成31册（线装，现存30册），具有较高的版本、学术及文物价值。（安徽省图书馆学会　张海政　武巍泓）

【铜陵学院图书馆申报专项资金及课题获准立项】 7月，在“中央财政支持地方高校发展专项资金”项目申报中，铜陵学院图书馆申报的“铜陵数字图书馆工程”获准立项，该项目获得专项资金670万元。9月，在2009—2010年度安徽省哲学社会科学规划项目申报中，铜陵学院图书馆研究馆员张寒生的“信息分化与弱势群体的信息贫困化研究”课题获准立项。（安徽省图书馆学会　张海政　武巍泓）

福建省

【概况】 2010年，福建省共有高等院校81所，其中本科23所、高职高专55所、成教3所。全省高校图书馆（不含独立学院和院系资料室）馆舍总面积约110万平方米，在编人员总数1700多人，文献资源购置费1.5亿元（其中电子资源购置费4500万元），纸质文献总量约4100万册，外借书刊约1300万册次，本科高校图书馆电子资源下载量达3600万篇次。

【福州地区大学新校区（大学城）文献信息资源共建共享取得新进展】 2010年，为促进福州大学城新校区文献信息资源共享，福州大学、福建师范大学、福建医科大学、福建中医学院、福建工程学院、福建江夏学院、福建农林大学和闽江学院等高校逐步推行“一卡通”，实现新校区各校图书馆之间开放借阅。自1月20日起，福建医科大学图书馆与福建中医学院图书馆作为首批试点，其他高校图书馆陆续跟进。福建省教育厅、福建省高校图工委分别于4月、5月、8月、9月召开4次有关福州地区大学城新校区文献信息资源共建共享会议，并于4月、12月组团赴宁波、广东调研考察。福建省教育厅、福建省财政厅于11月联合发出《福建省教育厅、福建省财政厅关于进一步推进福州地区大学新校区教学资源共享建设工作的通知》，决定建设设在厦门大学的CALIS（中国高等教育文献保障系统）福建省中心与设在福州大学的CALIS福州大学城共享域中心，促进文献信息联合保障体系建设和资源共享，共建共享平台建设首批经费1000万元。同时决定成立"福州地区大学新校区文献信息资源共建共享协调工作小组"，下设元数据建设、通用服务支撑、引进数据库、网上服务等4个专业工作组，分别依托厦门大学、福州大学、福建师范大学和福建中医药大学组织实施。（福建省高校图工委秘书处）

【福建省地方(师范)高等院校图书馆2010年协作年会召开】 5月11日—13日，福建省地方（师范）高等院校图书馆2010年协作年会在宁德师范学院召开，全省10多所地方（师范）高校图书馆馆长或代表出席会议。本届年会以"提升图书馆服务能力与效益，促进地方（师范）高校协作与发展"为主题，同时还构建推出具有福建省创新特色的"福建省地方（师范）高等院校图书馆书目联合导航实验网"。（郭毅）

【福建省高职高专图书馆馆长2010年会召开】 5月25日—30日，福建省高职高专图书馆馆长2010年会在宁德市召开，全省50余所高职高专图书馆馆长及部分本科院校图书馆馆长60余人出席，并特邀福建省社科院文献信息中心刘传标主任作"高职高专信息资源服务于海峡西岸经济区建设"专题报告。（郭毅）

【文献信息资源共建共享报告会在福州大学图书馆举行】 11月5日，文献信息资源共建共享报告会在福州大学图书馆举行。福建省高校图工委组织福州地区及部分省内高校图书馆馆长、业务骨干约200人参加报告会，特邀CALIS管理中心副主任、北京大学图书馆副馆长陈凌研究馆员作"普遍服务——CALIS三期建设"专题报告。（郭毅）

【福建省高校图书馆2010年期刊工作研讨会召开】 11月29日—30日，福建省高校图书馆2010年期刊工作研讨会在福建医科大学召开，全省36所高校图书馆代表56人参加会议。会上成立了省高校图工委期刊工作专业委员会。会议主题为"新时期期刊工作面临的机遇与挑战"，共收到论文17篇。（郭毅）

【"福建省高等学校图书馆专题特色数据库"项目建成验收】 福建省教育厅从2006年开始投资启动"福建省高等学校图书馆专题特色数据库"项目建设，9所高校共13个立项项目于2010年12月建成验收，数据规模总量约100万条。（郭毅）

【"福建师范大学图书馆馆藏教师著述数据库"建成运行】 4月，"福建师范大学图书馆馆藏教师著述数据库"建成并提供上网检索。该数据库整理福建师大教职工自1972年学校复办以来至2006年期间撰写和参编的学术著作，完成数据资源整合、加工和服务。共收录著作书目4551条，提供"院系、著作名称、作者、出版时间、出版单位、ISBN、索取号、分类号"等多个检索途径，实现与方正Apabi电子图书数据库、中数图中文电子图书库的链接。（福建师范大学图书馆）

【福建师范大学图书馆召开纪念4·23"世界读书日"报告会】 4月22日，由福建省社科联、福州市委文明办主办，福建省阅读学会、福建师大图书馆承办的纪念4·23"世界读书日"报告会在该馆学术报告厅召开。邀请省文史研究馆馆长卢美松编审等专家学者，围绕"弘扬传统文化、构建和谐社会"主题作精彩报告。福建师大图书馆、福建省燎原行动领导小组办公室、省新农村文化建设促进会、省众人公益志愿者社团的代表、工作人员以及社会历史学院和文学院学生近300人参加。（福建师范大学图书馆）

【福建师范大学图书馆积极参与福建师大第

四届读书节】 在4月举办的福建师范大学第四届读书节活动中，福建师大图书馆主办、社会历史学院图书馆学系2008、2009级承办的“你选书，我买单”活动于4月23日—29日在该校新校区图书馆举行，现场展出最新出版的100本图书信息，学生可以在投票处或网络投票点投票，图书馆根据投票结果及时购买并投入流通，此外也可根据个人爱好推荐其他图书。4月30日在旗山校区图书馆举办“学者推荐书目”活动，校内20余位教授推荐的阅读书目在大型展板上展示。（福建师范大学图书馆）

【第21届东南地区师范大学图书馆馆长协作会在福建师范大学召开】 11月14日—15日，第21届东南地区师范大学图书馆馆长协作会在福建师范大学召开。来自南京师范大学、上海师范大学、湖南师范大学、山东师范大学、安徽师范大学、安徽师范大学皖江学院、浙江师范大学、广西师范大学、山东曲阜师范大学、海南师范大学等图书馆的近20位代表出席协作会，围绕师范大学图书馆特色资源数字化建设和图书馆文献资源共享与服务模式展开探讨。（福建师范大学图书馆）

【习近平副主席视察福州大学图书馆】 9月4日下午，中共中央政治局常委、中央书记处书记、国家副主席习近平，在中共福建省委书记孙春兰陪同下到福州大学图书馆视察。习副主席首先参观了图书馆大门口的卢嘉锡塑像，听取张文德馆长对福大图书馆整体情况以及所获鲁班奖等介绍。进入图书馆大厅后，习副主席参观了图书馆的自助借还机，学生现场对自助借还机进行了演示。在三楼书库，习近平副主席观看了检索机的实际操作，并与正在图书馆学习的大学生亲切交谈。（福州大学图书馆）

【福州大学图书馆开展第七届读者优质服务月暨第六届读书节活动】 10月至11月，福州大学图书馆开展了以“争创一流、争当先锋”为主题的第七届读者优质服务月暨第六届读书节活动，评选“服务之星”、“技术能手”和“党员示范岗”，开展“学习身边优秀共产党员征文比赛”、“图书馆文化创意征集”、文学讲座、名片名著导读等活动；以教师和学生为对象召开两场读者交流会，举办一场图书馆业务知识技能竞赛，与勤工俭学学生馆员共同举办一场精彩的文艺演出。12月8日下午，隆重召开第七届读者优质服务宣传月、第六届读书节闭幕式暨表彰大会。（福州大学图书馆）

【福州大学图书馆加强读者服务工作】 2010年，福州大学图书馆通过多项措施加强读者服务工作。①实行全天候全开架一站式服务，实现服务与现场咨询无缝对接。②添置自助检索机和自助借还机，开展通还通借等服务。③开设通宵自修室，专人管理并提供开水和网络服务。④在综合阅览室设立考研专区，将馆内与考研相关的图书资料集中于此并配备电脑，安装银符考试数据库。⑤开设学生研究室，供获得大学生SRTP创新性实验计划项目及其他研究课题的学生和团队使用。⑥开展在线参考咨询，通过电话、FTP、E-mail等远程传输方式答疑解惑，提供网上预约借书等服务。⑦开展学科化、个性化服务，提供文件下载、书后光盘拷贝等服务。（福州大学图书馆）

【福州大学图书馆导读中心工作成绩显著】 图书馆导读中心长年坚持“三个一工程”，即：每周四晚上举办一场讲座，每周五晚上举办一场影视鉴赏，每周六晚上举办一场网上沙龙。截至2010年11月，导读中心组织的“新知讲坛”已累计举办223讲，其中2010年举办15讲。此外还举办图书漂流、文明图标设计创意征集、“4·23”世界读书日系列活动、“好书我来推荐”、读书交流、“书记与我们谈读书”等活动。（福州大学图书馆）

【福州大学图书馆加强情报学硕士点建设】 图书馆情报学硕士点招生规模逐年扩大，教学质量稳步提高。2010年，师生共申请到20余项研究课题，其中国家级3项、省级12项；发表论文199篇，其中核心刊53篇，研究生发表40篇；为全校学生开设15门课程（其中本科生1门，研究生14门），当年选课学生2000多人次，已形成良好的教学科研一体化态势。（福州大学图书馆）

【福建农林大学图书馆实行勤工助学新模式】

图书馆于10月23日召开2010年度学生馆员工作会议，正式成立学生馆员工作部，现有勤工助学学生216人实行自主管理。（福建农林大学图书馆）

【福建农林大学图书馆举办读书日、读书月活动】 4月23日至5月23日，图书馆与海外学院、学生社团联合举办以“书·成长”为主题的“读书日”、“读书月”活动，包括：晨读1小时，越洋图书城新书展示荐购，“一页知书”（选择图书馆中200种以上图书摘要制作书签），外语学习系列讲座，文学类社团交流会，大学生必读经典著作评选和书评征集活动。6月27日下午，南平校区图书馆还举行“世界读书日”征文获奖作品颁奖活动。（福建农林大学图书馆）

【福建农林大学图书馆承办福建省立农学院建院70周年纪念展】 8月，图书馆利用暑假会同校宣传部、档案室等部门，负责档案材料收集、整理和设计、施工、布展等各项工作，圆满完成“福建省立农学院建院70周年纪念展览馆”建设任务。9月6日，全国人大常委会副委员长、民进中央主席、中央社会主义学院院长严隽琪，省人大副主任袁锦贵，省政协副主席张帆，民进中央办公厅主任高友东等领导在福建省、三明市、福建农林大学等负责人的陪同下，出席福建省立农学院创办人严家显铜像安放仪式和福建省立农学院建院70周年纪念展开幕式并参观了纪念展览。（福建农林大学图书馆）

【福建农林大学承办全国林业高校图工委第19次会议】 9月17日—19日，福建农林大学承办了全国林业高校图工委第19次会议。13个涉林院校图书馆43位代表参加会议。会议以“和谐图书馆建设”为主题，收到论文50篇。（福建农林大学图书馆）

【福建中医药大学图书馆举办“世界读书日”系列活动】 4月20日—25日，福建中医药大学图书馆为纪念“世界读书日”，与校读者之家、校书画协会联合举办了“让我们一起来读书吧！”、“世界读书日”宣传活动，“嫦娥奔月神州华彩”科普报告，“图书馆纸质文献区域流通”推广、咨询，“污损图书展”以及“中医方歌”书画大赛。共有2000余名学生参与。（福建中医药大学图书馆）

【福建中医药大学图书馆承办“中国中医药文献检索中心工作研讨培训会议”】 5月25日—28日，福建中医药大学图书馆承办了“中国中医药文献检索中心工作研讨培训会议”，全国19个省近30家单位75位专家学者参加。同时举办“中医药科技查新综合实力竞赛”，该馆文献检索中心团队荣获团体第二名，被授予“中医药行业优秀查新单位”称号。（福建中医药大学图书馆）

【福建中医药大学图书馆举办第六届读书月活动】 10月17日至11月20日，福建中医药大学图书馆与校团委联合，举办了以“杏林书香陶冶心灵 创先争优提升品行”为主题的第六届读书月活动，包括“杏林杯”搜书大赛；“创先争优”主题展，同时推荐相关优秀图书；“心灵书语”读者互动；优秀电影展播；数字资源宣讲，共举办4场专题数据库推广及1场信息检索技能培训；计算机技能大赛；“书香班级”、“读书之星”评选。（福建中医药大学图书馆）

【福建江夏学院图书馆举办首届读书月系列活动】 4月19日至5月31日，福建江夏学院图书馆举办了以“阅读？文明？进步”为主题的首届读书月系列活动。内容包括：“阅读之星”评选、书目推荐、“我与图书馆”征文、读者满意度调查、读者座谈会、系列讲座及看电影学英语等。截至5月底，参与读者2001人次。还邀请中国科学院空间中心研究员、原中国载人航天应用系统总指挥张厚英教授、福建师大图书馆馆长方宝川教授、福州大学图书馆馆长张文德教授等专家作学术报告。（福建江夏学院图书馆）

【福建交通职业技术学院图书馆搬迁新馆】 6月10日，福建交通职业技术学院图书馆新馆落成，建筑面积22 700平方米。6月18日，院长沈斐敏，副书记陈炎生，副院长傅高升、王兴中、赵平等参加整体搬迁启动仪式。全馆开展劳动竞赛，仅用一个半月时间内部整理基本完毕，9月初开学时如期开放。（福建交通职业技术学

院图书馆）

【集美大学图书馆与政法学院建立“讲文明 促学风”志愿服务站】 6月，设在集美大学嘉庚图书馆和陈延奎图书馆的“讲文明 促学风”志愿服务站建立，以11位学生志愿者为骨干，以“知识家园，你我共建”为主题，开展了一系列针对部分学生在图书馆不良行为的教育活动，收到良好效果，一些诸如学生占座等经常困扰图书馆的问题基本解决。（集美大学图书馆）

【漳州师范学院图书馆开展2010年“图书馆宣传月”活动】 4月，漳州师范学院图书馆开展了以“弘扬闽南文化、宣传图书馆服务”为主题的宣传月活动。包括：图书馆读者服务满意度调查；评选2009年各系读者图书借阅第一名和自助机借阅第一名；文献检索系列讲座；第六届“图书馆”杯征文大赛，主题为“感受闽南”、“海西建设，漳州先行”；“闽南地方文献”展览，展出地方文献1万余种；闽南文化专题讲座；第一届“闽南文化”摄影大赛；与院团委灯谜协会联办漳州灯谜竞猜；大学生现场书法比赛。（漳州师范学院图书馆）

【武夷学院图书馆举办读书日、读书月活动】 4月22日至5月22日，图书馆在学院读者协会配合下，举办“世界读书日”系列活动和主题为“走近图书馆·生活更精彩”的读书月活动。内容有：图书漂流、院系互动（征求数据库选购及续订意见）、学术讲座、“阅读·悦读”主题有奖征文、知识竞猜、图书目录推荐、新华书店新书展销、“了解自然 保护环境”主题观鸟协会图片展等。（武夷学院图书馆）

【美国国际兰亭学院院长访问武夷学院图书馆】 10月15日，美国国际兰亭学院院长黄忠良教授一行26人来到武夷学院图书馆参观访问。双方还商定今后互赠图书事宜。（武夷学院图书馆）

【武夷学院图书馆举办第四届“图书馆读者服务宣传月”系列活动】 10至11月，武夷学院图书馆举办了第四届“图书馆读者服务宣传月”系列活动。内容包括第四届“图书馆”杯读书征文、读者问卷调查、读者咨询、爱书签名等，还邀请数据库专业人员举办6场数据库检索讲座，并评选出优秀志愿者、各院系一学年来借阅册数第一名读者、第四届“图书馆”杯征文奖和图书馆“读者服务之星”并颁奖。（武夷学院图书馆）

江西省

【概述】 江西省现有各级各类普通高等学校和成人高等学校84所，其中包括20所本科院校图书馆，66所高职高专、民办院校、独立学院。全省84所高校教职工数为68 830人，12所高校在校各类研究生为13 688人，在校本、专科学生约100万人。2010年，江西省高校图工委积极向江西省教育厅、江西省政协呼吁尽快成立江西省高校数字图书馆平台，启动了江西省高校数字图书馆项目建设，并已完成可行性评估，标志着江西省的高校图书馆数字化建设掀开了历史新篇章。这将推动江西省高校图书馆的整体建设，实现资源共享，节约经费，提高服务效益，致力于各高校图书馆的共同发展。（邱筰　黄珣）

【景德镇陶瓷学院图书馆与部队创建“军民图书室”】 1月5日上午，景德镇陶瓷学院图书馆与中国人民解放军景德镇预备役工兵团共同创建的“军民图书室”揭幕仪式隆重举行。陶院图书馆根据部队需要，在馆藏书中调出1000种图书、40余种期刊，交付给“军民共建流动图书室”，定期更换图书和期刊，以满足部队文化建设需要。（邱筰　黄珣）

【2009年江西省高校图书馆馆长大会召开】 1月9日，江西省高等学校图书情报工作委员会主办的全省高校图书馆馆长大会在江西蓝天学院隆重召开，来自全省75所高校图书馆馆长和先进集体、先进个人代表140余人参加了会议。江西师范大学党委书记傅修延出席并祝贺大会的召开，江西蓝天学院王志锋院长致欢迎辞，会议由江西省高校图工委周洪秘书长主持。大会向获得省教育厅、省高校图工委表彰的先进集体和先进个人代表颁发了奖牌和证书，并向省高校图工委三位已退休的副秘书长彭德经、彭友德、朱甫典颁发了感谢状。会后，全体代表们参观了江西蓝天学院图书馆和校园风光。（邱筰　黄珣）

【江西高校数字图书馆建设项目开始启动】 1月28日，江西省政协委员、省高校图工委副主任兼秘书长、民盟江西师范大学常务副主委、江西师范大学图书馆馆长周洪在江西省政协十届三次会议民主党派联组讨论会上，向江西省委书记苏荣递交了《关于建立江西省高等学校数字图书馆的提案》，其目标是促进江西省高校图书馆的文献资源共建共享，提高江西省高校教学科研的文献保障水平，获得苏荣书记的高度肯定，苏荣书记还在同年3月16日再次对项目建议书作出批示。在省教育厅、省发改委的大力支持下，江西省高校数字图书馆项目建设于2010年11月完成可行性评估，并对项目建设内容及总投资构成、项目进度控制及年度安排、保障措施和项目招投标方案评价等方面进行了科学的分析论证。该项目的建设将充分满足江西省各类高校图书馆的发展现状和师生的实际需求，初步实现江西省高校图书馆之间的资源共享。（邱筛　黄珣）

【昌北三校图书馆联盟启动并开通数字图书馆】 3月19日，华东交通大学、江西农业大学、江西财经大学共同在江西财经大学图书馆隆重举行了“昌北三校图书馆联盟启动暨数字图书馆开通仪式”。华东交通大学副校长张坚，江西农业大学副校长上官新晨，江西财经大学校长助理王小平，省图书馆学会副理事长、秘书长、省图书馆党委书记程春焱，省高校图工委副主任、秘书长、江西师范大学图书馆馆长周洪等有关领导莅临大会，部分高校图书馆馆长及三校图书馆的职工百余人参加了启动仪式。张坚副校长主持了联盟启动仪式。会上，程春炎书记、周洪馆长分别致辞祝贺联盟的成立，王小平校长助理介绍了昌北三校图书馆联盟工作的基本情况，上官新晨副校长宣读了《昌北三校图书馆联盟项目合作框架协议》。随后，三馆的代表签订了联盟项目合作框架协议，三校校领导点击开通了昌北三校数字图书馆。仪式结束后还举行了专题学术报告会。（邱筛　黄珣）

【江西高校图书馆自动化建设学术研讨会举办】 由江西省高校图工委、江西省高校图工委自动化专业委员会主办，江西农业大学图书馆承办的“2010江西省高校图书馆自动化建设学术研讨会”于6月1日至4日在华南农业大学校园召开，来自全省25所院校的图书馆领导和代表及部分图书馆供应商代表共55人参加了会议。本次会议共收到25所院校提交的59篇论文，经过专家匿名评审，最后共评选出一等奖论文3篇，二等奖论文6篇，三等奖论文19篇。会上安排了部分作者进行论文交流。会议还组织参会代表参观考察了华南农业大学图书馆、暨南大学图书馆、中山大学南校区图书馆。（邱筛　黄珣）

【昌北高校图书馆联盟参考咨询培训会在农大举行】 7月2日，昌北高校图书馆联盟参考咨询培训会在江西农业大学逸夫图书馆召开，昌北高校图书馆联盟成员馆华东交通大学图书馆、江西财经大学图书馆、江西农业大学图书馆、南昌航空大学图书馆四馆领导及参考咨询馆员等40余人参加了本次培训。培训会上，超星公司培训讲师张黎介绍了昌北高校数字图书馆平台的基本情况，江西农业大学副馆长郑瑜作了“联合数字参考咨询”的专题报告。（邱筛　黄珣）

【第29届全国冶金高校图书馆馆长工作研讨会在赣州召开】 10月21日，第29届全国冶金高校图书馆馆长工作研讨会暨“冶金特色图书馆的建设与发展”学术研讨会在赣州江西理工大学图书馆学术报告厅召开。江西省图工委秘书长、江西师范大学图书馆馆长周洪，全国冶金院校图书馆研究会理事长、东北大学图书馆馆长王恩德以及全国20所院校的图书馆馆长共30余人出席了研讨会。与会代表围绕“探讨冶金图书馆的建设与发展”主题，在图书馆管理、读者服务、现代化信息技术的应用、馆员队伍建设、社会化服务等方面进行了深入的探讨和交流。（邱筛　黄珣）

【中国农学会农业图书馆年会在江西农业大学图书馆召开】 10月24日至27日，2010年会暨数字图书馆创新与发展学术研讨会在江西南昌成功举办，大会由中国农学会农业图书馆分会主办，江西农业大学、江西省农业科学院和中国农业科学院国家农业图书馆共同协办，来自全国各地农业高校、农科院专家、学者80余人出席了会议。同时这次会议也作为江西农业大学建校本科教育70周年华诞学术会议内容之一。本次年会主题为“数字图书馆创新与发展”，下设四个分主题：数字资源建设与发展、数字在图书馆信息技术应用与发展、数字图书馆服务创新与发展、FAO 国际农业研究与发展信息共享体系建设。（邱箕　黄珣）

【华东地区地方院校图书馆第十七次协作年会召开】 10 月 26 日上午，华东地区地方院校图书馆第十七次协作年会在九江学院行政楼四号会议室隆重召开。来自闽、鲁、浙、苏、皖、赣六省的 30 多所高校图书馆的近 60 名代表会聚一堂，共商华东地区地方院校图书馆事业发展大计，探讨图书馆管理和服务中的热点问题。该校校长甘筱青、武汉大学图书馆副馆长华玉民、江西省高校图工委副秘书长甘安龙、华东地区地方院校图书馆协作委员会会长姜汉卿等领导和专家出席了会议开幕式。（邱箕　黄珣）

【江西省委书记苏荣视察江西师范大学图书馆】 10 月 28 日上午，省委书记苏荣、副省长孙刚等领导，在江西师范大学校领导的陪同下到江西师范大学图书馆视察。江西师大图书馆周洪馆长代表全馆员工，对苏荣书记等领导的到来表示热烈的欢迎，并对苏荣书记多次亲切关怀江西师大图书馆表示衷心感谢。随后，苏荣书记一行在校党委书记、校长傅修延的陪同下来到了国立中正大学、南昌大学特藏书库，为国立中正大学藏书匾揭幕并视察了该特藏书库。（邱箕　黄珣）

【江西省高等学校文献资源建设研讨会在贵阳召开】 10 月 29 日至 11 月 1 日，由江西省高校图工委主办、江西财经大学图书馆承办的江西省高等学校文献资源建设研讨会在贵阳市贵州省委机关招待所召开，江西省图书馆领导、江西省高校图工委领导及文献资源建设专业委员会主任和委员、全省部分高校图书馆馆长和从事文献资源建设的馆员以及获奖论文作者共 60 多名代表参加了会议。此次会议共收到论文 65 篇，评出一等奖 3 篇，二等奖 16 篇，三等奖 46 篇。10 位获奖作者对相关主题以及自己的写作思路与工作经验进行阐述，与会代表展开了充分的交流。（邱箕　黄珣）

【江西省高职、高专、民办院校图书馆工作委员会常务馆长扩大会议在南昌召开】 12 月 10 日，由江西旅游商贸职业学院图书馆承办的江西省高职、高专、民办院校图书馆工作委员会常务馆长扩大会议在南昌市七星商务酒店召开。会议讨论了关于召开第三届高职、高专、民办院校图书馆代表大会的相关事宜；决定组织 2011 年高职、高专、民办院校图书馆开展成员馆间的乒乓球友谊赛；最后与电子资源商进行联合采购谈判。（邱箕　黄珣）

湖南省

【湖南省教育厅下发《关于加强普通高等学校图书馆工作的若干意见》】 11 月 16 日，湖南省教育厅下发了《关于加强普通高等学校图书馆工作的若干意见》（湘教发［2010］54 号）（下称《意见》）。《意见》以深入贯彻《国家中长期教育改革和发展规划纲要》（2010－2020 年）精神、加快推进高校图书馆建设与发展为指导，针对湖南省高校图书馆建设过程中迫切需要解决的问题，如：现代化水平不高、文献信息资源不足、专业队伍素质不优、馆际发展不均衡、地位与作用趋向边缘化等，提出了七条指导性意见：1)进一步提高对图书馆工作重要性的认识；2)进一步改善图书馆的基础设施条件；3)进一步加强图书馆的信息资源建设；4)进一步提高图书馆的读者服务水平；5)进一步加强图书馆的专业队伍建设；6)进一步推进文献信息资源共建共享；7)进一步加强对图书馆工作的领导。（陈有志）

【湖南省高校图书馆数字资源共享平台试开通】 4 月 1 日，由湖南省高校图工委牵头组织的“湖南省高等学校图书馆数字资源共享平台”试开通。开通仪式在湖南大学图书馆举行。湖南省教育厅高等教育处处长唐利斌、湖南大学副校长陈收和全省 37 所普通高校图书馆代表参加了开通仪式。开通仪式后，全省各高校图书馆的信息技术人员参加了对该平台使用的培训会。“湖南省高等学校图书馆数字资源共享平台”依托于湖南省高校数字图书馆而搭建，由高校数字图书馆的 37 个成员馆共同出资建设。该平台通过资源联盟获取到本区域所没有的资源，实现资源的充分利用和高度共享，其开通使用将进一步提高湖南省高校数字图书馆的效益，降低成员馆的资源建设成本。（陈文东）

【湖南省高职教育图书馆管理研究会第二届会员代表大会暨全国部分高职院校图书馆信息化建设与服务创新研讨会召开】 4月25日—28日，在长沙蓉园宾馆召开，湖南省教育厅副厅长王键，湖南省职业教育与成人教育学会会长杨国旗，湖南省教育厅职成处处长张大伟、副处长朱日红，湖南图书馆副馆长邹序明等领导出席了会议，来自全国部分高职高专院校图书馆馆长、图书馆同仁200余人参加了会议。张大伟、杨国旗、邹序明分别代表湖南省教育厅、湖南省职成学会、湖南地区行业学会讲话。本次会议通过了第二届湖南省高职教育图书馆管理研究会常务委员会委员提名，通报了研究会2010年论文开展情况。湖南省高职教育图书馆管理研究会秘书长唐晓应为43名获得2010年研究会优秀学术论文作者颁发了获奖证书。（唐晓应）

【湖南省高校图工委2010年度图书馆学情报学学术报告会在长沙召开】 10月26日，由湖南省高校图书情报工作委员会、湖南省图书馆学会主办，吉首大学图书馆协办的2010年度图书馆学情报学学术报告会在湖南大学图书馆报告厅举行。会议由湖南省高校图工委秘书长郑章飞主持，湖南大学副校长曹一家等校领导参加了会议，全省部分高校图书馆百余名代表听取了报告。此次会议邀请了国内三位知名专家前来作报告。中国社会科学院学部委员黄长著先生做了名为"国家社科基金项目与图书馆学情报学的发展"的报告，中国科学院国家科学图书馆研究员孟广均先生做了名为"谈谈对美国'图书情报学研究领域分类表'的看法"的报告，北京大学信息管理系秦铁辉教授做了名为《论文写作的章法与技巧》的报告。（宋小华）

【"国家图书馆文津图书奖"宣传推广活动在湖南大学举行】 10月19日，由国家图书馆主办，中国图书馆学会、湖南大学图书馆承办的"国家图书馆文津图书奖"（湖南）宣传推广活动在岳麓山下的东方红广场举行开幕仪式。仪式由湖南大学图书馆馆长郑章飞主持，湖南大学副校长陈收、湖南省教育厅高等教育处副处长张平、中国图书馆学会副秘书长孙学雷、湖南省图书馆学会理事长张勇以及湖南大学、中南大学、湖南师范大学数百名读者代表参加了启动仪式。启动仪式后，出席活动的领导和读者来到图书馆报告厅，聆听了湖南大学教授郭建勋做的"屈原漫议"为主题的精彩讲座。此次湖南站宣传推广活动的承办单位湖南大学图书馆以其文化底蕴、文化影响力和"全民阅读"活动的长效机制，连续两年荣获中国图书馆学会颁发的"全民阅读先进单位"，并于2009年获得"全民阅读基地"称号。（陈有志）

【湖南省职业教育信息化关键技术研讨会召开】 3月31日下午，由湖南省教育厅主办、长沙商贸旅游职业技术学院图书馆承办的"湖南省职业教育信息化关键技术研讨会"在长沙召开，湖南省教育厅副厅长王键、国家科技部重大专项实施管理办公室处长邱钢、国家信息安全基础设施研究中心主任顾青等26位领导与专家参加会议。（唐晓应）

【湖南五所高职院校图书馆联合推出"读者之星"演讲比赛】 4月20日下午，由湖南生物机电职业技术学院、湖南现代物流职业技术学院、湖南司法警官职业学院、湖南水利水电职业技术学院、长沙电力职业技术学院五所高职院校图书馆联合推出的湖南省高职院校长沙市东北片首届"读者之星"演讲比赛在湖南现代物流职业技术学院举行。教育部第三届高校图工委委员、湖南省高职教育图书馆管理研究会秘书长唐晓应到场指导并担任评委组长，来自五所高职院校的15名选手参加了比赛。《长沙晚报》、湖南教育电视台报道了比赛情况。此次演讲比赛是五所高职院校图书馆迎接"世界读书日"、组织开展的"读书月"系列活动之一，旨在引导和鼓励更多的读者走进图书馆、利用图书馆。（白长城）

广东省

【"第十二期全国古籍修复技术培训班"圆满结业】 5月26日，由国家古籍保护中心主办、中山大学图书馆承办的"第十二期全国古籍修复技术培训班"在中山大学开班。经过两个多月深入和系统的学习，学员们完成了培训科目并通过了考核。8月5日，培训班在中山大学图书馆聚贤厅举行了隆重的结业典礼。结业典礼由中山大学图书馆副馆长林明主持。武汉大学信息管理学院和政治与公共管理学院博士生导师、教授刘家真，中山大学图书馆馆长程焕文，中山大学图书馆特聘专家、副研究馆员潘美娣等出席了典礼。程焕文馆长和刘家真教授观看了培训班学员展示的作品，并分别发表了热情洋溢的讲话。（中山大学图书馆）

【广州市属高校大学生“悦读”推广知识竞赛在广州大学举行】 5月14日下午，由广州大学图书馆主办的广州市属高校“悦读”推广知识竞赛在广州大学讲学厅举行，来自广州市属8所高校的参赛队伍，一较高下，各校拉拉队更展现了自我风采。本次比赛的主题是：阅读美化心灵，知识成就未来；走向阅读社会，共享知识魅力。（广州大学图书馆）

【深圳大学图书馆南馆投入使用】 2010年，面积为25 000平方米的南馆（连同北馆23 000多平方米，总馆舍面积达48 000多平方米）正式投入使用。人事制度上，按照学校的统一部署，推进以全员聘任制、合约管理制、绩效工资制为主要内容的人事制度改革，图书馆设技术人员系列岗位十个级别，已经完成全部人员的合约聘任。馆藏发展上，确立“以用带藏，藏用结合”的馆藏发展方针，设立特藏部，建设“深大文库”。读者服务上，围绕学校学科建设文献资源保障体系，以学科服务团队为形式，全方位地开展学科文献信息资源的需求调查、文献保障、对点服务，并广泛开展丰富多彩的系列读书活动和文化活动。技术发展上，发挥自身技术优势，自主开发适合本国国情的电子资源管理系统ERMS并将于2011年正式投入使用。（深圳大学图书馆）

【侨刊乡讯捐赠仪式在暨南大学图书馆隆重举行】 3月31日，暨南大学图书馆隆重举行侨刊乡讯捐赠仪式。国务院侨务办公室政法司副司长刘香玲、广东省侨务办公室副主任林琳、广东省归国华侨联合会副主席区德强、广东省新闻出版局副局长杨以凯、暨南大学副校长纪宗安，以及广州市侨办、江门市海交会、广东省档案馆的相关领导以及广东省20个县市、57家侨刊乡讯社工90余名嘉宾代表参加了会议。会议由图书馆馆长朱丽娜主持。在捐赠仪式上，与会领导分别向侨刊乡讯社代表颁发暨南大学“文献捐赠荣誉证书”。会议“以会促藏”，收集所需的断档期刊1300余册，使图书馆在广东省侨刊乡讯收藏种数达95%。此外，图书馆华侨华人文献信息中心还编辑出版了侨情资料汇编的标志性成果《侨情综览2009》。（暨南大学图书馆）

四川

【全国高职高专图书馆馆长2010年暑期研修班】 7月19日—24日，由中国高等教育文献保障系统（CALIS）管理中心主办，四川大学图书馆承办的“全国高职高专图书馆馆长2010年暑期研修班”在四川大学顺利举行。本次研修班是中国高等教育文献保障系统（CALIS）三期图书馆员培训计划的一部分。研修班邀请了教育部高教司教学条件处原处长李晓明、中国高等教育文献保障系统（CALIS）管理中心副主任及北京大学图书馆馆长朱强、中国高等教育文献保障系统CALIS全国管理中心副主任陈凌、四川大学图书馆馆长姚乐野、成都航空职业技术学院时雪峰研究馆员等多名高校图书馆专家为学员授课，内容覆盖普通高等学校图书馆规程、中国高等学校图书馆的现状与发展、CALIS三期对高职高专图书馆的服务思路、高职高专图书馆的信息资源建设以及高职高专图书馆评估、管理与服务等方面。学习期间，大家还参观了四川大学江安图书馆。会议对于寻求新形势下高职高专图书馆管理和服务的新模式，促进高职高专图书馆建设发展的规范化和科学化有着积极的推动作用。（四川省高校图书情报工作委员会秘书处　袁学良　刘裴裴）

【2010年四川省高等学校图书馆工作会议】 4月7日—9日，“2010年四川省高校图书馆工作会议”在成都召开，会议由四川省高校图书情报工作委员会主办，四川大学图书馆承办。四川大学党委常务副书记罗中枢教授出席开幕式并致欢迎词。四川省教育厅副厅长王康教授出席会议，对四川省高校图书馆工作今后的发展思路发表了重要讲话。会议还特邀中山大学图书馆馆长程焕文教授作了“大学的精神与高校图书馆的使命”的专题报告。四川省高校图书情报工作委员会副主任兼秘书长、四川大学图书馆馆长姚乐野教授向大会做了“四川省高校图工委2009年工作总结”和“四川省高校图工委2010年工作计

划”的报告，省内 77 所高校图书馆的 150 余位同志参加了会议。本次会议围绕“高校图书馆文献信息资源共建共享”和“高校图书馆面向社会服务”等主题进行了深入研讨。（四川省高校图书情报工作委员会秘书处　袁学良　刘裴裴）

【“数字图书信息资源和共享平台建设工作会议”】 5 月 25 日，“数字图书信息资源和共享平台建设工作会议”在成都召开，26 所省属高校图书馆馆长根据《四川省“中央财政支持地方高校发展专项资金”建设规划实施方案》文件精神，对《四川高校数字图书馆建设方案（讨论稿）》进行讨论。会议对四川省教育厅决定利用中央财政支持地方高校发展专项资金进行数字图书信息资源、网络教学资源建设一致表示支持；对集中建设一批数字图书信息资源、网络教学资源提供 27 所参建高校共享使用，并重点支持一批学术性专业数据库、特色数据库建设表示支持。（四川省高校图书情报工作委员会秘书处　袁学良　刘裴裴）

【“成都地区高校图书馆第十三届离退休馆长联谊会”】 4 月 1 日，高校图书馆退休馆长联谊会在成都召开，会议由西南财经大学图书馆承办。来自四川省图工委的领导、成都地区相关高校图书馆的退休及现任馆长、书记出席了会议。四川省图工委秘书处办公室主任姜晓向到会的高校图书馆各位老领导通报了四川省图工委 2009 年所做的工作、2010 年规划开展的工作。到会的各位老馆长围绕高校图书馆建设发展的历史与现实进行了交流。（四川省高校图书情报工作委员会秘书处　袁学良　刘裴裴）

【“川渝高校情报工作研究会第二十次学术年会”】 10 月 26 日—30 日，“川渝高校情报工作研究会第二十次学术年会”在攀枝花市召开，会议由攀枝花学院图书馆承办。来自川渝两地 45 个高校图书馆的 100 余位代表参加了会议。会议本着“人才兴馆、科技强馆、服务立馆”的发展战略，主题包括：面向“十二五”时期高校图书馆发展战略思考；新技术在图书馆管理和服务中的应用；高校图书馆管理体制、服务机制及其创新；信息素质教育的创新方法与实践；高校图书馆信息服务的定位与拓展。（四川省高校图书情报工作委员会秘书处　袁学良　刘裴裴）

【四川省高校图工委高职协作组 2010 年年会】 11 月 3 日—6 日，“四川省高校图工委高职协作组 2010 年年会”在四川德阳市召开。会议由四川工程职业技术学院图书馆承办。来自省内 37 所四川省高职高专院校图书馆馆长共 50 余人参加了会议。会议围绕高职高专院校图书馆的建设、高职学院图书馆如何因地制宜为地方经济社会服务等议题进行了热烈讨论。此外，还专题研讨了高职高专院校图书馆建设指南（讨论稿），CALIS 三期建设及校地共建图书馆为社会、地方服务等内容。（四川省高校图书情报工作委员会秘书处　袁学良　刘裴裴）

【2010 年四川省高校图书馆川南协作组、师范协作组年会】 11 月 10 日—13 日，“2010 年四川省高校图书馆川南协作组、师范协作组年会”在自贡市召开，会议由四川理工学院图书馆承办。21 个图书馆的 61 名代表参加了本次会议。会议围绕四川省高校图书馆的建设与发展、区域图书馆建设及图书馆“十二五”规划的主题展开。特邀四川大学图书馆副馆长林平做了“共建共享与发展——以 CALIS、CASHL 为例”的主旨报告，四川师范大学图书馆馆长邓绍辉、泸州医学院图书馆馆长赵珍先、西南交通大学图书馆副馆长廖永忠、四川理工学院图书馆馆长郭毅先后就整合资源、提高综合效益、创新服务平台、图书馆“十二五”规划、区域图书馆等方面作了专题发言。与会代表进行了广泛的工作交流。（四川省高校图书情报工作委员会秘书处　袁学良　刘裴裴）

【成都地区第 39 届高校图书馆馆长研讨会暨川西地区高校图书馆馆长研讨会】 12 月 9 日—10 日，研讨会在崇州市召开。本次会议由电子科技大学图书馆承办，成都地区 20 余所高校图书馆参加了会议。会议围绕 CALIS 三期项目建设暨服务、高校图书馆管理工作及服务创新、四川省高校图书馆联盟及资源的共建共享及 RFID 在图书馆的应用的主题展开。西南交通大学图书馆高凡馆长做了题为“以人为本 服务创新”的专题报告，对读者服务创新进行了深入的探讨；电子科技大学图书馆李泰峰在题为“新技术背景下高等学校图书馆价值体现”的专题报告中研讨了新技术对高等学校图书馆价值体现的影响；西华大学图书馆吕先竞馆长的专题报告对四川省图书情报学研究“十二五”规划纲要进行了解读。（四川省高校图书情报工作委员会秘书处　袁学良　刘裴裴）

贵州省

【贵州大学图书馆召开振兴文科专题读者座谈会】 1月14日，贵州大学图书馆与人文社科处共同召开“振兴文科贵州大学人文社科图书资源信息交流会”，文科学院的领导、教师、研究生代表等参加会议。人文社科处处长洪名勇主持会议，图书馆副馆长熊学工从资源和服务两个方面介绍了图书馆开展文献信息资源建设的情况，副馆长易宁、何隽也分别从图书文献资源和期刊文献资源介绍了图书馆开展文献信息资源建设的情况，李欧老师介绍了图书馆电子文献数据库的情况。图书资料是人文社科建设的基础，与人文社科的教学科研关系密切，此次座谈会的目的就是沟通交流信息，研讨今后图书资源信息建设的思路和举措，教师们对此纷纷提出意见和建议。此次会议对图书馆如何做好人文社科图书资源信息的建设思路和举措有很大帮助。（蔡梅）

【贵州大学图书馆举办帮扶活动】 5月28日，图书馆组织党员到扬眉小学开展捐赠暨六一儿童节的庆祝活动，捐赠图书481册，打印机一台，以及一些学习用具。中心党总支长期帮扶扬眉小学，帮助建设图书室，现已有各类图书5000余册。2009年学生借阅图书2600余册，不仅丰富了学生的课外知识，还培养了学生阅读的兴趣以及良好的学习习惯。中心党总支每学期给扬眉小学提供1000元的奖学金，奖励各方面成绩优异的同学，并邀请他们来参观贵州大学，这些举措大大激发了孩子们的学习热情。（蔡梅）

【贵州大学图书馆举办“漂流的图书馆”活动】 在暑假期间，图书馆协助学校的心火燎海志愿者组织开展了“漂流的图书馆”活动，为威宁县草海镇保家中学提供图书、期刊200余册（通过志愿者协会采取借阅形式，暑假借开学还），对那些渴求知识、渴求课外读物的山区孩子提供了极大的帮助。（蔡梅）

【贵州大学图书馆“中华全国总工会职工书屋”揭牌】 9月8日下午，“中华全国总工会职工书屋”在图书馆揭牌。“职工书屋”是由中华全国总工会为提高职工文化素质、丰富广大职工群众业余文化生活而举办的项目。中华总工会和贵州省总工会已捐给贵州大学2000余册图书。（蔡梅）

【贵州省高校图书馆期刊工作经验交流会】 10月15日，贵州大学图书与信息中心承办了“贵州省高校图书馆期刊工作经验交流会”，贵州省高校图工委的副秘书长、教育部高校图工委期刊工作委员会委员、12所高校图书馆的领导和老师50余人参加。来自贵州师范大学、贵州财经学院、贵州凯里学院、贵州师范学院、遵义医学院和贵州大学的6位图书馆同仁做主题报告，分别论述了电子期刊与纸质期刊的并存发展、民族地区期刊工作的探析、学术集刊的研究分析、期刊工作的疑惑与思考、期刊信息资源的加工利用等问题。与会代表之间进行了互动交流。贵州省高校图工委副秘书长钟文一对此次报告会进行了总结点评，就如何提高期刊利用率、建立自己的期刊搜索数据库等方面提出建议。（蔡梅）

【贵州大学图书馆引进数字资源整合系统】 为了方便读者查找逐年增多、分散在不同数据库平台的中外文电子资源，12月，图书馆引进国外先进管理软件（以色列ExLibris公司Metalib/SFX软件），建成“贵州大学图书馆学术资源门户”。资源门户整合了图书馆购买的资源和网络共享的各类学术信息资源，集资源浏览导航、检索、全文链接服务和个性化服务为一体，形成以知识为基础的学术信息资源整合体系，便于读者更有效、快捷地利用图书馆信息资源与服务。（蔡梅）

云南

【云南省高校图书馆2010年度馆长工作会议】 3月19日下午，云南省高校图书馆2010年度馆长工作会议在云南师范大学呈贡校区图书馆召开。云南师范大学副校长李松林、省教育厅高教处调研员谢怀昆出席会议并讲话。云南省高校图工委副主任兼秘书长、云南师范大学图书馆馆长朱曦做了2009年度云南省高校图工委工作总结，通报了2010年度工作要点；云南省高校图工委办公室主任杨丽娟通报了2009年度经费收支情况，演示了刚刚建成的云南省高校图工委网站。与会委员馆一致认为，在省教育厅的领导下，在云南高校图工委秘书长单位云南师范大学的大力支持下，在省高校图工委的统一协调下，大家要齐心协力，创新工作，促进图书情报事业的发展。会议代表还参观了师大呈贡校区图书馆的主要功能区域。（云南师范大学图书馆　王丽峰）

【云南省高校图工委州、市院校图书馆协作会第十三次会议】 5月20日—23日，云南省高校图工委州、市院校图书馆协作会第十三次协作会议在香格里拉召开，本次会议由昆明学院图书馆承办。全省20所高校图书馆的领导及代表共51人参会。本次会议的议题是："州市院校图书馆办馆特色与创新"，各位代表畅所欲言，就会议议题作了充分讨论并以此展开了广泛的交流和深入的探讨。经省高校图工委领导及会议承办方的协调，超星数字公司无偿向迪庆州图书馆开通远程访问账户，云南大学图书馆馆长万永林、昆明理工大学图书馆馆长张仲华也表示向迪庆州图书馆捐赠部分纸质图书，他们以实际行动支持了边疆少数民族地区的文化建设。（云南省高校图工委州、市院校图书馆协作委员会）

【云南省高校外文数据库使用培训】 6月10日—11日，云南省高校图工委申请专款所订购的外文网络数据库的使用培训在云南师范大学成功举办，来自全省32所高校的46位图书馆工作人员参加了培训。本次培训为期两天，由理论讲授与上机实践相结合，内容涵盖ProQuest、Gale、Ebsco、Emerald四大系列数据库。其间，多位外文数据库专家从外文信息的重要性及各个数据库的内容、特色、使用方法、实例分析等方面作了讲解，并对学员提出的疑难问题进行解答。（云南师大图书馆　杨雨涵）

【2010'中美图书馆实务论坛成功举行】 7月5日—6日，由云南省高校图工委与美国华人图书馆员协会主办、云南农业大学图书馆承办的第四届"中美图书馆实务论坛"在昆明饭店成功举行。本次论坛以"网络环境下的图书馆信息服务"为主题，探讨数字图书馆建设与服务的热点问题。来自美国、加拿大及省内外图书馆专家学者200余人参加了论坛。论坛期间，与会专家学者分组围绕"数字图书馆发展与图书馆资源建设"、"图书馆不同类型资源的协调与整合"、"数字资源长期保存的方法及策略"、"开放获取资源的价值与利用研究"、"数字资源知识产权保护与利用"、"网络环境下的信息挖掘、组织与整合技术"、"图书馆多元文化服务探索与实践"、"高校图书馆学科咨询服务研究"、"网络环境下图书馆人力资源管理"等专题畅所欲言，展开广泛的交流探讨。美国圣路易斯大学副校长助理、图书馆馆长Gail M. Staines博士，北京大学图书馆副馆长陈凌教授，中国科学院国家科学图书馆副馆长孙坦教授等12位中外专家的主题报告给与会者留下了深刻印象，引发了对相关问题的深入思考。

论坛结束后，云南省高校图工委有关领导与专程到昆明出席论坛的Gail M. Staines博士、程洪、郑美卿、焦书勤、胡承仁、侯汉清、王玉秀、伍红宇等美方专家在云南农业大学图书馆会议室举行座谈会，深入探讨下一届云南省高校图工委与美国华人图书馆员协会继续合作举办中美图书馆实务论坛等事宜。中美双方图书馆专家共同回顾了前三届合作举办论坛的基本情况，充分肯定了所取得的成绩。双方商定，下一届合作举办论坛的具体事宜将按照2009年3月31日双方签署的合作意向执行。按协议，下一届论坛将由云南省高校图工委与美国华人图书馆员协会主办，云南民族大学图书馆承办，因此，云南民族大学图书馆将适时参与省高校图工委与美方的联系工作，商议、确定有关细节。（云南省高校图工委秘书处　杨丽娟）

【第十五届西南地区高校图工委联席会】 8月22日—25日，第十五届西南地区高校图工委联席会在贵州省凯里市召开。会议由贵州省高校图工委主办，凯里学院图书馆承办，云南省、四川省、重庆市、贵州省50余所高校图书馆的100多名代表出席了会议。联席会特别邀请上海交通大学图书馆馆长陈进教授做了题为"大学图书馆服务创新之探索与实践"的专题学术报告，他的报告详细介绍了上海交通大学图书馆近年来的改

革及创新思路和具体实施方案。（云南师范大学图书馆　王丽峰）

【CALIS云南省文献信息服务中心成立】 9月20日，中国高等教育文献保障系统（CALIS）三期建设项目启动大会在北京大学图书馆举行。云南师范大学图书馆馆长朱曦莅会接受“CALIS云南省文献信息服务中心”的牌匾，并在《承建协议书》上签字，承诺建设任务。自此，CALIS云南省文献信息服务中心正式成立并启动相应工作。CALIS云南省文献信息服务中心的成立是云南省高校图书情报工作发展的大事，该中心将在云南省教育厅的领导和学校的大力支持下，发挥云南省高校图工委的组织协调作用，与兄弟院校一道，加快建设，成为省内高校的“资源整合中心”、“信息服务中心”、“技术支持中心”和“宣传培训中心”，为云南高校的数字化建设与服务做出贡献。（云南省高校图工委秘书处　杨丽娟）

【2010年外国学术期刊展论坛】 5月24日上午，由中国图书进出口（集团）总公司主办，云南财经大学图书馆协办的“外国学术期刊展论坛”在云南财经大学图书馆举行，此次论坛的主题为：学术期刊服务的创新。旨在加强国内图书馆界与外国学术期刊出版机构之间的沟通和交流；介绍国外学术期刊最新的出版动态和发展趋势；促进国内学术期刊的办刊水平；提高教学科研水平和创新能力。期刊展汇集优质学术期刊样本1000余种，涉及经济、法律、人文社科、环境科学、数学、物理、化学、工程技术、生物医学等多个学科领域。（云南财经大学图书馆　岳鹏）

【云南大学图书馆与韩国国立文化财研究所达成合作研究意向】 6月7日—10日，韩国国立文化财研究所研究人员一行六人到云南大学图书馆参观了所收藏的高丽本古籍文献。为更好地服务读者，并推进中韩文化交流，云南大学图书馆与韩国国立文化财研究所达成合作研究意向，共同完成云南大学馆藏《高丽史》等116种高丽本古籍版本比勘鉴定工作。合作双方将对云南大学馆藏的高丽本善本古籍进行版本鉴定，并将各自的鉴定结果提供给对方，供对方参考，最后编著出版《中国云南大学图书馆馆藏高丽本典籍》（暂定），并上载至云南大学图书馆网站和韩国国立文化财研究所网站，提供公益性阅览服务。（云南大学图书馆　白群）

西藏自治区

【西藏自治区政府副主席孟德利参观西藏大学图书馆】 3月10日上午，自治区政府副主席孟德利莅临西藏大学视察，并对该校的建设和发展提出了新的希望。自治区教育厅厅长宋和平陪同参观。孟德利副主席首后视察了新校区图书馆、工学院、理学院、艺术学院、实验楼和体育场所等地，充分肯定了学校建设和发展所取得的成绩。在听取了学校近期工作情况汇报后，孟副主席指出，近年来，西藏大学在办学规模、教学设施、师资队伍等方面发生了很大的变化，看到西藏大学的发展变化就看到了西藏教育的发展变化。在肯定成绩的同时，孟副主席对学校的建设和发展以及维稳工作也提出了希望，一是进一步提高教学质量和管理水平，促进学校更好更快发展；二是推进产学研相结合，大力促进科研成果转化；三是扎扎实实地做好维稳工作，确保学校安全稳定。（胡京波）

【复旦大学太平洋金融学院图书馆向西藏民族学院图书馆捐赠图书】 2010年7月，复旦大学太平洋金融学院图书馆无偿捐赠给西藏民族学院图书馆11万余册专业图书。为缩短图书加工周期，尽早上架与读者见面，发挥其文献利用价值，西藏民族学院图书馆在全馆范围内抽调部分业务骨干充实到采编部的工作当中，采编部的全体党员充分发挥党员模范带头作用，将本职工作与开展创先争优活动相结合，立足岗位，加班加点、埋头苦干，以党员先锋模范作用感染着身边的工作人员。在短短三个月时间内，加工图书达到4万多册。（胡京波）

【西藏民族学院图书馆举办2010年学术交流会】 2010年11月26日，西藏民族学院图书馆举办了2010年度学术交流会，会议由馆长王铁斌主持。会上，王馆长介绍了这次交流会的筹备情况，动员全体馆员积极开展学术研究活动，促进图书馆事业的全面发展；他还就明年学术交流会的改进措施作了安排与部署。这次学术交流会共收到论文11篇，内容涉及文献资源建设、信息技术、读者服务及员工队伍建设等方面，既有相应的理论深度，又能结合岗位实际，对图书馆各项工作的开展具有一定的指导意义。其中徐东明荣获一等奖，另评出二等奖 2 篇、三等奖 3 篇。通过学术交流会，进一步拓展了图书馆全体馆员的知识视野，取得了良好的学术交流效果。（胡京波）

【西藏农牧学院图书馆开展“世界读书日”宣传活动】 为营造良好的校园文化氛围，培养大学生良好的阅读习惯，西藏农牧学院图书馆于 4 月 23 日举办了以“阅读文化经典，共建和谐校园”为主题的“世界读书日”宣传活动。活动以宣传为主要形式，向读者介绍了世界读书日的来历和世界各地“世界读书日”的基本情况，并以“你有读书计划吗？”和“拯救阅读”的宣传板块对学院师生发出阅读倡议。结合在校大学生和馆藏实际，图书馆特向学院师生推荐了第一批阅读书目。今后，图书馆还将陆续向学生推荐“大学生必读书目”，希望通过开展读书推荐活动，真正使阅读成为一股潮流，培养大学生良好的读书风气。（胡京波）

陕西

【陕西省高校图工委工作概述】 2010 年，完成了陕西高校图书馆区域馆际互借服务从传统管理向自动化的平稳过渡；在实施服务的过程中，完善系统、修订规则，使馆际互借服务水平和管理水平得到明显提升。召开 2010 年陕西省高校图书情报工作年会。继续开展全省高校图书馆馆员培训活动，采取专家上门授课和集中办班相结合的方式进行馆员培训。督促、支持图工委各工作组的工作，举办图书馆专业技术人员业务交流研讨会或研讨班。完成省高校图工委的换届工作。举办首届陕西省高校图书馆羽毛球比赛。编辑整理《陕西省高校图书馆建国六十年发展历程》（1949—2009 年）。开展与其他省市高校图工委的合作交流，组织陕西省部分高校图书馆馆长到吉林考察、交流。（陕西省图书馆学会）

【“同方杯”首届羽毛球比赛】 5 月 29 日—30 日，陕西省高校图书馆“同方杯”首届羽毛球比赛在长安大学体育馆举行。本次比赛为男女混合团体赛，由陕西省高校图工委主办、长安大学图书馆承办。共有来自 27 个高校图书馆的 258 人报名参赛。经过激烈的比赛，陕西科技大学图书馆获得冠军，西安体育学院图书馆、西北农林科技大学图书馆、西安邮电学院图书馆分获二、三、四名。（陕西省图书馆学会）

【2010 年陕西省高等学校图书情报工作会议】 6 月 9 日—12 日，由陕西省高校图工委主办、安康学院图书馆承办的 2010 年陕西省高等学校图书情报工作会议在安康市召开，来自全省 68 所高校的图书馆领导和有关人员 100 余人出席会议。安康学院副院长杨行玉教授致欢迎辞。陕西省教育厅高教处处长袁宁通报了 2010 年陕西省高等教育领域的五项中心工作，并着重就如何推进全省高校图书馆文献资源共建共享工作发表了意见；省高校图工委副主任俞炳丰通报了 2010 年图工委工作计划要点；省高校图工委秘书长张西亚对上届图工委的工作进行了总结；省高校图工委副主任苟文选做了陕西省高校图书馆馆长代表团赴台湾地区考察汇报。围绕“高校图书馆服务创新”的会议主题，西安交通大学图书馆强自力研究馆员、陕西师范大学图书馆李万社副馆长、陕西科技大学图书馆方小容研究馆员和西安航空技术高等专科学校图书馆许文丹馆长分别介绍了各自在服务创新方面的经验和体会。省高校图工委副主任孔润年做了会议总结。（陕西省图书馆学会）

【陕西省高校图工委换届】 根据《陕西省高等学校图书情报工作委员会章程》，每届委员会任期四年，上届委员会于 2010 年到期，要进行新一轮换届。7 月 14 日，陕西省教育厅办公室向各高校下发《关于陕西高等学校图书情报工作委员会换届的通知》（陕教高办［2010］6 号），至此，由省教育厅聘请的新一届陕西省高等学校图书情报工作委员会组成人员确定。（陕西省图书馆学会）

【学术交流与馆员培训活动】 3 月 4 日下午，台湾大学图书馆林光美馆长在西安交大图书馆举行学术报告会，来自省内 20 多家图书馆的近 200 人参加了会议。4 月 30 日下午，在西安欧亚学院图书馆举办了面向民办院校和高职高专图书馆的馆员培训，来自 19 个学校的 160 多人参

加了此次活动。(陕西省图书馆学会)

【赴东北考察交流】 11月21日—27日，陕西高校图书馆一行9人赴长春、哈尔滨等地，考察了吉林大学、东北师范大学、哈尔滨工业大学等高校的图书馆，与同行进行交流。(陕西省图书馆学会)

【馆际互借服务】 经过一年的试运行，全省高校图书馆区域馆际互借服务完成了从传统管理向自动化管理的平稳过渡。在实施服务的过程中，完善了系统功能，使馆际互借服务水平和管理水平得到明显提升。(陕西省图书馆学会)

【文献资源联合采购】 2010年，由陕西省高校图工委牵头组织的文献资源联合采购包括：Springer电子期刊、Springer电子图书、Springer材料科学数据库、Springer实验室指南数据库、EBSCO数据库、CNKI国内标准数据库、超星"百链云图书馆"等。(陕西省图书馆学会)

甘肃省

【兰州大学图书馆荣获CASHL2009年度评估四项表彰】 2010年3月召开的"CASHL中心馆馆长工作会议暨2009年工作总结表彰会"上，兰州大学图书馆文献传递服务荣获四项表彰：优质服务一等奖、特别贡献奖、年度进步奖、先进个人奖。同时，在CASHL 2008年开始实施的文科专款引进国外大型特藏文献竞争性采购中，兰州大学图书馆提交的Routledge Library Editions: Anthropologand Ethnog raphy、SAGE: Quantitative Applications in the SocialSciences获CASHL专家小组审核批准，与南京大学、中山大学、清华大学、厦门大学一起，成为首批获准入藏的高校。兰州大学图书馆作为CASHL学科中心馆，代行西北区域中心之责。按照兰州大学学科特点和CASHL总体规划进行电子资源和特色文献资源建设，为CASHL成员馆提供文献传递、馆际互借和馆藏数据服务，同时配合CASHL管理中心开展数据加工、维护本地文献传递服务系统等工作。(李娜)

【原全国人大常委会副委员长李铁映到兰州大学图书馆视察指导工作】 6月12日下午，欧美同学会留学报国演讲报告会在兰州大学飞云楼报告厅举行。原中共中央政治局委员、十届全国人大常委会副委员长李铁映，省委书记、省人大常委会主任陆浩，省政协主席陈学亨，欧美同学会中国留学人员联谊会党组副书记、副会长傅志寰，欧美同学会中国留学人员联谊会高级顾问、湖北省原省委书记、甘肃省原省长贾志杰，省委副书记刘伟平、省委常委、省委秘书长姜信治，省人大常委会副主任孙效东，兰州大学党委书记王寒松、校长周绪红及其他在校校领导出席了报告会。报告会后，王寒松书记、周绪红校长等校领导陪同李铁映一行到图书馆视察指导工作。图书馆党总支书记药丽雯、馆长沙勇忠就图书馆文献信息资源建设与服务、"兰大史库"建设以及古籍典藏与保护等工作向李铁映同志作了详细汇报。(李娜)

【"第四届信息技术与教育国际学术研讨会(ITIE2010)"在兰州大学图书馆召开】 6月21日，由甘肃省图书馆、兰州大学图书馆和美国青树教育基金会合作举办的"第四届信息技术与教育国际学术研讨会（ITIE2010）"在兰州大学飞云楼报告厅隆重开幕。来自海内外包括美国、英国、阿根廷、丹麦以及两岸三地的图书馆同仁300余人济济一堂，围绕着促进欠发达地区乡村图书馆建设，提升民众信息素养这一中心主题，展开相关理念、方法和实践经验的交流和分享。通过借鉴中国、其他亚洲国家和西方国家的经验和方法，整合公共图书馆、高校图书馆、中小学图书馆和非营利组织等各方力量，寻找图书馆在信息化时代服务欠发达地区的有效途径。出席开幕式的领导有甘肃省文化厅副厅长王兰玲，兰州大学副校长安黎哲，中国图书馆学会秘书长汤更生，甘肃省图书馆馆长郭向东，兰州大学图书馆党总支书记药丽雯、馆长沙勇忠等。青树基金会主席赵耀渝教授致欢迎辞，汤更生秘书长、王兰玲副厅长和安黎哲副校长也先后发表致辞。本次大会邀请加州大学伯克利分校图书馆总馆助理馆长周欣平，丹麦阿赫斯图书馆馆长饶夫·海沛先生及北京大学王子舟教授等国内外知名的专家学者发表主题演讲。(李娜)

**【甘肃省高校图工委2010年年会在甘肃民族

师范学院召开】 7月2日—4日，甘肃省高校图工委2010年年会在甘肃民族师范学院隆重召开，24所高校图书馆的馆长、业内同仁，数据库商代表等近70人参加了会议。甘肃民族师范学院院长张俊宗、副院长穆文龙出席年会开幕式。会议特邀武汉大学信息管理学院副院长、博士生导师王新才教授作了《数字时代的图书馆阅读推广》专题学术报告。会上，甘肃省高校图工委秘书长、兰州大学图书馆馆长沙勇忠对《甘肃省高校图书馆年度发展报告》编辑工作中的编辑大纲、编辑分工、指标体系等做了相应的说明和安排。为了记录甘肃省高校图书馆领域业务发展、理论研究和管理改革的年度进展，系统反映甘肃省高校图书馆事业的发展状况和演变态势，以鉴往知来，共襄进步，甘肃省高校图工委决定于2010年开始创办《甘肃省高校图书馆年度发展报告》电子期刊(年度版)。该刊每年出版一卷，定期在甘肃省高校图工委网站发布。(李娜)

【兰州大学图书馆正式签约为CALIS甘肃省文献信息服务中心】 9月20日，中国高等教育文献保障系统(CALIS)三期项目建设暨服务启动大会在北京大学(CALIS管理中心)召开。兰州大学图书馆馆长沙勇忠代表兰州大学与CALIS管理中心签约，正式成为CALIS甘肃省文献信息服务中心。兰州大学图书馆长期以来积极参与CALIS项目建设，积极筹备申请成为CALIS甘肃省文献信息服务中心，2008年6月获甘肃省教育厅批复。本次成功签约，将促进兰州大学图书馆在加强与CALIS合作、宣传推广CALIS建设项目、为甘肃省内用户更多地提供CALIS的资源与服务保障等方面有着更好更快的发展。(李娜)

【河西学院图书馆馆藏、借阅、自习一体化“一门式”大开放服务正式试行】 11月22日，经过一年多的积极筹备，在河西学院校领导及相关部门的大力支持下，图书馆馆藏、借阅、自习一体化“一门式”大开放服务正式试行。河西学院图书馆在甘肃省内高校率先试行“一门式”服务模式，全面实现了新馆设计的各项服务功能，真正实现了图书馆从资源管理向资源利用的巨大转变，读者入馆率大幅度提升。(李娜)

【《西北民族大学图书馆珍贵文献丛书》出版】

2010年9月，《西北民族大学图书馆珍贵文献丛书》由甘肃人民美术出版社出版。该书一套5种，包括《汉文古籍图录》、《藏文古籍图录》、《珍贵方志提要》、《石陶文字拓片与王献唐题跋》和《名人手稿选编》。(李娜)

【《西北民族大学图书馆史(1950—2010)》编印成册】 2010年9月，《西北民族大学图书馆史(1950—2010)》编印成册。该书由馆史、大事记、附表和图录四个部分组成，以历史发展的脉络为主线，集中反映了图书馆在各个历史时期的发展变化。编纂图书馆史在西北民族大学历史上尚属首次。(李娜)

【西北师范大学图书馆开放《中华再造善本》阅览室】 自5月10日起，西北师范大学图书馆《中华再造善本》阅览室对全校师生开放。《中华再造善本》是国家实施的一项重要的文化建设工程，甄选唐宋以来珍稀善本古籍，仿真影印出版。西北师范大学图书馆入藏教育部赠《中华再造善本》787种、9093册。读者可用卡片目录检索、查阅。(李娜)

【西北师范大学图书馆建成基于云终端的OPAC公共检索平台】 西北师范大学图书馆在校方的大力支持下，通过多种渠道筹措资金，建成了基于云终端的OPAC公共检索平台。该平台于12月3号正式向读者提供服务，分别在旧馆和逸夫馆安装云终端各8台，由后台云服务器统一管理。云终端具有检索速度快、管理智能化、绿色节能等特点。该平台的运行，彻底替换了原来基于Windows 98的传统PC公共检索平台，极大提高了读者的检索效率，提升了图书馆面向读者的信息化服务水平。(李娜)

【2010年甘肃省高校图工委委员馆馆长工作会议在甘肃政法学院召开】 4月16日，2010年甘肃省高校图工委委员馆馆长工作会议在甘肃政法学院图书馆召开。甘肃政法学院副校长马礼、省教育厅高教处主任姜言卿出席会议，来自全省近40所高校图书馆的馆长及负责人约70人参会。会议由第五届甘肃省高校图工委副主任沙勇忠主持。本次会议是在第五届甘肃省高等学校图

书情报工作委员会成立后召开的第一次会议。在新一届高校图工委的组织、协调下，甘肃省高校图书馆在新形势下将为全省高校教学、科研服务和促进地方文化事业的发展做出更大的成绩。(李娜)

青海省

【青海师范大学图书馆概况】 截至2010年底，青海师范大学图书馆共有职工48名，其中副高级以上职称25人、中级职称16人；馆藏总量933 464册（件）；公用房屋建设面积13 167平方米；阅览室共计18个、坐席1327个；全年外借书刊51 908册次；当年购书经费总计752 358元；PC机120台，服务器13台，端口200个，网站1个，自建文献数据库2个，自建数字资源总量1GB，存储总容量9.4TB，主干网带宽100M。(黄成)

【"SAGE与青海地区高校学术研讨会"在青海师范大学图书馆召开】 8月25日上午，"SAGE与青海地区高校学术研讨会"在青海师范大学图书馆召开。美国SAGE出版集团亚太区期刊总监Rosalia女士、SAGE中国区经理何芳芳女士、青海省各高校图书馆馆长、图书馆相关业务人员及各高校教师代表参会。Rosalia女士在会上做了有关全球学术发展和研究成果发表的演讲。青海师范大学图书馆馆长刘霞就SAGE出版集团对青海高校图书馆的发展建设及对用户的关注与支持，表示衷心的感谢。会上，各参会代表就文献资源的获取及科研成果的发表进行了交流与探讨。为表达SAGE对青海地区图书馆及用户的关心与支持，SAGE出版集团同意青海师范大学、青海大学、青海民族大学三所高校免费试用《SAGE电子期刊数据库》，并将试用期延长至2010年12月。(黄成)

【CALIS青海省文献信息服务中心】 2010年，CALIS青海省文献信息服务中心（青海师范大学图书馆）争取到教育厅专项建设经费20万元，在继续更新万方博硕论文全文数据库的基础上，又招标新购置了银符考试题库、新东方多媒体学习库，供全省3所高校及高职高专院校免费使用。这些数据库不仅缓解了青海师范大学重点学科文献信息资源严重匮乏的局面，同时也为青海省文献资源的共建共享奠定了坚实的基础。11月，CALIS青海省文献信息服务中心与CALIS管理中心签订了三期项目建设协议，省中心将得到CALIS管理中心的软件支持，这将极大地推进青海省高校数字图书馆的建设步伐。CALIS青海省中心馆际互借工作在全省各图书馆的展开，进一步提高了各馆文献保障与服务能力，推进了青海省图书馆事业的整体化建设步伐。(黄成)

【青海师范大学图书馆争取教育部大学中英文数字图书馆国际合作计划(简称CADAL)项目】 CADAL项目是"十五"期间"211工程"公共服务体系建设的重要组成部分。9月，青海师范大学图书馆获教育部CADAL中心批准，成为该项目青海省中心，目前此项工作正在进行中。CADAL项目将以其独特的资源优势，为全省的教学科研工作起到有力的文献保障作用。(黄成)

【青海师范大学图书馆派员参加古籍鉴定保护与修复研修培训班】 5月和10月，青海师大图书馆分别派出2名年轻馆员参加了由国家古籍保护中心主办的"第五期古籍鉴定与保护研修班"和"第十三期全国古籍修复技术培训班"。培训课程以安排理论与实践结合的方式，让学员在理论学习的基础上进行实践操作，并在结业时进行作品展示，使学员古籍鉴定、古籍修复技术在短期内得到全面的提高。经结业考核，2名馆员都取得了相应的等级证书。(黄成)

【青海民族大学图书馆概况】 青海民族大学图书馆是在1949年12月12日成立的青海青年干部训练班图书室的基础上发展起来的，1956年正式更名为青海民族学院图书馆，2008年10月更名为青海民族大学图书馆。现已成为具有一定规模、特色鲜明的民族高校图书馆。馆舍总建筑面积20 176平方米（东校区馆16 766平方米，西校区馆3410平方米），阅览室17个，阅览座位2064个，周开馆时间96小时。为读者提供藏、借、阅、咨询、信息素质教育一体化服务，两校区图书馆实行图书通借通还管理模式，年均接待读者30万余人次。购书经费45万元，计算机156台，发放有效借书证8950人。

全馆现有职工53人，其中副高以上职称22

人（研究馆员 4 人、副研究馆员 18 人）、中级职称 17 人。图书馆紧密结合本校专业设置和重点学科建设，积极开展文献信息资源建设，形成了具有民族特色和地方特色的馆藏体系。截至 2010 年底，全馆共有各类文献 119 万册，现存线装本古籍近80 000册，其中善本（元、明、清早期珍贵典籍）近10 000册，这批珍贵典籍具有很高的文献史料价值，在 2007、2008 及 2009 年文化部组织的全国古籍文献普查中，已有 20 部古籍入选《国家珍贵古籍名录》，居省垣高校之首。藏文古籍 998 函，汉文古籍 3327 部（其中善本书 380 部，360 部收入《青海省善本书目》，205 部收入《全国善本书目》）；藏有文渊阁《四库全书》影印本 3000 册。（樊志峰）

【青海民族大学西校区图书馆完成改造维修工作】 3 月，学校投入 43 万余元，对青海民族大学西校区图书馆的书库和各阅览室电路、楼顶、墙面进行改造维修和粉刷；采购了 102 张阅览桌、408 把椅子、7 个工作台、10 组书架，并对原有阅览室进行了布局调整，开设了哲学社会科学、文学、语言文字、自然科学、报纸期刊和过刊等 6 个藏阅一体化阅览室；开辟了 2 个研究生研习室及 2 个自习室。调整布局后的西校区图书馆扩大了原有的阅览面积，增加了阅览座位，实现了藏阅一体化，同时可满足近 560 余人在馆阅读和自习。（许西乐）

【青海民族大学图书馆三部古籍入选第三批《国家珍贵古籍名录》】 3 月，青海民族大学图书馆古籍部根据文化部颁布的《古籍定级标准》，在前两次申报的基础上，对本馆善本古籍文献进行了筛选鉴定和申报，3 部古籍入选第三批《国家珍贵古籍名录》。至此，青海民族大学图书馆已有 23 部古籍入选《国家珍贵古籍名录》，入选古籍超过全省入选总数的三分之一，居省垣高校之首。（樊志峰）

【青海民族大学图书馆举办电子资源使用培训班】 4 月 23 日下午，为迎接“世界读书日”，青海民族大学图书馆邀请同方知网（北京）技术有限公司技术人员举办了 CNKI 数据库培训，图书馆全体职工，各院、系部分同学参加了培训。同方知网公司的技术人员介绍了数字图书馆的概念，CNKI 数据库使用方法、知识搜索、期刊文献、学位论文、文献浏览、下载的方法等，并就同学们感兴趣的问题进行了现场答疑和互动交流。通过培训，使同学们掌握了 CNKI 数据库的使用方法，为今后自主学习和独立研究，充分利用馆藏电子资源奠定了良好基础。（樊志峰）

【青海大学图书馆概述】 青海大学图书馆由总馆及四个分馆和两个科技信息所组成，“四馆两所”即：青海大学医学院图书馆、青海大学成教学院图书馆、青海大学昆仑学院图书馆、青海大学医学院附院图书馆、青海大学农科院科技信息所和青海大学畜牧兽医科学院科技信息所。馆舍总面积 1.18 万平方米，各类型阅览室 27 个，阅览座位 2318 个。馆藏文献总量为 119.43 万册，馆藏文献以农牧、医学方面的馆藏最为特色。目前，已开通 14 个数据库，中文全文电子期刊 8200 种，可使用中文电子图书 40 万册。青海大学图书馆服务方式体现现代图书馆服务特征，即开放式、自动化、网络化、多功能的服务。成为广大读者学习研究、开展学术交流的重要场所，是学生的“第二课堂”。实行连续开馆，自由开放服务。阅览室平均每周开放 94.50 小时。图书馆现有正式职工 65 人，其中具有高级技术职称 23 人，占全馆职工人数的 35％；中级职称 22 人，占 34％；本科以上学历 32 人，占 49％；文检课兼职教师 12 名。

文献资源建设——为了满足学校教学和科研的需求，继续加大新书、刊资源的采购力度。2010 年校本部图书馆共购置中文新书 4046 种、13 132册，中文期刊 560 种，中文报纸 93 种。电子资源方面，增加 135 万元购置 7 个外文数据库。

读者工作——2010 年校本部图书馆共提交文献传递 106 篇，处理并完成 95 篇。全年举办了 9 场电子资源使用培训专题讲座，听众 570 人次，深受广大读者的欢迎。全年图书馆“书友会”共举办 28 场各类型活动，近 4000 人次参加。2010 年紧紧围绕提高图书馆阅览人次、借阅册次、主页点击率三大指标，采取多种措施，充分挖掘各种资源，营造良好的学习氛围，加强图书馆员的业务素质，提升工作效率和服务水平。全年阅览人次为256 945人次，外借图书116 609册次，主页点击率382 993人次，图书分编43 106册。

科学研究——图书馆是一个服务性的学术机构，在做好服务工作的同时，积极开展学术研究，对图书馆事业的发展，起到很大的推动作用。校本部图书馆除了为学校教学和科研提供较好地服务外，馆员的学术研究能力也有了很大的提高。2010 年共申报 4 项校级科研项目，其中“文献检索与利用三类课程建设”在青海大学 2010 年一、二、三类课程建设立项项目中获得通过；“基于课程建设的《文献检索与利用》课程内容体系的探索与实践”在 2009－2010 学年青海大学教育教学研究立项项目中获得通过。2010 年校本部图书馆共发表学术论文 14 篇。在青海省图书馆学会第十一次图书馆科学讨论会上，全馆共有 8 位同志获得奖励，其中一等奖 1 名，二等奖 2 名，三等奖 5 名。（孔繁青　韩卫红　丁海英　李盛福）

【青海大学图书馆加快回溯建库工作】 1 月，根据青海大学资源整合的有关通知精神，青海大学图书馆完成了青海大学农牧学院图书馆 31 646册图书的接收工作。3 月－10 月将移交图书全部回溯建库，为下一步实现文献资源共建、共知、共享创造了条件。（孔繁青　李盛福）

【青海大学图书馆全体职工奉献爱心，为玉树地震灾区积极捐款】 4 月 14 日青海玉树发生强烈地震后，青海大学图书馆全体党员积极行动起来，奉献爱心，为灾区捐献“特殊党费”1600 元。另外，全馆职工向灾区捐款 4950 元。（丁海英　李盛福）

【青海大学图书馆完成教育部科技查新工作站的申报工作】 5 月，随着青海大学进入教育部“211”高校行列，学校的中心工作将由以教学为主逐步转向教学与科研并重。而在科研工作中要有所突破，建立科技查新站显得尤为重要和迫切。按照《教育部办公厅关于开展第五批教育部部级科技查新站申报工作的通知》精神，青海大学图书馆完成了教育部的农学类科技查新工作站的申报工作。（韩卫红　李盛福）

【青海大学图书馆加强外文数字资源建设】 10 月－12 月，青海大学图书馆为了加快图书馆文献信息资源建设，配合“211 工程”创新人才培养项目，经与数据库厂商多次协调，购买了国外较为著名的 7 个外文数据库，这在一定程度上改善了图书馆数字文献资源增长缓慢的状况，弥补了外文资源的不足，有助于提升学校的教学水平，同时也增强了图书馆为地方经济建设服务的能力。（韩卫红　李盛福）

宁夏回族自治区

【“相约西夏故国，共享开世览文——CASHL 走入西北”宣传与培训会议在宁夏大学图书馆举办】 3 月 26 日，“‘CASHL 走入西北’之宁夏行”宣传与培训会议在宁夏大学图书馆举行。会议受 CASHL 管理中心委托，由兰州大学图书馆主办、宁夏大学图书馆承办。来自西北五省（区）的 35 家高校图书馆及宁夏图书馆、宁夏社会科学院情报所的主管馆（所）长和馆际互借员等 60 余人参加了会议。会议内容包括 CASHL 现状与展望，CASHL 文献传递工作汇报，CASHL 文献传递业务交流与培训等。宁夏大学副校长李星教授致欢迎辞，CASHL 管理中心副主任、北京大学图书馆副馆长肖珑和兰州大学图书馆副馆长陆为国分别致辞。肖珑教授作了“共享社科资源 服务高校科研——CASHL 发展现状与战略”的专题报告，并对宁夏大学图书馆的文献传递工作给予了充分肯定。宁夏大学教育科学学院张丽锦教授作为用户代表交流了利用 CASHL 资源和服务的感受，并对其资源和使用提出了宝贵意见和建议。宁夏大学图书馆郝志红副研究馆员介绍了宁夏大学图书馆开展 CASHL 资源服务的经验与体会。会议由宁夏大学图书馆馆长梁向明教授主持。会议还安排了馆长座谈交流与馆际互借员业务培训等内容。本次会议促进了宁夏高校图书馆对 CASHL 资源和服务的了解、认识和共享，有利于发挥 CASHL 文献保障平台对宁夏人文社会科学研究的推动作用。（张京生）

【中国图书馆学会经典阅读推广委员会 2010 年年会在银川召开】 7 月 22 日－25 日，中国图书馆学会经典阅读推广委员会 2010 年年会在银川北方民族大学图书馆召开。开幕式由经典阅读推广委员会委员、北方民族大学图书馆副馆长陈永平研究馆员主持，北方民族大学副校长赵杰教授，宁夏图书馆学会副理事长、宁夏图书馆常务副馆长张欣毅研究馆员出席开幕式。会议总结了前一阶段的工作，并对下一步的工作做了安排。经典阅读推广委员会主任、河北省图书馆副馆长顾玉青代表该专业委员会作了工作报告。会议期间，北京大学信息管理王余光和王子舟两位学者应宁夏图书馆学会之邀，在宁夏图书馆学术报告厅分别作了“图书馆的儿童阅读推广”、“随电纸书洪流走入数字阅读时代”专题讲座，银川地区公共、高校图书馆的300余人聆听了讲座。专家们还先后考察了北方民族大学图书馆、宁夏博物馆、宁夏图书馆、岩画博物馆等。（张京生）

新疆维吾尔自治区

【新疆大学图书馆申报《国家珍贵古籍名录》】 截至2010年，新疆大学图书馆共有包括《史记》、《汉书》等在内的11部、406册古籍入选“国家珍贵古籍名录”。在8月—10月举办的新疆维吾尔自治区古籍文献展上，该馆有3种古籍参展，随后这3种古籍又被选中参加全国古籍文献展。（张新华）

【新疆大学图书馆“211工程”三期建设完成】 2010年底，该馆已完成“211工程”2009、2010年设备采购项目的立项准备工作，对2009年的采购项目进行合同的修改和项目实施，对“211工程”三期项目建设进行了中期检查。（张新华）

【新疆大学图书馆完成特色库建设】 2010年，新疆大学认真做好博士、硕士学位论文书目数据库建库工作，完成了2010年新疆大学博、硕士毕业生学位论文收缴、电子版全文数据入库及标准化格式转换以及纸本论文收缴工作。（张新华）

【新疆农业大学图书馆成立大学数字图书馆国际合作计划(CADAL)项目新疆分中心】 2010年，教育部批准新疆农业大学图书馆成为大学数字图书馆国际合作计划（CADAL）项目服务中心新疆地区中心和新疆少数民族文献资源数字化建设中心。目前，该馆正在进行维吾尔文和哈萨克文文献数字化加工工作。（唐杰波）

【新疆农业大学图书馆新疆动植物标本馆完成】 2010年，新疆农业大学完成新疆动植物标本馆二期工程建设，新增展厅200平方米，新增动物标本近百件，对新疆特有的家畜、家禽、鱼类、爬行类和两栖类动物进行了集中展示。（唐杰波）

【新疆警官高等专科学校图书馆利用网络资源为读者服务】 2010年，新疆警官高等专科学校图书馆新增了“期刊篇名数据库”、“期刊导航功能”、“书目数据检索库”、“百家专业报刊数据连接”等功能，设立“图书馆网上大讲堂”，充分利用中国知网、万方网等全国三大电子期刊免费提供的资源，国家图书馆、上海图书馆馆藏的电子图书资源以及全国免费报纸资源等，将这些网络资源搜集整理后为广大读者所用。（王珺）

党校图书馆

【中央党校图书馆概述】 2010年，中央党校图书馆按照校委要求，主要围绕数字图书馆和“三大文库”建设开展工作。1．“三大文库”建设。在CGRS平台建立中国共产党历史文库、马克思主义理论文库，转换、标引、加载数据22 101条；按计划，从原自建、外购数据库中的37 656条数据中，按照内容需求和栏目设计，精选出12个栏目，2191条数据，待审核、标引后加载到党史文库中；从馆藏2000多种解放区图书中挑选出250余种约3万页，进行了数字化加工；拟定上报《中央党校三大文库建设2011—2015年经费预算方案》。

2．党校文库建设。完成了从网上、自建库中搜集中央党校各教研部（所）教师的学术成果工作，并逐人进行查重、归类、整理，共计搜集了291位教师的1795部图书、9971篇文章，下载保存了304部图书、7933篇文章；设计个人学术资源统计表、补充文献表格、反馈说明文件，把上述整理后的个人资源列表发给本人，并对反馈来的结果进行整理、合并；从中国知网（CNKI）获取中央党校教师学术文献24 563篇，按照党校文库的体系、栏目进行查重、归类、整理；在TPI平台建立中央党校文库部分栏目，整理、标引、加载数据21 834条。

3. 数字图书馆工程。完成中央党校数字图书馆工程经费使用预算的申报、数字图书馆工程管理费经费预算申报，积极协调中央直属机关采购中心完成招标前期准备工作；配合校基建办完成数图工程中土建部分设计方案的调整，协助撰写弱电部分的技术方案，并完成弱点部分招标的答疑工作；撰写数字图书馆工程相关的保密规定、文档管理、项目管理、设备管理等文件的起草。完成数字图书馆工程文件模板的编写和制定工作；完成数字图书馆工程中系统与资源建设部分监理项目的招标工作，启动总集成招标及专题研究和标准规范的招标前期工作；协调信息管理部对引进国家图书馆大屏幕阅报系统的网络和强电施工的预算和线路规划。

4. 网站建设。对多年来馆藏随书光盘和多媒体光盘进行整理、数据转换，发布在网站上以便读者检索使用；试用"中国新方志知识服务系统"中国数字方志库、国信在线数据库等；安装同方TPI和方正德赛软件系统，对数据交换进行测试，初步完成共建共享的前期技术准备。

5. "中国干部学习网"建设。一是不断加强网站内容建设，开设17个栏目，编辑加载了约4000多条信息和400多册老报刊，增设学习十七届五中全会精神栏目；二是对网站内容重新进行了策划和调整，形成了新的运行方案；三是与中电传媒合作创办舆情频道，试办《党政干部舆情参考》内部资料，为领导决策和政府作为服务；四是在校内向有关教研部门和研究生院征集稿件，不断丰富网站原创内容；五是对一些具有收藏和研究价值的馆藏老报刊进行了数字化加工，共计约57种、390余册，作为自建的数字内容在外网发布使用。

6. 2010年7月经中央党校校委批准，成立全国党校数字图书馆理事会，并创办了《全国党校数字图书馆理事会工作通讯》，已印发6期，约7.5万字。

7. 业务工作。图书馆全年外文书刊支出经费570 725.00元，外文及港台报刊240种，接收并入库亚基会等赠书111册；中文图书支出经费702 770.25元，采购中文新书5897种/16 815册（含方志179种/193册），接收赠书240种/1200册；编目交送入库中文图书6332种/16 661册；编制新书通报12期、入藏新书推荐9期；电子出版物经费使用561 418.25元，除原有7个数据库的续订外，新增了中国知网的《中国工具书全文数据库》，至此中国知网社科类几大库基本配齐。

8. 其他工作。先后举办四次书画展，包括"和谐之春"书画展，著名山水画家、澳门出版社社长、澳门书画院院长孙蒋涛先生的"山高水长"主题画展，"纪念毛主席在《延安文艺座谈会上的讲话》发表68周年暨生命与自然"油画展和"饶宗颐学艺展"。主办三场文艺演出。联合中央党校党史教研部和文化部全国文化信息资源建设管理中心合作建设《庆祝中国共产党成立九十周年专题资源库》。通过多方支持，专门整合制作了14B的数字资源和免费下载3万册图书的方正电纸书，赠送给48家副省级城市以上党校图书馆，初步探索全国党校系统图书馆的资源共享。积极参加全国数字图书馆联席会议的有关活动，参与制定全国数字图书馆建设标准、规范等工作；参加图书馆十二五规划专家论坛、2010中国数字出版年会、CNKI创新与创新管理服务型数字图书馆研讨会、CNKI党校系统图书馆"教学、科研、培训'三位一体'"开放式知识服务平台推介会等。结集出版《中共中央党校图书馆典藏书画集》和《生命与自然》油画集两本画册。自2010年起，经校委同意并报新闻出版署批准，《党政干部文摘》正式更名为《党政干部参考》。编辑出版《中国思想理论年鉴》2009年卷。

4月1日，下发《关于图书馆下设机构和人员调整编制的通知》（中校字［2010］21号），图书馆75名编制不变，具体调整如下：馆直属4名，办公室（含1名转为干部编制的工人编制）、图书馆借阅室、报阅览室、文献采编室、参考咨询室、数字资源建设中心、系统与技术保障中心各8名，文献研究室10名，数字资源综合管理中心5名。（中央党校图书馆　郝莉　刘魁明）

【全国党校图书馆暨信息资源建设会议在西安举行】 7月28日—31日，全国党校图书馆暨信息资源建设会议在西安陕西省委党校召开。会上，中央党校常务副校长李景田到会并作了重要讲话，教育长张伯里作了主题报告。中央党校图书馆馆长陈高桐作总结报告。李景田为重庆市委党校、吉林省委党校、陕西省委党校、四川省委党校、北京市委党校等5个“全国党校数字资源共建共享”先进单位，何晓莉等16个“全国党校数字资源共建共享”先进个人颁奖。此次评选按照全国党校图书馆数字资源共建共享先进单位和先进个人评选方案，由中央党校图书馆上报校委批准后完成的。会后，以中央党校校委名义和中央党校办公厅名义分别发文至各副省级以上党校。（中央党校图书馆　郝莉　刘魁明）

【饶宗颐学艺展在中央党校举行】 9月1日—6日，由中共中央党校和中央政府驻港联络办联合主办，香港大学协办的“饶宗颐学艺展”开幕式在档案馆举行。中央党校常务副校长李景田，副校长石泰峰、陈宝生，教育长张伯里，中央政府驻港联络办主任彭清华，新华社香港分社原社长周南，国务院港澳事务办公室副主任张晓明，故宫博物院院长郑欣淼，香港大学校长徐立之，香港大学饶宗颐学术馆馆长李焯芬，中国马克思主义基金会副理事长郝时晋，香港及内地各界嘉宾、新闻媒体近200人出席了开幕式。张伯里、彭清华、徐立之、李焯芬等先后发表了热情洋溢的讲话，高度评价了饶宗颐教授在文学、古文字学、敦煌学、宗教学、书法、国画及华侨史料等方面研究的卓越成就。开幕式由中央党校图书馆馆长陈高桐主持。（中央党校图书馆　郝莉　刘魁明）

【《庆祝中国共产党成立九十周年专题资源库》签字与启动仪式举行】 10月27日上午，中央党校图书馆、中央党校中共党史教研部和文化部全国文化信息资源建设管理中心合作建设《庆祝中国共产党成立九十周年专题资源库》的签字与启动仪式在中央党校举行。中央党校教育长张伯里，文化部副部长杨志今，中央党校图书馆馆长陈高桐、副馆长郝莉、张瑞红，中共党史教研部副巡视员姚红宇，文化部社会文化司司长于群，全国文化信息资源建设管理中心主任张彦博，中央党校图书馆和文化部全国文化信息资源建设管理中心的相关人员出席了本次活动。（中央党校图书馆　郝莉　刘魁明）

【“三大文库”建设和“数字图书馆资源建设规划(2011—2015年)”调研活动】 为深入了解和研究地方党校图书馆在数字资源建设、共建共享等方面的现状和存在的问题，中央党校图书馆有针对性地选择了山东、福建两省几个沿海城市的党校图书馆，开展了以“三大文库”建设为中心的全国党校数字资源建设合作实施方案和全国党校数字图书馆资源建设规划（2011—2015年）为主题的调研活动。此次调研活动由陈高桐馆长带队，调研考察了山东潍坊、烟台、威海、乳山和福建厦门、龙岩、思明等市县党校的图书馆建设工作。（中央党校图书馆　郝莉　刘魁明）

【华东地区党校信息化和图书馆工作研讨会】 10月13日—15日，华东地区党校信息化和图书馆工作研讨会在浙江省湖州市举行，本次研讨会由上海市委党校和浙江省委党校主办，湖州市委党校承办。华东地区省（直辖市）级党校、副省级城市党校分管信息化和图书馆工作的副校长及信息化部门、图书馆负责人，还有浙江省温州、嘉兴、金华、台州、丽水等地市级党校的副校长近50人参加会议。研讨会主题鲜明、富有成效。一是认真研讨“十二五规划”的思路与设想，相互交流、相互启发、相互促进，13所党校的副校长或代表介绍交流的各校信息化和图书馆建设发展“十二五规划”的基本思路及设想，为进一步做好规划的修订和完善有重要参考价值。二是深入研讨加强华东地区党校信息化和图书馆科学发展合作的体制、机制，达成初步共识。在合作体制上，决定建立华东地区党校信息化和图书馆科学发展合作会议的组织，原则通过了《华东地区党校信息化和图书馆科学发展合作会议章程》，推选产生了首届组织机构，会长单位实行轮值制。上海市委党校被推为首届会长单位，王丽丽副校长当选为会长。在合作机制上，确立了“平等、自愿、互利、合法”的原则，以及双边、多边合作的方式。在合作内容上，形成了由会长单位组织实施“六个一项目”的共识。（中央党校图书馆　郝莉　刘魁明）

【重庆市委党校召开“数字图书馆建设”领导专家座谈会】 10月14日，重庆市委党校在校图书馆召开“数字图书馆建设”领导专家座谈会，常务副校长吴康明等校领导、学校“毛泽东思想研究数据库”领导小组和专家小组成员、学校部分专家学者等参加会议，分管图书馆工作的田建渝副校长主持会议。图书馆馆长孙兰作“关于数字图书馆建设工作和‘全国党校图书馆工作暨信息资源建设会议’精神”的情况汇报。领导和专家们围绕数字图书馆建设及相关工作开展了热烈的讨论，着重对构建重庆市委党校图书馆资源特色，加大图书馆资源的利用和宣传服务工作力度，构建图书馆“十二五”发展规划，建立研究式图书馆等问题进行讨论交流，提出了建设性的意见。吴康明做总结讲话。（中央党校图书馆　郝莉　刘魁明）

【广东省党校图书馆工作暨信息资源建设会议召开】 12月26日—29日，广东省党校图书馆工作暨信息资源建设会议在中山市委党校召开。会议主题是以党的十七大精神和科学发展观为指导，深入落实《中国共产党党校工作条例》和全国党校图书馆工作会议精神，加快图书馆工作转型发展，以适应广东省干部培训工作对图书馆工作的新要求。广东省委党校副校长郑楚宣，广东省委党校教育长苟志效以及广东省各地级以上市委党校主管图书馆工作的校领导和图书馆馆长等近60余人参加。会议深入讨论了广东省党校系统《广东省情数据库》共建共享方案，统一了思想，签订了《广东省党校系统特色数字资源共建共享协议》；完成了广东省党校文献信息学会的换届工作。广东省委党校图书馆馆长李青作大会总结。（中央党校图书馆　郝莉　刘魁明）

【青海省委党校图书馆概况】 青海省委党校图书馆始建于1956年，现有工作人员11人，其中高级职称4人，中级职称3人。馆藏总量17万余册，报刊200余种。图书馆建筑面积3200平方米，设3个阅览室：报刊、专题、电子阅览室。阅览座位110个，计算机32台。年接待读者1412人次，流通书刊近2000余册次。年购书经费8万元。自办刊物有《青海省情研究》和《教研参阅》，自建数据库有《青海省情数据库》，二次文献的引用数量达133多万字。（贯永红）

【四川省委党校图书馆参加全国党校图书馆资源共建共享示范馆负责人暨文献信息学会常务理事会】 6月12日—14日，全国党校图书馆资源共建共享示范馆负责人既文献信息学会常务理事会在北京举行，四川省委党校图书馆馆长郑军、数字信息部主任肖友国参加了会议。经全国党校数字资源共建共享评审小组评议，评选出四川、重庆、吉林、陕西、北京等5个示范馆为先进单位。肖友国同志在会上作了四川省委党校承建《邓小平理论研究数据库》的情况汇报，数据库的建设经验受到中央党校图书馆领导和兄弟党校图书馆同仁的赞赏，认为具有很强的操作性，条理清楚、思路明晰，明确了建设方法，并对遇到的问题提出了可行的解决办法，图书馆编制的建设报告系统详尽，可供各馆广泛借鉴。（施静）

【四川省委党校图书馆参加全国党校图书馆工作暨信息资源建设会议并获奖】 7月28日—29日，全国党校图书馆工作暨信息资源建设会议在陕西省委党校召开。四川省委党校副校（院）长杨颖率图书馆领导刘春、肖友国和信息技术部副主任李云辉出席会议。副校（院）长杨颖代表四川省委党校作了题为“加强领导，突出重点，积极推进数字资源建设与发展”的交流发言，从领导力量、教研服务、建设方法、对外交流、队伍建设、网络保障等方面介绍了学校信息资源建设的经验，获得各方一致好评。四川省委党校图书馆获得了中央党校颁发的“全国党校数字资源共建共享”先进单位奖，肖友国同志获“全国党校数字资源共建共享”先进个人奖。（施静）

【四川省委党校与国家行政学院共建共享《汶川特大地震专题数据库》工作达成协议】 12月中旬，四川行政学院（省委党校）与国家行政学院就《汶川特大地震专题数据库》共建共享工作达成合作协议，四川行政学院（省委党校）图书馆作为具体承办单位启动了项目实施有关工作，对该数据库形式、内容分类体系设计的整体思路、基本原则等开展了前期科学规划和论证。这是党校图书馆主动适应新形势下服务教学科研需求，进一步开拓创新，内聚英才、外借智慧，打造特色品牌数据库产品的一次意义重大的创新之举。数据库建设受到四川省委党校、四川行政学院校院委的高度重视和大力支持。（施静）

【江苏省委党校图书馆概况】 中共江苏省委党校图书馆现有馆舍于1986年建成，馆舍建筑面积3850平方米。馆藏约45万册。机构设置分为资源建设部、读者工作部、参考咨询部、技术保障部、资料编研部、综合业务部 6 个部。现有正式职工 22 名，临时工 1 名。在职人员目前 98%具有大专以上学历，8 人具有研究生以上学历，3 名硕士。（江苏省委党校图书馆）

【江苏省委党校图书馆举办第三届“优秀读者”评选活动颁奖仪式】 1 月 12 日，江苏省委党校图书馆第三届“优秀读者”评选活动颁奖仪式在教学楼第二会议室举行，黄文虎常务副校长、朱成荣副校长分别讲话。（江苏省委党校图书馆）

【江苏省委党校图书馆成立新校区图书馆建设工作小组】 5 月 18 日，为准备新校区图书馆建设、搬迁工作，图书馆成立了 3 个新馆建设小组，即搬迁组、设备组和设计组，统筹考虑新馆的建设、搬迁工作。副馆长仲明负责对内对外联络、协调相关事宜。（江苏省委党校图书馆）

【召开全省党校图书馆馆长会议】 10 月 25 日，召开全省党校图书馆馆长会议。会议内容主要有：传达全国党校系统图书馆工作和信息资源建设会议内容；传达华东地区党校信息化与图书馆工作会议内容；研讨、交流各馆“十二五”规划和发展目标情况等。（江苏省委党校图书馆）

军队院校图书馆

【概述】 2010 年，军队院校图书馆以科学发展观为指导，以贯彻落实全军院校图书馆工作会议精神为主线，以原生文献资源数字化建设为重点，以联合协作和资源共享为抓手，大力加强图书馆学术理论研究，着力提高信息和知识服务能力，较好地发挥了院校文献信息中心和现代化教学的支柱的作用。

2009 年年底，解放军总部机关组织召开了全军院校图书馆工作会议，讨论审议了《全军院校图书馆建设规划》，确定了“十二五”期间军队院校图书馆建设的指导思想、建设目标、主要任务和措施要求。2010 年，军队院校图书馆委员会组织召开了第 22 次会议，各地区协作组相继召开了工作年会，中心议题是研究贯彻图书馆工作会议精神，制定“十二五”图书馆建设规划。全军院校各图书馆以总部的《规划》为依据，结合实际情况，制定本院校图书馆的建设规划。概括各图书馆规划的突出特点是：指导思想清晰，建设目标明确，建设任务具体，保障措施有力。各图书馆“十二五”规划的制定，描绘了建设和发展的宏伟蓝图。在各院校首长和机关的领导和支持下，图书馆建设必将实现新的跨越。（刘家坤）

【军队高层领导关心支持院校图书馆建设】 军委、总部和大单位首长对军队院校图书馆建设和服务工作非常重视，给予厚望。2010 年，有多位首长到图书馆视察，分别听取了图书馆馆长的汇报，对图书馆建设和服务工作作了指示。他们是：中央军委委员、空军司令员许其亮先后视察空军第四、第六飞行学院图书馆，总参谋长助理陈勇中将先后视察后勤工程学院、军械士官学校图书馆，总政年福纯主任助理视察西安政治学院图书馆，总装备部迟万春政委视察装甲兵工程学院图书馆，总装备部朱发忠副部长视察装甲兵技术学院图书馆，空军副司令员何为荣视察空军航空大学图书馆，第二炮兵政委张海阳视察第二炮兵工程学院图书馆，南京军区司令员赵克石视察南昌陆军学院图书馆，军事科学院政委刘源到信息工程大学图书馆调研视察。（刘家坤）

【军队院校图书馆原生文献资源数字化建设全面展开】 军队院校原生文献信息资源是指本校所属人员在教学、科学研究、教学管理工作中形成的专（译）著、教材、期刊、论文、研究报告、教案、想定、多媒体课件等教学参考资料为主要形式，并具有一定学术和收藏价值的文本和电子信息资源，是军队院校最具专业特色、使用频率最高的信息资源。原生文献资源数字化建设是军校图书馆建设的基础性工作，既是教育训练信息化条件建设的内容，又是院校教育工作评价的要素。解放军总部机关对院校原生文献资源建设非常重视，2008 年拨付专项经费支持该项目建设。图书馆委员会根据总部机关的意图，于 2009 年 5 月印发了《军队院校原生文献资源数字化建设指南》，请各图书馆参照执行。各院校图书馆加强与机关有关部门、教研单位的协作，全面展开了原生文献资源的建设，分别建设了原生图书、教材、论文、研究报告，教案、想定等系列数据库。为把原生文献资源的建设搞得更好，很多图书馆相互走访参观、学习借鉴，促进了原生文献资源建设的健康发展。（刘家坤）

【军队院校为构建新一代数字图书馆进行升级尝试】 从2010年年初开始，由国防大学图书馆带头，对系统的升级改造进行了多方面的调研论证，积极组织研发，经过半年多的努力已初见成效。拟再以2年左右的时间，持续完善和改进系统服务功能，拓展信息服务的广度和深度，搭建新一代知识服务系统平台，实现数字图书馆由资源系统向知识服务系统的转变，构建新一代“军事知识服务系统”（MKSS）。（刘家坤）

【军队院校图书馆陆续展开机要阅览室的建设】 机要阅览室建设，是加强军事机要文献的收集、储存、管理和使用的重要举措，也是提高图书馆服务效益的有效途径。解放军总部机关对此非常重视，为全军院校每一个图书馆拨付专项经费用于此项建设。为使机要阅览室建设有所参考，有所遵循，军队院校图书馆委员会研究起草了《军队院校图书馆机要阅览室建设指南》，经总部机关批准印发全军院校图书馆参照执行。各院校图书馆紧密结合本单位实际，按照环境条件（房间及“三铁一器”）、硬件设施（专用网络、存储及计算机设备，视频监控设备，违禁物品检测设备等）和软件（管理和服务过程中需要的各种应用软件）的要求，确定机要阅览室的建设规模和布局，精选设备设施，严格工程管理，确保建设质量。（刘家坤）

【军队院校图书馆评估发挥“以评促建”的重要作用】 2010年，结合教学工作评价，总部机关组织3位图书馆专家对12所院校的16个图书馆进行评估。此前，图书馆委员会领导、专家和部分地区协作组组长分别到部分参评院校帮助图书馆进行评估准备，重点是帮助发现问题和薄弱环节，及时调整改进，以保证图书馆评估的顺利进行。通过图书馆评估，实现了“以评促建”的目标，促进了图书馆建设和服务工作的全面提高。（刘家坤）

【国防大学图书馆创建信息共享(IC)服务区】

国防大学图书馆IC（Informatiom Commons）服务区经过大半年的设计、论证和施工，于2009年底建成并投入使用。IC服务区由实体层（包括场所、设备设施、软件平台、纸本文献等）、虚拟层（包括各种数字资源）和支持层（包括馆员、学科专家等）等几部分组成，是现代图书馆发展趋势和一种新型服务模式。借助这种模式，可以实现以下主要目标：实现信息服务向知识服务层次的转变，让图书馆丰富资源用于教学科研，形成知识服务模式和机制，让读者在最短的距离，用最快的时间，以最便捷的方式得到最满意的服务。IC服务区的布局主要由公共文献、学科信息、学科专题研究、学术活动、总咨询台等五个主要服务区和视频信息、文印服务等辅助区域构成。IC服务区的服务对象和内容定位于为培养高素质联合作战指挥人才提供信息服务保障。（丁立平）

【后勤指挥学院图书馆坚持“以人为本，重在细节”的服务新理念】 针对读者减少对纸质图书的阅读与使用这一情况，后勤指挥学院图书馆在积极改善阅读环境的同时，注重在服务细节上下工夫，采取一系列有效措施吸引读者来馆阅读，让读者感受纸质图书的魅力。一是开展了“优秀读者”评选活动。图书馆每周对到馆次数最多和借阅图书资料最多的读者开展“优秀读者”评选活动，在此基础上评选出月优秀读者和年度优秀读者，并发放证书和纪念品，以鼓励读者充分利用纸质图书资源。二是开展“借阅积分换书”活动。三是改善阅览环境。四是开展“微笑服务”，提倡文明用语。制定了《图书管理员现场管理规范》、《文明用语50句》，要求管理员使用文明用语与读者开展交流互动，提升服务水平。此外，图书馆还随时收集读者的意见和建议，定期发放《读者满意度调查表》，征求读者意见，以改进服务中的不足。通过这些措施，图书馆借阅率和到馆率成倍上升。（梁樱露）

【第二炮兵工程学院图书馆组织参观见学拉练活动】 第二炮兵工程学院图书馆于4月24日、25日分两个批次组织工作人员赴太平森林公园和朱雀森林公园进行了拉练活动。通过此次活动，达到了以下几个目的：首先，此次活动的开展为理论学习营造了活跃的氛围，在一定程度上激发了工作人员参与理论学习的积极性和热情，有效提升了理论学习的效果。其次，增进感情和友谊，增强组织纪律性。最后，塑造了优秀品质，磨炼了顽强意志。（徐军　宋丽娟）

【后勤工程学院图书馆超高频RFID系统投入运行】 后勤工程学院图书馆利用建设新馆舍的契机，积极调研论证，于2009年7月获得学院批准招标建设图书馆RFID系统。2009年8月底，宁波远望谷公司中标。2010年3月系统试运行，4月12日正式运行，实现了图书的高效化便捷式排架整架、可视化定位式查询、人性化自助式借还、智能化提示性监控，同时实现了读者进出图书馆的非接触式自动记录。继镇江船艇学院率先建成高频RFID系统后，后勤工程学院图书馆又建成了超高频RFID系统，在西部地区的高校与公共图书馆中是第一家。图书馆RFID系统的应用，实现了管理模式的跨越式发展，显著提高了自动化信息化水平和服务效率。（夏绍模）

【南昌陆军学院图书馆适应学员"五小"活动开展信息推送服务】 为进一步拓展信息推送服务范围，倾听广大学员心声，加强图书馆与学员之间的交流与沟通，了解和满足学员的信息需求，图书馆领导与相关工作人员对学院六大队23队进行了走访，并召开了座谈会听取意见。为体现图书馆对学员队"五小"（小革新、小制作、小软件、小论文、小报告）活动和第二课堂活动的支持，图书馆向学员23队赠送25张免费上机卡，方便学员来图书馆上网查找资料。馆领导从资源建设与利用、创新服务等多方面介绍了图书馆的现状，邀请学员填写"'五小'活动信息推送服务表"，了解学员在"五小"活动研究过程中的信息需求。针对反馈意见，馆领导与工作人员耐心解答，及时沟通并解决。（朱丹君　鲍含　陈宇麒）

【空军航空大学图书馆开设国学经典及文学名著阅读区】 空军航空大学图书馆精心打造的国学经典阅读区及文学名著阅读区于7月初对读者开放。为营造校园良好读书氛围，图书馆本着"为读者找好书，为好书找读者"的宗旨，精心选购了《四库全书》、《永乐大典》、《二十五史》、《资治通鉴》等一批具有代表性的国学经典书籍，同时还引进了《中国古典文学名著百部》、《中国作家经典文库》、《世界文学名著百部》等大量文学名著，在图书馆二楼报刊阅览室开辟专区供读者阅读。国学经典图及文学名著阅读区的开放，使得每位读者在普通阅览室就能阅读到珍贵的善本图书，对于进一步丰富校园文化建设，提高读者的科学素质和人文素质将起到积极的推动作用。（孙德建）

【军事交通学院图书馆举办2010年读书月活动】 4月1日，军事交通学院图书馆在全院范围内开展2010年读书月活动，丰富了学院师生的文化生活。同时，还举办了多场读者座谈会、书刊展销、文献检索讲座、读书评书演讲活动等，并评选出优秀读书单位与个人。（军事交通学院图书馆）

【军事交通学院图书馆文化环境改造工程竣工】 在学院各级领导的关心和支持下，历经半年的精心规划、设计和施工，军事交通学院图书馆文化环境改造工程顺利完工。此次工程本着"以人为本，方便读者"，为读者创造温馨、舒适、高雅阅览环境的建设思想和指导方针，对新、旧馆大厅及公共区域进行整体装修，开设书吧，对大厅、各楼层公共区域、阅览室等读者流量大的部位进行了装饰美化，使新旧馆之间和谐统一、有机衔接，塑造整齐、有序、美观、大方的完整风貌，有效地改善了阅览和办公环境，从整体上提升图书馆服务保障功能。（顾英）

【"红管家"文化艺术节书画展在军事经济学院图书馆举办】 在武汉市文史研究馆和博物馆的大力支持下，"红管家"文化艺术节书画展在军事经济学院图书馆隆重举办。图书馆二楼大厅展出了湖北省众多名师、大家的墨宝，包括山水、人物、花鸟绘画及书法作品，风格多样，意境余深邃，或挥毫泼墨，笔走龙蛇，或施朱调丹，妙手著春，为学院"红管家"文化艺术节增添了绚丽的色彩。举办这次书画展很有意义，不仅提升了学院官兵的文化品位和欣赏水平，而且扩大了图书馆的影响，发挥了图书馆宣传教育的职能。（易佳洁）

【陆军航空兵学院与北京国际图书城合作】 7月，陆军航空兵学院与北京国际图书城军民共建协议的签字揭牌仪式在陆军航空兵学院举行。学院院长陶炳兰、副院长朱志平、图书馆馆长曾纲京、北京国际图书城总经理于有志、副总经理曹媛等出席了签字揭牌仪式。陶炳兰与于有志共同为“中国人民解放军陆军航空兵课外阅读教学与实践基地”、“北京出版发行物流中心国防教育基地”两块牌匾揭幕。（祁长松）

【空军指挥学院图书馆军事特色数字资源形成规模】 8月，空军指挥学院图书馆承建的通用军事数字资源逐步形成规模，共享利用效益明显。其中，《中国军事图书总库》收录军事图书59 078种，《空军院校联合数字图书馆》收录空军院校图书馆的书目482 125条，《外国空军、航空、航天期刊论文库》已加工论文27 303篇，《中国航空、航天图书资源库》收录航空航天类图书9979种，《中国空军、航空、航天期刊论文库》收录论文197 994篇，《空军院校教学参考书总库》收录教材3036种，《空军院校学位论文总库》收录学位论文1841篇，原生文献数据库群收集文献资源19 410份，《中文军事报纸文章数据库》已加工数据51 643篇，《外文军事报纸文章数据库》已加工数据12 509篇，《中国军事期刊论文总库》收录论文802 858篇。（祁长松）

专业图书馆

综述

专业图书馆是我国图书馆体系和文献保障体系的重要组成部分，2010年，专业图书馆在“十二五”发展规划制订、数字化信息资源体系建设、专业文献信息服务、学术信息服务与交流，人才队伍建设等方面取得了长足发展与进步。

2010年是“十二五”规划制订之年。专业图书馆结合各自领域、行业的“十二五”发展信息需求，开展了图书馆发展规划、战略的研究和讨论。结合服务需求，制定了发展战略目标，明确了发展战略思路，制定了战略发展重点，遴选了发展任务，明确了发展路径，为中长期发展打下了良好基础。如中国科学院国家科学图书馆，按照“服务科研、支撑创新”的宗旨，面向科技决策一线、面向科学研究一线、面向国家科技信息服务战略发展，建设全院协同和有机嵌入科研与决策过程的新型知识服务体系。国家科技图书文献中心(NSTL)以建设数字时代的国家科技信息资源保障基地建设为目标，加强科技文献服务体系、文献信息集成服务枢纽、知识化服务中心建设，开展科技文献的联合服务机制建设。中国科学技术信息研究所，围绕政府部门决策支持服务、科技创新文献信息服务两项基本任务，完善信息资源基础设施建设，建立共享服务体系和知识服务平台，开展有针对性的专业化信息服务，组织开展以数据分析为基础的科技决策咨询服务。

2010年，专业图书馆组织专业化服务创新，开展面向领域、项目、课题、专题文献信息需求的深度服务，探索将文献保障、专题咨询、信息挖掘与计算、信息分析、知识计算等服务形式融合到科学研究过程、学术交流过程中，试验专业图书馆的“嵌入式”服务新模式。如，中国科学技术信息研究所加强面向自主创新的行业知识服务平台建设，开展面向科技重大专项的科技文献支撑服务，建立绿色服务通道和应急服务体系，为科技部重大专项办、航天集团提供了紧急的文献提供服务和分析研究服务。中国化工信息中心针对企业的实际情况，推出学科专家推送服务的新举措，根据信息需求，使用习惯等，采用差别式的主动推送原文服务。中国科学院国家科学图书馆，针对一线科研需求，提供嵌入国家科技重大专项的情报跟踪服务，为研究所提供学科领域的态势分析、机构竞争力调研，为研究所、重点实验室、课题组提供专题信息调研和信息推送服务。

2010年，专业图书馆着力开展数字化信息资源体系建设，提升数字化文献保障能力。如，国家图书文献中心(NSTL)及其成员单位，以国家许可、集团购买和支持成员单位订购等方式，购买开通网络版外文现刊近12 000种，回溯数据库外文期刊1500余种，中文电子图书23万余册。继续以“国家授权”为主线，回溯数据库为重点，长期拥有利用为前提，推动数字资源建设，不断增强文献综合保障能力。中国地质图书馆实现可提供服务的数据库资源引进20个，包括书目及文摘型数据库4个，电子图书6个，期刊数据库6个，论文及标准数据库4个，丰富的网络地学资源为图书馆网络远程服务及数字图书馆建设提供了有利的条件，并取得良好的经济效益和社会效益。国家专利局图书馆拓展文献资源建设渠道，收集覆盖面继续扩大，保持了与37个国家及地区知识产权机构的文献交换关系，收集了29个机构的说明书光盘，38个机构的专利公报和文摘光盘，覆盖102个国家、地区和组织的88种检索数据。同时，收集了国内相关机构的各种出版物以及研究成果。

2010年，专业图书馆系统加大文献资源信息加工建设力度，突出特色/主题文献库建设。NSTL及其成员单位，开发综合文献管理系统，实现文献资源的数字化及时揭示，文献联编、数据加工和数据仓储三大部分之间的数据流转工作日趋完善，整体化的、数字化的数据加工与流转管理体系正在形成。中国科技信息研究所加强事实型数据库建设，“国际科技政策与创新数据库”采集了20多个国家或地区的科技发展战略、决策、法规、重点领域、前沿理论方法等方面的研究成果和基础资料，2010 年新增数据 1260 条。“中国科技人才信息数据库”涵盖国家最高科技奖、国家自然科学奖、长江学者、杰出青年、百人计划、重点领域领军人才等 5675 人。“科技项目信息数据库”汇集了我国自然科学基金、社会科学基金、国家基础研究计划、科技支撑计划等立项信息 18 万条。中科院国家科学图书馆缩短数据发布时差，升级 ScienceChina 服务平台功能，实现与 ISI 平台同步发布，年度访问量达 60 万人次，并面向科研院所、期刊编辑部等各类型用户持续开展数据统计分析服务工作。全国人大图书馆组织人民代表大会制度专题数据库，制定书目库信息检索方案，完成馆藏书目信息检索和整理，并对 300 多种馆藏重点文献进行数字化加工。开展历届全国人大常委会、专委会组成人员编著的文献特藏组织工作，组织我国人民代表大会制度、人大工作、民主法制建设及各国议会制度的文献资料，法律法规文献资料。

2010 年，专业图书馆系统积极开展多种形式和层次的学术交流和业务交流活动，促进图书情报学的学科建设和理论研究，繁荣学术思想，促进沟通与合作。中国农业科学院图书馆组织“第三届农业科研系统电子资源建设与服务学术研讨会”、“全国现代农业与信息智能分析预警学术研讨会”、“2010 年会暨数字图书馆创新与发展学术研讨会”，主要针对农业系统图书馆工作者普遍关注的焦点问题进行交流与探讨。中国化工信息中心组织了的 2010 年全国化工科技文献共享协作网年会、开第三届国际化工新材料（成都）峰会、2010（六国化工）国际精细磷化工技术交流大会，促进了企业图书馆间的交流与合作。中国科学院国家科学图书馆组织的“第八届开放获取柏林国际会议”，跟踪国际前沿研究，总结世界各国实施学术信息开放获取的实践经验，深入讨论了有效推进学术信息开放获取的政策与机制，对于推进我国学术信息开放获取起到积极作用。专业图书馆分会联合召开的“中国图书馆馆长与国际出版社高层对话论坛”，主办的“知识服务 2010’学术年会”，促进了国内专业图书馆工作者与国际同行间的专业交流，带动和引领了专业图书馆未来发展的方向。

面向“十二五”发展，面对转型中的数字化资源保障与服务，组织专题文献信息服务、专题情报研究服务、决策信息咨询服务等工作的深入开展，人才队伍建设将是面临的主要挑战。2010 年，专业图书馆继续加大人才引进力度，尤其是通过引进优秀人才，带动关键服务的创新突破，提升现有人才队伍能力；通过继续优化资源配置机制，将资源配置与服务产出、用户评价、人才与机制建设有机结合；通过持续组织规模化、专业化的新知识、新技能培训，加大有组织地按照新环境、新服务、新能力要求，改造和提升现有人才队伍知识与能力结构的力度。以上举措，有力地推进了各种新型服务的落实和数字化知识服务能力云建设。（专业图书馆学会秘书处）

年度工作

国家科技图书文献中心

【机构概况】 国家科技图书文献中心（National Science and Technology Library [NSTL]，以下简称中心）是科技部联合财政部等六部门，经国务院领导批准，于 2000 年 6 月 12 日成立的一个基于网络环境的科技信息资源服务机构。由中国科学院文献情报中心、中国科学技术信息研究所、机械工业信息研究院、冶金工业信息标准研究院、中国化工信息中心、中国农业科学院农业信息研究所、中国医学科学院医学信息研究所、中国标准化研究院标准馆和中国计量科学研究院文献馆九个文献信息机构组成。

管理体制：中心实行理事会领导下的主任负责制，负责各项工作的组织实施与管理。理事会是领导决策机构，由跨部门、跨系统的著名科学家、情报信息专家和有关部门代表组成。科技部牵头对中心进行政策指导和监督管理。中心设信息资源专家委员会和计算机网络服务专家委员会，对相关业务工作提供咨询指导。

宗旨目标：中心以构建数字时代的国家科技文献资源战略保障服务体系为宗旨，按照“统一采购、规范加工、联合上网、资源共享”的机制，采集、收藏和开发理、工、农、医各学科领域的科技文献资源，面向全国提供公益的、普惠的科技文献信息服务。

发展目标是建设成数字时代的：国家科技文献信息资源的保障基地，国家科技文献信息服务的集成枢纽，国家科技文献信息服务发展的支持中心。

资源与服务：经过十年的建设和发展，中心已经成为我国收集外文印本科技文献资源最多的科技文献信息机构，初步建成了面向全国的国家科技文献保障基地。拥有各类外文印本文献26 000余种，其中外文科技期刊17 000余种，外文会议录等文献 9000 余种。学科范围覆盖自然科学、工程技术、农业科技和医药卫生等四大领域的 100 多个学科或专业。以国家许可、集团购买和支持成员单位订购等方式，购买开通网络版外文现刊近12 000种，回溯数据库外文期刊 1500 余种，中文电子图书 23 万余册。

中心网络服务系统（www. nstl. gov. cn）是一个公益性的科技文献信息服务平台，集多语种科技期刊、图书、会议录、科技报告、学位论文、标准、专利、计量规程和工具书等类型文献的文摘、题录、全文于一体，数据总量达 1.43 亿条。以“用户为本，诚信服务”为宗旨，“以资源到单位，服务到桌面”为目标，面向全国用户提供文献检索、全文传递、网络参考咨询、引文检索等多种文献信息服务。

根据不同创新主体的需求，不断创新服务模式，深化服务内容，将资源融入用户熟悉的信息环境，将服务推送到用户桌面。积极面向国家重大战略决策和企业技术创新开展知识化服务的探索。拓展用户管理平台、专题镜像平台、嵌入式服务系统、开放接口等多类型服务模式，建立了应对自然灾害和突发事件的快速应急文献保障服务机制。

以网络服务系统为核心，依托地方和行业科技信息机构，合作建立了辐射全国的科技文献信息服务体系，已建镜像站 8 个，服务站 34 个，覆盖全国 30 个省市自治区，为全国用户更加充分地利用中心的科技文献信息资源创造了便利的条件，提升了地方科技文献信息的保障能力和服务水平，推动了全国范围的科技文献信息共建共享。

经过十年多的努力，中心已建设成为面向全国外文资源最多、功能领先，国际上有广泛影响的国家科技数字图书馆，提供的普惠便捷的文献信息服务，受到科技界的普遍赞许，被誉为我国科技文献发展史上的里程碑和共建共享的典范。“十二五”期间，中心将继续坚持“战略保障、创新引领、共建共享、公益普惠”的原则，推进“资源保障、知识服务、人才强业”三大战略，为国家科技创新体系建设做出新的贡献。（国家科技图书文献中心）

【2010年发展状况】 2010年是“十一五”、“十二五”承上启下之年，也是中心走过了创新发展、默默耕耘的十年。在科技部、财政部的精心指导和大力支持下，在理事会的正确领导下，各单位以科学发展观为统领，同心协力、锐意进取，各项工作取得了突出进展，资源建设、系统建设、文献信息服务和业务管理正经历着重大变革，标志着中心的发展已步入一个新的关键转型时期。

一、资源建设

文献资源建设按照“优化结构，增强保障”的方针，巩固和发展印本资源建设，加大数字资源的建设力度，重点推进回溯数据库建设，使国家科技文献资源的综合保障能力得到了提升，初步形成印本和电子资源并举的战略保障格局。同时，对非刊印本文献的质量和揭示深度，特别是一些高价文献，进行全面清理和质量评估，提高了在订文献质量监控与管理的力度；文献资源建设研究、联机联合编目、文献综合管理系统等专项工作均取得了一定的进展，全面完成了2010年文献采集的续订、调整、新增工作。

印本资源按照“稳定印本规模，优化资源结构配置”的采集方针，夯实订单基础，优化和调整2.6万余种外文印本文献资源结构，全年发订外文文献26 676种，其中续订25 467种，针对重大专项、交叉学科的需求，新增文献1209种。通过广拓书源，组织书评获得外文图书1308种。

继续以“国家授权”为主线，回溯数据库为重点，长期拥有利用为前提，推动数字资源建设，不断增强文献综合保障能力。2010年，为全国开通的现刊数据库科技期刊达到658种，覆盖的学科领域涵盖基础科学、工程技术、农业科学和医学科学四大领域。外文事实型数据库4种，新增中文电子图书11 859种，中文电子图书总量达到23万种。以国家许可模式新增采购回溯期刊数据库3种，新增LWW、英国皇家化学学会、CSHL3个回溯数据库316种外文期刊的订购，使外文回溯期刊达1500种，建立了回溯数据库平台，面向全国开通服务，进一步缓解了我国外文期刊的历史缺失。完成了BMJ回溯期刊、IDL回溯文献的采购方案谈判，2011年初即可签署购买协议。

在深入调研的基础上，提出了外文回溯期刊资源保障体系的总体建设目标和实施计划，编写了《关于申请追加科技文献专项经费的报告——NSTL外文科技期刊回溯数据库建设》，得到科技部的同意，争取到了专门经费支持。按照“联合、开放、共建、共享”的原则，继续以中心支持、单位匹配的采购模式，与中科院和中国高等教育文献保障系统（CALIS）联合采购美国物理学会（AIP），美国物理联合会（APS）和美国化学学会（ACS）全文电子期刊55种；继续支持两个集团60个单位联合订购ProQuest农业和生物学全文期刊数据库580种，使网络版采集有效覆盖到理、工、农、医等各学科领域。继续购买北大方正电子版中文图书，为科技部、国家自然科学基金委、成员单位、和西部用户免费提供网上检索借阅服务，新增图书11 859种，总量达23万余种。继续以中心匹配经费的形式支持成员单位订购外文网络版全文数据库47个，含10 000多种全文期刊；全额购买开通乌利希期刊分析系统（USAS）、乌利希期刊指南(Ulrich's)两个通用工具类数据库，新增购买DDC网络版以支持中心及各成员单位的资源遴选、订购和相关研究工作。

以研究促进发展，以管理提高质量，结合工作开展了《非刊外文印本文献订单优化分析》、《外文文献揭示状况的清理和揭示方法研究》等专题研究，完成了《国外学术出版发展趋势调查研究》等5项与资源建设相关课题结题工作，调研成果为优化文献资源结构、提高文献质量，加强管理提供了数据支撑。进一步规范了中心对国家许可模式开通网络全文数据库的管理，配合“外文回溯期刊全文数据库”服务系统的开通，编写、补充、完善了相关规范文件。

以中心丰富的外文文献资源为后盾，支持国内图书馆界联合组织了抵制国外部分出版商不合理的大幅涨价行为，经业内同仁的共同努力，取得了预期效果，维护了国家的权益，凝聚了我国图书馆界的团结协作精神。

联机联合编目系统是数字业务流的组成部分，全年上传期刊、会议文献书目数据31 349条，签到数据15 162条。完成了中心联编系统日常维护、数据规范与整合，为联合数据加工系统、文献信息发布工作提供技术、数据的保障支撑。开展了"NSTL连续出版物的描述与揭示"、"NSTL连续出版物签到规则填写规范"及"NSTL会议等文献著录规则补充说明"等业务培训。

二、网络建设

网络系统改造升级全面完成，网络服务三期系统6月12日正式开通服务。新系统文献数据更加规范有序，个性化服务能力大幅提升，功能进一步增强，构建起以网络服务新系统为基础，与国际科学引文数据库系统、外文回溯期刊服务系统、科技信息资源与服务集成揭示系统互补的，更加完善的国家级科技文献服务平台，为科技界提供了一个资源丰富、品种齐全、高度开放的网络化、集成化的大型公益性国家科技数字图书馆。

依托以中心网络服务系统为核心，以镜像站、服务站为骨干的网络服务体系，拓展了开放服务接口、用户管理平台、内网专题镜像平台，以及嵌入式资源服务系统等多种服务模式，实现了从面向个人用户提供单一的文献传递服务，向同时支持文献信息机构提高信息发现能力的转变。为有效保障网络服务系统的安全平稳运行，根据国家对中心网络系统安全的要求，完成了中心城域网的安全加固改造工程。组织各单位在风险评估基础上进行网络调整，采用目前最新成熟的网络安全管理技术，在网络管理、入侵检测、病毒防治和对接入设备实施严格监控等多层次上，加强网络系统安全控制和规范管理，搭建了一个技术先进、构架合理、边界清晰、防范严密、管理规范的网络运行环境，实现了二、三期网络服务系统的平稳过渡，保障了系统服务的安全可靠运转。

三、数据加工

数据库建设工作按照稳固基础，完善提高的发展战略，积极推进各项建设工作的开展。中心文献联编，数据加工和数据仓储三大部分之间的数据流转工作日趋完善，整体化的、数字化的数据加工与流转管理体系正在形成。中心全年总计共加工3 284 239条文摘数据，其中包括光盘数据111 518条。通过不断完善联合数据加工系统，推行整体化的加工流程管理模式，加强对数据质量的监控，使数据加工质量进一步得到提高。

西文引文数据库建设稳步发展，引文数据年内加工引文数据1994万条，引文数据库数据总量达到7146万条。引文数据的加工已正常切换到了联合数据加工平台，部分单位已实现了和文摘数据的同步加工，引文数据加工流程得到了有效的控制，引文数据加工质量有效保证。引文数据库服务系统正常运转，用户反映良好。同时项目组组织了系统的可用性测试，并根据可用性测试的结果优化了系统功能。引文数据库的服务效果日益显现。

数据加工管理正在从粗放型向精细化管理过渡，2010年各单位全面使用联合数据加工系统加工各类型数据，包括期刊、会议、文集、科技报告、学位论文和引文数据等，根据前期试用结果，全面升级了系统功能，有效地提升了数据加工的管理水平与数据质量控制能力。文献数据加工规范在网上发布，支持各单位数据的网络验证和质量控制，实现了数据加工全面的过程控制和质量控制，数据加工管理的集成化网络化能力日益增强，有力地促进了中心数字业务平台建设工作进展。

四、文献信息服务

2010年，全年提供120多万篇全文传递服务，其中网络服务系统传递全文40万篇，比去年增长11%。多种模式支持采购的外文现刊数据库利用量3328万篇，全国开通回溯数据库利用量256万篇。网上参考咨询3316人次，同比增长14.6%，在网络服务系统二、三期过渡期间，参考咨询工作发挥了较好的纽带支持作用。

个性化、专业化服务不断深化。面向国家重大科技专项的服务，从上一年3个的试点，扩大至8个专项领域。在文献服务基础上，进一步提供专利分析、学科态势分析、知识环境搭建、情报调研等深度服务，融入科研过程的学科化、主动服务机制逐步建立，得到专项管理部门的高度评价。为企业创新和高新区的专业化服务进一步深化，取得了新的成效。为贯彻落实党中央关于援疆、援藏的重大部署，启动了科技文献信息援疆、援藏服务行动，建设了拉萨服务站、新疆自治区和新疆建设兵团服务站，对两地区文献信息服务实行全免费优惠政策，同时开展两地需求调研，为下一步研究制订有针对性的服务方案奠定了基础。

新建服务站 10 个。目前，共建成镜像站 8 个，服务站 33 个，形成覆盖全国各省市自治区的服务体系，中心在国家科技文献服务体系中的支撑与辐射作用进一步增强。融入用户信息环境的、新的服务模式的推广工作取得成效。联合两站针对重点用户开展多种形式的宣传推介活动。深入高校教学工作一线进行宣传，通过资深教师授课，将中心的服务编入教材教程等多种做法拓展中心的文献信息服务，培训用户利用中心资源与服务的技能，提高用户的信息素养。截至 2010 年底，用户管理平台已在 2 所大学安装试用，并有 13 家大学申请安装。新增 9 个军工单位申请安装内网专题镜像。开放接口、嵌入式服务系统也在 6 个科研和信息机构部署了试点，多样化的服务模式，提高了中心资源利用率和服务保障能力。

五、重要活动

结合“十二五”规划的制订，根据科技部条财司的部署，完成了“国家科技文献保障与服务发展研究报告”，并提交上级主管部门。制订了“国家科技图书文献中心‘十二五’发展规划（送审稿）”提交二届理事会八次会议审议。组织了“面向外文科技文献信息的知识组织体系建设与示范应用”国家科技支撑计划项目的预研和立项申报，通过了科技部组织的专家评审。以“网络环境下的信息组织与知识服务”为题，成功举办了“数字图书馆高层论坛 2010 年主题年会”，国内相关研究领域的近百位学者出席会议。

组织策划了国家科技图书文献中心成立十周年系列活动：在科技部、成员单位、镜像站、服务站举办“创新的机制，共享的典范”十年巡礼展览；承办国家科技文献共建共享十周年大会；制作十周年宣传片、纪念画册等（国家科技图书文献中心）。

【国家科技文献共建共享十周年大会】 6 月 12 日，由科技部主办、国家科技图书文献中心承办的国家科技文献共建共享十周年大会在北京隆重召开。科技部副部长王伟中出席大会并讲话。科技部党组成员、科技日报社社长张景安主持大会并宣读了中共中央政治局委员、国务委员刘延东的贺信。中国科协党组书记、常务副主席邓楠，卫生部副部长刘谦，以及财政部、中科院、国家科技文献中心理事会等有关部门、单位的负责同志和代表共 300 余人参加了大会。大会回顾了中心走过的十年发展历程，总结了对科技文献共建共享十年来所取得的成绩和经验，对十年科技文献共建共享工作突出的单位和个人进行了表彰，举行了国家科技图书文献中心三期网络服务新平台开通仪式，标志着我国科技文献资源共建共享体系建设进入一个新的阶段。（国家科技图书文献中心）

中国科学院国家科学图书馆

【概况】 中国科学院国家科学图书馆（以下简称国科图）于 2006 年 3 月 18 日正式挂牌，由中国科学院所属的 4 个院级文献情报机构整合而成。总馆设在北京，下设兰州、成都、武汉 3 个二级法人分馆，并依托若干研究所（校）建立特色分馆。

国科图立足科学院，面向全国，主要为自然科学、边缘交叉科学和高技术领域的科技自主创新提供文献信息保障、战略情报研究服务、公共信息服务平台支撑和科学交流与传播服务，同时通过国家科技文献平台和开展共建共享为国家创新体系其他领域的科研机构提供信息服务。

2010 年，国科图认真总结“十一五”工作，顺利通过院知识创新三期评估，完成领导班子换届和全员岗位竞聘，隆重庆祝建馆 60 周年。同时，继续夯实面向“两个一线”的服务，深化服务转型，持续提升对科技创新的支撑能力和可持续发展机制。具体体现在：全院协同建设知识化个性化知识服务的模式取得明显成效，多数研究所文献情报工作同步实现数字化网络化文献服务转型，部分研究所积极开拓了知识化服务；情报研究产品的成熟度和影响力持续提升，面向决策一线和全院的知识产权信息服务团队已然形成；数字资源可持续保障机制建设探索取得实质进展；持续推进面向用户需求信息服务系统建设；

文献服务不断转型优化，正式建立全馆协同的查新检索联合服务模式，新开辟建设的学习共享空间（LC）投入使用；科学传播与期刊出版工作影响力持续扩大，档案馆工作稳步发展；在推动科技信息开放获取、知识化服务发展研究方面获得国内外赞誉。

2010年，国科图认真总结创新发展经验，加强前瞻研究和部署，确立了“十二五”战略发展定位，即按照“服务科研、支撑创新”的宗旨，面向科技决策一线、面向科学研究一线、面向国家科技信息服务战略发展，需求牵引、重点跨越，整体建成全院协同和有机嵌入科研与决策过程的新型知识服务体系，为科技创新提供国际一流、国内领先的基础性战略性支撑服务。

截至2010年底，国科图共有职工612人（含项目聘用71人），其中专业技术人员536人，包括正高级研究（馆）员53人、副高级研究（馆）员102人。国科图设有“图书馆学”、“科技情报学”硕士、博士研究生培养点，2010年共有在读硕士研究生94人，博士研究生52人。（中国科学院国家科学图书馆）

【NSTL武汉东湖高新区服务站正式成立】 3月30日，国家科技图书文献中心（NSTL）正式批复依托武汉分馆在武汉东湖高新技术开发区建设“国家科技图书文献中心武汉东湖高新区服务站”，由武汉分馆负责运行维护及高新区用户管理等相关事宜。（中国科学院国家科学图书馆）

【国科图领导班子换届考核大会】 3月2日，国科图领导班子换届考核大会在北京举行，全国人大常委会副委员长、中科院院长路甬祥出席大会并讲话。会议由北京分院党组常务副书记、副院长项国英主持，中科院副秘书长、规划战略局局长潘教峰，人教局局长李和风以及有关部门考核组成员参加了考核。国科图党政领导班子成员、中层领导干部、副研以上科技人员、党支部书记、职代会常委和青年科技骨干等近百人参加了考核会议。（中国科学院国家科学图书馆）

【国科图举行馆庆60周年庆祝大会】 4月28日，国科图喜迎六十年华诞，在北京举行了隆重而简朴的庆祝大会（并视频连通分馆）。两院院士、国家科技图书文献中心理事长师昌绪，原中科院副院长、工程院院士、国家科技图书文献中心副理事长胡启恒，科技部副部长王伟中，原中科院党组副书记、政协委员郭传杰，中科院副秘书长曹效业、潘教峰等领导和著名科学家，有关部委领导以及来自院内外其他单位的领导和专家欢聚一堂，共庆国科图成立60周年。下午，作为系列庆祝活动之一，还举办了“面向‘十二五’发展规划研讨会”，国科图及国家科技图书文献中心、中国科技信息研究所、北京大学图书馆分别介绍“十二五”规划思路和任务。来宾还参观了“耕耘甲子结硕果，长风破浪正当时——国科图60周年纪念展”。（中国科学院国家科学图书馆）

【国科图获得国家科技文献共建共享工作“特别贡献奖”等荣誉】 6月12日上午，国家科技文献共建共享十周年大会在北京隆重召开。科技部、财政部、卫生部、中科院、中国科协等部门的领导出席了大会。会上，国科图获得“特别贡献奖”、“综合贡献奖”，成都镜像站点被授予“服务贡献奖”。（中国科学院国家科学图书馆）

【国科图支援新疆信息服务工作拉开序幕】 5月10日，根据中央政治局4月23日会议提出的推进新疆跨越式发展和长治久安的精神，为贯彻落实中科院与新疆生产建设兵团科技合作座谈会精神，国科图从政治高度充分认识和积极落实对口支援新疆建设兵团科技文献服务的工作，由馆长张晓林带领文献服务、信息系统、资源建设、学科服务负责人员，和新疆分院党组书记傅春利及新疆分院科技处同志一道，于5月10日赴新疆石河子，初步落实了与新疆建设兵团农垦科学院、新疆石河子大学和新疆建设兵团塔里木大学（两校一院）的科技文献服务对口支援安排。6月23日—25日，刘细文副馆长带队到这两校一院开展文献信息服务的培训，标志着国科图与新疆生产建设兵团科技合作工作已经进入实质性阶段。（中国科学院国家科学图书馆）

【国内多家图书馆联合抵制部分国际出版商不合理涨价】 9月2日，国科图率先在网站发布33家图书馆联合署名的“致国际出版商的公开信”、“致中国科技文献读者的公开信”。9月3日，国科图馆长张晓林与北京大学图书馆馆长朱强共同约见了新闻媒体记者，介绍了国内图书馆联合反对部分国外科技期刊出版商在全文数据库价格上大幅度涨价的态度。同时，向国际图书馆协会联合会（IFLA）、科学出版与学术资源联盟（SPARC）等国际图书馆组织和权威开放获取联盟发送了公开信。（中国科学院国家科学图书馆）

【国科图 2010 年战略研讨会暨干部培训会在京召开】 9 月 13 日—15 日，为贯彻院创新 2020 有关精神，全面推动面向“十二五”的文献情报服务创新发展，国科图在北京召开 2010 年战略研讨暨干部培训会。会议主题为“解放思想、凝聚共识、提升能力、共谋发展”，全馆中层以上干部（含支部书记）、总分馆职代会工会负责人共计 70 余人参加会议。（中国科学院国家科学图书馆）

【国科图与英国物理学会出版社正式签订数字资源长期保存协议】 9 月 15 日，国科图与英国物理学会出版社（IOP Publishing）正式签订数字资源长期保存协议，这是国科图继去年 9 月与德国施普林格出版社签署数字资源长期保存协议之后签署的第二份正式的长期保存协议，也是国科图与国外非营利学协会出版社签署的第一份正式长期保存协议，同时也是英国物理学会出版社与国家级文献保障机构签署的第一份对 IOP 期刊全文数据库进行长期保存的正式协议。（中国科学院国家科学图书馆）

【中关村创业讲坛正式移师国科图】 10 月 15 日，已在国家图书馆成功举办 28 期的中关村创业讲坛正式移师国科图，从第 29 期开始，中关村创业讲坛在国科图举行，并由此拉开了中关村管委会与国科图共同举办中关村创业讲坛的序幕。（中国科学院国家科学图书馆）

【中科院科技期刊开放获取平台正式上线】 10 月 26 日，中国第一个国家部委组织建设的开放获取期刊集成平台——中国科学院科技期刊开放获取平台（简称 CAS-OAJ，网址 www.oaj.cas.cn）正式发布上线。该平台由中科院规划战略局组织牵头，科学出版社和国科图共同设计开发，发布时已收录 103 种期刊，约 43.5 万篇文章的数据资源。（中国科学院国家科学图书馆）

【“第八届开放获取柏林国际会议”在国科图举行】 10 月 25 日—27 日，由中国科学院和德国马普学会共同举办的“第八届开放获取柏林国际会议”在国科图举行，会议以“开放获取：实施战略、最佳实践与未来挑战”为题。中国科学院副院长李静海在开幕式上致辞，潘教峰副秘书长代表科学院发表关于中国科学院开放获取实践与进展的主旨报告，国家自然科学基金委员会副秘书长高瑞平代表国家自然科学基金委员会致辞。来自 16 个国家，52 余家大学研究机构、学术机构、科研资助机构、国际学术组织和非政府组织等 100 余名国外专家，来自国内百余家研究、教育机构、图书馆界的 180 名代表参加了本次会议。（中国科学院国家科学图书馆）

【产业技术分析中心正式建立】 11 月 2 日，在“中国光谷”国际光电子博览会上，作为“中科院湖北产业技术创新与育成中心院省合作项目签约仪式”活动的一部分，武汉分馆与中国科学院湖北产业技术创新与育成中心举行了“产业技术分析中心”签约仪式，湖北省副省长郭生练、中国科学院副秘书长邓勇等领导出席签约仪式。国科图副馆长、武汉分馆馆长钟永恒与育成中心主任刘新共同签署了“产业技术分析中心”共建协议。（中国科学院国家科学图书馆）

【国科图主办“嫦娥再奔月 华夏续新曲——嫦娥工程科学对话”活动】 11 月 13 日上午，国科图联合中国科学院探月工程总体部、国家天文台，在国科图学术报告厅共同主办了“嫦娥再奔月 华夏续新曲——嫦娥工程科学对话”活动。探月工程总体部主任、嫦娥工程地面应用系统总指挥刘晓群，嫦娥工程地面应用系统总设计师李春来研究员，嫦娥工程地面应用系统副总指挥刘建忠研究员，嫦娥工程地面应用系统数据管理分系统主任设计师左维等 4 位嘉宾，与 200 多名青年科技工作者、研究生、大中学生和社会各界人士共话嫦娥卫星的探测之路。（中国科学院国家科学图书馆）

【纪念华罗庚诞辰 100 周年主题对话活动】 11 月 14 日，由国科图与中科院数学与系统科学研究院主办、北京青少年科技俱乐部活动委员会和北京市第三十五中学协办，以中学生为主要目标受众的“科海仰巨擘数坛话宗师——纪念华罗庚诞辰100周年”主题对话活动在国科图学术报告厅举办。整个活动过程中多方互动，主持人诙谐幽默，各位嘉宾妙语连珠，内容庄重形式轻松，现场掌声不断，给在场的中学生们上了一堂别开生面的爱国主义教育和科学素养课。（中国科学院国家科学图书馆）

【“探月的形势与中国的嫦娥工程”科普报告会举行】 12月14日，由国科图主办的“科学人讲坛”邀请中国科学院院士、第三世界科学院院士、国际宇航科学院院士欧阳自远先生，举行“探月的形势与中国的嫦娥工程”科普报告会。此次活动由国科图、中国科学院青年联合会、中国科学院团委联合主办，报告会由许平书记主持。来自北京地区研究所的青年科技工作者及社会各界科学爱好者近300人出席了此次活动。（中国科学院国家科学图书馆）

【国科图9种珍贵古籍入选第三批《国家珍贵古籍名录》】 12月20日，全国古籍保护工作会议暨第三批《国家珍贵古籍名录》颁证及第三批全国重点古籍保护单位颁牌仪式在北京举行。国科图有9种珍贵古籍入选第三批《国家珍贵古籍名录》，上海生命科学信息中心有3种珍贵古籍入选。（中国科学院国家科学图书馆）

【国科图兰州分馆积极为玉树抗震救灾发挥决策咨询作用】 4月14日青海玉树发生7.1级强烈地震后，根据中国科学院及兰州分院的紧急部署，国家科学图书馆副馆长、兰州分馆馆长张志强迅速安排参与汶川地震情报服务人员组成地震情报咨询服务小组，立即对青海玉树地震的相关背景信息、国外媒体和国内外专家评述等进行跟踪分析。兰州分院抗震救灾小组前往青海灾区开展信息支撑工作。兰州分馆地震情报咨询服务小组在第一时间完成了有关年初以来全球主要地震活动分析、玉树抗震救灾的注意事项、国内外专家对玉树地震的成因分析及思考建议、玉树地震灾后救援的特殊性、克什米尔高原地震的救灾举措等多份信息与咨询建议报告，先后报送院办公厅信息处、院青海玉树地震科技救灾工作领导小组办公室、兰州分院抗震救灾领导小组办公室等部门，积极为玉树抗震救灾发挥战略情报决策咨询作用。（张毅宏）

【国科图兰州分馆参加甘肃省2010年科技活动周启动仪式】 5月15日，甘肃省2010年科技活动周启动仪式在甘肃省张掖市隆重举行。国科图兰州分馆应邀参加了科技活动周启动仪式，并与中科院兰州分院联合举办了“湿地——人与自然和谐共存的家园”主题图片展。（张毅宏）

【兰州分馆开展向甘肃舟曲特大泥石流灾区捐款活动】 8月7日甘肃舟曲发生特大山洪泥石流灾害后，兰州分馆广大党员和干部职工发扬“一方有难、八方支援”的精神，积极开展为灾区捐款献爱心活动。国家科学图书馆副馆长、兰州分馆馆长张志强，兰州分馆党委书记王彦东，国家科学图书馆馆长助理、兰州分馆副馆长吴新年带头捐款，广大党员、共青团员和干部群众纷纷慷慨解囊，为灾区群众送温暖、献爱心，共捐款10 330元上缴中科院兰州分院。（张毅宏）

【中国科学院副院长丁仲礼到兰州分馆视察指导工作】 8月23日，中科院副院长丁仲礼院士到国家科学图书馆兰州分馆视察指导工作，并对做好资源环境科学领域的科技情报与信息服务工作提出了明确要求和指导意见。一要重视信息选择的均衡性；二要重视信息提供的新颖性；三要重视对国际上大型研究计划的超前信息监测与跟踪服务；四要重视及时报道评论性文章的信息，对学科领域的重要综述性和评论性文章，要给予足够的重视和及时报道；五要加强地质灾害方面的情报信息服务。（张毅宏）

【兰州分馆学科馆员集中开展2010年秋季到所培训服务】 2010年秋季，兰州分馆学科馆员分别前往所负责的中科院西北地区各研究所和东北地区部分研究所，集中开展面向新入所研究生的信息资源服务推介和技能培训，受到了科研人员与学生的欢迎。（张毅宏）

【兰州分馆举行“中国科学院外籍青年科学家计划”项目进展汇报会】 11月25日下午，国家科学图书馆兰州分馆举行了“中国科学院外籍青年科学家计划”项目进展汇报会。Abigail Rose Clark-Sather 博士作了题为“中国甘肃省安定区家庭能源利用”的学术报告。来自美国科罗拉多大学的访问学者 Afton Eben Clark-Sather 博士作了题为“甘肃省定西市农业用水技术与农业种植模式”的学术报告。兰州分馆副馆长高峰、兰州分馆情报研究部全体人员、部分学科馆员参加了此次学术交流活动。报告会由国际合作项目的中方联系人曲建升研究员主持。（张毅宏）

【中国科学院成都文献情报中心概况】 中国科学院成都文献情报中心（中国科学院国家科学图书馆成都分馆）是中国科学院设在西南地区的文献情报机构，始建于 1958 年，现已成为西南地区资源最丰富的科技图书馆、实力雄厚的信息服务中心和情报研究中心，并负责管理中国科技网成都网络管理中心、中国科学院成都科技查新咨询中心、四川省科技成果查新咨询服务分中心，同时还建有国家科技图书文献中心（NSTL）成都镜像站。

成都文献情报中心现任主任方曙、党委书记曾文华，副馆长邓勇、杨志萍（女）。2010 年在职职工 81 人，其中，高级职称 24 人，博士 10 人，在读博士 5 人。拥有享受国务院政府特殊津贴专家 4 人、四川省学术带头人 2 人、四川省专家评议（审）委员会成员 3 人、“四川省有突出贡献的优秀专家”1 人、获四川省“青年科技奖”和四川省青年“管理创新带头人”称号各 1 人、博士生导师 1 人，硕士生导师 10 人。

截至 2010 年底，已开通使用 2 万余种中外文全文电子期刊、25 万卷/册外文电子图书、30 余万册中文电子图书、20 余万篇外文学位论文、100 余万篇中文学位论文以及大量的网络版工具书、专利文献等，并通过网络共享 NSTL 丰富的科技文献资源；印本文献总量为 217 万册（件），较完整地收藏了国际著名的会议文献 SPIE、IEEE、LNCS 等。此外，开通有天然药物网、战略高技术创新信息平台、专利创新信息平台和四川省科技信息资源共享服务平台、中国科学院知识产权网等特色资源和服务。

作为中国科技网（CSTNET）成都网络管理中心，负责中国科技网四川总节点的运营管理。为科学院成都各研究所使用千兆光纤提供网络服务，为园区宽带网用户提供百兆带宽。与拥有 28 个节点机房、覆盖大成都 14 个区县的成都信息港合作建立虚拟科技专网。与中国移动、中国联通、中国教育网、中国电信等五家成都运营商合作建设成都网际同城交换中心。试点建设中国科技网下一代互联网 IPV6 及 CNGI 项目建设，负责 IPV6 网络成都节点的维护与管理。

中心目前是中国科学院研究生院在我国西南地区唯一的图书馆学、情报学硕士培养点、情报学博士培养点，同时与四川大学合办有情报学和图书馆学硕士培养点，形成了图书情报高级人才培养完善的学科结构体系。

特色构建。近年来，成都文献情报中心系统收藏了国内外专利文献与 PCT（专利合作条约）指定的必需非专利文献以及专利分析工具，开展了专利分析方法与应用研究，陆续培养了一批既熟悉知识产权法律知识又熟悉科技信息服务的人员，率先建设了国内领先的“专利信息门户网站”。

2010 年，由中心承担的中国科学院知识创新工程重要方向性项目——“中国科学院知识产权网”正式通过验收。该门户网站包括了成果发布与需求模块、知识产权培训工作平台、中国科学院知识产权数据库、知识产权文献集成系统、知识产权专员管理系统等七大系统，其中知识产权数据库已收录科学院专利数据36 948条，软件著作权 2117 条，集成电路 59 条，植物新品种 42 条。

目前，已经形成《领域知识产权深度分析报告》、《知识产权动态》（季刊）、《中国科学院知识产权统计分析报告》、《中国科学院专利分析年度报告》、《重大科技专项知识产权发展态势分析》等系列服务产品。

信息服务。2010 年全年开馆 364 天，接待读者 18.3 万人次。为读者发送请求 1197 篇，接收请求 3992 篇（增加 29%），订购全文 96 篇 2148 页。新增 CSDL 全文传递注册用户 248 个，NSTL 注册用户 334 个，方正电子图书 Apabi 账号 307 个。在国家科技文献共建共享十周年大会上，NSTL 成都镜像站被授予“NSTL 服务贡献奖”。

2010 年，中心学科咨询专家共开展了情报咨询 30 多项，推进 9 个研究所承担的国科图 IR 项目的系统建设；继续做好已搭建的 8 个研究所所级信息平台和 2 个学科组信息环境建设。开展到研究所服务培训场次共计约 280 场次，2000 多人次。

2010 年在继续加强在信息科技领域和先进工业生物技术领域的情报研究工作的基础上，新增信息化领域的情报研究，为中国科学院领导、职能局、专业局等制定决策和战略规划提供了十几项重要的情报研究服务。为国家大型企业东方汽轮机集团公司提供专题情报服务和战略情报月报服务。

区域发展服务。2010 年，顺利完成“四川省科技文献信息资源共享服务平台”“十一五”建设任务，并通过科技厅及专家团队验收；编写平台建设“十二五”规划，继续深化平台的建设与服务。

2010 年，承担 09 年国家级创新服务平台——四川省生物医药公共服务平台的建设。与成都生物孵化园、天府生命产业园区等签署合作协议，加盟四川省生物医药产业联盟；与四川省科技厅、四川省经济委员会达成良好的合作关系，为“十二五”良好开局打下坚实的基础。

2010 年派往西藏挂职西藏科技信息研究所副所长的肖国华，促成西藏科技信息研究所与清华同方知网（CNKI）的合作，代表西藏科技信息研究所与中国科技图书文献中心（NSTL）签订《建立国家科技图书文献中心拉萨服务站协议书》，组织申报科技部星火计划项目，科技部集成示范类项目等国家专项项目 3 项，申报院区合作项目 1 项，达成合作关系若干，为西藏地区科技信息的发展做出了积极贡献，2010 年被西藏科技厅评为“优秀党员”。

2010 年，科技查新继续保持良好的发展态势，完成数百项科技查新和索引检索报告，以及数百项其他服务。

期刊出版。2010 年由中心主办的两种期刊《世界科技研究与发展》、《天然产物研究与开发》在发行量、下载量、影响因子等方面都取得了良好的成绩，期刊质量得到进一步提升。其中，《世界科技研究与发展》全年正常出版 6 期（双月刊），；《天然产物研究与开发》全年共计出版 7 期（双月刊），其中增刊 1 期，共计 337 万字；与清华同方签署了为期 3 年的电子出版数据独家代理协议，首次引进理事单位及赞助编委。

科学研究与人才培养。2010 年，中心在研项目 45 项，新增 13 项；结题 10 项，其中西部之光项目 1 项，中国科学院知识创新重要方向性项目 1 项。全年发表论文 28 篇，其中，国外期刊 2 篇，国际会议论文 3 篇。

2010 年，共参加国际会议 5 人次，有 4 人执行或完成群星计划，在美国做访问学者；参加国际会议 5 人次。邀请美国国会图书馆亚洲部主任、美国国会图书馆亚洲部馆员宋玉武、美国斯坦福大学图书馆总馆馆长等国际知名图书馆馆长及主要负责人来访 6 人次。中心职工参加各类研讨、培训 35 场，参加人员 106 人次。新进人员 5 人，其中博士后 1 名，博士 2 名，硕士 2 名。（张邓锁）

【中科院新疆分院文献信息中心为野外研究台站提供信息资源上门服务】 目前，中科院新疆分院文献信息中心深入策勒荒漠草地生态系统国家野外研究站和阿克苏绿洲农田生态系统国家野外科学观测研究站，开展文献信息资源上门服务，举办文献资源服务与利用的讲座，了解驻站人员的文献需求，开通资源服务的账户，为即将开通的网络环境提供了有力的文献情报支持。另外，信息中心还为驻站科研人员捐赠图书 330 册。（张小云）

中国科学院上海生命科学信息中心

【中国科学院沪区文献情报系统召开 2010 年业务发展交流研讨会】 3 月 13 日—14 日，中国科学院上海地区文献情报系统 2010 年业务发展交流研讨会在崇明召开。会议由中科院上海生命科学信息中心主办，来自中科院上海地区 8 个研究所的 38 位图情工作人员参加了会议。会议围绕资源建设、学科服务、情报咨询研究、图书馆管理等多个议题展开，大家讨论热烈，相互交流，对提升各所科技信息服务和保障水平起到了很好的推动作用。（上海市图书馆学会）

【中国科学院上海科技查新咨询中心浙江分中心、海南分中心成立】 9 月 20 日下午，中国科学院上海生命科学信息中心与浙江省技术市场促进会合作成立中国科学院上海科技查新咨询中心浙江分中心的签约和揭牌仪式在杭州市创业大厦举行。中国技术市场协会副会长、浙江省技术市场促进会会长田波和中国科学院上海生命科学信息中心常务副主任汤江出席共同为分中心揭牌。浙江省技术市场促进会副会长孙林生和中国科学院上海科技查新咨询中心主任江洪波代表双方签订了合作协议。12 月 17 日上午，中国科学院上海生命科学信息中心与海南师范大学合作成立中国科学院上海科技查新咨询中心海南分中心的签约与揭牌仪式在海南师范大学图书馆举行。海南师范大学副校长温强教授和中国科学院上海生命科学信息中心常务副主任汤江出席揭牌仪式。海南师范大学图书馆馆长张信文教授和中国科学院上海科技查新咨询中心江洪波主任代表双方签订合作协议。浙江分中心和海南分中心的成立，将通过加强技术与市场竞争情报、科技咨询与科技查新等服务业务，搭建高效信息服务支撑平台，为浙江省优化产业结构，提升高新技术产业创新能力提供信息支撑。（上海市图书馆学会）

【《图书馆个性化知识服务发展报告》出版】 4 月，由中国科学院上海生命科学信息中心编著，“上海重点研发领域个性化知识服务体系建设”项目负责人汤江研究馆员和上海市图书馆学会理事长王世伟教授主编的《图书馆个性化知识服务发展报告》一书由科学出版社出版、发行。该书基于“上海重点学科研发领域个性化知识服务体系建设”的研究成果和“图书馆个性化知识服务研究与实践”学术研讨会的智慧结晶，围绕网络信息服务的理念、模式、技术、评估等热点问题，从用户需求分析、学科文献组织、信息评价、信息内容提炼、信息定制和推送、文献引用记载、用户信息空间构建等不同角度，全面阐释了图书馆个性化知识服务的发展现状，勾勒出了信息服务的未来发展趋势和整体脉络。（上海市图书馆学会）

中国社会科学院图书馆

【概况】 2010 年，中国社会科学院图书馆通过开展政治理论学习和创先争优活动，全馆党员干部职工进一步加深了对科学发展观和构建社会主义和谐社会的认识和理解，进一步增强政治意识、大局意识和责任意识，自觉维护政治纪律，坚持以马克思主义理论指导科研和各项工作实践，在科研工作中坚持正确的政治方向。

中国社会科学院图书馆以改革创新精神指导图书馆工作，全面推进“总馆—分馆—所馆（资料室）”三级保障体制建设。为了实现建设一流的哲学社会科学专业图书馆的战略目标，院务会议原则通过了院图书馆制定的《中国社会科学院图书馆管理章程》。确定了总馆、分馆、所图书馆（资料室）的分工和功能定位，明确了目标和任务，在院领导亲自关心和支持下，在院图书馆、院职能部门和有关研究所领导的共同努力下，总分馆制稳步推进。12 月 31 日，民族学与人类学专业分馆举行挂牌仪式，国际研究分馆的筹组工作取得巨大进展。

2010 年是中国社会科学院实施报刊出版馆网建设工程，即“五名”工程的第二年。8 月在北戴河召开的图书馆馆长培训研讨班上，进一步完善了“名馆”建设方案，明确了名馆建设近期准备实现的目标和任务。2010 年底，完成了《中国社会科学院图书馆名馆评估标准》论证工作，为 2011 年开展图书馆评估达标活动做好了准备。

完成了图书馆地下书库改造，藏书空间紧张的状况得到一定程度的缓解。经过一年的施工改造，新的图书馆地下书库已经交付使用。按照院领导的指示精神和全院发展大局的需要，图书馆领导对地下书库的使用做了统一规划，完成了考古所和新闻所图书馆图书的搬入工作，下一步将尽快将存放在姚家园仓库的 40 万册图书搬回并提供利用。伴随着研究生院图书馆新馆的落成，院图书馆 30 万册图书将运往研究生院存放。随着院图书馆地下书库改造工程的完成和研究生院图书馆新馆的建成，全院图书馆资源整合和藏书空间的共享工作已经提到日程上来。

进一步推进 ECO 图书馆自动化系统的应用。随着 ECO 系统的逐步改进和完善，推广应用工作持续开展，社科院图书馆系统的自动化管理水平也在不断提升。到 2010 年底，已经有 14 家研究所图书馆已开始应用，17 家研究所馆数据转入 ECO 数据库，并安排了多个批次数十人的培训。随着图书馆自动化应用水平的提高以及数字图书馆发展的需要，已开始与 ECO 公司洽谈系统改版升级的工作。

数字资源采购工作有所加强。为了做好数字资源引进，开展了数字资源市场调研和用户需求调研，及时了解国内外数字资源市场发展状况。

从年初开始，院图书馆派人参加中美数字图书馆论坛、E线图情、数字出版与图书馆发展学术研讨会等多个会议，及时了解数字资源研究及发展最新动态。同时，通过电话、邮件、面谈、组织培训的机会及时了解社科院用户对资源的需求状况。针对用户需求制定资源采购方案。全年共组织了40多个数据库试用，特别加强了对小语种数据库，如俄语、阿拉伯语等的试用和考察。

应邀在国际合作局、马研院、欧洲研究所做了3次数字资源培训讲座。与SAGE公司合作，举办“外文期刊投稿与数据库使用”学术研讨会。培训和研讨会建立了用户和图书馆之间很好的沟通机制，了解了科研人员对电子信息资源的需求和利用中存在的问题，提高了电子信息资源的利用率。

2010年，全院图书购置经费仍然保持2200万元（院馆1100万元，分馆、所馆1100万元），电子信息资源购置经费200万元。院馆采集中文图书13 347种，19 884册；外文图书2050种，3925册；学位论文31 725册。全年订阅中文报刊1470种，外文报刊902种。

根据院科研局统一部署，开展了学科建设调研工作，对院图书馆的学科现状进行了全面系统的分析，对未来学科布局和建设重点进行了认真研究，制定了各个学科的发展目标、任务、需要采取的措施，使图书馆学科建设工作得到进一步加强。同时，一批院、所级重点课题顺利结项，申报和批准了一批新的课题。2010年数据库部正式更名为文献计量学研究室，文献计量学学科建设的基础更加稳固。图书馆学科以数字资源建设为突破点，初步形成本馆图书馆学科的研究特色。研究部对其承担的国外社会科学情报研究学科做了进一步细化，学科建设的任务更加明确。2010年有4个项目通过了结项验收，9个课题被批准立项。4个项目获得院出版基金资助。2010年取得的科研成果有：专著6种，174万字；论文80篇，69万字；研究报告37篇，80.9万字；译著1部，3万字；译文43篇，42.7万字；一般文章349篇，680万字；论文集1部，119.7万字，学术资料103篇，197万字。

《国外社会科学》是中国社会科学院图书馆的主要学术刊物之一，2010年《国外社会科学》编辑部恢复独立建制，编辑力量得到加强。《第欧根尼》是国际人文科学理事会会刊，图书馆承担着该刊中文版编辑出版任务。（中国社会科学院图书馆）

【中国社会科学院图书馆举办“数字资源与图书馆建设”学术报告会】 3月18日，中国社会科学院图书馆举办“数字资源与图书馆建设”学术报告会，邀请美国斯坦福大学高级行政长官、图书馆总馆馆长迈克·凯乐，美国图书馆与信息资源研究理事会主席查尔斯·亨利，斯坦福大学东亚图书馆馆长邵东方分别做了题为“电子书记的技术、市场与营业模式”、“全球数字图书馆与档案馆的发展前景”和“开放获取与内容控制的较量：以谷歌图书搜索项目为例”的专题学术报告。来自院图书馆和所图书馆100余人参加了会议。（中国社会科学院图书馆）

【中国社会科学院图书馆与澳门科技大学图书馆签署合作协议】 应澳门科技大学图书馆的邀请，图书馆馆长、文献计量与科学评价研究评价中心主任杨沛超和副主任姜晓辉于6月26日—27日参加了在澳门科技大学举办的“两岸文献计量学研究座谈会”。会议本着促进两岸四地文献计量学研究的交流，探讨了学术期刊评价问题和引文数据库的发展问题，杨沛超馆长作了主题发言，姜晓辉研究员和北京大学的蔡蓉华教授、台湾华艺公司学术期刊研究人员分别作了学术报告。会议在共同促进两岸四地文献计量学发展、学术期刊评价和数据库建设方面达成共识。杨沛超馆长代表图书馆与澳门科技大学图书馆签署了合作协议。（中国社会科学院图书馆）

【中国社会科学院图书馆馆长培训班在北戴河举办】 8月17日—20日，中国社会科学院图书馆在北戴河举办馆长培训研讨班。馆长杨沛超作了“制定我院图书馆‘十二五’发展规划需要考虑的几个问题”的工作报告，蒋颖副馆长作了“我院‘名馆’建设及评估标准”的工作报告。会议邀请北京大学图书馆馆长朱强教授和中国科学院国家科学图书馆初景利研究员分别作了“北京大学图书馆‘十二五’资源发展规划”和“图书馆发展战略与趋势”的专题学术报告。与会人员分别就如何准确把握制定我院图书馆事业“十二五”发展规划的原则、目标和任务，如何推进社科院古籍普查和编目、如何合理的执行经费预算提高资源建设水平等问题进行了研讨。院图书馆各业务部负责人、部分研究所图书馆负责人共39人参加了培训研讨。（中国社会科学院图书馆）

【中国社会科学院图书馆举办“外文期刊投稿与数据库使用”学术研讨会】 为了宣传院图书馆电子资源收藏情况和使用方法，帮助科研人员了解国外学术期刊对稿件的要求，8月24日，中国社会科学院图书馆与美国SAGE出版集团联合举办“外文期刊投稿与数据库使用”学术研讨会。SAGE出版集团亚太地区期刊总裁Rosalia Da Garcia介绍了SAGE期刊综合投稿建议指南。中国社会科学院学部委员黄长著就如何撰写英文论文作了发言。*China & World Economy*杂志编辑部主任冯晓明介绍了该刊的稿件要求。中国社会科学院图书馆郑海燕研究员作了题为“中国社会科学院国际论文发表概况——基于SSCI、A&HCI和ISSHP的统计分析（1995－2009）”的学术报告。院图书馆网络系统部包凌向与会人员介绍了院图书馆外文电子资源收藏情况。来自各研究所的80余名研究人员参加了研讨会。（中国社会科学院图书馆）

【第五届中韩国际学术研讨会】 8月27日，中国社会科学院图书馆国外中国学研究中心与韩国经济·人文科学理事会在韩国联合举办了以“人文科学与国家软实力”为题的第五届中韩国际学术研讨会。学部委员、国外中国学研究中心主任黄长著，新闻研究所所长尹韵公，文学研究所副所长刘跃进作主题报告，院图书馆研究人员刘霓、朴光海、唐磊等学者参加会议并做点评发言。（中国社会科学院图书馆）

【俄罗斯科学院社会科学信息研究所代表团来华访问】 应中国社会科学院图书馆邀请，以格鲁霍夫副所长为团长的俄罗斯科学院社会科学信息研究所代表团一行4人于10月25日－11月1日来华访问并出席了在中国社会科学院图书馆举办的俄罗斯社会科学图书展览。中国社会科学院副院长武寅出席展览开幕式并讲话；杨沛超馆长和格鲁霍夫副所长分别致辞，表示将继续通过书展为两院及两国学者提供有价值的文献信息服务。本次书展共展出近几年俄罗斯出版的人文社会科学研究成果730多册。中国社会科学院图书馆同期举行报告会，邀请俄罗斯科学院社会科学信息研究所副所长切尔内博士作了题为“苏联、俄罗斯的情报学研究：1966—2010”的学术报告，该报告比较全面地回顾介绍了情报学研究在苏联、俄罗斯的发展过程和现状，与会人员就有关问题进行了讨论。10月27日－30日，俄罗斯科学院社会科学信息研究所代表团访问了上海社会科学院信息研究所和上海市图书馆，并参观了正在上海举办的世界博览会。（中国社会科学院图书馆）

【中国社会科学院图书馆举办馆藏马克思主义经典著作展览】 为了庆祝中国社会科学院马克思主义研究院成立五周年，中国社会科学院图书馆于12月24日－31日举办馆藏马克思主义经典著作陈列展览。本次展览共展出社科院各单位收藏的不同历史时期、不同文种、不同版本的马克思、恩格斯、列宁、斯大林、毛泽东经典著作几重要研究成果350余种，500余册。12月29日，常务副院长王伟光、副院长李扬，中纪委驻院纪检组组长李秋芳等领导参观了展览并对此次展览给予了肯定和好评。（中国社会科学院图书馆）

【中国社会科学院图书馆民族学与人类学图书分馆举行挂牌仪式】 12月31日，中国社会科学院图书馆民族学与人类学图书分馆揭牌仪式在民族学与人类学研究所举行。王伟光常务副院长出席仪式，并和民族学与人类学研究所党委书记张昌东共同为民族学与人类学图书分馆揭牌。院图书馆党委书记赵燕平、馆长杨沛超、副馆长蒋颖、民族学与人类学研究所副所长黄行以及院职能局领导参加了揭牌仪式。（中国社会科学院图书馆）

【山西省社会科学院图书馆普及图书馆知识】 2010年，山西省社会科学院图书馆以内刊《书苑信息》为阵地，先后刊发了以图书馆学、图书馆现代化为主要内容的各种基础知识。引导读者了解图书馆，熟悉图书馆，走进图书馆，利用图书馆。同时，图书馆工作人员也通过学习，充实了理论知识，提高了业务水平。（赵国良　王利亚）

【山西省社会科学院图书馆开展谱牒学研究】 2010年，山西省社会科学院图书馆拓宽各种渠道开展谱牒收藏工作，逐步形成具有地域优势的谱牒收藏体系。全年共收集各种家族谱资料150多部；接待全国各地前来查阅家谱资料人员70余人次，回复信函30余封；编辑出版《谱牒学论丛》第四辑26万余字；课题《中华谱牒学概论》的撰写工作。（赵国良　王利亚）

【山西省社会科学院图书馆科研工作】 2010年，山西省社会科学院图书馆在搞好服务工作的同时，积极参与科研工作，有2人次参加全国性学术会议，20人次参加全省性学术会议；多人撰写著作和论文；编辑出版《谱牒学论丛》第四辑；3位同志参加省政府委托课题《山西省志·社会科学志》的撰写工作，完成了近27万字的撰写任务；多位同志参加《纪念抗美援朝胜利60周年》文集的报刊资料近100万字的检索、收集、校对工作。此外，还完成了《中共山西年鉴》、《山西年鉴》、《山西经济年鉴》、《太原新区研究》等课题的资料搜集及撰写工作。（赵国良　王利亚）

【山西省社会科学院图书馆积极推荐优秀图书】 第五届国家图书馆文津图书奖评奖揭晓后，山西省社会科学院图书馆根据哲学社会科学研究的需要，在内刊《书苑信息》上及时刊登获奖书目，并积极采购相关图书，以最快的速度把优秀图书送到读者手中，使科研人员享受到方便快捷的服务。（赵国良　王利亚）

【四川省社会科学院文献信息中心文献馆藏建设】 2010年订购中文图书3000余种。订购2010年报纸121种，期刊839种。预订编目、验收入库新书3000余册，图书上架39 000余册，调架2万余册；验收登录新刊15 264，上架现刊22 910余册。做好图书报刊流通工作，图书部全年接待读者5000余次，借还书14 531余册。为古籍图书进行物理保护30 102册，下架30 102册，上架30 102册。现刊、过刊都能及时验收上架。做好2009年1000余种期刊的下架、清理工作。完成了4840余册过刊的加工、验收、编目、入库上架工作。完成了121种报纸的每天上架，每月适时下架、清理工作。完成了1263册装订报纸的加工和入库上架工作。（冯杰　梁晓薇）

【四川省社会科学院文献信息中心开展咨询服务】 中心组织专业人员加强对各级领导及省、院的重大课题开展咨询服务工作，先后收集了有关“灾后重建”、“‘十二五’规划”、“炭汇交易”、“产业重建”、“统筹城乡”、“新加坡工业园”、“外媒评灾后重建”等专题资料，为省社科院的科研和教学工作提供了有力的支持。（刘用）

【四川省社会科学院文献信息中心学术交流活动】 2010年，中心结合省社科院高端决策智库建设的需要，做好学术工作。加强与社科院系统、党校系统、高校系统等图书馆的联系协作，参加了第十五次全国社科院系统图书馆馆长协作及学术研讨会，川、吉、苏、冀、桂五省（区）图书馆学会第十二届学术研讨会，2010中美图书馆员专业交流项目——四川省图书馆馆长高级研讨班，“学术期刊数字化传播与版权保护论坛”大会等。组织中心专业人员加强对图书情报学科的关注和研究，在各专业杂志上发表学术论文6篇。全年编辑《社会科学研究参考资料》12期，约100万字；《参阅资料》12期，约30万字。（贾玲）

【新疆社会科学院图书馆在局域网开通中文图书数据检索系统】 2010年，新疆社会科学院图书馆完成回溯性图书编目32 000种40 000多册，涵盖特藏书库所藏全部图书以及基本书库的部分图书，向全国社科院联合编目中心上传中文书目数据26 000条。同时还在院局域网内开通了中文图书机读目录数据检索系统，并将已完成的图书编目数据通过WEB服务器向读者开放，科研人员在家中即可查阅到图书馆的藏书，极大地节省了检索资料的时间。这一系统的开通，也标志着新疆社会科学院图书馆向数字化、网络化方向迈出了坚实的一步。（朱一凡）

【新疆社会科学院图书情报资料工作会议召开】 7月19日，新疆社会科学院图书情报资料工作会议召开，新疆社会科学院党委书记、副院长阿不都热扎克·铁木尔，新疆社科院院长、党委副书记吴福环，各处室、研究所主要负责人、图书馆全体员工及各研究所资料室的资料人员参加了会议。此次会议旨在加强新疆社科院的图书情报资料工作，整合全院图书文献资源，积极向网络化、数字化方向发展，进一步发挥图书资料在科研工作中的作用。图书馆及各所资料室负责人在会上作了发言，对本部门资料工作的现状作了介绍，提出了今后的发展目标。与会的科研人员也对图书情报资料工作提出意见和建议。吴福环院长最后作了总结讲话。（朱一凡）

【新疆社会科学院图书馆完成《2009年乌鲁木齐“7·5”打破抢烧严重暴力犯罪事件报刊资料汇编》】 新疆社会科学院图书馆全体人员自2009年起承担了乌鲁木齐“7·5”事件的网上和报刊资料的搜集、整理工作。2010年，图书馆员工对所收集的“7·5”事件资料进行分类、编辑和校对，于9月正式汇编出版成书。该汇编全套25册，包括“领导讲话”、“公示公告”、“新闻报道”、“民族团结”、“综合治理”、“网上报道及评论”、“外媒评论”、“各界对‘7·5’事件的反应”等专题，总字数约1500万字。这项浩大工程历时一年多完成。此外，维吾尔文、哈萨克文的“7·5”资料汇编也在编辑整理中。（朱一凡）

中国科学技术信息研究所

【概况】 中国科学技术信息研究所成立于1956年，长期从事和开展国内外科技文献信息的采集和服务工作，是国内最大的科技信息机构之一。2000年7月经国务院批准，中国科学技术信息研究所作为国家科技图书文献中心（NSTL）的主要成员单位，成立了国家工程技术图书馆总馆，是国内最大的工程技术领域专业图书馆。2010年，中国科学技术信息研究所采购国外工程技术领域科技期刊4108种，外文会议录等文献1978种，美国政府科技报告2.5万份，外文学位论文3万份，中文科技期刊3928种，中文会议4370种，中文学位论文18万册，订购和开通国内外文献数据库56种。2010年完成全文传递服务135 116份，国内外用户文献代查代借8227份，受理科技查新710项，完成收录引证服务1780份。大力开展专业化和学科化科技文献信息服务，为多家机构安装了专题数据库镜像系统。开展面向科技重大专项的科技文献支撑服务，为科技部重大专项办、航天集团提供了紧急的文献提供服务和分析研究服务，在吉林省、江苏省、天津市等地重点开展了宣传推广活动。在科研产出和学术研究产出方面，2010年，中国科学技术信息研究所申请到“十二五”科技支撑计划项目1项，国家863计划项目1项，新闻出版总署重大科技工程课题3个。基金项目申报继续保持强势，全年共获得国家级基金项目11项，包括2项国家自然科学基金，4项国家社会科学基金，4项中国博士后科学基金，1项国家科学技术出版基金，全所申请到的基金项目总量在全国图书情报机构中排名第一。另外，全年完成“十一五”科技支撑计划项目结题1项，国家863计划项目结题1项，国家软科学项目结题8项，中国博士后科学基金项目结题2项。2010年，中国科学技术信息研究所共发表核心期刊论文249篇，被SCI/SSCI/EI/ISTP/ISSHP国际著名检索数据库收录的论文37篇，其中4篇SCI论文均进入了影响因子排序本专业前1/3区的期刊。同时，全年获得软件著作权23项，获得实用新型专利1项，申请国家发明专利2项。完成各类研究报告148份，其中分析报告60份，调研报告52份，咨询报告35份。10项报告以及信息跟踪稿件得到了副部长以上批示或被高层决策信息报送渠道采用。在学术研究方面，中国科学技术信息研究所重点开展了汉语科技词系统、工程技术汉语叙词表编制、专利深度分析技术及工具、多语言信息服务环境关键技术、跨语言信息检索应用、产业竞争情报理论、重点领域深度分析、专利信息挖掘和分析等领域的研究。（中国科学技术信息研究所）

【院士著作馆】 院士著作馆是在科技部、中国科学院和中国工程院的联合倡议下，由中国科学技术信息研究所于2004年6月3日正式建成开馆。院士著作馆的主要任务是全方位收集和集中保存两院院士的著作、论文、手稿及书画作品等院士宝贵资料，弘扬科学精神，传播院士文化，为我国科技事业的发展提供丰富的高科技信息资源保障。目前，院士著作馆已收藏有中国工程院和中国科学院1100多位院士的4500多部学术专著和10万多篇学术论文以及1000多件院士风采物品，成为了国内最大的两院院士著作收藏和展示基地。2010 年共征集 64 位院士的 189 部著作，院士风采物品 47 件，为 24 位院士的制作了论文集。院士报告会向定期化、热点化和品牌化方向发展，组织院士报告会 8 场。（中国科学技术信息研究所）

【国际科学计量学高端论坛在北京举行】 6 月 25 日，中国科学技术信息研究所、ISTIC-THOMSON REUTERS 科学计量学联合实验室以及汤森路透在北京共同举办了国际大学评价研究高端论坛——泰晤士报高等教育全球大学排名实践与研究暨第 2 届科研管理与评价高级研修班。本届论坛沿袭第一届活动的成功模式，邀请《泰晤士报》高等教育全球大学排名负责人等知名学者，深入地探讨国际大学排名方法和意义，以及如何将定量分析方法运用于科研绩效评估等相关主题，旨在创造更多中国高校科研管理部门和国际间交流的机会，并向中国的科研管理人员介绍英国的大学科研绩效评估的经验。（中国科学技术信息研究所）

【中国科技情报网建设】 为加强各级各类科技情报研究和服务机构的资源共享和研究合作，整体推进我国科技情报事业的繁荣发展，中国科学技术信息研究所 2009 年组建了"中国科技情报网"，同时联合各地方情报所开展产业研究及信息收集工作，引领地方所共同采用"事实型数据 + 专家 + 工具方法"的研究方法。截至 2010 年 11 月 25 日，在"中国科技情报网"平台注册的会员单位共 21 家，共发表研究快报 1403 篇，研究报告 473 篇，期刊专著 194 本。2010 年，顺利完成了第一期合作单位的研究项目，并针对一期系统中存在的不足，进行二期工程改造。11 月 4 日，在湖南长沙进行了 2010 年度"中国科技情报网"工作总结与研讨，各参会单位针对"中国科技情报网"的具体业务工作进行了广泛交流。（中国科学技术信息研究所）

【《汉语主题词表》(工程技术版)编制】 自 1991 年以来，《汉语主题词表》一直未进行修订。2009 年，为适应网络环境下知识组织和知识服务的时代要求，中国科学技术信息研究所自筹经费，组织多家单位联合开展了《汉语主题词表》（工程技术版）的重新编制工作。2010 年，完成了词表编制手册编制、范畴表制定、术语采集、基础词库建设、叙词表编表平台开发等工作，词汇总量已达到 360 万条，组建了 20 余家专业机构参与的词表联合编制队伍，正在开展大规模的编表工作。（中国科学技术信息研究所）

【科技论文统计与分析】 中国科学技术信息研究所中国科技论文统计与发布始于 1987 年，每年向社会公布中国科技论文统计结果，宏观统计结果编入国家科学技术部和国家统计局出版的《中国科技统计年鉴》，被科技管理部门和学术界广泛采用。11 月 26 日，中国科学技术信息研究所在北京国际会议中心召开了"2010 中国科技论文统计结果发布会"，发布了 2009 年我国国际和国内科技论文和科技期刊的状况、表现不俗的中国论文状况分析、2009 年中国百种杰出学术期刊名单以及 2009 年中国百篇最具影响国际和国内论文。（中国科学技术信息研究所）

【中国科技期刊引证报告】 中国科学技术信息研究所每年出版的《中国科技期刊引证报告》（CJCR）是一种专门用于期刊研究的重要检索评价工具，从 1997 年开始至今已连续出版了 10 余版。《2010 年版中国科技期刊引证报告》（核心版）收录中国科技论文统计源期刊 1946 种。（中国科学技术信息研究所）

【数字图书馆高层论坛 2010 年年会在北京召开】 由国家科技图书文献中心主办、中国科学技术信息研究所承办的数字图书馆高层论坛 2010 年年会于 11 月 17 日至 18 日在北京香山饭店召开。本次年会的主题为"网络环境下的信息组织与知识服务"，年会分为"主旨报告"、"专题报告"和"大会讨论"3 个部分。总参通讯部李德毅院士、中国科学技术信息研究所陈家昌副所长、国家科技图书文献中心沈仲祺副主任和中国科学出版集团公司孙卫总工做了精彩的主旨报告。大会就国内外在云计算、知识组织体系建设、词表编制、知识服务等领域的发展动态和最新研究成果进行了广泛的交流。（中国科学技术信息研究所）

【科技情报系统为区域创新提供有力信息支撑研修班】 中国科学技术信息研究所与 ISTIC-

THOMSON REUTERS科学计量学联合实验室以及汤森路透于11月共同举办了"科技情报系统为区域创新提供有力信息支撑研修班"，共有103位来自科技情报机构以及相关大学和科研机构的管理人员和研究人员参加了培训。研修班特邀佐治亚理工学院的Alan Porter教授做了题为"Tech Mining with TDA"的讲座。中国科学技术信息研究所总工程师武夷山研究员、中国科学技术信息研究所情报方法研究中心副主任潘云涛研究员、汤森路透科技与医疗集团石翡、中国国家知识产权局专利文献部文献传播处处长黄迎燕分别做了题为"科技信息机构如何提高软科学研究能力"、"科学计量学联合实验室理论与应用相结合的平台"、"利用Web of Science数据库分析科研课题的研究现状与发展趋势"、"专利信息在查新工作中的应用"的报告。（中国科学技术信息研究所）

中国农业科学院图书馆（国家农业图书馆）

【概述】 2010年，中国农业科学院图书馆积极做好农业信息科技创新、农业信息公益服务等主体工作。认真完成文献资源建设、信息服务、系统平台建设、信息分析与情报研究等各项任务。

在资源建设和数据加工方面，2010年共采集外文期刊2590种、外文会议录和科技丛书等文献279套、中文期刊1543种、中文报纸109种，中文图书2243种，中外文数据库38种；正式组建"农业科研系统电子资源建设联盟"并开展相关工作；完成国家科技图书文献中心（NSTL）20.3万条西文文摘和580余万条外文引文数据加工任务，完成外文会议数据清洗工作，完成中国农业科学院图书馆馆藏中文文献引文加工总量648万条，中文文摘数据加工量58万余条，获得计算机软件著作权登记8项。

信息服务方面，全年远程文献提供服务3万多篇，完成网上参考咨询服务646项，定题服务70项；向农业部提供《农产品质量安全动态信息摘编》254期，其中重大食品安全事件专题综述17篇；完成查新报告290多项；承担了国家科技图书文献中心（NSTL）"面向转基因重大专项信息服务"的专项任务，系统采集和组织转基因相关重要信息并开展追踪服务；开展资源及服务的宣传推广和用户培训活动20场，培训用户2千余人次。中国农业科技文献信息服务平台（NAIS平台）2010年新增注册用户480余个，累计注册用户3891个，全年新增访问量11万多人次，访问总数累计76.1万人次。

科研和学术交流方面，2010年，共争取科研立项42个。其中，国家科技支撑计划项目1个、课题3个，农业科技成果转化资金1项，农业部农业信息预警专项1项，"948"2项，以及农业部项目、农科院项目、国际合作项目、地方项目、其他横向项目等30余项。为促进学术交流，全年举办或协助组织"农业风险与食物安全国际学术研讨会"第四次国际研讨会、"全国现代农业与信息智能分析预警学术研讨会"等多场国际国内会议。

国际合作方面，紧密围绕重点学科和加强农业部农业智能化预警技术重点开放实验室能力提升等工作而展开，全年共派出17个团组22人次，出访美国、加拿大、德国、法国、意大利、斯里兰卡、韩国、泰国、厄立特里亚、塞内加尔、中国台湾等10个国家和地区；引进接待外宾9个团组、22人次。参加了精准农业智能装备与农用航空遥感测量技术国际研讨会等5个国际学术会议和培训；执行了FAO南南合作任务；成功申请到2011年度农业部国际合作与交流项目3项。

期刊经营与管理方面，2010年出版部门圆满完成全年编辑出版任务。据中国科学技术信息研究所2010年11月27日（核心版）数据，《中国农业科学》中文版影响因子为1.170，连续第8次获得中国科学技术信息研究所"中国百种杰出学术期刊"称号。2010年，《中国农业科学》英文版被SCIE收录。（中国农业科学院图书馆）

【加强中国农业科学院院电子资源保障体系建设】 2010年，中国农业科学院图书馆开通的中外文数据库增至38种，其中具重要保障作用的5种中文全文数据库和11种外文全文数据库的服务范围延伸至京外18个直属研究所，使全院国外电子文献保障水平进一步提升。2010年中国农业科学院科研人员国外全文文献下载量达64.15万篇，较上年增加16%，外文文摘数据库检索量为45 424次，较上年增加5.28%。根据全院科研人员外文期刊引用情况的分析，对中国农科院科研工作具有重要支撑作用的外文期刊共有1415种，科研人员通过网络即查即得重要外文期刊满足率为58%。（中国农业科学院图书馆）

【正式组建“农业科研系统电子资源建设联盟”】 6月28日，中国农业科学院图书馆组织召开“农业科研系统电子资源建设联盟”工作会议，提出正式建立“农业科研系统电子资源建设联盟”的思路，与会代表分别就成立农业科研系统电子资源建设联盟的组织形式、联盟章程、数据库集团引进工作规范、联盟课题设立等问题进行了深入的探讨，并确定了该联盟领导小组和工作组人选。8月在吉林长春召开的“第三届农业科研系统电子资源建设与服务学术研讨会”，正式确定了农业科研系统电子资源建设联盟的成立，并向与会联盟成员单位的代表公布了电子资源采购集团章程、工作规范、委托协议以及联盟研究课题的管理办法，标志着农业科研系统电子资源建设工作正式走向规范化的发展道路。

面向农科联盟成员单位开展2010年国外数据库集团采购工作，包括数据库评估、采前咨询服务、采后管理等，全年共向农科联盟单位发送了9个国外数据库集团采购信息，共有26家机构确认了采集品种。（中国农业科学院图书馆）

【“NSTL联机联合编目系统需求分析和概要设计”结题并通过验收】 受国家科技图书文献中心（NSTL）资源工作部和资源工作组委托，中国农业科学院图书馆于2009年6月25日开始组织实施该项目调研工作。2010年，在2009年项目工作的基础上，图书馆修改和完善了“NSTL联合目录系统需求分析”、“NSTL联合目录系统概要设计”两份技术文档（共5.2万字），完成该项目结题报告撰写，并于5月26日通过了NSTL组织的专家验收。（中国农业科学院图书馆）

【“国外STM学术出版趋势研究”结题并通过验收】 2009年，中国农业科学院图书馆在国家科技图书文献中心（NSTL）支持下开展了“国外学术出版发展趋势调查研究”项目。2010年，在2009年项目研究基础上，图书馆完成了美国Simba信息公司的“全球科技和医学出版市场报告”翻译工作（5.5万字），完成了“国外学术出版发展趋势调查研究报告”，该项目于2010年5月5日通过了NSTL资源工作组组织的专家验收。（中国农业科学院图书馆）

【“国外农业科技新书评介”项目进展顺利】 2010年“国外农业科技新书评介”工作仍围绕开拓书源和组织书评专家队伍两个方面开展，并在开拓书源方面取得重大进展，经与John Wiley & Sons公司多次协商，达成自2011年起，由该公司每年免费提供30册农业专著作为书评对象的协议。2010年，图书馆共完成书评70册。（中国农业科学院图书馆）

【继续面向国家重大科技专项开展学科化信息服务】 2010年，中国农业科学院图书馆承担了国家科技图书文献中心（NSTL）“面向转基因重大专项信息服务”的专项任务，针对国家“转基因生物新品种培育”重大专项，对相关文献信息资源进行系统的采集、发现和挖掘，建立转基因专题信息服务平台，深化和转基因相关文献资源的组织和开发，向该重大专项各课题及相关管理部门，有针对性地主动跟踪提供信息服务。

全年来对多个重大专项子课题承担单位和科研人员进行了联系、走访和调研，充分了解其文献信息及服务需求。同时，派专人对整个转基因重大专项的情况进行跟踪了解，建立资料文档。在转基因专题服务平台建设方面，已初步进行了转基因相关信息的采集工作，完成了转基因专题数据库检索策略的制订和数据抽取准备工作；初步完成了“转基因研究快讯”设计。2010年已经对吉林农科院、棉花所等机构的转基因项目有关课题的承担单位进行了信息推送服务。（中国农业科学院图书馆）

【开展“国家农业图书馆用户信息管理研究”】 2010年，中国农业科学院图书馆开展“国家农业图书馆用户信息管理研究”项目。围绕国家农业图书馆重点用户、核心用户和外围用户等多层次的用户结构，以及多元的用户信息获取渠道，对各种用户群信息及其需求进行规范有效的收集、描述、整合与分析，用较为准确的定量与定性数据反映出用户对于国家农业图书馆业务与服务工作有意义的用户关键性特征，并建立用户信息管理的基本框架，提高图书馆内部各个环节之间关于用户信息的共知、共享水平，并用于指导图书馆资源采集和组织、信息服务、服务系统开发等各项业务工作的开展。2010 年底已初步完成相关研究报告。（中国农业科学院图书馆）

【加强资源及服务的宣传推广和用户培训工作】 2010 年，先后为中国农业科学院研究生院硕博士新生、农业推广硕士，中国农业科学院院京外的水稻所、茶叶所、棉花所、灌溉所、哈尔滨兽医药研究所、河北省农科院等单位科研人员，以及参加长春 CAAS 电子资源集团采购会议的来自全国 24 家省级农科院以及水科、检疫中心、林科院等单位文献信息机构代表开展资源服务宣传推介、文献信息检索培训及用户需求调查活动 20 场，培训用户 2000 余人次，发放宣传材料 600 余份，NSTL 原文服务试用卡 700 余张。另外，还与汤森路透公司合作开展了网络资源的在线培训，与爱琴海公司合作对研究生院新生开展了个人文献管理软件 NoteExpress 系统的培训。（中国农业科学院图书馆）

【不断完善中国农业科技文献与信息服务平台(NAIS)】 中国农业科技文献与信息服务平台（NAIS）是中国农业科学院图书馆在数字时代对外服务的重要窗口。为了不断提升 NAIS 平台的服务水平，适应用户不断深化的服务需求，保证其运行的稳定、可靠和功能的完备，图书馆人员不断研究和追踪数图技术发展动向，积极拓展和完善 NAIS 平台各项服务功能，以优质的服务理念、坚实的技术功底支撑着国家农业图书馆网络信息服务的桥梁。

2010 年，进一步完善电子资源农 E 通服务方案、用户协议、使用说明、常见问题等文档，规范了农 E 通办理流程，共办理农 E 通 100 多个；同时，提供完善的用户支持服务，根据资源变动情况及时调整数据库链接，解决用户遇到的问题，得到了用户的一致好评。为了配合图书馆与国际粮农组织合作相关工作，对中文数据检索系统进行了修改，增加了中英文对照介绍页面；完成中外文文摘 WEB Service 接口开发，并在所级数字图书馆平台中加以应用。建立农业热点日常监测和突发事件快速反应技术专题平台，对国家农业图书馆抗震救灾专题信息平台进行了功能完善，增加了抗震科普知识库，并被链接至 NSTL 国家中心网站提供信息服务。对农产品质量安全信息动态监测平台、三鹿奶粉事件专题等进行管理和维护。（中国农业科学院图书馆）

【开展中国农业科学院所数字图书馆建设项目】 中国农业科学院研究所数字图书馆建设项目的目标，是面向研究所、研究室、课题组和个人，以提升用户信息获取与利用效率为目的，以国家农业图书馆的资源和服务、研究所知识资源为基础，进行资源重组和服务集成，建立基于院所协同的、面向一线的学科化服务机制，以个性化、学科化、知识化服务为手段，构建针对学科研究需求、功能完善、界面友好、使用便捷的数字化科研辅助与信息服务支撑平台，为农科院和研究所科研信息化环境建设提供有力的信息保障。

2010 年度完成了院所数字图书馆系统第一阶段的开发以及试点的搭建工作。系统基本功能包括：资料查找、学科知识导航、重点学科组、信息服务、专业期刊导航、个人空间、研究动态、服务通告、服务指南、项目申报、专业会议等。同时，组织小组人员进行了数据搜集及系统测试，在此基础上，系统分别在北京畜牧兽医研究所、作物研究所、北京农林科学院、山西省农科院进行了首次应用部署。（中国农业科学院图书馆）

【获准承担“十二五”科技支撑项目“面向外文科技文献信息的知识组织体系建设与示范应用”项目子课题】 在农业图书馆研究领域，首次得到国家“十二五”科技支撑项目支持。主持“面向外文科技文献信息的知识组织体系建设与示范应用”项目中的课题六“基于 STKOS 的知识服务应用示范”，参与课题二“科技知识组织体系的协同工作系统与辅助工具开发”、课题三“科技知识组织体系共享服务平台建设”及课题五“信息资源自动处理、智能检索与 STKOS 应用服务集成”。2010 年已完成了课题的可行性研究报告、课题申报书和预算申报书的调研、撰写、修改和网络申报等工作，并已通过申请。（中国农业科学院图书馆）

【“第三届农业科研系统电子资源建设与服务学术研讨会”在吉林长春召开】 由中国农业科学院图书馆主办的“第三届农业科研系统电子资源建设与服务学术研讨会”于8月2日—4日在吉林长春召开，来自40多家农业科研单位图书馆系统的100多名专家、业务人员以及数据库商代表参加会议，共同就图书馆“十二五”发展规划、电子资源建设与绩效评价、电子资源整合与服务等相关议题进行了深入探讨。本次大会正式确定了农业科研系统电子资源建设联盟的成立，并向与会联盟成员单位的代表公布了电子资源采购集团章程、工作规范、委托协议以及联盟研究课题的管理办法。本次会议的召开标志着农业科研系统电子资源建设工作正式走向规范化的发展道路。(中国农业科学院图书馆)

【“全国现代农业与信息智能分析预警学术研讨会”在上海召开】 为提高农业信息分析预警的应用水平，强化农业信息科技对现代农业发展的支撑作用，加快农业信息科技自主创新，由中国农学会科技情报分会主办的“全国现代农业与信息智能分析预警学术研讨会”于9月15至18日在上海召开。来自中国农业科学院、全国28个省区的农业科研机构和高等院校以及相关涉农科研机构的专家、学者共180多人出席了会议。上海市农委、发改委、农科院等相关部门领导出席会议开幕式，中国农学会科技情报分会理事长许世卫致开幕词，上海市农业科学院党委副书记许定贵、中国农学会科技情报分会名誉理事长梅方权等在会上先后发言。开幕式由中国农学会科技情报分会副理事长孟宪学主持。在当前农业生产风险加大、市场波动频繁、调控难度增加的形势下，农业智能分析预警技术已经成为当前应对农业产业安全风险、加强农业预警监测和政府宏观调控创新的重要手段。会议围绕信息智能分析预警、农业风险防范、产业安全保障等主题，从农业信息智能分析预警的理论、技术和应用以及现代农业发展等方面开展了广泛交流。(中国农业科学院图书馆)

【“2010年会暨数字图书馆创新与发展学术研讨会”在江西南昌召开】 为加强数字图书馆信息资源建设，加快数字图书馆信息技术应用与学科发展，促进数字图书馆服务创新，推动我国农业图书馆界与国际组织的信息交流与合作，中国农学会农业图书馆分会于10月25—27日在江西南昌主办“2010年会暨数字图书馆创新与发展学术研讨会”。来自农业部和全国20多个省市的农业科研信息机构和农业高等院校图书馆领域的专家、学者共80多人参加了会议。会议围绕信息技术在农业数字图书馆中的应用和实践开展了广泛讨论和交流，分析了当前我国农业数字图书馆服务和创新中存在的问题，对我国农业数字图书馆信息资源建设、服务和创新发展提出了新的思路。来自全国农业科教系统图书馆领域的十余位专家学者，就图书馆的管理创新、服务创新、理论创新，实现信息资源共享和高效利用等方面做了大会主题报告。(中国农业科学院图书馆)

中国林业科学院图书馆

【概述】 2010年中国林科院图书馆围绕“服务现代林业建设、服务林业科技创新”的总体目标，各项工作持续稳步开展。

一、网络信息资源建设。网站的日常维护和数据共享服务工作。维护和管理中国林业信息网等10多个网站，保证网站的安全稳定运行。新建中国林业地理标志库、中国林业软件著作权库、植物新品种权资源库、林业授权品种数据库和汉拉英木本植物名录库5个数据库。70多个已建的林业数据库进行了及时的数据更新，新增入库信息量15万多条。2010年11月中国林业信息网与国际林联(IUFRO)的全球林业信息服务网(GFIS)实现了资源共享，开通全球林业信息服务网(GFIS)的中文频道，并负责每日林业新闻的动态更新，利用RSS和XML技术将林业资源链接到GFIS网站上，实现了林业科技信息资源的全球共享和有效利用。

二、图书文献及数字图书馆建设。传统的图书馆日常工作正常开展。2010年购进中外文图书1830种2315册，其中外文图书1043种，中文图书780种，接受读者赠书56种。国内外交换文献747册。购进中文期刊514种，报纸19种，预订2011年中文期刊503种，报纸19种；购进外文期刊275种；预订2011年外文期刊246种。借阅处、中外文期刊阅览室共接待读者2878人次，借还书刊资料7433册。开展文献查询及全文传递工作，为本院及院外读者提供全文传递438篇，复印文献资料65 807页。另外，为使我院广大读者更多地了解图书馆的馆藏资源，提高读者使用文献的能力，针对引进的电子资源组织了读者培训，还为新入学的研究生举办了文献检索讲座。在做好传统文献工作的同时，不断加强林业数字图书馆建设，对清华同方学术期刊、博硕士论文、书生电子图书、万方博硕士论文、重庆维普中文科技期刊5个镜像站点的数据库进行了及时的数据更新、软件升级和系统维护。2010年度图书馆调整了外文原版期刊的采购策略，尽量引进电子版外文期刊，在经费有限的情况下，将以前年度按专辑引进的ScienceDirect农业与生物学专辑和Blackwell农业专辑改为精选专辑中的10余种林业核心期刊引进。在院专家的建议下，今年新引进了国际顶级的学术期刊*Nature*与*Science*杂志的电子版，2010年度共引进网络版授权使用的林业核心期刊47种，同时在国家图书文献中心（NSTL）资助下，与中国农科院继续联合引进ProQuest农业与生物科学2个全文数据库，共480种学术期刊全文的网络使用权，为科研人员快速检索和下载国内外林业学术资源提供了条件。至2010年底，图书馆拥有各类数字化的中文林业科技文献全文5000多万篇，外文文摘数据库4000多万条，网络版学术期刊600多种，林业数字图书馆的作用得到了加强。

三、数据共享服务。2010年度中国林业信息网的用户访问量达到52万人次，自建数据库资源的用户下载记录数达到41万条，引进的数字化资源镜像站点和网络版全文期刊数据库的用户访问量累计达到160多万人次，全院用户累计下载文献原文达到230多万篇。（中国林业科学院图书馆）

中国中医科学院图书馆

【概述】 2010年，中国中医科学院图书馆新增古籍200种264册；新购置图书共760种2609册，其中：中文图书494种、2211册，外文图书223种、225册，读者赠书43种、173册；中外文图书入馆藏库共计1703种、7075册，其中：中文图书1531种、6903册，外文图书172种、172册；新增外文刊15种、中文刊2种；电子资源37种：购置资源14种，获赠及免费资源9种，试用资源14种，同时开放了“中医古籍阅览系统”；中医药数据增量194 128条，现有数据量约占150G；共接待读者计约8540人次，解答读者咨询共计1070人次；新增课题立项34项：国家自然科学基金青年基金1项，国家软科学计划项目1项，国家中医药管理局1项，中国科学技术协会老科学家学术成长资料采集工程1项，博士后基金1项，财政部科研院所公益项目29项；在研项目53项：863计划1项，科技部“十一五”科技支撑6项，科技部其他项目2项，国家自然科学基金3项，国家中医药管理局项目2项，北京市课题1项，其他部委6项，自主选题33项（4项团队项目）；结题31项：科技部“十一五”科技支撑计划子课题1项，国家中医药管理局2项，北京市课题1项，院自主选题27项；“基于文献的中医临床病证药数据整合与分析挖掘研究”获2009年度中国中医科学院科学技术三等奖；以第一作者/通讯作者发表论文86篇，其中SCI论文2篇、出版著作5本；全国中医行业古籍保护中心、国家古籍修复中心等行业中心按规划开展了2010年度的重点工作；积极开展中医药科学数据的开发、利用与对外服务以及网络建设与信息技术服务；继续开展对上的情报服务和专题信息服务；完成了古籍修复室、会议室改建及机房改造工程；我馆在古籍保护、数据建设与利用、情报研究、信息标准研制等领域建立了领先优势，将进一步重视信息标准的研究，拓展数据资源建设，加强情报学方法研究；持续稳步推进知识管理与知识服务、中医药学语言系统与临床术语集的研究等重大项目，积极推进中医药概念体系的建设和支撑ICD11建设工作，并推进我馆向一流研究机构发展；进一步发挥以数据为支撑的临床与新药研究以及以图书馆为支撑的知识获取两方面支撑作用；加强应用型联合实验室的建设和图书馆知识服务研究；提高认识，重视纵向课题的申请，提高申请课题的能力，积极争取课题与项目；认真做好科技产出的研究，努力提升科研人员的待遇。（中国中医科学院图书馆）

【世界记忆工程申报】 3月9日，联合国教科文组织世界记忆工程亚太地区委员会在澳门宣布，中国中医科学院图书馆组织申报的《本草纲目》和《黄帝内经》入选《世界记忆亚太地区名录》。3月，《本草纲目》和《黄帝内经》申报《世界记忆名录》的文本上报联合国世界记忆工程委员会。8月，与国家图书馆、湖北蕲春李时珍博物馆联合举办了以《本草纲目》为主题的大型中医药文化宣传展览，展览分为三大部分：《本草纲目》、《黄帝内经》历代版本精品；中医药文物器具与图片资料；文津阁《四库全书》。11月17日—19日，世界名录小组委员会议认为：《本草纲目》及《黄帝内经》的申请完全符合世界记忆名录申报标准，已推荐给世界记忆名录。（中国中医科学院图书馆）

【古籍行业保护与古籍名录筛选工作】 组织全国中医行业申报第三批“全国古籍重点保护单位”和《国家珍贵古籍名录》工作，对12家单位申报的79种珍贵古籍名录申报材料进行了初审，将遴选出的中医古籍经整理上报文化部古籍保护中心。经全国古籍保护专家委员会的评审，中医行业图书馆7家16种古籍进入第三批《国家珍贵古籍名录》，其中中国中医科学院图书馆的4种中医古籍、3种文史社古籍入选。安徽中医学院图书馆入选第三批“全国古籍重点保护单位”。（中国中医科学院图书馆）

【情报服务】 为国家中医药管理局提供快速反应资料11篇、专题报告7份及其他中医药相关报告5份；为中国中医科学院提供应对性信息2份及专项调查1份。收集国内中医药热点新闻资料187篇（约17万字），翻译相关资料98篇；编辑出版《中医药国际参考》2010年12期，共计约30万字；编辑出版《2010年甲型H1N1流感信息专辑》23—29期、《手足口病疫情和防控信息专辑》2010年1—6期、《2010“超级细菌”信息专辑》、《2010蜱媒传染病信息专辑》。完成查新204项，其中加急121项；引文检索41项；检索19项及检索证明1项；制订“中医药科技查新细则”。（中国中医科学院图书馆）

【平台建设及网络服务】 6月，国家人口与健康科学数据共享平台理事会宣告成立，中医科学院图书馆/所为平台下属6个分中心之一——中医药科学数据中心；完成国家中医药管理局“中医药科学实验室信息交流平台”、“中医/维吾尔医信息应用联合研究室”网络平台等9个新的网站平台的搭建以及“中国中医药信息网”等5个网站平台的内容更新与维护；引进虚拟专用网络，为院局域网外用户远程访问信息所/图书馆电子资源提供技术条件。（中国中医科学院图书馆）

【教育与博士后工作站】 1名博士研究生获中国中医科学院2010年度“中健行”中医药传承创新优秀博士论文二等奖；1名硕士研究生获中国中医科学院2010年度裘元植硕士优秀论文三等奖；1名博士研究生获2010年中国中医科学院完美（中国）奖学金二等奖；1位老师获2010年度“岐黄中医药基金会传承发展奖”；2010年录取硕士研究生3名，博士研究生1名，1名博士研究生、3名硕士研究生毕业，现共有研究生18名（在职研究生3名）；中医药信息学科图书情报一级硕士学位授予点已通过了评议，目前在教育部备案；2010年9月，我所获批成为全国首家中医药信息学博士后工作站，现有在站博士后5名；我馆为国家中医药管理局的中医药信息学教育基地，2010年度共计执行国家中医药管理局继续教育项目3项，申报2011年度国家中医药管理局继续教育项目7项。（中国中医科学院图书馆）

【学会建设】 现中医科学院图书馆/所为中国中西医结合学会信息专业委员会及中国中医药信息研究会中医药信息数字化专业委员会的挂靠单位。根据民政部 民社登［2010］第6001号文件，“中国中西医结合学会信息专业委员会”获批成立，中医科学院图书馆为该委员会的挂靠单位。10月30日至11月4日，中国中西医结合学会信息专业委员会在云南举办了首届全国中西医结合信息学术交流会暨中国中西医结合学会信息专业委员会成立大会。中国中医药信息研究会中医药信息数字化专业委员会于12月27日在北京举行“中国中医药信息研究会中医药信息数字化专业委员会第二届学术会议暨换届工作会议”。（中国中医科学院图书馆）

【东西医学信息中心】 继续与美国洛杉矶加州大学（UCLA）东西医学中心合作，2010年度派遣两名访问学者赴美工作，参与我所与UCLA东西医学中心及UCLA图书馆合作建立UCLA东西方结合医学信息中心的组建以相应的信息服务工作，并参加在美国各地召开的相关学术会议。10月6日—19日，UCLA东西医学中心代表团来京访问交流。（中国中医科学院图书馆）

【人才队伍建设】 2010年度引进出站博士后4人、接收高校毕业生3人、退休3人，调出2人；截止2010年末，我馆/所在职职工79人，退休职工83人，共162人。（中国中医科学院图书馆）

中国标准化研究院国家标准馆

2010年，国家标准馆完成了700余万元的资源采集和加工，涉及225个品种，数据总量累计达150万条，初步构建了适应数字时代的标准文献信息资源保障体系。面向政府和社会积极开展公益性服务，如，为革命老区江西省吉安市标准化信息所免费开通了“国家标准馆远程服务系统”；在青海玉树发生7.1级地震后，启动了抗震救灾及灾后重建标准应急服务；为国家质检总局、国家标准化管理委员会等部门开通标准文献资源服务“绿色通道”，为我国标准化科研工作提供了有力支撑。

国家标准馆制定了“十二五”发展规划，确立了一套资源、一个市场、一个领域、一支队伍的发展思路。围绕着国家标准馆的核心业务和定位，确立了“标准知识管理与服务”作为今后着力加强的科研领域，明确了“标准知识管理与知识组织的理论框架研究”、“标准知识组织与知识管理的关键技术”、“标准知识库（知识组织体系）的构建”、“标准情报研究”、“标准知识服务”等五个研究方向。

国家标准馆积极参与国家科技文献共建共享工作，并于NSTL成立十周年之际，被授予“NSTL建设与发展综合贡献奖”。积极参与国家科技平台建设，获得“十一五”国家科技计划执行优秀团队奖。（中国标准化研究院国家标准馆）

中国计量科学研究院文献馆

【概述】 中国计量科学研究院文献馆（简称计量院文献馆）始建于1955年，是我国唯一全面收藏国内外计量科技期刊、科技报告、会议录和计量法规等计量科技文献的专业文献馆，其丰富的馆藏计量文献已在我国计量事业蓬勃发展的五十多年里发挥了极其重要的作用。

作为国家科技图书文献中心（简称NSTL）成员单位，计量院文献馆在NSTL支持下，文献资源建设和信息服务拓展都有了长足的进步，为国家的经济发展、科技进步和国防建设提供了有力的计量科技文献支撑保障作用。2010年6月在NSTL成立十周年之际，计量院文献馆荣获“NSTL建设与发展综合贡献奖”。

2010年，计量院文献馆在文献资源建设和文献信息服务上积极开拓思路，探索新的模式。在文献资源建设方面，计量院文献馆拓宽资源采集渠道，新增文献品种达20%。在保持对外采集力度同时对内整合院内资源，推动文献资源的共建共享。在文献信息服务及宣传上，计量院文献馆开展计量特色文献服务援疆、NSTL账户托管、学科动态跟踪和文献信息定制等多种特色服务，继续保持了服务量的增长和服务质量的提升；在计量行业相关会议及重大活动中广泛开展计量文献信息服务宣传，取得了良好效果和反响。

计量院文献馆将继续夯实专、深、精的国家计量科技文献资源建设，拓展资源建设渠道和推进知识服务，逐步发展成为具有一定知识服务功能的国家计量科技数字图书馆，为我国科技事业的发展做出贡献。（中国计量科学院研究院文献馆）

【计量特色文献服务援疆】 新疆质检系统科研机构文献资源缺乏，科研人员获取科技文献困难。2010年5月，计量院文献馆利用本馆特色文献资源，依托NSTL网络服务平台，对新疆质检系统科研人员进行文献信息服务支援。文献馆专人提供科技文献原文传递和参考咨询服务，帮助新疆质检系统科研人员方便快捷的获取科技文献。计量特色文献服务援疆工作得到新疆质检系统科研机构的高度认可，为新疆科技兴检提供了

有力的科技文献支撑和保障。（中国计量科学院研究院文献馆）

【NSTL 建设与发展综合贡献奖】 6 月 12 日上午，由科技部主办、国家科技图书文献中心（NSTL）承办的“国家科技文献共建共享十周年大会”在京召开。在本次大会上，计量院文献馆荣获“NSTL 建设与发展综合贡献奖”；李丽馆长作为 NSTL9 个成员单位全体工作人员代表作了题为“甘为人梯 十年铸就 NSTL”的精彩发言，在大会上反响热烈。NSTL 建设与发展综合贡献奖是 NSTL 对计量院文献馆十年来工作的最大肯定与认可。（中国计量科学院研究院文献馆）

【计量学术会议宣传】 8 月 24 日，李丽馆长带领文献信息服务人员，前往浙江嘉兴参加“2010 年全国温度/电磁计量检定会议”，向与会人员对 NSTL 和计量院文献馆的资源和服务进行宣传培训。此次全国性的计量会议云集航空、电力、石油、化工和计量等领域两百多位专家。专家们认真聆听服务讲座，积极领取 NSTL 试用卡，对计量院文献馆在计量领域独一无二的特色文献资源和依托 NSTL 网络服务平台提供的普惠科技文献信息服务产生了浓厚兴趣。众多专家表示计量院文献馆作为国家唯一的计量专业图书馆，结合 NSTL 网络平台服务模式极大方便了全国的计量科技工作者，为计量科研发展提供了科技文献支撑和保障作用。（中国计量科学院研究院文献馆）

【文献信息定制服务重大科研项目】 2010 年，计量院文献馆为中国计量科学研究院“交流高频大电流国家基准的建立”课题组提供了信息定制服务。计量院文献馆文献信息服务人员在深入了解课题的基础上，通过对 SCI 引文分析，跟踪交流高频大电流领域相关文献库、专利文献系统，从中获取最新研究成果，收集编辑成专题文献为项目组推送。为项目组提供了最新最全面的研究信息，推动了项目组的科研进展。该课题荣获 2010 年度国家科技进步二等奖。（中国计量科学院研究院文献馆）

【NSTL 账户托管】 对于课题任务多、科技文献需求量大、无暇顾及 NSTL 账户管理的院内科研人员，计量院文献馆在 2010 年开展 NSTL 账号托管服务。文献馆专门人员负责托管账户管理，在收到被托管人文献需求信息时，用托管账号订购文献；根据账户余额情况，通知被托管人及时进行账户充值，保证账户正常使用。NSTL 账户托管服务省去了文献检索、订购和 NSTL 账户管理环节，使文献获取更方便快捷，体现了对科研任务重，文献需求量大的科研人员的个性化服务。（中国计量科学研究院文献馆）

中国地质图书馆

【概述】 2010 年，图书馆以中国特色社会主义理论为指导，按照科学发展观要求，理清工作思路，进一步明确图书馆定位和发展目标，以拓展功能、完善服务为主题，重点通过队伍建设、资源整合、学科情报研究、科普宣传，全面推进服务体系建设，加强管理，夯实各项基础工作，理顺外部关系，各项工作加速推进，成效显著，为图书馆“十二五”事业科学发展奠定了良好基础。

2010 年图书馆全年入藏印本文献资源总量 15 315种册。其中，中文图书及地图 1968 种、3251 册，外文图书 843 种、861 册，中文期刊 573 种、5859 册，外文期刊 555 种、4080 册，国际交换图书、地图等 437 种册，外文期刊 827 册。接待到馆读者31 101人次，印本文献流通量达 11.2 万册，印本文献复印量达 55 万余页，与往年都有较大幅度增长。完成中日文图书编目 2559 种、4147 册；中日文地图编目 50 种、76 幅；西文图书、光盘及西文博硕士论文编目 1481 种册；完成中、外文新旧刊编目 62 种；完成 965 册中文装订刊及 1168 册西文装订刊的编目入库工作；完成编目数据维护 2181 条。2010 年书目数据库数据总量已达 19 万条。

2010 年，图书馆可以提供服务的数据库资源 20 个，包括书目及文摘型数据库 4 个、电子图书 6 个、期刊数据库 6 个、论文及标准数据库 4 个。其中，自主开发建设数据库 4 个、采购 15 个、免费 1 个。丰富的网络地学资源为图书馆网络远程服务及数字图书馆建设提供了有利的条件，并取得良好的经济效益和社会效益，2010 年图书馆网站访问量突破 40 万人次，页面浏览数达 210 万；访问人数比去年增长 33%，页面浏览数比去年增长 15%。电子资源下载量达到 150 万篇。

中国地质文献中文数据库完成 1408 册源文献选题，遴选加工入库文献14 810条；英文库完成 273 册选题，遴选加工入库文献 3985 条；此外，完成中国地质文献数据库 2005 年 12 期网络版数据修改工作。2010 年中国地质文献数据库数据总量已达 33.2 万条。顺利出版完成《地质学汉语叙词表》（第三版）。探索中国地质文献数据库改革思路，组织完成了"中国地学图书期刊网工程"规划。

依托项目，2010 年图书馆历时 5 个月，开展了清库工作，完成书库书刊分布勘查、整体布局设计，架位调整。全面清点、整理了原中国地质大学（北京）图书馆馆藏中外文书刊，合计工作量达到了158 919册；总计完成了原全国地质图书馆中外文书刊架位的调整及书刊倒架工作，总数量达到了387 301册；补充完成了馆藏中外文书刊书目流通数据，系统整理了馆藏检索刊物。总计完成了33 543册，其中俄文期刊26 174册，西文期刊 6476 册，中文期刊 893 册。

2010 年完成 8390 册中外文图书的元数据校对及修改验收、入库工作。馆藏重要地学文献数据库依托三年的项目支撑，已经基本完成馆藏中文图书及大部分西文图书的数字化工作，数据总量已达 4.5 万册。同时，完成珍本图书再造 43 种，约 230 册。

根据需求，在为国土资源部和中国地质调查局直属单位免费开通 VPN 基础上，为各省地调院、环境监测院等 50 家单位的总工、图书馆开通 125 个 VPN，目前图书馆拥有 VPN 用户 2032 个。完成现有 VPN 设备的系统升级工作，解决了操作系统及杀毒软件的兼容性问题；并对 VPN 系统进行用户统计，保存 VPN 访问日志；对 VPN 性能进行分析和优化，为提高 VPN 访问速度，满足用户需求，保障合法用户获取所需资源和服务的效率提供技术支撑。

2010 年共完成 13 家中国地质调查局属单位的系统安装、数据导入及图书自动化管理系统的使用培训工作；完成客户端数据移植 5 万多条；完成 13 家单位 1766 种中外文期刊的订购及编目工作。到目前为止，已完成了全局 17 家单位的系统安装及使用培训，基本实现了文献的网上检索、查询及借阅，初步实现国土资源部和中国地质调查局直属单位图书馆的图书管理工作从传统的手工式管理模式到自动化管理的目标，为全局系统文献资源共享和地学文献的集群化服务打下了良好基础。

完成《国外地质资料目录——地质学》2009 年第 4 期和 2010 年 1—3 期的编辑发行工作；完成《中国地质文摘》2010 年 1—12 期三审三校工作，编辑出版约 480 万字，完成 12 期刊物发行工作；完成《中国地质文摘》2009 年年度索引审校工作，编辑出版约 167.8 万字，完成发行工作；完成《中国地质文摘》英文版 2010 年 4 期 160 万字的编辑和出版发行。创办《国外地学动态》，满足读者学科化需求。

通过努力，科技查新工作的服务质量和水平不断提高，服务领域和影响力不断扩大，服务的对象由国土资源部和中国地质调查局系统扩大到环保部、中科院、大学、中石油、企业等几十家单位和个人。2010 年共完成科技查新 32 例，文献引证证明 6 例，文献专题检索 20 余例，检索文献 4 千余篇，满足了读者个性化的需求。

图书馆依托馆藏资源、广泛联系、积极推进，2010 年共承担学科课题 16 项，新增 6 项。服务对象涉及中国地质调查局发展研究中心、国土资源部信息中心等 7 家单位 16 个项目；内容涉及矿产资源勘查、海洋矿产资源、地质灾害、地质环境、地质力学、实物信息资料集成研究等十几个领域。各学科服务课题进展顺利，结题报告受到委托单位好评。（中国地质图书馆　王世铁）

【中国地质图书馆开展系列调研活动】 为在中国地质调查局系统内尽早实现文献资源共建共享，提高全局系统文献资源的利用率，6 月—7 月，由图书馆领导带队分别对东北、西南、西北和华中地区的地调中心及地调院等单位文献资源现状及文献资源需求及利用等方面进行了全面调研。

【中国地质图书馆开展联合联机编目系统安装及培训工作】 3 月 9 日—4 月 3 日，9 月 13 日—17 日，中国地质图书馆先后对中国地质科学院廊坊物化探研究所、中国地质科学院地质力学研究所及中国地质调查局广州海洋局、中国地质调查局郑州综合利用所进行了文献联合联机编目客户端系统安装、原系统数据移植、中国地质图书馆馆藏书目数据导入（约 17 万条）、系统模块基本使用培训及 MARC 基本知识培训等工作。工作期间，项目组为各单位图书馆管理人员进行了文献采购、中外文文献编目、读者借阅、中外文期刊订购及编目等方面的实地详细讲解，并为各单位建立了新的中、外文期刊数据库。通过对以上各单位联合联机编目系统的安装、调试及培训工作，目前各单位系统运行基本正常。但由于系统安装、调试及培训工作时间短，在使用过程中仍将会遇到很多问题，中国地质图书馆将通过远程协助等方式为各单位排除疑难。（中国地质图书馆　王世铁）

【中国地质图书馆举办地学文献资源利用培训交流会】 9 月 14 日—17 日，中国地质图书馆在昆明召开了“地学文献资源利用培训交流会”，来自国土资源部、中国地质调查局直属各研究单位和各省地质调查总院、环境监测总院及省地质局、中石化、中石油等 27 个单位的代表参加了交流会。会上，图书馆的相关同志分别从中国地质图书馆资源与服务、地学文献信息资源检索方法与技巧、《地质图书分类法》、VPN 在图书馆在应用和使用中常见问题等方面进行了详细的讲解。本次会议内容丰富、安排紧密、兼顾专业学习和隐性资源挖掘，受到参会代表的一致好评。在行业内为图书馆树立了良好的形象，达到了宣传图书馆的目的，起到了推广文献信息服务项目的作用。此次会议促进了各单位之间的联系，为进一步的工作打下了良好的基础，取得了预期的效果。（中国地质图书馆　王世铁）

【中国地质图书馆成功举办“地质文献资源共建共享服务研讨会”】 11 月 9 日，11 月 24 至 27 日，中国地质图书馆分别在成都和广西北海召开了“地质文献资源共建共享服务研讨会”，来自国土资源部、中国地质调查局直属单位和成都理工大学图书馆、吉林大学图书馆、中国地质大学（武汉）图书馆等 7 家原地质院校图书馆的相关共计 80 余位代表参加了研讨会。中国地质图书馆组织召开的两次会议得到了与会代表的高度赞扬，达到了宣传图书馆的目的，在行业内树立了良好的印象，加强了各单位间的联系，为今后建立共享平台奠定了坚实的基础，标志着地质文献资源共建共享工作在中国地质图书馆的主持下将快速和全面推进。（中国地质图书馆　王世铁）

【中国地质图书馆承担的“地质力学文献分析与发展趋势专题研究”成果报告通过专家审查验收】 6 月 3 日，中国地质力学研究所组织有关专家对中国地质图书馆承担的“地质力学文献分析与发展趋势专题研究”成果报告进行了验收，专家组一致同意通过审查。（中国地质图书馆　王世铁）

【中国地质图书馆“馆藏重要地学文献数据库建设”项目工作取得成效】 中国地质图书馆承担的“馆藏重要地学文献数据库建设”项目启动于 2008 年，经过两年多的实施，项目通过对馆藏文献数字化、国内外地学文献的跟踪研究、采集整理和文献专题应用系统建设等，积累了大量地学文献数据库资源。其中，完成馆藏图书全文数字化近 4.5 万册，囊括了馆藏 90％以上的中文地学图书，并对从中发现的许多我国地质学启蒙时期珍贵图书给予再造；设计研发了中国地质文献（中英）数据库系统，数据库已经积累 30 万条地学文献数据；采集了大量国内外地学文献数据库。馆藏重要地学文献数据库建设的社会与经济效益显著，有效保护了国家珍贵地学文献和文化遗产，全面细致揭示了中国地质图书馆藏资源，提高了地学文献资源的共享水平，推动了数字图书馆建设的进程。读者可在有互联网的任何地点，全时段使用中国地质图书馆馆藏全文资源，为国家地质工作科研、生产、教学提供方便快捷的全文在线服务。截至目前图书馆网站点击率和文献下载量都大幅提高，网站点击次数达到 35 万人次/年、文献下载量则达到 120 万篇目/年，为地质工作提供了有力的文献信息保障。（中国地质图书馆　王世铁）

【中国地质图书馆申请的“海外地质图件战略需求与保障策略研究”启动课题获国家软科学研究计划资助】 9 月，我馆申请的“海外地质图件的战略需求保障策略研究”在国土部科技与国际合作司的支持下，获得科技部软科学研究计划资助。（中国地质图书馆　王世铁）

【中国地质图书馆提供玉树地区基础地质资料】 为支持和配合国土资源部、地质调查局以及地震专家开展抗震救灾工作，提供玉树地区基础地质资料，图书馆于4月15日上午赶制完成了青海玉树地区地震专题库和青藏高原地震地质文献专题库，完成图书馆网站的“地震科普知识”青海玉树地区地震专栏和青藏高原地震地质文献专栏的制作，添加专题库链接，免费开放青藏高原地质文献和青海玉树地区地质文献，为科技人员研究地震提供信息服务。（中国地质图书馆　王世铁）

【中国地质图书馆提供泥石流地质灾害文献专题服务】 中国地质图书馆心系甘肃舟曲泥石流灾区，情连灾区人民，为研究、评价和预防泥石流及其形成的次生灾害，《中国地质文摘》编辑部从中国地质文献数据库中整理编辑了自1985年以来有关泥石流地质灾害的相关文献目录及摘要，并在我馆网站上发布了提供“泥石流地质灾害文献专辑”专题服务的公告，供相关单位和人员以及社会公众参阅。（中国地质图书馆　王世铁）

【中国地质图书馆学科馆员制度正式启动】 为了适应网络化、数字化的现代信息环境和中国地质调查局属单位科研人员对文献信息资源的日益专业化和个性化需求，图书馆建立了学科馆员制度，并于2010年10月中旬成立了中国地质图书馆学科馆员推进领导小组办公室，提出了学科馆员实施方案，秉承“资源到所，服务到人，融入一线，嵌入过程”的服务理念，着手开展学科馆员服务。（中国地质图书馆　王世铁）

【中国地质图书馆地学科普阅览室正式对外开放】 为贯彻《中华人民共和国科学技术普及法》和《科学素质纲要》精神，更好地为地球科学爱好者服务，在馆领导的关心和指导下，经过几个月的紧张筹备，中国地质图书馆地学科普阅览室于2010年12月16日正式对外开放。馆长顾晓华为地学科普阅览室剪彩，并做了关于进一步加强科普工作的讲话，一方面肯定了科普工作取得的成绩，另一方面对今后的工作提出新要求。顾晓华馆长提出，科普工作不能局限于目前的工作模式，要不断创新，使科普工作上层次、上水平，更好地服务于大众，服务于国家地质工作。（中国艺术研究院图书馆　史婕　王春红）

【中国地质图书馆举办世界地球日主题活动】 在4月22日第41个“世界地球日”来临之际，中国地质图书馆国土资源科普基地围绕今年地球日主题“珍惜地球资源 转变发展方式 倡导低碳生活”和“三个一”的部署，设计了“‘低碳生活’为地球披上梦的衣裳”系列活动。本次“世界地球日”的系列活动旨在唤起社会公众善待地球，珍惜资源，保护环境的良好意识，实现人与自然，经济与社会的和谐发展。通过各种活动，拉近了学术界与公众的距离，同时也在公众中树立了中国地质图书馆国土资源科普基地的良好形象，为今后的工作打下了良好的基础。

【中国地质图书馆与不老屯村开展城乡共建座谈会及捐赠仪式】 11月16日，中国地质图书馆与北京密云县不老屯镇不老屯村举办了城乡共建座谈会及捐赠仪式。国土资源部直属机关党委、中国地质调查局直属机关党委、中国地质图书馆领导，密云县不老屯镇领导参加了本次座谈会及捐赠仪式。座谈会后，举行了捐赠仪式，共建双方领导分别在捐赠书上签字，本次中国地质图书馆共捐赠了图书1190册，包括新购买的农业技术、农村、养生等方面的书籍及494册图书馆职工捐赠的696册各类书籍，捐赠电脑5台，本次活动圆满结束。（中国地质图书馆　王世铁）

中国艺术研究院图书馆

【概述】 中国艺术研究院图书馆是中国艺术研究院下设的专业图书文献机构。中国艺术研究院是1951年成立的国内艺术研究唯一最高官办机构。半个多世纪以来，在毛泽东主席“百花齐放，推陈出新”题词精神指引下，名家辈出，硕果累累，在各个艺术学科领域都作出了开创性、奠基性的贡献。一批国内顶尖的艺术大师、学科巨匠，如梅兰芳、程砚秋、张庚、马彦祥、马可、阿甲、杨荫浏、黄宾虹、王朝闻、李希凡、冯其庸，先后在该院任职；一批史论开山扛鼎之作，如《中国戏曲通史》、《中国戏曲通论》、《中国戏曲志》、《中国戏曲音乐集成》、《中国大百科全书·戏曲卷》、《当代中国·戏曲卷》、《中国民间美术全集》、《音乐文物大系》、《中国曲艺志》、《中国舞蹈集成》、《中国音乐史》、《中国舞蹈通史》、《中国音乐史》、《中国艺术通史》等，由该院研究人员承担完成。这些成果的出现，体现了艺研院图书文献专业人员二次文献加工的贡献。特别是上世纪后期，一批史志类文献丛书的编纂，本身就是艺术研究家与史志文献专家结合后边缘学科、衍生学科的成果。

从上个世纪五十年代起，该馆老前辈傅惜华、杜颖陶、陶君起、王世襄等先生，在文献学、版本目录学方面做出了突出的贡献，著作等身，嘉惠后学，他们的著作一直到今天仍然是后代学人治学时不可或缺的参考工具书。特别是傅惜华先生毕生搜求古籍善本，是近代知名藏书家，他的“碧蕖馆”藏书，悉数捐献该院图书馆，至今仍然是院科研项目有力的注脚。傅先生倾尽毕生著述的一批文献巨制，如《中国古典戏曲论著集成》、《元代杂剧全目》、《明代杂剧全目》、《明代传奇全目》、《清代杂剧全目》等，直至今天，还是治戏曲之学的案头必备；另如陶君起先生，一生只留下了《京剧剧目初探》一部著作，但是开创之功，历久弥显，后之来者，无不步其后尘，一遵厥制。这种学术基于文献，文献而成学问的研究思路，在艺研院五十多年的发展里程中一直保持着，为艺研院图书文献工作高层次的管理、深层次的开发、专业化的服务打下良好的基础，形成优良的传统。（中国艺术研究院图书馆　史婕　王春红）

【专业文献服务科研与教学实践】 2010年，由文化部副部长、中国艺术研究院院长王文章主编的“京剧大典”、“昆曲大典”两个项目，取得了阶段性进展，多数分典将次出版，主要部分进入修改阶段。在历时六年后，这两个项目终于有望面世，这是戏曲研究领域的又一次辉煌，是古老剧种继往开来的里程碑。这两个项目都是近年来艺研院承担的大型学科专门研究项目。院图书馆承担了图书文献的钩沉辑佚、期刊篇目的排查索隐、目录典籍的扒疏剃抉、图片档案的搜集制作等工作。另有多名图书馆正副高级馆员参与艺研院又一个大型古籍整理项目“傅惜华藏古典戏曲珍本丛刊”的编辑工作。

2010年，启动编纂“中国艺术研究院图书馆抄稿本总目”，这是艺研院图书馆文献资源建设的一项基础工作。“抄稿本”是该馆具有特色的藏书，包括傅惜华“碧蕖馆”藏书、杜颖陶戏曲藏书、梅兰芳“缀玉轩”部分藏书、程砚秋“玉霜簃”部分藏书、齐如山“百舍斋”部分藏书、杨荫浏音乐藏书、盛加仑音乐藏书、吉联抗部分藏书、周兆祥部分藏书等等，具有孤本善本特性。该项目预计2012年出版面世。

2010年度，艺研院研究生院在读博士、硕士，课程班，访问学者，留学生，总计500余人。为了配合研究生教学工作，图书馆恢复购买外文原版图书，开辟开架式的外文书刊阅览室，并且在研究生撰写论文、教学研修及艺术实践等方面关于支持。

2010年度，图书馆加大了人才队伍的建设，引进了一批高端人才，加紧了人才的专业化进程，细化了文献管理人员与科研项目的对接和直接介入，人才队伍培养走出去请进来更加频繁，全年引进博士硕士10名。经近几年累计，新进人才已达到全馆人数近二分之一，人才结构更趋合理，戏曲、音乐、美术、舞蹈、电影等等专业，与中国艺术研究院专业领域完全吻合，与图书馆专业文献特色更加贴近。（中国艺术研究院图书馆　史婕　王春红）

【音响音像资源的建设与发展】 2010年度，图书馆录音录像制作中心继续以音像资源数字化为重点，全面投入音频、视频、图片资料的回溯建库与数字化采集，同时按照可持续发展规划，进行数据库管理、发布系统的建设，采集视频和图像资料。全年，采集各类音像载体9万余个节目，数字化采集1.3万个节目。图像数据库共创建物理、数字图像文件4万余条，并进行编目录入。同时对著录软件进行修改，调整图像数据库分类系统，增加了新入选“人类口头与非物质遗产代表作”的“呼麦”、“甘肃花儿”、“端午节”、“妈祖信俗”及“艺术摄影”等分类项。同时，继续加大力度收集各类音像资源，开盘带、盒式带、录像带、CD唱片录音带、京剧老照片，共3万余件。在二十世纪早期录音资源整理基础上，展开了一系列的研究工作，特别是早期直录唱片的搜集整理工作，发现了大量珍贵资源。这类唱片一般质量较差，比一般唱片相对薄一些，类似于现在的一次性产品。由于当年还放设备的缺失，目前对这一批唱片转录、还放还有一些困难，但唱片所标注内容的特殊与其历史价值，是应当引起我们相关研究专家的重视的。这批直录唱片共 22 张，所录大部分为京剧，掺杂个别曲艺唱片。由于直录唱片的产生大约在上世纪三十年代，传到中国也大约在同时期，所以基本可以断定这批唱片是这一时间段的产物。配合音像工作，图书馆还对系统与设备进行了整改、检修与完善。

《中国戏曲剧种音像资料库》收集工作取得新进展。共录制珍稀戏曲剧种的保留剧目 20 余出，其中一些已成绝响，所以这批戏曲节目的入藏具有抢救性质，意义重大。目前这个国内外最大的中国戏曲剧种音像资料库的品种接近达到 270 个戏曲剧种，基本反映传统戏曲在今天的实际生存状况。（中国艺术研究院图书馆　史婕　王春红）

【网络数字化建设与非物质文化遗产保护】 根据文化部非物质文化遗产管理司的要求，对“中国非物质文化遗产数据库管理系统”进行了进一步完善。①增加及调整了部分功能，完成了按地区、分类、民族、公布批次等多条件选择检索的功能。②对数据库中普查管理模块、申报管理模块、名录管理模块、传承人管理模块、资源管理模块等模块及功能的逐项检查，所有入库数据的核查工作。③完成数据库管理系统上线所需安全保障、紧急预案等工作。④完成第三批国家级非物质文化遗产名录相关申报数据的录入整理，第一、第二批传承人的资料整理，独立资源的管理、规范、存贮等工作。⑤完成非物质文化遗产数据库试点山东省：国家级第一批名录 27 项、国家级传承人 50 人、省级 200 人的录入工作。⑥完成数据库服务器单机版测试。

做好基础科研数据库前期调研及方案编写。做好非物质文化遗产网的日常维护及更新。与文化部“全国文化信息资源共享工程”的合作，完成合同实施的监督，专题内容的协调、专题稿件的整理审校等工作。（中国艺术研究院图书馆　史婕　王春红）

【配合中心工作做好对外文化交流】 2010 年初，图书馆委派 10 名馆员参加第三批国家级非遗传承人申报材料的整理工作；2 月初，参加第三批国家级非物质遗产传承人评审会全程服务工作，受到文化部等有关领导好评。6 月中上旬，配合文化部非物质遗产司和艺研院非物质遗产中心，参与在北京展览馆举办的“巧夺天工——中国非物质文化遗产百名工艺美术大师技艺大展”的布展工作。10 月中旬，为中国大剧院、故宫博物院联合主办的“高山流水——中国古琴艺术展”提供 6 张明清古琴及各种展品 100 余件，展览取得成功。

为了配合非物质文化遗产展览，图书馆与九创模型公司一起，完成十二套戏曲模型转移、调整、展示工作。为中国工艺美术馆和中国非物质文化遗产博物馆两馆建设的论证立项申报做好前期准备工作。同时，配合音乐研究所完成复制“枯木龙吟”等四张古琴。还配合文化艺术出版社完成《黄宾虹册页》画集和《梅兰芳访美》珍品仿真图谱出版工作。

2010 年共接待参观 29 次，464 人次，涉及国务院、国家发展改革委员会、文化部、北京市委市政府、美国加州大学、瑞典国家博物馆、法国美术家协会、台湾佛光山访问团、联合国教科文组织民俗美术负责官员等贵宾及有关单位领导来宾。（中国艺术研究院图书馆　史婕　王春红）

中国民族图书馆

【概述】 中国民族图书馆在 2010 年中，紧紧围绕建设中国少数民族文献中心为目标，本着一切以服务、创新为宗旨，突出民族图书馆特色、优化服务、拓展图书馆网络信息功能以及古籍保护等工作入手，全面推动各项工作。

一、文献资源建设

中国民族图书馆作为全国唯一的民族专业图书馆，在文献资源建设中充分发挥国家少数民族总书库的职能，继续推动全国民族地区各类图书馆的协同发展，注意保持中国民族图书馆的文献资源特色，全面收集少数民族文献。2010 年订购新书 942 册，接收到馆新书 4458 册，购买新书 5591 册，接受赠书 1738 册，订购民族类报纸 190 余种、期刊 700 余种，新购超星电子图书 4333 种，续购方正阿帕比年鉴数字资源 15 种、50 册。以上文献资源为我国有关部委制定相关民族政策和少数民族文化研究提供了强有力的文献保障。

二、数据库建设

2010 年，中国民族图书馆在书目数据库建设方面取得较好的成绩。①新建设 6 个书目数据库，共完成各类数据14 795条。建设馆藏蒙古文书目数据库，完成蒙古文数据 4458 条。建设馆藏藏文书目数据库，完成藏文数据 2980 条。建设馆藏维吾尔文书目数据库，完成维吾尔文数据 2785 条。建设馆藏民国图书书目数据库，完成数据 3008 条。建设馆藏汉文古籍书目数据库，完成数据 1564 条。②对原有馆藏汉文书目数据库和期刊库进行进一步完善补充。馆藏汉文书目数据库初录数据 3645 条，完成数据成品 2795 条，修改总库数据 559 条，转入总库数据 5851 条。完成新期刊数据 1200 条，完成民国期刊数据 406 条。

三、31 种古籍入选第三批《国家珍贵古籍名录》

2010 年，中国民族图书馆继续申报第三批国家珍贵古籍名录 37 种，有 31 种各民族古籍入选第三批《国家珍贵古籍名录》。四、走出馆门，积极参加古籍展览

《语法心要释》（藏文）等入选《国家珍贵古籍名录》的馆藏民族文字古籍文献参加了国家古籍保护中心举办的“第三批国家珍贵古籍特展”。馆藏汉文、蒙古文、藏文、满文、维吾尔文、彝文、水文等 33 部古籍参加了在民族文化宫举办的“中国少数民族文化博览”。通过以上展览进一步宣传中国民族图书馆民族特色古籍资源，扩大了图书馆的知名度。

五、保护古籍成绩显著

2010 年，中国民族图书馆制定详细的古籍保护计划，对部分馆藏古籍进行修复保护，为读者服务创造了更好的条件，并延长了部分古籍的使用寿命。修复线装书 122 册，字画拓片 84 张，经折装 23 册，书套题签 102 封。制作做藏文古籍保护书盒 43 个，线装书书套 2304 个，民国时期图书书盒 7500 个。

中国民族图书馆在民族文化宫党委的大力支持下，充分利用古籍保护专项资金，派 5 人次分别赴新疆维吾尔自治区和贵州省，从民间顺利征集到维吾尔族古籍 150 册，水书 590 册，既丰富了民族特色古籍馆藏，也为民间古籍的抢救性保护做出了贡献。此次征集到的古籍维吾尔文有《纳瓦依诗集》、《和卓传》、《圣人穆萨传》等；水书有《戌山年方》、《通书》、《乡下通书》、《大通吉书》等，绝大多数是清末抄本，内容涉及文学、教育、历史、宗教等方面，具有较高的研究和收藏价值。

六、科研工作取得新进展

1. 申报项目。申报 2010 年国家社科基金项目 3 项。获得批准 1 项：“水族水书传承文化研究”，项目经费 12 万元。申报 2010 年度国家社科基金重大项目 2 项，合作申请 2010 年度国家社科基金重大项目 5 项。申报 2010 年国家民委科研项目 3 项。

2. 项目结项。国家社科基金项目——“藏文古籍元数据著录标准化研究”于 1 月批准结项。国家民委科研项目——《维吾尔文古籍〈福乐智慧〉研究专题数据库》于 9 月批准结项。

3. 项目在研

（1）教育部、国家语委项目《馆藏少数民族文献信息库建设》蒙古文、藏文和维吾尔文数目数据库基本建成，为此项目结项打下了良好的基础。

（2）参与国家民委、中国社会科学院文化蓝皮书《中国少数民族文化发展报告（2010）》有关内容撰写工作。

（3）北京市民族古籍整理项目——《北京地区蒙古文古籍总目》（一）初稿基本完成。

（4）完成民族文化宫项目《中国民族年鉴》（回溯本）稿件的编审工作。

（5）国家民委委托课题——编制《少数民族文字古籍定级标准（草案）》基本完成。

4. 科研成果

（1）艾合买提主编的第十一次全国民族地区图书馆学术研讨会论文集《民族图书馆学研究》（五），由辽宁民族出版社 2010 年 8 月出版。

（2）先巴编著的《藏文古籍元数据著录标准化研究》（国家社科基金项目资助成果），甘肃民族出版社 2010 年 9 月出版。

（3）吴贵飙参加编著的《中国民族史研究 60 年》，中央民族大学出版社 2010 年 5 月出版。

（4）中国民族图书馆职工在各类刊物上共发表论文 21 篇。

（5）中国民族图书馆馆员海梅、杨胜锋同志的论文分别获得“第十一次全国民族地区图书馆学术研讨会”征文二等奖。甘大明同志与他人合著的论文获“中国图书馆学会 2010 年年会”征

文三等奖。

另外，图书馆馆员贾晓燕同志参加国家民委《中国民族年鉴》的编撰工作，副研究馆员、副馆长陈烨同志参加《中国少数民族文化蓝皮书》编撰工作，副研究馆员、副馆长艾合买提同志参加文化部全国文化信息资源建设中心资源《灿烂的龟兹文化》、《世说新语》、《西游记》等46个影视作品汉语翻译维吾尔文资料的审稿、审查工作。

七、向新疆维吾尔自治区图书馆捐赠线装书

2010年8月20日是新疆维吾尔自治区图书馆建馆80周年，为了进一步增进两馆之间的友谊，中国民族图书馆发去贺信表示祝贺，并在20世纪80年代整理出版的线装书《西域水道记》、《补过斋文牍》、《皇舆表》、《雍录》、《皇清职贡图》、《许氏方舆考证》、《方舆类纂》作为礼品赠送新疆维吾尔自治区图书馆。（中国民族图书馆　艾合买提　许传哲）

【吴贵飙“获全国少数民族古籍工作先进个人”称号】 12月，中国民族图书馆吴贵飙同志荣获“全国少数民族古籍工作先进个人”称号。（中国民族图书馆　艾合买提　许传哲）

【先巴获得中央国家机关“五四青年”奖章】 2010年，先巴同志获得2010年中央国家机关“五四青年”奖章。（中国民族图书馆　艾合买提　许传哲）

国家知识产权局专利局专利文献部（知识产权图书馆）

国家知识产权局专利局专利文献部（以下简称专利文献部）成立于1980年，是文献资源建设、专利信息服务和专利文献研究为一体的综合部门，是国家专利文献资源的建设、收藏、管理、服务和研究中心。为专利审查工作提供全面、有效的保障与支持，为社会公众提供优质、快捷的专利信息服务，在促进国家科技创新与经济发展方式转型中发挥重要支撑作用。

国家知识产权局知识产权图书馆（以下简称知识产权图书馆），是面向社会公众提供专利信息公共服务的主要部门。1981年8月中国科学技术情报研究所专利馆并入后，成立专利文献馆，并于1981年11月正式开馆接待读者。2009年更名为知识产权图书馆。知识产权图书馆是专利文献部下设机构之一，直接面向公众提供文献信息检索、查询与咨询服务，宣传知识产权文化和专利制度和文献业务知识，管理国家知识产权局知识产权陈列馆与专利展示厅。

专利文献部下设文献收集处、文献管理处、数据加工处、文献服务处、文献传播处、知识产权图书馆（处）、文献研究处和综合处等8个处室。截至2010年9月，专利文献部共有职工109人，其中知识产权图书馆的公共服务人员20人。

2010年，专利文献部紧密围绕国家知识产权战略纲要的实施，以“服务专利审查、推进公共服务”为目标，开展各项工作。

一、文献资源管理不断深化

建设“文献综合管理平台”和“数据加工自动化检测系统”，制定《文献数据分析工作实施方案》，促进资源应用。制定《文献资源管理办法》。年内对6个专利文献相关的标准进行了修订，完成《非专利文献深加工规则和检测规则》。开展专利深加工案例库建设，目前已整理出机械等领域共101件案例。初步确定文献资源档案建设的整体框架，为促进文献资源在信息层面的统筹管理打下坚实基础。

二、学术课题研究不断深入

出版了《专利文献研究（2010）》一书，填补了知识产权领域文献研究类图书的空白。《专利文献研究》及其副刊《分类资讯》的办刊质量有较大提升，全年出版《专利文献研究》6期、《分类资讯》6期。出版《数据加工通讯》11期。《知识产权简讯》出版37期，《知识产权简讯专刊》出版4期。

三、积极推进全国专利信息传播利用培训指导体系

3月，在福建召开的全国知识产权信息应用与服务工作会议上发布了《全国专利信息传播利用培训指导体系》。围绕“人才培训工程”、“利用促进工程”和“宏观指导强化工程”三大工程，举办专利信息实际操作技能培训7次，深入全国知识产权试点示范城市、园区和企业开展专利信息利用帮扶活动7次，举办专利信息应用外出培训9次，举办全国专利信息利用研讨会2次。全年共举办面向不同受众、不同层次的培训班12次，累计培训人员近600人。

四、制作专利信息主题宣传片及多媒体教

学片

通过制作专利信息主题宣传片，以视频、图片等形式宣传专利信息在国民经济发展、技术创新以及产业结构调整中的作用。完成以专利信息应用基础为核心的7集多媒体教学片，供公众通过网络学习专利信息检索及应用。包括7个教学模块，总时数4小时。教学模块均为情景剧模式，采用主流多媒体技术制作。

五、开展系列公益讲座

公益讲座是知识产权图书馆宣传普及专利文献基础知识的主阵地之一。为使公益讲座内容更加充实、完整，2010年知识产权图书馆主要开展了5个专题，共31期的系列讲座。听课人数超过1200余人。充分利用外网"文献服务"栏目等网络媒介，上传课件32个、视频28个，加大对公益讲座的宣传传播力度，扩大受众群体。

六、开展"专利信息服务发展研究"课题研究

在总结以往专利信息服务工作经验的基础上收集国外主要知识产权局、图书情报机构、地方服务机构中介机构开展的专利信息服务状况，了解当前信息服务机构的最新服务手段，调研我国用户的专利信息需求，明确创新服务方式，研究其深化的可行性，系统提出了未来五年专利信息服务的目标、方案及措施。"专利信息服务发展研究"课题有助于更好地开展专利信息服务工作，营造良好的专利信息服务环境，提升全社会专利信息的利用水平，进一步推进知识产权战略实施，促进经济发展方式转变和创新型国家建设。

七、咨询服务

专利文献馆全年接待来馆读者近2700人次，受理各类咨询近3000人次，受理委托近460人次，提供各类文献近7万件。与上一年相比，受理委托人数和文献提供量有大幅度增加。（国家知识产权局专利局知识产权图书馆　田春虎　杨策）

中国国家博物馆图书馆

【概述】 2010年，国家博物馆处在改扩建工程收尾阶段，图书馆馆舍大体就绪，各类设备正在招标，书刊尚未回库。图书馆未能开放，影响到日常工作的展开，尤其是书刊流通。在这种情况下，图书馆全体员工克服困难，配合展陈部门和工程方面积极开展工作，完成了"复兴之路"、"古代中国"基本陈列修改所需书刊的提取和拍照。此外，图书馆文献资源建设、图书馆设备购置以及员工培训和学术交流，基本保持正常。（中国国家博物馆图书馆）

【文献信息资源建设】 ①纸质资源建设。继续根据本馆业务需要，购置历史、博物馆学类书刊。截至2010年12月，今年共采购中外文图书11 334部、13 267册。2003年中国国家博物馆建立时，革历博两馆藏书相加不到70万册，目前图书馆藏书已达792 548册，年递增超过一万册。另外，图书馆积极与各业务部门保持沟通和联系，开展定向服务，先后根据外事处、展览二部和学术研究中心等部门的需求购进了一批图书。

②数字资源建设。2010年，增购中国知网以下数据库的使用权：自然科学与工程技术下的信息科技库的全部10个子库，社会科学理论与方法5个子库，社会学及统计学9个子库，民族学，财政与税收，金融2个子库，投资5个子库，会计6个子库、审计，管理学6个子库，科学研究管理4个子库。8月份开始在馆域网试用方正阿帕比艺术博物馆9个数据库（包括14万张图片），9月底购买了其使用权。10月，在馆域网开通《中国历代石刻史料汇编》、《大清历朝实录》全文检索数据库。（中国国家博物馆图书馆）

【图书编目】 2010年继续与相关单位合作，在图书馆不具备编目条件的形势下，将所购图书和报刊合订本运至回濒场地，异地存贮，维持正常编目工作。截至10月底，新采购的图书已基本完成编目。共编目中文书刊12 852册，新增数据5135条；外文书刊293册、116条。采编一室、二室完成四项编目规则的修改，分别是《中文普通图书机读目录著录规则》、《中文期刊机读目录著录规则》、《中文报纸机读目录著录规则》、《书刊加工细则》。（中国国家博物馆图书馆）

【及时提取书刊，保证展览的顺利开展】 "复兴之路"展和"古代中国"展是中国国家博物馆的两个基本陈列，在筹备这两个展览及其他专题展览的过程中，图书馆全力配合。

2010年回馆办公后，由于图书馆设备方案需要修改，招标工作下半年才进行，书库和阅览

室都没能开放，给各部门业务工作的开展和科研人员带来不便。为保障基本陈列及专题展览的顺利进行，图书馆克服困难，尽量提供点对点的服务，先后 15 次到库房提取急需书刊，其中为《复兴之路》展和其他展览提取书刊计 12 种 43 册，为《古代中国》展提取古籍 123 种 487 册；并按照展览部门的要求，将这些书集中存放，11 月完成了提取书刊的拍照工作。（中国国家博物馆图书馆）

【运营方式的确定及相关设备的购置】 2010 年，图书馆多次召开会议，确定图书馆正式开放后实行分层管理、专人负责的管理模式；确定了新馆书刊的贮存方案，包括一层期刊、报纸的排架方案及二、三层图书的列架方式，同时对古籍阅览室、画报阅览室的图书上架方案进行了初步规划。

为配合新馆顺利开馆，建设一个与国家博物馆地位相称的图书馆，图书馆先后与美术工作部、资产财务处相关人员联合召开会议，研究图书馆设备购置方案及政府采购方案。8 月 10 日，国家博物馆馆务会研究图书馆布局及设备配置方案，吕章申馆长、黄振春书记及馆领导班子全体成员到图书馆现场办公，最终确定开架书库的书架采取钢架结构，阅览桌椅和古籍阅览室、画报阅览室设施采用全实木家具。根据馆领导指示，图书馆于 10 月中旬完成图书馆设备方案的修订和效果图绘制，10 月 19 日报马英民副馆长审核；10 月 25 日报吕章申馆长审批。10 月 27 日，图书馆与资产财务处商定招标程序，当日即成立图书馆设备政府采购小组。经过一个月的紧张工作，到 11 月 29 日，召开图书馆家具投标会议。12 月 22 日，吕章申馆长、张威副馆长亲自到图书馆，审查图书馆设备方案及投标商提供的家具样品，对进一步细化设计提出重要指导意见。12 月 23 日，举行图书馆家具招标会议，确定了钢木书架厂商。下一步，图书馆将继续进行深化设计，与美术工作部协作，完成实木阅览桌椅的设计和制作。尽早完成全部图书馆设备的就位。（中国国家博物馆图书馆）

【馆藏文献及二次文献开发情况】 图书馆自建立以来，针对馆藏开展二次文献工作，整理出版有《中国历史博物馆藏普通古籍目录》、《中国历史博物馆古籍善本书目》、《中国历史博物馆馆藏中国历代人物图像索引》、《中国历史博物馆馆藏地方志目录》（后两种为内部刊物）。

目前，图书馆编辑有两个内部刊物《新书出版动态》、《学术动态》。至 2010 年底，分别编印至第 60 期、第 64 期。（中国国家博物馆图书馆）

【业务培训和学术交流】 为了更好的服务新馆的开馆，今年图书馆组织员工重点参加了图书编目及电子资源应用方面的培训。图书馆 4 人参加了在国家图书馆组织的“电子资源著录规则、电子资源机读目录格式”培训班；1 人参加了在江苏常州举办的“地方志文献的采访、编目与服务”培训（研讨）班；5 人次参加国家图书馆在大连和陕西组织的《中图法》第五版及《中分表》第二版培训班。通过外出培训，提高了专业人员的业务素质，推动了图书馆事业发展。

2010 年，图书馆多人次参加各类科研和业务活动。3 月，黄燕生受邀前往季承先生家，与故宫、首图专家一起，为季羡林先生被盗古籍鉴定估价；他还参加 10 月在首都图书馆举办的《藏书报》创刊十周年庆典暨高端藏书论坛和 11 月在国家图书馆进行的“全国古籍普查平台”二期鉴定验收。2010 年，图书馆派出 4 人参加“2000—2010 年国内外图书馆学情报学研究热点”学术论坛；2 人赴挪威及瑞典参加第 76 届国际图联大会；1 人参加主题为“知识服务 2010——面向决策支持的知识服务”中国图书馆学会专业图书馆分会学术年会；1 人参加在上海举办的中国索引学会年会暨学术研讨会。在这些研讨会中提交论文 5 篇，计 4 篇获得奖项。黄燕生参与策划和审稿的十集纪录片《方志中国》于 2010 年 11 月在中央电视台 4 频道播出，受到广泛好评。（中国国家博物馆图书馆）

军事科学院军事图书资料馆

【概况】 军事科学院军事图书资料馆（以下简称军科图书馆）前身是军委四局图书资料室，1950 年改编为军事图书馆，1958 年军事科学院成立时转隶该院。首任馆长为开国少将童陆生。军科图书馆的主要任务是为军事科学院军事科研和教学提供信息服务，同时面向军委总部、全军院校、科研院所及部队开展信息服务。是全军军事科研信息中心，全军唯一的国家古籍重点保护单位，中国国家数字图书馆全军首家分馆。截至2010年底，军科图书馆的馆藏文献达50余万种、280余万册。主要特点一是军事类书、刊、报收录齐全。包括丰富的近现代中外军事著作、教令、教范、条令、军事报刊等。二是革命战争时期领导人的手迹、电报文稿、档案资料丰富。包括我党我军老一辈无产阶级革命家毛泽东、朱德、周恩来、彭德怀、邓小平等在战争时期的手稿，我党我军各个历史时期的电报和资料等。三是古籍善本极其珍贵。馆藏古籍9400余种，10.7万余册，古代和近代兵书1778种，5544册（件）。已有14部古籍被国务院收入《国家珍贵古籍名录》。四是外文书刊收藏广泛。包括英、俄、日、法、德外文书刊20余万册。军科图书馆信息化建设具有良好的基础，起步较早，上世纪80年代后期起即开始数据库建设。较早建成了“图书馆自动化集成系统”，实现了业务流程的自动化和网络化；建成了以“军事论文题录”、“军事期刊全文”、“军事专题全文”等为主的拥有上百万条数据的大型自建专业数据库；建成了“数字图书综合检索系统”，含70余万种可全文检索的电子图书；建成了覆盖全军网络的即时信息采集系统。形成集数字图书、数字期刊、数字报纸、专题数据库、即时信息、音像资料为一体的全方位信息服务平台。国家数字图书馆军事科学院分馆的建设使军科图书馆的信息化建设实现了跨越式发展，尤其是对非军事类资源形成了强有力的补充。（骆建成）

【信息化建设】 2010年重点建设了军事科学院科研成果系统，该系统包括4个子系统，分别为院内刊物、专家文库、军事百科全书军事著作库和院硕士博士论文库。院内刊物子系统收录军事科学院出版发行的《中国军事科学》、《军事学术》、《军事运筹与系统工程》等9种期刊自创刊以来的全部全文数据。专家文库子系统收录建院以来164位专家的简介、学科方向，科研成果及个人所发表的所有论文及著作全文数据，并与相关期刊库及电子书库互相关联。军事百科全书军事著作库，以电子版的形式反映了百科二版军事著作分册的原貌，提供了百科条目浏览，拓展了条目原著的全文浏览，关联了条目原著作者在馆藏军事期刊上发表论文情况，开发了条目原著与馆藏纸质版信息链接。院硕博论文库收录了军事科学院培养的历届硕士博士的学位论文全文数据。2010年还新建了《军事图书总库》、《中文畅销图书总库》、《外文图书总库》、《馆藏外文期刊目录数据库》、《馆藏古籍数据库》等数据库，并形成一定的规模。新建了当天报纸、当月期刊系统。国家数字图书馆军事科学院分馆进一步深入合作，除追加国家图书馆自建资源外，针对军事科研需求，定制专题信息。（骆建成）

【音像资料建设】 2010年，军科图书馆新建音像资料室。主要任务包括收集整理科研音像资料，由本院逐步扩大至全军乃至地方与军事科研相关的音像资源。对音像资源进行采集、编辑加工、编目标引。建设流媒体数据库，实现音像资料的永久化保存、智能化管理和网络化服务。进行创作，根据需求制作音像教学片和多媒体课件，推出特色产品。部署了专业的视频管理、发布平台。建成后的音像资料室主要提供以下服务：一是借阅服务。针对网络使用不便及有特殊需求的读者提供传统的面对面借阅服务。二是网络服务。以千兆网络为基础，提供在线检索和网络点播服务，提高资源利用率和工作效率。三是重点课题专项服务。扩大传统参考咨询业务范围，形成纸质信息、数字信息和音像资源等全方位的信息服务。四是创作产品。根据科研需要制作音像教学片和多媒体课件，对音像信息进行二次创作，推出自主制作的产品。（骆建成）

【兵书展厅建设】 2009年，军事科学院领导提出建设兵书展厅，重点展陈馆藏古籍善本尤其是丰富的古兵书，以打造军科品牌的高度提出了建设要求。此后，军科图书馆成立了专门的筹建小组，展开调研论证工作，进行方案设计。兵书展厅面积约1000平方米，除序厅和结束厅外设6个主题展厅。第一展厅：中华古籍瑰宝。主要展出军科图书馆入选《国家珍贵古籍名录》的14部古籍善本。第二展厅：历代兵家大学。主要展出馆藏古兵书。第三展厅：战争年代文献。主要展出老一辈无产阶级革命家和我军高级将帅在革命战争时期的手迹手稿、延安时期的出版物等历史文献。第四展厅：百年历史钩沉。主要展出明清以来历史典籍、民国时期历史资料、抗日战争时期侵华日军历史罪证等藏品。第五展厅：红色军事经典。主要展出马克思、恩格斯、列宁、斯大林等世界无产阶级革命家，毛泽东、邓小平、江泽民、胡锦涛等党和国家领导人的军事理论著作。第六展厅：成果精品荟萃。主要展出军事科学院建院以来科研教学取得的丰硕成果。兵书展厅建设拟于 2011 年 2 月开始施工，7 月底前竣工。（骆建成）

【对外交流】 3 月 16 日，中央军委原副主席、国防部长曹刚川到图书馆参观指导。3 月 26 日，全军外宣工作座谈会代表参观了图书馆古籍特藏库。3 月 31 日，中国——东盟防务与安全对话代表团 30 名代表来图书馆参观访问。6 月 10 日，凤凰卫视总裁刘长乐等人参观了图书馆古籍特藏库。7 月 20 日，茅台集团董事长季克良等人参观访问图书馆。此外，先后多次接待总部机关、国家部委领导的参观指导，及军内外有关单位的参观交流。（骆建成）

中国化工信息中心

【概述】 中国化工信息中心（CNCIC）是国家级行业信息研究单位，是全国化工行业综合性信息采集、研究、服务和计算机应用技术开发中心。设有国家工程技术图书馆化工分馆、全国化工国际展览交流中心、音像出版中心、化工节能中心等，肩负化工期刊管理、中国化工情报信息协会等部分管理职能，承担着科技部、商务部、国资委、工信部等多项国家重点项目，承接有国家科技成果信息服务平台、重点化工产品产业损害预警信息监测、重点行业产业损害预警数据中心等一批国家重要课题，是全国化工系统享有盛誉的权威信息机构。

2010 年中国化工信息中心作为国家科技图书文献中心（NSTL）成员单位之一，承担石油、化工、化学及相关领域国内外科技文献信息资源建设，科技文摘数据库、引文数据库的加工，以及原文传递和信息咨询等多层次文献信息服务。作为化工行业的图书文献资源中心，承担着中国化工行业的资源保障、共建共享、信息服务等任务。

2010 年中国化工信息中心围绕科技文献资源建设、信息咨询服务、刊物出版研究为重点的发展思路，全面推进行业资源保障能力和服务能力，取得丰硕成果。截止到 2010 年底，馆藏资源突破 30 万册，年增长 1.8 万册。其中国外会议录 4500 多册，年增长 426 个会议的 638 册；期刊 20.3 万册，外文期刊累计 1500 多种，12 万余册，当年新增期刊 56 种，1.3 万册；连续性科学技术报告近百种，8600 多册，光盘、数据库、网络版资源等 160 多种，图书资料 10 万余册。年接待外部读者 3000 多人次，文献外借 1530 册次，复印 3560 篇共 32 800 页，网络直接请求 20 887篇，代查代借复印111 573篇，网站访问量达 21 万人次。数据库自主加工文摘 30.7 万条，动态性消息加工 6.2 万条，网络资源下载 1.6 万篇，数据库整合 157 多万条。先后在浙江、上海、山东、河南、辽宁、云南等地举办资源宣传培训 14 次，培训 1000 多人次，发送试用卡 3 千多张，接待参观团体 53 个。（中国化工信息中心 张俊明）

【中国农科院农业研究所到中国化工信息中心参观调研】 3 月 4 日上午，中国农业科学研究院农业研究所所长许世卫、书记刘俐等一行 15 人莅临中国化工信息中心，就业务开展、业务流程、信息服务、产品开发、网络建设、创新发展、人力资源、管理机制、奖惩制度等进行业务调研、交流学习。专业图书馆分会副理事长，中国化工信息中心副主任揭玉斌详细介绍了农业研究所关心的问题，双方就共同推动专业图书馆事业的发展和业务合作进行了交流并达成了共识。（中国化工信息中心 张俊明）

【涂料专业化文献服务平台座谈会在穗召开】 中国化工信息中心于 3 月 30 日在广州召开了“涂料专业化文献服务平台座谈会”。广州地区相关科研机构、服务机构及涂料企业管理人员、科研人员和信息服务人员等 50 余名代表参加了座谈会。座谈中就国家科技图书文献中心的文献资源和服务形式，涂料专业化文献服务平台的资源与服务特点进行了介绍。代表们在企业用户对科技文献信息的需求，文献服务机构的合作，文献服务模式创新等方面进行了深入的交流与沟通。（中国化工信息中心 张俊明）

【石化行业专利申请与实务培训班在苏州独墅湖图书馆举行】 5月27日，“石化行业专利申请与实务培训班”在苏州独墅湖图书馆举行，中国化工集团公司及其下属企业的代表，苏州当地企业的科技管理人员和技术人员共计41人参加了培训。（中国化工信息中心　张俊明）

【2010年全国化工科技文献共享协作网年会在成都召开】 6月20日—25日，全国化工科技文献共享协作网年会在成都召开，石油化工行业研究院所图书馆、信息部门的40多名领导参加会议。会议听取了中国图书馆学会专业图书馆分会副理事长、中国化工情报信息协会副理事长、中国化工信息中心副主任揭玉斌所作“当前形势下，科技创新对企业技术领域和企业创造力的影响”的主旨报告，以及国家科技图书文献中心服务组组长蔡志勇作的“面向企业的专业化信息服务探索与实践”的报告，中国化工信息中心图书馆副馆长张俊明关于协作网开展科技文献服务、文献共享、文献保障等方面工作的报告。与会代表分别介绍了本单位资源建设和服务情况，并就关心的问题进行了咨询交流，对今后的发展提出了宝贵的意见和建议。（中国化工信息中心　张俊明）

【中国化工情报信息协会第四届会员代表大会2010年在遵义召开】 8月底，中国化工情报信息协会在遵义召开第四届会员代表大会。来自全国各地的近80名代表出席了这次换届大会，共商协会发展大计。图书馆分会副理事长、中国化工信息中心副主任揭玉斌当选为协会理事长，化学工业部原副部长潘连生当选名誉理事长，中国石油和化学工业联合会综合办公室原主任徐宇当选秘书长，中国化工信息中心副馆长张俊明、中国化工博物馆馆长李爱青、中国石油和化学工业联合会信息与市场部主任赵志平、中国石油天然气集团公司规划计划部副主任李军、山东省化工信息中心常务副主任张福田、山西省化工信息中心主任白国宝等16人当选为协会副理事长。（中国化工信息中心　张俊明）

冶金工业信息标准研究院

【概述】 冶金工业信息标准研究院始建于1963年3月26日，曾几经更名，并完成改制，现为国家级公益类科技信息研究机构。

冶金工业信息标准研究院的定位是全国冶金行业集科技文献资源中心，集科技信息、产品标准研究中心，国家甲级工程咨询中心，冶金标准化技术归口单位于一体，综合实力强大的信息和标准化机构。

发展目标定位为——建设成为政府和企业信赖的冶金信息和标准化科技服务机构。为国内外用户提供更多的“唯一、第一、专一”的产品和服务。（冶金工业信息标准研究院）

【“2010中国钢铁工业科技与竞争战略论坛”成功举办】 9月25日—27日，由冶金工业信息标准研究院、中国金属学会和宝钢集团公司联合主办的“2010中国钢铁工业科技与竞争战略论坛”在江苏省昆山市成功召开。会议以“依靠科技创新，促进节能进步，提升竞争能力”为主题，来自武钢、宝钢、鞍钢、河北钢铁、山东钢铁、攀钢、马钢、包钢、上海复兴、东北特钢、中钢集团、中冶集团、中国钢研等200多位代表参加了会议。

冶金工业信息标准研究院党委书记胡茂友致辞。工业和信息化部节能与综合利用司余薇处长、中国钢铁工业协会副秘书长迟京东、冶金工业信息标准研究院副院长王丽敏、中国金属学会常务副秘书长苏天森分别作了题为“中国工业节能减排形势和任务”、“提升信息分析水平，支撑钢铁产业转变发展方式”、“从ULCOS项目看钢铁低碳技术未来的发展方向”、“低碳经济指导下的钢铁工业发展和展望”的专题学术报告。宝钢、鞍钢、济钢及北京科技大学有关专家分别作了专题技术报告。《世界金属导报》理事会第六届第三次工作会议、中国金属学会情报分会第五届第五次工作会议、2010冶金信息资源及科技查新应用研讨会和《世界金属导报》第十届记者工作会议同期举行。

冶金工业信息标准研究院主办的“中国钢铁工业科技与竞争战略论坛”已成为我国钢铁工业科技创新与竞争战略的重要研讨与交流平台，影响力日益提升。在国家大力提倡节能减排的背景下，本次大会紧跟时代的主题，反映出国内钢铁行业存在的现实问题，并提出要依靠科技创新，推动和引领钢铁工业节能进步，在广大钢铁企业

代表中产生共鸣，为推动我国钢铁工业转变增长方式，应对低碳时代带来的挑战发挥了重要作用。（冶金工业信息标准研究院）

【《世界钢铁技术月刊》和《世界钢铁快讯》出版】 《世界钢铁技术月刊》为企业科技人员、科技创新提供全球钢铁前沿技术信息支持，每月出版，每期3万字左右。《世界钢铁快讯》每日出版，提供每日国内外钢铁市场要闻、动态、价格信息，主要栏目有：行业快讯、国际行情、国内行情、企业动态、政策法规、相关行业、每日视点等。（冶金工业信息标准研究院）

【编辑出版《国内外钢铁市场分析报告》和《钢铁工业专业技术文集》】 2010年出版的《国内外钢铁市场分析报告》，国际部分内容包括板材、长材、涂镀板、炼钢原材料；国内部分内容主要分析月度以来国内宏观经济形势、行业相关政策，相关行业运行的状况，就当前钢材、原材料市场价格分析对比，并预测市场走势。该分析报告得到冶金行业的一定认可和好评。《钢铁工业专业技术文集》内容涵盖冶金数据、冶金节能降耗、冶金环保、冶金炉料、高炉炼铁工艺与设备等，为冶金行业提供最专业的技术信息。（冶金工业信息标准研究院）

中央编译局文献信息中心

【概述】 中央编译局文献信息中心是中央编译局的内设机构之一，主要负责马克思主义、社会主义以及与中央编译局业务领域相关的文献信息资源建设和服务工作；负责中央编译局的信息化建设和网站信息编辑、维护工作；承担海外舆情信息的编译和研究工作。其前身是中央俄文编译局图书馆，1949年9月建立。经过多年建设，中央编译局文献信息中心已经建立起比较系统、完整的马克思主义、社会主义和国际工人运动史专业文献体系，成为中国最大的马克思主义专业图书馆，并且在国际上有较大影响。长期以来，中央编译局文献信息中心始终坚持“为中央决策服务、为社会主义现代化建设服”的宗旨，围绕中央编译局的业务中心，努力做好文献信息工作。特别是在进入新世纪后，中心提出了“大信息”的理念，坚持“全局业务发展，信息工作先行”的原则，开拓创新，锐意改革，业务领域不断扩大，目前已经形成信息化建设与发展、文献信息收集与服务、文献信息研究与开发三位一体、相互支撑、良性互动、整体推进的业务新格局，在中央编译局的工作中占据重要位置。目前，中央编译局文献信息中心下设8个处，分别是：信息技术处、信息资源建设处（采编处）、信息资源服务处（借阅处）、信息研究处、《国外理论动态》编辑处、网站编辑部、档案处和综合处，并主管“中央编译局海外理论信息研究中心”。2010年，中央编译局文献信息中心的各项业务工作都取得了新的进展。

在信息化与网站建设方面：（1）将计算机设备维修服务外包给专业公司，提高了服务质量和水平，并把技术人员解放出来，更好地从事系统建设、数据库建设、平台开发与维护等工作。（2）加大对信息资源和数据库建设的投入力度，建立了CNKI数据库镜像站点，先后购置了JSTOR、CSSCI、EBSCO、CINFO、网上报告厅等重要的学术资源数据库和系统平台。（3）注重系统和平台的升级、整合，图书馆自动化管理系统（DP2）更换工作进展顺利，OA系统多次升级；配合职称评审工作，开始承担职称申报人员CSSCI成果检索和报告编制工作。（4）升级了网络出口带宽，完成机房改造，更新网关设备，扩展在线用户数量；加强计算机及网络系统的安全管理，对全局计算机进行涉密安全检查；圆满完成两会文件翻译的技术保障与服务工作。（5）组织召开中央编译局网站建设与管理工作会议，制定《中央编译局网站建设与管理工作条例》，建立信息提供奖励机制，定期发布《中央编译局网站信息通报》，向全局通报各部门参与网站工作的情况，极大提高了全局人员参与网站建设的积极性。网站建设取得较大成绩，影响逐步扩大。

在文献资源建设与读者服务方面：（1）多次圆满解决中央编译局领导、全局重要工作及重大活动对文献信息的特别需求，完成两千余册中外文文献的紧急采编任务；对馆藏马克思主义经典文献进行摸底调查，完成了调研报告；在马恩珍贵手稿调研与采购方面取得重大进展。（2）规范管理，制订工作岗位职责及工作标准，实施局属人员特需工作用书制度，进一步做好文献采集和加工工作。全年共发订图书1434种；订购中文报刊362种，外文报刊194种；接收国内外赠书和交换书刊1597册；验收图书1476种，报刊合订本1058册；编目图书1794种，编目、加工报刊合订本1400册。（3）进一步加强书库的规范管理，完成“图书回家”清书工作；完成珍贵中外文图书、期刊和字画的整理及目录制作工作；各服务窗口共接待局内外读者七千余人次；为读者提供咨询服务四百余人次。（4）对业务档案的加工整理工作取得新进展。收集、整理、立卷和归档文书档案近700件，声像档案近200件，照片1.5万余张；开始对中央编译局近五十年来的领袖著作和重要文献翻译资料的过程稿进行整理，目前已完成60万页编译档案的数字化处理和整理工作。

在信息编译与研究工作方面：（1）申报并获批国家社科基金重大项目“国内外马克思主义文献典藏整理与研究”；承担中央编译局重大委托项目“国内外马克思主义经典著作整理研究”。（2）组织重要国际学术会议5次，主办重要学术讲座3次，参加国内外主要学术会议20余次。（3）主编书籍2部，翻译图书1部，出版策划图书1部；发表论文7篇，撰写、提交研究报告7篇，翻译文章10篇。部分人员参加了中央编译局《要报》、《编译参阅》、《俄罗斯研究信息》的编辑、撰稿等工作；部分人员作为骨干参与了编辑出版马克思、恩格斯、列宁三本画传的二审、三审稿的修改工作。（4）圆满完成全国中文核心期刊《国外理论动态》全年12期的编辑出版工作，共刊发文章185篇，170余万字。共有30多篇文章全文或部分被《人大报刊复印资料》、《社会科学报》、《中国社会科学文摘》等报刊转载。杂志继续被南京大学中国社会科学研究评价中心列为来源期刊，被北京大学图书馆《中文核心期刊要目总览》评为国际政治类核心期刊，被中国期刊全文数据库和万方数据库——中国核心期刊数据库列为来源期刊。（5）内部刊物《意识形态动态参阅》改版为《海外舆情专报》，组建了编辑部，召开专门的座谈会，取得明显成效，得到中央有关部门肯定。（6）继续跟踪收集国内外对中央编译局的报道、评论等信息，编辑《中央编译局领导参阅》，为中央编译局领导决策提供参考。（7）对内部刊物《国外书刊信息》运行机制进行改革，并将其定位于重点发表文献信息方面的文章，“信息”特色更加明显。全年共出版12期。（8）组织、参与中央编译局纪念建党90周年系列活动的筹备工作，包括大型电视文献纪录片《思想的历程》的策划、撰稿、采访，筹备马克思主义传播史展览馆，参与组织中央编译局延安寻根活动、中央编译局新闻发布会等重要工作。（中央编译局文献信息中心　郗卫东）

【“多民族国家的民族政策与立法”中德学术研讨会】 3月19日—20日，中央编译局海外理论信息研究中心联合湖南大学法学院和德国伯尔基金会北京办公室在湖南长沙召开“多民族国家的民族政策与立法”中德学术研讨会。这次会议是为了推动多民族国家的民族政策与立法问题研究，了解世界各国的相关实践，同时向国际社会宣传我国的民族政策与立法成果。参加会议的中方学者来自中央编译局、中国法学会民族法研究会、中国社会科学院、中国藏学研究中心、中央民族大学和湖南大学等单位；外方专家主要有来自德国绿党、伯尔基金会、法兰克福大学、柏林爱丽丝—索罗门大学、杜伊斯堡大学等机构的人士。中央编译局局长衣俊卿、湖南省委副秘书长瞿海、湖南大学校长钟志华、德国伯尔基金会亚洲部负责人茱莉亚·舍夫分别致开幕词。德国绿党主席策姆·奥茨德米尔做主题演讲。中央编译局副局长魏海生、德国议会前副议长福尔默等出席开幕式。与会学者经过两天的发言和讨论，取得了许多重要成果。（中央编译局文献信息中心　郗卫东）

【美国外交人员访问中央编译局海外理论信息研究中心】 5月7日，美国驻华使领馆官员和美国国务院东亚与太平洋事务局官员共14人到中央编译局海外理论信息研究中心访问，就中国的民主政治建设问题与中央编译局人员进行交流。会前，中央编译局副局长魏海生接见了美国外交人员，并简要介绍了中央编译局的基本情况。海外理论信息研究中心执行主任赖海榕研究员作了题为“中国的政治与治理结构变迁”的报告。中美双方人员进行了热烈讨论与交流。（中央编译局文献信息中心　郗卫东）

【《珍贵红色报刊发刊词》入选庆祝建党90周年、纪念辛亥革命100周年重大出版选题】 7

月，国家新闻出版总署公布了庆祝建党90周年、纪念辛亥革命100周年重大出版选题100种。这些选题是从各出版单位提交的1200种选题中精心选出的，被认为是为庆祝建党90周年和纪念辛亥革命100周年而推出的一批政治导向好、学术价值高、艺术性强的精品力作。其中，由中央编译局文献信息中心策划并具体负责、中央编译出版社上报的《珍贵红色报刊发刊词》一书入选重大出版选题。本书将以中央编译局文献信息中心收藏的解放前的珍贵报刊为主进行编辑。（中央编译局文献信息中心　郗卫东）

【日本经济学家酒井正三郎教授应邀作报告】 8月3日，应中央编译局文献信息中心邀请，日本中央大学商学部教授酒井正三郎在中央编译局作题为“关于中国经济成长的可持续性——以发展模式转变为中心”的学术报告。酒井正三郎是长期研究中国经济问题的专家，曾担任日本比较经济体制学会理事长。在报告中，他详细分析了中国经济成长的轨迹及其发展的原因，指出了中国经济增长的三个主要特点，提出了中国经济成长的因果连锁假说，并针对如何解决目前中国经济发展过程中出现的问题提出了自己的思考。报告结束后，与会专家学者与酒井教授就中国经济发展的有关问题进行了热烈讨论。（中央编译局文献信息中心　郗卫东）

【中央编译局文献信息中心召开理论信息工作会议】 为贯彻落实中央编译局2010年科研人事人才工作会议精神，8月13日－14日，中央编译局文献信息中心召开理论信息工作会议。中央编译局副局长魏海生出席会议并讲话。（中央编译局文献信息中心　郗卫东）

【郗卫东出任中央编译局文献信息中心主任】 11月2日，中央编译局文献信息中心举行全体人员大会。中央编译局局长衣俊卿，副局长、机关党委书记魏海生，人事部主任、机关党委副书记陈和平参加会议。会上，魏海生宣读了中央编译局关于郗卫东担任文献信息中心主任的决定。衣俊卿、魏海生先后讲话，对中央编译局文献信息中心下一步的工作提出了希望和要求。郗卫东在会上发表任职感言。（中央编译局文献信息中心　郗卫东）

【中央编译局档案处调整到文献信息中心】 11月5日，中央编译局文献信息中心举行欢迎档案处座谈会。中央编译局副局长魏海生，文献信息中心主任郗卫东、副主任李跃群及部务会全体成员，档案处全体人员参加座谈会。会上，魏海生传达了中央编译局局长办公会议关于将办公厅档案处调整到文献信息中心的决定。他指出，这次调整是中央编译局领导班子根据“大科研”战略而采取的一项重要举措，对于形成文献信息资源的一体化格局、加强马克思主义文献典藏与研究、建设马克思主义传播史展览馆具有十分重要的意义。魏海生还对文献信息中心下一步的工作提出了明确要求。（中央编译局文献信息中心　郗卫东）

【英、美专家应邀作报告】 11月12日，中央编译局文献信息中心主办2010年中央编译局人才讲坛第二讲，邀请英国霍尔大学国际政治专家戴修殿教授作题为“互联网时代的信息主权”的报告。11月16日，人才讲坛第三讲邀请美国密歇根大学亚洲图书馆馆长杨继东博士作题为“网络时代海外中国学研究的文献检索”的报告。（中央编译局文献信息中心　郗卫东）

【中央编译局文献信息中心举办数字图书馆实验室研讨会】 12月10日－11日，“中央编译局文献信息中心——北京理工大学计算机学院数字图书馆实验室”在天津举办网络资源组织与管理研讨会。中央编译局副局长魏海生出席会议并讲话。他指出，中央编译局文献信息中心和北京理工大学计算机学院联合建立数字图书馆实验室是中央机关与高等院校合作进行信息化项目开发和人才培养的有益探索，对中央编译局的信息化工作具有积极的推动作用。北京理工大学计算机学院副院长牛振东、中央编译局文献信息中心主任郗卫东分别介绍了实验室的工作情况及取得的成绩，以及中央编译局在数字图书馆、网站和信息化建设方面的情况，提出了实验室今后的发展目标及设想。与会人员围绕实验室的工作及“加强网络数字资源组织与管理”、“促进信息化创新型人才培养”、“推进马克思主义文献信息和数据网络中心建设”等问题进行了研讨。（中央编译局文献信息中心　郗卫东）

【“国内外马克思主义文献典藏整理与研究”项目获国家社科基金重大招标项目立项资助】 12月27日，2010年度国家社科基金第二批重大招标项目评审工作结束。其中，中央编译局申报的国家社科基金重大招标项目“国内外马克思主义文献典藏整理与研究”获得立项资助。（中央编译局文献信息中心　郗卫东）

全国人大图书馆

【概况】 全国人大图书馆成立于1955年1月，原名“全国人大常委会办公厅图书馆”。“文革”期间停止业务工作，1980年恢复重建。本世纪以来，从引进专业人才到扩从机构设置，从规划馆藏结构到开展数字化网络化建设，从加强资源开发利用到拓展服务空间、提升服务水平，全国人大图书馆在各方面得到迅速发展，正在为实现建设具有人大特色的研究服务型现代化图书馆的目标而不懈努力。全国人大图书馆现为隶属于全国人大常委会办公厅的正局级全额拨款事业单位，下设办公室、图书部、报刊部、咨询部4个处级部门，现有工作人员21人。主要职责是为全国人大常委会组成人员、专门委员会组成人员和全国人大代表依法履职提供文献信息保障，为全国人大机关领导和工作人员提供文献信息服务。（全国人大图书馆）

【资源建设】 2010年共采购图书6200余种，分编图书11 784种、24 159册；订购报纸131种、中文期刊561种、外文期刊11种，装订、分编过刊493册，分编过报814册。新增电子资源“超星读秀学术搜索和百万册电子书库”、“中国宏观经济信息网的形势分析支持系统”、1700册年鉴、6069册电子图书和500集视频资料。考察试用6种电子资源，改进了试用宣传方式。除继续在内网发布试用公告外，还对所有试用资源进行整理，统一在外网网站提供试用资源链接和说明，并在内外网网站分别发布“试用数据库反馈意见征集”调查问卷，为读者建立了主动提交反馈意见的新渠道。（全国人大图书馆）

【读者服务】 1. 文献提供：全年共借阅图书报刊5239册次；通过馆际互借向国家图书馆借阅图书85册，服务26人次；为领导购书900余种、1000余册。

2. 参考咨询：2010年的参考咨询工作有较大改进，改变了过去以被动接受读者来电、来馆咨询为主的状况，将咨询服务阵地前移。选取立法和调研任务较重的环资委作为重点服务的业务部门，主动上门与环资委各业务室工作人员进行座谈，宣传介绍图书馆服务项目的同时，重点了解其在工作中的文献信息需求，并征求对图书馆服务的意见和建议。之后，结合该委员会正在开展的立法和调研工作，为其提供了针对性较强的服务，包括：新购环境科学类电子书500余种；紧急采购委员会会议急需的《清洁生产促进法》单行本20册；完成“低碳经济发展”专题调研、“环境保护法”立法规划论证项目的参考资料的搜集和整理等，提供了400余篇文章。环资委办公室对此专门来函致谢，认为图书馆提供的服务为其形成最终的环保法修改论证报告提供了很大的帮助。

3. 读者沟通：加强与读者的沟通交流和反馈意见信息的征集。首次在机关新录用人员培训班上，宣传推介图书馆资源和服务；通过请业务部门在资料目录表格中填写参考标识的方式，既简便又精确地掌握了业务部门对专题资料的利用情况。

4. 面向全国人大代表的服务：为各行各业的、分散在全国各地的近3000名全国人大代表提供文献信息服务，一直是图书馆读者服务工作的难点。2010年，在面向全国人大代表的服务方面，有如下改进：一是继2009年开始为全国人大代表提供几种电子资源的免费试用服务后，2010年又新增两种资源，并按照常委会领导的要求，在对代表使用电子资源情况进行统计分析、与商家进行反复谈判、与国家图书馆就合作的可行性进行多次沟通的基础上，提交了《图书馆关于在外网为全国人大代表提供电子资源服务的汇报和请示》，争取此项服务的经费保障。二是与中国知网合作，利用机构/个人数字图书馆服务系统，研究尝试为重点服务对象提供个性化文献信息服务。三是完善人大代表咨询情况登记制度，将来自电话、邮件、网上留言系统等途径的所有咨询记录汇总，便于统计分析。四是研究利用短信平台与全国人大代表进行联络和提供信息服务的可行性。（全国人大图书馆）

【资源开发】 1.内部出版物：《全国人大图书馆馆藏资料目录索引》2010年完成立法研究专辑3期、人大制度与人大工作专辑3期。《全国人大图书馆专题资料汇编》2010年完成“人民代表大会制度30年回顾”专题3期，分别为人大制度建设、立法工作和纪念地方人大设立常委会30年。

2.公开出版物：由全国人大图书馆选编的《人大文撷》是全面系统地反映我国专家学者和人大理论研究工作者有关人民代表大会制度理论研究的概貌，及时有效地为各级人大工作者提供权威系统的人大理论研究类出版物，2010年共选编文稿975篇。（全国人大图书馆）

【特色资源与服务】 1.特藏书刊资料。全国人大图书馆的特藏文献范围为历届全国人大常委会、专委会组成人员编著的文献，有关我国人民代表大会制度、人大工作、民主法制建设及各国议会制度的文献资料、法律法规文献资料等。2010年，继续加大特藏文献搜集力度，扩宽委员著作出版信息的收集途径，集中采购了一批特藏图书，采集了历届全国人大代表及全国人大工作人员的部分珍贵合影照片资料。

2.人民代表大会制度专题数据库。按照2009年立项的人民代表大会制度专题数据库项目一期建设计划，2010年完成的工作包括：考察中国知网资源加工中心和人民日报图书馆，学习数字资源加工流程、数据库建库及TPI系统应用经验；赴北京市人大进行调研，了解其研究机构和研究成果等方面的情况，征询关于人民代表大会制度专题数据库建设的意见建议；初步制定文章库信息检索和筛选方案，完成部分数据的转换入库和分类；制定人物资料库建设方案，人物库框架搭建完成，历届全国人大代表和省市级人大领导信息入库；制定书目库信息检索方案，完成馆藏书目信息检索和整理，并对300多种馆藏重点文献进行数字化加工。

3.人大特色服务。①会议专题资料：根据人民代表大会、全国人大常委会会议的议题，选编专题资料，在中国人大网“代表服务专区”的代表大会会议和常委会会议栏目发布。完成十一届全国人大三次会议和十三次至十七次常委会会议专题资料的搜集整理、分编上传和目录编制工作，其中大会专题共分5大部分15个专题，收录1342篇文章，常委会专题共计20个，收录257篇文献。②领导参阅资料：与全国人大办公厅新闻局、全国人大信息中心共同编辑提供给全国人大常委会、专委会领导参阅的内部资料《人大舆情动态》，2010年共选编稿件16篇。（全国人大图书馆）

【新馆搬迁】 2010年，全国人大机关新的办公大楼落成并投入使用，人大图书馆积极就新馆的布线、家具采购、灯光、防火、用房等问题反复进行研究，提交多份需求报告，以“读者第一，服务至上”为原则，对新馆的资源、设备、服务布局进行了合理规划，克服库房地点分散、时间紧迫、人员紧张等困难，顺利了完成书库、办公室、机房的搬迁，并全面开展新馆开馆的各项筹备工作。（全国人大图书馆）

中央文献研究室图书馆

【概况】 中央文献研究室是党中央的一个重要部门，其主要任务是编辑研究毛泽东、周恩来、刘少奇、朱德、任弼时、邓小平、陈云以及现任党和国家主要领导人的著作；研究他们的生平和思想；编辑研究党和国家及军队发展进程中形成的具有影响力和指导作用的重要文献等。中央文献研究室下设五个编研部、科研管理部、宣传外事办公室、办公厅和出版社，图书馆隶属于科研管理部。中央文献研究室图书馆成立于1980年，共有藏书20万册，馆舍面积2100平方米，是一个为本单位编辑研究工作服务的专业性图书馆。藏书以毛泽东、周恩来、刘少奇、朱德、任弼时、邓小平、陈云等老一辈革命家以及现任党和国家主要领导人的著作、年谱、传记、画册、研究专著为特色，同时重点收藏政治、经济、历史、文化类图书，特别是近现代史、党史、军史和传记性图书。图书馆专业特色比较突出，服务对象主要是本单位的业务研究人员。目前有工作人员10人，大都接受过系统的图书馆学专业教育，尤其在领袖及党史研究资料的收集、整理和研究方面形成了较多成果。具有副高级职称及以上的有4人。

多年来，图书馆逐步积累了一些较有优势的特色资源，在国内图书馆界有一定影响。主要包括解放区出版的各种版本的老一辈革命家的全集、选集、单行本以及建国后翻译出版的各种少数民族文字及外国文字的版本；有大量党和国家领导人的生平思想研究方面的专著及年谱、传记、画册、音像制品等；有近现代政治、历史人物传记资料近三千种，有中国近现代史各个时期的重要文献资料，以及影印的革命期刊和大型民国报刊《申报》、《东方杂志》、《益世报》等。近年来，不断收集全国各地领袖纪念馆馆刊以及各地内部出版的党史类书刊等（中央文献研究室图书馆）。

【基础建设上新台阶】 2010年，图书馆先后进行建章立制、管理软件优化升级、《港澳台报纸信息》改版等工作。另外，为适应本单位业务发展的需要，由上级主管部门牵头，召开了全室性的图书资料工作会议。会议对图书资料工作进行了全面梳理，向全室详细介绍了图书资料状况及工作打算，并听取领导以及全室同志的意见和建议，会后针对问题和要求，采取多项措施予以整改落实，收到很好的效果。（中央文献研究室图书馆）

【积极配合文献室中心工作】 2010年是中央文献研究室建室三十周年，为配合这一纪念活动，图书馆在长年对中央文献研究室编研成果及党史资料的收集整理的基础上，编辑出版了《中央文献研究室编辑研究成果介绍1980—2010》、《邓小平著作是怎样编辑出版的》两部图书，为在全社会宣传介绍党的文献工作及其重大成就发挥了重要作用。2010年5月，中央文献研究室政府网站开通。网站的主要内容由图书馆承担。图书馆投入全部力量，积极参与到这项工作中。较好地完成了"编研成果"、"领袖著作"、"大事记"、"科研动态""专家学者"等几个主要版块的资料收集和编辑工作。（中央文献研究室图书馆）

【为全室编研业务的服务工作逐步深入】 在图书采购方面，为保证中央文献研究室重点项目的开展，分别针对各个项目购进了专项图书及资料。如针对全室迎接建党90周年的重要项目《建党以来重要文献选编》，购进了一批早期领导人著作集，补购了中共中央文件选集等。为全面反映改革开放以来国内关于领袖研究的基本情况，图书馆参与承担了全室重要课题"党和国家领导人著作和生平研究资料汇编"的编辑撰写，对30年来的相关研究成果进行系统收集、梳理，做出篇目索引，选出重要文章，写出研究述评，为业务人员开展研究提供基础性的参考资料。为了给室领导提供相关信息，2010年，图书馆专门申请并完成了重要课题"十年来海外华文报刊对中央文献研究室的报道分析"。以上这些工作，使图书馆的服务工作逐步深入到全室的业务工作中去，较好地发挥了自身的职能。（中央文献研究室图书馆）

【干部队伍建设持续发展】 图书馆干部队伍相对年轻，年轻干部的培养是图书馆干部队伍建设的重点工作。近几年，图书馆领导班子想方设法创造条件，不仅在日常管理和服务工作方面为年轻同志压担子，让他们尽力发挥骨干作用，而且还积极鼓励他们撰写论文，参加学术研讨会。另外，对室里的课题也支持大家承担参与。2010年图书馆年轻人承担的课题有《毛泽东与新中国》、《邓小平江泽民胡锦涛论党史》、《荣宝斋老一辈革命家领袖墨迹选》、《党中央在延安十三年重要文献选编》等。通过这些项目，年轻人在业务上进步很快，图书馆也摸索出一条通过项目来锻炼队伍的新路子。（中央文献研究室图书馆）

中国版本图书馆
（新闻出版总署条码中心）

中国版本图书馆（新闻出版总署条码中心）是我国唯一的专门负责征集、收藏、管理新中国成立以来全国出版物样本的图书馆。前身是中央人民政府出版总署图书馆，成立于1950年7月1日，由我国著名出版家、原中央人民政府出版总署署长胡愈之先生亲自筹划、创建。1954年国家撤销出版总署，在文化部设立出版事业管理局，改称文化部出版事业管理局图书馆。1957年改名为文化部出版事业管理局版本图书馆。1970年5月，与原北京图书馆合并，改称北京图书馆版本书库。1972年底，从原北京图书馆分出，重新划归出版系统，归属于国务院国家出版事业管理局。1982年归属于文化部出版局，1983年改称中国版本图书馆。1985年原文化部出版局改称国家出版局，中国版本图书馆归其所属。1987年，国务院决定撤销国家出版局，成立国家新闻出版署，中国版本图书馆划归其管理。1995年10月，遵照新闻出版总署党组决定，与新闻出版总署信息中心进行了机构和业务重组，仍保留中国版本图书馆馆名。

2010年5月20日，根据《关于新闻出版总署部分直属事业单位机构职能调整的通知》，中国版本图书馆同时加挂条码中心的牌子，更名为中国版本图书馆（新闻出版总署条码中心），为新闻出版总署财政补助事业单位。主要职责为：

（一）履行全国正式出版物征集典藏职责。

（二）负责新闻出版总署委托的全国出版单位出版的图书、音像和电子出版物样书（本）的接收与实物管理。

（三）实施版本文化资源保护工程，负责版本文化资源的整理、发掘、抢救与保护。

（四）负责《中国标准书号》、《中国标准书号条码》、《中国标准连续出版物号》、《中国标准刊号条码》和《图书在版编目数据》等出版物标识标准的贯彻与实施，指导和监督出版物标识的规范使用，负责与相关国际组织的交流与合作。

（五）负责全国出版者号（含公共出版者号）和出版者档案的登记与管理。

（六）承担全国出版单位书号实名申领的相关工作，负责相关信息系统建设和技术维护，编制发放中国标准书号、出版物条码、图书在版编目数据核字号等。

（七）负责出版物元数据库、图书在版编目数据库、版本征集馆藏数据库的建设与管理，提供相关的技术咨询与公共信息服务。

中国版本图书馆以建设具备“版本收藏研究中心、图书管理中心、出版信息中心”功能的一流图书馆为发展目标，在我国的文化建设与新闻出版业的发展中发挥着重要的作用。

《全国新书目》杂志由新闻出版总署主管，中国版本图书馆（新闻出版总署条码中心）主办，自1951年创刊以来一直是全国唯一公开发行的大型书目信息刊物，主要读者和服务对象是图书馆、书店、出版发行单位。现为月刊，以刊登图书印前信息（CIP数据）为主，全面报道图书排行榜、专题书目和CIP数据分析、书摘书评、全民阅读和国家出版基金项目等资讯，是中国版本图书馆（新闻出版总署条码中心）开展专业化书目数据服务的窗口。创刊60年来，《全国新书目》成为图书馆、发行机构和出版单位必备的综合性书目信息工具刊，是联结出版社、发行机构、读者的一条信息纽带。（中国版本图书馆）

香港特别行政区

【公共图书馆概述】 香港公共图书馆根据《联合国教育、科学及文化组织公共图书馆宣言》的目标，致力发挥公共图书馆的功能，成为市民的信息中心、进行持续教育的媒介、消闲好去处、小区文化中心，及推广香港文学活动和文学研究的中心，以配合社会人士对知识、信息、自学进修及善用余暇的需求，以及推广本地的文学艺术。公共图书馆系统内共有 76 个图书馆，包括 66 间固定的图书馆及 10 个流动图书馆(车)；按图书馆的规模和服务性质分为 5 个级别，分别为中央图书馆、主要图书馆、分区图书馆、小型图书馆和流动图书馆。2010 年，全港的公共图书馆藏有书籍及多媒体数据合共 1258 万项，登记读者人数达 389 万，外借书籍及其他图书馆数据超过 6006 万项。据 2010/2011 年度香港特别行政区政府的财政预算数据显示，公共图书馆的财政拨款为75 950万港元，较 2009/2010 年度的修订预算增加 450 万港元，主要用于填补空缺及应付资本账项目的现金流量需求。(郑刘美莉　邵宝珠)

【香港中央图书馆】 香港中央图书馆是香港公共图书馆系统的中枢及信息中心，除了向市民提供图书馆设施及更全面的参考及信息服务外，它还举办多元化的大型文化节目。中央图书馆于 2010 年举办的讲座系列包括："2010'育医造才：探索医学世界'公开讲座系列"、"生死教育讲座系列:生命的无常与有常"、"2010'二十一世纪语言、文化新挑战'讲座系列"、"'新闻及报章'专题讲座系列 2010"、"2010 年度诗词写作讲座"、"'香港雕塑漫谈'专题讲座"、"大自然、城市和文学"、"2010 年度哲学讲座:爱与欲"及配合"香港口述历史库藏计划"而举办的"教育与承传"专题讲座等。同年亦举办了名为"最美书籍设计:2008 年及 2009 年度德国、中国内地及香港获奖书籍展览"的文化交流活动。位于中央图书馆 10 楼的艺术资源中心于 2008 年增设艺术文献阅览室，让读者近距离接触馆藏艺术书籍及珍贵文献，并且可以在该处阅览"香港音乐特藏"中的乐谱、歌词或戏曲手稿等文献，以及艺术资源中心内的画卷、画册、法帖等复制藏品。艺术资源中心也会定期在阅览室内安排展览，加深公众对中央图书馆艺术馆藏的了解和对艺术的认识。(郑刘美莉　邵宝珠)

【延长图书馆开放时间】 为满足市民对图书馆服务与日俱增的需求，香港行政长官于 2008 年 5 月 10 日举行的地方行政高峰会上宣布，政府决定增拨资源延长 33 间主要及分区图书馆的开放时间至每周约 70 小时。新措施已于 2009 年 4 月 1 日起落实，并统一 33 间主要及分区图书馆的开放时间，由每周的 61 或 62 小时增加至 71 小时，为市民提供每周 7 天的图书馆服务。(郑刘美莉　邵宝珠)

【完善图书馆基本设施】 除设置新图书馆外，公共图书馆亦致力提升图书馆的设施和改善现有的图书馆环境。继早前部分已启用 10 年以上的公共图书馆陆续完成翻新工程后，2010 年蝴蝶邨公共图书馆及东涌公共图书馆相继完成重置到面积较大的位置，完善区内服务。(郑刘美莉　邵宝珠)

【扩阔公共图书馆服务网络】 配合小区日益发展及拓展公共图书馆的服务网络，公共图书馆自 2005 年 12 月开始推出"便利图书站—小区图书馆伙伴计划"，积极与各区的非牟利机构及地区团体合作，将图书馆服务和阅读风气更有效、更灵活及更广泛地带进小区各阶层，共建阅读社群。至今，政府与多个非牟利团体在全港共设置了约 200 所小区图书馆，服务深受市民欢迎。(郑刘美莉　邵宝珠)

【加强参考咨询和信息服务】 香港中央图书馆和五间主要图书馆(大会堂公共图书馆、九龙公共图书馆、沙田公共图书馆、荃湾公共图书馆和屯门公共图书馆) 均为市民提供参考和信息服务，其中香港中央图书馆存放有关香港数据的永久参考特藏和九个国际组织特藏。至于提供专科参考服务的公共图书馆，包括有香港中央图书馆的艺术资源中心，香港文学数据室和地图图书馆，大会堂公共图书馆的工商业图书馆、创造力及创新资源中心和基本法图书馆，以及九龙公共图书馆的教育资源中心。此外，沙田公共图书馆设有“运动与健体特藏”；而该专题特藏的网页，提供一站式服务，方便公众查阅并掌握国际和本地体坛最新信息。由民政事务局推行的“香港口述历史库藏计划”，获九间香港大专院校支持成为计划创始伙伴，并于2009年10月在香港中央图书馆成立“香港口述历史特藏”，旨在提供有关香港口述历史的参考数据、研究刊物和专题网站，供市民参考。此外，网上参考服务是参考和信息服务重要的一环，提供丰富的参考资源，包括各类在线数据库、电子书籍、网上资源指引和专题资源指引。（郑刘美莉　邵宝珠）

【信息科技和数码图书馆方面的新措施】 香港公共图书馆的计算机系统是全球最大型的中英双语兼容图书馆计算机系统之一，提供网上检索目录、预约和续借图书馆数据等全日24小时网上图书馆服务。该计算机系统正进行主要提升工程，加上无线射频识别技术的应用试验计划，务求继续为用户提供有效而多元化的多媒体信息服务。年内，图书馆继续扩大信息科技的应用范畴，更新计算机工作站及安装可以调节高度的全新互联网信息站。此外，香港公共图书馆的多媒体信息系统提升一站式检索及浏览功能，让用户可同时浏览互联网或观赏和聆听视听数据。（郑刘美莉　邵宝珠）

【推广图书馆服务、阅读和文学艺术的活动】 推广活动是图书馆服务重要的一环，除前文提及的中央图书馆多项活动外，公共图书馆于2010继续举办各种活动，供不同年龄组别和兴趣的市民参加，其中定期举办的活动共21 010项，包括儿童故事时间、书籍展览、图书馆简介讲座等。年内，为推广阅读风气和培养市民持续阅读的兴趣，香港公共图书馆举办多元化的阅读计划和与阅读相关的活动，包括专为儿童和全体家庭成员而设的“阅读缤纷月”，与及与作家会面系列、青少年读书会、家庭读书会和香港书奖。为响应“4·23世界阅读日”及支持以“城市，让生活更美好”为主题的中国2010年上海世界博览会，香港公共图书馆举办了题为“今日城市”的创作比赛，以拓宽学生阅读领域及加深对自身、社会以至世界的认识和思考。同时，亦继续举办推广文学创作和欣赏的特别活动和比赛，其中一项大型活动为第八届香港文学节，邀得海内外多位著名学者和作家主持多样化的文学活动。这个举办多年的文学节已成为荟萃文坛精英、推动大众欣赏文学的平台。其他比赛包括中文文学创作奖、全港诗词创作比赛和中文故事创作比赛。此外，香港公共图书馆又连同其他组织为普罗大众举办全港阅读活动。（郑刘美莉　邵宝珠）

【文化交流】 2010年，香港公共图书馆继续与海内外公共图书馆合作并加强联系，互通图书馆消息，就共同关注的事项交流意见。年内，香港公共图书馆与香港歌德学院合办“最美书籍设计：2008年及2009年度德国、中国内地及香港获奖书籍展览”，展出现今三地制作的优秀印制书籍，供市民欣赏。此外，为响应“4·23世界阅读日”，香港公共图书馆与深圳图书馆分别举办创作征文比赛，并一起展出两地得奖作品。（郑刘美莉　邵宝珠）

【书刊注册组】 书刊注册组隶属香港公共图书馆，负责执行《书刊注册条例》，为本地出版的书刊注册，管理并监察国际标准书号的使用情况，并每季在《政府宪报》刊登“香港印刷书刊目录”。2010年，该组共登记了14 471册书籍、11 736份期刊和1031个国际标准书号的出版社识别代号。（郑刘美莉　邵宝珠）

【读者意见搜集】 香港公共图书馆于2009年底至2010年初进行了一项大型的读者意见调查，结果显示读者对香港公共图书馆的服务和设施整体上满意程度高达85%。此外，2010年11月在全港33个公共图书馆举行每年一次的顾客联络小组茶叙，市民于茶叙中分享使用公共图书馆的经验及提出建议，借以改善图书馆设施和提升服务水平。（郑刘美莉　邵宝珠）

【香港高校图书馆概述】

【科技发展】 香港高校图书馆在 2010 年继续加强发展最新技术应用于各种服务上：如自检流通系统，应用 Web 2.0 在图书馆的日常运作等。香港中文大学 1 月在新亚大学钱穆图书馆开始射频识别技术（RFID）试验计划。试验的范围，目前仅限于通识教育馆藏。香港城市大学图书馆也开始利用 Web 2.0 工具，如 Facebook、Twitter 和 RSS 订阅源，使图书馆用户能够及时接收当前最新的图书馆服务、资源、研讨会和其他学习机会信息。另一个应用程序示例是理大图书馆的流动通讯图书馆服务（AirPAC），图书馆用户能够在流动通讯器材如 iPhone、iPod Touch、黑莓和其他智能手机上执行图书馆目录搜索，访问电子资源，查看记录等。科大图书馆的 Android 目录应用程序是一群 2009－2010 年度电算机学系学生项目开发的一组嵌入式系统软件。它使 Android 智能手机用户能够在手机上搜索图书馆的馆藏。（鲍国葆）

【学术会议及研讨会】 各高校图书馆一直以来都举办各种学术会议和研讨会，来促进各院校馆员们的专业交流。3 月 11 日和 12 日，理工大学图书馆及香港中文大学图书馆于香港理工大学联合举办了名为“风雨唱咏，继往开来”的第二届学术图书馆馆员国际学术会议。7 月 5 日各大专院校图书馆于中文大学崇基图书馆联合举办了一个工作坊“Integrating Libraries in Learning: Creating Sustainable, Strategic Shifts”，由哈佛商学院知识科技图书馆主管黛布拉华莱士博士（Dr Debra Wallace）主持。岭南大学图书馆于 2010 年 12 月 6 日主办了一场编目标准资源描述科技（RDA）的研讨会，由哥伦比亚大学斯塔尔东亚图书馆的周小玲主讲。（鲍国葆）

【改善服务】 各高校图书馆于 2010 年继续提升各馆原有的基础设施以提供更完善的服务给他们的用户。理大图书馆在大学教育资助委员会（教资会）的资助下，开始了该馆复兴图书馆建设的第一阶段。第 1 阶段已于 2010 年下半年展开。岭南大学图书馆增设 2 间新自修室于 3 楼，提供 80 个学习的议席，更好地满足其用户的学习和研究的需要。香港大学余振强医学图书馆亦建立了新的医科学习共享空间。

在图书馆服务方面，除了继续延长每日的服务时间，以满足越来越多用户的要求，各高校图书馆还制定了不少新的措施，进一步加强服务。浸会大学图书馆的学术及行政人员现在可以委托他人在他或她的帐户上代办借还馆藏的手续。理大图书馆已发展新的书籍派递服务，其全日制学术与行政人员，可以从每周的新书列表中挑选新的书籍，于校园正常办公时间内传递到其部门邮件收集箱。2010 年 1 月，香港大学吕志和法律图书馆与汤森路透集团合作推出 Westlaw 学生代表（WSR）方案，创新地试图通过同辈互助学习摸式来促进学生法律学术研究的技能。香港教育学院图书馆在 12 月推出图像以及书目数据库。

总括来说，香港学术图书馆界在 2010 年继续努力不懈的改善各种设施和图书馆的服务，以满足用户各方面的需求。（鲍国葆）

【学校图书馆概述】

香港学校图书馆主任协会因应教改及支援图书馆同仁的工作，积极发展“学校图书馆资源支援网”，并与教育局合办“学校图书馆网上联馆目录”，为学校图书馆提供专业的标准书目数据，以促进资源共享及合作精神为目的。联馆目录库现累计有350 000项图书书目，合计有 850 个登记使用者。

协会亦鼓励同仁积极参与其他地区研讨会，交流和分享经验，并赞助会员参加 2010 年 12 月 26 日至 29 日于台湾举办的“第二届世界华语学校图书馆长论坛”。2011 年 4 月 1 日至 3 日，协会接待台湾图书馆主任协会参访团，促进学术交流。

为配合学校图书馆的发展，教育局为学校图书馆主任们提供相关的讲座及培训，例如 18 小时新入职启导课程、225 小时的学校图书馆主任文凭课程、Web2.0 图书馆主任培训班等。与邻近地区相比，香港学校图书馆的发展渐见雏形。但事实上，学校图书馆的发展、利用和图书馆主任的角色，都因应校本管理的不同，各有差异。

至于香港的国际学校图书馆方面，Association of Librarians in English Speaking Schools（ALESS）每月均会举行一次会议，以提供专业发展机会和分享有关的知识和资源。协会亦于互联网上设置平台，供会员互相交流学术消息。2010－2011 年度协会的重点议提包括知识版权、选择和推广电子书及设计学校图书馆新的设施，以满足21世纪的学习需求。

成立于1971年的国际学校图书馆学会(IASL)提供一个国际论坛，指导和建议学校图书馆的发展计划。学会会员是世界性的，包括学校图书馆员、教师、图书馆顾问、教育管理者和负责学校图书馆信息服务的相关人士。为了鼓励研究发展、支助学校图书馆参加IASL年会以及其他团体活动，学会每年均会设立九项奖项，颁发予经营卓越之学校图书馆或对学校图书馆事业贡献卓著之学校图书馆专业人士、教育学家、研究者。(徐黛儿)

【专业图书馆概述】 专业图书馆主要是指那些为特定读者群而设立的图书馆。它的特点在于读者面比较狭窄，而馆藏资料专业性特强。香港专业图书馆主要分成两大类：商业及非商业性。商业性是指那些设置于一般商营机构之图书馆，如各大律师行、会计师行、银行、建筑师行、报章媒体等，专门为内部员工及客户提供商业性之讯息。非商业性专业图书馆则包括各文化及政府机关内设立之图书馆或阅览室，如香港歌德学院图书馆、消费者委员会图书馆、香港金融管理局图书馆等，为雇员及会员提供服务，有些则部分开放给公众人士使用。

由于香港的专业图书馆遍布的层面很广，香港暂时还没有成立任何形式的专业图书馆协会，在没有共通点之大原则下，非属类之专业图书馆，馆与馆之间的沟通比起其他同类专业图书馆较薄弱。举一个例子，大部分律师行图书馆跟其他同行，联系紧密，经常举行定期会面，加深彼此认识及互通信息，但是它们跟其他专业图书馆，如各专业教会图书馆并没有直接联系。另一方面，大部分专业图书馆的规模比较小，一般只有一名专业馆员独力负责整个馆的大小事务，馆员难以抽空去作别的联系工作。有见及此，香港图书馆协会特地把香港各图书馆分为四大类：大学及大专学术图书馆、各中小学图书馆学校图书馆、公共图书馆及专业图书馆。每类均有一名联络主任，定时发放业界信息，作联系桥梁。

如前所述，虽然香港大部分专业图书馆存在着某种程度之社交联网问题，但也有部分在港的专业图书馆积极参与相关的专业学术活动。在去年，“香港图书馆协会”及“香港歌德学院”共同举办一个小型研讨会，邀请来自德国、内地、澳门及香港等地方的学者及图书馆从业员，在研讨会上就图书馆馆员教育、培训及人力资源拓展等主题，发表论文或报告，借此希望能提升各地图书馆从业人员的服务素质。是次研讨会的主题为：“创意与激励：图书馆的人力资源拓展工作”，日期为2010年10月25日，在香港中央图书馆地下演讲厅举行．主讲嘉宾包括：德国科隆图书馆馆长汉内洛尔·福格特博士、广东省立中山图书馆刘洪辉馆长、澳门图书馆暨资讯管理协会理事长、香港公共图书馆总馆长李颖梅女士等。出席人数超过160人次之多。(邓淑敏)

【香港图书馆教育与培训】 香港的图书馆教育发展多年，在2010年续有5间本地教育机构开办不同程度的图书馆学课程，这些机构包括：香港大学教育学院、香港大学专业进修学院、香港中文大学专业进修学院、香港浸会大学持续教育学院及明爱专上学院。其中香港大学专业进修学院与澳洲查尔斯特大学(Charles Sturt University)合办的为遥距课程。香港大学专业进修学院也提供学校图书馆主任文凭课程，同时也和香港图书馆协会合办图书馆助理证书课程。在短期培训资深馆员方面，香港大学图书馆每年举办“图书馆领导研修班”供中国及东亚地区图书馆管理层馆员参加。而香港中文大学专业进修学院为在职图书馆管理员开办信息科技高等专业文凭课程。

香港图书馆协会与香港公共图书馆每年7至8月均合办“香港图书馆教育及职业讲座”，为现职及有志晋身成为图书馆从业员的毕业生及公众人士提供有关图书馆教育及职业信息。香港图书馆协会每年均设有奖助学金，以鼓励在职图书馆管理员及图书馆学学生的专业发展。(高宇)

澳门特别行政区

图书馆概况

1. 图书馆统计

根据澳门图书馆暨信息管理协会于 2010 年进行的图书馆调查结果，共有开放给公众使用的公共图书馆及自修室 83 间、学校图书馆 99 间、专业图书馆 60 间及高校图书馆 20 间，总计为 282 间。

表 1　2010 年澳门各类型图书馆统计表

类型	数量	人数（全职）	人数（兼职）	义工	人力资源小计	藏书	期刊	报纸	视听	藏量小计	面积	平均面积	阅览座位
学校	99	108	61	621	790	885 209	2695	276	17 525	905 705	11 600	117	4297
专业	80	126	11	4	141	243 247	2620	269	15 298	261 434	3807	48	526
公共	83	395	76	141	612	677 575	5112	878	24 105	707 670	16 462	198	3075
高校	20	88	81	11	180	695 449	21 652	2000	23 298	742 399	5429	271	1293
	282	717	229	777	1723	2 501 480	32 079	3423	80 226	2 617 208	37 298	132	9191

2. 读者使用概况

在图书馆利用情况，根据 2011 年《澳门统计年鉴》中的表 6.7.2.：向公众开放的图书馆及阅书报室的主要指标分析，2010 年主要图书馆为 55 间，馆藏量为1 821 262册，较 2009 年增加了477 902册。期刊数量为10 615种，较去年增加了 109 种。此外，接待人次方面为4 062 561，较 2009 年增加了 110 681 人次。借书人次有 792 837，较 2009 年增加了308 204人次；全澳对外开放的图书馆面积增至449 594 平方呎，较 2009 年增加了88 556平方呎；所以在阅览座位方面亦有显著的增加，总计为 4450 个，较上一年增加 881 个；而提供可上网的计算机有 718 台，较 2009 年增加 164 台，使用的人次为 1 002 192，较 2009 年大幅增加了507 110人次。最后图书馆的购书经费为54 136 000澳门元，较 2009 年增加了12 923 000澳门元。工作人员则为 268 人，较去年增加了 25 人。

表2　2010年图书馆主要统计指针(来源自澳门统计年鉴:2010)

指标	单位	2005	2006	2007	2008	2009	2010	增加
图书馆及阅书报室数目	间	39	38	45	51	52	55	3
工作人员数目	人	213	210	262	234	243	268	25
总面积	平方呎	271 673	317 510	334 550	337 434	361 038	449 594	88 556
座位数目	个	2479	2873	3273	3384	3569	4450	881
提供予公众上网的计算机设备	台	298	383	417	449	554	718	164
购书总支出	千澳门元	196 88	22 170	30 639	33 300	41 213	54 136	12 923
书籍	册	1 028 387	1 106 699	1 115 051	1 173 071	13 343 360	1 821 262	477 902
期刊杂志	种类	9953	9282	10 272	10 241	10 506	10 615	109
多媒体数据	套	29 244	121 513	188 303	236 291	338 737	405 593	66 856
接待人次	人次	3 018 871	3 129 552	3 507 354	3 550 872	3 754 357	4 062 561	308 204
借书册次	册次	804 777	766 319	792 837	785 759	830 029	878 453	48 424
计算机使用人次	人次	351 527	354 427	409 858	433 758	495 082	1 002 192	507 110

3. 图书馆技术服务概况

2010年澳门图书馆在各项技术服务与计算机化设备的概况，可参见表3至表5的统计分析。

表3　澳门各类型图书馆采用图书馆自动化系统比较表

	高校	公共	专业	学校	数量	百分比
SLS	7	5	39	58	109	38.65%
TOTALS II	1	19	2	0	22	7.80%
LIB MASTER	0	0	0	7	7	2.48%
自行开发	1	0	6	4	11	3.90%
VLIB	0	3	5	2	10	3.54%
PROBASE	0	1	1	0	2	0.70%
Millennium	3	0	0	0	3	0.35%
LIB MANAGER	0	0	0	1	1	0.35%
DESTINY	0	0	0	1	1	0.35%
宏达信息系统	0	0	0	2	2	0.70%
总计	12	28	53	75	167	59.21%
图书馆总数	20	83	80	99	282	
百分比	75.00%	33.70%	65.00%	75.00%	59.21%	

表 4　澳门各类型图书馆采用图书分类法比较表

分类与编目系统	公共	学校	高校	专业	总计
中文图书分类法	33	25	3	18	79
中国图书馆分类法	0	3	1	1	5
杜威分类法	1	1	1	4	7
国会图书馆分类法	0	0	3	0	3
国际十进分类法	2	0	0	3	5
三民主义分类法	1	0	0	0	1
总计	37	29	8	26	100

表 5　澳门各类型图书馆在其他自动化及信息化服务比较表

其他系统	公共	学校	高校	专业	总计
防盗系统	16	6	9	5	30
自助借书系统	7	0	3	1	11
在线导览系统	0	0	1	0	1
网页	2	3	7	0	12
网上目录	16	3	5	5	33

4. 图书馆活动

4.1　展览

在这年间举办的大型及与图书馆学相关的展览，共 10 次，分别由澳门大学、澳门中央图书馆、民政总署、澳门科技大学承办，其活动有：

表 6　2010 年图书馆界展览活动列表

日期	单位	名称
2010.01.20—01.27	澳门大学、澳门文献信息管理学会	明清澳门历史文献档案展
2010.03.3	澳门大学	张法亭书作展
2010.04.26—05.07	东方葡萄牙学会、马里奥．苏阿雷斯基金图书馆	葡萄牙革命文献展
2010.06.11—08.08	民政总署、人民教育出版社图书馆	厚德启智——中国百年中小学教科书澳门特展
2010.06.12—07.10	历史档案馆	回望新马路展览
2010.06.12—07.25	澳门中央图书馆	《翁方纲纂四库提要稿》入选第三批《国家珍贵古籍名录》推荐名单专题展览
2010.07.27	民政总署	海峤儒宗——利玛窦逝世四百周年文物特展
2010.09.12—17	澳门科技大学	“爱阅读，必阅读”二〇一〇年科技大学书展
2010.10.14—10.30	澳门大学	古代茶具展
2010.10.18—30	澳门大学	王永丽教授的美术作品展

4.2 公开比赛活动

表7　2010年图书馆界公开比赛活动列表

日期	单位	名称
2010.11	民政总署、广州少年宫、香港中华文化促进中心	穗港澳少年儿童阅读计划——亚运和我系列活动
2010.04.24—04.25	澳门图书馆暨信息管理协会	图乐无穷:全澳图书馆义工及工读生常识问答比赛2010
2010.07—11	澳门科学技术协进会、澳门图书馆暨信息管理协会	第六届青少年科普书籍阅读奖励活动
2010.08—10	澳门图书馆暨信息管理协会、澳门摄影学会	第二届照出阅读新角度阅读摄影比赛
2010.09—12	教育暨青年局青年试馆、澳门图书馆暨信息管理协会	讲"德"好听:儿童讲故事比赛2010

4.3　讲座(18次)

表8　2010年图书馆界公开讲座列表

日期	单位	名称
2010.01.20—02.03	澳门图书馆暨信息管理协会	广大中学阅读讲座(梁德海主讲)
2010.05	澳门出版协会	吸血鬼的前世今生——解构文学与动漫作品中的吸血鬼形象差异(何故主讲)
2010.04	濠江小学图书馆	"阅读・悦读 ——亲子共读"讲座 张郁雯
2010.04.24	澳门图书馆暨信息管理协会、龙源	第六次学校图书馆工作人员座谈会
2010.06.06	民政总署	世博讲座
2010.07.01	教育暨青年局凼仔活动中心	阅读提升孩子的思考力及理解力讲座(文英玲主讲)
2010.07.07	民政总署	文学是月光
2010.07.16	教育暨青年局凼仔活动中心、睿智全人发展中心	从游戏中学习——超右脑波动速读法讲座(黎志华主讲)
2010.07.24	民政总署下环图书馆	博客与写作(寂然主讲)
2010.08.01	澳门图书馆暨信息管理协会	"亲子心得分享——故事教育"讲座(彭执中主讲)
2010.08.29	民政总署下环图书馆	轻言细语——迷你小说创作工作坊(黄文辉主讲)
2010.11.07	澳门大学、澳门茶艺协会	关于茶经四之器中风炉与漉水囊之考办(罗庆江主讲)
2010.11.14	澳门图书馆暨信息管理协会	线装版文渊阁本钦定《四库全书》情况(刘鹤然主讲)
2010.11.14	澳门图书馆暨信息管理协会	开元故事法——亲子故事与沟通(彭执中主讲)
2010.11.14	澳门图书馆暨信息管理协会	美国图书馆事业考察见闻(梁德海主讲)
2010.11.14	民政总署	开启宝宝的阅读之门
2010.11.18	澳门大学	美国升学讲座
2010.12.04	教育暨青年局成教中心	武侠阅读新世代——武侠小说创作与欣赏(傲飞扬主讲)

4.4　图书馆教育

2010年从台湾地区毕业回来有辅仁大学4人，台湾大学、台湾师大及淡江大学各1人。正修读硕士课程有北京师范大学1人、中山大学就读3人。为培训图书馆人才开办的课程共有31次。

表9　2010年图书馆学培训课程列表

日期	单位	名称
2010.01.25—29	教育暨青年局凼仔教育活动中心	读书会领导人种籽师资培训课程
2010.02.01—05	教育暨青年局	阅读与视觉艺术创作
2010.02.11	澳门监狱、澳门图书馆暨信息管理协会	图书馆管理实习证书培训课程
2010.03.09—05.20	澳门图书馆暨信息管理协会、澳门大学	图书分类与主题
2010.04.10—05.22	教育暨青年局青年试馆、澳门图书馆暨信息管理协会	阅读创艺工作坊
2010.04.10—6.05	澳门图书馆暨信息管理协会、香港小童群益会	故事与想象:提升学生阅读兴趣的关键技巧
2010.04.11—12	教育暨青年局、澳门图书馆暨信息管理协会	2010年粤澳中小学阅读推广研习班
2010.05—06	教育暨青年局凼仔教育活动中心	读书会领导人种籽师资培训课程
2010.06.01—07.22	澳门图书馆暨信息管理协会、澳门大学	美国国会图书馆分类法
2010.06.20	教育暨青年局青年试馆、澳门图书馆暨信息管理协会	多角度阅读——经典人物工作坊
2010.06.23—08.27	澳门图书馆暨信息管理协会、澳门大学	美国国会图书馆分类法
2010.07.01—09.02	教育暨青年局、澳门大学	阅读推广人员培训课程单元一——阅读的原理与教学策略
2010.07.11—23	教育暨青年局、澳门大学	阅读推广人员培训课程单元二——不同类别读物的性质与运用
2010.07.17	教育暨青年局成人教育中心、澳门图书馆暨信息管理协会	图书馆义工培训班
2010.07.19—08.27	澳门监狱、澳门图书馆暨信息管理协会	2010监狱图书馆管理初阶培训课程证书课程
2010.07.31	澳门图书馆暨信息管理协会	图书馆学讲堂 I
2010.08.28	澳门图书馆暨信息管理协会	图书馆学讲堂 II
2010.09.14—10.19	澳门图书馆暨信息管理协会、澳门大学	图书馆自动化系统如何应用在阅读推广活动
2010.09.18	澳门图书馆暨信息管理协会	讲“德”好听儿童故事工作坊
2010.09.25	澳门图书馆暨信息管理协会	图书馆学讲堂 III
2010.10.05—20	教育暨青年局、澳门大学	阅读推广人员培训课程单元四——阅读推广活动策划与管理专题研习设计及报告
2010.10.09—12.04	教育暨青年局青年试馆、澳门图书馆暨信息管理协会、OurRadio.hk读书生活	阅读推广大使培训班
2010.10.24—12.26	教育暨青年局青年试馆、澳门图书馆暨信息管理协会	阅读创艺工作坊
2010.10.30	澳门图书馆暨信息管理协会	图书馆学讲堂 IV
2010.10.31—12.27	教育暨青年局青年试馆、澳门图书馆暨信息管理协会	多角度时事阅读工作坊
2010.11.09—12.16	澳门图书馆暨信息管理协会、澳门大学	中文编目规则与中国机读格式
2010.11.26—27	澳门图书馆暨信息管理协会	图书馆利用教育暨阅读推广策略研习坊
2010.11.27	澳门图书馆暨信息管理协会	图书馆学讲堂 V
2010.11.27	澳门图书馆暨信息管理协会	青少年阅读营销与推广&案例展示与研讨:青少年读书会DIY(林运卓、林翠贤主讲)
2010.12.10—12	澳门图书馆暨信息管理协会、澳门大学	校史室规划与管理课程(林光美主讲)
2010.12.13—17	澳门理工学院图书馆	信息资源编目和电子资源的管理(赵淑珍主讲)

4.5 研讨会（18次）

表10 2010年图书馆界所举办学术研讨会列表

日期	单位	名称
2010.01.20	澳门大学图书馆、澳门文献信息管理学会	澳门文献档案保存与利用座谈会
2010.01.19—20	澳门科技大学图书馆	图书馆资源共享论坛
2010.03.08	澳门大学图书馆	我们的改革视野(Dr. Vicki Williamson 主讲)
2010.04.	濠江中学	“在线阅读新素养”的讲座(张郁雯主讲)
2010.04.28	澳门大学图书馆	图书馆电子资源与管理讲座
2010.05.28	澳门图书馆暨信息管理协会、澳门大学法学院	两岸四地法律信息高层论坛
2010.05.29	国父纪念馆、澳门图书馆暨信息管理协会、汉学中心	数字时代的新图书馆：悦读、享听、创新信息坊(顾敏主讲)
2010.06.05	澳门科技大学图书馆	海峡两岸文献计量研讨会
2010.06.12	澳门中央图书馆	珍贵图录讲座(邓骏捷主讲)
2010.06.12	民政总署、人民教育出版社	中小学教科书的收藏价值；小学语文课本的百年变迁(郑宇主讲)
2010.06.17	澳门文献信息管理学会	从梵蒂冈到澳门——天主教文献探讨研讨会
2010.06.24—25	文化局	十一次粤港澳文化合作会议
2010.08.25	澳门旅游学院	图书馆自动化暨电子书发展趋势研讨会——如何促进读者有效利用电子资源(林耀章主讲)
2010.09.16	澳门大学图书馆、EBSCO	EBSCO 2010 Summer Roadshow
2010.11.26	澳门文献信息管理学会	世界文献遗产与记忆工程国际研讨会
2010.11.26—27	澳门图书馆暨信息管理协会	澳门图书馆暨信息管理协会成立十五周年年会
2010.11.29	澳门大学图书馆、iGroup	Info Access 2010 年港澳用户年会
2010.12.10	澳门大学图书馆、OCLC	云端技术与 OCLC(王行仁主讲)

4.6 出版书刊

《两岸三地图书馆法研究》，澳门图书馆暨信息管理协会编。

《天主教澳门教区档案文献（16—19世纪）圣若瑟修院藏文献遗产 “明信片”》，澳门文献信息管理学会编。

《典中瑰宝：记澳门文献列入联合国教科文组织亚太区世界记忆名录》，澳门文献信息管理学会编。

4.7 澳门图书馆界共参加了13次区域的研讨会及讲座：

表 11　2010 年图书馆界参加外地学术研讨会列表

日期	单位	名称
2010.03.11—12	澳门大学	香港理工大学图书馆举办"Academic Librarian 2: Singing in the Rain Conference"
2010.04.20	澳门理工学院、澳门大学	EBSCO Open Day(香港)
2010.04.23—27	澳门理工学院	The 8th Annual Library Leadership Institute: Redefining Libraries: Library Leadership for Today: New Challenges, New Opportunities(北京)
2010.04.27—31	澳门大学	国家图书馆举办"中国联合国托存图书馆馆员培训研讨会"
2010.08.09—13	澳门理工学院	2010 Conference of the Suitable Development of China Digital Library(杭州)
2010.08.17—19	澳门理工学院	融合产业变革、创新信息服务——数字出版与图书馆发展学术研讨会(北京)
2010.10.08	澳门图书馆暨信息管理协会	武汉大学信息管理学院举办"第三届中美数字时代图书馆学情报学教育国际研讨会及该院成立九十周年庆志"
2010.10.19	澳门大学	复旦大学图书馆举办"两岸四地大学图书馆馆长论坛"
2010.10.24—27	澳门理工学院、澳门科技大学	国际图书馆东亚文献合作暨华文历史报刊数字化研讨会(长沙)
2010.10.25	澳门图书馆暨信息管理协会、理工	香港图书馆协会举办"创意与激励:图书馆人力资源与拓展工作研讨会"
2010.11.02—05	澳门图书馆暨信息管理协会、澳门理工学院、澳门中央图书馆、澳门大学	台北汉学中心举办"第八次中文文献资源共建共享合作会议暨图书馆中文资源与数字典藏学术研讨会"
2010.12.01—03	澳门大学、澳门科技大学	香港城市大学图书馆举办"2010 Pacific Neighborhood Consortium Annual Conference"
2010.12.26—31	澳门图书馆暨信息管理协会	台湾学校图书馆馆员学会等举办"第二届华文学校图书馆长论坛"

5. 法规

澳门修订噪音法，建议于法规公布半年后禁止在医院、学校、疗养院、图书馆、法院、住宅和生态保护区等噪音敏感地区 200 公尺范围内使用传统撞击式的打桩机；于法规公布一年后，使用传统撞击式机械以外的打桩工程，则透过制订噪音敏感受体的可接受的噪音声级，对有关工程进行规范。

公共图书馆概况　从公共图书馆的数量上，澳门为邻近地区密度最高的地区，开放给公众使用的图书馆及阅览室，共计有 83 间，主要由文化局，民政总署，教育暨青年局，及其他（包括政府部门，教会，私人机构及社团）所开办。依其主管部门可分类为政府开办有 41 间，社团开办有 24 间，教会开办有 16 间，私人机构有 3 间。在 83 间公开给公众使用的图书馆（室），只有 50 间是重点向市民提供阅览服务，其他只是依母体机构服务职能为主，而附设图书馆服务而已。澳门公共图书馆的特色是以小区图书馆及阅览室、公园图书馆为主，部分图书馆馆舍设计相当有特色，讲求空间及阅读气氛的营造，是各类型图书馆中发展得最快的。2010 年改建、扩建有望厦山环境资源中心；计划或正在兴建及改建者：有 19 间，计有公共图书馆有 8 间，包括文化局的新澳门中央图书馆、澳门中央图书馆红街市分馆及沙梨头分馆、望厦社会房屋大楼图书馆、凼仔中央公园图书馆、民政总署鸭涌河综合大厦图书馆、民政总署的东北街市图书馆、教科文中心图书馆。

年度工作

【新澳门中央图书馆】 文化局于2007年11月份公布新澳门中央图书馆选址方案，并于2008年4月举办新馆设计比赛，2010新任文化局局长吴卫鸣表示为尽快启动方案，决定不再进行新的设计比赛，期望于明年初进行公开招标，年中公布中标公司（设计连建设），并于第四季度正式动工。按最初公布，新中图被视为本澳一座新的城市地标，被打造成为具有现代理念和澳门特色的“城市课堂”、“市民广场”及“文化中心”。南湾旧法院大楼及龙嵩街司法警察局总部所在地整体可建的建筑面积约22 000平方米，新馆分两期兴建，第一期集中于原法院大楼内，第二期则于司法警察局总部大楼内。

【全民阅读平台】 澳门中央图书馆于11月份推出全民阅读平台服务，市民可在家中或其他场所阅读电子资源。试行期间共有4个网上全文数据库，首两个月的使用量有3万多人次阅读。

【免费无线宽带服务】 免费无线宽带服务，名为“WiFi任我行”，首阶段34个地点服务地点中有12间为图书馆，服务首三个月为试行阶段，以收集用户及覆盖范围等数据，争取在一年内将发射点增至83个。

【国家珍贵古籍名录】 澳门中央图书馆的《翁方纲纂四库提要稿》入选第三批《国家珍贵古籍名录》。

【图书捐赠】 澳门中央图书馆收到中联办送赠图书14吨，并分送全澳70多间图书馆，可说是历年规模最大的赠书活动。此外，该馆亦用期刊义卖所得款项，购买书籍赠送予澳门聋人协会。台湾的汉学中心向澳门国父纪念馆赠书300多册有关台湾政府信息的图书；金沙中国有限公司向明爱图书馆捐赠700册遗留在澳门威尼斯人度假村——酒店及澳门金沙酒店的书籍。

【粤港澳三地艺文合作峰会】 文化局举办第十一次粤港澳三地艺文合作峰会，三方研究共享网上参考咨询平台的可行性和合作方式；于每年的世界阅读日深化交流合作；开展青年图书馆员论坛等交流活动，提升交流范畴；组织交换当地优良书籍推介清单，供业界内交流；举办“粤港澳公共图书馆高峰论坛”，进一步探讨三地图书馆交流，研究图书馆数字化管理、资源共享和改善公众服务等问题。

【读书会及分享会】 2010年由图书馆及相关机构举办的读书会或分享会共计506次，为历年之最，主要是民政总署图书馆经过多年经验累积及署方的支持之故，而民政总署活动有500次，包括：故事天地438次、亲子动画坊30次、气球创意故事坊16次、书友仔聚会13次、阅读Easy Go 2次及从心组聚会1次。此外，教育暨青年局亦举办了5次读书会活动，此外，弟子规儿童读经班亦成为本地的品牌。

日期	单位	名称
2010.02.07—04.25	教育暨青年局凼仔教育中心	与书相伴读书会
2010.03.14—18	教育暨青年局黑沙环青年中心、骏青活动中心	好书分享读书会
2010.04.26	教育暨青年局成教、明爱	亲亲图画书读书会
2010.05.30	民政总署	阅读 Easy Go
2010.08—10.	教育暨青年局凼仔教育中心	书伴我行读书会
2010.10.10	民政总署	阅读 Easy Go
2010.10.10—12.12	教育暨青年局成人教育中心、明爱图书馆	儿童读经班——弟子规
2010.11.—2011.01	教育暨青年局凼仔教育中心	喜悦书房——儿童读经读书会
2010.12.	民政总署	从心组聚会

【阅读活动】 本年度的阅读活动相当丰富，计有29项，其中最有创意是由足迹小剧场举办的演书节，该剧社从5月至9月借用了在穷空间，开办了一个“剧场图书室”，导演以多部文学作品为蓝本，通过四个不同世代，不同剧场、创作四部在“图书室”内演出的小剧场。

2010年图书馆界阅读活动列表

日期	单位	名称
2010.02.24	澳门大学附校图书馆	经典文章有奖问答游戏
2010.02.28	教育暨青年局成人教育中心、澳门图书馆暨信息管理协会	持续教育资助计划联招暨阅读推广周活动日
2010.03.14—28	教育暨青年局黑青、骏菁	与好书为邻阅读推广系列活动
2010.04.11—05.16	教育暨青年局黑青、骏菁	探索新澳门阅读推广系列活动
2010.04.20—30	澳门图书馆暨信息管理协会	2010 图书馆周
2010.05.08—09	公职局福利处、澳门图书馆暨信息管理协会	广州图书馆之旅
2010.05.11—20	澳门出版协会、澳门图书馆暨信息管理协会	2010 年春季书香文化节
2010.05—09	足迹、穷空间	剧场图书室
2010.06.05	澳门中央图书馆	二〇一〇年六一国际儿童节园游会摊位游戏
2010.06.05	澳门中央图书馆	中国文化遗产日活动——图书馆导赏活动
2010.07.10—11	民政总署	义工迎新营
2010.07.20—07.29	一书斋	第十三届澳门书市嘉年华书展
2010.07.25	民政总署下环图书馆	种植 DIY
2010.08.06—08	民政总署	阅读体验营——学生
2010.08.08	民政总署下环图书馆	我爱大熊猫讲座
2010.08.13	民政总署	大熊猫在澳门
2010.08.28	民政总署	民政总署图书馆义工嘉许礼
2010.08—13	纪念孙中山公园黄营均图书馆、白鸽巢公园黄营均图书馆、凼仔黄营均图书馆、下环图书馆	齐来做馆员
2010.09.05	民政总署	亚运阅读嘉年华会
2010.09.25	民政总署凼仔黄营均图书馆	我爱大熊猫讲座
2010.10.23—11.01	澳门出版协会、澳门图书馆暨信息管理协会	秋季书香文化节 2010 年
2010.10.24	民政总署下环图书馆	我爱大熊猫讲座

日期	单位	名称
2010.10.31	民政总署	阅读体验营——长者
2010.11.06—07	民政总署	阅读体验营——亲子
2010.11.13—20	澳门中央图书馆	2010 终身学习周
2010.11.21	民政总署凼仔黄营均图书馆	我爱大熊猫讲座
2010.11—12	教育暨青年局综艺馆青年中心	阅读乐无穷:改错字游戏及阅读生活营
2010.12.05	民政总署下环图书馆	我爱大熊猫讲座
2010.12.14	教育暨青年局青年试馆、澳门图书馆暨信息管理协会	两岸四地儿童讲故事汇演

【高校图书馆】 澳门的高校及专科学校图书馆共20间，由政府及私立图书馆所组成，部分可以颁授学位的机构及课程并没有成立图书馆。目前高校图书馆藏书约70万册，从事图书馆人员有88人，半数以上是具有图书馆专业学位，是各类型图书馆中专业比例最高的一类。2010年新成立或改组的高校图书馆有2间，包括澳门城市大学图书馆及圣若瑟大学图书馆；计划兴建新馆则有澳门大学图书馆横琴新校园图书馆。

【电子馆藏的发展】 2010年澳门大学、澳门理工学院、澳门科技大学及澳门旅游学院图书馆都积极增加电子馆藏和数据库，以澳门大学图书馆投入的资源最多，大约1700万元澳门币，共购置了165个数据库，澳门理工学院图书馆有59个，澳门科技大学图书馆有53个，澳门旅游学院图书馆有11个。2010年10月澳门科技大学图书馆购买了超星70万册电子书及读秀平台，供该校师生使用。至于使用量方面，以澳门大学图书馆为例，全年电子资源访问人次为1 127 708次，下载次数为543 247次。而澳门科技大学图书馆则有491万人次访问，下载量为121 676 MB。由于数据库数量日益增加，图书馆务必要推出跨库检索平台，以方便读者使用，目前澳门大学图书馆采用Research Pro，而澳门理工学院图书馆则采用MUSE，以提高读者检索效率。另外，目前上述四所高校图书馆都提供校外远程访问电子资源，澳门大学及澳门理工学院图书馆使用SSL VPN技术，澳门科技大学及旅游学院使用EZPROXY技术，通过身份认证就能使学生在家中或任何地方都能享受图书馆的电子资源服务。

【电子化服务】 澳门大学图书馆分别推出多项人性化服务，包括在馆藏目录上展示图书封面、短讯通知还书服务、Bookmark、EDIFACT订购系统、 Youtube教学视频。澳门大学及澳门科技大学图书馆亦先后推出Facebook及RSS Feed提示服务，自动化系统方面，澳门科技大学及旅游学院先后更换了旧有系统至Millennium系统。

【自动化管理系统】 镜湖护理学院图书馆在2008年率先开始使用RFID技术，而澳门理工学院图书馆亦于2009年成为港澳地区高校首间使用整套自助借还RFID技术的图书馆。自此以后，陆续很多图书馆开始使用这项技术，包括澳门科技大学图书馆于2010年10月启用了3M公司的RFID图书馆自助借还管理系统，使成为澳门首间RFID技术覆盖全部馆藏的图书馆(包括多媒体数据)。澳门大学图书馆也将在2011年开始使用RFID(UHF)技术，也是澳门首间高校图书馆使用超高频技术。在2010年澳门科技大学及澳门理工学院图书馆全面提供以澳门通支付自助影印及打印费用服务。

【图书捐赠】 2010年以澳门大学图书馆收到社会各界大批量的赠书为最多，包括中国新闻出版总署港澳司为庆祝澳门回归送赠澳门大学图书馆约12万码洋的图书，约6000册。澳门国际创价学会受汉学大师饶宗颐委托，向科技大学赠送《饶宗颐二十世纪学术文集》14卷20册及《文化艺术之旅——鼎谈集》12册。

【区域合作】 澳门科技大学图书馆与北京大学图书馆、台湾大学图书馆、香港中文大学图书馆、中国教育部高校社科人文文献中心(CASHL)、中国高等教育文献保障系统签订了合作协议。该馆亦与中国国家图书馆达成“中国国家数字图书馆澳门科技大学图书馆合作馆项目”。

【馆际互借及文献传递服务】 澳门大学、澳门科技大学、澳门理工学院、澳门旅游学院、镜湖护理学院的所有教职员工及在学学生可持该校的“团体借书证”到上述高校图书馆借阅图书。另外，澳门大学图书馆与香港各高校图书馆一直以来都实施馆际合作，目前使用 OCLC First Search，Rapid ILL 等系统为读者提供文献传递及馆际互借服务。“中国科学院文献情报中心”则向澳门理工学院图书馆提供文献传递服务。CALIS、CASHL、香港中文大学图书馆分别向澳门科技大学图书馆提供文献传递服务。香港国际 MEDLARS 中心及台湾华艺 CEPS 向镜湖护理学院图书馆提供文献传递服务。

【学校图书馆】 2010 年澳门学校图书馆有 99 间。总面积为11 977平方米，阅览座位共 4380 个，可上网计算机有 1029 台。目前澳门共有全职学校的图书馆员及阅读推广人员约 109 人，兼职人员为 60 人，可是学生义工却有 616 人，总计参与图书馆工作的人员为 785 人，服务的学生人数约为 8 万人。在藏书方面，藏书量共约 867 822册，期刊 2731 种，报纸 285 种，视听资料18 546种。教育暨青年局为大力发展学校图书馆的服务，亦每年为学校津贴澳门币30 000元作购书经费，各校如需要更多的经费，可另申请专款专用，如阅读推广经费、开放给小区使用经费、购买及扩建图书馆经费与给额外的图书经费等，估计澳门学校图书馆每年总购书经费约有 400 万澳门元。

	人数（全职）	人数（兼职）	义工	藏书	期刊	报纸	视听	面积	阅览座位	上网计算机
总计	109	60	616	867 822	2,731	285	18 546	11 977	4380	1029
平均值	1.1	0.6	6.2	8765.879	27.58	2.8	187.3	120.97	44.24	10.39

澳门学校图书馆基本统计数据:2010

教育暨青年局在 2007 年 9 月份推出学校阅读推广人员计划，每校部超过 900 名学生，可获聘请一名全职，局方会给校方 20 万元的津贴，2008 年增至 22 万，2010 年增至 23 万，用作薪金及活动经费；900 人以下则为半职人员，津贴减半，此专职人员应与学校图书馆工作人员有别，其职能主要是推动学校的阅读风气，并不是管理学校图书馆，2009—2010 年度在 167 个校部中共有阅读专职人员数目为 82 人，其中 46 人为全职、36 名兼职，有 7 个校部已申请但没有应聘。

【图书馆周】 澳门图书馆周在 4 月 1 日至 5 月 16 日之间，共有 22 个单位在这期间举办不同的阅读推广活动，借以在澳门散播阅读的种子。活动项目的数量为历届之最，共有 54 项，计有好书交换、图书馆之旅、专题书展、图书馆利用教育及阅读讲座、读书会专题聚会、亲子兴趣班、阅读比赛等内容，活动内容包括读书会示范、全澳儿童故事比赛得奖者示范、安徒生故事坊、图书馆歌曲演唱、图书馆专题话剧表演、图书馆趣闻、现场有奖问答及由多个单位联合参与的阅读推广摊位游戏，专题展览等。

【阅读推广活动】 澳门学校阅读推广活动常规活动有澳门图书馆周、全澳学校图书馆义工常识比赛、科普阅读奖励计划、全澳儿童故事比赛、中英文网上阅读等。2010 年度学校图书馆的活动如下：

圣若瑟教区中学文史地科组于 11 月份举办“青年的人文素养”文史地周系列活动，内容包括：阅读推广、书展、讲座及作家访校交流。具体安排有：11 月 15 日至 24 日将进行阅读推广活动，由图书馆学会向同学介绍新书；11 月 23 日及 24 日，将于二三校操场与香港教育图书公司合办书展，供同学选购，书种以文史地艺术为主。

培正中学图书馆在 4 月 19 至 30 日举办为期

两周的“图书馆周”。包括“好书分享”字条、I-pod Touch 试玩日、“探索 PC Library”、“有礼之馆”比赛、“‘书·不输’悦读加油站”亲子讲座、“反转书中的奥秘”游戏、图书馆创刊号。

劳工子弟学校中学将四月名为“悦读月”，包括“书阅影浏”活动，该校组织初一至初三级近八百名师生于永乐戏院，观赏本土回归主题电影《奥戈》，并邀请《奥戈》担任编剧兼执行监制的本地女作家廖子馨小姐亲临为参与的师生介绍该电影的背景内容，全校师生齐声朗读《弟子规》。杨开荆博士主讲《天主教澳门教区档案文献》成功列入联合国教科文组织亚太区《世界记忆名录》的经过、“‘你’想中的图书馆”的美术设计展、“阅读之星”的比赛。

濠江中学图书馆于 11 月 20 日举行之“说话的艺术”及“网络年代的文学写作与阅读”，分别由中国作家协会李观鼎博士及《澳门日报》专栏作者黄文辉先生主讲，分享说话的重要性、说话的知识、提高说话能力的方法，及网络阅读与文字阅读能力的关系、文化创意产业与文学写作。11 月 24 日将分别于上、下午在二三校礼堂举行最后两场“作家访校”讲座，邀请香港资深传媒工作者张圭阳博士主讲，题为“掌握说话及演说技巧”及“善用声与情”。

【专业图书馆】 澳门的专业图书馆主要为政府机关图书馆、医学图书馆、法律图书馆、经济图书馆、博物馆图书馆、工程图书馆、治安部门图书馆、宗教图书馆及专业社团图书馆等，共计 80 间。本年度新开设的图书馆：科技讯息中心；扩建完成的有土木工程实验室图书馆；计划开设及搬迁的专业图书馆有 7 间，包括政策规划办公室图书馆、工务局图书馆、路环消防分站图书馆、高教办图书馆、功德林图书馆、法律改革及国际法事务局。

【首个使用超高频技术的 RFID 自助图书馆系统】 澳门科技发展基金委托澳门大学科技学院无线通信实验室开发一个超高频射频识别（UHF RFID）自助借还书系统，是本澳首个使用超高频技术的 RFID 自助图书馆系统，为科技发展基金的科技讯息中心的图书借还带来自动化。此外，传统低、高频技术遇到金属物质封面书籍未能有效工作的困难，该系统亦能处理。同时，用户借阅书籍的详细情况会记录并打印在用户使用证上的热能可重写区，替代了纸质借阅凭条的使用，让用户清楚了解到借阅情况且更好地实现了绿色的环保概念。

【天主教澳门教区档案文献】 天主教澳门教区档案文献（16 至 19 世纪）成功列入联合国教科文组织亚太区世界记忆名录。

【澳门图书馆暨资讯管理协会】 该会于 1995 年 5 月 4 日成立筹备会，7 月 2 日正式成立，2010 年该会共有团体图书馆会员 13 个，个人会员 373 名，新入会会员 17 名。该会为澳门注册的非牟利团体，目的是团结会员，立足本地，为贡献本地图书馆事业而努力。

出版事务

与台湾华艺数字股份有限公司合作出版本会网上电子书 14 种；出版《两岸三地图书馆法研究》；成功取得“华艺电子书”的产品澳门区代理权。

推广工作

共 14 项，包括：2010 年图书馆周、2010 持续教育资助计划联招暨阅读推广周、2010 年春季书香文化节及秋季书香文化节、2010 年香港书展、2010 书市嘉年华、第六届青少年科普书籍阅读奖励活动、《图乐无穷》全澳图书馆义工及工读生常识问答比赛 2010、第二届“照出阅读新角度”阅读摄影比赛、“讲‘德’好听”儿童讲故事比赛 2010、2010 终身学习周、2010 民政总署图书馆义工嘉许典礼、2010 IT 周、协办聪颖公司‘英文儿童故事创作比赛’新闻发布会、升大学科专业咨询会。

合作协议

澳门图书馆暨信息管理协会与汉学中心签订“图书馆学讲堂”及与肇庆市图书馆签订合作协议。

图书馆教育

澳门图书馆暨信息管理协会与澳门业余进修中心、武汉大学信息管理学院合办图书馆学、信息资源管理两个专业的硕士研究生课程招生说明会，共51人报名入读。在本地举办的短期课程有15门，主要办学单位为澳门图书馆暨信息管理协会、澳门大学校外课程中心、教育暨青年局、凼仔教育活动中心。计有300多人次参加培训。

讲座及研讨会：参与或举办研讨会7次，包括：与澳门大学法学院合办“两岸四地法律信息高层论坛”、举办第十五届年会暨研讨会“图书馆利用教育暨阅读推广策略研习坊”、“第六次学校图书馆工作人员座谈会”、“讲‘德’好听”儿童故事工作坊、多角度阅读——经典人物工作坊、“澳门图书馆近况 & 美国图书馆事业考察见闻”讲座、“台湾图书馆发展概况暨赠书仪式”、“广大中学阅读讲座”。

社会义务

澳门图书馆暨资讯管理协会继续向武汉大学、中山大学、北京大学三校的信息管理系提供每年五千元人民币的奖学金。（本部分由澳门图书馆暨资讯管理协会供稿）

图书馆学（协）会组织

中国图书馆学会

【概述】 2010 年是中国图书馆学会“十一五”规划实施的最后一年，也是“十二五”工作的筹划年，同时也是中国图书馆事业迈向大发展、大繁荣的重要年份。在理事会的领导下，中国图书馆学会深入贯彻落实科学发展观，完善组织建设，拓宽会员服务渠道，倡导学术创新，深化交流合作，推进全民阅读，凝聚行业力量，促进事业稳步发展，为下一阶段工作奠定了基础。

一年来，中国图书馆学会主要在如下几个方面开展工作：（一）不断加强学会自身建设，拓宽会员服务渠道，营造全国图书馆工作者之家；（二）打造多元交流平台，引领学术发展，繁荣学术研究，推进专业出版；（三）围绕国家发展战略，以科学发展观为指导，推动覆盖全社会的图书馆服务体系建设健康、持续地发展；（四）加强与国外图书馆界的联系，深化国际合作，创新交流模式；（五）发挥各级各类图书馆在全民阅读及科普中的骨干作用，为提高国民素质、建设学习型社会贡献力量。

一年中形成如下工作经验：（一）了解会员需求，全面提高服务能力，普惠广大会员。学会始终把服务会员作为工作的出发点和落脚点，把会员是否满意作为衡量学会工作的主要标准。一年来，学会会员管理与服务工作实现了新的突破，开辟了服务会员的新领域。志愿者培训、中美交流、中德巡讲、参与国际图联大会及相关事务等重大项目普惠全国广大会员，使广大基层图书馆工作者获得了实惠；“加强会员服务 构建学会文化项目”获得中国科学技术协会立项；首次举办以百年馆庆、贺年卡、邮票、图书馆及学会刊物、图书馆建筑、馆徽和馆服等为主题的图书馆文化展览；《平凡的岗位 美丽的职业》“会员论坛”文选首次出版；专项资金首次资助基层会员研究项目；首次组织企业会员参加“中国科普产品交易博览会”等，这一系列的活动和成果为广大会员提供了展示、交流和发展的机会和平台，充分展现了图书馆的行业风貌，增强了学会的凝聚力和向心力，成为“会员之家”的重要组成部分。（二）营造和谐发展环境是学会的重要职责。一年来，学会一方面重视法治环境建设，积极参与《公共图书馆法》立法支撑性研究和《乡镇综合文化站建设标准》编制工作；另一方面，在生态社会建设的大背景下，关注现代图书馆建筑和服务与生态环境协调发展的问题，倡导绿色环保理念，推动图书馆节能减排。同时，学会关注中小型图书馆建设，加强对基层公共图书馆和中小学图书馆的援助和扶持力度，为市县级公共图书馆和中小学图书馆馆长提供中德国际交流项目和优质培训资源，有效地促进了行业和地区协调发展，受到业界广泛欢迎。（三）稳健扎实，努力推动重大项目的可持续发展。一年来，学会在巩固已有成绩的基础上，扎实推进，稳中求精、求细，抓住机遇扩大战果，着力推动既有重大项目的可持续发展。如中美图书馆员专业交流项目不仅圆满结束，而且成功续约至 2012 年，并为未来 5 年的中美合作规划奠定了坚实基础；志愿者培训项目进入第 5 个年头，在总结经验的基础上，走进东部沿海发达地区，实现了除京、沪、新疆和西藏之外的全覆盖。（四）创新思维是学会发展的不竭动力。一年来，学会在学术交流、会员服务、国际交流、科普、全民阅读等领域锐意创新，不断提升服务能力。通过“图书馆文化展览”等活动拓宽会员服务渠道，通过“阅读之旅”提升阅读活动品质，这些新举措表明，创新思维是学会在新形势下解决新问题、应对新挑战的关键因素，是学会提升综合实力，实现快速发展的动力。（五）发挥行业引领作用是提高学会号召力，检验学会领导力建设的重要标尺。近年来，我国乃至全球行业组织非常重视领导力建设问题，能否在行业内发挥引领作用成为检验学会工作的重要标尺。“十一五”期间，学会加强自身领导力建设，审时度势，从业界和会员需求出发，利用位势和资源优势，将思路变项目，主动策划实施了“志愿者行动”、“中美图书馆员专业交流”和“全民阅读”等一系列项目，在引领行业发展的同时，给图书馆界带来实惠，实现了多赢局面，取得了良好的社会效益。事实证明，学会自身的工作水准、号召力和说服力是学会领导力建设的重要组成部分，对学会的繁荣发展至关重要。（中国图书馆学会秘书处）

【中国图书馆学会 2010 年秘书长联席会议暨《中国图书馆年鉴》培训班举办】 1月13日至15日，中国图书馆学会 2010 年秘书长联席会议暨《中国图书馆年鉴》培训班在厦门市集美图书馆召开。中国图书馆学会及 5 个分支机构，26 个省、自治区、直辖市图书馆学（协）会及厦门市图书馆学会的秘书长、学会领导和《中国图书馆年鉴》培训班学员共 60 多人参加了会议。会议主要分为学会工作经验介绍、秘书长论坛、工作通报和信息发布以及学会工作研讨等四个部分，会议期间还举办了《中国图书馆年鉴》培训班。（中国图书馆学会秘书处）

【中国图书馆学会八届二次常务理事会暨八届二次理事会召开】 3月25日至26日，中国图书馆学会八届二次常务理事会暨八届二次理事会在国家图书馆召开。会议听取并审议通过《中国图书馆学会 2009 年工作总结》、《中国图书馆学会 2009 年财务报告》、《中国图书馆学会 2010 年工作计划》和《中国图书馆学会“十二五”规划起草提纲》，审议通过了《中国图书馆学会理事会职权及工作规则》等 11 份学会管理文件和《中国图书馆学会青年人才奖评选办法（试行）》等相关文件。（中国图书馆学会秘书处）

【中国图书馆学会 2010 年韦棣华奖学金评审会召开】 4月29日，以陈力为主任委员，陈传夫为副主任委员，王余光、程焕文、汤更生为委员的中国图书馆学会 2010 年韦棣华奖学金评审会在国家图书馆召开。会上对 21 所院校申报的 32 名申请人逐一进行审核，最后共评定 25 名学生获得韦棣华奖学金，其中博士生 5 名、硕士生 9 名，本科生 11 名。共颁发奖学金 47000 元人民币。（中国图书馆学会秘书处）

【中国阅读之旅交互式体验区炫目登场】 2010 年科技周、图书馆服务宣传周和“六一”儿童节期间，由国家图书馆、中国图书馆学会主办，北京大学信息管理系、北京九华互联科技有限公司协办的“从青灯黄卷到数字网络——中国阅读之旅”交互式体验区在国家图书馆北区二层目录厅炫目登场。体验区以中国阅读史的发展变化为主线，通过实物再现、虚拟模拟、视频播放、互动体验、现场讲解等多种手段和形式向参观者展示中国阅读方式的转变，带领参观者穿越时空，体验从远古到现在以至可预见的未来内中国阅读方式的转变，凸显技术的变革与人类阅读变化的关系。（中国图书馆学会秘书处）

【美国图书馆协会主席卡米拉·艾莱尔来访】 5月31日上午，美国图书馆协会主席卡米拉·艾莱尔女士与美国石溪大学终身教授黄柏楼先生到京访问，中国图书馆学会秘书长汤更生女士会见了艾莱尔一行。汤更生简要介绍了中国图书馆学会的主要工作内容，其中学会开展的少儿阅读活动引起了米拉·艾莱尔的浓厚兴趣。米拉·艾莱尔的来访加深了中美两国图书馆界的相互了解，推动了彼此间的交流，增进了双方的友谊，为未来中美图书馆界的进一步合作打下了良好的基础。（中国图书馆学会秘书处）

【中国图书馆学会八届三次常务理事会召开】 7月9日至15日，中国图书馆学会以通讯方式召开了八届三次常务理事会。会议审议通过了《2010 中国图书馆学会年会筹备工作报告》、《团校图书馆委员会第三届委员会换届方案请示》、《关于更换党校图书馆委员会主任的申请》和《关于更换中国图书馆学会常务理事及军队院校图书馆委员会主任的申请》。

【“儿童阅读在德国”专题报告会巡讲圆满结束】 7月12日至23日，由中国图书馆学会、歌德学院（中国大区）、全国中小型公共图书馆联合会主办，长乐图书馆、晋江图书馆、九江图书馆、中小学图书馆专业委员会承办的“儿童阅读在德国”专题报告会圆满结束。四地共约 800 人参加了报告会，报告会主讲人 Eva v. Jordan-Bonin（爱娃·冯·约旦·博琳）女士和 Helga Hofmann（赫尔嘉·霍芙曼）女士长期从事图书馆管理和不断推进学校图书馆工作的服务项目。（中国图书馆学会秘书处）

【2010 年“全国图书馆志愿者行动——基层图书馆馆长培训”顺利开展】 7 月 29 日至 8 月 19 日，中国图书馆学会组织协调业界专家志愿者，先后在福建、江苏、辽宁、浙江、广东和内蒙古等六省区顺利开展了 2010 年“全国图书馆志愿者行动——基层图书馆馆长培训”，总计对 683 名基层图书馆馆长进行了培训。同时，该项目被美国图书馆协会授予“国际创新奖”，这充分说明中国图书馆界的“志愿者行动”产生了一定的国际影响力，赢得了国际同行的认同和赞誉。（中国图书馆学会秘书处）

【中国图书馆学会八届四次常务理事会召开】 9 月 7 日至 12 日，中国图书馆学会以通讯方式召开了八届四次常务理事会。会议审议通过了“中国图书馆学会‘全国优秀科技工作者’候选人评审委员会”提交的《推荐吴晞、杨玉麟为“全国优秀科技工作者”候选人的建议案》；审议通过了医院图书馆委员会提交的《关于更换中国图书馆学会常务理事及医院图书馆委员会主任委员的申请》和《关于授予湛佑祥同志八届理事会名誉理事的建议案》。（中国图书馆学会秘书处）

【《平凡的岗位 美丽的职业——中国图书馆学会“会员论坛”文选（2007－2010 年）》顺利出版】 11 月，中国图书馆学会从 2007－2010 年“会员论坛”中选出百余篇文章结集，命名为《平凡的岗位 美丽的职业——中国图书馆学会“会员论坛”文选（2007－2010 年）》，交由国家图书馆出版社正式出版。本文集既是学会加强会员服务，构建学会组织文化，为会员办实事、办好事的重要举措，也是在 2010 年中国科学技术协会“会员日”到来之际献给全体会员的一份厚礼。（中国图书馆学会秘书处）

【中国图书馆学会参加第四届中国芜湖科普产品博览交易会】 11 月 12 日，中国图书馆学会联合北京九星时代触摸屏读报系统、中国科学出版集团、汉王科技股份有限公司，参加了由中国科学技术学会与安徽省人民政府共同主办的第四届中国芜湖科普产品博览交易会。本届科博会以“共建创新平台，发展科普事业”为主题，展示了国内外科普产品及技术的最新研发成果。中国图书馆学会参展的“从青灯黄卷到数字网络——中国阅读之旅”展览荣获“优秀科普产品奖”优秀奖。（中国图书馆学会秘书处）

【“国家图书馆文津图书奖”宣传推广活动成功举办】 4 月至 11 月，中国图书馆学会受国家图书馆委托，分别在深圳、合肥、哈尔滨、长沙、福州等 5 地成功举办了“国家图书馆文津图书奖”宣传推广活动。这是中国图书馆学会第二年承办这一推广活动，内容主要包括展览、讲座、视频片播放等。在各地举办的活动精彩纷呈、内容丰富、各具特色、影响面广、受众反响强烈。（中国图书馆学会秘书处）

专业图书馆分会

【概况】 2010 年是专业图书馆分会换届后全面开展各项活动的第一年。在新一届理事会的领导下和各工作委员会的支持下，分会围绕年初确定的工作思路和活动计划，以打造知识服务助推器为工作主线，抓住会员单位的专业性、研究性特点，坚持学术交流的前瞻性战略性作用，倡导学术创新、促进资源共享、扩大交流学习，坚持以热点为中心、以活动为纽带，以专家为带头、以会员为依靠，搭建平台、促进合作，扎扎实实地开展了一系列活动，在学术交流、交流合作、继续教育和组织发展等方面取得了新的进展，为推动专业图书馆事业的科学发展贡献了应有的力量。表现在：一、瞄准专业图书馆发展趋势，组织专业学术交流，2010 年，分会坚持学术交流的常规性、前沿性、高端性特点，继续搭建多元化交流平台，开展多样化学术活动，促进交流与合作，传播先进理念、鼓励学术创新，促进学科发展和人才培养。一年来，主办或联合主办规模较大的学术研讨会 2 次，联合主办国内外专家高层论坛 4 次，组织各类专题讲座 6 场，参会人数达 2000 多人次，征集论文 150 多篇。发挥了分会在专业图情系统学术交流主渠道的作用。二、编辑出版专业图书馆发展报告，共享发展经验。2010 年，组织会员单位开展图情类编辑出版工作，展示专业图书馆发展现状和研究成果取得实质性进展。经过半年多的统筹组织，在相关会员单位的大力配合下，完成了《中国专业图书馆年度发展报告 2010》一书的编纂工作，将由科学出版社于2011年2月公开出版。三、组织参访、交流研讨，丰富学会交流模式。2010年会员单位的参访活动和工作交流比较活跃，表现在专委会间的联合、地区间的走访和系统内的交流学习有较大进展，通过组团赴台参访各类型图情机构，赴粤进行专业图书馆业务交流，系统内有针对性的工作、学术交流，不仅丰富了活动的形式和内容，加强了专业图书馆间的沟通和了解，也增进了专业图书情报机构的学习与合作，使得专业图书馆分会的影响力不断延伸。四、注重专业技能培训创新，组织高端专业化培训。一年来，分会在图书馆岗位常规服务能力培训的基础上，根据环境和形势的需求，加强了图书馆员在专业化服务能力和创新服务能力上的培训，并且在培训内容与形式上有所创新，网络化、开放式、案例式教学成为教学重要手段。如培养专业化服务能力的“科技竞争力分析实务”培训班就取得了明显的成效。2011年，先后组织各类培训班8个，270多人次参加了培训，承办挂靠单位2个培训项目，130名中科院所级图书馆员参加了培训。（赵树宜）

【联合举办图书馆发展趋势专家论坛】 3月17日，分会联合国家科学图书馆成功举办“图书馆发展趋势”国内外专家论坛。论坛由专家报告和互动对话两部分组成，邀请美国斯坦福大学图书馆总馆长迈克·凯勒先生和美国图书馆与信息资源研究理事会主席查尔斯·亨利博士分别作“通过语义网络来改善学术界发现信息对象”、“数字图书馆研究与发展的国际合作行动计划”的学术报告。张晓林理事长出席并主持了会议，并就专题报告和互动对话的热点，与会场的专家学者进行了深度交流探讨，北京大学图书馆馆长朱强教授、斯坦福大学东亚图书馆馆长邵东方博士应邀到会，并与国内外专家一同参加了互动对话。来自各专业图书馆、高校图书馆、公共图书馆的图书馆员，以及部分高校信息管理专业的研究生等330余人参加了会议。（赵树宜）

【举办图书馆“十二五”发展规划论坛】 4月28日，分会组织第一次“图书馆‘十二五’发展规划”专家论坛。论坛由分会副理事长孙坦主持，分会理事长张晓林、国家科技图书文献中心主任袁海波、国家图书馆副馆长陈力、中国科技信息研究所总工程师武夷山、北京大学图书馆馆长朱强分别介绍了中国科学院文献情报系统、国家科技文献平台建设、国家图书馆、中国科技信息研究所和北京大学图书馆的“十二五”规划发展思路，近300人参加了论坛。12月22日，分会组织“十二五”发展规划第二次专家报告会，分会副理事长代涛、孟宪学分别做中国医学科学院医学信息研究所、中国农业科学院农业信息研究所十二五规划发展思路与进展的报告，相关会员单位参加了会议。（赵树宜）

【联合举办“2010’图书馆信息技术的应用、服务和创新”学术研讨会】 5月13日—17日，分会联合中国图书馆学会数字图书馆研究与建设专业委员会、《现代图书情报技术》杂志，在河南洛阳成功举办“2010’图书馆信息技术的应用、服务和创新”学术研讨会。来自国家图书馆、公共、高校、专业系统图书情报机构的175名专业人员参加了会议。张晓林理事长作了“面向新型服务模式的技术革命”主旨报告。来自CALIS、中国科技信息研究所、中国国防科技信息中心图书馆以及美国霍普金斯大学系统部、香港城市大学邵逸夫图书馆等机构的专家学者做大会发言，交流和探讨了各类型图书馆在信息技术应用、服务和创新中的战略思路，介绍了新技术、新方法和新平台在信息服务中的实践应用。（赵树宜）

【组织会员赴台湾参加第十一届“祖国大陆图书展”并参访图书馆】 7月，分会组织会员单位9人赴台湾参加第十一届“祖国大陆图书展”。在书展期间，参访了台湾中央图书馆、台湾大学图书馆及高雄应用科技大学图书馆，并根据事先双方拟定的交流提纲，重点交流了学科化服务、图书馆新技术应用和科学文化传播等方面的内容，参观了各图书馆的特色馆藏室和服务阅览区。（赵树宜）

【专业图书馆分会2010年学术年会成功举办】 9月15日—19日，专业图书馆分会2010年学术年会在无锡成功举办。年会以“知识服务2010：面向决策支持的知识服务”为主题，深入探讨知识服务的内涵。来自各系统图书馆的160多名代表围绕会议主题，交流了知识服务发展战略、知识服务机制与体系、支持公共决策的知识

服务产品及服务实践，面向企业创新的情报服务实践内容等。（赵树宜）

【组织2010年中央国家机关图书馆工作会议暨学术研讨会】 9月，分会中央国家机关图书馆工作委员会举办“2010年中央国家机关图书馆工作会议暨学术研讨会”。来自中央文献研究室、全国人大、中央编译局、人民日报社、中宣部、中央党史研究室、中央办公厅、全国政协、新华社、人力与社会资源保障部、水利部等20多家中央国家机关的近50名文献信息机构负责人围绕会议主题进行了热烈研讨。会前，委员会专门向各有关单位征集了大家关心的问题，在会议期间进行了集中研讨。大家分享了工作经验，切磋了发展问题，并对如何加强中央国家机关图书馆之间的交流与合作提出了建设性的意见和建议，并对下一步工作进行了商议。（赵树宜）

【组织专题研讨和学术讲座】 2010年，分会通过联合等多种方式，加强与挂靠单位、会员单位的联合，资源互补、信息共享，共同举办了6场由国外知名机构的专家主讲的学术讲座，还与会员单位国家知识产权局专利局文献服务部联合，举办2次专利讲座，共有500多人次参加了讲座，提升了为会员服务的力度。（赵树宜）

【组织高端专业化培训】 2010年，分会在图书馆岗位常规服务能力培训的基础上，根据环境和形势的需求，加强了图书馆员在专业化服务能力和创新服务能力上的培训，并且在培训内容与形式上有所创新，网络化、开放式、案例式教学成为教学重要手段。如培养专业化服务能力的“科技竞争力分析实务”培训班就取得了明显的成效。先后组织各类培训班8个，270多人次参加了培训；承办挂靠单位2个培训项目，130名中科院所级图书馆员参加了培训。（赵树宜）

【编辑出版《中国专业图书馆年度发展报告2010》】 2010年，完成了《中国专业图书馆年度发展报告2010》一书的编纂工作，将由科学出版社于2011年2月公开出版。这也是国内第一本概览反映专业图书馆年度进展的报告，书中选取了24家具有代表性、典型性意义的国家级专业文献机构的年度发展报告，在一定程度上反映了2009年度专业图书馆发展的基本状况，展现了专业图书馆的特色资源、特色服务、改革创新思路、年度成果项目和年度研究热点等，以及存在的问题与展望。本书计划今后每两年出一本，并逐步扩大收录单位，丰富报告内容。（赵树宜）

高校图书馆分会

【完成第二届委员会委员人选的重新确认工作】 4月，借“2010中国高校图书馆发展论坛——数字图书馆建设的理论与实践”年会之机，召开高校分会第二届委员会会议，完成第二届委员会委员人选的重新确认工作。进一步完善组织结构，取消了常务委员的设置，使组织结构进一步扁平化，提高工作效率。（高校图书馆分会）

【密切配合中国图书馆学会的工作】 按照文化部“十一五”发展规划及“全民素质科学发展规划”的要求，组织各高校认真开展“2010年全民阅读活动”，并推选高校分会系统内的全民阅读活动“先进单位奖”、“全民阅读示范基地”。积极协助“国家图书馆文津图书奖”推广活动，促进高校良好阅读风尚的形成。（高校图书馆分会）

【建立独立网站，不断丰富网站内容】 建立高校分会独立网站（http://www.sal.edu.cn），作为对外宣传的渠道和窗口，加强与外界的合作。主页中强调分会与读者的互动、强化行业的指导和咨询作用，促进高校图书馆事业的发展。主页中的一些特色栏目，如：专家访谈、经典案例、图情会议导航等栏目，突出了行业特色，引领行业前沿，指导行业发展。（高校图书馆分会）

【积极拓展与外界的合作】 与CALIS全国农学文献信息中心合作组织开展的研究项目正式结题，通过课题研究，提升了农林院校图书馆馆员的业务水平和学术研究能力，同时扩大了高校分会在业界的影响。6月21日—24日，与哈尔滨工业大学图书馆、中国图书馆学会数字图书馆专业委员会联合举办“2010年数字图书馆前沿问题高级研讨班”，围绕数字图书馆宏观战略和发展趋势、数字图书馆新技术应用、数字图书馆服务模式、数字图书馆与知识传播等问题展开讨论，国内外图书馆专家学者、国内计算机领域专家、图书馆馆长及相关技术人员 200 余人出席会议。与教育部培训中心合作举办学术会议，其主题涉及"高校图书馆工作社会化综合管理"、"高校图书馆技术变革与服务创新发展"、"高校图书馆数字化建设与高校图书馆区域资源共享"等业界亟须探讨的问题，取得了良好的经济效益和社会效益。通过这些合作，扩大了高校分会在业界的影响。（高校图书馆分会）

【对外合作与交流】 协助中国图书馆学会组织高校馆的代表出席第 76 届国际图联大会，为高校图书馆提供参与国际交流的平台与机会。继续主办在美国伊利诺伊大学厄巴纳—香槟分校举办的"中国图书馆馆员暑期培训班"，努力促进图书馆行业与国际化接轨。此项培训已举办六年，反映良好，本届是参加人数最多的，正逐步成为中国图书馆界海外学习的品牌项目。（高校图书馆分会）

党校图书馆委员会（全国党校文献情报学会）

【概述】 中国图书馆学会党校图书馆委员会（全国党校文献情报学会）成立于 1987 年，是全国党校系统图书馆开展理论研究、业务指导、统筹协调等活动的学术性社会团体。在中国图书馆学会的指导下，党校图书馆委员会深入落实科学发展观，完善学会自身建设，倡导学术创新，提供交流合作机会，积极推进全国党校系统图书馆建设，为全国党校图书馆事业的和谐发展做出了应有的贡献。

2010 年开展的工作主要有：一、加强组织机构，完成换届选举。二、加强党校系统图书馆之间的联系与合作。三、提供交流平台，总结和交流工作经验。四、促进党校系统资源共享，严格工作的标准和规范。五、推动学术研究和交流。六、组织实施共建共享评估。七、办好《数字资源共建共享工作简报》和《学会通讯》。（中央党校图书馆　郝莉　刘魁明）

【全国党校图书馆数字资源共建共享示范馆负责人暨学会常务理事会在京举行】 6 月 12 日至 14 日，全国党校图书馆数字资源共建共享示范馆负责人暨学会常务理事会在北京召开，学会理事长、中央党校图书馆馆长陈高桐重点介绍了即将在陕西召开的全国党校图书馆工作会议暨信息资源建设会议的筹备情况。学会副理事长、中央党校图书馆副馆长郝莉强调了全国党校文献信息学会第五届常务理事换届选举的相关事项，通报了理事、常务理事的任职条件、推荐程序、各区域常务理事的名额限定、学会下设四个委员会的人员设置以及换届选举的具体操作办法。朱满良副理事长通报了全国党校图书馆数字资源共建共享先进单位和先进个人评选方案。（中央党校图书馆　郝莉　刘魁明）

【全国党校文献情报学会第六届理事会选举产生】 7 月 29 日，在西安举行的全国党校图书馆暨信息资源建设会议分会上，全国党校文献情报学会进行了换届改选。选举产生了第六届全国党校文献信息学会的组织机构，陈高桐任理事长，郝莉任秘书长，学会理事长会议由秘书长郝莉副馆长主持。（中央党校图书馆　郝莉　刘魁明）

【全国党校文献情报学会第六届理事会常务理事会、全国党校数字图书馆理事会第一次常务理事会在京举行】 11 月 22 日，全国党校数字图书馆理事会第一次常务理事会在山东济南召开。这是为深入贯彻落实全国党校图书馆暨信息资源建设会议精神而召开的一次重要会议，全国党校文献情报学会常务理事、全国党校数字图书馆理事会常务理事及中央党校图书馆有关人员参加了会议。会后，修改完善了《全国党校数字图书馆资源建设规划(2011—2015 年)》（中校厅字[2010]50 号），并经校领导审批同意，以中央党校办公厅名义发文至各副省级以上党校。（中央党校图书馆　郝莉　刘魁明）

军队院校图书馆委员会

【军队院校图书馆委员会第 22 次会议在武汉召开】 经解放军总部机关批准，军队院校图书馆委员会第 22 次会议于 5 月 31 日在武汉第二炮兵指挥学院召开，全体成员和各专业组组长共

23人参加了会议。会议总结了图书馆委员会和各地区协作组2009年的工作，研究安排了图书馆委员会2010年的工作，重点是加强院校图书馆原生文献资源、数字图书馆建设和资源共享以及图书馆服务创新等问题。第二炮兵指挥学院首长、机关和图书馆对会议做了精心筹划和安排，保证了会议的圆满成功。（刘家坤）

【全军院校图书馆第十二届学术研讨会在武汉召开】 6月1日—2日，全军院校图书馆第十二届学术研讨会在武汉第二炮兵指挥学院召开。研讨会以“院校教育转型与图书馆信息服务”为主题，旨在研究新形势下军队院校图书馆建设和发展的重大问题。共收到论文428篇，创历史之最。军队院校图书馆委员会聘请了18位专家担任评委，评出优秀论文207篇，占收到论文总数的48.36%，其中一等奖21篇、二等奖38篇、三等奖76篇、入选优秀论文72篇，并汇编成册，由国防大学出版社出版。来自全军院校图书馆馆长、业务工作骨干和文职人员代表共129人参加了研讨会，参加人数创全军院校图书馆历届研讨会之最。会议采取大会发言、分组交流和参观见学的方式进行，有42位优秀论文作者分别在大会和分组会议上发言交流，代表们还参观了二炮指挥学院教学装备、图书馆和军事经济学院、海军工程大学图书馆。这届研讨会主题鲜明，研讨深入、交流广泛，具有较强的理论和实践意义。一是理清思路，认清了形势任务。研讨中，从满足院校教学科研的信息需求出发，重点探讨了文献、信息和知识服务的问题，提出了许多好的意见和建议，通过广泛交流，大家深感形势逼人。二是开拓创新，理论成果丰硕。研讨中，紧紧围绕主题各抒己见，共同谋划院校图书馆的改革和发展问题，形成了一批质量较高、具有创新性的学术成果。三是以研促学，锻炼了人才队伍。本届研讨会收到的400多篇论文，涉及作者近700人次，参与面广，其中，文职人员尽管招聘到图书馆工作时间不长，但不少同志肯于钻研，勤于动脑，提交的论文占半数以上，在学术研究中锻炼了队伍。（刘家坤）

【于代军任军队院校图书馆委员会主任】 7月，经中国图书馆学会八届三次常务理事会审议，由国防大学图书馆馆长于代军更换王健担任中国图书馆学会常务理事和军队院校图书馆委员会主任。（祁长松）

医院图书馆委员会

【概述】 2010年，医院图书馆委员会开展的主要工作如下：一、完善组织建设，落实上级学会的任务。2010年全国医院图书馆委员会下属的各省分会有4各省市任期届满，黑龙江省、陕西省、四川省和广西壮族自治区分会召开了当地的会员代表大会，选举产生了各省分会的领导班子。因原中国图书馆学会常务理事湛佑祥同志由于年龄关系不再担任挂靠单位馆长职务，10月经中国图书馆学会批复，由解放军医学图书馆现任馆长陈锐更换湛佑祥同志担任中国图书馆学会常务理事和医院图书馆委员会主任委员。7月，一名同志当选为中国图书馆学会编译出版委员会委员。11月，中国图书馆学会统计与评价专业委员会在解放军医学图书馆召开专委会的工作研讨会。

二、开展学术交流研讨会，促进学习交流。本会及各地医图委团结动员广大会员和科技工作者，通过举办各类学术年会、研讨会等活动，促进医学信息知识的交流，积极为医院建设贡献力量。无论是学术年会，还是一般学术研讨会都关注了各地图书馆的发展动态信息与经验，规范了医院图书馆管理及评估工作，积极适应了医院图书馆发展的新形势，提高了学会的学术交流质量，加快了行业发展与经验推广的速度。2010年各地学术年会的共性：一是总结委员会前一年的工作成绩、找出存在的问题病提出解决的建议，探讨决定未来一年委员会的工作方向、工作重点和工作计划；二是多方结合，即总会和地方学会相结合、学会和相关企业相结合、新产品和技术展示相结合，充分发挥了各地分会的作用，在行业内外产生了积极的影响。上海分会先后四次参加了交通大学医学图书联盟会议，讨论了信息建设、科技查新培训及查新点设置等问题。陕西分会常委会议提出了“送书下乡”的设想，以适应社会发展的需要。河北分会组织医院图书馆参加河北省图书馆学会举办的“新时期图书馆服务理论与服务艺术”学术报告会。山东省医图委下属济南、青岛和烟台三个市级分会也都组织开展或是积极参加全国及省级的学术研讨会，进一步提高了学会会员的学术水平；还通过举办航天科普展、摄影作品展等活动，掀起科普宣传教育高潮，充分发挥了图书馆科普宣传作用。

三、坚持以医院建设为中心开展各项工作。在医院图书馆工作规范的评估方面，浙江省和广东省医图委走在了全国前列。海南省医院协会委托海南省医院图书管理专业委员会的赵金华主任委员负责起草海南省县医院图书馆发展指导意见。山东济南医图委针对市属医院图书馆在医院管理中的归属不统一，不利于医院图书馆活动和医图委协调工作的问题，专门设立协调小组定期与各院相关管理部门联络沟通，保障学会活动和全国、省市学会活动的开展。

四、开展继续教育、培训人才，提升队伍素质。北京、河北、湖南、陕西、上海、山东、天津、浙江等分会 2010 年均开展了学术讲座和专业信息培训工作，培训主题各有特色。北京分会利用地理优势和人才优势邀请首都医科大学和北京大学的学者做循证医学与图书馆、阅读疗法与图书馆等方面的讲座，聘请了专家介绍台湾地区中小型医院图书馆的发展状况，使人员拓展了视野，开阔了思路。此外，北京市医图委还积极筹划和设计分会网站，到 2010 年底已完成分会网站的平台建设，目前正与总会协商将该平台通过总会网站发布，实现会员之间的期刊目录查询和文献传递功能。河北省有四所省级医院图书馆人员分别在市卫生局举办的科研管理培训班以及自身单位的医护人员科研培训班上以“文献检索与利用”为题进行专题讲座，提升了医院图书馆的服务水准。湖南分会主要对兄弟医院进行了二次实地网络信息培训。为提高医院图书馆工作人员的数字化理论水平和业务技能，陕西分会、山东分会的培训工作都着重对数据库相关知识的培训。除此之外，山东分会连续举办十讲“新世纪图书馆学信息学系列学术讲座”；条件充足的医院还各自对医务人员展开不定期的培训工作，辅导医务人员索取数字信息的渠道与方法，以提高医务人员对医学数字资源的利用率，充分发挥数字资源的实际效能。上海分会组织了 6 场 CALIS 馆员远程继续教育培训工作，涉及的主题比较广泛，包括：台湾医图年会、高校图书馆读者服务工作、医学电子文献数据库、图书馆学论文发表与投稿、父母养育方式与儿童心理健康等。浙江分会举办了两轮培训工作，分别是医院图书馆评估培训和医院图书馆基础知识培训，为更好地开展医院图书馆工作奠定专业基础。

五、利用资源优势，开展馆际、馆外交流合作。最大限度地满足读者对图书资料的需求，解决成员馆图书资料短缺的现象，提高各图书馆藏书的利用率。北京分会专门聘请专家介绍台湾地区中小型医院图书馆的发展现状，且通过年会上的馆长论坛、小范围的参观和交流等活动，让成员馆之间取长补短，互相借鉴，深化了各馆的服务意识；还组织成员馆开展数据库和软件的集团采购和资源的共建共享活动，利用集团优势，降低采购成本、丰富各馆资源，提高了文献保障能力。上海分会举办了 4 次国内外的馆际交流活动，上海瑞金医院图书馆分别与台湾大学医学院图书馆、华山医院图书馆、香港外科学院、英国爱丁堡大学医学院等在宣传策划、人员构成和服务理念、图书馆文献资源建设等方面的交流讨论工作。山东青岛分会为了解决各馆发展与建设差异性较大的问题，提出了学会所属图书馆应为学会正式会员建议，为各馆阅览、查询书刊资料和使用电子资源提供了方便，实现了地域性文献资源共享，加强了系统间图书馆横向协作协调，这是新形势下图书馆事业发展必由之路。天津分会在武警医学院图书馆召开现场“馆际资源共享专题讨论会”，部分委员介绍了所在馆在资源共享方面取得的成绩，并提出了可行性建议，最后委员会通过讨论初步制定了近期馆际资源共享方案，另外值得一提的是天津分会还加强了与馆外企业的交流，他们与天津京万红药业公司的文化博物馆进行了古籍文物方面的交流。湖南分会的特点是利用了现今流行的聊天工具——QQ 群，开展了全省范围内医院之间文献传递服务，促进了医院之间的交流。（张文举）

【全军医学图书情报专业委员会学术年会在云南腾冲召开】 6 月 21 日至 25 日，全军医学文献信息资源共享工作暨第十一届医学图书情报专业学术研讨会在云南腾冲召开，来自全军各大单位卫生部、军医大学、各医院卫生信息中心主任、图书馆馆长以及部分论文作者共计 90 余人参加了会议。总后卫生部信息中心、全军卫生信息专业委员会宁义秘书长、军事医学科学院科技部徐天昊副部长出席了会议，并作了重要讲话。会议总结部署了全军医学图书情报专业委员会工作；就军队医学情报的建设与服务工作展开了研讨；表彰了军队医学图书情报工作先进集体和先进个人；开展了医学图书情报专业学术交流。（张文举）

【医院图书馆委员会2010年学术年会在山西汾阳举行】 8月2日至6日，中国图书馆学会医院图书馆委员会第18届学术研讨会暨2010年学术年会在山西汾阳召开。来自全国22省市自治区的各医院图书馆、医院信息中心、图情编辑出版单位、数据研发企业及媒体单位代表共计120余人参加了会议。中国图书馆学会常务理事、山西省图书馆馆长李小强到会并致词，大会由医院图书馆委员会副主任委员、山东省齐鲁医院党委书记周日光主持，中国图书馆学会常务理事、医院图书馆委员会主任委员、解放军医学图书馆馆长湛佑祥致开幕词并作工作报告，山西省汾阳医院白林海院长出席了开幕式。国家图书馆研究院院长索传军教授到会作"数字时代图书馆发展的战略思考"的专题报告。会议审议通过了医院图书馆委员会2010年度工作报告，就2011年工作进行了部署。医院图书馆委员将积极筹集资金，拟设立专项科研基金开展全国医院图书馆的科研活动，以促进全国医院图书馆事业的发展，活跃医院图书馆的学术氛围，促进成果转化和应用，鼓励优秀成果和优秀人才不断涌现。会议还就2011年开展第二次全国医院图书馆评先活动进行了协商。湛佑祥馆长作题为"浅谈卫生科技人员信息素养的教育与培训——医学图书馆拓展的一项新的服务内容"的专题报告，对卫生科技人员的信息素养的内涵及其培养进行深入的研究和论述。本次大会共收到会议征文51篇，由专家评审出10篇优秀论文作为大会交流。8位来自全国不同单位的优秀论文作者，分别从资源建设、情报研究、信息服务等方面，介绍了自己的研究成果。会议期间，代表们还参观了汾阳医院。（张文举）

【解放军医学图书馆建立医学学科馆员制度】 为适应医学事业发展的需要，解放军医学图书馆于10月专门成立了学科化服务部门。该部门的人员构成全部具备医学学科专业背景，其服务宗旨：深入科研一线，及时、准确、高效地开展个性化、学科化、知识化服务，为军事医学科研提供强有力的信息保障和支撑。学科服务部门开展了"学科化服务进百室"的活动。"学科化服务进百室"秉承以用户为中心，资源到所、服务到人、融入一线、嵌入过程的工作理念。主要工作包括：①文献资源保障。根据一线用户的个性化需求，以邮件、MSN/QQ/飞信、上门等多种便捷方式为用户查找、推送图书、期刊、学位论文、会议论文、专利等各种类型的学术资源，做到随时随地为用户服务。②学科资源推介。根据不同科研用户个性化需求，分析学科信息资源，将与用户相关的各种可用的印本、电子资源进行整合、筛选和集成，定期或不定期地推送给用户。③信息素养培训。通过专题讲座、预约授课、个别辅导等方式开展全面的、个性化的用户信息素养培训，强化数据库检索、文献管理软件、数据库增值服务功能使用过程中的方法和技巧培训，提升用户的信息获取和文献管理能力。④课题跟踪服务。基于用户课题研究方向及不同科研阶段的个性化需求，跟踪和挖掘相关信息资源，进行信息整合与加工，以快报或调研报告等形式定期或不定期地推送给用户。⑤科技信息咨询。通过面对面、电话、电子邮件、网络参考咨询系统、MSN/QQ/飞信等方式，提供全方位的信息咨询服务，随时解答用户的提问。⑥科研评价服务。在课题申请、成果鉴定、人才评选等阶段，通过科技查新、论文收录引用及SCI论文评价等方式，对用户所研究课题的新颖性、先进性、学术影响力等进行第三方评价。⑦用户意见反馈。收集了解一线用户对图书馆各项工作的意见和建议，及时反馈给图书馆相关部门，全程督促有关问题的解决，促进图书馆服务改进和业务创新发展。（张文举）

【阅读疗法与图书馆培训班在京举办】 2010年4月，医院图书馆委员会北京分会在解放军医学图书馆举办阅读疗法与图书馆的讲座，聘请北京大学副研究馆员、中国图书馆学会科普与阅读指导委员会的委员、大学图书馆学馆报常务副主编王波就"阅读疗法与图书馆"做了专题报告。王波同志以专业化的语言、详尽准确的材料介绍了阅读疗法的研究进展，并就医院图书馆如何发挥自身作用推动阅读疗法提出自己的看法。（张文举）

【完成海南省医院图书馆发展指导意见的起草工作】 2010 年，受海南省医学协会的委托，海南省人民医院信息中心主任、医院图书馆委员会海南省分会主任委员赵金华组织起草了“海南省县医院图书馆发展指导意见”，并提交海南省医院协会。“指导意见”根据海南省的具体情况，以促进县级医院图书馆规范化管理为目的，对医院图书馆的性质、任务、管理体制、人员的数量、学历、知识结构、经费、馆舍、设备，文献资源建设及读者服务等方面制定了具体的指标。此“指导意见”一经落实，将对规范海南省县级医院图书馆工作起到极大的推动作用。（张文举）

【全国医院图书馆获得不同类型的科研课题和奖励】 2010 年，全国各地医院图书馆共获得省厅级科研课题 3 项。海南省人民医院图书馆馆长赵金华申请的海南省卫生厅科学研究课题“海南省医院图书馆管理规范”获得立项；广东省广州市妇女儿童医疗中心陈励和研究馆员、广东省人民医院陈小忠研究馆员申报的广东省文化厅科学研究课题“广东省医院图书馆面临的困境与发展研究”和“医院图书馆如何为病患者延伸健康教育服务之探讨”获得立项。中国医科大学附属盛京医院图书馆馆长杨华的研究成果先后获得沈阳市科技进步二等奖和辽宁省科技进步三等奖各一项，在她的带领下图书馆员工在核心期刊发表论文 16 篇，其中被 SCI 收录 3 篇（影响因子均大于 2）。河北分会的医院图书馆课题获河北省卫生厅一等奖两项、二等奖一项，并组织医院图书馆参加河北省图书馆学会组织编纂的《河北省志・文化志》（图书馆部分）。（张文举）

【完善等级医院图书馆评审标准】 受浙江省卫生厅医政处委托，医院图书馆委员会浙江省分会根据《浙江省医院图书馆评估标准》于 2008 年开始对全省三级医院和二级甲等医院图书馆开展了评估。2010 年 4 月，医院图书馆委员会浙江省分会向省卫生厅提交了第三轮等级医院图书馆评审标准修改意见，并受浙江省卫生厅的委托，浙江省医院图书馆管理中心继续对全省 23 家三级医院、13 家二甲医院图书馆进行评估。根据评估标准，34 家医院合格，2 家医院不合格。评估强化了医院领导对图书馆的重视和投入，检查出图书馆在管理规范、业务工作和文献服务水平等方面的不足，促进了馆员对自身业务素质的提升。2010 年，广东省医图委在广东省医院协会的指导下，制定了新的广东省医院图书馆的管理规范，包含了广东省医院图书馆评审标准与评价细则。对医院图书馆开展评估工作在我国还处于尝试阶段，评估标准、评估方法、评估范围等都有待进一步完善。（张文举）

【编辑地震医学救治专题】 2010 年 4 月青海玉树地震发生后，广州市妇女儿童医疗中心图书馆的同志们连续加班加点，在地震之后的第 2 天就编辑出版了《地震医学救治专题》，收到了不错的评价和反响。（张文举）

中小学图书馆委员会

【概述】 中国图书馆学会中小学图书馆委员会本着为全国中小学校图书馆服务的宗旨，为全国中小学校实施新课程改革的教育、教学、教科研要求，结合中小学图书馆工作的特点，主要开展了以下工作：成功召开第四届理事会换届会议，选举产生新的第四届理事会常务理事会及理事会负责人；新一届理事长会议在青岛召开，确定了下一阶段的各项工作及各个负责人的职责分工；举办第十届全国中小学图书馆工作研讨会暨暑期高级研究班和中小学生暑期读书系列活动；开展 2008 学年度—2009 学年度全国中小学图书馆先进集体和先进工作者评选表彰活动；编制《最新中小学校用书重点推荐目录》；出席“贯彻落实全教会和《国家中长期教育改革和发展规划纲要》精神，推动教育技术装备工作研讨会”，对中小学校图书馆工作的管理和纸质图书、电子图书、设备的购置等工作进行了专门的讨论；协助北京市朝阳区教委、广东省教育厅培训当地图书馆教师 700 余人；举办第一届中小学生网络摄影活动，同时办好“中小学图书馆协作网”。（中小学图书馆委员会　骆桂明）

【中小学图书馆委员会召开换届会议】 6 月 18 日至 19 日，中国图书馆学会中小学图书馆委员会换届会在杭州隆重举行。中国图书馆学会中小学图书馆委员会顾问、教育部教学仪器研究所所长王富代表委员会的挂靠单位对委员会的工作提出了要求，并作了“加强中小学图书馆建设，全面推进实施素质教育”的主题报告。他指出中小学图书馆是教育装备、教育发展改革和实施素质教育中的一个重要方面，要加强中小学图书馆建设，并强调了阅读的重要性。200多位与会代表听取了第三届理事会的工作汇报。投票选举产生了第四届理事会常务理事会及理事会负责人：李玉先担任理事长；原永堂、曹志祥、骆桂明、顾敏等担任副理事长；秘书长由骆桂明兼任。（中小学图书馆委员会　骆桂明）

【中小学图书馆委员会举办暑期中小学生读书系列活动】　6月下旬至8月下旬，中小学图书馆委员会组织开展了以“城市·让生活更美好，读书·让精神世界更美好——2010年暑期中小学生迎世博读书征文奖励活动”。主题读书活动以2010年上海世博会为主题，通过实地参观世博会、阅读有关书籍或通过浏览有关网站和观看影视等方式，将观感和体会书写成文。专题活动包括：“文学作品创作活动”，作品范围为诗歌、小小说、散文、随笔等；“艺术作品创作活动”，作品范围为摄影、摄像、书法、绘画等；“电脑作品创作活动”，作品范围为绘画、动画、网页、程序设计、电子报刊等；“校报校刊网上展评活动”。为配合活动的开展，还组织专家为学生提供了种类丰富的暑期读书活动推荐书目，在全国中小学图书馆协作网上开设了读书活动的专栏，提供一批优秀图书为学生免费阅览。共有1087所学校参加了本次活动，学生递交的征文和作品数量接近2万篇/件，其中主题活动的征文12 229篇，专题活动的征文和作品2866件。经专家评选，1446名学生分别荣获征文和作品评选活动的有关奖项，168名教师获得优秀指导教师称号，160所学校获得优秀组织奖。（中小学图书馆委员会　骆桂明）

【第十届全国中小学图书馆工作研讨会暨暑期高级研修班】　7月16日—21日，中小学图书馆委员会在唐山举办了“第十届全国中小学图书馆工作研讨会暨暑期高级研修班”，近400名各地教育技术装备部门负责人、全国中小学校分管图书馆（室）工作的校长及负责教师参加会议。教育部教学仪器研究所所长、中国图书馆学会中小学图书馆委员会顾问王富，教育部教学仪器研究所副所长、中小学图书馆委员会理事长李玉先，河北省教育厅主管厅长闫春来，河北省教育厅技术装备管理中心主任郭国卫，河北省唐山市人民政府副秘书长潘树文等领导同志出席会议。王富同志作了题为“实施素质教育，切实推进中小学图书馆建设”的主题报告。唐山市教育局党委书记、局长李全民等6位专家相继发言。会议还邀请两位德国专家作报告：爱娃·冯·约旦·博琳（Eva v. Jordan-Bonin）女士作了“学校图书馆——成功的基础和前提条件”的报告；赫尔嘉·霍芙曼（Helga Hofmann）女士作了“德国的阅读促进——阅读促进与学校图书馆”的报告。与会代表还参观了唐山市外国语学校、唐山市丰南区稻地中学、唐山市路南区实验小学等学校的图书馆，观摩了语文、数学、科学、品德与社会等学科的阅读指导课。在闭幕式上，宣读了“2010年度优秀阅读指导课教学案例”一、二、三等奖和特别奖的获奖名单，向获得教师颁发了获奖证书；向“第十届全国中小学图书馆暑期高级研修班”获奖征文的教师颁发了证书；向与会教师颁发了结业证书。（中小学图书馆委员会　骆桂明）

【中国图书馆学会中小学图书馆委员会理事长会议在青岛召开】　8月16日—17日，中小学图书馆委员会第四届理事会理事长会议在青岛召开，新一届理事长、副理事长、秘书长等12名同志出席了会议。理事长李玉先主持会议并首先作了发言，针对全国中小学图书馆的理论研究、基本建设、教师素质、树立典型等工作提出了10条工作设想。与会各位副理事长、秘书长踊跃发言，认真讨论了李玉先理事长提出的工作设想，讨论了行政支持问题、民族学校图书馆配书难问题、基层组织建设问题、组织交流考察问题、副理事长分工问题和理事长会议制度化问题等。通过深入研讨，理事长、副理事长们统一了思想，明确了中小学图书馆委员会的定位和宗旨，确定了下一阶段需要开展的各项工作。这次会议的召开将对指导中小学图书馆委员会今后工作的开展起到重要作用。（中小学图书馆委员会　骆桂明）

【中小学图书馆委员会完成评选表彰先进工作】　中小学图书馆委员会于5—8月开展了2008学年度—2009学年度全国中小学图书馆先

进集体和先进工作者评选表彰活动。最后经中小学图书馆委员会审核评定出先进集体 2662 个、先进工作者 2601 名。(中小学图书馆委员会　骆桂明)

【《2010 学年度上海市中小学幼儿园图书馆(室)图书配置推荐目录》发布】 为了进一步优化本市中小学、幼儿园图书馆（室）馆藏结构，提高藏书质量，促进优质图书和电子读物等教育资源的建设，充分发挥学校图书馆（室）在推进基础教育改革、实施素质教育过程中的作用，上海市教育委员会中小学图书馆工作委员会开展了第 19 届上海市中小学、幼儿园优秀图书评选活动，组织有关专家对全国 150 余家出版社提供的 2008 年以来出版的各类图书和电子读物进行评选，在此基础上研究制订了《2010 学年度上海市中小学幼儿园图书馆（室）图书配置推荐目录》。为促进此项工作的顺利开展，上海市教育委员会于 4 月 18 日下发了关于印发《2010 学年度上海市中小学幼儿园图书馆（室）图书配置推荐目录》的通知，要求各区县统筹安排好图书经费，切实做好列入《推荐目录》图书的配置工作。(上海市图书馆学会)

各省、市、自治区图书馆学会

北京市

【概述】 2010 年，在北京市社会科学界联合会及北京市文化局的支持与指导下，北京市图书馆协会顺利完成了各项工作，共发展个人会员 669 人，团体会员 23 个，并在会员间开展了丰富多彩的活动。

积极组织会员参加各种学术交流活动。在中国图书馆学会征文活动中，协会共提交会员论文 102 篇，其中 44 篇获奖，协会因此获得“2010 年中国图书馆学会年会征文组织奖”；此外，协会还组织会员积极参加第九届中国社区乡镇图书馆发展研讨会及全国百县馆长论坛，也获得了不同的奖项。这些活动不仅增进了同行间的交流，也提高了会员的学术研究能力，促进了北京市图书馆事业的发展。

积极倡导读书活动，丰富市民的文化生活。协会以“人文北京、科技北京、绿色北京”为主题，组织会员单位开展公益性科普讲座活动，并从中选出 8 场优秀讲座，推荐参加到北京市社科联的科普大讲堂中，以公共图书馆为平台开展讲座，为市民传递科普信息与知识。同时，继续开展“千场讲座”活动，全年共举办讲座 1004 场，10.8 万人次参加。东城区及西城区图书馆因活动效果突出，被中图学会授予“全民阅读活动先进单位”奖。

为全面提升协会会员的业务素质和理论水平，增强职业道德和文明规范服务，协会努力做好业务培训工作，邀请国内外图书馆界专家，向会员介绍其他地区和国家的图书馆服务特色与经验。这些活动取得了良好的效果和反响，全市公共图书馆、学校、医院等系统图书馆 500 余人参加了培训，会员纷纷表示在这些讲座中得到了很多启发，为今后更好地开展自身工作提供了新思路。

【德国图书馆与信息协会主席芭芭拉·莉森做客首都图书馆】 6 月 8 日，由北京市图书馆协会、歌德学院和首都图书馆联合举办的学术报告会在首都图书馆举行。德国图书馆与信息协会主席、德国不莱梅公共图书馆馆长芭芭拉·莉森（Barbara Lison）应邀到首都图书馆作了题为“数字化时代图书馆的角色”的学术讲座。北京市各级公共图书馆、部分高校图书馆和专业图书馆的近 200 名工作人员参加了学术报告会。芭芭拉·莉森女士首先介绍了不莱梅图书馆的运行情况，随后以德国的公共图书馆，特别是不莱梅图书馆为例，从图书馆的机构与任务、数字化时代、数字化时代图书馆面临的挑战、数字化时代图书馆的角色四个方面，介绍了数字化进程对图书馆的影响和图书馆的应对之策。莉森女士指出，在信息服务 Google 化、Wiki 化，文化社会 Internet 化的背景下，“公共的、中立的信息服务是完善现代化公民社会的一个重要因素……图书馆作为公众共享、以人为本的场所，有充分的理由存在下去”。(首都图书馆)

【2010 年中国学会年会在长春举行】 7 月 25 日—29 日，2010 中国图书馆学会年会在吉林长春隆重召开，900 余人出席了大会。东城区图书馆、西城区图书馆分别获得 2009 年“全民阅读”优秀组织奖、先进单位奖。北京市公共图书

馆共提交年会论文102篇，其中获得1等奖的论文5篇，2等奖论文14篇，3等奖论文25篇。北京市图书馆协会、首都图书馆荣获年会征文组织奖。（北京市图书馆协会）

【德国杜伊斯堡城市图书馆馆长做客首图】 9月28日，由北京市图书馆协会、歌德学院与首都图书馆共同主办的学术报告会在首都图书馆报告厅举行，中图学会秘书长汤更生、歌德学院中国大区图书馆馆长魏妮卡、首都图书馆副馆长陈坚出席。德国杜伊斯堡城市图书馆馆长巴比安先生作题为“文化：人类的精神食粮——德国公共图书馆对少年儿童的‘文化教育’所做的工作”的讲座。来自全市公共图书馆、部分高校图书馆的100余名工作人员参加了学术报告会。报告中，巴比安先生首先介绍了杜伊斯堡的城市现状及图书馆在城市转型中扮演的重要角色，并就图书馆对青少年的教育进行阐述。此外，巴比安先生还与现场的中国同行们分享了其他好的经验和做法，在场听众纷纷表示此次讲座为今后工作的开展提供了许多新思路。（首都图书馆）

天津市

【召开2010年度天津市图书馆学会六届三次常务理事会】 3月29日，天津市图书馆学会六届三次常务理事会在天津市红楼大酒店召开。天津市图书馆学会理事长、副理事长、秘书长、常务理事共计18人参加了此次会议。会议由副秘书长、常务理事、南开大学常务副馆长李广生主持。会议首先讨论通过了更换常务理事事宜。新更换的常务理事是：南开大学图书馆馆长张毅、天津理工大学图书馆馆长张建、天津社会科学院图书馆馆长刘志强；增补一名常务理事：天津师范大学图书馆馆长赵雅文。理事长陆行素同志作2009年工作总结与2010年工作计划。会议对《图书馆工作与研究》近期调整编委会、刊物改版、编辑部成员实行职业资格上岗制度等工作给予了肯定。六届三次常务理事会对离任的学会副理事长阎世平，常务理事王云亮、于铁丘的工作给予了高度评价。常务理事一致通过了本届理事长所作2009年工作总结和2010年工作计划。（天津市图书馆学会）

【圆满完成“中美图书馆员专业交流项目·天津市图书馆系统高级研修班”的工作】 5月11日至13日，“中美图书馆员专业交流项目·天津市图书馆系统高级研修班”在天津举办。此次研修班是由中国图书馆学会、天津市图书馆学会、天津图书馆、天津市高校图书情报工作委员会、天津市高等教育文献信息中心、美国伊利诺伊大学厄本那一香槟校区图书馆、美国华人图书馆协会联合承办的。天津市公共系统、高校系统、科研及其他系统的140余名图书馆界学员参加了研修班。美国图书馆界专家组陈同丽、波拉·卡夫曼等6名资深的图书馆学家就美国图书馆的政策法规、图书馆管理、图书馆的绩效评估、图书馆公共关系活动等宏观层面，以及公共图书馆的服务、美国高校图书馆如何回馈社会、图书馆员专业培训的案例分析、公共图书馆是否收费、少儿图书馆工作等具体工作环节作了详尽生动的讲授。结业式上，中国图书馆学会向美方专家颁发了《荣誉证书》，并向天津市图书馆学会、天津图书馆、天津市高校图工委、天津市高等教育文献信息中心等承办单位颁发了《感谢状》。中美双方同行结合工作实际，围绕双方感兴趣的问题进行深入探讨，既加强了图书馆界的国际合作，又推动了图书馆事业的发展。（天津市图书馆学会）

【积极组织会员参加中国图书馆学会年会】 7月，天津市图书馆学会积极组织会员代表37人前往长春参加2010中国图书馆学会年会。为配合中图学会做好此次年会征文宣传发动工作，学会积极组织发动图书馆工作者撰写论文。在此次年会上，天津市图书馆学会提交论文66篇，其中获得一等奖3篇，二等奖5篇，三等奖15篇，获奖论文占全部提交论文的35%。天津市图书馆学会荣获中国图书馆学会年会征文“优秀组织奖”。（天津市图书馆学会）

【组织完成了“2010年面向学习型社会的图书馆理论与实践学术研讨会”】 5月至10月，中国图书馆学会学术研究委员会、天津市图书馆学会共同主办了天津市图书馆学会第十七次学术研讨会。本届研讨会的主题是“面向学习型社会的图书馆”，围绕此主题所举办的学术征文活动得到全国广大图书馆工作者的广泛支持和参与，共收到学术论文246篇。经过评审，共有115名分别获得了一、二、三等奖。这些论文涉及面广，有较高的理论与实践参考价值，在一定程度上，反映了当前公共图书馆在创建学习型社会的现状和作用。同时，天津市图书馆学会还将获一等奖的12名作者的文章在刊物《图书馆工作与研究》上发表。（天津市图书馆学会）

【努力办好刊物，构建学术交流平台】 2010年，是天津市图书馆学会刊物《图书馆工作与研究》再上新水平的一年。在天津市科协与天津图书馆、天津市少儿馆、天津市高校图工委的共同努力下，编辑部全体人员兢兢业业，刻苦工作，共采用刊发全国各地的文章365篇。一年来，尤其是在“学术论坛”、“理论研究”、“实践平台”等方面，刊登了一批高水平的论文，受到专业学术界的欢迎和好评。2010年，刊物继续被列入《中文核心期刊要目总览》；第四次被评为中国图书馆学优秀期刊；被中国学术期刊评介委员会再次评为“中国核心学术期刊”；被中文社会科学引文索引指导委员会第八次全体会议通过，评选为中文社会科学引文索引（CSSCI）来源期刊。2010年，在我国第一个公开的期刊评价指标统计标准“中国学术期刊影响因子年报（人文社会科学2010版）”中，本刊发表文献复合引用率（即期刊综合统计、博士学位论文统计、硕士学位论文统计、会议论文统计）排名第16位；在人文社科引用率排名第14位。以上数据，充分说明了刊物科学的办刊方向和质量水平。（天津市图书馆学会）

【天津开发区图书馆学会成立】 5月18日，天津开发区图书馆学会成立暨第一次会员代表大会在泰达图书馆隆重举行，开发区文教卫生局局长曾佳、天津市图书馆学会理事长陆行素以及开发区大中专院校、各中小学、共享工程基层服务点、武警部队、企事业单位和文艺团体等22个会员单位以及开发区医院、工会、管委会局处室、泰达图书馆档案馆等单位的近百名会员参加了会议。会议由泰达图书馆档案馆党支部副书记田忠强主持，副馆长马爱华致开幕词。大会选举产生了学会组织机构，表决通过了《开发区图书馆学会章程》，部署了今后四年的主要工作。

会议聘请开发区管委会副主任万军、文教卫生局局长曾佳分别担任学会名誉理事长、副理事长，聘请南开大学信息资源管理系主任柯平和南开大学图书馆副馆长张毅为顾问；选举泰达图书馆档案馆馆长吴营为学会理事长，泰达图书馆档案馆副书记田忠强，副馆长马爱华、季晓林及相关成员单位领导为副理事长，秘书长由季晓林兼任。（泰达图书馆档案馆）

河北省

【河北省图书馆学会2010年工作概述】 2010年，河北省图书馆学会在扩大交流、发挥职能、创新活动载体、加大宣传力度、壮大会员队伍等方面取得了实实在在的成效。因承办了2007年“全国图书馆志愿者行动”河北省基层图书馆馆长培训班，河北省文化厅、省图书馆、省图书馆学会受到中国图书馆学会的表彰和奖励。

注重学术交流，加强组织建设。2010年河北省图书馆学会组团参加了“川吉苏桂冀”五省区第十二届学术研讨会；开展了2010年度学术征文活动，组织会员参与中国图书馆学会年会、第三届百县馆长论坛及全国中小型公共图书馆研讨会等学术交流。2010年，省图书馆学会将“会员活动日”活动列入工作计划，与石家庄市图书馆学会共同举办“会员活动日”，举办了专家报告会、图书馆参观等一系列活动。邢台市图书馆学会组织会员参加征文活动，受到市社科联的表彰。张家口市图书馆学会4项科研课题获得立项，1项获社科优秀成果一等奖，被评为“优秀社团”。承德市图书馆学会在全国大中城市社科联第二十一次工作会议上，被授予“全国大中城市社科联先进学会”称号。

10月份，省图书馆学会召开全省、市、县级公共图书馆馆长联席会议，会上签署了《河北省、市图书馆联合编目中心建设合作协议》。3月份召开七届二次常务理事会。学会会刊《图书情报通讯》2010年共出版6期，刊载学术论文120余篇。《河北省图书馆学会工作通讯》共出版6期，刊载报导图书馆界的各类信息120余篇。圆满完成《中国图书馆年鉴》组稿工作。

积极协调省内图书馆开展燕赵少年读书活动。在全省范围内开展了“经典阅读，伴我成长”2010年度燕赵少年读书活动，开展了“品读经典”——中华经典读物荐读、“中华经典伴我成长”——主题征文、“舞动经典”——经典诗文书法作品征集评选、“亲近经典”——少儿经典诵读、“领悟经典”——名家讲座进校园和中华经典诵读之星评选等系列活动。

强化业务培训，提升人员素质。秦皇岛市学会与海港区文体局联合举办了“新农村书屋”图书管理员业务培训班。邯郸市学会举办图书馆业务培训班，全市19个县（市、区）的会员参加了图书馆学概论、图书分类、目录学、读者工作等基础业务培训。承德市学会开展图书馆职业道德建设培训，全市大中专院校、行业图书馆以及县（区）图书馆会员200多人参加了培训。石家庄市学会举办了县（市）、区及中学图书馆工作人员基础业务培训班。（河北省图书馆学会秘书处）

【河北省图书馆学会参与“全国图书馆志愿者行动”受中国图书馆学会表彰】 7月25日—29日，2010中国图书馆学会年会在吉林省长春市召开。在开幕式上，为2006—2008年“志愿者行动”的30个主办、承办单位和19位志愿者个人颁发了第三届文化部创新奖。中国图书馆学会开展的“全国图书馆志愿者行动”获得了2009年第三届中国文化部创新奖，这是中国图书馆学会获得的第一个政府奖项。河北省文化厅、河北省图书馆、河北省图书馆学会因承办了2007年“全国图书馆志愿者行动”河北省基层图书馆馆长培训班，在会上受到表彰和奖励。（河北省图书馆学会秘书处）

【河北省图书馆学会七届二次常务理事会议召开】 3月31日，河北省图书馆学会七届二次常务理事会议在石家庄市图书馆召开。学会理事长李春来、副理事长兼秘书长顾玉青、等29人出席会议，学会副秘书长李文革、李勇列席会议，会议由秘书长顾玉青主持。经审议，会议一致通过了2009年工作总结、2009年财务报告和2010年工作要点。就《中国图书馆年鉴》2009卷稿件征集和《河北省志、文化志》图书馆部分稿件征集等事宜进行了商议。布置了中国图书馆学会关于开展“全民阅读”活动的有关事宜，通报了2010年度燕赵少年读书系列活动筹备情况。杜也力理事长传达了刚刚在北京结束的中国图书馆学会八届二次理事会会议精神。最后，学会副理事长、省文化厅社文处处长王俊海做了总结发言。（河北省图书馆学会秘书处）

【2010年河北省、市级图书馆馆长联席会议在沧州市圆满落幕】 10月12日至13日，河北省、市级图书馆馆长联席会议在沧州市召开。省文化厅副厅长彭卫国，省文化厅社文处处长王俊海、省图书馆馆长李春来、副馆长顾玉青，沧州市文广新局长王生辉、副局长张艺和厅社文处、沧州市文广新局相关科室同志及河北省11个地市级图书馆的馆长、副馆长共32名代表出席会议。王俊海处长主持举行了会议开幕式。李春来馆长致开幕词，沧州市辛书华副市长专程出席开幕式并讲话，王生辉局长致欢迎词。开幕式结束后，彭卫国副厅长做了重要讲话。随后，各馆进行了工作交流。李春来馆长首先发言，交流了一年来省图书馆改扩建工程进展、新馆开馆筹备情况、古籍保护工程、共享工程建设等工作。11个市级馆馆长分别作了发言，交流了自去年馆长联席会以来各项工作开展情况，重点谈了新馆建设方面的经验与体会。馆长们充分讨论了全省联合编目中心建设方案（草案），提出了建设性意见和建议。在此基础上，省、市图书馆馆长共同签署了《河北省、市图书馆联合编目中心建设合作协议》。闭幕式上，李春来馆长做了总结发言。会议期间，代表们还参观了沧州市图书馆新馆馆址。（河北省图书馆学会秘书处）

【柯平教授国家社科课题专题讨论会在石家庄市图书馆召开】 5月30日下午，国家社科基金重点项目“公共文化服务体系中的图书馆战略规划模型与实证研究”专题讨论会在石家庄市图书馆召开。该项目由我国图书馆界知名学者，中国图书馆学会学术委员会副主任、南开大学信息资源管理系主任、博士生导师柯平教授领衔主持。此次讨论会由柯平教授发起，省图书馆学会组织承办。河北省图书馆学会副理事长兼秘书长、省图书馆副馆长顾玉青主持会议，我省图书馆界十余位专家参加了讨论会。柯平教授首先对研究项目作了总体介绍，课题组成员就图书馆战略规划模型等做了具体说明。讨论会主要围绕《中国图书馆事业“十二五”发展规划草案》进行讨论，包括我国图书馆事业“十二五”发展规划的总体目标及具体目标。会上各位专家分别就国家资源总库建设、文献资源整合、图书馆人事制度改革、事业经费、规划文本确定等问题进行了深入探讨。柯平教授做了总结发言。（河北省

图书馆学会秘书处）

【省图书馆学会举办首个“会员活动日”，特邀柯平教授作学术报告会】 按照河北省图书馆学会2010年工作计划，5月31日，省图书馆学会与石家庄图书馆学会联合举办了首次“河北省图书馆学会会员活动日”。来自省会20多家会员单位和保定学院图书馆的约200名会员参加了此次活动。这次会员活动日安排了两项内容，一是特别邀请南开大学信息资源管理系主任、博士生导师柯平教授作了题为“当代图书馆服务艺术与理论”的学术报告；二是组织会员参观考察新落成的石家庄市图书馆新馆。（河北省图书馆学会秘书处）

【省图学会举办“会员活动日”，特邀徐建华教授作学术报告】 11月19日，河北省图书馆学会在石家庄市图书馆报告厅举办“会员活动日”活动，邀请南开大学商学院信息资源管理系教授、博士生导师徐建华作了题为“当代图书馆员的职业生涯管理”的报告。河北省图书馆学会学术委员会主任、河北大学管理学院信息资源管理系主任金胜勇教授主持了报告会。来自省会十多家会员单位150余名会员及图书馆工作者聆听了此次学术报告。徐教授的报告从当今图书馆职业的特征、职业生涯规划与管理、职业生涯的开发与管理三个方面对图书馆人的职业规划进行了深入浅出的讲解。报告中不时插入一些图书馆及馆员的实例，如上海图书馆、杭州图书馆和有几个县级图书馆，将抽象的学术理论寓生动、形象的实例之中。（河北省图书馆学会秘书处）

【石家庄市图书馆学会第二次会员代表大会召开】 1月6日，石家庄市图书馆学会第二次会员代表大会，在石家庄市图书馆报告厅召开。来自全市各公共图书馆、高校图书馆、中学图书馆等50多名会员代表参加了会议。大会开幕式由石家庄市图书馆学会秘书长于宝芬主持，河北省图书馆副馆长，省图书馆学会秘书长顾玉青、市社科联主席肖力、市文化新闻出版局副局长郭纯阳、社文处处长贾志勇、市民政局的领导等应邀出席并讲话。石家庄市图书馆馆长、学会理事长史学术作了《石家庄市图书馆学会第一届理事会工作报告》，市委党校图书馆馆长高金生同志宣读了《石家庄市图书馆学会章程》，石家庄学院图书馆前馆长傅伟宣读了《关于修改章程的说明》，石家庄市图书馆刘桂芳副馆长就学会《2010年工作计划》向大会做了汇报。大会选举产生了石家庄市图书馆学会第二届理事会，石家庄市图书馆馆长史学术当选第二届理事会会长，刘桂芳、李文革、王炜、韩晓峰当选为副理事长；于宝芬当选秘书长，靳伯云当选副秘书长，大会还选举产生了常务理事和理事。（石家庄市图书馆　靳伯云）

【2010年唐山市第十六届县（市）区公共图书馆馆长联席会圆满结束】 9月30日，唐山市第十六届县（市）区公共图书馆馆长联席会在唐山市图书馆召开，唐山市文化广播电视新闻出版局副局长白俊艳、市文广新局社文处处长屈海奎，唐山市图书馆馆长王昕及县（市）、区公共图书馆馆长出席会议。唐山市文化广播电视新闻局社文处处长屈海奎首先致开幕词，市图书馆馆长王昕介绍了市图书馆一年来的工作成绩。丰南区、遵化市、乐亭县等十一个县（市）、区图书馆的馆长分别介绍了一年来在基础建设、优质服务以及读者活动方面所做的工作和取得的成绩，丰南区图书馆还重点介绍了新图书馆建设方面的经验与教训。最后，白俊艳副局长讲话。（唐山市图书馆）

【承德市图书馆学会召开第六次会员代表大会】 12月3日，承德市图书馆学会在承德保险宾馆举行了承德市图书馆学会第六次会员代表大会暨六届理事会换届选举大会。承德市委宣传部、承德市社科联、承德市文化局领导出席了此次会议。大会听取了五届理事会《工作报告》，通过了新修订的学会《章程》，审议通过了《承德市图书馆学会2009年度财务报告》并选举产生了新一届的理事会成员。承德市图书馆馆长谭春英当选新一届的学会理事长，姜振儒、王惠民、刘向红、张文利当选为副理事长，冯春阳当选秘书长，孙艳丽当选副秘书长。（承德市图书馆　孙艳丽）

【沧州市图书馆学会召开第四次会员代表大会】 12月28日，沧州市图书馆学会第四次会员代表大会隆重召开。市社科联主席商宗岳、副主席赵树新出席大会。来自全市各级各类图书馆的会员代表共计 90 余人出席会议。市金融学会和国际税收研究会的领导也应邀出席了大会。河北省图书馆学会发来贺信。大会对 2009－2010 年度优秀图书馆、优秀会员进行了表彰，审议通过了《沧州市图书馆学会第三届理事会工作报告》、《沧州市图书馆学会章程》、《沧州市图书馆学会 2011－2015 年工作规划》、《沧州市图书馆学会会费标准及管理办法》；选举产生了第四届理事会，市图书馆馆长宋兆凯当选为理事长，来自高校和公共图书馆的 7 位馆长当选为副理事长，22 名同志当选为常务理事，市图书馆副馆长张广越当选为秘书长。稍后举行的四届一次理事扩大会，聘任张艺副局长为学会名誉理事长，授予离任副理事长段交泰、魏殿臣、孙俊明名誉理事，并向他们颁发了证书。（沧州市图书馆　张广越）

山西省

【概述】 2010 年，山西省图书馆学会发展省学会团体会员 2 个、个人会员 55 名，发展中国图书馆学会会员 22 名。截至 2010 年底，山西省中图学会注册会员 229 人，省图学会注册会员 486 人。12 月 9 日，在省学会的大力支持下，“山西省地级公共图书馆合作与发展联盟”在太原成立，并成为省学会的第五个工作委员会。省学会严格执行常务理事会制度，及时召开常务理事会及扩大会议，对一年的工作予以认真总结，制定新一年的工作目标与计划。及时召开工作会议，充分发挥出常务理事会的决策作用。

省学会组织了中图学会年会、国际图联大会等 6 次全国及国际学术征文活动。征集学术论文 45 篇，其中荣获一等奖 2 篇，二等奖 5 篇，三等奖 7 篇。11 月 16 日，举办了“基于公共文化服务体系的图书馆共建共享”研讨会，参会人数达 200 余人，收到论文 100 篇。为推动学术交流，鼓励学术发展与学科创新，省学会遵照省科协指示，组织参加了全省优秀论文评选申报，报送 2 篇论文参与评选，并分别获得二、三等奖。与共享工程山西省分中心联合举办了主题为“低碳生活从我做起”的征文活动，征集文章 1100 余篇，其中 63 篇征文获奖。

3 月 25 日，省学会根据中国图书馆学会相关文件精神，就全年阅读活动的组织、落实与开展发出通知，要求全省各图书馆、各市图书馆学会在“世界读书日”、“图书馆服务宣传周”、“全国科普日”、“全民读书月”等期间集中开展多种形式的主题阅读活动，在全社会倡导多读书、读好书的文明风尚。9 月 19 日，省学会参加了由省科协组织的山西省 2010 年“全国科普日”暨第七届“科普三晋”系列活动启动仪式。

10 月，经过精心筹备的省学会网站正式登陆，为更加广泛的开展交流、合作，为学会会员参与学会活动搭建了有效平台。继续办好会员通讯《晋图动态》。组织公共、高校、科研系统图书馆有关人员编纂《中国图书馆年鉴》山西省部分，较为准确、全面地反映了 2010 年山西省图书馆界发展状况。

2010 年，省学会荣获文化部创新评审委员会授予的第三届文化部创新奖；荣获 2009 年度中图学会“全民阅读活动优秀组织奖”；荣获山西省科协省级先进学会荣誉；石焕发秘书长荣膺山西省科协 2009 年学会年度人物；学会办公室岳慧艳被省科协评为优秀学会干部。（耿建华）

【举办迎新春联欢会，表彰优秀单位和个人】 1 月 26 日，山西省图书馆学会、共享工程山西省分中心联合举办 2010 年迎新春联欢会。分别对在 2009 年度图书馆服务宣传周活动与全民阅读活动中取得突出成绩的单位予以表彰，对在 2009 年主题征文活动中的获奖作者与活动组织单位予以表彰与奖励，并举行了隆重的颁奖仪式。（山西省图书馆学会秘书处）

【“基于公共文化服务体系的图书馆共建共享”研讨会】 11 月 16 日，山西省图书馆学会学术工作委员会、资源共建共享委员会联合举办的“基于公共文化服务体系的图书馆共建共享”研讨会在山西省图书馆多功能厅举行。山西省图书馆学会理事长、山西省图书馆学会学术工作委员会主任李小强，山西省图书馆学会副理事长李景峰、刘永胜、石焕发、李明出席了会议。本次研讨会收到论文 100 篇，共 200 余人参加了会议。（郭春兰）

【山西省科协副主席郝建新等在省图书馆学会考察调研】 12 月 2 日上午，山西省科协副主席郝建新等来到省图书馆学会进行考察调研。省图书馆学会秘书长石焕发就学会近年来的工作做了汇报，李小强理事长介绍了山西省文化共享工程建设情况。郝建新副主席听取汇报后，对省图书馆学会的发展和所做出的成绩予以充分肯定，并针对学会每年举办的主题征文活动，建议将评选出的征文汇编成册，以利保存与传播。（耿建华）

【山西省地级公共图书馆合作与发展联盟成立】 12月9日，“山西省地级公共图书馆合作与发展联盟”成立大会在太原市图书馆召开。该联盟由六个成员馆，即太原市图书馆、大同市图书馆、阳泉市图书馆、吕梁市图书馆、长治市图书馆和大同少儿图书馆组成。（太原市图书馆学会）

内蒙古自治区

【内蒙古自治区图书馆学会第六届会员代表大会召开】 8月16日，内蒙古自治区图书馆学会第六届会员代表大会在赤峰市召开。来自全区公共、院校、科研系统图书馆（室）一百余名代表参加了本次会议。会议依照《内蒙古自治区图书馆学会章程》及有关社团管理的规定，通过民主选举产生了新一届理事会。选举结束后当选的新一届理事召开了第一次理事工作会议。会议对今后工作进行了安排和部署，同时选举产生了新的分支机构负责人和成员。（林胜）

【内蒙古自治区图书馆学会召开2010年蒙古文、汉文学术研讨会】 8月16日，内蒙古自治区图书馆学会2010年蒙古文、汉文学术研讨会于会员代表大会期间在赤峰市成功举办。本次研讨会共收到征文100篇，其中汉文70篇，蒙文30篇；经学会专家组评审，分别评出汉文一等奖3篇，汉文二等奖8篇，汉文三等奖16篇；蒙文一等奖3篇，蒙文二等奖8篇，蒙文三等奖12篇。获奖作者分别在蒙、汉文两个分会场进行了学术交流。（林胜）

【公共图书馆馆长培训班在赤峰市举办】 8月17日—19日，由中国图书馆学会、内蒙古文化厅主办，内蒙古图书馆学会、内蒙古图书馆、赤峰市文化局承办的“中国图书馆学会志愿者行动——公共图书馆馆长培训班”在赤峰市成功举办。来自兴安盟、通辽市、赤峰市、锡林郭勒盟、呼和浩特、阿拉善盟等80多位基层图书馆馆长和业务骨干参加了此次培训。本次培训班的举办对内蒙古基层图书馆办馆方式和理念的更新给予了很大的帮助和启示。为确保基层图书馆服务工作的进一步完善和到位，内蒙古图书馆学会还根据实际需求，分别在东西部举办了图书馆业务培训和共享工程骨干技术培训，通过采取授课与实践的方式使学员对当前图书馆业界动态有了更新的了解，开阔了视野，掌握了新的服务技能和管理理念。（林胜）

【内蒙古自治区图书馆学会召开2010年在呼理事扩大会】 12月，内蒙古自治区图书馆学会组织召开内蒙古图书馆学会在呼理事扩大会。会议对年内工作情况进行了总结回顾，并就下一步工作进行了安排和部署。（林胜）

辽宁省

【概述】 辽宁省图书馆学会成立于1979年3月，现为中国图书馆学会，辽宁省社会科学界联合会、辽宁省科学技术学会会员单位。经第六次会员代表大会选举产生理事长1人，副理事长13人，常务理事22人，秘书长1人，副秘书长1人。本会现有团体会员单位32个，个人会员2346人。2010年辽宁省图书馆学会共组织会员参加各类学术会议5次，征集学术论文429篇；推荐会员学术成果30余项，其中2项被立为省级课题，9项分别获得二、三等奖。全年与辽宁省社会科学界联合会共同举办“辽海讲坛”公益讲座55场，协助中国图书馆学会征集“闻一多”杯少儿书法、绘画大赛作品三百余件，其中有一百多人分获一、二、三等奖。由于报送的作品数量多，质量高，我们被大赛组委会评为“优秀组织奖”。与中国图书馆学会合作联合举办“2010全国图书馆志愿者行动”——辽宁省县区图书馆馆长培训班，共培训基层图书馆馆长100余人。与有关单位联合在铁岭等地举办文化科技下乡活动4次。在这些活动中，向各基层图书流动站赠送了书刊20 000余册，发放免费科技信息资源30余种，5000余份。由于工作成绩突出，辽宁省图书馆学会先后获省社科联2009—2010年度先进学会和标兵社团称号；被省科协评为2010年度先进集体；获得中国图书馆学会2010

年会“征文组织奖”。（辽宁省图书馆学会）

【举办2010全国图书馆志愿者行动——辽宁省县区图书馆馆长培训班】 8月2日到5日，由中国图书馆学会、国家图书馆、文化部全国文化信息资源建设管理中心、辽宁省文化厅联合主办，辽宁省图书馆、辽宁省图书馆学会、辽宁省文化资源建设服务中心承办的“2010全国图书馆志愿者行动——辽宁省县区图书馆馆长培训班”在辽宁省科隆宾馆三楼会议室举办。来自国内的5位专家志愿者——西北大学公共管理学院副院长杨玉麟、浙江大学信息管理系副主任李超平、南开大学商学院信息资源管理系教授于良芝、苏州图书馆馆长邱冠华、全国文化信息资源管理中心主任助理罗云川等5位专家分别为来自省内14个地区的112位学员讲授了《公共文化服务体系建设中的基层图书馆》、《基层图书馆馆长实务》、《基层图书馆的资源建设与服务》、《基层图书馆的宣传推介与全民阅读》、《共享工程与基层图书馆的自动化、网络化建设》等课程。（辽宁省图书馆学会）

【辽宁省图书馆学会获“2009－2010年度先进社团和标兵社团”称号】 辽宁省社会科学界联合会为表彰在2009－2010年度在理论研讨、学术研究、社科普及、社团建设、资源整合和搭建平台方面成绩突出，成果丰硕的社团，在所属省级社团中开展了“2009－2010年度先进社团和优秀社团工作者的评选活动”。省图书馆学会获“2009－2010年度先进社团和标兵社团”称号，杜希林副馆长被评为优秀社团工作者。（辽宁省图书馆学会）

【组织沈阳地区公共图书馆对口支援新疆塔城市图书馆】 9月14日上午，由沈阳市文化广电新闻出版局、沈阳市图书馆学会组织的沈阳地区公共图书馆界对口支援新疆维吾尔自治区塔城市图书馆的捐赠仪式，在塔城市图书馆隆重举行。仪式上，沈阳市文广新局副局长杨弘、沈阳市图书馆馆长李长武及沈阳市少儿图书馆馆长胡克文分别将价值4万余元的图书资料和书架设备转交给塔城市图书馆。（辽宁省图书馆学会）

【鞍山市图书馆学会工作概述】 2010年，学会积极组织开展学术研讨和学术交流活动，全年推荐35篇参加国家级、省级单位组织的学术交流活动，共有17篇论文获奖，其中，一等奖2篇、二等奖5篇、三等奖10篇；积极参加辽宁省图书馆以及辽宁省图书馆学会举办的各种学术会议和馆长联席会；举办三场图书馆学专家报告会；多次深入基层馆调研，了解各馆工作进展情况；组织召开地区馆长会，加强馆际协作与协调；继续完善学会会员学术论文数据库建设；加强对外宣传工作，及时向上级学会反馈信息，发表稿件13篇；编发会刊《鞍山市图书馆学会工作通讯》4期；认真收缴会费，积极发展新会员39名；学会策划组织开展了鞍山地区第二十一届图书馆服务宣传周活动、2010年鞍山地区公共图书馆全民阅读活动；做好鞍山师范学院图书馆学专业实习基地和图书馆志愿者服务工作。

2010年市图书馆学会先后被评为辽宁省社科联先进社团、鞍山市社科联先进社团、辽宁省图书馆学会先进学会、中国图书馆学会授予的全民阅读活动先进单位。（辽宁省图书馆学会）

【鞍山地区部分分馆馆长工作会议】 3月18日，鞍山市图书馆学会组织召开了鞍山地区部分分馆馆长工作会议，主要针对鞍山地区农家书屋的后期管理工作进行研讨和交流，会议由市图书馆马骅馆长主持。会上马馆长表示受上级部门委托，调研鞍山地区的农家书屋建设情况以及农家书屋的后期管理办法。（辽宁省图书馆学会）

【抚顺市图书馆学会六届四次理事会议】 抚顺市图书馆学会召开了第六届第四次理事会，市文广局局长刘英伟、副局长杨晓琳以及抚顺市、县区、企事业单位、院校等市图书馆学会理事们参加了此次会议。市图书馆学会理事长、市图书馆馆长刘艳代表市图书馆学会做了2009年学会的工作总结和2010年学会工作计划。会上增补了清原县图书馆馆长王大明为学会副理事长，望花区图书馆馆长彭壮飞为理事。（辽宁省图书馆学会）

【抚顺市图书馆学会被评为标兵学会】 全国大中城市社科联第二十一次工作会议，对74个单位授予“全国大中城市社科联标兵学会”称号，抚顺市图书馆学会榜上有名，被授予“标兵

学会”，这是抚顺图书馆学会首次获得国家级荣誉。（辽宁省图书馆学会）

【朝阳地区公共图书馆馆长和学会理事联席会议】 朝阳地区公共图书馆馆长和学会理事联席会于4月28日在北票市图书馆召开。县（市）区公共图书馆馆长、大中专院校图书馆馆长26人参加了会议。朝阳市文化广电新闻出版局文化科正科级调研员薄静、北票市文化局副局长李秀华出席了会议。（辽宁省图书馆学会）

【朝阳市图书馆学会获“科普活动组织奖”】 朝阳市图书馆学会组织广大会员参加社科联开展的“为农村捐书献爱心”活动，收到捐书24册。并协助社科联将全部捐书分送到边杖乡辛杖子村和白腰村图书室。在此活动中朝阳市图书馆学会获“科普活动组织奖”。（辽宁省图书馆学会）

【2010年葫芦岛地区各会员馆馆长暨学会理事会议】 3月中旬，葫芦岛市图书馆学会组织召开各会员馆馆长暨学会理事会议，总结交流上年度工作，重点传达上级指示精神、部署安排本年度工作，主要目的是加强市馆与各基层馆的联系与合作，共同促进本地区图书馆事业的发展。（辽宁省图书馆学会）

吉林省

【吉林省图书馆学会召开七届五次常务理事(扩大)会】 3月12日，吉林省图书馆学会在长春召开七届五次常务理事（扩大）会，常务理事、部分在长高校图书馆馆长及市（州）图书馆馆长共40余人参会。会议由省学会副理事长、吉林大学图书馆馆长李书源教授主持。学会理事长、省图书馆馆长石丽珍全面总结了省学会2009年工作，并指出了学会工作存在的不足；学会副理事长、东北师范大学图书馆馆长于群教授通报了省学会2010年工作计划。省文化厅副厅长谢文明、社文处处长李虹应邀出席了会议，谢文明同志做了重要讲话。（吉林省图书馆学会秘书处）

【吉林省代表参加五省(区)图书馆学会第十二届学术研讨会】 6月22日—25日，由川、吉、苏、冀、桂五省（区）图书馆学会主办，四川省图书馆学会承办的“五省（区）图书馆学会第十二届学术研讨会”在成都隆重召开。吉林省图书馆学会组织全省公共、高校图书馆的14名代表参加了会议。会议共收到论文293篇，其中吉林省提交论文78篇，获一、二等奖33篇。北华大学图书馆副馆长王延广代表吉林省在会上做了“关于高校图书馆开展公共服务的思考”的主题发言。与会代表们结合工作实践进行了积极的学术探讨和经验交流。（吉林省图书馆学会秘书处）

【吉林省图书馆学会协办2010中国图书馆学会年会】 7月25日—29日，2010中国图书馆学会年会在长春市会展中心大酒店隆重举行。吉林省图书馆学会作为协办单位全力配合，为年会的顺利召开提供了人员、技术、设备等方面的保障和支持。年会期间，吉林省图书馆学会主办了主题为“合作 共享 服务——图书馆联盟探索与实践”的第十一分会场，吸引了全国同行的参与；与中国图书馆学会共同主办了年会闭幕式文艺演出，组织吉林大学、东北师大图书馆、省馆、市馆和长春市少儿图书馆与吉林省吉剧院联袂演出，让与会代表享受了一次极具东北地域特色的视觉盛宴，展现了吉林省图书馆人的精神风貌和艺术表演团体的风采，广受代表们的好评。

中国出版集团向吉林省基层图书馆捐赠了价值30万码洋的图书。吉林省图书馆、省图书馆学会荣获“全国图书馆志愿者行动”第三届文化部创新奖；吉林省图书馆、长春市图书馆同时荣获2009年度“全民阅读奖”；省学会荣获“年会征文组织奖”。中国图书馆学会向吉林省文化厅、吉林省图书馆、长春市文化局、长春市图书馆颁发了《感谢状》。（吉林省图书馆学会秘书处）

【吉林省图书馆学会主办2010中图学会年会第十一分会场】 7月27日上午，在2010中国图书馆学会年会期间，吉林省图书馆学会主办了主题为“合作 共享 服务——图书馆联盟探索与实践”的第十一分会场会议。吉林省图书馆学会理事长、省图书馆馆长石丽珍主持了会议。吉林大学图书馆副馆长董润丽、东北师大图书馆副馆长王战林、省图书馆信息咨询部主任赵庆禹、前郭尔罗斯蒙古族自治县图书馆馆长宋明玉、长春师范学院图书馆馆长姜维公等5位省内专家学者，分别介绍了吉林省图书馆联盟建设与发展的经验，引起百余位全国代表的浓厚兴趣。发言嘉宾基于实践基础之上的探索与思考，引发了现场听众热烈的讨论，现场互动、提问环节将会场气氛不断推向高潮，会场座无虚席。分会场还同时举办了“吉林省图书馆联盟图片展”和“吉林省图书馆公益讲座500期回顾展”，展示了吉林省图书馆联盟发展成果和省馆讲座发展历程。（吉林省图书馆学会秘书处）

【2010中美图书馆员专业交流项目——吉林省图书馆馆长高级研修班成功举办】 7月28日—30日，由中华人民共和国文化部、美国博物馆及图书馆服务机构（署）联合主办，中国图书馆学会、吉林省图书馆、吉林省图书馆学会、美国伊利诺伊大学厄本那—香槟校区图书馆、美国华人图书馆员协会共同承办的“2010中美图书馆员专业交流项目——吉林省图书馆馆长高级研修班”在长春举办，来自全省的180名图书馆工作者参加了学习。国家图书馆副馆长、中图学会副理事长陈力出席了开班仪式。来自美国的6位图书馆学专家为吉林学员带来了内容丰富的专业课程。本次培训授课形式灵活多样，特别是具有美国特点的情景互动和分组讨论环节，生动有趣，取得了良好的培训效果。培训结束前，吉林省图书馆学会理事长、省图书馆馆长石丽珍代表承办单位，高度评价了此次培训站位高、视野广、底蕴深。吉林省图书馆和美方专家组互赠了礼品，中国图书馆学会向吉林省图书馆和吉林省图书馆学会颁发了《感谢状》。（吉林省图书馆学会秘书处）

【吉林省图书馆学会召开七届六次常务理事扩大会】 12月9日，吉林省图书馆学会在长春召开七届六次常务理事扩大会暨吉林省图书馆联盟工作会议。省学会常务理事、高校图书馆馆长、地区图书馆馆长、联盟理事会理事共计50余人参加了会议。省文化厅厅长林君、社文处处长李虹、省学会原理事长石丽珍、吉林省图书馆馆长鲍盛华、党委书记杨柏林等领导参加了会议，学会秘书长张毕臣主持了会议。会上，林君厅长做了关于巩固学会和图书馆联盟已有成果，拓展服务内容，提升服务质量的重要讲话。吉林大学图书馆馆长李书源、长春市图书馆馆长刘慧娟、东北师大图书馆馆长于群，分别做了省学会2010年工作总结、省学会2011年工作计划安排以及联盟工作总结。会议通过了省学会和图书馆联盟的人事任免提案。石丽珍同志发表了“感谢、感动、感慨”的离职感言并表达了对图书馆事业的美好祝愿。新任理事长、吉林省图书馆馆长鲍盛华同志做了任职讲话。（吉林省图书馆学会秘书处）

【吉林省图书馆联盟赴修正药业开展交流活动】 3月9日，由吉林省图书馆联盟成员馆省图书馆、吉林大学及东北师大组成的信息咨询组一行走访了吉林修正药业集团技术中心，实地了解企业需求，并与修正药业集团副总裁高陆及部分研发人员一起，就近年来图书馆联盟为企业提供医药信息服务等事宜进行了深入交流。省图书馆党委书记杨柏林代表省馆及图书馆联盟对修正药业几年来的信任与支持表示感谢。（吉林省图书馆学会秘书处）

【吉林卫视《跨越》栏目专访吉林省图书馆联盟】 3月21日，吉林卫视《跨越》栏目以“我们的图书馆”为题，播出了对吉林省图书馆馆长石丽珍、副馆长吴爱云、信息咨询部主任赵庆禹的访谈节目。主持人施斌与三位嘉宾围绕公共、高校、科研三大系统图书馆联盟建设，以合作开放、创新服务、方便读者、资源共建共享、惠及“三农”等方面内容为话题进行了交流，使广大观众对省图书馆及省图书馆联盟近年来的重点工作有了较为全面地了解。（吉林省图书馆学会秘书处）

【吉林省图书馆联盟获得“群星奖”】 在5月24日举行的第十五届“群星奖”颁奖晚会上，吉林省图书馆联盟与长春图书馆的“未成年人思想道德建设工程”、吉林市的“松花江之夜大型广场周末休闲舞会”一起同获“群星奖”。“群星奖”是全国社会文化艺术政府最高奖，此次获奖是吉林省历史上获奖数量最多、获奖门类最全的一次。另外，长春图书馆馆长刘慧娟还与吉林省群众艺术馆文艺部主任赵艳雯一起获得了“群文之星”称号。（吉林省图书馆学会秘书处）

【吉林省图书馆联盟举办第四期培训班】 11月25日，吉林省图书馆联盟第四期培训班在东北师范大学图书馆隆重举行，来自18个联盟成员馆的60余名学员参加了培训。东北师范大学图书馆常务副馆长刘万国主持了开班仪式。吉林省图书馆馆长鲍盛华发表了热情洋溢的讲话，从理念、技术、情感三个方面阐述了图书馆联盟“资源共享 服务基层”的精髓所在。来自东北师范大学图书馆的技术骨干分别讲解了Primo界面综述、Primo简介、吉林省图书馆联盟资源发现与获取等课程，并指导上机实习，受到学员们的一致好评。本次培训针对性高、实效性强，学员学习热情高涨，取得了预期效果。（吉林省图书馆学会秘书处）

【延边图书馆学会第七次会员代表大会暨2010年省、州图书馆学术研讨会召开】 11月10日，延边图书馆学会第七次会员代表大会暨2010年吉林省、延边州图书馆学术研讨会在延边洲际商务酒店隆重召开。大会由延边图书馆学会副秘书长安美兰主持，吉林省图书馆党委书记、常务副馆长杨柏林，州委宣传部常务副部长朴昌旭，州社科联主席俞昌根，州文化局副局长王智，吉林省图书馆学会秘书长张毕臣，州民间组织管理局局长严昌德等应邀到会，并做重要讲话。新当选的理事长金勇进致闭幕词。大会审议通过了《延边图书馆学会第六届理事会工作报告》和关于修改《延边图书馆学会章程》的说明。选举产生了第七届理事会，召开了第七届理事会第一次会议，第七届理事会由24名理事、9名常务理事组成。表彰了10名学会先进工作者和25名优秀会员。

学术研讨会以“公共文化服务体系构架下的图书馆服务：信息技术发展环境下的高校图书馆服务”为主题。共收到学术论文51篇，经学术委员会审议，评出一等奖3名、二等奖6名、三等奖10名、优秀奖32名。两位论文作者代表在大会上发言。（方英兰）

黑龙江省

【“我与图书馆”征文颁奖仪式在省图书馆举行】 1月30日，由黑龙江省图书馆学会和省图书馆联合举办的专题征文活动“全省公共图书馆‘我与图书馆’征文活动颁奖仪式”在省图书馆主楼大厅举行。本次征文活动读者参与广泛，来自全省读者的300余篇征文真实地反映了广大读者与图书馆的深厚感情，抒发了作者享受读书、得益于读书的快乐。本次征文活动是通过市（地）图书馆学会初评，省图书馆学会组织专家评委复评，评出一等奖10名，二等奖20名，三等奖30名，优秀奖80名，并颁发了奖品和证书。党委书记董绍杰、副馆长刘继维及省学会、读者工作部、借阅部、报刊部、青少年工作部等相关部门、征文获奖作者及读者100余人参加了颁奖仪式。（黑龙江省图书馆学会秘书处）

【省图书馆学会召开九届三次常务理事会】 4月20日，黑龙江省图书馆学会在省社科院图书馆召开九届三次常务理事会，共有常务理事14人参加了会议，4人列席会议。高文华理事长在会上传达了中国图书馆学会2010年常务理事会会议精神；董绍杰副理事长总结了2009年省学会工作。会议制定了省学会2010年工作计划；研讨了关于开展黑龙江省图书馆联盟工作，调整县级图书馆收缴会费标准及实施办法和编撰《中国图书馆年鉴》等事宜。省社科院图书馆做了工作情况介绍。（黑龙江省图书馆学会秘书处）

【省学会第十四届图书馆学优秀科研成果评奖工作】 4月6日，黑龙江省图书馆学会第十四届图书馆学优秀科研成果评奖正式启动。6月18日，共有14位学术委员参加了评审，评审工作由学术委员会主任董绍杰主持。共评出优秀科研成果209项，占申报成果的73.33％。6月24日，黑龙江省图书馆学会九届四次常务理事会在哈尔滨理工大学南区图书馆举行，审议通过了第十四届图书馆学优秀科研成果评奖结果。（黑龙江省图书馆学会秘书处）

【黑龙江省少年儿童科普技能大赛启动仪式在省图书馆拉开序幕】 5月30日，黑龙江省图书馆、黑龙江省图书馆学会与黑龙江省青少年科技辅导员协会联合举办以“体验·创新·成长”为主题的少年儿童科普技能大赛及科普展览活动。活动启动仪式在省图书馆一楼大厅举行，省图书馆馆长高文华、省青少年科技辅导员协会主任胡国庆分别致辞。此次比赛分为两个单项：纸飞机大赛和智力七巧板拼图比赛。分别在省图少

儿阅览室和亲子阅览室进行，近百名少年儿童参加了比赛。（黑龙江省图书馆学会秘书处）

【中国古典益智数学科普展暨哈尔滨市第四届科普杯古典益智数学技巧竞赛开幕式活动】 6月1日，黑龙江省图书馆学会、省图书馆少儿部与哈尔滨市科学宫联合举办了大型公益科普系列活动。活动以“科学普及，你我共同参与”为宗旨，以“璀璨的中国古代文明”为主题，增强少年儿童对中华古典益智文化的认识，激发广大中小学生的爱国热情，在体验与实践中体味古人的幽雅和情趣，在游戏中开阔思维、探索新知。黑龙江省图书馆副馆长孙建华、哈尔滨科学宫主任孙金玲等有关领导出席了活动的开幕仪式，并与小朋友们共同参观了科普展览。此次活动历时1个月，举办了科普展览、“第四届科普杯古典益智数学技巧竞赛”、邀请北京潜能教育专家姚毓智教授作“中国古典益智文化源远流长”科普讲座等一系列公益活动。（黑龙江省图书馆学会秘书处）

【“2010中美图书馆员专业交流项目——黑龙江省图书馆馆长高级研修班”开班】 8月2日，“2010中美图书馆员专业交流项目——黑龙江省图书馆馆长高级研修班”在哈尔滨隆重举行，来自全省公共、高校和科研图书馆三大系统的代表共210人参加了研修班。出席研修班开幕式的领导有中国图书馆学会副理事长、国家图书馆副馆长陈力，黑龙江省文化厅党组成员、副厅长綦军。研修班由省学会副理事长、省图书馆党委书记兼常务副馆长董绍杰主持。陈力副理事长，綦军副厅长和美方项目代表蒋树勇先后致辞。美方专家组蒋树勇、王澍、李国庆、冯婉红、马丁和徐鸿等6位专家介绍了美国图书馆的诸多方面，精彩讲演受到了代表们的热烈欢迎。中美图书馆事业无论在发展路径、服务模式、用户教育还是图书馆员培训方面都有很大的差异。期间中美两国图书馆员进行了专业交流、互动踊跃。（黑龙江省图书馆学会秘书处）

【“国家图书馆文津图书奖”宣传推广活动在黑龙江省图书馆举行】 10月13日，由国家图书馆主办，中国图书馆学会、黑龙江省图书馆学会、黑龙江省图书馆承办的“国家图书馆文津图书奖”宣传推广活动仪式在省图书馆主楼大厅举行。中国图书馆学会副秘书长孙学雷、黑龙江省图书馆馆长高文华分别致辞，松花江林业管理局干部李润丰代表读者发言。宣传推广活动启动仪式由省图书馆党委书记董绍杰主持。黑龙江省电视台、《黑龙江日报》、《生活报》、《新晚报》、《晨报》等多家媒体及广大读者300余人参加此次活动。随后，参加活动的领导和读者参观了“国家图书馆文津图书奖”图片展、获奖图书展，聆听了哈尔滨师范大学博士生导师孙慕天教授主题为“热爱读书就是走向文明”的专题讲座。（黑龙江省图书馆学会秘书处）

【举办《中图法》第五版及《中分表》Web版培训班】 11月2日—4日，黑龙江省图书馆学会在哈尔滨举办了《中图法》第五版及《中分表》Web版培训班。本次培训班特邀国家图书馆研究馆员、《中图法》编委会副主编卜书庆老师授课。来自全省各市地县、各高校、各系统图书馆的232名学员参加了培训。（黑龙江省图书馆学会秘书处）

【哈尔滨市图书馆学会组织召开市公共图书馆馆长工作会议】 7月12日，哈尔滨市公共图书馆馆长工作会议在哈尔滨市图书馆召开，哈尔滨市图书馆学会组织18个区县公共图书馆馆长及相关领导30余人参加了会议。会议总结了上年度区县公共图书馆工作。哈尔滨市图书馆馆长孙威介绍了该馆全面贯彻落实总分馆制的具体运作实施情况；市局文化处相关领导介绍了天津图书馆的先进管理经验；市学会就图书馆评估工作进行了总结。（黑龙江省图书馆学会秘书处）

【哈尔滨市图书馆学会组织继续教育培训】 7月23日至25日，哈尔滨市图书馆学会对7区11县公共图书馆的184名专业技术人员开展了继续教育培训。培训内容包括《理论图书馆学的当代境遇》、《政府信息权与信息公开》、《文化权利、核心价值、职业人生》、《网络信息资源整合与服务》等。此次培训聘请了黑龙江大学信息管理学院副院长蒋永福教授授课。（黑龙江省图书馆学会秘书处）

【哈尔滨市图书馆学会参与市社联举办的科

普宣传周活动】 9月13日，哈尔滨市图书馆学会积极参与社联举办的送科普下乡活动。哈尔滨市图书馆学会为红旗满族乡曙光村送去新书1500余册，杂志200余种；哈尔滨市图书馆读者协会利用“哈尔滨讲坛”送讲座下乡，为农民朋友讲授土地承包法的相关政策。（黑龙江省图书馆学会秘书处）

上海市

【概述】 2010年，上海市图书馆学会荣获中国科协2010年度全国“省级学会之星”、“2010年举办学术交流五十佳省级学会”殊荣。组织建设方面，通过市科协星级学会评估复查，继续保持“二星级”学会称号，通过上海社团年度检查。国内外学术交流、教育培训、编译出版等方面，成功举办2010年上海市图书馆学会学术年会，完成2010年度学会课题项目申报评审立项；举办“第七届中日国际图书馆学研讨会”等国内外学术研讨会4次；举行“双月学术讲座”等各类专题性学术报告、沙龙、讲座11次；成功举办“2010中美图书馆员专业交流上海地区图书馆馆长高级研讨班”、“图情高级研修班”等各类教育培训9次，受培训2596人次；支持地区及中小学图书馆学术征文等区域性和系统内开展的学术活动；学会会刊《图书馆杂志》完成编辑刊发论文320余篇，编辑出版图书、论文集2部。区域合作交流方面，积极参与世博宣传推广，组织学会青年参与世博美国馆之旅中美青年交流活动；组织参加中国图书馆学会年会，积极组织推动全民阅读活动；组织召开2010华东地区少儿图书馆工作协作年会。功能拓展方面，充分发挥高级专家委员会智库作用，参与全市街镇图书馆工作现状调研、等级评定等活动；学会网站、图书馆杂志网站年访问量超过250万人次。（上海市图书馆学会秘书处）

【图书馆管理分委员会举行学术交流活动】 1月13日下午，上海市图书馆学会图书馆管理分委员会在南京政治学院上海分院举行了2010年首次学术交流活动，主要围绕区县图书馆的人力资源建设工作讨论和图书馆新馆建设功能布局研讨。与会者一致认为，只有尽快建立符合实际需求的人力资源管理框架，才能保证上海区县图书馆组织机体的良性发展；对于区县图书馆新馆的建设，主要围绕新馆在建筑设计、组织构架、功能设置以及服务定位等方面的具体情况，尤其对新馆的服务宣传推广、专题文献服务、组织运营工作进行了深入的分析和展望，为区县图书馆新馆的建设工作提供了宝贵的参考，极具实践价值。（上海市图书馆学会秘书处）

【2010中美图书馆员专业交流上海地区图书馆馆长高级研讨班】 5月21日，“2010中美图书馆员专业交流项目——上海地区图书馆馆长高级研讨班”隆重举行。来自上海地区公共、高校和专业图书馆三大系统的代表共116人参加了活动。（上海市图书馆学会秘书处）

【全球化视野·大学图书馆馆长论坛】 6月1日，“全球化视野·大学图书馆馆长论坛”在上海财经大学图书馆揭开帷幕。来自美国、日本、中国香港及中国内地的三十多位高校学者、图情界资深专家及大学图书馆馆长，围绕着“巨变中的大学图书馆——现状思考与学科化服务发展趋势”这一主题，就校园研究型读者需求变化、大学图书馆战略调整、学科服务与资源建设、队伍建设等方面发表了论坛的主题报告并参加交流讨论，深入研究和探讨了大学图书馆创新求变的理念和经验。本次论坛本着“汇聚智慧，创新求变”的主旨，为海内外专家学者、业界同仁搭建了一个拓宽视野、汇聚智慧的平台，也为更好地吸收海内外大学图书馆创新求变的成功经验，做好我校图书馆发展战略规划打下了良好基础。（上海市图书馆学会秘书处）

【上海市图书馆学会2010年度课题立项评审结果揭晓】 6月13日，上海市图书馆学会发布了2010年度科研课题项目评审结果。总共43项课题获得批准立项，其中重点课题4项，获得资助一般课题6项。今年共受理申报重点及一般课题共54项，其中53项申报课题通过初审。学会的课题评审立项工作过程，在课题发布、申报时间、申报表样式等方面与国家哲学社会课题的申报要求基本相似。在整个立项审批过程中坚持做到导向正确，研究重点突出；坚持课题质量第一，兼顾自选创新。在评审规程中，做到严格评审，规范评审。（上海市图书馆学会秘书处）

【上海市图书馆学会再次荣获 2009 年全国省级“学会之星”】 7 月，中国科协发布了 2009 年全国省级“学会之星”评选结果，在 300 家入选学会中，上海市图书馆学会再次荣获“学会之星”称号，并再次排名位列其他学科第一。同时还评出 2009 年学术交流、科普活动、科技服务三个单项的五十佳省级学会，上海市图书馆学会也再次荣获“学术交流五十佳省级学会”称号，排名位列第三（2008 年位列第六）。这也是上海市图书馆学会自 2006 年来连续第四次入选全国省级“学会之星”，第二次荣获“学术交流五十佳省级学会”称号。（上海市图书馆学会秘书处）

【2010 图书馆前沿技术论坛：关联数据与书目数据的未来召开】 8 月 23 日，由上海市图书馆学会学术委员会信息技术分委员会主办、上海市普陀区图书馆协办的“2010 图书馆前沿技术论坛：关联数据与书目数据的未来”在普陀区图书馆召开。论坛进行视频与文字网络直播，吸引了全国各地和海外学者的网络参会。本次会议的主题是国外图书馆界当前的一大热点——“关联数据”。关于关联数据的研究已经在网络上引起了激烈的讨论，吸引了刘炜、程焕文等“技术派”及“人文派”人士的关注，海外学者张甲、曾蕾、秦健、林海青等也多次撰文参加讨论。本次论坛上，林海青、刘炜、胡小菁、黄田青、夏翠娟等分别就关联数据的功能需求及其实现、关联数据 ABC 及近两年来的应用进展、RDA 与关联数据等问题和与会代表分享了自己的研究成果。（上海市图书馆学会秘书处）

【第七届中日国际图书馆学研讨会】 8 月 26 日，由上海市图书馆学会、日本图书馆研究会共同举办的第七届中日国际图书馆学研讨会，于第五届上海（杭州）图书馆国际论坛期间在杭州召开。本次研讨会主题：图书馆标准与评估。日本图书馆协会此次派出了包括日本图书馆协会理事长盐见升教授和日本图书馆研究会理事长川崎良孝教授的阵容强大的专家队伍，为本届论坛增色许多。在第七届中日图书馆学研讨会上，盐见升理事长的“日本公共图书馆基准的变迁和现状”报告，系统介绍了日本公共图书馆各项标准的发展变迁历史，从中折射出的经验教训对中国及其他各国公共图书馆发展具有很大的参考价值。上海市图书馆学会理事长王世伟教授的“近年来中国大陆公共图书馆服务创新述略”，则全面介绍了近年来中国图书馆为更好满足读者需求而创新的诸多服务项目，同样可资日本及其他国家和地区同行借鉴学习。（上海市图书馆学会秘书处）

【2010 年上海市公共图书馆读者服务工作研讨会】 9 月 28 日，由上海市图书馆学会、宝山区文化广播影视管理局、嘉定区文化广播影视管理局、宝山区庙行镇人民政府主办的 2010 年上海市公共图书馆读者服务工作研讨会主办的研讨会在庙行镇社区文化活动中心举行。上海图书馆副馆长周德明，宝山区文化广播影视管理局局长彭林，宝山区庙行镇党委副书记叶强，上海市图书馆学会副秘书长、上海图书馆协调辅导处副处长金晓明，上海师范大学图书馆副馆长吴志荣，上海市文化广播影视管理局社文处金荣彪以及来自各区县公共图书馆的领导和专家等近 120 人出席了活动。此次研讨会活动共征集到论文 88 篇，评出一等奖 3 名，二等奖 4 名，三等奖 5 名，入围奖 35 名，共 47 篇论文入选编辑出版的《新形势下公共图书馆读者需求与服务——2010 年上海市公共图书馆读者服务工作研讨会论文集》。（上海市图书馆学会秘书处）

【上海市图书馆学会 2010 学术年会】 11 月 10 日，由上海市图书馆学会主办，闵行区文化广播影视管理局支持、闵行区图书馆承办的“2010 年上海市图书馆学会年会”在闵行区图书馆新馆隆重举行。全市各公共、高校、科研等系统图书馆会员代表共约 400 人出席了本次年会。本次年会的主题为“城市文化与图书馆”，会期一天。当天上午举行的开幕式由上海市图书馆学会秘书长那个刘炜主持，首先特别安排了由上海戏剧学院图书馆组织学生做了“粉墨中国”出色演出，上海市科协副主席高小枚、上海市图书馆学会理事长王世伟、闵行区文化广播影视管理局局长何国文分别致辞。闵行区文广影视局、上海师范大学传授曹旭以及有关企业相继围绕加快公共文化服务体系建设、图书馆建筑与美学、自助图书馆、图书馆与物联网等主题作了大会报告。下午由上海市图书馆学会学术委员会主持并联合高校图书馆委员会、编译出版委员会组织举办了六场分会场报告，分别就“图书馆：‘促进社会包容的市民空间'”、“信息资源组织的理论与实践”、“后世博时代的图书馆信息服务”、“城市文化的新地标：数字阅读与移动阅读”、“高校图书馆与城市文化”、“当代出版环境下的图书采编工作新探索——‘馆藏与出版论坛’2008—2010获奖论文报告会”主题展开深入研究与讨论。上海市图书馆学会倡议开展的“西部地区（新疆、西藏）图书馆学术援助和志愿者行动计划”也正式启动。年会上还发布了2011年学会课题指南。（上海市图书馆学会秘书处）

江苏省

【江苏省图书馆学会概述】 2010年是图书馆事业“十一五”发展的收官之年，省学会在上级主管部门、挂靠单位南京图书馆的支持和第五、第六届理事会、全体会员的努力下，较好地完成了年内制定的各项工作任务，成功进行了理事会换届改选工作。

全年积极策划和组织了丰富多样活动，有针对性地组织、参与全国、跨地区和全省性学术交流活动。主办的活动有：5月在江苏江阴市召开“中国图书馆学会第三届百县馆长论坛”；7月在扬州市召开“第五届苏中地区图书馆发展战略研讨会”；11月在江苏吴江市召开“全国图书馆文献资源建设研讨会”。参与的活动有：5月在浙江杭州召开的全国中小型公共图书馆联合会2010年研讨会；7月在长春召开“2010中国图书馆学会年会”；6月，在上海召开的“全国少年儿童图书馆馆长论坛”和在四川成都市召开“五省（区）图书馆学会第十二届学术研讨会”；8月在苏州市召开的“深化知识服务，合作共建共赢”暨第十一届《全国报刊索引》学术研讨会；9月在江西省南昌市召开的“华东地区少年儿童图书馆协作委员会2010年年会及学术研讨会”和在湖北省宜昌市召开的“第九届中国社区乡镇图书馆发展战略研讨会”。

全力办好《新世纪图书馆》，截至年底，全国各地来稿2832篇。编辑出版、发行期刊6期，登载论文187篇（其中消息、通知等不包括在内），录用率6.8%。年底出版一期增刊，征集稿件87篇。年内办了“中国图书馆学会年会”和“世界读书日”两期专栏；另外，每期一个专题研究（其中高校图书馆工作二期、文献资源建设二期）。每期印刷2400份，通过邮局公开征订发行、非公开及编辑部自办征订发行。年初，中国社会科学评价中心将本刊列为扩展版第二名；本刊在中国学术期刊网的影响力继续呈上升趋势。完成2010年《江苏图书馆之窗》12期的编辑发行工作，不断提升刊物质量。

开展培训教育工作。8月，省学会与中国图书馆学会等联合在盐城市成功举办“全国图书馆志愿者行动——江苏省公共图书馆馆长培训班”；9月，省学会与国家图书馆等在常州市举办全国“地方志文献的采访、编目与服务”培训（研讨）班。

其他工作：（1）加强与台湾地区图书馆的联系，组织图书馆馆长和文化厅局处长去台湾参观考察。（2）协助省文化厅开展了2010年度“红读”征文评奖活动和征文演讲比赛。（3）完成文化厅《图书馆志》两个章节的定稿工作。（4）全年发展省会员64名，中国图书馆学会会员36名。（5）做了大量的文件上传下发工作和学会网页各种信息发布工作。（吴林）

【省学会召开第五届理事会扩大会议】 5月28日召开了省学会第五届理事会扩大会议在南京图书馆学术报告厅举行，省学会第五届理事会全体理事、各专业委员会主任、各市学会秘书长近90人参加了会议。省文化厅副厅长、南京图书馆党委书记、省学会理事长马宁总结2009年省学会工作并部署2010年省学会工作，各专业委员会通报2009年工作。会议期间，还就《江苏省图书馆学会第五届理事会工作报告》等几个大会文件征求意见。会上，还安排了全体与会人员听取丘东江先生主讲的“OCLC的发展与全球图书馆合作”的学术报告。同时召开了全省各市图书馆学会秘书长会议。（吴林）

【省学会第六次会员代表大会在南京图书馆召开】 5月29日，省学会第六次会员代表大会在南京图书馆召开，有141名会员代表出席了大会。中图学会和全国23个兄弟省市学会向大会发来贺电和贺信，省民政厅领导和省社科联领导到会致辞。会上，与会代表听取和通过了4个工作报告和修改后章程。大会授予王慧芬等六人为省学会第六届理事会名誉理事，表彰了在2003—2009年度学会工作中作出较好成绩的7个先进学会、6个单位单项奖、65位优秀会员和12

位优秀学会工作者，并颁发了证书。大会投票选举产生了第六届理事会，选出86名理事、48名常务理事。省文化厅副厅长马宁继续担任理事长，南京图书馆党委书记方标军当选常务副理事长，另有副理事长8人。省学会在原有的专业委员会上，新增了6个专业委员会，共计12个。新一届常务理事会研究通过了《新世纪图书馆》编辑委员会组成人员，方标军担任编委会主任，并聘请马宁等11人担任顾问。为做好会员代表大会和换届改选工作，学会秘书处做了大量前期筹备工作。(吴林)

【第六届省学会古籍整理与文献保护工作委员会成立大会暨第一次工作会议在南京召开】 6月23日上午，第六届江苏省图书馆学会古籍整理与文献保护工作委员会成立大会暨第一次工作会议在南京召开。会议由南京图书馆副馆长、省古籍保护中心主任全勤主持并部署了今年工作计划。江苏省图书馆建筑与设备专业委员会第一次会议于2010年9月20日在东南大学图书馆召开，专业委员会主任顾建新，为各位委员颁发聘书。(吴林)

【省学会组织会员参加“川、吉、苏、冀、桂五省(区)图书馆学会第十二届学术研讨会”】 6月23日，“五省（区）图书馆学会第十二届学术研讨会”在四川成都召开，130余人出席了会议，江苏省有9人参会。此次会议共收到论文293篇，评出获奖论文254篇；江苏省收到征文66篇，有40篇论文分别荣获一、二、三等奖。江阴市图书馆馆长陈蓉在大会进行了交流发言，得到与会者的好评。南京图书馆副馆长许建业代表下一届承办方在会上作了发言。(吴林)

【第五届苏中地区图书馆发展战略研讨会】 为推动苏中地区图书馆界的学术交流，7月8日至10日，由江苏省图书馆学会和南通、泰州、扬州市三地图书馆学会联合主办，扬州市图书馆承办的“第五届苏中地区图书馆发展战略研讨会”在扬州会议中心隆重召开。省馆方标军书记、许建业副馆长等和来自苏中地区图书馆界的领导及获奖论文代表100多人参加了会议。这次会议的主题是：苏中地区图书馆合作与发展，还有10个分主题。共收到征文171篇，经过专家评审，有104篇论文分获一、二、三等奖。蒋国庆等8位获奖论文作者围绕苏中地区合作发展、古籍开发利用、图书馆建设管理、读者服务创新四个方面进行大会交流。会议期间，扬州市图书馆学会特邀许建业副馆长为参会代表作题为“论文化共享工程与基层公共文化服务之发展”的学术报告。(吴林)

【省学会获得“2010中国图书馆学会年会”征文活动组织奖】 7月25日—29日，“2010中国图书馆学会年会”在长春召开，来自全国各地各系统的图书馆代表共900余人出席了大会。江苏有50多名代表参加会议。在年会颁奖典礼上，中国图书馆学会先后向南京图书馆等10个单位和机构颁发了2009年“全民阅读示范基地”；向江阴市图书馆、吴江市图书馆等43个单位和机构颁发了全民阅读“优秀组织奖”和“先进单位奖”。本次年会评选出2010年中国图书馆学会“会员论坛之星”15人，江苏有5人获此殊荣。全国有710篇征文在年会征文中获奖，其中江苏获奖论文86篇；省学会组织的征文数和获奖数在全国名列第一并获得征文活动组织奖。(吴林)

【省学会举办“全国图书馆志愿者行动”——江苏省公共图书馆馆长培训班】 由中国图书馆学会、国家图书馆、文化部全国文化信息资源建设管理中心、江苏省文化厅联合主办，南京图书馆、省学会、盐城市文广新局承办，盐城市图书馆协办的“全国图书馆志愿者行动”——江苏省公共图书馆馆长培训班于8月2日至5日在盐城市成功举办。范并思等6位国内图书馆界知名专家授课，还和来自全省各地的基层图书馆馆长一起进行了分组讨论，交流实际工作中遇到的问题。三天的培训内容丰富，既有理论指导，又有实践探讨；既有学术交流，又有经验介绍；有会上互动，也有会下访谈。江苏省的120多名市县区馆长参加了培训，十多位馆长在培训期间写下了学习感想。中国图书馆学会网站、江苏省文化厅网站、《盐阜大众报》、《盐城晚报》、盐城电视台等媒体对本次培训班进行了综合报道。在闭幕式上还举行了志愿者荣誉证书颁发仪式、学员结业证书颁发仪式，举行了志愿者组长范并思教授将全体志愿者和受训代表签名的队旗赠送给

承办单位的赠旗仪式。(吴林)

【省学会参与组织“深化知识服务,合作共建共赢”暨第十一届《全国报刊索引》学术研讨会】 由上海图书馆上海科学技术情报研究所主办、江苏省学会、江苏省高校图工委、苏州图书馆、苏州大学图书馆协办的“深化知识服务,合作共建共赢”暨第十一届《全国报刊索引》学术研讨会,于8月9日—13日在苏州市隆重召开,来自全国二十余个省市近六十名图情界专家参加了本届会议。本届研讨会充分展示了《全国报刊索引》为推动图书馆特色数字资源建设发挥的重要作用,同时也为图情界同行间开展合作共建、互相学习与合作交流提供了良好契机和平台。《全国报刊索引》作为一个历史悠久、闻名海内外的二次文献检索工具,将利用此次研讨会的成果,更好的保护和利用珍贵历史文献资源、促进和实现二次文献共建共享服务平台的建设和推出。(吴林)

【省学会参与组织华东地区少年儿童图书馆协作委员会2010年年会及学术研讨会】 由华东六省一市少儿图书馆专业委员会共同主办、江西省图书馆承办的华东地区少年儿童图书馆协作委员会2010年年会及学术研讨会9月6日至10日在江西省南昌市举办。上海少儿图书馆馆长劳丽达在会上作了“在改革中发展,在发展中创新”的总结发言。年会共征集论文80余篇,55篇论文获奖,其中江苏省10篇论文分别获一、二、三等奖。会议决定2011年华东少图协年会由江苏省承办,江西省图书馆副馆长蔡荣生与江苏省图书馆学会秘书长、江苏省少年儿童图书馆专业委员会主任吴林进行了华东少图协会会徽的交接。(吴林)

【举办“地方志文献的采访、编目与服务”培训(研讨)班】 9月13日—18日,国家图书馆、南京图书馆与江苏省图书馆学会在常州市武进区图书馆共同举办了“地方志文献的采访、编目与服务”培训(研讨)班,69名学员参加了此次培训。培训班邀请国家图书馆地方志编目总审校、副研究馆员王卉和镇江市图书馆副馆长、研究馆员徐苏授课。课程包括地方志的概念、地方志的收藏范围、地方志的采访途径、地方志的编目与普通中文图书编目的差异内容。期间,还组织了地方志文献工作研讨会,考察了武进区图书馆武进地方文献展览馆等。(吴林)

【省学会协助省文化厅开展2010年度“红读”征文评奖和征文演讲比赛活动】 省学会协助省文化厅开展了2010年度“红读”征文评奖活动,有上万名少年儿童参加了活动。省学会组织专家对全省13个地区经过层层选送的390篇征文进行评奖,评出一等奖39名、二等奖103名、三等奖248名。8月24日—25日,在扬州市少儿馆举行由全省各市选送的39名小选手参加的征文演讲比赛,评出一等奖8名、二等奖12名、三等奖19名;扬州市少年儿童图书馆等14所市级图书馆和南京江宁区图书馆等13所区县馆分别获征文、演讲比赛优秀组织奖和组织奖。(吴林)

【加强与台湾地区图书馆的联系】 10月12至19日,省学会受省文化厅委托,协助组成以省文化厅和省图书馆学会有关人员以及各省辖市文广新局社文处处长或市图书馆馆长为组员,以文化厅社文处处长谷峰为团长的一行18人调研团,应中华图书资讯馆际合作协会的邀请,先后参观考察了台湾地区“中央”图书馆、台湾故宫博物院图书文献处图书馆、台湾大学图书馆、台中市图书馆、南投县埔里镇图书馆、花莲县图书馆及文化艺术中心,重点就各级各类图书馆的馆藏特色、管理模式、功能设置、服务手段、服务成果、文献资源数字化建设和社会效益情况进行了详细了解。(吴林)

【2010年全国图书馆文献资源建设研讨会在吴江市隆重举行】 11月23日至26日,以“文献采访:新环境、新理念、新对策”为主题的2010年全国图书馆文献资源建设研讨会在江苏省吴江市召开,近一百位各系统图书馆代表参会。此次会议由中国图书馆学会资源建设与共享专业委员会、江苏省图书馆学会主办,吴江市文化广电新闻出版局、吴江市图书馆承办,中国教育图书进出口公司、北京人天书店有限公司协办。(吴林)

【淮安市图书馆学会2010年学术年会召开】

12月1日，淮安市图书馆学会2010年学术年会在淮安市图书馆拉开帷幕。淮安市科协学会部部长侯润天，市学会理事长、市图书馆馆长杨炳辉等领导出席了开幕式，全市各系统图书馆学会的会员及部分论文作者共100余人参加了会议。（江苏省图书馆学会）

【中国图书馆学会阅读推广委员会图书评论委员会工作座谈会在金陵图书馆召开】 7月4日，中国图书馆学会阅读推广委员会图书评论委员会工作座谈会在金陵图书馆召开，中国图书馆学会和中国阅读学会领导以及图书评论委员会部分委员参会。会议由金陵图书馆严峰副馆长主持，与会代表们对如何通过读书、讲座和图书评论等形式开展全民阅读活动进行了广泛而深入的讨论。（江苏省图书馆学会）

【连云港市图书馆学会召开2010年年会暨学术报告会】 12月8日，连云港市图书馆学会在市图书馆报告厅召开了“连云港市图书馆学会2010年年会暨学术报告会”。连云港市社科联张建民主席、市文广新局许小芳副书记、市教育局顾爱军副局长等有关领导出席会议，连云港市图书馆学会常务理事、理事、会员，论文作者，以及市图书馆共建单位代表100余人参加了本次会议。年会的主题是“图书馆的创新服务与可持续发展”，特别邀请南京图书馆副馆长全勤作“公共图书馆特色数字资源的建设与思考——以南京图书馆为例”专题学术报告。（江苏省图书馆学会）

【中国图书馆学会推荐书目专业委员会工作会议在苏州图书馆举行】 10月28日，中国图书馆学会阅读推广委员会推荐书目专业委员会工作会议在苏州图书馆举行。中国图书馆学会阅读推广委员会吴晞主任、徐雁、邱冠华副主任参加了本次会议。会议总结了推荐书目专业委员会2010年的工作，并讨论了2011年工作计划和十二五规划。2011年推荐书目委员会将继续与《新华书目报》合作开列主题推荐书目，开展基层图书馆基本藏书推荐书目工作，着手推荐书目网站的建设，为大专院校阅读节开列阅读推荐书目，以及开展与推荐书目相关的研究工作。（江苏省图书馆学会）

【中国图书馆学会青少年阅读推广委员会第三次工作会议在常熟市图书馆召开】 10月29日，中国图书馆学会青少年阅读推广委员会第三次工作会议在常熟市图书馆举行。本次会议评审了“辛亥革命百年”纪念征文稿件；点评了“青少年阅读推广点子大赛暨案例征集”参赛案例、筛选了“中华童谣征集”活动参赛作品；审议并讨论了《青少年阅读推广委员会第一届委员会2010年工作总结（草案）》及《青少年阅读推广委员会第一届委员会2011年工作计划（草案）》。（江苏省图书馆学会）

【无锡市图书馆学会第八次会员代表大会顺利召开】 7月21日，无锡市图书馆学会第八次会员代表大会在无锡市图书馆召开，100余名图书馆工作者参加了此次大会。会上，无锡市图书馆学会理事长唐秋霞作第七届理事会工作报告，回顾了无锡市图书馆学会近几年的工作情况；学会副理事长殷洪作《无锡市图书馆学会章程》修改说明，学会秘书长浦昭作第七届理事会财务报告。大会还对2006—2009年度学会的10名优秀会员进行了表彰奖励，并选举产生了无锡市图书馆学会第八届理事会。（江苏省图书馆学会）

【盐城市图书馆学会召开2010年会暨第23次科学讨论会】 盐城市图书馆学会于12月28日在市图书馆学术报告厅召开了2010年会暨第23次科学讨论会，来自全市各系统图书馆的领导、学会理事和论文获奖代表80多人参加了会议。本次研讨会共收到征文78篇。经过评审，评选出一等奖7篇、二等奖18篇、三等奖26篇以及6个征文组织奖。（江苏省图书馆学会）

【扬州市图书馆学会召开2010年学术研讨会】 12月17日—18日，扬州市图书馆学会2010年学术研讨会在高邮市召开，60余人参加了会议。南京图书馆副馆长许建业、扬州市文广新局副局长吴宝根等领导应邀出席了会议。本次研讨会的主题是“图书馆可持续发展”，共收到参评论文46篇，经过专家评审，共评出一等奖5篇，二等奖10篇，三等奖18篇。其中有5篇优秀论文在会上进行了交流。（江苏省图书馆学会）

【常州市图书馆学会成立三十周年庆典暨第

十二次科学讨论会举行】 6月18日，常州市图书馆学会成立三十周年庆典暨第十二次科学讨论会在新落成的江苏师范学院图书馆隆重召开，130多人参加了会议。南京图书馆副馆长许建业、江苏省图书馆学会秘书长吴林、常州市文广新局副局长徐进、常州市社会科学哲学联合会副主席周晓东等领导应邀出席了庆典。大会由常州市图书馆学会副理事长黄琳主持，江苏技术师范学院副院长沈永祥致欢迎词。市学会副理事长熊太纯作论文综述，22位论文作者分获一、二、三等奖，大会向他们颁发了获奖证书。市学会还编辑发行《常州市图书馆学会成立三十周年庆典暨第十二次科学讨论会特刊》300份。（江苏省图书馆学会）

浙江省

【主编面对面培训班在杭州举办】 由浙江省文化厅主办、浙江图书馆和浙江省图书馆学会承办的全省公共图书馆业务培训之主编面对面培训班分别于3月28日—31日、9月13日—15日在杭州举办了两期。来自全省各公共图书馆、高校图书馆、省图书馆学会青年人才库成员近130人参加了此次培训。培训班邀请了数位国内图书情报核心期刊主编授课，有《中国图书馆学报》常务副主编蒋弘、《图书馆工作与研究》副主编王孝、《大学图书馆学报》的资深编辑王波、《图书与情报》副主编王景发、《图书馆理论与实践》主编张欣毅、《图书馆学研究》执行副总编勾学海、《图书馆建设》常务副主编毕红秋、《图书馆》执行主编陈瑛。（浙江省图书馆学会）

【“OCLC的发展与全球图书馆合作”报告会在浙江图书馆举行】 6月4日下午，“OCLC的发展与全球图书馆合作”报告会在浙江图书馆文澜演讲厅举行，浙江省图书馆学会邀请了OCLC中国首席代表丘东江先生为来自全省各公共图书馆、高校图书馆的图书馆员做报告。（浙江省图书馆学会）

【网络时代文献资源建设的“新思路、新内涵、新边界”学术研讨会在天台县召开】 6月9日—11日，当代浙学论坛2010学术月分论坛之一——“网络时代文献资源建设的‘新思路、新内涵、新边界’学术研讨会”在天台县召开。研讨会由浙江省图书馆学会主办，浙江省图书馆学会文献资源建设与共享分委会、浙江省高校图情工委期刊专业委员会承办。浙江省图书馆学会学术委员会常务副主任刘晓清、副主任赵继海，浙江工业大学图书馆副馆长张根彬等及来自公共、高校、科研系统图书馆近80余人参加研讨会。本次研讨会邀请了赵继海、叶新明、陈琳、彭建波、陈益君等专家做了相关的主题报告，部分论文作者进行论文交流。会议还安排了分组讨论，围绕图书馆馆藏资源建设的创新发展、图书馆馆藏资源建设的范围、核心、特色、边界、竞争力和共享等问题进行探讨。（浙江省图书馆学会）

【“创新与发展—中美图书馆服务讲座”在嘉兴市图书馆举行】 6月13日，由浙江省图书馆学会主办，浙江省图书馆学会理论研究与教育培训分委会、嘉兴市图书馆学会联合承办的“创新与发展——中美图书馆服务讲座”在嘉兴市图书馆举办。来自全省各地三大系统图书馆的230余人参加了讲座。本次讲座由浙江省图书馆学会理论研究与教育培训分委会副主任李超平老师主持。美国加州圣荷西州立大学教授兼工程学馆员刘孟雄博士，上海图书馆上海科技情报研究所副馆（所）长周德明先生分别作了精彩报告。（浙江省图书馆学会）

【浙江省图书馆学会第十二次学术研讨会在湖州市召开】 11月3日—5日，主题为“图书馆与社会发展”的浙江省图书馆学会第十二次学术研讨会在湖州市隆重召开，浙江省文化厅副厅长、浙江省图书馆学会理事长陈瑶，浙江图书馆馆长、浙江省图书馆学会副理事长朱海闵，湖州市文广新局宋捷局长及来自全省各公共图书馆、高校图书馆、各系统图书馆的代表近200人出席了大会。会议特别邀请了北京大学信息管理系教授、博士生导师刘兹恒，浙江图书馆副馆长、浙江省图书馆学会学术委员会常务副主任刘晓清，《图书馆报》社长、总编辑赖雪梅3位专家作学术报告。本届年会共收到57篇论文，其中15篇被评为征文奖，4位征文奖作者作大会论文交流。本届年会还尝试用新形式举办了3个分委会活动，效果良好。年会筹备期间，为鼓励浙江省图书馆工作者深入钻研业务，不断探索创新，省学会举办了第四届优秀学术论文评奖，共收到评奖论文 66 篇，经学术委员会组织评审，评选出二等奖 8 名，三等奖 14 名，一等奖空缺；本届年会亦入选为浙江省社科联“当代浙学论坛”活动之一。（浙江省图书馆学会）

【“图书馆文化思辨会”在湖州市图书馆举行】 11 月 4 日下午，由浙江省图书馆学会文化传播与推广分委会主办的“图书馆文化思辩会”作为浙江省图书馆学会第十二次学术研讨会的分会场之一在湖州市图书馆举行。思辩会一共有 7 个论题，15 位辩手经过推荐或自荐产生，每两个辩手围绕一个论题现场展开辩论。论题涉及图书馆管理与服务的关系、传统服务与现代服务的关系、阅读的功效、基层图书馆工作重点、如何当好基层图书馆馆长、未来图书馆的演变等。辩手们敏捷思维、妙语连珠、犀利言语、风趣幽默，获得场上听众们一次又一次的掌声与笑声。场上评委们的精彩点评，使听众们收获颇丰，一饱耳福。听众们的不断提问与参与，使台上台下产生热烈的互动。辩手达人奖、一鸣惊人辩手奖、自说自话辩手奖、针尖麦芒奖、金点子奖、探雷奖等等有趣的奖项一个一个落花有主。图书馆员们通过思辨传扬图书馆文化，点燃思想火花，享受思辨乐趣。（浙江省图书馆学会）

【2010 年浙江省图书馆学会网络化与数字化分委会暨浙江省高校图工委自动化分委会年会在浙江海洋学院召开】 11 月 16 日—18 日，2010 年浙江省图书馆学会网络化与数字化分委会暨浙江省高校图工委自动化分委会年会在浙江海洋学院召开。省内各高校图书馆、公共图书馆代表 60 余人参加会议。本次年会的主题是“数字图书馆：现状与趋势”。会上，浙江省高校数字图书馆（ZADL）项目省中心及各分中心介绍了此项目的建设进展情况，与会代表就门户建设与使用、联盟认证和数字资源整合建设等图书馆自动化工作作了交流与探讨。会议还邀请了 HP 公司网络技术专家作了“云在图书馆行业的应用”的技术报告。（浙江省图书馆学会）

安徽省

【省图书馆学会 2010 年度课题立项创历史新高】 3 月，省学会根据安徽省社科联 2010 年课题申报通知精神，在全省业界进行了广泛宣传、发动，积极组织会员和图书馆工作者参与课题研究活动。本年度省学会集体申报 11 项课题，经省社科联组织专家评审，8 项获得立项（其中 2 项课题获资助立项，6 项为非资助立项），立项数量较之往年有了很大突破，创历史新高，带动了业界学术研究的热情，为加速推进业界整体学术水平的提升，促进安徽省图书馆事业的良性发展奠定了基础。（安徽省图书馆学会　张海政　武巍泓）

【“2010 年中美图书馆员专业交流项目 · 安徽省图书馆馆长高级研修班”】 8 月 9 日—11 日，“2010 中美图书馆员专业交流项目——安徽省图书馆馆长高级研修班”在省图书馆报告厅隆重举办。来自全省各系统图书馆的馆长及业务骨干共 178 人参加了此次专业交流。蒋树勇等 6 位来自美国的专家进行了“美国图书馆的管理体制与运营机制”、“美国公共图书馆的评估”等 10 个专题的演讲，内容丰富、务实、针对性强。此次高级研讨班是安徽图书馆界有史以来层次最高、规模最大、系统性最强的涉外学术交流活动，对于提高安徽省图书馆从业人员的业务素质和管理水平，增强中美图书馆之间、图书馆人之间的相互了解，促进图书馆事业发展具有重要意义，并产生深远影响。（安徽省图书馆学会　张海政　武巍泓）

【2010 年两省学术年会在郑州召开】 10 月 25 日—28 日，安徽省图书馆学会与河南省图书馆学会在郑州共同举办 2010 两省学术年会。这是两省图书馆界研讨学术、交流信息、总结经验、谋求发展的一次盛会。河南省图书馆馆长、省学会理事长王爱功，安徽省图书馆馆长、省学会理事长易向军等领导及两省图书馆界代表 90 余人出席了会议。新乡学院图书馆研究馆员秦轲作题为“《关于加强图书馆著作权保护工作的通知》阐读”的学术报告。本次年会主题为“完善公共文化服务体系 促进全民学习与创造”，共收到年会征文 218 篇。（安徽省图书馆学会　张海政　武巍泓）

【安徽省图书馆学会第八次会员代表大会召开】 11 月 18 日—19 日，安徽省图书馆学会第八次会员代表大会在合肥召开。七届理事会理事、八届理事会候选人及全省各系统图书馆的代表近 90 人参加了会议。开幕式由七届理事会副理事长陶新民主持，七届理事长易向军致开幕词，省科协梁寿南副主席、省社科联祁家云副主席、省民间组织管理局王世刚处长、省文化厅社文处杨林艳副处长等领导莅会祝贺，并发表了热情洋溢的讲话。与会代表听取、审议了“安徽省图书馆学会第八次会员代表大会筹备工作报告”、“找准定位 搭建平台 推动我省图书馆事业快速发展——七届理事会工作报告”、“《安徽省图书馆学会章程》（草案）及修改说明”、“第七届理事会财务审计报告”等会议文件，并进行了分组讨论。选举产生了由 25 位常务理事组成的八届理事会及理事长、副理事长、秘书长等八届理事会负责人。安徽省图书馆馆长易向军当选为理事长，张海政兼任秘书长。大会对荣获 2007－2010 年度先进集体的安徽大学管理学院等 6 个单位及安徽省委党校图书馆夏沈陵等 12 位优秀会员进行了表彰。新当选的副理事长程晓舫代表八届理事会致闭幕词。安徽省第八次会员代表大会圆满完成各项议程后胜利闭幕。（安徽省图书馆学会　张海政　武巍泓）

【省学会获安徽首届省属“百优社会组织”称号】 12 月，在安徽省民间组织联合会开展的 2010 年度首届省属“百优社会组织”评选活动中，安徽省图书馆学会在 1000 余家省级学会中脱颖而出，获首届省属“百优社会组织”称号。（安徽省图书馆学会　张海政　武巍泓）

福建省

【概述】 2010 年，福建省图书馆学会共有会员 1230 人，单位会员 56 个。学会下设学术、编辑出版、教育科普和医院图书馆 4 个工作委员会，并设有秘书处和《福建图书馆理论与实践》编辑部，现有专职人员 3 人（福建省图书馆编制）。学会挂靠单位为福建省图书馆，业务主管单位为福建省科学技术协会，同时是福建省社会科学界联合会的联系会员。

2010 年，学会先后召开七届八次理事会（学习实践科学发展观，结合学会工作情况查找问题，明确整改方向和具体措施）、七届六次常务理事会（研究召开学会八大和理事会换届选举有关问题）、七届九次理事（扩大）会（通报八大筹备情况，原则通过七届理事会工作报告、省图书馆学会章程及学会徽标）、八届一次理事会（选举八届常务理事、正副理事长和秘书长，讨论今后学会工作）。完成了学会第九届（2007－2008）优秀论文评选、举办中国图书馆学会“志愿者行动——福建省公共图书馆馆长培训班”、召开学会第八次会员代表大会和 2010 年学术年会等工作。此外在组织建设、学术研究、全民阅读、科普下乡、协作协调等方面开展了一系列活动。全年编辑出版《福建图书馆理论与实践》（季刊）4 期，每期印数 1300 册，同时编印《福建图书馆学会简报》寄发每位会员和有关部门。秘书处还利用福建省图书馆网站学会专栏加强宣传工作，及时报道、传递研讨会、征文、评奖、讲座、培训、出访等信息。2010 年还在福建省民政厅开设的社会组织网站开辟福建省图书馆学会网页。

2010 年，被中国图书馆学会评为 2009 年全民阅读优秀组织奖，被福建省科协评为 2010 年度学会工作先进集体，《福建图书馆理论与实践》被福建省科协评为优秀科技期刊鼓励奖。（福建省图书馆学会）

【福建省图书馆学会做好全省科协会员电子会员卡开通使用与咨询工作】 2010 年，学会配合福建省科协、福建省图书馆学会做好为全省科协会员提供省图书馆数字资源服务有关工作。自 2009 年以来，已为省科协下属 20 多个省级学会 2 万多名会员做好开通电子会员卡的服务工作。（福建省图书馆学会）

【福建省图书馆学会举办 2010 年政府信息公开服务宣传活动】 5 月 16 日－17 日，学会联合福建省图书馆、晋江市图书馆、深沪镇政府在晋江市和深沪镇举办政府信息公开服务宣传与科普图片展览。编印《福建省图书馆政府信息公开服务指南》小册子现场分发，并举办“城市，让生活更美好——走进 2010 年上海世博会”和“低碳经济 绿色生活——环保从身边做起”图片展览。（福建省图书馆学会）

【福建省图书馆学会参加福建省 2010 年社会科学普及宣传周活动】 9 月 18 日上午，福建省 2010 年社会科学普及宣传周开幕式在福州温泉公园举行，福建省图书馆学会组织5位会员参加学会方队和现场咨询活动，向市民分发宣传材料3000多份，并解答市民咨询。福建省图书馆合唱团在开幕式前高唱《社会科学之歌》，给现场增添了喜庆热烈气氛。开幕式上，福建省图书馆被评为“福建省2009年社会科学普及宣传周先进单位”和“福建省社会科学普及基地”，郑智明馆长被评为“福建省2009年社会科学普及宣传周先进个人”，省图书馆等单位还接受了省社科联赠书。（福建省图书馆学会）

【福建省图书馆学会召开第八次会员代表大会】 10月17日—18日，福建省图书馆学会第八次会员代表大会在武夷山市召开，全省公共、高校、科研、医院、中小学等系统图书情报单位120名代表出席大会。中国图书馆学会和10多个省（直辖市、自治区）图书馆学会发来贺信。17日晚上，首先召开学会七届九次理事（扩大）会议，原则通过七届理事会工作报告、福建省图书馆学会章程（修改稿）及学会徽标，同意提交大会讨论表决。在18日的开幕式上，表彰了学会2005—2010年度先进集体、优秀会员和先进学会工作者并颁发荣誉证书。谢水顺理事长向大会作《福建省图书馆学会第七届理事会工作报告》，许兆恺副理事长作修改《福建省图书馆学会章程》说明，龚永年秘书长作《七届理事会财务情况报告》。代表们围绕七届理事会工作报告和学会章程（修改稿）展开热烈的讨论。萧德洪副理事长主持分组讨论汇报会，全体代表举手表决通过了七届理事会工作报告和学会章程修改稿。大会以无记名投票方式选举产生第八届理事会共69人，其中新理事30人。在随后召开的八届一次理事会上选出常务理事、正副理事长和秘书长。新任理事长郑智明致闭幕词，并向离任理事代表颁发了荣誉证书和纪念品。（福建省图书馆学会）

【福建省图书馆学会召开2010年学术年会】 10月19日，福建省图书馆学会2010年学术年会在武夷山市召开，此次会议同时是福建省社科界2010年学术年会“积极应对挑战 促进图书馆事业发展”分论坛和福建省科协2010年重点学术活动之一。共收到征文150多篇，来自全省各系统图书馆馆长、论文作者代表以及出席省图书馆学会第八次会员代表大会代表约200人出席。特邀省社科院文献信息中心主任刘传标作“基于互联网的信息情报工作创新”专题报告，美国俄勒冈州图书馆界来闽交流的吉姆馆长和电子资源馆员布兰登分别作“俄勒冈州图书馆概况”、“RFID在玛特诺马县图书馆的应用——案例分析”专题报告。闭幕式上，新当选的八届正、副理事长为获得省图学会第九届优秀论文奖和本届学术年会宣读论文作者颁发论文证书。会议期间，省文化厅卢鸿筠副巡视员还主持召开部分学会理事和图书馆馆长座谈会，听取大家对《福建省图书资料系列专业技术职务任职资格评审工作的实施意见》的意见和建议。（福建省图书馆学会）

【厦门市图书馆学会召开2010年学术年会并举办“图书馆服务创新”培训班】 10月15日，厦门市图书馆学会2010年会——“创新服务暨图书馆公益讲座研讨会”在市图书馆二楼报告厅召开，市文化局、民政局、社科联、市图书馆学会等领导和会员代表以及首次邀请的闽南地区图书馆学会代表130多人参加。当天下午，同时举办了“图书馆服务创新”培训班，特邀上海市图书馆学会理事长、上海社科院信息研究所所长王世伟教授授课。培训期间还组织学员前往晋江、石狮二市图书馆参观学习。（厦门市图书馆学会）

【厦门市图书馆学会举办“厦门市岛内外图书馆服务网络一体化建设论坛”】 12月3日，由厦门市社科联主办、厦门市图书馆学会承办的“厦门市岛内外图书馆服务网络一体化建设论坛”召开。市委宣传部、市社科联、市文化局、厦门市社科学会第三片区学会会长及代表，市区两级公共图书馆馆长以及学会会员近50人参加。（厦门市图书馆学会）

【泉州市图书馆学会召开2010年学术年会】 10月28日—29日，泉州市图书馆学会2010年学术年会召开，此次会议也是泉州市科协第八届学术年会分会场。主题是“提升服务能力，推动学习型城市建设”，收到论文56篇，评选出优秀论文30篇。泉州市公共、高校、中小学图书馆等80余位馆长和论文作者、部分领导和特邀企业代表出席会议。会议期间还召开了市学会

第四届理事会会议。（泉州市图书馆学会）

江西省

【概况】 江西省图书馆学会不断加强自身建设，扩大交流协作，开展教育培训，推进全民阅读，发挥传播优势，荣获 “2009 年度江西省社会科学工作先进单位”、“2009 年度江西省科协先进省级学会”。同时，以《江西图书馆学刊》、《江西图书馆动态》、江西图书馆学会网站为阵地，扩大图书馆社会影响力，促进图书馆事业和谐进步。2010 年，共编辑、发送《江西图书馆动态》7 期，刊发消息 140 条。《江西图书馆学刊》全新改版，全年收稿共 1680 篇，刊载论文 162 篇。江西省图书馆学会网站不断完善，及时发布学会工作、行业动态、教育培训等信息，成为业界交流的重要平台。积极向有关新闻媒体、省文化厅的《江西文化信息》、《图书馆报》、《中国图书馆学会网》等投寄消息百余条次，及时报道江西省图书情报单位的各项活动，宣传图书馆的作用，提升图书馆的地位。（黄珣）

【江西省图书馆学会荣获 2009 年度江西省社会科学工作先进单位】 1 月 7 日，江西省社联下发《关于表彰 2009 年度江西省社会科学工作先进单位和社会科学先进工作者的决定》（赣社联字［2010］1 号），通报表彰 2009 年度的江西省社会科学工作先进单位和社会科学先进工作者。其中，江西省图书馆学会荣获 2009 年度江西省社会科学工作先进单位，程远同志荣获 2009 年度江西省社会科学先进工作者。这也是江西省图书馆学会连续第三年获此殊荣。（黄珣）

【江西省图书馆学会荣获 2009 年度先进省级学会】 2 月 5 日，从“全省科协工作会议”上传来喜讯，省图书馆学会荣获省科协授予的“2009 年度江西省科协先进省级学会”称号，江西省委副书记王宪魁、副省长谢茹等有关领导出席会议，并向受表彰的先进学会颁奖。这也是该学会日前荣获省社联授予“2009 年度江西省社会科学工作先进单位”荣誉之后，再次受到上级部门的表彰。（黄珣）

【江西省图书馆学会召开五届二次理事会议】 7 月 12 日下午，“江西省图书馆学会五届二次理事会议”在南昌召开，江西省科学技术协会副主席梁纯平、江西省文化厅副厅长王晓庆到会讲话，并共同启动了江西古籍保护网。江西省图书馆学会第五届理事会理事 44 人出席了会议，江西省图书馆中层以上干部列席了会议。会上，周建文理事长全面总结了江西省图书馆学会 2009 年的工作，通报了江西省图书馆学会 2010 年度主要工作计划。周洪副理事长做了江西省图书馆学会第五届理事会 2009 年度财务工作报告，何晓萍副理事长就理事、常务理事变更情况作了说明，并进行了表决，程春焱副理事长兼秘书长就江西省图书馆学会制定的有关规章制度提请会议审议、表决。（黄珣）

【江西首次荣获全民阅读先进单位奖项】 在 7 月 26 日召开的“2010 中国图书馆学会年会”上，江西省靖安县图书馆荣获中国图书馆学会授予的“2009 年全民阅读先进单位”，这是江西首次获此殊荣，它标志着江西省图书馆学会在促进全民阅读，构建学习型社会等方面做出了积极的努力，并取得了较好的成绩。会上，除喜获全民阅读先进单位奖项外，江西推荐的年会论文有 7 篇获奖。（黄珣）

【华东少儿图书馆协作委员会 2010 年学术年会在南昌召开】 9 月 6 日至 10 日，华东地区少年儿童图书馆工作协作委员会 2010 年年会暨学术研讨会在南昌百瑞四季酒店隆重召开，江西省文化厅副厅长王晓庆到会并致辞热烈祝贺大会的召开。来自上海、浙江、江苏、福建、安徽、山东、江西等地的 80 余名少儿图书馆工作者参加了此次会议。会议围绕少年儿童图书馆服务创新与公共文化服务体系构建的主题进行了学术交流及研讨。本次年会共有 55 篇论文获奖并出版论文专辑。会议决定 2011 年华东少图协年会由江苏省承办。（黄珣）

【江西省图书馆数字资源共建共享研讨会在会昌召开】 11 月 22 日—24 日，由江西省图书馆学会与赣州市图书馆学会联合举办，会昌县图书馆承办的“江西省图书馆数字资源共建共享建设与发展专题研讨会暨赣州市图书馆学会 2010 年学术年会”在赣州市会昌县召开。来自江西省图书馆学会及赣州市图书馆学会的 48 名代表参加了会议。本次年会共评选出一等奖论文 6 篇，二等奖论文 7 篇，会议表彰了获奖论文作者并颁发了获奖证书。会议期间，与会人员还参观了会昌县“三馆一中心”并合影留念。(黄珣)

【江西省图书馆学会 2010 学术年会在南昌召开】 12 月 26 日至 27 日，由江西省科协和江西省图书馆联合主办、江西省图书馆学会承办的“首届江西省科协学术年会第二十七分会场暨江西省图书馆学会 2010 学术年会”在南昌百瑞四季酒店隆重召开。江西省文化厅党组成员、副厅长王晓庆，江西省科学技术协会党组成员、副主席梁纯平，江西省社会科学界联合会学会工作处陈东梅副处长莅临并致辞。来自全省各级各类图书情报单位的代表、学会会员及论文作者 200 余人出席了会议。本次会议以“提升图书馆综合服务水平，促进鄱阳湖生态经济区建设”为主题，与会代表围绕这一主题进行了广泛深入的学术交流。本次年会收到论文 146 篇，经评审委员会的认真评审，有 60 篇论文分别获得了一、二、三等奖，并已结集编印出版。会议还表彰了为此次会议做出突出贡献的单位和获奖论文作者，并颁发了奖牌及证书。(黄珣)

【景德镇市图书馆学会召开第五次会员代表大会】 3 月 30 日，景德镇市图书馆学会在市图书馆五楼报告厅召开第五次会员代表大会。江西省图书馆党委书记、江西省图书馆学会副理事长兼秘书长程春焱，市文化局党委委员、副局长潘一莹等领导以及来自全市各图书馆、情报单位的会员代表 50 余人出席了会议。会议听取、审议和通过了《景德镇市图书馆学会第四届理事会工作报告》和《景德镇市图书馆学会章程修订草案》，选举产生了新一届理事会、常务理事会和领导成员。(黄珣)

【九江市图书馆学会四届四次理事会议在瑞昌召开】 11 月 24 日，九江市图书馆四届四次理事会议暨《中图法》(第五版)培训班在瑞昌市举行。九江市文化新闻局副局长吴予雍，艺术科科长刘晓文，瑞昌市文化局局长祝炳光，省文献分类学专家、研究馆员黄钢出席会议。瑞昌市副市长卢瑜到会并致辞。与会理事就九江市图书馆事业的发展现状、主要任务等进行深入探讨，初步确定 2011 年学会工作的重点是文献资源共享和网络数字化化建设。会议表决通过增补江西财校职业学院图书馆馆长熊水金同志为副理事长、增补九江市图书馆社会工作主任高峻同志为理事。同时，学会举办了《中图法》(第五版)培训班，来自九江市各基层图书馆(室)的 30 余名图书情报工作者聆听了黄钢老师的授课。(黄珣)

山东省

【山东省图书馆学会工作概述】 2010 年，山东省的中国图书馆学会会员人数达到 238 人，省学会会员人数达到 229 人，会费的收缴工作完成情况良好。省学会定期召开常务理事会，并参加了全省社科联工作会议、全省社科普及周总结暨社科普及工作经验交流会等会议；10 月，省学会作为中国图书馆学会阅读文化研究专业委员会的挂靠单位，组织召开了中图学会阅读文化研究专业委员会工作会议。编辑出版学会内部刊物《山东图书馆信息》6 期，为广大会员和图书馆工作者提供交流和学习的平台。

省学会围绕图书馆事业发展的中心，积极开展了专题研究、学术研讨会、学术年会等一系列活动，并参与全国性的学术研讨活动。举行了“山东省图书馆学会第十七次科学讨论会”征文活动，主题为“图书馆的定位与发展”，编辑出版了获奖论文专辑《山东图书馆学刊——2010 年图书馆的定位与发展专辑》；做好 2010 中国图书馆学会年会的征文组织工作；承办“2010 中美图书馆员专业交流项目——山东图书馆馆长高级研修班”。

省学会坚持发挥图书馆科普宣传主阵地的作用，充分借助“世界读书日”、“省社科普及周”、“图书馆服务宣传周”等有利时机，策划、组织了广场咨询、报告会、讲座、专业参观、展览、广场演出等一系列科普宣传活动，同时借助电视台、电台、报纸等媒体展开宣传攻势，努力树立和提高图书馆的社会形象和社会地位。开展了“全省十大书香家庭”评选活动、“第五届全省读书朗诵大赛”、图书馆服务宣传周、第六届元宵节“书海灯谜会”等活动；举办“古籍修复技艺展暨中国书史展”等公益性展览；定期将省学会在科普宣传、阅读指导等方面的工作动态编撰成文，报送至省科协《学会工作月报》和省社科联《社科普及网》两大省级学会信息平台，与全省各级各类学会交流学习、互通有无。

与山东省图书馆共同主办了“全省图书馆新馆建设研讨班”、“全省《中国图书馆分类法》第五版学习班”，200余人参加了培训。

2010年，山东省图书馆学会先后被中国图书馆学会授予“全民阅读基地”，被山东省社会科学界联合会授予“山东省社会科学普及周活动先进集体”、“先进省级社团”等荣誉称号。（王玮）

【山东省图书馆学会举行第17次科学讨论会征文活动】 为了探讨并解决图书馆建设与发展中遇到的各类问题，以创新的意识和战略的眼光，重新审视并定位图书馆的发展方向和社会职能，山东省图书馆学会举行了“山东省图书馆学会第17次科学讨论会”征文活动，研讨主题为“图书馆的定位与发展”。本次活动得到全省广大会员的大力支持，各系统图书馆工作者踊跃撰稿，截至2010年3月，共收到征文180余篇。部分优秀论文结集出版《山东图书馆学刊——2010年图书馆的定位与发展专辑》一书。（王玮）

【山东省图书馆学会召开驻济常务理事会】 3月23日，省学会召开了2010年驻济常务理事会。除省学会驻济常务理事外，部分高校、科研等系统的图书馆领导也受邀参加了本次会议。会上，听取了省学会2009年工作总结，部署了省学会2010年工作计划，并就承办2010年“中美图书馆员专业交流项目”、省学会《“山东省图书情报科研课题项目”申报说明（草案）》审议、古籍保护工作、共享工程建设、发展会员等有关事宜进行了商讨。会后，参会代表之间展开了友好、热烈的交流，对省学会今后如何科学、规范的发展提出了许多值得意见和建议。（王玮）

【山东省图书馆学会“第五届全省读书朗诵大赛”获得圆满成功】 4月23日是“世界读书日”，由省图书馆学会、省图书馆与《齐鲁晚报》联合举办的“第五届全省读书朗诵大赛”颁奖典礼暨汇报演出在报告厅隆重举行。此次大赛报名启动后，吸引了全省各地1000余名读书朗诵爱好者的积极参加，其中年龄最大的82岁，最小的只有4岁。参赛选手经过紧张激烈的预赛、决赛，最终决出一、二、三等奖。颁奖仪式上，获奖者分别表演了自己的获奖作品及部分新编排的节目，受到现场观众的热烈欢迎。汇报演出开始前，著名表演艺术家、山东省话剧院副院长徐少华带领全体观众集体朗诵了玉树地震救灾晚会片段《在一起》和梁启超诗词《少年中国说》。（王玮）

【山东省图书馆学会开展“全省十大书香家庭”评选活动】 4月，根据省文化厅下发的《关于开展“2010’书香齐鲁”全民阅读促进活动的意见》文件精神，山东省图书馆学会、山东省图书馆联合举办了“全省十大书香家庭评选活动”。全省17个市地图书馆学会和图书馆积极参与、广泛发动、认真组织，严格按照评选标准推荐、申报，省学会、省图书馆组织有关专家组成评选委员会进行了终评，评选出“全省十大书香家庭”。省学会、省图书馆对“全省十大书香家庭”获奖家庭颁发荣誉证书，并给予一定奖励。（王玮）

【2010中美图书馆员专业交流项目——山东图书馆馆长高级研修班成功举办】 5月17日上午，由国家文化部主办、中国图书馆学会和山东省图书馆学会承办的“2010中美图书馆员专业交流项目——山东图书馆馆长高级研修班”在烟台市隆重举行。来自全省（市）公共、高校和专业图书馆的代表共150余人参加了培训。为期三天的培训，来自美方的5位专家学者倾情授课，内容涵盖美国图书馆的法律法规、方针政策、战略规划、管理体制、运营机制、用户服务、绩效评估、馆员发展、公共关系和专业教育等各个方面。（王玮）

【举办2010年图书馆服务宣传周活动】 5月24日—30日，省图书馆学会、省图书馆积极筹备开展了2010年公共图书馆服务宣传周活动。围绕今年的主题：充分发挥公益性电子阅览室作用，积极推进学习型社会建设，省学会、省图书馆举办了多项惠民活动。如：举办“中高考考生心理辅导及考前减压”等公益讲座，“黄河颂”摄影艺术作品展，山东省中小学生英语朗诵大赛；设置专题书架、书目推荐；馆外服务网络

送书；图书馆数据库免费上机检索等。（王玮）

【济南图书馆学会获“全国大中城市社科联先进学会”称号】 全国大中城市社科联第二十一次工作会议于9月上旬在吉林延边召开，会议对2009年以来在课题研究、科普宣传、组织建设、队伍建设等方面工作成绩突出的300余家学会进行了表彰，济南市图书馆学会榜上有名，被授予“全国大中城市社科联先进学会”称号。（济南市图书馆学会）

【威海市图书馆学会朗诵艺术分会成立】 经威海市文化广电新闻出版局及市民政局、市文联批准，威海市图书馆学会朗诵艺术分会于5月10日正式成立，填补山东省图书馆学会行业空白，同时也为威海朗诵艺术爱好者搭建了一个学习交流的平台。通过开展读书朗诵活动，提高了市民的文化品位和艺术修养。（逯淑华）

【首届“青岛—潍坊图书馆学会学术研讨会”成功举办】 4月8日至9日，首届“青岛—潍坊图书馆学会学术研讨会”在青岛市召开。此次研讨会由山东省图书馆学会主办，青岛、潍坊图书馆学会共同承办，两地参会人员共计200余人。本次研讨会邀请北京大学信息管理系李国新教授做了题为“图书馆研究与服务”的报告。与会人员对图书馆事业现状及存在的问题进行了深入探讨，并提出了改进意见和发展设想。此次学术交流活动，为增进双方交流和协作，促进地区图书馆事业的发展产生积极作用和影响。（林娟）

河南省

【河南省图书馆学会第七届理事会理事长扩大会议】 6月9日，河南省图书馆学会第七届理事会理事长扩大会议在郑州大学召开。会议主要审议河南省图书馆学会第八次会员代表大会会议日程并商定有关报告人选、学会2009年工作总结及2010年工作计划、《河南省图书馆学会七届理事会工作报告》、《河南省图书馆学会30周年总结》、《河南省图书馆学会章程》（修改稿）及修改说明、河南省图书馆学会会员会费标准及管理办法、河南省图书馆学会第八次会员代表大会经费预算等。评选第七届理事会优秀会员单位、优秀会员、优秀学会工作者、全民阅读先进单位，确定八届理事人数、名额等。此次理事长扩大会议的召开为学会第八次会员代表大会的胜利召开奠定了坚实的基础。（汤树俭）

【河南省图书馆学会第八次会员代表大会暨建会三十周年纪念大会召开】 6月28日—30日，河南省图书馆学会第八次会员代表大会暨建会三十周年纪念大会在郑州召开。河南省图书馆学会第七届正、副理事长、秘书长，第七届理事及全省各地会员代表100余人参加会议。中国图书馆学会及全国各兄弟学会发来贺信祝贺。

会议分别由七届理事会理事长王爱功、副理事长李景文、张怀涛、崔波等主持。河南省科协副主席梁留科、河南省社科联副主席唐玉宏、河南省文化厅副厅长崔为工等领导到会祝贺并发表讲话，对河南省图书馆学会七届理事会和学会建会三十年来的各项工作给予充分肯定。副理事长崔慕岳作“传承学术 强化服务 促进河南图书馆事业的和谐发展——河南省图书馆学会建会三十周年总结报告”。理事长王爱功作“河南省图书馆学会第七届理事会工作报告”，对学会七届理事会过去四年的工作作了全面深刻的阐述和总结。七届理事会常务副秘书长严真作“河南省图书馆学会第七届理事会财务工作报告”，副理事长崔波作“会员会费标准及管理办法”，副理事长张永超作“‘河南省图书馆学会章程’修改草案及说明”等报告。在热烈的掌声中，以上报告获得与会代表一致通过。与会代表以无记名等额投票方式选出第八届理事会和常务理事会理事129人、常务理事46人。第八届理事会副理事长张怀涛代表王爱功理事长和新当选的第八届理事，作了“以研究保发展，以合作兴事业——河南省图书馆学会第八届理事会工作思路”的报告。会议期间，还表彰了全民阅读先进单位、优秀会员单位、优秀会员和优秀学会工作者，宣布聘任学会顾问的决定并颁发聘任证书。（汤树俭）

【《河南图书馆学刊》编辑委员会召开新一届全体编委会议】 6月29日，《河南图书馆学刊》编辑委员会在河南省图书馆召开河南省图书馆学会八届一次理事会拟定和聘任的新一届编委会议。河南省图书馆学会理事长、主编王爱功，副主编王国强、申少春、刘永，责任编辑汤树俭、马怀云、杨金霞以及全体编委共20人出席

会议。（汤树俭）

【“河南省图书情报工作部室主任与业务骨干”培训班在郑州举办】 为进一步提高全省图书情报从业人员的业务素质与技能，加强业务学习与交流，充分满足用户网络环境下的信息需求，10月15日—20日，河南省科技情报学会、河南省图书馆学会、河南省高校图工委在解放军测绘学院举办了“河南省图书情报工作部室主任与业务骨干”培训班。全省各地、市的公共、高校和科技情报系统的95名部室主任与业务骨干参加培训。开班典礼由孔德超秘书长主持。省图书馆学会理事长王爱功、省高校图工委副主任兼秘书长、郑州大学图书馆馆长崔波、省科技情报学会秘书长肖瑞兰等出席开班仪式并致贺词。在结业式上，省科技信息研究院院长、副理事长张永超对三家省级学会联合举办培训班给予了很高的评价。（汤树俭）

湖南省

【湖南省图书馆学会概述】 2010年，湖南省图书馆学会（以下简称学会）在上级领导的关怀和各理事单位的密切配合下，开展各种学术活动，扩大交流合作，强化行业协调，不断完善自身建设，为推动我省图书馆事业和谐发展做出了应有的贡献。

一、组织、参与全国、跨地区和全省性学术交流活动，促进界内人才成长。2010年，学会面向中青年人才库启动了资助课题研究工作。学会组成了由理事长、副理事长、常务理事代表和业内专家构成的评审委员会，确立了3项重点课题和12项一般课题。与此同时，学会在中青年人才库首批37名入库人选的基础上，组织了2009年度中青年人才库入库人才的考核评奖工作和2010年度中青年人才库的推荐工作，在46份推荐人选中评定了第二批25名入库人选。4月，湖南省图书馆学会与中国图书馆学会、北京大学信息管理传播研究所、衡阳市图书馆、湘潭大学知识资源管理系共同组织了衡阳市公共图书馆的调研工作，走访了衡阳地区11家公共图书馆，总结了5年来衡阳地区公共图书馆的变化，提出了“十二五”期间基层图书馆事业的发展对策。选送5篇论文参加湖南省社会科学界首届学术年会征文；组织参加2010中国图书馆学会年会，湖南省有39篇论文获奖，其中一等奖6篇，二等奖12篇，三等奖21篇，省图书馆学会获年会征文组织奖；湖南省罗建国、吴平祥、段蓓虹等人参加了在瑞典哥德堡举行的第76届国际图联大会。

二、强化行业协调与指导职能，开展内容丰富、形式多样的特色活动。5月，参加了2010年湖南省社会科学普及宣传活动和科普展览，学会以“知识改变命运、学习成就未来”为主题，结合自身特点精心布置展台，积极开展咨询服务活动，并深入开展科普宣传活动。全年共计举办现场讲座149场，听众达17 475人，还为12个贫困山区中小学援建了爱心图书室，每个图书室捐赠500—1000册图书。同时，为整体提升全省图书馆从业人员的专业素养和服务水平，学会于11月22日—24日举办了湖南省图书馆界服务知识与技能竞赛，评出8项团体奖和24项个人奖。11月23日，学会举办了“馆长杯”文体比赛，让各位参赛理事在轻松愉快的氛围中，既愉悦了身心又联络了感情，进一步增强学会的团队凝聚力。

三、专业委员会活动丰富多彩。公共图书馆委员会开展了以“发挥公益性电子阅览室，积极推进学习型社会建设”为主题的图书馆服务宣传周活动，共有70余个市县图书馆参加，服务6万人次以上。高校图书馆委员会试开通了“湖南省高校图书馆数字资源共享平台”，为全省高校读者共享各校数字资源提供了文献传递平台；举办了2010年度图书馆学情报学学术报告会；承办了“国家图书馆文津图书奖”（湖南）宣传推广活动，进一步将全省高校图书馆“全民阅读”宣传活动推向高潮。企业图书情报工作委员会成功召开第七次会员代表大会，选举产生了新一届理事会；组织企业领导赴法国参加竞争情报高级研讨班；举办了“智能电网与竞争情报长沙峰会”。少年儿童图书馆委员会策划和组织了“全国少年儿童阅读年”系列活动，承办了全国少年儿童阅读年嘉年华活动；组织开展三湘读书月——2010年全省少年儿童“G3杯迎世博迎亚运讲文明树新风”文明礼仪知识读书活动，网上答题40余万份，文明礼仪知识读书活动展演近100余场，全省共有106万少年儿童参加了此次活动。高职院校图书馆委员会搭建了“湖南省高职院校区域图书馆联盟”，在统一平台上实现纸本资源与数字资源的共知与共享，现加入学校34所。

四、加强自身组织建设。学会一直坚持正确的发展方向，认真贯彻执行学会各项规章制度，先后在湖南图书馆、湖南师大图书馆、长沙商贸旅游职院图书馆召开三次理事长会议。11月23日，召开八届五次理事会，民主共商学会工作，确保了学会工作的规范化和制度化。完成2009年省学会财务状况的审计年检工作，通过了湖南省民政厅和湖南省社会科学界联合会的年审。组织人员编印了《秋实集——纪念湖南省图书馆学会成立三十周年》一书，系统地梳理和总结学会三十年来的工作成绩与成果。同时学会继续广泛吸收全省公共系统图书馆、教育系统图书馆、科研系统图书馆的图书馆工作者加入，不断补充新生力量，目前已累计发展会员1381人。（邹序明）

【湖南省图书馆学会组织2010年度立项课题研究】 2009年12月，湖南省图书馆学会（以下简称学会）针对中青年人才库入库人才启动了立项课题申报工作，学会办公室共收到26份课题申请材料。2010年3月4日，湖南省图书馆学会2009－2010年度课题评审会议在湖南图书馆召开。学会组成了由理事长、副理事长、常务理事代表和业内专家构成的评审委员会，本着“公平、公正、公开”的原则，根据课题申报指南和立项课题管理办法，认真评阅了申请书，通过充分地讨论，确定了“公共文化服务体系中图书馆作用和地位的研究”、“高校图书馆社会服务研究”、“图书馆文化价值研究”等3项重点课题和“新信息环境下图书馆自动化系统优化研究”、“我国区域性数字图书馆联盟实现机制与发展策略研究”等12项一般课题，并对批准立项的课题，给予了3000－6000元的科研经费资助。课题研究工作随即展开。（蔡璐）

【湖南省图书馆学会举办全省图书馆界服务知识与技能竞赛】 11月22日－24日，由湖南省图书馆学会主办，湖南省高等学校图书情报工作委员会、湖南省科技情报学会、湖南省高职教育图书馆管理研究会协办，湖南图书馆承办的湖南省图书馆界服务知识与技能竞赛在长沙顺利举行。11月23日，来自全省各系统图书馆的144名队员参加了预赛，经过两个小时的紧张答题，决出了高雨乔等24人分别获得个人一、二、三等奖，湖南省少年儿童图书馆等8支队伍进入决赛。24日的决赛由湖南省图书馆学会理事长张勇，副理事长郑章飞、肖雪葵，常务理事唐晓应担任评委。湖南省文化厅、教育厅、科技厅、“三湘读书月”活动领导小组办公室和吉首大学的领导，以及省内图书馆界同仁200余人出席了决赛。经过数轮精彩的现场答题和激烈地角逐，最终吉首大学图书馆获得团体冠军，湖南省少年儿童图书馆获得亚军，郴州市图书馆和中南大学医学图书馆获得季军，湘潭大学图书馆、衡阳市图书馆、中南大学湘雅医学院医药信息系、湘南学院图书馆获得优胜奖，湖南图书馆获特别奖。（李月明）

【编辑出版《秋实集——纪念湖南省图书馆学会成立三十周年》】 11月，湖南省图书馆学会编辑出版了《秋实集——纪念湖南省图书馆学会成立三十周年》一书。全书分为五个篇章，包括“庆典篇”、“回忆篇”、“学术篇”、“活动篇”和“历史篇”，收录了学会成立三十年以来的学术研究活动和成果、历届理事会机构名录及章程、学会会员撰写的回忆性文章，以及三十周年纪念大会的贺信、贺电、领导讲话、专家访谈等内容。（蔡璐）

【衡阳市公共图书馆调研工作】 4月21日－28日，湖南省图书馆学会与中国图书馆学会、北京大学信息管理传播研究所、衡阳市图书馆、湘潭大学知识资源管理系共同组织了衡阳市公共图书馆回访调研工作。此次调研工作是基于2005年湖南省图书馆学会、衡阳市图书馆和北京大学信息管理传播研究所做的衡阳地区市县级公共图书馆调研的一次回访。调研组走访了衡阳地区11家公共图书馆，在《图书馆》发表了一系列调研报告，总结了5年来衡阳地区公共图书馆的变化，指出了县级公共图书馆的发展依然是制约我国公共图书馆事业发展的瓶颈，提出了“十二五”期间基层图书馆事业的发展对策。《人民日报》、《湖南日报》、《三湘都市报》、《潇湘晨报》、衡阳电视台都市频道等媒体对此次调研活动进行了报道。（陈瑛）

【衡阳市图书馆学会举办李国新教授学术报告会】 4月28日，衡阳市图书馆学会在南华大学图书馆报告厅举办学术报告会，邀请北京大学李国新教授主讲“公共文化服务体系中的图书馆事业”。（刘忠平）

广东省

【举办广东省图书馆学会2010年学术年会暨第二届图书车舞艺术表演比赛】 12月5日—8日，广东图书馆学会2010年学术年会暨第二届图书车舞艺术表演比赛在中山市举办，来自全省高校、公共等各大系统图书馆从业人员约200人参加了会议，14支队伍参加了图书车舞表演比赛。在12月6日首先举办的“图书馆新技术与发展趋势专题研讨会”上，万方数据股份有限公司、尔雅卓越教育科技有限公司、广州创时数码科技有限公司、广东新华发行集团股份公司、同方知网（北京CNKI）技术有限公司、广东大音文化发展有限公司和以色列艾利贝斯有限公司北京代表处的技术专家，带来了最新的图书馆应用技术，并在会上作了精彩演讲和展示。6日下午，第二届图书车舞艺术表演比赛在中山市文化艺术中心小剧场举办，来自广州图书馆参演节目“图书馆奇妙夜”和来自深圳宝安区图书馆参演节目“书赋舞车”获得了比赛的一等奖。在7日举办的学术年会上，广东省科技图书馆李宏荣、广州市图书馆罗小红、香港中文大学图书馆马辉洪、中山大学图书馆韩宇、佛山市图书馆柯静、广东海洋大学图书馆蒋鸿标以及广东省立中山图书馆莫少强等作主题发言。（陈卫东）

【举办“中美图书馆员专业交流项目——广东省图书馆管理人才高级研修班”】 4月1日—3日，由广东图书馆学会、广东省科学技术情报学会、广州图书馆、广州市图书馆学会承办的“中美图书馆员专业交流项目——广东省图书馆管理人才高级研修班”在广州图书馆举办。研修班开幕式由广东图书馆学会常务副理事长、广东省立中山图书馆馆长刘洪辉主持，文化部外联局美大处处长吴强，中国图书馆学会副理事长、国家图书馆副馆长陈力，广东省文化厅副厅长杜佐祥，广州市文广新局副书记欧阳月娥，广东图书馆学会理事长、中山大学图书馆馆长程焕文，美方项目代表、伊利诺依大学莫藤森国际交流中心主任芭芭拉·傅尔德先后致辞。此次交流项目邀请了6位美国图书馆学专家授课。广东省公共、高校、科研、学校、科技情报所等各级各类图书馆（所）有关领导及业务骨干200人参加了研修班。（陈卫东）

【关注资深专家教授，丰富生活、发挥余热三项活动】 4月12日，广东图书馆学会组织资深专家在广东外语外贸大学图书馆召开“读书与养生”座谈会，乔好勤、谭祥金、赵燕群、骆伟、罗健雄等18位退休专家参会。会上，十几位专家、馆长围绕“图书馆的社会合作”这个主题作了发言。6月8日，学会在华南师范大学南海学院图书馆举办“广东中小型图书馆建设与发展资深专家座谈会”。与会老专家有乔好勤、黄俊贵、邹荫生、谭祥金、赵燕群、骆伟等；学会副秘书长陈卫东、南海学院图书馆李韵馆长及图书馆全体馆员约三十人参加了会议。10月12日—14日，广东图书馆学会资深专家委员会2010高级学术沙龙在韶关学院图书馆召开。省学会副理事长楼宏青，资深专家委员会主任委员乔好勤，学会副秘书长骆卫平以，韶关市图书馆情报学会理事长、韶关学院图书馆馆长官建生和副馆长刘梦溪、韶关市图书馆馆长王保鼎等10余人参加了会议。（陈卫东）

【举办“全国志愿者行动广东公共图书馆馆长培训班”】 8月5日—9日，“全国志愿者行动广东公共图书馆馆长培训班”在肇庆市举行，130多名学员参与培训。参与此次行动的志愿者有华东师范大学信息学系范并思教授、华东师范大学社科处金武刚副教授、北京市西城区图书馆管理协会郭斌会长、浙江大学信息资源管理系李超平副教授、南开大学商学院信息资源管理系柯平教授、浙江省图书馆刘晓清副馆长等6名专家。开幕仪式由曹树金教授主持，中国图书馆学会副秘书长孙学雷、文化共享工程国家中心主任张彦博、广东省文化厅社文处调研员吴少瑜、肇庆市文广新局局长欧荣生和广东图书馆学会程焕文理事长分别发表讲话并致贺。（陈卫东）

【连珍先生去世】 10月31日，广东图书馆学会第二届和第三届理事会副理事长兼秘书长，第四届理事会理事长，广东图书馆学会“杰出贡

献奖”和中山大学“卓越服务奖”获得者，原中山大学图书馆馆长、终身荣誉馆长连珍先生在广州仙逝，享年 96 岁。（陈卫东）

广西壮族自治区

【广西图书馆学会概述】 2010 年末有团体会员 70 个。设内部机构 2 个（秘书处、《图书馆界》编辑部）。现任领导机构是第八届理事会，有理事 58 人，其中常务理事 17 人。会长徐欣禄，秘书长秦小燕。

5 月 12 日—15 日，中国图书馆学会第三届百县馆长论坛在江苏省江阴市召开，由广西图书馆学会推荐，广西灵川县图书馆馆长文晓云、大新县图书馆馆长阮甘铎、南丹县图书馆馆长蒋可煜等一行 6 人作为广西代表参加了会议。6 月 23 日，由四川省图书馆学会承办的“川、吉、苏、冀、桂五省（区）图书馆学会第十二届学术研讨会”在成都召开，广西代表甘新等 14 人参加了本次会议，广西桂林图书馆的黄慧作为论文代表参与了交流。7 月 26 日—29 日中国图书馆学会 2010 年年会在吉林长春市召开，广西图书馆学会秘书长秦小燕以及部分论文作者代表参加了会议。广西还组织了 4 名代表随中国图书馆学会代表团到挪威奥斯陆参加“享有阅读权利”国际会议和在瑞典哥德堡举行的第 76 届国际图联大会。10 月 27 日—30 日，广西图书馆学会 2010 年年会暨第 28 次科学讨论会在兴安举行，来自广西公共、高校和科研系统图书馆工作者 156 人与会。11 月 15 日—17 日，第四届全区图书馆采访工作会议在柳州市召开，116 名来自全区各地、各类型图书馆的代表参加。组织 3 次全区范围的研讨班和培训班，参加人员共计 305 人。（广西图书馆学会　贾莹）

【图书馆计算机管理系统软件研讨班】 4 月 26 日—30 日，广西图书馆学会现代化技术工作委员会主办的图书馆计算机管理系统软件研讨班在南宁举办。为了进一步提高广西各级各类图书馆对新技术的应用水平，以适应 Web2.0、RFID、磁盘阵列等技术在图书馆事业发展中的需要，研讨班邀请了广州图创软件、南京汇文、北京金盘、RFID 东莞树煜智能图书设备、nexsan 磁盘阵列等计算机软、硬件的专家前来授课，分别介绍了上述公司软、硬件设备的功能特点、优势以及目前在国内图书馆的主要应用情况，并进行了实际演示。学员与专家之间、学员之间进行了充分交流和探讨，为各馆择优采用图书馆管理系统和合适的硬件设备提供了经验和借鉴。来自全区 27 所高校、公共图书馆的 46 名学员参加了本次研讨班。（广西图书馆学会　贾莹）

【图书馆业务培训班】 7 月 13 日—22 日，广西图书馆学会举办了一期图书馆业务培训班，53 名来自全区公共、院校图书馆和机关单位资料室的图书情报业务人员参加。开设的课程有：文献标引工作、文献编目工作、连续出版物工作、图书馆工作概论、文献资源建设工作、资源检索、读者工作等。课程结束后，对学员进行了图书馆业务知识和技能的笔试测试，并根据学员学习考核成绩发给结业证书。（广西图书馆学会　贾莹）

【《中国图书馆分类法》第五版高级研讨班】 9 月 17 日—20 日，由广西图书馆学会举办的“《中图法》第五版高级研讨班”在广西图书馆报告厅举行。来自广西区内各高校、公共、科研三大系统图书馆 104 个单位的 206 名专业人员参加了学习。武汉大学信息管理学院图书馆学系司莉教授为学员们重点讲解了《中图法》修订概况、各类修订内容及分类方法、文献分类规则等内容，并对第五版分类法在实际应用中可能遇到的问题提供了许多参考性建议。（广西图书馆学会　贾莹）

【广西图书馆学会 2010 年年会暨第 28 次科学讨论会】 10 月 27 日—30 日，广西图书馆学会 2010 年年会暨第 28 次科学讨论会在兴安举行，来自广西公共、高校和科研系统的图书馆工作者 156 人与会。本届年会的主题是“提升能力与效益，促进学习与创造”，收到征文 71 篇，评出正式论文 67 篇，交流论文 4 篇。年会开幕式由广西桂林图书馆馆长丰雨滋主持，学会副理事长陈大广致开幕词，兴安县委常委、宣传部长、副县长文斌致欢迎词。学会理事长徐欣禄作工作报告，对 2010 年的学会工作进行了全面回顾和总结；广西民族大学图书馆李冠盛馆长做了参加 2010 国际图联大会情况报告；年会特邀广西师范大学黄振南教授作了题为“广西民族古籍文献的收集与整理”的专题报告。会议期间举办了“学术论坛”，主持人和嘉宾以专题访谈的形式和与会代表共同探讨了“图书馆与阅读推广”、“图书馆学论文写作谈”两个方面的问题；搭建了“广西图书馆学会年会海报展示”平台，展示各图书馆及参会企业基本信息、特色服务、获得荣誉等资料。（广西图书馆学会　贾莹）

【第四届全区图书馆采访工作会议】 11 月 15 日—17 日，广西图书馆学会采访工作委员会主办的第四届全区图书馆采访工作会议在柳州市召开，116 名来自全区各地、各类型图书馆的代表参加。本次会议的主题是“图书馆、出版社、发行商——合作中的利益与冲突”。会议由柳州市图书馆副馆长、广西图书馆学会采访工作委员会副主任江世忠主持，广西图书馆学会理事长、广西图书馆馆长徐欣禄致辞。针对会议主题，特别邀请了北京邮电大学出版社社长兼总编辑、中国图书馆标准化委员会副秘书长、代根兴做了题为“文献信息学视野下的馆社店合作”的主旨发言，针对当前图书馆、出版社、书店三方面临的共同挑战、存在的主要问题及其原因分析，提出了当下图书馆、出版社、书店之间合作共赢的新方式。（广西图书馆学会　贾莹）

【南宁图书馆学会概况】 全年编辑《邕图通讯》4 期，并从 2010 年第 2 期（总 60 期）进行改版，主办单位明确为南宁市图书馆和南宁市图书馆学会，栏目重新设置，新增“党建要闻”、“媒体聚焦”、“邕图笔记”等栏目，增加图片。11 月 11—12 日，组织召开南宁市图书馆学会第六次会员大会暨第 22 次科学研讨会，155 名学会会员及有关单位领导出席会议；选举新一届学会理事，选出新的学会理事长、副理事长及学会秘书长，完成学会章程的修改。全年共组织三期图书馆管理员培训班。协助广西图书馆学会完成“南宁市公共图书馆 2010 年业务数据”的统计、“广西地市级、县级公共图书馆‘十二五’期间开展免费服务运行经费测算”的调查等工作。（南宁市图书馆　李霞）

重庆市

【概述】 2010 年，重庆市图书馆学会在中国图书馆学会的大力支持下，在市民政局、市科协、市社科联的领导下，在挂靠单位重庆图书馆的关心下，在全体理事和广大会员以及图书馆界工作者的支持下，以科学发展观为指导，以“创先争优”活动为契机，紧密结合当前重庆市图书馆事业发展的实际情况，不断开拓、进取和创新，充分发挥学会的桥梁纽带作用，在重庆大力推进文化大发展大繁荣的新形势下，学会加强对全市图书馆学会会员、基层公共图书馆的协作协调和业务辅导，致力于促进全市图书馆的业务建设，推动整个地区图书馆事业的发展。2010 年，重庆市图书馆学会荣获“2008－2010 年度重庆市先进社科社团”，学会常务副秘书长王宁远荣获“社会科学优秀社团工作者”。

2010 年，学会工作的主要方面如下：

一、活跃学术思想，促进学科发展，开展对外交流，积极搭建学术交流平台

学会承办了由国家文化部和美国博物馆暨图书馆服务机构（署）主办的“2010 中美图书馆员专业交流项目——重庆市图书馆员高级研修班”，主办了“重庆市图书馆学会、重庆市高校图工委第六届学术研讨会”，重庆市图书馆人的理论学习和实践提高都提供了平台。

二、立足实际、发挥职能优势，做好培训辅导工作

重庆市图书馆学会主办了 2010 年重庆市公共图书馆基础业务知识培训班、重庆市公共图书馆《中图法》第五版培训班，紧扣公共图书馆行业发展的步伐，为图书馆人，尤其是基层图书馆人提供切合实际的培训课程。

三、举办社会公益活动和会员活动，普及科普知识

2010 年，重庆图书馆成为市级科普基地，对科普工作提出了更高的要求。“重图讲座”配合这一需求，全年 67 场讲座，选题体现科学精神，宣传科学技术，倡导科学发展，惠及 1 万余听众。在“三下乡”、“送书下乡”工程实施过程中，学会主动沟通、协调，将图书送到区县乡镇的基层图书馆（室），免费发放农业科技资料，并对当地图书馆进行了调研，交流了一些业务建设的经验和建议。学会还举办了“重庆市图书馆员摄影展”，充分展现重庆图书馆人的风采。

四、学术研究成果丰硕

学会积极组织申报社科项目和社科成果评

奖，研究成果被采纳，形成了《重庆中国抗战大后方历史文化研究与建设工程规划纲要》（渝委办发［2010］28 号）。学会组织成员单位参加 2010 年度市级软科学项目申报，其中重庆图书馆"在重庆建立国家级抗战文献中心可行性研究"申报成功。同时，还组织并指导成员单位参加社科联、科协等单位组织的社科课题申报，参加"重庆市第七次社会科学优秀成果评奖活动"等活动。

五、提高会刊水平，扩大学会影响

2010 年，《重庆图情研究》共出版 4 期，共刊登文章 68 篇。其中，正高职称或教授的论文 7 篇，占总数的 10.3%；副高职称或副教授论文 18 篇，占总数的 26.5%；在高级职称作者外，还有 7 篇硕士研究生的论文，占总数的 10.3%。从作者的职称和学历可以看出，高级职称和研究生学历以上的论文达 47.1%。会刊编辑严把质量关，不断提高学术刊物的质量，促进了学术研究成果的广泛交流，更好地展示了我市图书馆工作者的学术研究成果。

六、搭建沟通交流平台，做好学会日常工作

2010 年，重庆市图书馆学会成立了会员 QQ 群、团体博客，加强了会员间的相互沟通，也向广大群众宣传图书馆理念，普及图书馆利用方法，通报图书馆界发展动态。在日常工作中，学会认真完成各种年检工作及会员管理工作，整理保存会员的会籍资料和相关文件，完成会费的收缴，并积极做好新会员的入会工作。积极配合中国图书馆学会完成各类学术活动的开展，并认真组织会员参加。积极向市社科联、向社会媒体、向中国图书馆学会发送活动信息，从多方面宣传学会形象，促进会员沟通。（重庆市图书馆学会）

【2010 中美图书馆员专业交流项目——重庆市图书馆员高级研修班】 3 月 28 日—30 日，重庆市图书馆学会承办了由国家文化部和美国博物馆暨图书馆服务机构（署）主办的"2010 中美图书馆员专业交流项目——重庆市图书馆员高级研修班"，来自全市公共图书馆、高校图书馆和专业图书馆三大系统的图书馆馆长及业务骨干共 310 人参加研修，为 2010 年重庆图书馆界一大盛事。该交流项目的成功举办进一步提升了重庆市各级各类图书馆的管理水平，开阔了重庆市图书馆员的学术视野，推动了中美图书馆间的交流与合作，对促进重庆市图书馆事业的发展发挥了重要作用，产生了积极的影响。（重庆市图书馆学会）

【重庆市图书馆学会、重庆市高校图工委第六届学术研讨会】 5 月 27 日—29 日，由重庆市图书馆学会、重庆市高校图工委主办的第六届学术研讨会在重庆市黔江区召开，来自公共、高校图书馆的共计 76 人参会，共征集论文 82 篇，围绕中国图书馆事业的科学、法治与合作进行了深入的探讨。经专家评审，选出一等奖 4 篇、二等奖 7 篇、三等奖 11 篇，学会理事长邵康庆代表论文评审委员会进行了详尽的论文点评，并邀请多位获奖论文作者在大会上进行论文交流。研讨会还邀请了南开大学信息资源管理系主任、博士生导师柯平教授作题为"当代图书馆服务艺术与理论"的主旨报告。（重庆市图书馆学会）

【重庆市公共图书馆《中图法》第五版培训班】《中国图书馆分类法》第五版于 2010 年 8 月出版，为使重庆市各公共图书馆文献分类编目人员及时了解新版修订情况，解决新旧版本交替标引工作的衔接以及第五版实际应用等问题，11 月 11 日—12 日，重庆市图书馆学会举办了"重庆市公共图书馆《中图法》第五版培训班"，来自重庆市 39 个公共图书馆的 151 位图书馆工作者参加了培训。（重庆市图书馆学会）

【重庆市图书馆员摄影展】 为促进重庆市图书馆界的文化、艺术交流，展示全市图书馆工作者的精神风貌、艺术修养和文化品味，2010 年，重庆市图书馆学会举办了"重庆市图书馆员摄影展"。此次活动共征集到来自全市 15 个图书馆的 137 幅摄影作品，经重庆摄影界专家认真评审，选出一等奖 2 幅、二等奖 5 幅、三等奖 8 幅，予以表彰。获奖作品在重庆图书馆网站上展出。（重庆市图书馆学会）

【重图讲座成为服务品牌】 2010 年，在学会的指导下，全年举办历史文化、艺术鉴赏、重庆作家、毛毛虫欢乐沙龙、读点经典，健康重庆大讲堂、文化沙龙等系列的重图讲座 67 期，到场听众近 2 万人次。讲座形式更加立体生动，结合了诗歌朗诵、艺术欣赏、游园会等多种互动方式；讲座内容紧扣时代脉动，重庆市委宣传部常务副部长周勇、重庆市作协主席黄济人等也走上讲台，向市民公开宣讲；将做宣传渠道更加成熟，与市内媒体加强沟通，利用网络平台开展宣传，并上传讲座视频，让更多市民可以分享公益讲座。市民反响热烈，数次登上重庆电视台及各家平面媒体。（重庆市图书馆学会）

四川省

【纪念四川省图书馆学会成立三十周年暨2010年图书馆馆长联席会召开】 1月20日，纪念四川省图书馆学会成立三十周年暨2010年图书馆馆长联席会在成都召开。四川省文化厅党组书记、厅长郑晓幸，四川省委宣传部文艺处处长陈小海，四川省科协学会部部长唐礼华，四川省社科联学会部副部长胡毅等领导，以及来自全省21个市（州）、4个重灾区的公共图书馆馆长和成都部分高校、科研、党校系统图书馆馆长共110余人参加会议。四川省图书馆馆长、四川省图书馆学会理事长李忠昊对四川省图书馆学会成立30年来的工作进行了回眸与展望，特别就近年来通过开展丰富多彩的工作增强学会的凝聚力，发挥行业优势开展切实可行的图书馆界赈灾救助活动，以学会为平台加强三大系统图书馆界战略伙伴关系，积极开展学术交流活动，加强组织建设、热心为会员服务等五个方面进行了总结。（冯志　程歌）

【“2010中美图书馆员专业交流项目”——四川省图书馆馆长高级研讨班在成都成功举行】 3月22日—24日，由文化部和美国博物馆暨图书馆服务机构（署）主办，中国图书馆学会、四川省图书馆、四川省图书馆学会、美国伊利诺伊州立大学图书馆和美国华人图书馆协会承办的“2010中美图书馆员专业交流项目——四川省图书馆馆长高级研讨班”在成都成功举办，6位美方专家授课。来自四川省公共、高校和专业三大系统142个图书馆的馆长及业务骨干共计236人参加了此次培训。美方专家组成员、中国图书馆学会、四川省文化厅及四川省图书馆领导为学员们颁发了结业证书，四川省图书馆还向美方专家组成员每人赠送了一本四川省图书馆馆藏孤本《明代印存》的仿真再造本。四川是今年此项交流活动的第一站，活动还将分别在重庆、广东、天津、山东、上海、安徽、吉林和黑龙江等地陆续举办。（冯志）

【川、吉、苏、冀、桂五省(区)图书馆学会第十二届学术研讨会在成都召开】 6月22日—25日，由川、吉、苏、冀、桂五省（区）图书馆学会主办、四川省图书馆学会承办的“五省（区）图书馆学会第十二届学术研讨会”在成都隆重召开，130余人出席了会议。四川省文化厅、省科协、省社科联的领导出席开幕式并分别致辞，四川省图书馆馆长、四川省图书馆学会理事长李忠昊致欢迎词。此次学术研讨会的主题是：公共文化服务体系构架下的图书馆服务，共收到论文293篇。会议对获奖论文作者进行了颁奖。南京图书馆副馆长许建业代表下次会议的承办方江苏省图书馆学会盛情邀请代表两年后再次相聚。会后，代表们到地震灾区重建后的都江堰进行了文化考察。（唐岚　徐世芳）

【四川省图书馆学会六届六次常务理事会召开】 6月25日，四川省图书馆学会六届六次常务理事会在成都花园宾馆召开，14位常务理事出席会议。会议主要讨论召开四川省图书馆学会第七次会员代表大会有关问题。会议拟定在下半年召开四川省图书馆学会第七次会员代表大会和论文研讨会，并决定成立会议筹备工作小组，确定了筹备工作小组人员。到会常务理事围绕筹备工作进行了热烈讨论，提出许多建设性意见。会议责成四川省图书馆学会第七次会员代表大会筹备小组就此展开工作。（四川省图书馆学会秘书处）

【四川省图书馆学会“四川省第14次哲学社会科学优秀科研成果”初评结果揭晓】 6月25日，四川省图书馆学会组织专家评审组，对申报“四川省第14次哲学社会科学优秀科研成果”评奖活动的19项学术成果进行了评审。经初评，推荐上报其中5项为“四川省第14次哲学社会科学优秀科研成果”，推荐另13项为学会优秀成果奖。（四川省图书馆学会秘书处）

【举办《中国图书馆分类法》(第五版)培训班】 9月26日—29日，由四川省图书馆、四川省图书馆学会举办的为期四天的《中国图书馆分类法》（第五版）培训班在四川省图书馆开课，来自全省高校图书馆、公共图书馆的150余人参加了此次培训。开班仪式上，四川省图书馆副馆长、四川省图书馆学会副理事长兼秘书长王嘉陵就培训的意义进行了说明和阐述。《中国图书馆分类法》（第五版）编委、四川省图书馆研究馆员李璞担任培训班主讲老师。（徐世芳）

【南充市图书馆学会开设“中国·南充‘嘉陵江大讲堂’”】 “中国·南充‘嘉陵江大讲堂’”是由南充市图书馆学会主办的重要活动，旨在弘扬传统文化，传播国学精粹，学习现代知识，提升市民素质。自2009年3月27日正式启动以来，邀请被誉为《百家讲坛》“十大名嘴”之一的纪连海主讲了“话说乾隆三大名臣”，原省文化厅厅长、省作家协会副主席、省政协常委、四川著名作家周正举作了题为“读书漫谈”的讲座。（南充市图书馆学会）

贵州省

【贵州省图书馆学会召开成立30周年联谊会】 1月8日，来自全省各地、州、市的公共图书馆、高校图书馆的500多名图书馆人欢聚贵州师范大学礼堂，共同庆祝贵州省图书馆学会成立30周年。省学会于1979年成立，30年来，会员已由建会之初的64人增长到今天的近千人；6个分支机构在不同系统内积极开展工作；学术研究委员会、教育培训委员会、信息技术委员会、协作协调委员会、读者工作委员会、编辑出版委员会在各自领域发挥着重要作用；9个地、州、市图书馆学会成员馆和81个县成员馆也将各地的学会工作开展得有声有色。会刊《贵图学刊》（季刊）已经出版了121期。（张贝）

【贵州省图书馆学会举办第一届青年学术论坛】 为加强图书馆青年馆员的培养，搭建青年馆员的学术交流平台，1月7日，贵州省图书馆学会与贵州省高校图工委在贵州省图书馆联合举办了贵州省第一届青年学术论坛。论坛共收到27篇论文，其中公共图书馆12篇，高校图书馆15篇，评选出一等奖1名，二等奖2名，三等奖6名。（张贝）

【贵阳市图书馆学会工作概况】 学会主要完成了以下工作：一、做好《贵图学刊》2010年第三期协办工作，组织全市会员撰写论文，发表论文13篇；积极参加省、内外举办的各种学术交流会议，在第一届青年学术论坛上有两位同志分获二、三等奖。二、走进农村，送书、送文献信息下乡，提高文献资源利用率。建立“贵阳市图书馆羊艾监狱分馆”，配送图书3000册；在清镇市卫城镇金安村举行了养殖实用技术讲座；成立金阳新区碧海社区服务中心等6个社区服务中心。三、分三次对各区县90个村的农家书屋工作人员进行业务培训，为基层图书馆培养人才。（田儒会）

云南省

【云南省图书馆学会荣膺省社科联十佳学会】 为进一步促进云南省哲学社会科学事业的繁荣和发展，鼓励先进，树立典型，提高社会领域各类学会的管理和服务水平，省社科联于2010年4月开展了评选2008—2009年度云南省十佳社科学会、优秀学会、十佳学会秘书长、优秀学会工作者的活动。经过评委会客观、公正的评审，省图书馆学会被评为“十佳学会”，学会秘书长金美丽被评为“十佳秘书长”。（云南省图书馆学会办公室　金美丽）

【云南省图书馆学会支持学校读书活动】 在2010年“六一”儿童节到来之际，昆明市明通小学北辰校区隆重举办第二届“六一读书节”，云南省图书馆学会积极参与了此次活动，精心准备了近500道有奖知识竞答题和近1000元的奖品。在近两个小时的有奖竞猜活动中，共有700多名学生踊跃参加。昆明电视台专门进行了跟踪报道。（云南省图书馆学会办公室　金美丽）

【云南省图书馆荣获全国“全民阅读先进单位”殊荣】 在2010年中国图书馆学会年会上，省馆凭借出色的全民阅读组织和推广工作，被中国图书馆学会授予2009年度“全民阅读先进单位”殊荣。2009年，云南省图书馆外借书刊达到54.1万册次，接待读者159万人次，为全省建设“学习型社会”起到了重要的推动作用。（云南省图书馆学会办公室　发展研究室）

【云南省图书馆学会第六次会员代表大会隆

重召开】 9月20日至21日，云南省图书馆学会第六次会员代表大会暨2010年年会在省馆召开。来自全省公共、高校、科研图书馆及其他系统图书情报单位的200多名学会代表参加了会议。云南省文化厅副厅长黄玲、省社科联副主席江克、省文化厅社文处处长郭伟、省社科联学会部主任吴绍斌、省民政厅民间组织管理三处副处长彭文全等出席会议。中国图书馆学会和上海、浙江等兄弟省市图书馆学会发来贺信贺电。黄玲副厅长、江克副主席、彭文全副处长分别致辞。云南省图书馆学会理事长李友仁代表第五届理事会向大会作了《云南省图书馆学会第五届理事会工作报告》。大会审议并通过了《云南省图书馆学会第五届理事会工作报告》、《关于〈云南省图书馆学会章程〉修改草案的说明》、《云南省图书馆学会第五届理事会财务工作报告》；选举产生了以李友仁为理事长的第六届理事会；对174篇征文进行了严格评审，评出一等奖3名、二等奖17名、三等奖58名，其中大会交流论文5篇。闭幕式上，李友仁理事长宣读了新一届理事会领导班子名单，并作重要讲话。大会还对近两年来在学会工作中表现突出的先进单位和优秀会员进行了表彰。（云南省图书馆学会办公室　金美丽）

【玉溪市图书馆学会举办2010年年会暨第十一届学术研讨会】 “玉溪市图书馆学会2010年年会暨第十一届学术研讨会”于9月15日－17日举行，玉溪市八县一区公共、厂矿、学校、医院的图书馆员等共计80多人参加了年会。5名优秀论文作者在大会上作了交流发言。通过年会和学术研讨会，传递了图书馆最新发展动态，探讨了图书馆热点问题，促进了各类图书馆间的联系和交往，以提高玉溪市图书馆学的研究水平。（玉溪市图书馆　施秀琼）

【普洱市图书馆学会与思茅港镇南夺村民小组开展“手拉手”活动】 11月6日，普洱市图书馆学会联合普洱市委、思茅区委文明办等单位，到思茅港镇南夺村与全体村民共同开展了“手拉手”文明单位文明村结对共建活动。向南夺村民小组捐赠价值900元的科技书籍和报夹；开展了金融知识宣传、科普知识趣味竞猜、气排球友谊赛等丰富多彩的内容。共有115位村民参与，活动氛围十分热烈。（普洱市图书馆学会　李青倬）

【红河州图书馆学会召开第三次会员代表大会】 11月2日，红河州图书馆学会第三次会员代表大会在个旧市锡都图书馆隆重召开，来自全州各系统图书馆的会员代表和嘉宾80余人出席了会议。省图书馆学会理事长、省图书馆馆长李友仁，省图书馆学会常务副理事长、省图书馆副馆长王水乔，州文化局副局长朱丽红等省市领导应邀出席了开幕式并讲话。大会选举产生了新一届理事会、常务理事会和领导机构，并对第二届理事会期间（2005－2010年度）做出优异成绩的团体会员单位和2008－2010年度取得优异成绩的会员进行了表彰。（红河州图书馆学会　赵春玲）

陕西省

【概述】 2010年是陕西省图书馆学会各项工作稳步推进的一年，在组织学术研究、发展与服务会员、发挥桥梁作用、提供智力支持等方面均有所建树，提高了学会的凝聚力和影响力。

3月29日－30日，陕西省图书馆学会召开一年一度的理事会、常务理事会，会议首次引入理事建议案机制，共收到9位理事的建议23条，经过讨论，最终通过了“加强少儿图书馆及中小学图书馆工作，重组少儿图书馆委员会”和“开展省内图书馆结对共建活动，扶持落后地区县级公共图书馆发展”的理事建议案，会议责成协作协调委员会组织落实第二个建议案，经过各方努力，最终结成11个帮扶组织。第二次组织省内基层图书馆业务骨干培训志愿者行动，在榆林、延安和铜川（合并渭南地区）三地设点，共有200位学员接受培训。在2009年一系列准备工作的基础上，2010年首次启动面向全体会员的课题研究立项工作，有14项课题获准立项，其中学会资助课题2项。召开以“职业院校图书馆工作发展与创新”为主题的学术研讨会。组织18名基层图书馆馆长赴珠三角地区图书馆参观、学习、交流。与陕西省图书馆联合承办联机计算机图书馆中心（OCLC）学术研讨会，85人参会。组织近60名会员到大学城参观、学习。会刊《当代图书馆》首次开展年度优秀论文评选工作。

设计开发陕西图书馆学术成果发布平台是

2010年陕西省图书馆学会工作中的亮点。该平台是揭示、宣传陕西图书馆学术研究成果的统一平台，它的建成使用将为陕西省各级各类图书馆及图书馆员展示成果、获取成果线索、了解研究动向、把脉研究全貌、编写学术研究年度报告提供帮助。（陕西省图书馆学会）

【正式启动课题立项工作】 2009年召开的学会六届三次常务理事会审议通过了学会秘书处首次提出的面向全体会员开展课题研究工作的提议，并获准列入当年的学会工作计划。随后，秘书处制定了课题研究管理办法（试行）草案，在以通讯方式征求常务理事的意见后定稿。随后向全省各图书馆征集研究课题，经过两次反复，最终征集课题22项，作为学会的B类课题，由申报单位资助。同时，由学术研究委员会拟定学会资助课题指南（A类）8项，再由秘书处下发两类课题指南。经过个人申报、秘书处形式审查、学术研究委员会初评等环节，2010年3月8日，课题评审委员会在西安石油大学图书馆召开课题评审会，最终立项课题14项，其中A类2项，B类12项。之后，秘书处与课题组签订了立项协议书等文件。（陕西省图书馆学会）

【举办联机计算机图书馆中心(OCLC)学术研讨会】 3月18日—19日，世界图书馆合作组织OCLC与陕西省图书馆学会、陕西省图书馆联合在省图书馆举办联机计算机图书馆中心（OCLC）学术研讨会。陕西省部分高校图书馆、公共图书馆和来自浙江图书馆、浙江大学图书馆、上海图书馆的共85人参加了研讨会。陕西省图书馆馆长谢林出席开幕式并讲话。OCLC全球副总裁王行仁先生一行4人作专题报告，分别讲解了OCLC的合作理念和最新发展动态、WorldCat Local云计算服务、数字馆藏管理软件CONTENTdm、合作式参考咨询服务、在线艺术博物馆、远程访问软件等，并和与会同仁进行了互动交流。此次研讨会还通过文化信息资源共享工程陕西省分中心自主开发的VPN专网向全省基层公共图书馆进行了现场直播。目前在陕西，西安交通大学、西安电子科技大学、陕西师范大学、西北工业大学和西安石油大学等大学图书馆是OCLC的成员馆。（陕西省图书馆学会）

【组织基层图书馆馆长赴珠三角地区图书馆参观、学习】 继2009年秘书处组织35名基层公共图书馆馆长及业务骨干赴长三角地区图书馆参观学习后，就广大基层图书馆员的强烈要求，2010年秘书处又组织18名基层公共图书馆馆长（其中包括铜川市文化局副局长和科长各1人）赴珠三角地区图书馆参观、学习。从4月8日到13日，先后参观了佛山市禅城区图书馆、东莞图书馆、深圳图书馆、深圳龙岗区图书馆和珠海图书馆。通过参观交流，馆长们耳闻目睹了这些图书馆先进的办馆理念和高度人性化的服务方式，也看到了公共图书馆事业的美好前景。在学会领队尚庄副秘书长组织召开的参观学习总结会上，参观团所有成员一一发言，谈感受，说见闻，讲收获，最后由铜川市文化局副局长作总结性发言，为本次参观学习画上了圆满的句号。（陕西省图书馆学会）

【为配合全民阅读活动举办读书讲座】 为纪念“世界读书日”，4月24日，阅读推广委员会在西安图书馆举办了一场题为“走进历史的书房——中国读书文化的千古密码”的学术报告，邀请中国图书馆学会阅读推广委员会委员、中国阅读文化研究委员会副主任、浙江省图书馆学会秘书长袁逸主讲，50余名会员到会听讲。（陕西省图书馆学会）

【组织代表参加中国图书馆学会第三届百县馆长论坛】 5月13日—15日，由中国图书馆学会主办的第三届百县馆长论坛在江苏江阴召开，陕西学会组织西安市灞桥区图书馆馆长张健、泾阳县图书馆馆长张选民、定边县图书馆馆长赵泉清、石泉县图书馆馆长孙继红、蓝田县图书馆馆长王光年参加此次论坛。西北大学公共管理学院副院长杨玉麟教授作为特邀代表参加会议，并作了以“图书馆服务理念”为题的主旨发言。他在发言中以图文并茂和生动感人的事例，推介了陕西公共图书馆的工作，并对张选民、张健、孙继红馆长作了重点介绍。陕西共有4名馆长提交的论文获得本次论坛征文奖，其中岐山县图书馆馆长郭改翠的论文获一等奖，孙继红等3位馆长的论文获三等奖。（陕西省图书馆学会）

【《当代图书馆》聘请审稿专家并召开工作会

议】为了切实做好陕西省图书馆学会会刊《当代图书馆》的审稿工作，保证刊物按时付印发行，经有关方面协调与沟通，决定从2010年起，将由编辑出版委员会委员直接审稿的模式改为编辑出版委员会着重对办刊方向、重点、特色、栏目设置等进行把关，对刊发的文章质量进行评估，另行组建审稿队伍，具体人选由编辑出版委员会提出遴选标准，在操作上采取单位推荐与委员会提名相结合的办法。1月8日，编辑出版委员会召开全体会议，对推荐人选进行审议，一致通过强自办等12人为《当代图书馆》的审稿人。为了统一审稿标准，通报会刊的相关情况，编辑出版委员会于6月7日在西安理工大学图书馆召开审稿专家工作会议，编辑出版委员会主任委员、副主任委员和10名审稿专家以及《当代图书馆》责任编辑参加了会议。（陕西省图书馆学会）

【组织14名代表赴长春参加中图年会】 陕西省学会组织省内同行撰写2010中国图书馆学会年会征文31篇，比上年减少18篇，其中一等奖4篇，二等奖3篇，三等奖7篇。7月25日—29日，组织14名代表参加了在长春召开的2010中图年会。在年会开幕式上，陕西因参与2006年全国图书馆志愿者行动，获得由第三届文化部创新奖组委会颁发的奖状；陕西省图书馆获2009年全民阅读先进单位奖。（陕西省图书馆学会）

【基层图书馆业务骨干培训志愿者行动】 8月11日—13日，陕西省图书馆学会基层图书馆业务骨干培训志愿者行动在榆林、延安、铜川（合并渭南地区）三地同时举行，分别由神木县图书馆、延安中山图书馆和铜川市图书馆承办。榆林市文化广电新闻出版局副局长辛建华和神木县政府、县文体事业局的主要领导、延安市委宣传部副部长高志旺以及延安宝塔区人大、政协、区委、区政府和区文体事业局的主要领导、铜川市文化广电新闻出版局副局长刘守宽等代表当地政府参加了开班仪式。16位志愿者分别向200名学员传授了"图书馆职业理念与职业素养"、"图书馆服务内容与服务方式"、"基层图书馆资源建设"、"共享工程与图书馆自动化"、"图书馆阅读推广"、"学术研究与论文撰写"等相关知识和信息。（陕西省图书馆学会）

【举办会员活动】 9月17日，为了增强广大会员之间的交往与友谊，同时也为了加强省内图书馆同行之间的了解与沟通，陕西省图书馆学会秘书处组织50余名会员赴郭杜大学城图书馆进行参观学习。通过参观陕西师范大学图书馆和陕西师范大学博物馆（包括妇女文化馆、历史文化博物馆、书画艺术馆），会员们既学习了先进的建馆理念，也增长了见识，又丰富了文化生活。会员们普遍希望今后学会多组织这方面的活动。（陕西省图书馆学会）

【参与西北五省（区）图书馆第十次科学讨论会】 陕西省图书馆学会参与了以"合作、服务、发展"为主题的西北五省区图书馆第十次科学讨论会的筹备工作，在省内征集征文25篇，有13篇文章获奖。10月12日—15日，组织12名代表参加了在兰州召开的讨论会，谢林理事长在会上作了题为"不患无位，患所以立——经济欠发达地区公共图书馆发展探讨"的学术报告。陕西省图书馆馆长、学会理事长谢林，陕西省图书馆副馆长、学会秘书长徐大平，学会常务副秘书长尚庄，西安交通大学图书馆馆长助理强自力还参加了作为会前会的西北五省区图书馆馆长暨学会理事长、秘书长联席会议，会议强调了陕西省图书馆学会在牵头做好五省区图书馆员联合培训、馆际交流、挂职锻炼等工作中的责任，同时新增加了由陕西省图书馆牵头共建陕甘宁边区红色文献数据库的合作项目。2012年第十一次科学讨论会将由陕西省图书馆学会和陕西省图书馆轮值主办。（陕西省图书馆学会）

【举办职业院校图书馆学术研讨会】 12月3日，陕西省图书馆学会"职业院校图书馆工作的发展与创新"学术研讨会在西安航空技术高等专科学校图书馆召开。本次研讨会由学术研究委员会主办，西安航空技术高等专科学校图书馆承办。学术研究委员会主任、西北大学公共管理学院副院长杨玉麟教授作了题为"高校图书馆服务理念与职业道德观"的学术报告，报告主要从高校图书馆的性质与任务、高校图书馆的服务内容、树立先进的服务理念、树立先进的图书馆职业道德观4方面阐述了高校图书馆服务理念与职业道德观。此次研讨会共征集论文 44 篇，其中 5 篇获一等奖，10 篇获二等奖，14 篇获三等奖。西安航空技术高等专科学校、西安铁路职业技术学院、渭南职业技术学院、陕西工业职业技术学院等校图书馆获征文组织奖。获奖论文作者作了大会交流。（陕西省图书馆学会）

【高校图书馆与县级图书馆开展结对帮扶活动】 在 3 月召开的陕西省图书馆学会六届二次理事会和六届四次常务理事会上，几位高校图书馆理事站在全省图书馆事业共同发展繁荣的高度上，提出了《开展省内图书馆结对共建活动，扶持落后地区县级公共图书馆发展》的理事建议提案。此提案一经提出立即得到全体理事的一致赞同，经过认真的讨论和研究后被列入 2010 年省图书馆学会和省高校图工委的主要工作之一。经过摸底、沟通，最终促成 11 个高校图书馆和 11 个县级图书馆结成帮扶对子。12 月 13 日上午，由陕西省图书馆学会和陕西省高校图工委联合主办的高校图书馆与基层公共图书馆结对帮扶协议签字仪式暨信息交流座谈会在西安交通大学图书馆举行，11 个县级图书馆和对口帮扶的 11 个高校图书馆负责人分别在协议书上郑重签字。在随后的交流座谈会上，对口双方就各自图书馆的基本情况、基层图书馆的需求信息以及下一步的帮扶重点等进行了充分沟通和交换意见，达成了许多初步的帮扶共识。会后，多数结对图书馆完成互访和深度沟通，着手实施具体援助事宜。陕西高校图书馆和县级图书馆的结对帮扶活动是全国首创的跨系统合作，是推动区域图书馆事业共同发展的探索性实践。陕西省电视台、《陕西日报》等新闻媒体进行了相关采访和报道。（陕西省图书馆学会）

【组织开发陕西图书馆学术成果发布平台】 为了集中展示陕西图书馆学术研究的实力和水平，进一步调动各图书馆和图书馆员致力于学术研究的积极性，省图书馆学会编辑出版委员会组织设计开发了陕西图书馆学术成果发布平台。该平台具有分布式用户提交学术成果、系统管理员统一审核发布的特点，能够及时发布陕西省各图书馆提交的期刊论文、会议论文、科研项目和获奖成果；并能通过单位、作者、篇名和期刊名等途径进行检索。该平台开发完成后将移交学会秘书处指定系统管理员进行日常管理，以便集中督促各图书馆的成果提交工作。（陕西省图书馆学会）

甘肃省

【甘肃省图书馆学会六届四次理事会议在兰州举行】 1 月 22 日，“甘肃省图书馆学会 2009 年度理事会议（六届四次理事会议）”在兰州召开，甘肃省图书馆学会理事和分支机构负责人等 40 多位代表参加了会议。会议讨论审议并原则通过了甘肃省图书馆学会 2009 年工作报告、2010 年工作计划和 2009 年度财务工作报告。6 个分支机构负责人分别汇报了 2009 年工作情况和 2010 年工作计划。3 个地方学会的负责人分别汇报了该学会 2009 年工作总结和 2010 年工作计划，地方学会的工作汇报是本次理事会新增加的内容。（张毅宏）

【全省图书馆基础业务知识暨图书馆员继续教育培训班在甘肃省图书馆举办】 3 月 22 日—31 日，甘肃省图书馆学会在兰州举办了“全省图书馆基础业务知识暨图书馆员继续教育培训班”。来自全省各公共、高校、科研等企事业单位图书馆系统的 33 名学员参加了此次培训。此次培训班开设的课程有：文献分类、文献编目、连续出版物管理、机读目录和读者工作。课程结束后，学员们还参观了省图书馆各个业务部门，了解了图书馆业务工作流程。此次培训旨在提升全省各级各类图书馆基础业务的规范化和标准化水平，提高从业人员的业务素质和工作能力。（张毅宏）

【甘肃省图书馆学会组织开展“全民阅读”活动】 2010 年 4 月，根据中国图书馆学会《关于开展 2010 年全民阅读活动通知》的要求，甘肃省图书馆学会组织全省图书馆开展了以“保障阅读权利，享受阅读快乐”为主题的，形式多样、内容丰富的“全民阅读”活动。省图书馆学会利用工作通讯——《甘肃图书馆工作》对全省的“全民阅读”活动和“图书馆服务宣传周”活动作了集中的宣传报道，并及时总结上报中国图书馆学会和省社科联。为了把“全民阅读”活动深入持久地开展下去，办出实效，甘肃省图书馆学会在年会上对在 2009—2010 年全民阅读活动中

表现突出的甘肃省图书馆、中科院国家科学图书馆兰州分馆等13个单位进行表彰。（张毅宏）

【“网络环境下图书馆参考咨询及学科化信息服务专题研讨班”在兰州成功举办】 5月25日—27日，“网络环境下图书馆参考咨询及学科化信息服务专题研讨班”在甘肃省图书馆举行，来自甘肃、陕西、青海地区公共、高校和科研系统图书馆的44名学员参加研讨学习。本次研讨班由甘肃省图书馆学会、陕西省图书馆学会和国家科学图书馆兰州分馆联合举办，甘肃省图书馆学会具体承办，是西北五省区图书馆的首次联合培训，面向西北五省区图书馆学会会员及图书馆工作者招生。研讨班课程设置主要有：学科化服务概述、虚拟参考咨询、用户信息需求服务模式及案例、用户信息环境建设及一线知识服务研究、用户需求驱动的知识资源组织建设和地方文献参考咨询工作。（张毅宏）

【甘肃省图书馆学会第七次会员代表大会在兰州召开】 6月19日，甘肃省图书馆学会第七次会员代表大会在兰州隆重召开。来自全省十四个市州公共、高校、科研和其他系统的61个图书情报单位的近100名代表参加会议。大会审议并通过了甘肃省图书馆学会第六届理事会工作报告、第七次会员代表大会筹备工作报告、《关于〈甘肃省图书馆学会章程〉修改草案的说明》、第七届理事会工作规划（建议稿）、第六届理事会财务工作报告、会费标准及管理办法等报告，并宣读了第七届理事会理事候选人名单。

会议通过无记名投票方式选举产生了甘肃省图书馆学会第七届理事会，于丽萍等77人当选为理事；新一届理事会产生后立即召开了第七届理事会第一次会议，并选举产生了第七届常务理事会，王定君等29人当选为常务理事。甘肃省图书馆馆长郭向东当选为七届理事会会长，甘肃省图书馆研究辅导部主任董隽当选为秘书长。（张毅宏）

【2010甘肃省图书馆学会年会在兰州举行】 6月20日，2010甘肃省图书馆学会年会在兰州胜利召开。甘肃省图书馆学会新当选的七届理事、论文作者和来自全省各地的代表等100余人参加了会议。会议特邀北京大学信息管理系教授李国新教授作了题为“公共文化服务体系中的图书馆”的专题报告。这次年会的主题是：“提升能力与效益，促进学习与创造”。共提交论文98篇，其中地县图书馆77篇，非地县图书馆21篇。经过专家评委的认真评议，46篇论文获地县图书馆组一、二、三等奖；13篇论文获非地县图书馆组一、二、三等奖。（张毅宏）

【西北五省(区)图书馆第十次科学讨论会在兰州召开】 10月12日—15日，以“合作、服务、发展”为主题的西北五省（区）图书馆第十次科学讨论会在甘肃省兰州市胜利召开。来自陕西、甘肃、宁夏、青海、新疆五省（区）的图书馆界同仁70余人参加会议。会议邀请陕西省图书馆馆长、学会理事长谢林研究员和宁夏图书馆常务副馆长、学会副理事长张欣毅研究员分别作了题为“不患无位，患所以立——经济欠发达地区公共图书馆发展探讨”、“多重时代主题拉动下的公共图书馆发展观重构”的学术报告。本次会议共收到论文165篇，经各省（区）图书馆学会组织专家评选，有103篇论文获奖（陕西13篇、甘肃49篇、宁夏22篇、青海14篇、新疆3篇），其中一等奖16篇，二等奖30篇，三等奖57篇。会议论文集《西北地区图书馆发展战略研究》一书由甘肃人民出版社出版，收录会议获奖论文48篇。

在本次会议之前的10月12日下午，召开了“2010西北五省（区）图书馆馆长暨学会理事长、秘书长联席会议”，16位代表参加了会议。代表们围绕贯彻落实《西北五省（区）图书馆合作协议》框架，以及《2008宁夏会议纪要》和《2009西安会议纪要》的内容展开了热烈的讨论，并就落实建立西北五省（区）图书馆人才培养机制、联合建设西北地方文献数据库的合作项目提出了许多建设性的意见；同时，还对共建陕甘宁边区红色文献数据库、回族与伊斯兰教文献数据库，合作建立古籍文献书目数据库等新的合作项目初步达成共识。（张毅宏）

【《甘肃图书馆事业发展战略研究》出版发行】 2010年12月，甘肃省图书馆学会年会论文集《甘肃图书馆事业战略发展研究》一书由甘肃民族出版社正式出版。该书大32开，收录论文44篇，计25万余字，是学会编辑出版的第四部专

业书籍。成为广大会员进行学术交流的又一媒介。(张毅宏)

【省学会开展基层培训和考察工作】 省学会根据基层图书馆的需求到基层去培训，先后于7月、9月和11月，在陇西县、平凉市、金昌市、永昌县分别举办了“陇西县文化知识专题讲座”、“平凉市图书馆工作人员业务培训”，“金昌市图书资料系列工作人员继续教育培训班”和“金昌市农家书屋管理员培训班”。还分别在6月、10月先后邀请北京大学信息管理系博士生导师李国新教授，陕西省图书馆馆长、学会理事长谢林研究员，宁夏图书馆常务副馆长、《图书馆理论与实践》主编张欣毅研究员面向图书馆员做了3场学术报告。于7月19—30日组织了一次题为“参加2010中国图书馆学会年会暨东北三省图书馆学习考察活动”，来自兰州、天水、白银、平凉、定西、酒泉、张掖等市县的16位人员参加了学习考察活动，先后考察了黑龙江省图书馆、牡丹江市图书馆、吉林省图书馆、长春市图书馆和沈阳市和平区图书馆，重点考察了上述各馆的公共文化服务体系建设、总分管制、区域资源共建共享模式、共享工程建设与运行、24小时自助图书馆服务等内容。(董隽)

青海省

【青海省图书馆学会荣获“青海省2010年社会科学普及周活动先进集体”称号】 为适应青海经济社会发展需求，努力提高公众人文科学素质，促进科学发展，进一步营造建设富裕文明和谐新青海良好环境，促进和谐青海建设，青海省社科联于8月9日举行了以“提高人文科学素养，推动发展方式转变”为主题的社会科学普及周活动。青海省图书馆学会根据青海省社科联的具体安排部署和要求，于8月9日、10日、14日在西宁中心广场、乐都县举办了“青海省非物质文化遗产图片展”，近万人次参观了展览，取得了良好的社会效果。11月8日，青海省社科联举行了科普周宣传活动总结表彰大会，青海省图书馆学会被授予“青海省2010年社会科学普及周活动先进集体”称号，学会秘书长李盛福被授予“先进个人”荣誉。(李盛福)

【青海省图书馆学会被授予青海省社科类优秀“二级学会”并挂牌】 2010年12月8日，由青海省社会科学界联合会主持召开的“青海省社科学会首批评估分级工作总结会”在青海省社科院会议礼堂举行。会议由青海省社科联秘书长李平主持。青海省社科院院长赵宗福、青海省社科联常务副主席胡维忠、评估专家组组长（原青海省委党校副校长）王志峰出席会议。会上，青海省图书馆学会被授予青海省社科类优秀“二级学会”并挂牌。(李盛福)

宁夏回族自治区

【宁夏图书馆学会召开第六次会员代表大会】 2010年4月9日，宁夏图书馆学会召开第六次会员代表大会。本次会议的主要议程是：审议学会第五届理事会工作报告、审议学会章程修正案、审议学会第六届理事会组成人员建议案、选举产生学会第六届理事会。宁夏社科联、宁夏民政厅民间组织管理局的领导出席了会议。会议由学会第五届理事会常务副理事长、宁夏图书馆馆长丁力主持。学会第五届理事会副理事长、宁夏图书馆常务副馆长张欣毅作了“学会第五届理事会工作报告”，对过去7年的学会工作进行了回顾和总结；学会第五届理事会常务理事、宁夏大学图书馆馆长梁向明宣读了“学会章程修正案”；学会第五届理事会常务理事、宁夏社科院图书资料中心主任李习文宣读了“学会第六届理事会组成人员建议案”。经过代表选举，产生了由47人组成的新一届学会理事会。新当选的学会第六届理事会理事长、宁夏文化厅副厅长陶雨芳最后作了讲话。中国图书馆学会、宁夏文化厅、宁夏社科联、宁夏民政厅民间组织管理局向大会发来了贺信。(张京生)

【宁夏图书馆学会、宁夏高校图书馆图书情报工作委员会举办学术报告会】 2010年10月22日下午，宁夏图书馆学会、宁夏高校图书馆图书情报工作委员会在北方民族大学图书馆举办学术报告会。此次学术报告特别邀请南开大学商学院信息资源管理系博士生导师徐建华教授作了题为“当代图书馆人的职业生涯管理”的学术报告。学术报告会由北方民族大学图书馆副馆长陈永平研究馆员主持。宁夏图书馆学会副理事长、学术委员会主任，宁夏社会科学院图资中心主任李习文研究馆员最后对学术报告作了总结讲话。来自

宁夏各类型图书馆的200多名图书馆工作者聆听了此次学术报告。（张京生）

【宁夏图书馆学会举办第二届图书馆学情报学优秀成果评选活动】 为了进一步促进宁夏地区图书馆学情报学学术研究的发展与繁荣，提高图书馆工作者的学术研究能力，宁夏图书馆学会于2010年10月至11月举办了第二届图书馆学情报学优秀成果评选活动。本次评选的范围为2004年7月1日至2010年9月30日公开发表、出版的图书馆学、情报学、文献学等方面的相关论著与论文，共收到参评论著8部（含二次文献），论文77篇。经专家评委会评选，有4部论著及3部二次文献分获论著、二次文献一、二、三等奖；4篇论文获一等奖，12篇论文获二等奖，20篇论文获三等奖，27篇论文获优秀奖；由宁夏图书馆编撰的《宁夏图书馆志》荣获特别贡献奖（全部获奖名单刊登在《图书馆理论与实践》2010年12期）。2010年12月29日，在宁夏图书馆学术报告厅举行了宁夏图书馆学会第二届学术成果颁奖仪式。颁奖仪式由宁夏图书馆常务副馆长、宁夏图书馆学会副理事长张欣毅主持。宁夏文化厅副厅长、宁夏图书馆学会理事长陶雨芳出席颁奖仪式并讲话。银川市图书馆馆长、宁夏图书馆学会副理事长强朝辉宣读了获奖名单。来自宁夏地区高校图书馆、科研系统图书馆、公共图书馆的获奖代表先后发表获奖感言。宁夏社科院图资中心主任、宁夏图书馆学会副理事长李习文代表评委会对获奖论著、论文进行了点评。文化厅及学会领导向获奖单位、获奖者颁发了奖牌及获奖证书。颁奖仪式后，宁夏图书馆学会还邀请宁夏大学图书馆馆长、宁夏图书馆学会副理事长梁向明作了题为“中国伊斯兰教派门宦及其共同特点”的学术报告。来自宁夏各高校图书馆、科研系统图书馆、公共图书馆的图书馆工作者300余人参加了颁奖仪式并聆听了学术报告。本次评选活动充分展示了多年来宁夏图书情报工作者开展学术研究所取得的成果，对于今后继续深入开展学术研究，繁荣宁夏地区的图书馆事业，具有积极的促进作用。（张京生）

学术研究与活动

专业学术会议
国际学术交流

学术研究与活动

专业学术会议

2010 中国图书馆学会年会

2010 中国图书馆学会年会于 7 月 25 日—29 日在吉林长春隆重召开，来自全国 30 个省、自治区、直辖市的图书馆工作者，出版界、图书馆技术研发机构和企业界的代表和美国图书馆界的代表 900 余人出席了大会。本届年会的主题是“提升能力与效益，促进学习与创造”。来自新华社、《中国文化报》、《图书馆报》等中央和省市的新闻媒体及网络媒体对大会进行了报道。

26 日上午，吉林省陈晓光副省长出席了开幕式，中国图书馆学会理事长、国家图书馆党委书记、常务副馆长詹福瑞致开幕词，长春市委常委、副市长郑文芝致欢迎辞，国家图书馆馆长、中国图书馆学会名誉理事长周和平发表讲话，文化部社会文化司司长于群、中国科协国际部部长张建生和文化部全国文化信息资源建设管理中心副主任刘惠平、美国华人图书馆员协会代表李国庆分别致辞。出席会议的还有吉林省文化厅厅长林君，副厅长谢文明，长春市政府副秘书长卢福建，长春市文化局局长吴强，以及吴建中、陈力、朱强和杨沛超等四位副理事长。中国图书馆学会副理事长、中科院国家科学图书馆馆长张晓林主持了开幕式。

一、主题鲜明，引领事业提升

本届年会从不同角度，以多种形式诠释了“提升能力与效益，促进学习与创造”的主题——专业化图书馆服务促进全体社会成员终身学习，促进全社会的知识传承、文化创造和科技创新，实现图书馆的普遍均等服务。年会征文设 14 个分主题，共收到 1717 位作者的 1346 篇论文，其中 1 等奖论文 124 篇，2 等奖论文 192 篇，3 等奖论文 394 篇。上海图书馆馆长、上海科技情报所所长吴建中博士的主旨报告“创新型社会中的图书馆责任”从图书馆自身发展规律、社会责任和用户需求三个方面阐述了全媒体时代图书馆范式的转变；美国著名图书馆学家罗伯特·斯图尔特博士“提升能力与效益 鼓励学习与创新”的演讲则从资源、服务和用户三个层面揭示了信息范式的转换，指出了图书馆员在新时期扮演的新角色和承担的新任务。

二、发出倡议，协调行业发展

年会分会场和闭幕式上，国家图书馆发起并联合中国图书馆学会和中国残疾人联合会，共同向全国图书馆界发出加强图书馆信息服务无障碍、创建“全国图书馆信息服务无障碍联盟”的倡议；中国图书馆学会向全国图书馆发出参与节能环保，建设节约型图书馆的倡议。

由国家图书馆和公共、高校、科研、党校、军队系统图书馆及文化部全国文化信息资源建设管理中心等组成的“全国数字图书馆建设与服务联席会议”发布了《数字图书馆安全管理指南》和《数字图书馆建设与服务中的知识产权保护政策指南》，公布了《数字图书馆服务政策指南》和《数字图书馆资源建设指南》。

三、议题众多，促进学术交流

年会是广大图书馆界同仁交流观点、探讨议题的重要平台，在 20 个分会场上，代表们与国外的同行积极交流、热烈讨论，大家相互介绍研究成果、学术进展和发展设想，并对实际工作中遇到的问题进行了沟通。这些讨论必将促进今后的图书馆理论与实践的发展。

图书馆的社会责任是图书馆精神的理性拓展，是图书馆践行社会责任的意义所在，第一分会场三位业界专家和论文作者学者通过实证研究追述和讨论了图书馆的社会责任，引起了现场热烈的讨论和共鸣；第二分会场从理论与实践、发展历史和路向、发展现状及对策、发展研究与服务创新等多个角度围绕信息素养教育展开了讨论；第三分会场就大家比较关心的图书馆立法以及著作权的相关问题展开讨论；第一次独立承担年会分会场的图书馆员研究专业委员会的周德明主任以一声“图书馆员，我来了！”向大家致意；第五分会场讨论了在新环境下信息资源建设的热点问题，提出了信息资源建设的新策略；第六分会场集中探讨了信息技术发展环境下用户新的需求和图书馆进行的服务创新；第七分会场针对地方文献信息资源共建共享的现状提出了地方文献资源保障系统的共建模式及未来发展愿景；第八分会场探讨了民族文献的数字化、抢救及保障体系建设问题；第九分会场探讨了不同人群的阅读需求及如何保障他们的阅读权利问题；第十分会场以中美图书馆员专业交流项目为平台，探讨了中文信息全球共享的技术支持与实现途径；第十一分会场围绕吉林省图书馆联盟建设与发展，做了交流发言；第十二分会场中国图书馆学会和北京中关村国际环保产业促进中心签署了“全国图书馆节能项目咨询协议”，并随后在闭幕式上发出倡议；第十三分会场是国家图书馆和公共、高校、科研、党校、军队系统图书馆及“共享工程”国家中心等组成的“全国数字图书馆建设与服务联席会议”的研讨、发布现场；第十四分会场是国家图书馆和中国图书馆学会联合中国残疾人联合会研讨和倡议现场；第十五分会场则以案例的形式探讨了图书馆宣传推广、读者活动和社会合作等方面问题，给大家一种耳目一新的感觉。

本次设置的20个分会场再创年会分会场数量新高，成为与会代表交流观点、探讨议题、实现话语权的重要平台。分会场上，代表们针对图书馆的社会责任、信息素养教育的理论与实践、图书馆法与知识产权、图书馆员、信息资源建设的新环境与新策略、信息技术发展环境下的用户需求与服务创新、地方文献的参与和共享、少数民族文献资源保障体系建设研究、保障阅读权利、国际交流与合作、图书馆联盟等主题展开热烈讨论，介绍研究成果、学术进展和发展设想，并对实际工作中遇到的问题切磋应对策略。

四、奖掖表彰，激励创先争优

在隆重的年度颁奖典礼上，学会领导和嘉宾向2006—2008年“志愿者行动”的30个主、承办单位和19位志愿者个人颁发了第三届文化部创新奖；向53个单位和机构颁发了2009年“全民阅读示范基地”、“全国少年儿童阅读年特殊贡献奖”、“优秀组织奖”和“先进单位奖”；向学生代表颁发了2010年韦棣华奖学金；向获奖论文作者代表和15个单位颁发了证书和优秀组织奖；向15位会员颁发了“会员论坛之星”奖。为推动“全民阅读”赠书计划的实施，刘伯根副总裁代表中国出版集团公司向吉林省基层图书馆捐赠30万码洋的新书。

五、宣传展示，推进文化建设

本届年会展览创下有史以来展览品种和规模之最。除了一年一度的“2010中国图书馆应用技术与专业设备及图书馆资源展览会”外，还首次举办了“图书馆文化系列展览”、“少儿阅读在中国——全国少年儿童阅读年图片展”、“第二届全国读书漫画大赛作品展”，反映了学会工作的全面发展与立体推进。今年适逢长春图书馆建馆100周年和“吉林省图书馆联盟”喜获文化部“群星奖”，“‘长春图书馆百年’主题展览（1910—2010）”、“吉林省图书馆联盟图片展”和“吉林省图书馆公益讲座500期回顾展”充分展示了吉林省图书馆事业取得的成果。

本届年会继去年创办电子刊后，继续推出中国图书馆学会电子特刊《中美图书馆员专业交流项目专辑》和《全国少年儿童阅读年专辑》，在开、闭幕式现场轮播，并常年在学会网站链接，立体展示了学会的创新、品牌项目。

学会还借助北京九星时代科技有限公司的先进触控技术，用触摸屏展示了学会中美图书馆员专业交流项目和全国少年儿童阅读年活动，介绍了此次年会的相关信息，留言板功能共收集百余条代表对中国图书馆学会及年会成功举办的祝愿。触摸屏置于入口报到处，成为代表们关注的亮点之一。

六、推广更新，事业企业共赢

此外，新技术引领下的新产品、新设备和新系统成为代表们关注的焦点。深圳海恒智能技术有限公司题为“企业眼中的第三代图书馆”的演讲，从企业家的角度讲述了第三代图书馆；慧科讯业（北京）网络科技有限公司、北京神州数码有限公司，深圳市远望谷信息技术股份有限公司、深圳市海恒智能技术有限公司和上海阿法迪智能标签系统技术有限公司等企业成功地举办了年会分会场；26家机构参加“2010中国图书馆应用技术与专业设备及图书馆资源展览会”，展示了最新的产品与服务。

七、共建家园，相约再会来年

本届年会是中国图书馆学会参会人数十年来

最多、分会场最多、论文数量最多、展览内容最丰富、合作成果最多的一次，这标志着学会工作向团结学界、业界，推进图书馆事业发展的迈进。年会自举办以来，已逐渐成为图书馆人共同期待的年度盛会。年会期间，由于洪涝灾害，导致西北、东北地区火车、飞机延误，特别是来自陕西和青海的十余位代表沿途受阻，致使旅程长达61个小时；还有包括周和平馆长在内的一些代表，经历了飞机的三起三落直至连夜驱车，终于赶到年会现场。代表们在感动之余，也真实地感受到了图书馆界的向心力和凝聚力，感受到了会员和图书馆工作者对我们的图书馆团队，对学会这个“会员之家”的信任和期待。闭幕式上，吉林省图书馆学会主办的文艺演出精彩纷呈，使年会达到高潮。

年会的成功举办，是学会各专业委员会、全国各地方学会，以及各级各类图书馆、各位论文作者和各位与会代表以及广大会员共同努力的结果。为办好本届年会，吉林省、长春市领导和文化厅、局等给予了高度重视和大力支持，吉林省图书馆学会和长春图书馆的同行们为年会付出了辛勤的劳动，为全国图书馆界做出了重要贡献。（孙学雷）

中国图书馆学会2010新年峰会

2010年1月7日—9日，由中国图书馆学会主办、杭州图书馆承办的“中国图书馆学会2010新年峰会”在杭州召开。20余位图书馆、图书馆学界代表参加了会议。中国图书馆学会副理事长陈力、朱强出席并主持了会议。

峰会共有六个议题：《公共图书馆法》支撑研究与宣传推动、图书馆服务绩效统计与评价试点、2010年“志愿者行动”计划、基层图书馆：提升效益，构建体系、图书馆员专业化的现实问题与对策、中国图书馆学会“十二五”规划思路要点等。李国新、褚树青、朱强、汤更生、邱冠华、陈力等分别作了议题说明，各位专家就各个议题展开了深入讨论。

本次峰会既秉承了以往峰会的成例，会风简洁明快，重视落实，又有创新气氛，轻松自由，畅所欲言。与会代表研讨热烈、献计献策。会议结束前，中国图书馆学会副理事长陈力做了会议总结，并就前述六项一体分别予以部署和落实。

这次峰会承前启后，将老议题继续延伸扩展并以行业发展热点为下一阶段新议题，再次证明峰会是推动和指导行业发展行之有效的机制。（中国图书馆学会秘书处　王萱）

首届中国高校图书馆发展论坛

2010年4月26日—28日，由中国图书馆学会高等学校图书馆分会主办，《中国现代教育装备》杂志社、中国教育装备采购网承办，北京新华书店首都发行所有限公司协办的“2010中国高校图书馆发展论坛”在北京台湖国际图书城成功召开。中国高校图书馆发展论坛作为中国高校图书馆最高等级的年度峰会，今后将每年举办一次，每次确定一个主题，今年是首次举办，本次论坛的主题是“中国数字图书馆建设理论与实践”。来自全国近200余所高校的图书馆馆长和工作在高校图书馆一线的管理人员以及为高校图书馆设计研发相关产品及技术的20余家厂商代表共计近300人参加了会议。

论坛开幕式由中国图书馆学会常务理事、高校分会副主任、武汉大学图书馆馆长燕今伟主持。中国图书馆学会副理事长、高校分会主任委员、北京大学图书馆馆长朱强致欢迎词，强调要把中国高校图书馆发展论坛办成一个年度性、广泛参与，每年有新主题的、涉及图书馆问题和发展方向，同时，图书馆业界都向往、能够实现梦想、具有影响力的论坛；还特别强调论坛要考虑整个图书馆产业链的发展，不要“闭门造车”，只考虑单方发展。北京新华书店首都发行所有限公司副总经理张文广、柯尼卡美能达办公系统（中国）有限公司直销统括部、北京市场推进部副部长王辉先后致辞。

大会安排了5个主题报告。上海交通大学图书馆副馆长郑巧英女士做题为“数字图书馆建设的规划和实践”报告，主要包括数字图书馆建设的环境解析、数字图书馆建设规划的实施、数字图书馆建设规划的内容和实践演绎4个部分。OCLC全球副总裁、亚太地区负责人王行仁先生报告题目为“OCLC Word CatLocal云计算服务”，为参加此次论坛的各界人士解释了云计算的奥秘。朱强馆长的报告以“图书馆管理系统发展趋势展望”为题，针对ILS的定义、发展过程、当前形势与市场以及其未来的发展方向进行了详细的阐述。北京大学校长助理、网络与信息系统研究所所长李晓明教授做题为“天网地藏：留住互联网信息的理念与实践”的报告，在报告中提出什么是“天网地藏”等5个问题，并一一给予解释和阐述。清华大学图书馆副馆长姜爱蓉做题为“图书馆新技术趋势与应对”的报告，阐述了新技术应用进程加快、资源变迁的连锁影响以及新一轮的变革和任务。

主题报告结束后，举行了“中国高校图书馆发展论坛—中国数字图书馆建设理论与实践”案例、论文征文活动颁奖仪式。中国图书馆学会副秘书长、高校图书馆分会常务副秘书长、北京师范大学图书馆副馆长王琼宣读获奖名单。此次征文活动共评出优秀案例奖和优秀论文一等奖各7名，优秀论文奖19名，论文参与奖30名，王琼、李晓明、姜爱蓉3位专家为获奖者颁发证书。

最后，王琼副秘书长就本届论坛发表总结感言。她表示：本届论坛的成功举办，离不开与会代表和老师的支持，高校分会作为中国图书馆学会下属的7个分支机构之一，主要职责就是发挥高校图书馆的学术特性，能够起到行业的引领作用，推动高校图书馆事业的发展。希望以本届论坛作为出发点，在今后的工作中能为大家建立一个平台，架起“供应商”到“使用者”之间的桥梁，全力以赴地发挥更大影响和作用。（摘编自中国教育装备采购网2010年4月29日报道）

中国图书馆学会第三届“百县馆长论坛”

2010年5月12日—15日，由中国图书馆学会、江苏省图书馆学会和江阴市人民政府联合主办，江阴市图书馆承办的中国图书馆学会第三届“百县馆长论坛”在历史文化名城江阴隆重召开。来自全国各省、直辖市、自治区的130余位县级图书馆馆长参加了会议。

中国图书馆学会副理事长、国家图书馆副馆长陈力致开幕词。他指出，完善的服务体系是获得良好的服务效益的基础；良好的服务效益是图书馆科学持续发展的集中体现。有了持续发展的基层图书馆，才有我国图书馆事业的持续健康发展。希望并相信各位同仁能够围绕本次论坛“构建体系、提升效益、持续发展”的主题，针对县级图书馆管理体制、运行机制、服务效益和人才队伍等重要领域，集思广益，达成共识，为“十二五”期间我国县级图书馆的发展壮大贡献智慧和力量。随后，江阴市人民政府龚振东副市长向参会者致欢迎词。中国图书馆学会秘书长汤更生宣读了文化部向大会发来的贺信。江苏省文化厅副厅长、江苏省图书馆学会理事长、南京图书馆党委书记马宁，文化部全国文化信息资源建设管理中心张彦博主任也作了热情洋溢的发言。南京图书馆副馆长方标军宣读获奖论文作者名单，各位领导向第三届“百县馆长论坛”征文获奖作者代表颁发了证书。

本次论坛共设两个主旨发言。学术研究委员会常务副主任李国新教授题为“立足新变化、突破新问题、推动县级公共图书馆持续发展”的主旨发言，概括了五年来县级公共图书馆在馆舍、设备、资源、经费和服务等方面的发展和变化，并基于对中部典型地区的调研做出了一个总体判断：即制约我国公共图书馆事业进一步发展的瓶颈依然是县级图书馆，县级公共图书馆面临的主要矛盾发生了变化，由五年前的“求生存”变为今天的“谋发展”。同时，针对当前基层图书馆发展进程中凸显的5个问题提出了建议和对策。“人吃楼”凸显为主要问题之一；县级图书馆自身不强，没有发挥作为区域性服务体系中心馆的作用；经费总量不足与结构不合理并存；服务效益不佳。李教授认为：完善基本保障、构建服务体系、提升服务效益、实现持续发展，是县级公共图书馆“十二五”时期的主攻目标。

社区与乡镇图书馆专业委员会副主任杨玉麟教授“关于图书馆的服务理念”的主旨发言，以一位生在西部、长在西部教授的独特视角和体验，理性而深情地阐释了图书馆的“服务”内涵。杨教授引证了程焕文先生等提出的“智慧与服务乃图书馆人知行合一之完美结合”，他认为这句话恰到好处地概括了我们的职业特点和职业情操，应该成为图书馆员的职业理念，大家应铭刻在心。杨教授阐述了图书馆服务理念的6个观点，其中对“办馆条件可以落后，但办馆理念不能落后”、“大钱办大事，小钱办小事，没有钱也能做事情”作了深入和生动的阐释。

国家图书馆数字资源部主任王志庚、云南省武定县图书馆馆长高玉明、江苏省江阴市图书馆馆长陈蓉也分别作了专题发言。王志庚主任介绍了文化部县级数字图书馆推广计划，该项目由国家图书馆和文化部全国文化信息资源建设管理中心联合实施。高玉明馆长以切身体会讲述了县级图书馆怎样与农家书屋等机构融合，图书馆员以何种心态和态度来面对农家书屋、万村书库、职工书屋、学习型党支部等社会力量和政府项目，怎样为这些项目提供专业支撑，助其持续发展。江阴图书馆非常炫目的宣传片和陈蓉馆长精彩的演讲，结合大家两天来在馆内的亲身体验，使人感同身受。对江阴市基层图书馆的参观，不仅看到了江阴在构建图书馆服务体系方面所做出的努力，所取得的成绩，而且看到了中国基层图书馆未来的希望，更引发大家许多感慨和思考。

会议还组织了分组讨论。与会代表围绕大会发言及所在地区图书馆状况进行了认真、务实的交流研讨，气氛融洽、热烈，议题切中会议的主题“构建体系、提升效益、持续发展”，引领了未来县级图书馆的发展方向。会议达成了《第三届百县馆长论坛江阴共识》，这既是这次论坛的重要成果，也是论坛成功的重要标志。本次会议大大增加了代表的参与性，由基层馆长担任各个发言阶段的主持人和分组讨论的召集人并作总结汇报。

最后，中国图书馆学会秘书长汤更生对会议进行了总结。她指出，本次论坛时间短暂，但意义重大，可以从政策环境、主题内涵和人气指数等三个变量来确定它的坐标。首先是政府高度重视支持。第二是主题鲜明，内容充实。第三、论坛主角们的“精、气、神”光彩照人。她认为百县馆长论坛有着“沉甸甸的分量”，因为它饱含并承载着许多人的梦想、责任、情感和心血，它关系着普通百姓文化权益的保障与公共服务的享有，还因为它发生的时点与国家发展规划的制定与实施同步而趋。（王萱　胡秋玲）

全国中小型公共图书馆联合会 2010 年研讨会

5 月 10 日至 14 日，由中国图书馆学会、全国中小型公共图书馆联合会共同主办，杭州图书馆承办的全国中小型公共图书馆联合会 2010 年研讨会在杭州召开。来自全国图书馆界的专家、学者及各地公共图书馆的会议代表 230 余人参加了会议，这是历年来参加人数最多、规模最大的一次研讨会。

国家文化部社图司图书馆处处长陈胜利、中国图书馆学会秘书长汤更生、浙江省文化厅副厅长陈瑶、浙江图书馆馆长朱海闵、原杭州市政协副主席、杭州市图书馆事业基金会理事长曾东元、杭州市文化广电新闻出版局局长陈建一、全国中小型公共图书馆联合会会长郭斌出席了开幕式。

本次会议围绕中小型公共图书馆的合作、改革与创新的主题，讨论全国中小型公共图书馆发展中的理论和实践问题。国家图书馆研究员富平作了《数字环境下的中小型图书馆》的主旨报告，深入分析了中小型图书馆发展现状、存在问题以及产生原因，重点介绍了中小型图书馆在数字化建设过程中的经验，交流了计算机与网络建设与运维、数字资源建设与长期保存、阵地服务与网络服务的结合等方面的成果和存在的困难，为中小型图书馆在新技术的应用、服务手段的创新、数字资源的建设方面提供了具指导性的理论与实践参考。杭州图书馆副馆长粟慧作了“平民图书馆，市民大书房”的主旨发言，通过杭州图书馆近几年来的创新成果和真实案例，向与会代表介绍了杭州图书馆开放的服务理念与细致的服务内容。粟馆长的发言得到了与会者的积极响应，为中小型图书馆在新馆建设、定位、理念创新等方面提供了翔实的现实参考。本次会议还特别邀请了浙江大学信息资源管理研究所的李超平副教授作了“图书馆绩效管理与评估”的报告，以杭州图书馆为例，阐述了图书馆服务效益和经济效益的评估理论，向与会者介绍了这一在欧美等发达国家已实行多年，而我国图书馆业界尚未实行过的图书馆评价方式。另外，5 位来自上海、江苏、深圳等地的中小型图书馆馆长和代表与大会进行了论文交流。与会代表还参观了杭州青少年活动中心，参加了拱墅区运河文化节。

本次研讨会通过会议报告、经验研讨、文化考察等形式，为促进我国中小型公共图书馆的交流、合作以及探讨中小型公共图书馆的改革、发展搭建一个良好的平台，增进图书馆之间的了解与协作，促进图书馆事业的发展与繁荣。（杭州图书馆）

国家图书馆数字资源征集工作研讨会

5月11日，国家图书馆数字资源征集工作研讨会在京召开。全国数字图书馆建设与服务联席会议成员单位、全国省级公共图书馆、中国国家数字图书馆分馆以及国家图书馆有关领导和负责人参加了会议。国家图书馆馆长周和平出席会议并讲话，副馆长陈力、魏大威出席了会议。

上午召开全体大会，陈力主持了会议。周和平在讲话中指出，加强国家数字图书馆数字资源建设势在必行。国图从上世纪90年代就已经开始关注和研发数字图书馆，2001年国家数字图书馆工程成功立项，2005年正式开始建设。本着"边建设边服务"的原则，经过多年努力，国家数字图书馆建设与服务取得了一定成绩，截至2009年底数字资源总量已达327TB，计划到"十二五"末期，数字资源总量力争达到1000TB，形成资源丰富、服务快捷、技术先进的服务网络，使数字图书馆成为网络时代保障人民群众基本文化权益的重要途径。周和平强调，国家数字图书馆是全国的数字图书馆。国家财政对国家数字图书馆建设很重视，此次国图面向图书馆界征集符合条件的数字资源，旨在探索数字资源共建共享的新机制，使国家数字图书建设能够更好地发挥带动全国数字图书馆建设的作用，为全国图书馆界提供更多的资源和服务，进而为全国读者服务。

魏大威在会上介绍了国家图书馆数字资源征集工作整体安排。他说，为做好数字资源征集工作，国家图书馆专门成立了工作小组和专家组，制定并公布了《国家图书馆数字资源征集办法》和《国家图书馆征集数字资源建设规范》。魏大威还就数字资源征集原则、征集流程进行了详细说明。

随后，与会代表进行了分组讨论。代表们对周和平同志的讲话给予高度评价，充分认可国家图书馆开展数字资源征集工作的意义，并表示将积极参与到相关工作中来。代表们就数字资源征集的协议文本、经费、版权和服务等重要问题进行了深入磋商，很多与会代表提出有针对性的建议。国家图书馆数字资源部主任王志庚、业务管理处副处长申晓娟就小组讨论中代表们关心的问题分别作了说明。

魏大威作会议总结。他表示，本次数字资源征集工作得到了各兄弟图书馆主要领导的重视，这为征集工作的开展提供了重要的保障条件。研讨会十分务实和高效，经过研讨，就本次数字资源征集工作的一些重大问题统一了思想，就某些共性的技术问题达成了共识。希望各兄弟图书馆积极参与本次征集工作，集行业智慧，共谋图书馆事业发展大计，共建国家数字图书馆。（据国家图书馆网站摘编）

第22届全国十五城市公共图书馆工作研讨会

2010年8月27日—29日，由中国图书馆学会主办、宁波市图书馆承办的“第22届全国十五城市公共图书馆工作研讨会”在宁波成功召开，这是宁波市图书馆时隔20年之后再次承办此会议。

中国图书馆学会秘书长汤更生，中国图书馆学会编译委员会副主任、北京大学信息管理系刘兹恒教授，浙江图书馆馆长朱海闵，浙江省图书馆学会秘书长袁逸等图书馆界专家、学者及来自15个城市公共图书馆的领导、代表40余人参加了研讨会。

宁波市文化广电新闻出版局副局长舒月明出席会议并致辞。会议邀请北京大学信息管理系教授、博士生导师刘兹恒先生做了题为“国内外图书馆学理论研究动态”的报告。刘教授在分析了当前图书馆学理论研究的特点之后，重点阐述了国内外图书馆界对图书馆学基础理论、信息资源建设、信息组织、信息用户与服务、数字图书馆五方面研究的重点、难点、疑点、亮点。

会上，与会代表围绕图书馆绩效管理、图书馆项目的策划与实施、图书馆人才队伍建设三大主题进行了深入的交流与探讨。同时，会议决定，第23届全国十五城市公共图书馆工作研讨会由金陵图书馆承办。

此次会议加强了各成员馆间的学习和交流，对公共图书馆事业发展起到了相互借鉴、相互促进的作用。（宁波市图书馆学会　刘燕）

2010 年中国图书馆馆长与国际出版社高层对话论坛

继 2009 年中国图书馆馆长与国际出版社高层对话论坛成功举办后，2010 年 8 月，中国图书馆学会专业图书馆分会再次携手中国图书进出口（集团）总公司，并联合中国图书馆学会高校图书馆分会和中国图书馆学会交流与合作委员会，于第 17 届北京国际图书博览会前夕，在北京亮马河大厦举办 2010 年中国图书馆馆长与国际出版社高层对话论坛。论坛主题为：数字期刊与图书馆发展。出席本届论坛的有国家科技图书文献中心副主任吴波尔、国家图书馆副馆长陈力、中国科学院国家科学图书馆馆长张晓林、北京大学图书馆馆长朱强、文化部社会文化司巡视员刘小琴、中国图书进出口集团总公司总经理吴江江以及国内 150 多家公共、大学和专业图书馆的馆长和负责人，国际知名出版社 Cambridge University Press、John Wiley & Sons、Springer 等 10 多家出版机构的高层主管和代表也应邀出席。

论坛由分会副理事长、中国化工信息中心副主任揭玉斌，常务理事、中国图书进出口（集团）总公司副总经理袁水仙分别主持。中方专家张晓林、陈力、朱强分别作了题为“开放获取：图书馆责任、战略和服务”、“面对数字出版的图书馆资源建设发展策略”、“开放学术交流与图书馆信息服务发展”的大会发言；外方专家剑桥大学出版社全球首席执行官 Stephen Bourne、约翰威立国际出版公司生命科学副总裁兼出版总监 Patrick Kelly、施普林格亚洲区董事总经理邝志鸿分别作了题为“学术期刊数字出版策略”、“数字出版：科技与学术出版的过去、现在及未来”、“开放获取，你准备好了么？——我们在日新月异的 STM 出版业发展中的新角色”的大会发言。论坛围绕新型学术出版与交流模式、开放信息内容及其利用、数字出版与图书馆服务等热点话题开展了多层次的对话和讨论。演讲嘉宾分别从图书馆建设与信息服务提供的角度，探讨数字环境下，在推动开放获取研究实践中图书馆的责任、战略和服务，探讨数字环境下图书馆服务模式的改变、馆藏建设的调整及其应对策略，探讨数字学术期刊开放出版和开放获取的策略。“主动适应并引导知识获取、建设多元化的资源体系、构建新型产业链”是演讲中的共同主线。会议认为：数字出版已成为重要的文化消费、信息传播和学术交流的新形式。数字期刊作为文献信息资源的重要形式，将被从战略高度给予特别关注。在这一背景下，传统出版社与图书馆、进出口企业面临着共同的课题。在新的服务链构建上，三方关系正在由传统的供销关系逐步转化为新型的战略协作关系，三方有效地开展合作将有利于更好地服务于公众。

论坛互动阶段，与会代表还就开放学术交流模式下出版商、图书馆的协同与联合、数字化出版对图书馆发展的影响、开放交流对期刊数字化出版的影响和对策、开放学术交流如何推动图书馆服务变革、数字化交流模式中出版商与图书馆的合作共赢等共同关注的话题，进行了互动交流。中外嘉宾以论坛为平台，从技术、服务和运营层面进行直接对话，开展前瞻性分析和概括，高屋建瓴，创见迭出，引人深思。与会代表一致认为：数字学术期刊的不断扩展改变了传统知识传播和分享的方式，对期刊出版和图书馆建设影响深远，随着科教兴国战略的深入实施，数字化出版在我国已延伸出数字化传播和服务的完整业务链，加快各环节的建设、完善和有效对接，是当前业内的核心课题。图书馆、出版商和运营商作为业务链过程的直接参与者和引导者，通过对话和交流，不仅能深化认识，而且激发了对新兴问题的思考，无疑将促进我国数字化出版的理论探索和相关实践。（中国图书馆学会专业图书馆分会）

第十一次全国民族地区图书馆学术讨论会

2010年9月6日—10日，由民族文化宫、中国图书馆学会学术研究委员会少数民族图书馆专业委员会、中国民族图书馆主办，新疆维吾尔自治区图书馆学会、新疆维吾尔自治区图书馆承办的第十一次全国民族地区图书馆学术研讨会在新疆维吾尔自治区乌鲁木齐市成功召开。民族文化宫副主任杨崇清，新疆维吾尔自治区文化厅副厅长李建军，少数民族图书馆专业委员会主任、中国民族图书馆馆长吴贵飙，少数民族图书馆专业委员会委员、新疆维吾尔自治区图书馆馆长陈建平，少数民族图书馆专业委员会副主任、宁夏回族自治区图书馆常务副馆长、《图书馆理论与实践》主编张欣毅等领导和嘉宾出席了会议。国家民委、中国图书馆学会发来贺信。

参加本次会议的代表分别来自14个省、自治区、直辖市的汉、维吾尔、回、蒙古、满、哈萨克、布依、侗、朝鲜、白、水等12个民族，共110人。既有来自国家级、省级、地州级、县旗级的公共图书馆代表，也有来自高等院校图书馆、科研机构和古籍办的代表。尤其是新疆维吾尔自治区，自治区、地州、县共40多所图书馆参加会议，几乎涵盖了新疆境内各层级、各地区、各领域的图书馆。出席大会的代表地域横跨祖国大江南北，涵盖了我国主要的多民族省份，具有充分的代表性和民族特性。

会议由陈建平同志主持。吴贵飙同志致开幕词。李建军同志作了维护民族团结，促进民族文化大繁荣、大发展的讲话。杨崇清同志代表民族文化宫着重介绍了在中央有关领导的亲切关怀下，在国家民委全力支持下，民族文化宫全面恢复公益性文化功能后开展民族文化活动的基本情况。

本次会议在设计专题报告时，注重理论与实践的双向结合。既要克服脱离民族图书馆实际工作环境的空谈之论，又要避免工作总结式的肤浅之说。专家的报告都是将理论应用于实践，又从实践中重新萃取、升华到理论的典范。张欣毅研究馆员的“多重时代主题复合拉动下的公共图书馆发展观重构”，化被动为主动，变惯性思维为逆向思维，在工作换位思考，找到新办法，更能找到打破工作困局的新突破口等方面，为广大图书馆同仁打开了别具一格的思维之门，颇具启发性。新疆维吾尔自治区社会科学院田卫疆研究员的“新疆历史与文献”，用历史与文献相互印证的辩证方式，证明新疆自古以来是中国的领土，将人们对文献资料、对图书馆保存功能的认识推向一个新高度。吉首大学图书馆刘泳洁研究馆员的“民族地区高校图书馆科研工作的理论与实践”全面介绍了吉首大学人才培养、科研管理的经验与心得体会。

会议共收到论文172篇，评选出获奖论文62篇，其中一等奖12篇、二等奖20篇、三等奖30篇。入选论文集132篇。论文内容涉及图书馆工作的各个方面。各种实践经验总结、各种理论升华、各种特色文献研究汇聚一堂，观点新颖、屡有胜意，开创了民族图书馆学的新领域。新疆维吾尔自治区图书馆历力、宁夏回族自治区图书馆王岗、贵州省图书馆周媛、云南省大理白族自治州图书馆刘丽等获奖论文作者代表进行了论文交流。贵州民族图书馆馆长高聪、新疆维吾尔自治区阿勒泰地区图书馆馆长杨春湘、内蒙古自治区通辽市图书馆馆长王蒙进行了工作交流。

学术研讨会品牌效应彰显，社会影响力大。在民族文化宫、中国图书馆学会、中国民族图书馆历届领导的大力支持下，经过27年、11次会议，全国民族地区图书馆学术研讨会已经成为深受各族代表信赖和喜爱的高端学术研讨会。与会代表充分肯定了“全国民族地区图书馆学术研讨会”学术交流平台与桥梁作用，认为研讨会已经成为民族地区图书馆交流思想、争鸣学术、广交朋友的重要平台，在繁荣学术研究、鼓励学术创新方面发挥着积极作用，为推动和促进中国民族图书馆事业的发展做出了积极贡献。（中国民族图书馆）

第九届中国社区乡镇图书馆发展研讨会

2010年9月8日—11日，第九届中国社区乡镇图书馆发展研讨会在宜昌三峡工程大酒店成功举办。来自全国25个省、市、自治区（直辖市）的公共、高校、科研、企业等系统的图书馆馆长、论文作者和图书馆工作者共176人参加了此次研讨会。中国图书馆学会副秘书长孙学雷、湖北省文化厅社文处处长徐永胜、宜昌市文化局局长王永平、副局长李煜林等领导以及中国图书馆学会社区乡镇图书馆专业委员会主任万群华，副主任谢林、杨玉麟，委员胡银仿、石焕发、钟海珍等专家出席了会议。

9月9日上午，大会举行了隆重的开幕式。中国图书馆学会社区乡镇图书馆专业委员会主任万群华致开幕辞。宜昌市文化局党委书记、局长王永平致欢迎辞，湖北省文化厅社文处处长徐永胜代表省文化厅致贺词。最后，中国图书馆学会副秘书长孙学雷作了重要讲话。开幕式结束后，全体代表合影留念。随后，大会举行了学术报告会，由中国图书馆学会社区乡镇图书馆专业委员会副主任委员杨玉麟教授作了题为“图书馆的服务理念”的精彩主旨报告。

在随后进行的学术交流会中，共有15位论文代表作了发言。他们分别就基层图书馆合作和可持续发展、图书馆以人为本的创新服务、图书馆与推进学习型社会建设、社区乡镇图书馆在公共文化服务体系中的作用、共享工程和基层图书馆文献资源建设、为社会主义新农村服务与农家书屋建设、图书馆联盟建设等基层图书馆建设和实践的前沿问题作了系统的分析与阐述，内容十分丰富生动，并具有典型性。他们还结合各自的实际工作，从不同角度对社区乡镇图书馆的建设和发展提出了新的建议和设想。大家发言踊跃，气氛热烈。

在下午的闭幕式上，大会宣布了本次征文获奖作者名单并向获奖论文作者颁发了获奖证书。湖北省图书馆学会副秘书长徐力文对年会论文作了较全面的评价和综述。中国图书馆学会社区乡镇图书馆专业委员会副主任谢林致闭幕辞。（湖北省图书馆）

第八次中文文献资源共建共享合作会议

2010年11月3至4日，第八次中文文献资源共建共享合作会议暨图书馆中文资源与数字典藏学术研讨会在台北召开，来自中国大陆、香港、澳门、台湾以及日本、新加坡、北美、欧洲等地的243位海内外参与中文文献资源数字化工作的领导及学者专家共聚一堂，就新形势下中文文献资源全球化交流心得，研商对策，会议参与人数及单位机构数量再创历届会议新高。

国家图书馆组成了以副馆长张志清为团长，台港澳交流处严向东、保卫处赵建国、业务管理处申晓娟、中文采编部王洋、国家图书馆出版社贾桂荣、古籍馆肖禹为团员的代表团，会同中文代表团的其他19名团员赴台参加了此次会议。

张志清在会议开幕式上致辞，并作了题为“中国国家图书馆中文数字典藏及共享”的主题报告。他对国家图书馆的数字资源建设、服务和共建共享情况作了深入阐述，就加强两岸五地间的共建共享提出建议。肖禹作了题为“全球中华寻根网项目”的大会专题报告。

会上，来自两岸五地的代表分别介绍了本机构在中文馆藏数字化方面所做的工作，来自合作项目的代表介绍了相关项目的进展。与会代表深入交流了各地区数字化的发展情况，就彼此感兴趣的合作领域进行了深入的沟通。与会各方对如何加强数字资源建设，提升图书馆的信息服务能力，在全媒体时代扮演更重要的角色等问题所做的思考与实践，对参会代表都有很大启发。

会议期间，国家图书馆代表团还分别派员参加了同期举行的2010年数字资源合作成果展开幕式、中文文献资源共建共享合作会议理事会第四次会议、中文名称规范会议、学术图书馆与数字资源研讨会、公共图书馆与数字资源研讨会等会议与活动。

11月2日，在2010数字资源合作成果展开幕之际，根据2009年中文文献资源共建共享合作会议理事会第三次会议（北京）的决议，国家图书馆代表理事会秘书处公布了中文文献资源共建共享合作会议的《会议章程》与《项目立项、结项规则》。

在中文文献资源共建共享合作会议理事会第四次会议上，来自两岸五地的理事会成员及相关机构人员共14人参加了会议，严向东作了秘书处工作报告。会议根据台湾汉学研究中心提议，讨论了公开资源共建共享项目成果事宜。会议议定，共同努力呼吁各成员馆进一步促进会议有关成果的共享，由秘书处设立专题网页，对项目成果、会议资料、相关馆活动、会务消息等予以公布。会议还讨论确定了2011年理事会会议相关事宜。

中文文献资源共建共享合作会议是由国家图书馆发起的一项旨在研讨全球中文文献资源共建共享问题、推动中文图书馆和中文资源收藏机构之间交流与合作的国际性会议，是中文图书馆界最具代表性的盛会之一，首次会议于2000年在北京召开。（据国家图书馆网站摘编）

2010 年全国图书馆文献资源建设研讨会

由中国图书馆学会资源建设与共享专业委员会、江苏省图书馆学会主办，吴江市图书馆承办，中国教育图书进出口公司、北京人天书店有限公司协办的"2010 年全国图书馆文献资源建设研讨会"于 2010 年 11 月 23 日—25 日在江苏省吴江市举行。

本次研讨会的主题为：文献采访：新环境、新理念、新对策。会议征文得到全国图书馆界同仁的积极响应，共收到论文近 170 篇，来自北京、上海、安徽、湖北、福建等 17 个省市有国家图书馆、公共图书馆、高校图书馆以及专业图书馆的近八十位代表参加了会议。

大会安排了两场专家报告。武汉大学信息管理学院图书馆学系主任、中国图书馆学会学术研究委员会副主任、资源建设与共享专业委员会主任委员肖希明在会上做了"数字环境下的图书馆信息资源建设"的报告。报告分析了我国图书馆信息资源建设的现状，阐述了数字环境下图书馆信息资源建设的基本理念，提出图书馆信息资源建设的任务是应该将实体文献资源和数字资源建设结合起来，继续扩大实体信息资源，理性从事数字资源建设，精心打造特色信息资源、积极开发网络信息资源、整合数字资源。肖教授的报告对广大图书馆工作者有很深启迪。南京图书馆副馆长、资源建设与共享专业委员会委员全勤对全国公共图书馆数字资源建设的现状进行了介绍分析，特别介绍了台湾地区数字典藏与服务的内容，并以南京图书馆为例，提出图书馆不仅要注重数字资源建设，更用注重数字资源推广宣传，发挥其效用。

根据各类型图书馆文献资源建设工作的特点，会议安排了来自国家图书馆、省级公共图书馆、高校图书馆、县市级馆的五位同志进行大会论文交流。五位同行分别就出版社改企后图书馆采访的对策、大学图书馆如何进行古籍特藏文献的建设、收集地方期刊的重要性和必要性、实行总分馆制下的县市图书馆的藏书建设，以及在图书招标采购中如何制定科学合理的规范招标程序等问题进行了研讨。

为了进一步加强图书馆同仁的交流，会议还分两组进行了讨论。来自各地区、各系统的图书馆工作者畅所欲言，交流经验、切磋学术，展示了图书馆工作者对事业的执著与责任。同时通过交流建立了联系，增进了友谊，对许多问题取得了共识，对共同应对新环境下文献资源建设面临的挑战充满了信心。

本次会议受到了中国图书馆学会的关注与重视，专门发来贺电向会议表示祝贺。吴江市委市政府有关领导参加了大会开幕式，江苏省文化厅党组成员、江苏省图书馆学会常务副理事长、南京图书馆党委书记方标军代表江苏省文化厅、江苏省图书馆学会、南京图书馆在会上讲话。在大会闭幕式上，会议主办单位向论文代表颁发了获奖证书。（中国图书馆学会资源建设与共享专业委员会）

2010 年全国图书馆企业信息服务年会

11 月 26 日，由国家图书馆、中国图书馆学会、中关村科技园区管理委员会共同主办的“2010 年全国图书馆企业信息服务年会暨第六届国家图书馆企业信息服务年会”在北京成功举行。国家图书馆副馆长魏大威出席会议，来自国内竞争情报领域的知名专家、跨国公司首席情报官及中关村示范区科技型中小企业的代表共 200 余人参会。与会嘉宾从各自专业背景出发，就竞争性商情领域最新研究成果、知识产权如何提升企业创新能力等相关主题同参会企业进行了深入研讨和互动交流，分享了信息服务与企业发展方面的前瞻理念和实战经验。

本届年会以“数字时代的信息服务和企业创新发展”为主题，通过对具体问题的研讨，使图情研究专家、信息服务机构和企业界在信息服务的方式、内容、作用和前景方面达成深层理解，加强三方的沟通与协作，为企业搭建信息咨询服务的公共平台，帮助科技型中小企业，特别是创新资金企业及“瞪羚企业”更好地利用国家图书馆的相关资源和服务内容，助力企业做强做大，倡导信息界和企业界达成“融合、发展、共赢”的信息服务格局，共同推进我国企业信息服务理论和实践的深入发展。

年会的成功举办，对于促进企业与图书情报等相关信息服务机构之间的沟通与协作，增强企业的信息发现、获取和利用能力，促进企业的创新发展产生积极而深远的影响。国家图书馆企业信息服务年会已成功举办五届，有效地促进了图书馆界、企业界、信息资源供应商之间的了解和沟通，使更多的中外企业了解并利用国家图书馆的资源和服务，提高了企业的信息发现、获取和利用的能力，为企业的经济效益和核心竞争力的提高提供了情报支撑，取得了良好的社会效益和经济效益。

国家图书馆历史悠久、馆藏宏富，履行为中央和国家领导机关、重点科研、教育、生产单位和社会公众服务的职责。多年来，国家图书馆在履行好各项职能的同时，一直致力于为国内外各类机构和个人用户提供便捷、经济、高效的文献信息及咨询服务。近年来，以参考咨询服务为主的深层次知识服务愈来愈成为国家图书馆的优势领域。此外，国家图书馆还通过举办“企业家论坛”的形式，介绍和展示中国企业的成长经历和企业家的奋斗历程，进行政府经济改革的探讨和创业者之间的交流对话。作为全国重要的信息服务机构，国家图书馆将继续致力于推动图书馆界和企业界、科技界的紧密合作，共同促进社会经济的发展。（据国家图书馆网站摘编）

国家数字图书馆推广工程启动仪式暨全国图书馆创新服务工作座谈会

2010年12月15至16日，国家数字图书馆推广工程启动仪式暨全国图书馆创新服务工作座谈会在国家图书馆隆重举行。国家数字图书馆推广工程正式启动，全国图书馆创新服务座谈会以及以“国家数字图书馆推广工程”、“公共图书馆立法决策服务工作”和“公共图书馆讲座联盟工作”为主题的业务专题研讨会同时举行。文化部党组成员、副部长杨志今，文化部原副部长、国家图书馆馆长周和平，文化部财务司司长赵雯，文化部社会文化司巡视员刘小琴，财政部教科文司文化处副处长金贞淑出席了开幕大会。来自国家图书馆，全国各省、自治区、直辖市和副省级城市公共图书馆馆领导及相关人员约150余人参加了会议。

杨志今、周和平共同启动了“国家数字图书馆推广工程”。各馆代表一同参加“国家数字图书馆推广工程”联合行动仪式。与会领导饶有兴趣地参观了“国家数字图书馆推广工程体验区”，通过互动方式亲身体验了网络电视等国家图书馆已经广泛开展应用的数字服务。国家数字图书馆推广工程启动仪式由国家图书馆党委书记、常务副馆长詹福瑞主持。

在随后召开的全国图书馆创新服务工作座谈会上，杨志今、周和平分别就新时代图书馆事业的发展和图书馆如何创新服务发表了重要讲话。

杨志今指出，近年来，图书馆创新服务工作取得了显著成绩，各级文化行政管理部门和图书馆要进一步认清形势，坚持以科学发展观为指导，准确把握图书馆创新服务工作的努力方向，做到四个坚持，即坚持以人为本，坚持以发展为主线，坚持统筹协调和坚持团结协作。具体要做到以重大文化建设工程为抓手，健全图书馆服务设施和网络；以体制机制改革为动力，营造有利于创新的工作环境与氛围；以推进免费开放、加强立法决策咨询等工作为重点，提升图书馆服务的整体效能；以联合、协作为手段，推进文献信息资源共建共享；以建立和完善公益性数字文化服务体系为途径，培育新型服务业态；以人才队伍建设为根本，提高图书馆服务的专业化水平。

周和平指出，创新是推动事业发展的不竭的动力。近些年，国家图书馆策划了一批创新服务项目，如国家数字图书馆建设，“中华再造善本工程”，加快推进开放服务的力度，为中央和国家领导机关立法决策提供文献信息咨询服务，均取得了较好的社会效益，为图书馆事业发展开辟了新的空间。下一步的创新服务工作，应继续大力推动数字图书馆建设，努力提高立法决策服务水平，拓展社会教育职能。图书馆是公益性文化单位，要合理开发和利用馆藏的宝贵资源，为广大公众服务。未来几年，国家图书馆要在科研领域服务于业界，牵头申报国家级科研课题，争取科研经费用于图书馆事业发展。通过科研成果的转化和科研人才的培养，推动业务发展与服务创新。要多方借鉴国际同行的先进经验，定期组织图书馆界同行相互学习交流。

15日下午，以“国家数字图书馆推广工程”为主题，大会进行了第一场业务专题讨论。国家图书馆副馆长魏大威作了主旨报告。图书馆界共同参观了“国家数字图书馆推广工程体验区”。

魏大威在报告中指出，“国家数字图书馆推广工程”是一项具有开创性意义的大工程，对全国公共图书馆具有引领作用。国家数字图书馆工程在软硬件平台、数字资源建设、标准规范、服务体系建设上取得的阶段性成果以及各地数字图书馆建设的稳步发展为“国家数字图书馆推广工程”的实施提供了坚实的技术支撑和资源保障。同时形成了建设“一库一网三平台”，即建设一个海量分布式数字资源库群，建设覆盖全国公共图书馆的数字图书馆虚拟网，建立全媒体数字图书馆服务平台的主要建设内容。今后图书馆界应加强合作，共同推动“全国数字图书馆推广工程”的实施，实现数字图书馆资源与服务的全民共享。

此后，与会各馆代表就《国家数字图书馆推广工程建设方案》进行了广泛交流和讨论。

16日，“公共图书馆立法决策服务工作”、

"公共图书馆讲座联盟工作"专题研讨会相继召开。

在"公共图书馆立法决策服务工作"研讨会上，国家图书馆副馆长、党委副书记常丕军作大会主旨报告，国家图书馆立法决策服务部主任卢海燕宣读了《全国省级公共图书馆立法决策服务情况调研报告》，大会经过讨论最终形成"全国公共图书馆立法决策服务合作共识"。

常丕军在报告中指出，"公共图书馆立法决策服务工作" 是图书馆创新服务的一个重要领域。加强联合，走合作共享之路，共同提高全国公共图书馆为地方政府立法决策服务水平，整体推进国家立法进程，是解决目前人力资源和文献信息资源紧张，缓解财政经费不足的有效途径。今后，要建立有效的信息沟通和联系机制、建立全国省级公共图书馆立法决策服务协作平台，实现资源共享、加强人才培养，打造高水平的咨询团队、集中力量共建立法决策服务产品。

在"公共图书馆讲座联盟工作"业务研讨会上，周和平宣布全国公共图书馆讲座联盟成立以及讲座联盟网站正式开通。文化部社会文化司司长于群出席并致辞。国家图书馆副馆长张志清作主旨报告。会上，国家图书馆向其他各馆发送了《国家图书馆对全国公共图书馆讲座联盟建设的意见》。

于群在致辞中说，目前，公益讲座已成为公共图书馆众多服务项目中参与人数最多、影响面最广的活动之一，很多讲座已成为知名文化品牌。讲座拓展和延伸了图书馆社会教育职能，扩大了图书馆的影响，搭建了公众与专家学者直接沟通的文化平台，树立了图书馆作为公益服务机构良好的社会形象，受到了社会各界的普遍欢迎。文化部高度重视图书馆讲座工作的开展。全国公共图书馆讲座联盟的成立，将有力地促进图书馆讲座工作的开展，将推动图书馆事业更好更快的发展。

张志清在报告中指出，讲座联盟成立大会是全国图书馆创新服务工作座谈会的重要内容之一。国家图书馆将以讲座联盟为载体，实现全国公共图书馆讲座业务的共同发展。具体措施包括：搭建全国公共图书馆讲座资源共建共享平台；推广有地区影响力的讲座，打造有行业代表性的文化品牌；注重讲座成果整理和衍生品开发，扩大讲座的社会影响；加强人才培养，开展业务培训与交流；加强业务研究，促进讲座业务的专业化与标准化。

"十二五"时期即将到来，我国公共文化服务体系建设呈现出蓬勃发展、整体推进的良好势头。为了更好的加深理解本次创新服务工作座谈会的指示精神，国家图书馆提出了《关于加快我国图书馆事业发展的若干建议》，与参会代表积极交流，建言献策。在为期两天的全国创新服务工作座谈会中，各级图书馆代表针对不同的研讨主题积极讨论、畅所欲言，交换经验、达成共识，取得了丰硕的成果。相信随着创新服务的深入开展，图书馆事业必将迎来一个新的辉煌。

（据国家图书馆网站摘编）

全国古籍保护工作会议

2010年12月20日，由文化部主办，国家古籍保护中心承办的全国古籍保护工作会议在北京召开。此次会议旨在表彰入选国务院公布的第三批《国家珍贵古籍名录》收藏单位和全国古籍重点保护单位，总结2010年古籍保护工作成果，部署下一阶段古籍保护工作任务，推动全国古籍保护工作进一步开展。

文化部党组书记、部长蔡武、国家民委副主任丹珠昂奔、新闻出版总署副署长邬书林、国家宗教事务局副局长齐晓飞、国家文物局副局长宋新潮、国家中医药管理局副局长李大宁等全国古籍保护部际联席会议成员单位的领导出席会议，并向国务院公布的第三批《国家珍贵古籍名录》收藏单位代表和第三批全国古籍重点保护单位代表颁发了证书和标牌。文化部党组成员、副部长杨志今主持会议。

蔡武部长发表重要讲话，他对全国古籍保护工作者的辛勤努力和工作成果给予充分肯定，要求全国广大古籍保护工作者深入领会十七届五中全会精神，认清形势，总结经验，进一步增强做好古籍保护工作的责任感和使命感，正确处理古籍保护与合理利用的关系，在做好古籍保护、抢救工作的同时，充分挖掘古籍所蕴含的历史文化价值，将古籍保护工作成果服务于当代社会，加大力度，突出重点，推动古籍保护工作深入开展。

文化部社文司巡视员刘小琴部署了2011年古籍保护工作。国家图书馆副馆长、国家古籍保护中心副主任张志清重点介绍了国家古籍保护中心下一阶段在全国古籍普查、《中华古籍总目》分省卷编纂、《国家珍贵古籍名录》评审工作常态化、少数民族地区古籍保护专项、《中华医藏》和《中华再造善本续编》编纂、人才培养、科研工作等方面的工作安排。

中国中医科学研究院、广东省立中山大学、浙江图书馆、天津图书馆和山东省图书馆的代表介绍了各自在古籍保护工作上取得的经验。来自全国各地的领导、专家代表们积极交流、深入讨论，为古籍保护工作献计献策。

2007年初，国务院办公厅制定下发了《关于进一步加强古籍保护工作的意见》，文化部、财政部共同组织实施“中华古籍保护计划”，四年来，古籍保护工作取得了显著成效，我国古籍保护体系初步形成；在全国范围开展了大规模的古籍普查工作，国务院先后公布三批9859部国家珍贵古籍名录和150家全国古籍重点保护单位，全国超过半数的省份开始编纂《中华古籍总目》分省卷，形成中国古籍联合目录的目标正在逐步实现；古籍修复工作有序开展，文化部命名了12家国家级古籍修复中心，古籍保护的国家级实验室初具规模；古籍数字化、缩微以及出版工作取得新进展；组织实施了西藏、新疆古籍保护专项工作，少数民族古籍保护工作得以加强；全社会的古籍保护意识明显增强。文化部要求各级文化行政管理部门要高度重视古籍普查，加强组织领导、资金投入和队伍建设，全面推进古籍普查工作的开展。（据国家图书馆网站摘编）

国际学术交流

第 76 届国际图联大会参会综述

2010 年 8 月 10 日—15 日，2010 年世界图书馆与信息大会暨第 76 届国际图联大会在瑞典哥德堡的瑞典会展中心隆重举行。本次大会入选论文 350 篇，安排各类专业会议近 150 场。全球 128 个国家的 3344 名代表参加本次大会，其中中国参会代表人数约为 130 余名（包括来自中国大陆、香港、台湾和澳门地区的参会代表），中国图书馆学会先后为 190 余名图书馆专业人员提供了咨询等参会服务。此外，本次大会举行了 14 个卫星会议，中国图书馆学会组织代表 77 人参加了 8 月 6 日—8 日在挪威首都奥斯陆举行的“享有阅读权力”卫星会议。

1 大会概况

1.1 大会主题

第 76 届国际图联大会会议主题为“开放获取——推动可持续发展进程”。会议组织者认为“知识获取可以开启想象力与创造力的世界，个体的进步将会带来整个社会的进步，也是所有团体、社会、文化及民族平等发展的关键所在”。图书馆，作为信息的主要提供者，在创造新知识方面发挥着重要作用；广大信息使用者通过图书馆知识公平获取，可以确保民族稳定与世界和平。本次大会及各个分会场和会前会后会均围绕会议主题从以下六个方面展开：第一，知识自由获取与言论自由同等重要；第二，“人人平等”对于视觉障碍人士或其他阅读障碍人士尤为重要；第三，开放与包容；第四，利用网络虚拟空间或实体空间，在公共领域共同构建和分享公共服务产品；第五，接纳用户的创新观念；第六，开放获取出版以促进知识创建和版权法与信息自由的更好平衡。

1.2 开幕式

8 月 11 日上午，第 76 届国际图联大会开幕式在哥德堡会议中心举行。大会国家委员会主席阿格妮塔·奥尔森女士首先致开幕词。随后，国际图联主席艾伦·泰塞女士向瑞典国家委员会表示感谢并指出，此次大会是瑞典第四次承办国际图联大会，这使得瑞典成为承办国际图联大会最多的国家。在宣布会议开始之后，她充满热情地论述了她的主席任期主题“图书馆推动知识获取”。曾担任第六十届联合国大会主席的扬·埃利亚松回忆了他担任联合国大会主席时的情景，他认为话语和知识获取对实现和平具有至关重要的意义。

1.3 分会场

8 月 11 日—15 日，各专业分会场分别在哥德堡会展中心、哥德堡大学、墨恩吕克图书馆等地举办。本届国际图联大会共设置分会场 57 个（不包括各专业部组工作会议、新闻发布会、开闭幕式等），来自世界各地的 362 名代表在会上发言。国际图联管理委员会对 2010 年 1 月大地震后海地图书馆的状况予以高度的重视，“海地图书馆最新进展”分会场成为最受关注的分会场。刚从海地访问归来的国际图联主席艾伦·泰塞首先作了开场介绍，海地国家图书馆馆长弗朗索瓦·塞布勒作“关于海地国家图书馆及学术图书馆状况”的报告，知识与自由基金会执行长伊丽莎白·皮埃尔——路易斯作“关于海地公共图书馆现状”的报告，来自国际图联的丹尼尔·明西奥与国际档案理事会的克里斯托夫·雅各布共同作了关于“方舟”项目的报告，该项目旨在保护地震中受到影响的图书馆及档案材料。

1.4 展览会

8 月 11 日下午 16 时，第 76 届国际图联大会展览会如期开幕，国际图联当选主席英格丽德·帕伦特致开幕词，来自世界各地的 162 家公司和机构在展览会上展示了他们的最新产品和服务项目。图书馆设备生产商、出版社、电子图书与期刊、图书馆软件提供商、图书馆、图书馆协会与其他文化机构是参与本次展览的主体单位。国际图联总部联合 2011 国际图联波多黎各国家组委会在展览会上设立了宣传展台。受经济危机影响，今年展位数量有所减少，且很多图书馆及信息机构的财政预算有所减少，但展会现场气氛热烈。

2 中国代表参会情况

2.1 大会发言

近年来，随着中国图书馆事业的发展，越来越多的中国图书馆界同行参与到国际图联各项专业活动中。今年，中国代表继续积极向国际图联大会年会投稿，其中有 9 篇论文的作者（15 人）获得了大会发言机会，4 篇论文的作者（7 人）来自中国大陆。入选论文涵盖了图书馆工作的多个领域：南开大学于良芝教授的论文题目为“信息世界的中国农民和农业信息服务的含义：提供有效服务的新面貌”，解放军医学图书馆张文举、李焱和巩怀俊的论文题目为“数字医学集成应用系统的开发——中国军队医院中健康信息使用的重点和战略”，中国国家图书馆王志庚、梁惠玮和张文静的论文题目为“主题：开放存取资源管理：国家图书馆的新职责”，深圳南山图书馆朱淑华的论文题目为“让孩子爱上阅读：一个移民城市的努力”。

2.2 海报展

8 月 12 日—13 日，国际图联大会海报展在哥德堡会展中心展览区举行，约 140 张海报为大家展示了来自世界各地大大小小的图书馆以及信息计划与项目的概貌。其中有 6 张来自中国的海报，北京大学信息管理系博士生刘璇入选海报题目为“中国公共图书馆建设标准”，香港城市大学图书馆研究员顾立平入选海报题目为“使用 D 一空间和 web2.0 添加更多的图书馆服务——从机构典藏到高校档案”，台湾大学图书资讯学系教授陈雪华等三人的入选海报题目为“为所有可能的世界提供最好的所有可能的词语：为台湾民族学建立控制词表”，此外还有“打开它——大不同”、“阅读解决推广中的‘普遍分享与普遍参与’——中国数字图书馆的定制应用”和“通过刻面结构改善图书标签——一个实验研究”。

2.3 会前会和大会交流

8 月 6 日—8 日，学会组织 77 位中国代表参加了在挪威首都奥斯陆举行的“享有阅读权力”卫星会议。该会议旨在讨论平等获取、积极推动和融入世界图书馆、保证全民获取信息和知识的权利等问题。会议由国际图联图书馆为特殊需求者服务专业组主办，图书馆为阅读残障者服务专业组、素养与阅读专业组共同组织召开。会议围绕“享有阅读权力”的四个问题：为什么、谁、怎样、在哪儿展开了讨论；分享了挪威、丹麦、克罗地亚、英国、瑞典、日本的成功案例和经验。武汉大学肖希明教授代表中国参会者，介绍了近年来中国图书馆的发展状况、中国图书馆学会和图书馆界为推广全民阅读做出的努力，阐明了中国代表的参会目的和希望。会议期间，中国代表积极与别国参会代表交流讨论。中国代表还积极参加大会各个分会场的发言和讨论，提出问题与建议，认真同国际图书馆同仁交流经验、交换思想。

2.4 中文代表预备会议

8 月 10 日晚 18 点至 19 点，中文代表预备会议召开。来自中国大陆、台湾、澳门、香港、新加坡和美国的 130 余名中国代表和海外华人参加了会议。国际图联主席艾伦·泰塞、当选主席英格丽德·帕伦特莅临了预备会。她们对在经济危机蔓延的一年里能在会场中看到这么多的中国代表感到非常高兴，希望未来能有越来越多的中国同行积极参与并承担起国际图联的工作。中国图书馆学会理事长、国家图书馆馆长詹福瑞介绍了本届国际图联大会的会议情况。中国图书馆学会副理事长、北京大学图书馆馆长朱强介绍了国际图联管理委员会工作情况，并对部分分会场进行了推介。中国国家科学图书馆副馆长孙坦、上海图书馆网络中心主任徐强介绍了各自单位和专业组的工作情况。台湾大学图书馆馆长陈雪华，国际图联亚太地区专业组秘书长、台湾世新大学资讯传播学系副教授林志凤，新加坡国家图书馆管理局亚大区经理陈菊芳分别发言，对近年来中国大陆的图书馆事业发展表示了赞许和期待。在预备会上，为本届国际图联大会服务的同声传译工作人员和中文《快报》组工作人员集体亮相，表明了他们为中国代表提供高质量服务的信心和愿望。会议由中国图书馆学会交流与合作委员会主任、国家图书馆国际交流处处长严向东先生主持。

2.5 中文工作语言组

今年共有 4 名同声传译工作人员为大会提供服务。在 8 月 10 日—15 日的会议中，同声传译人员为大会开、闭幕式及重要分会场提供翻译服务，服务总场次达到 34 场，为历年来同声传译场次最多的一年。同传工作在很大程度上解决了语言障碍问题，为听会代表提供了助力。今年为大会提供《快报》翻译的工作人员共有 5 名，其中 1 名在哥德堡会场服务，其余 4 人在北京为与会代表提供远程翻译服务。截止大会结束时，共翻译、印制《国际图联大会快报》（中文版）5 期。《国际图联大会快报》（中文版）为参会人员及未参会人员提供了及时、全面了解国际图联信息的窗口。

近年来，我国参加国际图联大会的人数每年均在百人左右，中国图书馆界日益成为国际图联大会的积极参与者，也因此受到国际图联及国外图书馆界的关注。我们应充分利用这一舞台，进一步扩大与国际图联以及世界各国图书馆界的交流、合作，学习、借鉴国外先进经验，推动我国图书馆事业的发展，提升我国在国际图联的影响力。本次国际图联大会也是对中国图书馆学会对外交流工作的一次检验。尤其在本届大会挪威会前会上，中国代表受邀专门介绍了中国图书馆的发展和中国图书馆学会的工作。中国图书馆学会还通过会议结识了新朋友，商讨了新合作，学会的对外交流工作正在逐步走上良性发展的轨道。

（中国图书馆学会秘书处　王萱）

2010 年中美图书馆员专业交流项目

“中美图书馆员专业交流项目”是 2008 年中美两国建交 30 周年之际文化领域重要的交流项目。2010 年是项目正式启动的第二年，在项目主办方文化部的指导下，中国图书馆学会与美方承办单位及国内各省、自治区、直辖市文化厅（局）和省图书馆、省图书馆学会密切配合，严格履行《中美图书馆员专业交流项目协议书》，推进项目顺利实施，圆满完成既定任务。

2010 年 6 月 12 日至 7 月 3 日，由来自北京、山西、新疆、山东、陕西、安徽、湖南、湖北、广西（桂林）、广东、江西、天津、青海、江苏、黑龙江、福建、上海等 18 个省、自治区和直辖市图书馆馆长、技术部主任、教授及中国图书馆学会项目评估员组成的“图书馆教育和图书馆技术专题交流子项目”代表团一行 21 人赴美。代表团在美国参加了专题培训、专业参观与实践和专业会议等三个单元的活动，与来自厄本那、香槟、芝加哥、华盛顿、纽约、圣荷西、斯科基、丹顿、艾尔帕索和奥尔巴尼等地的 334 位美国同行围绕图书馆教育和图书馆技术展了较为深入的交流。借助项目平台，中国图书馆学会代表吴悦在在美国图书馆协会年会“国际草根倡导——聚焦亚洲”分会场作了题为“中国图书馆学会志愿者行动”的专题发言；在“国际领导力——美中图书馆员合作项目”分会场作了“边界与范式——中国图书馆学会之视角”的专题发言，赢得了与会代表的广泛好评，这也是中国图书馆学会首次在美国图书馆学会年会上介绍中国的经验。“中国图书馆学会志愿者行动”荣获美国图书馆协会年度“国际创新奖”，这是中国图书馆学会荣获的首个国际奖项。

2010 年 3 月 20 日至 8 月 12 日，“图书馆专业普及交流子项目”先后在广东、四川、重庆、天津、山东、上海、吉林、黑龙江与安徽等 9 个省、直辖市开展，美方专家组 20 人与各地图书馆馆长及业务骨干 1839 人进行了专业交流。专业交流内容丰富、专家演讲精彩、交流互动有效、情景模拟教学真实，让与会代表增长了见识、开阔了视野。

2010 年“中文信息共享平台试点子项目”顺利运行，该项目以图书馆的资源和服务为平台，通过互联网，让美国和中国的读者公众检索并利用苏州图书馆和东北师范大学图书馆公开的数字资源，增加了图书馆用户获取知识信息的新途径和新方法，满足了中美读者需求，提高了双方图书馆文献资源的利用率，同时增进两国图书馆业务与人员之间的交流和互动。经试点单位两年的努力，已建成网站并投入使用，中文测试平台框架完成，推送了东北师范大学古籍文献特藏、东北师范大学学位论文、东北文献图片、东北地方志、苏州民族民间传统文化和苏州地方文献等 6 个数据库，实现了现有数据资源的访问，美国用户可在线检索和利用相关资源。

鉴于项目取得的良好成效及广大图书馆员的强烈需求，两国主承办单位均有意向签署项目延长协议，继续推进图书馆领域的交流与合作走向深入。2010 年 9 月 9 日，借第五届中美合作会议举办之机，项目双方举行了“《中美图书馆员专业交流项目补充协议》签换仪式”，中方承办单位中国图书馆学会代表汤更生与美方项目承办单位美国伊利诺伊大学图书馆代表蒋树勇交换了协议中英文文本。根据协议规定，项目将延续至 2012 年，在项目延长期内，将有 20 名中国图书馆员赴美交流，有 10 名美国图书馆专家来华交流，预计中美两国参与交流的专业人员数量可达千余人。在延长期内，还将进一步开发中文信息共享平台，更多的中文信息将得到整合，面向美国读者开放。（吴悦　胡京波）

第五届中美图书馆合作会议

2010年9月9日—10日，由中国国家图书馆、中国图书馆学会、美国国会图书馆联合主办的第五届中美图书馆合作会议在北京顺利召开。本次会议不仅是中美两国图书馆界的一次盛会、中美两国图书馆界有效沟通的平台，作为中美文化交流的重要内容之一，会议也成为中美两国图书馆界乃至博物馆和档案馆等多个系统的高层合作论坛。

中华人民共和国文化部副部长王文章，中国国家图书馆馆长、中国图书馆学会名誉理事长周和平，美国国会图书馆副馆长迪安娜·马库姆出席大会开幕式并分别致辞，中美双方图书馆、博物馆、档案馆的领导和专家参加了会议。开幕式由中国国家图书馆常务副馆长詹福瑞主持。

本次会议以“数字资源共享：机遇与挑战”为主题，分主题主要涵盖“资源共享政策与趋势”、“数字资源管理与仓储技术”、“科学数据共享”、“数字资源保存方法”、“数字资源的访问、检索及利用”等数字图书馆建设的重要问题，这也是当前各国图书馆界关注的热点。会议邀请了中美两国近20位著名的图书馆专家、学者作精彩的大会报告和演讲，中美两国百余名图书馆界的代表相聚交流和研讨。会议旨在促进业界对数字资源的共享进行更广泛和深入的研究与探讨，加强中美图书馆界在此领域的交流与合作，并在了解双方的最新动向和发展情况的同时，力争达成一些更具体的合作项目，共同促进两国图书馆事业的更快发展。

王文章在开幕致辞中指出，图书馆是人类文明成果的荟萃之地。面对人民群众不断增长的精神文化需求，中国政府高度重视图书馆、博物馆、文化馆等公益性文化设施的建设，大力推进文化体制改革，把构建覆盖城乡的、完善的公共文化服务体系作为重要目标。在中美双方的努力下，两国图书馆界的交流与合作日益密切，双方实施了“中美图书馆员专业交流项目”、发起“世界数字图书馆”项目、中国国家图书馆与美国哈佛大学图书馆达成中文善本古籍数字化合作协议等等。可以说，两国图书馆界的交流与合作处于历史上最好的时期。

周和平在开幕致辞中指出，经过多年努力，中国图书馆界在数字图书馆建设和服务方面取得了一定的成绩，全国各级各类图书馆的数字图书馆建设蓬勃发展。中国国家图书馆将计划实施“国家数字图书馆推广工程”，逐步建成覆盖全国、资源丰富、服务快捷、技术先进、稳定可靠的分布式国家数字图书馆服务网络，从整体上提高我国图书馆的数字图书馆服务能力。通过“中美图书馆合作会议”的交流机制，一方面为中国图书馆从业人员提供借鉴国外经验的专业平台，另一方面也将向国外图书馆专家和管理人员展示中国图书馆行业在数字图书馆建设方面的发展状况和取得的成效。

在开幕式上，还举行了“中美图书馆员专业交流项目补充协议书”签换仪式，中美双方共同签署了“中美图书馆员专业交流项目”的延长协议。项目中方承办单位中国图书馆学会代表汤更生与美方承办单位美国伊利诺伊大学厄本那-香槟校区图书馆及美国华人图书馆员协会代表蒋树勇交换了协议文本。根据协议规定，项目将延续至2012年，在项目延长期内，将有20名中国图书馆员赴美交流，有10名美国图书馆专家来华交流，预计中美两国参与交流的专业人员数量可达千余人。此外，在延长期内，还将进一步开发中文信息共享平台，更多的中文信息将得到整合，面向美国读者开放。2008年，该项目作为中美图书馆首个政府级合作项目正式启动，在中华人民共和国文化部和美国博物馆及图书馆署的主持下，两年间该项目已覆盖了全国30个省市自治区及美国16个城市，中美两国3000余名图书馆专业人士直接参与了项目，在交流规模和影响力方面创造了两国图书馆专业交流史上的新纪录。鉴于项目取得的良好成效及广大图书馆员的愿望，中美双方决定签署项目延长协议，继续推进图书馆领域的交流与合作走向深入。

在大会上，中国国家图书馆常务副馆长詹福瑞和美国国会图书馆副馆长迪安娜·马库姆分别作了题为“中国国家图书馆的数字资源共享战略与实践”和“数字资源共享：机遇与挑战”的主旨报告。

詹福瑞在报告中重点阐述了中国国家图书馆在数字资源共享方面的战略规划与业务上的探索与实践。他指出，战略规划涉及四个方面：数字化战略，建设国家数字图书馆工程；行业带动战略，促进全国公共图书馆的协调发展；合作发展战略，开展深度和广泛的资源共享；开放平台战略，实现数字图书馆的价值融合和增值服务。在此基础上的实践包括：通过各类网络平台，服务互联网用户；建设国家数字图书馆地方分馆，服务基层读者；实施“县级数字图书馆推广计划”，服务基层图书馆；搭建立法决策服务平台，为中央国家机关服务；开通残疾人数字图书馆，服务弱势群体；建设少儿数字图书馆，引导少儿阅读学习；拓展新媒体服务，创新阅读新体验；继往开来，谋划“国家数字图书馆推广工程”。

美国国会图书馆副馆长迪安娜·马库姆在报告中认为，由国家图书馆馆长会议发起创建的全球数字图书馆，是一个综合的、开放的、无缝链接的、可通过互联网普遍获取信息的图书馆。为适应时代的发展，图书馆和图书馆员都需要对数字资源共享的潜力和复杂性有所了解，讨论新的电子信息技术如何能增强学术、教育及跨文化交流，交叉探讨数字资源共享各个方面的相关系列问题，同时开展试点项目，推动中美图书馆界齐头并进，不断深化双方合作。

在随后的议程中，美方专家介绍了资源共享的政策、知识产权等理论问题和数据管理的全球视野、仓储技术等技术问题，全面讨论数字资源共享的机遇与挑战，对中国建设数字图书馆具有很强的借鉴作用。而中方专家所作的主旨报告和专题报告，也充分展示了中国图书馆界在公共文化服务建设，特别是数字图书馆和古籍保护方面的不懈努力。通过中美两国图书馆界专家学者就“数字资源共享：机遇与挑战”问题的进一步交流与探讨，以及在数字资源共享、数字资源回归、立法决策服务和西文善本修复等领域的进一步商讨，有力地推动了中美图书馆事业的发展以及两国图书馆界的合作。

中美图书馆合作会议由两国轮流主办。自1996年在北京召开首届中美图书馆合作会议以来，已成功举办四届，在促进中美两国文化交流方面已产生积极成效。（国家图书馆）

第五届上海（杭州）国际图书馆论坛

8月25日，第五届上海（杭州）国际图书馆论坛在杭州图书馆举行。论坛期间，有220余名嘉宾来到杭州，其中包括国际图联主席艾伦·泰塞等来自20余个国家的境外来宾90余名。中国国家图书馆馆长周和平、文化部社会文化司司长于群及国内各省级馆的领导、专家也莅临此次盛会。

国际图联主席艾伦·泰塞和周和平馆长在论坛开幕当天，分别作了《以全球视角看知识与科技存取作用下的创新与发展》、《我国城市化进程中的图书馆建设》的主旨报告，就数字时代背景下全球图书馆的发展与创新、中国城市化进程中图书馆的永恒价值和建设等问题进行了深入阐述。

上海国际图书馆论坛始于2002年，由上海图书馆主办，每两年举办一次。经过数年积累，现已成为国际图书馆界颇具声誉的大型学术盛会，备受海内外专业媒体和公众的关注。本届论坛由杭州图书馆和上海图书馆共同主办，这也是上海国际图书馆论坛首次在上海以外的城市举办。

第五届上海（杭州）国际图书馆论坛秉承精深广泛、学术专业的传统，以中国图书情报事业的快速发展和图书馆事业全球化的大趋势为依托，紧密围绕“城市，让生活更美好”的世博口号，将“城市生活与图书馆服务”设定为会议主题。经过前期紧张有序的筹备，本届论坛无论在会议规模还是在来宾阵容上，都达到历届最强。

第五届上海（杭州）国际图书馆论坛的举办，不仅是杭州图书馆践行杭州市委市政府提出的“接轨大上海，融入长三角，谋求共赢发展”指示精神的具体举措，更是加强杭州图书馆与国际业界的交流，提高其国际影响力的创新之举。

（据《图书馆报》2010年9月3日报道）

第八届开放获取柏林国际会议

2010 年 10 月 25 日—27 日，由中国科学院和德国马普学会共同举办的“第八届开放获取柏林国际会议”在中国科学院国家科学图书馆举行。来自 16 个国家的 100 余名国际专家以及国内百余家研究、教育机构，图书馆界的 180 名代表参加了本次会议。

本次会议以“开放获取：实施战略、最佳实践与未来挑战”为题，重点讨论学术信息开放获取政策、策略、最佳实践，包括了国家开放获取战略、机构开放获取战略、开放出版、机构知识库、开放科学数据、开放教育资源、开放获取策略评估和开放获取支持工具等。

开幕式上，中国科学院副院长李静海指出，维持学术成果，特别是公共资金支持的学术研究论文的开放获取是科技界、科学家的社会责任，也是中国科学院的社会责任。中国科学院副秘书长潘教峰代表中科院发表关于中国科学院开放获取实践与进展的主旨报告，回顾了中国科学院自 2003 年签署“柏林宣言”以来支持科技信息开放获取方面的实践，提出了中国科学院履行学术信息开放获取责任的政策与措施。国家自然科学基金委员会副秘书长高瑞平在致辞中指出，公平开放的信息交流是实现科技自主创新发展的关键因素之一，国家自然科学基金委员会作为基础领域科研资助机构，愿意积极地参与和推动学术信息开放获取。

本次会议由中科院院长路甬祥和德国马普学会主席 Peter Gruss 共同担任会议名誉主席。会议邀请国外专家和机构专家作报告 50 余个，国内（含香港）专家报告 7 个。

以本次会议为契机，中国科学院宣布支持和推进科技信息开放获取的政策与措施。组织开展深入研究，进一步完善中国科学院开放获取政策，合理平衡各方面利益，支持开放存储，推动开放出版，促进科技信息开放获取、推动学术信息交流的改革创新、建设开放的公共信息基础设施。具体举措有：积极推动公共资助项目研究论文开放存储，鼓励研究人员将发表的、公共资助项目产出的论文存储到所在研究机构知识库中，并积极提供开放获取；支持开放发表论文，试验支持我院作者在重要开放出版期刊发表论文，并建议国家科技资助部门允许使用科研经费支持我国作者在国内外重要开放出版期刊发表论文；支持院属学术期刊开放出版，探索有效的开放出版方式；开展开放获取政策与措施的研究、宣传和服务；积极建议和承担国家公共资助项目研究论文开放存储和公益性科技期刊开放出版的试验；积极支持国际科技界开放获取及其实践，如支持国际高能物理领域的 SCOAP3 计划。

开放获取是指让学术文献通过网络供公众免费阅读。信息、知识获取能力是国家创新能力和社会发展能力的重要保证。自 2002 年国际有关科学团体提出《布达佩斯开放获取计划》，2003 年德国马普学会发起柏林会议并发布《开放获取柏林宣言》以来，学术信息开放获取已经不再仅仅是应对科技期刊价格危机的手段，而是演化成为了影响全球学术交流、改变学术信息交流模式的开放获取运动。研究分析表明，截止 2010 年 9 月，已经有 16 个国家 53 个研究机构和管理资助机构制定了明确的开放获取政策。国际上支持和推动开放获取的组织和机构很多，开放获取柏林国际会议是该领域规模最大、影响面最广、参加人数最多的论坛之一，已经在德国、法国连续召开了 7 次国际会议。第八届开放获取柏林国际会议是自 2003 年首次举行以来第一次在欧洲以外国家召开。

中国科研投入日益增长，科研论文急剧增长，在世界科学研究中占据日益重要的地位；中国科研与世界各国的学术交流日益频繁，包括科技信息政策和科技出版传播政策在内的中国科技政策也日益得到世界的关注。中科院是公共资金支持的国立研究机构和我国高水平科技成果的主要生产者，推动开放获取是其传播知识和支持创新的社会职责。2003 年，路甬祥在《开放获取柏林宣言》上签字，成为国际开放获取运行的先期缔约者。此后，中国科学院采取系列及时有力的措施，继续引领和推动开放获取，取得了一系列积极成果。（据中国科学院网站报道）

第六届全球数字图书馆国际学术研讨会

10月29日，第六届全球数字图书馆国际学术研讨会（ICUDL2010）在浙江大学国际会议中心开幕，来自美、印、埃、意、日、澳等近10个国家、地区的150余位专家和代表与会，围绕“数据海和云计算”主题深入交流探讨数字图书馆技术前沿，共同回顾中美百万册数字图书馆项目（CADAL）走过的不平凡历程，展望全球数字化图书馆暨数字智慧型图书馆的未来建设。

大会名誉主席、中国工程院常务副院长潘云鹤，中国工程院院士、浙江大学校长杨卫，教育部高等教育司副司长石鹏建，计算机图灵奖得主、中国工程院外籍院士、美国卡内基梅隆大学教授Raj Reddy等出席开幕式并致辞，浙大副校长来茂德主持开幕式。会议为期两天，举行6场主题报告、4个分组报告以及1场特邀报告和1场专题讨论会。会议期间还举行UDL（环宇图书馆）项目的工作会议。

全球数字图书馆国际学术研讨会于2005年在浙江大学首次举办，之后的历年相继在埃及亚历山大、美国卡内基梅隆、印度阿拉哈巴德等地召开，今年的第六届会议是再次回到发轫地浙江大学举办。年会业已有力推动了数字图书馆技术的交流，促进了国际科技和文化合作，强化了全球数字化图书馆的影响力。

潘云鹤在讲话中指出，当前，数字图书馆技术正在发生两大变化：一是从数据库走向数据海。数字化的书籍迅速增多，从100万册到500万册甚至1000万册，多多益善；信息形式愈加丰富，从书籍、绘画、书法、影视、图纸、照片到网页上的各种消息和上述信息之间的关系与衍生物，无所不包。二是从数字图书馆走向智慧图书馆。数字图书馆的海量信息通过数据挖掘、语义分析、跨媒体等技术而变为更易使用的知识，构建起一个巨大的知识网络，将有效地支持科学研究，大大地改善我们的教育和学习。“这就意味着，在这片数字海上，要升起各种各样并且非常智慧的云服务，从而使数字图书馆更加主动化、专业化和智能化。”

全球数字化图书馆起步于早前的中美百万册数字图书馆项目（CADAL），至今已将近10年，其最终目的是数字化人类图书资源，实现任何人在任何地点和任何时候都能访问人类的知识储备。通过CADAL一期，中国扫描了100多万册的中英文图书，并在CADAL门户上向全世界发布，用户遍及70多个国家和地区，为保存、共享人类文化财富做出了积极贡献。百万册项目已成为全球数字图书馆历史性的里程碑。今年4月，中国政府又投资1.5亿启动了二期CADAL，着手完成另外150万册资源的数字化制作。二期项目涉及数字图书馆新型体系结构和存储技术、知识挖掘技术、跨媒体搜索与推理技术、主动信息服务技术、自动翻译技术及数字图书馆新型展示技术等，共有60多所国内高校参加，并将围绕资源共建共享、技术合作、人才交流、服务定制共享等进一步扩大对外合作。

今年年底，中国教育部还将在浙江大学正式成立“数字图书馆工程研究中心”，面对数字资源呈几何级增长、用户数量迅猛倍增的发展趋势，对数字图书馆技术以及数字图书馆的工作效率、系统安全、信息保护、版权保护等问题进行开发研究，致力成为中国数字图书馆核心技术的引擎，以及汇聚和培养该研究领域科学技术人才的基地。目前，该中心正在积极筹备中。（摘编自中国教育和科研计算机网）

法律、法规与政策性文件

法律法规与政策性文件全文
相关法律法规与政策性文件摘要

法律、法规与政策性文件

法律法规与政策性文件全文

中华人民共和国著作权法

（1990年9月7日第七届全国人民代表大会常务委员会第十五次会议通过 根据2001年10月27日第九届全国人民代表大会常务委员会第二十四次会议《关于修改〈中华人民共和国著作权法〉的决定》第一次修正根据2010年2月26日第十一届全国人民代表大会常务委员会第十三次会议《关于修改〈中华人民共和国著作权法〉的决定》第二次修正）

（2010－02－26）

目　录

第一章　总则

第一条　为保护文学、艺术和科学作品作者的著作权，以及与著作权有关的权益，鼓励有益于社会主义精神文明、物质文明建设的作品的创作和传播，促进社会主义文化和科学事业的发展与繁荣，根据宪法制定本法。

第二条　中国公民、法人或者其他组织的作品，不论是否发表，依照本法享有著作权。

外国人、无国籍人的作品根据其作者所属国或者经常居住地国同中国签订的协议或者共同参加的国际条约享有的著作权，受本法保护。

外国人、无国籍人的作品首先在中国境内出版的，依照本法享有著作权。

未与中国签订协议或者共同参加国际条约的国家的作者以及无国籍人的作品首次在中国参加的国际条约的成员国出版的，或者在成员国和非成员国同时出版的，受本法保护。

第三条　本法所称的作品，包括以下列形式创作的文学、艺术和自然科学、社会科学、工程技术等作品：

（一）文字作品；

（二）口述作品；

（三）音乐、戏剧、曲艺、舞蹈、杂技艺术作品；

（四）美术、建筑作品；

（五）摄影作品；

（六）电影作品和以类似摄制电影的方法创作的作品；

（七）工程设计图、产品设计图、地图、示意图等图形作品和模型作品；

（八）计算机软件；

（九）法律、行政法规规定的其他作品。

第四条　著作权人行使著作权，不得违反宪法和法律，不得损害公共利益。国家对作品的出版、传播依法进行监督管理。

第五条　本法不适用于：

（一）法律、法规，国家机关的决议、决定、命令和其他具有立法、行政、司法性质的文件，及其官方正式译文；

（二）时事新闻；

（三）历法、通用数表、通用表格和公式。

第六条　民间文学艺术作品的著作权保护办法由国务院另行规定。

第七条　国务院著作权行政管理部门主管全

国的著作权管理工作；各省、自治区、直辖市人民政府的著作权行政管理部门主管本行政区域的著作权管理工作。

第八条　著作权人和与著作权有关的权利人可以授权著作权集体管理组织行使著作权或者与著作权有关的权利。著作权集体管理组织被授权后，可以以自己的名义为著作权人和与著作权有关的权利人主张权利，并可以作为当事人进行涉及著作权或者与著作权有关的权利的诉讼、仲裁活动。

著作权集体管理组织是非营利性组织，其设立方式、权利义务、著作权许可使用费的收取和分配，以及对其监督和管理等由国务院另行规定。

第二章　著作权

第一节　著作权人及其权利

第九条　著作权人包括：

（一）作者；

（二）其他依照本法享有著作权的公民、法人或者其他组织。

第十条　著作权包括下列人身权和财产权：

（一）发表权，即决定作品是否公之于众的权利；

（二）署名权，即表明作者身份，在作品上署名的权利；

（三）修改权，即修改或者授权他人修改作品的权利；

（四）保护作品完整权，即保护作品不受歪曲、篡改的权利；

（五）复制权，即以印刷、复印、拓印、录音、录像、翻录、翻拍等方式将作品制作一份或者多份的权利；

（六）发行权，即以出售或者赠与方式向公众提供作品的原件或者复制件的权利；

（七）出租权，即有偿许可他人临时使用电影作品和以类似摄制电影的方法创作的作品、计算机软件的权利，计算机软件不是出租的主要标的除外；

（八）展览权，即公开陈列美术作品、摄影作品的原件或者复制件的权利；

（九）表演权，即公开表演作品，以及用各种手段公开播送作品的表演的权利；

（十）放映权，即通过放映机、幻灯机等技术设备公开再现美术、摄影、电影和以类似摄制电影的方法创作的作品等的权利；

（十一）广播权，即以无线方式公开广播或者传播作品，以有线传播或者转播的方式向公众传播广播的作品，以及通过扩音器或者其他传送符号、声音、图像的类似工具向公众传播广播的作品的权利；

（十二）信息网络传播权，即以有线或者无线方式向公众提供作品，使公众可以在其个人选定的时间和地点获得作品的权利；

（十三）摄制权，即以摄制电影或者以类似摄制电影的方法将作品固定在载体上的权利；

（十四）改编权，即改变作品，创作出具有独创性的新作品的权利；

（十五）翻译权，即将作品从一种语言文字转换成另一种语言文字的权利；

（十六）汇编权，即将作品或者作品的片段通过选择或者编排，汇集成新作品的权利；

（十七）应当由著作权人享有的其他权利。

著作权人可以许可他人行使前款第（五）项至第（十七）项规定的权利，并依照约定或者本法有关规定获得报酬。

著作权人可以全部或者部分转让本条第一款第（五）项至第（十七）项规定的权利，并依照约定或者本法有关规定获得报酬。

第二节　著作权归属

第十一条　著作权属于作者，本法另有规定的除外。

创作作品的公民是作者。

由法人或者其他组织主持，代表法人或者其他组织意志创作，并由法人或者其他组织承担责任的作品，法人或者其他组织视为作者。

如无相反证明，在作品上署名的公民、法人或者其他组织为作者。

第十二条　改编、翻译、注释、整理已有作品而产生的作品，其著作权由改编、翻译、注释、整理人享有，但行使著作权时不得侵犯原作品的著作权。

第十三条　两人以上合作创作的作品，著作权由合作作者共同享有。没有参加创作的人，不能成为合作作者。

合作作品可以分割使用的，作者对各自创作的部分可以单独享有著作权，但行使著作权时不得侵犯合作作品整体的著作权。

第十四条　汇编若干作品、作品的片段或者

不构成作品的数据或者其他材料，对其内容的选择或者编排体现独创性的作品，为汇编作品，其著作权由汇编人享有，但行使著作权时，不得侵犯原作品的著作权。

第十五条　电影作品和以类似摄制电影的方法创作的作品的著作权由制片者享有，但编剧、导演、摄影、作词、作曲等作者享有署名权，并有权按照与制片者签订的合同获得报酬。

电影作品和以类似摄制电影的方法创作的作品中的剧本、音乐等可以单独使用的作品的作者有权单独行使其著作权。

第十六条　公民为完成法人或者其他组织工作任务所创作的作品是职务作品，除本条第二款的规定以外，著作权由作者享有，但法人或者其他组织有权在其业务范围内优先使用。作品完成两年内，未经单位同意，作者不得许可第三人以与单位使用的相同方式使用该作品。

有下列情形之一的职务作品，作者享有署名权，著作权的其他权利由法人或者其他组织享有，法人或者其他组织可以给予作者奖励：

（一）主要是利用法人或者其他组织的物质技术条件创作，并由法人或者其他组织承担责任的工程设计图、产品设计图、地图、计算机软件等职务作品；

（二）法律、行政法规规定或者合同约定著作权由法人或者其他组织享有的职务作品。

第十七条　受委托创作的作品，著作权的归属由委托人和受托人通过合同约定。合同未作明确约定或者没有订立合同的，著作权属于受托人。

第十八条　美术等作品原件所有权的转移，不视为作品著作权的转移，但美术作品原件的展览权由原件所有人享有。

第十九条　著作权属于公民的，公民死亡后，其本法第十条第一款第（五）项至第（十七）项规定的权利在本法规定的保护期内，依照继承法的规定转移。

著作权属于法人或者其他组织的，法人或者其他组织变更、终止后，其本法第十条第一款第（五）项至第（十七）项规定的权利在本法规定的保护期内，由承受其权利义务的法人或者其他组织享有；没有承受其权利义务的法人或者其他组织的，由国家享有。

第三节　权利的保护期

第二十条　作者的署名权、修改权、保护作品完整权的保护期不受限制。

第二十一条　公民的作品，其发表权、本法第十条第一款第（五）项至第（十七）项规定的权利的保护期为作者终生及其死亡后五十年，截止于作者死亡后第五十年的 12 月 31 日；如果是合作作品，截止于最后死亡的作者死亡后第五十年的 12 月 31 日。

法人或者其他组织的作品、著作权（署名权除外）由法人或者其他组织享有的职务作品，其发表权、本法第十条第一款第（五）项至第（十七）项规定的权利的保护期为五十年，截止于作品首次发表后第五十年的 12 月 31 日，但作品自创作完成后五十年内未发表的，本法不再保护。

电影作品和以类似摄制电影的方法创作的作品、摄影作品，其发表权、本法第十条第一款第（五）项至第（十七）项规定的权利的保护期为五十年，截止于作品首次发表后第五十年的 12 月 31 日，但作品自创作完成后五十年内未发表的，本法不再保护。

第四节　权利的限制

第二十二条　在下列情况下使用作品，可以不经著作权人许可，不向其支付报酬，但应当指明作者姓名、作品名称，并且不得侵犯著作权人依照本法享有的其他权利：

（一）为个人学习、研究或者欣赏，使用他人已经发表的作品；

（二）为介绍、评论某一作品或者说明某一问题，在作品中适当引用他人已经发表的作品；

（三）为报道时事新闻，在报纸、期刊、广播电台、电视台等媒体中不可避免地再现或者引用已经发表的作品；

（四）报纸、期刊、广播电台、电视台等媒体刊登或者播放其他报纸、期刊、广播电台、电视台等媒体已经发表的关于政治、经济、宗教问题的时事性文章，但作者声明不许刊登、播放的除外；

（五）报纸、期刊、广播电台、电视台等媒体刊登或者播放在公众集会上发表的讲话，但作者声明不许刊登、播放的除外；

（六）为学校课堂教学或者科学研究，翻译或者少量复制已经发表的作品，供教学或者科研人员使用，但不得出版发行；

（七）国家机关为执行公务在合理范围内使

用已经发表的作品；

（八）图书馆、档案馆、纪念馆、博物馆、美术馆等为陈列或者保存版本的需要，复制本馆收藏的作品；

（九）免费表演已经发表的作品，该表演未向公众收取费用，也未向表演者支付报酬；

（十）对设置或者陈列在室外公共场所的艺术作品进行临摹、绘画、摄影、录像；

（十一）将中国公民、法人或者其他组织已经发表的以汉语言文字创作的作品翻译成少数民族语言文字作品在国内出版发行；

（十二）将已经发表的作品改成盲文出版。

前款规定适用于对出版者、表演者、录音录像制作者、广播电台、电视台的权利的限制。

第二十三条　为实施九年制义务教育和国家教育规划而编写出版教科书，除作者事先声明不许使用的外，可以不经著作权人许可，在教科书中汇编已经发表的作品片段或者短小的文字作品、音乐作品或者单幅的美术作品、摄影作品，但应当按照规定支付报酬，指明作者姓名、作品名称，并且不得侵犯著作权人依照本法享有的其他权利。

前款规定适用于对出版者、表演者、录音录像制作者、广播电台、电视台的权利的限制。

第三章　著作权许可使用和转让合同

第二十四条　使用他人作品应当同著作权人订立许可使用合同，本法规定可以不经许可的除外。

许可使用合同包括下列主要内容：

（一）许可使用的权利种类；

（二）许可使用的权利是专有使用权或者非专有使用权；

（三）许可使用的地域范围、期间；

（四）付酬标准和办法；

（五）违约责任；

（六）双方认为需要约定的其他内容。

第二十五条　转让本法第十条第一款第（五）项至第（十七）项规定的权利，应当订立书面合同。

权利转让合同包括下列主要内容：

（一）作品的名称；

（二）转让的权利种类、地域范围；

（三）转让价金；

（四）交付转让价金的日期和方式；

（五）违约责任；

（六）双方认为需要约定的其他内容。

第二十六条　以著作权出质的，由出质人和质权人向国务院著作权行政管理部门办理出质登记。

第二十七条　许可使用合同和转让合同中著作权人未明确许可、转让的权利，未经著作权人同意，另一方当事人不得行使。

第二十八条　使用作品的付酬标准可以由当事人约定，也可以按照国务院著作权行政管理部门会同有关部门制定的付酬标准支付报酬。当事人约定不明确的，按照国务院著作权行政管理部门会同有关部门制定的付酬标准支付报酬。

第二十九条　出版者、表演者、录音录像制作者、广播电台、电视台等依照本法有关规定使用他人作品的，不得侵犯作者的署名权、修改权、保护作品完整权和获得报酬的权利。

第四章　出版、表演、录音录像、播放

第一节　图书、报刊的出版

第三十条　图书出版者出版图书应当和著作权人订立出版合同，并支付报酬。

第三十一条　图书出版者对著作权人交付出版的作品，按照合同约定享有的专有出版权受法律保护，他人不得出版该作品。

第三十二条　著作权人应当按照合同约定期限交付作品。图书出版者应当按照合同约定的出版质量、期限出版图书。

图书出版者不按照合同约定期限出版，应当依照本法第五十四条的规定承担民事责任。

图书出版者重印、再版作品的，应当通知著作权人，并支付报酬。图书脱销后，图书出版者拒绝重印、再版的，著作权人有权终止合同。

第三十三条　著作权人向报社、期刊社投稿的，自稿件发出之日起十五日内未收到报社通知决定刊登的，或者自稿件发出之日起三十日内未收到期刊社通知决定刊登的，可以将同一作品向其他报社、期刊社投稿。双方另有约定的除外。

作品刊登后，除著作权人声明不得转载、摘编的外，其他报刊可以转载或者作为文摘、资料刊登，但应当按照规定向著作权人支付报酬。

第三十四条　图书出版者经作者许可，可以对作品修改、删节。

报社、期刊社可以对作品作文字性修改、删节。对内容的修改，应当经作者许可。

第三十五条　出版改编、翻译、注释、整理、汇编已有作品而产生的作品，应当取得改编、翻译、注释、整理、汇编作品的著作权人和原作品的著作权人许可，并支付报酬。

第三十六条　出版者有权许可或者禁止他人使用其出版的图书、期刊的版式设计。

前款规定的权利的保护期为十年，截止于使用该版式设计的图书、期刊首次出版后第十年的12月31日。

第二节　表演

第三十七条　使用他人作品演出，表演者（演员、演出单位）应当取得著作权人许可，并支付报酬。演出组织者组织演出，由该组织者取得著作权人许可，并支付报酬。

使用改编、翻译、注释、整理已有作品而产生的作品进行演出，应当取得改编、翻译、注释、整理作品的著作权人和原作品的著作权人许可，并支付报酬。

第三十八条　表演者对其表演享有下列权利：

（一）表明表演者身份；

（二）保护表演形象不受歪曲；

（三）许可他人从现场直播和公开传送其现场表演，并获得报酬；

（四）许可他人录音录像，并获得报酬；

（五）许可他人复制、发行录有其表演的录音录像制品，并获得报酬；

（六）许可他人通过信息网络向公众传播其表演，并获得报酬。

被许可人以前款第（三）项至第（六）项规定的方式使用作品，还应当取得著作权人许可，并支付报酬。

第三十九条　本法第三十八条第一款第（一）项、第（二）项规定的权利的保护期不受限制。

本法第三十八条第一款第（三）项至第（六）项规定的权利的保护期为五十年，截止于该表演发生后第五十年的12月31日。

第三节　录音录像

第四十条　录音录像制作者使用他人作品制作录音录像制品，应当取得著作权人许可，并支付报酬。

录音录像制作者使用改编、翻译、注释、整理已有作品而产生的作品，应当取得改编、翻译、注释、整理作品的著作权人和原作品著作权人许可，并支付报酬。

录音制作者使用他人已经合法录制为录音制品的音乐作品制作录音制品，可以不经著作权人许可，但应当按照规定支付报酬；著作权人声明不许使用的不得使用。

第四十一条　录音录像制作者制作录音录像制品，应当同表演者订立合同，并支付报酬。

第四十二条　录音录像制作者对其制作的录音录像制品，享有许可他人复制、发行、出租、通过信息网络向公众传播并获得报酬的权利；权利的保护期为五十年，截止于该制品首次制作完成后第五十年的12月31日。

被许可人复制、发行、通过信息网络向公众传播录音录像制品，还应当取得著作权人、表演者许可，并支付报酬。

第四节　广播电台、电视台播放

第四十三条　广播电台、电视台播放他人未发表的作品，应当取得著作权人许可，并支付报酬。

广播电台、电视台播放他人已发表的作品，可以不经著作权人许可，但应当支付报酬。

第四十四条　广播电台、电视台播放已经出版的录音制品，可以不经著作权人许可，但应当支付报酬。当事人另有约定的除外。具体办法由国务院规定。

第四十五条　广播电台、电视台有权禁止未经其许可的下列行为：

（一）将其播放的广播、电视转播；

（二）将其播放的广播、电视录制在音像载体上以及复制音像载体。

前款规定的权利的保护期为五十年，截止于该广播、电视首次播放后第五十年的12月31日。

第四十六条　电视台播放他人的电影作品和以类似摄制电影的方法创作的作品、录像制品，应当取得制片者或者录像制作者许可，并支付报酬；播放他人的录像制品，还应当取得著作权人许可，并支付报酬。

第五章　法律责任和执法措施

第四十七条　有下列侵权行为的，应当根据情况，承担停止侵害、消除影响、赔礼道歉、赔偿损失等民事责任：

（一）未经著作权人许可，发表其作品的；

（二）未经合作作者许可，将与他人合作创作的作品当做自己单独创作的作品发表的；

（三）没有参加创作，为谋取个人名利，在他人作品上署名的；

（四）歪曲、篡改他人作品的；

（五）剽窃他人作品的；

（六）未经著作权人许可，以展览、摄制电影和以类似摄制电影的方法使用作品，或者以改编、翻译、注释等方式使用作品的，本法另有规定的除外；

（七）使用他人作品，应当支付报酬而未支付的；

（八）未经电影作品和以类似摄制电影的方法创作的作品、计算机软件、录音录像制品的著作权人或者与著作权有关的权利人许可，出租其作品或者录音录像制品的，本法另有规定的除外；

（九）未经出版者许可，使用其出版的图书、期刊的版式设计的；

（十）未经表演者许可，从现场直播或者公开传送其现场表演，或者录制其表演的；

（十一）其他侵犯著作权以及与著作权有关的权益的行为。

第四十八条　有下列侵权行为的，应当根据情况，承担停止侵害、消除影响、赔礼道歉、赔偿损失等民事责任；同时损害公共利益的，可以由著作权行政管理部门责令停止侵权行为，没收违法所得，没收、销毁侵权复制品，并可处以罚款；情节严重的，著作权行政管理部门还可以没收主要用于制作侵权复制品的材料、工具、设备等；构成犯罪的，依法追究刑事责任：

（一）未经著作权人许可，复制、发行、表演、放映、广播、汇编、通过信息网络向公众传播其作品的，本法另有规定的除外；

（二）出版他人享有专有出版权的图书的；

（三）未经表演者许可，复制、发行录有其表演的录音录像制品，或者通过信息网络向公众传播其表演的，本法另有规定的除外；

（四）未经录音录像制作者许可，复制、发行、通过信息网络向公众传播其制作的录音录像制品的，本法另有规定的除外；

（五）未经许可，播放或者复制广播、电视的，本法另有规定的除外；

（六）未经著作权人或者与著作权有关的权利人许可，故意避开或者破坏权利人为其作品、录音录像制品等采取的保护著作权或者与著作权有关的权利的技术措施的，法律、行政法规另有规定的除外；

（七）未经著作权人或者与著作权有关的权利人许可，故意删除或者改变作品、录音录像制品等的权利管理电子信息的，法律、行政法规另有规定的除外；

（八）制作、出售假冒他人署名的作品的。

第四十九条　侵犯著作权或者与著作权有关的权利的，侵权人应当按照权利人的实际损失给予赔偿；实际损失难以计算的，可以按照侵权人的违法所得给予赔偿。赔偿数额还应当包括权利人为制止侵权行为所支付的合理开支。

权利人的实际损失或者侵权人的违法所得不能确定的，由人民法院根据侵权行为的情节，判决给予五十万元以下的赔偿。

第五十条　著作权人或者与著作权有关的权利人有证据证明他人正在实施或者即将实施侵犯其权利的行为，如不及时制止将会使其合法权益受到难以弥补的损害的，可以在起诉前向人民法院申请采取责令停止有关行为和财产保全的措施。

人民法院处理前款申请，适用《中华人民共和国民事诉讼法》第九十三条至第九十六条和第九十九条的规定。

第五十一条　为制止侵权行为，在证据可能灭失或者以后难以取得的情况下，著作权人或者与著作权有关的权利人可以在起诉前向人民法院申请保全证据。

人民法院接受申请后，必须在四十八小时内作出裁定；裁定采取保全措施的，应当立即开始执行。

人民法院可以责令申请人提供担保，申请人不提供担保的，驳回申请。

申请人在人民法院采取保全措施后十五日内不起诉的，人民法院应当解除保全措施。

第五十二条　人民法院审理案件，对于侵犯著作权或者与著作权有关的权利的，可以没收违法所得、侵权复制品以及进行违法活动的财物。

第五十三条　复制品的出版者、制作者不能证明其出版、制作有合法授权的，复制品的发行者或者电影作品或者以类似摄制电影的方法创作的作品、计算机软件、录音录像制品的复制品的出租者不能证明其发行、出租的复制品有合法来源的，应当承担法律责任。

第五十四条　当事人不履行合同义务或者履行合同义务不符合约定条件的，应当依照《中华人民共和国民法通则》、《中华人民共和国合同法》等有关法律规定承担民事责任。

第五十五条　著作权纠纷可以调解，也可以根据当事人达成的书面仲裁协议或者著作权合同中的仲裁条款，向仲裁机构申请仲裁。

当事人没有书面仲裁协议，也没有在著作权合同中订立仲裁条款的，可以直接向人民法院起诉。

第五十六条　当事人对行政处罚不服的，可以自收到行政处罚决定书之日起三个月内向人民法院起诉，期满不起诉又不履行的，著作权行政管理部门可以申请人民法院执行。

第六章　附则

第五十七条　本法所称的著作权即版权。

第五十八条　本法第二条所称的出版，指作品的复制、发行。

第五十九条　计算机软件、信息网络传播权的保护办法由国务院另行规定。

第六十条　本法规定的著作权人和出版者、表演者、录音录像制作者、广播电台、电视台的权利，在本法施行之日尚未超过本法规定的保护期的，依照本法予以保护。

本法施行前发生的侵权或者违约行为，依照侵权或者违约行为发生时的有关规定和政策处理。

第六十一条　本法自 1991 年 6 月 1 日起施行。

国务院关于公布第三批国家珍贵古籍名录和第三批全国古籍重点保护单位名单的通知
（国发[2010]20 号）
（2010－06－11）

各省、自治区、直辖市人民政府，国务院各部委、各直属机构：

国务院批准文化部确定的第三批国家珍贵古籍（2989 部）名录和第三批全国古籍重点保护单位（37 个）名单，现予公布。

各地区、各部门要继续贯彻“保护为主、抢救第一、合理利用、加强管理”的指导方针，认真总结经验，切实加大工作力度，进一步做好珍贵古籍的保护、管理和合理利用工作。

附件：1：第三批国家珍贵古籍名录（2989部）（略）

国务院

二○一○年六月十一日

附件 2：

第三批全国古籍重点保护单位名单（37 个）

河北省图书馆
河北省石家庄市图书馆
河北省保定市图书馆
山西省太原市图书馆
山西大学图书馆
辽宁省沈阳市图书馆
辽宁大学图书馆
吉林省社会科学院图书馆
黑龙江大学图书馆
上海社会科学院图书馆
江苏省金陵图书馆
江苏省常州市图书馆
江苏省扬州市图书馆
江苏省徐州市图书馆
徐州师范大学图书馆
江苏省南京市博物馆
江苏省苏州博物馆
浙江省博物馆
安徽中医学院图书馆
安徽省博物馆
江西省赣州市图书馆
山东省泰安市博物馆
山东省淄博市图书馆
山东省文登市图书馆
曲阜师范大学图书馆
河南省郑州市图书馆
华中师范大学图书馆
湖北省博物馆
湖北省浠水县博物馆
广西壮族自治区桂林图书馆
广西壮族自治区柳州市图书馆
重庆中国三峡博物馆
云南省社会科学院图书馆
陕西省西安博物院
西北大学图书馆

甘肃省天水市图书馆
宁夏回族自治区图书馆

苏州市文化广电新闻出版局开展“四位一体”(村图书室、农家书屋、党员远程教育、文化信息共享)农村综合信息服务体系试点工作的通知

(苏文群字[2010]12号)

(2010—07—06)

为贯彻落实科学发展观和党的十七届三中、四中全会精神，为人民群众提供普遍均等的公共文化服务，切实保障人民群众基本文化权益。根据中共中央、国务院《关于推进社会主义新农村建设的若干意见》和《关于进一步加强农村文化建设的意见》文件精神，特别是今年2月温家宝总理在省部级主要领导干部专题研讨班上“把维护社会事业的公益性、保障人民群众基本公共服务需求作为政府的主要职责”的讲话精神，苏州市委、市政府提出“三区三城”建设目标，构建全覆盖、普遍均等的公共文化服务，是科学发展观的重要体现，是可持续发展的重要保证。

城乡一体化、公共文化服务均等化，是公共文化服务可持续发展的重要途径，是政府保障人民群众基本文化权益的重要职责。目前，我市农村中，农家书屋、全国文化信息资源共享工程、党员现代远程教育中心、乡村图书室，各自为政，互相独立，资源分散，使得农村享受不到应有的信息服务和文化服务。为此，我们经过多次调研，研究决定在全市开展“四位一体”（村图书室、农家书屋、党员远程教育、文化信息共享）农村综合信息服务体系试点工作。通过整合资源，建立四位一体的“农村公共信息服务中心”，实现农家书屋服务和党员现代远程教育的正常化和持续化，实现全国文化信息资源共享工程信息服务的全覆盖和普遍均等的公共图书馆服务的全覆盖，实现农村公共信息服务的经济、高效和可持续。现将有关事项通知如下：

一、总体思路

整合农家书屋、共享工程基层服务点、党员现代远程教育中心、乡村图书室（县级流动图书车服务点）资源，设立“农村公共信息服务中心”，在一个馆舍中挂四块牌子、四位一体，用一份成本提供多种信息服务，实现农村公共信息服务的全覆盖和普遍均等，在公共信息服务上率先实现城乡一体化，保障公民的基本文化权利。

二、基本方法

建立“农村公共信息服务中心”，通过整合资源、共建共享，借助党员远程教育中心的场地和网络资源连结上下左右并提供视频播放；借助共享工程的技术装备和数字资源提供数字信息资源服务和远程信息服务；借助农家书屋和乡村图书室的文献作为初始藏书；借助市（县）级图书馆的专业化技术和管理、计算机管理系统、文献资源，实现专业化的管理和服务；借助流动图书车定期更新调配文献资源和提供技术维护，使“农村公共信息服务中心”充分发挥社会综合信息保障系统的基础作用，使政府公开信息、公共文化服务、全国文化信息资源共享工程覆盖到广大农村，为农村提供较为专业化的、普遍均等的公共信息服务。

完善市（县）级图书馆总分馆建设，建立经济高效的市（县）/镇总分馆体系。乡镇是市（县）连结乡村的桥梁，是在现行行政体制下的中间环节。乡村面广量大，市（县）图书馆不可能越过乡镇直接实施对“农村公共信息服务中心”的管理。通过乡镇图书馆管理“农村公共信息服务中心”，乡镇图书馆必须完全依照市（县）图书馆的要求，并能在资源调配、专业服务、活动延伸上起到承上启下的作用。因此，各市（县）必须以法规或文件的形式，把市（县）/乡镇的总分馆制以制度化，实现市（县）图书馆对乡镇分馆的统一管理。

三、必需条件

1. 馆舍。分成两个部分：一是党员远程教育播放室，同时可以兼作共享工程信息资源视频播放室。二是阅览室，约50平方米。

2. 设备。借用共享工程基层服务点的3到5台电脑，书架（6只双面六层书架），2只五层期刊架，3只报架，16套阅览桌椅，一个工作台（包括工作电脑一台），远程监控设备。

3. 文献。

（1）图书：对农家书屋原有的图书，模糊产权问题，交市（县）级图书馆著录加工，回溯建库，进入统一流通；在农家书屋上投入的资金或图书，直接下达到市（县）级图书馆（但不能出现一种图书几十个复本的情况，一般情况下10个点一个复本即可），再由市（县）图书馆根据各个“农村公共信息服务中心”的实际情况进行

调配，至少应每月调配一次，每次调配不能少于100册图书。

（2）报刊：报刊是乡村（社区）阅读室的主要读物之一，特别是针对老年读者，建议不少于50种。

（3）数字资源：共享工程的信息数据；图书馆自建的数据库；图书馆外购的数据库（包括电子图书、休闲期刊、学术期刊等）。

4. 网络。借用党员远程教育的网络，同时借用共享工程要求安装的VPN虚拟专用网络。利用VPN网络，可以实现数字信息资源传播的安全，避开知识产权问题。

5. 软件。借用各公共图书馆的计算机管理系统，统一为Interlib系统。借用市（县）级图书馆的计算机管理系统后，在技术上可以保障在一个市（县）内市（县）级图书馆、乡镇分馆、乡村公共信息服务中心的所有图书在一个平台上实现检索、资源共享、统一调配、通借通还。

6. 人员。“农村公共信息服务中心”由乡村指定专门工作人员，经市（县）级图书馆业务培训后持证上岗，负责“农村公共信息服务中心”的开放服务，接受市（县）级图书馆的指导、监督和考核。

市（县）级图书馆因需要为此项任务长期承担文献采编、加工、分拣、配送，技术（包括网络）维护，咨询支持，活动延伸（读书活动开展），业务培训，考核评比等工作，也需要增加专业人员。

7. 流动图书车。各市（县）均需要为图书馆配备2辆流动图书车。

8. 远程监控。在各“农村公共信息服务中心”安装远程监控装置，与计算机管理系统、网上咨询平台、QQ工作交流平台等结合，实现市（县）级图书馆远程管理。

9. 正常开放。公示开放时间，并按公示时间提供服务。目前，文化部对共享工程基层服务点的开放时间规定不少于28小时/周，农村公共信息服务中心的开放时间可按此设定下限，并予以公示。

四、时间安排

通过资源整合，用一份成本实现多种信息服务，最终实现共赢。各市（县）、区根据实际情况，积极开展试点工作，条件成熟的市（县）、区可于年内完成对乡镇分馆的直接管理，选择有条件的乡镇建成一批“农村公共信息服务中心”，并将试点工作情况及时总结上报市文广新局。此项工作将于明年全面推开，以期在2012年底前全部完成。

希望各市（县）、区接此通知后，认真制订建立四位一体农村综合信息服务体系试点的工作规划和实施计划，在政策和资金条件到位的前提下，先行试点，为实现“城乡一体化”、提供普遍均等的公共文化服务树立典范，为实现市委、市政府提出“三区三城”建设目标做出重要贡献。

新闻出版总署农家书屋工程建设领导小组办公室关于切实提高农家书屋使用率的通知
（新出农字[2010]18号）
（2010－08－27）

农家书屋工程在各级建设部门的共同努力下，取得了显著成效。截至目前，已建成农家书屋近30万家，覆盖了全国近一半的行政村，有效解决了农民群众读书难、看报难的问题，切实保障了农民群众的基本文化权益。各地通过开展各项读书活动，发挥了农家书屋的应有作用。当前，一方面要加大力度，确保2012年农家书屋工程基本“全面竣工”；另一方面，要对已建农家书屋加强指导，解决“用好农家书屋”的问题，使其真正发挥作用。

近期总署、财政部等有关部门在对农家书屋进行调研检查时发现一些地方农家书屋在使用上存在问题。有的农家书屋由于没有配备管理员，开放时间得不到保障；有的农家书屋虽然门开着，但书柜上锁；有的农家书屋建好了，一旦通过上级的验收之后就关门。这些问题必须立即予以纠正。为提高农家书屋使用效率，使农家书屋在新农村建设中更好地发挥作用，现就有关事项通知如下：

一、各级农家书屋工程建设部门要加强对书屋使用的监督检查。要将农家书屋的使用情况列入年度督查验收的工作内容之中，尤其是要对县级农家书屋工程建设部门切实加强指导，注重发挥好县级农家书屋工程建设部门的管理职能，使农家书屋做到门常开、人常在，实现自主管理、村民共享，真正把农家书屋办成农民群众的文化家园。

二、保证农家书屋的正常开放。农家书屋面

向基层农村，要充分考虑各个地方的生产、生活习惯，特别是要结合当地农忙、农闲和平时的生产作息规律，合理确定书屋开放时间。书屋每周开放时间一般不得低于5天，每天开放时间不低于4个小时，有条件的地方要做到天天开放。要在书屋外部醒目位置张贴每周开放天数和每天开放时间，以方便农民群众借阅，并接受村民监督。

三、禁止用捐赠的出版物作为政府组织统一采购配备的农家书屋的出版物。据反映，有些地方在建的农家书屋，把有关单位捐赠的图书配备上架，擅自截留拨款，必须立即予以纠正。各级农家书屋工程建设部门要严格执行农家书屋工程专项资金的使用和管理的规定，做到专款专用，按规定的支出范围使用专项资金。凡各部门或单位捐赠的出版物，可纳入农家书屋作为补充，但是不能以此减少和降低农家书屋工程建设所规定的出版物数量与质量标准。

四、千方百计落实农家书屋管理员。使用好农家书屋，管理员是关键。各级农家书屋工程建设部门要为农家书屋选配具备一定文化水平和管理能力、热心公益事业的管理人员，明确管理员的责任、义务和权利。要加大对农家书屋管理员队伍的培训力度，使其熟练掌握出版物管理、分类、上架、借阅等相关业务，使其更好地为农民群众服务。

五、以农家书屋为平台开展多种形式的读书活动。各级农家书屋工程建设部门要依托农家书屋，开展主题鲜明、形式多样、与农民群众生产生活息息相关的读书活动，如开展读书征文、讲演比赛、知识竞赛、科技培训、普法宣传等活动，引导农民群众到农家书屋读书用书，增强农家书屋的吸引力，不断提高农家书屋的使用效率。

各级农家书屋工程建设部门应当本着公开、透明、公正的原则，主动接受社会监督，在农家书屋建、管、用过程中如发现问题及时研究，及时纠正，并及时向总署农家书屋工程建设领导小组办公室报告。

文化部关于开展全国基层文化队伍培训工作的意见（文社文发[2010]33号）（2010－09－01）

为贯彻落实全国文化体制改革工作会议精神，根据《国家中长期人才发展规划纲要（2010——2020年）》、《中共中央办公厅关于印发〈2010——2020年干部教育培训改革纲要〉的通知》（中办发［2010］18号）、《中共中央办公厅、国务院办公厅关于进一步加强农村文化建设的意见》（中办发［2005］27号）、《中共中央办公厅、国务院办公厅关于加强公共文化服务体系建设的若干意见》（中办发［2007］21号）和中共中央宣传部、中共中央组织部、中央机构编制委员会办公室、国家发展和改革委员会、财政部、人力资源和社会保障部等6部门印发的《关于加强地方县级和城乡基层宣传文化队伍建设的若干意见》（中宣发［2010］14号）等有关文件精神，为提高基层文化工作者的综合素质和服务能力，文化部决定“十二五”期间大力推动全国基层文化队伍培训工作。现提出以下意见：

一、充分认识加强基层文化队伍培训工作的重要性和紧迫性

培养一支高素质的基层文化队伍，是加强基层公共文化服务体系建设的重要内容，是满足人民群众基本文化需求、促进基本公共文化服务均等化的重要保证，是推动公共文化服务向广覆盖、高效能转变的重要途径，也是兴起社会主义文化建设新高潮、推动文化大发展大繁荣的必然要求。“十一五”时期，各级文化行政部门重视人才队伍培训工作，取得了明显成效。但针对基层文化队伍的培训仍缺乏系统性、规范性，保障力度不够，培训效果不明显，不能满足基层文化队伍建设的需要。各级文化行政部门必须从全局和战略高度深刻认识基层文化队伍培训工作的重要意义，进一步增强做好新形势下基层文化队伍培训工作的责任感和紧迫感，不断开创基层文化队伍培训工作新局面。

二、基层文化队伍培训工作的指导思想、基本原则和主要目标

（一）指导思想

坚持以科学发展观为指导，按照“培养造就规模宏大，结构优化、布局合理、素质优良的人才队伍”的总体要求，大力实施“人才兴文”战略，坚持培训工作重心下移，运用多种方式加大培训力度，着力提高基层公共文化服务队伍的政治思想素质和新形势下做好公共文化服务工作的能力，努力培养一支高素质的基层文化干部队伍，积极发展业余文化队伍，为推进公共文化服

务体系建设，实现文化大发展大繁荣，兴起社会主义文化建设新高潮提供人才保障和智力支持。

（二）基本原则

服务大局，按需培训。培训工作着眼于提高基层公共文化服务能力，围绕公共文化服务体系建设，适应经济社会发展需要。突出基层文化工作者在学习培训中的主体地位，强化培训需求导向，更好地为基层文化工作者成长服务、为公共文化服务体系建设服务。

联系实际，注重实效。以“学得会、用得上、有实效”为出发点，坚持把素质和能力培养贯穿于培训的全过程，学以致用，用以促学，提高基层文化工作者的业务素质和服务能力。

与时俱进，改革创新。适应新时期社会发展和基层文化工作的需要，整合培训资源，优化师资队伍，创新培训内容，改进培训方法，提高培训吸引力，增强培训效果。

（三）主要目标

—用 5 年时间，对现有 24.27 万县乡专职文化队伍和 366.85 万左右的业余文化队伍（包括业余文艺骨干、村/社区文化活动室工作人员等）进行系统培训，使专兼职结合的基层文化队伍素质显著提高，公共文化服务能力明显增强。

—逐步建立基层文化队伍培训长效机制，建立健全覆盖全国的基层文化队伍培训网络，建立网络远程培训服务平台，编辑出版基层公共文化服务系列教材，培养一支稳定的高素质的师资队伍，推动培训工作科学化、系统化、常态化。

—培训工作与深化公益性文化事业单位人事制度改革相结合，推进基层文化队伍培训规范化建设，实行培训合格持证上岗制度，加强岗位管理，逐步提高公共文化队伍整体素质。

三、建立健全基层文化队伍培训工作体制和机制

（一）建立分级负责、分类实施的培训组织体系。各级文化行政部门负责组织实施基层文化队伍培训工作。文化部负责指导各地培训工作、组织教材编写、建设远程培训平台、制作考试题库、培养省级师资、举办示范性培训；省级、地市级文化行政部门负责组织培训县、乡级专业文化队伍；县级文化行政部门负责组织培训业余文化队伍。各地文化行政部门负责组织培训考试。

（二）充分发挥培训基地的辐射、带动作用。制定培训基地建设标准，采取申报与招投标方式相结合，确定 10 个工作基础较好、培训积极性较高的省级文化培训机构或文化单位、高等院校、科研院所作为基层队伍培训基地，辐射全国或周边省区，承担文化部委托、本省及周边省区相应数量和规模的基层文化队伍骨干培训任务。

（三）构建优势互补、开放竞争的培训工作机制。各地文化行政部门通过政府委托培训和招投标相结合的方式，遴选优质培训资源，鼓励高等院校和具备资质的社会培训机构参与基层文化队伍培训，激发文化系统各级各类培训机构的办学活力。

（四）加强培训工作的规范化管理。要规范完善基层文化队伍培训的各项规章制度，将培训工作纳入制度化、规范化轨道。县级文化馆、图书馆工作人员参加脱产培训的时间每年不少于 15 天，乡镇（街道）、村（社区）基层文化专兼职人员参加集中培训时间每年不少于 5 天。

（五）健全培训考核评估与督查制度。建立目标管理责任制，将培训任务进行层层分解，落实专门机构和人员。建立干部培训档案，将培训工作与持证上岗制度、职称评定、职务晋升相挂钩，并作为绩效考核的重要方面。将培训工作纳入文化行政部门、文化单位年终考核指标，纳入图书馆、文化馆站评估工作。文化部定期开展基层文化队伍培训督查工作，对培训工作完成好的部门和单位进行表彰，不合格的部门和单位通报批评。

四、完善培训内容，创新培训方式

（一）充实和丰富培训内容。培训工作以政策法规、业务知识、文化素质培养、能力建设等内容为基础，根据基层文化工作实际需要，设计培训课程，不断丰富和完善培训内容。

（二）创新培训方式方法。丰富培训方式，采取集中培训、上门培训、对口支援、远程培训和脱产研修等多种形式。创新教学方法，鼓励采取案例教学、现场教学、讨论教学等多种方法。

（三）充分利用现代信息技术手段。建立开放、兼容、共享的网络远程培训服务平台，依托全国文化信息资源共享工程服务网络，面向基层专兼职文化工作者提供随时随地地在线学习、在线考试等服务，鼓励基层文化工作者利用业余时间自主学习。

五、加强培训师资队伍建设

（一）加快建立一支素质优良、规模适当、结构合理、专兼结合的培训师资队伍。各级文化行政部门要建立基层文化队伍培训师资库，实现资源共享。依托现有各级文化干部培训机构、全国文化信息资源共享工程各级中心和图书馆、文化馆等文化单位，建立一支业务能力强、爱岗敬业的专职教师队伍；选聘实践经验丰富、理论水平较高的党政领导干部、文化行政部门和公共文化机构管理人员、高校和科研机构专家学者担任兼职教师，充分发挥兼职教师的作用。

（二）强化师资队伍培训。逐步建立省、地市两级师资队伍执教资格制度。文化部负责为各省（区、市）培训骨干师资，各级文化行政部门有计划、分步骤地组织优秀师资到高等院校和上级培训机构进修学习，保证专职教师每年接受系统培训的时间不少于 1 个月，切实提高教师理论水平和业务能力。

六、保障措施

（一）加强领导。各省（区、市）文化厅（局）要把基层文化队伍培训工作作为一项战略性、基础性工作来抓，建立目标管理责任制，将培训任务进行层层分解，采取切实措施，加强督促检查和考核评价，确保培训任务圆满完成。

（二）制定规划。基层文化机构根据工作需要和人才培养需要，提出培训需求，各省（区、市）文化厅（局）依据基层文化队伍实际情况，研究制定当地“十二五”期间基层文化队伍培训工作规划以及分年度计划。

（三）落实经费。积极争取各级财政，加大对基层文化队伍培训的投入，建立基层文化队伍培训长效机制。要根据本地实际，精心策划好基层文化队伍培训项目，将培训经费列入年度预算，专款专用，不断提高经费使用效益，为开展基层文化队伍培训提供有力的经费保障。

（四）加强宣传。及时总结基层文化队伍培训经验，树立典型，加强经验交流与推广，促进培训工作开展。要采取各种方式，加强培训工作的宣传，推动培训工作扩大影响，为基层文化队伍建设创造有利条件。

文化部关于发布《文化部创新奖奖励办法》（第三次修订）的通知（文科技发[2010]31 号）（2010－09－26）

各省、自治区、直辖市文化厅（局），新疆生产建设兵团文化广播电视局，本部各司局，各直属单位，原部属艺术院校：

为在文化艺术领域鼓励和培育文化创新意识，激发创新活力，建设创新队伍，使创新活动渗透到文化艺术生产、流通、服务和管理等环节，促进文化的繁荣与发展，现将第三次修订的《文化部创新奖奖励办法》予以印发，请遵照执行。2009 年 1 月 7 日印发的《文化部创新奖奖励办法》同时废止。

特此通知。

附件：文化部创新奖奖励办法（第三次修订）

二〇一〇年九月二十六日

附件：

文化部创新奖奖励办法（第三次修订）

第一条　为在文化艺术领域弘扬科学精神、倡导科学方法、传播科学思想，鼓励和调动广大文化工作者文化创新的积极性，促进文化的繁荣与发展，结合文化行业的实际情况，制订本办法。

第二条　文化部创新奖授予在文化行业各领域的文化实践中以科学理论、科学方法、科学技术实施创新，并取得显著的社会效益、经济效益，为促进文化的发展与繁荣做出突出贡献的单位及项目完成人：

（一）在文化体制改革中引入先进的管理理念，运用科学的管理方法，提高运营效率和水平；

（二）在艺术创作和生产中应用先进科学技术创造新的表现形式和积极探索新的表现手法，增强艺术表现力；

（三）在工艺创意和工艺科技中运用科学方法、科学技术探索创新的发展模式，实现工艺创新，促进发展；

（四）在文化服务中运用先进科学技术实施创新，拓展服务功能，提高公共文化服务设施的文化服务供给能力；

（五）在文化市场监管中利用现代高新技术

实施有效管理，提高市场监管水平，促进文化市场健康、有序发展；

（六）在文化产业发展中与高新技术结合，提升文化产品的技术含量，改造传统文化产业，创新文化生产方式、催生新的文化业态；

（七）在艺术教育与人才培养中应用先进科学技术手段，提高教育、教学水平；

（八）在非物质文化遗产保护、开发和利用中运用现代高新技术，实现非物质文化遗产保护和发展，促进中华民族优秀传统文化的传承；

（九）在对外和对港澳台文化工作中，创新理论和工作机制，探索对外和对港澳台文化工作新领域和新模式，增强对外文化交流、对外文化贸易和对外文化宣传的实际效果，提升中华文化的国际影响力和竞争力。

第三条　文化部创新奖的评选每三年一届，每届奖励项目总数不超过 20 项，对其中特别优秀的项目授予特等奖，特等奖项目不超过 4 项。

第四条　获得文化部创新奖的项目由文化部颁发奖状、奖金和证书。奖励人数每项限额为 10 人，奖金数额为每项 2 万元；特等奖项目奖励人数每项限额为 15 人，奖金数额为每项 5 万元。

第五条　文化部创新奖的评审遵循公平、公正的原则。

第六条　文化部创新奖是对文化实践过程的奖励。文化部创新奖针对项目的创新性、科学性、实践性、有效性、示范性等五个方面进行综合评价。

创新奖项目应有一套完整的科学理论、科学方法作指导，将科学理论、方法和技术创造性地应用在文化工作中，取得显著的社会效益或经济效益，具有较大的借鉴和广泛的推广应用价值。

第七条　文化部创新奖参评项目还须具备下列条件：

（一）申报时间距完成时间不超过 3 年；

（二）在参评期间不涉及法律纠纷；

（三）申报材料真实、完整。

第八条　各省、自治区、直辖市文化厅（局）负责向文化部推荐本行政区域内的参评项目；文化部直属单位及原文化部直属高等艺术院校可直接向文化部申报参评项目。参评项目申报工作包括材料报送、资格审查和选拔推荐等。申报时间以当年所发申报通知为准。

第九条　文化部设立文化部创新奖评审委员会，负责文化部创新奖的评审工作。

（一）评审委员会设主任委员 1 人，副主任委员 2 人，秘书长 1 人，委员若干人。委员由文化部聘任，任期一届。

（二）评审委员会下设评审办公室。评审办公室设在文化部文化科技司，负责日常工作。

（三）根据评审工作需要，评审委员会可设若干专业评审组。专业评审组设组长 1 人，副组长 1—2 人，成员若干人。专业评审组正、副组长由文化部创新奖评审委员会的委员担任。

各评审组成员由评审办公室根据当年创新奖项目推荐的具体情况确定，原则上从文化行业专家资源库中选出，经评审委员会秘书长审核，报评审委员会主任委员批准。

第十条　评审办公室对申报的参评项目进行资格审查，符合条件的提交评审委员会评审。

第十一条　文化部创新奖评审分为初评和终评。

（一）各评审专业组对评审办公室提交的参评项目申报书及相关材料进行分组审查，并以分组投票的方式产生初评结果。

（二）评审委员会以会议方式对初评结果进行评审，以记名投票表决方式产生终评结果。评审会议应当有三分之二以上的评审委员参加，票数超过实到评审委员半数以上，评审结果有效。

（三）评审委员因故不能参加会议，须提前向评审办公室请假，评审办公室按程序增补新的评审委员。

（四）评审实行回避制度。参评项目参与者不得参与评审委员会及相关评审组。

第十二条　评审结果由文化部审核批准后予以公示。公示期为 20 天。

第十三条　在公示期内如对公示的获奖项目有异议，可以书面形式向评审办公室提出。

异议书须写明项目名称、事实理由、异议人的真实姓名、工作单位、联系方式等事项，并提供必要的证明材料。评审办公室应当自收到异议书之日起 30 日内会同该项目推荐单位协商提出处理意见并报评审委员会裁决。

评审办公室负责将评审委员会裁决结果以书面形式通报异议人及项目完成单位。

第十四条　参评单位及项目完成人在申报和评审过程中弄虚作假或者以其他不正当手段骗取奖励的，一经查实，由文化部撤销奖励，并追回奖状、证书和奖金，并在适当范围内予以通报。

第十五条 参与文化部创新奖评审活动的评审委员和有关工作人员必须严格遵守评审纪律和相关规定。评审委员在评审工作中违反规定徇私舞弊的，取消其评审委员资格。评审办公室人员有上述行为的，由有关部门予以严肃处理。

第十六条 文化部创新奖评审全程接受驻文化部监察局的监督。

第十七条 每一届文化部创新奖的评审可由评审办公室根据本办法制定具体的实施细则。

第十八条 本办法由文化部负责解释。各省、自治区、直辖市文化厅（局）可参照本办法设立本行政区的文化创新奖。

第十九条 本办法自2010年9月26日起实施。2009年1月7日印发的《文化部创新奖奖励办法》同时废止。

四川省文化厅关于加快推进全省公共图书馆政府信息公开工作的通知
（川文明电[2010]25号）
（2010－11－09）

根据《中华人民共和国政府信息公开条例》（国务院令492号）第十六条“各级人民政府应当在国家档案馆、公共图书馆设置政府信息查阅场所，并配备相应的设施、设备，为公民、法人或者其他组织获取政府信息提供便利”规定，我省各级公共图书馆是政府信息查阅的重要场所，省政府2010年度绩效指标考核明确规定“抓好各级图书馆的政府信息公开查阅点建设，县（市、区）图书馆政府信息公开查阅场所覆盖率达到85%”，根据省政府要求，我省各级公共图书馆要加快推进政府信息公开工作。现将有关事宜通知如下：

一、加强公共图书馆政府信息查阅点建设

各市（州）文化局应当在公共图书馆设置政府信息查阅场所，并配备相应的设施、设备，安排专人负责政府信息公开工作。各级公共图书馆根据实际情况可设立“政府信息公开阅览室”“政府信息公开阅览区”或“政府信息公开专架”，并制作字牌标识。文化信息资源共享工程支中心已建好的地区可在电子阅览室电脑上设置“政府信息公开”专栏；文化信息资源共享工程支中心未建好的地区可单独设置政府信息公开查阅室，室内需配备电脑1－3台，电脑要保证能够连接互联网，通过互联网链接到当地政府网站“政府信息公开”专栏（具体做法见附件）；公共图书馆暂未建成的地区可将查阅场所设当地文化馆（文化中心）。

二、加强政府信息公开资料征集工作

各市（州）文化局、公共图书馆应向同级人民政府汇报请示，做好政府信息公开资料征集工作，征集信息范围以《四川省人民政府关于印发四川省贯彻〈中华人民共和国政府信息公开条例〉实施办法（试行）的通知》（川府发［2008］33号，参见省政府网站）规定为准，征集信息资料包括各种纸质文献资源、电子文献资源和网络数字资源等；同时，要积极与当地档案局（馆）沟通，到档案局（馆）复印（制）政府信息公开文件和资料提供给读者使用。

三、加强领导，确保政府信息公开工作有序推进

各市（州）文化局是当地公共图书馆政府信息公开工作的主管部门，负责推进、指导、协调、监督本地地市级、县市级公共图书馆的政府信息公开工作，务请高度重视，明确一名分管领导具体负责政府信息公开工作，务必在2010年11月30日前完成本地公共图书馆的政府信息公开工作，确保政府信息公开查阅场所覆盖率达到100%。2010年12月，各市（州）人民政府办公厅（室）、绩效办、法制办等部门将对该工作进行检查验收，对没有按期完成政府信息公开工作的单位进行问责。

天津市教育委员会关于印发《关于加强天津市中小学图书馆（室）建设和管理工作的若干意见》的通知
（津教委[2010]151号）
（2010－11－15）

为贯彻落实《国家中长期教育改革和发展规划纲要（2010－2020年）》，促进我市义务教育现代化建设，确保“图书配送工程”顺利实施，充分发挥中小学图书馆在全面推进素质教育进程中的作用，根据教育部颁发《中小学图书馆（室）规程（修订）》（教基［2003］5号）的要求，结合近年来我市中小学图书馆事业的发展趋势，现将经讨论研究制定的《关于加强天津市中小学图书馆（室）建设和管理工作的若干意见》印发给你们，请认真遵照执行。

一、各区县教育局要充分认识贯彻落实《中小学图书馆（室）规程（修订）》的重要意义，将中小学图书馆（室）（以下简称图书馆）的建设和管理工作作为学校现代化建设的重要组成部分，加强对中小学图书馆工作的领导，结合实际，制定贯彻落实《细则》（附件）的具体意见和办法，努力把中小学图书馆的规范化、科学化管理推向新水平。

二、进一步加大对中小学图书馆建设的经费投入。各区县要在每年的教育经费中按一定比例设立图书专项经费，保证中小学图书馆建设和补充图书资料的需要。同时积极争取企业、社会团体和公民个人对中小学图书馆建设的捐助，提倡多渠道筹措经费办好中小学图书馆。

三、加快中小学图书馆的信息化建设步伐，使图书馆为学校师生开展教研工作和学习活动提供优质充分的教育资源。加强中小学图书馆管理工作的信息化建设，实现图书的登录、分类、著录、检索、借阅等工作的信息化管理；加强数字图书馆建设，以区县教育部门网络中心为依托，建设数字图书资源中心，充分利用网络环境实现资源共享。

四、进一步加强中小学图书管理队伍的建设。一方面要采取切实措施，改善图书馆工作人员的待遇，维护他们的权益合法权益，解决好专业技术职务聘任等问题，保证队伍的稳定；另一方面要提高队伍素质，重视和加强工作人员的培训提高工作。

五、各级教育行政部门要采取有力措施，在图书的政府采购工作中，严把质量关，杜绝盗版和质量低劣、价格过高的图书流入学校图书馆。任何单位和个人不得强制要求学校配备各类图书。

六、注重发挥图书馆的使用效益。各区县要采取有效措施，积极开展各种读书活动，鼓励中小学图书馆对社区、学生业余时间开放，提高图书的借阅率、使用率，充分发挥中小学图书馆的使用效益。

七、各区县教育局要加强对中小学图书管理工作和建设工作的检查指导，并将其列为对中小学校综合督导评估的一项重要内容。市教委对各区县执行《意见》的情况，将不定期进行督查。

附件：1. 天津市贯彻《中小学图书馆（室）规程》实施细则

2. 中小学图书馆（室）藏书分类比例表

二〇一〇年十一月十五日

附件 1

天津市贯彻《中小学图书馆（室）规程》实施细则

第一章　性质和任务

第一条　中小学图书馆（室）（以下简称图书馆）是指由政府、企事业单位、其他社会组织和公民个人依法举办的全日制普通中小学校设立的图书馆，是依法办学的重要条件之一。

第二条　中小学图书馆是学校的文献信息中心，是为学校的教育教学和教育科学研究服务的机构，也是学校教育、教学活动的重要场所。图书馆工作是学校教育工作和现代化建设的重要组成部分。

第三条　中小学图书馆根据学校教育工作的需求，为师生充分提供文献信息资源，并开展相应的检索、查询和利用等方面的服务。

中小学图书馆应贯彻党的教育方针，利用文献信息组织开展图书馆教育活动，对学生进行思想道德和文化科学知识等方面的教育，结合校本课程积极开设阅读课、选修课、活动课等相关课程；配合学科教学的开展，指导学生开展文献信息检索与利用知识的教育活动；培养学生收集、整理，利用文献信息的能力，为其获得终身学习的能力打下基础。

第四条　学校各部门密切配合，认真开展并指导学生的读书活动，采用生动活泼、内容丰富的组织形式，引导学生从书籍中获取知识，陶冶情操，推动校园文化建设。

第二章　机构和人员

第五条　市、区县教育行政部门负责全市和地区图书馆建设规划的制定及组织实施；负责图书馆的装备、管理、使用的指导工作；并负责培训、评估等具体业务工作。

市教委直属中小学图书馆的管理、使用的指导工作按照属地管理的原则，由所在区县教育行政部门负责。

学校图书馆实行校长领导下的馆长负责制。

第六条　中学图书馆工作人员应配备具备大专以上文化程度的专职工作人员，小学图书馆工作人员应配备具备中专（含高中）以上文化程度的专（兼）职工作人员。图书馆工作人员应热爱图书馆事业，并具有基本的图书馆专业技能和计算机操作技能。图书馆工作人员编制在本校教职工编制总数内合理确定。

第七条　中小学图书馆工作人员实行专业技术职务聘任制。图书馆工作人员专业技术职务聘任参照国家有关规定执行。图书馆工作人员在调资、晋级或评奖时，应根据其工作岗位和实绩，与教学人员或教学辅助人员相同对待，并按国家有关规定享受相应的福利待遇。

第三章　管理和使用

第八条　图书资料的配备：

1. 图书馆应根据学校教育、教学和教研工作的需要广泛采集国内外相关图书资料。图书资料的配备应以学生需求为主，兼顾教师。图书馆的藏书，应当包括适合中小学生阅读的各类图书和报刊，供师生使用的工具书、教学参考书、教育教学研究的理论书籍和应用型的专业书籍。图书馆藏书应做到结构合理，要按《中小学图书馆（室）藏书分类比例表》配备。

2. 图书馆藏书和报刊应做到种类齐全，内容丰富，结构合理，具有特色，复本适宜。图书馆藏书量和报刊种类最低标准为：

类别 藏书项目	小学	初级中学	完全中学	高级中学
生均图书 (按在校学生数)	30 册	40 册	45 册	50 册
馆藏报刊种类	60 种	80 种	120 种	120 种

(注：九年一贯制学校分别参照小学和初中标准合理配备)

3. 图书馆每年更新图书比例应不少于藏书标准的1%。

第九条　图书资料的管理：

1. 馆藏文献按规范进行验收、登记，及时上架流通；报刊、多卷丛书等出版物要保证其连续性和完整性。

2. 图书馆应建立书刊总括登录和个别登录两种账目。

3. 图书应按《中国图书馆图书分类法》进行分类；期刊应按《中国图书馆图书分类法期刊分类表》进行分类。

4. 图书著录应符合国家规定的《普通图书著录规则》标准；期刊著录应符合国家规定的《连续出版物著录规则》。

5. 实行卡片目录的图书馆应设有书名目录和分类目录，有条件的图书馆可增设著者目录。

实行计算机管理的图书馆，计算机能够满足师生进行书目检索的，可废止卡片目录。

6. 根据馆藏需要，应定期制作馆藏文献的电子文档；应定期进行文献资料剔旧工作，除个别具有历史保存价值的文献资料外，纸质报刊资料的馆藏期限不超过3年，纸质期刊馆藏期限不超过5年。

7. 建立健全文献资料的保存，复制、借阅和网络信息安全等相关制度和业务工作细则，并做好文献资料日常的防尘、防潮、防火、防盗、防霉防虫和修补工作。

第十条　图书馆的开放：

1. 中小学图书馆对全体师生实行全日开放（寄宿制学校还应实行晚间开放），寒、暑假期间也要保证足够的开放时间。图书馆开放的时间和服务方式应向全校师生公示，并实行纸质书、报、刊资料全开架服务。

2. 中小学图书馆要努力争取各级公共图书馆、少儿图书馆等单位在业务上的支持和配合；积极开展馆际互借和资源共享，并逐步向社区开放。

第十一条　积极开展读书活动：

1. 中小学图书馆应积极开发和利用文献信息资源，为学校教育、教学、科研服务，并充分体现“以学生发展为本”的原则。

2. 中小学图书馆工作应列入学校教育教学工作的整体计划，中小学图书馆应定期介绍、推荐优秀读物和新近购置的书刊；认真组织开展有关教育教学活动，为学生开设书刊导读和电子阅览指导课、图书馆与信息学基础知识课和有关知识讲座等；组织并指导中小学生开展各种形式的读书活动和有关的研究性活动。

第四章　条件和保障

第十二条　中小学图书馆馆舍包括书库、学生阅览室、教师阅览室以及检索、借阅和人员工作场所等。有条件的学校应设置电子阅览室和视听资料室。

第十三条　中小学图书馆应设教师阅览室和学生阅览室，其座位数按照《天津市义务教育学校现代化建设标准（2008－2012年）》相关要求执行。

第十四条　中小学图书馆应做到馆舍专用，设点合理，环境安静，采光适宜，干燥通风，并有利于防火、防潮、防霉蛀、防盗等措施的实施。有条件的学校还应在阅览室等场所提供防寒、降暑等条件，为师生创造良好的工作和学习环境。

第十五条　图书馆应配备书架、阅览桌椅、出借台、报刊架、书柜、文件柜、陈列柜、办公桌椅和装订、复印、打印、扫描、刻录等设备和计算机及网络设备与环境，并配置文献资料保护的设施、设备。

第十六条　各区县教育行政部门、学校要切实保证并努力逐年增加中小学图书馆的图书经费。按照《关于调整天津市中小学公用经费定额标准的通知》（津教委财［2007］64 号）规定，确保图书专项经费专款专用，并加强图书采购在品种、质量、价格和经费使用方面的监督检查。

第十七条　积极争取社会、企事业单位和个人的捐助，提倡多渠道筹措经费办好中小学图书馆。

第五章　其 他

第十八条　本细则由天津市教育委员会负责解释。

第十九条　本细则自发布之日起施行。

附件 2

中小学图书馆(室)藏书分类比例表

<table>
<tr><th colspan="3">部类</th><th colspan="2">分类比例</th></tr>
<tr><td>五大部类</td><td colspan="2">22 个基本部类</td><td>小学</td><td>中学</td></tr>
<tr><td>第一大类</td><td colspan="2">A 马列主义毛泽东思想</td><td>1.5%</td><td>2%</td></tr>
<tr><td>第二大类</td><td colspan="2">B 哲学、宗教</td><td>1.5%</td><td>2%</td></tr>
<tr><td rowspan="10">第三大类</td><td colspan="2">C 社会科学纵论</td><td rowspan="10">64%</td><td rowspan="10">54%</td></tr>
<tr><td colspan="2">D 政治法律</td></tr>
<tr><td colspan="2">E 军事</td></tr>
<tr><td colspan="2">F 经济</td></tr>
<tr><td rowspan="3">G</td><td>文化科学</td></tr>
<tr><td>教育</td></tr>
<tr><td>体育</td></tr>
<tr><td colspan="2">H 语言文字</td></tr>
<tr><td colspan="2">I 文学</td></tr>
<tr><td colspan="2">J 艺术</td></tr>
<tr><td></td><td colspan="2">K 历史地理</td><td></td><td></td></tr>
<tr><td rowspan="10">第四大类</td><td colspan="2">N 自然科学总论</td><td rowspan="10">28%</td><td rowspan="10">38%</td></tr>
<tr><td colspan="2">O 数理科学和化学</td></tr>
<tr><td colspan="2">P 天文学地球科学</td></tr>
<tr><td colspan="2">Q 生物科学</td></tr>
<tr><td colspan="2">R 医药卫生</td></tr>
<tr><td colspan="2">S 农业科学</td></tr>
<tr><td colspan="2">T 工业技术</td></tr>
<tr><td colspan="2">U 交通运输</td></tr>
<tr><td colspan="2">V 航空、航天</td></tr>
<tr><td colspan="2">X 环境科学、劳动保护科学</td></tr>
<tr><td>第五大类</td><td colspan="2">Z 综合性图书</td><td>5%</td><td>4%</td></tr>
</table>

湖南省教育厅关于加强普通高等学校图书馆工作的若干意见
（湘教发[2010]54号）
（2010—11—16）

近年来，随着我省高等教育事业的发展，普通高等学校图书馆建设取得了显著成绩，馆舍条件与基础设施不断改善，现代信息技术与手段广泛应用，服务水平与质量不断提升，为提高高等教育质量和高校办学水平发挥了重要的作用。但是，随着现代信息技术的迅猛发展和高校文献信息需求的日益增长，高校图书馆建设也还存在着现代化水平不高、文献信息资源不足、专业队伍素质不优、馆际发展不均衡、地位与作用趋向边缘化等迫切需要解决的问题。为深入贯彻《国家中长期教育改革和发展规划纲要》（2010－2020年）精神，加快推进高校图书馆建设与发展，现就进一步加强我省普通高等学校图书馆工作提出如下意见：

一、进一步提高对图书馆工作重要性的认识

图书馆是高等学校的文献信息中心，是为教学和科研服务的学术性机构，是全面提高高等教育质量的重要保障。各普通高等学校要坚持以科学发展观为指导，以教育部颁布的《普通高等学校图书馆规程》（修订）为指南，不断深化对图书馆工作重要性的认识，把图书馆工作纳入学校中长期发展规划与“十二五”规划，作为学校教学科研密切相关的重要工作来抓，切实保障图书馆的正常运行和持续发展，充分发挥图书馆在教学、科研与社会服务中的重要作用。

二、进一步改善图书馆的基本条件

各普通高等学校要将图书馆建设纳入校园建设总体规划，新馆建设应以满足需要、方便利用为基本原则，馆舍新建与扩建方案应经科学论证并符合图书馆建筑规范要求，同时应考虑藏书、借阅、办公等配套设施的建设。要顺应教育信息化潮流，把图书馆作为校园信息化建设的突出重点，大力改善图书馆的现代化设施设备条件，扎实推进图书馆的数字化、网络化和自动化建设。要进一步改善通风照明、防火防水、防暑防寒等设施，注重内外环境的美化绿化，营造积极健康的文化氛围，为学校师生创造良好的学习与研究环境。

三、进一步加强图书馆的信息资源建设

各普通高等学校应根据学校中长期改革发展以及教学、科研与学科建设需要，精心制订图书馆文献信息资源建设规划和实施方案，确保文献信息资源持续稳步增长。

1. 要在确保图书馆总体经费投入稳步增长的同时，进一步多渠道筹措经费加强文献信息资源建设，重点学科、科技创新平台、专业建设等专项经费应按一定比例用于图书资料建设，力争学校年新增图书数量不低于教育部颁布的《普通高等学校基本办学条件指标（试行）》规定的合格标准。

2. 要根据学校的办学定位与学科、专业特点，加强图书馆的特色馆藏资源建设；积极运用网络平台长期不断地收集学校教学、科研等各类成果与文献资源；有条件的高等学校应建立特色数据库和以开放存取为特点、面向全校师生免费共享的数字馆藏。

3. 要通过各种有效途径，进一步加强图书馆珍贵文献的保护、开发与利用，特别要积极利用现代技术手段，加快推进珍贵文献的数字化，使之更好地为教学科研服务。

4. 要切实加强学校文献信息资源建设的统筹与协调，逐步将院系、专业和学科的图书资料建设纳入学校统一规划并由学校图书馆统筹管理，避免低水平重复建设。

四、进一步提高图书馆的服务水平

各普通高等学校要坚持以读者满意度为导向，引导和推动图书馆进一步拓宽服务领域，创新服务项目，提升服务层次，改革内部管理，着力提高图书馆的读者服务质量。

1. 要进一步增强服务意识，科学确定开放时间，图书馆外借、阅览开放时间一般每周不得低于70小时，寒暑假和节假日应保证一定的开放时间，网上资源服务应做到全天候开放；有条件的图书馆可以在学生居住点设置自助借还书点，努力为学生的学习和创新实践创造良好环境。

2. 要根据学科建设和科研工作需要，充分利用现代信息技术，不断改革服务手段，创新服务方式，积极开展信息咨询、定题检索、课题跟踪、科技查新、信息编译和最新文献报导等个性化服务，充分发挥图书馆的信息功能。

3. 要通过多种形式积极开展信息素质教育，培养读者的信息意识和获取、利用文献信息的能力。特别要针对新型电子文献资源的特点，面向读者开展各类数据库及其检索方法的宣传推介。

4. 要坚持以人为本、服务读者为宗旨，综合考虑学校规模、馆舍分布、服务方式等因素，科学设置内部机构，调整优化工作流程，建立和完善内部管理、读者服务等各项规章制度，不断提高图书馆的管理与服务水平。

五、进一步加强图书馆的专业队伍建设

各普通高等学校要根据图书馆的读者人数、资源数量、服务项目、设备维护以及馆舍分布等因素，科学设置岗位，合理配备人员，努力建设一支数量足够、结构合理、业务精湛、作风优良的图书馆工作队伍。要逐步实行学校图书馆员准入制度，同时根据学校的学科专业特点，有计划地调整、补充、配备多学科的图书馆专业技术人员。要把图书馆员培训纳入学校教师培训范围，定期对图书馆各类人员开展专业知识和业务技能培训，支持他们开展科学研究和工作交流，不断提高图书馆队伍的综合素质和专业化服务水平。要在政治、工作、生活上全面关心图书馆工作人员，在评优评先、职称评定、福利待遇等方面与其他学科专业教师做到一视同仁。

六、进一步推进文献信息资源共建共享

各普通高等学校要在加快推进图书文献资源数字化建设的基础上，进一步建立和完善有效机制，大力推进文献信息资源共建共享，不断提高图书馆文献信息保障服务能力。

1. 要及时创新体制机制，加快推进校内各类图书资料的共享。院系（所）和各学科、专业的资料室是学校文献保障体系的重要组成部分，应由学校图书馆加强业务指导与统筹协调，加快面向全校师生免费开放共享。

2. 要积极借鉴中南大学、湖南大学和湖南师范大学三校图书馆开展馆际互借的经验，探索建立共享平台和互补共赢机制，积极开展馆际互借、文献传递等多种形式的信息资源共享。

3. 要主动适应学习型社会建设要求，在保障学校教学、科研需要的基础上，打破长期形成的封闭管理格局，稳步推进学校图书馆面向社会公众开放，使之逐步成为区域性的学习中心和咨询服务中心。

4. 要积极参与和大力支持湖南省高校数字化图书馆等高等教育文献保障体系建设，加大宣传、推介与培训力度，引导学校师生充分共享其大型数据库资源，最大限度地提高学校图书馆的文献保障能力。

七、进一步加强对图书馆工作的领导

各普通高等学校要遵循高等教育办学规律，着眼学校改革发展全局，切实加强对图书馆工作的领导。学校党政主要领导要关心图书馆工作，并明确一名校领导分管图书馆工作。各高校应遵照《普通高等学校图书馆规程》要求，设立图书馆工作委员会作为全校文献信息工作的咨询和协调机构，定期召开会议听取图书馆工作汇报，讨论决定学校文献信息工作的重大事项。省教育厅今后将充分依托和发挥高校图工委在高校图书馆工作中的组织协调、业务指导和研究咨询作用，逐步建立和完善高校图书馆建设情况的监测与评估制度，并通过规划、项目、资金等多种调控手段，切实加强对普通高等学校图书馆建设的统筹规划、政策支持和监督指导，不断推动我省高校图书馆事业的科学发展。

文化部关于进一步加强少年儿童图书馆建设工作的意见（文社文发[2010]42号）（2010－12－09）

少年儿童图书馆是我国图书馆事业的重要组成部分，是以广大未成年人为对象的重要的社会教育机构，是未成年人的第二课堂。加强少年儿童图书馆建设，是保护广大未成年人的文化权益、建立健全公共文化服务体系的重要举措。为满足广大未成年人日益增长的精神文化需求，全面提高未成年人的素质，现就进一步加强少年儿童图书馆建设，提出如下意见：

一、提高认识，切实加强少年儿童图书馆建设

未成年人是祖国的未来，加强对未成年人的教育培养，是关系到党和国家事业兴旺发达的重大战略性任务。少年儿童图书馆作为未成年人社会教育的重要基地，是少年儿童课外阅读和自学的主要场所，对学校教育起着补充、延伸、深化的作用。新中国成立以来，特别是改革开放以来，我国的少年儿童图书馆事业有了长足的发展，成绩显著，在构建公共文化服务体系、丰富未成年人精神文化生活、促进未成年人健康成长方面发挥了重要作用。但是，与广大未成年人日益增长的精神文化需求相比，与我国经济社会协调发展的要求相比，与发达国家相比，我国少年儿童图书馆事业还存在着较大的差距。主要表现在投入不足、设施落后、文献资源总量少、品种单调、服务网络不健全等。各级文化行政部门要进一步增强责任意识、大局意识，把加强少年儿

童图书馆的工作，作为当前和今后一个时期文化建设的一项重大任务，在政策、经费投入、人才培养等方面予以重点支持，促进少年儿童图书馆事业的快速发展。

二、加大投入，积极构建覆盖城乡的少年儿童图书馆服务体系

各级文化行政部门要结合“十二五”规划的制订工作，积极争取各级党委和政府的支持，把少年儿童图书馆的建设纳入当地国民经济和社会事业发展总体规划，纳入文化发展规划，加大经费投入，加强设施建设，特别要对基层、农村地区给予重点扶植。各级公共图书馆都要开设专门的少年儿童阅览室。有条件的地区，要参照《公共图书馆建设标准》建立独立建制的少年儿童图书馆。要结合乡镇综合文化站建设项目，街道（社区）文化中心（文化活动室）建设项目，国家公共文化服务体系示范区（项目）创建工作等，在乡镇、街道、社区等建设少年儿童图书馆分馆（少年儿童阅览室），努力构建包括少年儿童图书馆、少年儿童阅览室、少年儿童图书馆分馆在内的覆盖城乡的服务网络体系。要研究制定鼓励政策，吸纳社会资金，鼓励、支持社会力量参与少年儿童图书馆的建设。

三、丰富文献信息资源，逐步建立资源共建共享体系

少年儿童图书馆和公共图书馆要加强文献信息资源建设工作，要针对广大未成年人的特点，采集知识性、趣味性、教育性强的图书、报刊、音像制品和电子出版物等，特别重视未成年人喜闻乐见的动漫作品、多媒体等新型载体资源的采集，努力满足未成年人的需求。各级文化行政部门要按照文化部颁布的少年儿童图书馆评估标准中的有关规定，保障少年儿童图书馆（室）的文献购置经费，保证少年儿童图书馆（室）文献藏量合理增长，达到规定的标准。国家图书馆应编制《少年儿童图书馆（室）基本藏书目录》，作为各级少年儿童图书馆文献入藏的参考。要积极支持、鼓励少年儿童图书馆开展联合编目、馆际互借等资源共建共享工作，逐步建立少年儿童文献信息资源共建共享体系。

四、发挥教育职能，深入开展阅读指导和服务工作

少年儿童图书馆、公共图书馆要大力开展各种阅读指导活动，把思想道德建设内容融于读书之中，充分发挥图书馆的教育职能。要区分不同年龄段未成年人的特点，创新服务理念，引入新媒体等现代信息技术，积极开展图书推介、讲座、展览等活动，精心设计和组织内容鲜活、形式新颖、吸引力强的读书活动，吸引未成年人走进图书馆、利用图书馆。要积极与中小学校开展合作，共同开展阅读指导、信息素养教育。要始终把社会效益放在首位，对未成年人实行免费开放，双休日、节假日要对未成年人开放。少年儿童图书馆、公共图书馆要配置流动图书车及有关设备，开设盲文阅览室，坚持阵地服务与流动服务相结合，组织面向残障儿童、城市流动儿童、农村留守儿童等特殊群体的服务活动，切实保障特殊未成年人群体的文化权益。

五、推进公共电子阅览室建设，努力为未成年人提供安全、绿色的公益性上网服务

少年儿童图书馆、公共图书馆均要建设标准规范的公共电子阅览室，免费对广大未成年人开放，满足未成年人健康的网络文化需求。要完善规章制度，切实加强公共电子阅览室的管理，努力为未成年人提供安全、绿色的公益性上网场所，营造有利于未成年人健康成长的网络环境。要不断丰富和充实未成年人喜闻乐见的数字资源，大力开展数字图书馆服务，着力提高未成年人的信息素养，引导广大未成年人正确使用互联网，发挥互联网在未成年人增长知识、了解世界、展示才华等方面的独特作用。

六、加强人才培养，不断提高队伍的专业化水平

各级文化行政部门要根据少年儿童图书馆事业发展的新形势，大力加强少年儿童图书馆人才队伍建设，努力提高工作队伍的专业化水平。要加强理论研究和学术研讨，促进图书馆员的知识更新，全面提高少年儿童图书馆人才队伍的专业素养和知识水平。要加强职业道德教育，进一步增强图书馆员服务意识，使他们成为合格的教育工作者。要适应信息化、网络化的需要，着力培养一批熟练掌握计算机、网络技术的专门人才。要在充实图书馆学专业人才队伍的同时，积极吸纳懂教育学、儿童心理学、儿童文学等专业的优秀人才，形成学科比例协调的人才管理队伍。要充分利用志愿者等社会人才资源，为少年儿童图书馆建设服务。各级文化行政部门要进一步关心少年儿童图书馆工作者的工作和生活，为他们创

造良好的工作条件。

七、扩大宣传，为少年儿童图书馆事业发展营造良好的社会氛围

各级文化行政部门及少年儿童图书馆、公共图书馆要加强同各类新闻媒体的联系，争取新闻媒体的支持，加强舆论导向，提高社会各界对少年儿童图书馆事业的认识，共同推动少年儿童图书馆事业的发展。要配合“图书馆服务宣传周”、“世界读书日”等活动全方位展示少年儿童图书馆的形象，进一步宣传少年儿童图书馆的职能、作用。要重视对各项服务工作的宣传，使宣传工作日常化，不断吸引读者，扩大读者队伍，充分发挥少年儿童图书馆的社会作用。

文化部、财政部关于开展国家公共文化服务体系示范区（项目）创建工作的通知（文社文发[2010]49号）（2010－12－31）

为贯彻落实党的十七届五中全会、胡锦涛总书记在中央政治局第二十二次集体学习时的重要讲话精神和全国文化体制改革工作会议精神，充分发挥典型的示范、带动作用，分类指导东、中、西部和城乡基层文化建设，推动公共文化服务体系建设科学发展上水平，文化部、财政部“十二五”期间将共同开展“国家公共文化服务体系示范区（项目）创建工作”［以下简称示范区（项目）创建工作］。

国家公共文化服务体系示范区（项目）创建工作的基本要求是：按照公益性、均等性、基本性、便利性的要求，在全国创建一批网络健全、结构合理、发展均衡、运行有效的公共文化服务体系示范区，培育一批具有创新性、带动性、导向性、科学性的公共文化服务体系项目，为我国公共文化服务体系建设探索经验、提供示范，推动公共文化服务体系建设科学发展。创建工作对于进一步发挥典型的示范、影响和带动作用，充分调动地方人民政府的积极性，整合、集成“十一五”公共文化服务体系建设成果，更好地研究解决公共文化服务体系建设的突出矛盾和问题，推动公共文化服务体系建设可持续发展具有重要意义。各地文化、财政部门要密切配合，加强领导，把示范区（项目）创建工作与当地经济社会发展紧密结合，加大投入力度，引导和动员广大群众和社会力量积极参与，确保创建工作取得实效。

现将《国家公共文化服务体系示范区（项目）创建工作方案》和《国家公共文化服务体系示范区（项目）创建标准》等印发给你们，请按要求认真做好落实工作。自本通知下发之日起，启动第一批示范区（项目）创建申报工作。根据申报标准和相关要求，原则上每省（区、市）1个创建示范区名额（候选名额不超过2个），2个创建示范项目名额（候选名额不超过4个）。经专家委员会审核达不到申报要求的省份名额空缺。

请各地文化、财政厅（局）按照通知要求，认真组织本省（区、市）第一批示范区（项目）创建申报工作，于2011年2月15日前将本省（区、市）人民政府关于申报创建国家公共文化服务体系示范区（项目）的推荐函、创建国家公共文化服务体系示范区（项目）申报书、创建国家公共文化服务体系示范区（项目）建设规划、公共文化服务体系制度设计研究方案，以及介绍申报创建示范区（项目）情况的光盘（限15分钟以内）、各申报单位负责人介绍申报创建示范区（项目）情况的报告（包括配合使用的PPT），报送至国家公共文化服务体系建设示范区领导小组办公室（文化部社会文化司）。逾期将视为主动放弃，不再受理。

联 系 人：白雪华 钟 华

联系电话：010－59881740 59881741

传 真：010－59881776

电子邮箱：swswhg@yahoo.cn

特此通知。

附件：

1.《国家公共文化服务体系示范区（项目）创建工作方案》(略)

2.《国家公共文化服务体系示范区（项目）创建标准》(略)

3.《创建国家公共文化服务体系示范区申报书》(略)

4.《创建国家公共文化服务体系示范项目申报书》(略)

文化部

财政部

二〇一〇年十二月三十一日

（胡月平 整理编辑）

相关法律法规与政策性文件摘要

法律法规

湖南省第十一届人民代表大会常务委员会公告(第34号)湖南省实施《中华人民共和国国防教育法》办法(2010—01—06)

第四章　国防教育的保障

第二十四条　符合《中华人民共和国国防教育法》规定条件的下列场所，由设区的市、自治州人民政府推荐，经省国防教育委员会审查并报省人民政府批准后，命名为国防教育基地：

（三）其他具有国防教育功能的场所，包括博物馆、科技馆、图书馆、群众艺术馆（文化馆）、青少年宫等。

国防教育基地不再具备规定条件的，由省国防教育委员会报省人民政府撤销命名。

各级人民政府应当加强对国防教育基地的规划、建设和管理，并为其发挥作用提供必要的保障。

浙江省未成年人保护条例(2010年3月30日浙江省第十一届人民代表大会常务委员会第十七次会议通过)(2010—03—30)

第四十一条　爱国主义教育基地、公共图书馆、青少年宫应当对未成年人免费开放；博物馆、纪念馆、科技馆、展览馆、美术馆、文化馆、影剧院、体育场馆、动物园、公园等场所应当按照县级以上人民政府及有关部门的规定，对未成年人免费或者优惠开放。

新疆维吾尔自治区科学技术普及条例(2001年7月27日新疆维吾尔自治区第九届人民代表大会常务委员会第二十三次会议通过2010年3月31日新疆维吾尔自治区第十一届人民代表大会常务委员会第十七次会议修订)(2010—03—31)

第三章　社会责任

第十九条　科技馆、青少年宫、青少年科技活动中心、博物馆、图书馆、文化馆（宫）应当发挥展示、传播、教育功能，面向社会开展科普活动。

山东省人民政府令(第225号)山东省政府信息公开办法(2010—05—28)

第三章　公开的方式和程序

第二十条　各级人民政府应当在当地国家档案馆、公共图书馆（室）或者政务大厅设置政府信息查阅场所，并配备相应的设施、设备，为公民、法人和其他组织获取政府信息提供便利。行政机关应当及时向当地国家档案馆、公共图书馆（室）以及政务大厅提供主动公开的政府信息。

第三十条　行政机关应当依照《中华人民共和国政府信息公开条例》第十九条的规定，及时编制、更新本机关的政府信息公开指南和公开目录，并向社会公布。

行政机关应当将政府信息公开指南和公开目录在政府网站刊登，并在当地国家档案馆、公共图书馆（室）或者政务大厅的政府信息查阅场所和其他查阅场所的醒目位置予以摆放。

第四章　监督和保障

第三十七条　行政机关有下列情形之一的，由监察机关、上一级行政机关责令改正；情节严重的，对直接负责的主管人员和其他直接责任人员依法给予处分；涉嫌犯罪的，移送司法机关依法处理：

（一）不依法履行政府信息公开义务的；

（二）不及时更新公开的政府信息内容、政府信息公开指南和目录的；

（三）不按规定向当地国家档案馆、公共图书馆送交政府信息公开指南、目录或者属于主动公开范围的政府信息的；

广东省第十一届人民代表
大会常务委员会公告(第 40 号)
广东省实施
《中华人民共和国残疾人保障法》办法
(2010－06－02)

第五章　文化生活

第四十三条　各级人民政府应当有计划地建设残疾人文化、体育设施。

县级以上各类综合性文化、体育活动场所，应当因地制宜地开辟适合残疾人活动的场所。有条件的县级以上人民政府应当建立残疾人文化活动中心和体育训练中心。

第四十四条　地级以上市应当至少在一所公共图书馆建立盲人读书室，提供有声读物和盲文版书籍。

第四十七条　公共文化、体育活动场所应当对残疾人提供优惠服务。残疾人进入博物馆、纪念馆、科技馆、美术馆、展览馆、体育场（馆）、文化馆（室、中心）、科技活动中心、公园、动物园、旅游风景区等公共场所，凭残疾人证享受免费或者减半缴费的优惠。

齐齐哈尔市人民政府令(2010 年 2 号)
齐齐哈尔市军人抚恤优待办法
(2010－06－21)

第三章　优待

第三十二条　现役军人、退出现役的残疾军人凭有效证件，在本市范围内免费参观游览各类公园、博物馆、纪念馆、科技馆、旅游景点，免费借阅公共图书馆开放的图书资料。

武汉市人民政府令(第 208 号)
武汉市无障碍建设和管理办法
(2010－06－30)

第三章　无障碍公共交通工具

第二十条　经过图书馆、档案馆、体育馆、歌舞剧院、医院、中央商务区等重点公共场所、活动中心的公交线路应当逐步配备一定比例的无障碍公共汽车或者低地板公共汽车。低地板公共汽车应当加装活动踏板和轮椅固定装置等能满足行动不便者安全乘车的无障碍装置。

第四章　无障碍信息交流

第二十五条　鼓励医院、电视台、图书馆、档案馆、商场等服务场所进行无障碍信息交流建设。

鼓励开发适合残疾人使用的专业网站和信息交流服务产品。

第二十九条　市、区级公共图书馆、档案馆应当设置盲人阅览室。

山西省残疾人保障条例
(2010 年 7 月 16 日山西省第十一届人民代表
大会常务委员会第十七次会议通过)
(2010－07－16)

第五章　文化生活

第二十九条　各级人民政府应当加大对残疾人文化体育事业的经费投入，拓展残疾人文化体育活动场所，组织开展残疾人文化体育活动，不断满足残疾人精神文化需求。

第三十条　各级人民政府和社会应当采取下列措施，丰富残疾人的精神文化生活：

（一）培养残疾人文艺体育人才；

（二）组织、扶持残疾人开展群众性文化、体育、娱乐活动；

（三）组织和扶持盲文读物、盲人有声读物和其他残疾人读物的编写和出版，县级以上公共图书馆根据盲人的实际需要设立盲文读物及盲人有声读物图书室；

（四）文化、体育、娱乐和其他公共活动场所，为残疾人提供方便和照顾；

第三十一条　残疾人凭残疾人证免费进入公园、动物园、植物园、博物馆、纪念馆、图书馆、美术馆、展览馆、体育场（馆）、文化活动中心、科技活动中心等公共文化体育场所和旅游景区（点）。公共文化体育设施需要收取使用费用的，应当对残疾人免费或者优惠。

重庆市人民代表大会
常务委员会公告(2010 第 23 号)
重庆市未成年人保护条例
(2010－07－23)

第五章　社会保护

第三十三条　爱国主义教育基地、青少年宫（青少年活动中心）、儿童活动中心、图书馆、文化馆、公园（植物园）、除文物建筑类和遗址类外的博物馆、纪念馆以及公益性互联网上网设施等活动场所，应当向未成年人免费开放。

贵州省未成年人保护条例
(2010年7月28日贵州省第十一届人民代表大会常务委员会第十六次会议通过)
(2010—07—28)

第三十一条　爱国主义教育基地、图书馆、青少年宫、儿童活动中心应当对未成年人免费开放；各类博物馆、科技馆、纪念馆、展览馆、体育场（馆）、公园、影剧院等公共场所应当对未成年人实行免费或者优惠开放。

专供未成年人活动的场地、设施、器械，成年人不得占用，有关单位不得出租或者挪作他用。

河南省《残疾人保障法》实施办法
(1993年2月16日河南省第七届人民代表大会常务委员会第三十三次会议通过 根据2010年7月30日河南省第十一届人民代表大会常务委员会第十六次会议《关于修改部分地方性法规的决定》修正)
(2010—07—30)

第五章　文化福利环境

第三十一条　文化、体育、民政等有关部门和残疾人联合会，应当鼓励、帮助残疾人参加各种文化、体育、娱乐活动，有计划地兴办残疾人活动场所，创造条件，满足残疾人精神文化生活的需要。

第三十二条　报刊、广播、电视应当采取多种形式，宣传保护残疾人的有关法律、法规和政策，反映残疾人生活，为残疾人服务。

文化、娱乐和其他公共活动场所，在国家法定节日、全国助残日、国际残疾人日应对残疾人免费开放。有关部门应当指定一些体育场馆、影剧院，对有组织的残疾人训练、比赛和演出给予免费。图书馆应当逐步开办盲人有声读物场所，有条件的地方应当开办盲人有声读物图书馆。

江西省人民代表大会常务委员会公告(第52号)
江西省未成年人保护条例
(2010—07—30)

第四十四条　爱国主义教育基地、图书馆、青少年宫、儿童活动中心应当对未成年人免费开放；博物馆、纪念馆、科技馆、展览馆、美术馆、文化馆以及影剧院、体育场馆、动物园、植物园、公园等场所，应当按照有关规定对未成年人免费或者优惠开放。

宁夏回族自治区人民代表大会常务委员会公告(第七十六号)
宁夏回族自治区实施《中华人民共和国未成年人保护法》办法
(2010—07—30)

第二十三条　爱国主义教育基地、图书馆、科技馆、博物馆、纪念馆、文化馆（站）、美术馆、青少年宫、儿童活动中心、公园应当对未成年人免费开放。

第二十四条　未成年人集中活动的公共场所，应当设置安全警示标志，并采取相应的保护措施。

对可能危及未成年人人身安全的设施，经营、管理单位应当设置安全防护措施，并在显著位置设置警示标志。

第三十一条　学校、文化馆（站）、青少年宫、图书馆、书店等建立的公益性互联网上网服务场所，应当免费为未成年人提供安全、健康的上网服务。

公益性上网场所不得以营利为目的，不得出租或者承包。

山东省旅游条例
(2005年5月27日山东省第十届人民代表大会常务委员会第十四次会议通过，2010年7月30日山东省第十一届人民代表大会常务委员会第十八次会议修订)
(2010—07—30)

第三十条　新建、改建、扩建旅游景区、旅游度假区、大型旅游餐饮住宿设施、大型文化娱乐场所，应当依法办理有关审批手续，建设规模、建筑风格应当与周围景观相协调，不得破坏旅游环境和生态环境。

新建、改建、扩建旅游特色街区和广场、车站、码头、机场、体育场馆、博物馆、艺术馆、图书馆、会展中心、大型购物中心等公共场所，应当兼顾旅游休闲功能。

县级以上人民政府有关部门在论证前两款规定的建设项目时，应当征求本级人民政府旅游行政管理部门的意见。

山东省未成年人保护条例
(1989 年 11 月 1 日山东省第七届人民代表大会常务委员会第十二次会议通过，2010 年 7 月 30 日山东省第十一届人民代表大会常务委员会第十八次会议修订)
(2010—07—30)

第二十六条　学校应当加强对学生的信息技术和网络素养教育，引导学生正确使用互联网，自觉抵制不良信息的侵害。

学校的互联网上网服务设施应当采取安全措施，为学生提供健康有益的上网服务。

节假日期间，学校图书馆、阅览室、体育场（馆）等文化体育设施和互联网上网服务设施等，应当向本校学生免费或者优惠开放。

第二十九条　公共场所和未成年人集中活动场所，应当设置保护未成年人人身安全标志，并采取相应的保护措施；对可能危害未成年人人身安全的设施，经营管理单位应当定期维护，并在显著位置标明适应年龄范围或者注意事项。

第三十三条　公益性互联网上网服务设施应当采取安全措施，对未成年人免费或者优惠开放，为其提供健康有益的上网服务。

第五十一条　爱国主义教育基地、图书馆、青少年宫、儿童活动中心应当对未成年人免费开放；博物馆、纪念馆、科技馆、展览馆、美术馆、文化馆以及影剧院、体育场（馆）、动物园、公园等场所，应当按照有关规定对未成年人免费或者优惠开放。

西藏自治区第九届人民代表大会常务委员会公告([2010]5 号)
西藏自治区实施《中华人民共和国档案法》办法
(2010—07—30)

第三十条　既是文物、图书资料又是档案的，县级以上综合档案馆可以与文物保护单位、博物馆、宗教活动场所、纪念馆、图书馆等单位相互交换重复件、复制件或者目录。

云南省人民政府令(第 160 号)
云南省地方志工作规定
(2010—08—04)

第十三条　地方志书、地方综合年鉴在出版后 3 个月内报送上级地方志工作机构备案，并向本级和上级方志馆、国家综合档案馆、公共图书馆无偿提供馆藏书。

以电子出版物形式出版的地方志书、地方综合年鉴，按照前款规定办理。

海南省人民代表大会常务委员会公告(第 55 号)
海南省实施《中华人民共和国残疾人保障法》办法(2010 修订)
(2010—09—20)

第二十二条　残疾人凭残疾人证可以免费进入博物馆、纪念馆、科技馆、美术馆、展览馆、体育场（馆）、文化馆（室、中心）、科技活动中心、公园、动物园、植物园等公共场所以及旅游景区（点）。

残疾人凭残疾人证免费办理图书馆借书证、阅览证。

第二十四条　新建、扩建、改建城市建筑物、道路、交通、公共服务设施等项目，应当按照国家规范和标准要求与无障碍设施同步设计、同步施工、同步验收。车站、码头、停车场、大中型商场、宾馆、旅游景区（点）、影剧院、图书馆、博物馆等公共场所未设置无障碍设施的，应当逐步进行无障碍改造。

甘肃省人民代表大会常务委员会公告(第 31 号)
甘肃省科学技术普及条例
(2010—09—29)

第三章　社会责任

第二十一条　科技馆、博物馆、图书馆、文化馆、青少年科技活动中心等场馆应当利用各自优势开展科普宣传活动。

第四章　保障措施

第二十七条　政府投资建设的科技馆、博物馆、图书馆、科技文献馆、青少年宫等科普场馆，应当及时更新科普内容，常年向公众开放；运转困难的，同级财政应当给予必要的补贴。

甘肃省人民代表大会
常务委员会公告（第32号）
甘肃省无障碍建设条例
（2010－09－29）

第三条　无障碍建设的重点区域包括城市、旅游景区、城市规划区域外的大型生活社区及主要交通干线服务区。

无障碍建设的重点场所包括：

（一）城市道路及机场、车站、客运码头等交通枢纽场所；

（二）学校、医院、宾馆、银行、大型商场以及体育场馆、图书馆、博物馆、影剧院、文物保护单位等公共服务场所；

第十九条　本条例第三条第二款所称重点场所的管理人应当对其从业人员进行必要的无障碍服务意识和技能培训，为残疾人、老年人和其他有需要者获取信息提供帮助。

大型图书馆应当设置盲人阅览室，配备盲人读物和有声读物。

河南省未成年人保护条例
（2010年9月29日河南省第十一届人民代表大会常务委员会第十七次会议通过）
（2010－09－29）

第四章　社会保护

第二十六条　爱国主义教育基地、图书馆、青少年宫、儿童活动中心以及公益性互联网上网服务等场所，应当对未成年人免费开放。

向未成年人开放的场所应当符合国家和省规定的安全标准，并设置安全警示标志，设立安全防护设施。

山东省人民代表大会
常务委员会公告（第57号）
山东省文物保护条例
（2010－09－29）

第三章　考古发掘

第二十八条　考古发掘单位负责保管考古调查、勘探、发掘的文字记录、图纸和影像等资料，并向当地县级以上人民政府文物行政部门提供相应的文物保护资料。

考古发掘单位自提交考古发掘报告之日起六个月内，应当将出土文物移交给省人民政府文物行政部门指定的国有博物馆、图书馆或者其他国有文物收藏单位收藏。经省人民政府文物行政部门批准，考古发掘单位可以保留少量出土文物作为科研标本。

任何组织或者个人不得侵占和擅自处理出土文物。

第四章　馆藏文物

第三十六条　博物馆、图书馆和其他文物收藏单位应当加强对文物藏品的保护管理，建立健全库房管理和安全检查制度。藏品库房、陈列展览室、技术修复室等场所，必须按照国家有关规定配备防火、防盗、防自然损坏设施，安全设施不符合国家有关规定不得对外开放。不具备文物安全保管条件的国有文物收藏单位所收藏的文物，由省人民政府文物行政部门指定具备文物安全保管条件的单位代为保管。

武汉市实施《中华人民共和国残疾人保障法》办法
（2001年7月27日武汉市第十届人民代表大会常务委员会第二十七次会议通过，2001年9月27日湖北省第九届人民代表大会常务委员会第二十七次会议批准；2010年7月28日武汉市第十二届人民代表大会常务委员会第二十六次会议修订，2010年9月29日湖北省第十一届人民代表大会常务委员会第十八次会议批准）
（2010－09－29）

第十三条　市、区残疾人联合会按照国家有关规定组织残疾评定，免费发放《中华人民共和国残疾人证》。残疾评定实行免费制度。

残疾人凭《中华人民共和国残疾人证》享受下列优惠：

（五）免费向市民开放的展览馆、博物馆、图书馆、科技馆、体育馆等公共文化体育设施，应当优先安排残疾人入场，并设置明显标识；

武汉市未成年人保护实施办法
（2010－09－29）

第三章　教育、文化权益保护

第二十一条　公园、动物园、植物园、青少年宫、影剧院、图书馆、博物馆、科技馆、纪念馆、美术馆、展览馆、体育馆（场）和其他宜于未成年人参加活动的公共场所及其设施，应积极为未成年人提供服务，其中属于经营性的应对未成年人的集体活动 给予优惠。

内蒙古自治区第十一届人民代表大会常务委员会公告(第22号)
内蒙古自治区未成年人保护条例
(2010—12—03)

第四十九条　爱国主义教育基地、图书馆、少年宫、儿童活动中心应当对未成年人免费开放。博物馆、纪念馆、科技馆、展览馆、美术馆、文化馆、烈士纪念建筑物、名人故居以及影剧院、体育场馆、动物园、公园等场所，应当按照有关规定对未成年人免费或者优惠开放。

宁夏回族自治区实施《中华人民共和国残疾人保障法》办法
(1995年3月31日宁夏回族自治区第七届人民代表大会常务委员会第十二次会议通过　2010年12月3日宁夏回族自治区第十届人民代表大会常务委员会第二十一次会议修改)
(2010—12—03)

第五章　文化生活

第二十七条　各级人民政府和文化、体育等有关部门应当组织和帮助残疾人开展群众性文化、体育、娱乐活动，丰富残疾人精神文化生活。

展览馆、博物馆、美术馆、科技馆、图书馆、文化馆（站）和体育场馆以及旅游景点等公共文化体育旅游场所，应当免费向残疾人开放，并为残疾人参加文化体育和旅游活动提供便利。

第三十条　县级以上人民政府应当组织和扶持盲文读物、盲人有声读物的编写和出版；公共图书馆应当设立盲文读物、盲人有声读物图书室；电视台应当开办电视手语节目，电视栏目、影视作品加配字幕、解说。

第六章　社会保障与无障碍环境

第三十九条　各级人民政府和有关部门应当加强无障碍设施的建设、维护和管理。

与残疾人日常生活密切相关的住宅、社区、学校、福利性单位、公共服务场所应当建设无障碍设施。

第四十条　县级以上人民政府和有关部门应当将政务信息交流纳入信息化建设规划，为残疾人信息交流创造条件。

政府政务服务中心和其他公共服务单位，应当在服务场所设置无障碍服务窗口，并悬挂残疾人优先的明显标志。

湖北省义务教育条例
(2010年12月4日湖北省第十一届人民代表大会常务委员会第十九次会议通过)
(2010—12—04)

第四十七条　爱国主义教育基地、图书馆、青少年宫、博物馆、科技馆、纪念馆、少年儿童活动中心等按照规定对学生免费或者优惠开放，为学校开展素质教育提供支持。

贵州省人民政府令(第122号)
贵州省军人抚恤优待办法
(2010—12—31)

第二十七条　现役军人、残疾军人凭有效证件免费参观游览省内自然保护区、风景区、公园等旅游区（点）和博物馆、纪念馆、文物保护单位等，免费到图书馆阅览图书。上述管理单位应当在醒目位置设置免费标志牌。

文化建设与图书馆

中共湖南省委、湖南省人民政府关于印发《湖南省文化强省战略实施纲要(2010—2015年)》的通知(湘发[2010]4号)
(2010—02—11)

二、主要任务

（五）建设公共文化服务体系

1. 加强公共文化设施建设。继续完善韶山一号工程，兴建红军标语博物馆、长沙铜官窑遗址公园等一批爱国主义教育基地。2015年前，完成湖南省博物馆、湖南图书馆、湖南艺术职业学院改扩建工程，完成省文化艺术中心、省美术馆、省少数民族文化园等省级标志性公益文化项目建设。大力支持湖南大众传媒职业技术学院“国际汉语传播基地”建设。到2015年，各市州全面完成图书馆、艺术馆、博物馆、影剧院和文化广场等基本公共文化设施的建设；各县市区全面完成图书馆、文化馆、影剧院和群众文化活动场所的建设；全省95%的乡镇、街道完成综合文化站的建设，平均面积在300平方米以上，并配送必要的设施设备；90%的行政村、社区完成文化活动室的建设。

2. 推进公共文化服务工程建设。加大广播电视村村通、文化信息资源共享、农村电影放映、乡镇综合文化站和基层文化阵地建设、农家书屋建设等重大公共文化服务工程实施力度，切实保障人民群众看电影电视、听广播、读书看报、鉴赏高雅艺术、参加大众文化活动等基本文化权益。到2015年，基本实现全省农村广播电视户户通；全面建成覆盖城乡的文化信息资源共享工程服务网络，与农村远程教育网络实现共建共享；为每个县配备一台流动电影放映车、每30个行政村配备一套数字电影放映设备，每个行政村每月免费放映一场数字电影；农家书屋基本覆盖全省每个行政村，建成百台新华汽车书店；为优秀剧团配备和更新流动舞台车，开展送戏下乡与演艺惠民活动，省、市、县三级政府采购和补贴文艺演出10000场，其中省级1000场、市级2800场、县级6200场。

3 创新公共文化服务运行机制。引入竞争机制，对重要公共文化产品、重大公共文化服务项目和公益性文化活动，采取政府采购、项目补贴、定向资助、贷款贴息等形式，扩大服务范围，增强服务效益。加强图书馆、文化馆、博物馆、影剧院和党报党刊等公益性文化单位的功能建设，完善服务内容，增强服务能力。继续实施博物馆、纪念馆免费开放，到“十二五”期末，全省公共图书馆、文化馆、艺术馆、科技馆免费向社会开放，乡镇综合文化站、农家书屋、村和社区文化活动室免费向辖区群众开放，让广大人民群众共享文化发展成果。积极培育、扶持群众文艺团体，广泛组织开展群众性文艺活动。

广东省人民政府办公厅关于进一步繁荣发展我省少数民族文化事业的意见(粤府办[2010]11号)
(2010—03—08)

一、繁荣发展我省少数民族文化事业的总体要求

力争用5到10年的时间，加强民族地区的文化设施建设，使少数民族地区的文化馆、图书馆、电影院、博物馆、民族歌舞团和乡镇文化站、村文化室等公共文化设施状况得到较大改善；加强少数民族非物质文化遗产发掘和保护工作，通过挖掘、整理一批少数民族的歌舞、刺绣和典籍，制作一批少数民族影视节目，有效保护、传承和弘扬少数民族优秀传统文化；加强一批重点文化项目建设，推出一批具有广东民族特色和时代精神的少数民族文化精品，满足各族群众日益增长的文化需要；挖掘少数民族的文化资源，培育文化产品市场，使少数民族地区的文化产业得到有效发展；营造有利于优秀人才脱颖而出的社会环境，使一批具有较高素质的文化人才充实到少数民族文化工作者队伍中；建立和完善城市少数民族文化工作机制体制，促进城市少数民族文化工作发展。

二、繁荣发展我省少数民族文化事业的政策措施

（一）大力加强基层文化设施建设。加强对少数民族地区县级图书馆、电影院、文化馆、博物馆和乡镇综合文化站及村文化室等公共文化设施建设和改造，力争到2012年，使连南、连山、乳源3个民族自治县和7个民族乡等民族地区的基层文化建设各项指标达到全省平均水平。加快推进广播电视村村通工程、文化信息资源共享工程、农村电影放映工程、农家书屋工程、群众文化流动服务工程等文化工程建设，精心组织文化下乡活动，丰富民族地区农村基层群众的文化生活，力争到2010年底，少数民族地区完成农村广播电视无线覆盖工程建设任务，实现“一村一月放映一场电影”的目标；力争到2012年，少数民族自治县文化馆、图书馆、博物馆达到国家或省规定的建设标准。

山西省文化厅关于公布全国第四次公共图书馆评估定级结果的通知
(晋文办发[2010]16号)
(2010—03—11)

为深入贯彻落实科学发展观和党的十七大精神，进一步加强对图书馆事业的管理，提高图书馆工作的质量和水平，推动图书馆事业的发展，构建惠及全民的公共文化服务体系，文化部于2009年在全国开展了第四次县以上公共图书馆评估定级工作，并以《文化部关于公布一、二、三级图书馆名单的通知》（文社文发【2010】5

号）对评估定级结果予以公布。我省太原市图书馆等5个图书馆被评为“一级图书馆”；省图书馆等6个图书馆被评为“二级图书馆”；大同市图书馆等29个图书馆被评为“三级图书馆”。全省达到三级以上的图书馆占参评馆总数的47%。

陕西省人民政府关于进一步繁荣发展少数民族文化事业的实施意见（陕政发[2010]7号）（2010—03—16）

三、推进少数民族文化事业发展的主要措施

（四）建立健全公共文化设施网络。全省各市特别是西安、宝鸡、咸阳、汉中、安康等少数民族居住相对集中的地区，要以县（区）、乡镇（街道）和村（社区）基层文化设施建设为基础，重点加强文化馆（站）、图书馆、博物馆、纪念馆、文化活动中心（室）的建设，优化社区和乡村公共文化资源配置。城市在新区建设和旧城改造过程中，要把社区文化中心建设纳入规划，从城市住房开发投资中提取1%的资金，用于社区公共文化设施建设。农村要全面建设乡镇综合文化站、村文化室，村文化室建设要与农村村级社会事业公共设施统筹规划，统一建设。在地广人稀的地区积极建设流动文化服务网络，配备流动文化车，开展形式多样的流动文化服务。在“两馆一院一站一室”建设工程和农村文化活动设备配送工程中，优先考虑少数民族的文化建设。各县（区）政府要着力统筹文化、教育、科技、广电、体育和青少年、老年活动场所的规划建设，实现相关设施的综合利用、共建共享。

（五）加快推进公共文化信息覆盖步伐。进一步推进新时期广播电视“村村通”工程，采用无线、有线网络和直播卫星方式，在少数民族群众居住相对集中的地区特别是偏远农村，加快实现已通电自然村广播电视户户通，建立健全农村广播电视公共服务体系，消灭覆盖盲区，增强覆盖效果。

文化信息资源共享工程在数字资源、分中心和基层服务点、传播方式和技术队伍建设中，要针对我省少数民族群众文化生活需求的特点，努力为群众提供方便、快捷、适用的文化信息服务。在少数民族群众居住相对集中的地区，县（区）图书馆、乡（镇）综合文化站、村文化室和社区文化中心要具备向群众提供文化信息数字化服务的能力，满足群众多层次、多样化的精神文化需求。

（六）推进农家书屋和农村电影放映工程建设。按照省政府推进民生八大工程的安排部署，在实施农家书屋工程中，优先安排少数民族群众居住相对集中地区的农家书屋项目，到2015年基本覆盖少数民族群众居住相对集中地区的行政村。积极推动农村电影放映工程，在少数民族群众居住相对集中地区推广农村数字电影放映服务，重点推进数字化电影放映普及工作。国家下拨的数字电影放映设备和电影流动放映车要向少数民族群众居住相对集中地区优先配送。进一步完善农村电影公益场次补贴机制，全面完成农村电影公益场次放映任务，巩固少数民族群众居住相对集中地区每个行政村每月放映一场电影的目标。

中共深圳市委办公厅、深圳市人民政府办公厅关于全面提升深圳文化软实力的实施意见（深办发[2010]4号）（2010—03—17）

六、加强公共文化服务体系工程建设

（四）提高市民文化创造和消费能力。加快“两城一都一基地”特色文化建设，制定实施《“图书馆之城”建设指标体系》，使我市图书馆建设水平接近香港和发达国家城市。实施“市民阅读推广计划”和“市民艺术教育推进工程”，提高市民阅读兴趣、艺术欣赏和创意能力，为城市文化发展培育新的创造者和消费者。

四川省人民政府关于进一步繁荣发展少数民族文化事业的实施意见（川府发[2010]11号）（2010—03—29）

二、繁荣发展我省少数民族文化事业的指导思想、基本原则和目标任务

（六）目标任务。2020年前，覆盖少数民族和民族地区的省、州（市）、县、乡（镇）四级公共文化服务网络基本建立，文化信息共享工程基层点建设基本完成，主要指标接近或达到全省平均水平，少数民族群众读书看报难、收听收看广播电视难、开展文化活动难等问题得到较好解决。实施一批重大文化项目和工程，推出一批体

现四川少数民族特色、反映时代精神、群众喜闻乐见的文化艺术精品，创作生产更多更好、适应各族群众需要的优秀文化产品。文化工作体制机制创新取得新突破，科学有效的宏观管理体制和微观服务运行机制基本形成，政策法规日臻完备，政府文化管理和服务职能显著增强。文化市场体系更加健全，兼具经济效益和社会效益的文化产业发展格局更加合理。少数民族语言文字的规范化、标准化和信息化工作成效显著。民族地区基层文化工作队伍素质整体提升，结构更加合理。少数民族文化对外交流迈出更大步伐，影响力和竞争力进一步增强。历史文化遗产得到切实抢救保护，文化遗产保护管理和文物安全设施水平显著提高，文化遗产保护环境得到显著改善，历史文化风貌得到充分展现。

三、繁荣发展少数民族文化事业的政策措施

（七）加快少数民族和民族地区公共文化基础设施建设。各级政府要将图书馆、文化馆（站）、博物馆、乡镇综合文化站、文化信息资源共享工程、村文化室、非物质文化遗产传承中心、广播电影电视、新闻出版等公共文化基础设施建设和内容建设纳入城乡建设整体规划，做到规划到位、预算到位、建设到位，并切实发挥各级公益文化事业单位在公共文化服务中的骨干作用。少数民族地区图书馆、文化馆建设面积不低于文化部、住房城乡建设部、国家发展改革委颁布的《公共图书馆建设标准》和《文化馆建设用地指标》规定的下限；乡镇综合文化站建设不低于300平方米的标准。大力支持基层文化事业运转，切实解决图书馆、文化馆、乡镇综合文化站的购书经费、业务经费和运行经费。积极推进数字和网络技术等现代科技手段的应用和普及。实施各项重大文化工程时，切实加大对少数民族和民族地区的倾斜力度。为地广人稀的民族地区配备舞台流动车、流动文化服务车和相关设备，建设和完善流动服务网络，努力形成覆盖城乡、结构合理、功能健全、实用高效的公共文化服务网络。

（十）重点实施少数民族和民族地区文化惠民工程。继续实施好广播电视"村村通"、乡镇综合文化站和基层文化阵地建设、文化信息资源共享、农村电影放映、农家书屋等重大公共文化服务工程，加大对送出版物、送演出、送展览到农牧区的政府采购和配送力度，缩小地区之间、城乡之间公共文化服务差距。

杭州市文化广电新闻出版局关于印发《2010年"文化惠民"工程行动计划》的通知
（杭文广新办[2010]5号）
（2010－03－31）

三、具体任务

（一）推进文化阵地工程建设

1、工作目标：2010年全市创建2个省级"东海明珠"。建成12个市级"东海明珠"，力争实现市级"东海明珠"工程和村级文化活动室覆盖率均达到90%；抓好"一校、两馆、三中心"等重点文化设施的新建和改造。

2、具体措施：

（1）针对实现市级"东海明珠"工程和村级文化活动室覆盖率均达到90%的目标，重点做好四件事：

一是部署全市基层文化阵地建设工作任务。根据省、市级"东海明珠"工程现状和全市村级行政区划调整后村文化活动室实际情况，提出2010年各地基层文化阵地建设计划。

二是要求各区、县（市）文广新局申报2010年省、市级"东海明珠"工程和村文化活动室创建计划。

三是根据上报计划，研究确定2010年全市创建省、市级"东海明珠"工程和村文化活动室数量及名额。

四是依据省、市级"东海明珠"工程标准，对创建市级"东海明珠"工程乡镇（街道）考核验收，检查推荐申报省级"东海明珠"工程的乡镇（街道），随机抽查村级文化活动室。

完成时限：2010年11月

（2）针对"一校、两馆、三中心"等重点文化设施的新建和改造工作，重点做好四件事：

一是做好沟通协调，积极争取市有关职能部门的支持，特别是杭州少儿图书馆要做好"三委四局"沟通协调，市艺校新校址、监测中心选址等要积极沟通市发改委、规划、国土等部门，文化"两中心"要积极与奥体中心和市发改委、财政等部门沟通。

二是抓好进度质量。严格按照市领导有关指示精神，把握好工程节点，按时完成改造任务；严格按照国家工程建设有关规范、标准和设计图纸，把好工程改造质量关。

三是强化责任主体。督促杭州艺术学校、杭州图书馆、杭州少儿图书馆、杭州市广电监测中心、杭州市群众艺术馆、杭州市非物质文化遗产保护中心作为建设责任主体，认真落实对工程投资、进度、质量和安全工作的全面责任，局有关处室负责有关沟通和协调工作。

四是落实安全管理。做到结构改造工程、改造施工人员、以及物资财产的三安全。

青海省人民政府关于繁荣发展少数民族文化事业的实施意见（青政[2010]19号）（2010—04—02）

二、繁荣发展少数民族文化事业的主要措施

（一）加快民族地区公共文化服务设施建设。

坚持政府主导、鼓励社会参与，优先扶持民族自治地方及民族乡文化设施建设。到2015年，全省民族自治地方和所属各乡镇以及东部地区民族乡（镇）都建成一所乡镇综合文化站。

继续实施农村电影放映、农（牧）家书屋文化资源信息共享工程等重大文化工程，普及应用数字网络技术，改善民族地区公益性文化单位装备条件。实施藏区文化建设示范工程，每年为农牧区示范点新增一定数量的音像制品和影视作品。

（六）做好少数民族古籍保护、整理、出版和研究工作。

完善少数民族古籍整理出版规划。开展少数民族珍贵古籍定级、破损程度定级、珍贵古籍名录和古籍保护单位评估等工作，实现珍贵民族古籍的分级管理。

实施少数民族记忆遗产抢救整理工程，搜集整理出版格萨（斯）尔史诗、神话传说、创世故事、叙事长诗、民俗说唱、民歌民谣等一批重点少数民族口传古籍声像出版物和图书资料，推进民族古籍抢救、整理、翻译、出版和研究工作。建立省少数民族古籍资料保护中心、口传古籍音像资料库、古籍综合信息数据库，开设藏文古籍数字图书馆，培育和扶持口传古籍传承人，扶持口传古籍之家。

杭州市文化广电新闻出版局关于印发2010年度杭州青年文艺家发现计划实施方案的通知（杭文广新发[2010]10号）（2010—04—13）

（二）以项目带动为抓手，跟踪人才培养成果

1. 跟踪2009年确定的越剧《貂蝉》编剧、编辑出版《杭剧汇考汇释》、“三江”歌手大赛、公共图书馆投入产出经济评价与绩效评估研究等四个人才发现计划项目进程，关注文化人才培养的成效。

（三）以专业深造为手段，加强文化人才培训

运用青年文艺家发现计划培养经费和重点艺术人才培养经费，选送局属事业单位5—10名文化人才，到上海音乐学院、上海戏剧学院、上海图书馆等国内高等院校、知名文化单位深造。

（四）以社会实践载体，增强社会体验

2. 采用上挂下派的形式，选派8—10名具有一定培养潜质的年轻文化人才，到上海图书馆、区（县）街道（乡村）等文化单位挂职锻炼，在实践中锻炼才干。

杭州市文化广电新闻出版局关于印发《2010年深化公益性文化事业单位改革行动计划》的通知（2010—04—13）

一、目标原则

围绕完善公共文化服务体系，推进文化惠民任务，以增强活力、提高服务力作为根本的目标取向，强化绩效考核导向，进一步推进局属公益性文化事业单位机制改革，加强区、县（市）公益性文化事业单位改革指导，努力创造公益性文化事业单位改革的“杭州模式”。

二、行动项目

（一）完善试点单位——杭州图书馆改革举措，进一步强化绩效考核的导向，提升公共图书的服务能力，成为公益性文化事业单位改革领头羊。

（二）深化局属公益性文化事业单位改革，认真实施已出台的改革方案并结合全市事业单位绩效工资改革，平稳有序推进改革，有效促进各项工作。

（三）推进区、县（市）公益性文化事业单位改革。确定一批先行推进的区、县（市）改革单位，明确改革重点，制订改革方案，努力落实好改革的各项举措。

福建省发展改革委、福建省文化厅、福建省财政厅关于下达 2010 年乡镇综合文化站改造建设任务的通知（2010－04－14）

三、当地发展改革、文化、财政等有关部门要组织好乡镇综合文化站建设工作，综合文化站不得建在乡（镇）政府办公场所内。乡（镇）综合文化站建成后，要及时配备图书资料、信息资源共享等基本设备。

中央宣传部办公厅、中央文明办秘书组、新闻出版总署办公厅关于印发《2010 年全民阅读活动计划》的通知（中宣办发【2010】15 号）（2010－04－14）

2. 着力推动基层群众读书。5 月下旬起，以 30 本大众喜爱的图书为主要内容，组织发动社区、村镇、企业、机关、学校等基层单位的干部群众广泛开展阅读活动。各部门各系统结合实际、突出特色，利用农家书屋以及图书馆、文化宫、青少年宫、农村文化馆（站）、市民学校等基层文化阵地，开展读书沙龙、经典诵读、知识竞赛、主题演讲、心得征文、读书讲坛、名家讲座等多种形式的读书交流活动。以农村青少年为主要对象开展“手牵手农村青少年阅读行动”，以广大妇女为主要对象开展“家庭阅读日活动”，使阅读活动广泛覆盖各类群体，真正落实到基层、热在基层。

文化部关于进一步做好全国文化信息资源共享工程 2010 年度工作的通知（文社文函[2010]859 号）（2010－05－05）

五、进一步完善共享机制，扩大共享成果。

国家中心与国家图书馆要继续深化合作，重点做好“县级数字图书馆推广计划”的实施，要在总结经验的基础上，不断优化资源内容，丰富传输形式，创新服务手段，2010 年底前，使全国县级图书馆的读者都能享用到国家数字图书馆资源。进一步加强与农村党员干部现代远程教育工作的合作，完善合作共建机制。各地文化行政部门要积极协调，建立定期沟通机制，加强合作共建站点的管理。各地文化行政部门要积极向当地远程办提供具有地方特色的文化信息资源，通过当地农村党员远程教育的传输渠道服务基层群众。各地要进一步加强与广电、电信等有关部门的合作，借鉴辽宁经验，因地制宜，在条件成熟的地区推进文化共享工程入户工作。

六、完善培训制度，加强队伍建设

要坚持培训先行原则，不断完善文化共享工程人员培训体系，加大培训力度，建立起一支有责任心、懂技术、善管理的人才队伍。各地要制订年度培训计划，通过集中培训、现场培训、远程培训等方式，有区别、分层次地进行培训，增强针对性、操作性。要充分调动基层人员参与的积极性，采取与职业教育和继续教育挂钩的方式，推广持证上岗。要将基层人员培训常规化、制度化、专业化，为文化共享工程的可持续发展提供保障。要与有关部门协调，积极发挥大学生志愿者在文化共享工程基层服务中的作用。鼓励东部地区与西部地区结对子，为西部地区提供人才和智力支持。

七、加强组织策划，推动基层服务活动的开展

要大力推动文化共享工程服务工作的开展，为群众提供多样化、个性化服务，满足不同人群对文化信息的需求。要配合党和国家的重点工作，积极开展宣传服务工作，如配合世博会的举办开展系列宣传活动。文化共享工程各级服务网点要为基层群众，特别是未成年人和农民工等弱势群体开展公益性互联网服务，大力开展社会主义核心价值体系学习教育，强力净化社会文化环境。要通过组织多种形式的服务活动丰富基层群众文化生活。要结合当地的农业生产实际，适时提供农业种植、养殖技术知识和信息，并积极开展面向基层群众的信息化培训，帮助他们掌握计算机及网络知识，培育有文化、懂技术、会经营的新型农民。

福建省人民政府关于贯彻国务院进一步繁荣发展少数民族文化事业的实施意见(闽政[2010]14号)(2010—05—17)

二、繁荣发展我省少数民族文化事业的目标任务

（一）建立和完善覆盖少数民族和民族地区的公共文化服务体系。加大民族乡综合文化站、民族村文化室的建设力度，继续实施农家书屋建设工程和农民健身工程，到2012年，全面完成民族乡综合文化站的改造完善工程，实现乡乡有综合文化站，村村有文化室、农家书屋和农民体育健身工程点，以解决少数民族群众读书看报难、健身难等问题。继续实施广播电视村村通工程，到2015年，民族村有线电视入户和无线数字电视接收的户数达到民族村总户数的80%，基本实现已通电的民族自然村通广播电视。继续实施农村电影放映工程，今年全省民族村实现“一村一月放映一场电影”的目标。全面推进民族乡和民族村文化信息资源共享工程的建设，实现民族乡、村服务网点的全覆盖。

三、繁荣发展少数民族文化事业的政策措施

（一）加快少数民族和民族地区公共文化设施建设。各级政府和有关部门，要优先帮助民族乡村加强和改善公共文化设施建设，进一步促进民族地区文化事业的发展。民族乡综合文化站要按照我省综合文化站的标准建设，资金投入和基本设施的配备要略高于全省平均水平。深入推进民族乡村广播电视村村通工程，进一步提高少数民族和民族地区群众收听收看广播电视质量和节目套数。实施农村电影放映工程，将民族乡按财政转移支付县的标准进行补助。开展农家书屋建设，省农家书屋工程建设协调小组办公室要将民族村按照每村1万元的最高标准配置图书、音像制品和电子出版物。积极扶持少数民族乡村文化信息资源共享工程服务网点建设，努力形成结构合理、实用高效的民族乡村公共文化服务网络。我省实施各项重大文化工程时，切实加大对少数民族和民族地区的倾斜力度。

重庆市人民政府关于进一步繁荣发展少数民族文化事业的通知(渝府发[2010]64号)(2010—06—18)

二、突出重点，大力推进少数民族文化事业建设

（一）加快民族地区公共文化基础设施建设。围绕2020年民族地区公共文化基础设施达到全国平均水平的目标，大力推进渝东南民族地区县级图书馆、书城、文化馆、乡镇综合文化站、街道文化中心、村文化室、社区文化活动中心、广播电视村村通工程、农村电影放映工程、农家书屋工程、文化信息资源共享工程等建设，健全和完善民族地区基层文化设施。将民族地区电影院建设纳入公共文化服务体系，2012年前达到区县级标准电影院。支持渝东南民族地区建设民族特色博物馆，鼓励社会力量兴办各类民族（民俗）博物馆和文化生态保护区，力争给渝东南一区四县配送流动舞台车。推进数字和网络技术等现代科技手段的普及应用，形成实用、便捷、高效的公共文化服务体系。

最高人民法院印发《关于进一步加强人民法院文化建设的意见》的通知(法发[2010]31号)(2010—07—28)

四、努力营造崇尚学习、积极进取、特色鲜明的文化氛围

（三）切实加强图书馆（阅览室）建设。要把图书馆（阅览室）建设作为建设学习型法院、提高队伍素质的一项基础性工作切实抓紧抓好。要专门设立“法官书架”，根据法院工作实际需要，科学配备、及时更新法律业务和其他各类图书，为广大干警工作和学习提供良好条件。

吉林省人民政府关于落实国务院文化产业振兴规划的意见(吉政发[2010]28号)(2010—09—12)

（三）培育新兴文化业态。

5.发展电子商务，完善网络服务功能。发展网上图书馆、影剧院、书报刊等，逐步形成规模效益。扶持和鼓励互联网上网服务营业场所（网

吧）向连锁化、规模化、专业化、品牌化发展。加强对农村网吧的扶持和管理。

辽宁省人民政府关于进一步繁荣发展少数民族文化事业的实施意见
（辽政发[2010]40号）
（2010－12－03）

二、加快少数民族和民族地区公共文化基础设施建设

加快构建功能完善的少数民族公共文化服务体系，力争到2015年底，全省民族自治地方图书馆、文化馆及民族乡综合文化站、村文化室，城市少数民族文化设施全部达到国家建设标准。积极推进民族地区数字和网络技术等现代科技手段的应用和普及，形成实用高效的公共文化服务网络。省在制定“十二五”国民经济和社会发展规划，落实《辽宁省文化产业振兴规划》，实施《辽宁中部城市群文化体制综合方案》等各项重大文化工程时，要切实加大对少数民族和民族地区的倾斜力度。

湖北省人民政府关于进一步繁荣发展少数民族文化事业的意见
（鄂政发[2010]76号）
（2010－12－04）

三、政策措施

（二）加强少数民族和民族地区公共文化基础设施建设。大力推进民族地区县级图书馆和文化馆、乡镇综合文化站和村文化室、广播电视村村通工程、农村电影放映工程、农家书屋工程、文化信息资源共享工程、农民体育健身工程等建设，保障民族地区基层文化设施有效运转。省在实施各项重大文化工程、省直有关部门在安排基层文化基础设施建设资金时，加大对民族地区的倾斜力度。

文化遗产保护与图书馆

贵州省人民政府办公厅关于进一步加强我省古籍保护工作的意见
（黔府办发[2010]110号）
（2010－01－01）

二、指导思想、基本方针和目标任务

（三）主要任务和基本目标。紧密配合国家实施的“中华古籍保护计划”和国家古籍整理重点图书出版规划，全面、科学、规范地做好我省古籍保护工作。对全省图书馆、博物馆和档案、教育、宗教、民族、文物等系统以及个人或私人收藏机构的古籍收藏和保护状况进行全面普查，建立贵州古籍联合目录和古籍数字资源库；实现古籍分级保护，建立《贵州省珍贵古籍名录》；完成一批古籍库的标准化建设，推荐申报“全国古籍重点保护单位”和命名“全省古籍重点保护单位”；加强古籍整理、修复及出版工作，培养一批具有较高水平的古籍保护专业人员，逐步完善古籍保护工作体系和工作制度，使全省古籍得到全面有效的保护。

三、突出重点，科学规范地做好古籍保护工作

（一）统一部署，全面开展古籍普查工作。古籍普查是古籍保护工作的基础和重点，是古籍抢救、保护与利用工作的重要环节，各地要按照分级负责的原则，结合当地实际情况，充分利用已有工作成果，因地制宜开展本地区的古籍普查工作。全省各古籍收藏部门和单位要按照统一要求，在2012年以前完成古籍普查登记工作。

普查范围：全省各古籍收藏单位及民间收藏的古籍。

普查对象：汉字和各少数民族文字古籍。

普查主要内容：古籍基本情况、古籍破损情况和古籍保存状况等。

组织实施：普查工作由省古籍保护工作厅际联席会议统一领导、统筹规划，省文化厅负责组织实施。民间收藏的古籍，可直接到省图书馆（贵州省古籍保护中心）进行登记、定级、著录，也可到所在市（州、地）、县图书馆进行登记。省古籍保护中心负责完成全省古籍普查登记工作和组织人员培训工作；审核、汇总古籍普查成果；向国家古籍保护中心上报普查数据，申报“全国古籍重点保护单位”和《国家珍贵古籍名录》。

（二）建立《贵州省珍贵古籍名录》和古籍综合信息数据库。在全面普查基础上，完成《中华古籍总目·贵州卷》编撰工作。《贵州省珍贵古籍名录》经省人民政府批准后公布。对列入《国家珍贵古籍名录》和《贵州省珍贵古籍名录》的古籍，收藏单位要按照有关要求，完善保

护措施，切实做好保护工作，各级政府对此要严格监督，定期检查，保证必要的投入，给予重点保护。

（三）改善古籍保管条件，命名“全省古籍保护重点单位”。依照国家相关规定，改善古籍保管条件，完善安全措施，保障古籍安全。对古籍收藏量较大，珍贵古籍较多，管理制度完善，具备一定保护条件的单位，经省政府批准，命名为“全省古籍重点保护单位”。“全省古籍重点保护单位”，将作为财政投入和保护的重点，定期进行检查、评估。

（四）切实加强古籍修复工作，提高古籍修复水平。珍贵古籍的抢救、修复是古籍保护工作的重点。要集中资金，有计划地对破损古籍进行修复，优先修复珍贵古籍、濒危古籍和少数民族古籍。修复要科学、规范，建立修复档案，按照有关技术标准和规范进行，确保修复质量，加大古籍修复力度。

（五）加强古籍的整理、出版和研究利用。积极有效地利用古籍保护的成果，向社会和公众开放古籍资源，加快对少数民族古籍的整理与翻译工作，加强古籍整理与研究工作。出版部门要做好古籍资料的整理、编辑、出版和印刷工作，利用现代印刷技术，推进古籍影印出版，有效解决古籍孤本、善本收藏和利用之间的矛盾。

山西省文化厅关于转发文化部办公厅《关于公布国家级古籍修复中心名单的通知》的通知（晋文办发[2010]9号）（2010－01－28）

一、省图书馆要积极发挥职能作用，在科学、规范地开展古籍修复工作的同时，进一步改善古籍保护硬件设施，重视基础业务建设，加强古籍修复人才培养力度。

二、各市文化局要进一步摸清本区域古籍收藏底数，不断改善古籍收藏条件。

三、保持古籍保护工作专业队伍的相对稳定。

四、对于不具备收藏条件的单位或个人，可将其古籍委托具备收藏条件的公共图书馆代为保管。

五、对于需要进行修复的古籍，可委托山西省古籍修复中心进行修复。

六、同心协力，全面推进我省古籍保护工作，力争使我省古籍保护工作再上一个新台阶。

辽宁省人民政府关于公布第一批全省珍贵古籍名录和第一批全省古籍重点保护单位名单的通知（辽政发[2010]21号）（2010－06－18）

省政府批准省文化厅确定的第一批全省珍贵古籍名录（1013部）和第一批全省古籍重点保护单位（2个）名单，现予公布。

各地区、各部门要继续认真贯彻《辽宁省人民政府办公厅关于进一步加强全省古籍保护工作的意见》（辽政办发［2007］75号）精神，遵循“保护为主、抢救第一、合理利用、加强管理”的指导方针，加大保护工作力度，进一步做好全省古籍保护工作。

教育事业与图书馆

浙江省教育厅、中共浙江省委宣传部、浙江省文明办、浙江省人力资源和社会保障厅、共青团浙江省委员会、浙江省妇女联合会关于加强和改进中等职业学校学生德育工作的实施意见（浙教职成[2010]4号）（2010－01－06）

浙江省中等职业学校学生德育工作自评标准（试行）

校园文化（15分）	20. 文化体育等设施齐全	3	①有校园网、广播室、宣传栏等宣传设施，1分 ②有图书馆、阅览室等文化设施，1分 ③有运动场、体育馆等体育设施，1分	实地查看

北京市教育委员会、北京市发展和改革委员会、北京市住房和城乡建设委员会关于印发北京市节约型高等学校建设指导意见(试行)的通知(京教勤[2010]3号)
(2010—01—08)

第三部分　培育人才

五、培育方案的实施

(七)环境育人

3. 宣传普及

(2)增加节约方面图书资料的购置，建立"师生员工节约学习网上图书馆"，为师生员工提供节约理论著作、法规政策、管理、技术等方面的学习资料。重视校园网的宣传作用，采用网上互动、BBS等方式，建立师生节约交流沟通的网络渠道。

北京市教育委员会、北京市发展和改革委员会、北京市住房和城乡建设委员会关于印发节约型中小学校建设指导意见(试行)的通知(京教勤[2010]2号)
(2010—01—08)

第三部分　节约教育与宣传

一、面向学生的节约教育

(二)主要途径和方法

3. 借助其他教育途径进行节约教育

(1)网络

学校应增加节约图书资料的购置，建立"师生员工节约学习网上图书馆"，为师生员工提供节约理论著作、法规政策、管理、技术等方面的学习资料。重视校园网的宣传作用，采用网上互动、BBS等方式，建立师生节约交流沟通的网络渠道。

安徽省教育厅关于印发《安徽省优秀省级示范普通高中评估实施细则》的通知(皖教基[2010]1号)
(2010—01—13)

附件：

安徽省优秀省级示范普通高中评估实施细则

基本要求	评价标准	评价方法
(十)学校教育现代化程度较高，配有计算机教室、多媒体演示室、通用技术教室、数字实验室、数字语音室以及正版数字图书馆。学校预算外收入没有被挪用、平调。(10分)	按照学校规模配备足够现代化教学实施和设备，管理到位，教师、学生熟练使用，设施设备利用率高。(5分) 预算外资金除了适当集中用于薄弱学校建设外，未被上级财政挪用、平调。(5分)	实地查看设施设备及管理制度、使用记录。查看学校财务账目，了解预算外资金走向。

福建省教育厅关于支持民办高校加强内涵建设的若干意见(闽教发[2010]11号)
(2010—01—14)

3. 支持民办高校提升办学水平，组织省重点建设高校与示范性高职院校支援民办高校建设，通过指导帮助民办高校制订好学校发展规划及专业建设、队伍建设和校园建设规划，支持开展专业建设、课程建设、教师队伍建设和管理干部队伍建设等，促进民办高校提高办学水平。建立优质教学资源共建共享机制，推动重点建设高校、示范性职业院校的图书馆、实验室和实训基地等就近向民办高校开放，支持民办高校改善办学条件，提高人才培养质量。

江苏省教育厅关于公布2009年高等学校数字图书馆三期工程项目年度检查结果的通知(苏教高[2010]1号)
(2010—01—22)

二、切实加快JALIS项目建设步伐

1. 进一步加快项目服务网站的建设进度。数字图书馆建设的主要目的是为全省高校师生提供方便快捷、资源丰富、服务高效的网络文献信息资源保障环境。项目服务网站的建设水平和服务能力，是衡量项目建设成效的重要依据之一。各领衔承建高校要高度重视服务网站建设，从资源揭示的深度、共享模式的创新、服务质量的高效、服务功能的便捷等方面，丰富网站内容，提高网站建设水平，加快建设步伐，使项目服务网站真正成为展示项目建设效益的窗口，成为江苏高校数字图书馆对外服务的窗口。

2. 进一步提升特色数据库资源建设水平。从互评结果来看，特色数据库项目普遍存在资源类型偏少、资源数量不足、资源特色不明显、技术标准规范不够等问题。请领衔承建高校重点围绕"特色"，进一步充实数据库建设内涵，拓展资源覆盖面，提升数据库建设水平。

3. 进一步推进区域高校文献资源共享服务建设。在教学联合体或多所高校聚集的区域内，构建文献资源共享服务体系，大力推进面向区域内高校的文献资源共享服务，是JALIS三期建设的重点。请领衔承建高校，充分发挥牵头高校的作用，团结区域内所有本专科院校，创造性地开展图书文献资源共享服务，真正实现跨校间的网上预约、通借通还、送书到馆、开放共享、联合虚拟参考咨询等服务，更好地为高校师生教学科研工作服务。

4. 进一步加强项目承建高校间的技术交流与沟通联系。从互评结果来看，项目建设中存在着数据库平台不一、数据规范标准不一、网站接口规范不一、项目互通性不够等问题。请领衔承建高校在JALIS管理中心的统筹指导下，加强项目建设团队间的定期交流与沟通联系，尽快统一项目建设、管理与服务平台，避免形成新的信息孤岛。

5. 进一步发挥项目建设的共享服务效益。JALIS建设的最终目的是为了应用。请领衔承建高校进一步增强为全省高校师生服务的意识，从推进高等教育现代化、培养高素质创新人才的高度出发，从服务高校教师的教学科研、学生的研究性学习出发，从构建方便快捷的高校图书文献信息综合服务环境出发，创新管理机制与服务模式，让全省高校每一位师生都能享受到数字图书馆建设的成果。

教育部关于进一步推进对口支援西部地区高等学校工作的意见
（教高[2010]1号）
（2010－01－22）

五、充分利用现代信息技术，共享高等学校优质资源。受援高校要在支援高校的帮助下，充分利用现代信息技术，以提升接受国内外优质高等教育资源能力为目的，着力建设数字化校园、数字化图书馆和数字化教室等优质资源共享平台，解决自身优质资源匮乏问题，实现优质高等教育资源共享，促进人才培养、科学研究和社会服务水平等方面实现跨越式发展。教育部将进一步采取措施推进现代信息技术在对口支援工作中的利用。

湖北省委高校工委、湖北省教育厅关于印发2010年工作要点的通知
（鄂教办[2010]5号）
（2010－02－03）

四、切实加强和改进高校党的建设，推动高等教育事业科学发展

14. 加强高等学校教学基本建设，提高人才培养质量。继续实施"湖北省高等学校教学改革与质量提高工程"和"湖北省示范性高等职业院校建设工程"，立项建设30个本科品牌专业，遴选第四批高职高专省级重点专业；评审确定140门省级精品课程，实现全部省级精品课程网上资源共享；评审确定30个省级实验教学示范中心，建设30个高职高专省级实训基地；立项建设40个省级教学团队，设立100个"楚天技能名师"教学岗位。建立完善高等教育的质量监控评价体系，做好国家级、省级示范性高职院校建设评估验收工作，开展高职院校人才培养工作评估；开展独立学院本科专业教学合格评估检查；组织教学巡视员开展高校教学工作检查。建立健全独立学院学士学位授权审批、重点学科建设、学位授权点审核与评估、三级学位授予质量等方面的管理制度。加强湖北省高校数字图书馆和湖北省高等学校教育教学公共平台的建设，促进优质高等教育资源共享。

教育部基础教育二司关于印发《教育部基础教育二司 2010 年工作要点》的函(教基二司函[2010]1 号)
(2010—02—08)

三、加强技术装备工作，提高应用水平

8. 推进中小学信息化工作。研究制订全面推进中小学教育信息化指导意见。总结交流各地中小学教育信息化工作经验。继续推进农村现代远程教育工作，提高中小学信息技术应用水平。研究建立教育资源共享机制，促进优质资源进课堂。推进中小学实验室标准化建设。贯彻落实《中小学实验室规程》，制订高中理科教学仪器配备标准，促进中小学校开齐开好实验课。研究中小学图书配备工作机制。开展中小学图书馆标准化建设试点工作。

上海市教育委员会关于 2010 年本市义务教育阶段学校招生入学工作的实施意见(沪教委基[2010]26 号)
(2010—03—16)

（四）各类学校的办学规模与设施等基本情况，包括在校学生人数、学校占地面积、校舍建筑面积和专用教室数量、运动场地面积和设施设备、阅览室和电子阅览室数量和面积、图书馆生均藏书量、实验室及其数量等内容。寄宿制学校须公布其寄宿设施情况和收费标准。

上海市教育委员会关于为以招收农民工同住子女为主民办小学配备标准图书室及增配体育运动器材的实施意见(沪教委基[2010]29 号)
(2010—03—26)

附件 1：

2010 年改善以招收农民工同住子女为主的民办小学图书室配备标准

一、图书资源

配置的图书应以学生需求为主，符合学生的年龄特点和身心发展的要求；同时兼顾教师教学工作和专业发展的需要。师生图书的册数比例约为 3：7 左右。

配置的图书应确保内容质量，做到品种相对齐全，复本适宜，书价合理。争取通过本年度的增配，使师生人均图书拥有量不低于 20 册/件（含纸质、音像资料和电子读物）。同时鼓励学校订阅师生所需的报纸期刊。

二、配套设施

1. 藏书室面积的最低标准为：单个书架的落地面积 * 书架数量 * 2 倍计算，书架的配置数量以总册数/每架 400 册计算。同时留有借阅处并配置相关的借阅设施。

2. 鼓励学校创造条件设立阅览室，配备相应数量的阅览桌椅和采光照明等设施。

三、管理和服务

1. 指导、监督学校制定图书室的管理规范制度。及时将配置的图书登记、入账，并通过相关人员的培训后，逐步按照规范对图书进行分类、编目和排架。

2. 鼓励学校通过班级读书角（图书馆）等多种形式提高学校藏书的借阅率和流通率，图书室要面向全体师生全开架开放，同时开展形式多样的读书活动，并逐步培养学生良好的阅读习惯，形成正确的阅读方法。

上海市教育委员会关于开展“上海市普通高中学生创新素养培育实验项目”的通知(沪教委基[2010]31 号)
(2010—04—01)

附件：

“上海市普通高中学生创新素养培育实验项目”单位申报条件

三、保障措施

2. 教学资源。具备开设自创课程和学生参与课题研究或创意项目开发所需要的各种教学资源，包括与国家重点实验室、国家人文社会科学重点研究基地、国家重点一级学科或高校、科研机构、企业博士后流动站等机构三年以上合作培养创新型人才的项目与协议。有来自高中学校与高校、科研机构可供学生使用的图书馆、研究文献和文献检索手段。有较为丰富的相关领域教学资源。

江苏省人力资源和社会保障厅关于印发《江苏省技工院校教学管理规范》的通知(苏人社规[2010]5 号)
(2010—04—12)

第七章　教学设施管理

第三十四条　图书馆

80. 院校应设立图书室（馆），包括藏书借阅室、阅览室。图书馆（含阅览室）的建筑面积、藏书量、座位数应符合上级有关规定。

要不断推进图书室（馆）现代化建设，实行计算机检索借阅，建立与 Internet 网相连的电子阅览室，增加电子图书册数。图书室（馆）应根据教学需要和专业特点，有计划、有重点、多渠道地购置图书、音像资料，征订各种报刊杂志。文艺类和专业类图书、报刊资料比例要合理，并逐步形成具有院校专业（工种）特色的藏书体系。

81. 图书室（馆）要定时向师生开放，可实行半开架、开架式借阅，提高图书资料利用率。

82. 图书馆加强书库内部管理，及时进行图书编码，定期编制资料目录索引，做好图书资料的保护工作。注意防火、防盗、防虫蛀鼠咬、防潮霉变。定期消毒杀菌。

教育部办公厅关于施行《高等学校信息公开办法》的通知（教办厅函[2010]44 号）（2010－04－28）

（三）积极创造条件，认真完善信息公开的各项配套措施。

高校要充分发挥网站快速、便捷的优势，努力把学校网站建成信息公开的第一平台。要建立信息公开专栏和信息公开意见箱，主动做好信息的管理、维护和更新工作，认真听取社会对学校信息公开工作的意见和建议。专栏和意见箱应于 2010 年 8 月底前开通。要综合利用报刊、广播、电视以及新闻发布会、年鉴等形式或档案馆（室）、图书馆等场所，及时公开高校信息。有条件的高校可设置资料查阅室、索取点、公告栏、电子屏幕等设施，方便公民、法人和其他组织检索、查询和复制高校信息。

天津市财政局、市教育委员会关于印发《天津市“中央财政支持地方高校发展专项资金”建设规划实施方案》的通知（津财教[2010]24 号）（2010－05－01）

二、实施范围与内容

专项资金支持的项目分为六大类，包括：特色重点学科建设、省级重点学科建设、教学实验平台建设、科研平台和专业能力实践基地建设、公共服务体系建设、人才培养和创新团队建设。

（三）项目建设内容和开支范围

2. 省级重点学科建设项目

支持天津市重点学科所属的创新平台、重点实验室或人文社科研究基地的条件建设项目，资助其实验室科研仪器设备的购置、更新、改造及自主研制，资助人文社科研究基地专业图书馆的专业图书资料购置。上述条件建设要优先满足区域经济建设、社会进步和行业发展对重点学科建设的需求，统筹考虑学科内各创新团队的实际需要。

开支范围包括：设备购置费、图书购置费、电子文献购置费、科研创新平台建设所必须的环境条件改造费（环境改造经费不得超过项目总预算的 5%）。

教育部关于印发《中等职业学校设置标准》的通知（教职成[2010]12 号）（2010－07－06）

附件：

中等职业学校设置标准

第八条　应有与办学规模和专业设置相适应的校园、校舍和设施。

图书馆和阅览室：适用印刷图书生均不少于 30 册；报刊种类 80 种以上；教师阅览（资料）室和学生阅览室的座位数应分别按不低于专任教师总数的 20%和学生总数的 10%设置。

甘肃省教育厅关于进一步做好全省学校布局结构调整和“十二五”期间学校基建规划的通知（甘教发[2010]55 号）（2010－07－07）

八、学校基本建设规划的实施

（四）加强闲置校舍综合利用。校舍是宝贵的公共教育资源。各级教育行政部门要把对闲置校舍资源的综合利用编入学校基本建设规划。闲置校舍要优先用于教育事业，发展成人教育和学前教育。可以将部分闲置校舍办成农村文化技术学校，开展农村劳动力转移培训和实用技术推广。鼓励利用闲置校舍发展农村社区公共服务。鼓励有条件的地区投入资金将部分闲置校舍改造为农村社区文化活动中心或图书馆。对部分产权明确但不再使用的学校闲置校舍通过价值评估后，进行出租或拍卖，实现集体资产的转移和保值增值，其资金收入用于当地学校，特别是中小学校的校舍改造和教育教学装备投入。

中共中央、国务院关于印发《国家中长期教育改革和发展规划纲要（2010—2020年）》的通知（中发[2010]12号）（2010—07—08）

第四部分　保障措施

第十九章　加快教育信息化进程

（六十）加强优质教育资源开发与应用。加强网络教学资源体系建设。引进国际优质数字化教学资源。开发网络学习课程。建立数字图书馆和虚拟实验室。建立开放灵活的教育资源公共服务平台，促进优质教育资源普及共享。创新网络教学模式，开展高质量高水平远程学历教育。继续推进农村中小学远程教育，使农村和边远地区师生能够享受优质教育资源。

重庆市教育委员会关于在全市公办学校与民办学校之间开展对口帮扶工作的通知（渝教民办[2010]13号）（2010—07—16）

四、几点要求

（三）对口帮扶的公办学校应尽快建立激励机制，鼓励优秀教师和管理人员到民办学校任教或任职；热情接纳民办学校的进修师资和锻炼干部，并向帮扶对象开放图书馆、实习实训馆等场所，实现公办学校优质教育资源与民办学校充分共享。

湖北省教育厅关于在中小学校开展创建湖北省中华优秀文化艺术传承学校活动的通知（鄂教体艺[2010]23号）（2010—08—09）

二、原则与条件

1. 坚持课堂教学和课外活动相结合，把中华优秀传统文化艺术纳入艺术教育的课堂教学和课外活动中。因地制宜，开发当地艺术教育资源，充分依托当地文化馆、图书馆、博物馆、艺术馆、文艺团体和民间艺人等艺术资源，形成推进艺术教育工作的合力。

中共江苏省委、江苏省人民政府关于印发《江苏省中长期教育改革和发展规划纲要（2010—2020年）》的通知（苏发[2010]11号）（2010—08—26）

第六章　全面实施素质教育

（二十九）形成推进素质教育工作合力。

形成学校、家庭、社会共同推进素质教育的机制。宣传、文化、新闻出版、广播影视等部门要为青少年健康成长提供优秀精神文化产品，营造良好舆论氛围，引导社会及家长形成科学教育观和人才观。文化馆、科技馆、图书馆、体育场馆等公共资源要经常性地开展有益学生身心健康的活动，博物馆、纪念馆、展览馆等各类爱国主义教育基地对学生一律免费开放。

北京市教育委员会关于实施北京市高等职业院校携手发展计划的通知（京教函[2010]518号）（2010—08—27）

（三）资源共享

鼓励支持“示范院校”开放校内实训基地、图书馆等教学资源，按照“支援为主、互利共赢”的原则，探索建立有利于长期合作的资源共享机制，提高资源使用效益。开展同专业学生跨校选课、第二专业学生跨校选修，实行校际学生交流。

中共上海市委、上海市人民政府印发《上海市中长期教育改革和发展规划纲要（2010—2020年）》的通知（2010—09—06）

三、体制改革

（一）教育公共服务机制创新。

2. 优化公共政策和公共资源配置。科技、人口、文化、财政、税收、社保等公共政策的制定，要有利于调动学校和教师的积极性，有利于教育发展和人力资源开发。在制定城区规划、新城镇建设和小区配套设施建设规划时，优先考虑教育发展需要。土地资源、交通设施、商业网点、安全保卫、环境保护、医疗卫生等公共资源的配置，向教育倾斜，为教育营造良好的发展环境。各类图书馆、博物馆、纪念馆、科技馆等文化科技机构，应设立教育与咨询部，制定教育计划，向儿童、青少年、市民提供科技和文化知识服务。建立公共教育资源共享机制，学校资源向社区开放，使学校成为构建学习型社会的载体。

黑龙江省教育厅关于贯彻落实教育部深化基础教育课程改革进一步推进素质教育意见的实施意见（黑教基[2010]139 号）（2010－11－08）

8. 加强课程资源开发与利用。加强教材使用管理，鼓励教师根据学生实际有效整合教材资源，多渠道搜集、反馈教材编制与使用等方面的意见和建议。探索多样化的课程资源开发途径，建立基础教育课程资源开发体系，建设基础教育学科远程课程资源库，实现课程资源的共建共享。优化校内课程资源，充分利用学校图书馆、阅览室、实验室和多媒体教室等设施设备；因地制宜开发社会课程资源，充分利用学校所在地的博物馆、展览馆、工厂、农村、部队、社区、高校和科研院所等，为课程实施提供丰富的资源支撑。

上海市教委关于印发《上海市中小学健康教育实施方案》的通知（2010－12－07）

（二）教学资源

为加强教学资源建设，积极开发健康教育的教学课件、教学图文资料、音像制品等教学资源，增强健康教育实施效果。利用网络、影视、博物馆、图书馆、自然和人文景观、爱国主义教育基地等社会资源，丰富健康教育的内容和手段。

陕西省人民政府关于进一步加强和改进行政学院工作的意见（陕政发[2010]52 号）（2010－12－14）

七、加快行政学院建设，提升办学能力

（二十一）重视改善办学条件。各级政府及有关部门要重视支持行政学院的设施建设和设备更新，建立并利用各种信息技术和网络平台，使行政学院图书馆成为现代化公共政策与管理类文献资料信息中心。要切实改善学员的学习、生活条件，重视、解决好教职工的生活待遇和住房问题。支持省行政学院按照校园总体规划，建设现代化的新学院。

中共辽宁省委、辽宁省人民政府办公厅关于印发《辽宁省中长期教育改革和发展规划纲要（2010－2020 年）》的通知（辽委发[2010]19 号）（2010－12－16）

第十九章　加快教育信息化进程

（六十六）继续加强高等教育信息化建设。建立全省开放性共享平台，实现优质教学资源网上共享。加强数字化图书馆和数字化图书情报资源建设。建立网络教学平台，开展网络化数字多媒体交互式教学。建立高等教育发展与教学质量监控网络化平台。开发数字化实验与虚拟实验系统，创建网上共享实验环境。

特殊人群保护与图书馆

江苏省委办公厅、省政府办公厅印发《省有关部门贯彻实施省委省政府〈关于加快残疾人事业发展的意见〉责任分解方案》的通知（苏办[2010]10 号 2010 年 2 月 22 日）（2010－02－22）

一、着力提高残疾人基本生活保障水平

8. 残疾人持有效证件乘坐公共交通工具给予价格优惠，乘坐市内公共交通工具和进入政府投资主办的公园、图书馆、博物馆、纪念馆、旅游景点予以免费。（省住房和城乡建设厅、省交通运输厅、省文化厅、省广电局、省旅游局、省物价局）

三、积极促进残疾人全面发展

30. 组织残疾人开展形式多样、健康有益的残疾人文化、艺术、娱乐活动，丰富残疾人精神文化生活。各类公共文化设施要积极为残疾人服务，各级残疾人综合服务机构要开展经常性的残疾人文化艺术活动。扶持残疾人文化艺术产品生产和盲人读物出版等公益性文化事业。各地公共图书馆应设立盲文及盲人有声读物阅览室。发展残疾人特殊艺术，定期举办各种特殊艺术比赛和展演，培养优秀特殊艺术人才。（省文化厅、省残

联）

国务院办公厅转发中国残联等部门和单位关于加快推进残疾人社会保障体系和服务体系建设指导意见的通知

（国办发[2010]19号）

（2010－03－10）

（六）加快推进无障碍建设，方便残疾人生活。加强无障碍设施建设和管理，提高无障碍设施建设质量。住房城乡建设部门修订完善无障碍相关标准、规范，加快推进城市道路、公共建筑、居住建筑、居住区、公园绿地无障碍设施建设和改造。教育、民政、铁道、交通运输、残联等部门制定完善特殊教育学校、福利机构、残疾人综合服务设施、铁路旅客车站、码头、城市交通设施、民用机场旅客航站区等行业无障碍标准并监督实施。公共交通逐步完善无障碍设备。

推进信息和交流无障碍建设，提高全社会无障碍意识。有关部门要将信息交流无障碍纳入信息化建设规划，制定信息无障碍技术标准，推进互联网和手机、电脑等信息无障碍实用技术和产品研发。政府政务信息公开要采取信息无障碍措施，公共服务机构要提供语音、文字提示、盲文、手语等无障碍服务。图书和声像资源数字化建设要实现信息无障碍。

（七）发展残疾人文化体育服务，丰富残疾人精神文化生活。鼓励残疾人广泛参与基层文化体育活动，特殊教育学校、残疾人专门协会、社区残疾人组织要积极开展残疾人群众性文化体育活动，文化信息资源共享、流动舞台车、全民健身等政府重点文化体育工程要有为残疾人服务的内容。加强各级残疾人文化艺术组织和团体建设，鼓励残疾人参与文化艺术创作。

图书馆、博物馆、体育场馆、群众艺术馆、文化馆和乡镇综合文化站、社区文化中心（街道文化站）等公共文化体育设施免费向残疾人开放，并为残疾人参加文化体育活动提供便利；有条件的公共图书馆设立盲文和盲人有声读物阅览室。加强盲文出版和文化资讯建设，加大对盲文、盲人有声读物、残疾人题材的图书、音像制品出版等的扶持力度。各地电台、电视台积极创造条件，开设残疾人专题节目和手语节目，影视作品和节目要加配字幕。

重庆市人民政府关于进一步加强未成年人保护工作的意见

（渝府发[2010]36号）

（2010－03－24）

二、加强未成年人保护工作主要内容

（二）大力加强未成年人公益服务。

3. 丰富未成年人公益服务项目。积极探索政府为未成年人购买公共服务的供给模式，最大限度地体现公益性。对社会力量捐赠公益性未成年人保护事业给予配套资助，并落实捐赠税收扣除政策。全面实施扩大国家免疫规划，保障边远、贫困地区和流动未成年人同等享受免费接种疫苗服务，提高未成年人免疫能力，预防传染性疾病在未成年人中传播。建立中小学学生健康档案，确保中小学学生每年接受1次免费常规健康体检。爱国主义教育基地、博物馆、纪念馆、图书馆、青少年宫、儿童活动中心面向未成年人免费开放，展览馆、美术馆、科技馆、动物园面向未成年人优惠开放，并逐步实现免费开放。根据儿童身体发育加快的实际，适当提高儿童享受优惠的身高标准，免费或优惠乘坐公共交通工具、参观旅游景点。

湖北省人民政府办公厅转发省住房和城乡建设厅等部门关于进一步推进武汉等4个创建全国无障碍城市工作意见的通知

（鄂政办函[2010]38号）

（2010－04－06）

三、加快推进既有道路和建筑物的无障碍设施改造，确保改造项目计划如期完成

5. 文化馆、图书馆、科技馆、展览馆、博物馆、纪念馆、影剧院、音乐厅、体育场馆无障碍改造率武汉市和宜昌市不低于70%，襄樊市和黄石市不低于50%（由文化、科技、体育、教育部门负责）。

中国残疾人联合会、文化部关于组织举办残疾人文化活动周的通知

（2010－04－15）

五、活动内容

4. 着力推进文化助残结对活动。组织大中学校的学生以班级或小组为单位与残疾人家庭开展“一对一”结对帮扶活动；协调公共图书馆为

残疾人或残疾人子女提供送书上门等文化服务，努力满足残疾人文化需求。

内蒙古自治区人民政府办公厅转发自治区残联等八部门关于进一步加快残疾人文化事业发展意见的通知

（内政办字[2010]93 号 2010 年 5 月 4 日）

（2010－05－04）

四、加快残疾人文化基础设施建设

（一）公共文化活动场所（图书馆、博物馆、文化馆、体育场馆、纪念馆等）对残疾人免费或优惠开放，配置无障碍设施，提供特殊服务。盟市以上电视台要开播手语新闻节目，影视作品和节目要加配字幕。机场、图书馆、博物馆（会展中心）、大型超市、公园、影剧院等公共服务场所要提供语音、文字和盲文、手语等无障碍服务。

（二）在有条件的地方建立残疾人专门活动场所，丰富活跃残疾人的文化生活，向残疾人传播科技信息，开展思想道德教育和各类科技、文化、技能培训。旗县级以上图书馆开设盲人有声读物阅览室，开展盲文读物借阅工作。

五、加大对残疾人文化事业发展的投入

（二）对图书馆内部设置的和各地残联开辟的盲文及盲人有声读物图书馆（室）的图书、设备购置费，应根据事业发展需要逐年有所增加。

（三）各级财政在核定残联、文化事业单位文化经费时，应考虑人才培养因素，增加残疾人文化人才开发投入。

六、认真实行各项税费优惠政策

（一）对经广播电视行政主管部门批准，从事电影制片、发行、放映的电影集团公司、电影制片厂以及其他电影企业出版的反映残疾人题材的电影拷贝收入免征增值税。对由残疾人组织直接进口供残疾人专用的文化产品免征增值税；免征博物馆、图书馆、文化馆、美术馆、展览馆、纪念馆、书画院等单位举办残疾人文化活动所售门票收入的营业税。

（三）对建设专门的残疾人有声读物图书馆、文化馆、美术馆、书画院、影剧院、体育训练基地、专业文艺团体排练及舞美用房，免征城市基础设施配套费。

住房和城乡建设部、民政部、中国残疾人联合会、全国老龄工作委员会办公室关于开展“十一五”创建全国无障碍建设城市验收工作的通知

（建标函[2010]126 号）

（2010－05－12）

附件：

无障碍建设情况统计表

三、公共建筑设施

序号	统计内容	满足无障碍要求的实际数量	五年规划的数量	总数量	统计要求及相关说明
3	文化纪念、观演体育建筑				包括：文化馆、图书馆、科技馆、展览馆、博物馆、纪念馆、影剧院音乐厅、体育场馆。 建筑入口与坡道，通道、走道和地面，楼梯与台阶，厕所/厕位，停车场及停车位，无障碍标志，低位服务台/低位窗口，轮椅席位，门，电梯符合无障碍要求。

中共西藏自治区委员会、西藏自治区人民政府关于促进残疾人事业发展的实施意见

（2010－05－20）

二、加强残疾人社会保障体系建设，保障残疾人的基本生活

（五）残疾人凭《残疾人证》免费参观区内博物馆、纪念馆、科技馆、美术馆、展览馆、体育场馆、文化馆（室）、公共图书馆等公共文化体育设施以及公园、动物园、风景名胜区等场所，对盲人、双下肢残疾人，应允许一名陪护人

员免费进入上述公共场所。以上场所内实行政府定价、政府指导价管理的缆车、游园车等交通工具，对残疾人减半收取费用。

山西省人民政府办公厅转发省文化厅关于进一步保护未成年人合法权益开展全省网吧集中整治行动实施方案的通知（晋政办发[2010]55号）（2010－07－07）

二、工作重点与目标

（六）鼓励和支持设立“绿色”上网场所

地方各级人民政府要鼓励、支持教育、文化等部门利用学校计算机室和图书馆电子阅览室建立“绿色”上网场所，为青少年提供文明、健康、向上的网络平台，确保网络时代青少年的健康成长。

江西省人民政府办公厅转发省残联等部门关于加快推进残疾人社会保障体系和服务体系建设实施意见的通知（赣府厅发[2010]61号）（2010－09－08）

三、加快残疾人服务体系建设，提高为残疾人服务的能力和水平

积极推进信息和交流无障碍建设，提高全社会信息无障碍意识。省、市、县文化、信息、通讯、城管等部门要将信息交流无障碍纳入信息化建设规划并监督实施。政府政务信息公开要采取无障碍措施，公共服务机构要提供语音、文字提示和盲文、手语等无障碍服务。图书和声像资源数字化建设要实现信息无障碍。

（十三）市级以上图书馆设立无障碍阅览室，免费对残疾人开放；各级博物馆、群众艺术馆、文化馆和乡镇（街道）综合文化站等公共文化场所免费对残疾人开放，并为他们参加活动提供方便；为残疾人定期组织慰问演出，订阅有关残疾人书籍。加大对反映残疾人题材的广播影视作品、图书、报刊和音像电子出版物的出版和发行的扶持力度；文化部门在开展农村文化三项活动中要把反映残疾人自强不息的影视作品列入影片放映范围；各级广播电影电视播出机构要积极创造条件免费开辟专题节目和手语节目，影视作品和节目加配字幕。

河南省人民政府办公厅关于印发在部分市县率先推进残疾人社会保障体系和服务体系建设实施方案的通知（豫政办[2010]109号）（2010－09－17）

（六）文化、体育

28. 残疾人群众性文化体育活动广泛开展，公共文化体育设施免费向残疾人开放；市级残疾人综合服务中心设残疾人阅览室，公共图书馆建立盲人有声读物阅览室；市级电台和电视台积极创造条件，开设残疾人专题节目和手语节目，影视作品和节目要加配字幕。

陕西省人民政府办公厅转发省残联等部门和单位关于加快推进全省残疾人社会保障体系和服务体系建设实施意见的通知（陕政办发[2010]126号）（2010－12－17）

（七）文化信息资源共享、全民健身等重点文化体育工程要有为残疾人服务的内容。农家书屋建设要有残疾人读物。

全省所有公立图书馆、博物馆、体育馆、群众艺术馆、文化馆和乡镇文化站、社区文化中心（街道文化站）等公共文化体育设施要向残疾人免费开放，为残疾人就近就地参加文化体育活动提供便利。县级以上有条件的公共图书馆2015年前要设立盲文和盲人有声读物室，并进一步完善功能设施，增加盲文图书及有声资料的品种和数量。有关部门要制定优惠政策，加大对残疾人创作和残疾人题材的图书、音像制品出版、发行的扶持力度。2015年前，有条件的县（市、区）以上电视台开设手语节目，有条件的县（市、区）以上广播电台开设残疾人专题节目，并形成节目运行的长效机制。省内制作的影视作品和节目要加配字幕。

收费制度与图书馆

江苏省物价局、省财政厅关于南京图书馆收费问题的批复（苏价费[2010]109号 苏财综[2010]22号）（2010－03－25）

一、图书借阅卡、阅览卡押金：中文图书借阅卡、阅览卡押金100元；中外文图书借阅卡、阅览卡押金400元；少儿借阅卡、阅览卡押金50元。

二、图书借阅卡、阅览卡（实行磁卡或IC卡管理）等遗失补办，成本制作费10元/卡。

三、图书延期继续使用费：0.1元/册·天。

四、图书遗失、污损：图书遗失，应购买相同图书赔付，并收取分编加工材料费不超过5元/本；无法购买相同图书的，按图书标定（码洋）价格的3－5倍收取赔偿费。图书污损，视污损程度酌情收取污损折旧费，污损严重不能继续使用的按图书标定（码洋）价格赔偿。

五、专业技术资格评审费按《省物价局 省财政厅关于同意调整专业技术资格评审收费标准的通知》（苏价费函［2002］62号、苏财综［2002］61号）执行。

六、公开招聘工作人员按照《省物价局 省财政厅关于明确事业单位公开招聘工作人员考试收费政策的复函》（苏价费函［2007］146号）执行。

七、复印、书面数据加工及图书加工、资料咨询、资料翻译、资料传递、书吧、多媒体欣赏室等作为经营服务性收费，按实际成本确定标准。

八、开展社会教育培训，按照《省物价局 省财政厅关于规范培训收费管理的通知》（苏价费［2003］408号、苏财综［2003］157号）要求，根据培训成本自主确定培训费，报省物价局备案。

九、出租展位、演出票价按实际成本并参照市场定价。

上述图书借阅卡、阅览卡（实行磁卡或IC卡管理）的遗失补办和图书延期继续使用等收费作为行政事业性收费管理，纳入财政专户，实行"收支两条线"管理，收费时使用省财政厅统一印制的票据。经营服务性收费，使用税务票据并依法纳税。各项收费均应按规定对外公示，接受社会监督。

以上批复自2010年4月1日起执行。接文后，请南京图书馆及时到省物价局办理收费许可证变更手续。

陕西省物价局印发《关于运用价费政策进一步促进旅游产业发展的实施意见》的通知（陕价经发[2010]49号）（2010－04－09）

四、完善各项价费优惠政策措施，加大对旅游业发展的支持力度

11. 逐步扩大公益性游览参观点免费开放范围。逐步扩大博物馆、图书馆、纪念馆、科技馆、爱国主义教育基地等具有公共属性的游览参观点向社会免费开放的范围。鼓励有条件的城市对城市公园等社会公共旅游产品实行免费开放。

湖南省物价局、湖南省财政厅、湖南省教育厅关于进一步规范普通大中专学校服务性收费和代收费管理有关事项的通知（湘价教[2010]102号）（2010－07－23）

附表一：

湖南省大中专学校服务性收费项目及收费标准

收费项目	收费标准	说明
2. 资料翻译费	每人次50元	
3. 证卡补办费	20元/卡·证	限对因丢失或损坏需补办证卡的学生。补办校徽每枚2元
4. 上机、上网服务费	包月用户30元/月·户，非包月用户1元/小时	学校不得以定额方式向所有在校学生统一收取
9. 图书馆复印复录费	复印每张0.50元，复录每盘磁带2元	限学校图书馆或资料室为学生提供复印、复录服务

土地税收政策与图书馆

江苏省地方税务局关于印发涉税管理事项的通知
(苏地税规[2010]3 号)
(2010－03－16)

附件：涉税事项分类表

涉税事项分类表（税种备案类）

序号	审批类别	审批事项名称	项目依据的文件	报送资料清单
46		纪念馆、博物馆、文化馆、美术馆、展览馆、书画馆、图书馆营业税减免	营业税暂行条例第八条(六)：纪念馆、博物馆、文化馆、美术馆、展览馆、书画院、图书馆举办文化活动的门票收入，免征营业税。苏地税发[2006]168 号	1. 上一年度减免税政策执行情况；2. 营业税减免税申请表(备案类)；3. 纳入财政预算管理的证明；4. 区县以上文化、文物主管部门批准成立的证明；5. 主管地方税务机关要求提供的其他相关资料。

广西壮族自治区地方税务局关于印发《营业税减免税管理办法(修订)》的公告
(桂地税公告[2010]5 号)
(2010－11－04)

附件

营业税减免税项目

序号		减免税项目	政策依据
十七		文化、科普、宗教活动门票收入税收政策	《中华人民共和国营业税暂行条例》第八条第(六)项和《中华人民共和国营业税暂行条例实施细则》第二十二条第(四)项。
	2	纪念馆、博物馆、文化馆、文物保护单位管理机构、美术馆、展览馆、书画院、图书馆举办文化活动的门票收入，宗教场所举办文化、宗教活动的门票收入免征营业税	

北京市契税管理规定
(1999 年 7 月 13 日北京市人民政府第 29 号令公布
根据 2002 年 6 月 27 日北京市人民政府第 100 号令第一次修改
根据 2010 年 11 月 27 日北京市人民政府第 226 号令第二次修改)
(2010－11－27)

第七条　免税规定：

(四)国家机关、事业单位、社会团体、军事单位承受土地、房屋用于办公的办公室（楼）、档案室、职工食堂，教学的教室（教学楼）、实验室（楼）、操场、图书馆、食堂、学生宿舍，医疗的门诊部、化验室、住院部、药房，科研的试验场、试验楼，以及市财政局和市地方税务局确定的其他直接用于办公、教学、医疗、科研等的土地、房屋，免征契税。

上海市人民政府关于印发《上海市文化事业建设费征收办法》的通知(沪府发[2010]45 号)
(2010－12－31)

第一条　（目的和依据）

为了多渠道筹措文化事业建设资金，加快本市文化事业的发展，根据《国务院关于进一步完善文化经济政策的若干规定》、《文化事业建设费征收管理暂行办法》等规定，结合本市实际情况，制定本办法。

第二条　（征收范围）

凡在本市行政区域内依照《中华人民共和国营业税暂行条例》的规定缴纳娱乐业、广告业营业税的单位和个人，为文化事业建设费的缴纳义务人（以下简称“缴费人”），应当依照本办法的规定，缴纳文化事业建设费。

第三条　（征收部门）

文化事业建设费由地方税务部门在征收娱乐业、广告业营业税时一并征收。

第四条　（计征标准）

文化事业建设费的费率为3%。

文化事业建设费按缴费人应当缴纳娱乐业、广告业营业税的营业额和规定的费率计算应缴费额。计算公式：应缴费额＝应纳娱乐业、广告业营业税的营业额×3%。

第五条　（缴纳和划转）

缴费人应当在缴纳营业税时，一并缴纳文化事业建设费。

对中央直属单位及其所属企业事业单位征收的文化事业建设费，全额上缴中央金库；对地方单位和个人征收的文化事业建设费，全额缴入市级金库。

第六条　（文化事业建设费的使用）

文化事业建设费用于发展本市的文化事业。

文化事业建设费的使用管理办法，由市财政局会同市有关部门制订，报市政府批准后实施。

第七条　（应用解释部门）

市财政局、市地税局根据各自职责负责对本办法的具体应用问题进行解释。

政府工作与图书馆

国务院办公厅关于印发国务院 2010年立法工作计划的通知 （国办发[2010]3号） （2010－01－01）

（二）保障和改善民生，加强社会建设和公共服务，维护社会和谐稳定需要提请全国人大常委会审议的法律草案、法律修订草案和需要制定、修订的行政法规。共48件，其中公共图书馆法由文化部起草。

认监委网上信息公开规定 （2010－01－01）

第二章　目录与指南

第十一条　对于课题研究所需政府信息，若已经主动公开的，可告知申请人通过政府网站、政府公报、部门统计年鉴、相关公开出版物和档案馆、图书馆信息查阅点等渠道自行查阅。通过主动公开渠道确实难以获取的政府信息，申请人可按照“一事一申请”的方式，分别提出申请。

文化部文化科技司关于申报 2010年度“国家文化科技提升计划” 项目的通知 （2010－01－01）

附件二：

国家文化科技提升计划2010年度申报指南

二、设定课题

2010年设定课题有3个。实施方式：以申报评审方式确定项目实施主体，并给予一定的经费资助。

（一）公共图书馆科技应用的基本构成和应用模型研究

以公共图书馆科技应用现状的研究为基础，提出公共图书馆科技应用的前景与趋势，设计出公共图书馆科技应用的基本构成和应用模型，设计出城市、区域公共图书馆科技应用的基本构架。

重点研究领域：

1. 依赖新媒体新技术的资源类型；
2. 依赖新媒体新技术的资源传播模式；
3. 支撑公共图书馆业务和服务的技术平台；
4. 依赖现代科学技术的图书馆建设与设备；
5. 在业界产生重大影响的技术创新成果。

实施主体：

以一个图书馆为主体，会同在科技应用方面有显著成效的图书馆和图书馆专业研究机构承担该项目。

（二）国家文化资源信息平台建设

通过对文化资源信息分类体系及元数据研究，建立文化资源信息平台。

重点研究领域：

1. 国家文化资源信息分类体系框架；
2. 文化资源信息分类体系表；
3. 文化资源信息元数据；
4. 文化资源信息采集系统；
5. 文化资源数据库管理系统；

6. 文化资源海量数据挖掘系统；

7. 文化资源数据安全保护与长期保存系统；

8. 文化资源数据接口通用技术要求。

实施主体：

以一个拥有一定文化资源的单位为主体，会同在科技应用方面有显著成效，并在数据存储研究方面有一定基础的专业研究机构承担该项目。

江苏省新闻出版(版权)局关于积极参与法治城市创建活动的指导意见
(苏新出发[2010]1号)
(2010—01—05)

七、发挥行业优势，为法治城市创建活动提供智力支持

21. 深入推进全民阅读活动。以“4·23世界读书日”、“4·26世界产权日”以及各种重大节庆纪念活动为契机，组织开展形式多样的全民阅读活动；各级新闻出版（版权）行政机关，要协调指导相关行业协会和新闻出版单位，精心组织推荐优秀书目、读书知识竞赛、读书有奖征文等活动，丰富城市阅读生活。

22. 积极推进各类书屋建设。总结各地推进“农家书屋”建设的成功实践，积极推进城市各类书屋建设。坚持以“农家书屋”为平台，引导农民读书用书、丰富农村文化生活；坚持以社区书屋为平台，组织社区群众读书益智、读书娱乐；坚持以城市职工书屋为平台，帮助广大职工提高素质、增强技能；坚持以学校图书馆室为平台，促进在校学生勤奋读书、健康成长。

23. 扎实推进普法宣传教育。紧密围绕法治城市创建的目标任务，积极推进新闻出版（版权）“一法七条例”宣传贯彻；通过行政法制讲座、法律咨询服务、政策法规培训等形式，普及城市市民的新闻出版（版权）法律法规常识；继续推进“农家书屋”法制文化建设，总结推广“农家书屋”法制文化建设先进经验。

国务院办公厅关于做好政府信息依申请公开工作的意见
(国办发[2010]5号)
(2010—01—12)

四、妥善处理研究课题类申请

对于课题研究所需政府信息，若已经主动公开的，可告知申请人通过政府网站、政府公报、部门统计年鉴、相关公开出版物和档案馆、图书馆信息查阅点等渠道自行查阅。

湖南省人民政府办公厅关于印发《湖南省标准化发展规划纲要(2010—2020年)》的通知
(湘政办发[2010]3号)
(2010—01—15)

四、标准化主要领域和发展方向

(二)主要项目方向。

2. 服务业标准化主要项目方向

(3)文化。主要研制广播、音像、出版、文化娱乐、培训等资格准入与服务标准；研制广告业服务、图书外借服务、艺术馆服务质量规范；研制图书馆、博物馆分等定级标准；研制外语培训、优秀传统文化培训、计算机培训、会计法律考试培训、机动车及农业机械驾驶员培训等培训服务规范。

(4)基础公益。主要开展“两型社会”建设与管理、公共服务、政务公开、电子政务与公共基础信息库、标准资源服务、公共场所导向标识、公共设施与安全、地理标志产品保护、社区园区服务、物业管理、家政服务、中介服务等基础公益标准化研究，以及标准化战略与规划、企业标准化、技术性贸易壁垒与市场准入等研究。

浙江省新闻出版局关于做好“三农”出版物赠送工作的通知
(2010—01—21)

三、“三农”出版物的赠送方式

1. “三农”出版物的赠送工作由各设区市及义乌市具体负责。根据目前有关出版社的造货进度，上述政府采购的“三农”出版物，将在春节前后陆续向各市发送。请各市文化广电新闻出版局根据各自的赠送额度，制定所属各县（市、区）的分配计划，并将有关出版物下发至各县（市、区）。原则上，《安全知识读本》、《农民工卫生知识》、《农民学法用法300问》、《农村水电管理知识百问》应按比例送至各村（含农村社区）“农家书屋”、文化活动室和各乡镇（含街道）的文化站或图书馆；其他品种则送至各乡镇（含管辖有农村的街道）的文化站或图书馆；各市也可将有关品种直接送至有关专业合作

社及有关种养大户。

2. 各地对完成“农家书屋”挂牌的，应优先配送“三农”出版物。

宁夏回族自治区党委、自治区人民政府关于做好2010年农业农村工作的意见(宁党发[2010]7号)

(2010－02－01)

五、加快发展农村社会事业

(二)大力繁荣农村文化体育事业。以创建文化先进县、文化名乡村为抓手，推进广播电视村村通、农家书屋、农村数字电影放映等重点文化惠民工程。实施农村文化服务“187”项目。开展“文化服务进农家”、送文化“下乡”活动，全年下乡演出1500场次以上。完成5个县区图书馆、文化馆的新建和改造。实施农民健身工程，完成500个行政村标准化篮球场建设。举办全区农民运动会和农民文艺汇演。

中共山东省委、山东省人民政府关于认真贯彻落实《中共中央、国务院关于加大统筹城乡发展力度进一步夯实农业农村发展基础的若干意见》的意见(鲁发[2010]1号)

(2010－02－01)

四、推进基本公共服务均等化，着力保障和改善农村民生

(四)促进城乡教育卫生文化事业均衡发展。统筹配置城乡公共事业资源，合理布局校舍、医疗、文化等设施。……建立省、市、县、乡、村五级公共文化服务网络，加大县级文化馆、图书馆改造提升力度，继续推进文化信息资源共享等重点文化惠民工程建设和综合利用，全面完成1388个乡镇综合文化站建设任务，50%的村建成规范化文化大院。实施农民体育健身工程。广泛开展文明户、文明村镇、文明集市等群众性精神文明创建活动，推进“四德工程”建设，提高农村现代文明水平。

国家禁毒委员会关于印发《2010年全国禁毒宣传教育工作重点》的通知(禁毒委发[2010]1号)

(2010－02－02)

五、加强阵地、资料和队伍建设，保障禁毒宣传教育长远发展

16. 加强禁毒宣传教育基地（园地）建设。各地要加快禁毒教育基地（园地）的建设步伐，在学校、公园、广场、街道、社区、乡村等居民集中的健身休闲活动场所，因地制宜建立小型禁毒教育园地。充分利用强制隔离戒毒场所、自愿戒毒医疗机构、戒毒康复场所以及图书馆、文化馆、社区文化站、宣传栏、市民学校、职工学校、青少年法律学校、爱国主义教育基地、青少年宫、儿童活动中心等场所，面向社会尤其是青少年开展禁毒教育。

甘肃省人民政府办公厅关于做好政府信息依申请公开工作的通知(甘政办发[2010]22号)

(2010－02－08)

（三）严格遵守《意见》，妥善处理研究课题类申请。对于要求行政机关为其大范围提供课题研究所需资料、数据的申请，因其不同于《条例》规定一般意义上的申请，且在一定程度上超出了设置依申请公开的立法本意，行政机关可要求申请人对其申请方式作出调整。对于课题研究所需政府信息，若已经主动公开的，可告知申请人通过政府网站、政府公报、部门统计年鉴、相关公开出版物和档案馆、图书馆信息查阅点等渠道自行查阅。通过主动公开渠道确实难以获取的政府信息，申请人可按照“一事一申请”的方式，向相关行政机关分别提出申请。研究课题类申请面大量广，针对性强，在处理此类申请时，要加强调研，认真研究，慎重稳妥处理，确保能公开的政府信息尽量公开，能部分公开的部分公开，不能公开的要耐心做好解释说明工作。

四川省人民政府办公厅关于做好2009年政府信息公开年度报告编制工作的通知(川办函[2010]21号)

(2010－02－08)

二、协调做好年度报告编制工作

（三）加强协调配合。各级政府信息公开主管部门要加强与相关部门的协调会商，商请各级法院并协调各级监察、保密、法制、档案、政务服务中心等部门和图书馆等政府信息公开查阅点，共同做好年度报告数据的统计汇总工作。监察、保密部门要对政府信息公开工作进行行政监

督、保密审查；政府新闻办要对全年各类新闻发布会进行统计汇总；政府法制办要对办理政府信息公开类行政复议情况进行统计分析；档案局要将行政机关利用同级档案馆进行信息公开、政府信息公开查阅点建设情况以及向公众提供纸质和电子资料查询的情况进行汇总整理。

中共江西省委、江西省人民政府关于贯彻《中共中央国务院关于加大统筹城乡发展力度进一步夯实农业农村发展基础的若干意见》的实施意见
（赣发[2010]3 号）
（2010－02－08）

三、下大力气推进农村公共事业发展，保障和改善农村民生

14. 加快发展农村社会事业。……加强县文化馆、图书馆和乡镇文化站、村文化室等公共文化设施建设，继续实施广播电视“村村通”工程，办好农家书屋，组织好科技、文化、卫生“三下乡”活动。

内蒙古自治区人民政府关于印发自治区人民政府 2010 年工作要点的通知
（内政发[2010]16 号）
（2010－02－11）

五、深入推进生态文明建设，提高可持续发展水平

（三十）加快发展文化事业。认真贯彻落实国务院关于进一步繁荣发展少数民族文化事业的意见，充分挖掘民族文化资源，丰富发展草原文化，加快建设民族文化大区。改善公共文化服务基础设施条件，推动内蒙古演艺中心等重大文化项目建设，全面完成苏木乡镇综合文化站工程，文化信息资源共享工程实现旗县全覆盖。广泛开展文化惠民活动，推动图书馆、科技馆、美术馆等公益性文化单位免费向社会开放。加大文化遗产保护力度，做好元上都申报世界文化遗产各项工作。继续实施无线覆盖、农村牧区电影放映工程。认真贯彻国务院《全民健身条例》，促进群众体育和竞技体育协调发展。（自治区文化厅、财政厅、发展改革委、广电局、新闻出版局、体育局负责）

河南省人民政府办公厅关于明确政府工作报告提出的 2010 年重点工作责任单位的通知
（豫政办[2010]21 号）
（2010－02－22）

四、加快文化强省建设步伐

（一）繁荣发展文化事业。

64. 加强文艺精品创作，推出一批精品力作。加快基层文化设施建设，建成 400 个乡镇文化站、5200 个农家书屋和 1840 个自然村广播电视“村村通”工程，建成 58 个文化信息资源共享工程县级支中心、1.96 万个村级服务点。建成省广播电视发射塔。抓好市、县两级公共图书馆、文化馆、博物馆建设。继续做好舞台艺术送农民、农村电影公益放映等工作。强化网络文化建设与管理。

由省文化厅、广电局、新闻出版局和各省辖市政府负责落实。

福建省人民政府关于开展小城镇综合改革建设试点的实施意见
（闽政[2010]4 号）
（2010－02－23）

三、小城镇综合改革建设试点的主要任务

（四）促进社会事业发展。加大政府投入，加快教育、卫生、科技、公共文化、公共体育服务体系建设步伐，积极引导社会资金发展文化体育产业，提高试点镇的品位、层次和承载力。

4. 加快小城镇公共文化休闲设施建设，推进建设集文化站、图书馆、体育活动室等功能为一体的文体活动中心，具有游乐、举行文艺活动、集会等功能的中心广场，建设集娱乐、休闲、健身为一体的游乐公园。

中共浙江省委办公厅、浙江省人民政府办公厅关于印发《2010 年省委省政府重点工作任务分解》的通知
（浙委办[2010]18 号）
（2010－02－23）

四、深化文化大省建设，推动社会主义文化大发展大繁荣

39. 加快推进公共文化服务体系建设

内容与要求：进一步加强图书馆、博物馆、

文化馆等公共文化基础设施建设，突出抓好社区文化中心、村文化活动室等基层文化阵地建设。加强乡镇综合文化站和农村电影院线建设，提高“村村通”、“村村响”等广电惠民工程的入户率，基本完成县以上城市有线电视数字化整体转换，积极推进公共图书馆网络化建设和农村新华书店连锁工作。

西藏自治区人民政府办公厅关于做好2010年政府信息公开工作的通知（2010－03－03）

四、进一步加强政府信息公开载体建设、拓展渠道，提高政府信息公开工作的公开质量

加大信息网上公开力度。各地（市）、各部门在充分运用政府公报、报刊、广播、电视等传统公开载体的基础上，积极创造条件进行政府信息网上公开。要强化政府网站政府信息公开主平台作用，继续加大对政府上网工程的支持力度，开设政府信息公开专栏，方便公众及时获取和利用政府主动公开的信息。

设立信息查阅场所或设施。各地（市）、各部门要进一步增加相应的信息查阅场所或设施。自治区各部门要将本单位宜于向社会公开的规范性文件和信息分别向自治区一站式审批服务中心、自治区档案馆、图书馆提供。自治区一站式审批服务中心要专门设立政府信息公开查阅点；自治区档案馆和图书馆要设立政府信息公开查阅场所，方便公众查阅，切实做到方便群众办事、便于社会监督；自治区监察厅要加快电子监察系统的建设，完善措施，逐步建立内外并举的监督机制。

第十一届全国人民代表大会第三次会议关于2009年国民经济和社会发展计划执行情况与2010年国民经济和社会发展计划的决议（2010年3月14日第十一届全国人民代表大会第三次会议通过）（2010－03－14）

一、2009年国民经济和社会发展计划执行情况

（七）惠民生促和谐成效明显

各项社会事业全面进步。社会事业基础设施建设得到加强，2008年四季度以来，中央政府用于社会事业发展方面的基建投资550多亿元，超过“十五”时期的总和。城乡免费义务教育政策全面落实，中西部地区农村初中校舍改造和全国中小学校舍安全工程积极推进，改造农村初中校舍面积670万平方米，建成中等职业学校和特殊教育学校校舍314万平方米。初中阶段三年保留率达到94％，提高0.3个百分点，高中阶段毛入学率达79.2％，提高5.2个百分点，超过计划2.2个百分点；普通高校招生639.5万人，增加31.8万人，超过计划10.5万人，研究生招生51.1万人，增加6.5万人，超过计划3.6万人。基层医疗卫生服务体系和计划生育设施建设继续加强，建成17171个基层医疗卫生服务机构、4522个基层计划生育服务项目，甲型H1N1流感防控工作依法科学有序进行。人口自然增长率5.05‰，实现了7‰以内的计划目标。国家博物馆、国家图书馆二期等重大文化项目建设进展顺利，建成乡镇综合文化站5062个，免费开放的博物馆、美术馆、图书馆等公共文化设施1444家。广播、电视人口覆盖率分别达到96.3％和97.2％，广播电视村村通工程提前一年完成“十一五”规划任务。红色旅游精品景区建设规划目标全面实现。哲学社会科学、新闻出版、文学艺术和体育等事业繁荣发展。第十一届全国运动会成功举办。上海世博会园区建设基本完成。

三、2010年经济社会发展的主要任务和措施

（八）加强以改善民生为重点的社会建设，全力维护社会和谐稳定。

（6）大力加强文化建设。加大基层公共文化设施和群众体育设施建设力度，并向农村和中西部地区倾斜，加快实施文化信息资源共享、乡镇综合文化站等文化惠民工程，加强国家自然文化遗产地、历史文化名城、抢救性文物以及非物质文化遗产的保护。继续推进文化体制改革，完善扶持公益性文化事业、发展文化产业、鼓励文化创新的政策。繁荣发展哲学社会科学。推进广播影视、新闻出版等领域重大文化建设项目和产品创新。大力开展全民健身活动，今年拟新增体育场地2000个，增长4.1％。

北京市人民政府关于印发2010年市政府折子工程的通知
(京政发[2010]6号)
(2010—03—18)

六、重视保障和改善民生

163. 继续实施文化惠民工程，完善街道文化服务中心建设，扩大图书馆、博物馆向公众免费开放范围，新建1020个益民书屋。

江苏省人民政府办公厅关于进一步做好政府信息公开工作的意见
(苏政办发[2010]28号)
(2010—03—20)

二、确立工作原则，积极稳妥推进

(二)坚持便民原则，履行必要的程序。各地、各部门要以规范行政行为为着力点，由近及远、梯次推进、注重实效，积极稳妥地开展政府信息公开，对涉及人民群众切身利益的政府信息要进行全面清理，凡属于《条例》规定应当公开的政府信息都要纳入公开目录，并及时更新信息公开指南和信息公开目录内容。各地要在档案馆、图书馆、行政服务中心(办事大厅)等公共场所设立查阅点，主动为公众提供便利。要引导和帮助公众按照法定的权限和程序行使权利、履行义务，对申请政府信息公开有困难的公民，受理机关应提供必要的帮助。

国务院关于落实《政府工作报告》重点工作部门分工的意见
(国发[2010]8号)
(2010—03—21)

五、大力加强文化建设

(二十四)大力发展文化、体育事业。完善公共文化服务体系，保障人民群众的基本需求和权益。文化基础设施建设和公共文化资源配置向基层特别是农村和中西部地区倾斜，推进美术馆、图书馆、文化馆、博物馆免费开放。继续推进文化体制改革，扶持公益性文化事业，发展文化产业，鼓励文化创新，培育骨干文化企业，生产更多健康向上的文化产品，满足人民群众多样化的文化需求。促进哲学社会科学、广播影视、新闻出版、档案事业发展，繁荣文学艺术创作，加强文物和非物质文化遗产保护。积极开展对外文化交流，增强中华文化国际影响力。大力发展公共体育事业，广泛开展全民健身运动，提高人民的身体素质。办好广州亚运会、亚残运会。(文化部、发展改革委、财政部、广电总局、新闻出版总署、体育总局、社科院、档案局、文物局、教育部、中国残联、侨办负责)

国务院办公厅关于进一步支持甘肃经济社会发展的若干意见
(国办发[2010]29号)
(2010—05—02)

七、加快发展社会事业，着力保障和改善民生

(三十)大力发展文化体育事业。加大公共文化设施建设投入，建立基层公共文化体育服务经费保障机制。重点建设地市级图书馆、文化馆，加强省市级博物馆、文物大县和重点遗址博物馆建设。继续实施全国文化信息资源共享工程、广播电视西新工程、村村通工程和农村数字电影放映工程。将临夏州及张家川、肃南、肃北和阿克塞等自治县纳入西新工程。加强少数民族语言节目译制、制作播映和覆盖能力建设，改善市、县广播影视基础条件。支持丝绸之路整体申遗及沿线重要遗址保护，加大重点文物保护和少数民族文化遗产抢救力度。支持非物质文化遗产保护，加大对濒危非物质文化遗产的抢救力度。建立古籍保护工作机制，完善古籍保护设施条件。建设一批基层群众性体育活动场馆，大力开展全民健身活动，积极推进临洮体育训练基地建设。

中共湖北省委办公厅、湖北省人民政府办公厅关于做好对口帮扶随县建设和发展工作的通知
(鄂办文[2010]40号)
(2010—05—05)

二、明确工作目标，把握对口帮扶随县建设与发展的重点

(三)支持社会事业发展。将随县符合申报条件的社会事业项目全部列入国家相关专项规划。……三是支持随县社会文化事业发展，在随县文化馆、图书馆、博物馆、广播电视大楼、计生服务中心、社区服务设施、福利院等基础设施建设上给予支持。

国务院关于鼓励和引导民间投资健康发展的若干意见
（国发[2010]13号）
（2010－05－07）

四、鼓励和引导民间资本进入社会事业领域

（十七）鼓励民间资本参与发展文化、旅游和体育产业。鼓励民间资本从事广告、印刷、演艺、娱乐、文化创意、文化会展、影视制作、网络文化、动漫游戏、出版物发行、文化产品数字制作与相关服务等活动，建设博物馆、图书馆、文化馆、电影院等文化设施。鼓励民间资本合理开发旅游资源，建设旅游设施，从事各种旅游休闲活动。鼓励民间资本投资生产体育用品，建设各类体育场馆及健身设施，从事体育健身、竞赛表演等活动。

上海市国家税务局、上海市地方税务局关于印发上海市税务系统政府信息主动公开及依申请公开工作规程的通知
（2010－05－07）

第四章　政府信息主动公开的其他事项

第十九条　各区县税务局办公室负责将本机关的政府信息公开指南、目录和“主动公开”类政府信息，报送至所在区县的图书馆和档案局，具体要求以所在区县人民政府的相关规定为准。

江苏省农民工工作领导小组关于印发江苏省农民工工作领导小组2010年工作要点的通知
（苏农工[2010]1号）
（2010－05－08）

五、建立和完善农民工公共服务体系

（二十二）丰富农民工精神文化生活。大力发展服务农民工的文化事业和文化产业，满足农民工日益增长的精神文化需求。广播电影电视、图书馆、文化馆、乡镇（社区）文化站（室）等部门和单位，要结合农民工的特点，广泛开展农民工喜闻乐见的文化活动，丰富农民工的业余生活。（省文化厅牵头，省教育厅、民政厅、财政厅、住房城乡建设厅、总工会、团省委、妇联参加）

浙江省人民政府办公厅关于印发2010年度省政府直属44个单位工作责任制目标的通知
（浙政办函[2010]47号）
（2010－05－19）

一、各单位一、二类工作目标内容

省文化厅

一类目标：

（一）完善城乡公共文化服务体系，加强乡镇综合文化站建设，积极推进公共图书馆网络化建设。深入开展“种文化”、“送文化”活动，推进重大文化产业项目、文化产业示范基地和特色文化产业群建设，扶持建设60个乡镇综合文化站，力争有1台剧（节）目在全国（或国际）重大文艺评奖和比赛中获奖，浙江曲杂总团、浙江越剧团和省群艺馆完成装修工程并投入使用。办好第六届世界合唱比赛。

（二）抓好文化先进县、东海文化明珠、文化示范村和文化示范社区建设工作。全年组织1.5万场戏、100万册图书到农村，培训基层文化干部和文化骨干1万名以上。全省专业剧团50%以上的演出场次在县及县以下农村。加强对外文化交流工作，完成对外文化交流项目150个。按照省委、省政府的有关部署，认真做好“全面小康六大行动计划”实施、电子政务、社会治安综合治理、信访、第八届全国残疾人运动会筹备工作、社会信用体系建设和档案安全监管等有关工作。

浙江省人民政府办公厅转发省发改委、省财政厅关于浙江省基本公共服务均等化行动计划2010年度实施计划的通知
（浙政办发[2010]65号）
（2010－05－20）

二、主要任务

（五）促进公共文化服务向农村基层全面覆盖。

24. 全面实现“乡乡有文化站”的目标。全面推进“县有两馆、乡有一站”（图书馆、文化馆、综合文化站）建设，加强市辖区文化设施建设，组织对16个乡镇综合文化站建设试点单位进行评估验收，新建150个乡镇综合文化站，补助1000个村文化室建设。继续实施“文化低

保”工程，为省定低收入农户集中村配送文化活动或文化活动器材。试点开展公共图书馆分馆建设，以县级总馆为中心，在经济发达、人员相对集中的乡镇（街道）设立分馆。（责任单位：省文化厅）

25. 切实提高“送文化”和“种文化”活动实效。进一步提高质量、扩大范围、拓展途径，送 1.5 万场演出、20 万场电影、100 万册图书到农村。组织 100 场县级、1000 场乡镇级农民文艺汇演。实施农村文化队伍及群众素质提升工程，培训基层文化干部和文化骨干 1 万名以上。（责任单位：省文化厅、省广电局）

北京市科学技术委员会、中共北京市委宣传部、市发展和改革委员会、市教育委员会、市财政局、市科学技术协会、市科学技术研究院关于加强北京市科普能力建设的实施意见（京科发[2010]268 号）（2010—05—31）

三、加强科普能力建设的主要任务

（二）构筑科技传播体系，拓展更加广泛的科技传播渠道

3. 加强公共场所的科技传播工作

引导公园、商店、书店、医院、影剧院、图书馆、体育场所等公共场所逐步增加科普宣传设施，将科普宣传嵌入人们休闲、购物、医疗、健身之中。

（三）完善中小学科学教育体系，提高科学教育水平

2. 加强中小学科学教育基础设施建设

加强中小学图书室建设，充实科技类图书，加快解决本市中小学特别是边远农村学校图书馆规模偏小和科技类图书数量严重不足的情况。

浙江省人力资源和社会保障厅、省教育厅、省科学技术厅、省农业厅、省文化厅、省卫生厅、省广播电影电视局关于印发《浙江省部分行业事业单位专业技术岗位结构比例控制标准（试行）》的通知（浙人社发[2010]165 号）（2010—05—31）

浙江省部分行业事业单位专业技术岗位结构比例控制标准（试行）

二、文化

单位类别		高级岗位(%)		正高级岗位(%)	副高级岗位(%)
		中级岗位(%)	初级岗位(%)		
美术馆、图书馆、文物博物单位	省级	13	24	43	20
	设区市级	5	20	40	35
	县级	3	12	40	45

江西省人民政府、省委关于加快推进新型城镇化的若干意见（赣发[2010]7 号）（2010—06—04）

五、完善城镇基础设施，提高城镇承载力和带动力

16. 培育和发展城镇文化

加强历史文化遗产保护，挖掘历史文化资源，丰富城镇文化内涵，塑造城镇特色，提升城镇品位。结合当地文化特色，突出城镇的个性和形象，建设各具魅力的城镇。强化城镇的文化中心功能，合理规划建设城镇图书馆、博物馆、文化馆、影剧院、体育场馆等公共设施。以建设文化强省为目标，大力发展文化产业，丰富文化生活，促进现代文明向农村辐射，促进文化事业全面繁荣。

河南省人民政府关于印发 2010 年度责任目标的通知（豫政[2010]59 号）（2010—06—17）

一、重点工作目标

1. 完成 400 个乡镇综合文化站建设任务，建成 58 个文化信息资源共享工程县级支中心、1.96 万个村级服务点。

二、日常工作目标

1. 健全公共文化服务体系。抓好市、县两级公共图书馆、文化馆、博物馆建设，实现各省辖市文化馆、图书馆达到国家建设标准。筹建省图书馆新馆、省少儿图书馆、中原民俗博物馆、南水北调博物馆等文化设施。做好全省博物馆、纪念馆免费开放工作。组织各类群众文化赛事活动，继续开展“春满中原”等系列文化活动和文化下乡活动。开展高雅艺术进校园活动。举办第五届河南省少儿文化艺术节。

2. 深化文化体制改革。进一步转变职能，建立健全文化管理体制机制。继续推进文化事业单位的人事、收入分配和社会保障制度改革，全面推行聘用制和岗位责任制，引入竞争激励机制，激发内在活力，提高服务水平。继续推进经营性文化单位转企改制，建立现代企业管理制度。

广东省人民政府关于加强人文关怀改善用工环境的指导意见（粤府[2010]93号）（2010－07－07）

七、加强企业文化建设

（十九）丰富企业文化生活。各地要有计划地在工业园区（厂区）组织开展各类公益性、群众性文艺体育活动，在农民工为主的社区（工业园区）建设社区图书馆，建立流动影院阵地，组织企业参与社区文化建设，丰富职工业余文化生活。鼓励企业根据用工情况，配备必要的文体设施，开展形式多样、健康有益的文体活动，帮助职工调节生活、放松身心。

九、推进配套社会公共服务

（二十五）推进社会服务进厂区。有条件的地方，要在规模以上的企业和工业园区建立幼儿园、图书馆（室）、电影院、健身室等文体娱乐设施和场所，建立完善公交、金融、邮政等社会服务网络，为职工提供快捷、便利、优质的服务。

江西省人民政府办公厅转发省发改委关于2010年深化全省经济体制改革工作意见的通知（赣府厅发[2010]50号）（2010－07－09）

七、加快推进社会领域改革，使老百姓生活更有质量更有尊严

（三十八）加快推进经营性文化单位转企改制，特别是国有艺术表演院团转企改制工作要向面上推开，选择1个县级艺术表演院团开展转企改制试点工作，努力探索农村演艺服务供给新模式；深化公益性文化事业单位内部改革，完善绩效考核评价体系，拓宽服务领域、创新服务方式、提高服务质量，继续做好公共博物馆、纪念馆免费开放工作，逐步推动公共美术馆、文化馆、图书馆免费开放；加快推进文化市场综合执法改革，组建统一的文化市场行政执法主体。

陕西省人民政府办公厅关于印发2010年省政府门户网站服务能力提升任务分解方案的通知（陕政办发[2010]72号）（2010－07－11）

表1　教育领域服务能力指标

服务型政府目标	指标内容	内容说明	任务承担单位
优化公共文化服务：完善图书馆、博物馆、美术馆等公共文化服务运行机制，优化面向社会的公共文化服务质量。（文化部党组书记、部长蔡武在文化系统体制改革电视电话会议上的讲话）	图书馆、美术馆、博物馆、体育馆	政府网站对本行政区域内图书馆、美术馆、博物馆、体育馆信息（名称、地点、联系方式等），收费标准，机构网站链接等服务的整合提供情况。	省文化厅 省文物局 省体育局

国务院办公厅关于鼓励和引导民间投资健康发展重点工作分工的通知（国办函[2010]120号）（2010－07－22）

一、工作分工

（三）鼓励和引导民间资本进入社会事业领域。

17. 鼓励民间资本从事广告、印刷、演艺、娱乐、文化创意、文化会展、影视制作、网络文化、动漫游戏、出版物发行、文化产品数字制作与相关服务等活动，建设博物馆、图书馆、文化馆、电影院等文化设施。（文化部、广电总局、新闻出版总署、发展改革委、财政部负责）

广东省人民政府办公厅印发《珠江三角洲基本公共服务一体化规划（2009—2020年）》的通知（粤府办[2010]46号）（2010—07—30）

第三章　实行基本公共服务资源共享

一、初步实现阶段（2009—2012年）

（三）基本实现区域公共文化体育资源共享共通。

——以数字资源建设为核心，以基层服务网点建设为重点，加快推进文化信息资源共享工程建设。

——建立健全公共文化设施网络，加强各类文化馆（站）、博物馆、图书馆、美术馆、艺术馆、纪念馆和广播电视台（站）、互联网的公共文化信息服务点和卫星接收设施公共服务管理系统等公共文化设施建设。

——整合全省文化资源，建立地方文献共建共享网络平台，建立"珠三角数字图书馆联盟"平台，实行数字图书网上"一卡通"服务，促进在部分合适公共场所设立自助图书馆，力促图书馆服务辐射力的延伸，服务半径的放大，服务对象的扩大及服务方式的便捷。

二、全面实现阶段（2013—2020年）

（三）实现区域公共文化体育资源共享共通。

——建立"电纸书图书馆"网站，在珠三角发布已解决版权的电子图书，供读者通过电纸书阅览器免费下载阅读。

——打破现行图书馆管理体制的限制，整合图书馆资源，在珠三角率先建立手机图书馆，实现图书资源的共建共享和高效利用。

第七章　实现基本公共服务流转顺畅

一、初步实现阶段（2009—2012年）

（一）理顺公共文化体育服务运行体制机制。

——深化公益性文化事业单位改革，健全完善公共文化服务机构设置和功能定位。

——探索公共文化服务社会化运作模式，采取政府招标、项目补贴、定向资助、贷款贴息等手段，引导社会力量参与公共文化服务。

——整合乡镇各方资源，组建集书报刊阅读、宣传教育、文艺演出、科普教育、体育和青少年校外活动等于一体的乡镇综合文化站。

——开展公共文化流动服务，完善"广东流动图书馆"、"广东流动博物馆"、"广东流动演出服务网"建设，市、区、街道三级图书馆实行通借通还的"一卡通"服务。

——鼓励中小学校、机关、事业单位、企业的内部文体设施向社会开放。

住房和城乡建设部关于印发《中国人居环境奖评价指标体系（试行）》和《中国人居环境范例奖评选主题及内容》的通知（建城[2010]120号）（2010—08—04）

附件1：

中国人居环境奖评价指标体系（试行）

第一部分　基本指标体系

一级指标	二级指标	三级指标	指标标准
	A4公共服务	万人拥有公共图书馆图书数量（册）	≥16000
		人均拥有公益性文化娱乐设施用地面积（㎡）	人均拥有文化馆、图书馆、博物馆、青少年宫等设施用地面积（指设施已建成投入使用的用地）≥0.8平方米。
综合否定项	近2年内发生重大安全、污染、破坏生态环境等事故，造成重大负面影响的城市，实行一票否决。		

附件3：

"中国人居环境奖"评价指标体系说明

第一部分　基本指标体系

A、居住环境

A4公共服务

6. 万人拥有公共图书馆图书数量

指标解释：指市区每万人拥有的公共图书馆藏书量，其中公共图书馆图书总藏量指图书馆已编目的古籍、图书、期刊和报纸的合订本、小册子、手稿以及缩微制品、录像带、录音带、光盘等视听文献资料数量总和。

指标计算方法：万人拥有公共图书馆图书数量＝公共图书馆藏书数量（册）/市区人口（万人）

数据来源：文化部门

7. 人均拥有公益性文化设施用地面积

指标解释：指市区每人拥有的公益性文化设施面积。公益性文化设施指按照要求城市必须设置的图书馆、展览馆、博物馆、文化馆等设施。文化设施必须已建成投入使用，并按照相关要求对公众开放。

指标计算方法：人均拥有公益性文化设施用地面积＝公益性文化设施用地面积（平方米）/市区人口（人）

数据来源：城市建设部门

中共湖北省委、湖北省人民政府关于支持恩施州建设全国先进自治州的决定(鄂发[2010]13号)(2010—08—10)

四、加快社会事业发展

（十二）繁荣发展民族文化体育事业。高度重视民族文化事业发展，支持恩施州打造在全国有影响力的少数民族文艺精品，加大对重点少数民族文艺作品项目的资金扶持力度。大力支持湖北省民族歌舞团的发展，逐步改革管理体制，打造省级高水平歌舞团；支持恩施州各县（市）专业剧团的发展。加强公共文化服务体系建设，“十二五”期间使恩施州及各县（市）图书馆、文化馆达到国家等级标准，大力支持恩施州兴建中国土家族博物馆、恩施州民族文化中心和科技馆。加大少数民族文化抢救与保护力度，加强少数民族特色村寨保护，建设鄂西土家族苗族文化生态保护区，对国家级、省级非物质文化遗产项目和文物保护单位积极争取国家专项资金支持。发展民族传统体育，支持恩施州民族传统体育基地建设，倾斜安排农民体育健身工程、全民健身路径工程及“雪炭工程”；支持少数民族体育骨干的学习和培训，整理推广民族传统体育项目，打造少数民族体育活动品牌。

国家发展改革委关于印发促进中部地区崛起规划实施意见的通知(发改地区[2010]1827号)(2010—08—12)

四、全面落实八大重点任务

（七）社会事业发展

落实国家中长期教育改革和发展规划纲要。实施中小学校舍安全工程。加强特殊教育学校建设。加快普及高中阶段教育。加强职业教育基础能力建设，健全公共就业服务体系，实施农村劳动力转移就业技能培训。推进中部地区重点学科和高水平大学建设。加强基层劳动就业和社会保障服务设施建设，加强地市级图书馆、文化馆和社区文化中心及村文化室建设，推进实施文化信息资源共享工程、农村电影放映工程、广播电视村村通工程和农家书屋工程。继续加强对历史文化名城名镇名村、国家文化和自然遗产地等重要文化遗产的保护工作。落实医药卫生体制改革三年试点方案，加强公共卫生服务体系建设。完善农村计划生育家庭奖励扶助和计划生育家庭特别扶助等政策。实施“阳光工程”等就业推进工程。发展经济适用住房、廉租房和公共租赁住房，积极推进城市和国有工矿等各类棚户区改造。

宁夏回族自治区党委办公厅、人民政府办公厅关于印发贯彻落实《中共中央国务院关于深入实施西部大开发战略的若干意见》的实施意见及重点工作分工的通知(宁党办[2010]59号)(2010—08—13)

五、着力保障和改善民生，促进社会事业全面发展

51. 进一步加强市县级图书馆、文化馆等设施建设，继续实施广播电视村村通、全国文化信息资源共享、社区和乡镇综合文化站(室)和农家书屋等重点文化惠民工程，丰富人民群众的精神文化生活，推动社会主义精神文明建设。保护文物和非物质文化遗产，挖掘历史、民族文化资源，在传承的基础上推进文化创新。加强特色民族村寨保护。保护发展文化遗产，实施抢救性文物保护工程。加强文物考古发掘和保护利用，积

极推进丝绸之路宁夏段申报世界文化遗产工作。迁建西夏陵博物馆、扩建固原博物馆等重点博物馆，鼓励有条件的行业、地区建设专题博物馆，进一步完善全区博物馆体系。（自治区文化厅牵头，自治区广电局、新闻出版局、发展改革委、财政厅配合）

湖南省人民政府关于鼓励和促进民间投资健康发展的实施意见
（湘政发[2010]21号）
（2010－08－25）

（八）鼓励和引导民间资本进入社会事业领域。支持兴办各类医院、社区卫生服务机构、疗养院、门诊部、诊所、卫生所（室）等医疗卫生机构，参与公立医院转制改组。支持民营医疗机构承担公共卫生服务、基本医疗服务和医疗保险定点服务。支持兴办高等学校、中小学校、幼儿园、职业教育等各类教育和社会培训机构。鼓励投资建设专业化的社会福利服务设施，兴办养（托）老服务和残疾人康复、托养服务等各类社会福利机构。鼓励从事广告、印刷、演艺、娱乐、文化创意、文化会展、影视制作、网络文化、动漫游戏、出版物发行、文化产品数字制作与相关服务等活动，建设博物馆、图书馆、文化馆、电影院等文化设施。鼓励合理开发旅游资源，建设旅游设施。鼓励投资生产体育用品，建设各类体育场馆及健身设施等。

陕西省人民政府办公厅关于加快县城建设的意见
（陕政办发[2010]96号）
（2010－09－03）

附件：

陕西省县城建设标准（试行）

三、公共服务设施（20分）

4. 文化科技设施。

各建设1座以上公共图书馆、影剧院、文化活动中心，有固定的科技教育活动场所。

安徽省人民政府关于鼓励和引导民间投资健康发展的实施意见
（皖政[2010]77号）
（2010－09－14）

一、全面放宽民间投资领域

（四）医疗、教育、社会福利、文化、旅游、体育等社会事业。

鼓励民间资本参与发展文化、旅游和体育产业。鼓励民间资本从事广告、印刷、演艺、娱乐、文化创意、文化会展、影视制作、网络文化、动漫游戏、出版物发行、文化产品数字制作与相关服务等活动，建设博物馆、图书馆、文化馆、电影院等文化设施。积极探索旅游资源开发权、经营权转让的方式，鼓励民间资本合理开发旅游资源，全面参与旅游基础设施及配套设施建设，参与国有旅游企业改制重组。鼓励民间资本投资生产体育用品，建设各类体育场馆及健身设施，运作体育赛事和活动，投资体育运动项目俱乐部，支持经营体育中介、健身、培训服务业。重点培育在文化、旅游、体育等社会服务产业领域的领军企业和服务品牌，积极参与国内外的竞争合作。

浙江省人民政府关于印发浙江省产业集聚区发展总体规划（2011－2020年）的通知
（浙政发[2010]45号）
（2010－09－21）

六、生态环境建设

（一）加强生态文化建设。重视生态文化研究。按照生态文明建设的要求，结合各产业集聚区实际，充分挖掘山水文化、海洋文化、森林文化、传统农耕文化以及茶文化、花文化、竹文化、石文化中丰富的生态思想，加强产业集聚区生态建设的战略规划、体制机制、对策举措等研究。

建设生态文化载体。结合产业集聚区的城市配套区布局，有序布局建设图书馆、博物馆、科技馆、文化馆、美术馆、体育中心、青少年活动中心、妇女儿童活动中心、老年活动中心等生态文化设施，形成一批绿色社区。结合产业集聚区的生态功能区布局，加强森林公园、湿地公园、地质公园、矿山公园、遗址公园、海洋公园和植物园的建设和管理，在生态文化遗产丰富、保持较完整的区域，建设一批生态文化保护区，维护生态文化多样化。

海南省人民政府办公厅关于印发
海南省贯彻落实中央深入实施西部
大开发战略责任分解方案的通知
（琼府办[2010]121号）
（2010－09－22）

（四）大力发展社会事业。

32. 争取国家支持，建设历史文化名城名镇名村保护设施、国家文化和自然遗产地保护旅游基础设施，积极推进图书馆、文化馆、社区服务设施、乡镇综合文化站、农村电影放映和农家书屋等重点文化惠民工程建设。（责任单位：省文化广电出版体育厅、省旅游委、省发展改革委、省财政厅，各市、县政府）

广东省经济和信息化委员会关于印发
广东省循环经济发展规划(2010－2020年)
的通知(粤经信节能[2010]878号)
（2010－09－29）

四、重点项目

（五）绿色建筑示范项目

选择写字楼、大型商场、医院、酒店、学校、图书馆等6类大型公共建筑和有代表性住宅建筑作为绿色建筑示范项目。在设计、建材、供水、供电、供冷、照明、垃圾分类回收设施等方面全面引入循环经济理念，降低建筑耗能，实现节水、节电、节材、节地、绿色环保、方便舒适的目标。选择一定数量有代表性部门培育为绿色办公示范单位，对其照明、给排水、供冷、垃圾分类回收等设施进行绿色改造。

山西省版权局、山西省教育厅
关于进一步加强图书馆
著作权保护工作的通知
（2010－09－29）

为进一步推动党中央、国务院关于保护知识产权战略的实施，有效维护著作权人的合法权益，促进文学艺术、科学作品的合法传播，规范对图书馆使用、传播作品的管理行为，更好地发挥图书馆传播知识、传承文化、启迪智慧、满足人民群众基本文化需要的重要作用，根据国家版权局、文化部、教育部和全国“扫黄打非”工作领导小组办公室联合下发的《关于加强图书馆著作权保护工作的通知》，以及全国图书馆版权保护工作会议精神，现对我省大专院校图书馆管理工作提出如下要求：

一、要加强著作权法律法规宣传教育，进一步提高图书馆著作权保护意识。各图书馆要严格遵守《中华人民共和国著作权法》、《中华人民共和国著作权法实施条例》、《信息网络传播权保护条例》等法律法规，除法律法规有明确规定的以外，未经著作权人许可，不得擅自复制或通过信息网络传播他人享有著作权的作品。

二、认真开展自查、自纠。凡本院校图书馆特别是数字图书馆，存在未经许可复制传播行为的，要及时予以纠正，严格依照著作权法律法规，按照“先授权、后传播”的作品使用原则，建立完善合法使用作品的工作制度和有效机制，清除侵权盗版隐患，杜绝未经许可复制或通过信息网络传播他人作品的行为。

三、各级版权、教育行政部门，要对图书馆的作品使用情况，进行联合抽查、检查。近期，省版权局将派出督导检查组进行巡回检查。对发现存在未经授权复制或通过信息网络传播他人作品违法行为的，版权行政部门将依法严肃处理。

四、图书馆集体管理组织要建立著作权管理行业自律机制，增强守法诚信意识，自觉杜绝未经许可复制或通过信息网络传播他人作品的行为。

五、时间安排：2010年10月－2010年11月底，为自查阶段；2010年12月－2011年1月底，为抽查验收阶段。

我国的图书馆事业是社会主义文化建设的重要组成部分，是党和政府向人民群众提供公共文化服务，保障人民群众基本文化权益的重要途径，各院校图书馆更是传播先进文化的前沿，在完成图书馆著作权保护工作中，要走在全社会的前列。各级版权、教育行政部门要积极配合，密切协作，不断提高图书馆的管理水平和著作权保护水平，进一步推动图书馆事业健康、有序发展。

云南省人民政府办公厅关于鼓励和
引导民间投资健康发展重点工作分工的通知
（云政办发[2010]190号）
（2010－10－16）

一、工作分工

（三）鼓励和引导民间资本进入社会事业领域

16. 鼓励民间资本从事广告、印刷、演艺、娱乐、文化创意、文化会展、影视制作、网络文化、动漫游戏、出版物发行、文化产品数字制作与有关服务等活动，建设博物馆、图书馆、文化馆、电影院等文化设施。（省文化厅、广电局、新闻出版局、发展改革委、财政厅负责）

国务院办公厅印发关于进一步支持甘肃经济社会发展若干意见重点工作分工方案的通知（国办函[2010]143号）（2010－10－17）

五、加大扶贫开发力度，尽快改变贫困地区落后面貌

（三十四）继续实施全国文化信息资源共享工程。重点建设地市级图书馆、文化馆，加强省市级博物馆、文物大县和重点遗址博物馆建设。支持丝绸之路整体申遗及沿线重要遗址保护，加大重点文物保护和少数民族文化遗产抢救力度。支持非物质文化遗产保护，加大对濒危非物质文化遗产的抢救力度，建立古籍保护工作机制，完善古籍保护设施条件。（文化部、文物局、发展改革委、财政部、国家民委负责）

（三十六）加大公共文化设施建设投入，建立基层公共文化体育服务经费保障机制。建设一批基层群众性体育活动场馆，大力开展全民健身活动，积极推进临洮体育训练基地建设。（发展改革委、财政部、文化部、体育总局负责）

江苏省人民政府关于鼓励和引导民间投资健康发展的实施意见（苏政发[2010]130号）（2010－10－20）

附件：

省政府关于鼓励和引导民间投资健康发展的重点任务分工和工作要求

一、任务分工

（三）鼓励民间资本进入社会事业领域。

12. 鼓励民间资本投资文化产业。支持民间资本投资创意设计、新兴媒体、广播影视、动漫游戏、出版发行等行业重点项目，江苏紫金文化产业发展基金和各级文化产业发展专项资金要给予重点支持。支持民营企业建设博物馆、图书馆、文化馆、电影院等文化设施。民间资本在工商登记、土地征用、规费减免、财政扶持、信贷等方面与国有文化企业享受同等待遇。支持和促进一批高水平民营文化产业示范基地建设。做好民间资本投资文化产业政策咨询工作，帮助符合条件的民营企业争取相应的税收优惠。（责任部门：省文化厅、发展改革委、财政厅、工商局、广电局、新闻出版局）

黑龙江省人民政府办公厅关于鼓励和引导民间投资健康发展重点工作分工的通知（黑政办发[2010]48号）（2010－10－22）

一、工作分工

（三）鼓励和引导民间资本进入社会事业领域。

17. 鼓励民间资本从事广告、印刷、演艺、娱乐、文化创意、文化会展、影视制作、网络文化、动漫游戏、出版物发行、文化产品数字制作与相关服务等活动，建设博物馆、图书馆、文化馆、电影院等文化设施。（省文化厅、广电局、新闻出版局、发改委、财政厅负责）

国家知识产权局关于印发《全国专利事业发展战略（2011－2020年）》的通知（国知发办字[2010]126号）（2010－10－26）

（八）加强专利信息传播利用与信息化建设

构建多层级、立体化专利信息公共服务体系。国家层面，建立全国专利信息传播利用的宏观管理与业务指导体系，促进专利信息的广泛传播与有效利用。建立以用户为导向、职责明晰、协调配合、良性循环的专利信息管理和运行机制，按照专利法的要求，完整、准确、及时公开基础性专利信息，支持以多种方式向社会提供数据资源。地方层面，指导地方专利信息机构、图书情报机构与中介服务机构开展专利信息服务，指导市场主体加强专利信息利用，促进专利信息为科技创新与经济社会发展服务。扩大专利信息传播渠道，构建立体化专利信息传播网络。

河北省人民政府关于加快城市化进程的实施意见（冀政[2010]124号）（2010－10－27）

（四）健全服务功能。开展城市商贸区改造

提升，打造精品专业街和特色街区，提高城市的知名度和影响力；加强文化体育设施建设，建设功能完善的图书馆、博物馆、群艺馆、文化馆、影剧院，建成一批公共文化广场和标准体育场，城市社区配套建设公益性文化体育设施；大力发展养老、托幼、健身、休闲、医疗和教育事业，提高公用事业服务水平。

中共西藏自治区委员会、西藏自治区人民政府关于进一步加强和改善科协工作的意见 (2010－10－27)

（十四）加强科技场馆等科普设施建设。各级党委、政府要认真贯彻落实国家发改委、科技部、财政部和中国科协《关于印发〈科普基础设施发展规划（2008－2010－2015年）〉的通知》、《西藏自治区中长期科学和技术发展规划（2008－2010－2015年）》和《西藏自治区全民科学素质行动计划纲要》精神，将科普基础设施建设纳入当地经济社会发展规划，大力实施科普展教资源开发工程，科普基础设施拓展工程，确保“十二五”建成自治区自然科学博物馆。将七地市综合科普中心建设列入七地市“三馆”（文化馆、图书馆、博物馆）建设，在“三馆”建设中增加科普内容。要在现有“全国科普教育基地”、“全国科普示范县”（乃东、琼结、堆龙德庆、江孜和林芝县）的基础上，建成2个以上“全国科普示范县”、3至5个自治区级科普基地县。七地市和有条件的县（市、区）要配备科普大篷车等流动科普设施；要依托全区教育、文化、卫生、科研院所等科普资源，积极发展具有鲜明特色的行业科普教育基地；要按照“共建共享、发挥效益”的原则，有效利用现有综合文化中心（站）、村级组织活动场所、农家书屋等社会设施开展科普活动，努力满足科普宣传工作对基础设施的要求和需要。

河南省人民政府关于推进城乡建设加快城镇化进程的指导意见 (豫政[2010]80号) (2010－10－28)

（十七）加强城市基础设施和公共服务设施建设。

加大城镇教育投入，优先支持依据城镇规划布局调整的中小学建设，城市新区开发、老城区改造或城市零星开发要按标准和规范配套新建或改建、扩建中小学校，并与居民区同步规划、同步建设、同步交付使用，确保新增居民和进城农民子女能够接受免费九年义务教育。完善医疗、文化等城市公共服务设施布局，加快推进城市社区卫生服务中心和文化馆、博物馆、图书馆达标建设，基本实现公共博物馆、文化馆、纪念馆、美术馆等公共文化设施免费开放。

山西省人民政府办公厅关于贯彻国家发展改革委2010年促进中部地区崛起工作要点的实施意见 (晋政办发[2010]95号) (2010－10－28)

七、积极改善民生

积极推进公共文化服务体系建设。继续加强公共文化基础设施建设，完善文化馆、图书馆、文化站的建设规模、建设标准和设备配置标准，推进基础文化设施建设的科学化、规范化和标准化。继续挖掘整合优秀传统文化资源，做好非物质文化遗产保护工作和古籍保护工作。

河南省人民政府办公厅关于推进城乡建设加快城镇化进程工作责任分工的通知(豫政办[2010]120号) (2010－11－03)

二、加快城市建设，提升城市功能

（一）加快城市基础设施和公共服务设施建设。突出抓好城市道路、供排水、供电供热供气、信息化等基础设施建设。合理配置各城市主次干道和支路网密度，优化路网结构，着力解决大城市交通拥堵问题。加强城镇供排水设施建设和积水点改造。加快建设南水北调中线工程受水区城市供水配套工程。支持具备条件的城市、县城建设大型热电联产机组，加快城市新区、产业集聚区配套电网建设和老城区电网改造。全面实施“气化河南”工程，提高县城以上城市燃气普及率。加快宽带通信网、数字电视网和下一代互联网建设，推进“三网”融合。加强城市消防、防疫、抗震等公共安全设施、无障碍设施和各种地下管网建设，地下管网工程要争取一次规划到位、一次开挖埋设完成。合理布局教育、医疗、文化等城市公共服务设施，加快推进城市社区卫生服务中心、文化馆、博物馆、图书馆达标建设。

由省住房城乡建设厅、发展改革委牵头，会同省教育厅、工业和信息化厅、卫生厅、文化厅、能源局、南水北调办、通信管理局、电力公司及相关省辖市、县（市）协调推进。

黑龙江省人民政府印发关于加快黑龙江省"百镇"及重点旅游名镇建设若干政策的通知

（黑政发[2010]92号）

（2010－11－04）

三、财税政策

（十）"百镇"建设项目一律免收属于省及省以下的行政事业性收费；适当减免电力、供热、自来水、煤气等经营性收费，具体减免标准由地方政府商相关企事业单位确定；纪念馆、博物馆、文化馆、文物保护单位管理机构、美术馆、展览馆、书画院和图书馆举办文化活动的门票收入（指第一道门票销售收入）以及宗教场所举办文化、宗教活动的门票收入免征营业税。宗教寺庙、公园、名胜古迹自用的房产、土地免征房产税、土地使用税；对个人出租住房所得减按10％的税率征收个人所得税；对个人出租、承租住房签订的租赁合同免征印花税；对个人出租住房且为"百镇"服务的，在3％税率的基础上减半征收营业税，按4％的税率征收房产税，免征城镇土地使用税。

住房和城乡建设部关于印发《镇（乡）域规划导则（试行）》的通知（建村[2010]184号）

（2010－11－04）

2 编制内容

2.7 公共设施　积极推进城乡基本公共服务均等化，按镇区（乡政府驻地）、中心村、基层村三个等级配置公共设施，安排行政管理、教育机构、文体科技、医疗保健、商业金融、社会福利、集贸市场等7类公共设施的布局和用地。公共设施的配置应参照表3的规定。

表3　公共设施项目配置

类别	项目名称	镇区（乡政府驻地）	中心村	基层村
三、文体科技	12、文化站（室）青少年及老年之家	●	●	○
	15、图书馆、展览馆、博物馆	○	—	—

注："●"表示必须设置；"○"表示可以选择设置；"—"表示可以不设置。

中共湖南省委、湖南省人民政府关于深入实施湘西地区开发战略的意见

（湘发[2010]17号）

（2010－11－15）

六、大力推进以改善民生为重点的社会建设

25. 积极发展文化事业。支持各市州图书馆、文化（群艺）馆、博物馆建设，全面完成乡镇综合文化站、农民体育健身工程建设任务。继续实施农村电影放映、农家书屋、文化信息资源共享工程。加大湘西地区少数民族文化、文物和非物质文化遗产的抢救、发掘、研究与保护力度，着力打造里耶秦简、江永女书、桑植民歌等民族文化名片。争取到"十二五"末，博物馆、纪念馆等免费开放。

中共辽宁省委关于制定国民经济和社会发展第十二个五年规划的建议

（2010年11月16日中国共产党辽宁省第十届委员会第十一次全体会议通过）

（2010－11－16）

四、加快社会转型提高人民生活质量和水平

（19）积极推动文化新发展。加快文化强省建设，坚持政府主导，加大投入力度，基本构建覆盖城乡、惠及全民的公共文化服务体系，切实保障人民群众基本文化权益。坚持"两为"方向，集中有效资源，大力发展各项文化事业，打造具有辽宁特色的群众文化品牌。深化公益性文化事业单位改革，强化服务职能，创新服务方式，提高公共文化服务能力。继续推进文化信息资源共享、广播电视村村通等重点文化惠民工程。加快省科技馆、省图书馆、省博物馆等重点公共文化项目建设，着力抓好市、县、乡、村四

级群众文化基础设施和服务网络建设。加大文化遗产保护和应用力度。加强城市社区和基层农村文化建设，丰富群众文化生活，加大对文化产品创作生产的投入和引导，推出一批经济效益和社会效益俱佳的精品力作。鼓励和支持社会资金以多种方式投入文化公益事业。推进科普能力建设，提高公民科学素质。大力发展哲学社会科学，加强重大理论创新和现实问题研究。

天津市人民政府关于进一步促进高等教育服务我市经济社会发展和滨海新区开发开放的意见（津政发[2010]43号）（2010—11—18）

四、创新体制机制，提高高等教育服务我市经济社会发展和滨海新区开发开放的水平

（十一）完善资源共享机制。发挥高等院校科研基地、科技中心、图书馆、体育场馆等资源在我市经济社会发展和滨海新区开发开放中的服务作用，完善高等院校创新人才和科研项目、科技成果、大型仪器设备等科技创新资源信息库，积极面向社会、企业开放共享。建设高等院校科技创新共享平台，加快“产学研用”相结合，以整合的资源、技术为行业企业发展提供全方位服务。鼓励高等院校与企业、科研院所相互聘用各类人才，推进人才资源共享。支持高等院校开展面向企业员工的岗位技能培训，引导科技人员深入企业、农村和社区开展科技服务。

河南省人民政府办公厅关于印发河南省城乡建设三年大提升行动计划的通知（豫政办[2010]129号）（2010—11—26）

（四）大力提升城市基础设施水平

加快公共服务设施建设。加强城镇义务教育学校建设和薄弱学校改造，提升城镇义务教育学校承载能力。加快建设职业教育基地，重点建设100所示范性中等职业学校、11所示范性高等职业院校和200个左右职业教育实训基地。加强骨干高等学校建设。加快城市社区卫生服务中心（站）建设，全面完成规划的县级医院以及中心乡镇卫生院建设。加强市级图书馆、博物馆、文化馆和省直文艺院团剧场、城市社区文化活动中心等建设和改造，完成广播电视数字化改造，建设一批功能实用、标准较高的文化设施和重大项目。加强公共体育设施规划建设，建设省体育中心二期工程、郑州市体育中心等一批大型体育场馆，到2012年年底，所有城市社区建有基本公共体育设施。

甘肃省人民政府办公厅关于鼓励和引导民间投资健康发展重点工作分工的通知（甘政办发[2010]209号）（2010—11—30）

14. 鼓励民间资本参与发展文化产业。鼓励民间资本从事广告、印刷、演艺、娱乐、文化创意、文化会展、影视制作、网络文化、动漫游戏、出版物发行、文化产品数字制作及其相关服务等活动，建设博物馆、图书馆、文化馆、电影院等文化设施。（省文化厅、省广电局、省新闻出版局、省发展改革委、省财政厅负责）

中共北京市委关于制定北京市国民经济和社会发展第十二个五年规划的建议（2010年11月30日中共北京市委十届八次全会通过）（2010—11—30）

二、加快转变经济发展方式，以更高的标准推动“人文北京、科技北京、绿色北京”建设

——文化大发展大繁荣。社会主义核心价值体系建设更加深入，市民文明素质和城市文明程度进一步提高。首都历史文化资源得到有效保护、挖掘、传承和利用，文化创意产业和文化事业迅速发展，图书馆、博物馆、档案馆、文化馆等公共文化设施与服务质量达到世界先进水平，城市文化软实力显著提升，全国文化中心功能显著增强。

国家发展改革委、国家林业局关于印发大小兴安岭林区生态保护与经济转型规划（2010—2020年）的通知（发改东北[2010]2950号）（2010—12—16）

七、加快林区社会事业发展

（五）繁荣文化事业

挖掘、保护和传承具有历史和地域特色的民族传统文化。加强公共文化基础设施建设，按照政府主导、社会参与、公益服务、共建共享的原

则，着力建设以基层文化馆（站）、图书馆、全国文化信息资源共享工程服务点等为重点的公益性文化设施，继续实施好全国文化信息资源共享工程、县级图书馆、文化馆修缮、乡镇综合文化站设备购置等重大文化工程，逐步建成覆盖林区的公共文化服务网络，切实保障林区居民的基本文化权益。加强少数民族文化遗产保护，建立鄂伦春族、鄂温克族、达斡尔族文化生态保护区，实施整体性保护。搞好广播电视村村通工程，提高广播电视覆盖率。以林区国家森林公园为依托，建设生态文明教育基地。

广西壮族自治区人民政府关于印发进一步促进民营经济发展的若干措施的通知（桂政发[2010]76 号）（2010－12－19）

（十一）鼓励和支持民间资本参与发展文化产业。通过运转费用补贴、民办公助、公建民营、给予冠名权等方式，鼓励民间资本参与博物馆、图书馆、文化馆等文化设施建设。将民营文化机构和团体纳入公共文化管理、服务、扶持范畴。民间资本投资兴办和参股的文化企业在资金扶持、项目支持、命名评比、表彰奖励等方面与国有文化企业同等对待。对民营演艺团体的公益性演出给予一定的资金补贴。符合条件的民营文化企业，可获得文化产品和服务出口经营资格。

广西壮族自治区人民政府关于加快我区城镇基础设施和公共服务基础设施建设的若干意见（桂政发[2010]91 号）（2010－12－21）

（四）按照当地城镇化发展规模，以提供符合当地经济发展的文化、体育基础设施为重点，把城镇图书馆、博物馆、档案馆、文化馆（站）、全民健身活动中心、体育场（馆）和城区、街道便民健身设施纳入城镇建设规划，与城镇建设同步实施。

三、加快完善我区城市和城镇基础设施和公共服务设施，建成适合我区特点的城镇基础设施和公共服务设施体系

各县和重点镇要加快建设燃气、供水、污水处理和生活垃圾无害化处理设施，建设体育、文化等公共服务设施，基本实现县县及重点镇有图书馆、文化馆（站）、体育场馆，并实现污水处理和生活垃圾无害化处理。

五、鼓励和引导民间资本进入市政公用事业、政策性住房建设和公共服务领域。

（六）支持民间资本参与建设博物馆、图书馆、文化馆（站、室）、文化中心、影剧院等文化设施（设备）；支持民间资本参与演艺、娱乐、文化创意、文化会展、网络文化、动漫游戏、文化产品数字制作与相关服务等活动。

全国人民代表大会教育科学文化卫生委员会关于第十一届全国人民代表大会第三次会议主席团交付审议的代表提出的议案审议结果的报告（2010－12－24）

二、73 件议案涉及的 40 个立法项目，分别提出下述办理意见

2. 关于制定图书馆法的议案 1 件。教科文卫委员会将进一步加强与国务院有关部门的密切联系，积极推动公共图书馆法的立法进程，并在立法中认真研究采纳代表提出的意见和建议。

安全卫生与图书馆

中共福建省委教育工作委员会、福建省教育厅关于进一步做好高校安全稳定工作的通知（闽委教宣[2010]12 号）（2010－03－16）

一、深入开展高校安全稳定隐患排查整改

当前，各地、各高校要迅速集中开展第一季度高校安全稳定隐患大排查。重点检查：学校教室、图书馆、实验室、礼堂、食堂、师生宿舍等人员聚集的重要场所安全防范情况；消防设施、应急照明、指示标志、疏散通道、安全出口等方面是否符合国家有关标准；锅炉、燃气、电气、体育器材等重要设施设备的安全使用、维护情况；放射物质、易燃易爆危险化学品等危险物质存放设施的情况；学校班车及校园、校园门前等交通安全情况；后勤管理工作和饮食卫生及安全情况；校园周边环境及治安状况；教育教学管理、毕业生思想动态、敌对势力渗透和网络信息安全、容易引发群体性事端的人员及群体以及与师生切身利益攸关等问题的安全稳定管理工作、

措施制度和责任制的落实情况；等等。检查要覆盖学校每一个部位，不留死角，对于排查出的安全稳定隐患要登记造册，建立台账，并立即整改，对于暂时整改不了的，要制订应急预案，并明确责任人及整改时限。各地、各高校要根据排查情况，形成2010年第一季度高校安全稳定排查书面报告。

河北省公安厅关于印发《河北省消防安全重点单位界定标准》的通知(冀公消[2010]69号)(2010－03－18)

六、公共图书馆、展览馆、博物馆、档案馆以及具有火灾危险性的文物保护单位

1. 任一层建筑面积1500平方米以上或总面积3000平方米以上的公共图书馆、展览馆；

2. 博物馆、档案馆；

3. 具有火灾危险性的省级以上文物保护单位。

福建省公安厅、福建省教育厅、中共福建省委编办、福建省财政厅关于切实加强中小学幼儿园及周边治安保卫工作的通知(闽公综[2010]172号)(2010－03－27)

三、完善学校技防设施建设。城市所有学校、农村中心校以上学校，必须在校门口以及教学楼、图书馆、实验室、师生宿舍等重要场所安装视频监控和入侵报警等技术防范设施，并加强对设施的维护保养，使之能够正常运行，确保一旦有警情公安机关能够快速反应。

宁夏回族自治区人民政府关于印发《宁夏回族自治区安全生产监督管理责任规定》的通知(宁政发[2010]55号)(2010－03－29)

第二十八条　自治区文化厅安全生产工作职责：

（一）履行全区文化系统和行业安全管理职责。组织开展博物馆、文物保护单位、图书馆、影剧院、文化馆、网吧、歌舞厅以及音像市场安全检查，指导、督促相关单位排查和消除事故隐患，做好安全事故防范工作。

天津市安全生产监督管理局关于印发《天津市安全生产监督检查规范》的通知(津安监管法[2010]24号)(2010－03－30)

2. 生产经营单位安全生产隐患检查重点

2.9　公共场所安全隐患检查重点

公共场所存在的主要危险是火灾事故和紧急疏散时的踩踏事故。对公共场所应着重检查以下内容：

2.9.1　公共场所隐患检查范围

1. 人员密集场所：

（1）宾馆、饭店、商场、集贸市场、体育场所、会堂、公共娱乐场所等公众聚集场所；

（2）医院的问诊楼、病房楼、学校的教学楼、图书馆、集体宿舍、养老院、托儿所、幼儿园；

（4）公共图书馆的阅览室，公共展览馆的展览厅；

西藏自治区人民代表大会常务委员会公告(2010年第3号)西藏自治区消防条例(2010－04－01)

第三章　消防安全保障

第三十二条　对下列新建、改建、扩建的建设工程和文物建筑维修工程（以下统称建设工程），建设单位应当将消防设计文件报送建设工程所在地公安机关消防机构审核：

（二）建筑面积2500平方米以上的宾馆、饭店、商场、集贸市场、客运车站候车室、民用机场航站楼、体育场馆、会堂、影剧院、文化馆、博物馆、展览馆、图书馆、营业性室内健身休闲场馆、劳动密集型企业的生产加工车间等；

（三）建筑面积500平方米以上的托儿所、幼儿园的儿童用房，儿童游乐厅等室内儿童活动场所，养老院、福利院，医院、疗养院的病房楼、门诊楼，学校的教学楼、图书馆、食堂、集体宿舍，劳动密集型企业的员工集体宿舍；

海南省卫生厅、海南省教育厅关于加强学校及托幼机构春夏季传染病防控工作的通知（琼卫疾控[2010]49号）

（2010－04－23）

二、落实学校传染病防控措施

（二）深入开展爱国卫生运动，狠抓环境卫生整治。各学校、托幼机构要大力开展环境卫生整治和“除四害”工作，及时清运校园垃圾，全面清除卫生死角，定期对教室、图书馆等教学场所和食堂、宿舍、厕所等生活场所开展环境消毒，保持良好的清洁卫生，清除传染病发生和流行的条件，创建文明整洁的校园环境。

国家减灾委员会办公室关于下发《全国综合减灾示范社区标准》的通知（国减办发[2010]6号）

（四）经常开展减灾宣传教育与培训活动

2. 利用现有公共活动场所或设施（图书馆、学校、宣传栏、橱窗、安全提示牌等），设置防灾减灾专栏、张贴有关宣传材料、设置安全提示牌等，开展日常性的居民防灾减灾宣传教育。

北京市卫生局关于加强托幼机构及小学手足口病防制工作的通知（京卫疾控字[2010]39号）

（2010－05－11）

五、开展食品、环境卫生监督整治

各托幼机构和小学要加强对食堂卫生、生活饮用水卫生的管理。对学校环境卫生、公共教室、图书馆等教学场所和宿舍、厕所等进行经常性清扫消毒，加强通风，保持良好清洁卫生环境，清除引发传染病发生和流行条件隐患。托幼机构应每日对厕所进行清扫、消毒，工作人员应戴手套，工作结束后应立即洗手。

甘肃省人民代表大会常务委员会公告（第27号）甘肃省消防条例

（2010年5月27日省十一届人大常委会第十五次会议通过）

（2010－05－27）

第三章　火灾预防

第二十一条　下列大型人员密集场所，建设单位应当将建设工程的消防设计文件报送负责审核的公安机关消防机构审核：

（四）建筑总面积大于二千五百平方米的影剧院，公共图书馆的阅览室，营业性室内健身、休闲场馆，医院的门诊楼，大学的教学楼、图书馆、食堂，劳动密集型企业的生产加工车间，寺庙、教堂；

（五）建筑总面积大于一千平方米的托儿所、幼儿园的儿童用房，儿童游乐厅等室内儿童活动场所，养老院、福利院，医院、疗养院的病房楼，中小学校的教学楼、图书馆、食堂，学校的集体宿舍，劳动密集型企业的员工集体宿舍；

第二十九条　古建筑、纪念建筑、博物馆、图书馆、文物收藏单位、宗教活动场所等建筑物内，禁止储存易燃易爆危险物品或者设置公共娱乐场所。

山西省人民政府办公厅关于加强学校安全管理工作的通知（晋政办发[2010]40号）

（2010－06－13）

（四）进一步加强学校的安全防控工作。公安机关要加强对校园及其周边的治安巡逻，特别是对学生上学、放学等重点时段和校园周边治安复杂的重点部位，要增加巡逻力量，加大巡逻密度，提高见警率、管事率。要充分发挥好社区巡防队、治保积极分子的作用，形成群防群治、齐抓共管的良好局面。有条件的县（市、区），要在重点地段、重要时段，启动武警、公安民警联合巡逻联防机制，确保师生的绝对安全。要在治安情况复杂的学校门口，设立专门的警务室，或依托学校门卫室设置治安岗亭，及时处置校园及周边发生的各种治安问题。要在学校周边增设交通设施，施划人行横道线，设置临时停车泊位，迁移学校周边交通站点，在上学、放学期间，增派交通民警和交通协管员维护交通秩序，坚决防止发生各类交通安全事故。要加强校车的源头管理，坚决制止校车超载、超速和使用故障车、拼装车、报废车等违规违章行为，从源头上消除安全隐患。要切实加大对学校消防安全检查力度，严格排查学生宿舍、教室、图书馆、礼堂等公共活动场所的火灾隐患，及时发现和整改问题，确保消防设施齐备，消防通道安全、畅通。

湖南省教育厅关于印发《湖南省中小学幼儿园安全教育与管理工作规程》的通知(湘教发[2010]33号)
(2010－06－23)

第三节　消防安全制度

第五十五条　学校应建立用火安全管理制度，对动用明火实行严格的消防安全管理，禁止在图书馆、实验室、实验用品保管室、计算机房等场所使用明火。

宁夏回族自治区党委办公厅、人民政府办公厅印发《关于进一步加强校园及周边地区安全防范工作的具体实施意见》的通知(宁党办[2010]47号)
(2010－07－14)

三、强化人防、物防、技防措施，全面提升学校和幼儿园安全防范能力。

中心学校以上的学校和幼儿园要在校门口、教学楼、图书馆、实验室、师生宿舍等重要场所安装视频监控和周界报警系统等技防设施，中心学校以下的学校要安装二键式报警器，各类技防设施与公安机关指挥中心实现有效联网，确保实时防控、全面覆盖、不留死角。初小和教学点要与村委会联合建立有效的报警机制，确保一旦出现紧急情况能够迅速作出反应。学校和幼儿园要在教学楼、学生宿舍、餐厅等重点部位按规定配置消防设施、器材，设置消防疏散标志和应急照明设施。要做好物防器材的日常保养和维护，保证其正常使用。

陕西省人民政府关于印发陕西省卫生城市(县城)标准的通知(陕政发[2010]29号)
(2010－07－25)

五、公共场所卫生

3. 旅店、美容美发厅、歌舞厅、公共浴室、网吧等公共场所内外环境整洁，卫生设施（清洗、消毒、保洁、通风、照明和排水等）齐全，各项卫生指标符合国家相关标准要求。影剧院、图书馆、展览馆、商场等公共场所按国家标准要求配备通风、采光和空气消毒设施，各项卫生指标达标。

浙江省爱国卫生促进条例
(2010年7月30日浙江省第十一届人民代表大会常务委员会第十九次会议通过)
(2010－07－30)

第三十四条　报刊、广播、电视、新闻网站等媒体应当通过设置健康教育专栏，发布公益性健康广告，开展多种形式的卫生知识宣传和健康教育；在传染病流行或者突发公共卫生事件期间，应当正确引导卫生防病的舆论导向，配合做好相关健康教育工作，促进疾病防治工作的有效开展。

宾馆、车站、机场、码头、广场、公园、影剧院、图书馆、居民小区等公共场所，应当通过设立健康教育宣传栏、电子显示装置等形式进行健康教育。

第三十五条　县级以上人民政府应当确定禁止和限制吸烟的公共场所、区域，加强公共场所控制吸烟的监督管理。

县级以上人民政府应当组织有关部门和单位采取措施，禁止在公共场所设置烟草广告或者利用新闻媒体发布烟草广告，控制烟草促销活动。

卫生、工商行政管理、烟草专卖、教育、文化、交通运输、旅游、广播电视、新闻出版、城市管理行政执法等部门，应当开展吸烟危害健康、控制吸烟的健康教育。

国家机关、医院、学校等应当做好控制吸烟工作，并参与爱卫会组织的创建无烟单位活动。

福建省人民政府关于进一步加强企业安全生产工作的意见(闽政[2010]22号)
(2010－10－31)

十、提高安全监管执行力，服务海西跨越发展

47. 加强安全宣传教育和舆论引导。加强安全宣传教育力度，开展多种形式安全宣传活动，依托企业“职工书屋”、“农家书屋”、乡镇文化馆、学校图书馆等，建立“安全书屋（书柜）”。认真开展安全社区创建活动，大力推进安全文化建设示范企业创建工作。有关部门应当主动协调或组织新闻媒体，定期开展安全生产公益宣传。探索建立安全生产领域对台交流合作机制，拓展闽台安全生产合作项目。

福建省教育厅关于组织开展学校消防安全宣传教育活动的通知

(闽教安[2010]15号)

(2010-11-04)

三、全面彻底排查和整治校园各类火灾隐患。各地各校要根据冬季来临,气候干燥,火灾多发的特点,在前一阶段开展“百日行动”,进行安全隐患排查的基础上,再次组织力量开展拉网式的消防安全隐患排查。排查工作要做到全面、认真、细致,不留死角。要主动邀请消防部门专业人员参与检查,重点检查校园消防安全管理制度是否落实、消防安全组织是否健全、防火应急预案是否科学、消防设施设备是否良好、火灾隐患是否排除。要重点查看学校师生宿舍、食堂、实验室、教室、图书馆、会议室等人群集中的公共场所的消防设施设备是否完好无损、正常使用。要特别对学生食堂、配电室、化学药品库、实验室、微机室、锅炉房、学生宿舍的电源、火源等库房设施进行一次彻底排查,要害部位要做到人防、物防、技防“三管齐下”。对排查出来的火灾隐患各地各校要高度重视,全面整改,务必做到整改责任到人,整改经费到位,整改措施落实。确保火灾隐患得到消除,杜绝火灾事故发生。

吉林市人民政府关于加强人员密集场所消防安全管理的通告

(2010-11-12)

二、本通告所称人员密集场所,是指宾馆、饭店等餐饮场所;商场、市场、超市、金融和证券交易厅等商业场所;歌舞厅、影剧院、夜总会、游艺厅、网吧、洗浴等公共娱乐休闲场所;医院、学校、托儿所、幼儿园、养老院、福利院等公共服务场所;体育场馆、展览馆、博物馆、图书馆、会堂等人员集中场所;汽车、火车站候车室、港口码头候船室、机场候机厅;人员密集的生产加工车间及员工集体宿舍。

河北省人民政府令([2010]第8号)河北省学校安全管理规定

(2010-11-16)

第三十一条 学校应当按规定标准配备消防设施和器材,定期进行检修,确保完好、有效。

学校教学用房、学生宿舍、食堂、图书馆、体育(场)馆等学生聚集的场所,应当配备消防应急照明设施,设置消防安全标志和安全通道,并保证疏散通道、安全出口畅通。

全国爱国卫生运动委员会关于印发国家卫生乡镇(县城)标准及其考核命名和监督管理办法的通知

(全爱卫发[2010]6号)

(2010-12-02)

六、食品安全、生活饮用水及公共场所卫生

(五)旅馆、美容美发厅、歌舞厅、公共浴室、网吧等场所内外环境整洁,公共用品的清洗、消毒设施齐备,工作人员操作符合卫生规范要求。县城影剧院、图书馆、展览馆、商场等场所应当有良好通风采光条件,合理配备垃圾箱和卫生公厕。

(胡月平 整理编辑)

专业文献

2010年部分院校图书馆学情报学博士学位论文摘要
2010年部分院校图书馆学情报学硕士学位论文目录
2010年出版图书馆学著作目录

2010 年部分院校图书馆学情报学博士学位论文摘要

中文题名：社群数字不平等问题及公益信息制度研究

英文题名：Digital Inequality in Communities and Information Institution for Public Welfare

论文作者：闫慧

指导老师：赖茂生

学位授予单位：北京大学

内容摘要：论文的研究目的是通过实证研究发现和探索中国社群间存在的数字不平等问题的表现形式、根源和解决方案。研究问题包括：社群数字不平等的内涵、外延与表现维度及在中国的体现；影响中国社群数字不平等地位的因素；核心利益相关者如数字贫困社群、传统公益信息机构和新兴公益组织等对中国未来信息社会前景和公益信息制度走向的期望；美国应对社群数字不平等问题的公益信息制度政策和实践案例对中国的启示；中国公益信息制度的架构和相关政策建议。

中文题名：统计机器翻译汉语分词与解码优化研究

英文题名：Research on Chinese Segmentation and Decoding Optimization in Statistical Machine Translation

论文作者：石崇德

指导老师：王惠临

学位授予单位：北京大学

内容摘要：1. 回顾和总结机器翻译发展的历史和主要理论方法，对当前前沿的机器翻译理论方法进行归纳和展望。

2. 分析不同分词在机器翻译中的影响因素，并在此基础上提出了两种分词优化方法。首先通过在汉英统计机器翻译中对不同分词的翻译对比实验，分析和归纳得到不同的分词影响翻译效果的三个主要因素：分词总词数、词表词数以及分词错误；其次，归纳了其中分词错误三种类型：子串错误、超串错误和交叉错误。根据上述分析论文提出了两种分词优化方法——基于粒度约束的 GC-CRF 分词技术和基于子串标注的 SUB-CRF 分词技术，通过实验证明这两种方法单独使用或结合使用均能提高机器翻译效果。

3. 使用分词网格表示多种不同的分词，并引入两种新的机器翻译模型特征。本文利用分词网格所蕴含的不同分词，在一定程度上避免汉语输入中的分词错误；基于分词网格引入新的翻译模型特征：汉语分词选择模型和汉语语言模型能为解码器提供更多的判断依据，在一定程度上提高了机器翻译的效果。

4. 研究和归纳目前基于句法的统计机器翻译模型的一些共性，设计和实现基于树转录语法的翻译原型系统 TTMT；根据树转录规则的特点，设计一种新的树转录规则转换方法——四分化转换方法，将规则转换为四类不同类型，以减少临时句法范畴的生成；分析传统 CKY 解码算法在处理树转录语法中的不足，提出减少冗余的 RR-CKY 算法以提高算法效率、减少解码错误。

中文题名：开明书店出版人群体研究

英文题名：The Study on the Publisher Group of Kaiming Bookstore

论文作者：李雅

指导老师：王余光

学位授予单位：北京大学

内容摘要：论文首先分析了出版作为传播文化和普及教育的重要手段，参与出版成为民国时期文化人实现人生目标和文化理想的主要方式之一。因此，出版人群体研究是民国出版史研究的重要组成部分。其次，开明书店是民国时期由文化人创办经营的较为成功的出版机构，开明人群体是民国时期出版人群体的一个重要个案，具有研究的必要性。

论文主体分为三个部分。第一部分论述了文化人参与出版的传统以及开明人群体出现的时代背景。第二部分是对开明人群体的分析。第三部分是对开明人群体实践活动的分析，并总结其影响和贡献。

中文题名：目标导向型图书馆信息资源共建共享理论体系研究

英文题名：Research in the Goal-oriented Theory System of Co-construction and Sharing of Library Information Resources

论文作者：金胜勇

指导老师：王知津

学位授予单位：南开大学

内容摘要：论文共分九章，第三章到第八章是论文的主体部分。其中第三章对图书馆信息资源共建共享理论体系进行构建，第四章至第八章则主要论述目标导向型理论体系的主要理论观点，包括概念和目标、相关理论、原则和机制、模式，以及实现共建共享目标的保障等。

该研究属理论研究，遵循演绎推理的一般逻辑对目标导向型理论体系进行构建，并采用社会网络分析方法进行表达。研究表明，图书馆信息资源共建共享理论体系包括的具体理论内容有：信息资源共建共享的概念、历史、目标等基本问题，信息资源共建共享的相关理论，信息资源共建共享的政策、法律，信息资源共建共享的原则、机制，信息资源共建共享的模式，信息资源共建共享的方法、技术。

中文题目：基于网格的数字图书馆模式构建研究

英文题目：Study on the Model Construction of Digital Library Based on Grid Technology

论文作者：于晓燕

指导老师：王知津

学位授予单位：南开大学

内容摘要：全文共分八章，其中第3至第七章是论文的主体部分，主要内容如下：

第一章主要介绍了论文的研究背景以及研究的目的与意义。第二章对网格理论和数字图书馆理论进行了回顾和综述。第三章首先对经典网格体系结构进行了分析，然后对基于网格的数字图书馆体系结构的类型进行了全面梳理与比较，并以此为基础结合网格环境下数字图书馆的功能特点，设计了一种面向个性化服务的层次式数字图书馆网格体系结构。第四章从网格环境下数字图书馆资源的构成及特点出发，分析了传统数字图书馆资源组织的一般模型，设计了一种新型的网格环境下数字图书馆资源组织的模型——全局/本地双层资源池模型，并对资源组织的过程及工具进行了分析。第五章阐述了基于网格的数字图书馆资源发现的目标，对四种资源发现模式（集中式、分布式、混合式和层次式）进行了详细地分析与评价，最后提出了一种层次式资源发现模式的改进方法。第六章分析了基于网格的数字图书馆信息服务的特点与目标，提出了网格环境下的数字图书馆服务模式是面向个性化的集成式服务模式，个性化强调的是服务要以用户为中心，而集成服务则体现为用户对资源和服务的存取是无缝的、透明的、一站式的，用户能够实现随时随地获取所需的任何资源和服务。第七章围绕基于网格的数字图书馆的安全性，阐述了网格环境下数字图书馆访问控制中面临的主要问题和关键技术，并对包括自主访问控制模式、强制访问控制模式、基于角色的访问控制模式和基于任务的访问控制模式在内的四种模式进行了分析，指出采用基于任务和角色相结合的访问控制模式是一种较为理想的选择。第八章总结了本文的研究结论，指出了研究的主要不足并对后续研究进行了展望。

中文题目：基于信息生态的竞争情报系统构建研究

英文题目：Research on Construction of Competitive Intelligence System Based on Information Ecology

论文作者：吴礼龙

指导老师：刘玉照

学位授予单位：南开大学

内容摘要：本文在分析企业竞争情报系统面临信息生态失衡的基础上，以信息生态的理论内容为基础，提出了CIS2.0范式；接着提出了以人的参与为动力的CIS2.0结构模型；最后在此结构模型的基础上提出并构建了三层CIS2.0系统框架。

本研究采用文献调查、归纳与演绎、问卷调查等方法对基于信息生态的企业竞争情报系统的结构模型与系统框架进行了构建研究，全文共分七章，各章主要内容如下：

第一章，绪论。第二章，相关理论回顾。第三章，分析当前企业竞争情报系统运行中存在信息生态失衡问题的原因。第四章，分析以人为本的信息管理思想，提出 CIS2.0 范式。第五章，基于信息生态的 CIS2.0 结构模型的构建。第六章，基于信息生态的 CIS2.0 系统框架的构建。第七章，结论与展望。

中文题目： 知识型员工个人知识管理能力影响因素研究

英文题目： Influential Factors of Knowledge Workers' Personal Knowledge Management Capability

论文作者： 詹越

指导老师： 柯平

学位授予单位： 南开大学

内容摘要： 本文对知识型员工个人知识管理能力与组织创新的关系，知识型员工个人知识管理能力的内部影响因素和外部影响因素几个问题进行探讨。本研究的具体内容包括：（1）知识型员工个人知识管理能力与组织创新关系研究。（2）知识型员工个人知识管理能力内部影响因素研究。（3）知识型员工个人知识管理能力的外部影响因素研究。

本文的主要研究结论如下：（1）知识型员工个人的知识获取吸收能力、知识存储能力、知识共享能力、知识创新能力和知识应用能力是其个人知识管理能力的组成部分，对其有显著正向影响。而知识型员工个人知识应用能力是其中影响力最大的子能力，而知识型员工个人知识共享能力在其中的影响力最弱。（2）知识型员工个人知识管理能力对组织创新有显著正向影响。其对于组织管理创新中的管理方式创新、绩效考核创新影响较大。（3）由知识型员工个人的价值观等人格特性要素、个人知识结构、认知和人际行为能力、信息素养是知识型员工个人知识管理能力内部影响因素的组成部分。（4）组织激励机制、组织结构、组织信息技术基础设施、员工培训、组织文化构成了影响知识型员工个人知识管理能力的组织因素。

中文题名： 面向企业技术创新的竞争情报应用研究

英文题名： Application Study on Competitive Intelligence Oriented Enterprise Technical Innovation

论文作者： 周贺来

指导老师： 王知津

学位授予单位： 南开大学

内容摘要： 本研究对企业技术创新中的竞争情报作用机制进行深入探讨，分析竞争情报在企业技术创新战略制定，以及企业技术创新不同模式（包括自主创新、开放式创新以及技术创新联盟）中的作用。另外，本文还对相关典型企业的实例进行了分析，这能为竞争情报在我国企业技术创新战略与管理中的实践活动提供一种有效的理论指导。

本文采用了文献调查、归纳与演绎、问卷调查、专家调查、案例分析等方法，对企业技术创新中的竞争情报问题进行了研究。全文共九章，各部分内容如下：

第一章绪论。第二章文献综述。第三章详细分析了企业技术创新的流程模型，分析了该过程的复杂性，以及技术创新成果的不确定性，为后续的技术竞争情报在技术创新中的应用提供了研究的起点。第四章阐述了企业技术创新战略制定中的竞争情报应用。第五章论述了自主技术创新方式下的竞争情报功能及其所用情报的应用类。第六章论述开放式技术创新方式下的竞争情报应用。第七章论述技术创新联盟方式下的竞争情报应用。第八章进行了典型案例调研与分析，然后根据分析的结果，重点阐述了面向企业技术创新的技术竞争情报服务体系创建方案，以及相关的保障机制建设。

中文题名： 政府公共信息资源协作管理研究

英文题名： he Study about government´s public information resources collaborative management

论文作者： 陈婧

指导老师： 王知津

学位授予单位： 南开大学

内容摘要： 在信息时代，信息资源已经成一种赢得竞争优势的有力武器，公共信息资源管理也成了各国政府部门共同关注的重要问题。公共信息资源的范围涉及社会生活的各个方面，含义十分广泛。而其中，面向社会公开的政府信息资源是公共信息资源的重要组成部分。

本研究选择以多方协作为基本思路，提倡和倡导“社会协同”和“公众参与”，对政府公共信息资源协作管理进行研究。文中探讨了政府公共信息资源协作管理的必要性，界定了政府公共信息资源协作管理的内涵、特征和组成要素，分析了政府公共信息资源协作管理的推动因素和主要障碍。研究过程中采用问卷调查的方法调查了政府公共信息资源协作管理的关键成功因素，在此基础上，构建了政府公共信息资源协作管理的模式，并提出了政府公共信息资源协作管理的运行和保障机制。

本研究采用文献调查、归纳演绎、问卷调查、统计分析等方法，开展相关研究。全文共分七章。

第一章为绪论。第二章为相关理论回顾。第三章分析了政府公共信息资源协作管理的必要性，为本研究寻找立论依据。第四章概述了国内外政府公共信息资源协作管理的实践状况，为后续各章节开展研究提供了实践依据。第五章主要在文献调查的基础上，分析了政府公共信息资源协作管理过程中关键成功因素，设计了政府公共信息资源协作管理的模式。第六章提出了政府公共信息资源协作管理的运行和保障机制。第七章对全文进行了总结，归纳了主要研究结论。

中文题名：企业并购中的知识转移与知识整合研究

英文题名：Research on Knowledge Transfer and Knowledge Integration in Merger & Acquisition

论文作者：谢学军

指导老师：刘玉照

学位授予单位：南开大学

内容摘要：本文采用文献研究法、比较研究法和实证研究法对企业并购中的知识转移与知识整合行为展开研究。主要内容如下：

首先阐明企业获取竞争所需的核心知识资源成为战略并购的主要驱动力。本文尝试引入知识治理阐释基于知识的并购获利机理：并购双方企业之间通过知识的有效转移与有机整合实现协同效应和创造并购价值，从而使双方企业获利。其次探讨企业并购中的知识转移行为。

本文的重点在第五章至第七章。第五章实证分析了企业并购中知识转移效能的影响因素。第六章对企业并购中的知识整合过程与模式进行划分。第七章探讨了企业并购中的知识整合机制，包括针对知识源的“知识隐藏”行为与接收方的“知识拒绝”行为提出的知识共享机制，针对并购后知识资本流失现象提出的知识保护机制；根据并购双方企业的知识特性与知识距离提出的知识互补机制；针对知识异质性等原因引发的知识冲突提出的知识冲突调节机制。

本研究的主要创新点体现为以下三个方面：

（1）构建了知识治理视角下的企业并购获利机理模型。

（2）以提高知识转移效能为导向，将多个影响因素综合在一个模型框架下，通过结构方程模型（SEM）等统计方法验证了各变量对知识转移效能的直接效应以及由中介变量引起的间接效应，同时分析了主要影响因素内部的交互关系。

（3）根据并购双方的特点，探讨了企业并购中的知识整合机制，包括知识共享、知识保护、知识互补和知识冲突调节机制，同时对各种机制进行了细分。

中文题名：俄罗斯图书馆政策法规研究

英文题名：Research on Russia library policies, laws and regulations

论文作者：贺延辉

指导老师：詹德优

学位授予单位：武汉大学

内容摘要：本文研究的重点是，苏联解体后，在俄罗斯国家政治经济改革的社会环境下，俄罗斯图书馆事业国家宏观管理政策的根本转变，俄罗斯新的图书馆事业管理和发展模式的形成，以及为俄罗斯图书馆事业发展而制定的各项图书馆政策、图书馆法律法规对我国图书馆事业发展的借鉴和参考意义。

本文所突破的重点，一是在总结苏联图书馆政策法规特点的基础上，评价苏联图书馆政策法规的成败得失，客观认识苏联图书馆事业成就与不足，通过对历史的回顾与评说，展望图书馆事业发展的未来；二是探寻俄罗斯国家宏观图书馆管理政策从苏联时期的“集权”模式到如今“分权”模式转变的制度因素和图书馆事业因素，定位俄罗斯“国家一社会”图书馆管理模式，三是中俄两国图书馆事业发展具有可比性，通过对俄罗斯图书馆政策法规制定实施的研究，归纳出对我国图书馆立法的几点启示，解决我国图书馆立法中存在的难题。

全文分为九部分内容，除引言和结语外，正文分为七章。逻辑思路和结构为：从苏联时期的图书馆政策法规入手，在分析、评价苏联图书馆政策法规的特点基础上，首先剖析和揭示苏联解体后俄罗斯图书馆国家宏观管理政策的转变，分析俄罗斯图书馆事业分权管理政策的利弊，探索当今俄罗斯图书馆事业"国家一社会"管理模式的确立，进而围绕社会转型后俄罗斯图书馆事业改革发展变化展开对俄罗斯图书馆政策内容、俄罗斯图书馆法制建设状况、图书馆职业活动进行全方位研究论述，最后，对比中俄两国图书馆事业发展，从俄罗斯图书馆政策法规的制定和实施中得出有利于我国图书馆事业发展的启示。

中文题名：国家创新系统中的信息资源协同配置研究

英文题名：Study on information resources collaborative allocation in national innovation system

论文作者：赵杨

指导老师：胡昌平

学位授予单位：武汉大学

内容摘要：本文在梳理和总结国内外研究与实践进展的基础上，立足于国家创新发展的现实需求，将协同学理论与传统信息资源配置理论相结合，围绕国家创新系统建设与运行，构建面向国家创新的信息资源协同配置理论框架，从战略、管理、操作和技术层面探索其协同机制，着重研究协同配置演化机理和模型，详细分析了协同配置的整体化实现方法。在此基础上以我国国家创新系统为对象展开实证研究，根据调查结果和仿真分析，找出制约我国信息资源协同配置实现的关键因素，进而提出针对性的解决策略。全文共分为八章，第一章，国家创新发展中的信息资源配置及其协同化发展。第二章，国家创新系统中的信息资源协同配置环境、定位与组织。第三章，信息资源协同配置的分层推进。第四章，基于系统动力学的信息资源协同配置模型。第五章，信息资源协同配置的整体化实现。第六章，信息资源协同配置的综合评价。第七章，我国国家创新系统中的信息资源协同配置方案与对策分析。第八章，结论与展望。

中文题名：搜索引擎检索功能的性能评价研究

英文题名：Study on the evaluation of performance of search engines' features

论文作者：费巍

指导老师：彭裴章

学位授予单位：武汉大学

内容摘要：本文以搜索引擎检索结果的相关性和排序质量为两个核心评价指标，对当前主流搜索引擎的主要检索功能进行了评价。本研究的成果一方面可以帮助用户在利用搜索引擎进行信息检索时选取恰当的检索策略，另一方面则可以知道不同的检索功能对搜索引擎检索性能的影响。

本论文共包括六章。第一章，论述近年来搜索引擎及其评价研究的现状。第二章，指出相关性是搜索引擎评价的基础指标，并由此衍生出检索结果的排序质量这一指标，相关性根据网页的形式和内容进行评判，结果排序的质量由检索结果的排列次序和排序的稳定性决定。第三章，对所研究的内容提出了假设，设计了实验步骤。第四章，基于50 000份数据，应用方差分析法对 5 个搜索引擎的 5 种检索功能进行了评价，结果显示各检索功能之间的检索效率存在显著性差异，Tukey 多重比较检验法探明了造成这一差异的原因。第五章，利用回归分析法的曲线估计方法比较分析了 5 个搜索引擎的 5 种检索功能的结果排序质量。第六章，指出在数据收集和分析的过程中，发现中英文搜索引擎无论在检索效率还是在检索结果排序上，都存在较大的差距。针对中文搜索引擎目前存在的问题，笔者提出了相应的优化策略，不仅要加强中文网页的质量建设，还要推动开放存取的发展，这样可以从源头上提升中文网络资源质量。搜索引擎应该具备强有力的信息过滤能力，同时谨慎采用一些商业行为人为干扰检索结果的排序。

中文题名：数字内容产业成长机理及发展策略研究

英文题名：Research on growth mechanism and development strategies of digital content industry

论文作者：韩洁平

指导老师：毕强

学位授予单位：吉林大学

内容摘要：本文基于全球数字内容产业的成长状况为研究背景，深入阐述和总结了数字内容产业的内涵界定、国内外数字内容产业的发展规模、速度和产业细分市场格局；融合多门学科的理论知识体系和多种研究方法，以理论提出问题、模型分析问题、实证解决问题的研究思路研究数字内容产业成长机理及发展策略。

本文综述了国内外相关研究成果，构建了数字内容产业的理论研究基础。数字内容产业在主观形式、客观内容、组织复杂等因素的共同作用下成长和发展着，相关的理论是研究的重要基础，包括信息资源管理、产业链、产业集群、产业经济学、区域经济学和价值链理论。在这些理论的指导下，对数字内容产业界定了概念内涵，明晰了机理模型，制定了发展策略。

论文主要包括以下几个方面：（1）总结了数字内容产业的成长过程、环境和市场特征。（2）基于产业集群背景下的数字内容产业形成机理。（3）数字内容产业链的成长机理及模型。（4）提出了数字内容产业发展途径及其策略。（5）分析了中国数字内容产业的发展状况与策略。

本文的理论价值在于，以数字内容产业集群形成机理、产业链成长机理及产业升级途径为主要研究方向，涉及的范围较广，研究内容具有一定的深度，研究工作有一定的原创性，研究成果不仅能为全球的数字内容产业发展提供新的策略，也能为中国数字内容产业的健康有序发展提供理论依据。本文的应用价值在于研究成果具有科学性和可操作性，提出发展数字内容产业的整体策略及应用模型，指导数字内容产业的实践活动。

中文题名：数字图书馆知识服务能力评价研究

英文题名：Study on the evaluation of knowledge service capability of digital library

论文作者：刘佳

指导老师：李贺

学位授予单位：吉林大学

内容摘要：本文从理论与应用两个层面，对数字图书馆知识服务能力理论及能力评价实践进行了系统分析与探讨，根据评价结论与目前数字图书馆知识服务能力建设中存在的问题，构建了数字图书馆知识服务能力建设体系，以促进数字图书馆知识服务的效果、水平与质量的提高，推动数字图书馆可持续发展，提升数字图书馆在知识经济社会中的竞争优势与地位。本文具体的研究内容如下：

（1）提出数字图书馆知识服务能力的内涵、知识服务能力形成机制、知识服务能力构成与结构等基本理论。

（2）以数字图书馆知识服务过程为切入点，对数字图书馆知识服务能力影响因素进行分析。

（3）以数字图书馆知识服务能力影响因素为理论基础，构建了数字图书馆知识服务能力评价指标体系，采用主成分分析法对数字图书馆知识服务能力评价指标体系和数字图书馆知识服务能力调查问卷进行进一步修订和检验，最终确定由四个维度和17项指标构成的数字图书馆知识服务能力评价指标体系和由50个问题项构成的数字图书馆知识服务能力调查问卷。

（4）应用研究利用数字图书馆知识服务能力调查问卷，对目前国内典型的数字图书馆的知识服务能力进行了评价和比较分析。在把握数字图书馆知识服务能力现状的基础上，进一步验证了数字图书馆知识服务能力评价指标体系的可行性与可操作性。

（5）针对目前数字图书馆知识服务能力建设中存在的问题，构建了由能力培育、能力提升、能力拓展三个层次构成的数字图书馆知识服务能力建设体系，为数字图书馆知识服务能力建设提供了有针对性和可操作性的对策与建议，有助于指导并推动数字图书馆知识服务能力的发展与建设。

中文题名：数字图书馆知识管理研究

英文题名：Research on knowledge management in digital library

论文作者：关欣

指导老师：李贺

学位授予单位：吉林大学

内容摘要：本文选择"数字图书馆知识管理研究"这一课题，是为了在理论与实践相结合的基础上，将知识管理的理论、方法和技术引入到数字图书馆的研究中来，探讨在知识经济环境下，数字图书馆的建设与发展问题，完善和丰富数字图书馆知识管理的基本理论体系，深化并拓展数字图书馆知识管理的应用研究，促进我国图书馆事业的繁荣与进步。

本文着重在以下几个方面进行深入细致的研究：（1）丰富和完善数字图书馆知识管理的理论体系。（2）辨析数字图书馆知识管理的影响因素并进行了实证检验。（3）构建了适用于数字图书馆知识管理的模式。（4）研究数字图书馆知识管理的实施对策。

本研究得出的主要结论主要有：（1）数字图书馆知识组织的主要影响因素对知识组织绩效影响程度由大到小排序依次为：知识组织技术标准、知识的存储、知识组织方式、知识组织工具。（2）数字图书馆知识开发的主要影响因素对知识开发绩效的影响程度由大到小排序依次为：知识再造能力、知识重组能力、知识关联、知识开发工具。（3）数字图书馆知识共享的主要影响因素对知识共享绩效的影响程度由大到小排序依次为：开放存取、共同愿景、共享的标准规范、信息技术、人际信任。对于心理契约与知识共享绩效的显著正相关关系没有得到检验通过。（4）数字图书馆知识服务的主要影响因素对知识服务绩效的影响程度由大到小排序依次为：用户需求、馆员的综合素质、知识服务方式、网络信息系统、知识产品。对于知识营销网络与知识服务绩效的显著正相关关系没有得到检验通过。（5）数字图书馆知识应用的主要影响因素对知识应用绩效的影响程度由大到小排序依次为：交互记忆、吸收能力、激励机制、培训制度。（6）数字图书馆知识创新的主要影响因素对知识开发绩效的影响程度由大到小排序依次为：领导支持力、团队学习、创新意愿、关系网络。（7）数字图书馆知识产权管理的主要影响因素对知识产权管理绩效的影响程度由大到小排序依次为：知识产权制度、知识产权保护技术、知识产权专项管理经费、馆员的知识产权素养。（8）知识组织绩效、知识共享绩效、知识服务绩效、知识应用绩效、知识创新绩效、知识产权管理绩效对于数字图书馆知识管理绩效都具有显著正相关关系。知识开发绩效与知识管理绩效呈正相关关系，但是这种作用关系在本研究的统计计算中并不显著。

中文题名：信息与组织相关机制的研究

英文题名：A study on the mutual mechanism between information and organizations

论文作者：余贵华

指导老师：徐宝祥

学位授予单位：吉林大学

内容摘要：作者在查阅大量中外文献的基础上，确立了以下的研究方法和技术路线：首先，虽然组织研究必然涉及多个学科领域，但目前绝大部分的研究还是限定在特定的学科领域的“纵深式”研究。不同于此，作者利用情报学交叉学科的特点，采取了跨越不同学科的“横断面”比较式研究方法。其次，组织的基本特征是组织的结构，组织的功能和效率很大程度依赖于组织的结构。组织结构决定了组织对信息的获取、信息在组织内部的交流和再生，反过来组织外部的信息分布也会影响组织的结构。组织结构还具有相对的稳定性，便于观察和考量。因此，作者将组织结构作为主要的考察目标和研究脉络。再者，注意到“信息”、“组织”、“结构”、“系统”等概念内涵的丰富性和多层次性，作者对它们进行了深入的辨析并确立了本论文所涉及的概念层面。

对组织理论和组织结构研究的发展主线和历史沿革的梳理也是考察信息与组织的密切关系的重要环节。作者以马科斯·韦伯提出的“组织”、“经营组织”、“科层制组织”为起点，通过对“组织”与“制度”的融合、大型企业组织基本结构类型的辩证历史演变过程、信息活动和信息技术对组织结构的影响等问题的考察，凸显了以“信息”为“媒介”研究组织结构的必然性和有效性。

由文献计量学三定律所揭示的科技文献频次——等级系统是自组织信息系统，也是特殊的人类组织，信息是这类组织唯一的主导因素。为了区分于一般的信息系统，作者将其命名为情报系统。

中文题名：学科馆员与大学图书馆知识服务研究

英文题名：Study on subject librarian system and knowledge services in academic library

论文作者：王强

指导老师：王萍

学位授予单位：吉林大学

内容摘要：本文以学科馆员以及学科馆员与知识管理、知识服务、信息素养等关联方面目前研究现状和实践状况作为出发点，研究分析了图书情报领域对学科馆员与知识服务的研究进展情况，发现当前研究存在以下几方面不足：缺乏对知识服务内容的深入研究；对学科馆员制度建立的规范研究涉及较少；缺乏有针对行的可执行的图书馆知识服务模式。这些发现为本文研究奠定了坚实的理论基础。

笔者通过实地调查及文献调研发现目前大学图书馆所提供的服务与大学用户的需求之间存在着极大的矛盾。大学图书馆用户知识需求呈现个性化、专业化、多元化、动态化和集成化的趋势，而图书馆服务并没有适应这种变化趋势。这显示大学图书馆的服务要进行一定的调整，解决两者之间的矛盾。只有这样大学图书馆才能在一所大学的建设发展过程中继续发挥其作用，实现大学图书馆的自身价值，使之不被其他的单位所替代。

本文结合目前大学图书馆的发展趋势提出对此矛盾的解决之道：即发展由学科馆员主导的知识服务，以满足大学用户日渐高涨的个性化、针对性服务需求。在文中笔者对目前所存在的信息服务模式一一定题服务和参考咨询服务模式进行了深入的剖析，发现在目前的状态下，传统的定题服务模式及参考咨询服务模式虽已经势微，但依旧有其一定的存在价值。笔者根据信息技术在图书馆应用的发展情况，引入新的服务理念和服务技术，利用学科馆员独特的作用，对定题服务和参考咨询服务进行适应学科用户需求的优化与改造，延展它们的生命力。

笔者根据目前大学图书馆的生存状态提出了基于学科馆员的知识服务 SKC 模式。SKC 即学科知识共享空间（SubjeetKnowledgeCommons）的英文缩写，而学科馆员掌控着学科知识共享空间的运行，是学科知识共享空间管理员（Subject Knowledge Commons Officer，简称 SKCO）。

中文题名：用户信息采纳行为模型构建及应用研究

英文题名：Research on construction and application of user information adoption behavior model

论文作者：宋雪雁

指导老师：王萍

学位授予单位：吉林大学

内容摘要：学者对于用户信息行为的研究漫长而久远，研究领域日益丰富，研究的方法工具也越来越多样化。但是尽管学者们不断吸收其他学科的理论和方法，把信息行为研究推向新的高度，研究的问题域并没有很大突破。本文希望能开拓新的研究视角，并为信息生产、传播和服务等实践活动提供参考。本研究在对国内外信息行为研究的概念、问题域、理论模型和研究范式综述的基础上，界定了“信息采纳”的内涵，之后依据图式理论、意义建构理论、期望理论和技术采纳理论，从分析用户信息行为的机理入手，考察了影响用户信息采纳行为的主体因素、客体因素和社会因素，以 Venkatesh etal. 所建立的技术接受与利用综合模型（UTAUT）作为基础框架，构建了“信息采纳行为模型（IABM）”，提出了研究假设，根据研究设计的调查问卷收集到的数据，使用 PASW17.0 和 AMOS17.0 作为统计和验证工具，对“信息采纳行为模型（IABM）”进行了验证分析和评价，分析了各外部变量对信息采纳行为意向的影响，探讨了绩效期望、易用期望、社会影响、促进条件以及风险认知五个因素对用户的信息采纳行为意向以及信息采纳行为意向对实际的信息采纳行为是否存在影响以及影响的程度，根据分析结果，对理论模型进行了修正，确定了本研究最终的理论模型架构，并应用该模型架构（IABM）探讨了信息选择评价行为和信息整合吸收行为，提出了信息行为的引导机制和优化机制，从用户信息素养和信息技能提高的角度，以提高信息活动和信息服务的效率为目标，通过实现对信息行为的有效引导和优化，更有效地追求能够实现信息活动目标的策略和途径。

最后，陈述了研究的主要结论，对未来信息行为领域的研究趋势进行了展望。

中文题名：知识密集型服务系统的服务价值共创实现模式研究

英文题名：Research on implementation pattern of service value co-creation of knowledge-intensive business service system

论文作者：安静

指导老师：徐宝祥

学位授予单位：吉林大学

内容摘要：知识密集型服务在整个服务经济中占据重要的比例，因此对知识密集型服务系统的服务价值共创研究将成为服务科学的核心研究问题，将为解决当前服务经济面临的迫切问题——如何提高服务效果与风险的可预测性，如何提高服务的效率，如何柔性满足客户差异性需求等——提供重要的参考依据，将为科研机构及企业进行后续相关理论研究及实践奠定基础，进而推动我国以至全球服务经济的快速、健康地发展，因此具有重要的理论价值和实践意义。不仅开拓了价值研究新视角，而且为逐渐丰富、完善服务科学的研究体系发挥重要的作用，同时也通过对情报学和服务科学的关系研究将不断拓展情报学理论研究与实践应用范围。

本论文首先在情报学领域通过概括归纳引入了全文研究的理论基础之一 21 世纪的新兴学科服务科学的基本理论知识，对一些基本概念进行了界定。其次阐述了全文的另一重要研究基础——服务价值共创基本理论。在对知识密集型服务的了解基础之上，对其概念和分类进行了界定，并详细阐述了知识密集型服务中知识的创造和流动；构建了知识密集型服务系统的结构框架，共确定了九个要素，其中流程和活动、参与者、信息和技术这四个要素构成了服务系统，其他五个要素产品和服务、顾客、环境、基础设施有助于对情境的理解；通过建立服务系统四重循环学习模型和生命周期模型，揭示了服务系统动态演化规律。

介绍了新型服务经济及其十大假设，并与传统经济在价值创造方面进行了对比分析；明确了服务系统中价值及价值共创的含义，概述了当前价值共创的几种典型观点，并引入了马克思主义价值论，为后续研究奠定了坚实的基础。

然后对服务价值共创实现基础即价值网络进行了分析研究。最后构建了服务价值共创能力的三级评价指标体系，综合运用层次分析和模糊评价方法对电子商务类知识密集型服务系统的服务价值共创能力进行了实证评价研究，为具体企业或行业明确客观地认知自身的服务价值共创能力及在同行业中的地位提供了有力论证。（张收棉整理）

2010年部分院校图书馆学情报学硕士学位论文目录

题目	作者	学校	导师
企业危机管理中的信息沟通与绩效评价研究	姚晓蕾	安徽大学	陈来
区域物流信息化建设研究	赵爽	安徽大学	陈来
国外及港台地区知识管理高等教育对我国大陆的启示	朱永	安徽大学	储节旺
合芜蚌自主创新试验区信息服务体系研究	胡丽梅	安徽大学	储节旺
合肥市中小企业竞争情报系统的研究	沈同平	安徽大学	储节旺
Web2.0下的个人知识管理研究	黄亚男	安徽大学	储节旺
网络舆情对我国政府决策的影响研究	金龙	安徽大学	任娟
证券公司信息技术治理研究	费亚龙	安徽大学	任娟
中国承接国际IT服务外包问题与对策研究	沈娟	安徽大学	任娟
信息化环境下区域经济发展研究	孟远	安徽大学	任娟
基于信息不对称的建材市场研究	张四海	安徽大学	汪传雷
企业供应链信息一体化研究	董尹	安徽大学	汪传雷
电子商务网站质量对网络消费者在线信任影响的研究	陈异兵	安徽大学	汪传雷
基于TAM和TTF的信息决策效率模型研究	周小玲	安徽大学	汪传雷
C2C电子商务中的顾客满意度影响因素分析	徐冬磊	安徽大学	汪祖柱
电子商务环境下电子服务质量维度及其与顾客满意度的关系研究	余佳	安徽大学	汪祖柱
新形势下安徽省基层电子政务发展研究	吴怀琴	安徽大学	汪祖柱
我国出版竞争情报研究	姚森	安徽大学	吴昌合
基于合肥市政府门户网站的信息公开绩效评价研究	张丽娟	安徽大学	吴昌合
基于组织层次的信息战略研究	张波	安徽大学	谢阳群
微观信息政策研究	陈翀	安徽大学	谢阳群
美国联邦政府信息资源管理体制研究	李晶	安徽大学	谢阳群
美国政府信息公开及对中国政府信息公开的启示	卢岩	安徽大学	谢阳群
高校大学生个人信息保护	张友梅	安徽大学	谢阳群
我国IT企业的信用评价研究	李颖	安徽大学	许皓
新农村建设背景下安徽省农产品网络营销策略研究	王海龙	安徽大学	许皓
神经网络在长三角农业信息网站评价中的应用研究	李佰承	安徽大学	周瑛
基于层次分析法的我国购物网站评价研究	曲乃云	安徽大学	周瑛
基于神经网络的合肥高校网站评价研究	郑啸霆	安徽大学	周瑛
开放获取环境下图书馆应对策略研究	周阳	安徽大学	陆和建
区域性高校文献资源共享体系研究	李祝启	安徽大学	陆和建
数字时代传统阅读的现代使命	赵芷涵	安徽大学	陆和建
高校图书馆学科化服务研究	叶丹	安徽大学	吴昌合
中文电子工具书发展模式探析	毛丹	安徽大学	吴昌合
安徽省"211工程"高校图书馆数据库资源建设与利用研究	左亮亮	安徽大学	吴昌合
图书馆特殊群体用户服务	曹雪	安徽大学	吴昌合

题目	作者	学校	导师
基于 Web 日志的高校图书馆用户信息行为研究	翁畅平	安徽大学	谢阳群
安徽省农家书屋可持续发展研究	赵兴官	安徽大学	谢阳群
研究生科研信息需求与信息行为研究	卢小莉	安徽大学	谢阳群
我国网络视听节目服务商版权监管策略研究	张珊珊	北京大学	周庆山
中国科学院部分院士 H 指数分析	王玉	第四军医大学	许昌泰
《中国应用生理学杂志》载文研究	杜飞	第四军医大学	孙金立
基于数码缩微技术的数字化病案管理系统的设计与实现	徐明远	第四军医大学	孙金立
医学原生文献资源数据库建设	刘晓青	第四军医大学	孙金立，梁蜀忠
图书馆感知服务质量评价模式的修正研究	隋亥华	东北师范大学	纪晓萍
企业搜索引擎营销的模式和发展研究	谭宏利	东北师范大学	纪晓萍
赞比亚大学记录管理研究	Bwalya Tuesday (博爱迪)	东北师范大学	李瑞勤
赞比亚大学图书馆特色论文及著作数字化研究	亨利旁格纳尼祖鲁 (Henry Panganani Zulu)	东北师范大学	李瑞勤
吉林省图书馆联盟基层图书馆发展研究	李天月	东北师范大学	李瑞勤
群体决策可视化研究	胡明月	东北师范大学	李瑞勤
主题地图在个人知识管理中的应用	宋丽梅	东北师范大学	王翠萍
我国学科信息门户的信息构建研究	杨冬梅	东北师范大学	王翠萍
吉林省高校图书馆资源调查研究	杨丽	东北师范大学	王翠萍
基于作者共被引和元分析的我国图书馆学范式研究	伍若梅	东北师范大学	王翠萍
Web2.0 信息组织方式研究	庄贵成	东北师范大学	王守宁
我国虚拟企业隐性知识管理模型构建研究	孙阳阳	东北师范大学	王守宁
我国开放存取信息服务优化策略研究	刘玉玲	东北师范大学	徐宽
语义 Web 技术在信息检索系统中的应用研究	刘景亮	东北师范大学	徐宽
数字资源长期保存综合价值评价方法研究	张杰	东北师范大学	徐宽
本体论及其与传统整序方法的关系研究	宋博	东北师范大学	徐跃权
图书馆跨行业战略联盟研究	董贺	东北师范大学	徐跃权
医学高等院校图书馆文献传递服务现状及优化策略研究	杨丽娟	东北师范大学	纪晓萍
高校图书馆留学生读者服务研究	王宇	东北师范大学	纪晓萍
长春市民国文献保护现状及对策研究	朱清霞	东北师范大学	纪晓萍
网络环境下基于馆藏评价的高校图书馆采访工作研究	樊立娜	东北师范大学	纪晓萍
第三代搜索引擎现状与发展研究	杨之音	东北师范大学	纪晓萍
日本开放获取研究	齐巍	东北师范大学	刘万国
Web2.0 环境下图书馆知识共享模式与策略研究	翟秀凤	东北师范大学	孙成江

题目	作者	学校	导师
我国机构知识库模式构建研究	侯丽慧	东北师范大学	孙成江
网络虚拟社区用户阅读行为研究	宋佳	东北师范大学	王翠萍
知识搜索引擎在图书馆参考咨询中的应用研究	周威	东北师范大学	王东艳
我国图书馆人力资源管理研究综述	郑丽娜	东北师范大学	王东艳
开放获取资源的知识整合研究	张立新	东北师范大学	徐宽
Second Life 中虚拟图书馆的应用与构建研究	孟琼	东北师范大学	徐宽
知识发现在学科服务中的应用研究	孙鹏	东北师范大学	徐宽
知识发现在书目检索系统中的应用研究	胡万德	东北师范大学	徐宽
基于 TRIZ 理论的参考咨询问题研究	孔悦凡	东北师范大学	徐跃权
我国高校图书馆文化建设研究	吴瑾	东北师范大学	徐跃权
Web2.0 技术在第二代学科馆员工作中的应用研究	王贵海	东北师范大学	徐跃权
图书馆用户权益研究	房明	复旦大学	温国强，杨光辉，夏知平
“丁氏文库”研究	谭畅	复旦大学	吴格
图书馆 2.0 视角下的大学图书馆信息共享空间研究	李梅	复旦大学	徐一新，王乐，应峻
数字图书馆与虚拟学习环境的整合研究	孙宇	复旦大学	徐一新，应峻，王乐
驻邕高校图书馆信息服务研究	吴定安	广西民族大学	李冠盛
当今时代促进图书馆发展建设与服务的研究	陈硕	广西民族大学	李冠盛
高校图书馆 IM 实时咨询服务应用研究	叶佩珍	广西民族大学	苏瑞竹
我国公共图书馆新馆建筑设计研究	滕雪	广西民族大学	苏瑞竹
网站自助式的数字参考咨询服务研究	吴东阳	广西民族大学	苏瑞竹
中国—东盟背景下广西图书馆界联合参考咨询服务网建构研究	黄刚	广西民族大学	苏瑞竹
图书馆角色论	许凌艳	广西民族大学	吴荣政
政府信息公开与公共图书馆信息服务研究	韦莲莲	广西民族大学	吴荣政
应用于企业危机公关中的竞争情报研究	康捷	河北大学	卞昭玲，赵俊玲
基于战略联盟的企业竞争情报工作研究	张鑫	河北大学	吴永臻
高校教师信息使用行为实证研究	张慧	河北大学	杨秀丹，金胜勇
我国高校图书馆信息教育职能研究	孙秀菊	河北大学	顾潇华
面向本体的中文叙词词间关系改造研究	孙亮	河北大学	顾潇华
河北省医学图书馆信息资源建设与利用现状研究	梁立华	河北大学	顾潇华
用户评估的公共图书馆评估指标体系构建	周文超	河北大学	金胜勇
基于科学发展观的公共图书馆评估研究	贾东琴	河北大学	金胜勇
公共图书馆参与和谐文化建设的对策研究	崔国芳	河北大学	孟世恩

题目	作者	学校	导师
中医古籍亡佚原因的探究	李会敏	河北大学	孟世恩
重点学科文献信息保障评价指标体系研究	杨曙红	河北大学	吴永臻
公共借阅权制度在我国的适用性问题研究	赵建玲	河北大学	吴永臻
河北省高校图书馆用户信息服务研究	王华	河北大学	吴永臻
图书馆全面质量管理体系研究	赵香玲	河北大学	杨文祥
基于资源观的图书馆功能研究	柳英	河北大学	杨文祥
1979—2009 中国图书馆学理论体系研究进展评析	孙玲玲	河北大学	杨文祥
数字资源合作保存研究	伍进平	河北大学	赵俊玲
我国图书馆冲突管理研究	王靖凯	河北大学	赵俊玲
基于知识管理的高校学籍管理研究	孙雷	黑龙江大学	黄丽霞
基于知识链的虚拟团队知识共享研究	徐锐	黑龙江大学	黄丽霞
基于信息公平的信息生态研究	张春春	黑龙江大学	蒋永福
网络社会秩序多元化治理结构研究	陈丽丽	黑龙江大学	蒋永福
基于公共信息普遍获取的信息公平研究	孙越	黑龙江大学	蒋永福
Web2.0 环境下政府信息资源共享模式和运行机制研究	谭蕙莉	黑龙江大学	刘甲学
数字图书馆绩效评价研究	张建辉	黑龙江大学	刘甲学
数字图书馆版权授权模式研究	朱娜娜	黑龙江大学	马海群
新环境下高校学生隐私权保护问题研究	王莹	黑龙江大学	马海群
数字图书馆的信息资源共享模式及其版权问题研究	陈剑	黑龙江大学	马海群
数字图书馆版权权利限制研究	严雯	黑龙江大学	马海群
数字图书馆的知识产权政策研究	曹淑玉	黑龙江大学	马海群
基于数据挖掘聚类分析的房地产市场信息处理技术的应用研究	王洋	黑龙江大学	吴大刚
基于过程的图书馆危机管理研究	李迎春	黑龙江大学	燕金武
3G 技术在图书馆中的应用	徐斐	黑龙江大学	燕金武
清代宁波私家藏书研究	郑坤	黑龙江大学	傅荣贤
民国时期图书馆社会教育思想研究	秦静茹	黑龙江大学	傅荣贤
基于新公共管理视角的政府知识管理研究	刘宇昕	黑龙江大学	黄丽霞
基于归因理论的网络用户检索行为研究	刘琤斐	黑龙江大学	黄丽霞
公共图书馆制度绩效研究	陈琳	黑龙江大学	蒋永福
基于公共文化服务体系建设的公共图书馆治理研究	王清远	黑龙江大学	蒋永福
我国农村图书馆治理研究	孙雅欣	黑龙江大学	蒋永福
家电企业售后服务外包中的信息不对称问题研究	洪娴倩	华东理工大学	唐永林
基于钻石理论的体育赛事产业信息分析对城市竞争力的研究	陶冶	华东理工大学	唐永林
新加坡框架下的元数据服务研究	姚小乐	华东师范大学	段宇锋
以大学生为受众的思政信息网络传播对策研究	李丽娜	华东师范大学	段宇锋
公共图书馆社会影响评价研究	周吉	华东师范大学	范并思
用关联数据技术实现网络知识组织系统的研究	娄秀明	华东师范大学	范并思
可视化应用于信息分析	肖珊	华东师范大学	范并思
以用户体验为基础的国内 B2C 电子商务网站物流配送研究	徐逸	华东师范大学	范并思
云计算:中小企业的助推器	周倩	华东师范大学	范并思

题目	作者	学校	导师
学术网络社区的知识共享绩效评价研究	马雪颖	华东师范大学	金武刚
基于半导体产业的产业竞争情报研究	钟娱	华东师范大学	金武刚
网络环境下群体用户的信息行为研究	周珏	华东师范大学	李国秋
情报职业的专业性及其资格认证制度研究	张通	华东师范大学	李国秋
突发公共事件在网络论坛中传播的信息流研究	张凤梅	华东师范大学	李国秋
3G 背景下我国手机广告精准营销研究	桑培铭	华东师范大学	李国秋
面向批判性思维培养的高校在线信息素质教育研究	杨国庆	华东师范大学	李国秋
企业搜索引擎广告策略研究	徐涛	华东师范大学	秦春荣
基于本体的知识发现实证研究	周舒	华东师范大学	王仁武
数据挖掘与网站运营管理	王仁彦	华东师范大学	王仁武
招投标质量控制管理元数据及其应用研究	潘倩	华东师范大学	王仁武
本体在信息检索中的应用及其进化机制研究	丁鹏宇	华东师范大学	袁毅
中文问答社区信息传播机制研究	张兴刚	华东师范大学	袁毅
互联网主题信息定向采集研究	黄仲清	华东师范大学	袁毅
贴吧社区信息传播与互动模式研究	崔晓利	华东师范大学	袁毅
网络社区环境下口碑信息特征研究	李雯静	华东师范大学	袁毅
基于区域卫生信息平台的医疗卫生监管系统研究	曾宇平	华中科技大学	陈敏
中国人个人健康管理信息系统网上支付模型研究	段占祺	华中科技大学	金新政
综合性医院体检中心业务流程重组研究	刘骏峰	华中科技大学	金新政
基于数据挖掘技术的个性化健康体检套餐设计	詹引	华中科技大学	金新政
医院与社区双向转诊监控体系的信息化研究	杨洁敏	华中科技大学	李彬
医院与社区卫生机构双向转诊健康信息资源平台构建研究	李泉	华中科技大学	李彬
基于区域卫生信息平台的卫生管理决策支持系统研究	王春容	华中科技大学	李道苹
医学生信息素养标准化测评工具的研究与实践	杜建	华中科技大学	张士靖
内容营销的信息交流与知识共享效应	Chammika Malla-waarach-chi	吉林大学	窦平安
微格式在基于电子文档的学术交流中的应用	陈孔荣	吉林大学	窦平安
网络消费评论信息共享模式研究	于立宁	吉林大学	窦平安
我国企业反竞争情报的策略与方法研究	姜显臣	吉林大学	黄微
技术产权交易市场信息不对称问题解决对策研究	李婷	吉林大学	黄微
产业集群的知识产权管理平台构建	王琳娜	吉林大学	黄微
我国网络发表科技论文的学术影响力评价研究	周金娉	吉林大学	李贺
基于本体的政府部门知识管理系统模型研究	付文思	吉林大学	徐宝祥
吉林省食品安全管理系统模型构建研究	何威	吉林大学	徐宝祥
基于概念格的 Web 文本聚类过程模型研究	李海峰	吉林大学	徐宝祥
基于形式概念分析的本体映射方法研究	李永宾	吉林大学	徐宝祥
基于本体的语义检索系统逻辑模型研究	张婕	吉林大学	徐宝祥
基于知识转移的知识产权管理机制研究	马静	吉林大学	张海涛

题目	作者	学校	导师
基于知识转移的企业学习能力的培育研究	修兆宇	吉林大学	张海涛
企业信息生态系统的构建与运行机制研究	闫奕文	吉林大学	张海涛
产业集群的政府知识产权管理研究	于峰	吉林大学	张海涛
电子商务企业协同化物流信息平台构建	董相君	吉林大学	张向先
企业信息生态系统评价指标体系构建研究	肖蜀吉	吉林大学	张向先
基于门户网站的电子政务信息资源管理绩效评价研究	张玲	吉林大学	张向先
汽车产业集群知识管理平台构建研究	周新宇	吉林大学	张向先
吉林省网络技术市场优化研究	孙元一	吉林大学	郑荣
基于价值传递的企业竞争情报价值评估研究	张磊	吉林大学	郑荣
中文古籍数字化研究	崔雷	吉林大学	毕强
网上学术信息质量评价研究	李洋	吉林大学	毕强
公共图书馆服务体系建设研究	姚萌	吉林大学	毕强
Web2.0 环境下用户参与的信息组织研究	赵春琳	吉林大学	毕强
基于 WEB 服务的高校教育网络平台构建研究	董济洲	吉林大学	徐恺英
基于隐性知识的图书馆知识服务模式研究	刘晓辉	吉林大学	徐恺英
基于知识链的数字资源整合研究	王宁	吉林大学	徐恺英
网络社区信息交流模式研究	赵旭	吉林大学	徐恺英
中外开放获取资源现状比较研究	李锐	江苏大学	陈燕
基于改进 SWOT 方法模型的企业专利战略制定研究	米兰	江苏大学	刘红光
动态环境下科技型中小企业专利竞争情报系统研究	周英	江苏大学	刘红光
我国电动汽车产业的专利分析与发展对策研究	吕义超	江苏大学	刘红光
中小企业专利战略研究与模型构建	李钊	江苏大学	卢章平
失效专利应用研究	韩兵兵	江苏大学	卢章平
基于内容的搜索引擎网页去重研究	刘阳	江苏大学	宋余庆
生态化区域创新系统评价研究	赵斐	江苏大学	孙斌，张晓阳
基于全信息的智能农业装备技术专利战略研究	赵旭	江苏大学	唐恒
高校科研成果的机构典藏管理研究	张延伟	江苏大学	袁润
卫生信息共享模式及其关键技术研究	蒋韵	江苏大学	袁润
征订信息管理与订购决策支持系统研究	王婧怡	江苏大学	袁润
社会网络分析在学科热点分析中的实证研究	王慧	江苏大学	袁润
我国国情研究国际化发展评价指标与策略研究	李品	江苏大学	周金元
基于 T-DMB 的视音频抗误码处理技术研究	余少华	解放军信息工程大学	刘立柱
基于用户电话号码的传真报筛选检索研究	蔡锋	解放军信息工程大学	刘立柱
低信噪比 TDMA 信号同步技术研究	王军杰	解放军信息工程大学	彭华
基于切分的汉语连续语音识别技术研究	张宝奇	解放军信息工程大学	张连海

题目	作者	学校	导师
图像统计建模及其在图像取证中的应用研究	李文祥	解放军信息工程大学	张涛
公共危机管理中的信息需求及其结构表达	高闯	兰州大学	沙勇忠
基于 Overlay 期刊的网络开放学术资源建设与服务研究	王楠	兰州大学	沙勇忠
科技图书馆面向科研用户的知识服务研究	陈春	兰州大学	王怀涛
灾害风险信息地图绘制及其在应急管理中的应用	曹惠娟	兰州大学	王怀涛
社会网络分析在学科评估中的应用	贡金涛	辽宁师范大学	贾玉文
海峡两岸图书馆学教育比较研究	赵静	辽宁师范大学	贾玉文
基于长尾理论的图书馆馆藏资源利用研究	吕蜜	辽宁师范大学	贾玉文
网络环境下基于服务的图书馆用户档案问题研究	张志娟	辽宁师范大学	贾玉文
高校图书馆学科化联合信息服务体系研究	李森森	辽宁师范大学	李永先
图书馆知识成本控制研究	顾琳	辽宁师范大学	李永先
高校学生信息素养能力评价与培养研究	魏钰春	辽宁师范大学	李永先
基于 Web2.0 的高校图书馆在线信息素养教育平台研究	栾旭伦	辽宁师范大学	李永先
论概念逻辑在知识组织中的应用	王一真	辽宁师范大学	张秀兰
我国图书馆馆际互借规则研究	郝淑东	辽宁师范大学	张秀兰
Web2.0 环境下高校图书馆学科化服务平台的构建	孙扬	辽宁师范大学	张秀兰
经济危机时期我国中小企业竞争情报的应用研究	周鹏	辽宁师范大学	张秀兰
网络环境下个性化信息资源服务研究	张方	南昌大学	程结晶
省级公共图书馆企业信息服务在线调查与思考	熊冬萍	南昌大学	程结晶
知识管理对企业技术创新效果影响的实证研究	冷龙	南昌大学	龚花萍
中部地区现代信息服务业绩效评价及对策研究	夏琼	南昌大学	龚花萍
数字化学习与学习型社会构建策略	吴友贵	南昌大学	龚花萍
基于模糊层次综合评价法(FAHP)的科技查新质量评价研究	马巧花	南昌大学	何晓萍
江西省高校图书馆个性化信息服务调查分析及对策研究	陈俊凤	南昌大学	何晓萍
网络环境下区域图书馆信息服务联盟研究	肖花	南昌大学	刘春年
数字图书馆开发中信息资源的发现与获取技术及实现条件研究	贺俊英	南昌大学	刘春年
高校知识产权管理绩效评价研究及实证分析	吴菲菲	南昌大学	沈玖玖
基于价值工程的贸易竞争情报功能与价值研究	田玥	南昌大学	沈玖玖
情报过程视角下物流供应商选择与评价研究	吴璟珅	南昌大学	熊国经
高校图书馆知识型馆员绩效评价研究	许妍	南京航空航天大学	陈万寅
网络学术信息交流模式与信息分布研究	张磊磊	南京航空航天大学	邹小筑
面向社会网络应用的关系抽取研究	江超男	南京理工大学	丁晟春
社会网络的可视化表示研究与应用	李冲	南京理工大学	丁晟春
数据库用户检索决策中的间接学习研究社会学习理论的应用探索	李丹丹	南京理工大学	甘利人
电子商务网站分类体系理解的用户心智模型研究	朱晶晶	南京理工大学	甘利人
面向服务的开发区电子政务网站建设研究	郑锐	南京理工大学	哈进兵
双渠道供应链的库存和服务策略研究	颜艳	南京理工大学	李莉

题目	作者	学校	导师
中小制造企业在线直销与传统分销双渠道定价决策建模与仿真	鄢珍	南京理工大学	李莉
基于社会网络的科技咨询专家库及其构建方法研究	杨小晓	南京理工大学	王曰芬
专利分析软件用户采纳的影响因素研究	邬尚君	南京理工大学	王曰芬
面向科学计量分析的知识图谱构建与应用研究	陈祖香	南京理工大学	王曰芬
基于社会网络的科技咨询专家库构建及其可视化研究	王雪芬	南京理工大学	王曰芬，颜瑞武
面向企业管理创新的竞争情报运行机制研究	黄莹莹	南开大学	王知津
面向产品创新模糊前端的竞争情报工作研究	刘建	南开大学	刘玉照
基于《孙子兵法》军事战略思想的企业竞争情报模式研究	刘念	南开大学	王知津
科技情报机构核心能力评价研究	潘永超	南开大学	王知津
面向企业管理创新的竞争情报管理模式研究	王秀香	南开大学	王知津
企业竞争情报能力成熟度模型的构建研究	王羽萱	南开大学	李颖
知识管理和竞争情报的整合研究	杨云霄	南开大学	刘玉照
基于 FRBR 的多媒体资源元数据规范研究	郑陈律	南开大学	李培
基于政府信息公开的政府信息咨询模式研究	张幸	南开大学	柯平
公共图书馆推广对其公众形象影响研究——以东莞图书馆为例	张伟	南开大学	柯平
初中阶段留守儿童的信息需求研究——以福建沙县为例	蔡韶莹	南开大学	于良芝
发展我国动漫杂志的对策研究	吴业臻	南开大学	徐建华
基于利益相关者的出版企业社会责任研究	徐斌	南开大学	徐建华
基于 SCI 的我国科研能力及学术水平评价	庞芳芳	青岛科技大学	丁海德
基于专利组合分析的高新技术产业化项目评价研究	于晶晶	青岛科技大学	李利，谭思明
基于本体的语义检索研究	付苓	曲阜师范大学	崔新春
基于文献计量的图书馆链式管理研究	朱田林	曲阜师范大学	罗军
数字环境下图书馆知识共享策略研究	张艳敏	曲阜师范大学	马秀峰
中学图书馆知识服务研究	宋静	曲阜师范大学	郑春厚
网络环境下图书馆数字海洋信息资源的组织与服务创新研究	姜玉晶	山东大学	郭砚常
跨学科团队知识共享影响因素实证研究	赵玉洁	山东大学	江三宝
高校数字参考咨询服务用户研究	李小丽	山东大学	江三宝
基于信息能力的企业竞争优势研究	张志英	山东大学	张辉
一种网络环境下的异构数据资源一体化方法	刘倩	山东科技大学	韩燕波
基于二次搜索的搜索引擎技术研究	岳广飞	山东科技大学	何明祥
多目标遗传算法与非支配集的构造研究	马水松	山东科技大学	何明祥
企业信息化成熟度模型及其评价体系研究	宋卫星	山东科技大学	李登道
基于 Ajax 和 Soap Service 的应用框架及实现方法研究	岳海鸥	山东科技大学	李登道
基于数据处理中心的企业竞争情报系统研究	白冰	山东科技大学	李登道
基于查询扩展的垂直搜索研究	吕芳芳	山东科技大学	梁永全
基于遗传算法的 K－means 聚类方法的研究	吴香庭	山东科技大学	路燕
基于专利分析的竞争对手分类系统研究	高兆梓	山东科技大学	路燕
“信息检索与利用”国家精品课程网站用户满意度测评模型实证研究	韩正彪	山东理工大学	葛敬民

题目	作者	学校	导师
知识产品价值测度研究	许海云	山东理工大学	李长玲
中小企业信息化 SaaS 平台模型与关键技术研究	马栋之	山东理工大学	刘文云
高校图书馆信息共享空间模型设计及实例分析	胡群	山东理工大学	刘文云
高校科研虚拟团队运行模式研究	闫霏	山东理工大学	刘文云
新一代 OPAC 系统在高校图书馆中的应用研究	牟燕	山东理工大学	王效岳
区域专利竞争力评价模型及应用研究	朱肖颖	山东理工大学	吴红
基于 Internet 的信息组织个性化信息服务研究	羊依东	山西财经大学	尚成国
煤炭企业知识管理系统构建与评价	刘菲	山西财经大学	尚成国
连锁企业与客户信息沟通体系研究	胡耀蕾	山西财经大学	尚成国
基于技术性贸易壁垒的竞争情报系统评价研究	田雷雷	山西财经大学	尚成国
基于网络的信息个性化服务研究	武翔宇	山西财经大学	武三林
我国网络商店的竞争力研究	秦戈	山西财经大学	武三林
基于社会网络分析的企业竞争情报人际网络研究	曹春红	山西财经大学	武三林
企业危机管理预警指标体系的研究	黎泽	山西财经大学	武三林
山西省科技攻关项目分析	张雅乐	山西财经大学	朱红
上市公司信息披露质量与自主创新能力相关性研究	侯蕾	山西财经大学	朱红
专利预警评价体系构建及其实证研究	陈志勋	山西财经大学	朱红
山西省电子信息产业创新能力指标体系构建及评价研究	魏江林	山西财经大学	朱红
《汉语主题词表》本体化的自动生成研究	卫荣娟	山西大学	贾君枝
基于汉语框架本体的网络资源标注	赵文娟	山西大学	贾君枝
基于法律框架网络本体语料库系统的知识发现研究	韩笑	山西大学	贾君枝
基于框架网络本体的语义检索模型	董文清	山西大学	贾君枝
中、日、美知识产权立国战略比较研究	王洪飞	山西大学	相丽玲
区域知识竞争力的投融资支持体系研究	杨威	山西大学	相丽玲
我国 R&D 活动中合作研究的实证分析	任雁	山西大学	相丽玲
试析国家知识产权战略下的研究型大学	郅永红	山西大学	相丽玲
中美日专利授权条件的差异分析	焦扬	山西大学	相丽玲
基于情景分析法的企业危机预警机制研究	赵振宁	山西大学	张翠英
基于内部控制理论的企业反竞争情报研究	李丹	山西大学	张翠英
基于隐性知识共享的企业文化构建研究	焦成霞	山西大学	张翠英
基于 Web 挖掘的企业竞争情报系统研究	魏恒	山西大学	张翠英
供应链中知识流动的模型构建	乔湫娟	山西大学	张翠英
企业竞争情报系统综合评价方法比较研究	张静	山西大学	张翠英
基于知识管理的图书馆知识服务研究	李鹏	山西大学	雷晓庆
构建图书馆社会知识共享机制的研究	苏莉	山西大学	李景峰
基于知识本体视角的企业知识转移研究	侯俊骏	山西大学	李景峰
技术创新视角下的焦化企业知识创造模型	高文学	山西大学	李景峰
煤炭企业信息构建研究	胡果	山西大学	李景峰
信息生态位评价体系研究	杨秀芳	山西大学	裴成发
图书馆电子服务质量评价研究	杨晶晶	山西大学	齐向华

题目	作者	学校	导师
基于用户角度的 CBIR 系统评价指标体系的研究	李晓丽	上海交通大学	黄敏
面向企业危机预警的竞争情报工作机制研究	王娜	上海交通大学	夏佩福
基于 DSpace 的机构仓储资源整合研究及应用	石仙鹤	上海交通大学	郑巧英，徐汝兴
上海高校图书馆数字资源分布及利用研究	陶慧卿	上海交通大学	庄琦
知识服务外包吸引力指数(KAI)研究	李昶	上海社会科学院	丁波涛
信息技术对信息服务业的影响	郑亚玺	上海社会科学院	李农
政府部门间信息资源共享的模式及其应用研究	薛鹏	上海社会科学院	王操
网络社群知识传播的系统结构及其管理	张元琨	上海社会科学院	王贻志
民营企业竞争情报发展战略研究	廖球辉	苏州大学	鞠英杰
基于数据挖掘的专利情报趋势应用研究	康新秀	苏州大学	鞠英杰
网络环境下企业反竞争情报研究	卢燕秋	苏州大学	项文新
情报学研究生信息素质培养研究	石荣锦	苏州大学	项文新
政府信息资源开发服务创新研究	王洁	苏州大学	周毅
跨国母子公司间知识转移影响因素实证研究	常敏	苏州大学	周毅
社会因素与专利产出相关性研究及对策	谭晓	天津大学	丛玲
中国高校专利产出状况对比分析	邢科慧	天津大学	李文兰
基于语义 Web 服务的政务流程集成研究	李凤玲	天津师范大学	高洁
基于信息生态理论的公共档案馆服务系统研究	冯晓红	天津师范大学	李福君
基于价值链分析的商业银行竞争情报模式研究	罗莹	天津师范大学	刘冰
基于 Web2.0 的社会性网络的信息生成模式研究	王昆	天津师范大学	刘春茂
房地产企业管理类档案分类研究	焦凡力	天津师范大学	桑毓域
基于 DSpace 的机构知识库构建	朱丽雪	天津师范大学	宋丽萍
基于 C/S 与 B/S 混合模式的信息系统研究	彭利勇	天津师范大学	王世文
基于 KMV 模型的银行信用风险预测研究	兰艳红	天津师范大学	徐忠兰
Web2.0 环境下基于品类的医药连锁企业知识平台构建研究	姚士雷	天津师范大学	高洁
基于语义 Web 服务的协同政务门户系统研究	刘海波	天津师范大学	高洁
网络信息消费中的马太效应形成机理研究	覃桃	武汉大学	马费成
社会性网络服务中用户持续使用行为研究	李晶	武汉大学	马费成
个人信息管理研究——基于用户主观方式	邱璇	武汉大学	马费成
基于 TAM 的 3G 手机使用影响因素研究	高杨堰	武汉大学	马费成
我国信息政策体系结构研究及现状分析	付真真	武汉大学	马费成
基于知识构建的搜索引擎人机交互研究	张薇	武汉大学	代君
学术期刊论文审稿人的自动选择研究	王伟	武汉大学	陆伟
领域核心作者识别及其在期刊评价中的应用研究	荣先乾	武汉大学	陆伟
基于日志查询扩展的移动检索系统设计与实现	刘杰	武汉大学	陆伟
领域热点主题识别与趋势预测——以传统医药领域为例	陈武	武汉大学	陆伟
基于时间间隔序列分析的用户行为标度律研究	韩曙光	武汉大学	陆伟
数字图书馆馆藏动态存储模型研究	梁达基	武汉大学	唐晓波
基于 EA 的数字图书馆架构框架研究	高峰	武汉大学	唐晓波

题目	作者	学校	导师
基于数据挖掘的商业银行的个人信用评价研究	丁雪	武汉大学	张玉峰
基于数据挖掘的保险公司客户识别研究	吴覃	武汉大学	张玉峰
基于数据挖掘的信用卡信用风险分析研究	张婧	武汉大学	张玉峰
网上学术信息作者分布规律的实证与比较研究	李慧	武汉大学	邱均平
网上学术信息离散分布规律及应用研究	王明芝	武汉大学	邱均平
网上学术信息增长规律的实证与比较研究	刘敏	武汉大学	邱均平
以博客为平台的知识交流模型研究	刘华华	武汉大学	邱均平
中文搜索引擎时效性比较研究	曹兰芳	武汉大学	查先进
基于专利联盟的企业专利战略研究	周辉	武汉大学	查先进
基于 Wiki 的企业知识共享研究	郑燕	武汉大学	查先进
C2C 电子商务网站的个性化信息服务研究	李珺	武汉大学	查先进
电子政务环境下政府信息资源共享模式研究	李馨	武汉大学	查先进
个性化信息服务中的用户信息心理研究	胡慧丽	武汉大学	陆泉
面向企业核心竞争力的竞争情报研究	杨宛西	武汉大学	李纲
情感语料库构建研究——以洗衣机网络口碑为例	程洋洋	武汉大学	李纲
基于意见挖掘的舆情分析系统设计与初步实现	甘停	武汉大学	李纲
社会标注系统中标签排序与检索结果重排序	张景	武汉大学	李枫林
网络环境下用户信息行为建模研究	张银	武汉大学	李枫林
基于本体的语义网应用模型构建技术研究	王超	武汉大学	董慧
移动互联网信息服务质量影响因素分析	刘婧	武汉大学	胡昌平
基于用户体验的网站信息构建研究	戚媛媛	武汉大学	胡昌平
面向知识社区的数字参考咨询服务研究	韩晶星	武汉大学	胡昌平
高校图书馆信息资源开放式整合研究	林鑫	武汉大学	胡昌平
基于社交网站的社会化游戏研究	陈礼国	武汉大学	邓仲华
社会网络视角的企业内部知识共享模式研究	王红星	武汉大学	赵蓉英
iSchool 实践及其对我国图书情报教育改革的借鉴研究	丁宁	武汉大学	陈传夫
我国公益性信息增值利用现状与对策研究	盛钊	武汉大学	陈传夫
开放存取资源在我国高校图书馆的开发利用研究	张法	武汉大学	陈传夫
中文书目规范控制的研究	江志新	武汉大学	孙更新
我国高校图书馆电子期刊整合研究	李倩	武汉大学	张燕飞
图书馆交互式数字信息服务研究	刘瑜	武汉大学	袁琳
国内外高校机构知识库比较与分析	崔依姗	武汉大学	邱晓琳
基于信息构建的知识服务研究——以图书情报学科为例	候君洁	武汉大学	司莉
面向大学生的高校图书馆嵌入式营销研究	陈碧娟	武汉大学	司莉
我国高校图书馆适应 Web2.0 环境的障碍分析	陈新元	武汉大学	司莉
Web2.0 环境下用户参与的高校图书馆门户信息组织模式研究	石若瑶	武汉大学	司莉
日本公共图书馆商务支援服务研究	万亚萍	武汉大学	陆颖隽
我国高校数字图书馆信息资源整合模式研究	李袁	武汉大学	陆颖隽
高校图书馆参与科学数据管理和共享研究	高协	武汉大学	燕今伟
特色数据库绩效评估研究	文甜	武汉大学	肖希明

题目	作者	学校	导师
信息共享空间与图书馆管理变革研究	仇晓惠	武汉大学	肖希明
高校图书馆学科馆员服务研究现状调查研究	卢娅	武汉大学	肖希明
中外高校机构知识库的调查与分析	胡潇	武汉大学	黄如花
国内外语言文学资源平台的调查与分析	夏笑吟	武汉大学	黄如花
开放存取资源的长期保存策略研究	胡文琴	武汉大学	黄如花
数字资源权益分享机制研究	刘梅	武汉大学	吴志强
基于 Lucene 的全文检索系统的研究与应用	岳莉	西安电子科技大学	丁振国
Web 呼叫中心系统在远程教育中的应用研究	李成家	西安电子科技大学	丁振国
基于大众标注的对等网语义检索系统模型研究	苏山佳	西安电子科技大学	窦永香
一种电子产品领域命名实体识别方法研究	邹涛	西安电子科技大学	焦艺
信息安全策略在反竞争情报中的应用	由振荣	西安电子科技大学	刘东苏
科技情报系统安全体系结构研究	李红艳	西安电子科技大学	刘东苏
UCON_PMI 体系在供应链系统中的应用研究	薛杰	西安电子科技大学	刘东苏
网格环境下虚拟企业信息系统安全模型研究	林培旺	西安电子科技大学	刘东苏
基于知网语义相似度的中文文本聚类方法研究	许君宁	西安电子科技大学	刘怀亮
基于知网语义关系的中文事件信息抽取研究	董萍	西安电子科技大学	刘怀亮
基于 GIS 的空间数据挖掘方法研究	葛登科	西安电子科技大学	王亚民
企业信息共享关键技术研究	陈娴	西安电子科技大学	王亚民
基于 Web 应用系统的性能测试技术研究	李健	西安电子科技大学	王亚民
基于用户兴趣的 P2P 搜索机制研究	杨静	西安电子科技大学	王亚民
政府网站评价指标体系研究及实证分析	殷利梅	西安电子科技大学	王雁
网上多物品拍卖中最优拍卖与投标策略研究	华桂芬	西安电子科技大学	温浩宇
SaaS 平台构建方法研究	及东兴	西安电子科技大学	温浩宇

题目	作者	学校	导师
SaaS 的运营模式和定价策略研究	黄桂梅	西安电子科技大学	温浩宇
基于本体的高血压电子病历知识库研究	巩沐歌	西安电子科技大学	温有奎
对等网环境下知识地图的构建研究	王亚楠	西安电子科技大学	赵捧未
Web2.0 时代下的高校图书馆文献传递系统模型的研究与设计	盛志冰	西安电子科技大学	李志武
基于资源整合的重点学科资源保障系统模型研究	顾伟昊	西安电子科技大学	李志武
基于语义网的数字图书馆信息检索模型研究	袁颖	西安电子科技大学	赵捧未
对等网环境下数字图书馆资源共享框架研究	马亭	西安电子科技大学	赵捧未
对等网环境下个人数字图书馆知识组织研究	郭利伟	西安电子科技大学	赵捧未
我国高校图书馆信息资源优化配置的经济学分析	桑丹	西北大学	杨玉麟
基于公共经济学理论下的公共图书馆	黄涛	西北大学	杨玉麟
合作竞争:图书馆发展策略研究	冯云	西北大学	杨玉麟
图书在版编目数据集成服务体系构建问题研究	熊伟	西北大学	赵捧未，崔旭
图书馆信息资源共享系统运行机制研究	崔苠	西北大学	赵捧未，崔旭
认识信念对网络信息查询行为的影响	袁留亮	西南大学	邓小昭
大学生中强迫症状个体的信息检索行为研究	杨文建	西南大学	邓小昭
信息偶遇研究	潘曙光	西南大学	邓小昭
国内汽车垂直网站可用性研究	郑巧	西南大学	邓小昭
我国高校图书馆在 Second Life 中开展信息服务的研究	封玮	西南大学	邓小昭
西南大学图书馆利用 RSS 技术的研究与实现	丁久辉	西南大学	邓小昭
基于 Web2.0 的地市级政府门户网站公众参与模式研究	刘克允	西南大学	阮建海
Web2.0 环境下的政府电子采购优化策略研究	李阳	西南大学	阮建海
高校图书馆用户关系管理有效性评价研究	罗琳	西南大学	阮建海
北京公共图书馆志愿者管理长效机制构建与对策研究	刘伟	西南大学	阮建海
数字杂志平台用户价值与用户忠诚关系实证研究	李亭	西南大学	阮建海
高校图书馆图书荐购系统的功能研究	李豫诚	西南大学	郑宏
基于 DEA 方法的高校图书馆学科馆员服务绩效评价研究	闫现洋	西南大学	郑宏
高校图书馆数字馆藏动态模糊评价研究	曾彪	西南大学	郑宏
垂直育儿搜索引擎研究	陈靖	西南大学	郑宏
国内应届高校毕业生网络求职行为研究	陈娟	西南大学	郑宏
基于电子政务平台的政府竞争情报系统研究	刘召栋	湘潭大学	陈能华

题目	作者	学校	导师
中法竞争情报资源共建共享研究	乔姗姗	湘潭大学	陈能华
中国民机产业竞争情报工作研究	肖雪	湘潭大学	陈能华
基于 SOA 的电子政务模型构建与实现	肖静波	湘潭大学	龙朝阳
基于知识供应链的图书情报机构知识服务研究	胥伟岚	湘潭大学	龙朝阳
知识审计在企业知识管理中的应用研究	夏西平	湘潭大学	龙朝阳
我国 C2C 电子商务网站竞争情报研究	任勇旗	湘潭大学	唐毅
中美国家竞争情报体系比较研究	梁秀娟	湘潭大学	文庭孝
社区信息化建设公众满意度测评研究	马葛生	湘潭大学	邹凯
高校图书馆外文数据库采购资金的线性优化配置	张蓉晖	湘潭大学	邹凯
国内竞争情报研究演进态势—共词分析视角	李颖	湘潭大学	邹凯
社区服务流程再造公众满意度评价研究	苏鹏	湘潭大学	邹凯
知识关联及其应用研究	刘晓英	湘潭大学	邹凯
社会主义新农村背景下的农村图书馆建设	邹瑜	湘潭大学	陈能华
公共图书馆开展政府信息公开服务研究	陆俊	湘潭大学	陈能华
论信息低保制度	莫亚之	湘潭大学	韩继章
数字出版产业链整合研究	黄立雄	湘潭大学	刘灿姣
我国大学城图书馆联盟建设研究	杨文奎	湘潭大学	刘昆雄
面向区域发展的高校图书馆信息服务职能拓展研究	杨小英	湘潭大学	刘昆雄
国家创新发展中的知识信息服务转型研究	王秀丽	湘潭大学	刘昆雄
高校图书馆社会服务研究	肖烨	湘潭大学	汤曼
国内外三大专利检索系统比较研究	傅立云	湘潭大学	肖冬梅
维基知识库研究	黄永	湘潭大学	肖冬梅
基于非物质文化遗产保护的信息资源开发与利用	陈春艳	云南大学	樊泳雪
公共图书馆为农民工提供信息服务的理论与实践初探	余光岚	云南大学	樊泳雪
面向企业竞争战略制定的人际情报网络构建	李顺东	云南大学	樊泳雪
论专利文献分析在企业发展中的作用	余筱雨	云南大学	樊泳雪
用户健康信息学学科建构研究	彭琰	云南大学	胡立耘
提升人际情报网络的竞争优势	陈芊里	云南大学	胡立耘
以信息化为依托的纳税评估系统构建研究	卢超	云南大学	马自坤
基于用户体验的企业网站信息构建研究	王蓉	云南大学	杨勇
建国以来云南省少数民族古籍工作述论	王丽萍	云南大学	王晓珠
发展机构知识库的若干问题探讨	周意红	云南大学	杨勇
公共图书馆通借通还配送模式研究	李洋	浙江大学	李超平
基于成本效益分析的公共图书馆经济价值评估研究	叶斌	浙江大学	李超平
多层面跨数据源 h 指数实证研究	周志峰	浙江大学	叶鹰
海量数字信息存储配置的优化	孙红莺	浙江大学	叶鹰
我国政府信息公开活动中的个人信息保护研究	刘洋	郑州大学	付立宏
中美电信普遍服务政策之比较研究	狄娟娟	郑州大学	付立宏
企业内部知识转移的文化影响研究	王美玉	郑州大学	付立宏
基于本体的个性化信息推荐系统研究	高丽芝	郑州大学	郭少友

题目	作者	学校	导师
我国政府网站应急服务功能研究	刘芳	郑州大学	刘焕成
基于流通业竞争力评价的诊断性信息服务研究	张焕梅	郑州大学	刘永
NLP 技术在中文全文信息处理中的应用研究	黄默丽	郑州大学	马国华
中文文本自动分词技术与算法研究	许荣荣	郑州大学	马国华
基于图像内容的检索技术研究	范巍	郑州大学	马国华
语义网本体构建方式研究	刘博	郑州大学	尚新丽
BtoC 电子商务的物流信息化研究	吕桂敏	郑州大学	尚新丽
电子商务环境下的企业反竞争情报研究	刘罡	郑州大学	尚新丽
公共信息资源市场化研究	韩晨昀	郑州大学	尚新丽
数字保存系统质量认证证据研究	李丹	郑州大学	臧国全
美欧版权制度对数字保存的影响及对我国的启示	张红亮	郑州大学	臧国全
基于 OAIS 的数字保存系统的分析	孙童真	郑州大学	臧国全
基于 Folksonomy 的图书馆信息组织研究	郑燃	郑州大学	白华
基于知识转移的高校科技成果市场化策略研究	郭垚	郑州大学	付立宏
近 30 年河南地方文献开发利用研究	彭秀丽	郑州大学	王国强
面向信息弱势群体的图书馆信息无障碍服务研究	郭慧霞	郑州大学	张怀涛
病历档案数字化研究	区雨齐	郑州大学	周拴龙
高校灰色文献数字化研究	葛洁敏	郑州大学	周拴龙
本体构建中建立概念间关系方法研究	王世清	中国农业科学院	常春
农业数字图书馆知识仓库结构的研究	刘利亚	中国农业科学院	李秀峰
中国农业科技期刊竞争力研究	周鹏举	中国农业科学院	路文如
我国政务信息资源共享的瓶颈问题分析	董丹华	中国人民大学	侯卫真
药品专利政策对生物制药业的影响研究	倪娜	中国人民解放军军事医学科学院	刁天喜，王磊
语义 Web 在医学知识组织中的应用研究	李萍萍	中国人民解放军军事医学科学院	李书宾
县区级医院引进 MRI 设备综合效益评价研究	刘辉	中国协和医科大学	池慧
网络免费生物医学电子图书的现状与利用研究	孙灵芝	中国协和医科大学	阮学平
我国生物技术药物安全策略研究	林芸锋	中国协和医科大学	田玲
单克隆抗体文献信息分析可视化研究	李海存	中国协和医科大学	许培扬
肿瘤疫苗领域的信息分析	刘晓婷	中国协和医科大学	许培扬
基于共词分析的学科结构可视化研究	杨颖	中国医科大学	崔雷
医学文献中药物与疾病关系的抽取与分析	吴明智	中国医科大学	崔雷

题目	作者	学校	导师
基于文献轮廓的疾病相关基因的功能分析	张薇	中国医科大学	崔雷
基于突发监测的全身炎症反应综合征治疗药物研究趋势分析	徐爽	中国医科大学	郭继军
两种信息可视化工具在学科知识领域应用的比较研究——人胚胎干细胞文献分析	董立平	中国医科大学	郭继军
国际非小细胞肺癌新旧 TNM 分期系统有效性的比较研究	汤燕明	中国医科大学	杨振君
吉非替尼和厄洛替尼治疗非小细胞肺癌优势人群筛选的系统评价	朱利娜	中国医科大学	杨振君
脊髓型颈椎病手术入路选择的 Meta 分析	何蛟	中国医科大学	赵玉虹
学习档案包(portfolio)在乡村医生培养与评价中的应用研究	张相苏	中国医科大学	赵玉虹
住院医师电子学习档案系统的设计与实现	常青	中国医科大学	赵玉虹
中医药信息标准体系构建策略研究	董燕	中国中医科学院	崔蒙
国内医学文摘系列刊物发展对策研究	魏民	中国中医科学院	崔蒙
基于信息构建的网站评价——Web2.0 环境下的研究	程帆	重庆大学	郭吉安
我国高校专利战略及其绩效评价研究	章静	重庆大学	郭吉安
基于社会网络分析的组织知识共享研究	翟伟希	重庆大学	郭吉安
基于社会网络挖掘的网购虚拟社区网络分析	肖凤	重庆大学	李勇

（钟晶晶整理）

2010年出版图书馆学著作目录

序号	ISBN号	书名	第一责任说明	其他责任说明	出版地	出版社	出版时间
1	978-7-115-21655-7	SEO魔法书	土著游民编著		北京	人民邮电出版社	2010.01
2	978-7-5325-5666-3	出土文献与传世典籍的诠释	复旦大学出土文献与古文字研究中心编		上海	上海古籍出版社	2010.01
3	978-7-112-11475-7	地产高管情报分析兵法	克而瑞(中国)信息技术有限公司编著		北京	中国建筑工业出版社	2010.01
4	978-7-5027-7670-1	地震学专业分类表	梁凯利主编	中国地震局,《中国图书馆分类法》编辑委员会编	北京	海洋出版社	2010.01
5	978-7-5609-5865-1	电子出版物	包鹏程,范文婷,何海巍编著		武汉	华中科技大学出版社	2010.01
6	978-7-307-07002-8	电子书刊设计	柴文娟编著		武汉	武汉大学出版社	2010.01
7	978-7-80745-766-4	公共图书馆是什么	王世伟主编		上海	上海社会科学院出版社	2010.01
8	978-7-5097-1093-7	古籍考辨丛刊	顾颉刚主编		北京	社会科学文献出版社	2010.01
9	978-7-300-11418-7	古文献丛论	李学勤著		北京	中国人民大学出版社	2010.01
10	978-7-5013-4213-6	国家图书馆藏满文文献图录	黄润华主编		北京	国家图书馆出版社	2010.01
11	978-7-5439-4137-3	久闻书香自芬芳	唐秋霞主编		上海	上海科学技术文献出版社	2010.01
12	978-7-208-09043-9	漫卷书香	焦扬主编		上海	上海人民出版社	2010.01
13	978-7-80761-352-7	目录学发微	余嘉锡著		长沙	岳麓书社	2010.01
14	978-7-301-15943-9	南湖藏书楼	余三定主编		北京	北京大学出版社	2010.01

序号	ISBN 号	书名	第一责任说明	其他责任说明	出版地	出版社	出版时间
15	978-7-80761-336-7	清华园里读旧书	刘蔷著		长沙	岳麓书社	2010.01
16	978-7-5013-4222-8	全国公共图书馆讲座工作论文集	曹宁，张志清主编	国家图书馆文化教育部编	北京	国家图书馆出版社	2010.01
17	978-7-5641-1940-9	社区卫生科研与医学文献检索	张红萍，范群主编	连燕舒等编	南京	东南大学出版社	2010.01
18	978-7-80761-291-9	书色斑斓	袁逸著		长沙	岳麓书社	2010.01
19	978-7-5614-4802-1	数字时代图书馆建设的理论与实践	姚乐野，钟刚毅主编		成都	四川大学出版社	2010.01
20	978-7-111-29039-1	数字文献信息检索与利用	何晓萍主编		北京	机械工业出版社	2010.01
21	978-7-03-026446-6	数字信息组织	甘利人，薛春香，刘磊等编著		北京	科学出版社	2010.01
22	978-7-301-16557-7	网络信息采集与编辑	范生万，张磊主编		北京	北京大学出版社	2010.01
23	978-7-121-09904-5	网络信息检索实用教程	郜峻，刘文科主编		北京	电子工业出版社	2010.01
24	978-7-80714-989-7	网络信息资源利用	吴六爱，张兰，江葆红编著		兰州	甘肃文化出版社	2010.01
25	978-7-5628-2523-4	文献检索与知识发现指南	吉久明，孙济庆主编		上海	华东理工大学出版社	2010.01
26	978-7-5077-3492-8	文献研究	高国祥主编		北京	学苑出版社	2010.01
27	978-7-5426-3129-9	我读	梁文道主讲		上海	上海三联书店	2010.01
28	978-7-5439-4074-1	现代国际交换概论	俞国琴著		上海	上海科学技术文献出版社	2010.01
29	978-7-03-026476-3	信息获取与用户服务	颜端武，王曰芬主编		北京	科学出版社	2010.01
30	978-7-115-21824-7	信息检索导论	（美）Christopher D. Manning，（美）Prabhakar Raghavan，（德）Hinrich Schütze 著		北京	人民邮电出版社	2010.01
31	978-7-309-06951-8	信息检索与利用	张永忠主编	王乐等编	上海	复旦大学出版社	2010.01

序号	ISBN 号	书名	第一责任说明	其他责任说明	出版地	出版社	出版时间
32	978—7—312—02597—6	信息素养与信息检索	许征尼主编		合肥	中国科学技术大学出版社	2010.01
33	978—7—111—28906—7	信息资源检索	李谋信编著		北京	机械工业出版社	2010.01
34	978—7—80761—335—0	燕北书城困学集	姚伯岳著		长沙	岳麓书社	2010.01
35	978—7—117—12553—6	医学信息技术教程	王金社,石琰茹主编	马嘉等编	北京	人民卫生出版社	2010.01
36	978—7—81060—989—0	医学信息检索与利用(第2版)学习指导与实习题集	曹洪欣主编	范吉莲等编	上海	第二军医大学出版社	2010.01
37	978—7—5439—4065—9	引领·启智	何毅主编	上海图书馆编	上海	上海科学技术文献出版社	2010.01
38	978—7—216—06303—6	在另一片阡陌上收割梦想	湖北省新闻出版局出版管理处编		武汉	湖北人民出版社	2010.01
39	978—7—5476—0083—2	中国现代文学戏剧版本闻见录续集	张泽贤著		上海	上海远东出版社	2010.01
40	978—7—5130—0151—9	专利检索策略及应用	孟俊娥主编		北京	知识产权出版社	2010.01
41	978—7—115—22019—6	SEO 20 日	潘雨辰,吴山编著		北京	人民邮电出版社	2010.02
42	978—7—216—06332—6	Web 2.0 环境下图书馆学术信息服务研究	黄传慧著		武汉	湖北人民出版社	2010.02
43	978—7—301—16893—6	古典文献及其利用	杨琳著		北京	北京大学出版社	2010.02
44	978—7—03—026660—6	化工信息检索	冯西宁,李春主编		北京	科学出版社	2010.02
45	978—7—5304—3854—1	科技情报与信息技术	刘彤,蒋继娅,吴素研编著		北京	北京科学技术出版社	2010.02
46	978—7—5476—0118—1	漫步旧书林续集	翁长松著		上海	上海远东出版社	2010.02
47	978—7—5638—1743—6	企业竞争情报基础	刘冰主编		北京	首都经济贸易大学出版社	2010.02
48	978—7—03—026304—9	数字文献检索	舒炎祥,方胜华编著		北京	科学出版社	2010.02
49	978—7—5013—4224—2	图书馆 RFID 研究	蔡孟欣著		北京	国家图书馆出版社	2010.02

序号	ISBN号	书名	第一责任说明	其他责任说明	出版地	出版社	出版时间
50	978—7—03—026143—4	网络信息检索技术及搜索引擎系统开发	高凯，郭立炜，许云峰编著		北京	科学出版社	2010.02
51	978—7—03—026327—8	文献信息检索	凤元杰主编		北京	科学出版社	2010.02
52	978—7—122—07208—5	现代经济信息检索与利用	喻萍，詹纯喆，谢蓉主编		北京	化学工业出版社	2010.02
53	978—7—111—29458—0	现代科技信息检索	林燕主编		北京	机械工业出版社	2010.02
54	978—7—121—10280—6	信息检索	于光主编		北京	电子工业出版社	2010.02
55	978—7—5618—3368—1	信息检索教程	陈兰杰，李英主编		天津	天津大学出版社	2010.02
56	978—7—5084—7151—8	XML数据查询与信息检索系统	韩忠明著		北京	中国水利水电出版社	2010.03
57	978—7—5635—2206—4	毕业论文写作与文献检索	邢彦辰，赵满华主编		北京	北京邮电大学出版社	2010.03
58	978—7—101—07253—2	程毅中文存续编	程毅中著		北京	中华书局	2010.03
59	978—7—81135—451—5	构筑阅读天堂	付跃安著		广州	暨南大学出版社	2010.03
60	978—7—81110—744—9	古典文献基础知识答问	周生杰编著		合肥	安徽大学出版社	2010.03
61	978—7—81110—749—4	古籍研究	朱万曙主编		合肥	安徽大学出版社	2010.03
62	978—7—5614—4748—2	毛坤先生纪念文集	党跃武，姚乐野主编		成都	四川大学出版社	2010.03
63	978—7—5014—4633—9	普通情报学	靳娟娟著		北京	群众出版社	2010.03
64	978—7—81083—929—7	书法与古籍	牟复礼，朱鸿林合著	毕斐译	杭州	中国美术学院出版社	2010.03
65	978—7—5614—4475—7	宋代禁书研究	林平著		成都	四川大学出版社	2010.03
66	978—7—80694—565—0	铁琴铜剑楼研究文献集	仲伟行，吴雍安，曾康编著	仲伟行修订	扬州	广陵书社	2010.03
67	978—7—5316—5506—0	网络环境下图书馆的人文转变	郭丽英著		哈尔滨	黑龙江教育出版社	2010.03
68	978—7—5097—1217—7	网络环境下图书情报学科与实践的发展趋势	黄长著等著		北京	社会科学文献出版社	2010.03

序号	ISBN 号	书名	第一责任说明	其他责任说明	出版地	出版社	出版时间
69	978—7—5635—2233—0	文献信息检索与利用教程	李霞，胡文忠，王文棣主编		北京	北京邮电大学出版社	2010.03
70	978—7—5361—3895—7	我与书的故事	刘颖主编		广州	广东高等教育出版社	2010.03
71	978—7—03—026985—0	信息检索与利用	邓发云，杨忠，吕先竞编著		北京	科学出版社	2010.03
72	978—7—115—22309—8	信息检索与实践	贺霞，凌征强，司马敬敏主编		北京	人民邮电出版社	2010.03
73	978—7—307—07465—1	信息咨询理论与方法	詹德优主编		武汉	武汉大学出版社	2010.03
74	978—7—302—21814—2	学人藏书聚散录	马嘶著		北京	清华大学出版社	2010.03
75	978—7—117—12612—0	医学信息检索与利用	黄晓鹂主编	于魁等编	北京	人民卫生出版社	2010.03
76	978—7—100—06265—7	中国历史文献学史述要	曾贻芬，崔文印著		北京	商务印书馆	2010.03
77	978—7—101—07054—5	中国图书文化简史	徐雁等著		上海	上海古籍出版社	2010.03
78	978—7—5623—3257—2	专利代理与检索	杨雄文编著		广州	华南理工大学出版社	2010.03
79	978—7—5614—4758—1	当代公共图书馆用户：需求、行为与结构	李桂华著		成都	四川大学出版社	2010.04
80	978—7—5438—6508—2	法律文献学	李振宇，李润杰著		长沙	湖南人民出版社	2010.04
81	978—7—5476—0123—5	浮梦旧书海	马波著		上海	上海远东出版社	2010.04
82	978—7—5617—7376—5	古今典籍聚散考	陈登原著		上海	华东师范大学出版社	2010.04
83	978—7—101—07340—9	籍海零拾	曾贻芬，崔文印著		北京	中华书局	2010.04
84	978—7—5013—4009—5	农家书屋实用手册	方允璋著		北京	国家图书馆出版社	2010.04
85	978—7—5027—7638—1	全球图书馆界的“联合国”	丘东江主编	赵志等编著	北京	海洋出版社	2010.04
86	978—7—227—04382—9	实力与养成	马谦著		银川	宁夏人民出版社	2010.04
87	978—7—5027—7640—4	世界各国图书馆馆藏发展政策精要	高红，朱硕峰，张玮主编		北京	海洋出版社	2010.04

序号	ISBN号	书名	第一责任说明	其他责任说明	出版地	出版社	出版时间
88	978-7-225-03629-8	书海巡舟	钱承军著		西宁	青海人民出版社	2010.04
89	978-7-212-03904-2	书刊、情报、体育场馆	吴兆祥主编		合肥	安徽人民出版社	2010.04
90	978-7-101-07287-7	唐代文学与文献论集	陶敏著		北京	中华书局	2010.04
91	978-7-03-026891-4	图书馆个性化知识服务发展报告	汤江，王世伟主编	中国科学院上海生命科学信息中心编	北京	科学出版社	2010.04
92	978-7-5027-7642-8	图书馆实用信息技术	俞传正等编		北京	海洋出版社	2010.04
93	978-7-5027-7637-4	图书馆信息共享空间建设	阳国华编著		北京	海洋出版社	2010.04
94	978-7-5027-7641-1	图书馆学情报学经典著作选读	祁延莉，夏汇川选编		北京	海洋出版社	2010.04
95	978-7-5027-7644-2	图苑名家访谈录	赖雪梅，姜火明主编	李漓等编著	北京	海洋出版社	2010.04
96	978-7-5606-2378-8	网络信息检索	董守斌，袁华编著		西安	西安电子科技大学出版社	2010.04
97	978-7-81113-774-3	网络信息时代图书馆服务创新管理的发展研究	郑红京著		长沙	湖南大学出版社	2010.04
98	978-7-5321-3855-5	我的城市我的书	焦扬主编		上海	上海文艺出版社	2010.04
99	978-7-5614-4772-7	现代图书馆数字内容管理与创新技术	李欣荣著		成都	四川大学出版社	2010.04
100	978-7-5628-2742-9	新编化学化工信息检索	孙济庆等编著		上海	华东理工大学出版社	2010.04
101	978-7-5013-4345-4	新世纪科技期刊管理	肖先福编著		北京	国家图书馆出版社	2010.04
102	978-7-5609-5623-7	音乐与文献论集	岳珍著		武汉	华中科技大学出版社	2010.04
103	978-7-5027-7643-5	英文参考源的检索与利用	黄如花主编	熊惠霖等编著	北京	海洋出版社	2010.04
104	978-7-5027-7646-6	怎样建设数字图书馆	刘晓清主编		北京	海洋出版社	2010.04
105	978-7-5027-7636-7	睁眼看世界	王陆军著		北京	海洋出版社	2010.04

序号	ISBN 号	书名	第一责任说明	其他责任说明	出版地	出版社	出版时间
106	978—7—5013—4347—8	变革时代的文献编目	国家图书馆中文采编部编		北京	国家图书馆出版社	2010.05
107	978—7—218—06727—8	读书激励人生	雷广财主编		广州	广东人民出版社	2010.05
108	978—7—5103—0247—3	高校图书馆读者工作研究	李国玲著		北京	中国商务出版社	2010.05
109	978—7—5011—9232—8	基层图书馆理论与实践	顾建华著		北京	新华出版社	2010.05
110	978—7—03—027446—5	基于 Web 挖掘的个性化信息推荐	易明著		北京	科学出版社	2010.05
111	978—7—5013—4360—7	嘉兴藏书史	陈心蓉著		北京	国家图书馆出版社	2010.05
112	978—7—5641—2197—6	科技情报研究与实践	孙斌，王晓梅编著		南京	东南大学出版社	2010.05
113	978—7—5013—3827—6	善本书题记	贾贵荣，耿素丽选编		北京	国家图书馆出版社	2010.05
114	978—7—202—05534—2	数字图书馆概论	黄文忠著		石家庄	河北人民出版社	2010.05
115	978—7—03—027383—3	网络信息资源开发与利用	张洋等编著		北京	科学出版社	2010.05
116	978—7—5013—4085—9	文津学志	詹福瑞主编	国家图书馆善本特藏部编	北京	国家图书馆出版社	2010.05
117	978—7—03—028133—3	西部农村群体信息能力培育及区域信息共享机制研究	赵静，王玉平编著		北京	科学出版社	2010.05
118	978—7—5389—1669—0	现代图书馆管理的实践与探索	魏秀杰，倪冬波，朱凤娟主编		哈尔滨	黑龙江朝鲜民族出版社	2010.05
119	978—7—81133—772—3	现代信息资源检索与利用	庄善洁，田会明，宋朝辉主编		哈尔滨	哈尔滨工程大学出版社	2010.05
120	978—7—5482—0095—6	信息技术与教育	胡立耘主编		昆明	云南大学出版社	2010.05
121	978—7—115—22490—3	信息检索	靳小青主编	通识教育规划教材编写组组编	北京	人民邮电出版社	2010.05
122	978—7—307—07671—6	信息检索	黄如花主编	林佳等编著	武汉	武汉大学出版社	2010.05

序号	ISBN 号	书名	第一责任说明	其他责任说明	出版地	出版社	出版时间
123	978－7－305－06984－0	信息资源网络模型及应用	王昊著		南京	南京大学出版社	2010.05
124	978－7－81128－192－7	以用户为中心的信息集成服务	周永红著		湘潭	湘潭大学出版社	2010.05
125	978－7－5617－7588－2	征圣录	季惟斋著		上海	华东师范大学出版社	2010.05
126	978－7－80247－972－2	中国科学计量指标	中国科学院国家科学图书馆，中国科学引文数据库项目组编		北京	知识产权出版社	2010.05
127	978－7－5122－0022－7	中小型公共图书馆科学发展与创新	中国图书馆学会等编		北京	中国民族摄影艺术出版社	2010.05
128	978－7－215－07187－2	中医药信息检索指南	赖谦凯主编		郑州	河南人民出版社	2010.05
129	978－7－115－22133－9	SEO 必知必会 51 技	(美)Rebecca Lieb 著	韩国峰译	北京	人民邮电出版社	2010.06
130	978－7－301－17357－2	北京大学中国古文献研究中心集刊	北京大学中国古文献研究中心编		北京	北京大学出版社	2010.06
131	978－7－5013－4377－5	楮墨芸香	周和平主编	国家图书馆，国家古籍保护中心编	北京	国家图书馆出版社	2010.06
132	978－7－5618－3432－9	促进老年人阅读的公共图书馆创新研究	肖雪著		天津	天津大学出版社	2010.06
133	978－7－03－027871－5	大学图书馆利用基础教程	肖凤玲，喻志刚主编		北京	科学出版社	2010.06
134	978－7－5013－3816－0	敦煌书目题跋辑刊	李万健，罗瑛辑		北京	国家图书馆出版社	2010.06
135	978－7－301－17114－1	法律文献检索	于丽英著		北京	北京大学出版社	2010.06
136	978－7－80734－733－0	黄河水利科技主题词表	胡一三，姜钧英主编	黄河水利委员会编	郑州	黄河水利出版社	2010.06
137	978－7－307－07751－5	竞争情报与企业危机管理	查先进，陈明红，杨凤著		武汉	武汉大学出版社	2010.06
138	978－7－302－21869－2	科技情报检索	田质兵，薛娟，周同编著		北京	清华大学出版社	2010.06

序号	ISBN号	书名	第一责任说明	其他责任说明	出版地	出版社	出版时间
139	978—7—5123—0424—6	科技信息检索与利用	宋金芹编著		北京	中国电力出版社	2010.06
140	978—7—5633—9837—9	刘咸炘学术论集	黄曙辉编校		桂林	广西师范大学出版社	2010.06
141	978—7—5130—0032—1	美国图书馆复制权问题研究	翟建雄著		北京	知识产权出版社	2010.06
142	978—7—5332—6287—7	牵手阅读	刘宪，刘绍辉主编	济南市市中区教育局编	济南	明天出版社	2010.06
143	978—7—5325—5501—7	清代辑佚研究	喻春龙著		上海	上海古籍出版社	2010.06
144	978—7—5476—0178—5	清末民初小说版本经眼录	付建舟，朱秀梅著		上海	上海远东出版社	2010.06
145	978—7—115—23035—5	全民阅读和图书馆服务	贺霞，冯建福主编		北京	人民邮电出版社	2010.06
146	978—7—302—22346—7	搜索引擎优化宝典	(美)Jerri L. Ledford著	马煜译	北京	清华大学出版社	2010.06
147	978—7—5108—0519—6	他们的国度	唐晶主编		北京	九州出版社	2010.06
148	978—7—5013—4350—8	图书馆危机管理手册	刘兹恒主编		北京	国家图书馆出版社	2010.06
149	978—7—300—11920—5	网络信息采集与利用	贾朝辉编著		北京	中国人民大学出版社	2010.06
150	978—7—5013—4369—0	文津论丛	詹福瑞主编		北京	国家图书馆出版社	2010.06
151	978—7—121—10862—4	现代图书馆管理	刘兹恒，徐建华，张久珍主编		北京	电子工业出版社	2010.06
152	978—7—5618—3470—1	信息检索	龚斌，宋茜主编		天津	天津大学出版社	2010.06
153	978—7—81086—804—4	医学信息检索与利用	陈燕主编	田柳等编	西安	第四军医大学出版社	2010.06
154	978—7—5476—0170—9	中国现代文学小说版本闻见录	张泽贤著		上海	上海远东出版社	2010.06
155	978—7—5334—5406—7	中华书文化史话	黄镇伟编著		福州	福建教育出版社	2010.06
156	978—7—5478—0350—9	中医药文献信息检索	刘军凤，刘树春主编		上海	上海科学技术出版社	2010.06
157	978—7—81133—816—4	大学生信息检索与论文写作	闫瑜主编		哈尔滨	哈尔滨工程大学出版社	2010.07

序号	ISBN号	书名	第一责任说明	其他责任说明	出版地	出版社	出版时间
158	978-7-5457-0049-7	地方文献论文集	沈迪云主编		太原	三晋出版社	2010.07
159	978-7-80714-675-9	甘肃图书馆史话	郭向东主编		兰州	甘肃文化出版社	2010.07
160	978-7-313-06375-5	公共图书馆的文化功能	柯平等著		上海	上海交通大学出版社	2010.07
161	978-7-5013-4342-3	关懿娴旧稿旧文集	关懿娴著		北京	国家图书馆出版社	2010.07
162	978-7-5130-0055-0	馆人合一	杨新涯，彭晓东主编		北京	知识产权出版社	2010.07
163	978-7-81135-533-8	广东图书馆国际化发展战略研究	胡俊荣主编		广州	暨南大学出版社	2010.07
164	978-7-122-08254-1	化学化工文献检索与应用	朱传方，辜清华编著		北京	化学工业出版社	2010.07
165	978-7-5641-2297-3	科技文献检索与利用	王立诚主编		南京	东南大学出版社	2010.07
166	978-7-5406-7860-9	荔园耕读	《教育创新丛书》编委会主编		广州	广东教育出版社	2010.07
167	978-7-01-008999-7	欧阳修文献学研究	余敏辉著		北京	人民出版社	2010.07
168	978-7-208-09341-6	浦东图书馆(新馆)建设	陈克杰主编	陈克杰，房向群，李剑锋编著	上海	上海人民出版社	2010.07
169	978-7-5114-0470-1	企业图书馆发展的理论与实践	车俊铁主编		北京	中国石化出版社	2010.07
170	978-7-5439-4383-4	日本图书馆概论	沈丽云著		上海	上海科学技术文献出版社	2010.07
171	978-7-81134-730-2	商务信息检索	王莉红主编		北京	对外经济贸易大学出版社	2010.07
172	978-7-81110-781-4	社会阅读与图书馆服务	黄俊贵，邓以宁著		合肥	安徽大学出版社	2010.07
173	978-7-5316-5555-8	生物医学信息检索与利用	陈新红主编		哈尔滨	黑龙江教育出版社	2010.07
174	978-7-302-22049-7	搜索引擎基础教程	袁津生，李群主编		北京	清华大学出版社	2010.07

序号	ISBN 号	书名	第一责任说明	其他责任说明	出版地	出版社	出版时间
175	978—7—302—22796—0	搜索引擎技术基础	刘奕群等编著		北京	清华大学出版社	2010.07
176	978—7—307—07784—3	图书馆管理学	付立宏，袁琳主编	王平等撰稿	武汉	武汉大学出版社	2010.07
177	978—7—5130—0062—8	图书馆知识转移与共享	周九常等著		北京	知识产权出版社	2010.07
178	978—7—81097—797—5	图书情报工作研究	黄晓鹂，刘梅申主编		保定	河北大学出版社	2010.07
179	978—7—03—027447—2	网络计量学	邱均平等著		北京	科学出版社	2010.07
180	978—7—5130—0095—6	文献史话	张玉娥，王皓杰，李昌田编著		北京	知识产权出版社	2010.07
181	978—7—5348—3392—2	文献信息检索	卢颖，杨义民主编		郑州	中州古籍出版社	2010.07
182	978—7—81110—780—7	文献信息检索理论与实践	吴斌，刘和文编著		合肥	安徽大学出版社	2010.07
183	978—7—5097—1576—5	新闻期刊采编和管理	邹建中著		北京	社会科学文献出版社	2010.07
184	978—7—03—027652—0	信息检索教程	张俊慧主编		北京	科学出版社	2010.07
185	978—7—117—12923—7	医学文献信息检索	罗爱静主编		北京	人民卫生出版社	2010.07
186	978—7—301—17435—7	中国古文献概论	踪凡主编		北京	北京大学出版社	2010.07
187	978—7—81108—803—8	中国民族古籍研究 60 年	张公瑾，黄建明主编	中央民族大学少数民族古籍研究所编	北京	中央民族大学出版社	2010.07
188	978—7—5013—3456—8	中国图书馆事业发展报告 2009	中国图书馆学会，国家图书馆编		北京	国家图书馆出版社	2010.07
189	978—7—5013—4391—1	中国图书馆学会年会论文集	中国图书馆学会编		北京	国家图书馆出版社	2010.07
190	978—7—5325—5628—1	《三国志演义》版本研究	(日)中川谕著	林妙燕译	上海	上海古籍出版社	2010.08
191	978—7—301—17574—3	北大中文学刊	北京大学中文系编		北京	北京大学出版社	2010.08
192	978—7—5360—6002—9	成长的记忆	中共广东省委宣传部编		广州	花城出版社	2010.08

序号	ISBN 号	书名	第一责任说明	其他责任说明	出版地	出版社	出版时间
193	978-7-5013-3758-3	从文献编目到信息资源组织	王松林著		北京	国家图书馆出版社	2010.08
194	978-7-5632-2468-5	大学生信息素养教程	那春光，毕宏，陈怡冰编著		大连	大连海事大学出版社	2010.08
195	978-7-5640-3588-4	大学信息检索教程	周为谋，彭豪主编		北京	北京理工大学出版社	2010.08
196	978-7-03-028802-8	当代信息检索技术	《当代信息检索技术》编写组编		北京	科学出版社	2010.08
197	978-7-80247-937-1	电学领域国际专利分类	刘红梅主编	电学发明审查部IPC教研组编著	北京	知识产权出版社	2010.08
198	978-7-80247-938-8	电学领域检索及新颖性/创造性判断	栾爱玲，张莉主编	电学发明审查部检索及三性判断教研组编著	北京	知识产权出版社	2010.08
199	978-7-81135-619-9	公共图书馆文献信息资源政府采购	方家忠，刘洪辉主编		广州	暨南大学出版社	2010.08
200	978-7-80752-619-3	竞争情报实践与方法研究	樊泳雪著		成都	巴蜀书社	2010.08
201	978-7-5013-4381-2	科学化图书情报学探索	叶鹰著		北京	国家图书馆出版社	2010.08
202	978-7-5476-0219-5	民国书衣掠影	高信著		上海	上海远东出版社	2010.08
203	978-7-5013-3754-5	情报检索语言与信息组织探微	曹树金著		北京	国家图书馆出版社	2010.08
204	978-7-5013-4398-0	沉思与对话：高校图书馆新馆建设	刘锦山，崔凤雷，高新陵编著		北京	国家图书馆出版社	2010.08
205	978-7-03-028795-3	实用检索技术	汪楠，张炎主编		北京	科学出版社	2010.08
206	978-7-03-028660-4	数字化环境下交互式信息检索	解虹著	夏立新，黄科舫等译	北京	科学出版社	2010.08
207	978-7-5013-4380-5	数字图书馆的语义描述和服务升级	刘炜著		北京	国家图书馆出版社	2010.08
208	978-7-5013-3756-9	天下之公器	吴晞著		北京	国家图书馆出版社	2010.08

序号	ISBN号	书名	第一责任说明	其他责任说明	出版地	出版社	出版时间
209	978-7-5352-4532-8	图书馆创新服务与可持续发展	万群华，胡银仿著		武汉	湖北科学技术出版社	2010.08
210	978-7-5638-1853-2	图书馆工作论丛	谭祥金，赵燕群主编		北京	首都经济贸易大学出版社	2010.08
211	978-7-5013-3757-6	图书馆信息系统	李广建著		北京	国家图书馆出版社	2010.08
212	978-7-302-23518-7	网络信息资源检索与利用	陈泉主编		北京	清华大学出版社	2010.08
213	978-7-5013-3751-4	文献计量学与中国图书馆事业发展	孟连生著		北京	国家图书馆出版社	2010.08
214	978-7-5463-3682-4	文献检索与利用	李大元主编		长春	吉林出版集团有限责任公司	2010.08
215	978-7-5096-1029-9	文献检索与论文写作	邓富民编著		北京	经济管理出版社	2010.08
216	978-7-04-030830-3	现代信息检索与利用	张秀红，郑益光主编		北京	高等教育出版社	2010.08
217	978-7-5013-3753-8	信息服务与图书馆学教育	沈固朝著		北京	国家图书馆出版社	2010.08
218	978-7-03-028768-7	信息检索与分析利用	谢德体，陈蔚杰主编		北京	科学出版社	2010.08
219	978-7-5641-2365-9	信息检索与利用	刘双魁主编		南京	东南大学出版社	2010.08
220	978-7-80248-427-6	信息素养与信息检索实用教程	杨晶等编著		北京	兵器工业出版社	2010.08
221	978-7-03-028718-2	信息资源检索	刘英华，赵哨军主编		北京	科学出版社	2010.08

序号	ISBN 号	书名	第一责任说明	其他责任说明	出版地	出版社	出版时间
222	978—7—5013—3760—6	信息资源建设的变革与发展	肖希明著		北京	国家图书馆出版社	2010.08
223	978—7—5013—3755—2	信息资源建设的实践和思考	顾犇著		北京	国家图书馆出版社	2010.08
224	978—7—5460—0162—3	学术期刊评价研究	丁明刚著		济南	黄河出版社	2010.08
225	978—7—03—028450—1	医学文献检索	李彭元，何晓阳主编	丁云轩等编	北京	科学出版社	2010.08
226	978—7—5091—4017—8	医学信息技术基础	丁玲，郑君主编	王艳娜等编	北京	人民军医出版社	2010.08
227	978—7—03—028543—0	医药文献检索	赵文龙，李小平，肖凤玲主编		北京	科学出版社	2010.08
228	978—7—5013—3759—0	中国图书情报事业发展研究	杨沛超著		北京	国家图书馆出版社	2010.08
229	978—7—5013—4403—1	专业图书情报机构的知识服务创新	中国图书馆学会专业图书馆分会编		北京	国家图书馆出版社	2010.08
230	978—7—206—07039—6	法学文献信息检索教程	刘向生，刘乃铭主编		长春	吉林人民出版社	2010.09
231	978—7—307—08172—7	情报学研究进展	李纲主编		武汉	武汉大学出版社	2010.09
232	978—7—80715—595—9	天一阁文丛	天一阁博物馆编		杭州	浙江古籍出版社	2010.09
233	978—7—307—08158—1	图书馆学研究进展	陈传夫主编		武汉	武汉大学出版社	2010.09
234	978—7—115—23158—1	网络信息检索与利用	朱红，朱敬，李淑青主编		北京	人民邮电出版社	2010.09
235	978—7—100—06806—2	文史文献检索教程	王彦坤编著		北京	商务印书馆	2010.09
236	978—7—313—06677—0	文献检索与利用	葛怀东主编		上海	上海交通大学出版社	2010.09

序号	ISBN 号	书名	第一责任说明	其他责任说明	出版地	出版社	出版时间
237	978—7—5611—5777—0	文献信息检索实用教程	杜辉华,喻心麟主编	新世纪应用型高等教育教材编审委员会组编	大连	大连理工大学出版社	2010.09
238	978—7—5130—0162—5	现代公共图书馆制度研究	蒋永福著		北京	知识产权出版社	2010.09
239	978—7—115—23575—6	信息检索	(美) David A. Grossman,(美) Ophir Frieder 著	张华平,李恒训,刘治华等译	北京	人民邮电出版社	2010.09
240	978—7—121—11703—9	信息检索与利用	钟华英,刘达武主编		北京	电子工业出版社	2010.09
241	978—7—115—23517—6	医学文献检索	靳小青主编	通识教育规划教材编写组组编	北京	人民邮电出版社	2010.09
242	978—7—80247—975—3	中国科学计量指标	中国科学引文数据库项目组编著		北京	知识产权出版社	2010.09
243	978—7—5013—4393—5	中国图书馆分类法	国家图书馆《中国图书馆分类法》编辑委员会编		北京	国家图书馆出版社	2010.09
244	978—7—5132—0104—9	中西医学文献信息获取与利用	林丹红主编		北京	中国中医药出版社	2010.09
245	978—7—108—03501—1	疯雅书中事	(美)尼古拉斯·A. 巴斯贝恩(Nicholas A. Basbanes)著	卢葳译	北京	生活·读书·新知三联书店	2010.11
246	978—7—81134—878—1	社科信息检索实用教程	汪雪莲编著		北京	对外经济贸易大学出版社	2010.11
247	978—7—207—08788—1	信息检索	黄丽霞,周丽霞,赵丽梅编著		哈尔滨	黑龙江人民出版社	2010.11

序号	ISBN号	书名	第一责任说明	其他责任说明	出版地	出版社	出版时间
248	978—7—117—13475—0	医学信息检索	黄晓鹂主编		北京	人民卫生出版社	2010.11
249	978—7—5317—2516—9	走进大学，走进图书馆	王英杰著		哈尔滨	北方文艺出版社	2010.11
250	978—7—80761—492—0	版本通义	钱基博著		长沙	岳麓书社	2010.12
251	978—7—80745—798—5	覆盖城乡的公共图书馆服务体系建设	上海图书馆主编		上海	上海社会科学院出版社	2010.12
252	978—7—306—03783—1	谭祥金赵燕群文集	谭祥金，赵燕群著		广州	中山大学出版社	2010.12
253	978—7—80687—808—8	网络时代图书馆信息服务	刘玉萍著		沈阳	白山出版社	2010.12
254	978—7—302—24267—3	网络信息检索	刘霞，李漠，赵慧编著		北京	清华大学出版社	2010.12
255	978—7—5658—0039—9	阅读人生	顾涧清主编		汕头	汕头大学出版社	2010.12

（中国版本图书馆供稿）

统计资料

2010 年全国公共图书馆事业统计
2010 年全国高校图书馆统计数据
2010 年国内图书馆学专业硕士学位授予单位名录
2010 年国内图书馆学专业博士学位授予单位名录

2010年全国公共图书馆事业统计

按年份全国公共图书馆主要业务活动情况

年 份	机构数（个）	总藏量（万册件）	书刊	总流通人次（万人次）	外借人次	书刊、文献外借册次（万册次）	书架单层总长度（万米）	发放借书证数（万个）
1979年	1651	18353	18353	7787		9625		
1980年	1732	19904	19904	9045		11830		
1985年	2344	25573	25573	11614		18942		
1986年	2406	26133	26133	11722		16205	504	523
1990年	2527	29064	29064	12435		20242	772	603
1991年	2535	30614	29877	20496	7949	13325	758	631
1992年	2558	31175	30493	18495	7653	12625	748	563
1993年	2572	31410	30737	16973	6970	11685	797	562
1994年	2589	32332	31683	14451	7232	11852	776	552
1995年	2615	32850	32171	14142	7160	11814	899	540
1996年	2620	33686	32913	14793	7731	13544	967	527
1997年	2628	37549	33514	16114	8561	15685	817	556
1998年	2662	38514	34443	17058	8910	15422	873	582
1999年	2669	39539	35418	18040	9075	16290	934	596
2000年	2675	40953	36550	18854	9600	16913	978	623
2001年	2696	42130	37585	20757	9829	17559	945	792
2002年	2697	42683	37928	21950	10428	20021	995	918
2003年	2709	43776	38992	21440	10666	18775	1035	943
2004年	2720	46152	40891	22095	10140	18536	1247	1056
2005年	2762	48056	42480	23332	10821	20269	1320	1062
2006年	2778	50024	44261	25218	11408	21039	1413	1160
2007年	2799	52053	45987	26103	11454	21319	1318	1273
2008年	2820	55064	48408	28141	12251	23129	1112	1454
2009年	2850	58521	50917	32167	13277	25857	1216	1749
2010年	2884	61726	53746	32823	13934	26392	1200	2020

按年份全国公共图书馆经费收支及设施情况

年 份	收入合计(万元)	财政拨款	支出合计(万元)	购书费	新购图书(万册)	公用房屋建筑面积(万平方米)	书库	阅览室	阅览室座席数(万个)
1979年	5040	5040	5206	2163		86.6	38.1	21.1	
1980年	5476	5476	5486	2273		92.0	42.1	23.5	
1985年	15272	15272	13393	4164	1343	172.0	64.1	46.1	23.1
1986年	19891	19070	17242	5300	1359	210.2	73.0	53.4	33.7
1990年	32328	29292	30271	8474	895	326.0	98.4	76.1	32.1
1991年	36764	32593	34388	8927	771	349.1	104.3	80.0	34.0
1992年	45354	39010	41132	9916	740	363.6	105.3	84.3	34.4
1993年	50917	42975	48211	10698	631	368.0	108.0	85.0	34.3
1994年	74586	60639	63295	9252	556	409.1	113.6	85.7	34.8
1995年	79685	65829	74080	16788	551	415.5	117.8	88.3	35.2
1996年	93235	76582	88963	19626	577	441.4	120.8	94.0	35.6
1997年	114004	93177	113927	25527	680	471.5	124.9	98.0	37.4
1998年	129082	107521	127032	28067	700	492.5	131.7	101.8	39.9
1999年	137430	115830	135826	30473	678	506.0	137.4	105.7	41.6
2000年	163799	139321	157173	37141	692	598.2	139.0	109.7	41.6
2001年	183368	152732	187661	36489	819	561.8	146.4	114.4	43.7
2002年	213322	176882	208929	41853	946	582.8	151.6	122.6	43.9
2003年	242188	205252	235819	44407	1049	588.6	156.0	129.7	46.1
2004年	281234	238141	275034	50780	1228	625.1	158.4	138.6	47.2
2005年	325880	277848	312571	59781	1535	677.0	170.0	150.0	48.0
2006年	366089	319479	344076	66095	1686	718.9	175.5	159.0	50.0
2007年	450512	395441	431326	78262	1871	741.4	181.6	169.2	52.7
2008年	531926	477616	519841	83832	2071	780.0	183.5	179.3	55.4
2009年	613175	550808	606630	104404	2939	850.3	194.7	203.5	60.2
2010年	646085	583685	643629	111093	2956	900.4	204.5	220.6	63.1

按年份各地区公共图书馆机构数

单位：个

地　区	1995年	2000年	2003年	2005年	2006年	2008年	2009年	2010年
总　计	**2615**	**2675**	**2709**	**2762**	**2778**	**2820**	**2850**	**2884**
北　京	22	24	25	25	24	24	24	24
天　津	31	31	31	32	32	32	31	31
河　北	134	145	147	153	156	163	164	165
山　西	119	121	122	122	122	122	126	126
内蒙古	107	108	108	110	110	113	113	113
辽　宁	127	128	128	126	127	128	128	128
吉　林	51	60	62	63	64	64	66	65
黑龙江	96	97	97	96	95	101	100	107
上　海	31	31	35	28	28	29	29	28
江　苏	94	101	100	103	104	106	109	111
浙　江	81	83	83	90	92	94	96	97
安　徽	83	84	84	88	85	85	89	88
福　建	78	81	82	84	85	85	85	86
江　西	104	104	104	104	105	105	108	108
山　东	130	133	140	145	145	147	150	149
河　南	132	134	136	136	136	142	142	142
湖　北	100	103	103	102	102	104	107	107
湖　南	116	115	115	120	120	120	120	124
广　东	114	124	129	129	129	132	133	132
广　西	99	94	96	95	100	100	100	108
海　南	19	19	19	20	20	20	20	20
重　庆		42	44	43	43	43	43	43
四　川	166	129	132	141	146	154	156	161
贵　州	87	89	90	91	91	92	93	93
云　南	148	148	149	149	149	150	150	150
西　藏	18	1	1	4	3	4	4	4
陕　西	114	114	111	111	111	111	112	112
甘　肃	86	91	92	92	92	92	93	94
青　海	41	38	38	43	43	43	44	44
宁　夏	20	22	21	20	20	21	20	20
新　疆	66	80	84	96	98	93	94	103

按年份各地区公共图书馆从业人员

单位：人

地　区	1995年	2000年	2003年	2005年	2006年	2008年	2009年	2010年
总　计	**45323**	**51342**	**49646**	**50423**	**51311**	**52021**	**52688**	**53564**
北　京	886	1080	1192	1219	1216	1300	1292	1307
天　津	1084	1111	1095	1057	1086	1098	1087	1077
河　北	1592	1711	1686	1690	1680	1790	1751	1789
山　西	1370	1527	1533	1631	1629	1579	1579	1575
内蒙古	2015	1833	1775	1776	1754	1755	1822	1804
辽　宁	2859	4916	2945	2888	2931	2929	2891	3152
吉　林	1596	1724	1801	1783	1767	1718	1717	1661
黑龙江	2014	1846	1706	1669	1797	1819	1806	1846
上　海	1686	2513	2048	2597	2425	2169	2376	2180
江　苏	1953	2092	2550	2363	2429	2717	2787	2838
浙　江	1565	1936	1932	2122	2433	2526	2646	3040
安　徽	1168	1241	1245	1217	1219	1199	1229	1239
福　建	1077	1172	1144	1110	1113	1173	1199	1190
江　西	1386	1462	1432	1373	1409	1399	1426	1406
山　东	2318	2506	2573	2690	2707	2594	2669	2680
河　南	2352	2626	2693	2742	2784	2772	2756	2762
湖　北	2054	2299	2256	2253	2243	2233	2180	2151
湖　南	1733	1925	1938	1963	1968	1919	1927	1993
广　东	2355	2837	3036	3252	3425	3709	3711	3761
广　西	1335	1540	1485	1459	1484	1482	1471	1509
海　南	252	250	245	250	250	347	357	374
重　庆		785	737	755	759	802	805	854
四　川	2415	1719	1699	1869	1889	1976	1974	1972
贵　州	869	876	878	905	883	913	946	937
云　南	1429	1571	1603	1661	1693	1743	1754	1760
西　藏	50	42	41	62	66	63	66	64
陕　西	1317	1572	1604	1691	1777	1805	1944	1988
甘　肃	979	1110	1121	1179	1219	1251	1263	1306
青　海	400	378	355	365	380	392	391	398
宁　夏	498	537	516	509	487	523	531	543
新　疆	770	907	882	951	991	942	945	978

按年份各地区公共图书馆总藏量

单位：万册件

地　区	1995年	2000年	2003年	2005年	2006年	2008年	2009年	2010年
总　计	**32850**	**40953**	**43776**	**48056**	**50024**	**55064**	**58521**	**61726**
北　京	670	767	944	1121	1206	1403	1589	1715
天　津	677	786	840	869	945	1107	1159	1258
河　北	845	1081	1179	1307	1351	1451	1549	1611
山　西	777	867	912	963	993	1102	1176	1208
内蒙古	621	683	707	744	761	831	870	940
辽　宁	1786	1970	2115	2326	2400	2584	2785	2953
吉　林	921	1030	1090	1202	1229	1345	1338	1380
黑龙江	1094	1186	1248	1291	1436	1506	1572	1644
上　海	1586	5500	5894	6049	6062	6394	6593	6809
江　苏	2420	2669	2846	3179	3410	3776	4071	4370
浙　江	1511	1715	1918	2324	2497	3179	3552	3761
安　徽	752	787	807	847	907	1073	1136	1236
福　建	902	985	1097	1274	1362	1458	1542	1682
江　西	1070	1122	1197	1282	1309	1398	1474	1520
山　东	1724	1989	2246	2746	2846	3141	3515	3636
河　南	1062	1239	1336	1429	1470	1633	1724	1837
湖　北	1445	1678	1819	1923	1981	2106	2181	2361
湖　南	1362	1514	1602	1667	1704	1766	1839	1961
广　东	1651	2316	2498	3119	3454	3995	4367	4615
广　西	1243	1312	1419	1491	1564	1695	1760	1881
海　南	137	154	167	184	193	257	341	285
重　庆		811	700	768	792	932	988	1031
四　川	2356	1722	1773	2002	2094	2305	2480	2599
贵　州	616	681	713	764	771	731	800	812
云　南	1104	1254	1287	1371	1397	1453	1508	1566
西　藏	51	60	60	42	45	50	50	53
陕　西	733	837	852	887	913	1002	1059	1127
甘　肃	670	745	795	860	872	929	951	1042
青　海	280	286	295	324	289	348	402	358
宁　夏	338	380	361	378	389	523	435	462
新　疆	489	579	649	817	811	894	934	1113

按年份各地区人均拥有公共图书馆藏书册数

单位：册

地　区	1985年	1990年	1995年	2000年	2005年	2009年	2010年
全　国	**0.24**	**0.25**	**0.27**	**0.32**	**0.37**	**0.44**	**0.46**
北　京	0.58	0.56	0.54	0.55	0.73	0.91	0.87
天　津	0.72	0.75	0.72	0.79	0.83	0.94	0.97
河　北	0.09	0.11	0.13	0.16	0.19	0.22	0.22
山　西	0.22	0.23	0.25	0.26	0.29	0.34	0.34
内蒙古	0.24	0.25	0.27	0.29	0.31	0.36	0.38
辽　宁	0.41	0.39	0.44	0.46	0.55	0.64	0.68
吉　林	0.36	0.19	0.36	0.38	0.44	0.49	0.50
黑龙江	0.26	0.28	0.30	0.32	0.34	0.41	0.43
上　海	1.18	1.19	1.12	3.29	3.40	3.43	2.96
江　苏	0.29	0.31	0.34	0.36	0.43	0.53	0.56
浙　江	0.26	0.30	0.35	0.37	0.47	0.69	0.69
安　徽	0.13	0.12	0.13	0.13	0.14	0.19	0.21
福　建	0.26	0.28	0.28	0.28	0.36	0.43	0.46
江　西	0.26	0.26	0.26	0.27	0.30	0.33	0.34
山　东	0.16	0.17	0.20	0.22	0.30	0.37	0.38
河　南	0.13	0.12	0.12	0.13	0.15	0.18	0.20
湖　北	0.21	0.22	0.25	0.28	0.34	0.38	0.41
湖　南	0.20	0.20	0.21	0.24	0.26	0.29	0.30
广　东	0.17	0.20	0.24	0.27	0.34	0.45	0.44
广　西	0.24	0.26	0.27	0.29	0.32	0.36	0.41
海　南		0.15	0.19	0.20	0.22	0.39	0.33
重　庆				0.26	0.27	0.35	0.36
四　川	0.18	0.20	0.21	0.21	0.24	0.30	0.32
贵　州	0.15	0.16	0.18	0.19	0.20	0.21	0.23
云　南	0.27	0.28	0.28	0.29	0.31	0.33	0.34
西　藏	0.23	0.24	0.21	0.23	0.15	0.17	0.18
陕　西	0.21	0.20	0.21	0.23	0.24	0.28	0.30
甘　肃	0.29	0.26	0.27	0.29	0.33	0.36	0.41
青　海	0.71	0.58	0.58	0.55	0.60	0.72	0.64
宁　夏	0.72	0.70	0.66	0.68	0.63	0.70	0.73
新　疆	0.24	0.27	0.29	0.30	0.41	0.43	0.51

按年份各地区公共图书馆总流通人次

单位：万人次

地　区	1995年	2000年	2003年	2005年	2006年	2008年	2009年	2010年
总　计	**14142**	**18854**	**21440**	**23332**	**25218**	**28141**	**32167**	**32823**
北　京	272	320	443	715	747	801	824	775
天　津	265	461	399	483	474	567	676	606
河　北	473	736	602	635	588	594	713	736
山　西	227	261	348	256	257	298	350	374
内蒙古	282	270	291	380	324	286	310	312
辽　宁	829	1184	1132	1133	1209	1405	1666	1457
吉　林	385	409	510	505	551	806	490	503
黑龙江	631	608	441	505	547	613	617	622
上　海	687	1225	1204	1249	1342	1370	1460	1853
江　苏	883	1227	1533	1735	1753	2384	2787	3006
浙　江	555	1140	1174	1398	1651	2691	4253	3454
安　徽	372	561	541	461	560	528	671	760
福　建	466	647	777	734	712	931	1182	1193
江　西	413	485	553	534	460	547	596	639
山　东	509	795	1055	1422	1334	1460	1603	1717
河　南	650	713	799	828	780	805	1011	1026
湖　北	559	714	897	1145	1197	1215	1271	1516
湖　南	618	808	978	787	960	965	940	1028
广　东	1447	2235	2635	3543	4695	4101	4565	4540
广　西	809	927	949	896	1381	1518	1100	1343
海　南	94	121	115	115	139	85	193	172
重　庆		266	459	595	330	505	588	621
四　川	776	554	638	766	889	952	1151	1168
贵　州	462	228	241	187	190	258	267	369
云　南	559	654	739	735	695	754	962	907
西　藏		2	3	2	3	3	2	3
陕　西	242	275	617	365	368	408	384	519
甘　肃	225	185	334	317	306	361	414	468
青　海	39	58	61	68	57	104	90	89
宁　夏	140	142	140	167	160	163	147	163
新　疆	140	263	384	212	167	336	364	350

按年份各地区公共图书馆图书外借册次

单位：万册次

地　区	1995年	2000年	2003年	2005年	2006年	2008年	2009年	2010年
总　计	**11814**	**16913**	**18775**	**20269**	**21039**	**23129**	**25857**	**26392**
北　京	283	442	448	678	734	905	890	804
天　津	237	274	339	380	359	429	637	572
河　北	379	673	541	469	497	475	528	493
山　西	204	207	181	272	228	219	242	282
内蒙古	239	233	264	243	260	234	242	312
辽　宁	856	1119	1101	1173	1245	1410	1407	1456
吉　林	332	387	466	794	432	559	443	412
黑龙江	500	527	457	789	425	674	560	479
上　海	507	970	956	1028	1087	1072	1453	1461
江　苏	967	1269	1245	1494	1642	2143	2445	2542
浙　江	550	1054	1087	1233	1612	2386	2785	2924
安　徽	343	455	399	341	416	463	578	683
福　建	517	779	1002	729	700	945	1129	1097
江　西	383	543	524	723	437	482	518	562
山　东	573	718	984	1379	1166	1386	1544	1514
河　南	517	695	948	647	697	734	952	915
湖　北	543	769	965	927	1078	1039	1047	1846
湖　南	562	735	858	801	880	984	958	1059
广　东	687	1192	1452	2037	3097	2081	2536	2267
广　西	528	688	687	761	684	723	774	733
海　南	49	64	78	28	44	75	134	86
重　庆		435	603	472	586	539	760	706
四　川	691	564	664	651	713	1071	949	924
贵　州	133	189	179	118	123	157	213	222
云　南	529	680	618	701	631	568	770	702
西　藏		11	1	4	6	5	2	4
陕　西	238	305	671	264	278	315	258	305
甘　肃	173	153	274	261	265	304	329	345
青　海	51	52	60	58	46	96	43	42
宁　夏	125	265	123	212	172	204	156	182
新　疆	91	251	280	175	169	288	354	317

按年份各地区公共图书馆财政拨款

单位:万元

地　　区	1995年	2000年	2003年	2005年	2006年	2008年	2009年	2010年
总　　计	**65829**	**139321**	**205252**	**277848**	**319479**	**477616**	**550808**	**583685**
北　　京	1683	8734	8984	15554	15561	21862	28294	32746
天　　津	1295	2751	3445	10980	9265	13373	14970	18500
河　　北	1827	2980	4150	6717	6583	10029	10090	10034
山　　西	1184	2150	3433	4862	5579	9504	9433	9838
内 蒙 古	1432	2452	3792	5086	5358	9294	14221	17898
辽　　宁	3737	6822	9620	15446	15006	23822	30535	31121
吉　　林	1707	3364	4850	5861	6526	14276	11982	12385
黑 龙 江	2088	3104	5871	7752	7313	11209	12227	13616
上　　海	5558	22870	23862	30636	32358	43953	55912	56345
江　　苏	3620	6729	13792	16075	31083	31326	33088	34240
浙　　江	2356	6509	13582	20316	21656	34742	38761	43536
安　　徽	1165	2054	4830	5436	5856	7673	9933	10008
福　　建	1778	3681	4513	6579	6533	10404	11962	14975
江　　西	1184	2022	2965	3780	4102	7140	7772	9726
山　　东	2814	6129	8618	12039	14084	20211	21027	22996
河　　南	1766	3591	4776	5987	6588	13767	12201	12252
湖　　北	1649	2896	5383	6498	7579	14771	23000	29240
湖　　南	1816	2550	3996	5376	6163	8405	11217	12154
广　　东	6110	11868	26025	28592	31819	49495	55146	58296
广　　西	1563	2851	4345	5469	6542	8997	11353	12191
海　　南	378	322	440	631	1977	2205	2882	3373
重　　庆		1491	2410	2957	4022	7145	7268	7650
四　　川	2591	2877	4752	7229	8963	17105	18586	16955
贵　　州	746	1259	1969	3401	4408	4970	5383	5939
云　　南	2178	5134	4497	6096	7348	14918	11670	11763
西　　藏	72	111	194	336	350	571	609	1145
陕　　西	934	2038	3468	3973	5295	8043	9107	11547
甘　　肃	985	1752	3852	4438	4748	7589	8888	9648
青　　海	724	678	909	1237	1636	2512	2965	3096
宁　　夏	408	786	997	1504	1756	4711	4592	5067
新　　疆	1062	1476	2778	3360	4209	6559	6694	8089

按年份各地区公共图书馆总支出

单位：万元

地　区	1995年	2000年	2003年	2005年	2006年	2008年	2009年	2010年
总　计	**74080**	**157173**	**235819**	**312571**	**344076**	**519841**	**606630**	**643629**
北　京	1851	5326	10270	16840	17846	24999	24095	26706
天　津	2128	3074	4130	7548	9679	20142	16083	20119
河　北	2044	3458	4603	7208	6567	10763	10186	11062
山　西	1170	2270	3677	5085	5979	9905	17289	10787
内蒙古	1458	2536	3898	4959	5564	9056	15166	15124
辽　宁	4392	7783	10596	16225	15980	24209	31112	32183
吉　林	1835	3520	4986	6295	6869	10895	12141	12613
黑龙江	2139	3409	5612	8602	7760	11391	12551	13500
上　海	7021	24425	29432	36757	38589	52652	63238	63728
江　苏	4046	8400	15712	20630	23976	37013	37970	37964
浙　江	3082	8500	16506	22905	25951	38113	44880	47316
安　徽	1384	2641	5656	5767	6398	8759	11014	11788
福　建	1710	3916	5447	7446	7222	11961	12294	15517
江　西	1323	2343	3552	4343	5074	8121	9401	10432
山　东	2968	6881	9623	13242	14974	20806	23034	23206
河　南	2140	3902	5320	6377	6979	14639	12674	13452
湖　北	2372	3952	6745	8120	9120	16597	24834	31444
湖　南	2329	3399	4887	6431	7124	9431	12226	13378
广　东	6807	14597	26569	33777	39752	52674	56428	61294
广　西	1769	3077	5182	6288	7443	9819	12343	13369
海　南	369	355	476	658	1189	2248	3149	4320
重　庆		2026	3009	3856	3994	7812	9123	9335
四　川	3245	3462	5290	8218	9057	15436	20540	17841
贵　州	810	1428	2104	3497	4314	5933	6350	6736
云　南	2234	3928	5339	6786	7614	12425	15896	12632
西　藏	61	110	195	336	346	571	609	689
陕　西	951	2263	3766	4405	5657	8377	9663	11820
甘　肃	1011	1799	3728	4399	4584	7320	8639	9592
青　海	424	780	1040	1315	1683	2576	3065	3155
宁　夏	430	783	1017	1574	1773	3625	4603	5786
新　疆	1119	1677	2848	3999	4610	6393	7873	8890

按年份各地区公共图书馆购书经费支出

单位：万元

地　区	1995年	2000年	2003年	2005年	2006年	2008年	2009年	2010年
总　计	**16788**	**37141**	**44407**	**59781**	**66095**	**83832**	**104404**	**111093**
北　京	251	914	1755	3413	4188	2904	3756	4483
天　津	318	563	617	1527	2590	3254	3664	3267
河　北	302	428	444	677	949	1403	1471	1524
山　西	131	292	281	385	438	650	1205	1482
内蒙古	86	166	211	169	281	637	830	939
辽　宁	768	948	1482	2027	2079	3172	4070	5165
吉　林	250	459	491	777	758	931	1397	1312
黑龙江	235	395	409	410	659	1127	1248	1584
上　海	2204	11210	8607	10342	10686	13888	16490	14950
江　苏	732	1780	2933	3739	4370	6008	7671	8279
浙　江	578	1577	2337	3994	4375	7116	9805	10908
安　徽	262	297	271	619	593	814	1468	1454
福　建	311	716	929	1599	1301	1518	1588	2801
江　西	99	302	347	646	807	549	954	1299
山　东	506	978	1434	1868	1922	2842	3525	4000
河　南	255	413	540	655	827	1281	1240	1449
湖　北	299	699	1033	1296	1534	1802	1888	1847
湖　南	207	415	627	900	914	1119	1499	1672
广　东	1186	2832	5222	7394	8056	9723	12042	12506
广　西	291	520	556	674	747	857	1697	1863
海　南	59	41	61	92	66	433	557	874
重　庆		330	340	569	570	759	1461	1626
四　川	431	485	559	1095	1230	2045	2145	2129
贵　州	100	166	232	301	383	474	491	682
云　南	441	538	647	720	843	926	1605	1700
西　藏	14	16	30	43	40	63	107	119
陕　西	104	117	295	701	504	1123	1169	1527
甘　肃	170	289	480	594	588	728	1013	1177
青　海	33	54	36	72	72	128	198	153
宁　夏	41	68	42	136	133	318	483	501
新　疆	91	136	170	347	590	449	769	925

按年份各地区公共图书馆人均购书费

单位：元

地　区	1985年	1990年	1995年	2000年	2005年	2009年	2010年
全　国	**0.040**	**0.074**	**0.139**	**0.293**	**0.457**	**0.782**	**0.829**
北　京	0.106	0.150	0.201	0.661	2.219	2.140	2.286
天　津	0.129	0.120	0.338	0.562	1.464	2.983	2.525
河　北	0.014	0.026	0.047	0.063	0.099	0.209	0.212
山　西	0.026	0.032	0.043	0.089	0.115	0.351	0.415
内蒙古	0.033	0.039	0.039	0.070	0.071	0.343	0.380
辽　宁	0.056	0.114	0.188	0.224	0.480	0.942	1.181
吉　林	0.045	0.061	0.096	0.168	0.286	0.510	0.478
黑龙江	0.039	0.070	0.063	0.107	0.107	0.326	0.414
上　海	0.354	0.807	1.558	6.697	5.817	8.584	6.494
江　苏	0.046	0.068	0.104	0.239	0.500	0.993	1.052
浙　江	0.047	0.090	0.134	0.337	0.815	1.893	2.004
安　徽	0.012	0.021	0.044	0.050	0.101	0.239	0.244
福　建	0.041	0.056	0.096	0.206	0.452	0.438	0.759
江　西	0.019	0.034	0.024	0.073	0.150	0.215	0.291
山　东	0.015	0.028	0.058	0.108	0.202	0.372	0.418
河　南	0.011	0.019	0.028	0.045	0.070	0.131	0.154
湖　北	0.024	0.047	0.052	0.116	0.227	0.330	0.323
湖　南	0.020	0.029	0.032	0.064	0.142	0.234	0.254
广　东	0.040	0.073	0.173	0.328	0.804	1.249	1.199
广　西	0.025	0.037	0.064	0.116	0.145	0.349	0.405
海　南		0.032	0.081	0.052	0.111	0.645	1.008
重　庆				0.107	0.203	0.511	0.564
四　川	0.016	0.027	0.038	0.058	0.133	0.262	0.265
贵　州	0.027	0.039	0.029	0.047	0.081	0.129	0.196
云　南	0.032	0.052	0.111	0.125	0.162	0.351	0.370
西　藏	0.030	0.014	0.058	0.061	0.155	0.369	0.396
陕　西	0.021	0.027	0.030	0.032	0.188	0.310	0.409
甘　肃	0.030	0.048	0.070	0.113	0.229	0.384	0.460
青　海	0.098	0.087	0.069	0.104	0.133	0.356	0.271
宁　夏	0.086	0.126	0.080	0.121	0.228	0.773	0.796
新　疆	0.065	0.050	0.055	0.071	0.173	0.356	0.424

按年份各地区公共图书馆购书费支出占总支出的比重

单位：%

地　区	1995年	2000年	2003年	2005年	2006年	2008年	2009年	2010年
全　国	**22.7**	**23.6**	**18.8**	**19.1**	**19.2**	**16.1**	**17.2**	**17.3**
北　京	13.6	17.2	17.1	20.3	23.5	11.6	15.6	16.8
天　津	14.9	18.3	14.9	20.2	26.8	16.2	22.8	16.2
河　北	14.8	12.4	9.6	9.4	14.5	13.0	14.4	13.8
山　西	11.2	12.9	7.6	7.6	7.3	6.6	7.0	13.7
内蒙古	5.9	6.5	5.4	3.4	5.1	7.0	5.5	6.2
辽　宁	17.5	12.2	14.0	12.5	13.0	13.1	13.1	16.0
吉　林	13.6	13.0	9.8	12.3	11.0	8.5	11.5	10.4
黑龙江	11.0	11.6	7.3	4.8	8.5	9.9	9.9	11.7
上　海	31.4	45.9	29.2	28.1	27.7	26.4	26.1	23.5
江　苏	18.1	21.2	18.7	18.1	18.2	16.2	20.2	21.8
浙　江	18.8	18.6	14.2	17.4	16.9	18.7	21.8	23.1
安　徽	18.9	11.2	4.8	10.7	9.3	9.3	13.3	12.3
福　建	18.2	18.3	17.1	21.5	18.0	12.7	12.9	18.0
江　西	7.5	12.9	9.8	14.9	15.9	6.8	10.1	12.4
山　东	17.0	14.2	14.9	14.1	12.8	13.7	15.3	17.2
河　南	11.9	10.6	10.2	10.3	11.8	8.8	9.8	10.8
湖　北	12.6	17.7	15.3	16.0	16.8	10.9	7.6	5.9
湖　南	8.9	12.2	12.8	14.0	12.8	11.9	12.3	12.5
广　东	17.4	19.4	19.7	21.9	20.3	18.5	21.3	20.4
广　西	16.4	16.9	10.7	10.7	10.0	8.7	13.8	13.9
海　南	16.0	11.5	12.8	14.0	5.6	19.3	17.7	20.2
重　庆		16.3	11.3	14.8	14.3	9.7	16.0	17.4
四　川	13.3	14.0	10.6	13.3	13.6	13.2	10.4	11.9
贵　州	12.3	11.6	11.0	8.6	8.9	8.0	7.7	10.1
云　南	19.7	13.7	12.1	10.6	11.1	7.5	10.1	13.5
西　藏	23.0	14.5	15.4	12.8	11.6	11.0	17.6	17.2
陕　西	10.9	5.2	7.8	15.9	8.9	13.4	12.1	12.9
甘　肃	16.8	16.1	12.9	13.5	12.8	9.9	11.7	12.3
青　海	7.8	6.9	3.5	5.5	4.3	5.0	6.5	4.8
宁　夏	9.5	8.7	4.1	8.6	7.5	8.8	10.5	8.7
新　疆	8.1	8.1	6.0	8.7	12.8	7.0	9.8	10.4

按年份各地区公共图书馆新购图书册数

单位：万册

地　区	1985年	1990年	1995年	2000年	2005年	2009年	2010年
总　计	**1343**	**895**	**551**	**692**	**1535**	**2939**	**2956**
北　京	30	23	11	33	114	163	125
天　津	31	13	12	17	35	89	74
河　北	45	22	26	15	33	93	68
山　西	30	25	7	12	17	40	45
内蒙古	31	18	7	11	8	42	67
辽　宁	94	66	41	39	72	173	157
吉　林	34	17	14	14	32	64	52
黑龙江	48	32	17	17	26	60	71
上　海	67	49	44	67	100	197	176
江　苏	68	54	41	57	106	205	259
浙　江	67	50	33	54	142	321	337
安　徽	27	17	9	11	23	82	61
福　建	40	23	18	25	71	96	103
江　西	61	19	9	15	26	39	65
山　东	44	28	23	32	64	172	133
河　南	40	25	16	21	30	69	95
湖　北	64	43	23	28	43	68	60
湖　南	62	26	19	24	54	59	80
广　东	54	58	69	77	316	342	368
广　西	38	66	16	20	26	61	56
海　南		4	6	3	3	18	25
重　庆				12	23	58	52
四　川	74	46	25	21	47	160	95
贵　州	36	20	5	8	7	24	27
云　南	69	33	22	15	26	52	43
西　藏	3	1			2	1	2
陕　西	28	10	5	6	25	37	43
甘　肃	26	15	7	7	12	22	26
青　海	13	4	1	2	3	6	6
宁　夏	24	7	2	3	5	17	31
新　疆	25	10	6	5	15	27	32

按年份各地区公共图书馆阅览室坐席数

单位：千个

地　区	1995年	2000年	2003年	2005年	2006年	2008年	2009年	2010年
总　计	**352**	**416**	**461**	**480**	**500**	**554**	**602**	**631**
北　京	5	8	10	11	12	13	13	13
天　津	5	7	7	10	9	10	9	9
河　北	14	18	18	20	20	21	20	22
山　西	9	11	11	12	14	13	15	16
内蒙古	12	13	14	14	14	16	17	17
辽　宁	17	20	23	23	26	28	28	30
吉　林	9	12	13	12	12	14	13	14
黑龙江	11	11	11	13	14	15	17	18
上　海	12	15	15	15	14	16	17	19
江　苏	18	22	24	25	26	32	35	39
浙　江	12	16	18	25	28	31	35	35
安　徽	9	8	10	10	11	12	15	16
福　建	13	13	16	17	17	19	22	25
江　西	16	16	16	17	17	18	22	22
山　东	14	20	23	27	27	32	36	37
河　南	12	16	18	17	18	21	24	24
湖　北	21	21	33	24	25	26	27	27
湖　南	22	25	24	23	23	28	29	30
广　东	26	30	35	40	45	52	58	59
广　西	18	20	20	18	19	20	23	25
海　南	3	3	4	3	3	4	4	4
重　庆		8	8	8	9	8	10	14
四　川	22	21	20	23	22	25	26	26
贵　州	8	10	10	11	11	12	12	12
云　南	15	19	22	19	20	20	20	21
西　藏					1		1	
陕　西	9	9	11	13	12	14	13	14
甘　肃	7	8	10	10	12	11	13	13
青　海	2	2	2	2	2	3	3	3
宁　夏	4	4	3	5	4	4	5	5
新　疆	5	7	9	10	10	11	11	14

按年份各地区每万人公共图书馆建筑面积

单位：平方米

地　区	1995年	2000年	2003年	2005年	2006年	2007年	2008年	2009年	2010年
全　国	**34.3**	**47.3**	**45.6**	**51.8**	**54.7**	**56.1**	**58.7**	**63.7**	**67.2**
北　京	56.7	75.3	99.6	99.5	98.0	94.9	96.8	94.0	86.6
天　津	81.6	99.9	98.9	162.0	117.2	115.7	109.7	104.2	103.1
河　北	26.9	33.5	35.5	38.5	37.7	38.3	38.2	36.5	34.6
山　西	27.6	34.3	31.4	45.0	49.5	53.1	58.1	92.8	67.8
内蒙古	46.0	53.0	56.7	65.8	64.7	66.1	79.5	92.1	90.4
辽　宁	53.8	61.6	69.6	81.3	90.4	96.1	95.7	97.9	100.8
吉　林	35.5	39.6	47.0	50.1	49.9	49.8	54.5	51.8	53.3
黑龙江	33.6	36.6	37.0	48.2	57.3	57.8	58.0	62.2	65.0
上　海	85.8	132.6	137.3	137.2	129.5	141.6	145.7	148.9	160.9
江　苏	30.3	35.5	43.6	57.9	65.0	79.7	71.8	83.9	83.1
浙　江	34.8	57.7	64.3	83.7	91.0	92.5	106.3	107.1	106.7
安　徽	14.6	15.9	21.1	23.9	25.2	26.5	26.7	34.4	37.0
福　建	42.2	47.5	57.9	65.9	66.9	76.5	79.1	84.9	117.1
江　西	38.6	39.9	50.1	47.6	49.6	47.9	49.8	65.9	61.1
山　东	22.6	26.9	37.6	42.3	43.1	40.6	46.3	49.1	49.7
河　南	21.6	25.9	25.6	27.2	28.9	30.3	31.4	33.5	34.5
湖　北	35.1	39.3	45.0	49.9	49.2	48.4	53.9	55.2	57.3
湖　南	33.6	38.7	37.1	39.7	41.0	41.9	42.0	46.1	54.9
广　东	43.2	132.1	57.8	57.8	83.9	71.2	76.6	81.3	80.6
广　西	38.1	46.8	42.4	45.1	47.7	47.4	47.3	48.6	55.8
海　南	36.0	41.9	50.6	53.1	87.3	85.2	90.2	91.4	98.2
重　庆		37.5	38.0	47.2	47.7	49.4	56.7	58.1	70.8
四　川	22.6	27.3	29.4	34.2	33.5	34.8	40.1	39.2	42.1
贵　州	23.9	39.7	27.9	35.7	35.7	40.9	41.7	40.8	44.5
云　南	44.6	48.5	56.9	78.4	61.6	62.5	58.3	62.8	65.5
西　藏	52.1	61.1	59.3	104.7	85.4	91.6	94.1	93.1	89.6
陕　西	32.8	33.8	46.1	52.7	51.1	48.0	49.4	49.3	53.5
甘　肃	34.5	43.7	40.3	41.6	43.4	56.6	58.6	56.2	63.2
青　海	60.5	73.4	63.7	68.1	60.2	67.0	79.4	80.8	78.9
宁　夏	78.2	78.3	63.8	68.8	69.5	70.5	71.2	134.4	133.9
新　疆	43.1	44.7	62.6	54.7	60.0	65.9	69.9	66.2	82.0

	机构数（个）	从业人员（人）			总藏量（千册件）		
			高级职称	中级职称		图书	
							古　籍
总　　计	**2884**	**53564**	**4408**	**17370**	**617261.23**	**462335.26**	**27494.77**
其中：少儿图书馆	97	2121	195	616	21592.43	18727.04	89.43
按隶属关系分：							
中央	1	1430	194	701	28979.20	11331.17	1930.51
省、区、市	37	7545	1255	2455	166018.16	105933.02	13761.42
地、市	334	14010	1695	5391	161045.32	129069.66	6982.90
县、市、区	2512	30579	1264	8823	261218.56	216001.42	4819.95
县图书馆	1532	15200	494	4249	108193.94	86969.79	2268.52

续表 1

		书刊文献外借册次（千册次）	为读者举办各种活动				
	书刊文献外借人次		组织各类讲座次数（次）		举办展览（个）		举　办培训班（个）
				参加人次（千人次）		参观人次（千人次）	
总　　计	**139341.51**	**263917.38**	**31850**	**6547.95**	**11021**	**19420.64**	**17222**
其中：少儿图书馆	7838.56	17038.41	1466	382.71	434	467.36	2079
按隶属关系分：							
中央	811.91	1433.60	247	62.30	81	133.60	63
省、区、市	10856.56	29320.01	2993	597.17	734	3475.43	1383
地、市	45433.36	88277.13	9885	2124.87	3256	7154.93	4474
县、市、区	82239.69	144886.64	18725	3763.61	6950	8656.68	11302
县图书馆	33366.43	52243.43	6997	1436.35	3460	2984.93	4779

图书馆基本情况

善本	报刊	视听文献、缩微制品	其他	在藏量中：开架书刊	当年购买的报刊种类（种）	书架单层总长度（米）	累计发放有效借书证数（个）	总流通人次（千人次）
2487.69	**75121.08**	**29568.04**	**50236.85**	**243554.71**	**884955**	**11998686**	**20195175**	**328233.35**
3.89	1013.05	1017.54	834.80	13103.99	28641	229520	1156989	18391.43
282.30	13545.45	1613.33	2489.26	2062.35	16906		1135622	5329.89
1479.20	17662.96	15147.20	27274.98	37454.84	159092	3765265	3212172	35587.09
348.26	16291.49	6233.70	9450.46	75415.80	243280	3828819	6680291	107609.65
377.92	27621.18	6573.81	11022.15	128621.71	465677	4404602	9167090	179706.72
210.89	15380.97	1380.13	4463.06	46243.95	187105	1920944	2943793	62870.13

培训人次（千人次）	计算机（台）	电子阅览室终端数	本年收入合计（千元）	财政拨款	购书专项经费	事业收入	经营收入	其他收入
1433.94	**142772**	**83124**	**6460852**	**5836853**	**1100033**	**268006**	**37609**	**177596**
105.76	5124	2967	253973	230588	39062	12025	2544	5255
4.70	3079	224	477824	373179	165000	81955	13222	9468
88.55	16335	4615	1701001	1511173	391579	88021	15976	74187
412.12	30430	15464	1684868	1593206	250404	46480	940	36366
928.57	92928	62821	2597159	2359295	293050	51550	7471	57575
449.96	46760	34374	882632	819385	76470	15230	651	22466

续表 2

	本年支出合计（千元）	基本支出	项目支出	经营支出	在支出合计中：工资福利支出	商品和服务支出	差旅费
总　　计	**6436294**	**3736316**	**2503336**	**26630**	**2186093**	**1465474**	**44612**
其中：少儿图书馆	248173	148546	82346	2168	93699	49876	1910
按隶属关系分：							
中央	678525	177874	497395	3256	113480	277797	3478
省、区、市	1595355	705129	871793	13679	397243	378002	9603
地、市	1637611	1071138	523333	901	598409	329819	13696
县、市、区	2524803	1782175	610815	8794	1076961	479856	17835
县图书馆	870228	686804	131271	901	423044	131221	8648

续表 3

	资产总计(千元)	固定资产原值	公用房屋建筑面积(千平方米)	书库面积	阅览室面积	书刊阅览室面积
总　　计	**22390597**	**19669071**	**9003.80**	**2045.39**	**2206.48**	**1604.17**
其中：少儿图书馆	650222	558620	258.46	45.17	71.43	54.19
按隶属关系分：						
中央	2698066	2435372	253.71	48.53	66.29	65.24
省、区、市	8014886	6939845	1286.08	349.55	270.04	243.37
地、市	5469174	4926020	2558.30	574.86	618.76	485.21
县、市、区	6208471	5367834	4905.71	1072.46	1251.40	810.35
县图书馆	2246990	1874678	2147.98	482.50	528.17	310.42

在支出合计中：								本年新购藏量（千册）
劳务费	福利费	各种税金支出	对个人和家庭补助支出	抚恤金和生活补助	其他资本性支出	各种设备购置费	新增藏量购置费	
57579	**29312**	**17969**	**678719**	**18190**	**1726568**	**250789**	**1110926**	**29559.19**
3783	1480	1008	28653	469	54416	11307	37582	1795.51
5051	196	1849	55280	339	228712	19705	168996	1232.68
13111	3733	8362	162222	3910	639090	58980	398191	5842.82
18373	9365	4469	208931	4815	365058	62703	253869	8939.84
21044	16018	3289	252286	9126	493708	109401	289870	13543.86
7173	6028	967	90885	4730	141867	37961	78367	4003.00

电子阅览室面积	阅览室坐席数（个）	少儿阅览室坐席数	图书馆延伸服务情况				
			流动图书馆车书刊借阅人次（千人次）	流动图书馆车书刊借阅册次（千册次）	分馆数量（个）	分馆借阅人次（千人次）	分馆借阅册次（千册次）
376.16	**630683**	**156524**	**6980.64**	**11445.68**	**9078**	**30000.56**	**55954.55**
13.04	24315	19110	402.08	760.50	709	2419.94	4751.66
1.05	6877	144					
15.04	50383	5676	469.93	893.55	1077	5612.14	15248.58
75.45	145019	32349	2057.42	3261.12	1810	12125.27	19106.96
284.62	428404	118355	4453.29	7291.01	6191	12263.15	21599.01
140.41	198221	59391	1349.11	2390.59	1740	2879.39	4246.57

地　区	机构数（个）	从业人员（人）	高级职称	中级职称	总藏量（千册件）	图书	古　籍
总　计	**2884**	**53564**	**4408**	**17370**	**617261.23**	**462335.26**	**27494.77**
北　京	24	1307	69	343	17154.49	15265.88	465.66
天　津	31	1077	138	389	12583.28	11270.04	567.13
河　北	165	1789	183	579	16109.15	13236.64	616.05
山　西	126	1575	73	465	12078.52	9437.21	759.09
内蒙古	113	1804	222	653	9400.38	7763.19	286.48
辽　宁	128	3152	272	1255	29532.54	24374.28	1328.18
吉　林	65	1661	268	675	13801.89	11634.80	553.68
黑龙江	107	1846	287	850	16439.49	13377.83	457.03
上　海	28	2180	175	567	68087.28	27660.60	1995.32
江　苏	111	2838	328	895	43699.70	38250.21	3353.31
浙　江	97	3040	272	986	37612.08	30159.33	1974.61
安　徽	88	1239	82	338	12357.97	9462.75	637.43
福　建	86	1190	74	374	16816.62	13173.53	538.69
江　西	108	1406	69	266	15201.21	11841.31	951.28
山　东	149	2680	352	1103	36358.43	28801.58	1360.46
河　南	142	2762	130	717	18372.11	15280.82	1121.10
湖　北	107	2151	172	921	23610.67	19270.28	954.38
湖　南	124	1993	139	724	19613.51	15932.14	1188.57
广　东	132	3761	204	934	46154.97	39454.70	831.23
广　西	108	1509	65	479	18808.77	13714.82	451.20
海　南	20	374	7	37	2850.14	2517.83	10.52
重　庆	43	854	84	222	10307.69	7194.56	675.10
四　川	161	1972	79	532	25991.18	20162.73	1589.45
贵　州	93	937	72	231	8120.57	6552.64	342.05
云　南	150	1760	138	722	15659.98	12647.06	965.46
西　藏	4	64	6	15	534.93	427.98	11.00
陕　西	112	1988	64	460	11271.49	9374.81	630.87
甘　肃	94	1306	54	303	10418.20	7906.63	529.72
青　海	44	398	38	149	3577.65	2943.12	170.00
宁　夏	20	543	32	184	4623.27	3858.61	151.41
新　疆	103	978	66	301	11133.86	8056.20	97.84

善本	报刊	视听文献、缩微制品	其他	在藏量中：开架书刊	当年购买的报刊种类（种）	书架单层总长度（米）	累计发放有效借书证数（个）	总流通人次（千人次）
2487.69	**75121.08**	**29568.04**	**50236.85**	**243554.71**	**884955**	**11998686**	**20195175**	**328233.35**
67.56	614.82	634.61	639.18	10686.65	21094	201903	923216	7754.73
103.91	732.97	214.70	365.57	7527.96	16463	110438	364322	6062.49
25.56	1545.02	899.22	428.27	7766.54	24784	307462	564891	7364.00
122.23	2074.04	131.98	435.30	4963.34	22283	149880	233496	3739.32
10.28	1059.78	62.34	515.08	2249.28	14551	307170	147284	3116.44
161.76	2092.44	1405.62	1660.20	13605.47	51505	396419	862435	14572.92
64.05	1439.34	369.82	357.93	4647.86	17852	215731	179833	5031.79
21.89	2182.70	511.86	367.10	7696.06	23336	215729	764006	6219.41
194.54	3350.10	13994.99	23081.59	14208.62	47626	447383	1079855	18525.39
205.72	3239.70	973.62	1236.18	17665.28	65104	2111124	2067302	30058.38
206.23	3093.50	1515.81	2843.45	19586.10	69614	558043	1774309	34540.91
63.42	1550.26	135.89	1209.07	3139.67	28020	184816	246163	7599.01
37.80	2029.54	475.48	1138.07	7422.03	32139	239308	471750	11933.40
55.87	2422.78	133.43	803.70	5514.27	20432	125298	506189	6389.23
126.83	3949.56	827.07	2780.23	17479.45	46685	533609	1284212	17171.99
67.64	2477.71	374.62	238.96	4837.87	24478	292272	680260	10257.37
78.11	3300.18	418.14	622.08	10509.76	29072	1105604	1041636	15155.44
83.72	2711.14	359.71	610.52	9535.39	27273	383519	814353	10275.47
58.84	3906.76	1460.56	1332.96	26371.90	76563	868737	2584012	45399.46
21.12	3749.63	532.23	812.10	5782.95	33093	290341	262427	13427.83
0.22	285.10	20.89	26.32	1399.05	6733	308495	112837	1720.77
75.88	1068.46	754.10	1290.58	3472.76	18278	132223	159850	6212.75
101.69	3251.68	684.51	1892.25	9989.62	33531	1216263	482352	11680.39
11.40	1202.21	107.10	258.62	4332.16	15867	156565	189489	3690.56
43.95	2396.49	413.98	202.46	7522.17	33572	437241	318400	9070.41
0.30	87.77	0.72	18.46	159.64	1604	24311	5467	27.10
74.94	1484.59	77.85	334.25	2435.03	17085	181816	304105	5193.38
102.65	1680.26	203.14	628.17	4435.07	13278	187879	202647	4683.01
12.98	401.27	30.55	202.71	811.74	2781	83722	77316	894.79
4.00	389.74	26.61	348.30	614.54	6262	94030	125202	1630.91
0.31	1806.13	203.60	1067.94	5124.17	27091	131355	229937	3504.44

地区	书刊文献外借人次	书刊文献外借册次(千册次)	为读者举办各种活动					
			组织各类讲座次数(次)	参加人次(千人次)	举办展览(个)	参观人次(千人次)	举办培训班(个)	培训人次(千人次)
总计	**139341.51**	**263917.38**	**31850**	**6547.95**	**11021**	**19420.64**	**17222**	**1433.94**
北京	3602.51	8043.61	1429	346.36	193	337.68	516	32.91
天津	2535.72	5717.12	432	108.09	187	209.75	366	15.86
河北	3598.67	4925.18	1076	200.41	1438	180.83	457	40.98
山西	1903.89	2824.08	969	171.79	237	528.18	588	63.11
内蒙古	1958.64	3122.06	410	76.39	134	116.28	200	29.59
辽宁	6010.55	14558.70	1233	246.50	682	761.83	744	58.83
吉林	2131.66	4124.28	679	183.23	194	253.18	253	61.43
黑龙江	2418.59	4786.31	708	169.18	265	344.04	206	25.99
上海	5791.18	14612.27	2450	296.68	320	748.48	953	63.72
江苏	15962.94	25422.19	2124	497.06	647	1914.31	1467	87.61
浙江	13760.61	29239.18	1568	397.20	786	1429.55	1574	86.01
安徽	3826.30	6832.41	679	259.91	262	456.50	412	36.19
福建	5826.55	10969.02	832	235.70	395	1049.44	352	44.89
江西	3597.05	5623.57	740	133.17	304	609.20	797	30.32
山东	9151.86	15144.97	2023	423.92	570	773.98	1144	77.30
河南	5188.59	9146.51	1052	244.01	455	363.09	336	54.61
湖北	9381.04	18462.03	981	269.95	293	691.00	516	89.99
湖南	5059.19	10585.78	1058	228.17	271	1557.22	656	48.21
广东	11658.27	22665.46	5215	781.65	911	3784.91	1765	126.16
广西	3563.99	7327.95	641	152.84	193	561.95	264	25.80
海南	693.53	864.77	102	32.92	68	47.76	39	1.27
重庆	3404.40	7055.00	653	165.21	257	481.95	561	62.00
四川	5441.91	9235.28	1307	309.78	526	681.81	792	102.92
贵州	1426.86	2223.00	377	104.91	95	219.02	200	20.74
云南	4026.12	7024.23	705	94.14	208	309.32	666	43.65
西藏	10.35	36.22						
陕西	1955.05	3054.97	631	107.19	238	200.07	630	48.92
甘肃	2203.25	3450.05	887	132.00	254	288.73	279	24.03
青海	199.44	422.80	88	16.42	36	19.20	46	2.13
宁夏	532.51	1817.45	115	24.49	55	120.85	51	7.36
新疆	1708.42	3167.35	439	76.40	466	246.95	329	16.73

计算机(台)	电子阅览室终端数	本年收入合计(千元)	财政拨款	购书专项经费	事业收入	经营收入	其他收入
142772	**83124**	**6460852**	**5836853**	**1100033**	**268006**	**37609**	**177596**
3623	1208	362375	327462	41072	9016	2166	3079
2357	1136	217649	185004	35212	5960	1333	19033
3837	2160	104372	100341	12877	767	252	2936
3839	2440	105006	98381	17772	1568	2638	1430
3898	2369	181769	178982	19159	721		1965
5559	2517	326027	311210	51247	4794		1853
2701	1368	126625	123850	14623	180	766	1330
4801	3218	139462	136159	17176	896		1563
5502	1774	647229	563448	168634	50290	1261	23153
8562	4199	387627	342402	76120	18304	3256	20346
7897	4453	494634	435357	101980	23554	767	17874
4879	3379	112671	100078	14786	4831	284	4015
3844	2129	166818	149753	26313	5828	1093	4995
4848	3176	111170	97255	13942	6236	281	4819
8099	5081	239346	229955	34180	4286		1782
4940	3020	131052	122519	13670	2239	1582	2428
5753	3641	312879	292404	16093	4944	42	12640
4996	3719	137670	121537	15321	6273	3527	3748
10808	6453	611469	582955	113449	12474		8619
4990	3341	133204	121911	16755	2807	390	5977
1279	661	34888	33730	5955	594		413
3591	2179	113503	76499	17403	6877	250	791
5773	3507	182656	169546	22466	5013	50	5378
3043	2107	66798	59386	8484	1032		5114
5816	4070	125753	117630	15627	1340	4409	2054
178	163	11451	11451	1225			
3936	2394	124274	115468	14988	1456	40	6045
3793	2233	98468	96481	12565	479		655
1271	1119	32007	30964	1469	54		649
1436	1022	52658	50670	4860	261		1210
3844	2664	91518	80886	9610	2977		2234

地　区	本年支出合计(千元)	基本支出	项目支出	经营支出	在支出合计中：工资福利支出	商品和服务支出	差旅费
总　计	**6436294**	**3736316**	**2503336**	**26630**	**2186093**	**1465474**	**44612**
北　京	267058	133767	129788	1229	69992	64414	594
天　津	201191	150373	48240	1242	68013	51110	731
河　北	110622	91043	14920	313	55629	16904	857
山　西	107868	71936	28340	2639	43992	17968	1610
内蒙古	151239	134347	16556		72128	33621	1909
辽　宁	321831	225609	80897		122707	60203	1507
吉　林	126132	100242	24455	715	55378	23355	710
黑龙江	134996	107436	23073	140	61825	26708	806
上　海	637276	293953	342688	13	209193	187394	2458
江　苏	379641	236758	127295	2769	131871	88043	2489
浙　江	473159	256814	213060	696	159601	120349	3877
安　徽	117882	77934	24814	398	39824	18152	1087
福　建	155168	90684	58443	699	46153	29992	1279
江　西	104319	73988	21892	219	35291	22266	1064
山　东	232060	174815	44367		99486	39851	1325
河　南	134521	103696	21708	1582	64879	15217	820
湖　北	314440	97832	213676	30	56293	29859	1920
湖　南	133780	96553	30760	3602	57062	27556	1502
广　东	612941	331592	255186	728	212450	94880	4205
广　西	133688	83345	45539	336	47655	28057	1061
海　南	43197	16551	22065	30	14574	12233	371
重　庆	93348	43682	46287	1274	25193	33500	1021
四　川	178413	109303	61674	90	60972	34685	2058
贵　州	67360	50402	14321		26713	13819	814
云　南	126321	86721	28541	4299	54767	19295	1363
西　藏	6889	6889			4021	807	91
陕　西	118204	90148	24445	275	59161	22832	797
甘　肃	95921	86954	8767		42761	18683	1296
青　海	31547	27323	4062	16	18448	4086	158
宁　夏	57855	39649	9462		18562	16512	360
新　疆	88902	68103	20620	40	38019	15326	994

在支出合计中：								本年新购藏量（千册）
劳务费	福利费	各种税金支出	对个人和家庭补助支出	抚恤金和生活补助	其他资本性支出	各种设备购置费	新增藏量购置费	
57579	**29312**	**17969**	**678719**	**18190**	**1726568**	**250789**	**1110926**	**29559.19**
1117	461	915	29776	322	77989	16966	44829	1247.89
131	935	765	37685	234	36493	1435	32671	740.31
487	529		11982	268	20584	2551	15240	675.97
1212	587	297	10549	203	25448	7900	14817	444.98
4745	644	84	19985	857	22473	5439	9385	667.00
1955	409	576	50124	842	69922	5926	51652	1568.87
171	118	72	26156	658	19467	4526	13119	519.41
853	457	149	22688	426	19822	3282	15842	707.91
2511	2941	2187	21674	1205	194418	23599	149498	1764.49
4903	2395	1333	50389	1427	106874	11884	82786	2588.76
11827	5373	1234	38916	372	143858	18614	109084	3368.25
1429	591	107	15967	351	20781	4382	14543	611.75
3131	728	191	15729	288	45728	13137	28007	1033.23
352	966	1094	16350	620	22577	7500	12985	650.72
1212	332	403	29789	828	48455	5719	39995	1334.48
1261	924	242	17768	760	20537	4952	14487	953.88
313	950	739	16811	382	194300	11157	18473	602.61
975	1204	573	14691	576	26026	5728	16715	795.98
4903	3406	1919	55338	1573	167482	20734	125058	3682.06
208	239	1117	18584	990	33696	12463	18625	563.33
146	242		788	41	13672	3324	8738	252.88
877	838	287	9104	871	21570	2694	16263	515.59
2237	1170	453	19256	978	38502	9654	21294	948.57
182	620	569	11646	453	13584	5989	6816	265.90
764	434	491	15015	237	27930	8247	17000	429.34
			123	20	1187		1187	22.16
1002	512	170	8851	387	21103	3141	15269	424.88
964	539	32	14027	510	16850	3283	11768	259.60
165	62	53	4656	194	4008	560	1525	55.83
369	108	12	5765	712	8385	2844	5013	306.77
2126	402	56	13257	266	14135	3454	9246	323.10

地　区	资产总计（千元）	固定资产原值	公用房屋建筑面积（千平方米）	书库面积	阅览室面积	书刊阅览室面积
总　计	**22390597**	**19669071**	**9003.80**	**2045.39**	**2206.48**	**1604.17**
北　京	1310224	1002552	169.94	28.89	37.33	23.60
天　津	344125	304064	133.41	40.73	39.37	30.04
河　北	390855	357588	248.65	71.20	56.27	37.29
山　西	657326	457357	242.29	54.48	62.45	43.03
内蒙古	281121	258521	223.36	42.53	58.19	42.01
辽　宁	849635	790340	441.00	73.94	101.21	67.00
吉　林	318081	254122	146.36	37.02	43.29	31.47
黑龙江	555862	519010	249.09	49.39	64.69	44.48
上　海	2820096	2515981	370.34	95.11	98.79	82.12
江　苏	1590377	1430620	653.71	122.76	157.29	118.15
浙　江	1510988	1286626	580.79	123.65	131.67	102.05
安　徽	414287	386118	219.90	45.89	57.82	44.55
福　建	540384	442655	432.06	85.24	86.55	65.06
江　西	255323	222738	272.40	75.29	81.79	52.02
山　东	991314	927831	476.03	114.89	117.87	85.54
河　南	376207	334804	324.84	90.48	60.95	35.64
湖　北	585731	544082	327.94	86.62	77.96	55.88
湖　南	408428	356040	360.51	100.45	82.02	57.00
广　东	2029260	1840688	840.83	163.09	197.46	151.82
广　西	397799	354069	256.93	72.89	71.41	53.60
海　南	106860	93473	85.16	16.82	16.51	13.06
重　庆	356359	308386	204.36	48.45	49.24	34.97
四　川	640083	445521	338.74	87.20	91.79	63.40
贵　州	202627	180498	154.54	36.59	42.11	31.22
云　南	576750	538756	300.91	74.88	75.86	51.05
西　藏	57180	56147	26.89	7.53	4.21	1.31
陕　西	423936	396017	199.86	44.23	43.93	31.60
甘　肃	380121	338252	161.57	37.95	46.41	30.93
青　海	81814	75554	44.39	10.11	10.59	6.20
宁　夏	106167	90459	84.39	24.41	25.58	19.61
新　疆	133211	124830	178.95	34.16	49.61	33.24

电子阅览室面积	阅览室坐席数（个）	少儿阅览室坐席数	图书馆延伸服务情况				
			流动图书馆车书刊借阅人次（千人次）	流动图书馆车书刊借阅册次（千册次）	分馆数量（个）	借阅人次（千人次）	借阅册次（千册次）
376.16	**630683**	**156524**	**6980.64**	**11445.68**	**9078**	**30000.56**	**55954.55**
4.79	12852	2900	82.32	430.69	727	721.43	1204.08
7.79	9072	1911	75.43	143.53	351	877.00	1741.28
9.42	21858	5287	26.03	33.84	42	134.03	404.38
10.42	15983	4169	112.57	191.12	400	246.22	612.13
11.62	16537	4398	103.78	158.52	63	262.49	480.75
14.40	30220	7611	250.93	703.07	1457	1346.58	2217.90
5.56	13820	3546	78.10	139.59	398	913.02	1317.97
13.58	18013	4228	203.99	309.17	255	791.56	1309.89
9.72	19427	4190	153.90	372.89	365	3892.35	12528.56
21.16	38912	10856	853.04	965.79	331	4706.33	5261.52
24.33	35068	9517	1057.99	1800.34	670	4271.27	7466.97
11.22	15778	3906	20.30	43.20	141	205.96	293.06
11.61	25136	5850	154.74	283.31	496	627.28	1532.25
11.86	22042	6097	195.23	269.08	119	866.10	980.01
25.20	37061	8512	549.81	875.19	321	1027.64	1427.48
11.98	23595	5852	102.34	113.50	53	194.69	249.16
15.25	26814	8257	630.75	999.18	170	996.62	1436.41
16.77	30031	9618	40.84	78.82	128	456.89	905.46
31.11	59148	11422	857.49	1235.55	989	4296.35	8921.86
14.36	24665	6755	89.61	193.42	16	58.34	94.84
2.86	4173	942	36.29	81.11		6.00	13.20
10.36	13568	3705	11.56	15.56	169	585.84	1089.45
17.50	26281	6495	663.26	918.87	595	934.99	1692.97
7.48	12220	2754	57.45	126.01	104	145.25	227.35
19.26	21034	5566	390.66	555.73	278	462.30	678.28
0.53	295	44	0.57	2.01	4	0.55	1.07
7.35	14355	2859	42.47	69.28	77	78.25	119.03
7.67	13352	3352	34.05	99.38	139	286.09	371.27
2.91	3108	644				240.41	663.00
4.70	5201	1208	89.38	214.84	2	15.17	26.24
12.39	14187	3929	15.81	23.11	218	353.56	686.74

2010年各地区少儿公共

地区	机构数（个）	从业人员（人）	高级职称	中级职称	总藏量（千册件）	图书	古籍
总计	**97**	**2121**	**195**	**616**	**21592.43**	**18727.04**	**89.43**
北京	4	103	3	32	902.55	776.40	
天津	11	174	23	50	1962.63	1856.80	
河北	1	10	2	2	126.17	126.10	
山西	1	15	1	5	104.69	78.30	
内蒙古	2	30	5	7	188.60	162.19	
辽宁	15	564	35	115	2640.26	2306.02	
吉林	3	84	23	27	867.70	639.71	
黑龙江	1	16	2	10	52.83	22.97	
上海	5	120	8	26	1657.88	1511.07	
江苏	6	45	13	14	863.47	798.50	1.11
浙江	3	135	11	38	1368.23	1211.40	
安徽	2	36	1	8	158.72	138.71	
福建	5	71	5	30	1100.64	934.96	
江西							
山东	1	7	2	4	114.85	99.80	
河南	1	17	3	8	164.23	116.89	
湖北	5	87	6	42	1169.08	966.38	39.14
湖南	6	127	17	53	1221.33	1082.97	0.87
广东	3	161	18	41	3669.68	3330.02	7.37
广西	3	56	1	33	770.55	625.67	
海南	5	44		6	522.83	421.95	4.30
重庆	4	132	16	38	1325.67	971.41	19.03
四川							
贵州	1	6			75.34	63.45	
云南	3	17		9	195.28	162.66	3.00
西藏	1	11			71.21	66.11	
陕西	3	33		15	224.66	184.82	14.33
甘肃	2	20		3	73.36	71.81	0.28
青海							
宁夏							
新疆							

善本	报刊	视听文献、缩微制品	其他	在藏量中：开架书刊	当年购买的报刊种类（种）	书架单层总长度（米）	累计发放有效借书证数（个）	总流通人次（千人次）
3.89	**1013.05**	**1017.54**	**834.80**	**13103.99**	**28641**	**229520**	**1156989**	**18391.43**
	66.71	59.44		828.88	1125	10377	77965	443.71
	20.23	39.77	45.83	1437.51	1855	5044	29413	1236.21
	0.07			70.00	310	700		500.00
	26.39				71	900	4500	80.10
	19.22	4.95	2.24	16.60	136	2583	20397	40.80
	42.64	103.52	188.07	1339.65	3466	35023	115227	1465.02
	72.18	155.81		785.27	859	1520	14433	437.57
	22.77	0.49	6.61	41.50	106	330	3376	81.50
	5.88	140.47	0.46	1094.25	2000	12182	97313	1096.64
	53.30	11.60	0.07	735.43	1678	7230	64150	1267.17
	41.78	114.69	0.36	993.97	2569	6903	95567	1265.86
	9.74	1.48	8.80	100.07	594	626	23512	481.00
	61.62	104.06		919.63	1326	13182	87297	1287.18
	13.61	1.44		87.53	82	14	15587	121.03
	40.20	7.14		164.23	487	2340	8992	360.88
3.37	18.64	2.01	182.04	706.15	922	45624	70507	661.12
	79.29	53.04	6.02	977.97	1732	12619	94781	728.39
	86.17	154.72	98.77	2205.35	3347	23283	276782	3841.38
	126.80	18.08		5.65	1626	7611	18069	1276.80
0.09	82.88	0.18	17.82	57.00	1027	17583	3895	137.93
0.18	47.41	41.13	265.73	310.75	2283	12353	17645	617.16
	7.49	0.20	4.21	39.00	50	2500	1800	25.00
	30.26	2.37		139.80	420	4497	9230	380.52
	3.23	0.15	1.73		269	800	1162	8.62
0.21	33.92	0.46	5.47	35.16	256	3231	3619	153.86
0.03	0.63	0.34	0.57	12.63	45	465	1770	396.00

地区	书刊文献外借人次	书刊文献外借册次(千册次)	为读者举办各种活动					
			组织各类讲座次数(次)	参加人次(千人次)	举办展览(个)	参加人次(千人次)	举办培训班(个)	参加人次(千人次)
总计	**7838.56**	**17038.41**	**1466**	**382.71**	**434**	**467.36**	**2079**	**105.76**
北京	245.40	575.53	224	142.17	37	25.50	2	1.36
天津	552.12	1474.81	152	15.66	38	15.96	124	5.16
河北	250.00	300.00	3	0.50				
山西	74.70	74.70	3	1.00				
内蒙古	6.60	19.33	41	7.53	13	1.89	14	2.06
辽宁	745.52	1865.88	114	19.67	59	42.46	98	5.29
吉林	198.21	450.41	75	8.70	36	21.50	9	0.27
黑龙江	42.20	84.40	10	1.00	4	3.60		
上海	540.86	1899.72	249	29.41	21	12.47	164	8.02
江苏	689.31	1354.76	29	5.15	20	5.80	369	11.36
浙江	196.90	1073.77	21	4.64	41	122.71	44	1.97
安徽	363.00	663.00	12	5.70	2	15.00	5	0.26
福建	1189.18	1350.64	51	9.34	27	13.30	109	26.97
江西								
山东	81.42	110.02	3	0.78	1	1.83	8	0.67
河南	185.83	360.88	32	25.70	5	21.50	1	0.05
湖北	254.35	587.49	63	10.40	12	19.70	6	1.15
湖南	253.22	955.41	164	37.98	19	21.56	29	1.52
广东	507.14	1393.06	54	9.88	20	39.16	1011	26.75
广西	455.62	705.26	7	4.19	20	19.10	1	0.02
海南	99.39	142.05	6	3.35	19	16.66	8	0.29
重庆	398.81	828.14	101	37.40	28	40.50	44	1.80
四川								
贵州	12.50	24.80					1	0.50
云南	297.20	469.46	26	0.70	4	3.00	17	9.69
西藏	2.35	6.27						
陕西	84.23	148.63	16	1.43	6	3.17	11	0.46
甘肃	112.50	120.00	10	0.44	2	1.00	4	0.16
青海								
宁夏								
新疆								

计算机(台)	电子阅览室终端数	本年收入合计(千元)	财政拨款	购书专项经费	事业收入	经营收入	其他收入
5124	**2967**	**253973**	**230588**	**39062**	**12025**	**2544**	**5255**
346	130	15826	15134	500	58	427	147
269	174	28288	24101	5786	2111	476	767
		905	905	500			
23	2	1332	1257	40	75		
71	59	2882	2772	80	110		
637	301	36369	34680	5791	626		2
117	60	6399	6236	682	69		94
2	1	630	630	25			
376	217	19791	16746	1795	2212		832
357	262	6756	5714	1100	94		697
217	114	17432	17303	2600	48		81
87	48	2972	2654	550	250		68
328	217	13061	11938	1730	900		222
43	31	1306	1273	66	23		
57	21	1542	1492	65	50		
203	136	8246	7092	1335	16	4	1134
183	75	11488	9544	1390	149	1623	130
615	431	48903	44703	10550	2924		
208	132	4715	3851	802	234	14	616
186	92	5745	5156	640	553		35
490	204	14128	12332	2400	1416		380
		147	147				
152	132	1236	1236	375			
		626	626	200			
120	98	2275	2178	40	47		50
37	30	973	888	20	60		

地　　区	本年支出合计（千元）	基本支出	项目支出	经营支出	在支出合计中：		
					工资福利支出	商品和服务支出	差旅费
总　　计	**248173**	**148546**	**82346**	**2168**	**93699**	**49876**	**1910**
北　　京	15498	8670	5644	51	4765	5788	121
天　　津	28435	26128	1831	476	10452	4350	143
河　　北	813	405	408		405		
山　　西	1332	1332			587	158	31
内 蒙 古	2882	2882			1653	624	86
辽　　宁	32198	17653	9419		13561	6549	271
吉　　林	6553	5518	1035		3093	1293	34
黑 龙 江	630	380	25		576	2	2
上　　海	19529	11785	7511		9086	4585	138
江　　苏	5952	3911	2041		2319	1693	76
浙　　江	17724	10463	7261		6879	4448	181
安　　徽	2972	1178	1794		1030	534	55
福　　建	13055	8874	4180		4204	4604	90
江　　西							
山　　东	1210	899	311		739	99	
河　　南	1316	1316			437	343	42
湖　　北	8717	5721	2991	4	5086	335	8
湖　　南	11511	7365	2523	1623	3637	1979	114
广　　东	48094	15690	24213		12967	5503	199
广　　西	4686	2812	1860	14	1700	605	11
海　　南	3805	3282	523		2000	344	14
重　　庆	15985	7634	8351		5468	5384	258
四　　川							
贵　　州	147	141			141		
云　　南	1236	861	375		582	262	10
西　　藏	626	626			382		
陕　　西	2294	2047	50		1105	369	18
甘　　肃	973	973			845	25	8
青　　海							
宁　　夏							
新　　疆							

在支出合计中：								本年新购藏量（千册）
劳务费	福利费	各种税金支出	对个人和家庭补助支出	抚恤金和生活补助	其他资本性支出	各种设备购置费	新增藏量购置费	
3783	**1480**	**1008**	**28653**	**469**	**54416**	**11307**	**37582**	**1795.51**
45	14	80	415		2782	1676	589	47.11
85	147	314	6955	1	6675	939	5721	144.49
					408		408	24.09
3	16		537		50	10	40	2.94
34	24		418		187	28	159	7.48
85	48		5201	96	6461	442	4713	263.45
30	5	2	1296	23	684		634	68.54
			27		25		25	0.90
465	102	33	1511	2	4215	767	2424	88.97
67	40	16	241		1699	416	1250	80.74
709	271	1	2746	9	3650	1006	2614	177.35
			284		1107	309	551	24.66
849	52	20	1653	49	2594	854	1640	82.66
			61		67		67	14.63
54	13		165		371		364	24.08
	107	19	298		174	45	129	4.56
	174	292	1609		2664	554	1597	73.53
945	164		2690	100	13137	2587	10550	397.64
	2	3	684		1683	717	966	47.14
15	7		19		1175	80	485	53.88
257	267	207	1452	170	3460	185	2200	158.67
					6		6	0.50
	2		191		200		200	4.55
			19	19	200		200	1.46
139	22	18	140		680	655	25	0.31
1	3	3	41		62	37	25	1.20

地　　区	资产总计(千元)	固定资产原值	公用房屋建筑面积(千平方米)	书库面积	阅览室面积	书刊阅览室面积
总　　计	**650222**	**558620**	**258.46**	**45.17**	**71.43**	**54.19**
北　　京	60670	54993	13.55	1.37	6.06	3.68
天　　津	40162	36748	13.47	1.33	3.87	2.86
河　　北	408	408	0.64		0.64	
山　　西	747	747	0.80	0.60	0.20	0.10
内 蒙 古	1960	1960	2.41	1.47	0.30	0.12
辽　　宁	74388	66729	27.40	6.33	5.44	3.15
吉　　林	16805	15071	7.47	1.12	2.19	1.87
黑 龙 江	577	577	0.53	0.05	0.28	0.14
上　　海	52394	41830	14.05	2.36	3.93	3.49
江　　苏	27111	24651	12.04	1.49	4.63	4.01
浙　　江	86230	69032	19.36	0.30	4.89	3.45
安　　徽	10179	9674	3.22	0.30	0.41	0.29
福　　建	38256	28873	19.39	5.06	5.67	4.85
江　　西						
山　　东	1656	1445	3.91	0.33	1.67	0.35
河　　南	2387	2018	1.36	0.60	0.36	0.24
湖　　北	23060	18844	12.46	3.16	3.32	2.66
湖　　南	23920	21371	15.84	4.41	3.01	2.37
广　　东	94938	88545	30.81	2.12	8.03	7.08
广　　西	15235	13544	9.67	2.59	2.94	2.58
海　　南	18358	16387	16.91	3.22	2.18	1.68
重　　庆	44296	29708	16.04	4.59	6.57	5.47
四　　川						
贵　　州	500	500	2.10	0.18	0.33	0.33
云　　南	2986	2986	5.00	1.00	2.50	2.00
西　　藏	8140	7120	3.10		0.35	0.33
陕　　西	3173	3173	5.81	1.03	1.19	0.92
甘　　肃	1686	1686	1.14	0.16	0.48	0.20
青　　海						
宁　　夏						
新　　疆						

电子阅览室面积	阅览室坐席数（个）	少儿阅览室坐席数	图书馆延伸服务情况				
			流动图书馆车书刊借阅人次（千人次）	流动图书馆车书刊借阅册次（千册次）	分馆数量（个）	借阅人次（千人次）	借阅册次（千册次）
13.04	**24315**	**19110**	**402.08**	**760.50**	**709**	**2419.94**	**4751.66**
1.07	1482	1432	53.96	106.28	9		
0.82	1125	1107	7.33	7.33	87	642.87	1258.92
	70	70					
0.10	100	100					
0.17	210	160			6	3.26	3.82
1.77	2660	1910	8.07	16.17	53	71.41	160.57
0.22	620	620	12.00	30.00	71	274.42	365.29
0.08	160	90					
0.45	2112	1828	36.24	55.22	65	394.07	1045.13
0.52	1562	1220	101.05	162.30	7	18.84	19.46
1.14	1246	1246	25.52	33.99	43	92.92	245.81
0.12	190	190	12.00	26.00	6	89.00	120.00
0.82	1616	1282	102.16	187.16	210	272.52	469.32
1.23	320	100					
0.12	202	202	1.19	2.38	5	8.00	16.00
0.64	1203	883	1.12	47.01	1	2.60	8.30
0.46	1688	1666	1.59	6.38	30	23.26	85.21
0.73	2259	1868	20.30	40.95	33	301.91	570.75
0.37	1075	875	12.52	25.05			
0.50	1280	330	7.02	14.30		6.00	13.20
0.90	1831	1061			64	215.65	354.44
	242	142					
0.50	300	200			13	1.83	12.78
	180	24	0.01	0.01	4	0.55	1.07
0.27	462	384			2	0.83	1.58
0.05	120	120					

地　区	机构数(个)	从业人员(人)	高级职称	中级职称	总藏量(千册件)	图书	古　籍
总　计	**37**	**7545**	**1255**	**2455**	**166018.16**	**105933.02**	**13761.42**
北　京	1	381	40	118	5819.42	4989.98	415.34
天　津	2	343	60	141	6861.15	5969.83	525.20
河　北	1	179	52	43	1828.46	1503.99	62.46
山　西	1	161	28	52	2722.07	1789.45	291.36
内蒙古	1	175	50	45	2085.10	1588.94	180.00
辽　宁	1	244	48	100	5050.64	4248.64	459.91
吉　林	1	189	58	60	3582.80	3122.36	349.30
黑龙江	1	211	51	78	3056.72	2433.81	133.69
上　海	2	838	138	274	53642.13	14838.91	1920.52
江　苏	1	531	99	156	9119.09	8081.13	1414.58
浙　江	1	310	49	117	5450.72	4580.43	861.80
安　徽	1	190	34	49	3156.06	2189.70	352.65
福　建	1	205	27	72	2972.64	2339.01	251.37
江　西	1	147	33	40	2819.02	2448.81	501.60
山　东	1	229	37	92	6539.38	4860.80	752.89
河　南	1	181	36	69	3107.00	2744.02	506.62
湖　北	1	169	39	66	5084.46	3819.38	461.41
湖　南	2	287	46	112	4464.16	3781.89	620.38
广　东	1	359	42	113	7465.50	6132.96	430.56
广　西	3	329	46	146	4995.02	3926.70	260.65
海　南	1	139	6	6	533.89	500.00	0.06
重　庆	2	313	44	73	3690.32	2747.93	442.96
四　川	1	233	21	50	4932.78	3849.72	686.96
贵　州	1	156	35	43	1616.00	1304.34	250.00
云　南	1	189	32	88	2824.19	2159.40	582.98
西　藏	1	42	6	13	388.30	300.68	11.00
陕　西	1	268	21	79	3484.43	2956.49	385.15
甘　肃	1	229	28	73	3473.31	2687.41	316.18
青　海	1	98	22	31	1602.40	1239.49	114.79
宁　夏	1	146	17	44	1886.58	1656.37	138.08
新　疆	1	74	10	12	1764.43	1140.46	80.97

善本	报刊	视听文献、缩微制品	其他	在藏量中：开架书刊	当年购买的报刊种类（种）	书架单层总长度（米）	累计发放有效借书证数（个）	总流通人次（千人次）
1479.20	**17662.96**	**15147.20**	**27274.98**	**37454.84**	**159092**	**3765265**	**3212172**	**35587.09**
67.03	333.93	376.49	119.03	1533.71	6161	69931	127210	2839.67
103.53	413.64	148.89	328.79	2768.60	7352	16892	191109	2958.60
1.50	213.68	109.02	1.78	1256.97	8496	34230	147918	25.91
50.17	850.92	61.29	20.41	1361.04	3127	31176	17210	552.60
4.47	76.73	5.54	413.90		1815	84320	14225	66.93
122.19	475.76	126.24	200.00	1967.14	5612	32719	128173	913.87
47.58	436.00	24.34	0.10	316.02	3423	43704	19353	455.52
6.60	482.56	38.38	101.97	540.00	2495	39961	143399	1337.36
192.39	3154.39	12624.22	23024.61	6044.70	17829	245688	443057	4155.57
103.00	707.35	265.46	65.14	950.00	8426	1280000	294848	1643.19
145.02	763.94	105.89	0.46	1485.38	9080	59707	44062	1193.08
32.74	280.63	8.76	676.97	500.00	3073	60168	36000	1360.00
20.59	436.15	153.91	43.58	645.12	7064		11902	855.21
29.98	351.62	10.08	8.50	1027.03	4010	2200	176300	527.91
94.71	783.79	58.40	836.39	2844.09	5083	135648	257177	936.71
24.00	266.95	69.61	26.42	4.01	2687	45066	9836	722.66
58.65	1069.18	122.33	73.56	2283.87	4297	752935	227038	1103.07
50.00	468.93	164.84	48.50	1728.37	7694	78642	89598	2126.28
32.47	1041.20	130.74	160.60	1458.85	9634	116237	213346	390.57
7.84	937.72	126.08	4.51	1337.80	9233	41850	46856	2182.07
0.04	29.78	4.12		533.80	2287	22758	89635	550.00
55.88	366.88	54.39	521.11	648.99	5274	38000	39763	1495.65
60.74	872.83	209.92	0.30	595.01	3090	86124	17898	146.96
5.00	303.91	7.07	0.68	1321.69	2149	59668	55265	522.48
28.38	626.07	38.37	0.34	1638.26	3987	129035	76401	1660.00
0.30	72.20	0.43	15.00	92.43	1000	22708	3224	16.48
62.85	487.57	40.37			4544	88476	94982	2717.56
60.45	542.38	24.91	218.60	1463.64	4358	60000	64143	1180.46
10.02	212.18	5.49	145.25	273.07	1334	37286	41296	296.36
0.85	71.99	19.30	138.93	340.00	1414	39896	21034	323.77
0.26	532.10	12.32	79.55	495.26	3064	10240	69914	330.62

地　区	书刊文献外借人次	书刊文献外借册次（千册次）	为读者举办各种活动					
			组织各类讲座次数（次）	参加人次（千人次）	举办展览（个）	参加人次（千人次）	举办培训班（个）	培训人次（千人次）
总　计	**10856.56**	**29320.01**	**2993**	**597.17**	**734**	**3475.43**	**1383**	**88.55**
北　京	894.53	2309.80	151	23.07	37	39.37	6	0.43
天　津	1056.07	3448.64	127	19.38	27	53.88	68	2.44
河　北	9.23	11.77	10	0.70				
山　西	329.31	330.94	138	20.00	20	300.00	103	1.10
内蒙古	33.35	36.45	10	1.59	5	8.60	6	0.24
辽　宁	419.89	2440.49	54	7.80	17	87.21		
吉　林	246.81	414.08	42	8.57	7	6.87	38	4.99
黑龙江	316.13	947.39	73	17.44	63	85.11	15	3.62
上　海	546.51	2567.38	227	55.42	58	134.70	369	32.21
江　苏	899.78	1721.19	390	73.03	67	262.00	13	1.23
浙　江	549.01	1356.04	75	11.22	17	42.40	27	0.56
安　徽	680.00	1180.00	75	15.00	11	50.00	12	1.20
福　建	360.97	656.97	99	23.40	16	109.50	36	1.47
江　西	210.22	398.09	201	15.87	4	254.00	16	1.16
山　东	439.97	874.23	30	10.00	26	80.00	10	2.00
河　南	100.37	974.71	40	30.57	90	10.99	12	1.00
湖　北	231.69	793.71	209	53.75	13	9.99	36	3.94
湖　南	473.62	1918.26	170	32.11	34	1213.29	11	1.13
广　东	64.34	159.29	59	17.47	7	5.50	2	1.16
广　西	445.35	1443.10	139	23.93	25	253.90	13	1.35
海　南	310.00	330.00	50	15.00	40	20.00	2	0.14
重　庆	456.41	1320.95	110	19.75	20	107.00	267	11.27
四　川	24.12	47.63	11	10.30	3	9.93	6	0.88
贵　州	234.41	452.38	40	11.80	11	70.20	10	1.54
云　南	229.01	570.00	66	3.70	38	100.00	85	2.97
西　藏	6.00	9.95						
陕　西	507.51	1111.12	229	41.79	12	32.30	149	6.27
甘　肃	482.41	809.76	60	11.00	28	61.00	16	0.92
青　海	93.57	190.34	38	6.00	19	8.00	17	1.53
宁　夏	110.62	285.33	58	16.00	16	40.00	15	1.00
新　疆	95.36	210.05	12	1.52	3	19.70	23	0.79

计算机(台)	电子阅览室终端数	木年收入合计(千元)	财政拨款	购书专项经费	事业收入	经营收入	其他收入
16335	**4615**	**1701001**	**1511173**	**391579**	**88021**	**15976**	**74187**
955	98	181369	174282	20715	6340		747
711	217	108555	80530	25000	3991		18375
300	2	13630	12268	1125	35		1327
381	40	26348	23042	6000		2638	668
201	100	18889	18184	1200	530		175
683	80	52995	49253	16000	2064		1678
422	36	25705	24920	5000		683	102
575	312	27861	27534	5000	317		1
2203	200	336678	275546	113109	42496	1261	17375
987	285	102880	88960	40000	7250	519	6151
555	30	75174	66756	18000	3182	579	4657
391	143	27852	23510	5000	1000		2468
487	130	31987	30819	10000		940	228
225	76	22241	17801	3000	3006		1434
569	170	50045	45236	11000	3121		580
270	107	18956	17138	3300		1582	235
487	148	176222	175199	5000	883		140
419	148	34952	28513	5956	3009	3365	57
590	500	77311	73556	38645	1500		2179
685	262	45078	40152	8550	826		4100
448	122	13110	13110	2877			
711	277	41637	36123	10102	5410		103
438	30	27811	23522	5000	649		3640
405	200	20833	16843	3000			3990
391	160	22424	17284	5000		4409	731
80	80	9174	9174	1000			
614	100	27344	26722	8000	154		468
304	104	29626	29550	7000			76
117	58	13256	12218	1000	54		649
351	224	21441	20625	3000			816
380	176	19617	12803	4000	2204		1037

地　　区	本年支出合计(千元)	基本支出	项目支出	经营支出	在支出合计中：		
					工资福利支出	商品和服务支出	差旅费
总　　计	**1595355**	**705129**	**871793**	**13679**	**397243**	**378002**	**9603**
北　　京	97654	52671	44982		22261	28685	118
天　　津	93432	75192	18240		21998	28153	202
河　　北	14311	9014	5297		4323	3082	153
山　　西	26524	12235	11651	2638	7612	5564	278
内 蒙 古	24055	11011	13044		6220	7682	448
辽　　宁	51577	29064	22513		14357	9238	406
吉　　林	26485	16424	9429	632	7314	6642	205
黑 龙 江	27861	15608	12253		8208	8605	299
上　　海	333871	121789	211937	13	103315	104143	1904
江　　苏	93803	37016	56762	25	25355	18662	342
浙　　江	80931	36427	43924	579	21322	15673	439
安　　徽	23980	15103	8877		7184	5938	309
福　　建	28795	12869	15380	546	8312	5263	394
江　　西	17234	9167	8067		4501	5931	272
山　　东	41814	19516	22298		11113	11997	236
河　　南	21036	12398	7054	1582	7602	1461	38
湖　　北	176222	8810	167412		5516	4685	300
湖　　南	34907	19252	12290	3365	11192	7286	233
广　　东	77311	27754	49557		19758	7985	276
广　　西	45487	23874	21613		14366	8346	497
海　　南	22177	3960	17151		4635	8059	289
重　　庆	49426	16754	32672		10826	22835	357
四　　川	27308	13089	14218		7849	5572	245
贵　　州	21235	11935	9300		4867	7096	150
云　　南	23100	9018	9782	4299	4487	3902	346
西　　藏	4567	4567			2875		
陕　　西	27344	15744	11600		8492	6867	39
甘　　肃	25987	25426	561		7732	7082	406
青　　海	12796	9136	3600		4918	2107	80
宁　　夏	26825	21327	2008		5319	13188	164
新　　疆	17300	8979	8321		3414	6273	178

在支出合计中：								本年新购藏量（千册）
劳务费	福利费	各种税金支出	对个人和家庭补助支出	抚恤金和生活补助	其他资本性支出	各种设备购置费	新增藏量购置费	
13111	**3733**	**8362**	**162222**	**3910**	**639090**	**58980**	**398191**	**5842.82**
419	82	347	15188	159	31520	11237	20283	284.14
	477	459	17151	114	26130	1028	25102	455.78
51	107		2571	5	4334	33	4301	71.97
186	76	268	3209	22	10139	4139	6000	36.82
3978	144		2279	88	7874	1144	2016	353.32
236	23	555	7285	88	20697		16000	301.13
33	21	46	6115	258	5782	782	5000	146.75
63	23		5659	88	5389		5000	128.53
920	900	1573	10001	718	116266	556	108724	560.10
785	152	804	11916	130	37845	1611	36233	354.46
707	421	541	6492		36864	4201	26446	235.50
1119	6		5172	141	5686	686	5000	182.67
96	37	73	3830	4	10842	842	10000	138.75
27	110	660	2899	94	3802	568	3000	136.41
548	22	325	6636	2	12068	29	11000	206.71
	154		3207	24	3876	126	3750	97.44
		101	3736	52	162285	4536	5000	129.21
251	251	292	5488	70	7578	1219	5959	176.02
682		200	10132	369	39436	2552	36884	575.16
142	15	977	6311	137	16462	7255	9207	199.29
68	68		391	36	9092	2815	6277	31.82
202	87	211	3878	426	11665	884	10102	218.88
213	50	339	3821	102	6654	182	5300	78.01
	153	322	2098		7173	4173	3000	36.18
136		209	3519	50	7102	1731	5370	91.87
					967		967	19.50
78	37		2304	36	9681	1681	8000	139.36
213	223		3238	67	7935	1612	6269	67.63
165	3	53	2678	64	3033	165	1001	28.72
184	70		2820	555	5498	2498	3000	216.95
1609	21	7	2198	11	5415	695	4000	143.77

地　区	资产总计(千元)	固定资产原值	公用房屋建筑面积(千平方米)	书库面积	阅览室面积	书刊阅览室面积
总　计	**8014886**	**6939845**	**1286.08**	**349.55**	**270.04**	**243.37**
北　京	777049	540276	37.03	6.57	7.40	6.32
天　津	224639	192025	36.42	7.79	14.33	12.72
河　北	79067	73181	18.95	10.43		
山　西	93040	75228	28.09	18.48	3.50	3.33
内蒙古	102998	99869	20.50	5.29	6.89	6.65
辽　宁	249700	249700	44.45	7.52	8.45	7.73
吉　林	71362	59952	13.65	6.45	2.79	2.03
黑龙江	262112	249162	33.90	3.39	9.63	7.69
上　海	2255245	2063031	123.80	60.88	13.83	12.62
江　苏	414440	362402	77.86	10.25	17.80	16.46
浙　江	418634	345514	49.24	19.19	10.45	9.80
安　徽	171344	154783	36.90	7.66	8.69	8.11
福　建	159267	132265	145.26	6.50	7.00	6.72
江　西	79059	65362	22.50	15.23	7.05	6.95
山　东	361312	341676	44.89	18.03	14.97	14.67
河　南	74695	67127	29.50	10.28	4.03	0.41
湖　北	96676	83450	25.23	11.00	7.16	6.54
湖　南	133581	109572	43.01	14.31	9.98	9.64
广　东	622963	606808	78.34	22.69	14.12	13.91
广　西	133290	120226	44.49	13.36	17.11	16.62
海　南	24740	22728	28.00	0.40	8.00	7.70
重　庆	145807	106518	54.68	10.35	12.09	9.96
四　川	246659	80306	17.19	8.61	4.60	4.47
贵　州	30953	30953	22.74	3.01	8.59	8.27
云　南	215704	203384	31.50	7.20	8.20	7.45
西　藏	29137	29137	17.15	4.20	3.36	0.72
陕　西	264001	249416	44.71	7.71	13.93	13.46
甘　肃	174976	140223	39.24	9.80	8.63	6.44
青　海	51792	47269	18.90	3.89	1.73	1.51
宁　夏	43419	31182	33.24	11.84	10.54	9.58
新　疆	7225	7120	24.70	7.26	5.20	4.90

电子阅览室面积	阅览室坐席数（个）	少儿阅览室坐席数	图书馆延伸服务情况				
			流动图书馆车书刊借阅人次（千人次）	流动图书馆车书刊借阅册次（千册次）	分馆数量（个）	借阅人次（千人次）	借阅册次（千册次）
15.04	**50383**	**5676**	**469.93**	**893.55**	**1077**	**5612.14**	**15248.58**
0.37	1747	161	1.16	27.61	20	8.63	13.77
1.42	1958	133	13.10	44.20	208	689.58	1391.00
					1	18.23	29.16
0.17	1239	170	41.20	61.80	34	93.64	374.58
0.25	1593	50					
0.73	1228	172			127		118.29
0.13	796	20			17	4.50	25.31
1.29	1937	162			39	336.82	338.18
0.55	2332	464	0.06	70.60	287	2941.76	9961.13
1.08	3000	120					
0.65	1533		199.96	245.14	9	185.48	235.13
0.58	1659	278					
0.29	1306	120			66	62.09	182.58
0.10	1211	104			45	450.00	480.00
0.30	1884	114	150.00	300.00	2		
0.24	1017	100					
0.62	1136	162					
0.33	1958	746	1.59	6.38	25	150.34	329.64
0.21	5889	280			70	91.54	935.79
0.49	2717	681	51.55	108.28	1		
0.30	808	134					
0.92	2482	808	1.56	3.56	7	187.65	309.44
0.13	636	15			12	19.76	79.05
0.32	1097	80			14	27.00	54.00
0.75	1324	88			5	10.25	29.00
0.30	45						
0.47	2978	162	9.74	25.98	5	5.01	5.25
0.59	1256				23	243.00	257.40
0.23	971	52					
0.96	1480	150					
0.30	1166	150			60	86.86	99.90

地区	机构数(个)	从业人员(人)			总藏量(千册件)		
			高级职称	中级职称		图书	
							古籍
总计	**334**	**14010**	**1695**	**5391**	**161045.32**	**129069.66**	**6982.90**
北京							
天津							
河北	12	508	84	179	6344.71	4761.94	437.11
山西	7	214	22	81	2075.03	1634.25	149.44
内蒙古	12	486	89	206	2683.96	2339.74	79.81
辽宁	23	1522	163	591	15586.84	12173.60	849.30
吉林	10	559	120	216	6009.34	5130.47	197.22
黑龙江	12	646	148	287	8459.70	6563.97	308.32
上海							
江苏	16	916	122	314	14014.84	12281.95	1407.33
浙江	14	1196	136	418	13992.06	9858.72	588.35
安徽	15	405	37	145	4057.44	2986.87	163.36
福建	11	344	34	120	5671.62	4019.59	112.06
江西	11	376	22	100	4060.75	3411.68	208.96
山东	15	720	144	312	10056.08	7950.30	378.62
河南	16	686	65	278	6776.15	5643.58	468.47
湖北	16	670	91	358	8654.73	7359.89	388.30
湖南	14	427	53	215	4384.61	3593.31	162.70
广东	24	1472	122	493	19771.19	17272.59	243.78
广西	13	362	15	180	4207.99	2977.45	90.12
海南	2	65	1	15	636.41	592.41	5.80
重庆							
四川	21	667	44	223	9121.57	6953.09	452.58
贵州	8	257	31	92	1988.09	1778.04	45.18
云南	18	446	63	183	3574.39	2773.49	94.35
西藏	3	22		2	146.63	127.31	
陕西	7	248	24	88	2043.86	1841.44	53.35
甘肃	9	247	13	71	1854.90	1510.71	78.01
青海	7	115	12	48	760.41	692.61	7.00
宁夏	4	159	11	68	1317.64	959.22	5.50
新疆	14	275	29	108	2794.41	1881.44	7.87

公共图书馆基本情况

	善本	报刊	视听文献、缩微制品	其他	在藏量中：开架书刊	当年购买的报刊种类（种）	书架单层总长度（米）	累计发放有效借书证数（个）	总流通人次（千人次）
	348.26	**16291.49**	**6233.70**	**9450.46**	**75415.80**	**243280**	**3828819**	**6680291**	**107609.65**
	18.11	668.01	753.18	161.58	2758.15	8519	122015	207409	3496.76
	16.50	412.51	27.02	1.24	1275.82	4527	40746	53587	1059.51
	3.27	288.36	32.60	23.26	772.73	4343	140519	49233	939.07
	29.41	1289.21	1060.26	1063.76	6342.64	24502	229208	408399	6069.02
	16.17	590.11	172.38	116.39	2516.17	8348	111189	74513	2412.14
	15.25	1244.60	453.15	197.98	4304.61	10508	97289	501987	2327.47
	76.12	1114.23	156.27	462.38	7092.10	19770	535635	723463	14093.90
	35.69	720.98	984.66	2427.70	7733.02	18502	176592	744921	13497.88
	8.01	651.95	95.79	322.83	1020.36	7538	56961	87080	2755.15
	6.81	760.21	161.18	730.63	2867.46	7382	86280	211151	4996.56
	13.73	453.40	8.81	186.86	1627.31	5995	33642	98520	1429.26
	11.79	938.98	650.38	516.42	5084.70	14180	132219	370934	4719.08
	33.17	952.20	157.68	22.68	1968.93	9525	106561	328677	3475.15
	11.22	849.86	108.86	336.12	4102.71	11130	193992	308383	7748.81
	5.45	609.63	79.77	101.91	2524.74	5383	82123	359040	1945.11
	10.17	1415.89	718.93	363.78	12914.63	30393	326933	1511320	20299.61
	4.04	725.41	67.54	437.58	1678.45	7339	74373	79673	4019.74
	0.05	36.30	3.40	4.30	296.34	1345	37513	7930	509.23
	14.59	869.12	250.67	1048.69	2602.89	11575	970289	195892	4536.77
	0.70	161.03	15.21	33.81	988.66	5145	27265	52829	1513.27
	0.27	562.02	219.28	19.60	1805.36	8925	113280	82565	1936.02
		15.57	0.30	3.46	67.21	604	1603	2243	10.62
	4.05	160.52	11.81	30.08	455.22	3899	22904	34141	803.43
	10.93	203.19	8.69	132.31	1292.98	3762	38102	39630	781.49
	0.77	25.03	10.00	32.77	278.33	349	19052	10648	387.01
	2.00	188.61	2.81	167.00	28.10	2383	15054	53752	699.36
	0.01	384.56	23.07	505.35	1016.17	7409	37480	82371	1148.24

地　　区	书刊文献外借人次	书刊文献外借册次（千册次）	为读者举办各种活动					
			组织各类讲座次数（次）	参加人次（千人次）	举办展览（个）	参加人次（千人次）	举办培训班（个）	培训人次（千人次）
总　　计	**45433.36**	**88277.13**	**9885**	**2124.87**	**3256**	**7154.93**	**4474**	**412.12**
北　　京								
天　　津								
河　　北	1712.57	2299.04	372	74.71	1081	51.56	53	11.98
山　　西	597.50	752.44	282	22.57	25	72.40	181	7.63
内 蒙 古	570.30	941.85	36	9.74	12	13.30	17	3.32
辽　　宁	2375.98	4824.54	483	65.71	180	292.16	405	30.10
吉　　林	714.09	1698.83	300	97.99	91	119.59	83	45.07
黑 龙 江	753.67	1279.56	303	79.37	46	134.55	30	9.16
上　　海								
江　　苏	7227.52	10246.86	683	176.18	174	992.17	516	22.37
浙　　江	4424.92	11467.64	532	126.10	208	616.95	816	17.46
安　　徽	1109.96	2522.64	210	156.51	83	207.04	54	15.98
福　　建	2672.55	5281.96	267	88.40	135	680.10	129	28.93
江　　西	1003.32	1465.11	95	16.30	27	99.40	17	1.01
山　　东	2305.74	4206.61	478	139.17	94	196.27	120	17.40
河　　南	1712.94	3305.19	337	78.90	135	119.67	75	28.90
湖　　北	5692.62	11807.89	293	105.04	78	351.54	131	35.10
湖　　南	1105.28	2825.67	223	60.89	35	67.05	123	3.76
广　　东	5192.30	11768.17	4000	538.86	455	2281.86	1384	97.65
广　　西	1043.73	2054.50	141	63.88	66	183.14	25	4.70
海　　南	65.29	73.55	2	2.00	1	3.00		
重　　庆								
四　　川	2239.85	3735.74	293	90.95	120	255.91	93	13.89
贵　　州	338.88	515.02	57	36.22	32	30.00	8	1.51
云　　南	859.87	1676.76	94	17.75	46	71.02	109	6.01
西　　藏	4.35	26.27						
陕　　西	505.86	545.65	88	8.55	10	7.66	10	0.58
甘　　肃	386.47	675.28	164	45.24	68	101.98	24	2.36
青　　海	31.24	67.69	23	4.06	6	3.70	19	0.21
宁　　夏	271.36	1049.62	22	1.85	11	63.30	10	0.64
新　　疆	515.24	1163.07	107	17.94	37	139.61	42	6.40

计算机(台)		本年收入合计(千元)					
	电子阅览室终端数		财政拨款	购书专项经费	事业收入	经营收入	其他收入
30430	**15464**	**1684868**	**1593206**	**250404**	**46480**	**940**	**36366**
1008	411	41793	40365	8002	522	250	656
509	293	21737	20117	5699	1398		221
1106	547	92411	90566	14521	25		1719
2363	1004	156573	155018	23054	1546		2
708	322	51915	51099	5699	122		693
1509	901	59311	58182	6743	514		420
2477	1029	131171	117302	20196	5143	32	8341
2099	913	183382	167337	42445	13506		2511
1346	637	40111	37976	6470	1480	284	152
985	424	61377	58234	7478	2672		260
904	468	31175	26920	6410	1293		2660
1929	907	82874	80811	8666	524		875
1080	663	47469	45019	6243	1002		1448
1337	649	58500	49993	5086	1665		6082
828	540	33393	31403	3820	1105		831
4110	2093	305457	292743	47120	6787		3642
833	517	40829	37610	5180	907	374	1580
168	97	8595	8257	700			338
1418	779	71064	66001	8285	3022		697
297	146	22163	20183	2870	591		1088
1243	785	40312	38643	5260	836		716
98	83	2277	2277	225			
336	233	24255	23008	2730	842		305
396	257	24169	23425	3965	300		244
164	134	9577	9577	177			
363	230	14623	14013	980	189		371
816	402	28355	27127	2380	489		514

地　区	本年支出合计(千元)	基本支出	项目支出	经营支出	在支出合计中：工资福利支出	商品和服务支出	差旅费
总　计	**1637611**	**1071138**	**523333**	**901**	**598409**	**329819**	**13696**
北　京							
天　津							
河　北	46664	39450	4783	243	20153	8259	333
山　西	23347	15001	8346		6370	4092	233
内蒙古	56965	53695	3269		22816	14744	499
辽　宁	154605	104482	45510		56428	30291	750
吉　林	51722	40641	11081		21919	10018	252
黑龙江	56353	47420	6981		25733	11458	218
上　海							
江　苏	136557	80386	44435	32	46503	33823	900
浙　江	180802	80849	99953		53533	52058	1237
安　徽	37877	25468	11283	306	15498	4863	343
福　建	54523	32130	22357		14179	12411	398
江　西	31140	24617	5726		10230	6582	274
山　东	82650	64726	17923		30997	15171	429
河　南	46735	35676	9609		21221	5932	315
湖　北	58972	41603	16810		22741	14620	1046
湖　南	34321	25007	9313		13574	6100	468
广　东	304688	165122	130829		108422	39803	2915
广　西	40052	24288	15444	320	14144	11091	163
海　南	7429	3697	3112		3058	2762	24
重　庆							
四　川	68584	43598	22732		23207	12344	748
贵　州	20952	17825	2588		8227	3386	503
云　南	38747	26256	10470		16057	8195	742
西　藏	2322	2322			1146	807	91
陕　西	24711	17570	6227		10154	7630	158
甘　肃	24492	20047	4245		8986	6123	218
青　海	9585	9183	402		5705	1463	49
宁　夏	13883	7554	3498		5112	1836	24
新　疆	28933	22525	6407		12296	3957	366

在支出合计中：								本年新购藏量（千册）
劳务费	福利费	各种税金支出	对个人和家庭补助支出	抚恤金和生活补助	其他资本性支出	各种设备购置费	新增藏量购置费	
18373	**9365**	**4469**	**208931**	**4815**	**365058**	**62703**	**253869**	**8939.84**
94	264		5428	53	10213	1244	7538	396.47
323	165	2	2820	45	4835	1512	3115	87.48
189	201	58	7859	182	9712	3317	4133	180.94
282	270		26573	238	28800	3690	21778	746.44
12	21	26	12492	220	7293	356	5702	165.45
671	380	125	10209	269	7828	1477	6171	335.47
2302	744	435	18255	750	37462	5023	23732	742.40
6500	2044	564	14775	81	56441	8266	41997	1479.72
50	344	18	4389	70	8708	1871	6045	192.04
2616	172	34	7114	79	12084	5014	6316	372.43
97	490	337	6402	263	6186	882	5298	193.17
203	117	63	13221	675	18048	1681	15485	445.11
731	228	174	7478	157	8701	1590	6749	620.50
99	306	480	6663	103	12134	1489	7431	202.96
229	104	68	4394	52	9755	2936	4741	152.67
2105	1784	1442	25775	544	73139	10336	54745	1583.30
3	85	75	6293	184	7512	1961	5025	219.32
53	134		238	3	1371	311	1060	56.91
732	439	96	6717	295	15137	2419	7675	228.15
51	247	77	5447	150	3647	1296	1673	43.05
317	280	264	4366	53	9964	2799	6522	148.89
			123	20	220		220	2.66
272	238	114	1650	19	3830	639	3089	103.83
116	106		3667	131	5716	587	3571	122.44
	50		1651	77	610	342	217	11.28
57	3	10	868	92	1838	300	1366	52.58
269	149	7	4064	10	3874	1365	2475	54.19

地　区	资产总计(千元)	固定资产原值	公用房屋建筑面积(千平方米)	书库面积	阅览室面积	书刊阅览室面积
总　计	**5469174**	**4926020**	**2558.30**	**574.86**	**618.76**	**485.21**
北　京						
天　津						
河　北	157562	135509	73.03	19.49	16.93	13.35
山　西	257738	256135	62.48	5.66	19.25	16.27
内 蒙 古	97057	80617	97.43	13.52	22.19	18.13
辽　宁	413957	386769	191.38	28.77	45.01	29.93
吉　林	166957	123939	68.57	17.26	22.12	16.80
黑 龙 江	193106	172074	108.71	24.75	24.15	19.85
上　海						
江　苏	560794	509533	201.36	48.45	47.30	32.61
浙　江	529610	460139	208.69	38.62	47.48	40.90
安　徽	143680	140239	85.89	19.84	24.17	21.47
福　建	173936	133430	74.55	29.23	26.80	23.79
江　西	74502	63711	95.41	20.55	30.50	20.68
山　东	378294	350997	138.56	34.91	27.67	23.38
河　南	142830	116735	95.65	33.75	14.27	9.78
湖　北	316877	300768	130.70	37.17	29.21	23.60
湖　南	107092	103694	107.83	34.68	22.66	17.01
广　东	870396	767843	323.57	50.25	75.54	62.90
广　西	126262	112373	82.20	13.62	14.29	11.20
海　南	48277	41773	13.83	3.17	1.29	0.70
重　庆						
四　川	188419	177393	123.17	33.29	30.67	22.42
贵　州	68282	62435	39.40	11.55	9.85	8.60
云　南	134103	125707	72.76	18.24	24.33	18.98
西　藏	28043	27010	9.74	3.33	0.85	0.59
陕　西	75332	69520	36.71	13.59	11.06	8.57
甘　肃	126687	125221	34.30	7.76	14.63	10.80
青　海	10766	9766	6.82	0.91	2.12	1.73
宁　夏	32825	29870	24.18	5.06	6.13	4.43
新　疆	45790	42820	51.39	7.46	8.31	6.72

电子阅览室面积	阅览室坐席数（个）	少儿阅览室坐席数	图书馆延伸服务情况 流动图书馆车书刊借阅人次（千人次）	流动图书馆车书刊借阅册次（千册次）	分馆数量（个）	借阅人次（千人次）	借阅册次（千册次）
75.45	**145019**	**32349**	**2057.42**	**3261.12**	**1810**	**12125.27**	**19106.96**
2.10	4122	602			36	103.18	351.26
1.48	2482	443			24	10.80	15.00
2.76	4285	761	1.51	4.70	20	50.82	56.09
6.25	9821	2345	17.96	86.20	285	751.39	1058.54
1.29	4721	684	4.93	11.07	199	728.63	962.42
3.79	5044	646	189.77	278.05	112	384.18	771.50
4.44	10480	2803	295.19	372.49	80	3562.44	3682.52
4.46	9203	3304	105.45	148.57	103	1437.61	2587.61
2.69	5717	1042	18.50	35.20	22	128.60	163.50
1.83	4913	1615	102.16	187.16	258	381.00	886.61
2.98	5757	1271	35.60	61.90	13	320.00	392.60
3.79	7816	1356	82.14	108.01	55	248.90	412.96
3.34	4451	1074	3.19	6.38	15	17.28	35.37
3.60	8315	2233	47.59	266.47	73	729.48	1119.92
3.99	9180	2470	37.04	68.04	46	86.76	191.33
10.43	19654	3950	145.53	280.74	225	1900.91	3873.75
2.29	4568	1263	16.06	31.93	2	3.89	4.85
0.34	480	86	18.67	56.01			
3.92	6994	1226	550.46	701.15	76	578.28	1064.55
0.67	1639	456	6.00	12.08	9	10.06	26.06
4.59	5113	876	256.67	281.85	44	234.59	354.30
0.23	250	44	0.57	2.01	4	0.55	1.07
0.61	2342	286	14.10	20.25	7	21.17	21.71
1.14	2580	403	12.73	22.52	24	10.30	39.07
0.30	446	98				239.89	661.99
0.84	1534	338	89.36	209.34	1	12.17	23.24
1.30	3112	674	6.24	9.02	77	172.39	349.16

地　区	机构数(个)	从业人员(人)	高级职称	中级职称	总藏量(千册件)	图书	古　籍
总　计	**2512**	**30579**	**1264**	**8823**	**261218.56**	**216001.42**	**4819.95**
北　京	23	926	29	225	11335.07	10275.90	50.32
天　津	29	734	78	248	5722.13	5300.21	41.92
河　北	152	1102	47	357	7935.98	6970.71	116.48
山　西	118	1200	23	332	7281.42	6013.51	318.29
内蒙古	100	1143	83	402	4631.33	3834.52	26.66
辽　宁	104	1386	61	564	8895.06	7952.03	18.97
吉　林	54	913	90	399	4209.75	3381.98	7.16
黑龙江	94	989	88	485	4923.07	4380.05	15.02
上　海	26	1342	37	293	14445.15	12821.69	74.80
江　苏	94	1391	107	425	20565.78	17887.13	531.40
浙　江	82	1534	87	451	18169.31	15720.18	524.47
安　徽	72	644	11	144	5144.48	4286.19	121.42
福　建	74	641	13	182	8172.36	6814.93	175.26
江　西	96	883	14	126	8321.44	5980.81	240.72
山　东	133	1731	171	699	19762.98	15990.48	228.95
河　南	125	1895	29	370	8488.97	6893.23	146.02
湖　北	90	1312	42	497	9871.49	8091.01	104.67
湖　南	108	1279	40	397	10764.73	8556.94	405.49
广　东	107	1930	40	328	18918.29	16049.15	156.89
广　西	92	818	4	153	9605.76	6810.66	100.43
海　南	17	170		16	1679.84	1425.42	4.66
重　庆	41	541	40	149	6617.38	4446.62	232.13
四　川	139	1072	14	259	11936.83	9359.92	449.91
贵　州	84	524	6	96	4516.48	3470.26	46.87
云　南	131	1125	43	451	9261.40	7714.16	288.13
西　藏							
陕　西	104	1472	19	293	5743.20	4576.87	192.38
甘　肃	84	830	13	159	5089.99	3708.50	135.53
青　海	36	185	4	70	1214.84	1011.03	48.21
宁　夏	15	238	4	72	1419.05	1243.03	7.84
新　疆	88	629	27	181	6575.02	5034.31	8.99

善本	报刊	视听文献、缩微制品	其他	在藏量中：开架书刊	当年购买的报刊种类（种）	书架单层总长度（米）	累计发放有效借书证数（个）	总流通人次（千人次）
377.92	**27621.18**	**6573.81**	**11022.15**	**128621.71**	**465677**	**4404602**	**9167090**	**179706.72**
0.53	280.89	258.12	520.15	9152.94	14933	131972	796006	4915.06
0.38	319.33	65.81	36.78	4759.35	9111	93546	173213	3103.90
5.95	663.33	37.03	264.91	3751.43	7769	151217	209564	3841.34
55.57	810.60	43.66	413.65	2326.49	14629	77958	162699	2127.20
2.53	694.69	24.20	77.93	1476.54	8393	82331	83826	2110.44
10.17	327.47	219.12	396.44	5295.68	21391	134492	325863	7590.03
0.30	413.23	173.10	241.45	1815.67	6081	60838	85967	2164.13
0.04	455.55	20.33	67.15	2851.45	10333	78479	118620	2554.58
2.15	195.71	1370.76	56.98	8163.92	29797	201695	636798	14369.82
26.61	1418.12	551.89	708.65	9623.18	36908	295489	1048991	14321.29
25.52	1608.57	425.26	415.29	10367.70	42032	321744	985326	19849.95
22.68	617.68	31.34	209.27	1619.31	17409	67687	123083	3483.86
10.40	833.18	160.39	363.87	3909.45	17693	153028	248697	6081.63
12.17	1617.76	114.54	608.34	2859.92	10427	89456	231369	4432.06
20.32	2226.79	118.29	1427.43	9550.66	27422	265742	656101	11516.20
10.47	1258.55	147.33	189.86	2864.93	12266	140645	341747	6059.55
8.25	1381.14	186.94	212.39	4123.17	13645	158677	506215	6303.56
28.27	1632.58	115.09	460.11	5282.28	14196	222754	365715	6204.08
16.20	1449.67	610.89	808.58	11998.41	36536	425567	859346	24709.27
9.24	2086.49	338.61	370.00	2766.70	16521	174118	135898	7226.02
0.13	219.02	13.38	22.02	568.92	3101	248224	15272	661.54
20.01	701.58	699.71	769.47	2823.77	13004	94223	120087	4717.10
26.36	1509.73	223.92	843.25	6791.73	18866	159850	268562	6996.66
5.70	737.27	84.82	224.14	2021.81	8573	69632	81395	1654.81
15.30	1208.40	156.32	182.52	4078.55	20660	194926	159434	5474.40
8.04	836.50	25.67	304.17	1979.80	8642	70436	174982	1672.39
31.27	934.69	169.54	277.26	1678.45	5158	89777	98874	2721.06
2.20	164.06	15.06	24.69	260.34	1098	27384	25372	211.42
1.15	129.14	4.50	42.38	246.44	2465	39080	50416	607.78
0.04	889.47	168.21	483.04	3612.73	16618	83635	77652	2025.58

地　　区	书刊文献外借人次	书刊文献外借册次(千册次)	为读者举办各种活动					
			组织各类讲座次数(次)	参加人次(千人次)	举办展览(个)	参加人次(千人次)	举办培训班(个)	培训人次(千人次)
总　　计	**82239.69**	**144886.64**	**18725**	**3763.61**	**6950**	**8656.68**	**11302**	**928.57**
北　　京	2707.98	5733.81	1278	323.28	156	298.31	510	32.48
天　　津	1479.65	2268.48	305	88.71	160	155.87	298	13.42
河　　北	1876.87	2614.38	694	124.99	357	129.27	404	29.00
山　　西	977.08	1740.70	549	129.22	192	155.78	304	54.38
内 蒙 古	1354.99	2143.76	364	65.06	117	94.38	177	26.03
辽　　宁	3214.69	7293.67	696	172.98	485	382.46	339	28.73
吉　　林	1170.77	2011.38	337	76.67	96	126.71	132	11.37
黑 龙 江	1348.78	2559.36	332	72.37	156	124.39	161	13.21
上　　海	5244.67	12044.89	2223	241.26	262	613.78	584	31.51
江　　苏	7835.63	13454.14	1051	247.85	406	660.14	938	64.01
浙　　江	8786.68	16415.50	961	259.89	561	770.20	731	67.99
安　　徽	2036.34	3129.77	394	88.40	168	199.46	346	19.02
福　　建	2793.04	5030.09	466	123.89	244	259.84	187	14.49
江　　西	2383.51	3760.37	444	101.00	273	255.80	764	28.15
山　　东	6406.15	10064.12	1515	274.74	450	497.71	1014	57.89
河　　南	3375.28	4866.61	675	134.55	230	232.43	249	24.71
湖　　北	3456.73	5860.43	479	111.16	202	329.46	349	50.95
湖　　南	3480.29	5841.86	665	135.17	202	276.88	522	43.32
广　　东	6401.62	10738.00	1156	225.33	449	1497.55	379	27.35
广　　西	2074.91	3830.35	361	65.04	102	124.91	226	19.74
海　　南	318.24	461.22	50	15.92	27	24.76	37	1.13
重　　庆	2947.99	5734.05	543	145.46	237	374.95	294	50.72
四　　川	3177.94	5451.91	1003	208.53	403	415.97	693	88.15
贵　　州	853.57	1255.60	280	56.89	52	118.82	182	17.69
云　　南	2937.24	4777.47	545	72.70	124	138.29	472	34.67
西　　藏								
陕　　西	941.68	1398.20	314	56.85	216	160.12	471	42.08
甘　　肃	1334.38	1965.01	663	75.77	158	125.75	239	20.75
青　　海	74.62	164.78	27	6.36	11	7.50	10	0.39
宁　　夏	150.54	482.51	35	6.65	28	17.55	26	5.72
新　　疆	1097.82	1794.23	320	56.95	426	87.64	264	9.54

计算机(台)	电子阅览室终端数	本年收入合计(千元)	财政拨款	购书专项经费	事业收入	经营收入	其他收入
92928	**62821**	**2597159**	**2359295**	**293050**	**51550**	**7471**	**57575**
2668	1110	181006	153180	20357	2676	2166	2332
1646	919	109094	104474	10212	1969	1333	658
2529	1747	48949	47708	3750	210	2	953
2949	2107	56921	55222	6073	170		541
2591	1722	70469	70232	3438	166		71
2513	1433	116459	106939	12193	1184		173
1571	1010	49005	47831	3924	58	83	535
2717	2005	52290	50443	5433	65		1142
3299	1574	310551	287902	55525	7794		5778
5098	2885	153576	136140	15924	5911	2705	5854
5243	3510	236078	201264	41535	6866	188	10706
3142	2599	44708	38592	3316	2351		1395
2372	1575	73454	60700	8835	3156	153	4507
3719	2632	57754	52534	4532	1937	281	725
5601	4004	106427	103908	14514	641		327
3590	2250	64627	60362	4127	1237		745
3929	2844	78157	67212	6007	2396	42	6418
3749	3031	69325	61621	5545	2159	162	2860
6108	3860	228701	216656	27684	4187		2798
3472	2562	47297	44149	3025	1074	16	297
663	442	13183	12363	2378	594		75
2880	1902	71866	40376	7301	1467	250	688
3917	2698	83781	80023	9181	1342	50	1041
2341	1761	23802	22360	2614	441		36
4182	3125	63017	61703	5367	504		607
2986	2061	72675	65738	4258	460	40	5272
3093	1872	44673	43506	1600	179		335
990	927	9174	9169	292			
722	568	16594	16032	880	72		23
2648	2086	43546	40956	3230	284		683

地　区	本年支出合计(千元)	基本支出	项目支出	经营支出	在支出合计中：		
					工资福利支出	商品和服务支出	差旅费
总　计	**2524803**	**1782175**	**610815**	**8794**	**1076961**	**479856**	**17835**
北　京	169404	81096	84806	1229	47731	25729	476
天　津	107759	75181	30000	1242	46015	22957	529
河　北	49647	42579	4840	70	31153	5563	371
山　西	57997	44700	8343	1	30010	8312	1099
内蒙古	70219	69641	243		43092	11195	962
辽　宁	115649	92063	12874		51922	20674	351
吉　林	47925	43177	3945	83	26145	6695	253
黑龙江	50782	44408	3839	140	27884	6645	289
上　海	303405	172164	130751		105878	83251	554
江　苏	149281	119356	26098	2712	60013	35558	1247
浙　江	211426	139538	69183	117	84746	52618	2201
安　徽	56025	37363	4654	92	17142	7351	435
福　建	71850	45685	20706	153	23662	12318	487
江　西	55945	40204	8099	219	20560	9753	518
山　东	107596	90573	4146		57376	12683	660
河　南	66750	55622	5045		36056	7824	467
湖　北	79246	47419	29454	30	28036	10554	574
湖　南	64552	52294	9157	237	32296	14170	801
广　东	230942	138716	74800	728	84270	47092	1014
广　西	48149	35183	8482	16	19145	8620	401
海　南	13591	8894	1802	30	6881	1412	58
重　庆	43922	26928	13615	1274	14367	10665	664
四　川	82521	52616	24724	90	29916	16769	1065
贵　州	25173	20642	2433		13619	3337	161
云　南	64474	51447	8289		34223	7198	275
西　藏							
陕　西	66149	56834	6618	275	40515	8335	600
甘　肃	45442	41481	3961		26043	5478	672
青　海	9166	9004	60	16	7825	516	29
宁　夏	17147	10768	3956		8131	1488	172
新　疆	42669	36599	5892	40	22309	5096	450

本年支出合计 在支出合计中：劳务费	福利费	各种税金支出	对个人和家庭补助支出	抚恤金和生活补助	其他资本性支出	各种设备购置费	新增藏量购置费	本年新购藏量（千册）
21044	**16018**	**3289**	**252286**	**9126**	**493708**	**109401**	**289870**	**13543.86**
698	379	568	14558	163	46469	5729	24546	963.75
131	458	306	20534	120	10363	407	7569	284.53
342	158		3983	210	6037	1274	3401	207.53
703	346	27	4520	136	10474	2249	5702	320.68
578	299	26	9847	587	4887	978	3236	132.74
1437	116	21	16266	516	20425	2236	13874	521.30
126	76		7549	180	6392	3388	2417	207.22
119	54	24	6820	69	6605	1805	4671	243.90
1591	2041	614	11673	487	78152	23043	40774	1204.40
1816	1499	94	20218	547	31567	5250	22821	1491.90
4620	2908	129	17649	291	50553	6147	40641	1653.03
260	241	89	6406	140	6387	1825	3498	237.05
419	519	84	4785	205	22802	7281	11691	522.05
228	366	97	7049	263	12589	6050	4687	321.15
461	193	15	9932	151	18339	4009	13510	682.65
530	542	68	7083	579	7960	3236	3988	235.94
214	644	158	6412	227	19881	5132	6042	270.44
495	849	213	4809	454	8693	1573	6015	467.29
2116	1622	277	19431	660	54907	7846	33429	1523.60
63	139	65	5980	669	9722	3247	4393	144.72
25	40		159	2	3209	198	1401	164.15
675	751	76	5226	445	9905	1810	6161	296.72
1292	681	18	8718	581	16711	7053	8319	642.41
131	220	170	4101	303	2764	520	2143	186.67
311	154	18	7130	134	10864	3717	5108	188.58
652	237	56	4897	332	7592	821	4180	181.69
635	210	32	7122	312	3199	1084	1928	69.54
	9		327	53	365	53	307	15.83
128	35	2	2077	65	1049	46	647	37.25
248	232	42	6995	245	4846	1394	2771	125.15

地区	资产总计(千元)	固定资产原值	公用房屋建筑面积(千平方米)	书库面积	阅览室面积	书刊阅览室面积
总计	**6208471**	**5367834**	**4905.71**	**1072.46**	**1251.40**	**810.35**
北京	533175	462276	132.90	22.32	29.93	17.28
天津	119486	112039	96.99	32.94	25.03	17.32
河北	154226	148898	156.67	41.27	39.34	23.94
山西	306548	125994	151.73	30.34	39.70	23.43
内蒙古	81066	78035	105.43	23.72	29.10	17.23
辽宁	185978	153871	205.17	37.66	47.74	29.35
吉林	79762	70231	64.13	13.31	18.37	12.64
黑龙江	100644	97774	106.48	21.26	30.92	16.94
上海	564851	452950	246.53	34.23	84.96	69.51
江苏	615143	558685	374.49	64.07	92.20	69.09
浙江	562744	480973	322.86	65.84	73.75	51.35
安徽	99263	91096	97.11	18.40	24.96	14.96
福建	207181	176960	212.25	49.51	52.76	34.55
江西	101762	93665	154.49	39.52	44.23	24.39
山东	251708	235158	292.58	61.96	75.23	47.48
河南	158682	150942	199.68	46.46	42.66	25.45
湖北	172178	159864	172.01	38.45	41.59	25.74
湖南	167755	142774	209.67	51.46	49.39	30.34
广东	535901	466037	438.91	90.15	107.79	75.01
广西	138247	121470	130.24	45.91	40.00	25.78
海南	33843	28972	43.33	13.25	7.22	4.66
重庆	210552	201868	149.68	38.10	37.15	25.01
四川	205005	187822	198.37	45.30	56.52	36.50
贵州	103392	87110	92.39	22.03	23.68	14.36
云南	226943	209665	196.66	49.45	43.33	24.61
西藏						
陕西	84603	77081	118.44	22.92	18.95	9.57
甘肃	78458	72808	88.03	20.39	23.15	13.68
青海	19256	18519	18.68	5.31	6.73	2.97
宁夏	29923	29407	26.97	7.52	8.91	5.60
新疆	80196	74890	102.87	19.44	36.11	21.62

电子阅览室面积	阅览室坐席数（个）	少儿阅览室坐席数	图书馆延伸服务情况				
			流动图书馆车书刊借阅人次（千人次）	流动图书馆车书刊借阅册次（千册次）	分馆数量（个）	借阅人次（千人次）	借阅册次（千册次）
284.62	**428404**	**118355**	**4453.29**	**7291.01**	**6191**	**12263.15**	**21599.01**
4.42	11105	2739	81.16	403.08	707	712.81	1190.31
6.37	7114	1778	62.33	99.33	143	187.42	350.27
7.32	17736	4685	26.03	33.84	5	12.62	23.96
8.77	12262	3556	71.37	129.32	342	141.78	222.56
8.61	10659	3587	102.27	153.82	43	211.67	424.66
7.42	19171	5094	232.97	616.87	1045	595.19	1041.07
4.13	8303	2842	73.17	128.52	182	179.89	330.24
8.50	11032	3420	14.22	31.12	104	70.57	200.22
9.17	17095	3726	153.84	302.29	78	950.59	2567.43
15.64	25432	7933	557.84	593.30	251	1143.89	1579.00
19.22	24332	6213	752.57	1406.63	558	2648.18	4644.23
7.95	8402	2586	1.80	8.00	119	77.36	129.56
9.49	18917	4115	52.58	96.15	172	184.19	463.06
8.78	15074	4722	159.63	207.18	61	96.10	107.41
21.11	27361	7042	317.67	467.18	264	778.75	1014.53
8.40	18127	4678	99.15	107.12	38	177.41	213.79
11.03	17363	5862	583.17	732.71	97	267.14	316.50
12.45	18893	6402	2.20	4.40	57	219.79	384.50
20.47	33605	7192	711.96	954.81	694	2303.90	4112.32
11.59	17380	4811	21.99	53.22	13	54.45	90.00
2.22	2885	722	17.62	25.10		6.00	13.20
9.44	11086	2897	10.00	12.00	162	398.18	780.01
13.45	18651	5254	112.80	217.72	507	336.95	549.38
6.49	9484	2218	51.45	113.93	81	108.19	147.29
13.92	14597	4602	133.99	273.88	229	217.46	294.98
6.27	9035	2411	18.63	23.06	65	52.06	92.06
5.94	9516	2949	21.32	76.86	92	32.79	74.80
2.38	1691	494				0.52	1.01
2.90	2187	720	0.02	5.50	1	3.00	3.00
10.78	9909	3105	9.57	14.09	81	94.32	237.68

全国公共图书馆分级别按总藏量排序

单位：册、件

名次	单位名称	总藏量	名次	单位名称	总藏量
	一、省级		2	山东省大连市图书馆	3652094
1	上海图书馆	52718632	3	浙江省宁波市图书馆	3535184
2	南京图书馆	9119088	4	浙江省杭州图书馆	3259983
3	广东省立中山图书馆	7465501	5	广东省深圳图书馆	3138020
4	山东省图书馆	6539378	6	四川省成都图书馆	2920604
5	首都图书馆	5819420	7	黑龙江省哈尔滨市图书馆	2832018
6	天津图书馆	5671767	8	山东省沈阳市图书馆	2628014
7	浙江图书馆	5450715	9	黑龙江省大庆市图书馆	2369230
8	湖北省图书馆	5084458	10	江苏省苏州图书馆	2325289
9	辽宁省图书馆	5050642	11	湖北省武汉图书馆	2314667
10	四川省图书馆	4932776	12	广东省广州少年儿童图书馆	2175978
11	湖南图书馆	3665037	13	吉林省长春市图书馆	2044370
12	吉林省图书馆	3582801	14	山东省青岛市图书馆	1871547
13	陕西省图书馆	3484431	15	广东省东莞图书馆	1797020
14	甘肃省图书馆	3473308	16	福建省厦门市图书馆	1754216
15	安徽省图书馆	3156056	17	山东省济南市图书馆	1687915
16	河南省图书馆	3106996	18	江苏省常州市图书馆	1661664
17	黑龙江省图书馆	3056722	19	江苏省金陵图书馆(南京市)	1622521
18	重庆图书馆	2999075	20	山东省烟台市图书馆	1579475
19	福建省图书馆	2972642	21	江苏省无锡市图书馆	1577336
20	云南省图书馆	2824186	22	浙江省嘉兴市图书馆	1493416
21	江西省图书馆	2819020	23	吉林省吉林市图书馆	1434436
22	山西省图书馆	2722071	24	浙江省温州市图书馆	1415598
23	广西壮族自治区图书馆	2346129	25	山东省鞍山市图书馆	1379842
24	广西壮族自治区桂林图书馆	2323038	26	黑龙江省齐齐哈尔市图书馆	1194570
25	内蒙古自治区图书馆	2085099	27	山东省淄博市图书馆	1190509
26	宁夏回族自治区图书馆	1886583	28	四川省广安市图书馆	1154000
27	河北省图书馆	1828464	29	河北省石家庄市图书馆	1129093
28	新疆维吾尔自治区图书馆	1764433	30	江苏省扬州市图书馆	1109210
29	贵州省图书馆	1615997	31	广东省深圳少年儿童图书馆	1098772
30	青海省图书馆	1602402	32	江苏省镇江市图书馆	1078497
31	天津市少年儿童图书馆	1189383	33	广东省中山市中山图书馆	1076163
32	上海市少年儿童图书馆	923495	34	浙江省绍兴图书馆	971191
33	湖南省少年儿童图书馆	799123	35	福建省福州市图书馆	961170
34	重庆市少年儿童图书馆	691241	36	江西省南昌市图书馆	945284
35	海南省图书馆	533894	37	河北省廊坊市图书馆	924670
36	西藏自治区图书馆	388304	38	广西柳州市图书馆	919749
37	广西少年儿童图书馆	325849	39	河南省郑州市图书馆	917220
	二、地市级		40	山西省太原市图书馆	915202
1	广东省广州图书馆	4083927	41	沈阳市少年儿童图书馆	910000

续表 1

单位：册、件

名次	单位名称	总藏量	名次	单位名称	总藏量
42	江苏省南通市图书馆	891011	82	江苏省盐城市图书馆	549431
43	山东省抚顺市图书馆	875400	83	河南省许昌市图书馆	548652
44	湖北省武汉市少年儿童图书馆	850000	84	河北省秦皇岛图书馆	545846
45	湖北省黄石市图书馆	843321	85	四川省泸州市图书馆	544800
46	江苏省徐州市图书馆	841030	86	陕西省宝鸡市图书馆	544604
47	河北省唐山市图书馆	841000	87	江苏省连云港市图书馆	541660
48	浙江省杭州少年儿童图书馆	800240	88	河南省开封市图书馆	535168
49	贵州省贵阳市图书馆	798935	89	湖南省衡阳市图书馆	533268
50	山东省丹东市图书馆	797009	90	广东省惠州慈云图书馆	527349
51	安徽省合肥市图书馆	779228	91	山东省枣庄市图书馆	526322
52	山东省本溪市图书馆	769992	92	广西梧州市图书馆	525493
53	山东省锦州市图书馆	760631	93	江苏省泰州市图书馆	523000
54	广西南宁市图书馆	744526	94	山东省泰安市图书馆	521000
55	河北省保定市图书馆	737261	95	江苏省淮安市图书馆	519357
56	福建省泉州市图书馆	732474	96	江西省萍乡市图书馆	518987
57	山东省济宁市图书馆	730385	97	湖北省十堰市图书馆	513934
58	广东省佛山市图书馆	702336	98	吉林省长春市少年儿童图书馆	511084
59	广东省汕头市图书馆	689781	99	山东省营口市图书馆	502453
60	河南省洛阳市图书馆	686667	100	贵州省遵义市图书馆	500000
61	广东省珠海市图书馆	682160		三、县级	
62	河南省南阳市图书馆	676400	1	上海市浦东新区图书馆	2724171
63	河南省新乡市图书馆	674657	2	江苏省常熟市图书馆	1583871
64	湖北省恩施土家族苗族自治州图书馆	663194	3	广东省深圳市福田区图书馆	1580000
65	湖北省宜昌市图书馆	652906	4	山东省龙口市图书馆	1448300
66	浙江省湖州市图书馆	637501	5	湖北省宜城市图书馆	1240000
67	山东省辽阳市图书馆	636366	6	江苏省江阴市图书馆	1213022
68	山东省大连市少年儿童图书馆	635496	7	江苏省吴江市图书馆	1064548
69	广东省江门市五邑图书馆	632932	8	广东省深圳南山图书馆	1058054
70	马安徽省鞍山市图书馆	611462	9	北京市朝阳区图书馆	1016515
71	湖北省襄阳市图书馆	608367	10	天津市泰达图书馆	1013106
72	云南省昆明图书馆	603000	11	上海市黄浦区图书馆	1008292
73	河北省张家口市图书馆	601926	12	北京市海淀区图书馆	933267
74	陕西省咸阳图书馆	600000	13	浙江省桐乡市图书馆	905184
75	河南省安阳市图书馆	598237	14	重庆市北碚图书馆	895300
76	江西省九江市图书馆	591190	15	上海市闵行区图书馆	868793
77	吉林省延边朝鲜族自治州图书馆	584109	16	广东省顺德图书馆	860156
78	四川省绵阳市图书馆	580666	17	山东省兰山区图书馆	836000
79	江西省景德镇市图书馆	566709	18	浙江省杭州市萧山图书馆	789330
80	新疆阿克苏地区图书馆	563666	19	北京市平谷区图书馆	786370
81	湖北省荆州市图书馆	552100	20	江苏省张家港市图书馆	759942

续表 2

单位：册、件

名次	单位名称	总藏量	名次	单位名称	总藏量
21	新疆伊宁县图书馆	718500	61	浙江省平湖市图书馆	477835
22	江苏省昆山市图书馆	710000	62	北京市怀柔区图书馆	476978
23	上海市宝山区图书馆	709580	63	北京市密云县图书馆	475080
24	浙江省海宁市图书馆	698355	64	上海市杨浦区图书馆	471073
25	浙江省宁波市鄞州区图书馆	683190	65	北京市房山区图书馆 ·	470021
26	北京市大兴区图书馆	678918	66	江苏省海门市图书馆	464870
27	广东省深圳市宝安区图书馆	655880	67	辽宁省大连市甘井子区图书馆	464115
28	上海市长宁区图书馆	651739	68	广东省广州市黄埔区图书馆	462802
29	福建省晋江市图书馆	628613	69	福建省长乐市图书馆	456706
30	上海市松江区图书馆	604044	70	北京市宣武区图书馆	450653
31	广东省深圳市罗湖区图书馆	597135	71	江西省永新县图书馆	450000
32	重庆市长寿区图书馆	596513	72	河南省巩义市图书馆	450000
33	广东省佛山市南海区图书馆	592753	73	上海市虹口区图书馆	441734
34	上海市普陀区图书馆	589757	74	上海市静安区图书馆	435046
35	上海市嘉定区图书馆	585665	75	广东省广州市荔湾区图书馆	434700
36	上海市徐汇区图书馆	580375	76	江苏省太仓市图书馆	434560
37	北京市昌平区图书馆	577555	77	江西省庐山图书馆	430000
38	北京市西城区图书馆	576591	78	上海市卢湾区图书馆	428634
39	上海市青浦区图书馆	573769	79	山东省历下区图书馆	427000
40	上海市奉贤区图书馆	567452	80	上海市浦东新区陆家嘴图书馆	422977
41	新疆独山子区图书馆	564000	81	浙江省余姚市图书馆	415711
42	北京市门头沟区图书馆	561131	82	四川省双流县图书馆	414000
43	山东省招远市图书馆	553500	83	江苏省靖江市图书馆	414000
44	江苏省东海县图书馆	529580	84	广东省江门市新会区景堂图书馆	410000
45	北京市丰台区图书馆	527647	85	江苏省苏州市沧浪区图书馆	404400
46	崇文区图书馆	514053	86	四川省郫县图书馆	402509
47	浙江省慈溪市图书馆	507276	87	广东省广州市天河区图书馆	400111
48	重庆市涪陵区图书馆	501783	88	天津市西青区图书馆	400000
49	北京市东城区图书馆	497997	89	山东省文登市图书馆	398540
50	广东省龙岗区图书馆	497469	90	浙江省温岭市图书馆	396575
51	广东省广州市越秀区图书馆	494926	91	浙江省临海市图书馆	387970
52	上海市闸北区图书馆	492988	92	江西省吉水县图书馆	383000
53	北京市顺义区图书馆	492488	93	浙江省义乌市图书馆	381965
54	广东省广州番禺区图书馆	492438	94	浙江省宁波市北仑区图书馆	374356
55	上海市崇明县图书馆	491343	95	天津市河东区图书馆	373033
56	浙江省杭州市余杭区图书馆	490000	96	广西博白县图书馆	368990
57	北京市石景山区图书馆	489424	97	江苏省南京市江宁区图书馆	366244
58	辽宁省大连市经济技术开发区图书馆	486956	98	重庆市渝北区图书馆	359291
59	天津市塘沽区图书馆	485626	99	浙江省张元济图书馆	358946
60	浙江省嵊州市图书馆	478000	100	山东省青州市图书馆	358514

全国公共图书馆分级别按外借册次排序

单位：册次

名次	单位名称	外借册次	名次	单位名称	外借册次
	一、省级			二、地市级	
1	辽宁省图书馆	2440490	1	广东省深圳图书馆	4108272
2	首都图书馆	2309804	2	安徽省杭州图书馆	3316821
3	天津图书馆	2219982	3	福建省厦门市图书馆	2883147
4	上海图书馆上海科技情报研究所	2008160	4	广东省广州图书馆	2128570
5	江苏省南京图书馆	1721188	5	江苏省苏州图书馆	2011200
6	湖南图书馆	1594140	6	四川省成都图书馆	1664619
7	浙江图书馆	1356035	7	安徽省宁波市图书馆	1459040
8	天津市少年儿童图书馆	1228655	8	安徽省温州市图书馆	1401395
9	安徽省图书馆	1180000	9	安徽省嘉兴市图书馆	1262300
10	陕西省图书馆	1111120	10	江苏省盐城市图书馆	1198350
11	广西壮族自治区图书馆	998950	11	广东省东莞图书馆	1164897
12	河南省图书馆	974707	12	广东省广州少年儿童图书馆	1146819
13	重庆图书馆	967061	13	福建省厦门市少年儿童图书馆	1043357
14	黑龙江省图书馆	947388	14	安徽省绍兴图书馆	1020000
15	山东省图书馆	874234	15	江苏省泰州市图书馆	956777
16	甘肃省图书馆	809760	16	江苏省无锡市图书馆	951417
17	湖北省图书馆	793714	17	宁夏银川市图书馆	800000
18	福建省图书馆	656967	18	山东省青岛市图书馆	783212
19	云南省图书馆	570000	19	江苏省镇江市图书馆	780600
20	上海市少年儿童图书馆	559216	20	辽宁省大连市少年儿童图书馆	768280
21	贵州省图书馆	452383	21	安徽省湖州市图书馆	744285
22	吉林省图书馆	414075	22	辽宁省大连市图书馆	737339
23	江西省图书馆	398091	23	湖南省衡阳市图书馆	713871
24	重庆市少年儿童图书馆	353885	24	江苏省常州市图书馆	700000
25	山西省图书馆	330939	25	湖北省襄阳市图书馆	700000
26	海南省图书馆	330000	26	广东省珠海市图书馆	685280
27	湖南省少年儿童图书馆	324116	27	辽宁省沈阳市图书馆	683985
28	广西壮族自治区桂林图书馆	293043	28	安徽省宣城市图书馆	680000
29	宁夏回族自治区图书馆	285331	29	山东省济南市图书馆	648408
30	新疆维吾尔自治区图书馆	210045	30	湖北省武汉图书馆	647506
31	青海省图书馆	190344	31	湖北省宜昌市图书馆	639518
32	广东省立中山图书馆	159285	32	湖北省随州市图书馆	633000
33	广西少年儿童图书馆	151105	33	江苏省金陵图书馆(南京市)	624757
34	四川省图书馆	47627	34	安徽省合肥市少儿图书馆	620000
35	内蒙古自治区图书馆	36450	35	湖北省黄冈市图书馆	600000
36	河北省图书馆	11769	36	江苏省扬州市少年儿童图书馆	580139
37	西藏自治区图书馆	9951	37	安徽省温州市少儿图书馆	573724

续表 1

单位：册次

名次	单位名称	外借册次	名次	单位名称	外借册次
38	山东省枣庄市图书馆	563567	80	湖南省株洲市图书馆	268700
39	吉林省长春市图书馆	563280	81	湖北省'荆州市图书馆	268600
40	湖南省衡阳市少年儿童图书馆	542640	82	广西贺州市图书馆	268223
41	安徽省衢州市图书馆	530096	83	辽宁省本溪市图书馆	266088
42	黑龙江省哈尔滨市图书馆	525342	84	辽宁省抚顺市图书馆	265292
43	河南省安阳市图书馆	507706	85	辽宁省营口市图书馆	265012
44	山东省泰安市图书馆	480000	86	江苏省连云港市少年儿童图书馆	255927
45	江苏省南通市图书馆	464209	87	广西南宁市图书馆	251389
46	河北省秦皇岛图书馆	455221	88	吉林省长春市少年儿童图书馆	250412
47	安徽省舟山市图书馆	444189	89	山东省威海市图书馆	250000
48	河南省漯河市图书馆	437788	90	湖北省鄂州市图书馆	250000
49	广东省中山市中山图书馆	436780	91	广东省江门市五邑图书馆	250000
50	广西柳州市图书馆	424833	92	安徽省合肥市图书馆	250000
51	河北省石家庄市图书馆	420000	93	吉林省四平市图书馆	246300
52	福建省泉州市图书馆	397991	94	吉林省吉林市图书馆	244814
53	新疆乌鲁木齐市图书馆	380586	95	河南省洛阳市图书馆	241700
54	河南省安阳市少年儿童图书馆	360883	96	江西省赣州市图书馆	240000
55	四川省内江市图书馆	358000	97	辽宁省锦州市图书馆	236606
56	江苏省淮安市图书馆	353260	98	内蒙古包头市图书馆	230000
57	河北省唐山市图书馆	350000	99	辽宁省鞍山市图书馆	230000
58	广西北海市少年儿童图书馆	346157	100	山东省潍坊市图书馆	228382
59	安徽省杭州少年儿童图书馆	345451		三、县级	
60	江苏省扬州市图书馆	344898	1	江苏省常熟市图书馆	1280890
61	江苏省南通市少年儿童图书馆	341120	2	上海市浦东新区图书馆	1241693
62	广东省佛山市图书馆	334516	3	浙江省长兴县图书馆	1124735
63	湖北省荆门市图书馆	330000	4	重庆市重庆市巴南区图书馆	1115066
64	云南省昆明图书馆	329144	5	浙江省杭州市萧山图书馆	1099049
65	河南省濮阳市图书馆	327500	6	江苏省昆山市图书馆	1001000
66	广东省汕头市图书馆	320831	7	上海市长宁区少年儿童图书馆	976268
67	湖北省武汉市少年儿童图书馆	320704	8	江苏省东海县图书馆	931589
68	湖南省长沙市图书馆	320000	9	上海市长宁区图书馆	879989
69	河北省廊坊市图书馆	320000	10	上海市卢湾区图书馆	871486
70	河南省鹤壁市图书馆	318126	11	上海市闵行区图书馆	856196
71	湖南省永州市图书馆	300000	12	辽宁省大连市经济技术开发区图书馆	813610
72	河北省石家庄市少年儿童图书馆	300000	13	浙江省宁波市鄞州区图书馆	742198
73	四川省泸州市图书馆	299000	14	浙江省杭州市余杭区图书馆	702280
74	江苏省连云港市图书馆	295000	15	上海市奉贤区图书馆	693914
75	广东省惠州慈云图书馆	291077	16	浙江省平湖市图书馆	664846
76	云南省曲靖市图书馆	281099	17	广东省龙岗区图书馆	602792
77	河南省郑州市图书馆	273421	18	广东省深圳南山图书馆	589772
78	山东省烟台市图书馆	272953	19	浙江省永康市图书馆	589260
79	湖北省孝感市图书馆	270000	20	上海市松江区图书馆	579015

续表 2

单位：册次

名次	单位名称	外借册次	名次	单位名称	外借册次
21	上海市普陀区图书馆	529000	61	北京市顺义区图书馆	334767
22	广东省深圳市宝安区图书馆	504772	62	浙江省桐庐县图书馆	329517
23	北京市朝阳区图书馆	486443	63	辽宁省大连市沙河口区图书馆	320697
24	江苏省张家港市图书馆	486440	64	上海市浦东新区陆家嘴图书馆	320375
25	广州市越秀区图书馆	485212	65	江苏省大丰市图书馆	320000
26	上海市杨浦区图书馆	480599	66	广西灵山县图书馆	319592
27	重庆市重庆市渝北区图书馆	480000	67	北京市海淀区图书馆	318524
28	山东省兰山区图书馆	480000	68	北京市怀柔区图书馆	317669
29	江苏省吴江市图书馆	480000	69	上海市静安区图书馆	315266
30	北京市石景山区图书馆	476392	70	江苏省南通市通州区图书馆	310972
31	云南省昆明少年儿童图书馆	469462	71	北京市东城区图书馆	310000
32	广东省佛山市南海区图书馆	460000	72	浙江省上虞市图书馆	308394
33	海浙江省宁市图书馆	459690	73	上海市虹口区图书馆	306855
34	上海市青浦区图书馆	455077	74	广东省深圳市福田区图书馆	302500
35	上海市徐汇区图书馆	451261	75	黑龙江省海伦市图书馆	298610
36	上海市黄浦区图书馆	446028	76	北京市宣武区图书馆	298152
37	上海市杨浦区延吉图书馆	439993	77	四川省崇州市图书馆	296130
38	上海市宝山区图书馆	435678	78	江苏省南京市鼓楼区图书馆	295533
39	辽宁省大连市普兰店市图书馆	427453	79	浙江省建德市图书馆	292000
40	山东省东营市河口区图书馆	425600	80	辽宁省沈阳市铁西区图书馆	291104
41	浙江省诸暨市图书馆	424860	81	北京市大兴区图书馆	273789
42	江苏省江阴市图书馆	423808	82	浙江省杭州市拱墅区图书馆	268198
43	北京市昌平区图书馆	413754	83	浙江省张元济图书馆	268000
44	福建省晋江市图书馆	405213	84	四川省龙泉驿区图书馆	267237
45	浙江省慈溪市图书馆	401342	85	北京市崇文区图书馆	266914
46	浙江省杭州市西湖区图书馆	400000	86	北京市西城区图书馆	266025
47	辽宁省沈阳市沈河区图书馆	400000	87	广东省广州番禺区图书馆	263250
48	广东省顺德图书馆	397374	88	河南省济源市图书馆	262261
49	上海市嘉定区图书馆	395407	89	重庆市沙坪坝区图书馆	261035
50	浙江省杭州市下城区图书馆	385000	90	四川省威远县图书馆	260000
51	重庆市重庆市涪陵区图书馆	384000	91	河南省信阳市平桥区图书馆	260000
52	上海市虹口区曲阳图书馆	373303	92	北京市平谷区图书馆	258836
53	浙江省玉环县图书馆	365000	93	广东省深圳市罗湖区图书馆	258723
54	山东省临沭县图书馆	364600	94	吉林省敦化市图书馆	258607
55	浙江省临安市图书馆	360518	95	浙江省余姚市图书馆	258224
56	上海市浦东新区新川沙图书馆	353530	96	重庆市九龙坡区图书馆	250000
57	浙江省绍兴县图书馆	350000	97	重庆市铜梁图书馆	250000
58	江苏省丹阳市图书馆	349850	98	湖南省永州市零陵区图书馆	250000
59	山东省牟平区图书馆	347600	99	湖北省红安县图书馆	250000
60	浙江省宁波市江东区图书馆	336575	100	广东省广州市南沙区图书馆	250000

全国公共图书馆分级别按购书费占总支出的比重排序

单位：%

名次	单位名称	比重	名次	单位名称	比重
	一、省级		11	贵州省黔西南州图书馆	34.6
1	广东省立中山图书馆	47.7	12	广东省汕尾市图书馆	34.1
2	江苏省南京图书馆	38.6	13	浙江省台州市图书馆	32.9
3	福建省图书馆	34.7	14	安徽省芜湖市图书馆	32.6
4	上海图书馆上海科技情报研究所	33.3	15	西藏林芝地区图书馆	32.0
5	浙江图书馆	32.7	16	广东省中山市中山图书馆	31.8
6	天津市少年儿童图书馆	32.4	17	四川省成都图书馆	31.2
7	辽宁省图书馆	31.0	18	浙江省嘉兴市图书馆	30.9
8	河北省图书馆	30.1	19	福建省福州市少年儿童图书馆	30.2
9	陕西省图书馆	29.3	20	新疆巴州图书馆	30.0
10	海南省图书馆	28.3	21	江西省新余市图书馆	29.8
11	山东省图书馆	26.3	22	河北省廊坊市图书馆	29.7
12	天津图书馆	25.8	23	浙江省杭州图书馆	29.2
13	甘肃省图书馆	24.1	24	云南省昆明图书馆	28.7
14	云南省图书馆	23.3	25	河南省安阳市少年儿童图书馆	27.7
15	新疆维吾尔自治区图书馆	23.1	26	辽宁省大连市少年儿童图书馆	27.4
16	山西省图书馆	22.6	27	湖北省黄冈市图书馆	26.4
17	重庆图书馆	21.6	28	安徽省合肥市少儿图书馆	26.2
18	广西壮族自治区桂林图书馆	21.6	29	云南省普洱市图书馆	25.3
19	西藏自治区图书馆	21.2	30	山东省烟台市图书馆	25.2
20	安徽省图书馆	20.9	31	湖北省孝感市图书馆	25.1
21	首都图书馆	20.8	32	山东省济南市图书馆	24.9
22	广西壮族自治区图书馆	19.8	33	广东省广州图书馆	24.8
23	四川省图书馆	19.4	34	浙江省宁波市图书馆	24.4
24	吉林省图书馆	18.9	35	江苏省金陵图书馆(南京市)	24.1
25	湖南图书馆	18.5	36	广东省珠海市图书馆	23.8
26	黑龙江省图书馆	18.0	37	江西省上饶市图书馆	23.7
27	河南省图书馆	17.8	38	浙江省温州市图书馆	23.6
28	江西省图书馆	17.4	39	江苏省扬州市少年儿童图书馆	23.2
29	重庆市少年儿童图书馆	16.2	40	云南省保山市图书馆	23.1
30	贵州省图书馆	14.1	41	安徽省合肥市图书馆	23.0
31	湖南省少年儿童图书馆	12.3	42	广东省深圳少年儿童图书馆	23.0
32	宁夏回族自治区图书馆	11.2	43	湖北省鄂州市图书馆	22.7
33	上海市少年儿童图书馆	11.0	44	山东省济宁市图书馆	22.7
34	内蒙古自治区图书馆	8.4	45	山东省青岛市图书馆	22.4
35	青海省图书馆	7.8	46	河南省濮阳市图书馆	22.3
36	湖北省图书馆	2.8	47	江苏省淮安市图书馆	22.3
	二、地市级		48	云南省大理白族自治州图书馆	22.2
1	江西省抚州市图书馆	62.4	49	广西北海市少年儿童图书馆	22.0
2	江苏省宿迁市图书馆	57.1	50	甘肃省金昌市图书馆	21.9
3	河北省石家庄市少年儿童图书馆	50.2	51	陕西省西安图书馆	21.8
4	黑龙江省七台河市图书馆	49.0	52	福建省南平市图书馆	21.8
5	河南省信阳市图书馆	45.9	53	湖北省黄石市图书馆	21.7
6	江西省吉安市图书馆	41.1	54	盐城市图书馆	21.7
7	浙江省金华严济慈图书馆	40.9	55	辽宁省大连市图书馆	21.1
8	广东省清远市图书馆	40.6	56	福建省泉州市图书馆	21.0
9	山东省东营市图书馆	38.8	57	甘肃省白银市图书馆	20.9
10	河南省安阳市图书馆	34.8	58	河北省秦皇岛图书馆	20.9

续表

单位：%

名次	单位名称	比重
59	湖南省郴州市图书馆	20.8
60	河北省沧州市图书馆	20.7
61	湖南省永州市图书馆	20.7
62	浙江省湖州市图书馆	20.7
63	湖南省岳阳市图书馆	20.5
64	河北省邢台市图书馆	20.5
65	广东省广州少年儿童图书馆	20.4
66	河南省平顶山市图书馆	20.4
67	江西省萍乡市图书馆	20.3
68	广西南宁市少年儿童图书馆	20.1
69	连云港市少年儿童图书馆	20.1
70	甘肃省兰州市图书馆	20.0
71	山西省长治市图书馆	19.9
72	广东省肇庆市图书馆	19.8
73	云南省玉溪市图书馆(聂耳图书馆)	19.7
74	辽宁省沈阳市图书馆	19.4
75	湖南省长沙市图书馆	19.4
76	辽宁省铁岭市少年儿童图书馆	19.2
77	湖北省襄阳市图书馆	18.9
78	河南省焦作市图书馆	18.8
79	江苏省苏州图书馆	18.8
80	内蒙古乌海市图书馆	18.8
81	山东省滨州市图书馆	18.8
82	湖南省益阳市图书馆	18.7
83	广东省东莞图书馆	18.5
84	新疆阿克苏地区图书馆	18.5
85	海南省三亚市图书馆	18.3
86	湖南省邵阳市少儿图书馆	18.0
87	浙江省温州市少儿图书馆	17.9
88	山东省枣庄市图书馆	17.9
89	广东省湛江市少年儿童图书馆	17.8
90	江苏省扬州市图书馆	17.8
91	辽宁省沈阳市少年儿童图书馆	17.6
92	河北省邯郸市图书馆	17.6
93	河南省鹤壁市图书馆	17.6
94	四川省雅安市图书馆	17.4
95	吉林省长春市图书馆	17.2
96	江苏省南通市少年儿童图书馆	17.0
97	辽宁省鞍山市图书馆	17.0
98	黑龙江省鹤岗市图书馆	16.8
99	安徽省蚌埠市图书馆	16.8
100	山西省吕梁市图书馆	16.7
	三、县级	
1	浙江省杭州市西湖区图书馆	74.6
2	四川省宁南县图书馆	73.8
3	山西省古县图书馆	71.5
4	上海市闸北区少年儿童图书馆	71.4
5	山东省即墨市图书馆	70.8
6	福建省罗源县图书馆	70.2
7	江西省湘东区图书馆	69.8
8	广西金秀县图书馆	67.4
9	新疆富蕴县图书馆	66.7
10	浙江省温州市鹿城区图书馆	63.7
11	江苏省镇江市京口区图书馆	61.9
12	山西省太原市小店区图书馆	61.7
13	福建省同安区图书馆	61.6
14	山西省阳泉市城区图书馆	61.0
15	辽宁省锦州市凌河区图书馆	59.5
16	甘肃省阿克塞县图书馆	58.1
17	山西省中阳县图书馆	57.3
18	山西省娄烦县君宇图书馆	55.6
19	广东省始兴县图书馆	55.6
20	陕西省神木县图书馆	55.4
21	湖南省长沙市雨花区图书馆	54.6
22	山东省历下区图书馆	54.4
23	贵州省德江县图书馆	54.3
24	福建省闽侯县图书馆	54.1
25	四川省宜宾县图书馆	54.1
26	浙江省柯城区公共图书馆	53.6
27	安徽省金家庄区图书馆	51.7
28	辽宁省抚顺市顺城区图书馆	50.9
29	山东省庆云县图书馆	50.2
30	重庆市双桥区图书馆	50.0
31	江西省安源区图书馆	50.0
32	河北省冀州市图书馆	48.8
33	海南省陵水县图书馆	48.1
34	山西省清徐县图书馆	48.1
35	内蒙古乌审旗图书馆	47.6
36	山西省太原市尖草坪区图书馆	46.2
37	河北省迁西县图书馆	45.9
38	江苏省东海县图书馆	44.7
39	会东县图书馆	44.6
40	贵州省锦屏县图书馆	43.6
41	安平县图书馆	43.1
42	江西省崇仁县图书馆	43.1
43	福建省长乐市图书馆	43.1
44	新疆若羌县图书馆	42.0
45	湖北省猇亭区图书馆	41.7
46	山西省天镇县图书馆	41.5
47	浙江省永康市图书馆	41.5
48	广东省肇庆市鼎湖区图书馆	41.2
49	浙江省瑞安市图书馆	40.8
50	浙江省海宁市图书馆	40.7

图书馆业主要指标解释

1. 总藏量:指本馆已编目的古籍、图书、期刊和报纸的合订本、小册子、手稿,以及缩微制品、录像带、录音带、光盘等视听文献资料数量之和。

对同一书名,但分若干册(卷)的图书,按每一册(卷)作为一册统计。期刊和报纸均以每一合订本为一册统计。至填报本表时,尚未装订成册编目的期刊和报纸不应统计在内。

2. 古籍、善本:指实际成书和出版年代在1911年(含1911年)以前的线装、卷轴装、经折装、蝴蝶装、包背装等书籍为古籍;其中清乾隆六十年,即1795年(含1795年)以前的古籍为善本,1795年至1911年间的具有历史文献性、学术资料性和印刷装帧艺术代表性的也归为善本。

3. 图书:指不少于49页并在"古籍"范围以外的图书。少儿读物、连环画49页以上的按图书统计,48页以下的按小册子统计到"其他"类中。

4. 报刊:指刊登当前事件的专题或综合新闻,每周至少出版一张并按年、月、日顺序或按编号排列的连续出版物。或者是同一刊名下,按顺序号或按年、月、日出版的定期或不定期的一种连续出版物。包括报纸和期刊。

5. 视听文献、缩微制品:指要求使用专用设备阅读和(或)听声的非书型文献。包括声频文献(例如:唱片、录音带、盒式磁带等),视频文献(例如:幻灯片、透明正片等)和声频与视频混合文献(例如:有声电影、录像片等),电子文献(例如存储在光盘、软盘、硬盘等通过计算机阅读、视听的文献)。包括所有经过缩微处理制成缩微胶卷和缩微平片,使用时需要放大的文献资料。

6. 其他:指手稿和48页以下的小册子等。

7. 开架书刊:指图书馆总藏量中已上架并可用于外借或馆内阅读的图书、报刊等。

8. 当年购买的报刊种类:指图书馆当年购买的期刊和报纸种类之和。其计量原则同图书。

9. 书架单层总长度:指按书架(包括书柜)每层(不包括书架顶部遮尘板)长度累计计算的长度,其中两面放书的书架每层应按两个长度计算。

10. 累计发放有效借书证数:指图书馆发放并正在使用的有效的借书证累计数。

11. 总流通人次:指包括在馆内阅读和借出阅读书、刊、缩微制品、视听文献、电子文献等的读者人次。

12. 书刊文献外借人次:指由馆内借出阅读书、刊、缩微制品、视听文献等的读者人次。

13. 书刊文献外借册次:指读者通过借阅手续借出,在馆外阅读的书、刊、缩微制品、视听文献等册次,包括外文图书。

14. 组织各类讲座次数、参加人次:指由本馆举办或与外机构联合举办的各类讲座次数及参加这些讲座的人次。

15. 举办展览个数、参观人次:指本馆举办或与外机构联合举办的在馆内或馆外展览的个数及参观人次。个数按展览的内容计算。同一内容的展览不论在哪些地点展出和展出时间多久,只计算一个。

16. 举办训练班班次、培训人次:指本馆举办或与外机构联合举办的各种科普、文化、艺术等训练班,按截止到年底办完的班数及培训人数,分别计算班次及培训人次。截止到年底未办完的班数和人数均在下一年度统计。

17. 计算机:指图书馆内列入固定资产管理并正在使用的计算机台数。

18. 电子阅览室终端数:指图书馆内放置于电子阅览室可供读者使用的计算机台数。

19. 新增藏量购置费:指本馆本年购进图书、报刊、缩微制品和视听文献等藏品所用经费之和。

20. 本年新购藏量：指本年购进馆的图书、报刊、缩微制品和视听文献等藏品之和。

21. 阅览室坐席数：指阅览室内可供读者坐阅的座位数。

22. 少儿阅览室坐席数：指少儿图书馆阅览室和公共图书馆中的少儿阅览室可供少儿读者坐阅的座位数。

23. 流动图书车书刊借阅人次、册次：指图书馆利用流动图书车开展书刊借阅服务的读者人次和册次。

24. 分馆：指馆舍面积、藏书具有一定规模，有专人管理的文献收藏单位。总馆对分馆负有业务指导关系，并且总、分馆之间文献资源实现共建共享。

（本统计资料由文化部财务司规划统计处提供）

2010年全国高校图书馆统计数据

2010年453所高校图书馆文献资源购置费统计表

序号	机构名称	文献资源购置费(元)
1	清华大学图书馆	39317756.00
2	复旦大学图书馆	32963040.00
3	北京大学图书馆	32819420.00
4	浙江大学图书馆	29399352.00
5	武汉大学图书馆	27391312.00
6	上海交通大学图书馆	27079774.00
7	南京大学图书馆	25163272.00
8	华中科技大学图书馆	23729762.00
9	东南大学图书馆	20773964.00
10	厦门大学图书馆	20727298.00
11	华东师范大学图书馆	20591828.00
12	山东大学图书馆	19189814.00
13	西安交通大学图书馆	17658966.00
14	首都师范大学图书馆	17170712.00
15	西南交通大学图书馆	15283621.00
16	四川大学图书馆	15193493.00
17	大连理工大学图书馆	14868850.00
18	河海大学图书馆	14762863.00
19	湖南大学图书馆	14740575.00
20	重庆大学图书馆	14712000.00
21	上海大学图书馆	14703092.00
22	同济大学图书馆	14629215.00
23	浙江工业大学图书馆	14195152.00
24	南京师范大学图书馆	14017345.00
25	中国科学技术大学图书馆	13482551.00
26	华中师范大学图书馆	13352981.00
27	兰州大学图书馆	12840636.00
28	福州大学图书馆	12384215.00
29	西南大学图书馆	12316349.00
30	东北大学图书馆	12182647.00
31	杭州师范学院图书馆	12168369.00
32	电子科技大学图书馆	12089723.00
33	华东理工大学图书馆	11881801.00
34	华侨大学图书馆	11616709.00

序号	机构名称	文献资源购置费(元)
35	中南大学图书馆	11482005.00
36	武汉理工大学图书馆	11398704.00
37	南京航空航天大学图书馆	11251503.00
38	上海海事大学图书馆	11169375.00
39	成都东软信息技术职业学院图书馆	10946909.00
40	东华大学图书馆	10906126.00
41	哈尔滨工业大学图书馆	10870000.00
42	上海师范大学图书馆	10656822.00
43	西南科技大学图书馆	10092337.00
44	合肥工业大学图书馆	9924651.00
45	西北农林科技大学图书馆	9791649.00
46	西北工业大学图书馆	9727988.00
47	浙江理工大学图书馆	9570974.00
48	浙江师范大学图书馆	9533436.00
49	中国计量学院图书馆	9467367.00
50	温州大学图书馆	9400071.00
51	江南大学图书馆	9175503.00
52	江苏大学图书馆	8830718.00
53	杭州电子科技大学图书馆	8779015.00
54	四川农业大学图书馆	8588750.00
55	东北师范大学图书馆	8577648.00
56	浙江工商大学图书馆	8526402.00
57	西安电子科技大学图书馆	8522226.00
58	西南财经大学图书馆	8464417.00
59	北京科技大学图书馆	8416933.00
60	陕西师范大学图书馆	8352655.00
61	上海财经大学图书馆	8257584.00
62	南昌大学图书馆	8252878.50
63	福建农林大学图书馆	8189384.50
64	南京理工大学图书馆	8069226.50
65	对外经济贸易大学图书馆	7953780.00
66	浙江海洋学院图书馆	7735250.00
67	上海第二工业大学图书馆	7650617.00
68	北京邮电大学图书馆	7604978.00
69	安徽大学图书馆	7387090.50
70	扬州大学图书馆	7360836.50
71	南京信息工程大学(原南京气象学院)图书馆	7217564.00
72	广西大学图书馆	7091108.00
73	华北电力大学图书馆	6977255.00
74	中国矿业大学图书馆	6958488.50
75	山西大学图书馆	6909174.50
76	厦门理工学院图书馆	6905153.00

序号	机构名称	文献资源购置费(元)
77	四川文理学院图书馆	6776500.50
78	苏州大学图书馆	6745563.00
79	贵州大学图书馆	6702363.50
80	北京外国语大学图书馆	6674180.00
81	南京农业大学图书馆	6666647.00
82	四川外语学院图书馆	6626888.50
83	中国政法大学图书馆	6564570.00
84	成都理工大学图书馆	6507903.00
85	华中农业大学图书馆	6504000.00
86	中国地质大学图书馆	6478040.50
87	南京医科大学图书馆	6388696.00
88	北京林业大学图书馆	6367500.00
89	河北工业大学图书馆	6354690.50
90	河北师范大学图书馆	6187508.00
91	浙江财经学院图书馆	6143666.00
92	漳州师范学院图书馆	6124984.00
93	汕头大学图书馆	6084187.00
94	北京交通大学图书馆	6030831.50
95	温州医学院图书馆	5941722.00
96	徐州师范大学图书馆	5911816.00
97	中南民族大学图书馆	5852745.00
98	南京工业大学图书馆	5772209.00
99	桂林电子工业学院图书馆	5668785.50
100	中南财经政法大学图书馆	5615007.00
101	南京林业大学图书馆	5560225.50
102	天津科技大学图书馆	5492061.00
103	贵州财经学院图书馆	5491479.00
104	南京邮电大学图书馆	5420976.00
105	上海海洋大学图书馆	5389608.00
106	绍兴文理学院图书馆	5385073.50
107	宁波大学图书馆	5356290.00
108	上海理工大学图书馆	5225024.00
109	华北水利水电学院图书馆	5191039.00
110	中国医科大学图书馆	5183708.00
111	山东理工大学图书馆	5124782.00
112	西北民族大学图书馆	5111729.50
113	长安大学图书馆	5102127.00
114	湖北大学图书馆	4902888.00
115	郑州轻工业学院图书馆	4870000.00
116	成都中医药大学图书馆	4833868.00
117	南通大学图书馆	4818559.50
118	河南大学图书馆	4701096.00

序号	机构名称	文献资源购置费(元)
119	首都经济贸易大学图书馆	4695000.00
120	西安理工大学图书馆	4691783.50
121	上海应用技术学院图书馆	4686433.00
122	重庆交通大学图书馆	4484076.00
123	内江师范学院图书馆	4473487.00
124	江苏工业学院图书馆	4415658.00
125	中国药科大学图书馆	4414278.00
126	吉首大学图书馆	4369355.50
127	华中师范大学汉口分校图书馆	4302699.00
128	太原理工大学图书馆	4295198.00
129	大连民族学院图书馆	4295023.50
130	西南石油大学图书馆	4290509.00
131	台州学院图书馆	4279092.50
132	西京学院图书馆	4217258.00
133	西华大学图书馆	4212170.00
134	浙江传媒学院图书馆	4196860.00
135	西北大学图书馆	4183301.75
136	嘉兴学院图书馆	4162723.50
137	贵州师范大学图书馆	4107283.00
138	海南大学图书馆	4103500.00
139	燕山大学图书馆	4024000.00
140	淮阴师范学院图书馆	4000000.00
141	西安建筑科技大学图书馆	3998654.00
142	辽宁大学图书馆	3985975.50
143	上海立信会计学院图书馆	3969766.50
144	河南工业大学图书馆	3956796.50
145	常熟理工学院图书馆	3954211.00
146	广西财经学院图书馆	3952900.00
147	浙江商业职业技术学院图书馆	3932900.00
148	西安科技大学图书馆	3910108.75
149	南京财经大学图书馆	3909120.00
150	上海外国语大学图书馆	3876732.00
151	湖州师范学院图书馆	3866940.25
152	宜宾学院图书馆	3809300.00
153	浙江科技学院图书馆	3798508.00
154	集美大学图书馆	3780079.50
155	重庆医科大学图书馆	3728904.50
156	浙江农林大学图书馆	3722869.50
157	西南政法大学图书馆	3703164.25
158	成都信息工程学院图书馆	3679113.00
159	长江大学图书馆	3678072.50
160	东北财经大学图书馆	3637181.50

序号	机构名称	文献资源购置费(元)
161	上海对外贸易学院图书馆	3635574.50
162	苏州科技学院图书馆	3606567.50
163	沈阳师范大学图书馆	3524567.25
164	浙江万里学院图书馆	3510497.00
165	沈阳工业大学图书馆	3481854.25
166	西安欧亚学院图书馆	3468783.00
167	上海电机学院图书馆	3468145.75
168	重庆工学院图书馆	3459433.00
169	苏州职业大学图书馆	3447295.25
170	福建工程学院图书馆	3441500.75
171	兰州交通大学图书馆	3358445.50
172	盐城师范学院图书馆	3358194.50
173	宝鸡文理学院图书馆	3357063.25
174	中国民用航空飞行学院图书馆	3313312.00
175	福建交通职业技术学院图书馆	3300000.00
176	武汉工程大学图书馆	3295929.00
177	温州科技职业学院图书馆	3262730.00
178	太原科技大学图书馆	3233245.50
179	上海政法学院图书馆	3184828.75
180	井冈山大学图书馆	3169368.00
181	河北工程大学图书馆	3133740.00
182	徐州医学院图书馆	3100723.00
183	中国美术学院图书馆	3097956.00
184	浙江外国语学院图书馆	3073000.00
185	太原师范学院图书馆	3035012.25
186	浙江工商职业技术学院图书馆	3014775.25
187	长沙学院图书馆	3012475.75
188	海口经济学院图书馆	3006100.00
189	华北科技学院图书馆	2984427.00
190	福建医科大学图书馆	2980722.00
191	上海建桥学院图书馆	2952058.50
192	广西工学院图书馆	2951658.00
193	闽江学院图书馆	2931282.50
194	浙江大学城市学院图书馆	2925347.75
195	川北医学院图书馆	2861359.00
196	渝西学院图书馆	2854700.00
197	榆林学院图书馆	2813300.00
198	重庆三峡学院图书馆	2804000.00
199	四川工程职业技术学院图书馆	2800200.00
200	中国矿业大学(北京)图书馆	2760116.00
201	金陵科技学院图书馆	2753740.00
202	北京中医药大学图书馆	2752253.00

序号	机构名称	文献资源购置费(元)
203	石家庄铁道学院图书馆	2745456.00
204	西北师范大学图书馆	2726701.25
205	兰州商学院图书馆	2689530.00
206	宁波工程学院图书馆	2661434.50
207	漳州职业技术学院图书馆	2660725.25
208	河北科技大学图书馆	2640077.00
209	东北农业大学图书馆	2622004.75
210	沈阳理工大学图书馆	2621834.25
211	怀化学院图书馆	2591434.00
212	天津理工学院图书馆	2580919.25
213	石家庄学院图书馆	2580322.25
214	武汉科技大学图书馆	2533176.00
215	贵州民族学院图书馆	2528950.00
216	西安工程大学图书馆	2515158.50
217	贵阳学院图书馆	2497302.50
218	沈阳航空工业学院图书馆	2468356.75
219	沈阳大学图书馆	2419699.50
220	贵阳医学院图书馆	2354386.00
221	辽宁石油化工大学图书馆	2343344.75
222	丽水学院图书馆	2338646.50
223	三明学院图书馆	2325070.75
224	西安石油大学图书馆	2311425.25
225	华中科技大学武昌分校图书馆	2303392.00
226	宁波大红鹰学院图书馆	2284550.00
227	遵义医学院图书馆	2278116.50
228	浙江工贸职业技术学院图书馆	2263945.75
229	陕西国际商贸学院图书馆	2256000.00
230	武汉科技学院图书馆	2246309.00
231	沈阳化工学院图书馆	2221218.00
232	合肥师范学院图书馆	2200387.25
233	南京审计学院图书馆	2167956.00
234	三江学院图书馆	2167816.00
235	西安文理学院图书馆	2162067.75
236	成都医学院图书馆	2129604.00
237	四川美术学院图书馆	2120000.00
238	江苏海事职业技术学院图书馆	2060306.50
239	浙江工业职业技术学院图书馆	2020533.00
240	上海商学院图书馆	2012550.00
241	三亚航空旅游职业学院图书馆	2010000.00
242	西安财经学院图书馆	2000264.50
243	大连大学图书馆	1982703.50
244	西北政法学院图书馆	1980630.00

序号	机构名称	文献资源购置费(元)
245	渤海大学图书馆	1968863.00
246	新乡医学院图书馆	1963183.00
247	武夷学院图书馆	1954464.25
248	无锡职业技术学院图书馆	1945172.13
249	浙江大学宁波理工学院图书馆	1858787.00
250	扬州市职业大学图书馆	1840653.50
251	陕西理工学院图书馆	1835699.25
252	锦州医学院图书馆	1835033.75
253	泉州师范学院图书馆	1826000.00
254	福建中医药大学图书馆	1818236.13
255	辽宁对外经贸学院图书馆	1810000.00
256	海南医学院图书馆	1801532.75
257	常州纺织服装职业技术学院图书馆	1792148.00
258	湖北工业大学商贸学院图书馆	1792000.00
259	泸州医学院图书馆	1779323.00
260	西安外国语大学图书馆	1752233.63
261	武汉工业学院工商学院图书馆	1744984.00
262	浙江建设职业技术学院图书馆	1734474.75
263	上海欧华职业技术学院图书馆	1729068.38
264	仰恩大学图书馆	1720263.00
265	辽宁科技学院图书馆	1698479.00
266	辽宁科技大学图书馆	1684674.75
267	上海音乐学院图书馆	1676883.00
268	承德民族师范高等专科学校图书馆	1675000.00
269	福建江夏学院图书馆	1670000.00
270	上海体育学院图书馆	1649546.00
271	邢台职业技术学院图书馆	1638000.00
272	保定学院图书馆	1624616.00
273	温州职业技术学院图书馆	1595251.00
274	山西农业大学图书馆	1580873.63
275	浙江经贸职业技术学院图书馆	1539000.00
276	桂林航天工业高等专科学校图书馆	1500000.00
277	河北建筑工程学院图书馆	1481889.13
278	漳州卫生职业学院图书馆	1470000.00
279	南京交通职业技术学院图书馆	1466752.00
280	大连工业大学图书馆	1460338.50
281	陕西医学高等专科学校图书馆	1454960.50
282	湖北中医学院图书馆	1447900.00
283	四川民族学院图书馆	1443480.00
284	黑龙江八一农垦大学图书馆	1435250.00
285	四川音乐学院图书馆	1434439.00
286	杭州万向职业技术学院图书馆	1433365.00

序号	机构名称	文献资源购置费(元)
287	黎明职业大学图书馆	1425094.00
288	铜仁学院图书馆	1421585.38
289	成都航空职业技术学院图书馆	1414260.00
290	延安大学图书馆	1412144.50
291	四川财经职业学院图书馆	1404936.75
292	浙江经济职业技术学院图书馆	1401736.00
293	忻州师范学院图书馆	1397206.00
294	河北北方学院图书馆	1390097.63
295	扬州环境资源职业技术学院图书馆	1380259.00
296	辽宁中医学院图书馆	1366079.50
297	江西旅游商贸职业学院图书馆	1340000.00
298	沈阳医学院图书馆	1339267.75
299	襄樊学院图书馆	1337035.25
300	四川交通职业技术学院图书馆	1334199.00
301	成都电子机械高等专科学校图书馆	1324509.00
302	凯里学院图书馆	1315616.88
303	四川建筑职业技术学院图书馆	1308580.00
304	安康学院图书馆	1296950.38
305	甘肃政法学院图书馆	1292000.00
306	琼台师范高等专科学校图书馆	1291000.00
307	西安工业学院图书馆	1258958.13
308	泰州职业技术学院图书馆	1258000.00
309	上海中医药大学图书馆	1252312.75
310	莆田学院图书馆	1237000.00
311	浙江广厦建设职业技术学院图书馆	1236000.00
312	湖南科技学院图书馆	1226831.75
313	浙江医药高等专科学校图书馆	1225700.25
314	湖南中医药高等专科学校图书馆	1220605.00
315	浙江医学高等专科学校图书馆	1207750.00
316	西藏民族学院图书馆	1206302.00
317	浙江机电职业技术学院图书馆	1185867.00
318	厦门海洋职业技术学院图书馆	1160850.00
319	重庆市广播电视大学图书馆	1158000.00
320	黄冈师范学院图书馆	1155636.25
321	衢州职业技术学院图书馆	1153035.00
322	紫琅职业技术学院图书馆	1148566.00
323	四川职业技术学院图书馆	1133865.38
324	上海海关高等专科学校图书馆	1130463.00
325	龙岩学院图书馆	1123228.63
326	丽水职业技术学院图书馆	1116795.00
327	浙江长征职业技术学院图书馆	1113900.00
328	浙江纺织服装职业技术学院图书馆	1110600.00

序号	机构名称	文献资源购置费(元)
329	北京体育大学图书馆	1100060.00
330	河北理工大学图书馆	1097000.00
331	浙江育英职业技术学院图书馆	1092888.25
332	长江师范学院图书馆	1088950.00
333	贵州商业高等专科学校图书馆	1086469.00
334	河北体育学院图书馆	1080200.00
335	大连交通大学图书馆	1075082.13
336	太原大学图书馆	1074911.00
337	浙江旅游职业学院图书馆	1055650.00
338	复旦大学上海视觉艺术学院图书馆	1051765.00
339	承德医学院图书馆	1030300.00
340	闽西职业技术学院图书馆	1021173.00
341	南阳师范学院图书馆	1019614.00
342	嘉兴职业技术学院图书馆	1014043.75
343	琼州学院图书馆	1000343.00
344	四川电力职业技术学院图书馆	999677.00
345	滨州职业学院图书馆	987999.38
346	宁波天一职业技术学院图书馆	985000.00
347	闽北职业技术学院图书馆	979500.00
348	厦门兴才职业技术学院图书馆	977000.00
349	绍兴职业技术学院图书馆	967899.69
350	上海电子信息职业技术学院图书馆	955000.00
351	杭州职业技术学院图书馆	951000.00
352	盘锦职业技术学院图书馆	921373.00
353	沈阳体育学院图书馆	920605.50
354	厦门医学高等专科学校图书馆	901000.00
355	石家庄经济学院图书馆	890108.94
356	江苏建康职业学院图书馆	868296.94
357	河北职业技术师范学院图书馆	865717.50
358	浙江公安高等专科学校图书馆	854950.06
359	九江职业技术学院图书馆	851056.88
360	沧州医学高等专科学校图书馆	842403.00
361	黑龙江中医药大学图书馆	838906.00
362	宁德师范学院图书馆	825006.38
363	绵阳职业技术学院图书馆	816500.00
364	遵义师范学院图书馆	811373.69
365	六盘水师范学院图书馆	809286.00
366	福建商业高等专科学校图书馆	807191.06
367	广安职业技术学院图书馆	800354.00
368	上海医药高等专科学校图书馆	784326.50
369	秦皇岛职业技术学院图书馆	777814.94
370	贵阳中医学院图书馆	774666.00

序号	机构名称	文献资源购置费(元)
371	连云港职业技术学院图书馆	773000.00
372	常州信息职业技术学院图书馆	770691.00
373	上海出版印刷高等专科学校图书馆	770000.00
374	安顺学院图书馆	764226.38
375	义乌工商职业技术学院图书馆	761845.06
376	上海旅游高等专科学校图书馆	754450.00
377	上海济光职业技术学院图书馆	752150.00
378	大连水产学院图书馆	747646.94
379	成都农业科技职业学院图书馆	747122.00
380	北京农业职业学院图书馆	727000.00
381	湖州职业技术学院图书馆	723774.50
382	河北政法职业学院图书馆	715963.00
383	泰州师范高等专科学校图书馆	699241.13
384	中央音乐学院图书馆	696757.19
385	浙江艺术职业学院图书馆	696554.69
386	镇江市高等专科学校图书馆	695000.00
387	皖西学院图书馆	692000.00
388	徐州建筑职业技术学院图书馆	685000.50
389	上海思博职业技术学院图书馆	667461.00
390	江苏信息职业技术学院图书馆	665791.44
391	贵州师范学院图书馆	665410.00
392	柳州医学高等专科学校图书馆	662700.00
393	泉州纺织服装职业学院图书馆	642500.00
394	上海城市管理职业技术学院图书馆	640660.00
395	浙江国际海运职业技术学院图书馆	625728.00
396	长治学院图书馆	617000.00
397	上海公安高等专科学校图书馆	614000.00
398	沈阳工程学院图书馆	602900.00
399	重庆工程职业技术学院图书馆	601000.00
400	泉州经贸职业技术学院图书馆	580000.00
401	福建体育职业技术学院图书馆	571092.25
402	辽宁农业职业技术学院图书馆	568240.00
403	福建警察学院图书馆	564985.00
404	浙江体育职业技术学院图书馆	545000.00
405	无锡商业职业技术学院图书馆	540417.50
406	浙江同济科技职业学院图书馆	533030.38
407	福州英华职业学院图书馆	526913.94
408	浙江警官职业学院图书馆	523499.00
409	贵州广播电视大学图书馆	511737.00
410	唐山工业职业技术学院图书馆	501110.00
411	福建电力职业技术学院图书馆	495560.13
412	中央戏剧学院图书馆	495025.00

序号	机构名称	文献资源购置费(元)
413	四川邮电职业技术学院图书馆	480777.00
414	宁波城市职业技术学院图书馆	473527.78
415	九州职业技术学院图书馆	453975.00
416	四川烹饪高等专科学校图书馆	442220.00
417	广西经贸职业技术学院图书馆	441913.91
418	福建华南女子职业学院图书馆	434770.44
419	上海邦德职业技术学院图书馆	430800.00
420	上海科学技术职业学院图书馆	412212.00
421	渤海船舶职业学院图书馆	408836.84
422	上海医疗器械高等专科学校图书馆	385828.47
423	湄洲湾职业技术学院图书馆	383955.56
424	上海立达职业技术学院图书馆	378714.13
425	成都职业技术学院图书馆	377205.00
426	上海农林职业技术学院图书馆	374259.00
427	厦门华厦职业学院图书馆	366999.22
428	宁波教育学院图书馆	366384.13
429	上海托普信息技术职业学院图书馆	362280.25
430	重庆正大软件职业技术学院图书馆	343643.00
431	内江职业技术学院图书馆	342660.00
432	泉州轻工职业学院图书馆	330000.00
433	上海工商外国语职业学院图书馆	328751.22
434	海南政法职业学院图书馆	322091.25
435	黔南民族师范学院图书馆	313821.53
436	上海行健职业学院图书馆	303370.00
437	漳州天福茶职业技术学院图书馆	291721.13
438	四川水利职业技术学院图书馆	280000.00
439	四川机电职业技术学院图书馆	213000.00
440	阳泉职业技术学院图书馆	204868.59
441	河北石油职业技术学院图书馆	197472.42
442	河北工程技术高等专科学校图书馆	181056.06
443	南充职业技术学院图书馆	179774.00
444	抚顺师范高等专科学校图书馆	141609.22
445	金华教育学院图书馆	134660.50
446	眉山职业技术学院图书馆	117000.00
447	黔南民族医学高等专科学校图书馆	115794.00
448	南宁地区教育学院图书馆	105454.00
449	德化陶瓷职业技术学院图书馆	100000.00
450	四川航天职业技术学院图书馆	93768.60
451	沧州职业技术学院图书馆	87929.58
452	上海新侨职业技术学院图书馆	35140.48
453	岳阳职业技术学院图书馆	257.99
	合计	1847346905.98

（表中数据保留小数点后两位）

2010年452所高校图书馆纸质资源购置费统计表

序号	机构名称	纸质资源购置费(元)
1	清华大学图书馆	26203430.00
2	北京大学图书馆	22259956.00
3	复旦大学图书馆	21770000.00
4	浙江大学图书馆	17961520.00
5	武汉大学图书馆	17508052.00
6	南京大学图书馆	16560028.00
7	厦门大学图书馆	12606871.00
8	华中科技大学图书馆	12532288.00
9	东南大学图书馆	12314085.00
10	华东师范大学图书馆	11707085.00
11	上海交通大学图书馆	11267082.00
12	哈尔滨工业大学图书馆	10870000.00
13	山东大学图书馆	10829729.00
14	成都东软信息技术职业学院图书馆	10716909.00
15	西安交通大学图书馆	10518104.00
16	南京师范大学图书馆	9742642.00
17	华侨大学图书馆	9542791.00
18	华中师范大学图书馆	8980579.00
19	浙江工业大学图书馆	8955579.00
20	首都师范大学图书馆	8846646.00
21	上海海事大学图书馆	8549100.00
22	西南交通大学图书馆	8395549.00
23	上海大学图书馆	8336333.00
24	西南科技大学图书馆	8333153.00
25	杭州师范学院图书馆	8028835.50
26	华东理工大学图书馆	7575372.00
27	重庆大学图书馆	7390000.00
28	扬州大学图书馆	7114741.50
29	上海师范大学图书馆	7013548.00
30	四川文理学院图书馆	6765060.50
31	武汉理工大学图书馆	6718456.00
32	四川大学图书馆	6700605.50
33	河海大学图书馆	6685430.50
34	电子科技大学图书馆	6665157.00
35	四川农业大学图书馆	6613977.00
36	同济大学图书馆	6603832.00
37	西南财经大学图书馆	6531902.00
38	南京航空航天大学图书馆	6502567.00
39	上海第二工业大学图书馆	6349607.00

序号	机构名称	纸质资源购置费(元)
40	东北大学图书馆	6197752.00
41	温州大学图书馆	6166307.00
42	西北工业大学图书馆	6136254.00
43	浙江海洋学院图书馆	5984750.00
44	苏州大学图书馆	5941905.00
45	厦门理工学院图书馆	5815729.00
46	中国计量学院图书馆	5792196.50
47	西南大学图书馆	5774840.50
48	东北师范大学图书馆	5669086.00
49	合肥工业大学图书馆	5615184.00
50	浙江工商大学图书馆	5591582.00
51	中国科学技术大学图书馆	5419105.00
52	杭州电子科技大学图书馆	5314055.50
53	湖南大学图书馆	5261567.50
54	中国政法大学图书馆	5161702.00
55	浙江师范大学图书馆	5157383.50
56	南京农业大学图书馆	5075829.00
57	上海财经大学图书馆	5053324.00
58	兰州大学图书馆	5035028.50
59	漳州师范学院图书馆	4971027.00
60	四川外语学院图书馆	4908005.00
61	福建农林大学图书馆	4897681.50
62	天津科技大学图书馆	4878819.00
63	江苏大学图书馆	4801737.00
64	浙江理工大学图书馆	4637696.00
65	中南大学图书馆	4545609.00
66	南昌大学图书馆	4544539.50
67	东华大学图书馆	4486169.00
68	温州医学院图书馆	4453956.00
69	南京医科大学图书馆	4403312.00
70	西北农林科技大学图书馆	4386629.00
71	江南大学图书馆	4383744.00
72	河北师范大学图书馆	4351902.00
73	中南民族大学图书馆	4345309.00
74	中国矿业大学图书馆	4307599.50
75	北京交通大学图书馆	4294133.50
76	北京科技大学图书馆	4210273.50
77	大连理工大学图书馆	4175837.75
78	陕西师范大学图书馆	4164328.25
79	绍兴文理学院图书馆	4118183.50
80	华北电力大学图书馆	4117285.50
81	浙江财经学院图书馆	4090395.75

序号	机构名称	纸质资源购置费(元)
82	华中师范大学汉口分校图书馆	4087699.00
83	北京外国语大学图书馆	4078563.75
84	福州大学图书馆	4078020.25
85	广西大学图书馆	4060918.25
86	北京林业大学图书馆	4047500.00
87	成都理工大学图书馆	3983130.00
88	南京财经大学图书馆	3909120.00
89	河北工业大学图书馆	3884055.50
90	南京信息工程大学(原南京气象学院)图书馆	3841400.00
91	贵州财经学院图书馆	3805979.00
92	西北民族大学图书馆	3797551.50
93	对外经济贸易大学图书馆	3781400.00
94	南通大学图书馆	3727138.00
95	上海海洋大学图书馆	3713655.25
96	中南财经政法大学图书馆	3632949.00
97	浙江商业职业技术学院图书馆	3579000.00
98	广西财经学院图书馆	3567500.00
99	内江师范学院图书馆	3555727.00
100	成都中医药大学图书馆	3532668.00
101	安徽大学图书馆	3512353.00
102	南京林业大学图书馆	3502887.25
103	徐州师范大学图书馆	3446895.00
104	南京理工大学图书馆	3396955.50
105	西安电子科技大学图书馆	3390326.75
106	西京学院图书馆	3346923.75
107	上海立信会计学院图书馆	3334766.50
108	盐城师范学院图书馆	3308194.50
109	台州学院图书馆	3300749.50
110	华中农业大学图书馆	3300000.00
111	西北大学图书馆	3274702.00
112	重庆交通大学图书馆	3267876.25
113	北京邮电大学图书馆	3255233.50
114	宝鸡文理学院图书馆	3245963.25
115	郑州轻工业学院图书馆	3223000.00
116	贵州师范大学图书馆	3218870.00
117	贵州大学图书馆	3207911.00
118	南京工业大学图书馆	3205146.50
119	长安大学图书馆	3200885.00
120	山西大学图书馆	3181786.50
121	华北水利水电学院图书馆	3171039.00
122	浙江万里学院图书馆	3170797.00
123	淮阴师范学院图书馆	3165400.00

序号	机构名称	纸质资源购置费(元)
124	温州科技职业学院图书馆	3145000.00
125	湖北大学图书馆	3140000.00
126	山东理工大学图书馆	3104781.75
127	成都信息工程学院图书馆	3087229.00
128	苏州职业大学图书馆	3053536.75
129	上海政法学院图书馆	3038854.75
130	福建工程学院图书馆	3021519.75
131	西安科技大学图书馆	3000597.75
132	中国医科大学图书馆	2991930.00
133	中国美术学院图书馆	2980326.00
134	浙江农林大学图书馆	2978007.00
135	上海应用技术学院图书馆	2963510.00
136	宜宾学院图书馆	2950700.00
137	浙江大学城市学院图书馆	2925347.75
138	河南大学图书馆	2915731.25
139	湖州师范学院图书馆	2911287.25
140	重庆医科大学图书馆	2864330.50
141	常熟理工学院图书馆	2827714.00
142	兰州交通大学图书馆	2824933.50
143	汕头大学图书馆	2807089.00
144	海口经济学院图书馆	2800000.00
145	嘉兴学院图书馆	2774500.00
146	苏州科技学院图书馆	2754853.50
147	中国地质大学图书馆	2725359.50
148	中国民用航空飞行学院图书馆	2712638.00
149	兰州商学院图书馆	2689469.00
150	浙江外国语学院图书馆	2679000.00
151	上海理工大学图书馆	2678002.75
152	漳州职业技术学院图书馆	2660725.25
153	上海对外贸易学院图书馆	2655268.50
154	上海建桥学院图书馆	2652558.50
155	西安欧亚学院图书馆	2622939.00
156	东北农业大学图书馆	2618504.75
157	江苏工业学院图书馆	2612380.25
158	中国药科大学图书馆	2599416.00
159	四川工程职业技术学院图书馆	2598200.00
160	河南工业大学图书馆	2592496.50
161	西安建筑科技大学图书馆	2580563.75
162	西华大学图书馆	2578681.00
163	大连民族学院图书馆	2574265.25
164	重庆工学院图书馆	2559671.00
165	西南政法大学图书馆	2543342.25

序号	机构名称	纸质资源购置费(元)
166	南京邮电大学图书馆	2536332.00
167	浙江传媒学院图书馆	2535831.00
168	武汉科技大学图书馆	2533176.00
169	福建交通职业技术学院图书馆	2500000.00
170	榆林学院图书馆	2500000.00
171	北京中医药大学图书馆	2499260.00
172	沈阳师范大学图书馆	2496956.50
173	重庆三峡学院图书馆	2496000.00
174	井冈山大学图书馆	2489711.00
175	浙江科技学院图书馆	2479248.00
176	桂林电子工业学院图书馆	2466385.50
177	中国矿业大学(北京)图书馆	2460116.00
178	渝西学院图书馆	2452682.00
179	长江大学图书馆	2418000.50
180	吉首大学图书馆	2397377.00
181	海南大学图书馆	2316000.00
182	太原师范学院图书馆	2314516.00
183	西安理工大学图书馆	2277132.25
184	石家庄学院图书馆	2268212.25
185	金陵科技学院图书馆	2257000.00
186	宁波工程学院图书馆	2213604.50
187	闽江学院图书馆	2206863.50
188	贵州民族学院图书馆	2198735.50
189	河北科技大学图书馆	2192381.25
190	徐州医学院图书馆	2190172.00
191	沈阳工业大学图书馆	2188936.25
192	贵阳学院图书馆	2187302.50
193	太原理工大学图书馆	2180821.50
194	华中科技大学武昌分校图书馆	2171304.00
195	川北医学院图书馆	2169234.00
196	丽水学院图书馆	2162588.50
197	陕西国际商贸学院图书馆	2156000.00
198	宁波大学图书馆	2154492.00
199	集美大学图书馆	2146368.50
200	河北工程大学图书馆	2134740.00
201	华北科技学院图书馆	2131433.00
202	浙江工贸职业技术学院图书馆	2100445.75
203	广西工学院图书馆	2094209.00
204	东北财经大学图书馆	2090935.13
205	四川美术学院图书馆	2080000.00
206	太原科技大学图书馆	2065130.50
207	武汉工程大学图书馆	2041977.88

序号	机构名称	纸质资源购置费(元)
208	合肥师范学院图书馆	1999258.25
209	辽宁大学图书馆	1997733.00
210	三亚航空旅游职业学院图书馆	1995000.00
211	三江学院图书馆	1979248.00
212	辽宁石油化工大学图书馆	1965162.75
213	沈阳大学图书馆	1959699.63
214	西南石油大学图书馆	1952208.00
215	江苏海事职业技术学院图书馆	1922306.50
216	西安石油大学图书馆	1912985.13
217	上海电机学院图书馆	1906578.25
218	宁波大红鹰学院图书馆	1866250.00
219	浙江大学宁波理工学院图书馆	1852381.50
220	福建医科大学图书馆	1831426.25
221	无锡职业技术学院图书馆	1830632.13
222	浙江工商职业技术学院图书馆	1824239.13
223	上海外国语大学图书馆	1803144.00
224	沈阳化工学院图书馆	1799553.75
225	锦州医学院图书馆	1795033.75
226	辽宁对外经贸学院图书馆	1790000.00
227	三明学院图书馆	1774061.63
228	浙江工业职业技术学院图书馆	1773763.00
229	武汉科技学院图书馆	1766476.00
230	上海欧华职业技术学院图书馆	1729068.38
231	西安工程大学图书馆	1724448.63
232	贵阳医学院图书馆	1714280.00
233	湖北工业大学商贸学院图书馆	1712000.00
234	武汉工业学院工商学院图书馆	1708984.00
235	西北师范大学图书馆	1685571.13
236	石家庄铁道学院图书馆	1670595.00
237	怀化学院图书馆	1661034.00
238	扬州市职业大学图书馆	1645653.50
239	沈阳航空工业学院图书馆	1620456.25
240	成都医学院图书馆	1609304.00
241	上海商学院图书馆	1605550.00
242	仰恩大学图书馆	1595263.00
243	天津理工学院图书馆	1587943.13
244	遵义医学院图书馆	1560180.50
245	西安财经学院图书馆	1531826.50
246	燕山大学图书馆	1517000.00
247	常州纺织服装职业技术学院图书馆	1516148.00
248	辽宁科技学院图书馆	1498479.00
249	西安文理学院图书馆	1492383.63

序号	机构名称	纸质资源购置费(元)
250	西北政法学院图书馆	1485110.00
251	温州职业技术学院图书馆	1466851.00
252	上海音乐学院图书馆	1453170.00
253	南京交通职业技术学院图书馆	1440592.00
254	漳州卫生职业学院图书馆	1440000.00
255	大连大学图书馆	1427103.50
256	邢台职业技术学院图书馆	1414000.00
257	四川财经职业学院图书馆	1395936.75
258	沈阳理工大学图书馆	1391817.25
259	扬州环境资源职业技术学院图书馆	1380259.00
260	杭州万向职业技术学院图书馆	1368585.00
261	陕西理工学院图书馆	1360578.25
262	浙江建设职业技术学院图书馆	1330958.75
263	新乡医学院图书馆	1328399.00
264	成都航空职业技术学院图书馆	1322760.00
265	浙江经济职业技术学院图书馆	1313266.00
266	铜仁学院图书馆	1309205.38
267	长沙学院图书馆	1305475.63
268	承德民族师范高等专科学校图书馆	1275000.00
269	河北建筑工程学院图书馆	1265273.13
270	泸州医学院图书馆	1260479.00
271	福建江夏学院图书馆	1250000.00
272	四川交通职业技术学院图书馆	1244827.00
273	渤海大学图书馆	1239498.00
274	西安外国语大学图书馆	1231533.63
275	甘肃政法学院图书馆	1222000.00
276	辽宁中医学院图书馆	1212079.50
277	四川建筑职业技术学院图书馆	1202580.00
278	浙江经贸职业技术学院图书馆	1200000.00
279	海南医学院图书馆	1198898.88
280	成都电子机械高等专科学校图书馆	1196109.00
281	浙江广厦建设职业技术学院图书馆	1195800.00
282	陕西医学高等专科学校图书馆	1187619.50
283	黎明职业大学图书馆	1165094.00
284	湖北中医学院图书馆	1160000.00
285	安康学院图书馆	1158550.38
286	沈阳医学院图书馆	1154970.88
287	武夷学院图书馆	1154464.25
288	黄冈师范学院图书馆	1145636.25
289	凯里学院图书馆	1134816.88
290	四川音乐学院图书馆	1129767.00
291	厦门海洋职业技术学院图书馆	1120850.00

序号	机构名称	纸质资源购置费(元)
292	浙江长征职业技术学院图书馆	1113900.00
293	保定学院图书馆	1106616.00
294	湖南科技学院图书馆	1106231.75
295	北京体育大学图书馆	1100000.00
296	江西旅游商贸职业学院图书馆	1100000.00
297	琼台师范高等专科学校图书馆	1100000.00
298	河北理工大学图书馆	1097000.00
299	浙江育英职业技术学院图书馆	1092888.25
300	丽水职业技术学院图书馆	1087990.00
301	桂林航天工业高等专科学校图书馆	1085000.00
302	浙江医药高等专科学校图书馆	1081023.25
303	四川职业技术学院图书馆	1076865.38
304	衢州职业技术学院图书馆	1071035.00
305	泰州职业技术学院图书馆	1070000.00
306	上海体育学院图书馆	1069546.00
307	四川民族学院图书馆	1064060.00
308	南京审计学院图书馆	1024047.00
309	紫琅职业技术学院图书馆	1023566.00
310	南阳师范学院图书馆	1019614.00
311	贵州商业高等专科学校图书馆	1016469.00
312	太原大学图书馆	1005911.00
313	黑龙江八一农垦大学图书馆	993236.00
314	重庆市广播电视大学图书馆	978000.00
315	复旦大学上海视觉艺术学院图书馆	964735.00
316	忻州师范学院图书馆	959434.00
317	浙江旅游职业学院图书馆	958650.00
318	河北体育学院图书馆	957200.00
319	宁波天一职业技术学院图书馆	955000.00
320	河北北方学院图书馆	953569.69
321	泉州师范学院图书馆	951900.00
322	福建中医药大学图书馆	933542.06
323	浙江纺织服装职业技术学院图书馆	930000.00
324	绍兴职业技术学院图书馆	927899.69
325	龙岩学院图书馆	903228.63
326	浙江医学高等专科学校图书馆	900000.00
327	浙江机电职业技术学院图书馆	893837.00
328	石家庄经济学院图书馆	890108.94
329	辽宁科技大学图书馆	888876.81
330	上海中医药大学图书馆	885046.75
331	厦门兴才职业技术学院图书馆	877000.00
332	盘锦职业技术学院图书馆	861373.00
333	大连工业大学图书馆	848042.50

序号	机构名称	纸质资源购置费(元)
334	琼州学院图书馆	847482.00
335	闽北职业技术学院图书馆	829500.00
336	上海海关高等专科学校图书馆	829022.56
337	沈阳体育学院图书馆	826105.50
338	绵阳职业技术学院图书馆	804500.00
339	上海电子信息职业技术学院图书馆	800000.00
340	九江职业技术学院图书馆	781756.88
341	襄樊学院图书馆	781190.25
342	延安大学图书馆	777256.56
343	上海出版印刷高等专科学校图书馆	750000.00
344	嘉兴职业技术学院图书馆	739455.44
345	宁德师范学院图书馆	735006.38
346	上海医药高等专科学校图书馆	734996.50
347	莆田学院图书馆	725000.00
348	连云港职业技术学院图书馆	720000.00
349	西安工业学院图书馆	713188.31
350	湖南中医药高等专科学校图书馆	710605.00
351	厦门医学高等专科学校图书馆	710000.00
352	沧州医学高等专科学校图书馆	706381.00
353	江苏建康职业学院图书馆	705978.94
354	承德医学院图书馆	692300.00
355	安顺学院图书馆	690226.38
356	徐州建筑职业技术学院图书馆	685000.50
357	上海济光职业技术学院图书馆	679500.00
358	泰州师范高等专科学校图书馆	678115.94
359	黑龙江中医药大学图书馆	670173.00
360	滨州职业学院图书馆	659281.38
361	杭州职业技术学院图书馆	650000.00
362	山西农业大学图书馆	649703.38
363	闽西职业技术学院图书馆	647558.00
364	福建商业高等专科学校图书馆	647191.06
365	泉州纺织服装职业学院图书馆	642500.00
366	成都农业科技职业学院图书馆	638122.00
367	广安职业技术学院图书馆	637354.00
368	贵州师范学院图书馆	635410.00
369	义乌工商职业技术学院图书馆	626014.06
370	浙江公安高等专科学校图书馆	623588.94
371	上海城市管理职业技术学院图书馆	620660.00
372	浙江艺术职业学院图书馆	620544.69
373	镇江市高等专科学校图书馆	620000.00
374	江苏信息职业技术学院图书馆	612291.44
375	上海旅游高等专科学校图书馆	610800.00

序号	机构名称	纸质资源购置费(元)
376	长江师范学院图书馆	605496.00
377	长治学院图书馆	602000.00
378	河北政法职业学院图书馆	595303.00
379	柳州医学高等专科学校图书馆	595000.00
380	中央音乐学院图书馆	587757.19
381	北京农业职业学院图书馆	586000.00
382	湖州职业技术学院图书馆	583604.50
383	秦皇岛职业技术学院图书馆	581214.94
384	四川电力职业技术学院图书馆	572677.00
385	福建体育职业技术学院图书馆	571092.25
386	辽宁农业职业技术学院图书馆	568240.00
387	大连交通大学图书馆	562473.06
388	大连水产学院图书馆	559646.94
389	泉州经贸职业技术学院图书馆	550000.00
390	重庆工程职业技术学院图书馆	541000.00
391	上海思博职业技术学院图书馆	539461.00
392	福州英华职业学院图书馆	526913.94
393	常州信息职业技术学院图书馆	509691.00
394	福建警察学院图书馆	500496.00
395	皖西学院图书馆	500000.00
396	贵州广播电视大学图书馆	481437.00
397	宁波城市职业技术学院图书馆	473527.78
398	浙江国际海运职业技术学院图书馆	471822.97
399	遵义师范学院图书馆	460173.69
400	西藏民族学院图书馆	458501.97
401	福建电力职业技术学院图书馆	455560.13
402	九州职业技术学院图书馆	453975.00
403	浙江同济科技职业学院图书馆	451930.41
404	四川烹饪高等专科学校图书馆	432220.00
405	四川邮电职业技术学院图书馆	431777.00
406	河北职业技术师范学院图书馆	422682.47
407	上海邦德职业技术学院图书馆	415800.00
408	福建华南女子职业学院图书馆	414770.44
409	上海科学技术职业学院图书馆	397212.00
410	无锡商业职业技术学院图书馆	390417.50
411	浙江体育职业技术学院图书馆	390000.00
412	六盘水师范学院图书馆	389286.00
413	沈阳工程学院图书馆	388004.00
414	上海医疗器械高等专科学校图书馆	385828.47
415	贵阳中医学院图书馆	385466.00
416	浙江警官职业学院图书馆	384549.00
417	中央戏剧学院图书馆	375997.00

序号	机构名称	纸质资源购置费(元)
418	上海托普信息技术职业学院图书馆	362280.25
419	湄洲湾职业技术学院图书馆	358955.56
420	上海公安高等专科学校图书馆	350000.00
421	重庆正大软件职业技术学院图书馆	343643.00
422	泉州轻工职业学院图书馆	330000.00
423	渤海船舶职业学院图书馆	329836.84
424	上海立达职业技术学院图书馆	328714.13
425	唐山工业职业技术学院图书馆	318110.00
426	内江职业技术学院图书馆	316660.00
427	成都职业技术学院图书馆	316205.00
428	宁波教育学院图书馆	307584.13
429	上海工商外国语职业学院图书馆	306751.22
430	上海农林职业技术学院图书馆	304259.00
431	上海行健职业学院图书馆	303370.00
432	广西经贸职业技术学院图书馆	283913.91
433	四川水利职业技术学院图书馆	280000.00
434	海南政法职业学院图书馆	252091.27
435	厦门华厦职业学院图书馆	221099.22
436	四川机电职业技术学院图书馆	207000.00
437	黔南民族师范学院图书馆	150821.53
438	漳州天福茶职业技术学院图书馆	141721.13
439	抚顺师范高等专科学校图书馆	141609.22
440	金华教育学院图书馆	134660.50
441	河北石油职业技术学院图书馆	127472.42
442	河北工程技术高等专科学校图书馆	124962.06
443	南充职业技术学院图书馆	122774.00
444	南宁地区教育学院图书馆	101254.00
445	德化陶瓷职业技术学院图书馆	100000.00
446	黔南民族医学高等专科学校图书馆	99294.00
447	阳泉职业技术学院图书馆	97998.60
448	四川航天职业技术学院图书馆	93768.60
449	沧州职业技术学院图书馆	87929.58
450	上海新侨职业技术学院图书馆	33140.48
451	眉山职业技术学院图书馆	30000.00
452	岳阳职业技术学院图书馆	167.99
	合计	1205910344.00

（表中数据保留小数点后两位）

2010 年 418 所高校图书馆电子资源购置费统计表

序号	机构名称	电子资源购置费(元)
1	上海交通大学图书馆	15679950.00
2	清华大学图书馆	13114304.00
3	浙江大学图书馆	11346821.00
4	华中科技大学图书馆	11059400.00
5	复旦大学图书馆	10976000.00
6	大连理工大学图书馆	10693012.00
7	北京大学图书馆	10525721.00
8	武汉大学图书馆	9668217.00
9	湖南大学图书馆	9370583.00
10	华东师范大学图书馆	8842000.00
11	南京大学图书馆	8603245.00
12	四川大学图书馆	8480580.00
13	东南大学图书馆	8429878.00
14	山东大学图书馆	8326933.00
15	福州大学图书馆	8306195.00
16	首都师范大学图书馆	8114898.00
17	河海大学图书馆	8052385.00
18	中国科学技术大学图书馆	8043446.00
19	同济大学图书馆	7911492.00
20	兰州大学图书馆	7805608.00
21	厦门大学图书馆	7336244.00
22	重庆大学图书馆	7196000.00
23	西安交通大学图书馆	7107861.00
24	西南交通大学图书馆	6884900.00
25	中南大学图书馆	6646515.00
26	西南大学图书馆	6513508.00
27	东华大学图书馆	6408408.00
28	上海大学图书馆	6353146.00
29	东北大学图书馆	5857603.00
30	西北农林科技大学图书馆	5404720.00
31	电子科技大学图书馆	5265527.00
32	浙江工业大学图书馆	5235234.00
33	西安电子科技大学图书馆	5130699.50
34	浙江理工大学图书馆	4933278.00
35	江南大学图书馆	4783683.00
36	南京航空航天大学图书馆	4734936.00
37	首都经济贸易大学图书馆	4695000.00
38	武汉理工大学图书馆	4680248.00
39	南京理工大学图书馆	4668621.00
40	华中师范大学图书馆	4359102.00

序号	机构名称	电子资源购置费(元)
41	北京邮电大学图书馆	4330854.50
42	合肥工业大学图书馆	4309467.00
43	浙江师范大学图书馆	4299344.00
44	南京师范大学图书馆	4244684.00
45	北京科技大学图书馆	4204055.00
46	陕西师范大学图书馆	4183126.75
47	华东理工大学图书馆	4181120.00
48	对外经济贸易大学图书馆	4172380.00
49	杭州师范学院图书馆	4078624.00
50	江苏大学图书馆	4008981.00
51	安徽大学图书馆	3874737.25
52	中国地质大学图书馆	3752681.25
53	山西大学图书馆	3711384.00
54	南昌大学图书馆	3708339.00
55	中国计量学院图书馆	3671170.25
56	上海师范大学图书馆	3619876.00
57	西北工业大学图书馆	3591434.00
58	贵州大学图书馆	3488680.50
59	杭州电子科技大学图书馆	3461959.00
60	南京信息工程大学(原南京气象学院)图书馆	3373264.25
61	福建农林大学图书馆	3286603.00
62	汕头大学图书馆	3216098.00
63	温州大学图书馆	3205534.00
64	桂林电子工业学院图书馆	3202400.00
65	华中农业大学图书馆	3200000.00
66	上海财经大学图书馆	3192970.00
67	宁波大学图书馆	3181798.00
68	广西大学图书馆	3030190.00
69	浙江工商大学图书馆	2932820.00
70	南京邮电大学图书馆	2884644.00
71	东北师范大学图书馆	2882754.25
72	华北电力大学图书馆	2854737.25
73	中国矿业大学图书馆	2650889.00
74	北京外国语大学图书馆	2595616.00
75	南京工业大学图书馆	2557345.00
76	上海海事大学图书馆	2546863.00
77	成都理工大学图书馆	2524773.00
78	上海理工大学图书馆	2513843.00
79	燕山大学图书馆	2480000.00
80	徐州师范大学图书馆	2459601.00
81	河北工业大学图书馆	2448225.00
82	西安理工大学图书馆	2364591.00
83	西南石油大学图书馆	2337956.00

序号	机构名称	电子资源购置费(元)
84	北京林业大学图书馆	2320000.00
85	中国医科大学图书馆	2179477.00
86	太原理工大学图书馆	2114376.75
87	上海外国语大学图书馆	2073588.00
88	华侨大学图书馆	2072920.00
89	南京林业大学图书馆	2056838.00
90	浙江财经学院图书馆	2050270.00
91	山东理工大学图书馆	2020000.00
92	辽宁大学图书馆	1977674.63
93	南京医科大学图书馆	1976443.00
94	四川农业大学图书馆	1969773.00
95	吉首大学图书馆	1962078.00
96	西南财经大学图书馆	1927515.00
97	长安大学图书馆	1891991.00
98	中南财经政法大学图书馆	1881058.00
99	河北师范大学图书馆	1828966.13
100	中国药科大学图书馆	1814862.00
101	海南大学图书馆	1787000.00
102	河南大学图书馆	1781365.00
103	湖北大学图书馆	1759900.00
104	西南科技大学图书馆	1756583.50
105	浙江海洋学院图书馆	1748500.00
106	北京交通大学图书馆	1736597.00
107	上海应用技术学院图书馆	1722923.00
108	大连民族学院图书馆	1718924.00
109	四川外语学院图书馆	1717683.50
110	长沙学院图书馆	1707000.00
111	贵州财经学院图书馆	1685000.00
112	江苏工业学院图书馆	1673278.00
113	上海海洋大学图书馆	1665662.00
114	郑州轻工业学院图书馆	1647000.00
115	集美大学图书馆	1633711.00
116	西华大学图书馆	1617489.00
117	上海电机学院图书馆	1560652.00
118	东北财经大学图书馆	1546246.50
119	南京农业大学图书馆	1528818.00
120	浙江传媒学院图书馆	1516884.00
121	中南民族大学图书馆	1504537.00
122	温州医学院图书馆	1479266.00
123	西安建筑科技大学图书馆	1414393.00
124	中国政法大学图书馆	1402868.00
125	河南工业大学图书馆	1362037.00
126	嘉兴学院图书馆	1359808.00

序号	机构名称	电子资源购置费(元)
127	西北民族大学图书馆	1314178.00
128	上海第二工业大学图书馆	1301010.00
129	成都中医药大学图书馆	1300400.00
130	浙江科技学院图书馆	1298513.00
131	沈阳工业大学图书馆	1292918.00
132	长江大学图书馆	1260072.00
133	绍兴文理学院图书馆	1240390.00
134	武汉工程大学图书馆	1233451.00
135	沈阳理工大学图书馆	1230017.00
136	浙江工商职业技术学院图书馆	1190536.00
137	太原科技大学图书馆	1166115.00
138	西南政法大学图书馆	1159822.00
139	重庆交通大学图书馆	1154700.00
140	福建医科大学图书馆	1149295.63
141	漳州师范学院图书馆	1145212.00
142	南京审计学院图书馆	1143909.00
143	常熟理工学院图书馆	1126497.00
144	厦门理工学院图书馆	1088557.00
145	石家庄铁道学院图书馆	1074861.00
146	西北师范大学图书馆	1033810.00
147	沈阳师范大学图书馆	1012610.63
148	华北水利水电学院图书馆	1000000.00
149	河北工程大学图书馆	999000.00
150	天津理工学院图书馆	992976.00
151	上海对外贸易学院图书馆	976631.63
152	台州学院图书馆	953858.00
153	怀化学院图书馆	928600.00
154	山西农业大学图书馆	926131.00
155	内江师范学院图书馆	917760.00
156	徐州医学院图书馆	907751.00
157	西北大学图书馆	903979.00
158	重庆工学院图书馆	893262.00
159	西安科技大学图书馆	892482.00
160	福建中医药大学图书馆	883500.00
161	贵州师范大学图书馆	880960.00
162	泉州师范学院图书馆	872600.00
163	西京学院图书馆	865000.00
164	重庆医科大学图书馆	864574.00
165	湖州师范学院图书馆	857992.00
166	广西工学院图书馆	857449.00
167	宜宾学院图书馆	853850.00
168	华北科技学院图书馆	852994.00
169	苏州科技学院图书馆	851714.00

序号	机构名称	电子资源购置费(元)
170	沈阳航空工业学院图书馆	847900.69
171	西安欧亚学院图书馆	844024.00
172	淮阴师范学院图书馆	830000.00
173	福建交通职业技术学院图书馆	800000.00
174	武夷学院图书馆	800000.00
175	辽宁科技大学图书馆	793643.00
176	苏州大学图书馆	778658.00
177	南通大学图书馆	765000.00
178	西安工程大学图书馆	756015.00
179	西藏民族学院图书馆	747000.00
180	浙江农林大学图书馆	742072.00
181	渤海大学图书馆	726865.00
182	闽江学院图书馆	720500.00
183	太原师范学院图书馆	720496.31
184	遵义医学院图书馆	717936.00
185	川北医学院图书馆	692125.00
186	井冈山大学图书馆	679657.00
187	西安文理学院图书馆	668784.00
188	贵阳医学院图书馆	640106.00
189	上海立信会计学院图书馆	635000.00
190	延安大学图书馆	633588.00
191	新乡医学院图书馆	614784.00
192	天津科技大学图书馆	613241.81
193	大连工业大学图书馆	612296.00
194	海南医学院图书馆	601133.88
195	中国民用航空飞行学院图书馆	600154.00
196	成都信息工程学院图书馆	587954.00
197	上海体育学院图书馆	580000.00
198	襄樊学院图书馆	555845.00
199	大连大学图书馆	555600.00
200	三明学院图书馆	547409.00
201	西安工业学院图书馆	543356.00
202	西安外国语大学图书馆	520500.00
203	泸州医学院图书馆	518844.00
204	保定学院图书馆	518000.00
205	成都医学院图书馆	517100.00
206	莆田学院图书馆	510000.00
207	湖南中医药高等专科学校图书馆	510000.00
208	金陵科技学院图书馆	496740.00
209	西北政法学院图书馆	493500.00
210	大连交通大学图书馆	492609.00
211	武汉科技学院图书馆	479833.00
212	陕西理工学院图书馆	474131.00

序号	机构名称	电子资源购置费(元)
213	长江师范学院图书馆	469730.00
214	西安财经学院图书馆	468438.00
215	沈阳大学图书馆	460000.00
216	宁波工程学院图书馆	447830.00
217	河北科技大学图书馆	447695.69
218	河北职业技术师范学院图书馆	443035.00
219	黑龙江八一农垦大学图书馆	441014.00
220	河北北方学院图书馆	436528.00
221	兰州交通大学图书馆	432632.00
222	四川电力职业技术学院图书馆	427000.00
223	福建江夏学院图书馆	420000.00
224	六盘水师范学院图书馆	420000.00
225	福建工程学院图书馆	419981.00
226	宁波大红鹰学院图书馆	418300.00
227	沈阳化工学院图书馆	418096.00
228	桂林航天工业高等专科学校图书馆	415000.00
229	忻州师范学院图书馆	410000.00
230	浙江建设职业技术学院图书馆	403000.00
231	承德民族师范高等专科学校图书馆	400000.00
232	西安石油大学图书馆	397040.00
233	上海商学院图书馆	397000.00
234	苏州职业大学图书馆	393380.00
235	浙江外国语学院图书馆	393000.00
236	贵阳中医学院图书馆	389200.00
237	渝西学院图书馆	387318.00
238	广西财经学院图书馆	385400.00
239	四川民族学院图书馆	378500.00
240	辽宁石油化工大学图书馆	378182.00
241	闽西职业技术学院图书馆	373615.00
242	上海中医药大学图书馆	367266.00
243	遵义师范学院图书馆	351200.00
244	浙江经贸职业技术学院图书馆	339000.00
245	浙江万里学院图书馆	338175.00
246	浙江商业职业技术学院图书馆	333900.00
247	滨州职业学院图书馆	325000.00
248	石家庄学院图书馆	312110.00
249	贵阳学院图书馆	310000.00
250	榆林学院图书馆	310000.00
251	浙江医学高等专科学校图书馆	307750.00
252	上海海关高等专科学校图书馆	300980.50
253	杭州职业技术学院图书馆	300000.00
254	中国矿业大学(北京)图书馆	300000.00
255	重庆三峡学院图书馆	298000.00

序号	机构名称	电子资源购置费(元)
256	贵州民族学院图书馆	292878.00
257	浙江机电职业技术学院图书馆	291230.00
258	湖北中医学院图书馆	287400.00
259	常州纺织服装职业技术学院图书馆	276000.00
260	嘉兴职业技术学院图书馆	271410.00
261	四川音乐学院图书馆	269060.00
262	陕西医学高等专科学校图书馆	265000.00
263	常州信息职业技术学院图书馆	261000.00
264	黎明职业大学图书馆	260000.00
265	上海建桥学院图书馆	259500.00
266	北京中医药大学图书馆	252993.00
267	浙江工业职业技术学院图书馆	246770.00
268	扬州大学图书馆	246095.00
269	上海公安高等专科学校图书馆	244000.00
270	江西旅游商贸职业学院图书馆	240000.00
271	浙江公安高等专科学校图书馆	231361.13
272	成都东软信息技术职业学院图书馆	230000.00
273	河北建筑工程学院图书馆	216616.00
274	华中师范大学汉口分校图书馆	215000.00
275	邢台职业技术学院图书馆	212000.00
276	沈阳工程学院图书馆	211996.00
277	合肥师范学院图书馆	201129.00
278	辽宁科技学院图书馆	200000.00
279	龙岩学院图书馆	200000.00
280	秦皇岛职业技术学院图书馆	196600.00
281	扬州市职业大学图书馆	195000.00
282	四川工程职业技术学院图书馆	192000.00
283	皖西学院图书馆	191000.00
284	厦门医学高等专科学校图书馆	191000.00
285	琼台师范高等专科学校图书馆	191000.00
286	大连水产学院图书馆	188000.00
287	泰州职业技术学院图书馆	188000.00
288	三江学院图书馆	187840.00
289	唐山工业职业技术学院图书馆	183000.00
290	海口经济学院图书馆	183000.00
291	重庆市广播电视大学图书馆	180000.00
292	凯里学院图书馆	180000.00
293	丽水学院图书馆	176058.00
294	沈阳医学院图书馆	175438.00
295	浙江纺织服装职业技术学院图书馆	171800.00
296	黑龙江中医药大学图书馆	166933.00
297	浙江工贸职业技术学院图书馆	163500.00
298	广安职业技术学院图书馆	163000.00

序号	机构名称	电子资源购置费(元)
299	黔南民族师范学院图书馆	163000.00
300	江苏建康职业学院图书馆	162318.00
301	福建商业高等专科学校图书馆	160000.00
302	广西经贸职业技术学院图书馆	158000.00
303	辽宁中医学院图书馆	154000.00
304	浙江国际海运职业技术学院图书馆	153905.00
305	闽北职业技术学院图书馆	150000.00
306	浙江体育职业技术学院图书馆	150000.00
307	漳州天福茶职业技术学院图书馆	150000.00
308	琼州学院图书馆	150000.00
309	无锡商业职业技术学院图书馆	150000.00
310	厦门华厦职业学院图书馆	145000.00
311	上海电子信息职业技术学院图书馆	145000.00
312	上海政法学院图书馆	144774.00
313	浙江医药高等专科学校图书馆	144317.00
314	上海旅游高等专科学校图书馆	142250.00
315	湖州职业技术学院图书馆	140170.00
316	北京农业职业学院图书馆	140000.00
317	浙江警官职业学院图书馆	138950.00
318	江苏海事职业技术学院图书馆	138000.00
319	安康学院图书馆	138000.00
320	沧州医学高等专科学校图书馆	136022.00
321	义乌工商职业技术学院图书馆	135831.00
322	华中科技大学武昌分校图书馆	131000.00
323	温州职业技术学院图书馆	128400.00
324	上海思博职业技术学院图书馆	128000.00
325	成都电子机械高等专科学校图书馆	126400.00
326	仰恩大学图书馆	125000.00
327	河北体育学院图书馆	123000.00
328	河北政法职业学院图书馆	120660.00
329	紫琅职业技术学院图书馆	120000.00
330	湖南科技学院图书馆	120000.00
331	中国美术学院图书馆	116330.00
332	温州科技职业学院图书馆	115750.00
333	无锡职业技术学院图书馆	114540.00
334	铜仁学院图书馆	111400.00
335	宝鸡文理学院图书馆	111000.00
336	中央音乐学院图书馆	109000.00
337	成都农业科技职业学院图书馆	109000.00
338	上海音乐学院图书馆	106000.00
339	四川建筑职业技术学院图书馆	106000.00
340	阳泉职业技术学院图书馆	106000.00
341	中央戏剧学院图书馆	104604.00

序号	机构名称	电子资源购置费(元)
342	厦门兴才职业技术学院图书馆	100000.00
343	陕西国际商贸学院图书馆	100000.00
344	浙江旅游职业学院图书馆	97000.00
345	沈阳体育学院图书馆	93800.00
346	成都航空职业技术学院图书馆	91500.00
347	宁德师范学院图书馆	90000.00
348	四川交通职业技术学院图书馆	89372.00
349	浙江经济职业技术学院图书馆	88470.00
350	眉山职业技术学院图书馆	85000.00
351	衢州职业技术学院图书馆	82000.00
352	浙江同济科技职业学院图书馆	81100.00
353	湖北工业大学商贸学院图书馆	80000.00
354	浙江艺术职业学院图书馆	76010.00
355	安顺学院图书馆	73000.00
356	海南政法职业学院图书馆	70000.00
357	贵州商业高等专科学校图书馆	70000.00
358	河北石油职业技术学院图书馆	70000.00
359	九江职业技术学院图书馆	69300.00
360	太原大学图书馆	69000.00
361	柳州医学高等专科学校图书馆	67700.00
362	渤海船舶职业学院图书馆	67000.00
363	杭州万向职业技术学院图书馆	64780.00
364	福建警察学院图书馆	64489.00
365	成都职业技术学院图书馆	61000.00
366	盘锦职业技术学院图书馆	60000.00
367	上海农林职业技术学院图书馆	60000.00
368	镇江市高等专科学校图书馆	60000.00
369	宁波教育学院图书馆	58000.00
370	上海济光职业技术学院图书馆	57650.00
371	南充职业技术学院图书馆	57000.00
372	四川职业技术学院图书馆	57000.00
373	河北工程技术高等专科学校图书馆	56094.00
374	连云港职业技术学院图书馆	53000.00
375	盐城师范学院图书馆	50000.00
376	重庆工程职业技术学院图书馆	50000.00
377	上海立达职业技术学院图书馆	50000.00
378	江苏信息职业技术学院图书馆	49000.00
379	四川邮电职业技术学院图书馆	49000.00
380	厦门海洋职业技术学院图书馆	40000.00
381	福建电力职业技术学院图书馆	40000.00
382	绍兴职业技术学院图书馆	40000.00
383	锦州医学院图书馆	40000.00
384	浙江广厦建设职业技术学院图书馆	39000.00

序号	机构名称	电子资源购置费(元)
385	武汉工业学院工商学院图书馆	36000.00
386	漳州卫生职业学院图书馆	30000.00
387	贵州师范学院图书馆	30000.00
388	贵州广播电视大学图书馆	30000.00
389	四川美术学院图书馆	30000.00
390	宁波天一职业技术学院图书馆	30000.00
391	泉州经贸职业技术学院图书馆	30000.00
392	南京交通职业技术学院图书馆	26160.00
393	内江职业技术学院图书馆	26000.00
394	湄洲湾职业技术学院图书馆	25000.00
395	丽水职业技术学院图书馆	21630.00
396	泰州师范高等专科学校图书馆	20980.00
397	上海城市管理职业技术学院图书馆	20000.00
398	福建华南女子职业学院图书馆	20000.00
399	辽宁对外经贸学院图书馆	20000.00
400	上海出版印刷高等专科学校图书馆	20000.00
401	黔南民族医学高等专科学校图书馆	16500.00
402	上海科学技术职业学院图书馆	15000.00
403	三亚航空旅游职业学院图书馆	15000.00
404	上海邦德职业技术学院图书馆	15000.00
405	长治学院图书馆	15000.00
406	上海工商外国语职业学院图书馆	12000.00
407	绵阳职业技术学院图书馆	12000.00
408	四川文理学院图书馆	10000.00
409	四川烹饪高等专科学校图书馆	10000.00
410	黄冈师范学院图书馆	10000.00
411	上海医药高等专科学校图书馆	9665.00
412	四川财经职业学院图书馆	9000.00
413	四川机电职业技术学院图书馆	6000.00
414	南宁地区教育学院图书馆	4200.00
415	上海新侨职业技术学院图书馆	2000.00
416	岳阳职业技术学院图书馆	90.00
417	兰州商学院图书馆	61.00
418	北京体育大学图书馆	60.00
	合计	633920743.63

（表中数据保留小数点后两位）

2010 年 451 所高校图书馆馆舍总面积统计表

序号	机构名称	馆舍总面积(平方米)
1	扬州大学图书馆	95453.00
2	浙江大学图书馆	86376.00
3	上海交通大学图书馆	82599.50
4	安徽大学图书馆	74395.00
5	南京大学图书馆	73100.00
6	同济大学图书馆	68721.00
7	厦门大学图书馆	67221.00
8	大连理工大学图书馆	67000.00
9	电子科技大学图书馆	66974.00
10	重庆大学图书馆	64547.00
11	四川大学图书馆	63100.00
12	江苏大学图书馆	62469.00
13	西安电子科技大学图书馆	61140.00
14	海口经济学院图书馆	60988.00
15	中国矿业大学图书馆	60000.00
16	浙江工业大学图书馆	59472.00
17	西南交通大学图书馆	59316.00
18	兰州大学图书馆	59000.00
19	苏州大学图书馆	58050.00
20	复旦大学图书馆	57984.00
21	北京大学图书馆	57830.00
22	东南大学图书馆	57812.00
23	浙江工商大学图书馆	57800.00
24	陕西师范大学图书馆	57578.00
25	华东师范大学图书馆	55489.00
26	福建江夏学院图书馆	54900.00
27	上海大学图书馆	53900.00
28	温州大学图书馆	52229.00
29	江南大学图书馆	52217.00
30	兰州交通大学图书馆	51798.00
31	浙江师范大学图书馆	51191.00
32	上海海事大学图书馆	51086.00
33	青岛科技大学图书馆	50997.00
34	合肥工业大学图书馆	50353.91
35	武汉科技学院图书馆	50335.00
36	西南财经大学图书馆	50000.00
37	福州大学图书馆	49926.00
38	福建农林大学图书馆	49791.00
39	山东理工大学图书馆	49000.00

序号	机构名称	馆舍总面积(平方米)
40	深圳大学图书馆	48441.00
41	西安工业学院图书馆	47672.00
42	南京财经大学图书馆	47300.00
43	中南财经政法大学图书馆	46100.00
44	常熟理工学院图书馆	46000.00
45	山东大学图书馆	45344.00
46	湖北大学图书馆	44851.00
47	武汉大学图书馆	44788.00
48	新疆大学图书馆	44769.02
49	华中科技大学图书馆	44742.00
50	四川农业大学图书馆	44607.00
51	长安大学图书馆	44372.00
52	大连交通大学图书馆	43000.00
53	贵州大学图书馆	42190.00
54	西安外国语大学图书馆	42000.00
55	海南大学图书馆	41906.00
56	哈尔滨工业大学图书馆	41900.00
57	渤海大学图书馆	40615.00
58	南京邮电大学图书馆	40549.00
59	河海大学图书馆	40100.00
60	淮阴师范学院图书馆	39900.00
61	盐城师范学院图书馆	39564.60
62	成都中医药大学图书馆	39500.00
63	中国计量学院图书馆	39254.00
64	沈阳理工大学图书馆	39180.00
65	南京师范大学图书馆	39105.00
66	集美大学图书馆	39000.00
67	华侨大学图书馆	38790.00
68	东北师范大学图书馆	38175.00
69	上海师范大学图书馆	37945.00
70	杭州电子科技大学图书馆	37913.00
71	西南政法大学图书馆	37684.00
72	辽宁大学图书馆	37470.00
73	金陵科技学院图书馆	37320.00
74	中南民族大学图书馆	37189.00
75	武汉理工大学图书馆	37104.00
76	西南科技大学图书馆	36475.00
77	延安大学图书馆	36448.00
78	西安交通大学图书馆	36394.00
79	浙江理工大学图书馆	36000.00
80	杭州师范学院图书馆	35559.00
81	长江师范学院图书馆	35264.00

序号	机构名称	馆舍总面积(平方米)
82	南京审计学院图书馆	35257.00
83	浙江农林大学图书馆	35166.00
84	上海应用技术学院图书馆	34800.00
85	东华大学图书馆	34266.00
86	海南医学院图书馆	34000.00
87	西华师范大学图书馆	34000.00
88	浙江建设职业技术学院图书馆	33910.00
89	上海财经大学图书馆	33712.00
90	苏州职业大学图书馆	33443.00
91	西安工程大学图书馆	33337.00
92	成都信息工程学院图书馆	33298.36
93	湖南师范大学图书馆	33067.00
94	华北电力大学图书馆	33029.00
95	中南大学图书馆	33000.00
96	无锡商业职业技术学院图书馆	32985.00
97	辽宁石油化工大学图书馆	32900.00
98	西南石油大学图书馆	32867.00
99	武夷学院图书馆	32600.00
100	南京信息工程大学(原南京气象学院)图书馆	32400.00
101	广西大学图书馆	32338.00
102	宝鸡文理学院图书馆	32200.00
103	西北农林科技大学图书馆	32104.34
104	西安财经学院图书馆	32052.08
105	陕西医学高等专科学校图书馆	32000.00
106	华中农业大学图书馆	31136.00
107	南京农业大学图书馆	31000.00
108	怀化学院图书馆	30359.20
109	湖南大学图书馆	30300.00
110	成都电子机械高等专科学校图书馆	30200.00
111	西安理工大学图书馆	30078.00
112	宜宾学院图书馆	30000.00
113	上海理工大学图书馆	30000.00
114	漳州师范学院图书馆	29956.00
115	南京中医药大学图书馆	29850.00
116	湖州师范学院图书馆	29750.00
117	常州纺织服装职业技术学院图书馆	29605.00
118	浙江万里学院图书馆	29530.00
119	常州工程职业技术学院图书馆	29462.00
120	上海电机学院图书馆	29313.00
121	天津科技大学图书馆	29300.00
122	河北职业技术师范学院图书馆	29263.10
123	洛阳师范学院图书馆	29132.00

序号	机构名称	馆舍总面积(平方米)
124	重庆交通大学图书馆	29000.00
125	浙江大学城市学院图书馆	28610.00
126	西北工业大学图书馆	28400.00
127	首都师范大学图书馆	28243.00
128	温州医学院图书馆	28000.00
129	清华大学图书馆	27822.00
130	中国科学技术大学图书馆	27773.00
131	凯里学院图书馆	27661.70
132	河北北方学院图书馆	27554.86
133	西南大学图书馆	27311.00
134	泸州医学院图书馆	27289.00
135	上海工程技术大学图书馆	27000.00
136	武汉工程大学图书馆	26859.00
137	大连民族学院图书馆	26800.00
138	沈阳师范大学图书馆	26800.00
139	常州信息职业技术学院图书馆	26700.00
140	承德民族师范高等专科学校图书馆	26680.00
141	浙江海洋学院图书馆	26600.00
142	沈阳工业大学图书馆	26600.00
143	合肥师范学院图书馆	26599.00
144	渝西学院图书馆	26417.00
145	黑龙江八一农垦大学图书馆	26173.00
146	南京航空航天大学图书馆	26000.00
147	华中师范大学汉口分校图书馆	26000.00
148	湖北工业大学商贸学院图书馆	26000.00
149	四川外语学院图书馆	26000.00
150	宁波工程学院图书馆	25660.00
151	丽水学院图书馆	25654.00
152	襄樊学院图书馆	25592.00
153	福建医科大学图书馆	25564.00
154	辽宁科技大学图书馆	25506.00
155	沈阳大学图书馆	25440.00
156	山西农业大学图书馆	25430.00
157	东北财经大学图书馆	25400.00
158	宁德师范学院图书馆	25210.00
159	宁波大学图书馆	25070.00
160	西北大学图书馆	25054.00
161	南京医科大学图书馆	25000.00
162	对外经济贸易大学图书馆	25000.00
163	华北科技学院图书馆	25000.00
164	东北农业大学图书馆	24870.00
165	连云港职业技术学院图书馆	24711.00

序号	机构名称	馆舍总面积(平方米)
166	宁波大红鹰学院图书馆	24700.00
167	绍兴文理学院图书馆	24189.00
168	锦州医学院图书馆	24100.00
169	北京科技大学图书馆	24006.00
170	保定学院图书馆	24000.00
171	太原理工大学图书馆	24000.00
172	福建交通职业技术学院图书馆	24000.00
173	陕西国际商贸学院图书馆	24000.00
174	无锡职业技术学院图书馆	24000.00
175	沈阳航空工业学院图书馆	24000.00
176	北京林业大学图书馆	23400.00
177	泉州师范学院图书馆	23395.00
178	辽宁中医学院图书馆	23331.00
179	皖西学院图书馆	23300.00
180	四川职业技术学院图书馆	23100.00
181	黄石理工学院图书馆	23000.00
182	西安科技大学图书馆	22820.00
183	上海外国语大学图书馆	22700.00
184	浙江经贸职业技术学院图书馆	22300.00
185	贵州民族学院图书馆	22200.00
186	漳州职业技术学院图书馆	22186.00
187	江苏海事职业技术学院图书馆	22000.00
188	广西工学院图书馆	21882.00
189	江西公安专科学校图书馆	21861.00
190	重庆工学院图书馆	21793.00
191	河北师范大学图书馆	21721.00
192	贵阳学院图书馆	21700.00
193	三明学院图书馆	21553.00
194	大连大学图书馆	21550.00
195	浙江传媒学院图书馆	21400.00
196	南通大学图书馆	21352.00
197	辽宁对外经贸学院图书馆	21320.00
198	扬州市职业大学图书馆	21258.00
199	扬州环境资源职业技术学院图书馆	21253.00
200	汕头大学图书馆	21245.00
201	浙江大学宁波理工学院图书馆	21159.00
202	大连工业大学图书馆	21124.00
203	徐州师范大学图书馆	21000.00
204	北京工业大学图书馆	20713.00
205	沈阳工程学院图书馆	20700.00
206	南京林业大学图书馆	20660.00
207	东北大学图书馆	20510.00

序号	机构名称	馆舍总面积(平方米)
208	仰恩大学图书馆	20500.00
209	四川美术学院图书馆	20409.00
210	长治学院图书馆	20400.00
211	中国政法大学图书馆	20393.00
212	河南工业大学图书馆	20356.00
213	浙江商业职业技术学院图书馆	20190.00
214	陕西理工学院图书馆	20021.00
215	石家庄影视艺术职业学院图书馆	20000.00
216	辽宁科技学院图书馆	20000.00
217	上海海洋大学图书馆	20000.00
218	嘉兴学院图书馆	19816.00
219	长江大学图书馆	19800.00
220	遵义师范学院图书馆	19770.00
221	郑州轻工业学院图书馆	19595.00
222	贵州财经学院图书馆	19578.00
223	厦门理工学院图书馆	19400.00
224	河北理工大学图书馆	19243.00
225	兰州商学院图书馆	19000.00
226	台州学院图书馆	19000.00
227	龙岩学院图书馆	18760.00
228	贵州师范大学图书馆	18656.00
229	西安建筑科技大学图书馆	18603.00
230	辽宁师范大学图书馆	18532.00
231	无锡工艺职业技术学院图书馆	18529.00
232	四川建筑职业技术学院图书馆	18500.00
233	琼州学院图书馆	18500.00
234	邢台职业技术学院图书馆	18370.00
235	西安欧亚学院图书馆	18328.00
236	四川工程职业技术学院图书馆	18200.00
237	重庆三峡学院图书馆	18091.00
238	温州职业技术学院图书馆	18079.00
239	山西大学图书馆	18000.00
240	湖南科技学院图书馆	18000.00
241	上海立信会计学院图书馆	18000.00
242	闽江学院图书馆	17906.16
243	南京理工大学图书馆	17800.00
244	福建中医药大学图书馆	17800.00
245	河北科技大学图书馆	17797.00
246	厦门海洋职业技术学院图书馆	17490.00
247	太原师范学院图书馆	17454.85
248	西京学院图书馆	17204.00
249	华东理工大学图书馆	16966.00

序号	机构名称	馆舍总面积(平方米)
250	福建工程学院图书馆	16700.00
251	江苏工业学院图书馆	16603.00
252	苏州科技学院图书馆	16599.12
253	石家庄学院图书馆	16396.10
254	秦皇岛职业技术学院图书馆	16367.00
255	西北民族大学图书馆	16312.10
256	江西旅游商贸职业学院图书馆	16227.00
257	中国民用航空飞行学院图书馆	16135.00
258	太原科技大学图书馆	16000.00
259	四川音乐学院图书馆	16000.00
260	西安文理学院图书馆	16000.00
261	重庆医科大学图书馆	15970.00
262	毕节学院图书馆	15915.00
263	北京中医药大学图书馆	15811.00
264	六盘水师范学院图书馆	15750.00
265	温州科技职业学院图书馆	15635.00
266	川北医学院图书馆	15508.00
267	华中科技大学武昌分校图书馆	15500.00
268	上海政法学院图书馆	15500.00
269	江苏农林职业技术学院图书馆	15346.00
270	浙江工商职业技术学院图书馆	15170.00
271	河北工程大学图书馆	15024.00
272	中国医科大学图书馆	15000.00
273	中国美术学院图书馆	14954.00
274	华北水利水电学院图书馆	14900.00
275	沈阳体育学院图书馆	14878.00
276	西藏民族学院图书馆	14821.00
277	重庆师范大学涉外商贸学院图书馆	14800.00
278	甘肃政法学院图书馆	14700.00
279	西北师范大学图书馆	14629.00
280	河北工业大学图书馆	14600.00
281	西华大学图书馆	14412.00
282	漳州卫生职业学院图书馆	14328.00
283	浙江国际海运职业技术学院图书馆	14325.00
284	上海震旦职业学院图书馆	14295.00
285	忻州师范学院图书馆	14156.00
286	河北政法职业学院图书馆	14098.00
287	北京交通大学图书馆	14056.00
288	嘉兴职业技术学院图书馆	14045.40
289	北京邮电大学图书馆	14000.00
290	首都医科大学图书馆	13800.00
291	华中师范大学图书馆	13715.00

序号	机构名称	馆舍总面积(平方米)
292	桂林电子工业学院图书馆	13646.00
293	广西财经学院图书馆	13561.00
294	浙江工业职业技术学院图书馆	13440.00
295	贵阳医学院图书馆	13420.00
296	浙江经济职业技术学院图书馆	13403.00
297	井冈山大学图书馆	13350.00
298	大连水产学院图书馆	13175.00
299	新乡医学院图书馆	13057.00
300	浙江广厦建设职业技术学院图书馆	12977.00
301	丽水职业技术学院图书馆	12913.00
302	闽西职业技术学院图书馆	12863.00
303	柳州医学高等专科学校图书馆	12800.00
304	榆林学院图书馆	12800.00
305	上海对外贸易学院图书馆	12690.00
306	石家庄铁道学院图书馆	12639.00
307	沈阳医学院图书馆	12616.00
308	内江师范学院图书馆	12500.00
309	衢州职业技术学院图书馆	12475.00
310	厦门华厦职业学院图书馆	12295.40
311	四川交通职业技术学院图书馆	12166.00
312	重庆工程职业技术学院图书馆	12054.00
313	成都农业科技职业学院图书馆	12000.00
314	湖州职业技术学院图书馆	11921.00
315	上海中医药大学图书馆	11854.00
316	镇江市高等专科学校图书馆	11781.00
317	长沙学院图书馆	11598.00
318	紫琅职业技术学院图书馆	11557.00
319	莆田学院图书馆	11403.00
320	天津理工学院图书馆	11320.00
321	江苏建康职业学院图书馆	11253.18
322	义乌工商职业技术学院图书馆	11200.00
323	浙江医学高等专科学校图书馆	11052.46
324	四川邮电职业技术学院图书馆	10991.00
325	西安石油大学图书馆	10980.00
326	上海建桥学院图书馆	10900.00
327	贵阳中医学院图书馆	10814.00
328	徐州医学院图书馆	10797.00
329	泉州经贸职业技术学院图书馆	10663.57
330	遵义医学院图书馆	10634.00
331	浙江育英职业技术学院图书馆	10489.00
332	唐山工业职业技术学院图书馆	10321.00
333	南京交通职业技术学院图书馆	10200.00

序号	机构名称	馆舍总面积(平方米)
334	黎明职业大学图书馆	10200.00
335	重庆市广播电视大学图书馆	10065.00
336	辽宁农业职业技术学院图书馆	10062.00
337	中国矿业大学(北京)图书馆	10062.00
338	泉州轻工职业学院图书馆	9978.00
339	浙江纺织服装职业技术学院图书馆	9872.00
340	福建华南女子职业学院图书馆	9744.00
341	浙江机电职业技术学院图书馆	9728.49
342	浙江医药高等专科学校图书馆	9515.00
343	九江职业技术学院图书馆	9491.00
344	上海商学院图书馆	9200.00
345	西北政法学院图书馆	9200.00
346	福建警察学院图书馆	9200.00
347	上海立达职业技术学院图书馆	9150.00
348	浙江警官职业学院图书馆	9070.00
349	黑龙江中医药大学图书馆	9000.00
350	江阴职业技术学院图书馆	8700.00
351	中国药科大学图书馆	8693.00
352	上海师范大学天华学院图书馆	8570.00
353	上海工商外国语职业学院图书馆	8483.60
354	浙江旅游职业学院图书馆	8480.00
355	阳泉职业技术学院图书馆	8369.00
356	成都理工大学图书馆	8340.00
357	上海济光职业技术学院图书馆	8193.00
358	浙江公安高等专科学校图书馆	8170.00
359	贵州师范学院图书馆	8020.00
360	绍兴职业技术学院图书馆	8000.00
361	湄洲湾职业技术学院图书馆	7888.00
362	北京外国语大学图书馆	7800.00
363	厦门兴才职业技术学院图书馆	7744.00
364	泰州职业技术学院图书馆	7600.00
365	四川电力职业技术学院图书馆	7525.00
366	北京农业职业学院图书馆	7450.00
367	黔南民族师范学院图书馆	7412.00
368	四川烹饪高等专科学校图书馆	7400.00
369	四川航天职业技术学院图书馆	7400.00
370	上海农林职业技术学院图书馆	7386.00
371	九州职业技术学院图书馆	7260.00
372	成都职业技术学院图书馆	7104.00
373	德化陶瓷职业技术学院图书馆	7000.00
374	武汉工业学院工商学院图书馆	7000.00
375	石家庄外事职业学院图书馆	7000.00

序号	机构名称	馆舍总面积(平方米)
376	宁波城市职业技术学院图书馆	6693.00
377	桂林航天工业高等专科学校图书馆	6654.00
378	上海电子信息职业技术学院图书馆	6600.00
379	杭州职业技术学院图书馆	6538.00
380	绵阳职业技术学院图书馆	6442.00
381	四川民族学院图书馆	6415.00
382	漳州天福茶职业技术学院图书馆	6133.70
383	上海旅游高等专科学校图书馆	6130.00
384	上海出版印刷高等专科学校图书馆	6100.00
385	福建电力职业技术学院图书馆	6040.00
386	琼台师范高等专科学校图书馆	6008.00
387	四川机电职业技术学院图书馆	6004.07
388	北京体育大学图书馆	6000.00
389	浙江同济科技职业学院图书馆	6000.00
390	眉山职业技术学院图书馆	6000.00
391	复旦大学上海视觉艺术学院图书馆	6000.00
392	南充职业技术学院图书馆	5867.00
393	宁波天一职业技术学院图书馆	5698.00
394	上海行健职业学院图书馆	5600.00
395	盘锦职业技术学院图书馆	5538.00
396	浙江工贸职业技术学院图书馆	5333.00
397	渤海船舶职业学院图书馆	5075.00
398	三亚航空旅游职业学院图书馆	4800.00
399	河北建筑工程学院图书馆	4800.00
400	泰州师范高等专科学校图书馆	4750.00
401	湖南中医药高等专科学校图书馆	4742.00
402	中央音乐学院图书馆	4696.00
403	成都医学院图书馆	4567.00
404	成都航空职业技术学院图书馆	4517.00
405	内江职业技术学院图书馆	4511.00
406	浙江外国语学院图书馆	4500.00
407	贵州商业高等专科学校图书馆	4500.00
408	太原大学图书馆	4500.00
409	杭州万向职业技术学院图书馆	4382.00
410	厦门医学高等专科学校图书馆	4265.00
411	江苏信息职业技术学院图书馆	4118.00
412	邯郸职业技术学院图书馆	4050.00
413	抚顺职业技术学院图书馆	4008.00
414	上海科学技术职业学院图书馆	4000.00
415	广安职业技术学院图书馆	4000.00
416	黔南民族医学高等专科学校图书馆	3937.00
417	浙江艺术职业学院图书馆	3912.00

序号	机构名称	馆舍总面积(平方米)
418	四川文理学院图书馆	3624.00
419	河北体育学院图书馆	3600.00
420	河北石油职业技术学院图书馆	3500.00
421	铜仁学院图书馆	3466.50
422	上海城市管理职业技术学院图书馆	3464.00
423	四川水利职业技术学院图书馆	3370.00
424	福建体育职业技术学院图书馆	3283.00
425	上海医疗器械高等专科学校图书馆	3268.00
426	安顺学院图书馆	3251.00
427	浙江体育职业技术学院图书馆	3200.00
428	贵州广播电视大学图书馆	3139.00
429	沧州职业技术学院图书馆	3068.00
430	上海思博职业技术学院图书馆	3060.00
431	河北工程技术高等专科学校图书馆	3056.00
432	抚顺师范高等专科学校图书馆	3050.00
433	福建商业高等专科学校图书馆	2927.00
434	南宁地区教育学院图书馆	2900.00
435	上海邦德职业技术学院图书馆	2651.00
436	福州英华职业学院图书馆	2521.00
437	晋城职业技术学院图书馆	2500.00
438	上海托普信息技术职业学院图书馆	2337.00
439	宁波教育学院图书馆	2200.00
440	四川财经职业学院图书馆	2200.00
441	上海音乐学院图书馆	2152.00
442	上海新侨职业技术学院图书馆	2008.00
443	广西经贸职业技术学院图书馆	1906.00
444	中央戏剧学院图书馆	1416.00
445	金华教育学院图书馆	1150.00
446	闽北职业技术学院图书馆	1080.00
447	泉州泰山航海职业学院图书馆	1060.00
448	泉州纺织服装职业学院图书馆	800.00
449	上海欧华职业技术学院图书馆	413.35
450	承德医学院图书馆	200.00
451	上海医药高等专科学校图书馆	30.00
	合计	10046505.72

(表中数据保留小数点后两位)

2010年100所高校图书馆在建馆舍设计建筑面积统计表

序号	机构名称	在建馆舍设计建筑面积(平方米)
1	贵州大学图书馆	50000.00
2	河北工业大学图书馆	50000.00
3	河北科技大学图书馆	49959.00
4	福建江夏学院图书馆	47300.00
5	天津理工学院图书馆	45800.00
6	河北师范大学图书馆	45300.00
7	西安石油大学图书馆	45000.00
8	中国人民大学图书馆	45000.00
9	贵州财经学院图书馆	44000.00
10	西北民族大学图书馆	43000.00
11	福建工程学院图书馆	40500.00
12	西北师范大学图书馆	40318.00
13	河南工业大学图书馆	40290.00
14	南通大学图书馆	39000.00
15	苏州科技学院图书馆	39000.00
16	中南大学图书馆	38000.00
17	西北大学图书馆	37500.00
18	西南大学图书馆	37000.00
19	海口经济学院图书馆	36000.00
20	南阳师范学院图书馆	36000.00
21	浙江财经学院图书馆	35053.00
22	山西大学图书馆	35000.00
23	莆田学院图书馆	35000.00
24	武汉大学图书馆	35000.00
25	陕西理工学院图书馆	32918.00
26	石家庄学院图书馆	32600.00
27	西北工业大学图书馆	32430.00
28	华东理工大学图书馆	32000.00
29	重庆三峡学院图书馆	32000.00
30	琼州学院图书馆	32000.00
31	兰州商学院图书馆	30895.00
32	华中师范大学图书馆	30357.00
33	宁波职业技术学院图书馆	30000.00
34	重庆工学院图书馆	30000.00
35	广西财经学院图书馆	30000.00
36	郑州轻工业学院图书馆	30000.00
37	西华大学图书馆	29470.00
38	四川文理学院图书馆	28375.00

序号	机构名称	在建馆舍设计建筑面积(平方米)
39	江苏信息职业技术学院图书馆	28325.00
40	唐山工业职业技术学院图书馆	27400.00
41	重庆工程职业技术学院图书馆	25760.00
42	徐州医学院图书馆	25471.00
43	黔南民族师范学院图书馆	25109.00
44	沈阳化工学院图书馆	25000.00
45	重庆医科大学图书馆	25000.00
46	中国科学技术大学图书馆	25000.00
47	上海电机学院图书馆	23700.00
48	中国地质大学图书馆	23000.00
49	中国药科大学图书馆	23000.00
50	徐州建筑职业技术学院图书馆	23000.00
51	黑龙江中医药大学图书馆	21000.00
52	琼台师范高等专科学校图书馆	20076.00
53	江苏海事职业技术学院图书馆	20000.20
54	石家庄影视艺术职业学院图书馆	20000.00
55	上海商学院图书馆	20000.00
56	浙江传媒学院图书馆	20000.00
57	贵州广播电视大学图书馆	20000.00
58	重庆市广播电视大学图书馆	20000.00
59	清华大学图书馆	20000.00
60	南京交通职业技术学院图书馆	19878.00
61	山东大学图书馆	19722.07
62	贵州师范学院图书馆	19300.00
63	杭州职业技术学院图书馆	19041.00
64	武汉工业学院工商学院图书馆	19000.00
65	承德医学院图书馆	18000.00
66	浙江海洋学院图书馆	17020.00
67	华侨大学图书馆	17000.00
68	盘锦职业技术学院图书馆	17000.00
69	三亚航空旅游职业学院图书馆	16391.00
70	民办浙江树人学院图书馆	16000.00
71	东北财经大学图书馆	15700.00
72	广西工学院图书馆	13159.00
73	成都航空职业技术学院图书馆	13000.00
74	河北建筑工程学院图书馆	13000.00
75	杭州万向职业技术学院图书馆	12180.00
76	湖州职业技术学院图书馆	12000.00
77	浙江旅游职业学院图书馆	12000.00
78	上海震旦职业学院图书馆	12000.00
79	四川水利职业技术学院图书馆	11181.00

序号	机构名称	在建馆舍设计建筑面积(平方米)
80	宁波天一职业技术学院图书馆	11000.00
81	四川邮电职业技术学院图书馆	10991.00
82	泉州轻工职业学院图书馆	9978.00
83	新疆大学图书馆	9720.92
84	浙江工业职业技术学院图书馆	9505.00
85	安顺学院图书馆	9100.00
86	四川信息职业技术学院图书馆	9000.00
87	中央戏剧学院图书馆	8500.00
88	邯郸职业技术学院图书馆	8020.00
89	中国民用航空飞行学院图书馆	8000.00
90	绵阳职业技术学院图书馆	8000.00
91	四川电力职业技术学院图书馆	7500.00
92	金陵科技学院图书馆	7000.00
93	桂林航天工业高等专科学校图书馆	6654.00
94	衡水职业技术学院图书馆	6574.00
95	上海科学技术职业学院图书馆	6500.00
96	上海欧华职业技术学院图书馆	5143.00
97	成都医学院图书馆	4567.00
98	河北石油职业技术学院图书馆	3500.00
99	沧州师范专科学校图书馆	250.00
100	岳阳职业技术学院图书馆	123.00
	合计	2365104.49

（表中数据保留小数点后两位）

2010 年 468 所高校图书馆工作人员总数统计表

序号	机构名称	工作人员总数(人)
1	浙江大学图书馆	466
2	上海财经大学图书馆	422
3	南京大学图书馆	395
4	山东大学图书馆	391
5	北京交通大学图书馆	379
6	武汉大学图书馆	360
7	四川大学图书馆	360
8	深圳大学图书馆	333
9	福建农林大学图书馆	327
10	上海交通大学图书馆	322
11	厦门大学图书馆	298
12	毕节学院图书馆	295
13	广西大学图书馆	293
14	扬州大学图书馆	290
15	华中科技大学图书馆	289
16	复旦大学图书馆	266
17	重庆大学图书馆	264
18	同济大学图书馆	258
19	海南大学图书馆	254
20	浙江农林大学图书馆	252
21	武汉理工大学图书馆	241
22	清华大学图书馆	234
23	北京大学图书馆	232
24	哈尔滨工业大学图书馆	229
25	上海大学图书馆	228
26	贵州大学图书馆	227
27	东南大学图书馆	224
28	辽宁大学图书馆	223
29	上海应用技术学院图书馆	222
30	杭州电子科技大学图书馆	215
31	台州学院图书馆	215
32	中南大学图书馆	215
33	河北科技大学图书馆	215
34	南京师范大学图书馆	211
35	东北大学图书馆	207
36	集美大学图书馆	207
37	辽宁石油化工大学图书馆	206
38	华东师范大学图书馆	206

序号	机构名称	工作人员总数(人)
39	河南大学图书馆	203
40	西安交通大学图书馆	201
41	温州大学图书馆	199
42	湖南大学图书馆	195
43	重庆医科大学图书馆	194
44	河北师范大学图书馆	192
45	西南交通大学图书馆	190
46	北京邮电大学图书馆	183
47	东北师范大学图书馆	180
48	福建交通职业技术学院图书馆	178
49	西南财经大学图书馆	178
50	西南大学图书馆	178
51	上海师范大学图书馆	178
52	燕山大学图书馆	176
53	南昌大学图书馆	175
54	苏州大学图书馆	174
55	江苏大学图书馆	173
56	中南财经政法大学图书馆	173
57	东华大学图书馆	171
58	南京财经大学图书馆	170
59	福州大学图书馆	167
60	长安大学图书馆	167
61	青岛科技大学图书馆	166
62	中国矿业大学图书馆	164
63	湖南师范大学图书馆	162
64	西北民族大学图书馆	156
65	井冈山大学图书馆	156
66	湖北大学图书馆	154
67	大连理工大学图书馆	154
68	河海大学图书馆	153
69	徐州师范大学图书馆	153
70	西北农林科技大学图书馆	148
71	上海外国语大学图书馆	148
72	西南政法大学图书馆	145
73	陕西师范大学图书馆	145
74	西安工业学院图书馆	144
75	川北医学院图书馆	144
76	河北工业大学图书馆	144
77	成都理工大学图书馆	143
78	贵州财经学院图书馆	143
79	电子科技大学图书馆	142

序号	机构名称	工作人员总数(人)
80	南通大学图书馆	142
81	浙江工业大学图书馆	142
82	河北工程大学图书馆	142
83	华北电力大学图书馆	142
84	浙江师范大学图书馆	141
85	合肥工业大学图书馆	141
86	大连交通大学图书馆	140
87	安徽大学图书馆	140
88	中国地质大学图书馆	139
89	西安建筑科技大学图书馆	138
90	浙江财经学院图书馆	137
91	石家庄学院图书馆	136
92	福建工程学院图书馆	134
93	对外经济贸易大学图书馆	134
94	华侨大学图书馆	132
95	中南民族大学图书馆	132
96	广西财经学院图书馆	131
97	西北工业大学图书馆	130
98	宁波大学图书馆	129
99	贵州师范大学图书馆	129
100	闽江学院图书馆	129
101	山东理工大学图书馆	128
102	上海海洋大学图书馆	125
103	南京农业大学图书馆	122
104	江南大学图书馆	121
105	首都师范大学图书馆	121
106	兰州交通大学图书馆	120
107	福建中医药大学图书馆	120
108	南京航空航天大学图书馆	119
109	南京工业大学图书馆	118
110	西南科技大学图书馆	118
111	常熟理工学院图书馆	117
112	西南石油大学图书馆	116
113	西安科技大学图书馆	115
114	长江大学图书馆	114
115	华东理工大学图书馆	112
116	新乡医学院图书馆	112
117	浙江大学宁波理工学院图书馆	111
118	上海对外贸易学院图书馆	111
119	长沙学院图书馆	110
120	保定学院图书馆	109

序号	机构名称	工作人员总数(人)
121	西安电子科技大学图书馆	109
122	西安石油大学图书馆	109
123	中国科学技术大学图书馆	109
124	上海理工大学图书馆	109
125	南京理工大学图书馆	108
126	兰州大学图书馆	108
127	西北大学图书馆	107
128	浙江工商大学图书馆	106
129	武汉科技大学图书馆	106
130	渝西学院图书馆	106
131	西安财经学院图书馆	106
132	河南工业大学图书馆	105
133	南京邮电大学图书馆	104
134	辽宁师范大学图书馆	104
135	山西大学图书馆	103
136	上海海事大学图书馆	103
137	石家庄经济学院图书馆	102
138	北京林业大学图书馆	101
139	中国政法大学图书馆	101
140	宜宾学院图书馆	101
141	浙江大学城市学院图书馆	100
142	西北师范大学图书馆	100
143	武汉科技学院图书馆	99
144	浙江经济职业技术学院图书馆	99
145	南京中医药大学图书馆	97
146	漳州师范学院图书馆	97
147	沈阳大学图书馆	95
148	河北北方学院图书馆	94
149	贵阳中医学院图书馆	94
150	西北政法学院图书馆	94
151	南京审计学院图书馆	93
152	上海工程技术大学图书馆	93
153	山西农业大学图书馆	92
154	东北农业大学图书馆	92
155	宝鸡文理学院图书馆	92
156	延安大学图书馆	91
157	徐州医学院图书馆	91
158	福建江夏学院图书馆	90
159	重庆交通大学图书馆	90
160	南京医科大学图书馆	90
161	北京体育大学图书馆	89

序号	机构名称	工作人员总数(人)
162	桂林电子工业学院图书馆	89
163	南京林业大学图书馆	89
164	忻州师范学院图书馆	88
165	华北水利水电学院图书馆	88
166	北京科技大学图书馆	88
167	成都信息工程学院图书馆	87
168	陕西国际商贸学院图书馆	87
169	苏州科技学院图书馆	87
170	武汉工程大学图书馆	86
171	浙江理工大学图书馆	86
172	中国美术学院图书馆	85
173	贵阳学院图书馆	85
174	襄樊学院图书馆	85
175	淮阴师范学院图书馆	85
176	沈阳师范大学图书馆	85
177	上海第二工业大学图书馆	84
178	重庆工学院图书馆	84
179	内江师范学院图书馆	84
180	成都中医药大学图书馆	83
181	华中师范大学图书馆	83
182	浙江海洋学院图书馆	83
183	沈阳工业大学图书馆	83
184	南京信息工程大学(原南京气象学院)图书馆	82
185	杭州师范学院图书馆	82
186	天津科技大学图书馆	81
187	辽宁科技学院图书馆	81
188	大连工业大学图书馆	80
189	四川农业大学图书馆	80
190	兰州商学院图书馆	80
191	郑州轻工业学院图书馆	80
192	中国计量学院图书馆	80
193	辽宁中医学院图书馆	80
194	上海行健职业学院图书馆	80
195	陕西医学高等专科学校图书馆	79
196	西藏民族学院图书馆	79
197	西华大学图书馆	78
198	河北政法职业学院图书馆	78
199	天津理工学院图书馆	77
200	承德民族师范高等专科学校图书馆	77
201	沈阳化工学院图书馆	77
202	东北财经大学图书馆	76

序号	机构名称	工作人员总数(人)
203	嘉兴学院图书馆	76
204	秦皇岛职业技术学院图书馆	75
205	太原科技大学图书馆	75
206	大连大学图书馆	75
207	西安工程大学图书馆	75
208	河北职业技术师范学院图书馆	75
209	太原师范学院图书馆	73
210	华中农业大学图书馆	73
211	西安理工大学图书馆	73
212	陕西理工学院图书馆	73
213	湖州师范学院图书馆	73
214	沈阳理工大学图书馆	72
215	黑龙江八一农垦大学图书馆	71
216	浙江万里学院图书馆	70
217	浙江经贸职业技术学院图书馆	70
218	浙江传媒学院图书馆	69
219	丽水学院图书馆	69
220	中国药科大学图书馆	68
221	渤海大学图书馆	68
222	首都医科大学图书馆	68
223	广西工学院图书馆	67
224	成都电子机械高等专科学校图书馆	67
225	长江师范学院图书馆	67
226	榆林学院图书馆	67
227	绍兴文理学院图书馆	67
228	北京中医药大学图书馆	66
229	四川文理学院图书馆	65
230	遵义医学院图书馆	65
231	四川外语学院图书馆	65
232	华北科技学院图书馆	65
233	河北石油职业技术学院图书馆	65
234	江苏海事职业技术学院图书馆	64
235	黑龙江中医药大学图书馆	64
236	盐城师范学院图书馆	64
237	金陵科技学院图书馆	64
238	武汉工业学院工商学院图书馆	64
239	琼州学院图书馆	64
240	沈阳医学院图书馆	64
241	扬州市职业大学图书馆	64
242	四川烹饪高等专科学校图书馆	63
243	黄冈师范学院图书馆	63

序号	机构名称	工作人员总数(人)
244	温州医学院图书馆	63
245	上海中医药大学图书馆	63
246	北京外国语大学图书馆	63
247	江苏工业学院图书馆	62
248	铜仁学院图书馆	62
249	辽宁科技大学图书馆	61
250	民办浙江树人学院图书馆	61
251	四川建筑职业技术学院图书馆	61
252	海口经济学院图书馆	61
253	石家庄铁道学院图书馆	61
254	沈阳航空工业学院图书馆	60
255	南京晓庄学院图书馆	58
256	宁波城市职业技术学院图书馆	58
257	皖西学院图书馆	58
258	汕头大学图书馆	58
259	凯里学院图书馆	58
260	厦门理工学院图书馆	58
261	怀化学院图书馆	57
262	安康学院图书馆	57
263	遵义师范学院图书馆	57
264	福建医科大学图书馆	57
265	徐州建筑职业技术学院图书馆	57
266	莆田学院图书馆	56
267	琼台师范高等专科学校图书馆	56
268	贵州民族学院图书馆	56
269	无锡商业职业技术学院图书馆	56
270	泰州师范高等专科学校图书馆	55
271	中国医科大学图书馆	55
272	长治学院图书馆	55
273	泸州医学院图书馆	54
274	沈阳药科大学图书馆	54
275	龙岩学院图书馆	54
276	上海立信会计学院图书馆	54
277	上海政法学院图书馆	54
278	洛阳师范学院图书馆	54
279	苏州职业大学图书馆	53
280	西安外国语大学图书馆	53
281	西安文理学院图书馆	53
282	西京学院图书馆	53
283	江西公安专科学校图书馆	53
284	大连民族学院图书馆	52

序号	机构名称	工作人员总数(人)
285	甘肃政法学院图书馆	52
286	南阳师范学院图书馆	52
287	无锡职业技术学院图书馆	52
288	江苏农林职业技术学院图书馆	51
289	黎明职业大学图书馆	51
290	阳泉职业技术学院图书馆	51
291	重庆三峡学院图书馆	50
292	河北理工大学图书馆	50
293	华中科技大学武昌分校图书馆	49
294	浙江旅游职业学院图书馆	49
295	渤海石油职业学院图书馆	48
296	合肥师范学院图书馆	48
297	海南政法职业学院图书馆	48
298	滨州职业学院图书馆	47
299	湖南科技学院图书馆	47
300	四川音乐学院图书馆	47
301	漳州职业技术学院图书馆	47
302	九江职业技术学院图书馆	46
303	锦州医学院图书馆	46
304	三明学院图书馆	46
305	太原理工大学图书馆	45
306	中国民用航空飞行学院图书馆	45
307	抚顺师范高等专科学校图书馆	45
308	泉州师范学院图书馆	45
309	浙江工商职业技术学院图书馆	44
310	沈阳工程学院图书馆	43
311	四川工程职业技术学院图书馆	43
312	湖北中医学院图书馆	43
313	上海电机学院图书馆	43
314	河北建筑工程学院图书馆	43
315	四川民族学院图书馆	43
316	浙江外国语学院图书馆	42
317	华中师范大学汉口分校图书馆	42
318	四川美术学院图书馆	42
319	海南医学院图书馆	42
320	重庆师范大学涉外商贸学院图书馆	41
321	镇江市高等专科学校图书馆	41
322	中央音乐学院图书馆	40
323	上海体育学院图书馆	40
324	常州纺织服装职业技术学院图书馆	40
325	浙江警官职业学院图书馆	40

序号	机构名称	工作人员总数(人)
326	河南城建学院图书馆	39
327	大连水产学院图书馆	39
328	连云港职业技术学院图书馆	38
329	福建警察学院图书馆	38
330	邢台职业技术学院图书馆	38
331	泰州职业技术学院图书馆	38
332	浙江医学高等专科学校图书馆	37
333	宁波大红鹰学院图书馆	37
334	西安欧亚学院图书馆	37
335	黔南民族师范学院图书馆	37
336	宁波教育学院图书馆	36
337	成都职业技术学院图书馆	36
338	渤海船舶职业学院图书馆	36
339	福建电力职业技术学院图书馆	35
340	沧州医学高等专科学校图书馆	35
341	温州职业技术学院图书馆	35
342	厦门华厦职业学院图书馆	35
343	贵阳医学院图书馆	35
344	安顺学院图书馆	35
345	湖州职业技术学院图书馆	34
346	浙江国际海运职业技术学院图书馆	34
347	闽西职业技术学院图书馆	34
348	上海海关高等专科学校图书馆	34
349	中国矿业大学(北京)图书馆	34
350	宁波工程学院图书馆	33
351	江西旅游商贸职业学院图书馆	33
352	重庆工程职业技术学院图书馆	33
353	武夷学院图书馆	33
354	泉州经贸职业技术学院图书馆	33
355	承德医学院图书馆	32
356	湖北工业大学商贸学院图书馆	32
357	桂林航天工业高等专科学校图书馆	32
358	上海建桥学院图书馆	32
359	四川交通职业技术学院图书馆	31
360	浙江工业职业技术学院图书馆	31
361	唐山工业职业技术学院图书馆	30
362	江苏信息职业技术学院图书馆	30
363	贵州师范学院图书馆	30
364	贵州商业高等专科学校图书馆	30
365	浙江纺织服装职业技术学院图书馆	30
366	温州科技职业学院图书馆	30

序号	机构名称	工作人员总数(人)
367	福建商业高等专科学校图书馆	30
368	常州信息职业技术学院图书馆	30
369	成都医学院图书馆	29
370	浙江医药高等专科学校图书馆	29
371	北京农业职业学院图书馆	29
372	沈阳体育学院图书馆	28
373	上海商学院图书馆	28
374	成都航空职业技术学院图书馆	28
375	上海师范大学天华学院图书馆	27
376	浙江公安高等专科学校图书馆	27
377	六盘水师范学院图书馆	27
378	浙江广厦建设职业技术学院图书馆	26
379	仰恩大学图书馆	26
380	九州职业技术学院图书馆	26
381	上海旅游高等专科学校图书馆	26
382	漳州卫生职业学院图书馆	25
383	中央戏剧学院图书馆	25
384	南京交通职业技术学院图书馆	25
385	浙江工贸职业技术学院图书馆	25
386	浙江机电职业技术学院图书馆	25
387	浙江商业职业技术学院图书馆	25
388	嘉兴职业技术学院图书馆	25
389	辽宁农业职业技术学院图书馆	25
390	上海出版印刷高等专科学校图书馆	25
391	邯郸职业技术学院图书馆	25
392	泉州纺织服装职业学院图书馆	24
393	柳州医学高等专科学校图书馆	24
394	绵阳职业技术学院图书馆	24
395	成都农业科技职业学院图书馆	24
396	江阴职业技术学院图书馆	23
397	沧州职业技术学院图书馆	23
398	上海音乐学院图书馆	23
399	衢州职业技术学院图书馆	23
400	四川外语学院重庆南方翻译学院图书馆	23
401	盘锦职业技术学院图书馆	23
402	上海立达职业技术学院图书馆	23
403	河北工程技术高等专科学校图书馆	23
404	重庆市广播电视大学图书馆	22
405	广西经贸职业技术学院图书馆	22
406	抚顺职业技术学院图书馆	22
407	湖南中医药高等专科学校图书馆	22

序号	机构名称	工作人员总数(人)
408	河北体育学院图书馆	22
409	扬州环境资源职业技术学院图书馆	21
410	浙江同济科技职业学院图书馆	21
411	四川电力职业技术学院图书馆	21
412	江苏建康职业学院图书馆	21
413	杭州职业技术学院图书馆	21
414	湄洲湾职业技术学院图书馆	20
415	闽北职业技术学院图书馆	20
416	紫琅职业技术学院图书馆	20
417	太原大学图书馆	20
418	厦门海洋职业技术学院图书馆	19
419	内江职业技术学院图书馆	19
420	四川职业技术学院图书馆	19
421	四川航天职业技术学院图书馆	19
422	浙江建设职业技术学院图书馆	19
423	上海农林职业技术学院图书馆	19
424	义乌工商职业技术学院图书馆	18
425	漳州天福茶职业技术学院图书馆	18
426	成都东软信息技术职业学院图书馆	18
427	四川财经职业学院图书馆	18
428	上海医疗器械高等专科学校图书馆	17
429	上海工商外国语职业学院图书馆	16
430	丽水职业技术学院图书馆	16
431	浙江体育职业技术学院图书馆	16
432	四川水利职业技术学院图书馆	16
433	广安职业技术学院图书馆	16
434	浙江育英职业技术学院图书馆	16
435	上海电子信息职业技术学院图书馆	16
436	复旦大学上海视觉艺术学院图书馆	16
437	福建体育职业技术学院图书馆	16
438	无锡工艺职业技术学院图书馆	15
439	河北机电职业技术学院图书馆	14
440	三亚航空旅游职业学院图书馆	14
441	黔南民族医学高等专科学校图书馆	14
442	四川机电职业技术学院图书馆	14
443	绍兴职业技术学院图书馆	14
444	辽宁对外经贸学院图书馆	14
445	上海科学技术职业学院图书馆	13
446	眉山职业技术学院图书馆	13
447	南宁地区教育学院图书馆	13
448	德化陶瓷职业技术学院图书馆	12

序号	机构名称	工作人员总数(人)
449	上海城市管理职业技术学院图书馆	12
450	厦门医学高等专科学校图书馆	12
451	四川邮电职业技术学院图书馆	12
452	浙江艺术职业学院图书馆	12
453	福建华南女子职业学院图书馆	11
454	贵州广播电视大学图书馆	11
455	宁波天一职业技术学院图书馆	11
456	厦门兴才职业技术学院图书馆	10
457	杭州万向职业技术学院图书馆	10
458	泉州轻工职业学院图书馆	9
459	浙江长征职业技术学院图书馆	9
460	金华教育学院图书馆	9
461	泉州泰山航海职业学院图书馆	8
462	上海济光职业技术学院图书馆	7
463	上海邦德职业技术学院图书馆	6
464	上海思博职业技术学院图书馆	5
465	上海欧华职业技术学院图书馆	4
466	上海托普信息技术职业学院图书馆	3
467	福州英华职业学院图书馆	2
468	黑龙江科技学院图书馆	1
	合计	40317

（数据出自“教育部高等学校图书馆事实数据库”，为各馆自报。版权归教育部高等学校图书情报工作指导委员会所有。）

文化部第四次全国公共图书馆评估定级名单

文化部关于公布一、二、三级图书馆名单的通知

文社文发[2010]5号

各省、自治区、直辖市文化厅(局):

为全面贯彻落实党的十七大和十七届四中全会精神,坚持以科学发展观为指导,进一步加强对图书馆事业的管理,提高图书馆工作的质量和水平,推动图书馆事业发展,构建惠及全民的公共文化服务体系,文化部于2009年在全国开展了第四次县以上公共图书馆的评估定级工作。在各级文化行政部门、图书馆和广大图书馆工作者的共同努力下,评估工作已圆满完成。依据第四次公共图书馆评估定级标准,经审查和公示,确定全国1784个图书馆达到三级以上图书馆标准。现公布如下:

北京市西城区图书馆等480个图书馆荣获“一级图书馆”称号;天津市武清区图书馆等410个图书馆荣获“二级图书馆”称号;天津市河北区少年儿童图书馆等894个图书馆荣获“三级图书馆”称号。

为给予鼓励,特向上等级图书馆颁发标牌和证书。希望有关文化行政部门对上等级图书馆给予奖励。希望荣获一、二、三级称号的图书馆珍惜荣誉,继续努力,争取各项工作迈上新台阶;希望尚未达标的图书馆,积极采取措施,按照评估标准的要求,努力尽早达标。各级文化主管部门、图书馆和图书馆工作者,要进一步增强改革意识、创新意识、服务意识,不断提高图书馆的服务水平,充分发挥图书馆在公共文化服务中的重要作用,为全面建设小康社会和社会主义和谐社会做出新的更大的贡献。

特此通知。

附件:1.一级图书馆名单
2.二级图书馆名单
3.三级图书馆名单

中华人民共和国文化部
二○一○年一月二十九日

一级图书馆名单

北京市

东城区图书馆
西城区图书馆
西城区青少年儿童图书馆
宣武区图书馆
朝阳区图书馆
丰台区图书馆
石景山区图书馆
石景山区少年儿童图书馆
海淀区图书馆
门头沟区图书馆
房山区图书馆
通州区图书馆
顺义区图书馆
昌平区图书馆
大兴区图书馆
怀柔区图书馆
平谷区图书馆
延庆县图书馆

天津市

天津图书馆
天津市少年儿童图书馆
泰达图书馆
和平区图书馆
河东区图书馆
河西区图书馆
南开区图书馆
河北区图书馆
红桥区少年儿童图书馆
大港区图书馆
东丽区图书馆
津南区图书馆
北辰区图书馆
宝坻区图书馆

河北省

石家庄市图书馆
唐山市图书馆
秦皇岛市图书馆
廊坊市图书馆
唐山市丰南区图书馆
遵化市图书馆
乐亭县图书馆
武安市图书馆
霸州市图书馆

山西省

太原市图书馆
长治市图书馆
晋中市榆次区图书馆
曲沃县图书馆
汾阳市图书馆

内蒙古自治区

鄂尔多斯市图书馆
包头市青山区图书馆
包头市九原区图书馆
乌海市乌达区图书馆
赤峰市红山区民族少儿图书馆
通辽市科尔沁区图书馆
奈曼旗图书馆

辽宁省

沈阳市图书馆
大连图书馆
大连市少年儿童图书馆
鞍山市图书馆
本溪市图书馆
锦州市图书馆
营口市图书馆
沈阳市沈河区图书馆
沈阳市和平区图书馆
沈阳市大东区图书馆
沈阳市铁西区图书馆
沈阳市铁西区少年儿童图书馆
沈阳市沈北新区图书馆
沈阳市于洪区图书馆
大连市西岗区图书馆
大连市沙河口区图书馆
大连市甘井子区图书馆
大连市旅顺口区图书馆
大连市金州区图书馆
大连市开发区图书馆
普兰店市图书馆
庄河市图书馆
鞍山市铁东区图书馆
海城市图书馆
东港市图书馆

吉林省

长春图书馆
长春市少年儿童图书馆
吉林市图书馆
桦甸市图书馆
延吉市少年儿童图书馆
敦化市图书馆
前郭尔罗斯蒙古族自治县图书馆

黑龙江省

黑龙江省图书馆
哈尔滨市图书馆
大庆市图书馆
牡丹江市图书馆

上海市

上海图书馆
上海少年儿童图书馆
浦东新区图书馆
黄浦区图书馆
卢湾区图书馆
徐汇区图书馆
长宁区图书馆
长宁区少儿图书馆
静安区图书馆
普陀区图书馆
普陀区少儿图书馆
闸北区图书馆
闸北区少儿图书馆
虹口区图书馆
虹口区曲阳图书馆
杨浦区图书馆
杨浦区少儿图书馆
杨浦区延吉图书馆
闵行区图书馆
宝山区图书馆
嘉定区图书馆
松江区图书馆
青浦区图书馆
浦东新区南汇图书馆
浦东新区陆家嘴图书馆
浦东新区新川沙图书馆
奉贤区图书馆
崇明县图书馆

江苏省

南京图书馆
金陵图书馆
无锡市图书馆
徐州市图书馆
常州市图书馆
苏州图书馆
连云港市图书馆
连云港市少年儿童图书馆
盐城市图书馆
扬州市图书馆
扬州市少年儿童图书馆
镇江市图书馆
南京市玄武区少年儿童图书馆
南京市白下区图书馆
南京市秦淮区图书馆
南京市建邺区图书馆
南京市鼓楼区图书馆
南京市浦口区图书馆
南京市江宁区图书馆
南京市六合区第二图书馆
溧水县少年儿童图书馆
溧水县图书馆
高淳县图书馆
无锡市惠山区图书馆
江阴市图书馆
宜兴市图书馆
沛县图书馆
铜山县图书馆
常州市武进区图书馆
溧阳市图书馆
金坛市图书馆
苏州市金阊区图书馆
苏州市沧浪区图书馆
苏州市平江区图书馆
苏州市吴中区图书馆
苏州市相城区图书馆
常熟市图书馆
张家港市图书馆
昆山市图书馆
吴江市图书馆
太仓市图书馆
苏州独墅湖图书馆
如皋市图书馆
南通市通州区图书馆
海门市图书馆
海安县图书馆
如东县图书馆
东海县图书馆
灌南县图书馆
洪泽县图书馆
金湖县图书馆
东台市图书馆
大丰市图书馆
扬州市邗江区图书馆
仪征市图书馆
高邮市图书馆
江都市图书馆
丹阳市图书馆
兴化市图书馆
靖江市图书馆
泰兴市图书馆
姜堰市图书馆
泗阳县图书馆

浙江省

浙江图书馆
杭州图书馆
温州市图书馆
温州市少年儿童图书馆
嘉兴市图书馆
湖州市图书馆
绍兴图书馆
金华严济慈图书馆
杭州市拱墅区图书馆
杭州市江干区图书馆
杭州市余杭区图书馆
杭州市萧山图书馆
建德市图书馆
富阳市图书馆
临安市图书馆
桐庐县图书馆
宁波市北仑区图书馆
宁波市镇海区图书馆
宁波市鄞州区图书馆
余姚市图书馆
慈溪市图书馆
奉化市图书馆
象山县图书馆
宁海县图书馆
海宁市图书馆
平湖市图书馆
桐乡市图书馆
嘉善县图书馆
德清县图书馆
长兴县图书馆
安吉县图书馆
诸暨市图书馆
上虞市图书馆
嵊州市图书馆
绍兴县图书馆
兰溪市图书馆
义乌市图书馆
东阳市图书馆
永康市图书馆
武义县图书馆
浦江县图书馆
舟山市普陀区图书馆
岱山县图书馆
台州市椒江区图书馆
温岭市图书馆
临海市图书馆
云和县图书馆

安徽省

安徽省图书馆
合肥市图书馆
芜湖市图书馆
马鞍山市图书馆
铜陵市图书馆
桐城市图书馆
太湖县图书馆
宁国市图书馆

福建省

福建省图书馆
厦门市图书馆
厦门市少年儿童图书馆
泉州市图书馆
龙岩图书馆
长乐市图书馆
厦门市海沧区图书馆
厦门市湖里区图书馆
厦门市集美区图书馆
厦门市集美区少年儿童图书馆
永安市图书馆
石狮市图书馆
晋江市图书馆
南安市图书馆
南安市李成智公众图书馆

江西省

南昌市图书馆
景德镇市图书馆
萍乡市图书馆
九江市图书馆
赣州市图书馆
庐山图书馆
新余市渝水区图书馆
定南县图书馆
于都县图书馆
万载县图书馆
上高县图书馆
靖安县图书馆

山东省

山东省图书馆
青岛市图书馆
枣庄市图书馆
东营市图书馆
烟台市图书馆
潍坊市图书馆
济宁市图书馆
泰安市图书馆
济南市市中区图书馆
青岛市市南区图书馆
青岛市市北区图书馆
青岛市四方区图书馆
青岛市崂山区图书馆
青岛市李沧区图书馆
青岛市城阳区图书馆
青岛市开发区图书馆
胶州市图书馆
平度市图书馆

胶南市图书馆
淄博市张店区图书馆
淄博市淄川区图书馆
桓台县图书馆
沂源县图书馆
滕州市图书馆
广饶县图书馆
烟台市牟平区图书馆
烟台市开发区图书馆
龙口市图书馆
莱州市图书馆
招远市图书馆
青州市图书馆
诸城市图书馆
寿光市图书馆
高密市图书馆
文登市图书馆
荣成市图书馆
乳山市图书馆
曲阜市图书馆
兖州市图书馆
邹城市图书馆
泰安市泰山区图书馆
莱芜市钢城区图书馆
郯城县图书馆
禹城市图书馆
平原县图书馆
茌平县图书馆
博兴县图书馆
菏泽市牡丹区图书馆

河南省

河南省图书馆
郑州市图书馆
洛阳市图书馆
鹤壁市图书馆
安阳市图书馆
漯河市图书馆
三门峡市图书馆
济源市图书馆
新郑市图书馆
新密市图书馆
新安县图书馆
偃师市图书馆
陕县图书馆
淅川县图书馆
禹州市图书馆
商丘市睢阳区图书馆

湖北省

湖北省图书馆
武汉图书馆
武汉市少年儿童图书馆
黄石市图书馆
襄樊市图书馆
十堰市图书馆
荆州市图书馆
宜昌市图书馆
鄂州市图书馆
仙桃市图书馆
潜江市图书馆
武汉市江岸区图书馆
武汉市江汉区图书馆
武汉市硚口区图书馆
武汉市青山区图书馆
武汉市东西湖区图书馆
武汉市蔡甸区图书馆
武汉市江夏区图书馆
大冶市图书馆
老河口市图书馆
南漳县图书馆
谷城县图书馆
宜昌市夷陵区图书馆
当阳市图书馆
秭归县图书馆
蕲春县图书馆
远安县图书馆
崇阳县图书馆

湖南省

湖南图书馆
湖南省少年儿童图书馆
岳阳市图书馆
常德市图书馆
长沙市芙蓉区图书馆
长沙市天心区图书馆
长沙市岳麓区图书馆
长沙市雨花区图书馆
浏阳市图书馆
炎陵县图书馆
湘潭县图书馆
衡南县图书馆
衡东县荣桓图书馆
汨罗市图书馆
临湘市图书馆
华容县图书馆
平江县图书馆
石门县图书馆
益阳市赫山区图书馆
永州市零陵区图书馆
沅陵县图书馆
涟源市图书馆
双峰县图书馆
花垣县图书馆

广东省

广州图书馆
广州少年儿童图书馆
深圳图书馆
深圳少年儿童图书馆
珠海市图书馆
汕头市图书馆

佛山市图书馆
江门市五邑图书馆
湛江市图书馆
湛江市少儿图书馆
惠州市慈云图书馆
东莞市图书馆
中山市中山图书馆
广州市越秀区图书馆
广州市荔湾区图书馆
广州市海珠区图书馆
广州市天河区图书馆
广州市白云区图书馆
广州市黄埔区图书馆
广州市番禺区图书馆
广州市花都区图书馆
广州市南沙区图书馆
广州市萝岗区图书馆
广州市增城市图书馆
广州市从化市图书馆
深圳市福田区图书馆
深圳市罗湖区图书馆
深圳市南山区图书馆
深圳市宝安区图书馆
深圳市龙岗区图书馆
深圳市盐田区图书馆
汕头市澄海区图书馆
佛山市禅城区图书馆
佛山市南海区图书馆
佛山市顺德区图书馆
佛山市三水区图书馆
佛山市高明区图书馆
江门市新会景堂图书馆
江门市台山市图书馆
江门市开平市图书馆
高州市图书馆
肇庆市端州区图书馆
惠州市惠阳区图书馆
梅州市蕉岭县图书馆
揭阳市榕城区图书馆
云浮市罗定市图书馆

广西壮族自治区

广西壮族自治区图书馆
南宁市图书馆
南宁市少儿馆
柳州市图书馆
玉林市图书馆
北流市图书馆
横县图书馆

重庆市

重庆图书馆
重庆市少年儿童图书馆
沙坪坝区图书馆
南岸区图书馆
北碚区图书馆
长寿区图书馆
铜梁县图书馆
开县图书馆

四川省

成都图书馆
攀枝花市图书馆
泸州市图书馆
绵阳市图书馆
邓小平图书馆
成都市锦江区图书馆
成都市青羊区图书馆
成都市金牛区图书馆
成都市武侯区图书馆
成都市成华区图书馆
成都市龙泉驿区图书馆
成都市新都区图书馆
成都市温江区图书馆
广汉市图书馆
中江县图书馆
南部县图书馆
邛崃市图书馆

贵州省

贵阳市图书馆
遵义市图书馆

云南省

云南省图书馆
昆明市图书馆
昆明市盘龙区少儿图书馆
昆明市五华区图书馆
玉溪市红塔区图书馆
石屏县图书馆
弥勒县图书馆
泸西县图书馆

陕西省

陕西省图书馆
安康市汉滨区少年儿童图书馆

甘肃省

甘肃省图书馆

金昌市图书馆

张掖市甘州区图书馆

兰州市图书馆

白银市图书馆

宁夏回族自治区

宁夏回族自治区图书馆

银川市图书馆

吴忠市图书馆

新疆维吾尔族自治区

乌鲁木齐市图书馆

克拉玛依市图书馆

昌吉回族自治州吉木萨尔县图书馆

二级图书馆名单

天津市

汉沽区图书馆
蓟县图书馆
西青区图书馆
武清区图书馆

河北省

保定市图书馆
唐海县图书馆
宽城县图书馆
晋州市图书馆
昌黎县图书馆
任丘市图书馆
鹿泉市图书馆
抚宁县图书馆
河间市图书馆
正定县图书馆
辛集市图书馆
青龙县图书馆
栾城县图书馆
涿州市图书馆
青县图书馆
赵县图书馆
定州市图书馆
涞水县图书馆
迁安市图书馆
安国市图书馆
三河市图书馆
滦南县图书馆
易县图书馆
平泉县图书馆
滦县图书馆
张家口市宣化区图书馆
大厂县图书馆

山西省

山西省图书馆
长子县图书馆
沁源县图书馆
阳泉市图书馆
长治县图书馆
侯马市图书馆

内蒙古自治区

包头市昆都伦区图书馆
巴林左旗图书馆
阿荣旗图书馆
达尔罕茂明安联合旗图书馆
鄂尔多斯市东胜区图书馆
科尔沁右翼中旗图书馆
乌海市海勃湾区图书馆
乌审旗图书馆
莫力达瓦达斡尔族自治旗

辽宁省

抚顺市图书馆
辽阳市宏伟区图书馆
彰武县图书馆
盘锦市图书馆
北票市图书馆
长海县图书馆
沈阳市东陵区图书馆
大洼县图书馆
建平县图书馆
鞍山市立山区图书馆
建昌县图书馆
辽阳县图书馆
鞍山市铁西区图书馆
阜蒙县图书馆

吉林省

白山市图书馆
榆树市图书馆
抚松县图书馆
德惠市图书馆
永吉县图书馆
安图县图书馆
九台市图书馆
通化县图书馆
汪清县图书馆

黑龙江省

齐齐哈尔市图书馆
哈尔滨市南岗区图书馆
海林市图书馆
鹤岗市图书馆
哈尔滨市香坊区图书馆
富裕县图书馆
伊春市图书馆
双城市图书馆

上海市

金山区图书馆

江苏省

南通市图书馆
南京市下关区图书馆
南京市雨花台区图书馆
南京市六合区第一图书馆
无锡市北塘区图书馆
新沂市图书馆
启东市图书馆
赣榆县图书馆
淮安市楚州区图书馆
邳州市图书馆
镇江市京口区图书馆
镇江市丹徒区图书馆
镇江市润州区图书馆
沭阳县图书馆
盐城市盐都区图书馆
射阳县图书馆
建湖县图书馆
扬中市图书馆
涟水县图书馆
宿迁市宿城区图书馆

浙江省

宁波市图书馆
宁波市江东区图书馆
宁波市江北区图书馆
宁波市海曙区图书馆
海盐张元济图书馆
乐清市图书馆
淳安县图书馆
三门县图书馆
瑞安市图书馆
松阳县图书馆
常山县图书馆
仙居县图书馆
江山市图书馆
龙泉市图书馆
缙云县图书馆
玉环县图书馆
永嘉县图书馆
开化县图书馆

安徽省

合肥市少年儿童图书馆
安庆市图书馆
巢湖市图书馆
马鞍山市金家庄区图书馆
淮北市杜集区图书馆
怀宁县图书馆
宿松县图书馆
无为县图书馆
临泉县图书馆
歙县图书馆
五河县图书馆

福建省

三明市图书馆
三明市少儿图书馆
漳州市图书馆
龙海市图书馆
南靖县图书馆
沙县图书馆
泉州市鲤城区图书馆
建阳市图书馆
泰宁县图书馆
连江县图书馆
将乐县图书馆
福州市马尾区图书馆
尤溪县图书馆
武夷山市图书馆
永春县图书馆
闽侯县图书馆
福鼎市图书馆
光泽县图书馆
福清市图书馆
漳平市图书馆
建瓯市图书馆
惠安县图书馆
武平县图书馆
德化县图书馆
上杭县图书馆
福安市图书馆
宁德市蕉城区图书馆
安溪县图书馆
漳浦县图书馆
平潭县图书馆

江西省

江西省图书馆
新余市图书馆
鹰潭市图书馆
进贤县图书馆
南昌市东湖区图书馆
南昌县图书馆
武宁县图书馆
南康市图书馆
芦溪县图书馆
玉山县图书馆
丰城市图书馆
会昌县图书馆

兴国县图书馆
安福县图书馆
吉安县图书馆
信丰县图书馆
泰和县图书馆
永新县图书馆
万安县图书馆
大余县图书馆
都昌县图书馆
遂川县图书馆

山东省

威海市图书馆
临沂市罗庄区图书馆
安丘市图书馆
莱芜市图书馆
临沂市河东区图书馆
利津县图书馆
滨州市图书馆
高唐县图书馆
枣庄市台儿庄区图书馆
济南市历城区图书馆
齐河县图书馆
枣庄市峄城区图书馆
济南市历下区图书馆
章丘市图书馆
沂水县图书馆
济南市长清区图书馆
东营市东营区图书馆
莒南县图书馆
济南市天桥区图书馆
莱阳市图书馆
五莲县图书馆
即墨市图书馆
蓬莱市图书馆
乐陵市图书馆
莱西市图书馆
临朐县图书馆
蒙阴县图书馆
海阳市图书馆
新泰市图书馆
武城县图书馆
淄博市博山区图书馆
莒县图书馆
临邑县图书馆
淄博市临淄区图书馆
肥城市图书馆
费县图书馆
临沂市兰山区图书馆
郓城县图书馆

河南省

新乡市图书馆
郑州市惠济区图书馆
舞阳县图书馆
安阳少年儿童图书馆
郑州市金水区图书馆
罗山县图书馆
濮阳市图书馆
唐河县图书馆
商丘市梁园区图书馆
许昌市图书馆
渑池县图书馆
滑县图书馆
南阳市图书馆
漯河市郾城区图书馆
沁阳市图书馆

湖北省

荆门市图书馆
宜都市图书馆
京山县图书馆
孝感市图书馆
宜城市图书馆
通山县图书馆
黄冈市图书馆
兴山县图书馆
浠水县图书馆
随州市图书馆
麻城市图书馆
枣阳市图书馆
武汉市武昌区图书馆
长阳县图书馆
公安县图书馆
武汉市新洲区图书馆
阳新县图书馆
石首市图书馆
武汉市黄陂区图书馆
安陆市图书馆
五峰县图书馆
武汉市汉阳区图书馆
汉川市图书馆
松滋市图书馆
武汉市汉南区图书馆
应城市图书馆
黄梅县图书馆
武汉江岸区少年儿童图书馆
枝江市图书馆
孝感市孝南区图书馆
罗田县图书馆
武穴市图书馆
荆门市掇刀区图书馆
郧西县图书馆

湖南省

株洲市图书馆
郴州市图书馆
望城县图书馆
湘潭市图书馆
长沙县图书馆
衡阳县图书馆

祁东县图书馆
常宁市图书馆
茶陵县图书馆
攸县图书馆
醴陵市图书馆
湘乡市图书馆
邵东县图书馆
岳阳县图书馆
常德市鼎城区图书馆
临澧县图书馆
澧县图书馆
沅江市图书馆
安化县图书馆
南县图书馆
新化县图书馆
龙山县图书馆

广东省

韶关市图书馆
茂名市图书馆
梅州市剑英图书馆
阳江市图书馆
云浮市图书馆
汕头市金平区图书馆
韶关市曲江区图书馆
四会市图书馆
普宁市图书馆
封开县图书馆
梅县图书馆
广宁县图书馆
新兴县图书馆
德庆县图书馆
龙门县图书馆
紫金县图书馆
遂溪县图书馆
高要市黎汉光图书馆
郁南县图书馆
鹤山市图书馆
恩平市图书馆
廉江市图书馆
惠来县图书馆
雷州市图书馆
兴宁市图书馆

广西壮族自治区

北海市少儿馆
北海市图书馆
宜州市图书馆
宾阳县图书馆
灵山县图书馆

海南省

琼海市图书馆
昌江黎族自治县图书馆
定安县图书馆

重庆市

涪陵区少年儿童图书馆
渝北区图书馆
涪陵区图书馆
巴南区图书馆
合川区图书馆
大渡口区图书馆
永川区图书馆
荣昌县图书馆

四川省

自贡市图书馆
遂宁市图书馆
内江市图书馆
乐山市图书馆
南充市图书馆
宜宾市图书馆
雅安市图书馆
资阳市图书馆
成都市青白江区图书馆
新津县图书馆
平昌县图书馆
郫县图书馆
大竹县图书馆
岳池县图书馆
双流县图书馆
广安市广安区图书馆
邻水县图书馆
资中县图书馆
三台县图书馆
渠县图书馆
营山县图书馆
都江堰市图书馆
合江县图书馆
阆中市图书馆
米易县图书馆
彭州市图书馆
南充市高坪区图书馆
通江县图书馆
崇州市图书馆
峨眉山市图书馆
盐亭县图书馆
武胜县图书馆
西充县图书馆
大英县图书馆
宣汉县图书馆
万源市图书馆
蓬安县图书馆
简阳市图书馆
威远县图书馆

贵州省

贵州省图书馆
大方县图书馆
桐梓县图书馆
铜仁市图书馆

云南省

开远市图书馆
安宁市图书馆
腾冲县图书馆
昆明市西山区图书馆
鹤庆县图书馆
广南县图书馆
大理市图书馆
陆良县图书馆

陕西省

咸阳图书馆
榆林市榆阳区星元图书楼
定边县图书馆
延安市宝塔区图书馆

甘肃省

天水市图书馆
临泽县图书馆
高台县图书馆
天水市麦积区图书馆
陇西县图书馆
通渭县图书馆

青海省

海西州图书馆

宁夏回族自治区

青铜峡图书馆
西吉县图书馆
中宁县图书馆
海原县图书馆

新疆维吾尔族自治区

新疆维吾尔自治区图书馆
阿克苏地区图书馆
巴音郭楞蒙古自治州图书馆
昌吉回族自治州图书馆
伊犁哈萨克自治州伊宁市图书馆
伊犁哈萨克自治州新源县图书馆
伊犁哈萨克自治州伊宁县图书馆
昌吉回族自治州阜康市图书馆
昌吉回族自治州昌吉市图书馆
昌吉回族自治州奇台县图书馆
昌吉回族自治州木垒县图书馆
克拉玛依市独山子区图书馆
巴音郭楞蒙古自治州库尔勒市图书馆

三级图书馆名单

天津市

河北区少年儿童图书馆

河北省

邢台市图书馆
张家口市图书馆
承德市图书馆
石家庄市裕华区图书馆
石家庄市新华区图书馆
秦皇岛市山海关区图书馆
唐山市开平区图书馆
唐山市丰润区图书馆
邯郸市峰峰矿区图书馆
邯郸市邯山区图书馆
邯郸市复兴区图书馆
邯郸市丛台区图书馆
新乐市图书馆
文安县图书馆
黄骅市图书馆
南皮县图书馆
平山县图书馆
井陉县图书馆
张北县图书馆
元氏县图书馆
怀来县图书馆
藁城市图书馆
邢台县图书馆
宣化县图书馆
丰宁县图书馆
馆陶县图书馆
卢龙县图书馆
鸡泽县图书馆
吴桥县图书馆
枣强县李玉霞图书馆
邱县图书馆
宁晋县图书馆
冀州市图书馆
满城县图书馆
容城县图书馆
定兴县图书馆
滦平县图书馆
蠡县图书馆
无极县图书馆
深泽县图书馆
大名县图书馆
景县图书馆
沙河市图书馆
玉田县图书馆
承德县图书馆
磁县图书馆

山西省

大同市图书馆
太原市小店区图书馆
襄垣县图书馆
祁县图书馆
洪洞县图书馆
太谷县图书馆
山阴县图书馆
临猗县图书馆
忻州市忻府区图书馆
柳林县图书馆
绛县图书馆
阳曲县图书馆
左云县图书馆
古交市图书馆
潞城市图书馆
清徐县图书馆
临汾市尧都区图书馆
孝义市图书馆
文水县图书馆
盂县图书馆
河曲县图书馆
大宁县图书馆
左权县图书馆
原平市图书馆
寿阳县图书馆
永济市图书馆
安泽县图书馆
屯留县图书馆
新绛县图书馆

内蒙古自治区

呼和浩特市图书馆
赤峰市图书馆
通辽市图书馆
呼和浩特赛罕区图书馆
包头东河区图书馆
包头市石拐区图书馆
赤峰市红山区图书馆
赤峰市松山区图书馆
赤峰市元宝山区图书馆
满洲里市图书馆
敖汉旗图书馆
呼伦贝尔市海拉尔区图书馆
扎鲁特旗图书馆
杭锦旗图书馆
科尔沁右翼前旗图书馆
鄂托克前旗图书馆
巴林右旗图书馆
乌拉特前旗图书馆

土默特右旗图书馆
鄂托克旗图书馆
镶黄旗图书馆
伊金霍洛旗图书馆
翁牛特旗图书馆
多伦县图书馆
东乌旗图书馆
武川县图书馆
宁城县图书馆
扎兰屯市图书馆
陈巴尔虎旗图书馆
土默特左旗图书馆
根河市图书馆
鄂伦春自治旗图书馆
托克托县图书馆
额尔古纳市图书馆
准格尔旗图书馆
达拉特旗图书馆
扎赉特旗图书馆
鄂温克族自治旗图书馆
克什克腾旗图书馆
五原县图书馆
阿鲁科尔沁旗图书馆
巴彦淖尔市临河区图书馆

辽宁省

丹东市少年儿童图书馆
朝阳县图书馆
大石桥市图书馆
调兵山市图书馆
鞍山市千山区图书馆
喀左县图书馆
宽甸满族自治县图书馆
本溪县图书馆
西丰县图书馆
开原市图书馆
昌图县图书馆
灯塔市图书馆
盖州市图书馆
兴城市图书馆
绥中县图书馆
营口西市区图书馆

吉林省

通化市图书馆
白城市图书馆
长春市双阳区图书馆
长春市二道区图书馆
镇赉县图书馆
图们市图书馆
柳河县图书馆
辉南县图书馆
大安市图书馆
龙井市图书馆
洮南市图书馆
通榆县图书馆
梨树县图书馆
白城市洮北区少年儿童图书馆

黑龙江省

鸡西市图书馆
大兴安岭地区图书馆
哈尔滨市道外区图书馆
哈尔滨市呼兰区图书馆
望奎县图书馆
海伦市图书馆
黑河市爱辉区图书馆
绥芬河市图书馆
甘南县图书馆
肇州县图书馆
安达市图书馆
肇东市图书馆
伊春市西林区图书馆
伊春市南岔区图书馆
伊春市友好区图书馆
伊春市汤旺河区图书馆
伊春市五营区图书馆
林甸县图书馆
东宁县图书馆
林口县图书馆
肇源县图书馆
穆棱市图书馆
嘉荫县图书馆
富锦市图书馆
宁安市图书馆
密山市图书馆
龙江县图书馆
铁力市图书馆
兰西县图书馆
牡市朝鲜族图书馆
通河县图书馆
宾县图书馆
萝北县图书馆
汤原县图书馆
齐齐哈尔市富拉尔基区图书馆
齐齐哈尔市龙沙区图书馆
尚志市图书馆
青冈县图书馆
克东县图书馆
漠河县图书馆
明水县图书馆
绥棱县图书馆
嫩江县图书馆
克山县图书馆
虎林市图书馆

江苏省

南通市少年儿童图书馆
淮安市图书馆
泰州市图书馆
无锡市锡山区图书馆
无锡市滨湖区图书馆
无锡市崇安区图书馆

宿迁市宿豫区图书馆
丰县图书馆
阜宁县图书馆
滨海县图书馆
灌云县图书馆
宝应县图书馆
响水县图书馆
盱眙县图书馆
泗洪县图书馆
连云港市连云区图书馆

浙江省

衢州市图书馆
温州市瓯海区图书馆
泰顺县图书馆
洞头县图书馆
龙游县图书馆
台州市黄岩区图书馆
景宁畲族自治县图书馆
磐安县图书馆
遂昌县图书馆
平阳县图书馆
天台县图书馆
温州市龙湾区图书馆
青田县图书馆
庆元县图书馆

安徽省

淮南市少年儿童图书馆
阜阳市图书馆
宣城市图书馆
舒城县图书馆
萧县图书馆
霍山县图书馆
濉溪县图书馆
绩溪县图书馆
祁门县图书馆
黄山市黄山区图书馆
黄山市屯溪区图书馆
黟县图书馆
繁昌县图书馆
旌德县图书馆
休宁县图书馆
泾县图书馆
芜湖县图书馆
亳州市谯城区图书馆
定远县图书馆
青阳县图书馆
凤阳县图书馆
东至县图书馆
明光市图书馆
郎溪县图书馆
铜陵县图书馆
涡阳县图书馆
利辛县图书馆
寿县图书馆
颍上县图书馆
阜南县图书馆
蒙城县图书馆
潜山县图书馆
马鞍山市雨山区图书馆
马鞍山市金安区图书馆
和县图书馆
广德县图书馆
当涂县图书馆
长丰县图书馆
宿州市埇桥区图书馆
怀远县图书馆
霍邱县图书馆
南陵县图书馆
肥东县图书馆
庐江县图书馆
砀山县图书馆
肥西县图书馆
全椒县图书馆

福建省

莆田市图书馆
南平市图书馆
福州市仓山区图书馆
连城县图书馆
霞浦县图书馆
福安市图书馆
屏南县图书馆
顺昌县图书馆
古田县图书馆
永定县图书馆
柘荣县图书馆
建宁县图书馆
诏安县图书馆
长泰县图书馆
仙游县图书馆
清流县图书馆
宁化县图书馆
明溪县图书馆

江西省

南昌市西湖区图书馆
南昌市青云谱区图书馆
南昌市湾里区图书馆
宜丰县图书馆
高安市图书馆
奉新县图书馆
上犹县图书馆
抚州市临川区图书馆
井冈山市图书馆
莲花县图书馆
贵溪市图书馆
鹰潭市月湖区图书馆
永修县图书馆
崇仁县图书馆
安义县图书馆

樟树市图书馆
德安县图书馆
婺源县图书馆
新建县图书馆
上栗县图书馆
峡江县图书馆
崇义县图书馆
永丰县图书馆
东乡县图书馆
金溪县图书馆
万年县图书馆
吉水县图书馆
瑞金市图书馆
乐安县图书馆
南城县图书馆
瑞昌市图书馆
德兴市图书馆
全南县图书馆
黎川县图书馆
资溪县图书馆
鄱阳县图书馆
宜黄县图书馆
修水县图书馆
南丰县图书馆
石城县图书馆
上饶市信州区图书馆
余干县图书馆
铜鼓县图书馆
新干县图书馆
湖口县图书馆
彭泽县图书馆

山东省

德州市图书馆
济南市槐荫区图书馆
枣庄市市中区图书馆
潍坊市昌邑市图书馆
潍坊市坊子区图书馆
潍坊市寒亭区图书馆
泰安市东平县图书馆
临沂市临沭县图书馆
平阴县图书馆
高青县图书馆
平邑县图书馆
长岛县图书馆
烟台市芝罘区图书馆
烟台市福山区图书馆
沾化县图书馆
惠民县图书馆
宁阳县图书馆
梁山县图书馆
单县图书馆
鄄城县图书馆
冠县图书馆

河南省

平顶山市图书馆
确山县图书馆
孟津县图书馆
浚县图书馆
邓州市图书馆
栾川县图书馆
汝阳县图书馆
长葛市图书馆
镇平县图书馆
上蔡县图书馆
内乡县图书馆
平顶山市卫东区图书馆
西平县图书馆
鄢陵县图书馆
泌阳县图书馆
驻马店市驿城区图书馆
辉县市图书馆
平舆县图书馆
正阳县图书馆
遂平县图书馆
鲁山县图书馆
固始县图书馆
沈丘县图书馆
宝丰县图书馆
卢氏县图书馆
荥阳市图书馆
许昌县图书馆
开封县图书馆
社旗县图书馆
宁陵图书馆
武陟县图书馆
中牟县图书馆
方城县图书馆
温县图书馆
兰考县图书馆
尉氏县图书馆
洛阳市吉利区图书馆
内黄县图书馆
西峡县图书馆
临颍县图书馆
卫辉市图书馆
孟州市图书馆
修武县图书馆
光山县图书馆
淇县图书馆
汝州市图书馆
睢县图书馆
濮阳县图书馆

湖北省

恩施州图书馆
神农架林区图书馆
钟祥市图书馆
洪湖市图书馆
红安县图书馆
英山县图书馆
通城县图书馆
竹山县图书馆
大悟县图书馆
赤壁市图书馆
巴东县图书馆
建始县图书馆

监利县图书馆
云梦县图书馆
房县图书馆
宣恩县图书馆
恩施市图书馆
竹溪县图书馆
鹤峰县图书馆
来凤县图书馆
江陵县图书馆
孝昌县图书馆
嘉鱼县图书馆
沙洋县图书馆
郧县图书馆
荆州市荆州区图书馆
黄冈市黄州区图书馆
咸宁市咸安区图书馆
宜昌市西陵区图书馆
蕲春县少年儿童图书馆

湖南省

益阳市图书馆
邵阳市松坡图书馆
邵阳市少年儿童图书馆
长沙市开福区图书馆
益阳市资阳区图书馆
衡阳市南岳区图书馆
株洲县图书馆
韶山市图书馆
邵阳县图书馆
新宁县图书馆
城步县图书馆
洞口县图书馆
武冈市图书馆
隆回县魏源图书馆
绥宁县图书馆
新邵县图书馆
桃源县图书馆
桃江县图书馆
汝城县图书馆
嘉禾县图书馆
桂阳县图书馆
桂东县图书馆
临武县图书馆
资兴市图书馆
永兴县图书馆
郴州市苏仙区图书馆
东安县图书馆
祁阳县图书馆
宁远县图书馆
新田县图书馆
江永县图书馆
双牌县图书馆
蓝山县图书馆
永州市冷水滩区图书馆
湘阴县图书馆
道县图书馆
江华县图书馆
怀化市鹤城区图书馆
怀化市鹤城区少年儿童图书馆
怀化市洪江区图书馆
溆浦县图书馆
会同县图书馆
芷江侗族自治县图书馆
通道侗族自治县图书馆
靖州苗族侗族自治县图书馆
新晃侗族自治县图书馆
洪江市图书馆
冷水江市图书馆

广东省

清远市图书馆
潮州市图书馆
汕头市潮阳区图书馆
五华县图书馆
仁化县图书馆
乳源县图书馆
怀集县图书馆
云安县图书馆
连州市图书馆
佛冈县图书馆
饶平县图书馆
珠海市斗门区图书馆
乐昌市图书馆
徐闻县图书馆
英德市图书馆
丰顺县图书馆
连平县图书馆
南雄县图书馆
大埔县图书馆
清新县图书馆
揭东县图书馆
吴川市图书馆
珠海市金湾区图书馆
连山县图书馆
始兴县图书馆
平远县图书馆
化州市图书馆
和平县图书馆

广西壮族自治区

钦州市图书馆
贺州市图书馆
河池市民族图书馆
崇左市图书馆
南宁市青秀区图书馆
南宁市邕宁区图书馆
南宁市兴宁区图书馆
南宁市良庆区图书馆
鹿寨县图书馆
全州县图书馆
靖西县图书馆
柳江县图书馆
柳城县图书馆
三江侗族自治县图书馆
浦北县图书馆
武鸣县图书馆
灵川县图书馆
平南县图书馆

大新县图书馆
博白县图书馆
平乐县图书馆
凭祥市图书馆
象州县图书馆
龙胜各族自治县图书馆
岑溪县图书馆
兴安县图书馆
容县图书馆
富川瑶族自治县图书馆
荔浦县图书馆
永福县图书馆
昭平县图书馆
大化瑶族自治县图书馆
上林县图书馆
藤县图书馆
上思县图书馆
田林县图书馆
隆安县图书馆
扶绥县图书馆
阳朔县图书馆
东兰县图书馆
天峨县图书馆
钟山县图书馆
桂平市图书馆
田东县图书馆
龙州县图书馆
宁明县图书馆
罗城仫佬族自治县图书馆
临桂县图书馆
灌阳县图书馆
马山县图书馆
凤山县图书馆
南宁市西乡塘区图书馆
南丹县图书馆
天等县图书馆
恭城瑶族自治县图书馆
武宣县图书馆
都安瑶族自治县图书馆

海南省

海口市图书馆
五指山市图书馆
澄迈县图书馆
儋州市图书馆
东方市图书馆
白沙黎族自治县图书馆
海口市琼山区图书馆
陵水黎族自治县图书馆
保亭县图书馆

重庆市

万州区图书馆
璧山县图书馆
大足县图书馆
云阳县图书馆
巫山县图书馆
忠县图书馆
綦江县图书馆
丰都县图书馆

四川省

达州市图书馆
阿坝藏族羌族自治州图书馆
甘孜藏族自治州图书馆
凉山彝族自治州图书馆
蒲江县图书馆
巴中市巴州区图书馆
南江县图书馆
盐边县图书馆
西昌市图书馆
犍为县图书馆
仪陇县图书馆
泸州市纳溪区图书馆
泸州市龙马潭区图书馆
会理县图书馆
蓬溪县图书馆
泸县图书馆
宜宾县图书馆
乐山市五通桥区图书馆
梓潼县图书馆
达县图书馆
仁寿县图书馆
大邑县图书馆
金堂县图书馆
夹江县图书馆
眉山市东坡区图书馆
筠连县图书馆
江安县图书馆
南溪县图书馆
天全县图书馆
珙县图书馆
叙永县图书馆
资阳市雁江区图书馆
青神县图书馆
高县图书馆
安岳县图书馆
井研县图书馆
开江县图书馆
兴文县图书馆
彭山县图书馆
富顺县图书馆
荣县图书馆
隆昌县图书馆

贵州省

六盘水市图书馆
毕节地区图书馆
黔南州图书馆
贵阳市白云区图书馆
都匀市图书馆
盘县图书馆
兴义市图书馆
六盘水市六枝特区图书馆
福泉县图书馆

锦屏县图书馆
惠水县图书馆
湄潭县图书馆
威宁县图书馆
清镇市图书馆
独山县图书馆
榕江县图书馆
江口县图书馆
修文县图书馆
三穗县图书馆
凤冈县图书馆
绥阳县图书馆
册亨县图书馆
镇远县图书馆
仁怀市图书馆
黎平县图书馆
思南县图书馆
普定县图书馆
印江县图书馆
正安县图书馆
习水县图书馆
赤水市图书馆
平坝县图书馆

云南省

普洱市图书馆
临沧市图书馆
文山州图书馆
红河州图书馆
西双版纳州图书馆
楚雄市图书馆
大理州图书馆
德宏州图书馆
迪庆州图书馆
保山市图书馆
昭通市图书馆
曲靖市图书馆
石林县图书馆
富源县图书馆
通海县图书馆
禄丰县图书馆
姚安县图书馆
武定县图书馆
大姚县图书馆
丽江市古城区图书馆
峨山县图书馆
元谋县图书馆
砚山县图书馆
宣威市图书馆
宾川县图书馆
剑川县图书馆
澜沧县图书馆
孟连县图书馆
永平县图书馆
巍山县图书馆
河口县图书馆
建水县图书馆
祥云县图书馆
澄江县图书馆
华宁县图书馆
弥渡县图书馆
易门县图书馆
马关县图书馆
丘北县图书馆
潞西县图书馆
永仁县图书馆
临沧市临翔区图书馆
凤庆县图书馆
景东县图书馆
江川县图书馆
墨江县图书馆
镇康县图书馆
永德县图书馆
耿马县图书馆
南涧县图书馆
双江县图书馆
麻栗坡县图书馆
西盟县图书馆
昆明市东川区图书馆
云县图书馆
屏边县图书馆
盈江县图书馆
陇川县图书馆
镇元县图书馆
新平县图书馆
洱源县图书馆
元江县图书馆
江城县图书馆
德宏州瑞丽图书馆
文山县图书馆
富民县图书馆
永善县图书馆
勐腊县图书馆
马龙县图书馆
漾濞县图书馆
大关县图书馆
水富县图书馆
云龙县图书馆
绥江县图书馆
寻甸县图书馆
嵩明县图书馆
南华县图书馆
兰坪白族普米族自治县图书馆
双柏县图书馆
梁河县图书馆
贡山独龙族怒族自治县图书馆
勐海县图书馆
晋宁县图书馆
保山市隆阳区图书馆
维西县图书馆
牟定县图书馆
元阳县图书馆
富宁县图书馆
玉龙县图书馆
呈贡县图书馆
龙陵县图书馆
景洪市图书馆
沧源县图书馆
盐津县图书馆
巧家县图书馆
福贡县图书馆
泸水县图书馆
会泽县图书馆
西畴县图书馆
沾益县图书馆
德钦县图书馆
和顺图书馆

西藏自治区

昌都地区图书馆

陕西省

安康市图书馆
宝鸡市图书馆
西安市长安区图书馆
西安市灞桥区图书馆
西安市蓝田县图书馆
铜川市王益区少年儿童馆
渭南市临渭区图书馆
渭南市华县图书馆
宝鸡市金台区图书馆
南郑县图书馆
勉县图书馆
城固县图书馆
三原县图书馆
韩城市司马迁图书馆
西安市临潼区图书馆
洋县图书馆
铜川市耀州区图书馆
大荔县图书馆
洛南县图书馆
澄城县图书馆
柞水县图书馆
旬阳县图书馆
泾阳县图书馆
彬县图书馆
凤翔县图书馆
黄陵县图书馆
佛坪县图书馆
岐山县图书馆
石泉县图书馆
麟游县图书馆
陇县图书馆
富平县图书馆
兴平市图书馆
镇巴县图书馆
旬邑县图书馆
乾县图书馆
宜君县图书馆

甘肃省

嘉峪关市图书馆
甘南州图书馆
庆阳市图书馆
兰州市安宁区图书馆
兰州市西固区图书馆
武威市凉州区图书馆
酒泉市肃州区图书馆
金塔县图书馆
白银市白银区少年儿童图书馆
敦煌市图书馆
庆城县图书馆
民乐县图书馆
华亭县图书馆
临洮县图书馆
山丹县图书馆
定西市安定区图书馆
肃南县图书馆
漳县图书馆
永登县图书馆
合水县图书馆
秦安县图书馆
榆中县图书馆
渭源县图书馆
庄浪县图书馆
静宁县图书馆
岷县图书馆
平凉市崆峒区图书馆
白银市平川区图书馆
宁县图书馆
灵台县图书馆
正宁县图书馆
会宁县图书馆

青海省

乐都县图书馆
民和县图书馆
格尔木市图书馆
大通县图书馆
湟中县图书馆
门源县图书馆
贵德县图书馆

宁夏回族自治区

石嘴山市图书馆
泾源县图书馆
贺兰县图书馆
灵武市图书馆
彭阳县图书馆
同心县图书馆
石嘴山市惠农区图书馆
固原市原州区图书馆
盐池县图书馆
隆德县图书馆

新疆维吾尔族自治区

吐鲁番地区图书馆
喀什地区图书馆
塔城地区图书馆
阿勒泰地区图书馆
博尔塔拉蒙古自治州图书馆
石河子市图书馆
昌吉回族自治州呼图壁县图书馆
哈密地区巴里坤县图书馆
塔城地区沙湾县图书馆
昌吉回族自治州玛纳斯县图书馆
塔城地区乌苏市图书馆
哈密地区哈密市图书馆
哈密地区伊吾县图书馆
巴音郭楞蒙古自治州焉耆县图书馆
阿克苏地区拜城县图书馆
阿勒泰地区阿勒泰市图书馆
塔城地区额敏县图书馆
阿勒泰地区福海县图书馆
阿勒泰地区哈巴河县图书馆
阿勒泰地区布尔津县图书馆
巴音郭楞蒙古自治州轮台县图书馆
博尔塔拉蒙古自治州精河县图书馆
和田地区洛浦县图书馆
和田地区于田县图书馆
博尔塔拉蒙古自治州博乐市图书馆
伊犁哈萨克自治州察布查尔县图书馆
乌鲁木齐市水磨沟区图书馆
阿克苏地区沙雅县图书馆
克孜勒苏柯尔克孜自治州阿图什市图书馆
塔城地区塔城市图书馆
博尔塔拉蒙古自治州温泉县图书馆
喀什地区喀什市图书馆
和田地区皮山县图书馆
巴音郭楞蒙古自治州且末县图书馆
喀什地区叶城县图书馆
喀什地区莎车县图书馆
和田地区策勒县图书馆
乌鲁木齐市米东区图书馆
阿勒泰地区青河县图书馆
阿勒泰地区吉木乃县图书馆
喀什地区泽普县图书馆
塔城地区裕民县图书馆
巴音郭楞蒙古自治州博湖县图书馆
阿勒泰地区富蕴县图书馆
喀什地区伽师县图书馆
和田地区墨玉县图书馆
喀什地区巴楚县图书馆
巴音郭楞蒙古自治州尉犁县图书馆
阿克苏地区阿瓦提县图书馆
阿克苏地区乌什县图书馆
塔城地区托里县图书馆

国内图书馆学专业硕士学位授予单位名录

序号	单位名称
1	北京大学信息管理系
2	中国人民大学信息资源管理学院
3	北京师范大学管理学院
4	北京理工大学图书馆
5	中国农业大学图书馆
6	北京协和医学院信息所
7	中国科学院文献情报中心
8	中国科学院研究生院
9	中国科学技术信息研究所
10	中国中医科学院中医药信息研究所
11	南开大学商学院
12	天津工业大学图书馆
13	天津师范大学管理学院
14	天津理工大学图书馆
15	吉林大学管理学院
16	东北师范大学传媒科学学院
17	黑龙江大学信息管理学院
18	辽宁师范大学管理学院
19	辽宁大学历史文化学院
20	复旦大学文献信息中心
21	上海大学文学院
22	第二军医大学训练部
23	空军政治学院
24	南京政治学院上海分院信息管理系
25	南京大学信息管理系
26	东南大学情报科学技术研究所
27	南京理工大学经济管理学院
28	南京农业大学信息科学技术学院
29	苏州大学社会学院
30	江苏大学科技信息研究所
31	南昌大学人文学院
32	西安交通大学公共政策与管理学院
33	西安电子科技大学经济管理学院
34	西北大学公共管理学院
35	山西大学管理学院
36	山东大学管理学院
37	曲阜师范大学信息技术与传播学院
38	河北大学管理学院
39	郑州大学信息管理系

序号	单位名称
40	河南科技大学图书馆
41	安徽大学管理学院
42	四川大学公共管理学院
43	中科院成都文献情报中心
44	重庆大学经济与工商管理学院
45	西南大学计算机信息与科学学院
46	云南大学情报与档案学院
47	湘潭大学管理学院
48	中南大学医药信息系
49	武汉大学信息管理学院
50	华中师范大学信息管理系
51	华中科技大学医药卫生管理学院
52	第四军医大学图书馆
53	浙江大学人文学院
54	福建师范大学社会历史学院
55	中山大学资讯管理系
56	华南师范大学经济管理学院
57	广西民族大学管理学院

国内图书馆学专业博士学位授予单位名录

序号	单位名称
1	北京大学信息管理系
2	中国人民大学信息资源管理学院
3	中国科学院研究生院(文献情报中心)
4	武汉大学信息管理学院
5	南开大学商学院
6	南京政治学院上海分院信息管理系
7	南京大学信息管理系
8	吉林大学管理学院
9	中山大学资讯管理系
10	中国人民解放军后勤指挥学院

(张收棉、钟晶晶整理)

全国图书馆名录

高校图书馆部分

全国图书馆名录

高校图书馆部分

馆名	地址	邮编	电话
北京市			
北京大学图书馆	北京市海淀区颐和园路 5 号	100871	010－62751051
北京交通大学图书馆	北京市海淀区上园村 3 号	100044	010－51688528
北京邮电大学图书馆	北京市海淀区西土城路 10 号	100876	010－62282238
华北电力大学图书馆	北京市昌平区朱辛庄， 河北省保定市永华北大街	102206 071003	010－80798591 0312－7522384
中国农业大学图书馆	北京市海淀区圆明园西路 2 号(西馆)北京市海淀区清华东路 17 号(东馆)	100094 100083	010－62732737
北京林业大学图书馆	北京市海淀区清华东路 35 号	100083	010－62338259
北京师范大学图书馆	北京市新街口外大街 19 号	100875	010－58809911
北京航空航天大学图书馆	北京市海淀区学院路 37 号	100083	010－82317065
北京工商大学图书馆	北京市海淀区阜成路 33 号	100037	010－81353279
中国传媒大学图书馆	北京市朝阳区定福庄东街 1 号	100024	010－65779740
中央音乐学院图书馆	北京市西城区鲍家街 43 号	100031	010－66425710
中华女子学院图书馆	北京市朝阳区育慧东路 1 号	100101	010－84659068
北京服装学院图书馆	北京市朝阳区樱花东路甲 2 号	100029	010－64288340
北京石油化工学院图书馆	北京市大兴区清源北路 19 号	102617	010－81292107
北京农学院图书馆	北京市昌平区回龙观镇朱辛庄北农路 7 号	102206	010－80799071
北京舞蹈学院图书馆	北京市海淀区民族大学南路 19 号	100081	010－68935812
北京青年政治学院图书馆	北京市朝阳区望京中环南路 4 号	100102	010－64737788
北京农业职业学院图书馆	北京市房山区良乡长虹东路高教园区	102442	010－62595021
北京经济管理职业学院图书馆	北校区:北京市朝阳区花家地街 19 号 南校区:北京市 1251 信箱	100102 102602	010－64722233 －2168 010－69215117
北京市崇文区职工大学图书馆	北京市崇文区板厂南里 5 号	100061	010－67142622
防化指挥工程学院图书馆	北京市昌平阳坊防化指挥工程学院图书馆	102205	010－66756116
中国人民解放军医学图书馆	北京市西四环中路 59 号	100039	010－66932400
中国人民大学图书馆	北京市中关村大街 59 号	100872	010－62514996
清华大学图书馆	北京市海淀区清华大学图书馆	100084	010－62784591
北京科技大学图书馆	北京市海淀区学苑路 30 号	100083	010－62332494

馆名	地址	邮编	电话
北京化工大学图书馆	北京市朝阳区北三环东路15号	100029	010－64414976
北京中医药大学图书馆	北京市北三环东路11号图书馆	100029	010－64287502
北京外国语大学图书馆	北京市西三环北路2号	100089	010－88816675
北京语言大学图书馆	北京市海淀区学院路15号	100083	010－82303630
中央财经大学图书馆	北京市海淀区学院南路39号	100081	010－62288371
对外经济贸易大学图书馆	北京市朝阳区惠新东街10号	100029	010－64492261
中国政法大学图书馆	北京市海淀区西土城路25号	100088	010－58908304
中国石油大学图书馆(北京)	北京市昌平区府学路18号	102249	010－89733490
中国地质大学(北京)图书馆	北京市海淀区学院路29号	100083	010－82321357
中国矿业大学(北京)图书馆	北京市海淀区学院路丁11号	100083	010－62331006
中央民族大学图书馆	北京市海淀区中关村南大街27号	100081	010－68932489
中国人民公安大学图书馆	北京市西城区木樨地南里1号	100038	010－83903222
医学信息研究所/北京协和医学院图书馆	北京市东城区东单北大街69号	100005	010－65133258
北京体育大学图书馆	北京市海淀区信息路48号	100084	010－62989420
北京理工大学图书馆	北京市海淀区中关村南大街5号	100081	010－68913707
北京联合大学图书馆	北京市朝阳区北四环东路97号	100101	010－64900958
北京联合大学应用文理学院图书馆	北京市海淀区北土城上地西路197号	100083	010－62004549
北京工业大学图书馆	北京市朝阳区平乐园100号	100022	010－67392063
北方工业大学图书馆	北京市石景山区晋元庄路5号	100041	010－88802867
首都医科大学图书馆	北京市丰台区右安门外西头条10号	100069	010－83911301
首都师范大学图书馆	北京市海淀区西三环北路105号	100037	010－68902470
首都经济贸易大学图书馆	北京市丰台区花乡张家路口121号(校本部)北京市朝阳区外红庙(东校区)	100070 100026	010－83952317
国际关系学院图书馆	北京市海淀区坡上村12号	100091	010－62861359
中央戏剧学院图书馆	北京市东城区东棉花胡同39号	100710	010－64043485
中央美术学院图书馆	北京市朝阳区花家地南街8号馆	100102	010－64771045
北京电子科技学院图书馆	北京市丰台区富丰路7号	100070	010－83635395
外交学院图书馆	北京市西城区展览馆路24号	100037	010－68323091
中国劳动关系学院图书馆	北京市海淀区增光路45号	100037	010－88561969
中国青年政治学院图书馆	北京市西三环北路25号	100089	010－88567372
北京信息科技大学图书馆	北京市海淀区清河小营东路12号	100085	010－82426940

馆名	地址	邮编	电话
北京建筑工程学院图书馆	北京市西城区展览路 1 号	100044	010－68322573
北京印刷学院图书馆	北京市大兴区兴华北路 25 号	102600	010－60261174
北京信息工程学院图书馆	北京北四环中路 35 号	100101	010－64884728
首钢工学院图书馆	北京石景山区晋元庄 6 号	100041	010－68874163
首都体育学院图书馆	北京市海淀区北三环西路 11 号	100088	010－82099036
北京第二外国语学院图书馆	北京市朝阳区定福庄南里 1 号	100024	010－65778574
北京物资学院图书馆	北京市通州区富河大街 1 号	101149	010－89534272
中国音乐学院图书馆	北京市朝阳区健翔桥安翔路 1 号	100101	010－64887401
中国戏曲学院图书馆	北京市宣武区里仁街 3 号	100073	010－63351525
北京电影学院图书馆	北京市海淀区西土城路 4 号	100088	010－82283219
北京城市学院图书馆	北京市海淀区北四环路 269 号	100083	010－62322613
北京科技经营管理学院图书馆	北京市海淀区三义庙二号院 北京市昌平区沙河丰善东 北京市昌平区沙河小王庄	100086 102206 102206	010－51731857
北京工业职业技术学院图书馆	北京市石景山区石门路 368 号	100042	010－51511051
北京电子科技职业学院图书馆	北京市朝阳区太阳宫路芍药居甲 1 号	100029	010－84612952
北京信息职业技术学院图书馆	北京市朝阳区芳园路 5 号	100016	010－64325394
北京戏曲艺术职业学院图书馆	北京市丰台区马家堡东里 8 号	100068	010－67572221
北京经贸职业学院图书馆	北京市房山区良乡长虹东路高教园区	102401	010－81355896
北京劳动保障职业学院图书馆	北区:北京市昌平区南口路 32 号 南区:北京市朝阳区惠新东街 5 号	102200 100029	010－80112413 010－80102124
北京政法职业学院图书馆	北京市朝阳区杨闸环岛	100024	010－65750413
北京培黎职业学院图书馆	北京市海淀区双清路 1 号	100085	010－51647925
北京北大方正软件职业技术学院图书馆	河北省廊坊经济开发区东方大学城	065001	010－51108888
北京交通职业技术学院图书馆	北京昌平区邓庄村东	102200	010－89748748
北京汇佳职业学院图书馆	北京市中关村科技园区昌平园创新路 20 号	102200	010－51631977
北京财贸职业学院图书馆	北京通州区芦庄 1 号河北省涿州	101101 072751	010－51675980
北京现代职业技术学院图书馆	北京市顺义区裕龙花园三街	101300	010－69449322
北京科技职业学院图书馆	北京市昌平区沙河沙阳路 18 号	102206	010－69730093
北京经济技术职业学院图书馆	京东燕郊高楼镇	065202	0316－3380820
北京吉利大学图书馆	北京市昌平区马池口	102202	010－60751620
北京工商大学嘉华学院图书馆	北京市通州区宋庄南路甲 1 号	101118	010－52107640

馆名	地址	邮编	电话
北京邮电大学世纪学院图书馆	北京市大兴区黄村狼垡	102613	010—61225751
北京工业大学耿丹学院图书馆	北京市顺义区牛栏山镇	101301	010—60411059
中央广播电视大学图书馆	北京市西城区复兴门内大街160号	100031	010—66490069
国家法官学院图书馆	北京市通州区天城桥甲一号	101100	010—85259103
北京市朝阳区职工大学图书馆	北京市朝阳区和平里南口砖角楼5号	100013	010—64221147
装甲兵工程学院图书馆	北京长辛店	100072	
北京人民警察学院图书馆	北京昌平区南口镇南涧路11号	102202	010—62005235
北京大学医学部图书馆	北京市海淀区学院路38号	100038	010—82802223
北京第二外国语学院中瑞酒店管理学院图书馆	北京市大兴区庞各庄镇工业区田园路11号	102601	010—89283362
北京新圆明职业学院图书馆	北京市海淀区中关村科技园区聂各庄东路10号	100194	010—58714114
北京体育职业学院图书馆	北京市丰台区光彩北路4号	100075	010—87280847
北京京北职业技术学院图书馆	北京市怀柔区小中富乐一区188号	101400	010—89681662
防灾科技学院图书馆	北京东燕郊经济开发区	100176	010—61594345
天津市			
南开大学图书馆	天津市卫津路94号	300071	022—23508635
天津科技大学图书馆	天津市河西区大沽南路1038号	300222	022—60273086
天津财经大学图书馆	天津市河西区珠江道25号	300222	022—28125267
天津音乐学院图书馆	天津市河东区十一经路57号	300171	022—24160021 022—24160391
天津天狮学院图书馆	天津市武清开发区源泉路15号	301700	022—82113140
南开大滨海学院图书馆	天津市大港区学府路634号	300270	022—63304938
北京科技大学天津学院图书馆	天津市宝坻区京津新城珠江北环东路1号	301811	022—22410419
天津大学图书馆	天津市南开区卫津路92号	300072	022—27406249
中国民航大学图书馆	天津市东丽区滨海国际机场	300300	022—24092574
天津工业大学图书馆	天津市河东区成林路63号	300160	022—24528628
天津理工大学图书馆	天津市南开区红旗南路263号	300191	022—23679382
天津医科大学图书馆	天津市和平区气象台路22号	300070	022—23542632
天津中医药大学图书馆	天津市南开区鞍山西道312号	300193	022—23051056
天津师范大学图书馆	天津市宾水西道延长线	300387	022—23766116
天津商业大学图书馆	天津市北辰区津霸公路东口	300134	022—26669586
天津城市建设学院图书馆	天津市西青区津静路26号	300384	022—23085217

馆名	地址	邮编	电话
天津农学院图书馆	天津市西青区津静路 22 号	300384	022—23781325
天津工程师范学院图书馆	天津市河西区津沽路 5 号	300222	022—28116964
天津外国语学院图书馆	天津市河西区马场道 117 号	300204	022—23246097
天津体育学院图书馆	天津市河西区卫津南路 51 号	300381	022—23012003
天津美术学院图书馆	天津市河北区天纬路 4 号	300141	022—26241522
天津医学高等专科学校图书馆	天津市河西区柳林路 14 号	300222	021—60276852
天津职业大学图书馆	天津市河北区志成路 7 号	300402	022—60586105 022—60586098
天津现代职业技术学院图书馆	天津市河西区大沽南路柳林东	300222	022—28193097
天津工程职业技术学院图书馆	天津市大港区幸福路 51 号	300280	022—25921467
天津公安警官职业学院图书馆	天津市西青区南河镇	300382	022—23985398
天津轻工职业技术学院图书馆	天津市西青区西青道 274 号	300380	022—23055044
天津电子信息职业技术学院图书馆	天津市红桥区光荣道大新街 183 号	300132	022—26583511
天津滨海职业学院图书馆	天津市塘沽区庐山道 1101 号	300451	022—25215115
天津渤海职业技术学院图书馆	天津市河西区郁江道 3 号	300221	022—28378830
天津机电职业技术学院图书馆	天津市红桥区光荣道竹山路 7 号	300131	022—60208414
天津对外经济贸易职业学院图书馆	天津市河西区珠江道 86 号	300221	022—88382825
天津开发区职业技术学院图书馆	天津开发区十三大街 9 号	300457	022—60662166
天津交通职业学院图书馆	天津市西青区西青道 269 号	300100	022—87912703
天津青年职业学院图书馆	天津市南开区水上公园路 43 号	300191	022—23671491
天津国土资源和房屋职业学院图书馆	天津市大港区学府 2 路 600 号	300270	022—63303867
天津工艺美术职业学院图书馆	天津市河北区革新道 10 号	300250	022—26786338
天津城市建设管理职业技术学院图书馆	天津市北辰区龙泉道 2889 号	300134	022—58319093
天津中德职业技术学院图书馆	天津市南开区育梁道 3 号	300191	022—23010225
天津城市职业学院图书馆	天津市河东区真理道 27 号	300250	022—26473171
天津冶金职业技术学院图书馆	天津市北辰区学海道 38 号	300400	022—26983751
天津铁道职业技术学院图书馆	天津市河北区建昌道 21 号	300240	022—26744747
天津海运职业学院图书馆	天津市经济技术开发区十一大街 3 号	300457	022—66237185
天津生物工程职业技术学院图书馆	天津市开发区西区南大街 175 号	300462	022—26688914
天津石油职业技术学院图书馆	天津市团泊洼	301607	022—29000321
天津商业大学宝德学院图书馆	天津市西青区津静公路 28 号	300384	022—23796133 022—23789513

馆名	地址	邮编	电话
天津医科大学临床医学院图书馆	天津市大港区学府二路 167 号	300270	022－63306997 022－63302660
天津理工大学中环信息学院图书馆	天津市西青区杨柳青柳口路 99 号	300380	022－60541835
天津大学仁爱学院图书馆	天津市静海团泊新城博学苑	301636	022－68579990
天津财经大学珠江学院图书馆	天津市宝坻区京津新城珠江北环东路 2 号	301811	022－22410828
天津市管理干部学院图书馆	天津市西青区津静京福公路交口	300380	022－23791477
天津市工会管理干部学院图书馆	天津市河西区宾水道 47 号	300060	022－24023063
天津市财贸管理干部学院图书馆	天津市河东区六纬路 82 号	300170	022－24020442 022－24020450
天津市广播电视大学图书馆	天津市南开区迎水道 1 号	300191	022－23679391
天津市红桥区职工大学图书馆	天津市红桥区丁字沽一号路 56 号	300131	022－86513107
天津艺术职业学院图书馆	天津市南开区卫津南路苍穹道 9 号	300381	022－23016658
天津广播影视职业学院图书馆	天津市西青区西青道 269 号	300112	022－87912328
天津外国语学院滨海外事学院图书馆	天津市大港区学府路 60 号	300270	022－63252225
天津体育学院运动与文化艺术学院图书馆	天津市河西区卫津南路 51 号	300060	022－23015120
天津师范大学津沽学院图书馆	天津市西青区宾水西道 393 号	300387	022－23766422
河北省			
河北大学图书馆	河北省保定市五四东路 180 号	071002	0312－5079425
河北科技大学图书馆	河北省石家庄市裕华东路 70 号	050018	0311－88632142
河北工程大学图书馆	河北省邯郸市光明南大街 199 号	056038	0310－8579102
河北医科大学图书馆	河北省石家庄市中山东路 361 号	050017	0311－86265575 0311－86049544
河北师范大学图书馆	河北省石家庄市裕华东路 113 号	050016	0311－86269421
中国人民武装警察部队学院图书馆	河北省廊坊市	065000	0316－2068179
石家庄铁道学院图书馆	河北省石家庄市北二环东路 17 号	050043	0311－87935175
石家庄经济学院图书馆	河北省石家庄市槐安东路 136 号	050031	0311－87208050
承德医学院图书馆	河北省承德市上二道河子	067000	0314－2291176
廊坊师范学院图书馆	河北省廊坊市爱民西道 100 号	065000	0316－2188396
河北北方学院图书馆	河北省张家口市桥西区长青路 14 号	075000	0313－8041692
河北化工医药职业技术学院图书馆	河北省石家庄市裕华区方兴路 88 号	050026	0311－85110151
秦皇岛职业技术学院图书馆	河北省秦皇岛市北戴河区联峰北路 90 号	066100	0335－5926822
唐山工业职业技术学院图书馆	河北省唐山市路北区缸窑路 29 号	063020	0315－3103787
河北工业大学图书馆	天津市红桥区光荣道 8 号	300130	022－60204741

馆名	地址	邮编	电话
燕山大学图书馆	河北省秦皇岛市河北大街西段 438 号	066004	0335—8074539
河北理工大学图书馆	河北省唐山市新华西道 46 号	063009	0315—2592142
河北农业大学图书馆	河北省保定市灵雨寺街 289 号	071001	0312—7521549
河北经贸大学图书馆	河北省石家庄市学府路 47 号	050061	0311—87655515
中央司法警官学院图书馆	河北省保定市七一中路 103 号	071000	0312—5910071
防灾科技学院图书馆	北京东燕郊学院街 205 信箱	100176	010—61596094
华北科技学院图书馆	河北省三河市燕郊开发区	065201	010—61591475
北华航天工业学院图书馆	河北省廊坊市爱民东道 133 号	065000	0316—2083312
河北建筑工程学院图书馆	河北省张家口市建国路 33 号	075024	0313—2050880
华北煤炭医学院图书馆	河北省唐山市建设南路 57 号	063000	0315—3725361
唐山师范学院图书馆	河北省唐山市建设北路 156 号	063000	0315—3863286
邢台学院图书馆	河北省邢台市桥东区学院路 3 号	054001	0319—7300682
河北科技师范学院图书馆	河北省秦皇岛市和北大街西段 360 号	066004	0335—2039039 0335—8076111
河北金融学院图书馆	河北省保定市恒祥北大街 3188 号	071051	0312—3338116
河北体育学院图书馆	河北省石家庄市学府路 82 号	050041	0311—85337084
河北传媒学院图书馆	河北省石家庄市新华区警安路 8 号	050073	0311—85273728
唐山学院图书馆	河北省唐山市路北区华岩北路 38 号	063000	0315—2010642
衡水学院图书馆	河北省衡水市和平西路 1088 号	053000	0318—6016257
保定学院图书馆	河北省保定市七一东路 3027 号	071000	0312—5972055
邯郸学院图书馆	河北省邯郸市邯山区学院北路 530 号	056005	0310—6260173
石家庄学院图书馆	河北省石家庄开发区长江大道 6 号	050035	0311—5960575
沧州医学高等专科学校图书馆	河北省沧州市高校区	061001	0317—5207598
河北工程技术高等专科学校图书馆	河北省沧州市浮阳南大道 6 号	061001	0317—2102821
承德石油高等专科学校图书馆	河北省承德市双桥区南园路 9 号	067000	0314—2152193
邢台医学高等专科学校图书馆	河北省邢台市钢铁北路 618 号	054000	0319—2233390
承德民族师范高等专科学校图书馆	河北省承德市桃李街西 2 号	067000	0314—2370089
沧州师范专科学校图书馆	河北省沧州市学院路	060001	0317—2159859
张家口职业技术学院图书馆	河北省张家口市高新区马路东 59 号	075000	0313—4085623
沧州职业技术学院图书馆	河北省沧州市朝阳路	061001	
河北能源职业技术学院图书馆	河北省唐山市北新西道 88 号	063004	0315—3049633 0315—3049242

馆名	地址	邮编	电话
邯郸职业技术学院图书馆	河北省邯郸市渚河路 141 号	056001	0310－3162943 0310－3164647
河北工业职业技术学院图书馆	河北省石家庄市红旗大街 333 号	050091	0311－85239662
邢台职业技术学院图书馆	河北省邢台市钢铁路 552 号	054035	0319－2273164
石家庄职业技术学院图书馆	河北省石家庄市中山西路长兴街 12 号	050081	0311－85333978
保定职业技术学院图书馆	河北省保定市朝阳南大街 613 号	071051	0312－5909376
保定科技职业学院图书馆	河北省保定市南二环路 1956 号	071000	0312－4115662
石家庄联合技术职业学院图书馆	河北省石家庄市中山路西获铜路	050228	0311－83930131
保定电力职业技术学院图书馆	河北省保定市乐凯南大街 1278 号	071051	0312－3303231
石家庄科技信息职业学院图书馆	河北省石家庄市红旗大街南端	050091	0311－83817149 －8109
廊坊职业技术学院图书馆	河北省廊坊市爱民西道 42 号	065000	0316－2192599
河北石油职业技术学院图书馆	河北廊坊爱民西道 90 号	065000	0316－2070296
河北建材职业技术学院图书馆	河北省秦皇岛市河北大街西段 104 号	066004	0335－8070962
河北政法职业学院图书馆	河北省石家庄市学府路 77 号	050061	0311－87656039
渤海石油职业学院图书馆	河北省任丘市	062552	0317－2765377
河北机电职业技术学院图书馆	河北省邢台市中兴西大街 466 号	054048	0319－2622442
河北交通职业技术学院图书馆	河北省石家庄市友谊南大街 258 号	050091	0311－87668231 0311－87668187
秦皇岛外国语职业学院图书馆	河北省秦皇岛市南戴河前进路 6 号	066311	0335－5926021
石家庄信息工程职业学院图书馆	河北省石家庄市香江道 39 号	050035	0311－85900701
石家庄外经贸职业学院图书馆	河北省石家庄新华区学府路 236 号	050061	0311－85201335
河北艺术职业学院图书馆	河北省石家庄市青园街 149 号	050011	0311－86665020
河北旅游职业学院图书馆	河北省承德市	067000	0314－2200175
河北软件职业技术学院图书馆	河北保定市职大路 1 号	071000	0312－5998093
石家庄外语翻译职业学院图书馆	河北省石家庄市红旗南大街汇丰西路 29 号	050091	0311－85237021
石家庄工商职业学院图书馆	河北省石家庄市南二环滨河街 3 号	050091	0311－83838442
衡水职业技术学院图书馆	河北省衡水市红旗大街 143 号	053000	0318－2667120
石家庄法商职业学院图书馆	河北省石家庄市桥西区宫北路 11 号	050091	0311－83831598
河北理工大学轻工学院图书馆	河北省唐山市路北区高新技术产业园区龙华道 128 号	063000	0315－3277844
华北电力大学科技学院图文信息中心	河北省保定市瑞祥大街 282 号	071051	0312－7523543
中国地质大学长城学院图书馆	河北省保定市南二环路 1698 号	071000	0312－2143881
北京化工大学北方学院图书馆	河北省三河市燕郊开发区迎宾北路 45 号	065201	0316－3380046

馆名	地址	邮编	电话
张家口市教育学院图书馆	河北张家口平门大街副 19 号	075000	0313—8162239
河北青年管理干部学院图书馆	河北省石家庄市槐中路 417 号	050031	0311—87251652
石家庄陆军指挥学院图书馆	河北省石家庄市中山西路 777 号	050084	0311—87996046
炮兵指挥学院图书馆	河北省宣化区阁北街 19 号	075100	0313—3366082
张家口通信训练基地图书馆	河北省张家口市宣化区总参通信训练基地	075100	0313—3362223
唐山职业技术学院图书馆	河北省唐山市新华西道 120 号	063000	0315—2226999
石家庄计算机职业学院图书馆	河北省石家庄市学府路 169 号	050072	0311—86867700
河北外国语职业学院图书馆	河北省秦皇岛市南戴河前进路 6 号	066311	0335—5926089
石家庄东方美术学院图书馆	河北省石家庄市新乐市	050700	0311—88651148
河北地质职工大学图书馆	河北石家庄市中山西路 901 号	050086	0311—83633725
石家庄职工大学图书馆	河北省石家庄市石正路 199 号	050049	0311—86812224
河北管理干部学院图书馆	河北省石家庄市槐中路 516 号	050030	0311—85656124
河北科技学院图书馆	河北省保定市南二环路 1956 号	071000	0312—6796022
石家庄外事职业学院图书馆	河北省石家庄市北郊 107 国道与正定常山西路交叉口	050800	0311—88247986
河北司法警官职业学院图书馆	河北省邯郸市中华北大街 515 号	056004	0310—7025119
河北公安警察职业学院图书馆	河北省石家庄市桥西区滨河街	050093	0311—3831880
河北女子职业技术学院图书馆	河北省石家庄市桥西区南二环汇文街 16 号	050091	0311—89630662
冀中职业学院图书馆	河北省保定市定州市	073000	0312—2587760
石家庄科技工程职业学院图书馆	河北省石家庄正定华安西路 29 号	050800	0311—88010700
河北大学工商学院图书馆	河北省保定市七一东路	071000	0312)5073104
河北联合大学轻工学院图书馆	河北省唐山市路北区高新技术产业园区龙华道	063000	0315—2592492
石家庄经济学院华信学院图书馆	河北省石家庄市汇丰路 18 号	050093	0311—87207400
石家庄铁道大学四方学院图书馆	河北省石家庄市装院路甲一号	051132	0311—85181897
石家庄医学高等专科学校图书馆	河北省石家庄市石获南路 209 号	050073	0311—83655986
石家庄邮电职业技术学院图书馆	河北省石家庄市体育南大街 318 号	050022	0311—85998903
中国环境管理干部学院图书馆	河北省秦皇岛市河北大街西段 73 号	066022	0335—8077743
河北联合大学图书馆	河北省唐山市新华西道 46 号	063000	0315—2592492
河北农业大学现代科技学院图书馆	河北省保定市建设南路 215 号	071000	0312—7528381
河北科技大学理工学院图书馆	河北省石家庄市高新技术开发区湘江道 58 号	050035	0311—88233806
河北工业大学城市学院图书馆	天津市红桥区	300132	022—60204029

馆名	地址	邮编	电话
河北医科大学临床学院图书馆	河北省石家庄市建华南大街 309 号	050030	0311—86265948
唐山科技职业技术学院图书馆	河北省唐山市路南区警钢路 68 号	063001	0315—2965262
河北工程大学科信学院图书馆	河北省邯郸市光明南大街 199 号	056006	0310—8579060
燕山大学里仁学院图书馆	河北省秦皇岛市河北大街 438 号	066002	0335—8067000
河北师范大学汇华学院图书馆	河北省石家庄市红旗大街 601 号	050093	0311—83859638
河北经贸大学经济管理学院图书馆	河北省石家庄市红旗大街 428 号	050090	0311—87665152
石家庄外国语职业学院图书馆	河北省石家庄经济技术开发区岗上文明路 12 号	051230	0311—83091234
河北劳动关系职业学院图书馆	河北省石家庄市红旗大街南端学院路 6 号	050093	0311—83860925
泊头职业学院图书馆	河北省泊头市光明街 150 号	062150	0317—7949946
宣化科技职业学院图书馆	河北省张家口市宣化区皇城桥北街地院巷 1 号	057100	0313—3165332
廊坊东方职业技术学院图书馆	河北省廊坊东方大学城一期圣陶路	065001	0316—2901888
石家庄人民医学高等专科学校图书馆	河北石家庄红旗大街汇丰路 18 号	050093	0311—85349858
石家庄科技职业学院图书馆	河北省石家庄经济技术开发区创业路 23 号	050200	0311—83091006
石家庄理工职业学院图书馆	河北省石家庄市中山路西获铜路	050200	0311—83930017
承德护理职业学院图书馆	河北省承德市下二道河子	067000	0314—2157600
廊坊燕京职业技术学院图书馆	河北省三河市工业新区	065600	0316—3669165
北京交通大学海滨学院图书馆	河北省黄骅市学院西路 9 号	061100	0317—8887022
山西省			
山西大学图书馆	山西省太原市坞城路 92 号	030006	0351—7010444
太原科技大学图书馆	山西省太原市万柏林区瓦流路 66 号	030024	0351—6998009
山西农业大学图书馆	山西省太谷县	030801	0354—6288232
山西师范大学图书馆	山西省临汾贡院街 1 号	041004	0357—2051143
山西旅游职业学院图书馆	山西省太原市许坦东街 29 号	030031	0351—7973247—801
太原理工大学图书馆	山西省太原市迎泽西大街 79 号	030024	0351—6010490
中北大学图书馆	山西省太原市学院路 3 号	030051	0351—3942592
山西医科大学图书馆	山西省太原市新建南路 86 号	030001	0351—4135127
山西大同大学图书馆	山西省大同市御河桥东	037009	0352—7158522
山西财经大学图书馆	山西省太原市坞城路 696 号	030006	0351—7666661
太原工业学院图书馆	山西省太原市迎新街北 1 巷 1 号	030008	0351—3566019
山西中医学院图书馆	山西省太原市晋祠路一段 89 号	030024	0351—2272162

馆名	地址	邮编	电话
长治医学院图书馆	山西长治市解放东街 161 号	046000	0355－3012479
太原师范学院图书馆	山西省太原市南内环街 189 号	030012	0351－2279429
运城学院图书馆	山西省运城市河东东街 333 号	044000	0359－2090284
晋中学院图书馆	山西省晋中市榆次区文苑街	030600	0354－3036447
长治学院图书馆	山西省长治市城北东街 73 号	046011	0355－2179401
忻州师范学院图书馆	山西省忻州市和平街 10 号	034000	0350－3048434
太原电力高等专科学校图书馆	山西省太原市大东关红沟南街 36 号	030013	0351－2646180
吕梁高等专科学校图书馆	山西省吕梁市离石区滨河北东路 38 号	033000	0358－8248753
运城幼儿师范高等专科学校图书馆	山西省运城市空港南区	044000	0359－2550785
山西警官高等专科学校图书馆	山西省太原市晋祠路二段 27 号	030021	0351－6925334 0351－6600310
太原大学图书馆	山西省太原市坝陵北街 2 号	030009	0351－3367066
山西艺术职业学院图书馆	山西省太原市并州东街 95 号	030012	0351－2246032 －81
山西工商职业学院图书馆	山西省太原市坞城南路 99 号	030006	0351－2218143
临汾职业技术学院图书馆	山西省临汾市建设北路 113 号	041000	0357－2250031
山西交通职业技术学院图书馆	山西省太原市武宿	030031	0351－7133161
山西工程职业技术学院图书馆	山西省太原市新建北路 131 号	030009	0351－3350097
晋城职业技术学院图书馆	山西省晋城市凤台东街	048000	0356－3290640
山西水利职业技术学院图书馆	山西省太原市滨河西路北段 2 号	030027	0351－6293189
阳泉职业技术学院太原理工大学阳泉学院图书馆	山西省阳泉市开发区学院路	045001	0353－6664238
山西建筑职业技术学院图书馆	山西省太原市学府街 50 号	030006	0351－7433052
山西同文外语职业学院图书馆	山西省介休市北坛西路 10 号	032000	0354－3558056
潞安职业技术学院图书馆	山西襄垣侯堡潞安大街东段	046204	0355－5921052
山西机电职业技术学院图书馆	山西省长治市城北东街 130 号	046011	0355－5830268
晋中职业技术学院图书馆	山西省晋中市榆将次区蕴华西街 229 号	030600	0354－2661356
山西林业职业技术学院图书馆	山西省太原市滨河东路北段 78 号	030009	0351－3438967
山西警官职业学院图书信息中心	山西省太原市双塔南路 34 号	030006	0351－2677725
山西综合职业技术学院图书馆	山西省太原市坞城路 115 号	030006	0351－7013602
山西煤炭职业技术学院图书馆	山西省太原市许坦东街 40 号	030031	0351－7975820
山西体育职业学院图书馆	山西省太原市晋阳街 100 号	030006	0351－7981472
山西管理职业学院图书馆	山西省临汾市尧都区	041051	0357－3059409

馆名	地址	邮编	电话
山西信息职业技术学院图书馆	山西省临汾市尧都区屯里镇	041000	0357—3351471
山西财经大学经济技术学院图书馆	山西省太原市南内环街 29 号	030012	0351—4295162
山西大学商务学院图书馆	山西省太原市太榆路 16 公里处	030031	0351—7942058
山西省政法管理干部学院图书馆	山西省太原市大营盘体育北街 6 号	030012	0351—2249036
长治市教育学院图书馆	山西省长治市城西北路 11 号	046011	0355—2084529 0355—2086615
山西青年管理干部学院图书馆	山西省太原市青年路 19 号	030001	0351—4720089
山西经济管理干部学院图书馆	山西太原市南内环西街 1 号	030024	0351—6533026
山西煤炭管理干部学院图书馆	山西省太原市许坦西街 69 号	030006	0351—4117064
山西职工医学院图书馆	山西省太原市双塔寺街 22 号	030012	0351—4293084 0351—4293235
广播电影电视管理干部学院图书馆	山西省太原市五龙口街 118 号	030013	0315—2261831
吕梁学院图书馆	山西吕梁市离石区滨河北东路 38 号	030006	0358—8248723
山西农业大学信息学院图书馆	山西省晋中市经济开发区榆太路 100 号	031800	0354—6288909
大同煤炭职业技术学院图书馆	山西大同市新平旺迎新街	037003	0352—7057076
山西生物应用职业技术学院图书馆	山西省太原市民航南路 16 号	030031	0351—7979019
山西兴华职业学院图书馆	山西省太原市小店区黄陵路 39 号	030031	0351—7126000
长治职业技术学院图书馆	山西省长治市延安中路 505 号	046011	0355—3526020
山西财贸职业技术学院图书馆	山西省太原市武宿民航南路 26 号	030031	0351—7975119
山西戏剧职业学院图书馆			
山西职业技术学院图书馆	山西省太原市坞城路 115 号	030006	0351—7015210
太原城市职业技术学院图书馆	山西省太原市兴华街 3 号	030027	0351—5633111
山西青年职业学院图书馆	山西省太原市青年路 19 号	030200	0351—4720800
山西政法管理干部学院图书馆	山西省太原市新寇庄北街 42 号	030012	0351—7074215
山西华澳商贸职业学院图书馆	山西省太原教育园区东外环 8 号路 15 号	030002	0351—3624908
山西老区职业技术学院图书馆	山西省太原市和平北路东流街	030027	0351—6655188
山西工商学院图书馆	山西省太原市坞城南路 99 号	030006	0351—7965792
山西运城农业职业技术学院图书馆	山西运城市红旗东街 46 号	044000	0359—2084503
太原旅游职业学院图书馆	山西省太原市经济开发区汾东教育园区	030032	0351—7583527
山西金融职业学院图书馆	山西省太原市迎新街南巷 10 号	037003	0351—3059126
山西国际商务职业学院图书馆	山西省太原市龙堡街 14 号	030031	0351—5691288
忻州职业技术学院图书馆	山西省忻州市经济技术开发区学院路 1 号	034000	0350—3159059

馆名	地址	邮编	电话
山西经贸职业学院图书馆	山西太原市南内环西街1号	030053	0351—6338595
朔州职业技术学院图书馆	山西省朔州市朔城区西门外	036000	0349—6660003
山西财经大学华商学院图书馆	山西省太原市坞城南路79号	030031	0351—7654226
太原理工大学现代科技学院图书馆	山西省太原市新晋祠路45号	030021	0351—6111205
中北大学信息商务学院图书馆	山西省太原市学院路3号	030051	0351—3921923
太原科技大学华科学院图书馆	山西省太原市晋祠路二段264号	030021	0351—6998011
山西电力职业技术学院图书馆	山西省太原市晋祠路三段160号	030021	0351—4261951
山西师范大学现代文理学院图书馆	山西省临汾市尧都区贡院街一号	041000	0357—2051067
山西医科大学晋祠学院图书馆	山西省太原市晋祠	030021	0351—4135433
山西轻工职业技术学院图书馆	山西省太原市马道坡街57号	030013	0351—4670803
运城职业技术学院图书馆	山西省运城市学苑北路	043800	0359—2439999
阳泉师范高等专科学校图书馆	山西省平定县上城街59号	045200	0353—6160071
晋中师范高等专科学校图书馆	山西省晋中市榆次区纬一街99号	030012	0354—3127188
内蒙古自治区			
内蒙古大学图书馆	内蒙古呼和浩特市大学西路235号	010021	0471—4992562
内蒙古民族大学图书馆	内蒙古通辽市霍林河大街22号	028000	0475—8314850
内蒙古工业大学图书馆	内蒙古呼和浩特市新城区爱民街49号	010051	0471—6575154
内蒙古民族高等专科学校图书馆	内蒙古呼和浩特市通道北路56号	010051	0471—2213465
河套大学图书馆	内蒙古巴彦淖尔市临河区大学路	015000	0478—8414425
呼和浩特职业学院图书馆	内蒙古呼和浩特市通道北路58号	010051	0471—6574822 0471—6574792
内蒙古科技大学图书馆	内蒙古包头市昆区阿尔丁大街7号	014010	0472—5951612
内蒙古农业大学图书馆	内蒙古呼和浩特市昭乌达路306号	010018	0471—4305363
内蒙古师范大学图书馆	内蒙古呼和浩特市赛罕区昭乌达路81号	010022	0471—4392590
内蒙古医学院图书馆	内蒙古呼和浩特市新华大街5号	010059	0471—6653114 0471—6636206
赤峰学院图书馆	内蒙古赤峰市红山区民航路	024001	0476—2205797
呼伦贝尔学院图书馆	内蒙古呼伦贝尔市学府路83号	010010	0470—8259027
内蒙古财经学院图书馆	内蒙古呼和浩特市海拉尔大街47号	010051	0471—3677339
内蒙古建筑职业技术学院图书馆	内蒙古呼和浩特市内蒙古青少年生态园南侧	010070	0471—6609638 0471—6604148
包头钢铁职业技术学院图书馆	内蒙古包头市昆区学府道中段	014010	0472—2122493
内蒙古商贸职业学院图书馆	内蒙古呼和浩特市赛罕区展西路5号	010010	0471—4912040

馆名	地址	邮编	电话
内蒙古电子信息职业技术学院图书馆	内蒙古呼和浩特市乌兰察布东街 69 号	010010	0471—4604941
集宁师范学院图书馆	内蒙古乌兰察布市集宁区工农路 59 号	012000	0474—4875613
呼和浩特民族学院图书馆	内蒙古呼和浩特市新城区通道北路 56 号	010050	0471—2213525
包头职业技术学院图书馆	内蒙古包头市青山区呼得木林大街 12 号	014030	0472—6995996
兴安职业技术学院图书馆	内蒙古乌兰浩特市乌察路	028000	0482—2254030
内蒙古警察职业学院图书馆	内蒙古呼和浩特市新城区兴安北路 11 号	010010	0471—6589154
内蒙古体育职业学院图书馆	内蒙古呼和浩特市新城区成吉思汗大街 19 号	010051	0471—6515709
包头轻工职业技术学院图书馆	内蒙古包头市东河区铝业大道 42 号	014040	0472—6887020
内蒙古丰州职业学院图书馆	内蒙古呼和浩特兴安南路 59 号	010010	0471—4310011
内蒙古经贸外语职业学院图书馆	内蒙古呼和浩特市新城区呼哈路	010051	0471—6572537
赤峰职业技术学院图书馆	内蒙古赤峰市新城区	025250	0476—5899988
内蒙古北方职业技术学院图书馆	内蒙古呼和浩特市高职园区	010020	0471—4668796
内蒙古科技职业学院图书馆	内蒙古呼和浩特市机场高速路 44 号	010070	0471—4186634
锡林郭勒职业学院图书馆	内蒙古锡林浩特市那达慕大街 122 号	026000	0479—8269414
内蒙古交通职业技术学院图书馆	内蒙古赤峰市红山区清河路北段 53 号	024000	0476—8221571
科尔沁艺术职业学院图书馆	内蒙古通辽市科尔沁区	028000	0475—8621023
通辽职业学院图书馆	内蒙古通辽市经济开发区辽河大街东段	028000	0475—8888558
乌兰察布职业学院图书馆	内蒙古乌兰察布市集宁区工农大街 1 号	012000	0474—4878513
乌海职业技术学院图书馆	内蒙古乌海市海勃湾区	016000	0473—2888014
内蒙古机电职业技术学院图书馆	内蒙古呼和浩特市海拉尔大街 44 号	010051	0471—6503045
内蒙古化工职业学院图书馆	内蒙古呼和浩特市赛罕区乌兰察布东街 79 号	010010	0471—4920108
包头铁道职业技术学院图书馆	内蒙古包头市东河区巴彦塔拉大街 46 号	014040	0472—2222486
乌兰察布医学高等专科学校图书馆	内蒙古乌兰察布市集宁区职教园区	012000	0474—8303030
鄂尔多斯职业学院图书馆	内蒙古鄂尔多斯市康巴什新区	471000	0477—8591142
内蒙古轩元职业学院图书馆	内蒙古呼和浩特市盛乐经济园区盛乐 4 路	011500	0471—4902538
呼伦贝尔职业技术学院图书馆	内蒙古呼伦贝尔市中心城新区规划三街	010020	0470—2283111
满洲里俄语职业学院图书馆	内蒙古满洲里市华埠大街 1 号	028000	0470—6242098
内蒙古师范大学鸿德学院图书馆	内蒙古呼和浩特市机场路 29 号	010070	0471—2301029
内蒙古大学创业学院图书馆	内蒙古呼和浩特市玉泉区昭君路 24 号	010030	0471—5902326

馆名	地址	邮编	电话
辽宁省			
东北大学图书馆	辽宁省沈阳市和平区文化路 3 号巷 11 号	110004	024—83687577
辽宁大学图书馆	辽宁省沈阳市皇姑区崇山中路 66 号	110036	024—62202106
沈阳大学图书馆	辽宁省沈阳市大东区望花南街 21 号	110044	024—62268684
辽宁工程技术大学图书馆	辽宁省阜新市中华路 47 号	123000	0418—3350457
沈阳建筑大学图书馆	辽宁省沈阳市浑南东路 9 号	110168	024—24692223 024—24693310
大连交通大学图书馆	辽宁省大连市沙河口区黄河路 794 号	116028	0411—84106327
辽宁科技大学图书馆	辽宁省鞍山市高新区千山中路 185 号	114051	0412—5928800
辽宁工业大学图书馆	辽宁省锦州市古塔区士英街 169 号	121001	0416—4199638 0416—4199659 0416—4198747
渤海大学图书馆	辽宁省锦州市高新技术产业区科技路 19 号	121013	0416—3400276
沈阳化工学院图书馆	辽宁省沈阳市经济技术开发区 11 号街	110142	024—89383365
沈阳航空工业学院图书馆	辽宁省沈阳市道义经济开发区道义南大街 37 号	110136	024—89723907
沈阳体育学院图书馆	辽宁省沈阳市苏家屯区金钱松东路 36 号	110102	024—89166590
沈阳音乐学院图书馆	辽宁省沈阳市和平区三好街 61 号	110004	024—23916548
大连职业技术学院图书馆	辽宁省大连市甘井子区夏泊路 100 号	116035	0411—86402322 0411—86400601 —8702
盘锦职业技术学院图书馆	辽宁省盘锦市兴隆台区惠宾大街 119 号	124010	0427—2936020 0427—2936022 0427—2936785
辽宁金融职业学院图书馆	辽宁省沈阳市沈北新区建设南一路	110122	024—62299944
大连理工大学图书馆	辽宁省大连市甘井子区凌工路 2 号	116024	0411—84708629
大连海事大学图书馆	辽宁省大连市甘井子区凌海路 1 号	116026	0411—84727053
大连大学图书馆	辽宁省大连市经济技术开发区学府大街 10 号	116622	0411—87402853
沈阳理工大学图书馆	辽宁省沈阳市浑南新区南屏东路 6 号	110168	024—24682253
沈阳工业大学图书馆	辽宁省沈阳市铁西区南十三路 1 号	110023	024—25691600 024—25691601
辽宁石油化工大学图书馆	辽宁省抚顺市望花区丹东路西段 1 号	113001	0413—6865021
大连工业大学图书馆	辽宁省大连市甘井子区轻工苑 1 号	116034	0411—86323591
沈阳农业大学图书馆	辽宁省沈阳市东陵路 120 号	110161	024—88487170
中国医科大学图书馆	辽宁省沈阳市和平区北二马路 92 号	110001	024—23256666 —5432
大连医科大学图书馆	辽宁省大连市旅顺南路西段 9 号	116044	0411—86110483

馆名	地址	邮编	电话
辽宁中医药大学图书馆	辽宁省沈阳市皇姑区崇山东路79号	110032 116600	024—31207240 0411—87586209
沈阳药科大学图书馆	辽宁省沈阳市沈河区文化路103号	110016	024—23986188
辽宁师范大学图书馆	辽宁省大连市黄河路850号	116029	0411—82158253
沈阳师范大学图书馆	辽宁省沈阳市黄河北大街253号	110034	024—86592558
东北财经大学图书馆	辽宁省大连市沙河口区尖山街217号	116023	0411—84710530
大连民族学院图书馆	辽宁省大连开发区辽河西路18号	116600	0411—87656275 0411—87505820
中国刑事警察学院图书馆	辽宁省沈阳市皇姑区塔湾街83号	110035	024—86982340
沈阳工程学院图书馆	辽宁省沈阳道义经济开发区正义三路18号	110136	024—31975934
辽宁科技学院图书馆	辽宁省本溪市明山区文化路42号	117022	0414—2127288
大连水产学院图书馆	辽宁省大连市沙河口区黑石礁街52号	116023	0411—84762595
辽宁医学院图书馆	辽宁省锦州市松坡路3段40号	121001	0416—4673172
沈阳医学院图书馆	辽宁省沈阳市皇姑区黄河北大街146号	110034	024—62215699
鞍山师范学院图书馆	辽宁省鞍山市铁东区平安街43号	114005	0412—2960915
大连外国语学院图书馆	旅顺校区:大连市旅顺口区旅顺南路西段6号 中山校区:大连市中山区延安路94号	116044 116002	0411—86115178
鲁迅美术学院图书馆	辽宁省沈阳市和平区三好街19号	110004	024—23930117
辽东学院图书馆	南校区:辽宁省丹东市振安区临江后街116号 北校区:辽宁省丹东市元宝区文化路325号	118001 118003	0415—3789228 0415—3789218
辽宁对外经贸学院图书馆	辽宁省大连市旅顺经济开发区	116052	0411—86208239
辽宁省交通高等专科学校图书馆	辽宁省沈阳市沈北新区虎石台建设南一路5号	110122	024—89711738
锦州师范高等专科学校图书馆	辽宁省锦州市凌河区松坡路199号	121000	0416—4585899
铁岭师范高等专科学校图书馆	辽宁省铁岭市银州区岭东街89号	110013	0410—2216697
朝阳师范高等专科学校图书馆	辽宁省朝阳市凌河街四段219号	122000	0421—6681055
抚顺师范高等专科学校图书馆	辽宁省抚顺市顺城区高山路17号	113006	0413—7600042
辽宁税务高等专科学校图书馆	辽宁省大连市沙河口区数码路25号	116023	0411—88126008
辽宁警官高等专科学校图书馆	辽宁省大连市甘井子区营平路199号	116036	0411—86729695
阜新高等专科学校图书馆	辽宁省阜新市海州区育红路36号	123000	0418—2290226
大连商务职业学院图书馆	辽宁省大连市甘井子区虹港路381号	116039	0411—39517803
辽阳职业技术学院图书馆	辽宁省辽阳市铁西路150号	111004	0419—2480028
抚顺职业技术学院图书馆	辽宁抚顺市顺城区新城路东段7号	113006	0413—7510174
渤海船舶职业学院图书馆	辽宁省葫芦岛市龙湾渤海街13号	125005	0429—8916896
辽宁农业职业技术学院图书馆	辽宁省营口市经济技术开发区	115214	0417—2293800

馆名	地址	邮编	电话
营口职业技术学院图书馆	辽宁省营口市站前区金牛山大街东14号	115000	0471－2809401
大连艺术职业学院图书馆	辽宁省大连市开发区辽宁街39号	116600	0411－87537967
大连软件职业学院图书馆	辽宁省大连市红旗西路600号	116021	0411－84297024
辽宁信息职业技术学院图书馆	辽宁省辽阳市青年大街26号	111000	0419－2312030
辽宁机电职业技术学院图书馆	辽宁省丹东市振兴区桃源街814号	118002	0415－2533438
辽宁经济职业技术学院图书馆	辽宁省沈阳市沈北新区虎石台镇	110122	024－89872542
辽宁石化职业技术学院图书馆	辽宁省锦州市古塔区北京路二段四号	121001	0416－3212115
辽宁商贸职业学院图书馆	辽宁省沈阳市东陵区东大营街11号	110600	024－88496629
辽宁省体育运动技术学院图书馆	辽宁省沈阳市和平区和平南大街97号	110006	024－23346456
大连理工大学城市学院图书馆	辽宁省大连市经济技术开发区铁山西路31号	116600	0411－82171568
辽宁文化艺术职工大学图书馆	辽宁省沈阳市浑南新区富民南街56号	110180	024－23819636
沈阳市广播电视大学图书馆	辽宁省沈阳市和平区十四纬路七号	110003	024－23224510
大连市教育学院图书馆	辽宁省大连市西岗区五四路82号	116021	0411－84313878
阜矿集团职业教育培训中心图书馆	辽宁省阜新市太平区城南	123003	0418－2420031
大连职工大学大连商业学校图书馆	辽宁省大连市甘井子区华北路1号	116033	0411－39701140
辽宁公安司法管理干部学院图书馆	辽宁省沈阳市皇姑区嘉陵江街66号	110031	024－86861116
大连舰艇学院图书馆	辽宁省大连市中山区七星街47号	116001	
沈阳建筑大学城市建设学院图书馆	辽宁省沈阳市东陵区白塔街380号	110172	024－23743067
大连医科大学中山学院图书馆	辽宁省大连市高新园区爱贤街28号	116085	0411－88859799
辽宁师范大学海华学院图书馆	辽宁省沈阳市东陵区白塔街380－1号	110172	024－31679608
辽宁广告职业学院图书馆	辽宁省沈阳市于洪区沈北大学城	110141	024－89346103
辽宁体育运动职业技术学院图书馆	辽宁省沈阳市和平区和平南大街97号	110006	024－23346956
辽宁林业职业技术学院图书馆	辽宁省沈阳市苏家屯区枫杨路186号	110101	024－89109069
沈阳航空职业技术学院图书馆	辽宁省沈阳市皇姑区陵北街7号	110034	024－86594583
沈阳职业技术学院图书馆	辽宁省沈阳市大东区劳动路32号	110042	024－88252727
大连翻译职业学院图书馆	辽宁省大连市经济技术开发区铁山西路	116001	0411－87580708
辽宁美术职业学院图书馆	辽宁省沈阳市沈北新区沈北路30号	110133	024－89745555
大连工业大学艺术与信息工程学院图书馆	辽宁省大连市金州区城南路15号	116100	0411－87667753
辽宁科技大学信息技术学院图书馆	辽宁省鞍山市千山中路200号	114051	0412－6520668
辽宁医学院医疗学院图书馆	辽宁省锦州市太和区南庄里12号	121001	0416－2900678

馆名	地址	邮编	电话
辽宁装备制造职业技术学院图书馆	辽宁省沈阳市沈北新区蒲河新城裕农路 70 号	110133	024—88045088
辽河石油职业技术学院图书馆	辽宁省盘锦市盘山甜水	124103	0427—7638150
辽宁职业学院图书馆	辽宁省铁岭市银州区岭东街一委	112001	0410—2860888
辽宁地质工程职业学院图书馆	辽宁省丹东市振兴区地质路 386 号	118000	0415—6228800
辽宁铁道职业技术学院图书馆	辽宁省锦州市凌河区松坡里 129 号	121002	0416—2643844
辽宁建筑职业技术学院图书馆	辽宁省辽阳市南郊街 11 号	111000	0419—2305792
大连科技学院图书馆	辽宁省大连旅顺经济开发区滨港路 999—26 号	116045	0411—86245075
东北财经大学津桥商学院图书馆	辽宁省大连市经济技术开发区黄海西四路 21 号	116045	0411—87643059
辽宁石油化工大学顺华能源学院图书馆	辽宁省抚顺市望花区丹东路西段 10 号	113001	0413—6808000
沈阳大学科技工程学院图书馆	辽宁省沈阳市苏家屯区梧桐大街 2 号	110112	020—89597888
中国医科大学临床医药学院图书馆	辽宁省沈阳市和平区北五马路 21 号	110001	024—22892039
渤海大学文理学院图书馆	辽宁省锦州市高新技术产业园区昆明街二号	121014	0416—7980108
沈阳农业大学科学技术学院图书馆	辽宁省沈阳市东陵路 133 号	110043	024—88490405
大连枫叶职业技术学院图书馆	辽宁省大连市西岗区彩云路 78 号	116011	0411—84330067
沈阳理工大学应用技术学院图书馆	辽宁省抚顺市经济技术开发区顺大街北段四号	110027	0413—6618020
辽宁中医药大学杏林学院图书馆	辽宁省沈阳市东陵区白塔街 380—2 号	110167	024—31679909
沈阳医学院何氏视觉科学学院图书馆	辽宁省沈阳市棋盘山国际风景旅游开发区	110165	024—88053145
沈阳工业大学工程学院图书馆	辽宁省辽阳市宏伟区西线公路 30 号	111003	0419—5319486
辽宁现代服务职业技术学院图书馆	辽宁省宁省沈阳市沈北新区蒲河新城通顺街 81 号	110133	024—88085671
大连东软信息学院图书馆	辽宁省大连市软件园路 8 号	116023	0411—84835555
辽宁财贸学院图书馆	辽宁省兴城市新东路 14 号	111000	0429—5418666
大连艺术学院图书馆	辽宁省大连开发区东北大街 92 号	116600	0411—87614578
大连航运职业技术学院图书馆	辽宁省大连市旅顺经济开发区金昌街 1 号	116045	0411—86274035
大连装备制造职业技术学院图书馆	辽宁省大连市金州区和庆路 20 号	116035	0411—87899917
大连汽车职业技术学院图书馆	辽宁省大连市甘井子区华北路北市商贸街 158 号	116091	0411—86510638
辽宁卫生职业技术学院图书馆	辽宁省沈阳市苏家屯区乔松路 2 号	110101	024—89800928
辽宁理工职业学院图书馆	辽宁省锦州经济技术开发区西海路东段 2 号	121007	0416—7911222
辽宁冶金职业技术学院图书馆	辽宁省本溪市平山区环山路 60 号	117021	0414—2217330
辽宁工程职业学院图书馆	辽宁省铁岭市凡河新区鸭绿江路 18 号	112608	0410—2230333
辽宁城市建设职业技术学院图书馆	辽宁省沈阳市沈北新区虎石台开发区蒲硕路 88 号	110122	024—86609918

馆名	地址	邮编	电话
铁岭卫生职业学院图书馆	辽宁省铁岭市凡河新区教育园区	112608	0410—2813572
大连东软信息技术职业学院图书馆	辽宁省大连市软件园路8号	116023	0411—84835555
沈阳化工大学科亚学院图书馆	辽宁省沈阳经济技术开发区11号街	110027	024—89389612
沈阳航空航天大学北方科技图书馆	辽宁省沈阳市皇姑区黄河北大街52号	110034	024—86141977
吉林省			
吉林大学图书馆	吉林省长春市前进大街2699号	130012	0431—5166076
延边大学图书馆	吉林省延吉市公园路977号	133002	0433—2732209
北华大学图书馆	吉林市华山路3999号	132013	0432—4608671
长春大学图书馆	吉林省长春市卫星路6543号	130022	0431—85250218
吉林农业大学图书馆	吉林省长春市新城大街2888号	130118	0431—84533496
长春中医药大学图书馆	吉林省长春市净月经济开发区博硕路1035号	130117	0431—86172650
长春税务学院图书馆	吉林省长春市净月大街3699号	130117	0431—84539208
吉林体育学院图书馆	吉林省长春市自由路2476号	130022	0431—85267796
吉林艺术学院图书馆	吉林省长春市自由大路695号	130021	0431—85618355
东北师范大学图书馆	吉林省长春市人民大街5268号	130024	0431—85684174
长春理工大学图书馆	吉林省长春市卫星路7089号	130022	0431—85384267
长春工业大学图书馆	吉林省长春市延安大路17号	130012	0431—85173820
吉林师范大学图书馆	吉林省四平市铁西区海丰大街1301号	136000	0434—3291959
东北电力大学图书馆	吉林市长春路169号	132012	0431—24806272
长春工程学院图书馆	吉林省长春市朝阳区宽平大路395号	130012	0431—85711124
吉林建筑工程学院图书馆	吉林省长春市红旗街1129号	130021	0431—85935054
吉林化工学院图书馆	吉林省吉林市承德街45号	132022	0432—3083149
吉林农业科技学院图书馆	吉林省吉林市经济开发区	132101	0432—3509375
吉林医药学院图书馆	吉林省吉林市吉林大街5号	132013	0432—4560361
长春师范学院图书馆	吉林省长春市吉长公路北线3号	130032	0431—86168160
白城师范学院图书馆	吉林省白城市中兴东大路9号	137000	0436—3333862
吉林工程技术师范学院图书馆	吉林省长春市凯旋路3050号	130052	0431—86908188
通化师范学院图书馆	吉林省通化市育才路950号	134002	0435—3208102
吉林华桥外国语学院图书馆	吉林省长春市净月大街3658号	130117	0431—84533550
吉林工商学院图书馆	吉林省长春市浩月大路1606号	130062	0431—88530122

馆名	地址	邮编	电话
长春汽车工业高等专科学校图书馆	吉林省长春市绿园区创业大街1959号	130011	0431－85751816
长春医学高等专科学校图书馆	吉林省长春市吉林大路6177号	130031	0431－84825195
吉林公安高等专科学校图书馆	吉林省长春市净月旅游开发区博硕路1399号	130117	0431－84532613
吉林交通职业技术学院图书馆	吉林省长春市新电台街63号	130012	0431－85541093
辽源职业技术学院图书馆	吉林省辽源市仙城大街52号	136201	0437－3630260
吉林师范大学应用工程学院图书馆	吉林省四平市铁东区沥山路5117号	136002	0434－3304277
长春职业技术学院图书馆	吉林省长春市经济技术开发区卫星路3278号	130033	0431－84602895
吉林农业工程职业技术学院图书馆	吉林省公主岭市东四长街四十号	136100	0434－6284025
吉林工业职业技术学院图书馆	吉林省吉林市丰满区恒山西路15号	132013	0432－4644331
吉林电子信息职业技术学院图书馆	吉林省吉林市龙潭区汉阳街65号	132021	0432－3426636
吉林铁道职业技术学院图书馆	吉林省吉林市中兴街43号	132001	0432－6131108 0432－6136319
吉林司法警官职业学院图书馆	吉林省长春市景阳大路1766号	130062	0431－87672493
吉林建筑工程学院建筑装饰学院图书馆	吉林省长春市高新开发区锦河街155号	130021	0431－5162770
吉林建筑工程学院城建学院图书馆	吉林省长春市绿园区迎宾路1666号	130111	0431－87980621
长春大学光华学院图书馆	吉林省长春市岭东路283号	130031	0431－84802175
长春工业大学人文信息学院图书馆	吉林省长春市净月潭旅游经济开发区福祉大路1016号	130000	0431－84528420
吉林艺术学院动画学院图书馆	吉林省长春市高新开发区博识路168号	130032	0431－87021903
长春理工大学光电信息学院图书馆	吉林省长春市高新技术产业开发区博才路399号	130012	0431－86903877
长春税务学院信息经济学院图书馆	吉林省长春市净月潭旅游经济开发区擎天树街58号	130122	0431－84551016
吉林农业大学发展学院图书馆	吉林省长春市双阳区	130600	0431－84220986
东北师范大学人文学院图书馆	吉林省长春市净月旅游经济开发区博硕路1488号	130117	0431－84575031
吉林师范大学博达学院资料室	吉林省四平市海丰大街1301号	136000	0434－3293738
长春大学旅游学院图书馆	吉林省长春市净月潭旅游经济开发区福祉大路1595号	130122	0431－84529035
延边大学科学技术学院图书馆	吉林省延吉市朝阳街3458号	133000	0433－2912646
长春教育学院图书馆	吉林省长春市康平街428号	130061	0431－88929472
吉林广播电视大学图书馆	吉林省长春市人民大街6815号	130022	0431－85379181
长春广播电视大学图书馆	吉林省长春市宽城区北京大街	130051	0431－86110533
吉林警察学院图书馆	吉林省长春市净月经济开发区博硕路1399号	130117	0431－84511919
吉林动画学院图书馆	吉林省长春市高新开发区博识路168号	130012	0431－87021904
长春东方职业学院图书馆	吉林省长春市净月经济开发区博学路	130033	0431－86172678

馆名	地址	邮编	电话
吉林省教育学院图书馆	吉林省长春市人民大街 9199 号	130033	
吉林省经济管理干部学院图书馆	吉林省长春市硅谷大街 429 号(原卫星路 51 号)	130012	0431—5181874
长春信息技术职业学院图书馆	吉林省长春市前进大街 881 号	130012	0431—86809999
松原职业技术学院图书馆	吉林省松原市宁江区松原大路平安街 1 号	138001	0438—3166010
白城职业技术学院图书馆	吉林省白平公路 50—34 号	134001	0436—3671103
长白山职业技术学院图书馆	吉林省白山市浑江大街 76 号	130012	0439—3328604
长春建筑学院图书馆	吉林省长春市双阳区奢岭高校园区	130607	0431—89752111
白城医学高等专科学校图书馆	吉林省白城市棉纺路 27 号	136000	0436—3312747
四平职业大学图书馆	吉林省四平市铁东区沥山路街(路)5117 号	136002	0434—3304499
吉林科技职业技术学院图书馆	吉林省长春市二道经济开发区长吉南线 7777 号	130033	0431—84813112
吉林财经大学信息经济学院图书馆	吉林省长春市净月经济开发区擎天树街 58 号	130033	0431—84512713
黑龙江省			
黑龙江八一农垦大学图书馆	黑龙江省大庆市高新技术开发区	163319	0459—6819370
哈尔滨医科大学图书馆	黑龙江省哈尔滨市南岗区学府路 194 号	150081	0451—86674528
哈尔滨师范大学图书馆	黑龙江省哈尔滨利民经济技术开发区师大南路 1 号	150025	0451—88060135 0451—88060465
齐齐哈尔医学院图书馆	黑龙江省齐齐哈尔市富拉尔基区和平路 249 号	161024	0452—6731189
黑龙江东方学院图书馆	黑龙江省哈尔滨市南岗区学府路 331 号	150086	0451—86655086
东北林业大学图书馆	黑龙江省哈尔滨市和兴路 26 号	150040	0451—82191840
哈尔滨工业大学图书馆	黑龙江省哈尔滨市南岗区一匡街 2 号哈工大科学园 3043 信箱	150080	0451—86402339
哈尔滨工程大学图书馆	黑龙江省哈尔滨市南岗区南通大街 145 号	150001	0451—8251843
黑龙江大学图书馆	黑龙江省哈尔滨市南岗区 74 号	150080	0451—86608513
佳木斯大学图书馆	黑龙江省佳木斯市向阳区学府路 148 号	154007	0454—8618459
齐齐哈尔大学图书馆	黑龙江齐齐哈尔市文化大街 42 号	161006	0452—2738256
哈尔滨理工大学图书馆	黑龙江省哈尔滨市南岗区学府路 52 号	150080	0451—86390334
东北农业大学图书馆	黑龙江省哈尔滨市香坊区木材街 59 号	150030	0451—55190419 0451—82190904
黑龙江中医药大学图书馆	黑龙江省哈尔滨市香坊区和平路 24 号	150040	0451—82117857
哈尔滨商业大学图书馆	黑龙江省哈尔滨市松北区学院路 1 号	150076	0451—84865081
大庆石油学院图书馆	黑龙江省大庆市高新技术开发区发展路 199 号	163318	0459—6502139
哈尔滨学院图书馆	黑龙江哈尔滨市南岗区学府 4 道街 9 号	150086	0451—86614106
黑龙江工程学院图书馆	黑龙江省哈尔滨市道外区东直路 234 号	150050	0451—88028301

馆名	地址	邮编	电话
黑龙江科技学院图书馆	黑龙江省哈尔滨市松北区糖厂街1号	150027	0451—88036235
牡丹江医学院图书馆	黑龙江省牡丹江市爱民区通乡街3号	157011	0453—6582156
大庆师范学院图书馆	黑龙江省大庆市让胡路区西宾西路	163712	0459—5510777
哈尔滨体育学院图书馆	黑龙江省哈尔滨市南岗区大成街1号	150008	0451—82716031
绥化学院图书馆	黑龙江省绥化市西直南路18号	152000	0455—8892727
黑河学院图书馆	黑龙江省黑河市经济开发区	164300	0456—8223239 0456—8222907
大庆医学高等专科学校图书馆	黑龙江省大庆市卡尔加里路11号	163312	0459—5885649
齐齐哈尔师范高等专科学校图书馆	黑龙江省齐齐哈尔市民航路566号	161005	0452—2289041
黑龙江幼儿师范高等专科学校图书馆	黑龙江省牡丹江市西地明街7号	157011	0453—8105315
鹤岗师范高等专科学校图书馆	黑龙江省鹤岗市东山区	154107	0468—3593175
哈尔滨金融高等专科学校图书馆	黑龙江省哈尔滨市香坊区电碳路65号	150030	0451—86143117 0451—83145338
黑龙江畜牧兽医职业学院图书馆	黑龙江省双城市迎宾路162号	150111	0451—53187404
黑龙江农业工程职业学院图书馆	黑龙江省哈尔滨市南岗区哈双路348号	150088	0451—86702847
大庆职业学院图书馆	黑龙江省大庆市萨尔图区火炬北二路22号	163255	0459—587197
黑龙江司法警官职业学院图书馆	黑龙江省哈尔滨市南岗区学府路383号	150060	0451—86692007
伊春职业学院图书馆	黑龙江省伊春市伊春区花园路4号	153000	0458—3769160
黑龙江农业职业技术学院图书馆	黑龙江省佳木斯市胜利路52号	154007	0454—8306492
黑龙江林业职业技术学院图书馆	黑龙江省牡丹江市文化街15号	157011	0453—6599252
鸡西大学图书馆	黑龙江省鸡西市和平南大街	158100	0467—2395018
黑龙江建筑职业技术学院图书馆	黑龙江省哈尔滨市南岗区十字街147号	150008	0451—82712293 0451—82761325
黑龙江农垦职业学院图书馆	黑龙江省哈尔滨市利民开发区学院路3号	150025	0451—88127962
齐齐哈尔职业学院图书馆	黑龙江省齐齐哈尔市南苑高新技术产业开发区喜庆路1号	161005	0452—6186007
牡丹江大学图书馆	黑龙江省牡丹江市西地明街60号	157011	0453—6594010
黑龙江农垦农业职业技术学院图书馆	黑龙江省宾西开发区大学城1号	150431	0451—53980668
黑龙江艺术职业学院图书馆	黑龙江省哈尔滨市南岗区	150080	0451—86336958
黑龙江农业经济职业学院图书馆	黑龙江牡丹江市西安区温春镇	157041	0453—6402418
黑龙江商业职业学院图书馆	黑龙江省牡丹江市爱民区西圣林街15号	157011	0453—6575138
哈尔滨应用职业技术学院图书馆	黑龙江省哈尔滨市道里区机场路998号	150078	0451—84114246
黑龙江民族职业学院图书馆	黑龙江省哈尔滨市南岗区哈平路184号	150081	0451—86627154
大兴安岭职业学院图书馆	黑龙江省加格达奇市晨光街13号	165000	0457—2172361

馆名	地址	邮编	电话
哈尔滨铁道职业技术学院图书馆	黑龙江省哈尔滨市南岗区保健路 123 号	150081	0451—57839236
哈尔滨电力职业技术学院图书馆	黑龙江省哈尔滨市香坊区香电街 59 号	150030	0451—55150474
七台河职业学院图书馆	黑龙江省七台河市桃山区 185 号	154600	0464—8687364
黑龙江工商职业技术学院图书馆	黑龙江省哈尔滨市南岗区学府路 5 号	150080	0451—86689594
黑龙江信息技术职业学院图书馆	黑龙江省哈尔滨市南岗区学府路 392 号	150086	0451—86663782
黑龙江煤炭职业技术学院图书馆	黑龙江省双鸭山市新兴大街 60 号	155100	0469—4025142
黑龙江生态工程职业学院图书馆	黑龙江省哈尔滨市利民开发区学院路 77 号	150025	0451—82470000
黑龙江三江美术职业学院图书馆	黑龙江省佳木斯市大来镇	154013	0454—8871111 0454—8872222
哈尔滨职业技术学院图书馆	黑龙江省哈尔滨市香坊区哈平路 217 号	150080	0451—86669084
黑龙江农垦林业职业技术学院图书馆	黑龙江省庆安县柳河农垦林职院	152443	0455—4459019
黑龙江生物科技职业学院图书馆	黑龙江省哈尔滨市利民开发区学院路时代大街 2 号	150025	0451—56860661
哈尔滨师范大学恒星学院图书馆	黑龙江省哈尔滨市利民经济技术开发区恒星路 1 号	150025	0451—88121559
哈尔滨工业大学华德应用技术学院图书馆	黑龙江省哈尔滨市利民开发区学院路 5 号	150025	0451—88128666
牡丹江师范学院图书馆	黑龙江省牡丹江文化街 19 号	157011	0453—6511440
哈尔滨金融学院图书馆	黑龙江省哈尔滨市香坊区电碳路 65 号	150030	0451—86143177
东北石油大学华瑞学院图书馆	黑龙江省哈尔滨市松北区松浦路 297 号	150027	0451—87174111
哈尔滨剑桥学院图书馆	黑龙江省哈尔滨市香坊区哈平路 239 号	150040	0451—86615811
齐齐哈尔工程学院图书馆	黑龙江省齐齐哈尔市南苑高新技术产业开发区喜庆路 1 号	161005	0452—6186020
哈尔滨华夏计算机职业技术学院图书馆	黑龙江省哈尔滨市江北利民开发区学院路	150028	0451—88123555
黑龙江省农垦管理干部学院图书馆	黑龙江省哈尔滨市南岗区黄河路 184 号	150090	0451—55196168
黑龙江省政法管理干部学院图书馆	黑龙江省哈尔滨市南岗区学府四道街 17 号	150081	0451—86663828
黑龙江省教育学院图书馆	黑龙江省哈尔滨市南岗区和兴路 133 号	150080	0451—82456241
哈尔滨市职工医学院图书馆	黑龙江省哈尔滨市南岗区清明四道街 53 号	150080	0451—6347916
哈尔滨现代公共关系职业学院图书馆	黑龙江省哈尔滨市南岗区京哈公路 13.5 公里处	150001	0451—86701301
黑龙江工程学院昆仑旅游学院图书馆	黑龙江省哈尔滨市南岗区前兴隆 1 号	150001	0451—86363603
齐齐哈尔高等师范专科学校图书馆	黑龙江省齐齐哈尔市民航路 566 号	161005	0452—2289124
黑龙江公安警官职业学院图书馆			
黑龙江旅游职业技术学院图书馆	黑龙江省哈尔滨市南岗区学府路 315 号	150086	0451—57833575
黑龙江交通职业技术学院图书馆	黑龙江省齐齐哈尔市铁锋区纺化路 1 号	161002	0452—8085666
哈尔滨科学技术职业学院图书馆	黑龙江省哈尔滨市阿城区环城西路	150300	0451—53627218

馆名	地址	邮编	电话
黑龙江粮食职业学院图书馆	黑龙江省哈尔滨市南岗区和兴三道街83号	150080	0451—86371334
佳木斯职业学院图书馆	黑龙江省佳木斯市光复路1877号	154005	0454—6191222
东北农业大学成栋学院图书馆	黑龙江省哈尔滨市香坊区木材街59号	150030	0451—55191871
黑龙江外国语学院图书馆	黑龙江省哈尔滨市利民开发区恒星路1号	150025	0451—88121000
哈尔滨江南职业技术学院图书馆	黑龙江省哈尔滨市阿城新华开发区江南大学城	150078	0451—55697777
哈尔滨商业大学广厦学院图书馆	黑龙江省哈尔滨市利民开发区学院路1号	150025	0451—57350166
哈尔滨理工大学远东学院图书馆	黑龙江省哈尔滨利民开发区学院路时代大街158号	150025	0451—82473106
哈尔滨华德学院图书馆	黑龙江省哈尔滨市利民开发区学院路5号	150025	0451—88128888
哈尔滨德强商务学院图书馆	黑龙江省哈尔滨市利民开发区学院路99号	150025	0451—85911881
黑龙江护理高等专科学校图书馆	黑龙江省哈尔滨市南岗区学府路209号	150086	0451—87064017
黑龙江农垦科技职业学院图书馆	黑龙江省哈尔滨宾西经济开发区大学城1号	150431	0451—53972002
上海市			
东华大学图书馆	上海市松江区人民北路2999号	201620	021—67792221
上海财经大学图书馆	上海市国定路777号	200433	021—65904788
上海大学图书馆	上海市宝山区上大路99号	200444	021—66133714
上海电机学院图书馆	上海市闵行区江川路690号	200240	021—64300980—3087
上海第二工业大学图书馆	上海市浦东新区金海路2360号	201209	021—50215021
上海金融学院图书馆	上海市浦东新区上川路995号校本部	201209	021—68680234
上海戏剧学院图书馆	上海市华山路630号	200040	021—62488731
上海旅游高等专科学校图书馆	上海市海思路500号	201418	021—57126221
上海海事职业技术学院图书馆	上海市浦东新区源深路158号	200120	021—50582310
上海工商外国语职业学院图书馆	上海市南汇科教园区观海路505号	201300	021—68020636
上海师范大学天华学院图书馆	上海市嘉定区胜辛北路1661号	201815	021—39966155
复旦大学上海视觉艺术学院图书馆	上海市松江区文翔路2200号	201620	021—67822572
复旦大学图书馆	上海市杨浦区邯郸路220号	200433	021—65643592
同济大学图书馆	上海市四平路1239号	200092	021—65983835
上海交通大学图书馆	上海市华山路1954号	200030	021—62933229
华东理工大学图书馆	上海市徐汇区梅陇路130号	200237	021—64253196
华东师范大学图书馆	上海市东川路500号	200241 200062	021—54344880 021—62232317
上海外国语大学图书馆	虹口校区：上海市大连西路550号 松江校区：上海市松江大学园区龙翔路55号	200083 201620	021—65311900 021—67701183

馆名	地址	邮编	电话
上海理工大学图书馆	上海市军工路 516 号	200093	021－55270816
上海海事大学图书馆	民生路校区:上海市浦东大道 1550 号 临港新城校区:上海市临港新城海港大道 1550 号	200135 201303	021－58855200 021－38282000
上海工程技术大学图书馆	上海市松江区龙腾路 333 号	201620	021－67791301
上海海洋大学图书馆	上海市军工路 334 号	200090	021－65710234
上海中医药大学图书馆	上海市蔡伦路 1200 号	201203	021－51322625
上海师范大学图书馆	上海市桂林路 100 号	200234	021－64322386
华东政法大学图书馆	长宁校区:上海市万航渡路 1575 号 松江校区:上海市松江大学园区龙源路 555 号	200042 201620	021－62071651 021－67790165
上海海关学院图书馆	上海市浦东新区华夏西路 5677 号	201204	021－28991151
上海建桥学院图书馆	上海市浦东康桥路 1500 号 6 号楼	201319	021－68130034
上海政法学院图书馆	上海市青浦区外青松公路 7989 号	201701	021－39225289
上海电力学院图书馆	杨浦区平凉路校区:上海市杨浦区平凉路 2103 号 南汇区学海路校区:上海市南汇区学海路 28 号	200090 201300	021－65671015 021－68020562
上海应用技术学院图书馆	上海市漕宝路 120 号	200235	021－64941424
上海对外贸易学院图书馆	上海市松江区文翔路 1900 号	201600	021－67703118
上海立信会计学院图书馆	上海市松江区文翔路 2800 号	201620	021－67705183
上海体育学院图书馆	上海市清源环路 650 号	200438	021－51253124
上海音乐学院图书馆	上海市徐汇区汾阳路 20 号	200031	021－64370137
上海商学院图书馆	奉贤区奉浦大道 123 号(北大门)图书馆 409 室	201400	021－67105494
上海杉达学院图书馆	上海市清浦东新区金海路 2727 号	201209	021－50210201
上海医疗器械高等专科学校图书馆	上海市杨浦区营口路 101 号	200093	021－65485551
上海出版印刷高等专科学校图书馆	上海市水丰路 100 号	200093	021－65670228
上海医药高等专科学校图书馆	上海市南汇区周祝公路 279 号	201318	021－33755288
上海公安高等专科学校图书馆	上海市浦东新区新沙泥滩 115 号	200137	021－28957000
上海电影艺术职业学院图书馆	上海市浦东新区达尔文路 188 号	201203	021－50271101
上海新侨职业技术学院图书馆	徐汇校区:上海市天等路 465 号 嘉定校区:上海市嘉定外冈镇冈峰路 68 号	200237 201806	021－64540146 021－59587397
上海东海职业技术学院图书馆	上海市虹梅南路 6001 号	200241	021－54873103
上海中侨职业技术学院图书馆	上海市浦东川周公路 2788 号	201319	021－58133788
上海建峰职业技术学院图书馆	上海市漠河路 800 号	201900	021－36214372
上海济光职业技术学院图书馆	上海市水产路 2859 号	201901	021－66761002
上海工会管理职业学院图书馆	上海市奉贤区南亭公路 2080 号	201415	021－57460211

馆名	地址	邮编	电话
上海城市管理职业技术学院图书馆	上海市军工路 2360 号	200438	021－65742529
上海行健职业学院图书馆	上海市原平路 55 号	200072	021－56075555
上海托普信息技术职业学院图书馆	上海市南汇区惠南镇勤奋路 1 号	201300	021－68020946
上海农林职业技术学院图书馆	上海市松江区中山二路 658 号	201600	021－57724476
上海思博职业技术学院图书馆	上海市南汇区城南路 1408 号	201300	021－68029014
上海电子信息职业技术学院图书馆	上海市奉贤区瓦洪公路 88 号	201411	021－57134105
上海震旦职业学院图书馆	上海宝山区罗店市一路 88 号	201908	021－66863366
上海工艺美术职业学院图书馆	上海市嘉定区嘉行公路 851 号	201808	021－61405206
上海中华职业技术学院图书馆	上海市奉贤区大叶公路 5225 号	201404	021－57480000
复旦大学太平洋金融学院图书馆	上海市南汇区惠南镇拱北路 168 号	200433	021－68257070
上海市广播电视大学图书馆	上海市国顺路 288 号文渊楼	200433	021－25653450
上海工商学院图书馆	上海市青浦区华新镇新凤北路 565 号	201708	021－59791340
上海市经济管理干部学院图书馆	上海市梅陇路 161 号	200237	021－64773968
上海市静安区业余大学图书馆	上海市胶州路 601 号	200040	021－62550900
第二军医大学图书馆	上海市翔殷路 800 号	200433	021－25074211
南京政治学院上海分院图书馆	上海市五角场黄兴路 2053 号	200433	021－51256135
上海邦德职业技术学院图书馆	上海市宝山区锦秋路 299 号	200444	021－56680657
上海体育职业学院图书馆	上海市徐汇区百色路 1333 号	200237	021－64770579
上海立达职业技术学院图书馆	上海市松江区车亭公路 1788 号	201609	021－57803530
上海健康职业技术学院图书馆	上海市徐汇区梅陇路 21 号	200237	021－54397983
上海交通职业技术学院图书馆	上海市宝山区呼兰路 883 号	200431	021－56996297
上海民远职业技术学院图书馆	上海市浦东新区唐陆路 3892－3982 号	201210	021－58966900
上海科学技术职业学院图书馆	上海市嘉定区金沙路 280 号	201800	021－69990068
上海市卢湾区业余大学图书馆	上海市虹口区东体育会路 390 号	200083	021－51278024
江苏省			
南京大学图书馆	江苏省南京市汉口路 22 号	210093	025－83592324
东南大学图书馆	江苏省南京市江宁区东南大学图书馆	211189	025－52090328
中国矿业大学图书馆	江苏省徐州市三环南路	221116	0516－3592099
河海大学图书馆	江苏省南京市西康路 1 号河海大学图书馆	210098	025－83786311
江南大学公益图书馆	江苏省无锡市蠡湖大道 1800 号	214122	0510－85912512

馆名	地址	邮编	电话
中国药科大学图书馆	江苏省南京市童家巷 14 号中国药科大学图书馆	210009	025—83271505
南京理工大学图书馆	江苏省南京市孝陵卫 200 号	210094	025—84315902
南京航空航天大学图书馆	江苏省南京市御道街 29 号	210016	025—84892938
苏州大学图书馆	江苏省苏州十梓街一号	215006	0512—65112714
扬州大学图书馆	江苏省扬州市大学南路 88 号	225009	0514—87973428 0514—87973588
南京邮电大学图书馆	江苏省南京市新模范马路 66 号 江苏省南京市亚东新城区文苑路 9 号	210003 210046	025—83492310
南京中医药大学图书馆	江苏省南京市仙林大学城	210046	025—85811155
南京师范大学图书馆	江苏省南京市文苑路 1 号	210046	025—85891235
徐州师范大学图书馆	江苏省徐州市铜山新区上海路 101 号	221116	0516—83403231
南通大学图书馆	江苏省南通市啬园路 9 号	226019	0513—85012373
南京信息工程大学图书馆	江苏省南京市浦口区盘城新街 114 号	210044	025—58699775
南京工程学院图书馆	江苏省南京市江宁科学园弘景大道 1 号	211167	025—86118219
金陵科技学院图书馆	江苏省南京市白下路 314 号	210001	025—84557815
徐州工程学院图书馆	江苏省徐州市三环南路	221008	0516—83105118
徐州医学院图书馆	江苏省徐州市铜山路 209 号(新校区) 江苏省徐州淮海西路 84 号(老校区)	221004 221002	0516—83262183 0516—85748494
苏州科技学院图书馆	江苏省州市新区滨河路 1701 号	215011	0512—68786841
江苏技术师范学院图书馆	江苏省常州市育英路 2 号	213001	0519—86999709
江苏畜牧兽医职业技术学院图书馆	江苏省泰州市凤凰路 8 号	225300	0523—86158580
南京工业职业技术学院图书馆	江苏省南京市仙林大学城羊山北路 1 号	210046	025—85864126
徐州工业职业技术学院图书馆	江苏省徐州市九里区	221140	0516—85757028
常州轻工职业技术学院图书馆	江苏省常州市武进区鸣新中路 8 号	213164	0519—6335098
苏州经贸职业技术学院图书馆	江苏省苏州市学府路 287 号	215009	0512—62910702
江苏农林职业技术学院图书馆	江苏省句容市长江路 3 号	212400	0511—7290168
健雄职业技术学院图书馆	江苏省太仓市南郊新城区学院路 1 号	215400	0512—53946056
建东职业技术学院图书馆	江苏省常州市新北区建东路 1 号	213022	0519—85132762
宿迁职业技术学院图书馆	江苏省宿迁市宿城区黄河南路 399 号	223800	0527—84204013
正德职业技术学院图书馆	江苏省南京市江宁经济开发区将军大首 18 号	211106	025—52111862 (馆长) 025—52111860 (馆办)
南京农业大学图书馆	江苏省南京市卫岗 1 号	210095	025—84395301

馆名	地址	邮编	电话
江苏大学图书馆	江苏省镇江市学府路 301 号	212013	0511—88780105
江苏科技大学图书馆	江苏省镇江市梦溪路 2 号	212003	0511—84401098
南京工业大学图书馆	江苏省南京市新模范马路 5 号	210009	025—83239831
南京林业大学图书馆	江苏省南京市龙蟠路 159 号	210037	025—85427563
南京医科大学图书馆	江苏省南京市汉中路 140 号	210029	025—86862725
南京财经大学图书馆	江苏省南京市亚东新城区文苑路 3 号	210046	025—84028456
江苏工业学院图书馆	江苏省常州市大学城	213164	0519—86330122
盐城工学院图书馆	江苏省盐城市建军东路北新河桥东首	224051	0515—88298296
常州工学院图书馆	江苏省常州市常澄路 3 号	213002	0519—85212842
淮海工学院图书馆	江苏省连云港市苍梧路 59 号	222005	0518—5895283
淮阴工学院图书馆	江苏省淮安市高教园区枚乘路 1 号(城南校区图书馆)(主馆) 江苏省淮安市北京北路 89 号(北京路校区图书馆)(分馆)	223001	0517—83591060 0517—83591072
淮阴师范学院图书馆	江苏淮安市淮阴区长江西路 111 号	223300	0517—83525289—813
南京晓庄学院图书馆	江苏省南京市江宁区弘景大道 3601 号	211171	025—86178173
盐城师范学院图书馆	江苏省盐城市开放大道 50 号	224002	0515—88233097
南京审计学院图书馆	江苏省南京市浦口区江浦街道雨山西路 86 号	211815	025—58318252
江苏警官学院图书馆	江苏省南京市安德门 128 号	210012	025—52881700
南京体育学院图书馆	江苏省南京市灵谷寺路 8 号	210014	025—84755162
南京艺术学院图书馆	江苏省南京市虎踞北路 15 号	210013	025—83498091
三江学院图书馆	江苏省南京市雨花区龙西路 10 号	210012	025—52897030
常熟理工学院图书馆	江苏省常熟市南三环路 99 号	215500	0512—52251332
南京森林公安高等专科学校图书馆	江苏省南京市仙林大学城	210046	025—85878939
连云港师范高等专科学校图书馆	江苏省连云港市新浦区苍梧路 53 号	222006	0518—85817780
泰州师范高等专科学校图书馆	江苏省泰州市春晖路 1 号	225300	0523—86653206
镇江市高等专科学校图书馆	江苏省镇江市学府路 61 号	212003	0511—8962872
扬州市职业大学图书馆	江苏省扬州市文昌西路	225009	0514—87697097
苏州市职业大学图书馆	江苏省苏州市越湖路 1158 号	215104	0512—65984096
南通职业大学图书馆	江苏省南通市青年东路 139 号	226007	0513—83560090
南通纺织职业技术学院图书馆	江苏省南通市青年东路 69 号	226007	0513—85238018

馆名	地址	邮编	电话
苏州工艺美术职业技术学院图书馆	江苏省苏州市虎丘路30号	215008	0512—66503165
无锡商业职业技术学院图书馆	江苏省无锡市钱胡公路809号	214153	0510—83270991
泰州职业技术学院图书馆	江苏省泰州市迎春东路8号	225300	0523—86668279
连云港职业技术学院图书馆	江苏省连云港市新浦区苍梧路51号	222006	0518—85690833
无锡职业技术学院图书馆	太湖校区:江苏省无锡大学城高浪西路 中桥校区:江苏省无锡市中南路8号	214121 214073	0510—85066680
民办明达职业技术学院图书馆	江苏省射阳县经济开发区	224300	0515—82314618
徐州建筑职业技术学院图书馆	江苏省徐州市泉山区学苑路26号	221116	0516—83889053
南通航运职业技术学院图书馆	江苏省南通市经济技术开发区通盛大道185号	226010	0513—85960913
江苏海事职业技术学院图书馆	江苏省南京市江宁区格致路309号	211170	0514—87579950
苏州工业职业技术学院图书馆	江苏省苏州市越湖路168号	215104	0512—66553861
江阴职业技术学院图书馆	江苏省江阴市锡澄路168号	214405	0510—86022877
扬州环境资源职业技术学院图书馆	江苏省扬州市润扬南路33号	225127	0514—87436955
常州机电职业技术学院图书馆	江苏省常州市大学城	213164	0519—86331105
南京特殊教育职业技术学院图书馆	江苏省南京市中央门外吉祥庵神农路1号	210038	025—86477229
江苏食品职业技术学院图书馆	江苏省淮安高教园区	223003	0517—7088036
常州工程职业技术学院图书馆	江苏省常州市武进区滆湖中路3号	213164	0519—86332236
金肯职业技术学院图书馆	江苏省南京市江宁区铜山金铜路2号	211156	025—86194177
九州职业技术学院图书馆	江苏省徐州市铜山新区	221116	0516—83430256
盐城纺织职业技术学院图书馆	江苏省盐城市高等职教园区	224005	0515—88583921
江苏财经职业技术学院图书馆	江苏省淮安市大治路7号	223001	0517—3858220
无锡工艺职业技术学院图书馆	江苏省宜兴市荆邑南路99号	214206	0510—81710073
无锡城市职业技术学院图书馆	江苏省无锡市钱荣路58号	214063	0510—85532703
江苏经贸职业技术学院图书馆	江苏省南京市区龙眼大道180号	211168	025—86241416
南京信息职业技术学院图书馆	江苏省南京市仙林大学城文澜路99号	210046	025—85842445
苏州托普信息职业技术学院图书馆	江苏省昆山市巴城镇湖滨北路288号	215311	0512—57650527
应天职业技术学院图书馆	江苏省南京市栖霞区仙林大道100号	210046	025—85780010
无锡科技职业学院图书馆	江苏省无锡市新锡路8号	214028	0510—85343383
南通农业职业技术学院图书馆	江苏省南通市青年东路148号	226007	0513—81050535
南京铁道职业技术学院图书馆	江苏省南京市下关区建宁路65号	210015	025—85838641
常州纺织服装职业技术学院图书馆	江苏省常州市武进区韬中路5号常州大学城内	213164	0519—86336183

馆名	地址	邮编	电话
昆山登云科技职业学院图书馆	江苏省昆山市马鞍山西路 1058 号	215300	0512—57800788
苏州农业职业技术学院图书信息中心	江苏省苏州市西园路 279 号	215008	0512—65344756
南京交通职业技术学院图书馆	江苏省南京市江宁区科学园龙眠大道 629 号	211188	025—86115050
硅湖职业技术学院图书馆	江苏省昆山市花桥国际商务城	215332	0512—57788009 0512—57788007
炎黄职业技术学院图书馆	江苏省涟水县炎黄大道 1 号	223400	0517—82302339
南京视觉艺术学院图书馆	江苏省南京市溧水县柘塘镇镇南	211215	025—857426607
钟山职业技术学院图书馆	江苏省南京市马群街 169 号	210049	025—84365349
无锡南洋职业技术学院图书馆	江苏省无锡市山水城旅游区	214081	0510—85569006
扬州工业职业技术学院图书馆	江苏省扬州市华扬西路 199 号扬子津科教园	225127	0514—87433090
常州信息职业技术学院图书馆	江苏省常州市大学城	213164	0519—86338211 0519—86338215
南京化工职业技术学院图书馆	江苏省南京市大厂区葛关路 625 号	210048	025—58372153
南京理工大学紫金学院图书馆	江苏省南京市仙林大学城文澜路 89 号	210046	025—85786058
中国传媒大学南广学院图书馆	江苏省南京市江宁区弘景大道 3666 号	211172	025—51618800
南京理工大学泰州科技学院图书馆	江苏省泰州市梅兰东路 8 号	225300	0523—86150016
扬州大学广陵学院图书馆	江苏省扬州市华扬西路 198 号(扬子津科教园 1 号)	225009	0514—87993981
江苏教育学院图书馆	江苏省南京市北京西路 77 号	210013	025—83758253
江苏广播电视大学图书馆	江苏省南京市江东北路 399 号	210036	025—83758253
南京人口管理干部学院图书馆	江苏省南京市龙蟠路 177 号	210042	025—85483042
解放军理工大学标营校区图书馆	江苏省南京市御道街标营 2 号	210007	025—80828130
解放军工程兵指挥学院图书馆	江苏省徐州工程指挥学院图书馆	221004	0516—83150114
解放军南京政治学院图书馆	江苏省南京市中山北路 305 号	210003	025—80815231
南京陆军指挥学院图书馆	江苏省南京市浦口区龙盘	210045	025—80836271
解放军徐州空军后勤学院图书馆	江苏徐州市泉山区	221002	
常州大学图书馆	江苏省常州市科教城武进校区	213164	0519—3290143
沙洲职业工学院图书馆	江苏省张家港市长兴中路 8 号大学城	215600	0512—56730120
南京森林警察学院图书馆	江苏省南京市仙林大学城文澜路 28 号	210046	025—85878735
东南大学成贤学院图书馆	江苏省南京市浦口区东大路 6 号	210032	025—58690736
无锡太湖学院图书馆	江苏省无锡市钱荣路 68 号	214063	0510—85509888
南京大学金陵学院图书馆	江苏省南京市浦口区沿江镇学府路 8 号	210032	025—58646684
南京师范大学中北学院图书馆	江苏省南京市文苑路 1 号	210046	025—85891289

馆名	地址	邮编	电话
南京医科大学康达学院图书馆	江苏省南京市汉中路 140 号	210029	025—86864012
南京中医药大学翰林学院图书馆	江苏省南京市仙林大道 138 号	210046	025—85811852
苏州大学文正学院图书馆	江苏省苏州市吴中区越湖路 188 号	215105	0512—66551901
苏州大学应用技术学院图书馆	江苏省苏州昆山周庄大学路 1 号	215325	0512—57183666
苏州科技学院天平学院图书馆	江苏省苏州市高新区长江路 8 号	215009	0512—68098326
徐州师范大学科文学院图书馆	江苏省徐州市铜山新区上海路 101 号	221116	0516—83500188
南京财经大学红山学院图书馆	江苏省南京市鼓楼区铁路北街 128 号	210003	025—83495939
南通大学杏林学院图书馆	江苏省南通市啬园路 9 号	226109	0513—85012170
淮安信息职业技术学院图书馆	江苏省淮安市高教园区枚乘东路 3 号	223003	0517—83238080
苏州工业园区职业技术学院图书馆	江苏省苏州工业园区苏茜路 68 号	215021	0512—69360078
紫琅职业技术学院图书馆	江苏省南通市港闸经济开发区永兴路	226003	0513—85601616
江苏信息职业技术学院图书馆	江苏省无锡市藕塘职教园区钱藕路 1 号	214153	0510—85811518
江苏省省级机关管理干部学院图书馆	江苏省南京市鼓楼区湖北路 42 号	210008	025—83737322
江苏省青年管理干部学院图书馆	江苏省南京市后宰门西村 40 号	210016	025—84829938
苏州港大思培科技职业学院图书馆	江苏省苏州工业园区独墅湖高等教育区仁爱路 1 号	215132	0512—65114511
南京视觉艺术职业学院图书馆	江苏省南京市溧水县柘塘镇	211215	025—57246666
江海职业技术学院图书馆	江苏省扬州市扬子江南路 5 号	225127	0514—87579901
江南影视艺术职业学院图书馆	江苏省无锡市钱藕路 2 号(藕塘职教园区)	214153	0510—85551188
苏州托普信息职业技术学院图书馆	江苏省苏州市昆山软件园湖滨北路 288 号	215311	0512—57650530
太湖创意职业技术学院图书馆	江苏省无锡市钱荣路 80 号	214063	0510—88823233
金山职业技术学院图书馆	江苏省镇江扬中市金山路 1 号	212200	0511—8301688
江苏建康职业学院图书馆	江苏省南京市汉中路 129 号(汉中路校区)	210029	025—68172899
苏州职业大学图书馆	江苏省苏州市吴中大道国际教育园南区	215104	0512—66507345
无锡工艺职业技术学院图书馆	江苏省宜兴市荆邑南路 99 号	214206	0510—81710066
南京机电职业技术学院图书馆	江苏省南京市沧波门宝善寺路 56 号	210049	025—84120820
江苏城市职业学院图书馆	江苏省南京市江东北路 399 号	210036	025—86265383
苏州卫生职业技术学院图书馆	江苏省苏州国际教育园北区科华路 28 号	215009	0512—62690106
盐城卫生职业技术学院图书馆	江苏省盐城市解放南路	224005	0515—88588616
苏州高博软件技术职业学院图书馆	江苏省苏州市高新区科技城青山路 5 号	215163	0512—65110500
南京旅游职业学院图书馆	江苏省南京市察哈尔路华严岗 1 号	210003	025—58591228

馆名	地址	邮编	电话
江苏大学京江学院图书馆	江苏省镇江市学府路 301 号	212000	0511—88780120
江苏科技大学南徐学院图书馆	江苏省镇江市南徐大道中段与九华山路交叉口	212004	0511—85624020
南京工业大学浦江学院图书馆	江苏省南京市中山北路 200 号	210011	025—83239859
南京航空航天大学金城学院图书馆	江苏省南京市江宁区禄口航金大道 99 号	211113	025—87190011
南京审计学院金审学院图书馆	江苏省南京市浦口区江浦街道雨山西路 86 号	211800	025—86585517
南京师范大学泰州学院图书馆	江苏省泰州市东风南路 518 号	225300	0523—86152006
南京信息工程大学滨江学院图书馆	江苏南京浦口区龙山北路 6 号	210044	025—58699601
南京邮电大学通达学院图书馆	江苏省南京市新模范马路 66 号	210003	025—83535599
中国矿业大学徐海学院图书馆	江苏省徐州市泉山区	221008	0516—83884716
西交利物浦大学图书馆	江苏省苏州市工业园区独墅湖高等教育区仁爱路	215132	0512—88161888
中国人民解放军工程兵指挥学院图书馆	江苏省徐州市浦口区	210032	0516—83150142
苏州信息职业技术学院图书馆	江苏省吴江市鲈乡南路	215200	0512—63118999
常州大学怀德学院图书馆	江苏省常州市武进区	213176	0519—86330143
宿迁泽达职业技术学院图书馆	江苏省宿迁市湖滨新城发展大道合欢路 66 号	223800	0527—84258866
苏州工业园区服务外包职业学院图书馆	江苏省苏州独墅湖科教创新区若水路 99 号	215132	0512—62932083
南京人口管理干部学院图书馆	江苏省南京市玄武区锁金村 10 号	210042	025—85429295
浙江省			
浙江大学图书馆	浙江省杭州市浙大路	310027	0571—8781049
浙江工业大学图书馆	浙江省杭州市潮王路 18 号	310014	0571—88320050
浙江师范大学图书馆	浙江省金华市迎宾大道 688 号	321004	0579—82282208
浙江工商大学图书馆	浙江省杭州市下沙高教园区学政街 18 号	310018	0571—28877605
温州大学图书馆	浙江省温州市茶山高教园区	325035	0577—86689669 0577—86689650
中国计量学院图书馆	浙江省杭州市下沙高教园区学源街	310018	0571—86914529
浙江海洋学院图书馆	浙江省舟山市定海区海院路 18 号	316000	0580—2550052
浙江林学院图书馆	浙江省杭州市临安环城北路 88 号	311300	0571—63740059
台州学院图书馆	浙江省临海市东方大道 605 号	317000	0576—85137021
浙江传媒学院图书馆	浙江省杭州市下沙高教园区学源西街 998 号	310018	0571—86832087
浙江金融职业学院图书馆	浙江省杭州市下沙高教园东区学源街 118 号	310018	0571—86739038
浙江省广播电视大学图书馆	浙江省杭州市教工路 42 号	310030	0571—88077512
宁波大学图书馆	浙江省宁波市风华路 818 号	315211	0574—87600400

馆名	地址	邮编	电话
杭州电子科技大学图书馆	浙江省杭州市下沙高教园区	310018	0571—86915080
浙江理工大学图书馆	浙江省杭州市下沙高教园区西区 2 号大街	310018	0571—86843132
浙江中医药大学图书馆	浙江省杭州市滨江区滨文路	310053	0571—86613762
杭州师范大学图书馆	浙江省杭州市下沙高教园区学林街 16 号	310036	0571—28865817
宁波工程学院图书馆	浙江省宁波市海曙区翠柏路	315016	0574—87081283
嘉兴学院图书馆	浙江省嘉兴市越秀南路 56 号	314001	0573—83642498
浙江科技学院图书馆	浙江省杭州市留和路 318 号	310023	0571—85070820
温州医学院图书馆	浙江省温州市茶山高教园区	325002	0577—86699116
湖州师范学院图书馆	浙江省湖州市学士路 1 号	313000	0572—2321097
绍兴文理学院图书馆	浙江省绍兴市环城西路 508 号	312000	0575—8341852
浙江财经学院图书馆	浙江省杭州市下沙高教园区学源路 18 号	310018	0571—86754509
浙江警察学院图书馆	浙江省杭州市滨江区滨文路 555 号	310053	0571—87787106
中国美术学院图书馆	南山总馆:杭州市南山路 218 号 象山分馆:杭州市转塘镇象山 352 号	310002 310024	0571—87164653
浙江树人大学图书馆	浙江省杭州市拱墅区舟山路 19 号	310015	0571—88297061
浙江万里学院图书馆	浙江宁波高教园区钱湖南路 8 号	315100	0574—88222050
丽水学院图书馆	浙江省丽水市学院路	323000	0578—2271281
公安海警高等专科学校图书馆公安海警学院图书馆	浙江省宁波市北仑区	315801	0574—86166013
浙江水利水电专科学校图书馆	浙江省杭州市下沙高教园区学林街 583 号	310018	0571—86929098
浙江医学高等专科学校图书馆	浙江省杭州市滨江区滨文路 481 号	310053	0571—87692720
浙江医药高等专科学校图书馆	浙江省宁波市鄞县大道东段 888 号	315100	0574—88222706
温州职业技术学院图书馆	浙江省温州市茶山高教园区	325035	0577—86680176
浙江交通职业技术学院图书馆	浙江省杭州市莫干山路金家渡	311112	0571—88481893
宁波职业技术学院图书馆	浙江省宁波经济技术开发区新大路 1069 号	315800	0574—86891319
金华职业技术学院严济慈图书馆	浙江省金华市婺州街 1188 号	321017	0579—82380068
杭州职业技术学院图书馆	浙江省杭州市下沙高教园区学源街 68 号	310018	0571—86916880
义乌工商职业技术学院图书馆	浙江省义乌市学院路 2 号	322000	0579—83803571
绍兴托普信息职业技术学院图书馆	浙江省绍兴市越城区山阴路 526 号	312000	0575—88054097 0575—88054051
浙江经贸职业技术学院图书馆	浙江省杭州下沙高教园东区学林街 280 号	310018	0571—86929837
浙江工贸职业技术学院图书馆	浙江省温州市府东路 17 号	325003	0577—88338004
浙江经济职业技术学院图书馆	浙江省杭州下沙高教东区学正街 66 号	310018	0571—86928136

馆名	地址	邮编	电话
浙江旅游职业学院图书馆	浙江省杭州市萧山高教园区	311231	0571—82838060
浙江警官职业学院图书馆	浙江省杭州市下沙高教园区	310018	0571—86918705
浙江商业职业技术学院图书馆	浙江省杭州市滨文路 470 号	310053	0571—87764646
浙江纺织服装职业技术学院图书馆	浙江省宁波市风华路 495 号	315211	0574—86329688 0574—86328228
浙江东方职业技术学院图书馆	浙江省温州市龙湾工业区甬江路 1 号	325011	0577—86556733
浙江国际海运职业技术学院图书馆	浙江省舟山市定海临城新区海天大道 268 号	316021	0580—2095100
浙江广厦建设职业技术学院图书馆	浙江省东阳市广福路 6 号	322100	0579—86668870
台州科技职业学院图书馆	浙江省台州市黄岩区九峰路 14 号	318020	0576—84283283
杭州万向职业技术学院图书馆	浙江省杭州市西溪路 896 号	310023	0571—87154026
浙江艺术职业学院图书馆	浙江省杭州市滨江区滨文路 518 号	310053	0571—87150123
浙江工商职业技术学院图书馆	浙江省宁波市海曙区联丰立交桥南堍	315012	0574—87422100
浙江绍兴越秀外国语职业学院图书馆	浙江省绍兴市城东阳明路	312000	0575—88343028
浙江邮电职业技术学院图书馆	浙江省绍兴市山阴路 474 号	312016	0575—88312926
浙江机电职业技术学院图书馆	浙江省杭州市滨文路 528 号	310053	0571—87773038
宁波城市职业技术学院图书馆	浙江省宁波市高教园区(南区)学府路 9 号	315100	0574—87415896
湖州职业技术学院图书馆	浙江省湖州市学府路 299 号	313000	0572—2364351
衢州职业技术学院图书馆	浙江省衢州市柯城区九华北大道	324000	0570—8015089
丽水职业技术学院图书馆	浙江省丽江市中山街北段	323000	0578—2296299
宁波大红鹰学院图书馆	浙江省宁波市西郊高桥芦港	315175	0574—88052122
宁波天一职业技术学院图书馆	浙江省宁波高教园区(南区)学府路 51 号	315100	0574—88126013
浙江工业职业技术学院图书馆	浙江省绍兴市火车站北	312000	0575—88207236 0575—88023715
嘉兴职业技术学院图书馆	浙江省嘉兴市昌盛路 1123 号	314036	0573—82751181
浙江大学城市学院图书馆	浙江省杭州市拱墅区湖州街 51 号	310015	0571—88011116
浙江大学宁波理工学院图书馆	浙江省宁波市钱湖南路 1 号	315100	0574—88229052
浙江工业大学之江学院图书馆	浙江省杭州市之江路 182 号	310024	0571—87317718
宁波大学科学技术学院逸夫图书馆	浙江省宁波市江北区风华路 616 号	315211	0574—87600453
绍兴文理学院索然元培学院图书馆	浙江省绍兴市城南大道 900 号	312000	0575—88345804
宁波广播电视大学图书馆	浙江省宁波市文教路 1 号宁波广播电视大学内	315016	0574—87201023 0574—87220901
金华教育学院图书馆	浙江省金华市人民东路 673 号	321000	0579—82315476
宁波教育学院图书馆	浙江省宁波市育才路 106 号	315016	0574—87200268

馆名	地址	邮编	电话
衢州学院图书馆	浙江省衢州市柯城区九华北大道 78 号	324000	0570—8015711
浙江同济科技职业学院图书馆	浙江省杭州市萧山高教园区	310018	0571—83863268
杭州科技职业技术学院图书馆	浙江省杭州西郊高科路 198 号	310018	0571—28287180
横店影视职业学院图书馆	浙江省东阳市横店镇上海滩路 268 号	322118	0579—86599999
浙江育英职业技术学院图书馆	浙江省杭州经济技术开发区(下沙)4 号大街	311215	0571—86911032
浙江长征职业技术学院图书馆	浙江省杭州市西湖区小和山高教园区留和路	310023	0571—85076777
浙江体育职业技术学院图书馆	浙江省杭州市萧山高教园区	310018	0571—83871230
宁波诺丁汉大学图书馆	浙江省宁波市泰康东路 199 号	315100	0574—88222460
台州职业技术学院图书馆	浙江省台州市经济开发区学院路 788 号	313000	0576—88656666
嘉兴南洋职业技术学院图书馆	浙江省嘉兴市塘汇路 839 号	314003	0573—82302189
温州科技职业学院图书馆	浙江省温州市六虹桥路 1000 号	325029	0577—88433588
浙江电力职业技术学院图书馆	浙江省杭州市拱墅区台州路 217 号	310015	0571—51217400
浙江建设职业技术学院图书馆	浙江省杭州萧山高教园区浙江建设职业技术学院学生处	310018	0571—82871234
浙江汽车职业技术学院图书馆	浙江省临海市城东曹家路	317000	0576—85120098
安徽省			
中国科学技术大学图书馆	安徽省合肥市黄山路中国科大西区	230027	0551—3602326
安徽大学图书馆	安徽省合肥市西路 3 号	230039	0551—5107142
安徽师范大学图书馆	安徽省芜湖市花津南路	241003	0553—5910181
安徽中医学院图书馆	安徽省合肥市梅山路 103 号	230038	0551—5169124—7—8802
皖南医学院图书馆	安徽省芜湖市高教园区纬六路 10 号	241001	0553—3932638
阜阳师范学院图书馆	安徽省阜阳市清河东路 471 号	236041	0558—2596044
巢湖学院图书馆	安徽省巢湖市半汤温泉渡假区	238000	0565—2361285
蚌埠学院图书馆	安徽省蚌埠市曹山路 1866 号	233030	0552—3171116
皖西学院图书馆	安徽省六安市云露桥西月亮岛	237012	0564—3305022 0564—3307122
滁州学院图书馆	安徽省滁州市丰乐南路 80 号	239000	0550—3510005
马鞍山师范高等专科学校图书馆	安徽省马鞍山市湖西南路 369 号	243041	0555—8215015
淮北职业技术学院图书馆	安徽省淮北市濉溪中路 265 号	235000	0561—3222731
安徽商贸职业技术学院图书馆	安徽省芜湖市弋江区纬六路	241002	0553—5971019
芜湖信息技术职业学院图书馆	安徽省芜湖市高教园区纬七路	241000	0553—5977023

馆名	地址	邮编	电话
六安职业技术学院图书馆	安徽省六安市六寿路 18 号	237158	0564—3715010
合肥工业大学图书馆	安徽省合肥市屯溪路 193 号	230009	0551—2901290
安徽理工大学图书馆	安徽省淮南市舜耕中路 168 号	232001	0554—6668286
安徽工业大学图书馆	安徽省马鞍山市	243002	0555—2311639
安徽农业大学图书馆	安徽合肥市长江西路 130 号	230036	0551—5786366
安徽医科大学图书馆	安徽省合肥市梅山路 89 号	230032	0551—5161203
安徽财经大学图书馆	安徽省蚌埠市曹山路 962 号	233030	0552—3178595
安徽建筑工业学院图书馆	安徽省合肥市金寨南路 856 号	230022	0551—3513166
安徽工程科技学院图书馆	安徽省芜湖市赭山东路 8 号	241000	0553—2871237
蚌埠医学院图书馆	安徽省蚌埠市东海大道 2600 号	233030	0552—3175447
安徽科技学院图书馆	安徽省蚌埠市东郊凤阳	233100	0550—6732146
淮北煤炭师范学院图书馆	安徽省淮北市东山路 100 号	235000	0561—3803222
淮南师范学院图书馆	安徽省淮南市田家庵区学院路	232001	0554—6672480
安庆师范学院图书馆	安徽安庆菱湖南路 128 号	246011	0556—5300058
合肥师范学院图书馆	三孝口校区:合肥市金寨路 327 号 锦绣校区;合肥经济技术开发区莲花路 1688 号	230061 230601	0551—2836087
铜陵学院图书馆	安徽省铜陵市北京中路 297 号	244000	0562—2832942
合肥学院图书馆	安徽省合肥市黄山路 373 号	230022	0551—2158483
安徽新华学院图书馆	安徽省合肥市高新技术开发区望江西路 555 号	230088	0551—5381618
宿州学院图书馆	安徽省宿州市汴河中路 55 号	234000	0557—3680632
黄山学院图书馆	南校区:安徽省黄山市屯溪区灵山路 9 号安徽省黄山市屯溪区戴震路 44 号	245041 245021	0559—2544744
池州学院图书馆	安徽省池州市贵池区建设西路 169 号	247000	0566—2092161
安徽医学高等专科学校图书馆	安徽省合肥市经济技术开发区芙蓉路 632 号	230601	0551—3812202
安徽中医药高等专科学校图书馆	安徽省芜湖市荆山西路 16 号	241000	0553—4836178
亳州师范高等专科学校图书馆	安徽省蒙城县南关庄周路 80 号	233500	0558—7686981
铜陵职业技术学院图书馆	安徽省铜陵市宝山路 85 号	244000	0562—5811891
安徽水利水电职业技术学院图书馆	安徽省合肥市经济技术开发区大学城内	230601	0551—2155689
芜湖职业技术学院图书馆	安徽省芜湖市银河北路 168 号	241001	0553—5775887
安徽职业技术学院图书馆	安徽省合肥市包河大道 268 号	230051	0551—3430657
淮南职业技术学院图书馆	安徽省淮南市洞山	232001	0554—6647426
淮南联合大学图书馆	安徽省淮南市国庆中路 313 号	232001	0554—6862683

馆名	地址	邮编	电话
安徽机电职业技术学院图书馆	安徽省芜湖市高校园区纬七路	241000	0553—5975178
安徽新闻出版职业技术学院图书馆	安徽省合肥市经济技术开发区繁华大道220号	230601	0551—3813090
安徽公安职业学院图书馆	安徽省合肥市高新区大蜀山南路1号	230031	0551—5381212
安徽工业职业技术学院图书馆	安徽省铜陵市长江西路274号	244000	0562—5860285
安徽邮电职业技术学院图书馆	安徽省合肥市潜山中路382号	230031	0551—2231068
蚌埠经济技术职业学院图书馆	安徽省蚌埠市新马桥镇	233719	0552—6610204
安徽绿海商务职业学院图书馆	安徽省合肥市经济技术开发区合安路68号	230601	0551—8898580
安徽国防科技职业学院图书馆	安徽省六安市新河东路二号	237011	0564—3384330
安徽城市管理职业学院图书馆	安徽省合肥市经济技术开发区耕耘路158号	230601	0551—3811291
安徽涉外经济职业学院图书馆	安徽省合肥市经济技术开发区合安路218号	230601	0551—3858387
合肥通用职业技术学院图书馆	安徽省合肥市长江西路888号	230031	0551—5335603
宣城职业技术学院图书馆	安徽省宣城市环城北路48号	242000	0563—3395089
池州职业技术学院图书馆	安徽省池州市池阳路191号	247000	0566—2022665
安徽明星科技职业学院图书馆	北区:安徽省合肥市庐阳区四里河明星路1号 南区:合肥经济技术开发区方兴大道559号	230031 230601	0551—3825399
阜阳职业技术学院图书馆	安徽省阜阳市阜南路465号	236031	0558—2179032
巢湖职业技术学院图书馆	安徽省巢湖市半汤路15号	238000	0565—2364236
安徽电气工程职业技术学院图书馆	安徽省合肥市包河大省397号	230051	0551—3705546
安徽交通职业技术学院图书馆	安徽省合肥市太湖东路19号	230051	0551—3416940
宿州职业技术学院图书馆	安徽省宿州市宿符路	234101	0557—3603548
民办安徽文达信息技术职业学院图书馆	安徽省合肥市紫蓬山风景区	231201	0551—8583275
安徽电子信息职业技术学院图书馆	安徽省蚌埠市大学城学府路	233000	0552—3172892
安徽国际商务职业学院图书馆	安徽省合肥市双凤工业区	231131	0551—3420645
安徽师范大学皖江学院图书馆	安徽省芜湖市九华北路109号	241008	0553—5771524 0553—5771525
安徽行政学院安徽经济管理学院图书馆	安徽省合肥市望江东路115号	230029	0551—3432814
解放军合肥炮兵学院图书馆	安徽省合肥市黄山路451号	230031	0551—5769194
解放军电子工程学院图书馆	安徽省合肥市黄山路460号	230037	0551—5766121
解放军蚌埠坦克学院图书馆	安徽省蚌埠市	230103	0552—4043284
安徽工贸职业技术学院图书馆	安徽省淮南市国庆西路199号	232001	0554—6808022
安徽林业职业技术学院图书馆	安徽省合肥市玉兰大道99号	230088	0551—5312553
安徽现代信息工程职业学院图书馆	安徽省寿县通淝南路	232200	0564—4108666

馆名	地址	邮编	电话
安徽工业经济职业技术学院图书馆	安徽省合肥市梁园路1号	230051	0551－3639537
安徽工商职业学院图书馆	安徽省合肥市双凤经济开发区金宁路北16号	244000	0551－5551115
安徽财贸职业学院图书馆	安徽省合肥市翡翠路900号	230601	0551－3865888
安徽审计职业学院图书馆	安徽省合肥经济技术开发区方兴大道509号	244000	0551－3617007
民办安徽旅游职业学院图书馆	安徽省颍上迪沟国家AAAA风景区	236244	0558－4264497
安徽矿业职业技术学院图书馆	安徽省淮北市翠峰路中段	235000	0561－4909310
安徽三联学院图书馆	安徽省合肥市经济技术开发区合安路47号	232008	0551－3830726
万博科技职业学院图书馆	安徽省合肥市高新技术产业开发区创业西路1号	230088	0551－5316726
安徽体育运动职业技术学院图书馆	安徽省合肥市芜湖路97号	230001	0551－2860387
安徽广播影视职业技术学院图书馆	安徽省合肥市金寨南路468号	230022	0551－3522736
安徽冶金科技职业学院图书馆	安徽马鞍山市湖西南路555号	243061	0555－8325046
安徽中澳科技职业学院图书馆	安徽省合肥市濉溪路312号	230041	0551－5148006
安庆职业技术学院图书馆	安徽省安庆市经济技术开发区元山东路99号	246003	0556－5283028
合肥财经职业学院图书馆	安徽合肥经济技术开发区大学城汤口路中段	244000	0551－3690801
徽商职业学院图书馆	安徽省合肥市曹郢路15号	230022	0551－3669836
合肥信息技术职业学院图书馆	安徽省合肥市大学城九龙路与汤口路交口(安徽大学新校区西门南100米)	230601	0551－3619106
安徽警官职业学院图书馆	安徽省合肥市清溪路78号	230031	0551－2233386
滁州职业技术学院图书馆	安徽省滁州市丰东南路64号	239001	0550－3055007
合肥滨湖职业技术学院图书馆	安徽省国家级合肥经济技术开发区方兴大道559号	244000	0551－3825319
安徽艺术职业学院图书馆	安徽省合肥市宣城路16号	230061	0551－4655938
安庆医药高等专科学校图书馆	安徽省安庆市宜秀区大龙山镇	246052	0556－5306168
合肥共达职业技术学院图书馆	安徽省合肥市庐阳区六安路269号	230061	0551－2900176
马鞍山职业技术学院图书馆	安徽省马鞍山市新城东区大学城霍里山大道	243031	0555－2765013
福建省			
福州大学图书馆	福建省福州市上街大学城学园路2号	350108	0591－22865322 0591－22865328 0591－22866168
仰恩大学图书馆	福建省泉州市洛江区马甲镇	362014	0595－22098527
福建师范大学图书馆	福建省福州市仓山区	350007 350108	0591－83465368 0591－22867713
福建工程学院图书馆	福建省福州市大学城学园路3号	350108	0591－22863399
福建中医学院图书馆	福建省福州市闽侯上街大学城华佗路1号	350108	0591－22861081

馆名	地址	邮编	电话
三明学院图书馆	福建省三明市荆东路25号	365004	0598—8399219
福建农业职业技术学院图书院	福建省福州市南郊相思岭	350119	0591—22151766 0591—22151759
厦门大学图书馆	福建省厦门市思明南路422号之一	361005	0592—2182360
华侨大学图书馆	福建省泉州市	362021	0595—22691561
福建农林大学图书馆	福建省福州市金山学区	350002	0591—83751452
集美大学图书馆	福建省厦门市集美石鼓路176号	361021	0592—6181705
福建医科大学图书馆	福建省福州市交通路88号	350004	0591—22862326
厦门理工学院图书馆	福建省厦门市集美后溪理工路600号	361024	0592—6921172
漳州师范学院图书馆	福建省漳州市县前直街36号	363000	0596—2591390
泉州师范学院图书馆	福建省泉州市东海滨城	362000	0595—22919911
福建警察学院图书馆	福建省福州仓山区首山路59号	350007	0591—83484515
武夷学院图书馆	福建省武夷山市武夷大道16号	354300	0599—5136358
闽江学院图书馆	福建省福州市闽侯上街文贤路1号	350108	0591—83761129
莆田学院图书馆	福建省莆田市城厢区学园中街1133号	351100	0594—2631126
龙岩学院图书馆	福建省龙岩市东肖北路1号(东肖校区) 龙岩市凤凰北路1号(凤凰校区)	364000 (东肖校区) 364000 (凤凰校区)	0597—2799850
泉州医学高等专科学校图书馆	福建省泉州市鲤城区县后街50号	362000	0595—22136683
宁德师范高等专科学校图书馆	福建省宁德市蕉城南路98—1号	352100	0593—2955091
福建商业高等专科学校图书馆	福建省福州市鼓楼区江厝路义井19号	350012	0591—87713064
福州英华职业学院图书馆	福建省福州市仓山区城门镇浚边村	350018	0591—83507044 —8302
泉州光电信息职业学院图书馆	福建省石狮市厝仔工业区	362700	0595—88911680
泉州纺织服装职业学院图书馆	福建省石狮市东环路1号	362700	0595—88705728
福建华南女子职业学院图书馆	福建省福州市仓山区首山路49号	350007	0591—83470444 83483972
黎明职业大学图书馆	福建省泉州市泉秀东路	362000	0595—22900073
福建交通职业技术学院图书馆	福建省福州市仓山区首山路80号	350007	0591—83511273
漳州职业技术学院图书馆	福建省漳州市马鞍山路1号	363000	0596—2660991
武夷山职业学院图书馆	福建省武夷山市武夷大道36号	354300	0599—5203989
厦门东海职业技术学院图书馆	福建省厦门市集美区灌口厦门东海学院	361023	0592—6382899
厦门城市职业学院图书馆	福建省厦门市前埔南路1263号	361008	0592—5909028

馆名	地址	邮编	电话
漳州卫生职业学院图书馆	福建省漳州市芗城区西洋坪路 12 号	363000	0596—2559520
泉州理工职业学院图书馆	福建省泉州市坪山路 255 号	362000	0595—22548848
福州职业技术学院图书馆	福建省福州市源阳路大学城	350108	0591—83760300
三明职业技术学院图书馆	福建省三明市梅列区高岩路 6 号	365000	0598—8282857
福州软件职业技术学院图书馆	福建省福州市鼓楼区铜盘软件大道 89—1 号	350003	0591—83843302
厦门南洋学院图书馆	福建省厦门市仙岳路 278 号	361012	0592—5252641
漳州城市职业学院图书馆	福建省漳州市西洋坪路 10 号	363000	0596—2525855
漳州天福茶职业技术学院图书馆	福建省漳州市漳浦县盘陀镇	363202	0596—3184427
福建卫生职业技术学院图书馆	福建省福州市闽侯荆溪关口 366 号	350101	0591—22869851
宁德职业技术学院图书馆	福建省福安市福泰路 232 号	355000	0593—6558615
福建对外经济贸易职业技术学院图书馆	福建省福州市马尾区亭江镇亭江路 8 号	350016	0591—88020012
湄州湾职业技术学院图书馆	福建省莆田市枫亭蔡襄北路 1999 号	351254	0594—7667663
泉州经贸职业技术学院图书馆	福建省泉州市鲤城区南环路 1129 号	362000	0595—22477208
福建科技职业技术学校图书馆	福建省福州市金山工业集中区鼓楼园 15 号	350008	0591—88196008
福州黎明职业技术学院图书馆	福建省福州市西二环中路 218 号	350002	0591—83773561
福州海峡职业技术学院图书馆	福建省福州市江滨东大道 108 号	350015	0591—83503667
福建警官职业学院图书馆	福建省福州市晋安区前横路 127 号	350014	0591—83646046
闽西职业技术学院图书馆	福建省龙岩市曹溪闽大路 8 号	364021	13178154581
德化陶瓷职业技术学院图书馆	福建省泉州市德化县城关凤凰山	362500	0596—23522903
福建金融职业技术学院图书馆	福建省福州仓山区首山路 140 号	350007	0591—83562529
福建艺术职业学院图书馆	福建省福州市白马北路 169 号	350001	0591—87553668
福建体育职业技术学院图书馆	福建省福州市鼓楼区福飞路 151 号	350001	0591—87760575
福建林业职业技术学院图书馆	福建省南平市金山路 140 号	353000	0599—8824430
福建电力职业技术学院图书馆	福建省泉州市北门外	362000	0595—28005921
厦门海洋职业技术学院图书馆	福建省厦门市体育路 61 号(思明校区)翔安区翔安南路(翔安校区)	361012 361100	0592—5393542 (思明校区) 0592—7769342 (翔安校区)
福建信息职业技术学院图书馆	福建省福州市鼓楼区福区路	350003	0591—87866010
福州大学阳光学院图书馆	福建省福州经济技术开发(马尾)卧龙山	350015	0591—83969291
福建师范大学闽南科技学院图书馆	福建省泉州市南安康美开发区	362332	0595—86602603

馆名	地址	邮编	电话
集美大学诚毅学院图书馆	福建省厦门市集美区集美大道199号	361021	0592－6180799
福建省广播电视大学图书馆	福建省福州市铜盘路15号	350003	0591－87854409
福建农林大学东方学院图书馆	福建省福州市琅岐经济区龙鼓度假村1号	350017	0591－83909903
福州大学至诚学院图书馆	福建省福州市杨桥西路50号	350002	0591－87893368
福建农林大学金山学院图书馆	福建省福州市仓山区	350002	0591－83768357
厦门华夏职业学院图书馆	福建省厦门市思明区	361005	0592－2518319
泉州华光摄影艺术职业学院图书馆	福建省泉州市	362001	0595－87481926
福建水利电力职业技术学院图书馆	福建省永安市东门路199#	366000	0598－3658696
闽北职业技术学院图书馆	福建省建阳市宝山路51号	354200	0599－5838100
福州教育学院图书馆	福建省福州市晋安区	350001	0591－83724398
福建江夏学院图书馆	福建省福州市大学新校区溪源宫路2号	350108	0591－23535033
泉州信息职业技术学院图书馆	福建省泉州市丰泽区博东路235号	362008	0595－22789708
厦门兴才职业技术学院图书馆	福建省厦门集美大学城	361022	0592－6266777
福州外语外贸学院图书馆	福建省福州市仓山区城门三角埕城山100号	350018	0591－83596666
漳州吉马印刷职业技术学院图书馆	福建省漳州市蓝田开发区	363007	0596－7081788
厦门南洋职业学院图书馆	福建省厦门市仙岳路278号中侨大厦	361012	0592－5115299
厦门软件职业技术学院图书馆	福建省厦门市集美孙坂南路1199号	361021	0592－5531111
福州科技职业技术学院图书馆	福建省福州市洪山桥西头	350002	0591－83180506
厦门医学高等专科学校图书馆	福建省泉州市洛江区安吉路2号	362010	0595－22136688
福建生物工程职业技术学院图书馆	福建省福州市洪山桥中店42号	350002	0591－83743046
闽南理工学院图书馆	福建省石狮市宝盖风景区(宝盖校区)、福建省石狮市厝仔工业区(蚶江校区)	362700	0595－83677777
厦门大学嘉庚学院图书馆	福建省招商局漳州开发区	363105	0596－6288416
厦门演艺职业学院图书馆	福建省厦门市思明区鼓浪屿福建路32号	361002	0592－2570185
福建师范大学协和学院图书馆	福建省福州市闽侯上街大学城学园南路1号	350108	0591－22868667
厦门华天涉外职业技术学院图书馆	福建省厦门市翔安新店洪钟大道5088－5200号	361102	0592－3133555
泉州泰山航海职业学院图书馆	福建省石狮市祥芝镇石狮大道	362712	0595－83858888
泉州轻工职业学院图书馆	福建省晋江市高教东路	362261	0595－36207778
厦门安防科技职业学院图书馆	福建省厦门市翔安区翔安南路3000号	361102	0592－7762777
福建教育学院图书馆	福建省福州市鼓楼区	350025	
华侨大学厦门工学院图书馆	福建省厦门市集美文教区	361021	0592－6667566

馆名	地址	邮编	电话
江西省			
南昌大学图书馆	江西省南昌市红谷滩新区学府大道999号	330031	0791—3969256
江西理工大学图书馆	江西省赣州市红旗大道86号	341000	0797—8312075
南昌航空大学图书馆	江西省南昌市丰和南大道696号	330063	0791—3953356
南昌工程学院图书馆	江西省南昌市天祥大道289号	330099	0791—8126636
赣南师范学院图书馆	江西省赣州市赣南师范学院图书馆	341000	0797—8393675
南昌师范高等专科学校图书馆	江西省南昌市青山湖大道342号	330029	0791—7600563
华东交通大学图书馆	江西省南昌市双港东路	330013	0791—7046504
东华理工大学图书馆	江西省抚州市学府路14号	344000	0794—8258284
江西农业大学图书馆	江西省南昌市经济技术开发区	330045	0791—3813264
江西师范大学图书馆	江西省南昌市紫阳大道99号 江西省南昌市北京西路437号 迎宾大道1059号	330022 330027 330043	0791—8507014
江西财经大学图书馆	江西省南昌市庐山南大道	330013	0791—3816391
景德镇陶瓷学院图书馆	江西省景德镇市陶瓷学院	333403	0798—8499315
南昌理工学院图书馆	江西省南昌市昌北经济技术开发区	330013	0791—7123886
江西中医学院图书馆	江西省南昌市湾里区云弯路18号	330004	0791—7118628
赣南医学院图书馆	江西省赣州市医学院路1号	341000	0797—8269732
上饶师范学院图书馆	江西省上饶市志敏大道85号	334001	0793—8150630
江西科技师范学院图书馆	江西省南昌市国家经济技术开发区枫林大道	330013	0791—3821446
江西蓝天学院图书馆	江西省南昌市瑶湖高校园区江西蓝天学院	330098	0791—8138831
宜春学院图书馆	江西省宜春市学府路576路	336000	0795—3202821
九江学院图书馆	江西省九江市前进东路551号	332005	0792—8314442
井冈山大学图书馆	江西省吉安市青原区	343009	0796—8100484
江西中医药高等专科学校图书馆	江西省抚州市赣东大道1111号	344000	0794—8225612
江西公安专科学校图书馆	江西省南昌市青云谱路279号	330043	0791—8673125
新余高等专科学校图书馆	江西省新余市城北五一路1号	338031	0790—7044678
景德镇高等专科学校图书馆	江西省景镇市瓷都大道838号	333000	0798—8334957
萍乡高等专科学校图书馆	江西省萍乡市安源新区	337000	0799—7037613
九江职业大学图书馆	江西省九江市九瑞大道91号(鹤问湖校区) 九江市长虹大道94号(长虹校区)	332000	0792—8366791
九江职业技术学院图书馆	江西省九江市十里大道1188号	332007	0792—826660

馆名	地址	邮编	电话
江西工业职业技术学院图书馆	江西省南昌市青山湖大道	330039	0791—8313702
江西生物科技职业学院图书馆	江西省南昌市南莲路 608 号	330200	0791—5727004
宜春职业技术学院图书馆	江西省宜春市中山西路 399 号	336000	0795—3203072
江西应用技术职业学院图书馆	江西省赣州市红旗大道 27 号	341000	0797—8264742
江西工业贸易职业技术学院图书馆	江西省南昌市红谷滩新区红角洲嘉言路 699 号	330038	0791—3706769
江西财经职业学院图书馆	江西省九江市青年路 96 号	332000	0792—8183190
鹰潭职业技术学院图书馆	江西省鹰潭市岱宝山路 11 号	335000	0701—6620946
江西大宇职业技术学院图书馆	江西省南昌市湾里区翠岩路 200 号	330004	0791—6027605
上饶职业技术学院图书馆	江西省上饶市罗桥	334109	0793—8472399
江西服装职业技术学院图书馆	江西省南昌市向塘经济开发区	330201	0791—5059185
江西城市职业学院图书馆	江西省南昌市湾里区招贤路 634 号	330004	0791—7129075
江西制造职业技术学院图书馆	江西省南昌市紫阳大道 318 号	330095	0791—8122687
江西经济管理职业学院江西经济管理干部学院图书馆	江西省南昌市红角洲卧龙路 269 号	330088	0791—3956628
江西旅游商贸职业学院图书馆	江西省南昌市经济技术开发区丁香路 南昌市洪都北大道 1131 号	330100 330039	0791—3771991
江西科技职业学院图书馆	江西省南昌市昌南银三角(316 国道金山 1 号)	330200	0791—5160750
江西建设职业技术学院图书馆	江西省南昌市红谷滩红谷中大道 1375 号	330038	0791—7120593
江西渝州科技职业学院图书馆	江西省新余市仙来西大道	338000	0790—6531285
江西赣江职业技术学院图书馆	江西省南昌市新建长凌工业园创业南路 998 号	330108	0791—3904567
江西农业工程职业学院图书馆	江西省樟树市四特大道 266 号	331200	0795—7351464
江西电力职业技术学院图书馆	江西省南昌市昌北经济技术开发区	330032	0791—3899291
赣西科技职业学院图书馆	江西省新余市劳动北路 919 号	338000	0790—6435383
江西机电职业技术学院图书馆	江西省南昌市昌北开发区枫林大道	330013	0791—3802803
江西陶瓷工艺美术职业技术学院图书馆	江西省景德镇市新厂西路 486 号	333001	0798—8441131
江西环境工程职业学院图书馆	江西省赣州市湖边	341000	0797—8305880
江西信息应用职业技术学院图书馆	江西省南昌市迎宾大道气象路 58 号	330043	0791—5277924
江西工业工程职业技术学院图书馆	江西省萍乡市广场路 49 号	337055	0799—7062063
江西交通职业技术学院图书馆	江西省南昌市昌北经济开发区	330013	0791—3806175
江西司法警官职业学院图书馆	江西省南昌市昌北森林公园	330013	0791—3875704
江西农业大学南昌商学院图书馆	江西省南昌市经济技术开发区庐山中大道 888 号	330013	0791—3900852
江西理工大学应用科学学院图书馆	江西省赣州市客家大道 156 号	341000	0797—8312601

馆名	地址	邮编	电话
东华理工大学长江学院图书馆	江西省南昌市昌北经济技术开发区麦庐大道	330013	0791—3897558
南昌航空大学科技学院图书馆	江西省南昌市青山湖区上海路 173 号	330034	0791—8223100
江西中医学院科技学院图书馆	江西省南昌市抚生路 666 号	330025	0791—6589045
赣南师范学院科技学院图书馆	江西省赣州市红旗大道 61 号	341000	0797—8267524
南昌市职工科技大学图书室	江西省南昌市二七北路 520 号	330077	0791—8611474
赣南教育学院图书馆	江西省赣州市沙石	341000	0797—8481140
江西教育学院图书馆	江西省南昌市学院路 158 号	330029	0791—8309744
中共江西省委党校图书馆	江西省南昌市八一大道 212 号	330003	0791—6303625
南昌陆军学院图书馆	江西省南昌市昌北省庄	330000	0791—6871171
江西医学院上饶分院图书馆	江西省上饶市书院路 88 号	334000	0793—8100046
江西警察学院图书馆	江西省南昌市云湾大道 1666 号	330000	0791—8673333
新余学院图书馆	江西省新余市高新区阳光大道 2666 号	336600	0790—6666058
江西艺术职业学院	江西省南昌庐山中大道 1535 号	330013	0791—3810006
江西现代职业技术学院图书馆	江西省南昌市昌东大学园区紫阳大道 338 号	330000	0791—8123618
江西管理职业学院	江西省南昌市国家南昌经济技术开发区飞鸿大道 99 号	330000	0791—6303036
南昌教育学院图书馆	江西省南昌市叠山路 75 号	330008	0791—6835579
江西泰豪动漫职业学院图书馆	江西省南昌市高新开发区火炬大街 918 号	330000	0791—8161188
江西枫林涉外经贸职业学院图书馆	江西省云山经济技术开发区	330306	0792—3058282
江西航空职业技术学院图书馆	江西省南昌市青云谱区新溪桥东一路 65 号	330001	0791—8448942
江西工程职业学院图书馆	江西省南昌市安石路 69 号	330000	0791—6587211
江西青年职业学院图书馆	江西省南昌市志敏大道	330000	0791—3814509
江西应用工程职业学院图书馆	江西省萍乡市高坑周家坊	337000	0799—6373008
江西护理职业技术学院图书馆			
江西服装学院图书馆	江西省南昌市向塘经济开发区	330000	0791—5158888
南昌工学院图书馆	江西省南昌市新建长凌工业园创业南路 998 号	330100	0791—3904444
江西外语外贸职业学院图书馆	江西省南昌市天祥大道 291 号	330095	0791—8105568
景德镇陶瓷学院科技艺术学院图书馆	江西省景德镇市陶阳南路	333000	0798—8460333
南昌大学共青学院图书馆	江西省共青城开放开发区	330000	0792—4347783
南昌大学科学技术学院图书馆	江西省南昌市北京东路 339 号	330000	0791—8305211
江西科技师范学院理工学院图书馆	江西省南昌市红角洲学府大道 589 号	330000	0791—3847690

馆名	地址	邮编	电话
江西先锋软件职业技术学院图书馆	江西省南昌市湾里区罗亭镇紫阳麓	330007	0791—3792928
江西师范大学科学技术学院图书馆	江西省南昌市北京西路437号	330000	0791—8507645
抚州职业技术学院图书馆	江西省抚州市金巢开发区伍塘路	331800	0794—8239177
华东交通大学理工学院图书馆	江西省南昌经济技术开发区黄家湖东路111号	330000	0791—2121139
江西冶金职业技术学院图书馆	江西省新余市仙女湖名胜区	336600	0790—6855162
江西新闻出版职业技术学院图书馆	江西省新余市266号	336600	0791—8264288
江西太阳能科技职业学院图书馆	江西省新余市高新技术产业园区渝东大道818号	336600	0790—6764666
山东省			
山东大学图书馆	山东省济南市山大南路27号	250100	0531—88364902
中国海洋大学图书馆	山东省青岛市松岭路238号	266100	0532—66782744
山东理工大学图书馆	山东省淄博市张周路12号	255049	0533—2781985
烟台大学图书馆	山东省烟台市莱山区清泉路32号	264005	0535—6902371
山东农业大学图书馆	山东省泰安市岱宗大街61号	271018	0538—8242256
潍坊学院图书馆	山东省潍坊市东风东街149号	261061	0536—8785122 0536—8785308
潍坊医学院图书馆	山东省潍坊市胜利东街288号	261042	0536—2602771 0536—2602149
临沂师范学院图书馆	山东省临沂市通达路18号	276005	0539—2060303
山东艺术学院图书馆	山东省济南市文化东路91号(文东校区) 山东省济南市长清区大学科技园紫薇路6000号(长清校区)	250014 250300	0531—86423635 0531—86522079
山东工艺美术学院图书馆	山东省济南市长清区大学城	250300	0531—89626501
烟台南山学院图书馆	山东省烟台市龙口南山工业园文教区	265713	0535—8609093 0535—8615572
济宁学院图书馆	山东省济南市曲阜新区杏坛路1号	273155	0537—3196102
山东电力高等专科学校图书馆	山东省济南市二环南路500号	250002	0531—82999540
日照职业技术学院图书馆	山东省日照市烟台北路16号	276826	0633—8172091 0633—8172092
青岛飞洋职业技术学院图书馆	山东省青岛市城阳区青大工业园韩海路中段	266111	0532—87905589
中国石油大学胜利学院图书馆	山东省东营市济南路1号	257000	0546—7396176
青岛大学图书馆	山东省青岛市宁夏路308号	266071	0532—85954961
山东科技大学图书馆	山东省青岛市经济技术开发区前湾港路579号	266510	0532—86057636
聊城大学图书馆	山东省聊城市文化路34号	252059	0635—8238231
青岛科技大学图书馆	山东省青岛市松岭路69号(崂山校区) 山东省青岛市郑州路53号(四方校区)	266061 266042	0532—84022630 0523—84022630
青岛理工大学图书馆	山东省青岛市抚顺路11号	266033	0532—85071720

馆名	地址	邮编	电话
济南大学图书馆	山东省济南市济微路106号	250022	0531—82765453
山东建筑大学图书馆	山东省济南市临港开发区凤鸣路	250101	0531—86367262
青岛农业大学图书馆	山东省青岛市城阳区春阳路	266109	0532—86080487
山东中医药大学图书馆	山东省济南市长清大学科技园	250355	0531—89628600
山东师范大学图书馆	山东省济南市文化东路88号	250014	0531—86180753
曲阜师范大学图书馆	山东省曲阜市曲阜师范大学图书馆	273165	0537—4456410
鲁东大学图书馆	山东省烟台市芝罘区红旗中路186号	264025	0535—6672184
山东轻工业学院图书馆	山东省济南市西部新城大学科技园	250353	0531—89631116
山东交通学院图书馆	山东省济南市交校路5号	250023	0531—80687143
泰山医学院图书馆	山东省泰安市长城路中段	271000	0538—6222131
济宁医学院图书馆	山东省济宁市建设南路45号(济宁校区) 山东省日照市学苑路669号(日照校区)	272013 276826	0537—2203961 0633—8108789
滨州医学院图书馆	山东省烟台市莱山区观海路346号山东省滨州市黄河三路522号	264000 256603	0535—6913132 0543—3256194
德州学院图书馆	山东省德州市德成区大学西路566号	253023	0534—8985858
山东经济学院图书馆	山东省济南市二环东路7366号	250014	0531—88525992
山东财政学院图书馆	山东省济南市舜耕路40号	250014	0531—82911153
山东工商学院图书馆	山东省烟台市莱山区滨海中路191号	264005	0535—6903615
山东警察学院图书馆	山东省济南市文化东路54号	250014	0531—82606102
山东体育学院图书馆	山东省济南市文化西路10号山东省日照市山东路东首	250063 276800	0531—82617277
青岛滨海学院图书馆	山东省青岛市开发区嘉陵江西路425号	266555	0532—86729030 0532—86728748
滨州学院图书馆	山东省滨州市黄河五路391号	256603	0543—3190106 0543—3194978
枣庄学院图书馆	山东省枣庄市北安路	277160	0632—3786842
菏泽学院图书馆	山东省菏泽市大学路	274015	0530—5525771
泰山学院图书馆	山东省泰安市迎宾大道中段	271021	0538—6715632 0538—6751964
山东中医药高等专科学校图书馆	山东省莱阳市文化路6号	265200	0535—7217044
淄博师范高等专科学校图书馆	山东省淄博市淄川经济开发区	255100	0533—3821908
山东医学高等专科学校图书馆	山东省临沂市青年路39号	276000	0539—8075536
菏泽医学专科学校图书馆	山东省菏泽市曹州路2988号	274000	0530—5925791
民办山东万杰医学高等专科学校图书馆	山东省淄博市博山经济技术开发区	255213	0533—4619595
山东畜牧兽医职业学院图书馆	山东省潍坊市胜利东街88号	261061	0536—8586241
山东劳动职业技术学院图书馆	山东省济南市经十路388号	250022	0531—87196673

馆名	地址	邮编	电话
青岛职业技术学院图书馆	青岛市开发区香江路128号	266555	0532—86105357
济宁职业技术学院图书馆	山东省济宁市市中区金字路3号	272037	0537—2237883
威海职业技术学院图书馆	山东省威海市科技新城(初村北海)	264200	0631—5700179 0631—5700778
聊城职业技术学院图书馆	山东省聊城市花园北路133号	252000	0635—8334979
山东服装职业学院图书馆	山东省泰安市高新技术产业开发区东区	271000	0538—2182226
青岛港湾职业技术学院图书馆	山东省青岛市胶南大学一路	266404	0532—81735012
山东旅游职业学院图书馆	山东省济南市经十东路3556号	250200	0531—81920027
淄博科技职业学院图书馆	山东省淄博市张店区	255015	0533—2571160 0533—2571155
山东电子职业技术学院图书馆	山东省济南市燕子山路36号	250014	0531—82383690
山东交通职业学院图书馆	山东省潍坊市坊子区凤山路608号	261206	0536—8781816
济南工程职业技术学院图书馆	山东省济南市经十东路6088号	250200	0536—86385678
山东杏林科技职业学院图书馆	山东省济南市经十东路3028号	250200	0531—85592531
山东工业职业学院图书馆	山东省淄博市高新区张北路69号	256414	0533—8407002
山东经贸职业学院图书馆	山东省潍坊市青年路2798号	261011	0536—2600089
德州科技职业学院图书馆	山东省禹城市禹王街556号	251200	0534—7448831 0534—7448559
东营职业学院图书馆	山东省东营市黄河路569号	257091	0546—8061100 0546—8061102
潍坊职业学院图书馆	山东省潍坊市东风东街243号	261041	0536—8527071 0536—8527113
烟台职业学院图书馆	烟台市莱山区滨海中路2018号	264670	0535—6692373
山东科技职业学院图书馆	山东省潍坊市西环路6388号	261053	0536—8187775
滨州职业学院图书馆	山东省滨州市黄河12路919号	256603	0543—3277956 0543—3278321
山东圣翰财贸职业学院图书馆	山东省济南市农业高新技术开发区明发路1666号	250316	0531—87596627
山东信息职业技术学院图书馆	山东省潍坊市东风东街7494号	261061	0536—2931622
山东外贸职业学院图书馆	青岛市李仓区中崂路967号	266100	0532—87692969
山东水利职业学院图书馆	山东省日照市学苑路677号	276826	0633—8170035
山东丝绸纺织职业学院图书馆	山东省淄博市周村区米山路30号	255300	0533—6810092
山东力明科技职业技术学院图书馆	山东省济南市济微路389号	250116	0531—88333007
青岛求实职业技术学院图书馆	山东省青岛市城阳区丰海路51号	266108	0532—84933441
山东协和职业技术学院图书馆	山东省济南市历城区工业北路延长线唐冶新城(东校区)	250109	0531—88795610 0531—88795680
山东华宇职业技术学院图书信息中心	山东省德州市大学东路968号	253034	0534—2551700
山东司法警官职业学院图书馆	山东省济南市二环东路6997号	250014	0531—883843116 0531—88384318

馆名	地址	邮编	电话
青岛黄海职业学院图书馆	青岛市黄海职业学院(灵山卫)	266427	0532—83175989
山东胜利职业学院图书馆	山东省东营市北二路 504 号	257097	0546—8552793
潍坊工商职业学院图书馆	山东省诸城市兴华东路 153 号	262200	0536—6069432
青岛酒店管理职业技术学院图书馆	山东省青岛市李沧区九水东路 599 号	266100	0532—86051577
山东英才职业技术学院图书馆	山东省济南市高新开发区大正示范区英才路 2 号	250104	0531—88253040
淄博职业学院图书馆	山东省淄博市新区联通路西首	255314	0533—2828728
山东大王职业学院图书馆	山东省东营市高新技术开发区	257335	0546—6883992
山东凯文科技职业学院图书馆	山东省济南市经十东路 6196 号	250200	0531—86385331
青岛理工大学琴岛学院图书馆	山东省青岛市城阳区空港路 19 号	266106	0532—86666668
山东财政学院东方学院图书馆	山东省泰安市高新区文化区	271000	0538—8369572
临沂大学图书馆	山东省临沂市兰山区双岭路中段	276000	0539—8766777
山东科技大学泰山科技学院图书馆	山东省泰安市泰山大街中段	271000	0538—8493020
青岛工学院图书馆	山东省青岛胶州市福州南路 236 号	266300	0532—82285002
曲阜师范大学杏坛学院图书馆	山东省曲阜市有朋路 105 号	273100	0537—4435002
山东师范大学历山学院图书馆	山东省济南市文化东路 88 号	250014	0531—86181603
聊城大学东昌学院图书馆	山东省聊城市经济开发区黄河路 105 号	250020	0635—8520226
山东政法学院图书馆	山东省济南市解放东路 63 号	250013	0531—88599888
山东大学威海分校图书馆	山东省威海市文化西路 180 号	264209	0631—5688282
山东商业职业技术学院图书馆	山东省济南市旅游路 4516 号山东商业职业技术学院	250014	0531—86335555
山东职业学院图书馆	山东省济南市经十东路 23000 号	250014	0531—66773231
莱芜职业技术学院图书馆	山东省莱芜市高新技术开发区凤凰路北首	271100	0634—6267441
曲阜远东职业技术学院图书馆	山东省曲阜市石门山风景区	273115	0537—4507999
山东省经济管理干部学院图书馆	山东省济南市舜耕路 22 号	250014	0531—82660168
山东省农业管理干部学院图书馆	山东省济南市历城区农干院路 866 号	250100	0531—88913864
齐鲁师范学院图书馆	山东省济南市历山路 36 号	250013	0531—86593015
潍坊工程职业学院图书馆	山东省青州市玲珑山南路 4139 号	262500	0536—3277087
山东省工会管理干部学院图书馆	山东省济南市桑园路 60 号(东校区)	250100	0531—88960001
山东青年政治学院图书馆	山东省济南市经十东路 31699 号	250014	0531—82968807
山东外国语职业学院图书馆	山东省日照市山海路 99 号	276825	0633—8109666
山东现代职业学院图书馆	山东省济南市经十东路东首(新校区)	250104	0531—88260166

馆名	地址	邮编	电话
青岛黄海学院图书馆	山东省青岛黄海职业学院一校区(灵山卫)	266106	0532—83175111
山东华宇职业技术学院图书馆	山东省德州市大学东路 968 号	251100	0534—2551818
山东外事翻译职业学院图书馆	山东省济南市历山北路 2 号	250012	0531—83164266
山东城市建设职业学院图书馆	山东省济南市旅游路 4657 号(旅游路东首)	250014	0531—89709888
烟台汽车工程职业学院图书馆	山东省烟台市福山区杏坛路 1 号	265500	0535—6326577
德州职业技术学院图书馆	山东省德州市德城区大学东路 689 号	253001	0534—2557117
烟台工程职业技术学院图书馆	山东省烟台经济技术开发区珠江路 92 号	261400	0535—6386611
临沂职业学院图书馆	山东省临沂市罗庄区湖东路 63 号	276014	0539—2872016
山东传媒职业学院图书馆	山东济南市经十东路 8678 号	250014	0531—82940865
山东化工职业学院图书馆	山东省淄博市临淄区桓公路 11 号	255400	0533—7581017
山东商务职业学院图书馆	山东省烟台市莱山区金海路 1001 号	264003	0535—6925031
济南职业学院图书馆	山东省济南市历下区舜耕路 12 号 济南市历城区旅游路 5518 号(新校区)	250011 250103	0531—82627561 0531—88795522
山东铝业职业学院图书馆	山东省淄博市张店区山铝花园路八号	255000	0533—2944087
菏泽家政职业学院图书馆	山东省单县开发区学院中路	266002	0530—4682198
青岛农业大学海都学院图书馆	山东省莱阳市文化路 65 号	265200	0535—7237901
山东万杰医学院图书馆	山东省淄博市博山经济开发区西过境路 246 号	255000	0533—6265665
潍坊科技学院图书馆	山东省寿光市学院路 166 号	262700	0536—5109220
哈尔滨工业大学(威海)图书馆	山东省威海市文化西路 2 号	264209	0631—5687013
青岛港湾职业技术学院图书馆	山东省青岛市胶南大学一路	266000	0532—81735177
青岛恒星职业技术学院图书馆	山东省青岛市九水东路 588 号	266022	0532—86661234
烟台大学文经学院图书馆	山东省烟台市莱山区港城东大街 100 号	264003	0535—6915009
山东药品食品职业学院图书馆	山东省威海高技术产业开发区科技新城	264200	0631—5712909
济南大学泉城学院图书馆	山东省济南市舜耕路 13 号	250014	0531—82765900
山东理工职业学院图书馆	山东省济宁市北湖新区荷花路 6 号	272000	0537—2343396
山东文化产业职业学院图书馆	山东省蓬莱市海滨西路 1001 号	265600	0535—5770055
山东女子学院图书馆	山东省济南市长清大学科技园大学路 2399 号	250000	0531—82051817
青岛远洋船员职业学院图书馆	山东省青岛市江西路 84 号	266071	0532—85752335
河南省			
郑州大学图书馆	河南省郑州市科学大道 100 号	450001	0371—67781660

馆名	地址	邮编	电话
河南大学图书馆	河南省开封市明伦街 85 号	475001	0378—2855457（明伦校区）0378—3886386（金明校区）
河南城建学院图书馆	河南省平顶山市新城区	467000	0375—2089112（馆长）0375—2089113（办公室）
洛阳师范学院图书馆	河南省洛阳市龙门路 71 号	471022	0379—65515033
河南科技学院图书馆	河南省新乡市华兰大道东段	453003	0373—3040354—8000 0373—3040154
信阳农业高等专科学校图书馆	河南省信阳市农专路 1 号院内	464000	0376—6687701
南阳医学高等专科学校图书馆	河南省南阳市卧龙路 1439 号	473061	0377—63526381
郑州师范高等专科学校图书馆	河南省郑州市英才街 6 号	450044	0371—65502387 0371—65501160
商丘科技职业学院图书馆	河南省商丘市睢阳大道中段	476000	0370—2984933
济源职业技术学院图书馆	河南省济源市学苑路 2 号	454650	0391—6610967 0391—6621046
郑州旅游职业学院图书馆	河南省郑州市航海东路豫英路 1 号	450009	0371—68271525
濮阳职业技术学院图书馆	河南省濮阳市黄河路西段	457000	0393—4676012
河南理工大学万方科技学院图书馆	河南省焦作市解放中路 142 号	454000	0391—3981821
河南科技大学图书馆	河南省洛阳市涧西区西苑路 48 号	471003	0379—64231492
河南理工大学图书馆	河南省焦作市高新区世纪大道 2001 号	454000	0391—3987845
河南工业大学图书馆	河南省郑州市嵩山南路 140 号	450052	0371—67756517
河南农业大学图书馆	河南省郑州市文化路 95 号	450002	0371—63558080
河南师范大学图书馆	河南省新乡市建设东路 46 号	453007	0373—3326220
华北水利水电学院图书馆	河南省郑州市北环路 36 号	450011	0371—65790040
郑州轻工业学院图书馆	河南省郑州市东风路 5 号	450002	0371—63556605
河南工程学院图书馆	河南省郑州市龙湖中山北路 1 号	451191	0371—62508528
郑州航空工业管理学院图书馆	河南省郑州市大学中路 2 号	450015	0371—68252180
黄河科技学院图书馆	河南省郑州市航海中路 94 号	450005	0371—68787078
安阳工学院图书馆	河南省安阳市开发区黄河大道	455000	0372—2909891
南阳理工学院图书馆	河南南阳长江路 80 号	473004	0377—62076870
洛阳理工学院图书馆	河南省洛阳市洛龙区学子街 8 号	471023	0379—65620156

馆名	地址	邮编	电话
河南中医学院图书馆	河南省郑州市金水区金水路 1 号	450008	0371－65680166
新乡医学院图书馆	河南省新乡市五一路东段	453003	0373－3029486
信阳师范学院图书馆	河南省信阳市长安路 237 号	464000	0376－6391070
周口师范学院图书馆	河南省周口市七一路东段 31 号	466000	0394－8234215
南阳师范学院图书馆	河南省南阳市卧龙路 134 号	473061	0377－63513740
安阳师范学院图书馆	河南省安阳市黄河大道东段	455000	0372－2900121
商丘师范学院图书馆	河南省商丘市平原路 55 号	476000	0370－2587590
平顶山学院图书馆	河南省平顶山市建设西路南 240 号院	467002	0375－4910031
黄淮学院图书馆	河南省驻马店市文化路 599 号(南校区)河南省驻马店市开源路 6 号(北校区)	463000	0396－2823123(南校区) 0396－2853570(北校区)
许昌学院图书馆	河南省许昌市八一路 88 号	461000	0374－4369232
铁道警官高等专科学校图书馆	河南省郑州市农业路 31 号	450053	0371－3830934
漯河医学高等专科学校图书馆	河南省漯河市大学路 148 号	462002	0395－2964528
郑州电力高等专科学校图书馆	河南省郑州市商城路 2 号	450004	0371－66868173
河南机电高等专科学校图书馆	河南省新乡市宏力大道 11 号	453002	0373－3392610
郑州牧业工程高等专科学校图书馆	河南省郑州市金水区北林路 16 号	450011	0371－65765055
商丘医学高等专科学校图书馆	河南省商丘市北海路 468 号	476100	0370－3270768
郑州澍青医学高等专科学校图书馆	河南省郑州市二七区马寨工业苑区东方路 23 号	450064	0376－67591870
焦作师范高等专科学校图书馆	河南省焦作市山阳路 998 号	454000	0371－3598669
河南商业高等专科学校图书馆	河南省郑州市惠济区文化路与英才街交叉口	450045	0371－63515061
河南财政税务高等专科学校图书馆	河南省郑州市农业路 23 号	450002	0371－63900138
河南公安高等专科学校图书馆	河南省郑州市文劳路 6 号	450002	0371－63762072
开封大学图书馆	河南省开封市大梁路开封大学图书馆	475004	0378－3810052
焦作大学图书馆	河南省焦作市工业东路焦作大学图书馆	454003	0391－2985022
黄河水利职业技术学院图书馆	河南省开封市东京大道西段	475003	0378－3658156
中州大学图书馆	河南省郑州市大学城北区英才街 6 号	450044	0371－68229922
三门峡职业技术学院图书馆	河南省三门峡市崤山路西段 42 号	472020	0398－2186523
河南职业技术学院图书馆	河南省郑州市金水区锦苑路 36 号	450046	0371－65687654
郑州铁路职业技术学院图书馆	河南省郑州市幸福路 2 号	450052	0371－66901358

馆名	地址	邮编	电话
漯河职业技术学院图书馆	河南省漯河市大学路123号	462000	0395－5964898
郑州信息科技职业学院图书馆	河南省郑州市黄河路124号	450008	0371－65953704
郑州电力职业技术学院图书馆	河南省郑州市中牟新城区商都大街	450008	0371－62115367
河南经贸职业学院图书馆	河南省郑州市农业路36号	450053	0371－3734424
河南交通职业技术学院图书馆	河南省郑州市航海中路165(南院)河南省郑州市桃源路42号(北院)	450005 450007	0371－68857102
河南农业职业学院图书馆	河南省郑州市中牟县青年西路38号	451450	0371－67290655
河南工业贸易职业学院图书馆	河南省郑州市新郑龙湖镇建设路1号	451191	0371－60987735
郑州职业技术学院图书馆	河南省郑州市郑上路181号	450121	0371－64960088
嵩山少林武术职业学院图书馆	河南省登封市武术城	452470	0371－62809606
信阳职业技术学院图书馆	河南省信阳市大庆路口	464000	0376－6280956
郑州经贸职业学院图书馆	河南省郑州市航海西路108号	450006	0371－68824503
郑州交通职业学院图书馆	河南省郑州市嵩山南路南段郑	450062	0391－68837776
河南质量工程职业学院图书馆	河南省平顶山市高阳路中段	467000	0375－3397056
郑州科技职业学院图书馆	河南省郑州市马寨经济开发区学院路1号	450064	0371－67899774
商丘职业技术学院图书馆	河南省商丘市神火大道南端566号	476000	0370－3182555
平顶山工业职业技术学院图书馆	河南省平顶山市水库路3号院	467001	0375－7197590
许昌职业技术学院图书馆	河南省许昌市新兴路208号	461000	0374－2270968
鹤壁职业技术学院图书馆	河南省鹤壁市淇滨区华山路南段	458030	0392－3321854
周口职业技术学院图书馆	河南省周口市南环路中段	466000	0394－8505189
河南工业职业技术学院图书馆	河南省南阳市工农路291号	473009	0377－63270302
河南司法警官职业学院图书馆	河南省郑州市文劳路3号	450011	0371－63794296
中原工学院信息商务学院图书馆	河南省郑州市中原中路41号	450007	0371－62499836
河南省建筑工程学校图书馆	河南省郑州市中原西路199号	450007	0371－67711261
河南省委党校图书馆	河南省郑州市红旗路12号	450002	0371－63943515
河南教育学院图书馆	河南省郑州市纬五路21号	450003	0371－65982179
河南省广播电视大学图书馆	河南省郑州市黄河路124号	450008	0371－69301266
解放军洛阳外国语学院图书馆	河南省洛阳市谷水	471003	0379－4543726
解放军信息工程大学图书馆	河南省郑州市瑞大路	450001	0371－63538176
解放军信息工程大学信息工程学院图书馆	河南省郑州市俭学街5号	450002	0371－63530161
解放军信息工程大学测绘学院图书馆	河南省郑州市陇海西路66号	450052	0371－63535052

馆名	地址	邮编	电话
解放军信息工程大学文理学院图书馆	河南省郑州市2201信箱	450001	0371－67980986
解放军信息工程大学电子技术学院图书馆	河南省郑州市商东路12号	450004	0371－63538161
解放军信阳陆军学院图书馆	河南省信阳市	464000	
河南财经政法大学图书馆	河南省郑州市	450000	0371－63519462
新乡学院图书馆	河南省新乡市金穗大道东段	453003	0373－3682901
河南警察学院图书馆	河南省郑州市文劳路6号	450002	0371－86118065
郑州师范学院图书馆	河南省郑州市大学城北区英才街6号	450000	0371－65501008
河南师范大学新联学院图书馆	河南省新乡市建设路东段46号	453003	0373－3329008
信阳师范学院华锐学院图书馆	河南省信阳市长安路237号	464000	0376－6392235
安阳师范学院人文管理学院图书馆	河南省安阳市中华路南段	455000	0372－2176666
河南理工大学万方科技学院图书馆	河南省焦作市解放中路142号	454000	0391－3981800
商丘学院图书馆	河南省商丘市北海东路66号	476000	0370－3167666
河南财经政法大学成功学院图书馆	河南省郑州巩义市紫荆路168号	451200	0371－64561666
解放军外国语学院图书馆	河南省洛阳市中国人民解放军外国语学院	471003	0379－69843895
郑州防空兵学院图书馆	河南省建设路24号	451450	0371－7446171
空军第一航空学院图书馆	河南省信阳市航空路23号	464000	0376－6202953
开封文化艺术职业学院图书馆	河南开封东京大道中段	475004	0378－3653288
平顶山教育学院图书馆	河南省平顶山园丁路1号园	462500	0375－2978006
郑州电子信息职业技术学院图书馆	河南省郑州市中牟县大学路1号	451450	0371－62179660
商丘工学院图书馆	河南省商丘市睢阳大道中段(原东二环路)	476100	0370－3095258
郑州工业安全职业学院图书馆	河南省郑州市新郑芦家桥	451192	0371－62519900
河南建筑职业技术学院图书馆	河南省郑州市马寨经济技术开发区	450000	0371－67718421
周口科技职业学院图书馆	河南省周口市太昊路6号	466002	0394－8636666
郑州华信学院图书馆	河南郑州市新郑高新技术开发区	450000	0371－62621358
郑州科技学院图书馆	河南郑州市二七经济开发区学院路1号	450000	0371－67862666
河南大学民生学院图书馆	河南省开封市金明大道北段	475001	0378－3880262
河南工业大学图书馆(新校区)	河南省郑州高新技术产业开发区莲花街	450000	0371－67756653
河南科技学院新科学院图书馆	河南省新乡市华兰大道东段	453000	0373－3040677
郑州升达经贸管理学院图书馆	河南省郑州市新郑龙湖镇中山南路1号	450000	0371－62436243
永城职业学院图书馆	河南省永城市东城区学府路002号	476600	0370－5172822

馆名	地址	邮编	电话
河南检察职业学院图书馆	河南省郑州市新郑龙湖大学园区双湖大道1号	450000	0371—66519279
新乡医学院三全学院图书馆	河南省新乡市华兰大道新乡医学院三全学院	453000	0373—3029973
郑州理工职业学院图书馆	河南省郑州市龙湖大学城南107国道西侧	450000	0371—62627088
安阳职业技术学院图书馆	河南省安阳市殷都区清风街西段	455004	0372—2102227
新乡职业技术学院图书馆	河南省新乡市新乡工业园区经三路6号	453000	0373—3720999
驻马店职业技术学院图书馆	河南省驻马店市置地大道西段	463000	0396—2869986
漯河食品职业学院图书馆	河南省漯河市郾城区牡丹江路	462000	0395—5831369
郑州城市职业学院图书馆	河南郑州新密市溱水路西段618号	452307	0371—68506666
郑州信息工程职业学院图书馆	河南省郑州市中原西路桃贾路19号	450042	0371—64962567
长垣烹饪职业技术学院图书馆	河南省长垣宏力大道南段科技教育园区	453400	0373—8886377
河南卫生职工学院图书馆	河南省郑州市龙湖双湖大街8号	451191	0371—65585516
焦作工贸职业学院图书馆	河南省焦作沁阳市香港街1号	454500	0391—5282031
河南化工职业学院图书馆	河南省郑州市郑上路548号	450100	0371—67842026
河南艺术职业学院图书馆	河南省郑州市惠济区西山路2号(惠济区西山路校区)	450044	0371—63667888
许昌陶瓷职业学院图书馆	河南省禹州市颍北新区画圣路北段东侧	461670	0374—2539333
湖北省			
武汉大学图书馆	湖北省武汉市武昌珞珈山武汉大学	430072	027—68752745
华中农业大学图书馆	湖北省武汉市洪山区狮子山街1号	430070	027—87287195
华中师范大学图书馆	湖北省武汉市洪山区珞瑜路152号	430079	027—67868177
湖北大学图书馆	湖北省武汉市武昌区学院路11号	430062	027—88661730
三峡大学图书馆	湖北省宜昌市大学路8号	443002	0717—6392083
武汉科技学院图书馆	湖北省武汉市鲁巷纺织路一号	430073	027—87496727
湖北师范学院图书馆	湖北省黄石市磁湖路82号	435002	0714—6574266
襄樊学院图书馆	湖北省襄樊市隆中路7号	441053	0710—3590731
黄石理工学院图书馆	湖北省黄石市桂林北路16号	435003	0714—6355373
湖北职业技术学院图书馆	湖北省孝感市玉泉路17号	432000	0712—2867851
武汉职业技术学院图书馆	湖北省武汉市关山一路463号	430074	027—87768008
十堰职业技术学院图书馆	湖北省十堰市	442000	0719—8117589
湖北国土资源职业学院图书馆	湖北省荆州市荆沙路21号	434000	0716—8269259 0716—8269216
荆州职业技术学院图书馆	湖北省荆州市学苑路9号	434020	0716—8022290

馆名	地址	邮编	电话
湖北水利水电职业技术学院图书馆	湖北省武汉市洪山区珞狮南路 306 号	430070	027－87378236
武汉电力职业技术学院图书馆	湖北省武汉市广埠屯	430079	027－87876459
黄冈科技职业学院图书馆	湖北省黄冈市东坡大道 62 号	438000	0713－8671299
仙桃职业学院图书馆	湖北省仙桃市纺织大道 8 号	433000	0728－3334058
中南民族大学工商学院图书馆	湖北省武汉市洪山区黄家湖西路 3 号	430065	027－62226791
湖北工业大学商贸学院图书馆	湖北武汉市洪山区雄楚大街 634 号	430079	027－87786809
中南财经政法大学图书馆	湖北省武汉市政院路 1 号	430073	027－51770855
华中科技大学图书馆	湖北省武汉市洪山区珞瑜路 1037 号	430074	027－87542230
武汉理工大学图书馆	湖北省武汉市珞狮路 122 号	430070	027－87651862
中国地质大学图书馆	湖北省武汉市洪山区鲁磨路 388 号	430074	027－67883146
中南民族大学图书馆	湖北省武汉市武昌民族大道 708 号	430074	027－67842261
长江大学图书馆	湖北市荆州市南环路一号	434023	0716－8060454
江汉大学图书馆	湖北省武汉市经济开发区	430056	027－84226783
武汉科技大学图书馆	湖北省武汉市青山区和平大道 947 号	430081	027－68862220
湖北工业大学图书馆	湖北省武汉市武昌南湖	430068	027－88032304
武汉工程大学图书馆	湖北省武汉市洪山区雄楚大街 693 号	430073	027－87194627
荆楚理工学院图书馆	湖北省荆门市象山大道 33 号	448000	0724－2355686
武汉工业学院图书馆	湖北省武汉市常青花园中环西路特一号	430023	027－83921381
湖北汽车工业学院图书馆	湖北省十堰市车城西路 167 号	442002	0719－8239255
湖北中医学院图书馆	湖北省武汉市洪山区黄家湖西路 1 号	430065	027－68890200
郧阳医学院图书馆	湖北省十堰市人民南路 30 号	442000	0719－8469029
孝感学院图书馆	湖北省孝感市交通大道 272 号	432000	0712－2345357
黄冈师范学院图书馆	湖北省黄冈市新港二路 146 号	438000	0713－8833982
湖北第二师范学院图书馆	湖北省武汉市东湖新技术开发区南环路特 1 号	430205	027－87943936
湖北经济学院图书馆	湖北省武汉市江夏藏龙岛科技园区洋湖大道特 1 号	430205	027－81973801
湖北警官学院图书馆	湖北省武汉市古田三路特 1 号	430034	027－83301065
武汉体育学院图书馆	湖北省武汉市武昌珞瑜路 461 号	430079	027－87192372
湖北美术学院图书馆	湖北省武汉市武昌区中山路 374 号	430060	027－68895060
武汉音乐学院图书馆	湖北省武汉市武昌区解放路 255 号	430060	027－88068997
湖北民族学院图书馆	湖北省恩施市学院路 39 号	445000	0718－8438539

馆名	地址	邮编	电话
武汉生物工程学院图书馆	湖北省武汉市阳逻经济开放区汉施路1号	430415	027—89649861
咸宁学院图书馆	湖北省咸宁市	437005	0715—8338045 0715—8256224
湖北中医药高等专科学校图书馆	湖北省荆州市南环路	434020	0716—8023510
郧阳师范高等专科学校图书馆	湖北省丹江口市师专路1号	442700	0719—5250437
武汉科技学院东湖校区图书馆	湖北省武汉市东湖梨园渔光村特1号	430077	027—86773080
黄冈职业技术学院图书馆	湖北省黄冈市黄州区南湖桃园街126号	438002	0713—8345588
襄樊职业技术学院图书馆	湖北省襄樊市檀溪路73号	441050	0710—3569727
沙市职业大学图书馆	湖北省荆州市长港路8号	434000	0716—8514782
武汉船舶职业技术学院图书馆	湖北省武汉市汉阳区龙灯提1号	430050	027—59408456
长江职业学院图书馆	湖北省武汉市武昌雄楚大街918号	430074	027—87174531
鄂州职业大学图书馆	湖北省鄂州市凤凰路53号	436000	0711—3863500
武汉外语外事职业学院图书馆	湖北省武汉市东湖风景区黄家大湾特一号	430083	027—86490566
湖北交通职业技术学院图书馆	湖北省武汉市武昌洪山区雄楚大街455号	430079	027—87564953
武汉交通职业学院图书馆	湖北省武汉市洪山区黄家湖西路6号	430065	027—86723120
武汉商贸职业学院图书馆	湖北省武汉市东湖新技术开发区光谷二路88号	430205	027—87940165
湖北城市建设职业技术学院图书馆	湖北省武汉市东湖高新技术开发区藏龙岛科技园区藏龙大道28号	430205	027—87421396
湖北三峡职业技术学院图书馆	湖北省宜昌市体育场路31号	443000	0717—8853541
咸宁职业技术学院图书馆	湖北省咸宁市温泉开发区咸宁大道118号	437100	0715—8217099
武汉航海职业技术学院图书馆	湖北省武汉市武昌区喻家湖148号	430062	027—51868588
随州职业技术学院图书馆	湖北省随州市城南新区迎宾大道	441300	0722—3809815
江汉艺术职业学院图书馆	湖北省潜江市师范路26号	433100	0728—6235500
湖北生态工程职业技术学院图书馆	湖北省武汉市江夏区纸坊大街110号	430200	027—59728544
湖北生物科技职业学院图书馆	湖北省武汉市洪山区狮子山街野芷湖1号	430070	027—59729200
湖北财税职业学院图书馆	湖北省武汉市武昌区陆家街301号	430064	027—88115305
鄂东职业技术学院图书馆	湖北省黄冈市高新区新港二路43号	438000	0713—8835356
武汉铁路职业技术学院图书馆	湖北省武汉市江夏区藏龙大道特1号	430205	027—51168433
武汉民政职业学院图书馆	湖北省武汉市洪山区卓刀泉路257号	430079	027—50654159
湖北轻工职业技术学院图书馆	湖北省武汉市洪山区石牌岑东二路5—55号	430070	027—87156308
三峡电力职业学院图书馆	湖北省宜昌市绿萝路36号	443000	0717—6715597
长江工程职业技术学院图书馆	湖北省赤壁市陆水路16号	437302	0715—5237466

馆名	地址	邮编	电话
武汉工程职业学院图书馆	湖北省武汉市青山区和平大道1085号	430080	027－86806995
武汉信息传播职业技术学院图书馆	湖北省武汉市江夏区庙山开发区	430223	027－81801022
武汉警官职业学院图书馆	湖北省武汉市东西湖区东吴大道特1号	430040	027－83251069
武汉软件工程职业学院图书馆	湖北省武汉市东湖新技术开发区关凤路特1号	430205	027－81655927
华中科技大学武昌分校图书馆	湖北省武汉市武昌南湖	430064	027－88426029
武汉大学东湖分校图书馆	湖北省武汉市江夏区庙山开发区	430212	027－81931211
华中师范大学汉口分校图书馆	湖北省武汉市江夏区大桥社区	430212	027－51774662
华中科技大学文华学院图书馆	湖北省武汉市关山三路58号	430074	027－87524985
中南财经政法大学武汉学院图书馆	湖北省武汉市洪山区雄楚大街636号	430079	027－87527992
武汉理工大学华夏学院图书馆	湖北省武汉东湖新技术开发区关山大道489号	430223	027－81695632
湖北大学知行学院图书馆	湖北省武汉市江岸区谌家矶街兴谌大道特1号	430011	027－82353509
武汉科技大学中南分校图书馆	湖北省武汉市江夏大道18号	430223	027－81652065
武汉科技大学城市学院图书馆	湖北省武汉市东湖风景区黄家大湾特一号	430083	027－86490566
湖北工业大学工程技术学院图书馆	湖北省武汉市武昌区南湖李家墩1号	430068	027－88413677
武汉工业学院工商学院图书馆	湖北省武汉市洪山区白沙洲张家湾街19号	430065	027－88151922
江汉大学文理学院图书馆	湖北省武汉市经济技术开发区学府路8号	430056	027－84225549
中国地质大学江城学院图书馆	湖北省武汉市江夏区熊廷弼街特8号	430200	027－81820300
华中师范大学武汉传媒学院图书馆	湖北省武汉市江夏区藏龙岛凤凰大道特1号	430205	027－81979024
武汉市广播电视大学图书馆	湖北省武汉市中山大道192号	430077	027－81655928
十堰广播电视大学(教育学院)图书馆	湖北省十堰市柳林路111－3号	442000	0719－8117620
武汉纺织大学图书馆	湖北武汉武昌鲁巷纺织路1号	430060	027－87802399
湖北中医药大学图书馆	湖北省武汉市洪山区黄家湖西路1号	430070	027－68890052
湖北医药学院图书馆	湖北省十堰市人民南路30号	442000	0719－8891093
武汉商业服务学院图书馆	湖北省武汉经济技术开发区东风大道3000号	430056	027－84293430
湖北财经高等专科学校图书馆	湖北省武汉市武昌区梨园渔光村特1号	430060	027－62419862
武汉大学珞珈学院图书馆	湖北省武汉市洪山区新路村1号	430070	027－59907566
湖北民族学院科技学院图书馆	湖北省恩施市学院路39号	445000	0718－8438998
湖北经济学院法商学院图书馆	湖北省武汉市江夏藏龙岛科技园区洋湖大道特1号	430015	027－87348153
孝感学院新技术学院图书馆	湖北省孝感市文化路278号	432000	0712－2345015
华中农业大学楚天学院图书馆	湖北省武汉市江夏区藏龙岛开发区洋桥湖大道1号	430020	027－81730653

馆名	地址	邮编	电话
武汉东湖学院图书馆	湖北省武汉市江夏区纸坊街正汤北路 1 号	430020	027－81931188
汉口学院图书馆	湖北省武汉市江夏区文化路特 1 号	430020	027－59410087
海军工程大学图书馆	湖北省武汉汉口解放大道 717 号	430012	027－83644884
武汉工程职业技术学院图书馆	湖北省武汉市青山区和平大道 1085 号	430080	027－86806729
武汉科技职业学院图书馆	湖北省武汉市武昌区杨园街铁机村特 2 号	430060	027－88774050
湖北开放职业学院图书馆	湖北省武汉市洪山区民院路 15 号	430070	027－87802154
武汉冶金管理干部学院图书馆	湖北省武汉市青山区和平大道 1248 号	430080	027－86862206
武汉工贸职业学院图书馆	湖北省武汉市洪山区鲁磨路 448 号	430070	027－50654575
武汉语言文化职业学院图书馆	湖北省武汉市东湖新技术开发区南环路一号	430074	027－87944228
湖北科技职业学院图书馆	湖北省武汉市东湖高新技术开发区软件园一路	430074	027－87588821
湖北艺术职业学院图书馆	湖北省武汉市洪山区武珞路 694 号	430070	027－87863036
武汉工业职业技术学院图书馆	湖北省武汉市洪山区新路村 1 号	430070	027－81805555
湖北青年职业学院图书馆	湖北省武汉市武昌雄楚大街 415 号	430064	027－50658080
黄石职业技术学院图书馆	湖北省黄石市团城山经济开发区广州路 9 号	435000	0714－6351377
长江大学工程技术学院图书馆	湖北省荆州市南环路 199 号	433200	0716－8067518
武汉长江工商学院图书馆	湖北省武汉市洪山区黄家湖西路 3 号	430070	027－88147355
湖北汽车工业学院科技学院图书馆	湖北省十堰市车城西路教育口	442000	0719－8262142
武汉工程大学邮电与信息工程学院图书馆	湖北省武汉市虎泉街 366 号	430040	027－87194571
长江大学文理学院图书馆	湖北省荆州市荆州城郢都路 18 号	433200	0716－8068574
三峡大学科技学院图书馆	湖北省宜昌市大学路 18 号	443002	0717－6392282
湖北医药学院药护学院图书馆	湖北省十堰市人民南路 30 号	442000	0719－8875333
湖北师范学院文理学院图书馆	湖北省黄石市团城山开发区桂林南路	435000	0714－3955417
解放军军事经济学院图书馆	湖北省武汉市桥口区罗家墩 122 号	430022	027－83447257
三峡旅游职业技术学院图书馆	湖北省宜昌市夷陵区夷兴大道 8 号	443000	0717－7854605
武汉城市职业学院图书馆	湖北省武汉市洪山区丁字桥南路马湖甲 1 号	430070	027－87758013
荆州教育学院图书馆	湖北省荆州市沙市区江津东路 100 号	434000	0716－4107901
武汉纺织大学外经贸学院图书馆	湖北省武汉市江夏区庙山开发区阳光大道 1 号	430200	027－87802399
湖南省			
湖南大学图书馆	湖南省长沙市岳麓区	410082	0731－88822210
长沙学院图书馆	湖南省长沙市开福区洪山路 98 号	410003	0731－84261393

馆名	地址	邮编	电话
湖南工程学院图书馆	湖南省湘潭市福星东路88号	411104	0732—683700
湖南商学院图书馆	湖南省长沙市岳麓区望城坡岳麓大道	410205	0731—88686734
怀化学院图书馆	湖南省怀化市迎丰东路612号	418008	0745—2855900
岳阳职业技术学院图书馆	湖南省岳阳市学院路	414000	0730—8677363
国防科技大学图书馆	湖南省长沙市德雅村	410073	0731—84572614
中南大学图书馆	湖南省长沙市河西岳麓山	410083	0731—88879510
湘潭大学图书馆	湖南省湘潭市西郊羊牯塘	411105	0732—8292135
湖南科技大学图书馆	湖南省长沙市岳麓区	410082	0731—88290176
吉首大学图书馆	湖南省吉首市人民中路120号	416000	0743—8564846
南华大学图书馆	湖南省衡阳市	421001	0734—8282233
湖南工业大学图书馆	湖南省株洲市文化路	412008	0733—2622254
湖南农业大学图书馆	湖南省长沙市东郊	410128	0731—84618066
湖南中医药大学图书馆	湖南省长沙市含浦科教园区象嘴路	410208	0731—88458147
湖南师范大学图书馆	湖南省长沙市河西岳麓山	410081	0731—88872425
湖南工学院图书馆	湖南省衡阳市珠晖区衡华路18号	421002	0734—3452070
湖南理工学院图书馆	湖南省岳阳市学院路	414000	0730—8646305
湖南城市学院图书馆	湖南省益阳市益阳大道西238号	413000	0737—6353733 0737—4628796
中南林业科技大学图书馆	湖南省长沙市韶山南路498号	410004	0731—85623420
长沙医学院图书馆	湖南省长沙市岳麓区望城坡雷锋大道	410219	0731—88498166
湘南学院图书馆	湖南省郴州市苏仙区王仙岭东麓	423000	0735—2653168
衡阳师范学院图书馆	湖南省衡阳市黄白路165号	421008	0734—8484942
湖南涉外经济学院图书馆	湖南省长沙市高新技术产业开发区麓谷园	410205	0731—88127368
湖南人文科技学院图书馆	湖南省娄底市娄星区氐星路	417000	0738—8325700
湖南科技学院图书馆	湖南省永州市零陵区杨梓塘路130号	425100	0746—6381444
湖南文理学院图书馆	湖南省常德市洞庭大道西段170号	415000	0736—7186097
邵阳学院图书馆	湖南省邵阳市李子园七里坪	422000	0739—5311394
怀化医学高等专科学校图书馆	湖南省怀化市锦溪南路148号	418000	0745—2381484
邵阳医学高等专科学校图书馆	湖南省邵阳市宝庆西路18号	422000	0739—5308733
湖南中医药高等专科学校图书馆	湖南省株洲市高家坳	412012	0733—8519024
益阳医学高等专科学校图书馆	湖南省益阳市银城南路	413000	0737—4218176

馆名	地址	邮编	电话
湖南省第一师范学校图书馆	湖南省长沙市岳麓区枫林三路 1015 号	410205	0731—82841129
湖南财经高等专科学校图书馆	湖南省长沙市枫林二路 139 号	410205	0731—88811133
湖南外国语职业学院图书馆	湖南省长沙市中意路 324 号	410116	0731—82648305
湖南公安高等专科学校图书馆	湖南省长沙市芙蓉区远大三路螺丝塘	410438	0731—82791600
长沙航空职业技术学院图书馆	湖南省长沙市田心桥	410124	0731—85473758
永州职业技术学院图书馆	湖南省永州市	425000	0746—8217336
湖南环境生物职业技术学院图书馆	湖南省衡阳市石鼓区望城路 165 号	421005	0734—8591306
长沙民政职业技术学院图书馆	湖南省长沙市雨花区香樟路 22 号	410004	0731—82627749
湖南铁道职业技术学院图书馆	湖南省株洲市田心大道 18 号	412001	0733—2783882
湖南工业职业技术学院图书馆	湖南省长沙市含浦科教园	410082	0731—88539115
湖南大众传媒职业技术学院图书馆	湖南省长沙市星沙徐特立路 5 号	410100	0731—84028578
湖南女子职业大学图书馆	湖南省长沙市中意一路 160 号	410004	0731—82825001
湖南网络工程职业学院湖南广播电视大学图书馆	湖南省长沙市青园路 168 号	413000	0731—82821975
湖南化工职业技术学院图书馆	湖南省株洲市石峰区天桥街 125 号	412004	0733—8634472
湖南城建职业技术学院图书馆	湖南省湘潭市书院路 42 号	411101	0732—8662810
湖南石油化工职业技术学院图书馆	湖南省岳阳市云溪区	414012	0730—8452031
益阳职业技术学院图书馆	湖南省益阳市迎风桥镇	410001	0737—6695368
湖南司法警官职业学院图书馆	湖南省长沙市远大二路 1069 号	410131	0731—82693023
长沙南方职业学院图书馆	湖南省长沙市河西含浦	410208	0731—88120180
长沙商贸旅游职业技术学院图书馆	湖南省长沙市韶山南路 578 号	410004	0731—85648322
湖南机电职业技术学院图书馆	湖南省长沙市洪山路 600 号	410151	0731—84099026
湖南艺术职业学院图书馆	湖南省长沙市岳麓区麓山南路 153 号	410012	0731—88838985
湖南民族职业学院图书馆	湖南省岳阳市岳阳楼区郭镇乡仓田村	414000	0730—8675266
常德职业技术学院图书馆	湖南省常德市西郊南湖坪 1 号	415000	0736—7280627
衡阳财经工业职业技术学院图书馆	湖南省衡阳市珠晖区狮山路 20 号	421002	0734—8861216
长沙社会安全职业技术学院图书馆	湖南长沙市远大三路螺丝塘	410138	0731—84622097
保险职业学院图书馆	湖南省长沙市天心区中豹塘路 196 号	410114	0734—2816062
长沙师范学校图书馆	湖南省长沙市星沙徐特立路 9 号	410100	0731—84036122
株洲职业技术学院图书馆	湖南省株洲市红旗北路 47 号	412000	0733—84378334
湖南水利水电职业技术学院图书馆	湖南省长沙市远大二路泉塘	410131	0731—84612968

馆名	地址	邮编	电话
湖南现代物流职业技术学院图书馆	湖南省长沙市远大二路泉塘	410131	0731—84082668
湘潭职业技术学院图书馆	湖南省湘潭市建设路口长潭路2号	411102	0732—8519029
湖南交通职业技术学院图书馆	湖南省长沙市韶山南路635号	410004	0731—85577934
湖南铁路科技职业技术学院图书馆	湖南省株洲市建设中路22号	412000	0733—2777019
湖南工艺美术职业学院图书馆	湖南省益阳市栖霞路135号	413000	0737—4110440
湖南九嶷职业技术学院图书馆	湖南省永州市冷水滩区零陵大道旁	410007	0746—8371024
湖南电子科技职业学院图书馆	湖南省长沙市雷锋镇科教园	410217	0731—88379009
湖南对外经济贸易职业学院图书馆	湖南省长沙市天心区莫家坳	410114	0731—85632738
邵阳职业技术学院图书馆	湖南省邵阳市城南梅子井	422000	0739—5302313
湖南科技职业学院图书馆	湖南省长沙市雨花区井湾路784号	410004	0731—82861899
郴州职业技术学院图书馆	湖南省郴州市工业北道49号	432000	0735—2322569
湖南商务职业技术学院图书馆	湖南省长沙市岳麓区雷锋大道288号	410205	0731—88116792
湖南交通工程职业技术学院图书馆	湖南省衡阳市大庆路1号	421001	0734—8251284
长沙通信职业技术学院图书馆	湖南省长沙市天心区南湖路沙湖街	410015	0731—85203662
湖南软件职业学院图书馆	湖南省长沙市天心区新开铺路1186号	410011	0731—86935513
长沙环境保护职业技术学院图书馆	湖南省长沙市井圭路10号	410004	0731—85622728
湖南生物机电工程职业技术学院图书馆	湖南省长沙市芙蓉区东湖	410127	0731—84637001
娄底职业技术学院图书馆	湖南省娄底市月塘街	417000	0738—8361834
湖南都市职业学院图书馆	湖南省长沙市远大三路黄花国际空港工业园黄花大厦对面	410137	0731—86399132
湖南信息科学职业学院图书馆	湖南省长沙市经济技术开发区	410151	0731—84098138
湖南安全技术职业学院图书馆	湖南省长沙市北郊水渡河	410151	0731—82347525
湖南工程职业技术学院图书馆	湖南省长沙市水渡河	410151	0731—84095331
湖南财政经济学院图书馆	湖南省长沙市岳麓区枫林二路139号	410000	0731—8811789
湖南警察学院图书馆	湖南省长沙市远大三路9号	410138	0731—82791799
湖南女子学院图书馆	湖南省长沙市中意一路160号	410000	0731—85570812
湘潭大学兴湘学院图书馆	湖南省湘潭市西郊湘潭大学兴湘学院	411100	0732—8293847
湖南师范大学树达学院图书馆	湖南省长沙市左家垅桃花坪1号	410000	0731—8653759
湖南文理学院芙蓉学院图书馆	湖南省常德市青年东路	415003	0736—7186059
湖南理工学院南湖学院图书馆	湖南省岳阳市学院路	414000	0730—8640127
衡阳师范学院南岳学院图书馆	湖南省衡阳市黄白路179号	421008	0734—8484960

馆名	地址	邮编	电话
惠州学院图书馆	广东省惠州市金山湖	516001	0752－2529199
湛江师范学院图书馆	广东省湛江市赤坎区寸金路 29 号	524048	0759－3183275
广东金融学院图书馆	广东省广州市天河区龙洞迎福路	510521	020－37216837
广东商学院图书馆	广东省广州市仑头路 21 号	510320	020－84096680
广东警官学院图书馆	广东省广州市白云区东平广东警官学院嘉禾校区	510440	020－36244981
广州美术学院图书馆	广东省广州市番禺区大学城外环西路 168 号	510006	020－39362058
星海音乐学院图书馆	广东省广州市沙河顶先烈东横路 48 号	510500	020－39363050
广东技术师范学院图书馆	广东省广州市天河区中山大道西 293 号	510665	020－38265468
广东培正学院图书馆	广东省广州市花都区赤坭镇培正大道中 1 号	510830	020－86710518
佛山科学技术学院图书馆	广东省佛山市禅城区江湾一路 18 号	528000	0757－82981352
广东白云学院图书馆	广东省广州市白云区江高镇学苑路 1 号	510450	020－36095231
广州航海高等专科学校图书馆	广东省广州市黄埔红山三路 101 号	510725	020－32083062
肇庆医学高等专科学校图书馆	广东省肇庆市西江南路 6 号	526020	0758－2857581
南华工商学院图书馆	广东省广州市沙河沙太南路 112 号	510507	020－87204202
私立华联学院图书馆	广东省广州市东圃小新塘合景路 99 号	510663	020－82373690
广东食品药品职业学院图书馆	广东省广州市天河区龙洞北路 321 号	510520	020－28854856
广东农工商职业技术学院图书馆	广东省广州市天河区粤垦路 198 号	510507	020－85230176
广东松山职业技术学院图书馆	广东省韶关市曲江南华	512126	0751－6501798
深圳职业技术学院图书馆	广东省深圳市南山区西丽湖	518055	0755－26019692
广东交通职业技术学院图书馆	广东省广州市天河区天源路 789 号	510650	020－37202272
广东水利电力职业技术学院图书馆	广东省广州市天河区天寿路 122 号	510635	020－38490898
广东轻工职业技术学院图书馆	广东省广州市海珠区新港西路 152 号	510300	020－61239038
深圳信息职业技术学院图书馆	广东省深圳市罗湖区泥岗西路 1068 号	518029	0755－25859220
广东司法警官职业学院图书馆	广东省广州市天河区龙腾路 245 号	510520	020－87073397
广东工贸职业技术学院图书馆	广东省广州市天河区广州大道北 963 号	510510	020－87643543
广州涉外经济职业技术学院图书馆	广东省广州市沙太中路大源金龙路 32 号	510540	020－37310010
广州城建职业学院图书馆	广东省广州从化市环市东路 166 号	510925	020－87975201
广东文艺职业学院图书馆	广东省广州市番禺区市广路 242 号	511400	020－34811805
广东行政职业学院图书馆	广东省广州市花都区新都大道西	510800	020－36863155
中山火炬职业技术学院图书馆	广东省中山市火炬开发区中山港大道侧	528436	0760－8291197

馆名	地址	邮编	电话
江门职业技术学院图书馆	广东省江门市潮连大道	529090	0750—3725111
广州现代信息工程职业技术学院图书馆	广东省广州市中山大道珠吉路吉山	510663	020—62812420
广东省外语艺术职业学院图书馆	广东省广州市天河区元岗燕岭路465号	510507	020—38458169
广东科贸职业学院图书馆	广东省广州市白云区石庆路388号	510430	020—22014900
广州科技贸易职业学院图书馆	广东省广州市番禺区南村镇兴业大道	511442	020—34821446
中山职业技术学院图书馆	广东省中山市博爱7路25号	528404	0760—8220721
广东邮电职业技术学院图书馆	广东省广州市天河区中山大道西191号	510630	020—83969100
揭阳职业技术学院图书馆	广东揭阳市仙桥镇紫峰山下	522000	0663—8859887
广州铁路职业技术学院图书馆	广东省广州市白云区石井街庆隆中路100号	510530	020—36004193
广东理工职业学院图书馆	广东省广州市下塘西路1号	510091	020—83504567
清远职业技术学院图书馆	广东省清远市清城区东城街办蟠龙园	511510	0763—3936062
东莞南博职业技术学院图书馆	广东省东莞市南城区西湖路99号	523083	0769—86211838
广东科学技术职业学院图书馆	广东省珠海市金湾区珠海大道南侧	519090	0756—7220908
广东机电职业技术学院图书馆	广东省广州市沙太路麒麟岗	510515	020—61362156
广东建设职业技术学院图书馆	广东省广州市白云区广花二路638号	510450	020—36409155
广东女子职业技术学院图书馆	广东省广州市番禺区市莲路南浦段2号	511450	020—34557022
汕尾职业技术学院图书馆	广东省汕尾市城区文德路	516600	0660—3293861
河源职业技术学院图书馆	广东省河源市东环路大学城	517000	0762—3800059
阳江职业技术学院图书馆	广东省阳江市东山路	529566	0662—3351081
罗定职业技术学院图书馆	广东省罗定市西门岗5号	527200	0766—3782927
广东纺织职业技术学院图书馆	广东省佛山市澜石二路	528041	0757—83106911
广东财经职业学院图书馆	广东省广州市白云区白云大道丛云路100号	510420	020—36641883
广州工程技术职业学院图书馆	广东省广州市环市东路465号	510075	020—87693663
广州南洋理工职业学院图书馆	广东省广州市广从路神岗南洋学邨	510980	020—87825113
珠海城市职业技术学院图书馆	广东省珠海市金湾区西湖城区金二路	519090	0756—7253629
惠州经济职业技术学院图书馆	广东省惠州市马安	516057	0752—3617911
广州工商职业技术学院图书馆	广东省广州市花都区狮岭	510850	020—86929826
肇庆工商职业技术学院图书馆	广东省肇庆市和平路48号	526000	0758—6179124
广州华立科技职业学院图书馆	广东省广州市增城广汕公路华立科技园华立路7号	511325	020—82902206
广州城市职业学院图书馆	广东省广州市广园中路248号	510405	020—86364561

馆名	地址	邮编	电话
广州康达职业技术学院华南师范大学增城学院图书馆	广东省广州市萝岗区九龙镇华师康大教育园	511363	020—82876088
珠海艺术职业学院图书馆	广东省珠海市金湾区广安路 2 号	519090	0756—3982309
北京师范大学珠海分校图书馆	广东省珠海市唐家湾金凤路 18 号	519085	0756—6126123
电子科技大学中山学院图书馆	广东省中山市石岐区学院路 1 号	528402	0760—8313460
广东工业大学华立学院图书馆	广东省广州市华立科技园华立路 11 号	511325	020—82902900
广州大学松田学院图书馆	广东省广州增城市朱村镇	511370	020—82850060
北京理工大学珠海学院图书馆	广东省珠海市唐家湾金凤路 6 号	519085	0756—3622672
东莞理工学院城市学院图书馆	广东省东莞市城区学院路 251 号	523106	0769—2680818
华南农业大学珠江学院图书馆	广东省广州市从化白田岗	510980	020—87985299
广东技术师范学院天河学院图书馆	广东省广州市白云区太和兴太三路 38 号	510540	020—87478354
中山大学南方学院图书馆	广东省广州市从化温泉镇	510970	020—61787370
华南理工大学广州汽车学院图书馆	广东省广州市花都区学府路 1 号	510800	020—36903071
广东外语外贸大学南国商学院图书馆	广东省广州市白云区良田中路 181 号	510545	020—22245021
广州市广播电视大学图书馆	广东省广州市麓景西路 41 号	510091	020—83481320
深圳市广播电视大学图书馆	广东省深圳市解放路 4006 号	518008	0755—82116820
南海广播电视大学图书馆	广东省佛山市南海区桂城南新三路 2 号	528200	0757—86293526
广东石油化工学院图书馆	广东省茂名市官渡二路 139 号	525000	0668—2923508
广州大学华软软件学院图书馆	广东省广州市从化经济技术开发区广从大道 13 号	511485	020—87818781
广东商学院华商学院图书馆	广东省广州市增城市荔城街华商路一号	510010	020—82666666
广东海洋大学寸金学院图书馆	广东省湛江市麻章区旺龙新区学院路	524084	0759—3263968
中山大学新华学院图书馆	广东省广州市天河区龙洞华美路 19 号	510650	020—87065995
北京师范大学—香港浸会大学联合国际学院图书馆	广东省珠海市唐家湾金凤路 28 号(京师幼儿园旁)	519080	0756—3620011
广州民航职业技术学院图书馆	广东省广州市机场路向云西街 10 号	510403	020—86123135
潮汕职业技术学院图书馆	广东省普宁市大学路 1 号	510180	0663—2290558
佛山职业技术学院图书馆	广东省佛山市禅城区卫国路 69 号	528000	0757—83338760
广东新安职业技术学院图书馆	广东省深圳市南山区(南头)荔园路 66 号	518052	0755—26520023
汕头职业技术学院图书馆	广东省汕头市濠江区东湖	515071	0754—88607737
广东亚视演艺职业学院图书馆	广东省东莞市塘厦 138 区湖景路 1 号	523000	0769—87884003
南海东软信息技术职业学院图书馆	广东省佛山市南海软件科技园	528000	0757—86684502
广东第二师范学院图书馆	广东省广州市新港中路 351 号	510310	020—34113327

馆名	地址	邮编	电话
肇庆科技职业技术学院图书馆	广东省肇庆市玑东路	526020	0758—2901888
广东科技学院图书馆	广东省东莞市南城区西湖路 99 号	523000	0769—86211555
广州科技职业技术学院图书馆	广东省广州市中山大道西 20 号明轩楼 A 座 2301 室	510660	020—89886219
广州珠江职业技术学院图书馆	广东省广州增城市雁塔大道南山开发区	511300	020—82719999
广州松田职业学院图书馆	广东省广州市增城朱村街	511300	020—82856989
湛江现代科技职业学院图书馆	广东省湛江市廉江经济开发区	524002	0759—6632278
广州华南商贸职业学院图书馆	广东省天河区广汕公路天源路段 62 号	510500	020—87025321
茂名职业技术学院图书馆	广东省茂名市文明北路 232 号大院	525000	0668—2920126
广东体育职业技术学院图书馆	广东省广州市天河区黄村奥体路 52 号	510500	020—61034014
仲恺农业工程学院图书馆	广东省广州市海珠区纺织路东沙街 24 号	510150	020—89003114
东莞职业技术学院图书馆	广东省东莞市松山湖区大学路 3 号	523000	0769—23306889
广州华商职业学院图书馆	广东省广州市增城荔城街华商路一号	510010	020—32832665
广东江门艺华旅游职业学院图书馆	广东省江门市五邑路 683 号	529040	0750—3963333
广州华夏职业学院图书馆	广东省广州市从化城鳌大道东 772	510900	020—87864999
广东环境保护工程职业学院图书馆	广东省佛山市南海区桂丹路 98 号	528200	0757—88393882
广西壮族自治区			
广西大学图书馆	广西南宁市大学路 100 号	530004	0771—3271163
广西民族大学图书馆	广西南宁市大学东路 188 号	530006	0771—3260278
右江民族医学院图书馆	广西百色市城乡路 98 号	533000	0776—2849545
广西工学院鹿山学院图书馆	广西柳州市柳东新区柳东大道	545616	0772—3517043
广西大学行健文理学院图书馆	广西南宁市秀灵路 75 号	530005	0771—3223390
桂林电子科技大学图书馆	广西桂林市金鸡路 1 号	541004	0773—5601353
广西医科大学图书馆	广西南宁市双拥路 22 号	530021	0771—5358986
广西师范大学图书馆	广西桂林市育才路 15 号	541004	0773—5846415
桂林理工大学图书馆	广西桂林市建干路 12 号	541004	0773—5896425
广西工学院图书馆	广西柳州市东环路 268 号	545006	0772—2686619
广西中医学院图书馆	广西南宁市明秀东路 179 号	530001	0771—3137561
桂林医学院图书馆	广西桂林市环城北二路 109 号	541004	0773—5899601
玉林师范学院图书馆	广西玉林市教育中路 299 号	537000	0775—2620818
河池学院图书馆	广西宜州市龙江路 42 号	546300	0778—3141862

馆名	地址	邮编	电话
广西财经学院图书馆	广西南宁市明秀西路100号	530003	0771—3822385
广西艺术学院图书馆	广西南宁市教育路7号	530000	0771—5333217
钦州学院图书馆	广西钦州市西环南路89号	535000	0777—2808065
贺州学院图书馆	广西贺州市芳林路147号	542800	0774—5228690
百色学院图书馆	广西百色市中山二路21号	533000	0776—2848160
梧州学院图书馆	广西梧州市富民三路82号	543002	0774—5820957
桂林航天工业高等专科学校图书馆	广西桂林市金鸡路2号	541004	0773—5863227
柳州医学高等专科学校图书馆	广西柳州市窑埠路114号	545006	0772—2616472
桂林师范高等专科学校图书馆	广西桂林市秀峰区信义路21号	541002	0773—2817674
柳州师范高等专科学校图书馆	广西柳州师范高等专科学校图书馆内	545004	0772—2725145
广西民族师范学院图书馆	广西龙州县独山大道125号	532400	0771—8811487
桂林旅游高等专科学校图书馆	广西桂林市雁山区	541006	0773—3691036
广西体育高等专科学校图书馆	广西南宁市公园路2号	530012	0771—2810790
邕江大学图书馆	广西南宁市北湖邕大路1号	530001	0771—3112227
广西职业技术学院图书馆	广西南宁市江南区明阳工业区	530226	0771—4213455
南宁职业技术学院图书馆	广西南宁市大学西路69号	530008	0771—3827195
柳州职业技术学院图书馆	广西柳州市社湾路28号	545006	0772—3156915
广西机电职业技术学院图书馆	广西南宁市大学东路101号	530007	0771—3248635
广西建设职业技术学院图书馆	广西南宁市秀灵路西一里6号	530003	0771—3850961
广西工商职业技术学院图书馆	广西南宁中尧路15号	530003	0771—3160069
广西国际商务职业技术学院图书馆	广西南宁市大学东路168号	530000	0771—3244827
广西电力职业技术学院图书馆	广西南宁市科园大道39号	530007	0771—3210096
广西东方外语职业学院图书馆	广西南宁市仙葫经济开发区五合大学城	530222	0771—4797999
广西水利电力职业技术学院图书馆	广西南宁市长岗路99号	530023	0771—2085582
广西城市职业学院图书馆	广西崇左市扶绥县城南新区	532100	0771—7515112
广西英华国际职业学院图书馆	广西钦州市西环南路188号	535000	0777—2808999
柳州铁道职业技术学院图书馆	广西柳州市和平路139号	545007	0772—3945807
桂林山水职业学院图书馆	广西桂林市西城经济开发区人民路289号	541100	0773—3661082
贵港职业学院图书馆	广西贵港市港北区公园路195号	537100	0775—4224101
广西工业职业技术学院图书馆	广西南宁市秀灵路37号	530001	0771—3853929

馆名	地址	邮编	电话
河池职业学院图书馆	广西河池市新建西路02号	547000	0778—2102241
广西经贸职业技术学院图书馆	广西南宁市青山路14号	530012	0771—5302218
广西生态工程职业技术学院图书馆	广西柳州市柳北区君武路168号	545004	0772—2725942
广西交通职业技术学院图书馆	广西南宁市园湖北路12号	530023	0771—5638335
桂林电子科技大学信息科技学院图书馆	广西桂林市六合路123号	541004	0773—5605676
北京航空航天大学北海学院图书馆	广西北海市银滩大道88号	536000	0779—3968027
广西壮族自治区卫生管理干部学院图书馆	广西南宁市桃源路37号	530021	0771—2853646
广西壮族自治区广播电视大学图书馆	广西南宁市东宝路2号	530022	0771—5854851
广西教育学院图书馆	广西南宁市建政路37号	530023	0771—5623691
广西师范大学漓江学院图书馆	广西桂林市雁山区雁山镇雁中路3号	541905	0773—3696386
广西师范学院师园学院图书馆	广西南宁市明阳工业区明阳大道15号	530000	0771—4213099
桂林空军学院图书馆	广西桂林市凯风路90号桂林空军学院	541003	0773—3621785
广西农业职业技术学院图书馆	广西南宁市大学东路176号	530007	0771—3249851
广西警官高等专科学校图书馆	广西南宁市长湖路6号	530022	0771—5616000
广西政法管理干部学院图书馆	广西南宁市东葛路117号	530000	0771—5701232
南宁地区教育学院图书馆	广西南宁市北湖北路57号	530000	0771—3118359
广西工程职业学院图书馆	广西壮族自治区教育厅	530022	0776—2635666
广西外国语学院图书馆	广西南宁市青秀区(五合大学城)五合大道19号	530021	0771—4797113
北海艺术设计职业学院图书馆	广西北海市新世纪大道1号	536000	0779—6801200
北海职业学院图书馆	广西北海市西藏南路	536000	0779—3926303
柳州城市职业学院图书馆	广西柳州市鹧鸪江路8号	545001	0772—2090062
广西理工职业技术学院图书馆	广西壮族自治区教育厅	530022	
梧州职业学院图书馆	广西梧州市三龙大道88号	543000	0774—6015914
广西民族大学相思湖学院图书馆	广西南宁市鹏飞路北段1号	530020	0771—3292001
广西中医学院赛恩斯新医药学院图书馆	广西南宁市青秀区五合大道13号?	530021	0771—3102355
广西幼儿师范高等专科学校图书馆	广西南宁市民族大道77号	530022	0771—5869751
广西经济职业学院图书馆	广西南宁市东盟经济开发区(武鸣里建)教育路	530020	0771—6306381
广西科技职业学院图书馆	广西南宁近郊扶绥县扶绥大道336号	532100	0771—7519166
广西卫生职业技术学院图书馆	广西南宁市桃源路37号	530021	0771—2809005

馆名	地址	邮编	电话
海南省			
海南大学图书馆	海南省海口市海甸岛人民大道	570228	0898—66279251
琼州学院图书馆	海南省五指山市	572200	0898—86623174
海南大学三亚学院图书馆	海南省三亚市迎宾大道落笔洞	572000	0898—88386880
海南师范大学图书馆	海南省海口市龙昆南路 99 号	571158	0898—65882296
海南医学院图书馆	海南省海口市龙华区学院路	571101	0898—66893775
琼台师范高等专科学校图书馆	海南省海口市府城中山北路 21 号	571100	0898—65860917
海口经济职业技术学院图书馆	海南省海口市国兴大道文坛路 2 号	570203	0898—65312505
海南职业技术学院图书馆	海南省海口市南海大道 95 号	570216	0898—66818784
三亚航空旅游职业学院图书馆	海南省三亚市凤凰路 218 号	572000	0898—88348126
海南政法职业学院图书馆	海南省海口市琼山区新大洲大道	571100	0898—65857089
海南经贸职业技术学院图书馆	海南省海口市桂林洋高校区	571127	0898—65912562
海南软件职业技术学院图书馆	海南省琼海市富海路 128 号	571400	0898—31690021
海南外国语职业学院图书馆	海南省文昌市文中路 30 号	571321	0898—63299019
海南科技职业学院图书馆	海口市美兰区琼山大道 18 号	571128	0898—65960979
海南省广播电视大学图书馆	海南省海口市龙华二横路 15 号	570105	0898—66111539
三亚城市职业学院图书馆	海南省三亚市大学园区	572000	0898—88381713
海南工商职业学院图书馆	海南省海口市兴丹路三号	571100	0898—65200180
三亚理工职业学院图书馆	海南省三亚市迎宾大道学院路	572000	0898—88351111
重庆市			
重庆大学图书馆	重庆市沙坪坝区正街 174 号	400044	023—65102601
西南大学图书馆	重庆市北碚区天生路 2 号	400715	023—68252380
重庆师范大学图书馆	重庆市沙坪坝区天陈路 12 号	400047	023—65362747
重庆师范大学涉外商贸学院图书馆	重庆市合川区学府路 9 号	400733	023—64289942
重庆交通大学图书馆	重庆市南岸区学府大道 66 号	400074	023—62653211
重庆邮电大学图书馆	重庆市南岸区崇文路 2 号	400065	023—62460151
重庆医科大学图书馆	重庆市渝中区医学院路 1 号	400016	023—68485018
重庆工商大学图书馆	重庆市南岸区学府大道 19 号	400067	023—62769329

馆名	地址	邮编	电话
西南政法大学图书馆	重庆市沙坪坝区壮志路2号(沙坪校区) 重庆市渝北区回兴镇宝圣路(渝北校区)	400031(沙坪校区) 401120(渝北校区)	023—67258755
重庆理工大学图书馆	重庆市杨家坪兴胜路4号(杨家坪校区) 重庆市巴南区李家沱红光大道69号(花溪校区)	400050(杨家坪校区) 400054(花溪校区)	023—68667446 023—62563424
重庆科技学院图书馆	重庆市渝中区石油路1号	400042	023—65022146
长江师范学院图书馆	重庆市涪陵区李渡聚龙大道98号	408100	023—72790033
四川美术学院图书馆	重庆市黄桷坪正街108号	400053	023—86181157
重庆文理学院图书馆	重庆市永川经济开发区	402160	023—49891970
重庆三峡学院图书馆	重庆市万州区沙龙路二段780号	404000	023—58102320
重庆电力高等专科学校图书馆	重庆市九龙坡区	400053	023—68511491
重庆三峡医药高等专科学校图书信息中心	重庆市万州区百安坝天星路366号	404020	023—58556018
重庆电子职业技术学院图书馆	重庆市江北区红石路255号		023—67607132
重庆工业职业技术学院图书馆	重庆市袁家岗151号	400050	023—68670135
重庆三峡职业学院图书馆	重庆市万州区科龙路8号	404001	023—58800727
重庆工商职业学院 重庆广播电视大学图书馆	重庆市高新区华龙大道1号	400052	023—68465037
重庆水利电力职业技术学院图书馆	重庆市永川区昌州大道西段18号	402160	023—49839982
重庆财经职业学院图书馆	重庆市永川昌州大道西段2号	402160	023—49836986
重庆工程职业技术学院图书馆	重庆市沙坪坝区上桥	400037	023—65210651
重庆城市职业学院图书馆	重庆市永川区兴龙大道5号	402160	023—49578052
重庆民生职业技术学院图书馆	重庆合川区草街镇	401524	023—42465975
重庆工贸职业技术学院图书馆	重庆市蔫枝坝都市工业园涪陵区涪南路108号	408000	023—72806327
重庆海联职业技术学院图书馆	重庆市渝北区宝圣湖海联路1号	401120	023—67451934
重庆城市管理职业学院图书馆	重庆市巴南区走马梁景竹三村1号	400055	023—89025066
重庆电子工程职业学院图书馆	重庆市沙坪区大学城虎溪正街251号	401331	023—65926119
重庆警官职业学院图书馆	重庆市九龙坡区石桥铺玉灵洞259号	400039	023—68601807
西南大学育才学院图书馆	重庆市合川市草街镇	401524	023—42460504
四川外语学院重庆南方翻译学院图书馆	重庆市渝北区回兴街道	401120	023—67138239
重庆工商大学派斯学院图书馆	重庆市合川市交通路	401520	023—42886003

馆名	地址	邮编	电话
重庆邮电大学移通学院图书馆	重庆市合川区	400093	023—42871315
重庆教育学院图书馆	重庆市南岸区学府大道 18 号	400067	023—62658020
第三军医大学图书馆	重庆市沙坪坝区	400038	023—68752063
重庆大学城市科技学院图书馆	重庆市永川区光彩大道 368 号	402160	023—65112861
重庆信息技术职业学院图书馆	重庆市万州区金龙平湖路 88 号	404000	023—58418666
重庆正大软件职业技术学院图书馆	重庆市巴南区南泉镇白鹤林 15 号	400054	023—62846626
重庆医药高等专科学校图书馆	重庆市沙坪坝区大学城中路 82 号	400030	
重庆青年职业技术学院图书馆	重庆市北碚歇马盐井坝 1 号	400700	023—68315865
重庆机电职业技术学院图书馆	重庆市永川区昌州大道西段 18 号	402160	023—68671940
重庆水利电力职业技术学院图书馆	重庆市璧山璧青北路 1001 号	402760	023—49838425
重庆科创职业学院图书馆	重庆市永川昌州大道西段 28 号	402160	023—49839575
重庆建筑工程职业学院图书馆	重庆市石桥铺白马凼 8 号	400039	023—65172500
重庆工商大学融智学院图书馆	重庆市沙坪坝区井口工业园区	400030	023—65172500
重庆航天职业技术学院图书馆	重庆市江北区红石路 255 号	400020	023—67613088
重庆商务职业学院图书馆	重庆市沙坪坝区歌乐山矿山坡 150 号	400030	023—65507150
重庆传媒职业学院图书馆	重庆铜梁教育科技园区	402560	023—45615877
重庆能源职业学院图书馆	重庆市渝州路 79 号(歇台子教学区)	400042	023—68576066
重庆交通职业学院图书馆	重庆双福新区学院大道 7 号	200012	023—85530111
四川省			
四川大学图书馆	四川省成都市望江路 29 号	610064	028—85412295
成都理工大学图书馆	四川省成都市二仙桥东三路 1 号	610059	028—84078804
西南石油大学图书馆	四川省成都市新都区新都大道 8 号	610500	028—83035446
四川理工学院图书馆	四川省自贡市江兴路学苑街 180 号	643000	0813—5505887
四川文理学院图书馆	四川省达州市南坝路 400 号	635000	0818—2760472
西昌学院图书馆	四川省西昌市马坪坝西昌学院北校区图书馆	615013	0834—2580021 0834—3958475
阿坝师范高等专科学校图书馆	四川省汶川县威州镇凤州路 7 号	623000	0837—6215920
四川师范大学成都学院图书馆	四川省成都市高新西区郫县团结镇学院街 65 号	611745	028—87909828
西南交通大学图书馆	四川省成都市二环路北一段 111 号	610031	028—87600532

馆名	地址	邮编	电话
电子科技大学图书馆	四川省成都市建设北路二段四号(沙河校区) 成都市高新区(西区)西源大道2006号(清水河校区)	610054(沙河校区) 611731(清水河校区)	028—83202381 028—83202350
西南财经大学图书馆	四川省成都市光华村街55号	610074	028—87352346
西南民族大学图书馆	四川省成都市一环路南四段16号(武侯校区) 西南民族大学成都双流校区(双流校区)	610041 610225	028—85708669 028—85522401
西华大学图书馆	四川省成都市金周路999号	610039	028—87720151
西南科技大学图书馆	四川省绵阳市涪城区青龙大道中段59号	621010	0816—6089226 0816—6089238
四川农业大学图书馆	四川省雅安市四川农业大学图书馆	625014	0835—2887658
成都中医药大学图书馆	四川省成都市十二桥路37号	610075	028—87716140
四川师范大学图书馆	四川省成都市锦江区静安路5号	610066	028—84760749
西华师范大学图书馆	四川省南充市师大路1号	637002	0817—2314710 0817—2568791
中国民用航空飞行学院图书馆	四川省广汉市广金路	618307	0838—5182684
成都信息工程学院图书馆	四川省成都市西南航空港经济开发区学府路一段24号	610225	028—85966018
泸州医学院图书馆	四川省泸州市中山路三段	646000	0830—3163722
川北医学院图书馆	四川省南充市涪江路234号	637007	0817—2241551
成都医学院图书馆	四川省成都市蓉都大道天回路601号	610083	028—68289262
内江师范学院图书馆	四川省内江市东桐路705号	641112	0832—2341239
乐山师范学院图书馆	四川省乐山市市中区滨河路778号	614004	0833—2271230
成都体育学院图书馆	四川省成都市一环路西一段19号	610041	028—85090697
四川音乐学院图书馆	四川省成都市新生路6号	610021	028—85430402
绵阳师范学院图书馆	四川省绵阳市	621000	0816—2200047
成都大学图书馆	四川省成都市外东十陵镇	610106	028—84610001
攀枝花学院图书馆	四川省攀枝花市东区机场路10号	617000	0812—3370548
宜宾学院图书馆	四川省宜宾市五粮液大道酒圣路8号	644000	0831—3531217
四川烹饪高等专科学校图书馆	四川省成都市清江东路65号	610072	028—87338757 028—84825066
成都纺织高等专科学校图书馆	四川省成都市犀浦镇	610023	028—87846645
四川中医药高等专科学校图书馆	四川省绵阳市绵州路南州380号	621000	0819—2381167
康定民族师范高等专科学校图书馆	四川省甘孜州康定县	626001	0836—2856139
民办四川天一学院图书馆	四川省成都市大观堰5号	610066	028—84873081
成都航空职业技术学院图书馆	四川省成都市二环路南一段20号	610021	028—85229667

中国图书馆年鉴 2011 China Library Yearbook
828

馆名	地址	邮编	电话
合作民族师范高等专科学校图书馆	甘肃省合作市人民街 39—3 号	747000	0941—8252085
定西师范高等专科学校图书馆	甘肃省定西市安定区定临路 4 号	743000	0932—8331465
甘肃联合大学图书馆	甘肃省兰州市城关区北面滩 400 号	730000	0931—8685099
兰州石化职业技术学院图书馆	甘肃省兰州市西固区山丹街 1 号	730060	0931—7941062
甘肃农业职业技术学院图书馆	甘肃省兰州市城关区段家滩 425 号	730020	0931—4673806
兰州资源环境职业技术学院图书馆	甘肃省兰州城关区窦家山 36 号(校本部) 兰州市城关区段家滩路 1173 号	730021（校本部） 730020（西校区）	0931—8798189
甘肃交通职业技术学院图书馆	甘肃省兰州市安宁区邸家湾 128 号	730000	0931—7672519
酒泉职业技术学院图书馆	甘肃省酒泉市解放路 36 号	735000	0937—2688197
甘肃林业职业技术学院图书馆	甘肃省天水市麦积区马跑泉路 58 号	741020	0938—2111068
兰州商学院陇桥学院图书馆	甘肃省兰州市和平开发区	730101	0931—5271709
甘肃警察职业技术学院图书馆	甘肃省兰州市左家湾 169 号	730046	
武威职业学院图书馆	甘肃省武威市新建路 21 号		
河西学院图书馆	甘肃省张掖市环城北路 87 号	734000	0936—8282081
甘肃民族师范学院图书馆	甘肃省合作市人民街 397—3 号		0941—8253168
兰州交通大学博文学院图书馆	甘肃省兰州市和平开发区		0931—5272600
兰州理工大学技术工程学院图书馆	甘肃省兰州市七里河区龚家坪北路 211 号		0931—2866675
甘肃工业职业技术学院	甘肃省天水市羲皇大道中段		0938—2793278
甘肃建筑职业技术学院图书馆	甘肃省兰州市七里河区晏家坪三村 200 号		0931—2931523
兰州外语职业学院	甘肃省兰州市安宁区刘沙公路 37 号		0931—7785145
甘肃机电职业技术学院图书馆	甘肃省兰州市七里河区敦煌路中段		0931—2326741
兰州铁路工程职工大学图书馆	甘肃省城关区和政西路 40 号	730000	0931—4987192
白银矿冶职业技术学院图书馆	甘肃省白银市白银区四龙路 301 号	730910	0943—8811086
兰州教育学院图书馆	甘肃省城关区雁儿路 33 号	730000	0931—8697652
张掖医学高等专科学校图书馆	甘肃省张掖市甘州区环城西路 6 号	734000	0936—8361055
甘肃畜牧工程职业技术学院图书馆	甘肃省武威市黄羊镇镇北路 6 号	733000	0935—2611812
甘肃钢铁职业技术学院图书馆	甘肃省嘉峪关市五一南路 3 号	730020	0937—6283142
西北师范大学知行学院图书馆	甘肃省兰州市安宁区长新路 20 号	730070	0931—7970353
兰州商学院长青学院图书馆	甘肃省兰州市城关区店子街	730000	0931—8698906

馆名	地址	邮编	电话
青海省			
青海大学图书馆	青海省西宁市城北区宁张路 251 号	810016	0971—5310416
青海师范大学图书馆	青海省西宁市五四西路 38 号	810008	0971—6301205 0971—6306203
青海民族大学图书馆	青海省西宁市八一中路 3 号	810007	0971—8804612
青海畜牧兽医职业技术学院图书馆	青海省西宁市湟源县西大街 13 号	812100	0971—7410021
青海交通职业技术学院图书馆	青海省西宁市柴达木路 22 号	810003	0971—5122242
青海省广播电视大学图书馆	青海省西宁市五四西路 7 号	810008	0971—7237719
青海建筑职业技术学院图书馆	青海省西宁市南川西路 96 号	810012	0971—6256346
青海卫生职业技术学院图书馆	青海省西宁市七一路 340 号	810016	0971—8458583
青海大学昆仑学院图书馆	青海省西宁市宁张路 175 号	810013	0971—5315002
宁夏回族自治区			
西北第二民族学院图书馆	宁夏银川市西夏区文昌北路 204 号	750021	0951—2066519
宁夏大学图书馆	宁夏银川市西夏区文翠北街 217 号	750021	0951—2061085
宁夏理工学院图书馆	宁夏石嘴山市大武口区朝阳西街 312 号	753000	0952—2026254
宁夏医科大学图书馆	宁夏银川市胜利街 1160 号	750004	0951—6980160
宁夏师范学院图书馆	宁夏固原市文化街 161 号	756000	0954—2024822
宁夏民族职业技术学院图书馆	宁夏吴忠市朝阳东街 175 号	751600	0953—2120350
宁夏工业职业学院图书馆	宁夏石嘴山市大武口区贺兰山北路 175 号	753000	0952—2032486
银川大学(银川科技职业学院)图书馆	宁夏银川市永宁县王太堡	750105	0951—8409242
宁夏广播电视大学(宁夏职业技术学院)图书馆	宁夏银川市金凤区黄河东路 670 号	750002	0951—5044202
宁夏建设职业技术学院图书馆	宁夏银川市北京东路 379 号	750001	0951—2138116
宁夏工商职业技术学院图书馆	宁夏银川市兴庆区清和北街八里桥	750004	0951—6145418
宁夏司法警官职业学院图书馆	宁夏银川市西夏区学院路 350 号	750021	0951—6883035
宁夏财经职业技术学院图书馆	宁夏银川市西夏区文萃北街 216 号	750021	0951—2075418
中国矿业大学银川学院图书馆	宁夏银川市西夏区金波北路	750011	0951—5181026
北方民族大学图书馆	宁夏银川市西夏区文昌北街 204 号	750014	0951—2066992
宁夏职业技术学院图书馆	宁夏银川市金凤区黄河东路 670 号	750002	0951—5015192
银川科技职业学院图书馆	宁夏银川市永宁王太堡	750100	0951—8409260
宁夏大学新华学院图书馆	宁夏银川市西夏区贺兰山西路 686 号	750021	0951—2062063

馆名	地址	邮编	电话
新疆维吾尔自治区			
伊犁师范学院图书馆	新疆伊宁市解放西路 298 号	835000	0999－8120449
新疆大学图书馆	新疆乌鲁木齐市胜利路 14 号	830047	0991－8582487
石河子大学图书馆	新疆石河子市北四路	832003	0993－2057019
新疆农业大学图书馆	新疆乌鲁木齐市南昌路 42 号	830052	0091－8762341
塔里木大学图书馆	新疆阿拉尔市	843300	0997－4680076
新疆医科大学图书馆	新疆乌鲁木齐市新医路 8 号	830054	0991－4362332
新疆师范大学图书馆	新疆乌鲁木齐市新医路 19 号	830054	0991－4332203 0991－6682278
新疆财经大学图书馆	新疆乌鲁木齐市北京中路 449 号	830012	0991－7843774
喀什师范学院图书馆	新疆喀什市阔纳乃则尔巴格路 463 号	844000	0998－2890945
新疆艺术学院图书馆	新疆乌鲁木齐市团结路 374 号	830001	0991－2579079
昌吉学院图书馆	新疆昌吉市北京北路 77 号	831100	0994－2354482
新疆工业高等专科学校图书馆	新疆乌鲁木齐市南昌路 17 号	830091	0991－7736105
新疆维吾尔医学高等专科学校图书馆	新疆和田市北京西路 62 号	848000	0903－2058376
和田师范专科学校图书馆	新疆和田市北京西路 287 号	848000	0903－2513282
新疆轻工职业技术学院图书馆	新疆乌鲁木齐市米东南路西四巷 259 号	830021	0991－6860590
新疆机电职业技术学院图书馆	新疆乌鲁木齐市天津北路 176 号	830011	0991－6668441
阿克苏职业技术学院图书馆	新疆阿克苏市迎宾路 57 号	843000	0997－2325671 0997－2523673
新疆交通职业技术学院图书馆	新疆乌鲁木齐市米东新区友好路 20 号	831401	0991－7903366
新疆能源职业技术学院图书馆	新疆乌鲁木齐市东山区乌奇公路 56 号	830027	0991－8881701
新疆警官高等专科学校图书馆	新疆乌鲁木齐市长沙路 6 号	830011	0991－7811875
乌鲁木齐职业大学图书馆	新疆乌鲁木齐市幸福路 723 号	830001	0991－8825404
新疆大学科学技术学院图书馆	新疆乌鲁木齐市延安路 1230 号	830001	0991－8588083
新疆农业大学科学技术学院图书馆	新疆乌鲁木齐市南昌路 42 号	830091	0991－8763360
新疆农业职业技术学院图书馆	新疆昌吉市文化东路 29 号	831100	0994－2334961
克拉玛依职业技术学院图书馆	新疆独山子北京路 10 号	833600	0992－3682527
昌吉职业技术学院图书馆	新疆昌吉市延安南路 83 号	831100	0994－2344440
伊犁职业技术学院图书馆	新疆伊宁市胜利街 179 号	835000	0999－8056441
巴音郭楞职业技术学院图书馆	新疆库尔勒经济技术开发区	833200	0996－6768528
新疆建设职业技术学院图书馆	新疆乌鲁木齐市杭州西街 272 号	200031	0991－4310021
新疆教育学院图书馆	新疆乌鲁木齐市光明路 8 号	830002	0991－8898169